来凤县人民代表大会志

（1949—2016）

《来凤县人民代表大会志》编纂委员会　编

方志出版社
Publishing House of Local Records

图书在版编目(CIP)数据

ISBN 978-7-5144-2136-1

9 787514 421361 >

来凤县人民代表大会志:1949—2016 /
《来凤县人民代表大会志》编纂委员会编. —北京:
方志出版社,2016.12
ISBN 978—7—5144—2136—1

Ⅰ.①来… Ⅱ.①来… Ⅲ.①地方各级人民代表大会—
工作概况—来凤县—1949—2016 Ⅳ.①D624.634

中国版本图书馆 CIP 数据核字(2016)第 252650 号

来凤县人民代表大会志(1949—2016)

编　　者:《来凤县人民代表大会志》编纂委员会
责任编辑:黄　彦

出 版 人:冀祥德
出 版 者:方 志 出 版 社
　　　　　地址　北京市朝阳区潘家园东里 9 号(国家方志馆 4 层)
　　　　　邮编　100021
　　　　　网址　http://www.fzph.org
发　　行:方志出版社发行中心
　　　　　电话(010)67110500
经　　销:各地新华书店
印　　刷:武汉兴德林工贸有限公司

开　　本:889mm×1194mm　1/16
印　　张:42
字　　数:873 千
版　　次:2016 年 12 月第 1 版　2016 年 12 月第 1 次印刷
印　　数:0001～1000 册

ISBN 978—7—5144—2136—1　　定价:200.00 元

《来凤县人民代表大会志》编纂委员会

主　　任　莫北平

副 主 任　徐庭海　彭远仪　向清堂　高碧玉
　　　　　田延初　邓家斌

委　　员　明文林　吴春菊　邱　安　李　明
　　　　　周光玉　胡任平　廖兴锋　田永宽
　　　　　向艳萍　李　洁　吴　言　胡秋平
　　　　　刘　伟　胡淑凤　向春华　彭　芳
　　　　　余三龙

编纂人员名单

编　　审　莫北平　徐庭海

主　　编　明文林

执行主编　李　明

副 主 编　王登高　李德志

编　　辑　谭生发　徐移坤　周国祥　王　军
　　　　　胡秋平　田　伟　唐　敏　罗　涛

（仅列2016年在岗人员名单，排名不分先后）

《来凤县人民代表大会志》评审委员会

主　　任　吴文勇

副 主 任　唐海泉

委　　员　叶明理　邓国强　覃金洲　赵春峰

肖本正　周桂芳　李　霞　刘银梅

张成元　游家明

资料搜集人员名单

陈晓勇、张建国、闵　伟、向子凤、谭建华、万先文、张开贞、曾庆慧、刘　佳、李正祥、向世友、张绍波、田　毅、张　勇、夏隆浩、廖月琴、胡学府、杨胜友、袁　茂、廖宏伟、张前国、杨孝习、杨　雪、段术祥、谭再富、田碧波、张余成，王登高、李德志，李　洁、余三龙、田　伟、唐　敏等。

序　一

盛世修志，志载盛世。在全县各族人民深入学习贯彻党的十八大和十八届五中、六中全会以及习近平系列重要讲话精神、奋力推进经济社会科学发展、加快全面建设小康社会步伐之际，《来凤县人民代表大会志》（简称“《来凤县人大志》”）付梓问世了。这是来凤政治文明建设中的一件大事、喜事，是我县人大工作者献给全县各族人民的一份厚礼！

人民代表大会制度是我国的根本政治制度，是中国共产党坚持把马克思列宁主义与中国革命具体实践相结合创立的一种政权组织形式，经过长期探索和曲折发展的过程，如今进入新的全面发展的历史时期。伴随人大制度的发展和完善，国家权力机关工作与建设也有新进展，国家权力机关运行逐步走上法治的轨道。站在新的历史起点上，全面总结国家权力机关工作，进一步加强国家权力机关建设，探索新时期国家权力机关运行规律，以更好地坚持和完善人大制度，已成为推进改革和发展面临的重要任务。

自1950年9月7日县第一届各界人民代表会议第一次会议召开，来凤县人民代表大会（简称“县人大”）迄今走过60多年光辉历程。60多年来，尤其是1980年5月中旬县人民代表大会常务委员会成立后（简称“县人大常委会、常委会”），县人大及其常委会始终把坚持党的领导、人民当家做主和依法治国有机统一起来，紧紧围绕来凤建设和发展大局，忠实履行《宪法》和法律赋予职权，讨论决定本行政区域内重大事项；监督“一府两院”（即人民政府、人民法院、人民检察院）依法行政、公正司法；选举和任免国家机关工作人员；受理人民群众来信来访；加强代表联系、广泛开展代表活动；强化人大常委会机关建设；指导乡镇人大工作；不断探索人大制度建设和发展的新方法、新措施、新途径，为促进我县经济社会发展和民主法治建设，做出了极其重要的贡献。

镜之以史，方知兴替。《来凤县人大志》在编纂过程中，以马克思主义、毛泽东思想、邓小平理论、“三个代表”（即始终代表中国先进生产力的发展要求，代表中国先进文化的前进方向，代表中国最广大人民的根本利益）重要思想、科学发展观和习近平系列重要讲话精神为指导，以县人大及其常委会工作实践为主线，以党领导人民当家做主、依法管理地方国家和社会事务的史实为主体，坚持辩证唯物主义和历史唯物主义，博采广集、稽实载述、详今略古、秉笔直书，真实反映历史本然，彰显工作经验教训，具有存史、资治、宣传、教育的作用，同时对于今后进一步加强和推进县人大及其常委会依法履职行权、促进人大工作实践不断创新发展，具有宝贵的借鉴价值。

本志编纂工作人员以对历史、对人民高度负责的态度，严谨求实，克难奋进，精益求精，数易其稿，始得稿毕。值此志付梓机会，我谨代表中共来凤县委，对在志书编纂、评审、出版工作给予大力支持和付出艰辛劳动的单位和个人，表示衷心的感谢！希望县人大及其常委会认真贯彻执行省委、州委人大工作会议精神以及县委关于加强县乡人大工作和建设的实施办法，充分发挥地方国家权力机关作用，扎实推进人大工作和建设与时俱进；祝愿县人大及其常委会在经济社会发展、民主法治建设和全面建设小康社会的伟大实践中，依法履职，奋发有为，谱写新的篇章！

谨以为序！

作者胡泽系中共来凤县委第十四届县委书记

序　二

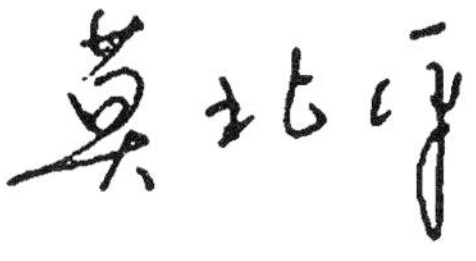

《来凤县人大志》付梓面世了，这是全县政治文化建设的一件大事，也是来凤县人民代表大会发展史上的一件盛事。《来凤县人大志》的出版，必将发挥其"存史、资政、教化"的功能，必将为县人大及其常委会工作承前启后、继往开来提供有益的鉴戒。

人民代表大会制度作为我国的根本政治制度，是经历了长期革命实践，总结了中国人民革命政权建设的经验，在中国共产党领导下，由人民选择创建起来的，是最广泛的民主制度，符合我国国情。党的十八大报告明确要求，要进一步"支持和保证人民通过人民代表大会行使国家权力"，这表明人大制度具有巨大的不可替代的优越性。县人民代表大会 60 多年的实践充分证明了这一点。1950 年 9 月，县第一届各界人民代表会议召开第一次会议，全县人民首次行使当家做主的权力。1954 年 6 月，首届县人民代表大会第一次会议胜利召开，标志人大制度在来凤正式建立，来凤民主政治制度从此翻开崭新的一页。1979 年 7 月，五届全国人大二次会议通过了修改《宪法》的决议，颁布实施了《地方组织法》，决定在县级以上人大建立常务委员会。1980 年 5 月中旬，来凤土家族自治县第一届人大召开第一次会议，选举产生了县人大常委会组成人员，正式设立了县人大常委会。从此，人大制度在来凤县进入了一个新的发展阶段。历届县人大及其常委会，在历届县委正确领导下，认真履行《宪法》和法律赋予的职责，围绕党的各个时期中心任务，积极行使重大事项决定权，加强法律监督和工作监督，依法选举和任免国家机关工作人员，努力加强常委会机关建设，不断提高依法履职能力和水平，为推进全县民主法治建设和改革、发展、稳定做出了重要贡献。记述县人民代表大会走过的历程，总结正反两个方面的经验教训，对于学习借鉴历届县人大及其常委会的工作经验，在新的形势下更好地坚持和完善人民代表大会制度，具有深远的历史意义和重要的现实意义。

《来凤县人大志》以马克思主义、毛泽东思想、邓小平理论、“三个代表”重要思想和科学发展观以及习近平总书记系列重要讲话精神为指导，运用辩证唯物主义和历史唯物主义的方法，力求思想性、科学性、资料性的统一，严格按照修志工作基本原则，详近略远，详独略同，秉笔直书，观点正确，史料翔实，全面客观地反映了来凤县人大制度建设的历史和现状，具有重要的存史、资政、教育价值。

《来凤县人大志》编纂从 2004 年 3 月开始至 2016 年 12 月中旬完稿，历经 12 载，期间，得到了县人大常委会老领导、老干部王登高、李德志等同志的鼎力相助，他们呕心沥血，不计报酬，忘我工作，精益求精，为志书的早日编纂成功，付出了辛勤的劳动。同时，在志书编纂过程中，得到了省人大常委会文书处和省档案馆、州人大常委会办公室和州档案馆、县直有关单位和县档案馆，以及各乡镇人大的大力支持和积极配合。此外，县人大常委会领导和工委室同志以及离退休的老领导、老同志，为修改完善工作提出了十分宝贵的意见。在审读评审阶段，县史志办公室组织的 12 名评委，严格按照修志工作原则、保密要求等，提出了宝贵的评审意见，为《来凤县人大志》修改完善、确保质量发挥了积极作用。值《来凤县人大志》成书之际，特向有关单位、领导和同志，致以诚挚的感谢！

是为序。

作者莫北平系来凤县第十六届人大常委会主任

凡 例

一、本志以马克思主义、毛泽东思想、邓小平理论、“三个代表”重要思想、科学发展观、习近平系列重要讲话为指导，运用辩证唯物主义和历史唯物主义的立场、观点和方法，全面、系统、准确地记述建国以来人民代表大会制度在来凤县发展的历史和现状。

二、本志记述时限，上自1949年11月，下至2016年12月。

三、本志述、记、志、图、表、录等体裁并用，设章、节、目。坚持详今略古、详近略远、详特略同，对1980年以前的各届人民代表大会，以记述会议为主；从来凤土家族自治县第一届人民代表大会起，记述各届人大会议及闭会期间人大常委会工作，同时扼要记述各届人大会议有关工作报告，以真实体现来凤县不同历史时期人民代表大会的作用。

四、本志采用横排纵写的方法，分县各界人民代表会议、县人民代表大会、县人民代表大会常务委员会和乡镇人民代表大会，按时间排序。

五、本志用第三人称记述，引文与附录的有关资料除外。采用语体文、记述体，寓观点于史实之中。

六、本志照片按时间顺序分两大部分编排，第一大部分为全国人大常委会、湖北省人大常委会、恩施州人大常委会领导到来凤县检查指导工作情况，第二大部分为来凤县人大及其常委会履职等情况。

七、本志行文中，法律名称首次出现用全称，以下一般用简称。如《中华人民共和国地方各级人民代表大会和地方各级人民政府组织法》，简称为《地方组织法》。有些机关、部门、会议名称首次出现用全称，以下一般用简称。如来凤县第十五届人民代表大会常务委员会、来凤县第十五届人民代表大会第一次会议、来凤县第十五届人民代表大会常务委员会第1次会议、来凤县发展和改革局，分别简称为县十五届人大常委会、县十五届人大一次会议、县十五届人大常委会第1次会议、县发改局等。

八、本志中的称谓，如地名、机构、职务等均按当时称谓，排列顺序均按原始资料。人物按任职时间先后排序。

九、本志一律采用公元纪年；标点符号、数字等用法，按国家规定使用。鉴于本志报告较多，报告名称一律不加书名号。

十、本志采用资料主要来源于档案、图书、报刊、统计资料和专著。由于资料欠缺，亦有部分口碑资料，均经多方考证、严格鉴别后采用，一概不再注明出处。

1999年11月4日，全国人大民族委员会副主任委员韦继松（右二）视察来凤卷烟厂

2001年11月13—14日，省人大常委会主任关广富到来凤指导工作。图为关广富（右二）视察来凤卷烟厂

2002年11月25—26日，全国人大民族委员会主任委员王朝文（左四）在省人大常委会副主任朱纯宣（右）陪同下，到来凤检查指导工作

2007年10月14日，省人大常委会副主任贾天增（右三）率执法检查组，检查大河镇洞塘灌区

2009年9月2日，州人大常委会副主任陈亚平（右）视察三胡乡代表活动室建设情况

2010年8月18日，省人大常委会副主任周坚卫（前排左）、蒋大国（前排左二）视察来凤城市建设情况

2012年5月21—22日，省人大常委会原副主任高瑞科（前）调研来凤旅游资源开发情况

2015年3月18日，省人大常委会副主任赵斌调研来凤民族工作及民族地区扶贫开发情况。图为赵斌（右四）查看三胡乡石桥村苗圃基地

2015年6月7日，全国人大常委会办公厅新闻局副局长曲卫国（右三）一行到来凤考察

2015年9月8日，在酉水河保护立法工作第一次联席会议期间，恩施土家族苗族自治州人大常委会党组书记副主任瞿赫之（前排右）、县人大常委会主任莫北平（前排右三）等，视察来凤污水处理厂

2015年9月15—16日，省人大常委会副主任张岱梨（前排左三）到来凤调研精准扶贫工作

2016年3月2—3日，省人大常委会副主任王玲带领省人大常委会执法检查组，检查来凤县实施《省农村扶贫条例》情况。图为王玲（前排右二）一行在三胡乡石桥村调研

1980年4月28日，选民填写选票选举县人大代表

1980年4月28日，翔凤镇一街选民冒雨选举县人大代表。图为选举大会会场一角

1980年5月16日，田恩波在自治县一届人大一次会议上，当选自治县一届人大常委会主任并讲话

1981年10月16日，县人大代表在自治县一届人大二次会议上听取大会有关工作报告

老红军郝耀生（右一）、罗云（右二）列席1981年10月16日召开的自治县一届人大二次会议

1982年7月21日，自治县一届人大常委会首次给被任命干部颁发任命书。图为县人大常委会主任田恩波（二排右七），副主任吴新知（二排左七）、蒋志卿（二排左五）、黄学初（二排左六）彭金安（二排左四）与被任命干部合影

1983年3月13日，在自治县一届人大三次会议上，陈佑民（右）补选为县人大常委会主任

县人大常委会主任虞大远（左三）等领导，欢迎县人大代表出席县九届人大二次会议

土家族女代表出席县九届人大二次会议

县九届人大二次会议期间，接龙桥代表团25名代表联名对县土地管理局违法征地提出质询案。图为大会主席团举行质询会议

1986年6月5—8日，县九届人大三次会议召开。图为县人大代表讨论审议大会报告

县人大常委会副主任田南山，在县十届人大一次会议预备会议上作代表资格审查报告

县人大常委会主任虞大远，在县十届人大一次会议上作人大常委会工作报告

1992年4月5—9日，县十一届人大二次会议召开。图为县委书记张齐斌（前排中）、人大常委会主任田南山（前排左四），人大常委会副主任成开林（前排左二）、赵毅（前排左五）、魏遗俊（前排左一）在主席台就座

1992年4月9日，在县十一届人大二次会议上，县人大代表举手表决有关报告决议

县人大常委会主任田南山（右），副主任成开林（中）、魏遗俊（左），在县十一届人大三次会议上，参加投票选举

在县十二届人大二次会议期间，县人大常委会副主任周发书（右二）、汪达生（右）等，参加农业战线代表团讨论大会工作报告

县人大常委会主任陈天会（左），在县十二届人大二次会议上投票选举

1997年2月24—27日，县十二届人大四次会议召开。图为县人大常委会副主任（前排左起）侯廷茂、杨汉骥、周发书，县委书记钟存高，县人大常委会主任董香彩，常委会副主任杨胜富、汪达生、李拗柱在主席台就座

县人大常委会主任董香彩，在县十二届人大五次会议上作人大常委会工作报告

县十三届人大常委会领导班子（前排），主任董香彩（中）和副主任周发书（左二）、王登高（右二）、田方明（右一）、杨树荣（左一）

在县十三届人大二次会议上，县人大常委会副主任周发书（中）、王登高（右二）、杨树荣（左二）等举手表决有关报告决议

县十四届人大常委会领导班子（前排），主任王建民（中），副主任周新华（左三）、田方明（右三）、杨树荣（左二）、徐庭海（左一）、刘静生（右二）、苏波（右一）

县人大常委会主任王建民（中），副主任周新华（右三）、田方明（左二）、杨树荣（右二）、徐庭海（右一）、苏波（左一），在县十四届人大三次会议上举手表决有关报告决议

县十五届人大常委会领导班子，主任肖作文（中），副主任莫北平（左三）、田方明（左二）、杨树荣（右三）、徐庭海（左一）、刘静生（右二）、苏波（右一）

县十六届人大常委会领导班子（前排），主任莫北平（中），副主任徐庭海（右三）、彭远仪（左三）、向清堂（右二）、高碧玉（左二）、田延初（右一）、邓家斌（左一）

2000年10月10日—13日，渝黔湘鄂边区17个县（市、区）人大工作联席会第21次会议在来凤召开

2005年12月，县人大常委会副主任周新华、杨树荣、徐庭海等带队赴武汉市人大常委会学习考察

2007年8月9日，县人大常委会副主任莫北平（右二）和办公室主任谭生发，培训翔凤镇人大代表

2007年11月13日，县人大常委会召开城市建设重点工程视察汇报会

2008年6月17日，县人大常委会视察组视察城市建设情况

2008年6月29日，县人大机关干部参加建党八十七周年党的知识竞赛

2008年7月24日，县人大常委会主任、副主任定期接待代表活动启动仪式在大河镇举行

2008年9月24日，县人大机关老干部代表队荣获老年门球赛体育道德风尚奖

2008年10月21日，县人大常委会视察组视察新农村建设情况

2016年8月26日，召开县乡两级人大换届选举第一次工作会议，安排部署县乡两级人大换届选举工作

2016年9月28日，位于县农业技术推广展示中心四楼的县人大常委会新会议室正式投入使用

2016年10月21日，县十六届人大常委会在位于县农业技术推广展示中心四楼的县人大常委会新会议室举行第50次会议

2016年10月21日，县十六届人大常委会主任莫北平给被任命人员颁发任命书

2016年12月7日，县十六届人大常委会第51次会议在宪法宣誓厅举行被任命人员向宪法宣誓仪式。图为新任代理县长杨局成（前排）与被任命人员集体宣誓

目　录

第三章　来凤县人民代表大会常务委员会

第四章 乡镇人民代表大会

第五章　人　物

第六章　大事记

附　录

概　　述

（一）

来凤县以翔凤山上飞来凤凰的美丽传说而得名，地处湖北省（简称“省”）西南端，地跨北纬29度06分15秒—29度41分05秒、东经109度01分00秒—109度25分45秒之间。东南接湖南省龙山县，西南邻重庆市酉阳县，东北与湖北省宣恩县相交，西北与湖北省咸丰县交界，素有“一脚踏三省”和“湖北西大门”之称。来凤历来是鄂湘川（渝）三省（市）边区交通要冲和重要的物资集散地，史称“川湖肘腋，滇黔咽喉”，享有“小南京”美誉。县城所在地翔凤镇，是全县政治、经济、文化中心。县境东西距42.5千米，南北距61.3千米，辖区总面积1342.05平方千米。

来凤是一个多民族聚居县，居住着土家、苗、侗、汉等26个民族群众，户籍总人口32.37万人（其中常住人口24.29万人），常住人口中土家族、苗族人口占总人口55%（据全县第6次全国人口普查数据）。1979年12月19日，国务院批准撤销来凤县建制，设立全国第一个土家族自治县——来凤土家族自治县，隶恩施地区。1983年12月1日，撤销来凤土家族自治县，恢复来凤县建制，隶鄂西土家族苗族自治州（1993年4月更名为恩施土家族苗族自治州，简称“恩施州、州”）。2011年2月、11月，来凤县被纳入湖北武陵山少数民族经济社会发展试验区、武陵山龙山来凤经济协作示范区（简称“两区”）。至2016年，全县设6镇2乡，11个社区居委会，185个行政村，1816个村民小组，75个居民小组。

来凤县是一个积极进取、争先创优的县，先后荣获“全国民族团结进步先进集体”“全国绿化模范县”“全国文化先进县”“全国体育先进县”“全国科普示范县”“全国科技进步县”等荣誉称号，被命名为“中国民间文化艺术之乡”“中华诗词之乡”“中国楹联文化县”。

（二）

人民代表大会制度是指我国的一切权力属于人民，人民在普选的基础上选派代表，按照民主集中制原则，组成全国人民代表大会和地方各级人民代表大会并集中统一行使国家权力；国家行政机关、审判机关、检察机关都由人民代表大会产生，对它负责，受它监督；人民代表大会常务委员会对本级人民代表大会负责，人民代表大会对人民负责，并最终实现人民当家做主的根本政治制度。人大制度是中国共产党长期革命斗争过程中在政权建设方面创造的一种符合中国国情的政权组织形式,它的核心和本质是保证人民当家做主。

来凤县人大是代表全县人民行使国家权力管理地方事务的地方国家权力机关,来凤县人大常委会是县人大闭会期间的常设机关。《来凤县人民代表大会志(1949—2016)》旨在总结经验,存史资政,继往开来,惠及后世,全书6章、41节、87万多字,较为全面地反映人大制度在来凤县发展以及人民行使当家做主权力的历史进程,记述历届县人大及其常委会依法履职、坚持和完善人大制度的工作情况。

(三)

人大制度在来凤县经历探索、建立并曲折发展、遭受破坏、恢复发展和创新发展五个阶段。

探索阶段:1950年9月至1954年2月28日,历经一至四届各界人民代表会议。县人民代表大会前身是县各界人民代表会议。各界人民代表会议,是新中国成立初期普选的县人民代表大会召开前,由县人民政府(简称"县政府")召集县各界人民代表组成的会议。毛泽东指出,各界人民代表会议是人民代表大会的雏形和准备,是人民管理政权的初级形式,是团结各界人民的重要工具。1949年12月2日,中央人民政府委员会第4次会议通过的《县各界人民代表会议组织通则》第六条和第七条规定,县各界人民代表会议职权是:听取县人民政府工作报告,并进行讨论,提出批评和建议;向县政府反映人民的意见和要求,讨论并建议有关县政兴革事宜;向人民传达并解释县各界人民代表会议决议案,并协助县政府动员人民推行之。经省政府批准,可代行县人民代表大会的如下职权:听取与审议县政府工作报告;审查与通过县政府的预算决算;建议与决议有关县政兴革事宜;向人民传达并解释县各界人民代表会议决议案,并协助县政府动员人民推行之;选举县政府县长、副县长、委员,组成县人民政府委员会。

1950年9月7—9日,按照《中国人民政治协商会议共同纲领》和中央人民政府委员会颁布的《县各界人民代表会议组织通则》规定,县第一届(简称"一届")各界人民代表会议第一次(简称"一次")会议在县城召开。会议着重解决巩固革命秩序,恢复和发展生产,贯彻国家财政经济政策,进行社会改革,保证完成公粮等问题,并作出有关决定,还选举产生县各界人民代表会议常务委员会委员。各界人民代表会议制度自此在来凤开始实行,并作为政府传达政令、联系群众的协议机构,代行县人民代表大会职权。从1950年9月至1954年2月28日,来凤县召开4届各界人民代表会议,推动解放初期开展的剿匪反霸、减租减息、民主建政、土地改革、抗美援朝、镇压反革命和发展生产等工作,对于巩固新生的人民政权,发挥重要作用。但是,由于是初创时期,来凤县4届各界人民代表会议,每届基本只举行一次会议,没有达到每3个月举行一次会议的规定,另外,乡镇没有召开各界人民代表会议。尽管如此，各界人民代表会议是人民行使当家做主权力的一种初级形式，为以后实行人大制度奠定基础。这是人大制度在来凤的探索阶段。

建立并曲折发展阶段：1954 年 6 月 28 日至 1965 年 12 月 16 日，历经一届至六届县人民代表大会。1953 年 3 月，中央人民政府委员会发布《中华人民共和国人民代表大会及地方各级人民代表大会选举法》（简称“《选举法》”），4 月，中央选举委员会发出《关于基层选举工作的指示》。中共来凤县委员会（简称“县委”）和县政府依据上述法律和文件规定，9 月 14 日，成立选举委员会，并在城关区老寨坪乡开展选举试点工作；10 月 1 日，在老寨坪乡确定选民，选举代表；在代表会议上，选出老寨坪乡政府委员会乡长、副乡长和委员，正式设立新中国成立后来凤县第一个乡政府委员会。1954 年 4 月，在全县各基层单位开展县人民代表大会代表（简称“人大代表、代表”）普选工作，为召开县第一届人民代表大会（简称“一届人大”）作准备。经过联合提名，充分酝酿，反复协商，慎重选举，选出出席县一届人大代表 188 名。

1954 年 6 月 28 日，县一届人大一次会议召开，会议听取和审议有关报告并通过相关决议，首次选举县政府委员会委员、县长、副县长和出席省人大会议代表，标志人大制度在来凤正式建立，来凤民主政治制度从此翻开崭新的一页。

同时，据《来凤县志》（1990 年 10 月第一版）记载，全县乡镇从 1953 年 9 月至 1956 年，分别召开第一届、第二届人大会议，选举产生乡镇长，组建乡镇政府，听取和审议有关报告，讨论决定本区域重大事项等，多数乡镇人大制度此后受“左”倾路线干扰而中断，个别乡镇延续到 1965 年年底。

就全县情况来看，从 1954 年 6 月至 1957 年，县人大依法履行职权，听取和审议政府工作报告，讨论决定全县重大事项，对政府工作提出批评和建议，促进全县经济和社会事业发展。人大制度在来凤的建立，以及各级人大代表认真行使民主权利，为促进来凤农业合作化发展，对手工业以及私营资本主义工商业的社会主义改造，稳定社会秩序，发展人民民主，建设社会主义法制，推动经济建设和社会各项事业发展，都发挥重要作用。

人民真正当家做主的政治制度——人民代表大会制度，在来凤发展不是一帆风顺的。从 1957 年下半年起，由于“左”倾路线干扰、反右斗争严重扩大化、“大跃进”以及随之而来的 3 年困难时期，国民经济遭到严重破坏，国家政治生活也渐趋不正常，《宪法》赋予人大的职权未能完全履行，人大制度在社会政治生活中的地位和作用逐步下降，人大制度建设出现曲折，人大会议不能按期召开。县三届至六届人大期间，每届只召开一次会议，县六届人大一次会议与二届贫下中农代表大会和十二次劳动模范代表大会套开、合开，重大事项很少提交县人大会议审议，人大代表在大会上发言也谨小慎微，基层民主政治生活被严重窒息。

遭受破坏阶段：1966 年 5 月至 1978 年 8 月，县人民委员会被撤销。1966 年至 1976 年“文化大革命”期间，人大制度遭到严重破坏。来凤县与全国各地一样，县人民委员会被撤销，公安局、法院、检察院等政法机关也被砸烂。"文化大革命"把经济推向崩溃边缘,而且把新中国成立以来逐步建立起来的社会主义民主与法制破坏殆尽。1968年9月,经过省革命委员会(简称"革委会")批准,来凤成立县革委会,取代县人民代表大会和县人民委员会职权,人大制度因此中断。革委会成为集党、政、军、审判、检察大权于一身,包揽行政、司法、党务等各项工作的"权力机构"。

1976年10月,党中央粉碎江青反革命集团后,拨乱反正,正本清源,国家和人民从"文化大革命"中解脱出来,国家政治生活重新走上正常轨道。1978年12月召开的具有划时代意义的中国共产党第十一届中央委员会第三次全体会议,总结新中国成立以来历史经验,特别是"文化大革命"的沉痛教训,提出发展社会主义民主、健全社会主义法制的根本任务,国家民主法制建设逐步得到加强,为人大制度恢复奠定基础。

恢复发展阶段:1980年5月13日至2006年12月,历经八届至十四届县人民代表大会。1979年6月,五届全国人大二次会议对人大制度进行重大改革:一是将人大代表直接选举范围,由乡级扩大到县级;二是在县以上地方各级人大设立常委会,作为人大闭会期间的常设机关。

1980年4月28日,全县采用无记名投票方式,实行差额选举,由选民直接选举产生来凤土家族自治县一届人大代表(1979年12月19日,国务院批准撤销来凤县建制,设立来凤土家族自治县,县人大届次便确定为来凤土家族自治县一届人大。1983年8月19日,国务院批准撤销恩施地区行政公署,成立鄂西土家族苗族自治州,来凤土家族自治县建制随之撤销。1984年8月4日,自治县一届人大常委会作出关于更改县人大届次的决定,决定下一届换届选举后的县人大届次为第九届,因此,习惯将自治县一届人大称为县八届人大)。

1980年5月13—16日,自治县一届人大一次会议召开,中断14年之久的人大制度在来凤得以恢复。根据1979年《中华人民共和国地方各级人民代表大会和地方各级人民政府组织法》(简称"《地方组织法》")规定,设立县人大常委会,撤销县革委会,恢复县政府,会议选举产生县人大常委会组成人员,并将县人大常委会作为县人大闭会期间常设机关,这有利于地方国家权力机关加强对地方国家行政机关、审判机关和检察机关监督,是人大制度一次重大发展。

1984年6月,根据《宪法》规定,来凤县撤销自1958年开始实行的农村人民公社政社合一体制,设区建乡,全县建立8个区公所2个县辖镇政府、47个乡政府和5个区辖镇政府。1988年年初,县十届人大常委会根据有关法律规定,决定在全县各乡镇人大设立主席团,设立常设的主席团和主席团主席、副主席,乡镇人大建设进一步加强,人大制度得到丰富和完善。

1997年1月,撤区建乡,全县建立6个乡政府、3个县辖镇政府,各乡镇每年都召开人大会议,听取和审议有关工作报告,选举产生乡镇人大主席、副主席和乡镇政府乡镇长、副乡镇长,讨论决定本行政区域重大事项,乡镇人大工作逐步步入经常化、规范化、法制化轨道。

从1980年5月至2006年12月,县人大经历八届(即自治县一届人大)至十四届。

历届县人大认真履行《宪法》和法律赋予的职权，听取和审议县政府工作报告、县人大常委会工作报告、县人民法院（简称“法院”）工作报告、县人民检察院（简称“检察院”）工作报告，听取和审查县国民经济与社会发展计划草案的报告、财政预算执行情况和财政预算草案的报告，审查批准县国民经济和社会发展规划，对上述报告均作出相应决议；依法选举县人大常委会主任、副主任和常委会委员，选举县政府县长、副县长，选举县法院院长，选举县检察院检察长和来凤县出席州人大会议代表。历届县人大有效行使地方国家权力机关管理国家和社会事务的权力，保证人民当家做主和依法实行民主选举、民主决策、民主管理及民主监督的权力，有力推动和保障来凤改革开放和社会主义现代化建设顺利进行，充分显示人大重要地位和独特作用。这一时期，来凤县人大制度得以恢复发展，是不断健全、完善和健康发展的阶段。

讨论决定重大事项、任免地方国家机关工作人员、监督“一府两院”工作，是《宪法》和法律赋予地方人大常委会的重要职权。1980年县人大常委会设立后，认真行使法定职权。1999年后，特别是随着县人大常委会机构不断健全，一系列议事规则、制度的制定和完善，一批年富力强、学有专长人员进入常委会机关工作，常委会职能得到进一步发挥，地方国家权力机关工作在制度化、程序化的轨道上健康运行，人大制度在来凤得到进一步加强和完善。

县人大制度的恢复和人大常委会的建立，加快民主法制建设进程，在县委领导下，历届县人大及其常委会不负人民重托，代表人民意志，认真履行《宪法》和法律赋予职责，自觉坚持党的领导、充分发扬民主和严格依法办事有机统一，努力贯彻执行党的十一届三中全会以来路线、方针、政策，在推进全县经济社会发展和民主法制建设等方面，开展大量卓有成效的工作，充分发挥地方国家权力机关作用。

创新发展阶段：2007年1月至2016年12月，县人大历经十五届、十六届，特别是《中华人民共和国各级人民代表大会常务委员会监督法》（简称“《监督法》”）施行后，县人大及其常委会工作进入新的发展时期。2007年1月1日，《监督法》施行，县十五届和十六届人大及其常委会以此为契机，紧紧围绕县委重大决策的落实、“一府两院”重点工作的推进、人民群众关注热点问题的解决，突出监督重点，注重监督实效，创新监督形式，在监督中支持，在支持中监督，正确处理监督与被监督关系，取得良好监督效果。

在实际工作中，县人大及其常委会实现人大工作在探索中前进，在前进中发展，在发展中创新，各方面工作都跃上新的台阶：创新监督工作，首次开展专题询问，首次采用跟踪监督方式，首次把国有资本经营预算收支情况纳入审查监督范围，首次引入第三方力量参与预决算审查，在全州率先与县财政国库联网、实行在线监督、使预算监督工作步入常态化，在全州率先设立预算工作委员会和规范性文件备案审查室、依法加强财政预决算监督和规范性文件备案审查工作，首次向州人大常委会提出依法保护酉水河的立法建议、并积极协助开展立法相关工作。创新代表工作，开展常委会主任、副主任定期接待代表活动和代表述职评议活动，督促建立“一府两院”领导领办代表建议机制,开展建立人大代表工作室试点。创新常委会会议形式,首次安排公民旁听会议,首次采用票决制表决重大监督事项,首次安排常委会组成人员旁听法庭刑事案件庭审。同时,在全州率先使用常委会会议电子表决系统,提高履职信息化水平,为依法、客观、公正表决创造条件;首次实行被任命国家机关工作人员向宪法宣誓,彰显宪法权威;着力推进规范化建设,制定完善42个履职制度,编印、实施县人大及其常委会履职规范,推动县乡人大初步实现履职规范化,全面提升履职科学化水平;紧紧围绕建设“学习、务实、创新、清廉、和谐”型机关目标,机关建设取得显著成效;按照“2532”(即开好乡镇人代会、主席团会,开展好执法检查、视察调研、工作评议、走访联系、述职评议,抓好代表培训、代表建议办理、人大宣传工作,抓好人大履职规范化建设和阵地建设)工作要求,加强乡镇人大工作指导,提升乡镇人大工作水平;加强对上对外联系交流,积极参加渝黔湘鄂、川渝鄂陕和长江流域部分县(市、区)人大工作联席会,努力争取武汉市人大常委会对口帮扶,开阔视野,学习先进经验,改善工作条件等,所有这些,标志来凤坚持完善人大制度和人大工作进入新的历史发展时期。

同时,按照《地方组织法》规定,常委会每两个月至少召开一次会议,截至2016年12月,召开常委会会议280多次,围绕全县经济社会发展和民主法治建设等重大问题作出决议决定300多项,听取和审议工作报告700多项,任免地方国家机关工作人员1700多人次,保障县域经济与社会事业发展科学决策和民主决策,保证地方国家行政权力高效运行。

2011年3月10日,全国人大常委会委员长吴邦国庄严宣布,中国特色社会主义法律体系已经形成。这表明中国在根本上实现从无法可依到有法可依的历史性转变,各项事业发展步入法治化轨道。2012年11月召开的党的十八大,作出依法治国的战略部署;党的十八届四中全会作出关于全面推进依法治国若干重大问题的决定,加快建设社会主义法治国家,这样,对各级人大及其常委会依法履职,既提供法律保障,也提出新的更高的要求。2015年6月,中共中央转发《中共全国人大常委会党组关于加强县乡人大工作和建设的若干意见》;9月中旬,全国人大常委会召开加强县乡人大工作和建设座谈会,这是新形势下党中央加强人大工作特别是县乡人大工作、推进社会主义民主法治建设的重要举措。

2015年12月8日,县委召开人大工作会议,学习贯彻中共全国人大常委会党组、省委、州委人大工作会议精神和省委关于进一步加强人大工作和建设的决定、州委关于进一步加强人大工作和建设的实施意见,研究部署新形势下加强党对人大工作和建设的领导,出台《关于加强人大工作和建设的实施办法》,为推动县乡人大工作和建设与时俱进指明方向。同时,随着全县经济建设快速推进和改革开放深入发展,特别是面临“两区”建设的新形势,县人大及其常委会顺应历史潮流,开拓创新,奋发有为,依法履职的能力和水平不断提高,讨论决定重大事项取得新进展,监督工作实效不断增强,代表工作迈出新的步伐,人事任免工作日益规范，机关制度建设不断健全，各项工作规范化建设顺利推进，常委会及其机关建设得到加强，为促进全县经济社会发展和民主法治建设，发挥地方国家权力机关独特的不可替代的重要作用。

人民代表大会制度在来凤县的发展历程表明，是否坚持和完善人民代表大会制度，直接关系到政治生活能否正常，经济建设能否健康发展，社会能否长治久安，人民能否真正当家做主。坚持和完善人民代表大会制度，是历史的必然选择，是时代的必然选择，更是人民的必然选择。

第一章　来凤县各界人民代表会议

1949年11月9日来凤县解放后，县政府遵照《中国人民政治协商会议共同纲领》规定和中共恩施地委通知精神，1950年6月中旬，召开各界人民代表座谈会；9月上旬，县一届各界人民代表会议一次会议召开，首次以各界人民代表会议形式，民主协商施政，监督政府工作，代行人民代表大会职权。从1950年9月至1954年2月，召开4届县各界人民代表会议。

第一节　县一届各界人民代表会议

在县一届各界人民代表会议召开之前，1950年6月14—15日，县政府召开各界人民代表座谈会，出席会议代表74人。会议充分讨论动员和组织社会各界人士，促进剿匪统一战线，积极做好鄂湘两省进剿土匪的支前工作。会后，各界人士分别开展大量分化瓦解、劝降土匪工作；农村成立联防组织，防匪剿匪。因此，投诚土匪日增，新生人民政权日益巩固。

1950年9月7—9日，县一届各界人民代表会议一次会议召开。会议听取和讨论县长常修利作的政府工作报告。

巩固革命秩序、恢复发展生产是当时急务，必须支持剿匪大军清匪反霸、充裕国库、恢复发展工商业、逐渐扫除发展农业生产障碍等，会议分别作出决议：1.遵照农业税法，实现公平合理负担，依靠发动群众，保证年内百分之百完成公粮任务。2.减租减息，清匪反霸，以恢复农业生产，巩固革命秩序。3.发展生产，繁荣经济。4.贯彻《中华人民共和国婚姻法》(简称“《婚姻法》”)，保证婚姻自由，不准虐待妇女，提倡家庭和睦。5.恢复发展文化教育事业，重点恢复学校。6.对几个具体问题作出决定：(1)严格取缔反动会道门，法办从事非法活动的为首分子；(2)保护公路和电话线；(3)广泛开展对敌政治攻势，发起一次支持部队剿匪的签名运动，协同人民解放军部队剿匪，争取来凤县在外当土匪的迅速归降；(4)组织群众，慰问剿匪大军；(5)依法开展斗争，镇压反革命分子(简称“镇反”)，会议决定设立人民法庭，推选县公安局局长罗开明为审判长。

会议推选常修利、李益孟、罗开明、王星武、霍震、耿新斗、夏季元、谢常贵、田发成、覃子成、何义、田捷扬、杨士杰、汪振东14人，为县各界人民代表会议常务委员会委员，常修利、李益孟为正、副主任委员。

自1950年8月开始，根据县委《关于减租减息和生产自救的决定》，全县减租减息计粮食71.9万公斤，解决农民困难，发展农业生产，促进各级农民协会建立和发展。在147个村发展农民协会会员1万余人，并逐步建立县、区、村农民协会。

根据上级统一部署，县政府在全县开展大规模清匪反霸运动。大力开展对敌政治攻势，建立剿匪统一战线，分化瓦解土匪，敦促土匪弃暗投明。1950年11月，鄂湘两省清剿部队合围，危害湘鄂边区大土匪瞿波平走投无路，在湖南龙山县率部投降，接着，来凤自动投诚土匪139人，表示愿意退出反动组织210人。发动群众，组织民兵，配合部队实行军事围剿。经过一年清剿，境内土匪基本肃清，捕剿土匪1233名。在反霸斗争中，斗争恶霸地主804人，并镇压其中少数首恶分子。

1951年2月，为实施《土地改革法》，在城关区举办土地改革（简称“土改”）试点，以后分4批在全县开展。

第二节　县二届各界人民代表会议

1951年7月9—11日，县二届各界人民代表会议一次会议在县城召开，出席会议代表316人。

会议讨论通过5项决议：1.响应中国人民抗美援朝总会发出关于推行爱国公约、捐献飞机大炮和优待烈属军属的号召，深入开展抗美援朝爱国主义教育，镇压反革命，增加生产，捐献飞机大炮。2.紧急动员，战胜旱荒，力争丰收。3.拥护土改，贯彻复查工作。4.贯彻镇反与宽大相结合政策，坚决镇压反革命分子。5.依靠工人，团结其他革命阶级，开展城镇民主改革运动。

这时，广大翻身农民和城镇居民热情高涨，纷纷响应号召，报名要求参军人数近4000人，全县干部群众踊跃捐献飞机大炮款2.67亿元（旧人民币制，折算为新人民币约2.67万元），以实际行动支援抗美援朝，保护胜利果实。

第三节　县三届各界人民代表会议

县三届各界人民代表会议在1952年召开2次会议。

1952年1月2—6日，县三届各界人民代表会议一次会议在县城召开，出席会议代表241人。会议主要议题：1.大力发动群众，完成土地改革，并在年底要全部完成社会改革工作。2.增加生产，厉行节约，订立爱国公约计划，继续镇压反革命分子。3.召开各区农民代表会议，认真贯彻党的中心工作。4.保护森林，搞好救灾工作。

1952年11月7—16日，县三届各界人民代表会议二次会议在县城召开，出席会议代表452人（包括各区农民代表）。会议讨论查田定产问题，并部署生产救灾等工作。会议作出10项决议：1.产量除特等外，一等田285公斤，一等土210公斤……以此类推,报批后执行。2.交爱国公粮要饱满干净。3.统一领导,互相竞赛,不留一粒尾欠。4.大家团结友好,协助鳏孤老弱残群众交爱国公粮。5.大力宣传政策,加强冬耕生产,为1953年经济建设打下基础。6.算细账,比过去,看现在,想将来,干部积极带头。7.山货抵交公粮(由合作社收购),以当时市价折合。8.正确执行灾情减免和社会照顾,做到大公无私。9.严厉管制坏分子,警惕造谣破坏。10.强迫地主劳动改造,只许老老实实,不许乱说乱动。

通过召开县三届各界人民代表会议一、二次会议,农民普遍认识查田定产、交爱国公粮是为了增强抗美援朝力量,迎接1953年大规模经济建设,同时交爱国公粮是每个人光荣任务和爱国主义具体体现。全县查田定产以土堡乡为标准实行评比(比土壤、比泥色、比阳光、比水源),等级站队,全县分为17等。切实贯彻查田定产政策和等差田认定,并辅以爱国主义教育,解决一系列思想问题。通过讨论,明确灾情减免和社会照顾有关问题,要依率计征、依法减免。

1952年9月,全县土地改革基本结束,并开始土改复查。在土改中,2.5万余户、11万多无地或少地贫下中农,分得土地8万余亩,还分得房屋、农具、耕牛等。

第四节　县四届各界人民代表会议

1954年2月28日,县四届各界人民代表会议一次会议在县城召开,出席会议代表188人。会议讨论在全县开展基层普选等问题,研究民主选举步骤和方法,作出决议;同时决定1954年生产计划。

在一至四届各界人民代表会议期间,县政府着重抓四个方面工作:

开展禁烟禁毒运动。1952年7月,全县清查出烟毒犯99名,收缴烟具1000余件。这次禁烟禁毒,在打击少数、改造多数方针指导下,结束来凤种植罂粟和吸食大烟的历史。

查田定产和土改复查。县政府完成土地改革工作后,于1952年9月进行查田定产和土改复查工作。经调查核实,全县农业人口136813人(总人口145400人),田亩26.64万亩,粮食产量3643.4万公斤,比查田定产前的132388人、17.46万亩、2818.6万公斤,分别增加3.34%、52.58%、29.26%。同时,对在土改中错划、漏划阶级成分者,均予以纠正或补划。

开展互助合作运动。土改复查至1953年完成,此时,全县临时互助组发展到1760个,参加农户8352户;还组织常年互助组20个,参加农户173户。

进行普选。普选工作在县委领导下,从1953年9月开始,到1954年4月结束,全县125个乡镇选出基层代表1952人,选出县一届人大代表188人。

第二章　来凤县人民代表大会

1954年6月至2016年12月，县人民代表大会经历16个届次，召开会议49次，听取和审议各项工作报告249项，作出决议决定247项；选举产生县长18人次、副县长65人次、县人民委员会委员127人次，县革委会主任1人、副主任6人、委员34人，县人大常委会主任11人次、副主任44人次、常委会委员169人次，县法院院长15人次，县检察院检察长10人次，州人大代表305人次（包括转入、补选和另行选举的）；办理代表提案（1982年12月10日《地方组织法》修正，首次用“建议、批评和意见”的表述，因此，在1983年之前，人大代表提出的议案和对各方面工作的建议、批评和意见，统称为“提案”；从1983年开始，人大代表提出的议案和对各方面工作的建议、批评和意见，分别用“议案”和“建议、批评和意见”来表述）926件，代表议案32件，代表质询案1件，代表建议、批评和意见（简称“建议”）4091件。第一至八届县人大会议直接选举省人大代表14人次，间接选举省人大代表15人次（包括转入1人）。

第一节　县一届人民代表大会

县一届人大任期自1954年6月至1956年12月。

1954年6月28日至7月3日，县一届人大一次会议在县城人民礼堂召开，应到代表188人，因病因事请假30人，实到158人；列席人员20人。大会设立主席团、秘书处、提案审查委员会、代表资格审查委员会。

会议听取和审议代理县长张来义作的关于1953年施政工作报告，县委书记耿新斗作的当前形势与任务的报告，副书记贾兰祥作的关于学习《宪法（草案）》的报告。组织与会代表学习《宪法（草案）》。

会议以贯彻统购统销政策为中心，结合生产救灾、文教、财经等进行充分讨论。与会代表在审议1953年施政工作报告基础上，对政府工作提出批评与建议。表决通过关于拥护《宪法（草案）》的决议、关于今后工作任务的决议。

会议选举产生县政府委员会委员20人（参见第五章第五节），选举张来义为县长，贾兰祥为副县长；选举张来义、明树荣为省一届人大代表。

1954年入春后，全县遭受旱、水、风、雹、虫等灾害。3月，遭受旱灾，致使4800亩水田改种杂粮；5月，连降暴雨，冲毁田土，冲垮房屋，淹死13人，1.95万亩田土失收；7月，虫灾严重；8月，4个区遭风雹袭击，受灾面积1万余亩。自然灾害频发，给全县群众生活带来极大困难,在夏荒中就有2万余人断炊。根据中共中央关于生产自救、节约渡荒、群众互助、辅之以政府必要救济方针,县政府成立11人组成的生产救灾委员会,县长张来义任主任委员,下设办公室。组织群众兴修水利,增加灌溉面积15.9万亩;大搞副业生产,进行自救;开展社会互济,发动机关干部捐献衣物500余件;每个互助组包干解决1—2户受灾户困难;政府发放救济款13643元,棉衣724件,棉絮109床等。

全县干部群众贯彻过渡时期总路线,互助合作运动有新发展。有临时互助组3136个,常年互助组506个,初级社3个,参加农户2.2264万户,占全县总农户的65.51%。1955年8—9月,以区为单位,举办互助组组长训练班,总结交流经验。一大批临时互助组转为常年互助组,初级农业社由3个、62户增加到82个、1640户。1956年1月以后,通过贯彻省委、省人民委员会关于改造工商业的政策精神和中共中央关于农业合作化问题的决议,全县农业合作化和对手工业、私营资本主义工商业的社会主义改造掀起新高潮。年底,全县建立高级农业社211个,初级农业社发展到136个,入社农户2.819万户,占全县农户总数的81.05%;手工业合作社发展到27个,社员844人,组织面95%;私营工商业中有649人纳入国营、公私合营、合作商店和供销小组,占总数的94%。全县社会主义改造基本完成,国民经济发展得到促进,全县第一个五年计划提前完成。

第二节　县二届人民代表大会

县二届人大任期自1956年12月至1958年5月。

1956年12月29日至1957年1月1日,县二届人大一次会议在县城人民礼堂召开,应到代表165人,因病因事请假12人,实到153人。大会由徐中球任秘书长。会议任务:继续巩固和加强人民民主专政,团结一切可以团结的力量,调动一切积极因素,为建设社会主义祖国而奋斗。

会议听取和审议代理县长张志德作的政府工作报告、由坤作的法院工作报告、耿新斗作的1957年工作规划的建议报告。代表们认真审议政府、法院工作报告,表决通过关于1957年发展生产的决定。

会议选举产生县政府委员会委员19人,选举张志德为县长,徐中球、蒋志卿为副县长;选举由坤为县法院院长;补选张志德为省一届人大代表。

会后,县政府委员会改称为县人民委员会。

1957年7月、1958年1月,先后召开县二届人大二、三次会议,讨论整风学习等问题,表决通过相关决议。

1957年9月至1958年4月,全县开展社会主义教育,在工商企业、学校、机关单位中,分3批进行整风学习,开展反右斗争,错划一批右派分子，挫伤少数知识分子、民主人士和干部积极性。1957年，全县依靠农业社力量，战胜75天严重自然灾害，使粮食产量只比1956年减产12.2%；但工业总产值同比增长34.33%，财政收入同比增长54.33%。

第三节　县三届人民代表大会

县三届人大任期自1958年5月至1961年12月。

1958年5月2—4日，县三届人大一次会议在县城人民礼堂召开，应到代表165人，因病因事请假42人，实到123人，其中少数民族代表37人；列席人员11人。大会主席团由张志德、郝耀生、徐中球等17人组成，秘书长由吴新知兼任；代表资格审查委员会由肖凯等3人组成；提案审查委员会由张志德等5人组成。

大会期间，与会代表听取和审议县长张志德作的政府工作报告和1958年政府工作计划报告，县法院院长由坤作的法院工作报告，县委书记耿新斗作的建设新来凤的讲话。会议根据“粮食自给有余，大力发展多种经营”山区建设方针，着重讨论恢复、发展农业生产等问题，表决通过相关决议。

会议选举产生县人民委员会委员19人，选举张志德为县长，郝耀生、蒋志卿、吴新知为副县长；选举由坤为县法院院长；选举张志德、任寿千、田恩波为省二届人大代表。

代表大会后，1961年12月16日增补许振中为副县长。

在县三届人大期间，全县实行人民公社化，开展“大跃进”“大办钢铁”群众运动，贯彻执行第二个五年国民经济和社会发展计划。但是，由于缺乏社会主义建设经验，违背经济规律，急于求成，夸大主观意志和主观努力作用，出现高指标、瞎指挥、浮夸风和“共产风”等“左”倾错误，不讲等价交换原则，大办食堂，无偿平调农民劳力、物资和资金，严重挫伤农民积极性；加上1959年至1961年连续3年自然灾害严重影响，国民经济遭受重大损失。社会商品零售涨价，市场供应紧张，政府被迫压低口粮标准，实行“低标准”“瓜菜代”，人们营养不良，体质下降，发生浮肿病，也出现一些非正常死亡。1959年5月21日，县人民委员会成立由9人组成的生产救灾委员会，副县长吴新知任主任；各公社、管理区亦成立相应组织。3年内，县人民委员会发放救济款65.3万元，拨发大米、黄豆救灾物资，解决群众生活问题。1961年，贯彻执行中共中央提出的“调整、巩固、充实、提高”方针，压缩行政机构，调整人员，组织动员城镇居民、厂矿职工、事业单位人员4508人走上农业生产第一线，以加强农业生产，改善城乡关系。

第四节　县四届人民代表大会

县四届人大任期自1961年12月至1963年9月。

1961年12月24—26日,县四届人大一次会议在县城电影院召开,应到代表165人,因病因事请假51人,实到114人;列席人员15人。会议主席团由郝耀生、吴新知等19人组成,秘书长由蒋志卿兼任。

会议听取和审议副县长郝耀生作的政府工作报告,县法院院长由坤作的法院工作报告,副县长蒋志卿作的高举三面红旗、鼓足干劲、战胜困难、为争取明年更大丰收而奋斗的报告;表决通过努力发展生产、组织新跃进的决定。

会议选举产生县人民委员会委员21人,选举张志德为县长,郝耀生、蒋志卿、吴新知、许振中为副县长;选举由坤为县法院院长。

1962年2月26日,增补吴荣清为荣誉副县长。

在县四届人大期间,1962年4月3—4日、7月1—2日,1963年1月18—20日,分别召开第1—3次县人民委员会委员会议。会议贯彻“调整、巩固、充实、提高”方针,按照农业、轻工业、重工业次序,调整国民经济。县人民委员会改进干部工作作风,执行《人民公社工作条例(修正草案)》,开展以调整为中心的增产节约运动,合理调整工业布局,缩短工业战线,精简职工,加强农业生产,恢复和发展国民经济。至1963年,全县实现工业总产值261.6万元,年平均递增16.5%;粮食产量从1962年开始上升,年平均递增14%;财政收入年平均递增32.3%。各行各业工作都有起色,市场供应有所改善,物价趋向稳定,群众生活得到一定改善。

第五节　县五届人民代表大会

县五届人大任期自1963年9月至1965年12月。

1963年9月20—22日,县五届人大一次会议在县城电影院召开,应到代表172人,因病因事请假25人,实到147人;列席人员7人。大会主席团由耿新斗、郝耀生等23人组成,蒋志卿兼任秘书长,郝耀生任代表资格审查委员会主任委员,蒋志卿任提案审查委员会主任委员。

会议听取和审议副县长郝耀生作的政府工作报告,县法院院长由坤作的法院工作报告,副县长蒋志卿作的继续高举三面红旗、鼓足干劲、力争上游、为争取明年更大丰收而奋斗的报告。代表们认真审议政府工作,表决通过关于县人民委员会工作报告的决议。

会议选举产生县人民委员会委员23人,选举张志德为县长,郝耀生、蒋志卿、吴新知、许振中为副县长;选举由坤为县法院院长;选举张志德、田恩波、任寿千为省三届人大代表。

1965年3月，县长张志德调离；9月17日，增补田恩波为副县长。

1963年至1965年，全县经济建设经过调整，一直呈现上升势头。1965年，全县粮食总产5735万公斤，工农业总产值347.6万元，财政收入211.62万元，比“二五”时期末的1962年分别增长16.8%、32.1%、77.8%。在3年国民经济调整时期，全县粮食生产、工农业总产值年平均递增6.4%、15.2%。从1963年下半年开始，全县农村分期分批开展以“四清”（即清理账目、工分、财务和仓库）为内容的社会主义教育运动。在3年“四清”运动中，初步解决干部作风上存在多吃多占、瞎指挥、官僚主义以及经济管理上账目、财务不清和管理制度不健全等问题，但因受“左”倾错误影响，把大量不属于阶级斗争问题，简单看成阶级斗争反映，“以阶级斗争为纲”，伤害一大批农村干部积极性，不同程度影响农业生产。由于社会主义教育运动同时强调要密切结合生产，做到“四清”与生产两不误，在一定程度上减轻运动造成的损失。

第六节 县六届人民代表大会

县六届人大任期自1965年12月至1966年6月。

1965年12月16—26日，县六届人大一次会议在县城电影院召开。这次会议与全县第二届贫下中农代表大会、第十二次劳动模范代表大会同时召开。出席会议代表175人；列席会议贫协代表和劳模代表653人。

会议听取和审议副县长许振中作的政府工作报告，涂青松作的法院工作报告，表决通过关于政府工作报告的决议。

会议选举产生县人民委员会委员25人，选举汤其贤为县长，许振中、蒋志卿、田恩波、郝耀生、吴新知为副县长；选举涂青松为县法院院长；选举田恩波、任寿千为省人大代表。

1966年1月、4月，副县长郝耀生、吴新知先后离任。

1966年5月，全县“文化大革命”开始，接着“红卫兵”串联，破“四旧”。8月，一大批知识分子受到批判，被打成“牛鬼蛇神”。9月，社会上各种群众组织纷纷成立，提出“怀疑一切”的口号，以批判“资产阶级反动路线”、揪斗“走资本主义当权派”为由，把矛头指向县党政机关。接着两派（指“红联”和“工农文学”）群众组织由大字报、大辩论发展到严重对立。来凤社会和生产秩序出现混乱。1967年1月，县人民武装部（简称“县人武部”）奉命介入地方，执行“支左、支工、支农和军管”（“支左”，指“文化大革命”中人民解放军支持当时被称为“左”派群众组织的行动）任务，对邮政、广播、金库等26处重要部门实行军事管制；3月，成立县人民武装部抓革命促生产办公室；5月，改为县抓革命促生产第一线指挥部，由县人武部部长陈仕贵任指挥长，县委副书记张道宽、县人武部政委李东升、县长汤其贤、副县长蒋志卿和田恩波任副指挥长,领导和指挥全县各项工作;7月下旬,县抓革命促生产第一线指挥部被群众组织冲垮,成立县无产阶级革命派抓革命促生产指挥部。从此,群众派性组织冲击县人武部,冲击专政机关,抢夺枪支,武斗升级,全县各项工作处于瘫痪状态。

第七节　县革命委员会和七届人民代表大会

革委会是"文化大革命"期间党政合一的政权组织形式。根据1979年五届全国人大二次会议通过《关于修改〈中华人民共和国宪法〉若干规定的决议》规定,地方各级革委会改为各级人民政府。

县七届人大任期自1978年8月至1980年5月。

一、县革命委员会

1968年2月18日,县人武部奉命将公安局、检察院、法院三家合并,实行军事管制,建立军管小组。县革委会成立后,设立政法组。

1968年9月17日,经省革委会批准,以县人武部政委苏其新为主任,组成军队、干部、群众"三结合"的县革委会(组成人员参见第五章第七节)。9月23日,在城关区飞机场举行县革委会成立大会。从此,由县革委会掌握全县党、政、财、文大权,实行一元化领导,组织和领导全县工作。1969年12月15日,县革委会成立整党建党领导小组。1970年5月5日,建立中共来凤县革委会核心小组。

此后,县革委会组织清理阶级队伍,开展"一打三反"(指按照1970年中共中央发出的3个文件开展的运动,即1月31日发出的《关于打击反革命破坏活动的指示》,2月5日发出的《关于反对贪污盗窃、投机倒把的指示》和《关于反对铺张浪费的通知》)运动,精简机构,下放干部,组织知识青年和城镇居民到农村插队落户。

1971年1月,召开县第四次党代会,党政领导机构正式分设,革委会成为政权机构。1973年3月29日,撤销政法组,恢复县法院。1976年10月,中共中央一举粉碎江青反革命集团,结束"文化大革命",10年动乱,经省革委会批准,调整县革委会组成人员(参见第五章第七节)。

二、县七届人民代表大会

1978年8月2—5日,县七届人大一次会议在县城电影院召开,出席会议代表427人。大会主席团由40人组成,刘启政任主任,田恩波、时静等7人为副主任;时静兼任秘书长;田恩波任代表资格审查委员会主任委员。

会议听取和审议县革委会主任刘启政作的高举毛主席伟大旗帜、紧跟华主席进行新长征的工作报告,总结全县人民同林彪、江青反革命集团斗争的主要经验,制定全县3年、8年、23年初步规划和奋斗目标;表决通过关于县革委会工作报告的决议。

会议选举产生县革委会委员34人，选举田恩波为县革委会主任，时静、王仕才、蒋志卿、吴新知、胡宁中、向极大为县革委会副主任；选举李宗文为县法院院长；选举金忠诚为县检察院检察长。

在县七届人大期间，全县开展“实践是检验真理的唯一标准”大讨论，贯彻执行党的十一届三中全会路线、方针、政策，拨乱反正，清除“左”的影响；在农村普遍推行包产到组、联产计酬的经济责任制，有些社队还责任到劳，实行家庭联产承包责任制，农民生产积极性得到调动，农业生产和各项工作得到促进。1979年，全县农业总产值4961.55万元，工业总产值1616.49万元，职工全员劳动生产率5512元，比1978年分别增长6.7%、10.4%、14.7%；财政收入452.41万元，比1978年增长49.03%。市场交易开始活跃，物资逐步丰富，人们生活水平有所提高。1979年，农村社员存款47.61万元，城镇居民储蓄存款83.59万元，比1978年分别增长57.3%、28%。

第八节　自治县一届人民代表大会

自治县一届人大任期自1980年5月至1984年11月，召开会议4次，听取和审议工作报告15项，作出决议决定16项；选举产生县人大常委会主任2人、副主任4人、委员14人（包括常委会主任、副主任，下同），县长2人、副县长4人，县法院院长1人，县检察院检察长1人，省人大代表3人，州人大代表48人（包括补选2人、转入2人）；办理代表提案926件。

一、代表选举

1980年1月10日，县委决定，成立县选举委员会，任命县选举委员会组成人员，主任田恩波，副主任时静、高太顺、吴新知、胡宁中，委员田祚春、李道山、罗崇良、田南山、杨世海、洪增荣、何凤池、李国铨、张文仲。选举委员会下设办公室，主任黄学初，副主任崔震、余辉、何凤池。办公室下设秘书、组织、宣传、保卫等工作组。

按照《选举法》有关规定，经省人大常委会决定，自治县一届人大代表名额253名。县选举委员会将全县划分为57个选区，将代表名额分配到各选区。

1月20—30日，各选区依法登记选民。全县人口总数228260人，18周岁以上人口数120141人，选民登记人数119864人，占18周岁以上人口的99.8%，无法行使选举权利224人，暂停行使选举权利53人。

2月上旬到3月上旬，各选区依法提名推荐、酝酿协商代表候选人。全县提名推荐代表候选人6309名，经过酝酿协商，确定正式代表候选人389名。

县选举委员会确定1980年4月28日为选举日。各选区通过召开选举大会、设立投票站、流动票箱、委托投票等形式，采取无记名投票方式，选举产生自治县一届人大代表253名。

经代表资格审查委员会审查，选举产生

的253名代表资格有效(代表构成情况参见第二章第十六节正文之后来凤县第八届至十六届人大代表类型一览表)。

自治县一届人大代表:

田南山	黄文伯	向极大
向大朋	杨水香(女)	向宽荣
向士明	向其和	张家钊
王菊云(女)	滕凤山	彭仕祥
田呈林	覃金恩	谢桂云(女)
向于禄	吴克发	李福成
肖定祥	侯桂云(女)	谭忠新
王良成	吕纯池	张干全
李致英(女)	秦文勋	李昌才
陈明祥	钟支胜	李菊云(女)
虞保山	陈佑民	吴代佑
贾文玉	金成香(女)	田仲武
陈庭贵	田维望	和云胜
张玉莲(女)	向德珍	田连培
田洪进	王友炳	向银莲(女)
彭善武	向顺福	向习成
李正兴	龙冬云(女)	周道清
谢志魁	贵立沛	胡长寿
张美云(女)	蒋进安	李道山
向致春	田忠友	吴明凤(女)
田永术	田先德	彭善立
向万术	樊春碧(女)	杨斌儒
彭明德	田兴贵	刘灼宣
向神英(女)	严天福	向志贵
张业祥	姚祖友	王桂玉(女)
田德安	彭国宽	高太顺
向先云	向祥云(女)	彭连万
向付昌	肖红银	唐依兵
吴玉兰(女)	田世超	田德顺
兰祥凤	覃祥云	向金翠(女)
田家贵	彭昌松	田先才
田永才	田青云(女)	彭进章
田敬如	曾绍清	刘玉发
邓永桃(女)	向玉楼	张瑞武
吴爱民	张胜碧	向桂云(女)
兰新成	王永禄	田恩凡
许绍奇	曾凤英(女)	姚本均
张仕明	曾习斌	李　双
田桃云(女)	杨海清	曾宪禄
田康宁	张吉发	廖玉珍(女)
马朝富	吴廷发	肖德元
覃长双	田银香(女)	唐启学
彭金安	万远富	田呈习
张满云(女)	尹毓盛	向献和
万继海	田正树	邓菊美(女)
田永正	向世宏	段银山
田恩波	邓冬云(女)	田承珍
田中国	仇海堂	龙礼成
田子平(女)	姚本志	董前锋
田维栋	向儒轩	彭凤云(女)
罗时维	唐启贵	王仕均
张席林	向凤萍(女)	杨世海
邹振志	彭月清	向金轩
田秀英(女)	田道福	李家仁
龙伯海	郑祖德	田玉双(女)
谭永红	黎树清	张云楼
向志礼	许文香(女)	文方念
王仕才	吴召会	滕久良
向蒲英(女)	陈大福	李吉安
胡宁中	侯长玉	龙元珍(女)
黄学举	向志明	林泽元
覃福元	杨金凤(女)	龙通福
刘光明	何述臣	伍道乾
吴志香(女)	杨秀贵	向忠儒

赵　云	刘绘敏	李芙蓉(女)
向　葵	熊银成	彭玉清
李福田	兰恩桃(女)	王云康
吴文章	谭太成	盛必成
周碧玉(女)	田祚春	周天友
周正贵	田贵生	杨菊珍(女)
覃金树	张承明	吴　文
李成高	彭大翠(女)	胡　明
吴兆林	姚年生	金联义
白瑞菊(女)	姚忠义	田诗学
吴新知	方家权	吴梅英(女)
杨孟群	宗禄德	孙国珍
郝耀生	彭昌英(女)	张顺阶
田发书	熊嗣孝	邓真元
杨菊云(女)	毕成林	邹玉基
文　锋	段锡禄	李宗文(法院)
洪金苑	黄学初	魏敬贤
郝　轸	李宗文(政府办)	
朱德发	杨树全	王义久
向远福	周兰英(女)	蒋志卿
柳德善	高瑞科	

二、人民代表大会会议

(一)第一次会议

1980年5月13—16日，自治县一届人大一次会议在县城召开，应到代表253人，因病因事请假2人，实到251人；列席人员66人。

大会组建城关、接龙桥、绿水、卯洞、高洞、旧司、大河、革勒车、三胡、农林水、财贸、党政军、政法、宣教、工交、综合16个代表团，团长分别由田祚春、田南山、田维望、李道山、杨世海、尹毓盛、彭进章、杨秀贵、谭永红、段锡禄、王义久、李成高、姚年生、姚忠义、刘灼宣、金联义担任。

5月12日，召开预备会议，选举产生大会主席团，通过会议议程以及代表资格审查委员会、提案审查委员会、预决算委员会名单。

主席团成员和秘书长：(以姓氏笔画为序)

方家权	王仕才	田兴贵	田南山
田恩波	吕纯池	刘灼宣	朱德发
孙国珍	向极大	向献和	李芙蓉
李成高	杨海清	杨斌儒	吴梅英
吴新知	陈佑民	张顺阶	洪金苑
胡宁中	胡长寿	柳德善	郝　轸
郝耀生	高太顺	黄学初	彭进章
彭金安	廖玉珍	蒋志卿	熊嗣孝

秘书长：高太顺(兼)

代表资格审查委员会：主任委员高太顺，副主任委员吕纯池，委员尹毓盛、田维望、陈佑民、彭金安、廖玉珍。

提案审查委员会：主任委员王仕才，副主任委员黄学初，委员田祚春、刘灼宣、李宗文(法院)、杨孟群、姚年生、姚忠义、郝轸。

预决算委员会：主任委员胡宁中，副主任委员柳德善，委员朱德发、李道山、杨世海、金联义、谭永红。

主席团第一次会议推定田恩波、高太顺、王仕才、吕纯池、吴新知、胡宁中、蒋志卿、向极大、彭金安、黄学初、李成高、杨斌儒、陈佑民、郝轸代表为主席团常务主席，决定李成高、高瑞科、姚忠义、魏敬贤为副秘书长。

会议于5月13日开幕。会议听取代表资格审查报告，听取和审议县革委会主任田恩波作的政府工作报告(报告摘要参见附录),县财政局局长向远福作的关于1979年来凤县(以下均省略来凤县)财政决算和1980年财政任务报告,县法院院长李宗文作的县法院工作报告,县检察院代理检察长杨孟群作的县检察院工作报告。

会议根据《地方组织法》《选举法》规定,设立县人大常委会,撤销县革委会,恢复县政府;会议通过《县人民代表大会和县人民政府组织条例》。

5月16日上午,会议进行选举(参见第二章第十六节正文之后来凤县第八届至十六届人大一次会议选举情况一览表)。选举产生县人大常委会委员11人(参见第五章第六节,下同),选举田恩波为县人大常委会主任,吴新知、蒋志卿、黄学初、彭金安为副主任;选举吕纯池为县长,王仕才、胡宁中、陈佑民、杨斌儒为副县长,选举李宗文为县法院院长;选举杨孟群为县检察院检察长。

会议期间,代表们认真讨论审议大会各项工作报告,提出提案563件。经提案审查委员会审查,主席团决定,将代表提案交由有关单位会后办理和答复代表。

5月16日下午,会议表决通过各项工作报告决议。

(二)第二次会议

1981年10月16—19日,自治县一届人大二次会议在县城召开。一次会议闭会期间,2名代表调离本行政区,1名代表病故,其代表资格终止,召开二次会议时,实有代表250名。二次会议应到代表250人,因病因事请假36人,实到214人;列席人员54人。

大会组建城关、接龙桥、绿水、卯洞、高洞、旧司、大河、革勒车、三胡、农林水、财贸、党政军、宣教、工交和综合14个代表团,团长分别由田祚春、田南山、田维望、向致春、杨世海、尹毓盛、彭进章、杨秀贵、谭永红、段锡禄、向远福、吴兆林、姚忠义、刘灼宣担任。

10月15日,召开预备会议,选举产生大会主席团,通过会议议程以及代表资格审查委员会、提案审查委员会、预决算委员会名单。

主席团成员和秘书长:(以姓氏笔画为序)

方家权　田兴贵　田南山　田恩波
刘灼宣　孙国珍　向极大　向致春
向献和　李芙蓉　李成高　吴新知
张顺阶　胡长寿　柳德善　郝　轸
郝耀生　黄学初　彭进章　彭金安
廖玉珍　蒋志卿　熊嗣孝

秘书长:黄学初(兼)

代表资格审查委员会:主任委员高太顺,副主任委员彭金安,委员尹毓盛、田维望、陈佑民、彭金安、廖玉珍。

提案审查委员会:主任委员黄学初,副主任委员郝轸,委员田祚春、刘灼宣、李宗文(法院)、杨孟群、姚年生。

预决算委员会:主任委员蒋志卿,副主任委员柳德善,委员朱德发、李道山、杨世海、金联义、谭永红。

主席团第一次会议推定田恩波、吴新知、蒋志卿、黄学初、彭金安、李成高、向极大、柳德善、郝轸代表为主席团常务主席,决定李成高、向极大为副秘书长。

会议于10月16日开幕。会议听取和审议县长吕纯池作的政府工作报告,县财政局局长向远福作的关于1980年财政决算情况、1981年财政预算执行情况和1982年财政任务报告，县人大常委会副主任吴新知作的县人大常委会工作报告，县法院副院长张耀祖作的县法院工作报告，县检察院检察长杨孟群作的县检察院工作报告。

会议采取举手表决办法，补选向致春为县人大常委会委员。

会议期间，代表们认真讨论审议大会各项工作报告，提出提案272件。经提案审查委员会审查，主席团决定，将代表提案交由有关单位会后办理和答复代表。

会议表决通过各项工作报告决议，通过关于制止侵占、乱占、多占集体耕地和保护耕地的决议。

（三）第三次会议

1983年3月10—13日，自治县一届人大三次会议在县城召开。二次会议闭会期间，2名代表调离本行政区，2名代表病故，其代表资格终止，召开三次会议时，实有代表246名。三次会议应到代表246人，因病因事请假5人，实到241人；列席人员46人。

大会组建翔凤、接龙桥、绿水、卯洞、高洞、旧司、大河、革勒车、三胡、党政军群、宣教、工交和综合、农林水、财贸14个代表团，团长分别由田祚春、田南山、田维望、向致春、杨世海、尹毓盛、杨海清、杨秀贵、谭永红、姚年生、吴兆林、刘灼宣、段锡禄、王义久担任。

3月10日，召开预备会议，选举产生大会主席团，通过会议议程以及代表资格审查委员会、提案审查委员会（同第二次会议）、预决算委员会名单。

主席团成员和秘书长：（以姓氏笔画为序）

王仕才　方家权　田南山　田呈林
田诗学　刘灼宣　孙国珍　向致春
陈佑民　吴新知　柳德善　郝　轸
郝耀生　黄学初　彭进章　彭金安
廖玉珍　蒋志卿　熊嗣孝

秘书长：黄学初（兼）

代表资格审查委员会：主任委员彭进章，副主任委员彭金安，委员尹毓盛、田维望、廖玉珍。

预决算委员会：主任委员蒋志卿，副主任委员柳德善，委员朱德发、李道山、杨世海、金联义、谭永红。

主席团第一次会议推定王仕才、陈佑民、吴新知、蒋志卿、黄学初代表为主席团常务主席，决定刘灼宣为副秘书长。

会议于3月10日开幕。会议听取和审议副县长胡宁中作的政府工作报告，县财政局局长姚颖生作的1982年财政决算和1983年财政预算的报告，县人大常委会副主任黄学初作的县人大常委会工作报告，县法院院长李宗文作的县法院工作报告，县检察院检察长杨孟群作的县检察院工作报告。

会议采取举手表决办法，通过县委建议，田恩波不再担任县人大常委会主任职务，吕纯池不再担任县长职务，彭金安不再担任县人大常委会副主任职务；补选陈佑民为县人大常委会主任，田恩波为县长，田诗学为县人大常委会委员。采取无记名投票方式，选举陈佑民、彭大海、田世梅为省六届人大代表（根据《选举法》规定，1983年12月1日来凤县隶鄂西土家族苗族自治州，因此来凤县从此不再直接选举省人大代表)。

会议期间,代表们认真讨论审议大会各项工作报告,提出提案91件。经提案审查委员会审查,主席团决定,将代表提案交由有关单位会后办理和答复代表。

会议表决通过各项工作报告决议。

(四)第四次会议

1983年11月11—12日,自治县一届人大四次会议在县政府4楼会议室召开。三次会议闭会期间,3名代表调离本行政区,其代表资格终止,召开四次会议时,实有代表243名。四次会议应到代表243人,因病因事请假5人,实到238人。大会组建翔凤、接龙桥、绿水、卯洞、高洞、旧司、大河、革勒车、三胡、党政军群宣教、工交和综合、农林水财贸12个代表团,团长分别由田祚春、田南山、和云胜、向致春、杨世海、尹毓盛、杨海清、杨秀贵、谭永红、吴兆林、刘灼宣、柳德善担任。

11月11日下午,召开预备会议,选举产生高瑞科、陈佑民等19人组成的大会主席团,通过会议议程,推定高瑞科、陈佑民、吴新知、蒋志卿、黄学初代表为主席团常务主席。

会议于11月12日开幕。选举州一届人大代表44名(参见第五章第四节)。

三、提案办理

自治县一届人大一次会议期间,收到代表提案563件,其中:工业交通117件,农业137件,计划、物资、财贸28件,文教、卫生、科技126件,政法1件,群众生活117件,其他37件。大会闭会后,县人大常委会督促县政府及有关单位认真办理代表提案,并答复代表,使办理工作落到实处,代表提案得到解决200件。

自治县一届人大二次会议期间,收到代表提案272件,其中:工业交通58件,农业69件,计划、物资、财贸47件,文化、卫生、科技42件,综合47件,其他9件。大会闭会后,县人大常委会督促县政府及有关单位认真办理代表提案,并答复代表,使办理工作落到实处,代表提案得到解决130件。

自治县一届人大三次会议期间,收到代表提案91件,其中:工业交通14件,农业17件,财贸28件,政法4件,教育卫生17件,综合11件。大会闭会后,县人大常委会督促县政府及有关单位认真办理代表提案,并答复代表,使办理工作落到实处,代表提案全部办理完毕。

第九节　县九届人民代表大会

县九届人大任期自1984年11月至1987年11月,召开会议4次,听取和审议工作报告23项,作出决议决定23项;选举产生县人大常委会主任1人、副主任4人、委员16人,县长1人、副县长5人,县法院院长1人,县检察院检察长1人;受理代表质询案1件；办理代表议案19件、建议549件。

一、代表选举

1984年8月4日，自治县一届人大常委会召开第25次会议，任命县选举委员会组成人员，主任高瑞科，副主任黄学初、段松龄、田南山、杨斌儒，委员崔震、周鸿遴、吴方柏、姚忠义、何凤池、龚昌寿、陈成大、汤永孝、赵毅、杨芳佑、何本厚、侯俊安、廖玉珍、田绍友。选举委员会下设选举办公室，主任黄学初(兼)，副主任崔震、余辉、何凤池；办公室下设秘书、组织、宣传、会务后勤4个工作组。

经省人大常委会审定，县九届人大代表名额230名。县选举委员会将全县划分为78个选区，将代表名额分配到各选区。

1984年8月10—30日，各选区依法登记选民。全县人口总数241021人，18周岁以上人口数147475人，选民登记人数146885人，占18周岁以上人口99.6%，无法行使选举权利557人，暂停行使选举权利33人。

8月20日—9月5日，各选区依法提名推荐、酝酿协商代表候选人。全县提名推荐代表候选人1424名，经过酝酿协商，确定正式代表候选人361名。

县选举委员会确定1984年9月25日为选举日。各选区通过召开选举大会、设立投票站、流动票箱、委托投票等形式，采取无记名投票方式，选举产生县九届人大代表224名，缺额6名。

经代表资格审查委员会审查，选举产生的224名代表资格有效(代表构成情况参见第二章第十六节正文之后来凤县第八届至十六届人大代表类型一览表)。

县九届人大代表：

邹科应	向致春	陈吉林
田永才	康正国(女)	田先珍
刘国平	向富明	牟方成
向菊花(女)	段松龄	田先德
田德昌	向建祥	向桂菊(女)
李立万	向习堡	彭光华
田德明	王银香(女)	向明魁
杨昌学	向仕富	吕纯池
王桂云(女)	颜昌友	向中友
黄学初	向帮维	蒲武云(女)
彭昌利	严天胜	张　历
杨斌儒	彭兰香(女)	向世尧
吴正清	周文华	田维松
杨水凤(女)	向顺福	姚年生
向胜珍	李思全	向玉香(女)
田宏立	杨吉坤	袁玉华
朱桂珍	吴明凤(女)	李德志
冯宗习	田志达	姚伦志
韩金蓉(女)	杨永杰	贾文玉
曾祥龙	彭纪松	夏秀英(女)
陈佑民	吴大均	覃运友
李德祥	侯松云(女)	高瑞科
田呈林	邹联璜	杨思进
肖志云(女)	向生祥	田南山
唐辉臣	田文松	谢桂云(女)
谢培胜	杨炳轩	张家成
田恩松	杨桂莲(女)	黄家万
瞿跃先	刘仁忠	钱永德
杨金凤(女)	黄福社	皮绪品
张云楼	吴本敦	田子香(女)
李竹清	彭绍军	姚仲如

田长清	覃桂珍(女)	吴仕梅
陈　林	李宏成	何绍清
黄梅英(女)	姚祖贵	颜昌贤
虞大远	田成双	李芙蓉(女)
兰相成	蒲敏正	侯俊安
田安卫	周碧玉(女)	向艾仕
何凤池	邓治平	杨治国
董巧云(女)	杨志双	姚贤碧
向如洲	田锦银	杨巧兰(女)
向代福	龙发定	刘庭泮
向士才	田春香(女)	向新宽
胡宁中	田祥贵	黄前锋
邓东云(女)	向代明	郝　轸
向光礼	向代成	姚颖生(女)
向义松	向友世	杜长清
向学林	向菊云(女)	何猷谋
向世祥	唐少清	彭进章
张孝平(女)	李中元	邱平凡
郑远高	杨本然	田玉香(女)
张孝伦	刘乾佑	余　奎
田庆丰	任桂云(女)	杨光促
崔　震	杨文清	田　宏
田桂平(女)	杨兴富	李仕泽
李胜恩	卞于德	田凤云(女)
周兴志	姚楚生	戴绍贵
田锦民	彭青云(女)	岳启林
顾顺华	宋仕贵	晏性源
田菊仙(女)	田诗学	杨文生
刘作林	吴远超	杨宗云(女)
王义成	刘鹤超	杨炳清
梁章述	周文娟(女)	林春瑞
朱镇军	全盛德	高剑峰
向金翠(女)	朱国才	田恩龙
石太和	文　锋	黄义芳(女)
杨国瑞	陈尔煌	谭家睦
侯树功	李桂英(女)	乔隆森
田发书	蔡本珊	杨芳佑
袁文珍(女)	杨思才	喻积正
李宗文(法院)		何本厚
李宗文(政府办)		郝耀生
姚忠义	田大林	段佑训
江发富	王英军	肖时召
黄慰琴(女)	田成云(女)	田秀英(女)
李晓梅(女)	廖玉珍(女)	
姚玉芳(女)	李巳香(女)	

二、人民代表大会会议

(一)第一次会议

1984年11月7—11日，县九届人大一次会议在县城电影院召开，应到代表224人，因病因事请假14人，实到210人；列席人员36人。

大会组建百福司、漫水、绿水、接龙桥、三胡、革勒车、高洞、大河、旧司、翔凤、宣教、财贸、农林、经委、政府、党群军政法16个代表团，团长分别由邹科应、彭光华、彭昌利、田宏立、田恩松、吴本敦、何绍清、向代福、向义松、卞于德、晏性源、周文娟、朱国才、文锋、杨芳佑、何本厚担任。

11月7日，召开预备会议，选举产生大会主席团，通过会议议程以及代表资格审查委员会、议案审查委员会、财政预决算委员会名单。

主席团成员和秘书长：(以姓氏笔画为序)

田发书　田大林　田南山　皮绪品
刘作林　吕纯池　肖时召　虞大远

陈尔煌　邹联璜　杨斌儒　胡宁中
郝耀生　段松龄　侯俊安　高瑞科
康正国　黄学初　喻积正　廖玉珍

秘书长：段松龄（兼）

代表资格审查委员会：主任委员皮绪品，副主任委员刘作林，委员田宏立、侯俊安、廖玉珍。

议案审查委员会：主任委员黄学初，副主任委员陈尔煌，委员田大林、姚颖生、喻积正。

财政预决算委员会：主任委员田南山，副主任委员崔震，委员何本厚、侯树功。

主席团第一次会议听取代表资格审查报告，推定高瑞科、虞大远、吕纯池、皮绪品、胡宁中、段松龄、黄学初、田南山、刘作林代表为主席团常务主席，决定崔震为副秘书长。

会议于11月7日开幕。会议听取和审议副县长胡宁中作的政府工作报告（报告摘要参见附录），县财政局局长姚颖生作的关于1983年财政决算和1984年1—9月财政预算执行情况报告，县人大常委会副主任黄学初作的县人大常委会工作报告（报告摘要参见附录），县法院院长李宗文作的县法院工作报告，县检察院检察长杨孟群作的县检察院工作报告。

11月11日上午，会议进行选举（参见第二章第十六节正文之后来凤县第八届至十六届人大一次会议选举情况一览表）。选举产生县人大常委会委员13人，选举虞大远为县人大常委会主任，田南山、黄学初、段松龄、刘作林为副主任；选举吕纯池为县长，胡宁中、杨斌儒、康正国、徐文安、陈尔煌为副县长；选举李宗文为县法院院长；选举杨孟群为县检察院检察长。

会议期间，代表们认真讨论审议大会各项工作报告。代表提出议案184件，经议案审查委员会审查，主席团决定，将翔凤镇、漫水区、政府口、百福司镇和大河区代表团5件议案并为4件，立为大会议案，其余179件转作建议，分别交由有关单位会后办理和答复代表。

11月11日下午，会议表决通过各项工作报告决议。

（二）第二次会议

1985年5月28—29日，县九届人大二次会议在县城召开。一次会议闭会期间，5名代表调离本行政区，其代表资格终止，召开二次会议时，实有代表219名。二次会议应到代表219人，因病因事请假28人，实到191人；列席人员70人。

大会组建百福司、漫水、绿水、接龙桥、三胡、革勒车、高洞、大河、旧司、翔凤、财贸、农林、经委、政府、党群军政法15个代表团，团长分别由邹科应、田恩松、彭昌利、田宏立、黄家万、吴本敦、邓治平、向代福、向义松、卞于德、周文娟、林春瑞、侯树功、杨芳佑、何本厚担任。

5月28日，召开预备会议，选举产生大会主席团，通过会议议程以及议案审查委员会、财政预决算委员会名单。

主席团成员和秘书长：（以姓氏笔画为序）

邓治平　卞于德　田发书　田大林
田南山　田宏立　田诗学　田恩松
皮绪品　牟方成　向义松　向代福
吕纯池　刘作林　陈佑民　陈尔煌

肖时召　邹科应　邹联璜　吴本敦
杨宗云　杨斌儒　郝　轸　郝耀生
侯俊安　段松龄　黄家万　黄学初
崔　震　康正国　彭昌利　彭进章
喻积正　虞大远　廖玉珍

秘书长:黄学初(兼)

代表资格审查委员会:主任委员皮绪品,副主任委员刘作林,委员田宏立、侯俊安、廖玉珍。

议案审查委员会:主任委员黄学初,副主任委员陈尔煌,委员田大林、姚颖生、喻积正。

财政预决算委员会:主任委员田南山,副主任委员崔震,委员何本厚、周文娟、侯树功。

主席团第一次会议推定虞大远、田南山、黄学初、段松龄、刘作林、皮绪品、牟方成代表为主席团常务主席,决定崔震为副秘书长。

会议于5月29日开幕。会议听取和审议县长吕纯池作的政府工作报告,县计划委员会(简称"计委")主任范志民作的关于1984年来凤县国民经济和社会发展计划执行情况以及1985年国民经济和社会发展计划草案的报告(简称"计划工作报告"),县财政局局长姚颖生作的关于1984年财政决算和1985年财政预算草案的报告(简称"财政工作报告"),县人大常委会主任虞大远作的县人大常委会工作报告,县法院院长李宗文作的县法院工作报告,县检察院检察长杨孟群作的县检察院工作报告。

会议补选全盛德为县九届人大常委会委员。

会议期间,代表们认真讨论审议大会各项工作报告。代表提出质询案1件,经主席团决定,交由受质询机关在主席团会议上口头答复代表。会议期间,收到代表议案9件、建议104件。经议案审查委员会审查,主席团决定,将议案交由政府办理,将代表建议交由有关单位会后办理和答复代表。

会议表决通过各项工作报告决议。

(三)第三次会议

1986年6月5—8日,县九届人大三次会议在县城召开。二次会议期间,1名代表调离本行政区,1名代表病故,其代表资格终止,召开三次会议时,实有代表217名。三次会议应到代表217人,因病因事请假9人,实到208人;列席人员87人。

大会组建百福司、漫水、绿水、接龙桥、三胡、革勒车、高洞、大河、旧司、翔凤、财贸、农林、经委、政府综合、党群军政法15个代表团,团长分别由向致春、田恩松、严天胜、田宏立、黄家万、吴本敦、邓治平、向义松、向代福、周兴志、黄义芳、林春瑞、侯树功、李宗文、何本厚担任。

6月5日,召开预备会议,选举产生大会主席团,通过会议议程以及代表资格审查委员会(同第二次会议)、议案审查委员会(同第二次会议)、财政预决算委员会名单。

主席团成员和秘书长:(以姓氏笔画为序)

邓治平　田大林　田发书　田南山
田宏立　田诗学　田恩松　皮绪品
牟方成　向致春　向义松　向代福
吕纯池　刘作林　陈佑民　陈尔煌
肖时召　邹联璜　严天胜　周兴志
吴本敦　杨宗云　杨斌儒　郝　轸

郝耀生　侯俊安　段松龄　黄学初
黄家万　崔　震　康正国　彭进章
喻积正　虞大远　廖玉珍

秘书长:黄学初(兼)

财政预决算委员会:主任委员田南山，副主任委员崔震，委员何本厚、侯树功。

主席团第一次会议推定虞大远、田南山、黄学初、段松龄、刘作林代表为主席团常务主席，决定周鸿遴为副秘书长。

会议于6月6日开幕。会议听取和审议县长吕纯池作的政府工作报告，县计委主任范志民作的计划工作报告，县财政局局长姚颖生作的财政工作报告，县人大常委会副主任田南山作的县人大常委会工作报告，县法院院长李宗文作的县法院工作报告，县检察院检察长杨孟群作的县检察院工作报告。

会议补选何本厚、刘鹤超为县九届人大常委会委员。

会议期间，代表们认真讨论审议大会各项工作报告。代表提出议案48件、建议114件，经议案审查委员会审查，主席团决定，将其中4件作为议案，其他44件议案转作建议，连同代表建议计158件，交有关单位会后办理和答复代表。

会议表决通过各项工作报告决议。

(四)第四次会议

1987年3月25—29日，县九届人大四次会议在县城召开。三次会议期间，1名代表调离本行政区，其代表资格终止，召开四次会议时，实有代表216名。四次会议应到代表216人，因病因事请假17人，实到199人;列席人员94人。

大会组建百福司、漫水、绿水、接龙桥、三胡、革勒车、高洞、大河、旧司、翔凤、财贸、农林、经委、政府综合、党群军政法15个代表团，团长分别由陈吉林、向明魁、彭昌利、田宏立、黄家万、颜昌贤、邓治平、何绍清、龙发定、周兴志、黄义芳、林春瑞、侯树功、李宗文、何本厚担任。

3月25日，召开预备会议，选举产生大会主席团，通过会议议程以及代表资格审查委员会(同第三次会议)、议案审查委员会(同第三次会议)、财政预决算委员会名单。

主席团成员和秘书长:(以姓氏笔画为序)

文　锋　邓治平　田大林　田发书
田南山　田宏立　田诗学　皮绪品
牟方成　龙发定　吕纯池　刘作林
刘鹤超　向明魁　全盛德　何本厚
何绍清　陈佑民　陈吉林　陈尔煌
肖时召　邹联璜　周兴志　杨宗云
杨国瑞　杨斌儒　郝耀生　侯俊安
段松龄　黄学初　黄家万　康正国
崔　震　彭昌利　彭进章　喻积正
虞大远　廖玉珍　颜昌贤

秘书长:黄学初(兼)

财政预决算委员会:主任委员田南山，副主任委员崔震，委员何本厚、侯树功。

主席团第一次会议推定虞大远、田南山、黄学初、段松龄、刘作林代表为主席团常务主席，决定周鸿遴、冯炎为副秘书长。

会议于3月26日开幕。会议听取和审议县长吕纯池作的政府工作报告，县计委主任范志民作的计划工作报告，县财政局局长姚颖生作的财政工作报告，县人大常委会副主任田南山作的县人大常委会工作报告，县法院院长李宗文作的县法院工作报告，县检察院检察长杨孟群作的县检察院工作报告。

会议期间,代表们认真讨论审议大会各项工作报告,提出议案22件、建议89件。经议案审查委员会审查,主席团决定,将大河代表团关于进一步恢复农田水利设施和解决人畜饮水的议案和高洞、大河代表团关于加强交通建设的议案等3件议案并为2件,立为大会议案,其他19件议案转作建议,连同代表建议计108件,交由有关单位会后办理和答复代表。

会议表决通过各项工作报告决议。

三、议案和建议办理

(一)议案办理

县九届人大一次会议期间,代表提出议案被大会立案的4件,分别是:翔凤代表团关于落实个体工商户有关政策的议案;漫水代表团关于发展乡镇企业的议案;百福司、大河代表团关于加强交通建设的议案;政府口代表团关于闭会期间发挥代表作用的议案。前3件议案交由县政府办理,第4件议案交县人大常委会办理。4件议案办理工作都落到实处。如办理关于加强交通建设的议案,县政府组建全县区乡公路建设指挥部,抽调人员成立办事机构,将1985年1月定为全县区乡公路建设活动月,安排公路建设专项资金,实行领导、资金、劳力三集中。从1985年1月至3月,全县修建区乡公路6条57.5千米,改善区乡公路20条140.6千米,修建公路大桥4座,较好促进全县交通事业发展。

县九届人大二次会议期间,代表提出议案被大会立案的9件,分别是:大河代表团关于加强大河杉木塘集镇街道建设的议案;政府口代表团关于办好来凤民族师范的议案;绿水代表团关于解决因修水库淹没农田、造成人民群众生活困难的议案;高洞代表团修建公墓陵园的议案、关于解决茶农平价供应粮的议案;党政军代表团关于加强县委党校建设的议案;旧司代表团关于调整民办教师考学招工条件的议案;百福司代表团关于开辟卯洞旅游区的议案、关于加强全县边境乡镇市场建设的议案。县政府十分重视,确定1名副县长分管议案办理工作。县政府多次召集有关部门负责人专题研究,分件分任务落实到承办单位,落实专人负责,使议案办理工作收到明显成效。如办理关于办好来凤民族师范的议案,教育部门采取从其他学校抽调和分配大专毕业生相结合办法,给该校充实6名教师;县政府从城市维护费中安排专项资金,解决该校师生饮水和校舍维修问题。

县九届人大三次会议期间,代表提出议案被大会立案的4件,分别是:革勒车代表团关于保护全县动植物资源、设立自然保护区的议案;大河、接龙桥、翔凤、三胡、漫水、百福司等代表团关于维修农田水利设施的议案;大河、漫水、旧司等代表团关于加强全县集镇建设的议案;漫水代表团关于加强全县乡村公路建设、促进商品经济发展的议案。县人大常委会会同有关部门组成3个联合调查组,围绕4件议案深入开展调查研究,提出办理意见,交由县政府及其职能部门办理落实。县政府及其职能部门认真办理,效果明显。如办理关于加强全县乡集镇建设的议案,县政府及其城建部门从“民族三照顾款”(根据国家有关规定,对民族自治地方财政实行机动金、预备费和民族补助费三项照顾）和城市维护费中安排专项资金，修建和修复全县八区两镇集镇街道。

县九届人大四次会议期间，代表提出议案被大会立案的2件，分别是：大河代表团关于进一步恢复农田水利设施和解决人畜饮水的议案，高洞、大河代表团关于加强交通建设的议案。县政府对办理这2件议案非常重视，县长亲自抓办理工作，召开有关单位负责人会议，把工作任务分解到单位，落实到人，取得良好效果。如办理关于进一步恢复农田水利设施和解决人畜饮水问题的议案，县政府安排专项资金用于恢复农田水利设施，县水电部门安排专项资金为各区修建人畜饮水工程。

（二）建议办理

县九届人大一次会议期间，收到代表建议179件，其中：财政经济129件，教育、科学、文化、卫生47件，政法3件。闭会后，县直有关单位认真办理，按照规定时限办结并答复代表，当年解决61件。

县九届人大二次会议期间，收到代表建议104件，其中：工业28件，财政17件，农业26件，文化、教育、卫生6件，政法1件，综合3件，城建5件，其他18件。闭会后，县直有关单位认真办理，按照规定时限办结并答复代表，当年解决57件。

县九届人大三次会议期间，收到代表建议158件，其中：财政经济126件，教育、科学、文化、卫生16件，其他16件。闭会后，县直有关单位认真办理，按照规定时限办结并答复代表，当年解决52件。

县九届人大四次会议期间，收到代表建议89件，连同转作建议的议案19件，计108件，其中：饮水、用电19件，教育、文化、卫生13件，财政、税务11件，交通21件，其他44件。闭会后，县直有关单位认真办理，按照规定时限办结并答复代表，当年解决58件。

第十节　县十届人民代表大会

县十届人大任期自1987年11月至1991年1月，召开会议4次，听取和审议工作报告24项，作出决议决定24项；选举产生县人大常委会主任1人、副主任4人、委员14人，县长1人、副县长4人，县法院院长1人，县检察院检察长1人，州人大代表39人（包括补选1人）；办理代表议案7件、建议450件。

一、代表选举

1987年7月25日，县九届人大常委会召开第19次会议，任命县选举委员会组成人员，主任虞大远，副主任牟方成、田南山、黄学初、段松龄，委员侯俊安、周鸿遴、姚忠义、陈光林、曾友德、刘志权、冯炎、王启璜、何凤池、陈恕。选举委员会下设办公室，主任田南山，副主任周鸿遴、陈光林、刘志权、冯炎。办公室下设秘书、组织、宣传、后勤、保卫5个工作组。

经州人大常委会审定，县十届人大代表名额178名。县选举委员会将全县划分为

75个选区,将代表名额分配到各选区。

9月上旬至中旬,各选区依法登记选民。全县人口总数256672人,18周岁以上人口数154504人,选民登记人数153568人,占18周岁以上人口99.4%,无法行使选举权利877人,暂停行使选举权利59人。

9月中旬至10月上旬,各选区依法提名推荐、酝酿协商代表候选人。全县提名推荐代表候选人1201名,经过酝酿协商,确定正式代表候选人250名。

县选举委员会确定1987年10月15日为选举日。各选区通过召开选举大会、设立投票站、流动票箱、委托投票等形式,采取无记名投票方式,选举产生县十届人大代表178名。

经代表资格审查委员会审查,选举产生的178名代表资格有效(代表构成情况参见第二章第十六节正文之后来凤县第八届至十六届人大代表类型一览表)。

县十届人大代表:

肖先荣	何家骏	何本厚
余恩泽	杨宗云(女)	雷明珍
朱富国	沈永战	张玉林
向培菊(女)	彭继松	万先文
吴大军	潘成富	肖志云(女)
沈青山	邹联璜	覃金友
田凤均	张玉莲(女)	陈久长
余志友	田南山	张永占
谭秀云(女)	谢双全	周昌万
张海全	肖本权	傅友香(女)
张　历	施明燕	田维望
李波林	向桂香(女)	向少前
向全珍	杨斌儒	伍云炳
康正国(女)	何云国	戴加宁
向中华	向士干	朱珍英(女)
向锦六	田德安	曾庆和
殷炳松	田庚香(女)	向继忠
龙云祥	向卫华	储永明
杨巧兰(女)	田先桂	彭大兴
田先考	牟方成	梁小英(女)
向志贵	向锡海	覃远程
董香彩	田碧云(女)	彭达武
张林玉	谭子胜	田永术
田凤英(女)	田德军	杨友富
吴政初	向友世	唐友玉(女)
彭绍军	覃兰元	吴召会
唐洪应	向桂云(女)	吕纯池
郭学炎	彭成明	龙晋平
黎翠兰(女)	田玉龙	贾斌富
梅德荣	吴　超	杨美英(女)
李伯林	盛德学	滕树强
余　辉	范志民(女)	曾　举
王开文	姚森林	虞大远
杨秀芳(女)	张云武	向国和
龙通胜	李道仲	姚颖生(女)
田大元	陈庆超	魏遗俊
卢必钟	唐守秀(女)	田恩龙
姚金山	吴成国	张林生
刘凤佩(女)	向兴民	唐思桃
刘连源	田延吉	向碧云(女)
黄达仁	杨秀贵	吴习高
吴明勤	张术香(女)	向元世
向义松	张昌奎	张世忠
张志玉(女)	王俊生	王兆华
全盛德	曾松林	向菊花(女)
向极大	田　宏	杨本然
周松柏	王连加	向运世
向学林	周鸿遴	曾习斌

黄学初　李世泽　吴廷发
段松龄　雷光树　刘庭泮
周兴志　夏雨霖　吴永池
李茂胜　彭　军　宋仕贵
覃玉军　成开林　郝耀生
刘作林　向致春　孟荪兰
杨思才　韩伯卿　汪国胜
罗友权　曾冬林　李云甫
侯树功　乔国清　沈少梅
何宗保　高剑峰　黄保林
何国正　谭永红　段佑训
高　毅

二、人民代表大会会议

(一)第一次会议

1987年11月21—26日，县十届人大一次会议在县城召开。选举产生县十届人大代表178名，一次会议召开前，1名代表病故，其代表资格终止，召开一次会议时，实有代表177名。一次会议应到代表177人，实到177人；列席人员109人。

大会组建接龙桥、绿水、漫水、百福司、革勒车、三胡、高洞、旧司、大河、翔凤、县直11个代表团，团长分别由肖先荣、李波林、戴加宁、向卫华、梅德荣、田德军、龙通胜、吴成国、向义松、彭军、成开林担任。

11月21日，召开预备会议，听取代表资格审查报告，选举产生大会主席团，通过会议议程以及议案审查委员会、财政预决算审查委员会名单。

主席团成员和秘书长：(以姓氏笔画为序)

田南山　田德军　龙通胜　向卫华
向义松　向极大　向桂香　牟方成
成开林　刘凤佩　刘连源　刘作林
吕纯池　全盛德　余　辉　何本厚
肖先荣　吴成国　李波林　张林生
杨宗云　杨秀贵　周鸿遴　段松龄
黄学初　梅德荣　彭　军　董香彩
虞大远　戴加宁　魏遗俊

秘书长：田南山(兼)

议案审查委员会：主任委员黄学初，副主任委员刘连源，委员全盛德、余辉、杨宗云。

财政预决算审查委员会：主任委员段松龄，副主任委员周鸿遴，委员向桂香、何本厚、杨秀贵。

主席团第一次会议推定吕纯池、虞大远、牟方成、田南山、黄学初、段松龄、刘作林代表为主席团常务主席，决定董香彩、周鸿遴、杨胜富、冯炎为副秘书长。

会议于11月22日开幕。会议听取和审议代理县长杨斌儒作的政府工作报告(报告摘要参见附录)，县计委主任范志民作的计划工作报告，县财政局局长姚颖生作的财政工作报告，县人大常委会主任虞大远作的县人大常委会工作报告(报告摘要参见附录)，县法院院长李宗文作的县法院工作报告，县检察院检察长杨孟群作的县检察院工作报告。

11月26日上午，会议进行选举(参见第二章第十六节正文之后来凤县第八届至十六届人大一次会议选举情况一览表)。选举产生县人大常委会委员13人，选举虞大远为县人大常委会主任，田南山、段松龄、魏遗俊为副主任；选举牟方成为县长，文锋、陈尔煌、杨国瑞、康正国为副县长；选举李宗文为县法院院长;选举何守敏为县检察院检察长。

会议期间,代表们认真讨论审议大会各项工作报告,提出议案 30 件、建议 138 件。经议案审查委员会审查,主席团决定,将关于加强区乡集镇、集贸市场建设的议案、关于抓好农村人畜饮水工程建设的议案、关于发展农村中小学教育问题的议案 3 件议案,列为大会议案,不列入大会议程,列入县人大常委会会议议程;其他 27 件转作建议,连同 138 件代表建议计 165 件,交由有关单位会后办理和答复代表。

11 月 26 日下午,会议表决通过各项工作报告决议。

(二)第二次会议

1988 年 6 月 13—17 日,县十届人大二次会议在县城召开,应到代表 177 人,因病因事请假 11 人,实到 166 人;列席人员 160 人。

大会组建接龙桥、绿水、漫水、百福司、革勒车、三胡、高洞、旧司、大河、翔凤、县直 11 个代表团,团长分别由何家骏、李波林、戴加宁、向卫华、梅德荣、田德军、龙通胜、吴习高、向义松、彭军、成开林担任。

6 月 13 日,召开预备会议,听取代表变动情况报告,选举产生大会主席团,通过会议议程以及议案审查委员会、财政预决算审查委员会名单。

主席团成员和秘书长:(以姓氏笔画为序)

田南山　田德军　龙通胜　向卫华
向义松　向桂香　牟方成　成开林
刘凤佩　刘连源　吕纯池　全盛德
余　辉　何本厚　何家骏　吴习高
李波林　杨宗云　周鸿遴　段松龄
黄学初　梅德荣　彭　军　董香彩
虞大远　戴加宁　魏遗俊

秘书长:田南山(兼)

议案审查委员会:主任委员魏遗俊,副主任委员黄学初,委员全盛德、余辉、杨宗云。

财政预决算审查委员会:主任委员段松龄,副主任委员何本厚,委员刘凤佩、向桂香、周鸿遴。

主席团第一次会议推定吕纯池、虞大远、田南山、段松龄、魏遗俊代表为主席团常务主席,决定周鸿遴、冯炎为副秘书长。

会议于 6 月 14 日开幕。会议听取和审议县长牟方成作的政府工作报告,县计委主任范志民作的计划工作报告,县财政局局长姚颖生作的财政工作报告,县人大常委会主任虞大远作的县人大常委会工作报告,县法院院长李宗文作的县法院工作报告,县检察院副检察长周昭嘉作的县检察院工作报告。

会议选举州二届人大代表 38 名。

会议期间,代表们认真讨论审议大会各项工作报告,提出议案 18 件、建议 70 件。经议案审查委员会审查,主席团决定,立议案 4 件,其他 14 件转作建议,连同 70 件代表建议计 84 件,交由有关单位会后办理和答复代表。

会议表决通过各项工作报告决议。

(三)第三次会议

1989 年 6 月 23—28 日,县十届人大三次会议在县城召开。二次会议期间,6 名代表调离本行政区,1 名代表病故,其代表资格终止，召开三次会议时，实有代表170名。三次会议应到代表170人，因病因事请假3人，实到167人；列席人员162人。

大会组建接龙桥、绿水、漫水、百福司、革勒车、三胡、高洞、旧司、大河、翔凤、县直11个代表团，团长分别由何家骏、田维望、肖先荣、向卫华、梅德荣、田德军、龙通胜、吴习高、向义松、彭军、成开林担任。

6月23日，召开预备会议，听取代表资格审查委员会主任委员田南山作的关于代表变动情况报告，选举产生大会主席团，通过会议议程以及议案审查委员会、财政预决算审查委员会名单（均同第二次会议）。

主席团成员和秘书长：（以姓氏笔画为序）

田南山　田维望　田德军　龙通胜
向卫华　向义松　向桂香　牟方成
成开林　刘凤佩　刘连源　全盛德
肖先荣　余　辉　何本厚　何家骏
吴习高　杨宗云　杨斌儒　周鸿遴
段松龄　黄学初　梅德荣　彭　军
董香彩　虞大远　魏遗俊

秘书长：田南山（兼）

主席团第一次会议推定杨斌儒、虞大远、田南山、段松龄、魏遗俊代表为主席团常务主席，决定周鸿遴、冯炎为副秘书长。

会议于6月24日开幕。会议听取和审议县长牟方成所的政府工作报告，县计委主任范志民作的计划工作报告，县财政局局长姚颖生作的财政工作报告，县人大常委会主任虞大远作的县人大常委会工作报告，县法院副院长陈国防作的县法院工作报告，县检察院检察长何守敏作的县检察院工作报告。

会议补选成开林为县十届人大常委会副主任。

会议期间，代表们认真讨论审议大会各项工作报告，提出议案20件、建议73件。经议案审查委员会审查，主席团决定，将转作建议的20件议案和73件建议计93件，交由有关单位会后办理和答复代表。

会议表决通过各项工作报告决议。

（四）第四次会议

1990年3月15—19日，县十届人大四次会议在县城召开。三次会议闭会期间，1名代表调离本行政区，其代表资格终止，召开四次会议时，实有代表169名。四次会议应到代表169人，因病因事请假9人，实到160人；列席人员136人。

大会组建接龙桥、绿水、漫水、百福司、革勒车、三胡、高洞、旧司、大河、翔凤、县直11个代表团，团长分别由何家骏、田维望、肖先荣、向卫华、曾举、龙通胜、陈庆超、吴习高、向义松、彭军、郝耀生担任。

3月15日，召开预备会议，选举产生大会主席团，通过会议议程以及议案审查委员会、财政预决算审查委员会名单（同第三次会议）。

主席团成员和秘书长：（以姓氏笔画为序）

田南山　田维望　龙通胜　向卫华
向义松　向桂香　成开林　刘凤佩
刘连源　全盛德　吴习高　何本厚
肖先荣　陈庆超　何家骏　余　辉
杨宗云　杨斌儒　周鸿遴　段松龄
郝耀生　黄学初　彭　军　曾　举
董香彩　虞大远　魏遗俊

秘书长：田南山（兼）

议案审查委员会:主任委员成开林,副主任委员魏遗俊、黄学初,委员全盛德、余辉、杨宗云。

大会主席团第一次会议推定杨斌儒、虞大远、田南山、段松龄、成开林、魏遗俊代表为主席团常务主席,决定周鸿遴、冯炎为副秘书长。

会议于3月16日开幕。会议听取和审议代理县长文锋作的政府工作报告,县计委主任范志民作的计划工作报告,县财政局局长姚颖生作的财政工作报告,县人大常委会主任虞大远作的县人大常委会工作报告,县法院副院长江发富作的县法院工作报告,县检察院检察长何守敏作的县检察院工作报告。

会议期间,代表们认真讨论审议大会各项工作报告,提出议案26件、建议82件。经议案审查委员会审查,主席团决定,将转作建议的26件议案和82件建议计108件,交由有关单位会后办理和答复代表。

会议表决通过各项工作报告决议。

三、议案和建议办理

(一)议案办理

县十届人大一次会议期间,代表提出议案被大会立案的3件:向义松、向卫华等27名代表关于加强区乡集镇市场建设的议案;吴成国、田延贵等39名代表关于解决农村人畜饮水问题的议案;龙通胜、张林生、向碧云等38名代表关于解决全县中小学校舍紧缺问题的议案。大会闭会后,在县人大常委会督促下,各承办单位认真办理,3件议案均办理落实。如办理关于解决全县中小学校舍紧缺的议案,县政府及其教育部门按照“分级办学、分工管理”原则,统一规划,县乡一体,多方筹资,逐步缓解全县中小学校舍紧缺问题。

县十届人大二次会议期间,代表提出议案被大会立案的4件:向义松、李世泽、王连加等16名代表关于解决区集镇饮水问题的议案;肖先荣、田德军等17名代表关于兴建区镇电视差转站的议案;李波林、田维望等27名代表关于加强库渠管理、增强农业后劲的议案;戴加宁等11名代表关于增加林业投资、发展联办林场的议案。县政府及有关职能部门重视办理代表议案,取得明显效果。如办理关于兴建区镇电视差转站的议案,县政府及广播电视部门安排专项资金,在相关区镇兴建小型卫星电视地面接收站,解决农村群众收看电视难问题。

县十届人大三次、四次会议期间,代表提出议案均未被列为大会议案。

(二)建议办理

县十届人大一次会议期间,收到代表建议138件,连同转作建议的议案计165件,其中:水电30件,交通27件,教育17件,城乡建设、环境保护12件,财政10件,粮食和卫生5件,其他64件。大会闭会后,县直有关单位认真办理,按照规定时限办结并答复代表,当年解决66件。

县十届人大二次会议期间,收到代表建议84件,其中:水电22件,交通12件,财政10件,教育5件,城建环卫7件,农业6件,其他22件。大会闭会后,县直有关单位认真办理,按照规定时限办结并答复代表,当年解决46件。

县十届人大三次会议期间，收到代表建议73件，连同转作建议的议案计93件，其中：农业10件，水电25件，交通12件，城建城管7件，教科文卫7件，乡集镇建设8件，广播通信5件，民政福利5件，财政5件，其他9件。闭会后，县直有关单位认真办理，按照规定时限办结并答复代表，当年解决55件。

县十届人大四次会议期间，收到代表建议108件，其中：工交、财贸、城建42件，农业、水电31件，教育9件，综合26件。闭会后，县直有关单位认真办理，按照规定时限办结并答复代表，当年解决61件。

第十一节　县十一届人民代表大会

县十一届人大任期自1991年1月至1994年1月，召开会议3次，听取和审议工作报告18项，作出决议决定18项；选举产生县人大常委会主任1人、副主任3人、委员15人，县长2人、副县长7人，县法院院长1人，县检察院检察长1人，州人大代表39人；办理代表议案1件、建议530件。

一、代表选举

1990年8月29日，县十届人大常委会召开第19次会议，任命县选举委员会组成人员，主任杨斌儒，副主任徐文安、虞大远、田南山、段松龄、成开林、魏遗俊，委员陈光林、白道泉、邹科民、王登高、周鸿遴、冯炎、何凤池、杨梅玉。选举委员会下设办公室，主任田南山，副主任周鸿遴、陈光林、白道泉、冯炎、王登高，办公室下设秘书、组织、宣传、后勤、保卫5个工作组。

经州人大常委会审定，县十一届人大代表名额215名。县选举委员会把全县划分为90个选区，将代表名额分配到各选区。

10月13—20日，各选区依法登记选民。全县人口总数269587人，18周岁以上人口数171441人，选民登记人数170430人，占18周岁以上人口99.4%，无法行使选举权利1004人，暂停行使选举权利7人。

10月26日—11月15日，各选区依法提名推荐、酝酿协商代表候选人。全县提名推荐代表候选人1506名，经过酝酿协商，确定正式代表候选人305名。

县选举委员会确定1990年11月20日为选举日。各选区通过召开选举大会、设立投票站、流动票箱、委托投票等形式，采取无记名投票方式，选举产生县十一届人大代表211名，缺额4名。

经代表资格审查委员会审查，选举产生的211名代表资格有效（代表构成情况参见第二章第十六节正文之后来凤县第八届至十六届人大代表类型一览表）。

县十一届人大代表：

姚元正	陈伯林	汪国成
覃运金	田慧兰（女）	雷明珍
余贤祥	卢茂凯	李光玉
夏秀英（女）	陈明祥	吴真学
徐英洲	覃金友	余梅英（女）
邹联璜	戴声玉	向世明

杨远华　杨梅云(女)　余志友
沈青山　田南山　田启学
侯松云(女)　龙福生　张永赞
张中平　彭仕良　田玉莲(女)
黄吉生　杨斌儒　施明燕
田维望　田凤云(女)　周道清
伍玉安　向官贵　邓家栋
向玉芝(女)　杨光荣　向世友
向德进　张　历　张玉莲(女)
高玉学　田洪进　向中华
刘万照　向玉平(女)　杨国瑞
田礼贵　田德安　田德顺
彭兰英(女)　成开林　王水艳
颜松柏　龙林沛　罗玉芝(女)
张岸华　向国芳　田永双
张德华　向菊英(女)　何本厚
向学林　徐民权　覃远成
田兰香(女)　张业祥　向世国
喻积正　向孝武　向神英(女)
张宜盛　向世友　田德明
张昌奎　彭昌英(女)　张林玉
杨秀金　田学富　刘乾佑
王银香(女)　洪业丰　王俊生
王树清　田　宏　向菊花(女)
向进文　田茂清　田恩松
张仕明　张术香(女)　杨高元
文　锋　曾习斌　田永宽
向碧云(女)　周鸿遴　田恩前
吴廷发　谢和美　唐友玉(女)
李　双　杨光佐　张林生
田金超　张银莲(女)　雷光树
邓汝成　段太林　田永忠
彭子云(女)　田延吉　田永祥

周宗主　黄先知　田凤云(女)
黄士叶　唐正德　洪先进
徐文安　梁秀云(女)　唐孔福
鲁必华　刘水生　田代芝
张金玉(女)　马中贵　杨福林
张国生　魏遗俊　田凤英(女)
唐仁祥　李永祥　陈庆超
任光富　田子香(女)　滕树平
李泽庆　杨树成　文竹山
许凤云(女)　姚秀贵　李平富
汪忠鸣　黄家柱　钱菊香(女)
彭承铬　林泽元　董香彩
向达再　田庚香(女)　侯长玉
赵　毅　杨友富　贾斌双
杨美英(女)　姚贤弟　杨通为
向仕才　李春生　周用安(女)
全盛德　李文忠　姚道生
刘大江　余利华(女)　尹学银
赵海林　曾　举　侯长贵
姚玉芳(女)　吴章甫　虞大远
滕树强　李孟清　肖金玉(女)
岳世斌　刘平聪　向培益
张志坚　由庆萍(女)　张承贵
周兴志　王可为　郝耀生
范志民(女)　冯　炎　杨思才
段佑训　周圻广　孟荪兰
彭　军　曾友德　唐维常
何家楼　黄保林　汪达生
乔国清　喻大靖　何宗保
方顺前　汪国胜　李远龙
向少全　陈建军　贾文剑
夏永昌

1992年3月，补选张齐斌、周新华、许

家兴、杨昌炳、张昌瑞、尹继祥为县十一届人大代表。

二、人民代表大会会议

(一)第一次会议

1991年1月20—25日,县十一届人大一次会议在县城召开,应到代表211人,因病请假1人,实到210人;列席人员168人。

大会组建接龙桥、绿水、漫水、百福司、大河、旧司、高洞、三胡、革勒车、翔凤10个代表团,团长分别由姚元正、黄吉生、刘万照、张岸华、田恩松、谢和美、田代芝、滕树平、李文忠、彭军担任。

1月20日,召开预备会议,选举产生大会主席团,通过会议议程以及议案审查委员会、财政计划预算审查委员会名单。

主席团成员和秘书长:(以姓氏笔画为序)

文　锋　尹学银　田代芝　田南山
田恩松　田维望　由庆萍　成开林
刘万照　全盛德　何本厚　李文忠
李远龙　汪达生　汪国成　张林生
张岸华　张银莲　肖金玉　杨国瑞
杨斌儒　周鸿遴　姚元正　姚玉芳
赵　毅　徐文安　黄吉生　彭　军
喻积正　董香彩　谢和美　虞大远
滕树平　魏遗俊

秘书长:成开林(兼)

议案审查委员会:主任委员魏遗俊,副主任委员周鸿遴,委员全盛德、张银莲、喻积正。

财政计划预算审查委员会:主任委员成开林,副主任委员何本厚,委员尹学银、肖金玉、姚玉芳。

主席团第一次会议推定杨斌儒、田南山、徐文安、成开林、魏遗俊、赵毅、何本厚代表为主席团常务主席,决定董香彩、周鸿遴、冯炎为副秘书长。

会议于1月21日开幕。会议听取和审议代理县长文锋作的政府工作报告(报告摘要参见附录),县计委主任范志民作的关于国民经济和社会发展"七五"计划执行情况及"八五"基本任务和1991年计划草案的报告,县财政局局长姚颖生作的财政工作报告,县人大常委会副主任田南山作的县人大常委会工作报告(报告摘要参见附录),县法院院长李宗文作的县法院工作报告,县检察院检察长何守敏作的县检察院工作报告。

1月24—25日,会议进行选举(参见第二章第十六节正文之后来凤县第八届至十六届人大一次会议选举情况一览表)。选举产生县人大常委会委员14人,选举田南山为县人大常委会主任,成开林、魏遗俊、赵毅为副主任;选举文锋为县长,杨国瑞、王正东、杨汉骧、冉新中、杨梅玉、虞保山为副县长;选举李宗文为县法院院长;选举何守敏为县检察院检察长。

会议期间,代表们认真讨论审议大会各项工作报告,提出议案38件、建议211件。经议案审查委员会审查,主席团决定,将代表建议连同转作建议的议案计249件,交由有关单位会后办理和答复代表。

1月25日下午,会议表决通过各项工作报告决议。

(二)第二次会议

1992年4月5—9日,县十一届人大二

次会议在县城召开。一次会议闭会期间,6名代表调离本行政区,其代表资格终止;补选代表6名,召开二次会议时,实有代表211名。二次会议应到代表211人,因病因事请假3人,实到208人;列席人员229人。

大会组建接龙桥、绿水、漫水、百福司、大河、旧司、高洞、三胡、革勒车、翔凤10个代表团,团长分别由姚元正、黄吉生、刘万照、张岸华、田恩松、段太林、任光富、杨友富、李文忠、彭军担任。

4月5日,召开预备会议,选举产生大会主席团,通过会议议程以及议案审查委员会、计划预算审查委员会名单。

主席团成员和秘书长:(以姓氏笔画为序)

文　锋	尹学银	尹继祥	田南山
田恩松	田维望	由庆萍	成开林
刘万照	许家兴	全盛德	任光富
李文忠	汪国成	张齐斌	张林生
张岸华	张银莲	肖金玉	杨国瑞
杨友富	杨昌炳	周鸿遴	周新华
姚元正	姚玉芳	赵　毅	段太林
黄吉生	彭　军	虞大远	魏遗俊

秘书长:成开林(兼)

议案审查委员会:主任委员魏遗俊,副主任委员周鸿遴,委员全盛德、张银莲、张林生。

计划预算审查委员会:主任委员赵毅,副主任委员尹学银,委员汪国成、肖金玉、姚玉芳。

主席团第一次会议推定张齐斌、田南山、成开林、赵毅、魏遗俊代表为主席团常务主席,决定许家兴、周鸿遴、冯炎为副秘书长。

会议于4月6日开幕。会议听取和审议副县长杨国瑞作的政府工作报告,县计委主任周开元作的计划工作报告,县财政局局长熊昌镇作的财政工作报告,县人大常委会主任田南山作的县人大常委会工作报告,县法院院长李宗文作的县法院工作报告,县检察院检察长何守敏作的县检察院工作报告。

会议采取举手表决办法,补选尹继祥为县十一届人大常委会委员。

会议期间,代表们认真讨论审议大会各项工作报告,提出议案24件、建议144件。经议案审查委员会审查,主席团决定,将接龙桥代表团陈伯林等10名代表联名提出关于加强乡村医疗卫生机构基本设施建设的议案立为大会议案,列入大会议程,表决通过;将转作建议的23件议案和144件建议计167件,交由有关单位会后办理和答复代表。

会议表决通过各项工作报告决议。

(三)第三次会议

1993年5月19—24日,县十一届人大三次会议在县城召开,应到代表211人,因病因事请假17人,实到194人;列席人员233人。

大会组建接龙桥、绿水、漫水、百福司、大河、旧司、高洞、三胡、革勒车、翔凤10个代表团,团长分别由张昌瑞、黄吉生、刘万照、杨秀金、谢和美、段太林、任光富、杨友富、李文忠、向培益担任。

5月19日,召开预备会议,选举产生大会主席团,通过会议议程以及议案审查委员会、计划预算审查委员会名单(同第二次会议)。

主席团成员和秘书长：（以姓氏笔画为序）

尹学银　尹继祥　田南山　田维望
由庆萍　成开林　刘万照　向培益
任光富　李文忠　汪国成　张齐斌
张林生　张昌瑞　张银莲　肖金玉
杨友富　杨秀金　杨国瑞　杨昌炳
周鸿遴　姚玉芳　赵　毅　段太林
黄吉生　董香彩　谢和美　虞大远
魏遗俊

秘书长：成开林（兼）

议案审查委员会：主任委员魏遗俊，副主任委员周鸿遴，委员尹继祥、张银莲、张林生。

主席团第一次会议推定张齐斌、田南山、董香彩、成开林、赵毅、魏遗俊代表为主席团常务主席，决定胡其龙、周鸿遴、彭军为副秘书长。

会议于5月20日开幕。会议听取和审议代理县长钟存高作的政府工作报告，县计委主任周开元作的计划工作报告，县财政局局长熊昌镇作的财政工作报告，县人大常委会主任田南山作的县人大常委会工作报告，县法院院长李宗文作的县法院工作报告，县检察院检察长何守敏作的县检察院工作报告。

会议补选钟存高为县长，选举州三届人大代表39名。

会议期间，代表们认真讨论审议大会各项工作报告，提出议案34件、建议80件。经议案审查委员会审查，主席团决定，将转作建议的34件议案和80件建议计114件，交由有关单位会后办理和答复代表。

会议表决通过各项工作报告决议。

三、议案和建议办理

（一）议案办理

县十一届人大二次会议期间，接龙桥代表团陈伯林等10名代表关于加强乡村医疗卫生机构基本设施建设的议案，被立为大会议案，并列入大会议程，经大会表决通过后交由县政府办理。县政府对这件议案高度重视，责成县卫生局拿出实施方案，报经县政府办公会议研究。县政府决定每年在财政预算中安排专项资金，用于解决全县乡村医疗卫生机构基本设施建设。通过连续几年施行，逐步改善全县乡村医疗卫生机构设施简陋状况，对保障广大农民群众身体健康、促进农村卫生工作起到重要促进作用。

县十一届人大一次、三次会期间，代表提出议案均未被立为大会议案。

（二）建议办理

县十一届人大一次会议期间，收到代表建议211件，连同转作建议的议案计249件，其中：农林73件，工业68件，教科文卫46件，财贸35件，政法5件，综合22件。闭会后，县直有关单位认真办理，按照规定时限办结并答复代表，当年解决118件。

县十一届人大二次会议期间，收到代表建议144件，连同转作建议的议案计167件，其中：交通39件，水电38件，城乡建设、环境保护17件，教育13件，医疗卫生、广播电视、计划生育60件。闭会后，县直有关单位认真办理，按照规定时限办结并答复代表，当年解决91件。

县十一届人大三次会议期间，收到代表

建议80件，连同转作建议的议案计114件，其中：水利31件，交通29件，城建、环保6件，土地管理、计划生育26件，教育9件，综合13件。闭会后，县直有关单位认真办理，按照规定时限办结并答复代表，当年解决79件。

第十二节　县十二届人民代表大会

县十二届人大任期自1994年1月至1999年1月，召开会议5次，听取和审议工作报告30项，作出决议决定30项；选举产生县人大常委会主任2人、副主任6人、委员21人，县长2人、副县长7人，县法院院长1人，县检察院检察长1人，州人大代表46人(包括另行选举8人)；办理代表议案3件、建议522件。

一、代表选举

1993年9月15日，县十一届人大常委会召开第19次会议，任命县选举委员会组成人员，主任张齐斌，副主任田南山、董香彩、成开林、赵毅、魏遗俊，委员周鸿遴、侯廷茂、陈建军、田维望、王登高、田子云、邹科民、段佑训、张宏新、姚冰。选举委员会下设办公室，主任周鸿遴，副主任王登高、周湘利、姚冰、邓国强、王富昌。办公室下设秘书、组织、宣传、调研、后勤、保卫6个工作组。

经州人大常委会审定，县十二届人大代表名额216名。县选举委员会把全县划分为90个选区，将代表名额分配到各选区。

10月5—15日，各选区依法登记选民。全县人口总数280641人，18周岁以上人口数178627人，选民登记人数177367人，占18周岁以上人口99.3%，无法行使选举权利1236人，暂停行使选举权利24人。

10月16日—11月10日，各选区依法提名推荐、酝酿协商代表候选人。全县提名推荐代表候选人2171名，经过酝酿协商，确定正式代表候选人309名。

县选举委员会确定1993年11月15日为选举日。各选区通过召开选举大会、设立投票站、流动票箱、委托投票等形式，采取无记名投票方式，选举产生县十二届人大代表211名，缺额5名。

经代表资格审查委员会审查，选举产生的211名代表资格有效(代表构成情况参见第二章第十六节正文之后来凤县第八届至十六届人大代表类型一览表)。

县十二届人大代表：

刘　冰	唐德昌	周明星
覃玉奎	张菊香(女)	许吉富
张志佳	郭维全	田永新
林　英(女)	汪长贵	何芝松
李光玉	李德兴	李菊云(女)
欧宏全	伍发祥	徐英洲
吴克华	田凤云(女)	陈天会
肖先祥	沈永安	向加义
吴元菊(女)	杨春友	张德玉
谢培胜	田南山	苏凤英(女)
陈庆友	龙克富	张永赞
赵锦松	冯玉梅(女)	蒋延钊

陈明祥 黄吉生 向明世
王桂玉(女) 和伯开 田维望
周行权 尹继祥 彭兰英(女)
向世贵 向受益 侯廷茂
王兴培 由庆萍(女) 杨延培
杨国瑞 陈长友 刘仁忠
徐玉翠(女) 王进福 刘万照
王龙富 龙林沛 向玉桃(女)
成开林 罗清富 田呈林
张明新 田金翠(女) 杨汉骥
彭大楚 闵世祥 胡凤云
谢桂云(女) 田延斌 向锡明
彭达武 刘登波 姚丙香(女)
田永富 陈大明 田永术
张岸华 彭昌英(女) 郎洪波
刘恩华 樊胜茂 田学富
李秀芳(女) 吴承学 王俊生
田恩前 李德超 唐卯云(女)
曾宪勇 肖宏祥 郑远高
向子钧 唐友玉(女) 向学林
周松柏 伍贤友 张世明
向桂云(女) 杨才华 任发安
张东山 肖宏华 张秀云(女)
张吉华 周鸿遴 杨光佐
吴廷发 张银莲(女) 杨胜富
彭开发 汪达生 洪家富
汪银香(女) 姚贤军 向代春
田永忠 任云录 黄友云(女)
段太林 田永祥 向明和
陈　利 田巧云(女) 黄先知
黄前锋 向代明 周发书
田金玉(女) 欧志国 唐远钦
田延初 任光富 张鸣翠(女)
杨福林 沈选国 周新华
郑代述 肖金玉(女) 黄通贵
覃运坤 游明华 谭子华
卢银珍(女) 文竹山 喻乐海
吴召会 李东升 罗子兰(女)
黄家柱 滕树平 舒镜峰
向达再 覃菊云(女) 张辉林
林春瑞 沈上钊 胡其龙
向玉凤(女) 滕　干 徐子明
杨天平 李文忠 姚青云(女)
赵海林 刘大江 张　升
董香彩 张玉珍(女) 张　曲
彭英翔 叶太俊 杨友富
姚双云(女) 钟存高 刘光明
彭昌清 姚贤弟 彭伦静(女)
谢增刚 高秉福 梁永贵
吴成国 杨秀琼(女) 吕植珊
彭　军 马高朝 段佑训
彭松云(女) 孟荪兰 胡家悌
莫开军 唐维常 李拗柱(女)
向开龙 高剑峰 熊昌镇
刘灼平 汪春英(女) 邓禹鼎
卢中华 杨　琼 杨吉富
罗春艳(女) 向义松 贾　冰(女)
严翠云(女) 姚玉芳(女) 向桂菊(女)
马友云(女)

1995 年 2 月，补选邓国强、田安皇、徐朝凤、瞿先平、吴政权、朱贵清为县十二届人大代表。

1996 年，补选杨胜友、田新孟、向继华为县十二届人大代表。

二、人民代表大会会议

(一)第一次会议

1994 年 1 月 6—10 日，县十二届人大一次会议在县城召开,应到代表211人,因病因事请假7人,实到204人;列席人员140人。

大会组建接龙桥、绿水、漫水、百福司、大河、旧司、高洞、三胡、革勒车、翔凤10个代表团,团长分别由沈永安、黄吉生、刘万照、田呈林、向子钧、陈利、黄通贵、滕树平、杨友富、高秉福担任。

1月6日,召开预备会议,选举产生大会主席团,通过会议议程以及议案审查委员会、计划预算审查委员会名单。

主席团成员和秘书长:(以姓氏笔画为序)

尹继祥	叶太俊	由庆萍	田永新
田呈林	田南山	田维望	成开林
向子钧	刘万照	刘光明	李秀芳
李拗柱	杨友富	杨汉骥	杨国瑞
杨胜富	肖金玉	吴成国	汪达生
沈永安	张银莲	陈　利	陈天会
周发书	周鸿遴	周新华	胡其龙
侯廷茂	钟存高	姚玉芳	高秉福
唐维常	黄吉生	黄通贵	彭英翔
董香彩	滕树平		

秘书长:周发书(兼)

议案审查委员会:主任委员成开林,副主任委员周鸿遴,委员尹继祥、由庆萍、张银莲。

计划预算审查委员会:主任委员杨汉骥,副主任委员田永新,委员李秀芳、肖金玉、唐维常。

主席团第一次会议推定陈天会、钟存高、周新华、杨国端、董香彩、田南山、周发书、成开林、杨胜富、杨汉骥、汪达生、侯廷茂、李拗柱代表为主席团常务主席,决定胡其龙、王登高、周鸿遴为副秘书长。

会议于1月7日开幕。会议听取和审议县长钟存高作的政府工作报告(报告摘要参见附录),县计委主任周开元作的关于近3年国民经济和社会发展计划执行情况与今后5年奋斗目标以及1994年计划草案的报告,县财政局副局长徐庭海作的财政工作报告,县人大常委会主任田南山作的县人大常委会工作报告(报告摘要参见附录),县法院副院长谢和美作的县法院工作报告,县检察院检察长何守敏作的县检察院工作报告。

1月10日上午,会议进行选举(参见第二章第十六节正文之后来凤县第八届至十六届人大一次会议选举情况一览表)。选举产生县人大常委会委员17人,选举陈天会为县人大常委会主任,周发书、杨胜富、杨汉骥、汪达生、侯廷茂、李拗柱为副主任;选举钟存高为县长,冉新中、杨梅玉、麋保山、段春林、叶太俊、郭仕洲、彭军为副县长;选举谢和美为县法院院长;选举何守敏为县检察院检察长。

会议期间,代表们认真讨论审议大会各项工作报告,提出议案45件、建议121件。经议案审查委员会审查,主席团决定,将向子钧、唐维常、滕树平等35名代表关于加强社会治安问题的议案,刘万照等10名代表关于恢复和发展农村有线广播问题的议案列为大会议案,不列入大会议程,会后由县人大常委会督促政府办理落实;将转作建议的43件议案和121件建议计164件,交由有关单位会后办理和答复代表。

1月10日下午,会议表决通过各项工作报告决议。

（二）第二次会议

1995年3月15—18日，县十二届人大二次会议在县城召开。一次会议闭会期间，2名代表调离本行政区，其代表资格终止；补选代表6名，召开二次会议时，实有代表215名。二次会议应到代表215人，因病因事请假6人，实到209人；列席人员138人。

大会组建翔凤、绿水、漫水、百福司、大河、旧司、高洞、三胡、革勒车、翔凤10个代表团，团长分别由刘光明、徐朝凤、罗清富、田呈林、任发安、瞿先平、吴政权、文竹山、朱贵清担任。

3月15日，召开预备会议，选举产生大会主席团，通过会议议程以及议案审查委员会、计划预算审查委员会名单。

主席团成员和秘书长：（以姓氏笔画为序）

文竹山　尹继祥　田呈林　田南山
田维望　由庆萍　朱贵清　任发安
刘光明　李拗柱　杨汉骥　杨国瑞
杨胜富　肖金玉　吴成国　吴政权
汪达生　陈天会　罗清富　周发书
周鸿遴　周新华　胡其龙　侯廷茂
钟存高　姚玉芳　徐朝凤　董香彩
瞿先平

秘书长：周发书（兼）

议案审查委员会：主任委员侯廷茂，副主任委员周鸿遴，委员田维望、由庆萍、刘光明。

计划预算审查委员会：主任委员杨汉骥，副主任委员李拗柱、田安皇，委员尹继祥、肖金玉、姚玉芳、唐维常。

主席团第一次会议推定陈天会、董香彩、周发书、杨胜富、杨汉骥、汪达生、侯廷茂、李拗柱代表为主席团常务主席，决定胡其龙、邓国强、张宏新为副秘书长。

会议于3月16日开幕。会议听取和审议县长钟存高作的政府工作报告，县计委主任周开元作的计划工作报告，县财政局局长熊昌镇作的财政工作报告，县人大常委会副主任周发书作的县人大常委会工作报告，县法院院长谢和美作的县法院工作报告，县检察院检察长何守敏作的县检察院工作报告。

会议选补邓国强、田安皇、林春瑞为县十二届人大常委会委员。

会议期间，代表们认真讨论审议大会各项工作报告，提出议案17件、建议86件。经议案审查委员会审查，主席团决定，将转作建议的17件议案和86件建议计103件，交由有关单位会后办理和答复代表。

会议表决通过各项工作报告决议。

（三）第三次会议

1996年1月21—24日，县十二届人大三次会议在县城召开。二次会议闭会期间，5名代表调离本行政区，其代表资格终止；补选代表3名；因宣恩县沙坪、沙道、李家河、高罗划为来凤县代管，该四区镇75名原宣恩县人大代表转为来凤县人大代表（至1998年2月），召开三次会议时，实有代表288名。三次会议应到代表288人，因病因事请假19人，实到269人；列席人员149人。

大会组建翔凤、绿水、漫水、百福司、大河、旧司、高洞、三胡、革勒车、沙坪、沙道沟、高罗、李家河13个代表团，团长分别由刘光明、徐朝凤、罗清富、张岸华、任发安、瞿先平、吴政权、文竹山、朱贵清、王声明、李和长、董明玉、刘宗富担任。

1月21日,召开预备会议,选举产生大会主席团,通过会议议程以及议案审查委员会(同第二次会议)、计划预算审查委员会名单。

主席团成员和秘书长:(以姓氏笔画为序)

王声明　文竹山　邓国强　尹继祥
田安皇　田南山　田维望　由庆萍
朱贵清　任发安　刘光明　刘宗富
杨汉骧　杨国瑞　杨胜富　杨序谷
李拗柱　李和长　张岸华　肖金玉
吴成国　吴政权　汪达生　陈天会
林春瑞　罗清富　周发书　周鸿遴
周新华　胡其龙　侯廷茂　钟存高
姚玉芳　徐朝凤　董香彩　董明玉
瞿先平

秘书长:周发书(兼)

计划预算审查委员会:主任委员杨汉骧,副主任委员李拗柱、田安皇,委员尹继祥、肖金玉、林春瑞、姚玉芳。

主席团第一次会议推定陈天会、董香彩、周发书、杨胜富、杨汉骧、汪达生、侯廷茂、李拗柱代表为主席团常务主席,决定胡其龙、邓国强、张宏新为副秘书长。

会议于1月22日开幕。会议听取和审议县长钟存高作的政府工作报告,县计委主任周开元作的关于国民经济和社会发展"八五"计划执行情况及"九五"计划和2010年远景规划主要任务与1996年计划草案的报告,县财政局局长熊昌镇作的财政工作报告,县人大常委会副主任周发书作的县人大常委会工作报告,县法院院长谢和美作的县法院工作报告,县检察院检察长何守敏作的县检察院工作报告。

会议期间,代表们认真讨论审议大会各项工作报告,提出议案11件、建议104件。经议案审查委员会审查,主席团决定,将转作建议的11件议案和104件建议计115件,交由有关单位会后办理和答复代表。

会议表决通过各项工作报告决议。

(四)第四次会议

1997年2月24—27日,县十二届人大四次会议在县城召开。三次会议闭会期间,3名代表调离本行政区,1名代表病故,3名代表辞职,罢免3名代表,其代表资格终止;补选代表8名,召开四次会议时,实有代表286名。四次会议应到代表286人,因病因事请假23人,实到263人;列席人员160人。

大会组建翔凤、绿水、漫水、百福司、大河、旧司、高洞、三胡、革勒车、沙坪、沙道沟、高罗、李家河13个代表团,团长分别由田新孟、张银莲、罗清富、杨胜友、郑远高、瞿先平、唐远钦、向继华、赵海林、谢庆科、龚家富、杨宏品、刘冰担任。

2月24日,召开预备会议,选举产生大会主席团,通过会议议程以及议案审查委员会、计划预算审查委员会名单(均同第三次会议)。

主席团成员和秘书长:(以姓氏笔画为序)

邓国强　尹继祥　田安皇　田南山
田维望　田新孟　由庆萍　成开林
刘光明　刘　冰　向继华　杨汉骧
杨国瑞　杨胜富　杨序谷　杨宏品

杨胜友　李拗柱　肖金玉　吴成国
汪达生　张银莲　林春瑞　罗清富
周发书　周鸿遴　周新华　郑远高
赵海林　胡其龙　侯廷茂　钟存高
姚玉芳　唐远钦　龚家富　谢庆科
董香彩　瞿先平

秘书长：周发书(兼)

主席团第一次会议推定钟存高、董香彩、周发书、杨胜富、杨汉骥、汪达生、侯廷茂、李拗柱代表为主席团常务主席，决定胡其龙、邓国强、张宏新为副秘书长。

会议于2月25日开幕。会议听取和审议代理县长李济作的政府工作报告，县计委主任周开元作的计划工作报告，县财政局局长熊昌镇作的财政工作报告，县人大常委会副主任周发书作的县人大常委会工作报告，县法院院长谢和美作的县法院工作报告，县检察院检察长何守敏作的县检察院工作报告。

会议补选董香彩为县人大常委会主任，李济为县长。

会议期间，代表们认真讨论审议大会各项工作报告，提出议案28件、建议73件。经议案审查委员会审查，主席团决定，将旧司代表团瞿先平等10人联名提出关于提高政法干警素质、加强政法队伍建设的议案列为大会议案，将其余27件议案转作代表建议和73件建议计100件，交由有关单位会后办理和答复代表。

会议表决通过各项工作报告决议。

(五)第五次会议

1998年1月5—9日，县十二届人大五次会议在县城召开，应到代表286人，因病因事请假61人，实到225人；列席人员149人。

大会组建翔凤、绿水、漫水、百福司、大河、旧司、高洞、三胡、革勒车、沙坪、沙道沟、高罗、李家河13个代表团，团长分别由田新孟、张银莲、罗清富、杨胜友、郑远高、瞿先平、唐远钦、向继华、赵海林、田万照、谢庆科、杨宏品、刘冰担任。

1月5日，召开预备会议，选举产生大会主席团，通过会议议程以及议案审查委员会、计划预算审查委员会名单(均同第四次会议)。

主席团成员和秘书长：(以姓氏笔画为序)

尹继祥　田安皇　田维望　田新孟
田万照　由庆萍　刘光明　刘　冰
向继华　杨汉骥　杨国瑞　杨胜富
杨序谷　杨宏品　杨胜友　李拗柱
肖金玉　吴成国　汪达生　张银莲
林春瑞　罗清富　周发书　周鸿遴
周新华　郑远高　赵海林　胡其龙
侯廷茂　钟存高　姚玉芳　唐远钦
谢庆科　董香彩　瞿先平

秘书长：周发书(兼)

主席团第一次会议推定钟存高、董香彩、杨国瑞、周发书、杨汉骥、汪达生、侯廷茂、李拗柱代表为主席团常务主席，决定胡其龙、李德志、张宏新为副秘书长。

会议于1月6日开幕。会议听取和审议县长李济作的政府工作报告，县计委主任刘静生作的计划工作报告，县财政局局长洪先烈作的财政工作报告，县人大常委会主任董香彩作的县人大常委会工作报告，县法院院长谢和美作的县法院工作报告，县检察院检察长何守敏作的县检察院工作报告。

会议选举州四届人大代表38名。

会议期间,代表们认真讨论审议大会各项工作报告,提出议案9件、建议31件。经议案审查委员会审查,主席团决定,将转作建议的9件议案和31件建议计40件,交由有关单位会后办理和答复代表。

会议表决通过各项工作报告决议。

三、议案和建议办理

(一)议案办理

县十二届人大一次会议期间,代表提出议案被大会立案的2件:向子钧、唐维常、滕树平等35名代表关于加强社会治安的议案,刘万照等10名代表关于恢复和发展农村有线广播电视的议案。大会闭会后,县人大常委会加强督办,各承办单位认真办理,使议案办理工作落到实处。如办理关于加强社会治安的议案,县政府高度重视,建立健全社会治安综合治理目标管理责任制,成立"严打"领导小组,制定和施行"严打"方案,成立巡逻大队,加强社会治安管理,从而使全县社会治安状况明显好转。

县十二届人大四次会议期间,瞿先平等10名代表提出关于提高政法干警素质、加强政法队伍建设的议案。大会闭会后,县人大常委会督促公、检、法、司机关采取有效措施,提高干警素质,加强政法队伍建设。进行集中整训,学习政法理论,学习党纪法规;强化服务意识,开拓多种渠道,接受广大人民群众监督;完善各项规章制度,规范干警行为;大力表彰优秀干警,严肃处理个别违法违纪干警,树立政法干警良好形象。通过办理代表议案,政法干警素质不断增强,政法队伍建设出现新局面。

县十二届二次、三次、五次会议,代表提出议案均未被大会列入议案。

(二)建议办理

县十二届人大一次会议期间,收到代表建议121件,连同转作建议的议案计164件,其中:计划财贸19件,工业交通53件,农业林业水电42件,科教文卫35件,政法、综合15件。闭会后,县直有关单位认真办理,按照规定时限办结并答复代表,当年解决100件。

县十二届人大二次会议期间,收到代表建议86件,连同转作建议的议案计103件,其中:计划、财贸17件,交通27件,农业林业水电32件,教科文卫14件,政法、综合13件。闭会后,县直有关单位认真办理,按照规定时限办结并答复代表,当年解决60件。

县十二届人大三次会议期间,收到代表建议104件,连同转作建议的议案计115件,其中:计划财贸15件,工交20件,农业林业水电31件,科教文卫22件,政法、综合27件。闭会后,县直有关单位认真办理,按照规定时限办结并答复代表,当年解决65件。

县十二届人大四次会议期间,收到代表建议73件,连同转作建议的议案计100件,其中:财贸7件,工交37件,农业林业水电23件,科教文卫21件,政法、综合12件。闭会后,县直有关单位认真办理,按照规定时限办结并答复代表,当年解决53件。

县十二届人大五次会议期间,收到代表

建议 31 件，连同转作建议的议案计 40 件，其中：经贸 20 件，农业林业水电 4 件，科教文卫 7 件，政法、综合 9 件。闭会后，有关单位认真办理，按照规定时限办结并答复代表，当年解决 16 件。

第十三节　县十三届人民代表大会

县十三届人大任期自 1999 年 1 月至 2004 年 1 月，召开会议 5 次，听取和审议工作报告 30 项，作出决议决定 31 项；选举产生县人大常委会主任 1 人、副主任 4 人、委员 17 人，县长 1 人、副县长 4 人，县法院院长 2 人，县检察院检察长 1 人，州人大代表 48 人(包括州四届人大代表 8 名)；办理代表议案 1 件、建议 568 件。

一、代表选举

1998 年 10 月 23 日，县十二届人大常委会召开第 40 次会议，任命县选举委员会组成人员，主任韩北平，副主任董香彩、杨国瑞、胡其龙、周发书、杨胜富、杨汉骥、侯廷茂、李拗柱，委员王登高、郑开国、向莉萍、杨戊云、李德志、高碧玉、田忠诚、贵立远、肖长耕、崔建辉。选举委员会下设办公室，主任侯廷茂，副主任李德志、郑开国、高碧玉、张宏新、洪先烈、向莉萍。办公室下设秘书、组织、宣传、后勤、保卫等工作组。

经州人大常委会审定，县十三届人大代表名额 193 名。县选举委员会把全县划分为 86 个选区，将 192 名代表名额分配到各选区(预留 1 个名额备用)。

11 月 13—28 日，各选区依法登记选民。全县人口总数 299611 人，18 周岁以上人口数 189451 人，选民登记人数 189055 人，占 18 周岁以上人口 99.8%，无法行使选举权利 396 人。

11 月 29 日—12 月 13 日，各选区依法提名推荐、酝酿协商代表候选人。全县提名推荐代表候选人 1117 名，经过酝酿协商，确定正式代表候选人 283 名。

县选举委员会确定 1998 年 12 月 18 日为选举日。各选区通过召开选举大会、设立投票站、流动票箱、委托投票等形式，采取无记名投票方式，选举产生县十三届人大代表 189 名，缺额 3 名。

经代表资格审查委员会审查，选举产生的 189 名代表资格有效(代表构成情况参见第二章第十六节正文之后来凤县第八届至十六届人大代表类型一览表)。

县十三届人大代表：

杨吉富	李孟清	田新孟
覃德兴	覃子兰(女)	邹联顺
李国彰	赖斌武	方　明
田景菊(女)	何本运	李周凤
李　济	李宏顺	吴友玉(女)
徐英洲	邹联璜	欧洪全
向开明	饶启凤(女)	尹　凯
杨通明	苏光友	余志友
朱富菊(女)	邓加红	龙克付
姚福德	彭仕明	李银莲(女)
李仕元	王登高	田宣福

曾庆毕	黎满云(女)	周明轩
杨中全	杨志华	杨思国
李琼芳(女)	李德志	吴伯华
韩北平	刘兴国	袁文珍(女)
刘天林	杨国瑞	向习成
周兴贵	周荷慧(女)	尹继祥
向世树	张启明	向同珍
向菊英(女)	严天佑	张昌元
徐朝凤	赵昌青	杨　昕(女)
田绍华	向邦维	田绍文
刘宗元	田卯云(女)	刘海丰
罗清富	彭英才	唐光祝
罗玉芝(女)	刘可桥	彭远仪
彭大水	杨光友	彭桃云(女)
杨胜友	王道松	李中元
姚春生	彭昌英(女)	吴汉岳
王诗付	董香彩	彭召元
邱卯莲(女)	田忠诚	张冠华
彭大波	张孝祥	唐银香(女)
吴　松	杨仕友	于德海
杨　超	刘松玉(女)	田学清
姚元华	郑远高	杨光荣
蒲　燕(女)	杨高元	伍贤友
田金生	吴光正	王连玉(女)
汪再华	周　彦	肖长耕
张孝元	杨建平(女)	崔建辉
吴小明	李文祥	谢开术
向玉凤(女)	何　慧	贵立远
李成祥	姚相成	覃玉林(中学)
田永红	田永前	任　兵
尹建华	覃玉林(三合)	李东升
瞿先平	邢中权	田　旗
杨　敏(女)	仇兵武	周发书
向代喜	向桂平	高碧玉(女)
唐远钦	林　枫	龙仁才
刘越清	杨荣芳(女)	田昌成
田永宽	田仕文	田云友
肖本长	赵海林	杨天银
田　泓	李世泽	田延国
林红忠	孙学余	鲁德贵
杨学东	张　涛	郭学炎
沈秀明	向继华	向达富
吴　进	田言春	翁德贵
向忠银	王　健	田方明
何受朗	陈和忠	张　超
罗尚考	肖绍田	莫北平
虞保山	由　勇	田永芳
张洪高	向子钧	刘志祥
胡家悌	龙占位	向子锋
冉卫华	吴　骏	乔隆森
杨树荣	唐少忠	向开龙
杨友富	梅德荣	谭明威

2000年12月，补选徐健、黄成益、郑开国、魏开勇、邹又祥为县十三届人大代表。

2002年，补选彭英翔为县十三届人大代表。

二、人民代表大会会议

(一)第一次会议

1999年1月18—23日，县十三届人大一次会议在县城召开。选举产生县十三届人大代表189名，一次会议召开前，2代表调离本行政区，其代表资格终止，召开一次会议时，实有代表187名。一次会议应到代表187人，因病因事请假2人，实到185人；列席人员140人。

大会组建翔凤、绿水、漫水、百福司、大

河、旧司、高洞、革勒车、三胡、县直10个代表团，团长分别由田新孟、徐朝凤、彭英才、彭远仪、郑远高、何慧、田永宽、赵海林、向忠银、杨树荣担任。

1月18日，召开预备会议，听取代表变动情况报告，选举产生大会主席团，通过会议议程以及议案审查委员会名单、计划预算审查委员会名单。

主席团成员和秘书长：（以姓氏笔画为序）

王登高　田方明　田永宽　田忠诚
田新孟　向忠银　刘宗元　刘越清
孙学余　杨国瑞　杨建平　杨树荣
杨荣芳　李德志　肖长耕　何　慧
周发书　郑远高　赵海林　胡家悌
贵立远　徐朝凤　高碧玉　崔建辉
彭远仪　彭英才　韩北平　董香彩
蒲　燕　虞保山　谭明威

秘书长：周发书（兼）

议案审查委员会：主任委员王登高，副主任委员高碧玉，委员杨荣芳、徐朝凤、蒲燕。

计划预算审查委员会：主任委员刘宗元，副主任委员贵立远，委员田新孟、杨建平、胡家悌。

主席团第一次会议推定韩北平、董香彩、杨国瑞、孙学余、周发书、王登高、刘宗元、田方明代表为主席团常务主席，决定郑开国、李德志、陈建军为副秘书长。

会议于1月19日开幕。会议听取和审议代理县长刘越清作的政府工作报告（报告摘要参见附录），县计委主任刘静生作的计划工作报告，县财政局局长洪先烈作的财政工作报告，县人大常委会主任董香彩作的县人大常委会工作报告（报告摘要参见附录），县法院院长谢和美作的县法院工作报告，县检察院检察长何守敏作的县检察院工作报告。

1月23日上午，会议进行选举（参见第二章第十六节正文之后来凤县第八届至十六届人大一次会议选举情况一览表）。选举产生县人大常委会委员17人，选举董香彩为县人大常委会主任，周发书、王登高、田方明、杨树荣为副主任；选举刘越清为县长，聂紫云、杨吉富、虞保山为副县长；选举张寿齐为县法院院长；选举巩建国为县检察院检察长。

会议另行选举州四届人大代表8名。

会议期间，代表们认真讨论审议大会各项工作报告，提出议案21件、建议182件。经议案审查委员会审查，主席团决定，将转作建议的21件议案和182件建议计203件，交由有关单位会后办理和答复代表。

1月23日下午，会议表决通过各项工作报告决议。

（二）第二次会议

2000年3月5—8日，县十三届人大二次会议在县城召开。一次会议闭会期间，1名代表调离本行政区，其代表资格终止，召开二次会议时，实有代表186名。二次会议应到代表186人，因病因事请假5人，实到181人；列席人员171人。

大会组建翔凤、绿水、漫水、百福司、大河、旧司、高洞、革勒车、三胡、县直10个代表团，团长分别由向子钧、刘天林、罗清富、彭远仪、唐远钦、何慧、林枫、杨学东、张涛、虞保山担任。

3月5日，召开预备会议，选举产生大会主席团，通过会议议程以及议案审查委员会名单(副主任委员变更为田忠诚，其他同第一次会议)、计划预算审查委员会名单(主任委员变更为杨树荣，其他同第一次会议)。

主席团成员和秘书长：(以姓氏笔画为序)

王登高　田方明　田忠诚　田新孟
向子钧　刘天林　刘越清　孙学余
杨吉富　杨国瑞　杨建平　杨树荣
杨荣芳　杨学东　李德志　肖长耕
何　慧　张　涛　林　枫　罗清富
周发书　胡家悌　贵立远　徐朝凤
唐远钦　崔建辉　彭远仪　董香彩
蒲　燕　虞保山　谭明威

秘书长：周发书(兼)

主席团第一次会议推定刘越清、董香彩、杨国瑞、孙学余、周发书、王登高、田方明、杨树荣代表为主席团常务主席，决定郑开国、李德志、莫北平为副秘书长。

会议于3月6日开幕。会议听取和审议县长刘越清作的政府工作报告，县计委主任刘静生作的计划工作报告，县财政局局长洪先烈作的财政工作报告，县人大常委会主任董香彩作的县人大常委会工作报告，县法院院长张寿齐作的县法院工作报告，县检察院检察长巩建国作的县检察院工作报告。

会议讨论通过县人民代表大会会议议事规则，评议副县长聂紫云、虞保山、杨吉富、舒茂扬、苏启东的书面述职报告。

会议期间，代表们认真讨论审议大会各项工作报告，提出议案14件、建议86件。经议案审查委员会审查，主席团决定，将向玉凤、虞保山等13名代表关于采取有效措施、大力治理经济环境的议案列入大会议案，将转作建议的13件议案和86件建议计99件，交由有关单位会后办理和答复代表。

会议表决通过各项工作报告决议。

(三)第三次会议

2001年2月20—23日，县十三届人大三次会议在县城召开。二次会议闭期间，2名代表调离本行政区，其代表资格终止；补选代表5名，召开三次会议时，实有代表189名。三次会议应到代表189人，因病因事请假15人，实到174人；列席人员136人。

县直代表团团长变更为邹友祥，其他代表团组建同第二次会议。

2月20日，召开预备会议，选举产生大会主席团，通过会议议程以及议案审查委员会(同第二次会议)、计划预算审查委员会名单(委员田新孟变更为崔建辉，其他同第二次会议)。

主席团成员和秘书长：(以姓氏笔画为序)

王登高　田方明　田忠诚　向子钧
刘天林　刘越清　孙学余　杨吉富
杨国瑞　杨学东　杨建平　杨荣芳
杨树荣　李德志　肖长耕　何　慧
邹友祥　张　涛　林　枫　罗清富
周发书　郑开国　胡家悌　贵立远
徐　健　徐朝凤　唐远钦　黄成益
崔建辉　彭远仪　董香彩　蒲　燕
虞保山

秘书长：周发书(兼)

主席团第一次会议推定徐健、刘越清、董香彩、杨国瑞、孙学余、周发书、王登高、田方明、杨树荣代表为主席团常务主席，决定郑开国、李德志、莫北平为副秘书长。

会议于2月21日开幕。会议听取和审议县长刘越清作的政府工作报告，县计委主任刘静生作的计划工作报告，县财政局局长徐庭海作的财政工作报告，县人大常委会主任董香彩作的县人大常委会工作报告，县法院院长张寿齐作的县法院工作报告，县检察院检察长巩建国作的县检察院工作报告。

会议期间，代表们认真讨论审议大会各项工作报告以及来凤县国民经济和社会发展第十个五个计划纲要，提出议案13件、建议99件。经议案审查委员会审查，主席团决定，将转作代表建议的13件议案和99件建议计112件，交由有关单位办理和答复代表。

会议表决通过各项工作报告决议及第十个五年计划纲要的决议。

（四）第四次会议

2002年2月28日—3月3日，县十三届人大四次会议在县城召开。三次会议闭会期间，2名代表调离本行政区，其代表资格终止，应有代表187名，其中3名代表暂时停止执行代表职务，召开四次会议时，实有代表184名。四次会议应到代表184人，因病因事请假27人，实到157人；列席人员145人。

大会组建翔凤、绿水、漫水、百福司、大河、旧司、高洞、革勒车、三胡、县直10个代表团，团长分别由何慧、严天佑、罗清富、张冠华、张孝祥、林枫、杨学东、陈和忠、向子钧担任。

2月28日，召开预备会议，选举产生大会主席团，通过会议议程以及议案审查委员会、计划预算审查委员会名单（均同第三次会议）。

主席团成员和秘书长：（以姓氏笔画为序）

王登高　田方明　田忠诚　向子钧
刘越清　孙学余　杨吉富　杨国瑞
杨学东　杨建平　杨荣芳　杨树荣
李德志　严天佑　肖长耕　何　慧
张孝祥　张冠华　陈和忠　林　枫
罗清富　周发书　郑开国　胡家悌
贵立远　徐　健　徐朝凤　唐远钦
崔建辉　彭远仪　董香彩　蒲　燕
虞保山

秘书长：周发书（兼）

主席团第一次会议推定徐健、董香彩、刘越清、孙学余、郑开国、周发书、王登高、田方明、杨树荣代表为主席团常务主席，决定郑开国、李德志、莫北平为副秘书长。

会议于2月29日开幕。会议听取和审议县长刘越清作的政府工作报告，县发展计划局局长刘静生作的计划工作报告，县财政局局长徐庭海作的财政工作报告，县人大常委会主任董香彩作的县人大常委会工作报告，县法院院长张寿齐作的县法院工作报告，县检察院检察长巩建国作的县检察院工作报告。

会议期间，代表们认真讨论审议大会各项工作报告，提出建议62件。经议案审查委员会审查，主席团决定，将代表建议交由有关单位办理和答复代表。

会议表决通过各项工作报告决议。

（五）第五次会议

2003年1月7—11日，县十三届人大

五次会议在县城召开。四次会议闭会期间，1名代表调离本行政区，1名代表病故，其代表资格终止；补选代表1名，应有代表186名，其中2名代表暂时停止执行代表职务，召开五次会议时，实有代表184名。五次会议应到代表184人，实到184人；列席人员148人。

大会组建翔凤、绿水、漫水、百福司、大河、旧司、高洞、革勒车、三胡、县直10个代表团，团长分别由张涛、严天佑、罗清富、张冠华、张孝祥、林枫、杨学东、郭学炎、向子钧担任。

1月7日，召开预备会议，选举产生大会主席团，通过会议议程以及议案审查委员会、计划预算审查委员会名单(均同第四次会议)。

主席团成员和秘书长：(以姓氏笔画为序)

王登高　田方明　田忠诚　向子钧
刘越清　孙学余　杨吉富　杨国瑞
杨学东　杨建平　杨荣芳　杨树荣
李德志　严天佑　肖长耕　何　慧
张孝祥　张冠华　张　涛　林　枫
罗清富　周发书　郑开国　胡家悌
贵立远　莫北平　徐　健　徐朝凤
郭学炎　崔建辉　董香彩　蒲　燕
虞保山

秘书长：王登高(兼)

主席团第一次会议推定董香彩、徐健、刘越清、孙学余、郑开国、周发书、王登高、田方明、杨树荣代表为主席团常务主席，决定郑开国、李德志、杨天龙为副秘书长。

会议于1月8日开幕。会议听取和审议县长刘越清作的政府工作报告，县发展计划局局长刘静生作的计划工作报告，县财政局局长徐庭海作的财政工作报告，县人大常委会主任董香彩作的县人大常委会工作报告，县法院代理院长唐登洲作的县法院工作报告，县检察院检察长巩建国作的县检察院工作报告。

会议选举唐登洲为县法院院长，选举州五届人大代表40名。

会议期间，代表们认真讨论审议大会各项工作报告，提出议案7件、建议85件。经议案审查委员会审查，主席团决定，将代表建议连同转作建议的议案计92件，交由有关单位会后办理和答复代表。

会议表决通过各项工作报告决议。

三、议案和建议办理

(一)议案办理

县十三届人大二次会议期间，虞保山、向玉凤等13名代表关于采取有效措施、大力治理经济环境的议案。2000年4月中旬，县人大常委会组织有关部门调查全县经济环境，找出经济环境中存在问题。县人大常委会第9次会议制定关于办理“治理我县经济环境”议案实施方案。8月下旬，县人大常委会组织部分县人大代表为期5天视察全县治理经济环境情况，向县政府提出12条整改意见和建议，并督促有关部门整改。通过督促办理，各职能部门增强为经济建设服务意识，积极采取有效措施整改，使全县经济环境好转。

县十三届人大一次、三次、四次、五次会议期间，代表提出议案均未被大会列入议案。

(二)建议办理

县十三届人大一次会议期间,收到代表建议182件,连同转作建议的议案计203件,其中:经贸64件,农业林业水电78件,教科文卫44件,政法、综合17件。闭会后,有关单位认真办理,按照规定时限办结并答复代表,当年解决84件。

县十三届人大二次会议期间,收到代表建议86件,连同转作建议的议案计99件,其中:经贸54件,农业林业水电11件,教科文卫15件,政法、综合18件,计划1件。闭会后,有关单位认真办理,按照规定时限办结并答复代表,当年解决56件。

县十三届人大三次会议期间,收到代表建议99件,连同转作建议的议案计112件,其中:经贸50件,农业林业水电26件,教科文卫22件,政法、综合13件,计划1件。闭会后,有关单位认真办理,按照规定时限办结并答复代表,当年解决81件。

县十三届人大四次会议期间,收到代表建议62件,其中:经贸22件,农业林业水电21件,财政7件,教科文卫10件,政法、综合2件。闭会后,有关单位认真办理,按照规定时限办结并答复代表,当年解决45件。

县十三届人大五次会议期间,收到代表建议85件,连同转作建议的议案7件,计92件,其中:经贸37件,农业林业水电24件,教科文卫10件,财政5件,环保9件,政法6件,其他1件。闭会后,有关单位认真办理,按照规定时限办结并答复代表,当年解决75件。

第十四节　县十四届人民代表大会

县十四届人大任期自2004年1月至2006年12月,召开会议3次,听取和审议工作报告19项,作出决议决定19项;选举产生县人大常委会主任1人、副主任6人、委员21人,县长1人、副县长5人,县法院院长1人,县检察院检察长1人;另行选举州人大代表3人;办理代表议案1件、建议528件。

一、代表选举

2003年9月27日,县十三届人大常委会召开第32次会议,任命县选举委员会组成人员,主任王建民,副主任董香彩、部志中、周发书,委员王登高、田方明、杨树荣、陈新、肖华林、邢祖训、李德志、吴春菊。选举委员会下设办公室,主任周发书,副主任李德志、吴春菊。办公室下设秘书、组织、宣传、后勤、保卫等工作组。

经州人大常委会审定,县十四届人大代表名额193名。县选举委员会把全县划分为86个选区,将192名代表名额分配到各选区(预留1个名额备用)。

10月20日—11月3日,各选区依法登记选民。全县人口总数318299人,18周岁以上人口数198327人,选民登记人数195718人,占18周岁以上人口98.7%,无法行使选举权利2527人,暂停行使选举权利82人。

11月4—18日,各选区依法提名推荐、酝酿协商代表候选人。全县提名推荐代表候选人559名,经过酝酿协商,确定正式代表候选人278名。

县选举委员会确定2003年11月23日为选举日。各选区通过召开选举大会、设立投票站、流动票箱、委托投票等形式,采取无记名投票方式,选举产生县十四届人大代表187名,缺额5名。

经代表资格审查委员会审查,选举产生的187名代表资格有效(代表构成情况参见第二章第十六节正文之后来凤县第八届至十六届人大代表类型一览表)。

县十四届人大代表:

段绍鹏　刘　伟　杨光国
秦文勋　覃子兰(女)　刘静生
李国彰　邹联顺　王建民
舒朝英(女)　曾凡国　周　胤
徐庭海　张松林　李琼芳(女)
杨树荣　姚江海　张雨沛
徐英洲　袁文珍(女)　黄福清
李树林　林　枫　胡陆林
吴元菊(女)　万　辉　唐明星
杨思国　苏光友　戴鸣凤(女)
谢成建　周　兵　张永占
张海全　吴乾淘(女)　翟显祥
吴光明　张福生　陈　锐
刘洪花(女)　向子钧　吴胜刚
王海民　杨志华　向志云(女)
赵忠文　吴汉左　郜志中
田　丰　田金花(女)　周兴贵
田　华　谭生发　向寿益
蒲　燕(女)　杨云贵　张振银
严天佑　杨志华　张琴英(女)
和　北　邢祖训　田方明
向国宝　吴春菊(女)　向勤仕
丁中文　向忠良　张应品
田凤桃(女)　向运富　田德顺
彭庆明　向昌荣　杨吉富
刘天武　王书华　彭英佳
管民桦　林礼祥　向应和
向文胜　彭大波　苏　波
王　标　易吉元　彭承珍
肖平英　冯尚权　田金生
向松林　田恩成　向立生
吴爱民　黄永成　廖于实
张孝祥　杨胜桃　王永禄
向应才　向学林　肖长耕
余运清　颜加文　冯建华
向班贵　张　杰　崔建辉
潘顺富　龙昌远　田金超
易厚祥　李少白　胡明科
田云友　贵立远　李成祥
周新华　冉　辉　田中元
田延文　杨天龙　仇兵武
向光华　黄万国　黄树立
张高华　向相屹　邓支国
田昌齐　邓国建　唐春红
李建明　杨天高　张卫东
李永祥　张久阶　段振亚
田昌成　卢茂海　谭中君
田　泓　翁明章　姚贤恒
姚友术　彭远仪　范才成
林珍红　杨冬平　胡胜杰
郑之宁　田明勇　郭学炎
何受朗　李万林　林正高
向明扬　黄飞鹏　汪忠鸣
梅德荣　黄礼伟　郭金南

杨　洋	杨长胜	卢红鹂(女)
夏开新	伍云发	肖华林
柳昌斌	阮　敏(女)	谢先想
姚　冰	徐建恩	田绍文
向兴祥	张国庆	张洪应
闵远国	秦兴华	陈光艾
邓施雄	向来生	王　义
由　勇	黄传富	周法进
向习汉	陈　新(补选)	

二、人民代表大会会议

(一)第一次会议

2004年1月4—9日,县十四届人大一次会议在县城召开,应到代表187人,因病请假1人,实到186人;列席人员142人。

大会组建翔凤、绿水、漫水、百福司、大河、旧司、革勒车、三胡、县直9个代表团,团长分别由林枫、和北、向勤仕、王书华、向应才、黄万国、谭中君、杨洋、肖华林担任。

1月4日,召开预备会议,选举产生大会主席团,通过会议议程以及议案审查委员会、计划预算审查委员会名单。

主席团成员和秘书长:(以姓氏笔画为序)

王书华	王建民	田方明	邢祖训
向应才	向应和	向班贵	向勤仕
刘静生	杨　洋	杨先国	杨树荣
苏　波	肖长耕	肖华林	吴春菊
林　枫	林正高	易吉元	和　北
周新华	贵立远	郜志中	徐庭海
黄万国	黄礼伟	黄树立	崔建辉
舒朝英	蒲　燕	廖于实	谭中君
谭生发	戴鸣凤		

秘书长:杨树荣(兼)

议案审查委员会:主任委员田方明,副主任委员吴春菊,委员杨先国、易吉元、舒朝英。

计划预算审查委员会:主任委员杨树荣,副主任委员贵立远,委员向班贵、黄礼伟、戴鸣凤。

主席团第一次会议推定王建民、黄树立、郜志中、周新华、邢祖训、田方明、杨树荣代表为主席团常务主席,决定李德志、杨天龙、林正高、赵昌青为副秘书长。

会议于1月5日开幕。会议听取和审议代理县长黄树立作的政府工作报告(报告摘要参见附录),县发展计划局局长刘静生作的计划工作报告,县财政局局长徐庭海作的财政工作报告,县人大常委会副主任杨树荣作的县人大常委会工作报告(报告摘要参见附录),县法院院长唐登洲作的县法院工作报告,县检察院代理检察长税明泽作的县检察院工作报告。

1月9日上午,会议进行选举(参见第二章第十六节正文之后来凤县第八届至十六届人大一次会议选举情况一览表)。选举产生县人大常委会委员21人,选举王建民为县人大常委会主任,周新华、田方明、杨树荣、徐庭海、刘静生、苏波为副主任;选举黄树立为县长,高敬佩、何慧、廖于实、陈胜、邓国建为副县长;选举唐登洲为县法院院长;选举税明泽为县检察院检察长。

会议期间,代表们认真讨论审议大会各项工作报告,提出议案73件、建议218件。经议案审查委员会审查,主席团决定,将代表建议连同转作建议的议案计291件,交由有关单位会后办理和答复代表。

1月9日下午,会议表决通过各项工作报告决议。

(二)第二次会议

2005年1月7—10日,县十四届人大二次会议在县城召开。一次会议闭会期间,1名代表病故,其代表资格终止;补选代表1名,召开二次会议时,实有代表187名。二次会议应到代表187人,因病因事请假3人,实到184人;列席人员122人。

代表团组建同第一次会议。

1月7日,召开预备会议,选举产生大会主席团,通过会议议程以及议案审查委员会、计划预算审查委员会名单。

主席团成员和秘书长:(以姓氏笔画为序)

王书华　王建民　田方明　邢祖训
向应才　向应和　向班贵　向勤仕
刘静生　苏　波　杨　洋　杨先国
杨树荣　陈　新　肖长耕　肖华林
吴春菊　林　枫　林正高　易吉元
和　北　周新华　贵立远　郜志中
徐庭海　黄万国　黄礼伟　黄树立
崔建辉　舒朝英　蒲　燕　廖于实
谭中君　谭生发　戴鸣凤

秘书长:苏　波(兼)

议案审查委员会:主任委员周新华,副主任委员吴春菊,委员林正高、易吉元、崔建辉。

计划预算审查委员会:主任委员徐庭海,副主任委员贵立远,委员向班贵、黄礼伟、戴鸣凤。

主席团第一次会议推定王建民、郜志中、陈新、周新华、田方明、杨树荣、徐庭海、刘静生、苏波代表为主席团常务主席,决定谭生发、赵昌青、林正高、夏大胜为副秘书长。

会议于1月8日开幕。会议听取和审议县长黄树立作的政府工作报告,县发展计划局局长杨天龙作的计划工作报告,县财政局局长田延初作的财政工作报告,县人大常委会副主任周新华作的县人大常委会工作报告,县法院院长唐登洲作的县法院工作报告,县检察院检察长税明泽作的县检察院工作报告。

会议另行选举州五届人大代表3名。

会议期间,代表们认真讨论审议大会各项工作报告,提出议案11件、建议131件。经议案审查委员会审查,主席团决定,将伍云发、向来生等10名代表关于贯彻落实《民办教育促进法》、尽快制定来凤县民办学校办学规定的议案列为大会议案,将其余10件议案转作建议和131件建议计141件,交由有关单位会后办理和答复代表。

会议表决通过各项工作报告决议,通过《来凤县人民代表大会代表议案、建议、批评和意见工作规则》。

(三)第三次会议

2006年1月8—10日,县十四届人大三次会议在县城召开。二次会议闭会期间,5名代表调离本行政区,其代表资格终止,召开三次会议时,实有182名。三次会议应到代表182人,因病因事请假5人,实到177人;列席人员125人。

大会组建翔凤、绿水、漫水、百福司、大河、旧司、革勒车、三胡、县直9个代表团,团长分别由林枫、和北、向勤仕、管民桦、向应才、黄万国、范才成、杨洋、肖华林担任。

1月8日，召开预备会议，选举产生大会主席团，通过会议议程以及议案审查委员会名单（同第二次会议）、计划预算审查委员会名单。

主席团成员和秘书长：（以姓氏笔画为序）

王建民　田方明　向应才　向应和
向班贵　向勤仕　刘静生　苏　波
杨　洋　杨先国　杨树荣　陈　新
肖长耕　肖华林　吴春菊　林　枫
林正高　易吉元　和　北　周新华
贵立远　郜志中　范才成　徐庭海
黄万国　黄树立　崔建辉　舒朝英
蒲　燕　廖于实　谭生发　管民桦
戴鸣凤

秘书长：苏　波（兼）

计划预算审查委员会：主任委员徐庭海，副主任委员贵立远，委员向班贵、段绍鹏、戴鸣凤。

主席团第一次会议推定王建民、周新华、郜志中、陈新、田方明、杨树荣、徐庭海、刘静生、苏波代表为主席团常务主席，决定谭生发、赵昌青、林正高、夏大胜为副秘书长。

会议于1月9日开幕。会议听取和审议县长黄树立作的政府工作报告，县发展和改革局（简称“发改局”）局长杨天龙作的关于国民经济和社会发展第十一个五年发展规划纲要（草案）的报告以及计划工作报告，县财政局局长田延初作的财政工作报告，县人大常委会副主任周新华作的县人大常委会工作报告，县法院院长唐登洲作的县法院工作报告，县检察院检察长税明泽作的县检察院工作报告。

会议审议县政府办主任赵昌青提交的关于县十四届人大二次会议议案办理情况报告（书面）。

会议期间，代表们认真讨论审议大会各项工作报告，提出建议96件。经议案审查委员会审查，主席团决定，将代表建议交由有关单位会后办理和答复代表。

会议表决通过各项工作报告决议。

三、议案和建议办理

（一）议案办理

县十四届人大二次会议期间，伍云发、向来生等10名代表关于贯彻落实《民办教育促进法》、尽快制定来凤县民办学校办学规定的议案，经县十四届人大二次会议审议通过。闭会后，县人大常委会将议案转交县政府办理落实。县政府高度重视，及时召开专题会议，拟定议案办理工作方案，于2005年2月22日向县十四届人大常委会第9次会议报告。县政府办公室多次召集县教育局、国土局、人事局、发改局、民政局、国税局、地税局、规划局、劳动与社会保障局等部门认真研究，拟定《来凤县关于促进民办教育发展的若干规定》，就促进民办教育在审批、用地、师资、奖励等方面作出具体规定，并在2005年12月27日第11次政府常务会议上通过，以来政发〔2005〕128号文件下发，让有意投资民办教育单位和个人有章可循。

（二）建议办理

县十四届人大一次会议期间，收到代表

建议218件,连同转作建议的议案计291件,其中:财政金融20件,农业农村106件,经贸18件,交通城建105件,教科文卫32件,政法4件,其他6件。闭会后,有关单位认真办理,按照规定时限办结并答复代表,当年解决68件。

县十四届人大二次会议期间,收到代表建议131件,连同转作建议的议案计141件,其中:农业农村59件,交通城建57件,教科文卫10件,经贸4件,财政金融3件,政法2件,其他6件。闭会后,有关单位认真办理,按照规定时限办结并答复代表,当年解决27件。

县十四届人大三次会议期间,收到代表建议96件,其中:农业农村34件,交通城建42件,教科文卫7件,其他13件。闭会后,有关单位认真办理,按照规定时限办结并答复代表,当年解决7件。

第十五节　县十五届人民代表大会

县十五届人大任期自2006年12月至2011年11月,召开会议6次,听取和审议工作报告34项,作出决议决定34项;选举产生县人大常委会主任1人、副主任7人、委员27人,县长1人、副县长5人,县法院院长1人,县检察院检察长2人,州人大代表42人;办理代表建议586件。

一、代表选举

2006年8月3日,县十四届人大常委会召开第18次会议,任命县选举委员会组成人员,主任王建民,副主任周新华、陈新、苏波,委员田方明、杨树荣、徐庭海、刘静生、肖华林、莫北平、朱华松、田景福、陈胜、谭生发、吴春菊。选举委员会下设办公室,主任苏波,副主任谭生发、吴春菊。办公室下设秘书、组织、宣传、后勤、保卫等工作组。

经州人大常委会审定,县十五届人大代表名额193名。县选举委员会把全县划分为86个选区,将代表名额分配到各选区。

9月1—21日,各选区依法登记选民。全县人口总数314524人,选民总数211824人。

10月14—26日,各选区依法提名推荐、酝酿协商代表候选人。全县提名推荐代表候选人657名,经过酝酿协商,确定正式代表候选人279名。

县选举委员会确定2006年10月31日为选举日。各选区通过召开选举大会、设立投票站、流动票箱、委托投票等形式,采取无记名投票方式,选举产生县十五届人大代表191名,缺额2名。

经代表资格审查委员会审查,选举产生的191名代表资格有效(代表构成情况参见第二章第十六节正文之后来凤县第八届至十六届人大代表类型一览表)。

县十五届人大代表:

谭中君	杨先国	徐建恩
高敬佩(女)	田延初	张春梅(女)
曹少夫	向　文	吴克华
段绍鹏	田绍友	李琼芳(女)
陈应学	杨　华	杨思国

陈　锐	田仕祥	杨　洋
谢成建	王耀志	杨云贵
姚江海	罗文平	李国彰
李德发	周国祥	田民兵
周　胤	沈上金	徐庭海
曾凡国	杨天龙	黄透胜
虞列峰	徐英洲	黄福清
林顺平	万　辉	周　兵
鲁红兵	余志友	苏光友
林正高	黄祥耀	王庭福
胡平江	瞿德辉	田永松
田启学	杨树荣	张海全
翟显祥	赵中文	钱成玉(女)
翁明章	朱华松	秦长显
伍呈祥	戴鸣凤(女)	周兴贵
向士举	和　北	张桂艳(女)
郜志中	向受益	张振银
周庆玲(女)	严天兵	杨　明
杨志华	彭庆明	田德顺
肖华林	丁中文	周方英
向运富	曾庆国	李兴国
张应品	王秀军	谭生发
田方明	向中干	张孝祥
刘公安	彭寿志	彭南清
田金花(女)	刘静生	田景福
向志云(女)	苏　波	严易华
向应和	张成英(女)	彭大波
田学海	代远程	陈　迅
胡敬明	刘天武	夏凤友
管民桦	田金生	向应才
张宪周	刘迪玉	向松林
曾召文	田恩前	田德义
杨宗树	王福久	田恩成
肖长耕	兰术青	张友江
姚相斌	黄祥平	余运清
廖于实	李成林	樊发安
崔建辉	滕　洪	吕世安
姚伯承	冯建华	陈　鹏
龙云成	田金超	李道有
邓国建	梁　斌	龙仁才
张前国	田冬明	李庆游
张春林	张久阶	肖作文
杨秀文	吴　高	何　慧
田志祥	刘　阳	冉　辉
杨世贵	周新华	田竹林
贵立远	尹成德	向相屹
鲁　勇	田昌齐	黄万国
田延良	田　敏	向　敏
姚贤恒	范才成	曾强兵
侯长海	莫北平	陈　新
姚登银	吴仲乐	林政宏
吴胜宝	李凡林	吴春菊(女)
胡新江	龙　禅	卢红鹂(女)
杨再培	杨方玉	徐移坤
滕仕清	滕树业	陈　胜
何国庆	杨长胜	郑之宁
伍云贵	余　容	邹高明
田　烨	覃学元	周明富
姚贤明	谭　跃	

补　选：赵昌青　张孝赤　胡　泽
汪再华　明文林　郭相山
向家林　郎洪波

二、人民代表大会会议

(一)第一次会议

2006年12月5—9日，县十五届人大一次会议在县城召开。选举产生县十五届人大代表191名,召开一次会议时,5名代表调离本行政区,1名代表病故,其代表资格终止,召开一次会议时,实有代表185名。一次会议应到代表185人,实到185人;列席人员125人。

大会组建翔凤、绿水、漫水、百福司、大河、旧司、革勒车、三胡8个代表团,团长分别由杨天龙、和北、张孝祥、管民桦、向应才、黄万国、范才成、卢红鹏担任。

12月5日,召开预备会议,听取代表变动情况的报告,选举产生大会主席团,通过会议议程和议案审查委员会名单。

主席团成员和秘书长:(以姓氏笔画为序)

邓国建 卢红鹏 田方明 田景福
朱华松 向应才 向应和 向运富
刘静生 杨云贵 杨天龙 杨先国
杨树荣 苏　波 肖作文 吴春菊
张孝祥 陈　胜 陈　新 林正高
罗文平 范才成 和　北 周国祥
周明富 周新华 郑之宁 胡平江
贵立远 莫北平 徐建恩 徐庭海
徐移坤 黄万国 崔建辉 管民桦
谭生发 戴鸣凤

秘书长:苏　波(兼)

议案审查委员会:主任委员苏波,副主任委员吴春菊,委员向应和、向运富、林正高。

主席团第一次会议推定肖作文、陈新、莫北平、田景福、田方明、杨树荣、徐庭海、刘静生、苏波代表为主席团常务主席,决定谭生发、薛劲松、赵昌青、林正高为副秘书长。

会议于12月6日上午开幕。会议听取和审议代理县长胡泽作的政府工作报告(报告摘要参见附录),审议县发改局局长高碧玉提交的计划工作报告,县财政局局长田延初提交的财政工作报告。

12月7日,会议听取和审议县人大常委会副主任苏波作的县人大常委会工作报告(报告摘要参见附录),县法院院长唐登洲作的县法院工作报告(报告摘要参见附录),县检察院检察长税明泽作的县检察院工作报告(报告摘要参见附录);通过县十五届人大一次会议选举办法。

12月8日,会议讨论审议各项工作报告,酝酿讨论县人大常委会、"一府两院"各项候选人名单(草案)和各项正式候选人名单。

12月9日,会议进行选举(参见第二章第十六节正文之后来凤县第八届至十六届人大一次会议选举情况一览表)。选举产生县人大常委会委员21人,选举肖作文为县人大常委会主任,莫北平、田方明、杨树荣、徐庭海、刘静生、苏波为副主任;选举胡泽为县长,高敬佩、邓国建、刘迪玉、胡平江、向应才为副县长;选举唐登洲为县法院院长;选举税明泽为县检察院检察长;选举州六届人大代表42名。

会议期间,代表们认真讨论审议大会各项工作报告,提出议案26件、建议195件。经议案审查委员会审查,主席团决定,将代表议案转作建议连同代表提出的建议计221件,交由有关单位会后办理和答复代表。

12月10日,会议表决通过各项工作报告决议。

(二)第二次会议

2007年4月12—13日,县十五届人大二次会议在县城召开。一次会议闭会期间，1名代表调离本行政区，其代表资格终止，召开二次会议时，实有代表184名。二次会议应到代表184人，实到184人；列席人员136人。

大会组建翔凤、绿水、漫水、百福司、大河、旧司、革勒车、三胡8个代表团，团长分别由杨天龙、和北、张孝祥、管民桦、杨洋、黄万国、钱成玉、卢红鹂担任。

4月12日，召开预备会议，选举产生大会主席团及秘书长，通过会议议程和计划预算审查委员会名单。

主席团成员和秘书长：（以姓氏笔画为序）

卢红鹂　田方明　田景福　朱华松
向应和　刘静生　杨　洋　杨云贵
杨天龙　杨先国　杨树荣　苏　波
肖作文　吴春菊　张孝祥　陈　胜
陈　新　林正高　罗文平　和　北
周国祥　周明富　贵立远　莫北平
钱成玉　徐建恩　徐庭海　徐移坤
黄万国　崔建辉　管民桦　谭生发
戴鸣凤

秘书长：苏　波（兼）

计划预算审查委员会：主任委员徐庭海，副主任委员徐移坤，委员贵立远、段绍鹏、戴鸣凤。

主席团第一次会议推定肖作文、陈新、莫北平、田方明、杨树荣、徐庭海、刘静生、苏波代表为主席团常务主席，决定谭生发、薛劲松、赵昌青、林正高为副秘书长。

会议于4月13日上午开幕。会议听取和审议县长胡泽作的政府工作报告，审议县发改局和县财政局分别向大会提交的计划和财政工作情况书面报告。

会议期间，代表们认真讨论审议大会各项工作报告。

会议表决通过各项工作报告决议。

（三）第三次会议

2008年1月11—14日，县十五届人大三次会议在县城召开。二次会议闭期间，1名代表辞职，其代表资格终止；补选代表3名，召开三次会议时，实有代表186名。三次会议应到代表186名，因病请假1人，实到185人；列席人员138人。

大会组建8个代表团，翔凤代表团团长变动为赵昌青担任，其他7个代表团团长同第二次会议。

1月12日，召开预备会议，选举产生大会主席团，通过会议议程以及议案审查委员会、计划预算审查委员会名单（同第二次会议）。

主席团成员和秘书长：（以姓氏笔画为序）

邓国建　卢红鹂　田方明　田景福
朱华松　向应和　刘静生　杨　洋
杨云贵　杨天龙　杨先国　杨树荣
苏　波　肖作文　吴春菊　张孝赤
张孝祥　陈　胜　陈　新　赵昌青
林正高　罗文平　和　北　周国祥
周明富　周庆玲　胡平江　胡　泽
贵立远　莫北平　徐建恩　徐庭海
徐移坤　钱成玉　黄万国　崔建辉
管民桦　谭生发　戴鸣凤

秘书长：苏　波（兼）

议案审查委员会：主任委员莫北平，副主任委员吴春菊，委员向应和、林正高、鲁红兵。

主席团第一次会议推定肖作文、陈新、莫北平、田方明、杨树荣、徐庭海、刘静生、苏波代表为主席团常务主席,决定谭生发、薛劲松、刘天林为副秘书长。

会议于1月13日开幕。会议听取和审议县长胡泽作的政府工作报告,审议县发改局和县财政局分别向大会提交的计划工作情况和财政工作情况书面报告。

1月13日下午,会议听取和审议县人大常委会副主任莫北平作的县人大常委会工作报告,县法院院长唐登洲作的县法院工作报告,县检察院检察长税明泽作的县检察院工作报告。

会议期间,代表们认真讨论审议大会各项工作报告,提出议案10件、建议106件。经议案审查委员会审查,主席团决定,将代表议案转作建议连同代表提出的建议计116件,交由有关单位会后办理和答复代表。

1月14日,会议表决通过各项工作报告决议。

(四)第四次会议

2009年1月5—8日,县十五届人大四次会议在县城召开。三次会议闭会期间,3名代表调离本行政区,1名代表辞职,3名代表病故,其代表资格终止;补选代表5名,召开四次会议时,实有代表184名。四次会议应到代表184人,实到184人;列席人员148人。

大会组建翔凤、绿水、漫水、百福司、大河、旧司、革勒车、三胡8个代表团,团长分别由赵昌青、管民桦、李兴国、郎洪波、杨洋、向家林、钱成玉、郭相山担任。

1月5日,召开预备会议,选举产生大会主席团,通过会议议程以及议案审查委员会、计划预算审查委员会名单(同第三次会议)。

主席团成员和秘书长:(以姓氏笔画为序)

邓国建　田方明　田景福　朱华松
向家林　刘静生　李兴国　杨　洋
杨云贵　杨天龙　杨先国　杨树荣
苏　波　肖作文　吴春菊　张孝赤
汪再华　陈　胜　赵昌青　罗文平
明文林　周庆玲　周国祥　郎洪波
胡平江　胡　泽　贵立远　郭相山
莫北平　徐建恩　徐庭海　徐移坤
钱成玉　崔建辉　管民桦　谭生发
戴鸣凤

秘书长:苏　波(兼)

议案审查委员会:主任委员苏波,副主任委员吴春菊,委员李庆游、汪再华、明文林。

主席团第一次会议推定肖作文、田景福、莫北平、田方明、杨树荣、徐庭海、刘静生、苏波代表为主席团常务主席,决定汪再华、向文、刘天林、向光敏为副秘书长。

会议于1月5日开幕。会议听取和审议县长胡泽作的政府工作报告,审议县发改局和县财政局分别向大会提交的计划工作情况和财政工作情况书面报告。

1月6日,会议听取和审议县人大常委会副主任莫北平作的县人大常委会工作报告,县法院院长唐登洲作的县法院工作报告,县检察院检察长税明泽作的县检察院工作报告,通过选举办法。

1月8日，会议补选李庆游、余容、汪再华、明文林、周庆玲为县十五届人大常委会委员。

会议期间，代表们认真讨论审议大会各项工作报告，提出议案6件、建议121件。经议案审查委员会审查，主席团决定，将代表议案转作建议连同代表建议整理合并为126件，交由有关单位会后办理和答复代表。

会议表决通过各项工作报告决议。

（五）第五次会议

2010年1月16—18日，县十五届人大五次会议在县城召开。四次会议闭会期间，1名代表调离本行政区，其代表资格终止，召开五次会议时，实有代表183名。五次会议应到代表183人，实到183人；列席人员149人。

大会组建代表团同第四次会议。

1月16日，召开预备会议，选举产生大会主席团，通过会议议程以及议案审查委员会、计划预算审查委员会名单（均同第四次会议）。

主席团成员和秘书长：（以姓氏笔画为序）

邓国建　田方明　田景福　朱华松
向家林　刘静生　李兴国　李庆游
杨　洋　杨云贵　杨天龙　杨先国
杨树荣　苏　波　肖作文　吴春菊
张孝赤　汪再华　余　容　陈　胜
赵昌青　罗文平　明文林　周庆玲
周国祥　郎洪波　胡　泽　胡平江
贵立远　郭相山　莫北平　徐建恩
徐庭海　徐移坤　钱成玉　崔建辉
管民桦　谭生发　戴鸣凤

秘书长：苏　波（兼）

主席团第一次会议推定肖作文、田景福、莫北平、田方明、杨树荣、徐庭海、刘静生、苏波代表为主席团常务主席，决定汪再华、向文、刘天林、向光敏为副秘书长。

会议于1月16日开幕。会议听取和审议县长胡泽作的政府工作报告，审议县发改局和县财政局分别向大会提交的计划工作情况和财政工作情况书面报告。

1月17日，会议听取和审议县人大常委会副主任莫北平作的县人大常委会工作报告，县法院院长唐登洲作的县法院工作报告，县检察院检察长税明泽作的县检察院工作报告。

会议期间，代表们认真讨论审议大会各项工作报告，提出议案4件、建议54件。经议案审查委员会审查，主席团决定，将代表议案转作建议连同代表建议计58件，交由有关单位会后办理和答复代表。

1月18日，会议表决通过各项工作报告决议。

（六）第六次会议

2011年1月6—9日，县十五届人大六次会议在县城召开。五次会议闭会期间，4名代表调离本行政区，其代表资格终止，召开六次会议时，实有代表179名。六次会议应到代表179人，实到179人；列席人员150人。

大会组建翔凤、绿水、漫水、百福司、大河、旧司、革勒车、三胡8个代表团，团长分别由杨天龙、管民桦、李兴国、郎洪波、杨洋、向家林、钱成玉、郭相山担任。

1月6日，召开预备会议，选举产生大会主席团，通过会议议程以及议案审查委员会、计划预算审查委员会名单（同第五次会议）。

主席团成员和秘书长：（以姓氏笔画为序）

邓国建　田方明　田景福　田延初
向家林　向应才　刘静生　李兴国
李庆游　杨　洋　杨云贵　杨天龙
杨先国　杨树荣　肖作文　吴春菊
汪再华　余　容　陈　胜　罗文平
明文林　周庆玲　周国祥　郎洪波
胡　泽　胡平江　贵立远　郭相山
莫北平　徐建恩　徐庭海　徐移坤
钱成玉　崔建辉　管民桦　谭生发
戴鸣凤

秘书长：徐庭海（兼）

议案审查委员会：主任委员徐庭海，副主任委员吴春菊，委员汪再华、明文林、谭生发。

主席团第一次会议推定肖作文、田景福、莫北平、田方明、杨树荣、徐庭海、刘静生代表为主席团常务主席，决定汪再华、向文、刘天林、向光敏为副秘书长。

会议于1月6日开幕。会议听取和审议县长胡泽作的政府工作报告，县发改局局长蔡勇作的关于国民经济和社会发展第十二个五年规划纲要（草案）的报告；审议县发改局和县财政局分别向大会提交的计划工作情况和财政工作情况书面报告。

1月7日，会议听取和审议县人大常委会副主任莫北平作的县人大常委会工作报告，县法院院长唐登洲作的县法院工作报告，县检察院代理检察长刘仕华作的县检察院工作报告；通过选举办法。

1月9日，会议补选田延初为县十五届人大常委会副主任；补选刘仕华为县检察院检察长。

会议期间，代表们认真讨论审议大会各项工作报告，提出议案3件、建议63件。经议案审查委员会审查，主席团决定，将代表议案转作建议连同代表建议整理合并为65件，交由有关单位会后办理和答复代表。

会议表决通过各项工作报告决议。

三、建议办理

县十五届人大一次会议期间，收到代表议案26件、建议195件。经议案审查委员会审查，主席团决定，将代表议案转作建议计221件，交有关单位办理和答复代表。这些建议涉及政府各方面工作，县政府高度重视，成立办理工作领导小组，督促各相关单位认真办理，努力提高办理质量，于2007年7月底全部办理完毕，其中当年解决106件。

县十五届人大二次会议没有将代表提出建议列入会议议程。

县十五届人大三次会议期间，收到代表议案10件、建议106件。经议案审查委员会审查，主席团决定，将代表议案转作建议计116件，交有关单位认真办理和答复代表。会后，县政府进一步提高办理代表建议工作认识，增强办理工作责任感，加强领导和督办，加大办理工作力度。至2008年7月底，代表建议全部办理答复完毕，其中当年解决16件。

县十五届人大四次会议期间，收到代表议案6件、建议121件。经议案审查委员会审查，主席团决定，将代表议案转作建议连同代表提出建议整理合并为 126 件，交有关单位认真办理和答复代表。会后，县政府加强领导，积极采取措施，增强办理工作责任感，加大办理工作力度，加强督办，确保办理工作顺利推进。例如，县政府高度重视绿水代表团关于整修来（凤）智（勇关）线茅坝集镇路段建议，认真研究解决方案，在上级大力支持和有关部门及乡镇积极配合下，筹资近 50 万元用于整修工程，在短短两个月，全面完成整修任务。至 2009 年 7 月底，代表建议全部办理答复完毕，其中当年解决 18 件。

县十五届人大五次会议期间，收到代表议案 4 件、建议 54 件。经议案审查委员会审查，主席团决定，将代表议案转作建议连同代表提出建议整理合并为 58 件，交有关单位认真办理和答复代表。会后，县政府高度重视，增强办理工作责任感；加强领导，明确办理工作的责任；认真落实，加大办理工作力度；突出重点，提高办理工作质量；加强督办，确保办理工作顺利进行。例如，治理旧司新乐煤矿污水、解决翔凤镇旗鼓寨小学饮水、处理四合工业园及绿水上寨集镇垃圾等建议，县政府主要领导亲自督办，代表反映问题得到圆满解决，受到代表和人民群众好评。至 2010 年 7 月底，代表建议全部办理答复完毕，其中当年解决 19 件。

县十五届人大六次会议期间，收到代表议案 3 件、建议 63 件。经议案审查委员会审查，主席团决定，将代表议案转作建议连同代表提出建议整理合并为 65 件，交由有关单位认真办理和答复代表。会后，县政府高度重视，加强领导，明确办理工作职责，加大办理答复力度，突出重点，加强督办，提高办理工作质量。至 2011 年 7 月底，代表建议全部办理答复完毕，其中当年解决36 件。

第十六节　县十六届人民代表大会

县十六届人大任期自 2011 年 11 月至 2016 年 12 月，召开会议 6 次，听取和审议工作报告 37 项，作出决议决定 37 项；选举产生县人大常委会主任 1 人、副主任 6 人、委员 24 人（补选 3 人），县长 1 人、副县长 5 人，县法院院长 1 人，县检察院检察长 1 人，州人大代表 45 人；办理代表建议 358 件。

一、代表选举

2011 年 8 月 10 日，县十五届人大常委会第 41 次会议，任命县选举委员会组成人员，主任肖作文，副主任杨吉富、邓波、徐庭海，委员覃玉斌、汪再华、吴春菊、余容、秦叙常、张健全、周庆玲。县选举委员会下设办公室，办公室主任徐庭海（兼），副主任汪再华、吴春菊。办公室下设秘书、组织、宣传、后勤、信访维稳 5 个工作组。

经省人大常委会审定，县十六届人大代表名额 193 名。根据县换届选举委员会安排，全县划分为 86 个选区。

8 月 16—26 日，各选区依法登记选民。全县人口总数 329995 人，18 周岁以上人口数 234126 人，选民登记人数 232759 人，占 18 周岁以上人口 99.4%，不能行使选举权利1077人,停止行使选举权利47人,被剥夺选举权利5人,没有参加选民登记163人。

8月29日—9月10日,各选区依法提名推荐、酝酿协商代表候选人。全县80个选区(另外6个选区因故延期举行)提名推荐出人大代表候选人496名,经过酝酿协商,确定正式代表候选人259名。

县选举委员会确定2011年9月17日为选举日。截至11月8日,各选区通过召开选举大会、设立投票站、流动票箱、委托投票等形式,采取无记名投票方式,选举产生县十六届人大代表191名。

经代表资格审查委员会审查,选举产生的191名代表资格有效(代表构成情况参见第二章第十六节正文之后来凤县第八届至十六届人大代表类型一览表)。

县十六届人大代表:

杨先国	闵远国	唐　彪
周　涛	周　胤	宋　柯
谭培忠	岳　琼(女)	肖功平
陈　锐	姚　冰	田绍友
向勤仕	吕　斌	和　北
周庆玲(女)	林正高	杨志华
谭　华	田克峰	胡仕清
黄透胜	杨通学	向艳萍(女)
徐英洲	罗　静	罗文平
李德华	吴庆成	张昌奎
胡陆林	吴元菊(女)	胡　泽
万　辉	兰鸿韬	洪业炳
向仕元	刘晓明	苏光友
蒲　瑛(女)	邱雪峰	黄祥耀
翟显让	刘绍群	张福生
蔡　勇	瞿德辉	向　峰(女)
田务忠	田启学	徐庭海
张松林	田昌林	赵昌青
谭生发	田金花(女)	彭　庆
管民桦	明文林	李世林
向寿刚	向仕举	谭　跃
向志云(女)	罗良红	刘华英
向国宝	向寿顺	莫北平
杨正坤	尹建华	张成英(女)
彭云宪	彭庆明	黄家斌
王秀军	向昌荣	宋　宇
向为明	彭桃云(女)	谭绍军
谢代耀	向　东	张应品
周方英	向中干	向清堂
刘　琳(女)	宋道桥	田永亮
杨天龙	彭安敏	向光敏
郎洪波	阙兴富	赵艺鸿(女)
奉孝坤	向锡明	陈大明
滕仕清	肖红华	张林玉
胡敬明	高碧玉(女)	薛劲松
田金生	向永红	彭开发
曾昭文	邓　波	李治安
李金云(女)	李伯成	邓家斌
田晓林	杨　洋	兰术清
廖兴锋	田兴贵	向春英(女)
姚相斌	余运清	洪业秀
曾宪茂	滕　洪	段术祥
向培世	张竹英(女)	余　容
龙昌远	谢景华	陈　刚
周光玉	范　俊	梁　斌
段吉敏(女)	向家林	张正书
陈庆超	张前国	田冬明
仇兵武	黄金波	田桂梅(女)
向　军	田中华	田一平
邓家东	冉　辉	张辅军

汪再华　吴春菊(女)　唐光余
黄仕华　向相屹　尹呈德
杨胜祥　杨仁胜　田昌成
周金萍(女)　滕建元　田成双
伍晓锋　彭建军　林政宏
章　健　鲁德贵　姚晓红(女)
文青山　杨海清　彭远仪
张冠华　刘　成　李启明
田延初　田玉珍(女)　滕　干
彭吉林　沈上钊　李　明
杨长胜　吴　进　田高飞
翁德贵　胡任平　郭相山
钱保林　陈　胜　邓国建
刘静生　钱成玉(女)

补选:邱　安　杜方平　田永宽
田　慧(女)　向　静
李玖山(女)　胡大林
段光明　满　涛　彭立华(女)
覃玉斌

二、人民代表大会会议

(一)第一次会议

2011年11月24—28日,县十六届人大一次会议在来凤剧场召开。选举产生县十六届人大代表191名,一次会议召开前,7名代表调离本行政区,其代表资格终止,补选代表6名,召开一次会议时,实有代表190名。一次会议应到代表190人,实到190人;列席人员151人。

大会组建翔凤、绿水、漫水、百福司、大河、旧司、革勒车、三胡8个代表团,团长分别由向勤仕、蒲瑛、彭云宪、郎洪波、杨洋、向家林、伍晓锋、郭相山担任。

11月24日下午,召开预备会议,通报县十六届人大一次会议筹备情况,通过大会主席团名单以及会议议程和议案审查委员会名单。

主席团成员和秘书长:(以姓氏笔画为序)

邓　波　邓家斌　田延初　伍晓锋
向　军　向光敏　向艳萍　向家林
向清堂　向勤仕　刘　琳　李　明
杨　洋　杨天龙　杨先国　吴春菊
宋　宇　范　俊　明文林　罗文平
周光玉　郎洪波　胡　泽　胡任平
赵昌青　姚　冰　莫北平　徐庭海
郭相山　高碧玉　黄家斌　彭云宪
彭远仪　彭建军　蒲　瑛　廖兴锋
谭培忠

秘书长:徐庭海(兼)

议案审查委员会:主任委员徐庭海,副主任委员吴春菊,委员向培世、李明、明文林。

主席团第一次会议推选胡泽、向军、杨天龙、莫北平、谭培忠、徐庭海、彭远仪、向清堂、高碧玉、田延初、邓家斌代表为主席团常务主席,决定明文林、向文、覃玉斌、向光敏为大会副秘书长。

会议于11月25日上午开幕。会议听取代理县长向军作的政府工作报告(报告摘要参见附录,下同)。

会议通过选举办法。

11月26日上午,会议听取和审议县十五届人大常委会副主任莫北平作的县人大常委会工作报告(报告摘要参见附录,下同)、县法院代理院长张辅军作的县法院工作报告(报告摘要参见附录,下同)、县检察院代理检察长肖功平作的县检察院工作报告(报告摘要参见附录,下同)。

11月27日下午,会议进行选举(参见第二章第十六节正文之后来凤县第八届至十六届人大一次会议选举情况一览表)。选举产生县人大常委会委员21人,选举莫北平为县人大常委会主任,徐庭海、彭远仪、向清堂、高碧玉、田延初、邓家斌为副主任;选举向军为县长,邓波、杜方平、卢红鹂、杨斌、傅浩为副县长;选举张辅军为县法院院长;选举肖功平为县检察院检察长;选举州七届人大代表42名。

会议期间,代表们认真讨论审议大会各项工作报告,提出议案2件、建议124件。经议案审查委员会审查,主席团决定,将代表议案转作建议连同代表建议126件,交有关单位会后办理和答复代表。

11月28日上午,会议表决通过各项工作报告决议。

(二)第二次会议

2012年2月9—11日,县十六届人大二次会议在来凤剧场召开。一次会议闭会期间,3名代表辞职,其代表资格终止;补选代表3名,召开二次会议时,实有代表190名。二次会议应到代表190人,因病因事请假9人,实到181人;列席人员144人。

大会组建翔凤、绿水、漫水、百福司、大河、旧司、革勒车、三胡8个代表团,团长分别由向勤仕、蒲瑛、向峰、向家林、薛劲松、余容、伍晓锋、刘成担任。

2月8日下午,召开预备会议,通过大会主席团名单以及大会议程和计划预算审查委员会名单。

主席团成员和秘书长:(以姓氏笔画为序)

邓家斌　田延初　伍晓锋　向光敏
向　峰　向家林　向艳萍　向培世
向清堂　向勤仕　刘　成　刘　琳
李　明　杨天龙　杨先国　吴春菊
余　容　宋　宇　范　俊　明文林
罗文平　周光玉　胡任平　胡　泽
赵昌青　姚　冰　莫北平　徐庭海
高碧玉　章　健　黄家斌　彭远仪
彭建军　蒲　瑛　廖兴锋　谭培忠
薛劲松

秘书长:徐庭海(兼)

计划预算审查委员会:主任委员徐庭海,副主任委员田延初,委员邱安、周涛、胡任平。

主席团第一次会议推选胡泽、向军、杨天龙、莫北平、谭培忠、徐庭海、彭远仪、向清堂、高碧玉、田延初、邓家斌代表为主席团常务主席,决定明文林、燕华、覃玉斌、张钧为大会副秘书长。

会议于2月9日上午开幕。会议听取和审议县长向军作的政府工作报告,县发改局局长蔡勇作的计划工作报告,县财政局局长向东作的财政工作报告;讨论选举办法。

会议表决通过选举办法。

2月10日下午,会议补选田永宽、邱安为县十六届人大常委会委员。

会议期间,代表们认真讨论审议大会各项工作报告。县十六届人大二次会议与一次会议间隔时间短,因此没安排代表提议案和建议。

2月11日上午,会议表决通过各项工作报告决议。

（三）第三次会议

2013年1月14—16日，县十六届人大三次会议在来凤剧场召开。二次会议闭会期间，1名代表调离本行政区，其代表资格终止；1名代表涉嫌犯罪，暂时停止其执行代表职务，召开三次会议时，实有代表189名。三次会议应到代表188人，因病因事请假10人，实到178人；列席人员144人。

在县十六届人大二次会议闭会期间，1名代表调离本行政区域，代表资格终止，县十六届人大代表实有代表189名；1名代表因涉嫌犯罪，暂时停止其执行代表职务。因此，应出席县十六届人大三次会议代表为188名。

大会组建翔凤、绿水、漫水、百福司、大河、旧司、革勒车、三胡8个代表团，团长分别由向勤仕、蒲瑛、向峰、向家林、薛劲松、余容、伍晓锋、刘成担任。

1月14日下午，与会代表视察仙佛寺、文化中心、体育中心、龙凤新区、科教示范园（教育城）重点工程建设情况。

1月15日上午，召开预备会议，通过大会主席团名单以及大会议程和计划预算审查（同第二次会议）、议案审查委员会名单。

主席团成员和秘书长：（以姓氏笔画为序）

邓家斌　田永宽　田延初　伍晓锋
向　峰　向光敏　向家林　向艳萍
向培世　向清堂　向勤仕　刘　成
刘　琳　李　明　杨先国　吴春菊
邱　安　余　容　宋　宇　范　俊
明文林　罗文平　周光玉　胡　泽
胡任平　赵昌青　姚　冰　莫北平
徐庭海　高碧玉　章　健　黄家斌
彭远仪　彭建军　蒲　瑛　廖兴锋
谭培忠　薛劲松

秘书长：徐庭海（兼）

议案审查委员会：主任委员彭远仪，副主任委员吴春菊，委员向培世、李明、明文林。

主席团第一次会议推选胡泽、莫北平、徐庭海、彭远仪、向清堂、高碧玉、田延初、邓家斌代表为主席团常务主席，决定明文林、燕华、覃玉斌、向光敏、和北为大会副秘书长。

会议于1月15日上午开幕。会议听取和审议县长向军作的政府工作报告，审议县发改局和县财政局分别向大会提交的计划和财政工作情况书面报告。

1月16日上午，会议听取和审议县人大常委会主任莫北平作的县人大常委会工作报告，县法院院长张辅军作的县法院工作报告，县检察院检察长肖功平作的县检察院工作报告，县人大常委会副主任彭远仪作的关于《来凤县人民代表大会议事规则（修正草案）》说明和关于《来凤县人民代表大会议事规则（修正草案）》说明。

会议期间，代表们认真讨论审议大会各项工作报告，提出建议61件。经议案审查委员会审查，主席团决定，将代表建议交有关单位会后办理和答复代表。

1月16日下午，会议表决通过各项工作报告决议。

（四）第四次会议

2014年1月6—8日，县十六届人大四

次会议在来凤剧场召开。三次会议闭会期间，1名代表调离本行政区，其代表资格终止，召开四次会议时，实有代表187名。四次会议应到代表187人，因病因事请假9人，实到178人；列席人员146人。

在县十六届人大三次会议闭会期间，1名代表调离本行政区域，代表资格终止，县十六届人大代表实有代表187名。因此，应出席县十六届人大四次会议代表为187名。

大会组建翔凤、绿水、漫水、百福司、大河、旧司、革勒车、三胡8个代表团，团长分别由向勤仕、蒲瑛、向峰、宋道桥、薛劲松、余容、伍晓锋、刘成担任。

1月6日下午，与会代表视察仙佛寺、龙凤新区、教育城、湘鄂情大桥重点工程建设情况。

1月6日下午，召开预备会议，通过大会主席团名单以及大会议程和计划预算审查、议案审查委员会名单（均同第三次会议）。

主席团成员和秘书长：（以姓氏笔画为序）

邓　波　邓家斌　田永宽　田延初
伍晓锋　向　峰　向光敏　向艳萍
向培世　向清堂　向勤仕　刘　成
刘　琳　李　明　杨先国　吴春菊
邱　安　余　容　宋　宇　宋道桥
范　俊　明文林　罗文平　周光玉
胡　泽　胡任平　赵昌青　姚　冰
莫北平　徐庭海　高碧玉　章　健
黄家斌　彭远仪　蒲　瑛　廖兴锋
谭培忠　薛劲松

秘书长：徐庭海（兼）

主席团第一次会议推选胡泽、邓波、莫北平、徐庭海、彭远仪、向清堂、高碧玉、田延初、邓家斌代表为主席团常务主席，决定明文林、燕华、覃玉斌、向光敏、刘阳为大会副秘书长。

会议于1月7日上午开幕。会议听取和审议县长向军作的政府工作报告，审议县发改局和县财政局分别向大会提交的计划和财政工作情况书面报告。

1月8日上午，会议听取和审议县人大常委会主任莫北平作的县人大常委会工作报告，县法院院长张辅军作的县法院工作报告，县检察院检察长肖功平作的县检察院工作报告。

会议期间，代表们认真讨论审议大会各项工作报告，提出建议62件。经议案审查委员会审查，主席团决定，将代表建议交有关单位会后办理和答复代表。

1月8日下午，会议表决通过各项工作报告决议。

（五）第五次会议

2015年1月13—15日，县十六届人大五次会议在龙凤大剧院召开。四次会议闭会期间，1名代表调离本行政区，2名代表病故，4名代表辞职，其代表资格终止；补选代表6名；3名代表涉嫌犯罪，暂时停止其执行代表职务；召开五次会议时，实有代表187名。五次会议应到代表183人，因病因事请假9人，实到174人；列席人员146人。

县十六届人大四次会议时实有代表188名，闭会期间，1名代表调离本行政区域，2名代表病故，4名代表辞去县十六届人大代表职务，代表资格终止；3名代表因涉嫌犯罪，暂时停止其执行代表职务；依法补选县十六届人大代表6名。因此，应出席县十六届人大五次会议代表为184名。

大会组建翔凤、绿水、漫水、百福司、大河、旧司、革勒车、三胡8个代表团，团长分别由向勤仕、蒲瑛、胡大林、宋道桥、向静、伍晓锋、张冠华、田慧担任。

1月13日下午，与会代表视察仙佛寺、龙凤新区、教育城、湘鄂情大桥重点工程建设情况。

1月13日下午，召开预备会议，通过大会主席团名单以及大会议程和计划预算审查、议案审查委员会名单（均同第四次会议）。

主席团成员和秘书长：（以姓氏笔画为序）

邓　波	邓家斌	田　慧	田永宽
田延初	伍晓锋	向　静	向家林
向艳萍	向培世	向清堂	向勤仕
刘　琳	杨先国	李　明	吴春菊
邱　安	宋　宇	张冠华	范　俊
明文林	罗文平	周光玉	胡　泽
胡大林	胡任平	赵昌青	莫北平
徐庭海	高碧玉	章　健	黄家斌
彭远仪	蒲　瑛	廖兴锋	

秘书长：徐庭海（兼）

主席团第一次会议推选胡泽、邓波、莫北平、徐庭海、彭远仪、向清堂、高碧玉、田延初、邓家斌代表为主席团常务主席，决定明文林、燕华、覃玉斌、张钧为大会副秘书长。

会议于1月14日上午开幕。会议听取和审议县长向军作的政府工作报告，审议县发改局和县财政局分别向大会提交的计划和财政工作情况书面报告。

1月14日下午，会议听取和审议县人大常委会主任莫北平作的县人大常委会工作报告，县法院院长张辅军作的县法院工作报告，县检察院检察长肖功平作的县检察院工作报告，通过选举办法。

会议期间，代表们认真讨论审议大会各项工作报告，提出建议62件。经议案审查委员会审查，主席团决定，将代表建议交有关单位会后办理和答复代表。

1月15日下午，会议通过总监票人、监票人名单，补选段光明为县十六届人大常委会委员；表彰2014年度代表建议办理工作先进单位和先进个人；表决通过各项工作报告决议。

（六）第六次会议

2016年1月17—20日，县十六届人大六次会议在龙凤大剧院召开。五次会议闭会期间，1名代表病故，1名代表辞职，其代表资格终止；2名代表犯罪，2名代表涉嫌犯罪，暂时停止其执行代表职务；补选代表2名；召开六次会议时，实有代表183名。六次会议应到代表183人，因病因事请假13人，实到170人；列席人员147人。

大会组建翔凤、绿水、漫水、百福司、大河、旧司、革勒车、三胡8个代表团，团长分别由覃玉斌、蒲瑛、胡大林、宋道桥、向静、伍晓锋、张冠华、田慧担任。

1月18日上午，召开预备会议，通过大会主席团名单以及大会议程和计划预算审查、议案审查委员会名单（均同第五次会议)。

主席团成员和秘书长:(以姓氏笔画为序)

邓家斌　田　慧　田延初　伍晓锋
向　静　向艳萍　向培世　向清堂
刘　琳　杨先国　李　明　吴春菊
邱　安　宋　宇　宋道桥　张冠华
范　俊　明文林　罗文平　周光玉
胡　泽　胡大林　胡任平　赵昌青
段光明　莫北平　徐庭海　高碧玉
章　健　黄家斌　彭立华　彭远仪
覃玉斌　蒲　瑛　廖兴锋

秘书长:徐庭海(兼)

主席团第一次会议推选胡泽、彭立华、莫北平、徐庭海、彭远仪、向清堂、高碧玉、田延初、邓家斌代表为主席团常务主席,决定明文林、燕华、曾卫东、张钧为大会副秘书长。

会议于1月18日上午开幕。会议听取和审议县长向军作的政府工作报告,听取副县长谭培忠作的关于来凤县国民经济和社会发展第十三个五年规划纲要(草案)的说明,审议县发改局和县财政局分别向大会提交的计划和财政工作情况书面报告。

1月19日上午,会议听取和审议县人大常委会主任莫北平作的县人大常委会工作报告,县法院院长张辅军作的县法院工作报告,县检察院检察长肖功平作的县检察院工作报告。

会议期间,代表们认真讨论审议大会各项工作报告,提出议案3件、建议45件。经议案审查委员会审查,主席团决定,将代表议案转作建议连同代表建议48件,交有关单位会后办理和答复代表。

1月20日上午,会议表彰2015年度代表建议办理工作10个先进单位和10个先进个人;表决通过各项工作报告决议。

三、建议办理

县十六届人大一次会议期间,收到代表提出的建议124件,连同转作建议的议案2件计126件。经议案审查委员会审查,主席团决定,将126件建议交有关单位会后认真办理和答复代表。县人大常委会继续坚持主任副主任领衔督办、突出重点督办、全程跟踪督办和工委室具体督办,进一步加大代表建议办理工作力度。2012年5月21－25日,县人大常委会代工委与县督查室联合督办,集中检查督办承办件在3件以上及县人大常委会确定重点建议的承办单位,对承办件在2件以下(含2件)单位进行电话催办。"一府两院"高度重视代表建议办理工作,采取积极措施,较好完成办理工作任务。至2012年7月底,代表建议全部办理完毕,办复率100%,满意率95%。

县十六届人大二次会议与县十六届人大一次会议间隔时间短,没安排代表提建议。

县十六届人大三次会议期间,代表提出建议61件。县政府接到县人大常委会转交的建议后,迅速将此项工作列入重要议事日程,安排县政府办公室、县督查室对建议登记、分类,印发关于做好县十六届人大三次会议期间人大代表建议办理答复工作的通知。3月22日,县政府专门召开承办单位主要负责人参加的交办会,同时邀请县人大常委会有关领导参加会议，安排2013年人大代表建议办理工作，将办理任务分别落实到县交运局等20个承办单位。通过各承办单位办理，61件建议全部于7月31日按程序办理答复完毕，办复率100%，并书面函复代表本人，见面率100%。从代表对办理结果反馈意见情况看，满意率98%。代表对办理结果表示不满意，主要是由于政策规定，不能解决代表所反映的问题。从代表建议办理情况分类，建议所提问题当年解决的12件。在办理过程中，绝大多数承办单位认识高、措施实、效果好，得到代表和人民群众肯定。

县十六届人大四次会议期间，代表提出建议62件。经过各承办单位努力，所有建议均在规定期限内办结。从各承办单位答复文件、县人大代表建议办理情况征询意见表和调查统计情况看，建议办理落实情况：解决的10件，占16%；正在解决的25件，占40%；列入计划解决的17件，占28%；暂时不能解决的10件，占16%。重点督办建议情况：列入常委会领导重点督办建议8件，解决和正在解决7件，1件列入计划解决。建议办理满意度情况：代表满意的60件，占97%；基本满意的2件，占3%。

县十六届人大五次会议期间，代表提出建议61件（其中县人大常委会办理1件）。3月11日，县人大常委会召开主任会议进行交办，明确办理任务，提出工作要求，落实常委会领导领衔督办、重点督办和工委室全程督办的责任。6月下旬，常委会代工委与县督查室组成联合督查组，对承办2件以上的22个单位进行检查督办；11月，与县委县政府督查室跟踪监督相关部门落实审议意见情况，促使代表建议办理落到实处。"一府两院"建立领导领办代表建议制度，常委会严格落实办理代表建议奖惩制度，不断提高代表建议办理水平。例如，县旅游局对杨梅古寨建成AAAA级景区的代表建议高度重视，及时协调有关单位和三胡乡政府，完成石桥安置小区有关工程设计，编制景区总规，制定景区道路绿化方案和景区营运方案。省旅游局对杨梅古寨创建AAAA级景区进行指导性评定，为验收性评定打下坚实基础。至7月31日，61件建议均办理完毕，并书面答复代表，办结率100%。代表满意的59件，占98%；基本满意的1件，占2%。10件关系全局性问题的代表建议，由县长、副县长领衔办理和常委会领导领衔督办，其中，解决3件，3件在解决之中，4件列入解决计划。

县十六届人大六次会议期间，代表提出建议45件，连同转作建议的议案3件，加上县十六届人大五次会议期间代表重点跟踪督办建议1件，计49件。在规定时间内完成49件建议办理工作，办结率100%。经统计，交办的49件代表建议解决的12件，占比24.5%；正在解决的20件，占比40.8%；计划解决的14件，占比28.6%；暂时不能解决的3件，占比6%。其中，由县政府县长、副县长领衔办理和县人大常委会主任、副主任督办的7件重点建议，解决的3件，占42.9%；正在解决的4件，占57%。代表对49件建议办理工作满意率100%。

来凤县第八届至十六届人大代表类型一览表

表2—1

届别	应选代表数	实选代表数	代表类型(一)					代表类型(二)			代表类型(三)				
			工人	农民	知识分子	干部	其他	妇女	非党人士	少数民族	大专及以上	高中及中专	初中	小学	文盲
第八届	253	253	15	177	13	44	4	48	64	151	8	25	60	113	47
第九届	230	224	18	125	27	45	9	48	125	146	26	50	66	70	12
第十届	178	178	7	93	27	41	10	27	50	115	20	58	60	37	3
第十一届	215	211	11	68	37	85	10	38	47	133	27	81	58	43	2
第十二届	216	211	17	89	39	64	2	47	58	138	35	109	40	26	1
第十三届	192	189	14	93	19	60	3	26	37	124	55	101	29	4	
第十四届	192	187	7	72	27	74	7	16	21	137	94	61	24	8	
第十五届	193	191	4	74	22	83	8	13	26	138	103	54	34		
第十六届	193	191	4	78	11	89	9	23	16	149	106	57	28		
合 计	1862	1835	97	869	222	585	62	286	444	1231	474	596	399	301	65

注：1.表2—1,意为第二章第一个表。如此类推

2.非党人士,指非中共党员政治面貌的其他人士

3.第十五届、十六届代表类型(一)中的其他类为民营经济人士

来凤县第八届至十六届人大一次会议选举情况一览表

表2—2

届别	选举情况		常委会主任	常委会副主任	常委会委员	县长	副县长	法院院长	检察院检察长
第八届	应选人数		1	4	6	1	4	1	1
	政党推荐	当选	1	4	6	1	4	1	1
		落选		1	2				
	代表联名推荐	当选							
		落选	1			1			

来凤县第八届至十六届人大一次会议选举情况一览表

续表 2—2

届别	选举情况		常委会主任	常委会副主任	常委会委员	县长	副县长	法院院长	检察院检察长
第九届	应选人数		1	4	8	1	5	1	1
	政党推荐	当选	1	4	8	1	5	1	1
		落选							
	代表联名推荐	当选							
		落选							
第十届	应选人数		1	4	9	1	4	1	1
	政党推荐	当选	1	3	9		4	1	1
		落选		2	1	1	1		
	代表联名推荐	当选				1			
		落选		1				1	
第十一届	应选人数		1	3	10	1	7	1	1
	政党推荐	当选	1	3	10	1	7	1	1
		落选		1	2		1		
	代表联名推荐	当选							
		落选							
第十二届	应选人数		1	6	10	1	7	1	1
	政党推荐	当选	1	6	10	1	7	1	1
		落选		1	2		1		
	代表联名推荐	当选							
		落选							

来凤县第八届至十六届人大一次会议选举情况一览表

续表 2—2

届别	选举情况		常委会主任	常委会副主任	常委会委员	县长	副县长	法院院长	检察院检察长
第十三届	应选人数		1	4	12	1	5	1	1
第十三届	政党推荐	当选	1	3	12	1	3	1	1
第十三届	政党推荐	落选		1			2		
第十三届	代表联名推荐	当选		1			1		
第十三届	代表联名推荐	落选			2				
第十四届	应选人数		1	6	14	1	5	1	1
第十四届	政党推荐	当选	1	6	14	1	5	1	1
第十四届	政党推荐	落选							
第十四届	代表联名推荐	当选							
第十四届	代表联名推荐	落选		1	2		1		
第十五届	应选人数		1	6	14	1	5	1	1
第十五届	政党推荐	当选	1	6	14	1	5	1	1
第十五届	政党推荐	落选							
第十五届	代表联名推荐	当选							
第十五届	代表联名推荐	落选		1	2		1		
第十六届	应选人数		1	6	14	1	5	1	1
第十六届	政党推荐	当选	1	6	14	1	5	1	1
第十六届	政党推荐	落选							
第十六届	代表联名推荐	当选							
第十六届	代表联名推荐	落选		1	2		1		

第三章　来凤县人民代表大会常务委员会

《地方组织法》第四十条、第四十五条规定："省、自治区、直辖市、自治州、县、自治县、市、市辖区的人民代表大会设立常务委员会。""常务委员会会议由主任召集，每两个月至少举行一次"。1980 年 5 月 16 日设立县人大常委会，至 2016 年 12 月，历经九届 36 年，举行常委会会议 288 次，听取和审议工作报告 752 项，作出决议决定 334 项，任免县级国家机关工作人员 1718 人次、撤职 4 人。

第一节　县人大常委会会议

一、自治县一届人大常委会会议

1980 年 5 月 16 日，自治县一届人大一次会议选举产生自治县一届人大常委会，任期至 1984 年 11 月 11 日，举行常委会会议 26 次，听取和审议工作报告 37 项，作出有关决议决定 13 项，任免国家机关工作人员 178 人次。

1980 年 5 月 24 日，举行第 1 次会议。学习《地方组织法》，讨论研究设立办公室有关事项。

1980 年 9 月 29—30 日，举行第 2 次会议。五届全国人大代表彭昌松传达五届全国人大三次会议精神；讨论机关工作、提案办理工作、代表联系工作。

1980 年 12 月 6—8 日，举行第 3 次会议。听取县人大常委会副主任吴新知关于民主与法制问题讲座；听取和审议县长吕纯池作的关于全县灾情和生产自救工作报告，县政府办公室主任（简称"政府办"）高瑞科作的关于代表提案办理情况报告，县民政局局长魏敬贤作的关于救灾和优抚工作情况报告，县法院关于审判工作情况报告，县检察院关于检察工作情况报告；听取和讨论列席会议代表反映的群众关心问题。

1981 年 3 月 5—7 日，举行第 4 次会议。讨论和研究县人大常委会日常工作，讨论修改《选举法》《地方组织法》征求意见工作。

1981 年 3 月 25—26 日，举行第 5 次会议。听取和审查县计委副主任胡明鉴作的关于 1981 年国民经济计划草案报告，县财政局局长向远福作的关于 1980 年财政决算和 1981 年财政预算草案报告；讨论"民族三照顾款"（即少数民族地区补助费、少数民族机动金、财政预备费）使用情况；进行人事任免。

1981 年 6 月 9 日，举行第 6 次会议。

讨论通过县人大常委会任免暂行办法;讨论研究关于召开县一届人大二次会议有关事项和联系代表工作、代表提案办理工作;进行人事任免。

1981年8月21—22日,举行第7次会议。听取和审查县财政局局长向远福作的关于1981年财政预算执行情况报告,县计委副主任胡明鉴作的关于1981年基本建设计划完成情况报告;进行人事任免。

1981年10月3日,举行第8次会议。讨论研究关于召开县一届人大二次会议具体事项,讨论通过县人大常委会工作报告。决定接受洪金苑辞去自治县一届人大常委会委员职务。

1982年1月8—9日,举行第9次会议。听取和审议县工商行政管理局(简称“工商局”)副局长尚月功作的关于市场管理及市容整顿情况报告;省五届人大代表彭昌松传达省五届人大四次会议精神;研究1982年人大工作;作出关于改进市场管理的决定;进行人事任免。

1982年3月30—31日,举行第10次会议。听取和审查县计委主任金联义作的关于1982年国民经济计划草案报告,县财政局副局长姚颖生作的关于1981年财政决算和1982年财政预算报告;听取和审议县政府办主任汤永孝作的关于县一届人大二次会议期间代表提案办理情况报告;讨论通过县人大常委会1982年工作要点;通过关于执行《严惩严重破坏经济犯罪的决定》的通告;进行人事任免。

1982年5月11—12日,举行第11次会议。学习讨论《宪法(修改草案)》,作出关于认真讨论《宪法(修改草案)》的决议;进行人事任免。

1982年7月21日,举行第12次会议。学习省人大常委会主任韩宁夫在全省打击经济领域中严重犯罪活动会议上总结讲话;听取和审议副县长段松龄作的关于开展打击经济领域中严重犯罪活动情况报告,县司法局副局长吴善良作的关于1982年上半年法制宣传工作报告,县工商局副局长尚月功作的关于实施《经济合同法》准备工作情况报告;进行人事任免。

1982年9月29—30日,举行第13次会议。县人大常委会主任田恩波传达党的十二次全国代表大会基本情况和精神;学习党的十二大文件;听取和审议县工业办公室副主任郭延顺作的关于工交生产情况报告,县财政局副局长姚颖生作的关于1982年财政预算执行情况报告,县检察院检察长杨孟群作的关于开展经济检察工作打击经济犯罪活动情况报告;作出关于召开县一届人大三次会议的决定;进行人事任免。

1982年12月2日,举行第14次会议。学习五届全国人大五次会议通过的《宪法》和全国人大常委会委员长彭真作的关于《宪法》修改草案报告;讨论研究县一届人大三次会议有关事项;进行人事任免。

1983年1月28日,举行第15次会议。学习《宪法》和彭真等领导讲话;县人大常委会副主任黄学初传达恩施地区县(市)人大常委会主任会议精神;听取和审议县公安局局长姚年生作的关于1982年整顿社会治安情况和1983年公安工作安排意见报告,县民政局局长魏敬贤作的关于1982年民政工作情况和1983年工作安排意见报告,县民族贸易局(简称“民贸局”)一局局长邓光中作的关于1983年春节物资供应工作情况报告。

1983年4月2日，举行第16次会议。听取和审查县计委副主任胡明鉴作的关于1983年国民经济和社会发展计划(草案)报告；进行人事任免。

1983年5月6—7日，举行第17次会议。县人大常委会主任陈佑民传达省六届人大一次会议精神；听取和审查县财政局副局长吴荣贵作的关于1983年财政预算安排情况报告；进行人事任免。

1983年7月14—16日，举行第18次会议。县人大常委会主任陈佑民传达恩施地区县市人大常委会主任座谈会精神；县人大常委会副主任黄学初传达省委书记关广富、省人大常委会主任韩宁夫在全省市县人大常委会干部学习班上的讲话；听取和审议县教育局局长乐崇德作的关于加强和改革农村教育工作情况报告；作出关于集资办学和尽快解决中小学危房问题的决定。

1983年10月27—28日，举行第19次会议。听取和审查副县长段松龄作的关于1—9月国民经济计划执行情况和第四季度工作意见报告，县财政局副局长姚颖生作的关于1—9月财政预算执行情况和第四季度工作意见报告，批准1983年财政预算调整方案；听取和审议县公安局局长姚年生作的关于严厉打击刑事犯罪活动情况报告，作出关于严厉打击刑事犯罪活动的决议和关于召开县一届人大四次会议的决定；进行人事任免。

1983年12月28日，举行第20次会议。听取和审议县文化局副局长曾友德作的关于文化工作情况报告，县教育局局长乐崇德作的关于集资办学与校舍维修情况报告，县民贸一局局长邓光中作的关于春节物资供应工作情况报告，县民政局副局长周友春作的关于1983年扶贫工作情况报告；进行人事任免。

1984年3月2日，举行第21次会议。进行人事任免。

1984年3月18日，举行第22次会议。进行人事任免。

1984年6月4日，举行第23次会议。进行人事任免。

1984年7月5—6日，举行第24次会议。学习六届全国人大二次会议精神和《民族区域自治法》；听取和审查县计委主任范志民作的关于1984年国民经济和社会发展计划(草案)报告，县财政局局长姚颖生作的关于1983年财政决算和1984年财政预算(草案)报告。

1984年8月4日，举行第25次会议。学习县乡两级人大代表选举实施细则；传达省、州人大常委会关于县乡两级人大代表换届选举工作会议精神；作出关于县乡两级人大代表换届选举工作有关事项的决定，关于更改县人民代表大会届次的决定，关于县九届人大代表名额分配的决定；任命县选举委员会组成人员；进行人事任免。

1984年10月26日，举行第26次会议。作出关于召开县九届人大一次会议的决定，讨论通过县人大常委会工作报告，讨论研究召开县九届人大一次会议有关事项；进行人事任免。

二、县九届人大常委会会议

1984年11月11日，县九届人大一次

会议选举产生县九届人大常委会,任期至1987年11月27日,举行常委会会议22次,听取和审议工作报告47项,作出决议决定15项,任免国家机关工作人员110人次。

1984年11月15—17日,举行第1次会议。学习《关于经济体制改革的决定》《地方组织法》和彭真、韩宁夫关于人大工作的讲话;讨论研究机关工作。

1984年12月20日,举行第2次会议。听取和审议县司法局局长江发富作的关于宣传《宪法》情况报告,县林业局副局长杨启富作的关于宣传贯彻《森林法》情况报告,县民政局局长何风池作的关于1984年优抚、救济和扶贫工作情况报告,县粮食局副局长冯万华作的关于元旦春节物资供应安排工作情况报告,县民贸局副局长黄义芳作的关于元旦春节物资供应安排工作情况报告;讨论通过县人大常委会1985年工作要点;进行人事任免,通过关于接受高剑峰辞去县人大常委会委员职务的决定。

1985年2月12日,举行第3次会议。进行人事任免。

1985年4月5—6日,举行第4次会议。听取和审查县计委主任范志民作的关于1985年国民经济和社会发展计划安排情况报告,县财政局局长姚颖生作的关于1985年财政预算安排情况报告;听取和审议县交通局局长杨国瑞作的关于区乡公路建设情况报告,县乡镇企业管理局(简称“企管局”)副局长朱森松作的关于乡镇企业工作情况报告,县政府办主任杨芳佑作的关于县九届人大一次会议期间代表建议办理情况报告,县人大常委会办公室副主任余辉作的关于县九届人大一次会议期间代表建议办理情况报告;讨论通过县人大常委会关于代表工作联系办法(试行);作出关于召开县九届人大二次会议的决定。

1985年5月5日,举行第5次会议。学习六届全国人大三次会议和省六届人大三次会议精神;讨论研究召开县九届人大二次会议有关事项;讨论通过关于议案和建议规定及其说明;补选虞大远为鄂西州一届人大代表;进行人事任免。

1985年5月24日,举行第6次会议。通过县人民代表大会关于质询案程序暂行规定及其说明;讨论接龙桥代表团提出的关于县土地管理局(简称“土管局”)违法征用土地的质询案。

1985年6月18—19日,举行第7次会议。学习《宪法》《地方组织法》;听取县人大常委会副主任段松龄汇报参加省人大常委会举办人大干部学习班学习情况;讨论县九届人大二次会议期间接龙桥代表团关于土地征用问题质询县土管局事后有关事宜;进行人事任免。

1985年9月13—14日,举行第8次会议。学习中央书记处书记邓力群和司法部部长邹喻在全国法制宣传教育工作会议上讲话;听取和审议县司法局局长江发富作的关于在全县公民中基本普及法律常识报告;讨论州人大代表及代表小组工作职责暂行办法;进行人事任免。

1985年11月20—21日,举行第9次会议。听取和审查县计委主任范志民作的关于1985年1—10月国民经济和社会发展计划执行情况报告,县财政局局长姚颖生作的关于1985年1—10月财政预算执行情况和预算调整方案报告;听取和审议县检察院副检察长周昭嘉作的关于打击经济犯罪活动情况报告，县政府办副主任邹科民作的关于县九届人大二次会议期间代表议案和建议办理情况报告；进行人事任免。

1986 年 1 月 15—17 日，举行第 10 次会议。学习彭真讲话和全省市州县人大工作经验交流会材料，讨论研究代表工作，讨论通过常委会 1985 年工作总结，进行人事任免。

1986 年 3 月 18—19 日，举行第 11 次会议。听取和审议县林业局局长谭永红作的关于 1986 年林业工作安排情况报告，县财贸办公室（简称“财办”）主任吴荣贵作的关于 1986 年财贸系统支农工作安排情况报告；讨论通过县人大常委会 1986 年工作要点；作出关于设立县人大常委会财政经济、政法民族、科教文卫 3 个工作委员会（简称“工委”）的决定，作出关于召开县九届人大三次会议的决定；进行人事任免。

1986 年 5 月 15—16 日，举行第 12 次会议。听取和审查县计委主任范志民作的关于 1986 年国民经济和社会发展计划安排情况报告，县财政局局长姚颖生作的关于 1986 年财政预算安排情况报告；听取和审议县人大常委会办公室副主任余维林作的关于县九届人大三次会议筹备工作情况报告；补选高瑞科为州一届人大代表；作出县九届人大 3 个审查委员会不再变动的决定；进行人事任免。

1986 年 7 月 8—10 日，举行第 13 次会议。听取和审议县民政局局长何凤池作的关于 1986 年扶贫工作情况报告，县审计局局长姚荣周作的关于审计工作情况报告，县税务局局长乔国清作的关于 1986 年税收工作情况报告，县文化局局长张小平作的关于文物普查情况报告，县广播电视局（简称“广电局”）局长卞于德作的关于农村有线广播工作情况报告，县人大常委会办公室副主任余维林作的关于县九届人大三次会议期间代表议案处理意见报告；作出关于加强全县文物保护的决定；进行人事任免。

1986 年 9 月 4—6 日，举行第 14 次会议。学习中共中央关于全党必须坚决维护社会主义法制的通知和彭真、陈丕显等领导讲话；听取和审议县水利电力局（简称“水电局”）局长余柳青作的关于水利电力工作情况报告，县工商局局长杨尚志作的关于经济合同管理工作情况报告，县教育委员会（简称“教委”）副主任孟荪兰作的关于教育情况报告；作出关于进一步贯彻执行《经济合同法》的决议、关于视察全县普及法律常识工作的决定；进行人事任免，通过关于接受郝轸辞去县人大常委会委员职务的决定。

1986 年 10 月 22—24 日，举行第 15 次会议。学习《关于社会主义精神文明建设指导方针的决议》《关于加强基层政权建设的通知》和彭真在全国人大工作会议上讲话；听取和审查县计委主任范志民作的关于 1986 年 1—9 月国民经济和社会发展计划执行情况报告，县财政局局长姚颖生作的关于 1986 年财政预算执行情况和预算指标调整意见报告；进行人事任免。

1986 年 12 月 19—22 日，举行第 16 次会议。听取县委政法委员会（简称“政法委”）书记赵进和县公安局副局长贾绍佩分别作的《民法通则》《治安管理处罚条例》辅导讲座；听取和审议县公安局局长段佑训作的关于施行《治安管理处罚条例》准备工作情况报告,县粮食局局长李国铨作的关于1986年粮食工作情况报告,县民政局副局长宋成虎作的关于群众生活困难救济情况报告,县财办主任吴荣贵作的关于1986年度财贸口物资供应工作报告;进行人事任免。

1987年3月7—9日,举行第17次会议。学习中共中央、省委办公厅有关文件和全国人大常委会《关于加强法制教育维护安定团结的决定》;听取和审查县计委副主任彭绍尧作的关于1987年国民经济和社会发展计划(草案)编制工作情况报告;听取和审议县政府办副主任邹科民作的关于县九届人大三次会议期间代表议案和建议办理情况报告;作出关于召开县九届人大四次会议的决定;进行人事任免。

1987年5月21—23日,举行第18次会议。听取和审议县农业委员会(简称"农委")主任罗楚翘作的关于贯彻中共中央有关文件情况报告,县农业局局长林春瑞作的关于1987年农业生产情况报告,县特产局局长向极弟作的关于特产商品生产基地建设情况报告,县畜牧兽医局(简称"畜牧局")副局长金盛东作的关于畜牧兽医工作情况报告;进行人事任免。

1987年7月23—25日,举行第19次会议。学习《地方组织法》《选举法》、县乡两级人大选举实施细则,中央办公厅和省委办公厅有关文件,以及省、州县乡两级人大换届选举工作有关文件;听取县人大常委会工作考察组赴湘桂川黔考察县乡人大换届选举工作情况汇报;作出关于县乡两级人大换届选举工作有关事项的决定;任命县选举委员会组成人员。

1987年8月14日,举行第20次会议。作出关于乡镇人大代表名额审查的决定;任命各乡镇选举委员会组成人员。

1987年10月24—25日,举行第21次会议。听取和审议县选举委员会关于县乡两级人大代表换届选举工作情况报告;作出关于召开县十届人大一次会议的决定;进行人事任免。

1987年11月13—14日,举行第22次会议。听取和审议县政府办副主任邹科民作的关于县九届人大四次会议期间代表议案和建议办理情况报告,县人大常委会办公室主任周鸿遴作的关于县十届人大一次会议筹备工作情况报告;讨论通过县人大常委会工作报告。

三、县十届人大常委会会议

1987年11月27日,县十届人大一次会议选举产生县十届人大常委会,任期至1991年1月25日,举行常委会会议23次,听取和审议工作报告53项,作出决议决定18项,任免国家机关工作人员182人次。

1988年1月20—22日,举行第1次会议。听取和审议县档案局副局长张文化作的关于档案工作和贯彻《档案法》情况报告,县计划生育委员会(简称"计生委")副主任杨年初作的关于计划生育工作和贯彻《省计划生育条例》情况报告,县粮食局局长李国铨作的关于粮食工作情况报告,县民贸局副局长黄义芳作的关于春节物资供应准备工作情况报告,县民政局局长何凤池作的关于扶贫工作情况报告;讨论通过县人大常委会议事规则和工作制度、关于县人大常委会与县人大代表联系暂行办法和县人大常委会

1988年工作要点；作出在区镇设立人大工作联络组的决定；进行人事任免。

1988年3月25—28日，举行第2次会议。听取和审议县农委主任罗楚翘作的关于农村改革和春耕生产情况报告，县财贸委员会（简称“财委”）主任吴荣贵作的关于1988年上半年财贸工作安排情况报告，县经济委员会（简称“经委”）主任赵毅作的关于深化改革开创工业生产新局面的报告；进行人事任免。

1988年5月20—23日，举行第3次会议。听取和审议县司法局局长江发富作的关于普法工作情况报告；听取和审查县财政局局长姚颖生作的关于1987年财政决算和1988年财政预算草案情况报告；通过县人大常委会代表资格审查委员会名单；进行人事任免。

1988年7月15—17日，举行第4次会议。听取和审议县卫生局局长谭寿林作的关于贯彻《食品卫生法》情况报告，县公安局局长段佑训作的关于公安工作情况报告，县工业煤炭局局长向泽银作的关于工业生产情况报告，县物资局局长朱在清作的关于物资工作情况报告，县劳动人事局局长杨德彬作的关于劳动人事工作情况报告，县农业机械管理局（简称“农机局”）局长许德昌作的关于农机工作情况报告；进行人事任免。

1988年9月14—16日，举行第5次会议。听取和审议县统计局局长谭文扬作的关于统计工作和贯彻《统计法》情况报告，县民贸局局长杨汉骥作的关于民族贸易工作情况报告，县工商局局长田永新作的关于工商行政管理工作情况报告；进行人事任免。

1988年11月21—24日，举行第6次会议。听取和审查县财政局局长姚颖生作的关于1988年1—10月财政收支执行情况及预算调整情况报告，县税务局局长潘定国作的关于1988年1—10月税收工作情况报告；听取和审议县财委主任钟威作的关于元旦春节物资供应准备工作和农村生活安排情况报告，县政府办副主任陈建军作的关于县十届人大二次会议期间代表议案办理方案报告；进行人事任免。

1989年1月11—14日，举行第7次会议。听取和审议县公安局副局长贾绍佩作的关于加强春节期间安全保卫工作情况报告，县民政局副局长田子云作的关于群众生活安排情况报告，县粮食局局长喻大靖作的关于春节物资安排情况报告，县民贸局局长杨汉骥作的关于春节市场安排情况报告；作出设立县人大常委会法制民族、财政经济、教科文卫、代表联络4个工委的决定；通过法制民族、代表联络、财政经济和教科文卫工委主任、委员名单。

1989年3月13—16日，举行第8次会议。听取和审议副县长文锋作的关于开展治理经济环境整顿经济秩序工作情况报告，县农委主任汪达生作的关于农业工作及春耕生产准备工作情况报告；讨论通过县人大常委会1989年工作要点；作出关于切实抓好治理经济环境整顿经济秩序保障改革和建设顺利进行的决定；进行人事任免。

1989年5月8—10日，举行第9次会议。听取和审议县人大常委会副主任、代表资格审查委员会主任委员田南山作的关于代表变动情况报告，县政府办主任冯炎作的关于县十届人大二次会议期间代表议案和建议办理情况报告；作出关于召开县十届人大三次会议的决定。

1989年6月5日，举行第10次会议。听取和审议副县长张宜盛作的关于农业生产情况报告；作出关于推迟县十届人大三次会议的决定。

1989年8月5—8日，举行第11次会议。学习邓小平等讲话以及党的十三届四中全会公报；听取和审议县检察院检察长何守敏作的关于开展反贪污反受贿斗争情况报告，县监察局副局长陈维嵩作的关于监察工作情况报告，县司法局副局长陈恕作的关于执法检查实施方案报告；作出关于在全县范围内开展执法检查的决定；进行人事任免。

1989年9月8日，举行第12次会议。讨论研究执法检查、代表联系和指导召开乡镇人代会等工作；进行人事任免。

1989年11月1—4日，举行第13次会议。学习和讨论江泽民在庆祝中华人民共和国成立40周年大会上讲话；听取和审议县税务局局长潘定国作的关于《税收征收管理暂行条例》和《关于大力加强城乡个体工商户和私营企业税收征管工作的决定》实施情况报告，县文化局局长曾友德作的关于整顿文化市场清查淫秽物品工作情况报告；听取和审查县财政局局长姚颖生作的关于1989年1—9月财政收支情况及财政预算调整情况报告，县计委副主任彭绍尧作的关于1989年1—9月国民经济和社会发展计划执行情况及计划调整情况报告。

1990年1月12—14日，举行第14次会议。学习讨论邓小平、江泽民等讲话和关于进一步治理整顿和深化改革的决定；听取和审议县政府办主任冯炎作的关于县十届人大三次会议期间代表建议办理情况报告；讨论通过县人大常委会1989年工作总结和1990年工作要点；进行人事任免。

1990年2月12日，举行第15次会议。听取常委会各工委工作汇报，作出关于召开县十届人大四次会议的决定。

1990年3月1—4日，举行第16次会议。学习《省各级人民代表大会常务委员会监督工作条例(试行)》；听取和审议县人大常委会办公室主任周鸿遴作的关于县十届人大四次会议筹备工作情况报告，讨论召开县十届人大四次会议有关事项，讨论通过县人大常委会工作报告，通过县十届人大四次会议列席人员名单；听取和审议县国土开发与整治领导小组副组长兼国土办主任彭绍尧作的关于国土资源综合评价报告和县国土综合开发总体规划报告修改说明；作出关于县国土资源综合评价报告和县国土综合开发总体规划报告的决议。

1990年5月8—10日，举行第17次会议。听取和审议县农委主任汪达生作的关于农业工作情况报告，县财委主任钟威作的关于为农业生产配套服务工作情况报告；听取县人大常委会调查组关于农业生产情况和为农业生产配套服务情况调查报告；进行人事任免。

1990年7月8—10日，举行第18次会议。听取和审议县公安局局长段佑训作的关于全力以赴夺取严打斗争胜利的报告，县经委副主任张远隆作的关于工交工作情况报告，县计生委主任田启栋作的关于计划生育工作情况报告；进行人事任免。

1990年8月28—29日，举行第19次会议。学习江泽民关于坚持和完善人大制度问题讲话以及各级党委有关县乡两级人大换届选举工作文件;县人大常委会主任虞大远传达州委关于县乡两级人大换届选举工作会议精神;县人大常委会副主任成开林传达全省法制工作经验交流会和全州林业生产现场会议精神;作出关于县乡两级人大换届选举工作有关事项的决定、关于罢免贾昌来州二届人大代表资格的决定;进行人事任免,任命县选举委员会组成人员和区镇人大工作联络组组长。

1990年9月28日,举行第20次会议。任命各乡镇选举委员会组成人员,审定各乡镇人大代表名额;作出同意逮捕县十届人大代表肖本权的决定;进行人事任免。

1990年11月25—26日,举行第21次会议。听取和审查县财政局副局长熊昌镇作的关于1990年财政预算调整及财政预算执行情况报告,县计委主任范志民作的关于1990年国民经济和社会发展计划执行情况报告;听取和审议县政府办主任冯炎作的关于县十届人大四次会议期间代表建议办理情况报告。

1991年1月5—7日,举行第22次会议。听取和审议县人大常委会副主任、县选举委员会副主任、代表资格审查委员会主任委员田南山作的关于县乡人大换届选举工作情况报告和关于县十一届人大代表资格审查报告;讨论通过县人大常委会工作报告;作出关于召开县十一届人大一次会议的决定;进行人事任免。

1991年1月14日,举行第23次会议。听取县人大常委会副主任成开林作的关于县十一届人大一次会议筹备工作情况报告,讨论县十一届人大一次会议有关事项。

四、县十一届人大常委会会议

1991年1月25日,县十一届人大一次会议选举产生县十一届人大常委会,任期至1994年1月10日,举行常委会会议23次,听取和审议工作报告62项,作出决议决定28项,任免国家机关工作人员154人次。

1991年3月16—17日,举行第1次会议。学习《地方组织法》;讨论并通过县人大常委会1991年工作要点;通过县十一届人大代表资格审查委员会名单;进行人事任免。

1991年4月6日,举行第2次会议。学习省各级人大代表补选办法;补选文锋为州二届人大代表。

1991年5月16—18日,举行第3次会议。听取和审议县农委主任汪达生作的关于农村工作情况报告,县公安局局长段佑训作的关于社会治安状况报告,县教委主任向致春作的关于贯彻《义务教育法》情况报告,县经委主任金绍阳作的关于工交企业承包情况报告,县财委副主任谢炳安作的关于财贸企业第二轮承包情况报告;作出增加部分乡镇人大代表名额的决定;进行人事任免。

1991年7月29—31日,举行第4次会议。听取和审议县体育运动委员会(简称“体委”)主任崔建辉作的关于体育工作情况报告,县科学技术委员会(简称“科委”)主任黄德炳作的关于科技工作情况报告,县民族宗教事务委员会(简称“民委”)主任杨戊云作的关于宣传贯彻《民族区域自治法》和《省关于实施〈民族区域自治法〉若干规定》情况报告,县监察局局长林祥龙作的关于廉政工作情况报告,县民政局局长田子云作的关于贯彻《婚姻法》和《婚姻登记管理办法》情况报告;进行人事任免。

1991年8月27日,举行第5次会议。学习江泽民在庆祝中国共产党成立70周年大会上讲话;听取和审议县司法局局长张宏新作的关于第一个五年普法规划实施情况和开展第二个五年普法工作意见的报告,作出关于在全县公民中开展第二个五年法制宣传教育的决议;作出关于区人大工作机构更改名称的决定;进行人事任免。

1991年10月28—31日,举行第6次会议。听取和审议县城乡建设局(简称"城建局")局长向义松作的关于贯彻《环境保护法》情况报告,县土管局局长李长华作的关于贯彻《土地管理法》情况报告,县政府办主任冯炎作的关于县十一届人大一次会议期间代表建议办理情况报告;听取和审查县计委副主任彭绍尧作的关于1991年1—9月国民经济和社会发展计划执行情况及1991年计划部分变更情况报告,县财政局局长熊昌镇作的关于1991年1—9月财政预算执行情况及1991年预算部分变更情况报告;进行人事任免。

1991年12月25—26日,举行第7次会议。学习有关文件和江泽民在党的十三届八中全会闭幕时讲话;听取和审议县法院院长李宗文作的关于贯彻《行政诉讼法》情况报告,县检察院检察长何守敏作的关于反贪污反贿赂斗争情况报告,县民政局局长田子云作的关于灾区群众生活安排情况报告;进行人事任免。

1992年1月25—26日,举行第8次会议。学习《地方组织法》;听取和审议县政府法制办公室(简称"法制办")主任蒲炜作的关于1991年行政执法大检查情况报告,县法院副院长张耀祖作的关于1991年执法检查情况报告,县检察院副检察长朱斌作的关于1991年执法检查情况报告;讨论通过县人大常委会1991年工作总结和1992年工作要点;进行人事任免。

1992年3月25—27日,举行第9次会议。审议通过县人大常委会主任、代表资格审查委员会主任委员田南山作的关于县十一届人大二次会议代表资格审查报告,发布关于补选县十一届人大代表的公告;听取和审议县农委主任田宏立作的关于春耕生产情况报告,县农业局副局长张贤杰作的关于贯彻《种子管理条例》情况报告;作出关于召开县十一届人大二次会议的决定,通过县十一届人大二次会议列席人员名单;进行人事任免。

1992年6月1—2日,举行第10次会议。学习省委常委会会议关于人大工作的讨论纪要;听取和审议县林业局局长谭永红作的关于"三年消灭荒山,八年绿化来凤"工作情况报告,县农委主任田宏立作的关于生态农业试验工作情况报告,县卫生局局长宗禄德作的关于卫生工作情况报告,县人事局局长王本堂作的关于人事工作情况报告;审议县生态农业试验方案,作出批准的决议;作出关于接受全盛德辞去县人大常委会委员的决定。

1992年6月25日,举行第11次会议。学习《代表法》,讨论研究召开乡镇人大会议有关事项,进行人事任免。

1992年8月25—28日,举行第12次会议。听取和审议县公安局局长段佑训作的关于贯彻《道路交通管理条例》情况报告,县计生委主任万华作的关于贯彻《省计划生育条例》情况报告，县税务局局长乔国清作的关于实施《税收征收管理暂行条例》情况报告，县经委主任杨树荣作的关于搞活国营工业企业工作情况报告，县财委主任喻大靖作的关于国合商业“四放开”（指经营范围放开、价格放开、用工放开、财务收支放开）改革试点情况报告，县城建局副局长温铁滨作的关于1990年翔凤镇总体规划修编情况报告；通过关于翔凤镇总体规划修编情况报告的审查意见；进行人事任免。

1992年10月29—30日，举行第13次会议。学习关广富等在省委人大工作会议上讲话；审议县政府关于县水利工程水费核定计收及管理办法的议案和关于县水利工程设施权属暂行规定的议案，分别作出批准的决议；听取和审议县老区贫困地区经济开发办公室（简称“开发办”）主任伍芬俊作的关于扶贫开发工作情况报告，县广电局副局长肖本正作的关于农村广播建设情况报告。

1992年12月23—25日，举行第14次会议。听取和审议县司法局局长张宏新作的关于普法工作情况报告，县政府办主任冯炎作的关于县十一届人大二次会议期间代表议案和建议办理情况报告；听取和审查县计委主任周开元作的关于1992年1—11月国民经济和社会发展计划执行情况报告，县财政局局长熊昌镇作的关于1992年财政预算执行情况和调整预算报告；讨论通过县人大常委会1992年工作总结和1993年工作要点；进行人事任免。

1993年2月18—19日，举行第15次会议。听取和审议县农委主任田宏立作的关于减轻农民负担和春耕生产情况报告，县法院院长李宗文作的关于执行工作情况报告，县公安局副局长田永芳作的关于贯彻《消防条例》情况报告；进行人事任免。

1993年4月14—16日，举行第16次会议。听取和审查关于1992年国民经济和社会发展计划执行情况与1993年国民经济和社会发展计划草案报告，关于1992年财政预算执行情况和1993年财政预算草案报告，关于1993年税收收入安排工作情况报告；讨论通过县人大常委会工作报告；作出关于召开县十一届人大三次会议的决定；进行人事任免。

1993年5月13日，举行第17次会议。听取县人大常委会办公室主任周鸿遴作的关于县十一届人大三次会议筹备工作情况报告，听取和审议县人大常委会主任、代表资格审查委员会主任委员田南山作的关于县十一届人大三次会议代表资格审查报告，通过列席人员名单，讨论研究关于召开县十一届人大三次会议有关事项；进行人事任免。

1993年8月24—26日，举行第18次会议。听取和审议县经委主任杨树荣作的关于《全民所有制工业企业转换经营机制条例》实施情况报告，中国人民银行来凤县支行（简称“人行”）行长刘灼平作的关于金融工作情况报告，县工商局局长贵立远作的关于非公有制经济发展情况报告，县文化局局长伍云发作的关于贯彻《省文化市场管理暂行条例》情况报告；进行人事任免。

1993年9月15日，举行第19次会议。通过关于任命县选举委员会组成人员的决定，任命各乡镇选举委员会组成人员，任命各区和县直机关各战线口选举工作指导组组成人员。

1993年9月30日,举行第20次会议。审定各乡镇人大代表名额。

1993年11月19日,举行第21次会议。进行人事任免。

1993年12月15—16日,举行第22次会议。听取和审查县财政局副局长丁妮娅作的关于1993年1—10月财政预算执行情况报告,县计委主任周开元作的关于1993年1—11月国民经济和社会发展计划执行情况报告;听取和审议县政府办主任彭军作的关于县十一届人大三次会议期间代表建议办理情况报告,县人大常委会主任、代表资格审查委员会主任委员田南山作的关于县十二届人大代表资格审查报告。

1994年1月4—6日,举行第23次会议。通过县人大常委会1993年工作总结,讨论通过县人大常委会工作报告,听取县人大常委会办公室主任周鸿遴作的关于县十二届人大一次会议筹备工作情况报告,作出关于召开县十二届人大一次会议的决定,通过县十二届人大一次会议列席人员名单。

五、县十二届人大常委会会议

1994年1月10日,县十二届人大一次会议选举产生县十二届人大常委会,任期至1999年1月23日,举行常委会会议43次,听取和审议工作报告98项,作出决议决定41项,任免国家机关工作人员265人次、撤职2人。

1994年2月21—22日,举行第1次会议。讨论通过县人大常委会1994年工作要点;审议并原则通过县军人抚恤优待实施办法;审定翔凤镇一届人大代表名额,任命翔凤镇选举委员会组成人员;进行人事任免。

1994年4月14—15日,举行第2次会议。审查和批准1993年国民经济和社会发展计划执行情况与1994年计划(草案)报告,审查和批准1994年财政收支预算(草案)报告;听取和审议县政府办主任彭军作的关于县十二届人大一次会议期间代表议案办理方案报告,县民政局局长田子云作的关于民政救济工作情况报告;通过县十二届人大常委会代表资格审查委员会名单;进行人事任免。

1994年6月28—29日,举行第3次会议。听取和审议县农委副主任游家明作的关于《农业法》实施情况报告,县政府办副主任由勇作的关于《全国人大常委会关于加强社会治安综合治理的决定》实施情况报告,县法院副院长谭德刚作的关于执行《民事诉讼法》情况报告;作出关于实施《农业法》的决议;审定批复部分乡镇关于增加人大代表名额的请示;进行人事任免。

1994年8月25—26日,举行第4次会议。举行颁发任命书仪式,县人大常委会主任陈天会给县人大常委会任命的人员颁发任命书;听取和审议县邮电局局长张先林作的关于实施《邮政法》《省邮电通信管理条例》情况报告,副县长兼政府办主任彭军作的关于县十二届人大一次会议期间代表议案和建议办理情况报告,县监察局局长李平作的关于反腐败斗争情况报告,县城建局局长向义松作的关于城市建设总体规划和《城市房屋拆迁管理条例》执行情况报告。

1994年10月27—28日,举行第5次会议。听取和审查县计委主任周开元作的关于1994年1—10月国民经济和社会发展计划执行情况报告,县财政局局长熊昌镇作的关于1994年1—10月财政预算执行情况报告;听取和审议县劳动局局长杨荣松作的关于劳动工作情况报告,县企管局局长余维林作的关于乡镇企业发展情况报告,对4个报告提出书面审议意见。

1994年12月20—22日,举行第6次会议。听取和审议县检察院检察长何守敏作的关于打击经济犯罪情况报告,县教委副主任姚祖贵作的关于《教师法》实施情况报告,县农委主任田宏立作的关于《农业技术推广法》实施情况报告,县民委主任唐洪祥作的关于实施民族法规政策和民族资金使用情况报告,县计委主任周开元作的关于1994年"4435"(力争4个翻一番,即国民生产总值、工农业总产值、农民年均纯收入、乡镇财政收入翻一番;做到4个不低于,即人平粮食占有量不低于350公斤、乡镇企业产值增长速度不低于40%、第三产业增加值占国民生产总值的比重不低于30%、多种经营收入占农业总收入的比重不低于80%;达到3个90%以上,即通路、通电、通广播电视信号的村要达到90%以上;实现5个1,即农民人平1亩当家田、人平1亩致富园、户平转移1个劳动力、户平养殖业收入1000元以上、每个村村级经济纯收入1万元以上)目标1—11月完成情况报告;进行人事任免。

1995年1月18日,举行第7次会议。审议县政府关于调整翔凤镇区划加强户籍管理的议案,作出批准的决定;讨论通过县人大常委会1995年工作要点;作出关于设立县人大常委会农业工委的决定。

1995年2月9日,举行第8次会议。作出关于召开县十二届人大二次会议的决定,进行人事任免。

1995年3月6—7日,举行第9次会议。讨论通过县人大常委会工作报告,听取县人大常委会办公室主任邓国强作的关于县十二届人大二次会议筹备工作情况报告,听取县人大常委会副主任、代表资格审查委员会主任委员侯廷茂作的关于县十二届人大二次会议代表资格审查报告,通过县十二届人大二次会议列席人员名单,讨论研究召开县十二届人大二次会议有关事项;听取和审议县科委主任高秉福作的关于科学技术普及工作情况报告,县司法局局长谭德刚作的关于"二五"普法工作情况报告;审议通过翔凤镇规划、市容、环境卫生管理办法;补选州人大代表;进行人事任免。

1995年4月26—27日,举行第10次会议。听取和审议县政府法制办主任蒲炜作的关于法制工作情况报告,县物价局局长龙世和作的关于物价工作情况报告,县农委主任田宏立作的关于春耕生产情况报告,县计生委主任陈德溥作的关于《省计划生育条例》实施情况报告。

1995年6月22日,举行第11次会议。听取和审议县标准计量局局长张启福作的关于《产品质量法》实施情况报告,县公安局局长冉文生作的关于城市道路交通安全管理工作情况报告,县土管局局长张少华作的关于《土地管理法》实施情况报告;听取县人大常委会副主任、代表资格审查委员会主任委员侯廷茂作的关于代表资格认定报告,同意高罗、李家河、沙道沟、沙坪四区原宣恩县人大代表转为来凤县十二届人大代表;作出关于学习《选举法》《地方组织法》的决定、关于接受杨桦辞去县十二届人大代表职务的决定;审议通过县人大常委会有关制度;进行人事任免。

1995年7月26日,举行第12次会议。进行人事任免。

1995年8月18日,举行第13次会议。听取和审议县政府办主任张宏新作的关于县十二届人大二次会议期间代表建议办理情况报告,县开发办主任沈永安作的关于扶贫工作情况报告;进行人事任免。

1995年10月25日,举行第14次会议。听取和审查县计委主任周开元作的关于1995年国民经济和社会发展计划调整意见及1—9月计划执行情况报告,县财政局副局长李秀芳作的关于1995年1—9月财政预算执行情况报告;听取和审议县卫生局局长谭寿林作的关于农村卫生工作情况报告。

1995年11月17日,举行第15次会议。审议国民经济和社会发展"九五"规划和2010年计划;作出关于许可逮捕县十二届人大代表洪家富的决定。

1995年11月28日,举行第16次会议。听取和审查县财政局局长熊昌镇作的关于1995年财政预算调整情况报告,提出审议意见。

1995年12月19—20日,举行第17次会议。听取和审议县经委主任杨树荣作的关于国有工交企业改革改制情况报告,县农村经济管理局(简称"经管局")局长邹科应作的关于农村集体经济财务管理情况报告,县公安局局长冉文生作的关于实施《监狱法》情况报告;作出关于召开县十二届人大三次会议的决定;进行人事任免。

1996年1月5日,举行第18次会议。讨论通过县人大常委会工作报告,听取和审议政府工作报告,听取和通过县人大常委会副主任、代表资格审查委员会主任委员侯廷茂作的关于县十二届人大三次会议代表资格审查报告,通过县十二届人大三次会议列席人员名单。

1996年3月18日,举行第19次会议。讨论通过县人大常委会1996年工作要点,通过关于区(镇)人大工作目标量化考核评比实施方案;作出关于加强县十二届人大三次会议期间代表建议办理工作的决定;进行人事任免。

1996年4月10日,举行第20次会议。进行人事任免。

1996年5月21—22日,举行第21次会议。听取和审议县文化局局长陈建军作的关于文化工作情况报告,县畜牧局副局长刘志强作的关于畜牧生产及畜牧兽医工作情况报告,县审计局局长吴本敦作的关于1995年预算执行情况和其他财政收支情况审计工作报告,县地质矿产管理委员会办公室(简称"矿管办")主任欧才华作的关于《矿产资源法》实施情况报告;审议县政府关于矿产资源开发管理若干规定的议案,通过矿产资源开发管理若干规定;进行人事任免。

1996年7月25—26日,举行第22次会议。听取和审议县教委主任向致春作的关于《教育法》实施情况报告,县农委主任田宏立作的关于《农业技术推广法》实施情况报告,县物价局局长龙世和作的关于平抑物价工作情况报告,县法院院长谢和美作的关于《法官法》实施情况报告;进行人事任免,作出关于接受贾运坤、向明贤、刘学宇辞去县十二届人大代表职务的决定。

1996年8月22日，举行第23次会议。审议县政府关于加快交通建设实施办法的议案，通过县乡公路建设和管理实施办法；发布关于依法罢免洪家富县十二届人大代表职务的公告。

1996年9月24—26日，举行第24次会议。听取和审查县计委主任周开元作的关于1996年国民经济和社会发展计划执行情况报告，县财政局副局长李秀芳作的关于1996年1—8月财政预算执行情况和预算调整情况报告；听取和审议县政府办副主任杨万林作的关于县十二届人大三次会议期间代表建议办理情况报告，县司法局局长田永芳作的关于“三五”普法工作安排情况报告，县监察局局长周传华作的关于反腐倡廉工作情况报告；作出关于在全县范围内开展第三个五年法制宣传教育的决议；进行人事任免。

1996年11月26—27日，举行第25次会议。听取和审议县民委主任唐洪祥作的关于民族工作情况报告，县工商局副局长贵树春作的关于《消费者权益保护法》实施情况报告，县体委副主任廖俊宏作的关于《体育法》实施情况报告；任命各乡镇选举委员会组成人员，审定各乡镇人大代表名额；进行人事任免。

1996年12月9日，举行第26次会议。作出关于接受陈天会辞去县人大常委会主任职务的决定。

1996年12月16日，举行第27次会议。讨论县十二届人大代表黄吉生、向明仕的代表职务罢免问题，向原选区提出关于罢免县十二届人大代表黄吉生、向明仕代表职务的建议。

1997年2月14日，举行第28次会议。作出关于召开县十二届人大四次会议的决定，审议通过县人大常委会工作报告，审议政府工作报告，审议通过县人大常委会副主任、代表资格审查委员会主任委员侯廷茂作的关于县十二届人大四次会议代表资格审查报告，通过县十二届人大四次会议列席人员名单。

1997年3月9日，举行第29次会议。讨论通过县人大常委会1997年工作要点；进行人事任免。

1997年4月15日，举行第30次会议。进行人事任免，作出关于接受邓国强辞去县人大常委会委员职务的决定。

1997年5月27—28日，举行第31次会议。听取和审议县环境保护局(简称“环保局”)局长田呈林作的关于《环境保护法》实施情况报告，县广电局局长唐文松作的关于广播电视工作情况报告，县审计局副局长杨顺红作的关于1996年财政预算执行情况和其他财政收支情况审计工作报告，县检察院检察长何守敏作的关于《检察官法》实施情况报告；作出关于加强依法治县的决定。

1997年7月22—23日，举行第32次会议。听取和审议县民政局局长杨万林作的关于《军人抚恤优待条例》及县军人抚恤优待实施办法情况报告，县卫生局局长谭寿林作的关于卫生工作情况报告，县烟草专卖局副局长田明富作的关于《省实施〈烟草专卖法〉办法》实施情况报告，县水电局局长向开龙作的关于《电力法》实施情况报告。

1997年9月23—24日，举行第33次会议。听取和审查县财政局副局长李秀芳作的关于1997年财政预算执行情况和预算调整情况报告，县计委主任刘静生作的关于1997年国民经济和社会发展计划执行情况报告；听取和审议县公安局局长冉文生作的关于加强公安队伍建设情况报告，县政府办副主任向兴林作的关于县十二届人大四次会议期间代表建议办理情况报告；进行人事任免。

1997年11月27—28日，举行第34次会议。听取和审议县人行副行长闵少华作的关于《人民银行法》实施情况报告，县计生委主任黄通贵作的关于计生工作情况报告，县司法局局长田永芳作的关于“三五”普法工作情况报告，县林业局局长杨邦敏作的关于高效经济林建设情况报告；听取和评议县经济贸易委员会(简称“经贸委”)主任杨树荣、农委主任杨友富、计委主任刘静生、教委主任向子钧述职报告；作出关于召开县十二届人大五次会议的决定；进行人事任免。

1997年12月29日，举行第35次会议。讨论通过县人大常委会工作报告，审议县政府工作报告；听取和审议关于县十二届人大四次会议期间代表议案办理情况报告，审议通过县十二届人大五次会议列席人员名单，讨论研究召开县十二届人大五次会议有关事项。

1998年2月26日，举行第36次会议。讨论通过县人大常委会1998年工作要点、乡镇人大工作目标考核实施方案；进行人事任免。

1998年4月28—29日，举行第37次会议。听取和审查县计委主任刘静生作的关于1998年国民经济和社会发展计划调整情况报告，县财政局局长洪先烈作的关于1998年财政预算调整情况报告，分别作出批准的决议；听取和审议县畜牧局局长张家旺作的关于畜牧兽医工作情况报告，县法院副院长田义书作的关于加强法官队伍建设情况报告；进行人事任免。

1998年6月25—26日，举行第38次会议。听取和审议县审计局局长田延初作的关于1997年财政预算执行情况和其他财政收支情况审计报告，县开发办主任沈永安作的关于扶贫攻坚工作情况报告，县计生委主任黄通贵作的关于计生工作情况和计生行政执法情况报告；听取和评议县工商局局长刘平立、林业局局长杨邦敏、公安局局长冉文生述职报告。

1998年8月25—27日，举行第39次会议。听取和审议县经管局局长莫小刚作的关于农村财务清理情况报告，县政府办主任张宏新作的关于县十二届人大五次会议期间代表建议办理情况报告，县教委主任向子钧作的关于“普九”(普及九年义务教育)工作情况报告；听取和评议县法院院长谢和美、县检察院检察长何守敏的述职报告；进行人事任免。

1998年10月23日，举行第40次会议。任命县选举委员会组成人员。

1998年10月27—28日，举行第41次会议。听取和审查县计委副主任韩建国作的关于1998年国民经济和社会发展计划执行情况及调整情况报告，县财政局局长洪先烈作的关于1998年1—9月财政预算执行情况和预算调整情况报告；听取和审议县物价局局长龙世和作的关于《价格法》实施情况报告，县民委副主任周益顺作的关于民族法规政策实施情况报告。

1998年11月23日，举行第42次会议。进行人事任免。

1998年12月31日，举行第43次会议。听取和通过县人大常委会副主任、县选举委员会副主任周发书作的关于选举工作报告，县人大常委会副主任、代表资格审查委员会主任委员侯廷茂作的关于县十三届人大代表资格审查报告；作出关于召开县十三届人大一次会议的决定；通过县十三届人大一次会议列席人员名单；进行人事任免。

六、县十三届人大常委会会议

1999年1月23日，县十三届人大一次会议选举产生县十三届人大常委会，任期至2004年1月9日，举行常委会会议34次，听取和审议工作报告89项，作出决议决定43项，任免国家机关工作人员199人次、撤职2人。

1999年3月16—17日，举行第1次会议。讨论通过县人大常委会1999年工作要点、1999年乡镇人大工作考核评比方案以及县人大常委会有关制度；通过县十三届人大常委会代表资格审查委员会名单；进行人事任免。

1999年5月24—25日，举行第2次会议。听取和审议县水电局局长向开龙作的关于《防洪法》实施情况报告，县文化局局长田绍友作的关于《省文化市场管理暂行条例》实施情况报告；听取和审查县审计局局长田延初作的关于1998年本级财政预算执行情况和其他财政收支情况审计报告；讨论通过县人大常委会有关制度。

1999年7月28—29日，举行第3次会议。听取和审议县经管局局长莫小刚作的关于《农民承担费用和劳务管理条例》实施情况报告，县公安局局长马爱武作的关于《人民警察法》实施情况报告，县卫生局局长谭寿林作的关于《食品卫生法》实施情况报告，县政府办副主任杨天龙作的关于治理“三乱”（即乱收费、乱罚款和乱摊派）、改善投资经营环境、发展民营经济情况报告；进行人事任免。

1999年9月15—16日，举行第4次会议。听取和审议县土管局局长邓国强作的关于加强土地法制建设促进土地管理工作全面发展的报告，县检察院检察长巩建国作的关于办理贪污贿赂渎职等犯罪案件情况报告，县政府办副主任向兴林作的关于县十三届人大一次会议期间代表建议办理情况报告，县广电局局长刘仁忠作的关于广播电视工作情况报告；任命各乡镇选举委员会组成人员，审定各乡镇人大代表名额；进行人事任免。

1999年11月17—18日，举行第5次会议。听取和审查县计委主任刘静生作的关于1999年国民经济和社会发展计划执行情况及调整情况报告，县财政局局长洪先烈作的关于1999年财政预算调整情况报告；听取和审议县统计局局长徐移坤作的关于《统计法》实施情况报告，县计生委主任黄通贵作的关于计划生育工作情况报告，副县长舒茂扬作的关于办理8件实事情况报告；作出关于调整各乡镇选举委员会组成人员的决定；进行人事任免。

2000年1月14日，举行第6次会议。作出关于召开县十三届人大二次会议的决定；通过县人大常委会副主任、代表资格审查委员会主任委员周发书作的关于县十三届人大代表变动情况报告;作出关于暂时停止刘宗元执行代表职务的决定。

2000年3月17日,举行第7次会议。讨论通过县人大常委会2000年工作要点、乡镇人大工作目标考核实施办法;进行人事任免。

2000年5月18—19日,举行第8次会议。听取和审查县财政局副局长徐庭海作的关于1999年财政决算报告,县审计局局长田延初作的关于1999年财政预算执行和其他财政收支情况审计报告,分别作出批准的决议;听取和审议县法院院长张寿齐作的关于《民事诉讼法》实施情况报告,县农业局副局长王远绪作的关于《种子管理条例》《州农作物种子管理条例》实施情况报告,县科委主任田宏立作的关于《科学技术进步法》实施情况报告;讨论通过关于办理"治理我县经济环境"议案实施方案和县森林防火管理办法;进行人事任免。

2000年7月27—28日,举行第9次会议。听取和审议县农委主任杨友富作的关于农业产业化工作情况报告,县城乡建设委员会(简称"城建委")主任杨勇作的关于县城规划修编、城建城管工作情况报告,县教委主任张建国作的关于《义务教育法》《州义务教育条例》实施情况报告,县检察院检察长巩建国作的关于法纪检察工作情况报告;通过关于城市总体规划修编的决议。

2000年9月20—21日,举行第10次会议。听取和审议县公安局局长马爱武作的关于《消防法》实施情况报告,县卫生局局长谭寿林作的关于《药品管理法》实施情况报告,县政府办主任莫北平作的关于县十三届人大二次会议期间代表建议办理情况报告;进行人事任免。

2000年11月28—29日,举行第11次会议。听取和审查县计委副主任韩建国作的关于2000年1—10月国民经济和社会发展计划执行情况与"九五"计划调整情况报告,县财政局局长徐庭海作的关于2000年1—10月财政预算执行情况报告;听取和审议县林业局局长苏波作的关于实施《森林法》及天然林保护工程情况报告,县计生委副主任刘亚东作的关于实施省州计划生育条例情况报告,县司法局局长邓家斌作的关于"三五"普法工作情况报告。

2000年12月30日,举行第12次会议。听取和审查县财政局局长徐庭海作的关于2000年财政预算调整方案报告,作出批准的决议。

2001年1月11—12日,举行第13次会议。听取和审议县政府办主任莫北平作的关于治理经济环境工作情况报告,县政府办副主任陈建军作的关于十件实事办理情况报告;听取和评议县公安局局长马爱武、人事局局长由勇述职报告;作出关于召开县十三届人大三次会议的决定;通过县人大常委会副主任、代表资格审查委员会主任委员周发书作的关于代表资格审查报告;通过县十三届人大三次会议列席人员名单。

2001年3月21日,举行第14次会议。听取和审议县农业局局长梅德荣作的关于农业生产资料市场管理工作情况报告;听取和评议县水利水产局(简称"水利局")局长向开龙、广电局局长刘仁忠述职报告;讨论通过县人大常委会2001年工作要点;进行人事任免。

2001年4月30日,举行第15次会议。

作出关于许可逮捕县十三届人大代表杨世文的决定。

2001年5月29—30日，举行第16次会议。听取和审查县审计局局长田延初作的关于2000年财政预算执行和其他财政收支情况审计工作报告，县财政局局长徐庭海作的关于2000年财政决算情况报告，分别作出批准的决议；听取和审议县教委主任张建国作的关于《职业教育法》实施情况报告，县农机局局长彭英才作的关于《省农业机械管理条例》实施情况报告，作出关于《省农业机械管理条例》实施情况报告的决议。

2001年7月26—27日，举行第17次会议。听取和审议县财政局局长徐庭海作的关于《省预算外资金管理条例》实施情况报告，县企管局局长刘小东作的关于《乡镇企业法》《省实施〈乡镇企业法〉办法》实施情况报告，县旅游局局长田子云作的关于《省旅游管理条例》实施情况报告；任命旧司乡选举委员会组成人员，确定旧司乡人大代表名额；进行人事任免。

2001年9月20—21日，举行第18次会议。听取和审议县广电局局长刘仁忠作的关于《广播电视设施保护条例》实施情况报告，县交通局局长李平安作的关于《公路法》实施情况报告，县民政局局长杨万林作的关于救灾救济工作情况报告，县政府办主任莫北平作的关于县十三届人大三次会议期间代表建议办理情况报告；进行人事任免。

2001年11月28—29日，举行第19次会议。听取和审查县计委副主任韩建国作的关于2001年国民经济和社会发展计划执行情况与调整意见报告，县财政局局长徐庭海作的关于2001年1—10月财政预算执行和预算调整情况报告，分别作出批准的决议；听取和审议县政府办副主任陈建军作的关于十件实事办理情况报告，县科委主任田宏立作的关于《州科学技术进步保障条例》实施情况报告；进行人事任免。

2001年12月5日，举行第20次会议。进行人事任免。

2002年1月22日，举行第21次会议。讨论通过县人大常委会工作报告，作出关于召开县十三届人大四次会议的决定，通过县十三届人大四次会议列席人员名单，听取和通过县人大常委会副主任、代表资格审查委员会主任委员周发书作的关于代表变动情况报告；进行人事任免。

2002年3月19日，举行第22次会议。讨论通过县人大常委会2002年工作要点，听取和审议县司法局局长邓家斌作的关于“三五”普法、依法治县工作情况及“四五”普法、依法治县实施意见的报告。

2002年5月28—29日，举行第23次会议。听取和审议县民族宗教事务局（简称“民宗局”）局长向子钧作的关于《民族区域自治法》实施情况报告，县教育局局长彭远仪作的关于教育工作情况报告；听取和审查县审计局副局长李春芳作的关于2001年财政预算执行和其他财政收支情况审计工作报告，县财政局局长徐庭海作的关于2001年财政决算情况报告，分别作出批准的决议；进行人事任免。

2002年7月24—25日，举行第24次会议。听取和审议县卫生局局长姚冰作的关于卫生工作情况报告，县农业局局长梅德荣作的关于《农业技术推广法》《省实施〈农业技术推广法〉办法》实施情况报告，县法院院长张寿齐作的关于《法官法》实施情况报告；进行人事任免。

2002年9月24—25日，举行第25次会议。听取和审议县人口与计划生育局（简称“计生局”）局长赵海林作的关于计划生育工作情况报告，县检察院检察长巩建国作的关于《检察官法》实施情况报告，县政府办主任杨天龙作的关于县十三届人大四次会议期间代表建议办理情况报告；讨论通过县林业重点工程建设管理办法；作出关于乡镇人大换届选举时间的决定、关于设立各乡镇选举委员会的决定；发布各乡镇人大代表名额的公告。

2002年11月27日，举行第26次会议。听取和审查县发展计划局局长刘静生作的关于2002年国民经济和社会发展计划执行情况与调整意见报告，县财政局局长徐庭海作的关于2002年1—10月财政预算和预算调整情况报告，分别作出批准的决议；听取和审议县文化体育局（简称“文体局”）局长田绍友作的关于《出版管理条例》实施情况报告；进行人事任免。

2002年12月26日，举行第27次会议。审议通过县人大常委会副主任、代表资格审查委员会主任委员周发书作的关于代表资格审查报告，作出关于召开县十三届人大五次会议的决定，通过县十三届人大五次会议列席人员名单，讨论研究召开县十三届人大五次会议有关事项；作出关于表彰办理代表建议先进单位的决定；进行人事任免。

2003年3月20日，举行第28次会议。讨论通过县人大常委会2003年度工作要点；进行人事任免。

2003年5月29—30日，举行第29次会议。听取和审查县审计局局长田延初作的关于2002年财政预算执行和其他财政收支情况审计工作报告，县财政局局长徐庭海作的关于2002年财政决算情况报告；听取和审议县农村税费改革领导小组办公室主任徐庭海作的关于农村税费改革工作情况报告，县卫生局局长姚冰作的关于《传染病防治法》实施情况报告；进行人事任免。

2003年7月29—30日，举行第30次会议。听取和审议县畜牧局局长张家旺作的关于《动物防疫法》《省实施〈动物防疫法〉办法》实施情况报告，县经济贸易局（简称“经贸局”）局长邓国建作的关于民营经济发展情况报告，县监察局局长谭贤斌作的关于行政监察工作情况报告；进行人事任免。

2003年9月24—25日，举行第31次会议。听取和审议县城乡建设局（简称“建设局”）局长张超作的关于城市建设与管理工作情况报告，县政府办主任杨天龙作的关于县十三届人大五次会议期间代表建议办理情况报告，县开发办主任沈永安作的关于《省扶贫条例》实施情况报告；进行人事任免。

2003年9月27日，举行第32次会议。听取和审查县财政局局长徐庭海作的关于2003年财政预算调整及部门预算详细方案报告，作出批准的决议；作出关于县人大换届选举时间的决定、关于成立县选举委员会的决定。

2003年11月22日，举行第33次会议。听取和审查县发展计划局局长刘静生作的关于2003年国民经济和社会发展计划执行情况报告；听取和评议县司法局局长邓家斌、卫生局局长姚冰、国土资源局（简称“国土局”）局长谢代树述职报告；进行人事任免。

2003年12月23日，举行第34次会议。听取和审议县人大常委会工作报告，审议通过县人大常委会副主任、代表资格审查委员会主任委员周发书作的关于县十四届人大代表资格审查报告；作出关于召开县十四届人大一次会议的决定；讨论通过县十四届人大一次会议列席人员名单，讨论研究召开县十四届人大一次会议有关事项。

七、县十四届人大常委会会议

2004年1月9日，县十四届人大一次会议选举产生县十四届人大常委会，任期至2006年12月9日，举行常委会会议21次，听取和审议工作报告57项，作出决议决定20项，任免国家机关工作人员154人次。

2004年2月2日，举行第1次会议。进行人事任免。

2004年3月10日，举行第2次会议。讨论通过县人大常委会2004年工作要点，听取和审查县政府关于2004年财政预算收支安排详细方案报告，审议通过县十四届人大常委会代表资格审查委员会名单；进行人事任免。

2004年5月11—12日，举行第3次会议。审议通过县人大常委会议事规则（修正稿）；听取和审议副县长何慧作的关于取缔城区营运三轮摩托车前期工作情况报告，审议通过县政府关于取缔城区营运三轮摩托车的议案；听取和审查县审计局局长蔡勇作的关于2003年财政预算执行情况和其他财政收支情况审计工作报告，县财政局局长田延初作的关于2003年财政决算情况报告；听取和审议县教育局局长倪传新作的关于教师队伍建设情况报告，县开发办主任吴汉岳作的关于整村推进扶持重点贫困村工作方案报告。

2004年7月19—20日，举行第4次会议。听取和审议县国土局局长谢代树作的关于《土地管理法》实施情况报告，县公安局局长肖华林作的关于公安派出所工作情况报告，县经贸局局长周涛作的关于招商引资工作情况报告。

2004年9月16—17日，举行第5次会议。听取和审议县政府办主任赵昌青作的关于县十四届人大一次会议期间代表建议办理情况报告，县农业局局长田绍文作的关于“五改三建”（即改水、改路、改厨、改厕、改圈，建园、建池、建家）工程实施情况报告，县法院院长唐登洲作的关于执行工作情况报告，县建设局局长张超作的关于城市建设工作情况报告；审议通过《县预防职务犯罪办法（试行）》；听取和讨论县人大常委会视察组关于通村油路建设视察报告和县人大常委会法制民族工委关于实施《民族区域自治法》情况报告；进行人事任免。

2004年11月25日，举行第6次会议。听取和审查县发展计划局局长杨天龙作的关于2004年国民经济和社会发展计划执行情况报告，县财政局局长田延初作的关于2004年1—10月财政预算执行情况和预算调整意见报告，分别作出批准的决议；听取和审议县计生局局长杨学东作的关于《人口与计划生育法》实施情况报告；听取和讨论县人大常委会农工委关于农村饮水解困工程视察报告。

2004年12月8—9日,举行第7次会议。听取和评议县建设局局长张超、文体局局长向文、水利局局长倪和森、民政局局长张家旺述职报告,并进行民主测评;作出关于召开县十四届人大二次会议的决定;讨论通过拟提交县十四届人大二次会议人大常委会工作报告;审议通过关于代表资格审查报告和县十四届人大二次会议列席人员名单及其他有关事项。

2004年12月28日,举行第8次会议。听取和审议县人大常委会副主任、代表资格审查委员会主任委员周新华作的关于县十四届人大代表资格审查和代表变动情况报告;进行人事任免。

2005年2月22日,举行第9次会议。讨论通过县人大常委会2005年工作要点;审议通过县政府办主任赵昌青作的关于实施《民办教育促进法》尽快制定民办学校规定的议案办理方案报告;听取和审议县文体局局长向文作的关于文化体育工作情况报告;进行人事任免。

2005年4月18—19日,举行第10次会议。听取和审议县建设局局长张超作的关于城区总体规划调整情况报告,作出关于城区总体规划调整情况的决议;听取和审查县财政局局长田延初作的关于2005年部门预算收支安排详细方案报告,县审计局局长蔡勇作的关于2004年审计决定执行情况报告;进行人事任免。

2005年6月28日,举行第11次会议。听取和审议县审计局局长蔡勇作的关于2004年度财政预算执行和其他财政收支情况审计工作报告,县司法局局长邓家斌作的关于“四五”普法、依法治县工作情况报告,县卫生局局长姚冰作的关于农村医疗卫生工作情况报告。

2005年8月29—30日,举行第12次会议。听取和审议县政府办主任赵昌青作的关于县十四届人大二次会议期间代表议案和建议办理情况报告,县林业局局长张国庆作的关于退耕还林工程实施情况报告,县财政局局长田延初作的关于2004年财政专项资金使用管理情况报告,县交通局局长李平安作的关于乡村公路养护管理工作情况报告;作出关于表彰优秀县人大代表、先进人大工作者的决定;进行人事任免;讨论通过县人大常委会述职评议工作办法。

2005年10月31日,举行第13次会议。听取和审议县公安局局长肖华林作的关于《道路交通安全法》实施情况报告;讨论通过关于部分县政府组成人员、法院、检察院有关人员述职评议实施方案;作出关于县十四届人大代表李永祥涉嫌非法转卖爆炸物组织特定问题调查委员会的决定;进行人事任免。

2005年12月15—16日,举行第14次会议。听取和评议县农业局局长田绍文、公安局局长肖华林、计生局局长杨学东、交通局局长李平安、国土局局长谢代树述职报告,并测评5名到会述职人员和8名书面述职人员;听取和审查县发改局局长杨天龙作的关于“十一五”规划编制工作情况报告、关于2005年国民经济和社会发展计划执行情况报告,县财政局局长田延初作的关于2005年1—8月财政预算执行和预算调整情况报告,分别作出批准的决议;表彰张雨沛等18名优秀人大代表和曾庆慧等6名先进人大工作者;作出关于同意对县十四届人大代表李永祥非法转卖爆炸物品涉嫌犯罪采取强制措施的决定；作出关于召开县十四届人大三次会议的决定；审议通过关于代表资格审查和变动情况报告，讨论通过提交县十四届人大三次会议人大常委会工作报告，审议通过县十四届人大三次会议列席人员名单及有关事项；进行人事任免。

2006年2月27日，举行第15次会议。听取和审查县财政局局长田延初作的关于2006年部门预算收支安排详细方案报告；审议县政府关于使用开发银行贷款用于城市基础设施建设的议案，作出同意的决定；进行人事任免；听取县人大常委会副主任周新华作的关于批准公安机关对县人大代表汪忠鸣煽动群众堵塞交通采取刑事拘留措施的报告；讨论通过县人大常委会2006年工作要点。

2006年4月25日，举行第16次常委会会议。听取和审议县广电局局长翁益成作的关于广播电视村村通工程情况报告；进行人事任免。

2006年5月23日，举行第17次会议。听取和审议县国土局局长谢代树作的关于非煤矿山依法行政工作情况报告；进行人事任免。

2006年8月3日，举行第18次会议。听取和审议县审计局局长蔡勇作的关于2005年度财政预算执行和其他财政收支情况审计工作报告，县商务局局长周涛作的关于重点工业项目发展情况报告，县政府办主任赵昌青作的关于县十四届人大三次会议期间代表建议办理情况报告；作出关于2006年县乡两级人大换届选举时间的决定、关于设立县选举委员会的决定、关于设立各乡镇选举委员会的决定、关于各乡镇人大代表名额的决定；进行人事任免。

2006年10月29日，举行第19次会议。作出关于更改2006年县乡两级人大代表选举时间的决定；进行人事任免。

2006年11月2日，举行第20次会议。进行人事任免。

2006年11月30日，举行21次会议。听取和审查县发改局局长高碧玉作的关于2006年1—10月国民经济和社会发展计划执行情况报告，县财政局局长田延初作的关于2006年1—10月财政预算执行和预算调整情况报告；听取和审议县水利局局长倪和森作的关于农村饮水安全工程实施情况报告；审议和通过县人大常委会副主任、代表资格审查委员会主任委员周新华作的关于县十五届人大代表资格审查报告，作出关于召开县十五届人大一次会议的决定，讨论通过提交县十五届人大一次会议人大常委会工作报告和县十五届人大一次会议列席人员名单及其有关事项。

八、县十五届人大常委会会议

2006年12月9日，县十五届人大一次会议选举产生县十五届人大常委会，任期至2011年11月27日，举行常委会会议44次，听取和审议工作报告136项，作出有关决议决定74项，提出审议（审核）意见69项、评议意见19项、视察意见6项，任免国家机关工作人员225人次。

2007年1月19日，举行第1次会议。进行人事任免；审议通过县十五届人大常委会代表资格审查委员会名单和县人大常委会2007年工作要点。

2007年3月26日，举行第2次会议。听取和审议县农业局局长田绍文作的关于《省农村能源管理办法》实施情况报告，县司法局局长邓家斌作的关于“五五”普法准备和启动情况报告；审议通过关于召开县十五届人大二次会议的决定和关于代表资格审查和变动情况报告，讨论通过县十五届人大二次会议列席人员名单；作出关于接受向运富辞去县十五届人大常委会委员职务的决定。

2007年4月18日，举行第3次会议。听取和审查县财政局局长田延初作的关于2007年部门预算详细方案报告，作出批准的决议。

2007年5月21日，举行第4次会议。听取和审议县法院院长唐登洲作的关于人民陪审员工作情况报告，县国土局局长谢代树作的关于矿产资源开发、利用、保护工作情况报告，分别提出审议意见；审议县政府关于提请将农产品加工基地建设项目资金列入县财政预算的议案和将2007年度申报国家开发银行市政基础设施项目贷款偿债资金列入县财政预算的议案，分别作出批准的决定；审议通过县人大常委会议事规则；进行人事任免。

2007年7月26日，举行第5次会议。审议县检察院关于提请批准逮捕县十五届人大代表田仕祥的报告，作出许可的决定；听取县人大常委会视察组关于农村合作医疗工作情况视察报告，提出视察意见；听取和审查县财政局局长田延初作的关于2006年财政决算情况报告，作出批准的决议；听取和审议县审计局局长蔡勇作的关于2006年度财政预算执行和其他财政财收支情况审计工作报告，县环保局局长向静作的关于开展环境保护工作情况报告，县开发办主任王书华作的关于《省扶贫条例》实施情况报告，分别提出审议意见；审议通过县人大常委会代表资格审查委员会副主任委员吴春菊作的关于县十五届人大补选代表的资格审查报告。

2007年9月26日，举行第6次会议。听取和审议县计生局局长杨学东作的关于《人口与计划生育法》实施情况报告，县政府办主任刘天林作的关于县十五届人大一次会议期间代表建议办理情况报告，县人大常委会执法检查组关于检查《城市规划法》实施情况报告，分别提出审议意见；进行人事任免。

2007年11月28—29日，举行第7次会议。听取和审查县发改局局长高碧玉作的关于2007年1—10月国民经济和社会发展计划执行情况及调整情况报告，县财政局局长田延初作的关于2007年1—10月财政预算执行和调整情况报告，分别作出批准的决议；听取和审议县人大常委会视察组关于城市建设重点工程实施情况视察报告，提出视察意见；听取和审议县人大常委会调查组关于住房公积金制度实施情况调查报告，县人大常委会执法检查组关于检查《退耕还林条例》《互联网上网服务营业场所管理条例》实施情况报告，分别提出审议意见；听取和审议县司法局副局长陈祖新作的关于“五五”普法暨依法治县工作规划报告，作出关于实施第五个法制宣传教育规划的决议；听取和评议县商务局局长周涛、科技局局长汪建敏、民政局局长张家旺、质量技术监督局(简称“质监局”)局长姚春生、水利局局长倪和森分别作的关于接受县人大常委会评议的工作报告，分别提出评议意见；进行人事任免。

2007年12月25日，举行第8次会议。作出关于召开县十五届人大三次会议的决定；审议通过县十五届人大三次会议列席人员名单，关于代表资格审查和变动情况报告，以及县人大常委会有关制度；进行人事任免，作出关于接受范才成辞去县十五届人大代表职务的决定。

2008年1月4日，举行第9次会议。作出关于更改县十五届人大三次会议时间的决定。

2008年2月29日，举行第10次会议。听取和审查县财政局局长田延初作的关于2008年部门预算详细方案报告，作出批准的决议；审议通过县人大常委会工作要点草案、县人大常委会组成人员联系县人大代表办法；进行人事任免。

2008年3月24日，举行第11次会议。审议决定关于更名、增设县人大常委会有关工委的议案，将原民族法制内务司法工委分设为民族法制工委、内务司法工委，将原农业农村工委更名为农村工委；进行人事任免，作出关于接受田学海辞去县十五届人大代表职务的决定。

2008年4月29日，举行第12次会议。听取和审议县食品药品监督管理局（简称"食药监局"）局长伍云舟作的关于开展食品安全工作情况报告，县畜牧局局长田永宽作的关于生猪产业发展情况报告，分别提出审议意见；进行人事任免。

2008年6月26日，举行第13次会议。听取和审议县政府办副主任陈应学作的关于城市建设投资资金管理使用情况报告，县公安局局长张孝赤作的关于打击毒品违法犯罪工作情况报告，分别提出审议意见；审议通过关于补选县十五届人大代表资格审查报告；作出关于许可逮捕县十五届人大代表周兵的决定；进行人事任免。

2008年8月28日，举行第14次会议。听取和审查县财政局局长田延初作的关于2007年财政决算情况报告，作出批准的决议；听取和审议县审计局局长蔡勇作的关于2007年度本级预算执行和其他财政收支情况审计报告，县政府办主任刘天林作的关于县十五届人大三次会议期间代表建议办理情况报告，分别提出审议意见；听取和审议县人大常委会调查组关于国有资产经营管理情况调查报告、关于农民专业合作组织发展情况调查报告。

2008年10月29日，举行第15次会议。审议县政府关于提请审议将边区贸易道路通达工程贷款偿债资金列入县财政预算的议案，作出批准的决定；听取和审议县招商局局长燕华作的关于开展招商引资工作情况报告，县人大常委会执法检查组关于检查《土地管理法》实施情况报告，县教育局副局长周兴中作的关于教育工作情况报告，分别提出审议意见；听取和讨论县人大常委会调查组关于村级卫生室建设情况报告，县人大常委会视察组关于新农村建设情况视察报告；进行人事任免。

2008年11月24日，举行第16次会议。审议县检察院关于提请许可刑事拘留县十五届人大代表犯罪嫌疑人鲁红兵报告的议案，表决时赞成票没超过常委会全体组成人员半数而未获通过。

2008年11月28日,举行第17次会议。听取县人大常委会副主任苏波作的关于县检察院关于提请许可刑事拘留县十五届人大代表犯罪嫌疑人鲁红兵报告议案的说明,作出许可的决定;听取和审查县发改局局长高碧玉作的关于2008年1—9月国民经济和社会发展计划执行情况及2008年国民经济和社会发展计划调整情况报告,县财政局局长田延初作的关于2008年1—9月财政预算执行情况和2008年财政预算调整情况报告,分别作出批准的决议;进行人事任免。

2008年12月23日,举行第18次会议。听取县人事局局长谭贤斌、粮食局局长杨勇、环保局局长向静、广电局局长翁益成、烟草专卖局局长龚红星分别作的关于接受县人大常委会工作评议的报告,提出评议意见;听取县人大常委会副主任苏波作的关于提请恢复县十五届人大代表田仕祥执行代表职务议案的说明,作出关于恢复县十五届人大代表田仕祥执行代表职务的决定;审议通过关于召开县十五届人大四次会议的决定、县人大常委会副主任县人大常委会代表资格审查委员会主任委员莫北平作的关于县十五届人大代表资格审查和变动情况报告、县十五届人大四次会议列席人员名单、县人大常委会工作要点;讨论研究召开县十五届人大四次会议有关事项。

2009年2月26日,举行第19次会议。听取县教育局关于县人大常委会对教育工作报告审议意见研究处理情况报告;听取和审查县财政局局长田延初作的关于2009年财政部门预算详细方案报告,作出批准的决议;通过县人大常委会组成人员联系县人大代表名单。

2009年4月29日,举行第20次会议。听取和审议县劳动和社会保障局(简称“劳保局”)局长倪勇作的关于《劳动合同法》实施情况报告,县档案局局长李春芳作的关于《档案法》实施情况报告,分别提出审议意见;进行人事任免。

2009年5月26日,举行第21次会议。听取和审查县财政局局长田延初作的关于2009年财政预算调整方案报告,作出批准的决议。

2009年6月23日,举行第22次会议。听取和审查县发改局局长高碧玉作的关于国民经济和社会发展第十一个五年计划实施中期评估情况报告,作出批准的决议;听取和审议经济开发区管委会主任卢红鹏作的关于工业园区建设情况报告,提出审议意见;审议县政府关于提请将蓝河流域治理暨综合开发工程项目融资资金列入县财政预算的议案,作出批准的决定。

2009年8月26—27日,举行第23次会议。听取和审查县财政局局长田延初作的关于2008年财政决算情况报告,作出批准的决议;听取和审议县审计局局长蔡勇作的关于2008年度财政预算执行和其他财政收支情况审计工作报告,县发改局局长高碧玉作的关于2009年1—6月国民经济和社会发展计划执行情况报告,县财政局局长田延初作的关于2009年1—6月财政预算执行情况报告,县政府办主任刘天林作的关于县十五届人大四次会议期间代表建议办理情况报告,分别提出审议意见;听取县人大常委会视察组关于对百福司集镇防洪工程建设情况视察报告,提出视察意见;进行人事任免。

2009年10月21日，举行第24次会议。听取和审议经济开发区管委会主任卢红鹏作的关于县人大常委会对工业园区建设情况报告审议意见研究处理情况报告，县档案局局长李春芳作的关于县人大常委会对实施《档案法》审议意见研究处理情况报告，县劳保局局长倪勇作的关于落实县人大常委对实施《劳动合同法》审议意见研究处理情况报告，分别提出审核意见；听取和审议县人大常委会视察组关于旅游产业发展情况视察报告，提出视察意见；听取和审议县水利局局长和北作的关于病险水库除险加固工程实施情况报告，县人大常委会副主任、执法检查组副组长刘静生作的关于检查《中小企业促进法》实施情况报告，分别提出审议意见；审议和通过县人大常委会规范性文件备案审查暂行办法；作出关于许可刑事审判县十五届人大代表林顺平的决定。

2009年12月9—10日，举行第25次会议。听取和审查县发改局局长高碧玉作的关于2009年国民经济和社会发展计划调整情况报告，县财政局局长田延初作的关于2009年财政预算调整情况报告，分别作出批准的决议；听取和审议县文体局局长岳琼、食药监局局长伍云舟、监察局局长向勤仕、林业局局长张国庆、交通局局长邓家斌分别作的关于接受县人大常委会工作评议的报告，分别提出评议意见；审议通过县人大常委会决议、决定和审议意见处理办法。

2009年12月29日，举行第26次会议。听取和审议代表资格审查委员会关于代表资格审查及变动情况报告；审议通过县人大常委会2009年工作报告、县人大常委会2010年工作要点；研究县十五届人大五次会议有关事项；进行人事任免。

2010年2月23日，举行第27次会议。听取和审议县商务局局长周涛作的关于落实县人大常委会对《中小企业促进法》实施情况审议意见报告，县水利局局长和北作的关于落实县人大常委会关于病险水库除险加固工程实施情况审议意见报告，分别提出审核意见；进行人事任免。

2010年3月24日，举行第28次会议。听取和审议县卫生局局长邓德武作的关于《传染病防治法》实施情况报告，提出审议意见；听取和审查县财政局局长田延初作的2010年财政部门预算详细方案报告，作出批准的决议；审议通过全县人大工作会议拟表彰名单；进行人事任免，作出关于接受苏波辞去县十五届人大常委会副主任职务的决定。

2010年4月27日，举行第29次会议。听取和审议县人大常委会执法检查组检查《职业教育法》实施情况报告，副县长胡红辉作的关于《全民科学素质行动计划纲要》实施情况报告，县检察院检察长税明泽作的关于开展诉讼监督工作情况报告，县环保局局长向静作的关于《水污染防治法》实施情况报告，分别提出审议意见；审议通过县人大常委会工作评议暂行办法；进行人事任免。

2010年6月23—24日，举行第30次会议。听取和评议县发改局局长高碧玉、教育局局长彭远仪、司法局局长林正高、开发办主任张孝祥分别作的接受县人大常委会评议的工作报告，提出评议意见；听取和审查县财政局局长田延初作的关于2010年财政预算调整方案报告，作出批准的决议；听取和审议县移民局局长田学海作的关于移民工作情况报告,提出审议意见;听取和审议县卫生局局长邓德武作的关于县人大常委会对《传染病防治法》实施情况审议意见研究处理情况报告,提出审核意见;进行人事任免。

2010年7月30日,举行第31次会议。作出关于许可对县十五届人大代表刘迪玉采取刑事强制措施的决定。

2010年8月30—31日,举行第32次会议。听取和审查县财政局局长田延初作的关于2009年财政决算情况报告,作出批准的决议;听取和审议县审计局局长蔡勇作的关于2009年度本级预算执行和其他财政收支情况审计工作报告,县财政局局长田延初作的关于2010年1—6月财政预算执行情况报告,县政府办主任刘天林作的关于县十五届人大五次会议期间代表建议办理情况报告,分别提出审议意见;听取和审议县教育局局长彭远仪关于落实县人大常委会对《职业教育法》实施情况审议意见报告,提出审核意见。

2010年10月27—28日,举行第33次会议。听取和审查县发改局局长高碧玉作的关于地方政府债券资金项目分配计划方案报告,作出批准的决议;听取和审议县发改局局长高碧玉作的关于2010年1—6月国民经济和社会发展计划执行情况报告,县民宗局局长田绍友作的关于民贸企业发展情况报告,分别提出审议意见;听取和审议县检察院副检察长刘冬生作的关于落实县人大常委会对县检察院诉讼监督工作审议意见报告,县环保局局长向静作的关于落实县人大常委会对实施《水污染防治法》审议意见报告,县移民局局长田学海作的关于落实县人大常委会对移民工作审议意见报告,分别提出审核意见;进行人事任免。

2010年11月16日,举行第34次会议。听取和审查县发改局局长高碧玉作的关于2010年国民经济和社会发展计划调整情况报告,县财政局局长田延初作的关于2010年财政预算调整情况报告,分别作出批准的决议;作出关于召开县十五届人大六次会议的决定。

2010年12月25—26日,举行第35次会议。听取和评议县计生局局长杨学东、住房和城乡建设局(简称"住建局")局长胡玉堂、国土局局长陈光艾、旅游局局长向泽林分别作的关于接受县人大常委会评议的工作报告,分别提出评议意见;听取和审议县人大常委会视察组关于"两河"(即蓝河、酉水河)治理及污水处理工程建设情况报告,关于大循环公路工程建设情况报告,分别提出视察意见。

2010年12月27日,举行第36次会议。讨论通过县人大常委会工作要点、县十五届人大六次会议有关事项;审议通过关于代表资格审查和变动情况报告,县十五届人大六次会议列席人员名单;进行人事任免。

2011年1月23日,举行第37次会议。进行人事任免。

2011年3月17日,举行第38次会议。听取和审查县财政局局长向东作的关于2011年部门预算详细方案报告,作出批准的决议;听取和审议县民宗局局长田绍友作的关于落实县人大常委会对民贸企业发展情况审议意见报告,提出审核意见;进行人事任免。

2011年4月26日，举行第39次会议。听取和审议副县长罗华玉作的关于落实县人大常委会对实施《全民科学素质行动计划纲要》审议意见报告，提出审核意见；听取和审议县发改局局长蔡勇作的关于本届以来重点基础设施建设情况报告，提出审议意见；讨论通过县人大代表学习培训制度（试行）；进行人事任免。

2011年6月22日，举行第40次会议。听取和审议县交通运输局（简称“交运局”）局长邓家斌作的关于落实县人大常委会对大循环公路工程建设情况视察意见报告，县水利局局长和北作的关于落实县人大常委会对“两河”治理及污水处理工程情况视察意见报告，分别提出审核意见；听取和审议县人大常委会视察组关于农业产业化建设情况视察报告，提出视察意见；听取和审议县财政局局长向东作的关于地方政府债务举借及偿还情况报告，提出审议意见；作出关于接受杨树荣辞去县十五届人大常委会副主任职务的决定；进行人事任免。

2011年8月10日，举行第41次会议。作出关于2011年县乡两级人大换届选举时间的决定、关于任命县选举委员会组成人员的决定、关于任命各乡镇选举委员会组成人员的决定、关于全县各乡镇人大代表名额的决定；进行人事任免。

2011年8月24—25日，举行第42次会议。听取和审议县发改局局长蔡勇作的关于2011年1—6月国民经济和社会发展计划执行情况报告，县审计局局长段绍鹏作的关于2010年度财预算执行和其他财政收支情况审计工作报告，县财政局局长向东作的关于2011年1—6月财政预算执行情况报告，县政府办主任刘天林作的关于县十五人大六次会议期间代表建议办理情况报告，分别提出审议意见；听取和审查县财政局局长向东作的关于2010年财政决算情况报告、关于2011年财政预算调整方案报告，分别作出批准的决议。

2011年10月18日，举行第43次会议。听取和审议县发改局局长蔡勇作的关于落实县人大常委会对本届以来重点基础设施建设情况审议意见报告，县财政局局长向东作的关于落实县人大常委会对本届以来举债和偿债情况审议意见报告，县农业局局长田绍文作的关于落实县人大常委会对农业产业化建设情况视察意见报告，分别提出审核意见；听取和审议关于人大代表资格审查报告；进行人事任免。

2011年11月11日，举行第44次会议。听取和审议县政府关于2011年财政预算调整方案的报告，审查和批准2011年财政预算调整方案；听取和审议县政府关于2011年国民经济和社会发展计划调整方案的报告，审查和批准2011年国民经济和社会发展计划调整方案。作出关于召开县十六届人大一次会议的决定，审议通过关于县十六届人大一次会议代表资格审查报告和县十六届人大一次会议列席人员名单，讨论研究召开县十六届人大一次会议有关事项；进行人事任免。

九、县十六届人大常委会会议

2011年11月27日，县十六届人大一次会议选举产生县十六届人大常委会。任期内，举行常委会会议52次，听取和审议工作报告173项（包括执法检查、调查和视察报告等),提出审议(询问、审核)意见125项、评议意见22项、视察意见2项,作出决议决定82项,任免国家机关工作人员248人次。

2011年12月15日,举行第1次会议。审议通过县十六届人大常委会代表资格审查委员会名单,作出关于接受陈胜、邓国建、刘静生辞去县十六届人大代表职务的决定;进行人事任免。

2011年12月31日,举行第2次会议。审议通过关于召开县十六届人大二次会议有关事项,进行人事任命。

2012年2月3日,举行第3次会议。听取和审议关于补选县十六届人大代表资格审查报告、关于县十六届人大代表资格审查和变动情况报告。原则通过县人大常委会2012年工作要点。

2012年2月20日,举行第4次会议。听取和审查县政府关于2012年财政部门预算详细方案的报告,作出批准的决议;进行人事任免。

2012年4月23—24日,举行第5次会议。听取和审议县政府关于提请审议全县教育布局调整方案的议案,作出原则同意的决定。进行人事任免。听取和审议并通过县政府关于"六五"普法启动工作情况报告,批准"六五"普法规划;听取和审议并通过县政府关于全县住房公积金管理工作情况报告、关于城市供水情况报告,县人大常委会视察组关于水利基础设施建设情况视察报告,县人大常委会执法检查组关于检查《矿产资源法》实施情况报告。

2012年5月21日,举行第6次会议。听取和审议县政府关于提请审议武陵山龙山来凤经济协作示范区发展战略规划的议案,作出原则同意的决定。

2012年6月27—28日,举行第7次会议。听取和审议县政府关于提请审议龙凤科教示范园项目建设现金回购部分资金筹措方案的议案,作出原则同意的决定;听取和审议并通过县人大常委会视察组关于环境保护工作情况视察报告;审议通过县人大常委会有关制度;听取和审议并通过县政府关于县级医疗卫生资源整合情况报告、关于研究处理县人大常委会对关于"六五"普法启动工作情况报告审议意见情况报告、关于研究处理县人大常委会对关于县城市供水情况报告审议意见情况报告、关于研究处理县人大常委会对关于农田水利基础设施建设情况视察意见情况报告。

2012年8月28—29日,举行第8次会议。审议通过县人大常委会有关制度。听取和审查县政府关于2011年财政决算报告、关于提请审议2012年财政预算调整方案报告的议案,分别作出批准的决定。听取和审议县政府关于2011年度预算执行和其他财政收支情况审计报告、关于2012年1—6月财政预算执行情况报告、关于2012年1—6月国民经济和社会发展计划执行情况报告、关于县十六届人大一次会议期间代表建议办理情况报告、关于研究处理县人大常委会对关于检查《矿产资源法》实施情况报告审议意见情况报告。听取和审议县人大常委会执法检查组关于检查《残疾人保障法》实施情况报告、县人大常委会调研组关于新型农村合作医疗制度运行情况调研报告。

2012年9月21日下午,举行第9次会

议。听取和审议县人大常委会主任会议关于许可对县十六届人大代表陈大明采取刑事强制措施的议案，作出许可的决定。

2012 年 10 月 24—25 日，举行第 10 次会议。专题询问保障性安居工程建设情况。审议通过县人大及其常委会有关制度和人事任免议案，县政府关于研究处理县人大常委会对关于 2012 年 1—6 月国民经济和社会发展计划执行情况报告审议意见情况报告(书面)、关于 2012 年 1—6 月财政预算执行情况报告审议意见情况报告(书面)、关于环境保护工作情况视察意见情况报告(书面)、关于 2011 年度预算执行和其他财政收支情况审计报告审议意见情况报告、关于县级医疗卫生资源整合情况报告审议意见情况报告、关于住房公积金管理工作情况报告审议意见情况报告。听取审议通过县政府关于提请审议县统筹城乡发展规划纲要(2011—2020)的议案，作出批准的决定。

2012 年 12 月 14 日，举行第 11 次会议。审议通过关于召开县十六届人大三次会议有关事项、县人大常委会主任会议关于旧司撤乡建镇有关问题的议案。听取和审议县政府关于 2012 年财政预算调整方案的报告，审查和批准 2012 年财政预算调整方案；听取和审议县政府关于 2012 年国民经济和社会发展计划调整方案的报告，审查和批准 2012 年国民经济和社会发展计划调整方案。

2012 年 12 月 24 日，举行第 12 次会议。审定 2012 年县人大常委会工作报告；审议通过 2013 年县人大常委会工作要点。审议通过县政府关于研究处理县人大常委会对关于检查《残疾人保障法》实施情况报告审议意见情况报告、关于办理代表建议情况报告审议意见情况报告。审议并原则通过县人大常委会有关制度。

2013 年 2 月 27 日，举行第 13 次会议。听取审议并通过县政府关于研究处理县人大常委会对关于保障性安居工程建设情况报告询问意见情况报告。进行人事任免。邀请县委党校教师杨林作学习贯彻党的十八大精神讲座。

2013 年 3 月 12 日，举行第 14 次会议。听取和审查县政府关于 2013 年部门预算详细方案的报告，作出批准的决定。

2013 年 4 月 19 日，举行第 15 次会议。补选州七届人大代表 1 名。进行人事任免。听取和审议县政府关于硒都黑猪产业发展情况报告、关于工业经济发展情况报告。审议县人大常委会调研组关于“六五”普法依法治理工作情况调研报告(书面)。

2013 年 5 月 30 日，举行第 16 次会议。进行人事任免。

2013 年 6 月 17—18 日，举行第 17 次会议。听取审议并通过县政府关于城市管理工作情况报告、关于硒都黑猪产业发展情况报告审议意见情况报告、关于公安机关立案和提请批准逮捕工作情况报告、关于工业经济发展情况报告审议意见情况报告，县人大常委会执法检查组关于检查《州旅游条例》实施情况报告。审议通过县人大常委会有关制度。审议县人大常委会调研组关于国有资产管理工作情况调研报告(书面)。

2013 年 8 月 26 日，举行第 18 次会议。进行人事任免。听取和审议县政府关于出让原烟厂主厂区土地使用权等资产处置方案的议案、关于提请审议 2013 年财政预算调整方案报告的议案、关于2012年度财政决算报告，分别作出批准的决定。听取和审议县政府关于2013年1—6月国民经济和社会发展计划执行情况报告、关于研究处理县人大常委会对关于检查《州旅游条列》实施情况报告审议意见情况报告、关于县十六届人大三次会议期间代表建议办理情况报告、关于2012年度预算执行和其他财政收支情况审计工作报告、关于2013年1—6月财政预算执行情况报告。

2013年10月23日，举行第19次会议。听取审议并通过县政府关于研究处理县人大常委会对关于城市管理工作情况报告审议意见情况报告、关于2013年1—6月财政预算执行情况报告审议意见情况报告、关于2013年1—6月国民经济和社会发展计划执行情况报告审议意见情况报告、关于2012年度本级预算执行和其他财政收支审计中查出问题整改情况报告、关于公安机关刑事立案和提请批准逮捕工作情况报告审议意见情况报告。审议县人大常委会调研组关于人才工作情况调研报告(书面)。听取审议并通过县人大常委会视察组关于重点工程推进情况视察报告。

2013年11月20—21日，举行第20次会议。听取审议并通过县经信局、审计局、科技局、农业局、环保局、司法局接受县人大常委会评议工作的报告。

2013年12月19日，举行第21次会议。补选州七届人大代表1名。进行人事任免。讨论决定关于召开县十六届人大四次会议有关事项，审议通过代表资格审查和变动情况报告，审定县人大常委会2013年工作报告，审议通过县十六届人大常委会2014年工作要点。审议县政府关于研究处理县十六届人大三次会议期间代表建议办理情况报告审议意见情况报告。听取和审议县政府关于2013年财政预算调整方案的报告，审查和批准2013年财政预算调整方案；听取和审议县政府关于2013年国民经济和社会发展计划调整方案的报告，审查和批准2013年国民经济和社会发展计划调整方案。

2014年2月27日，举行第22次会议。进行人事任免。审议通过关于革勒车撤乡建镇有关问题的议案；学习《城乡规划法》《食品安全法》《来凤县人大及其常委会履职规范汇编》。

2014年3月14日，举行第23次会议。审议通过县十六届人大常委会第23次会议议程。进行人事任免。听取和审查关于2014年部门预算详细方案报告，作出批准的决定。

2014年4月23日，举行第24次会议。进行人事任免。听取和审议县政府关于提请审查城市总体规划(2013—2030年)的议案，作出原则通过的决定。听取和审议县政府关于城乡规划工作情况报告，县检察院关于审查逮捕和公诉工作情况报告。

2014年6月9日，举行第25次会议。进行人事任免。听取审议县政府关于提请审议将龙凤新区土地收储项目贷款本息列入财政预算方案的议案，作出批准的决定；审议通过县司法局、经信局、科技局、环保局、农业局、审计局关于接受县人大常委会工作评议整改情况报告；听取审议并通过县人大常委会主任会议关于许可对县十六届人大代表谢景华采取刑事强制措施的议案，作出许可的决定。

2014 年 8 月 21—22 日，举行第 26 次会议。进行人事任免。听取和审议县人大常委会执法检查组关于检查《食品安全法》实施情况报告。听取和审议县政府关于提请审议县政府与华中师范大学合作办学方案报告的议案、关于提请审议 2014 年财政预算调整方案报告的议案、关于 2013 年财政决算报告，分别作出批准的决定。听取和审议县政府关于 2014 年 1—6 月财政预算执行情况报告、关于 2014 年 1—6 月国民经济和社会发展计划执行情况报告关于国民经济和社会发展“十二五”规划中期执行情况报告、关于县十六届人大四次会议期间代表建议办理情况报告、关于 2013 年财政预算执行和其他财政收支情况审计工作报告。

2014 年 8 月 27 日，举行第 27 次会议。听取和审议县人大常委会主任会议关于许可对县十六届人大代表田绍友采取刑事强制措施的议案，作出许可的决定。

2014 年 11 月 7 日，举行第 28 次会议。进行人事任免。听取和审议县政府关于扶贫开发工作情况报告、关于研究处理县人大常委会对关于城乡规划工作情况报告审议意见情况报告、关于 2013 年度财政预算执行和其他财政收支情况审计工作报告审议意见情况报告。审议通过县政府关于研究处理县人大常委会对关于 2014 年 1—6 月财政预算执行情况报告审议意见情况报告（书面）、关于 2014 年 1—6 月国民经济和社会发展计划执行情况报告审议意见情况报告（书面）。听取和审议县检察院关于研究处理县人大常委会对关于审查逮捕和公诉工作情况报告审议意见情况报告。

2014 年 11 月 27 日，举行第 29 次会议。进行人事任免。评议县财政局、住建局、民政局、人社局、文体局、民宗局工作。

2014 年 12 月 11 日，举行第 30 次会议。进行人事任免。审议通过关于补选县十六届人大代表选举日期的决定。专题询问县政府研究处理县人大常委会关于实施《食品安全法》情况执法检查报告审议意见情况。听取和审议县政府关于提请审议关于将仙佛寺景区建设融资列入财政预算方案报告的议案，作出批准的决定。听取和审议县政府关于 2014 年财政预算调整方案的报告，审查和批准 2014 年财政预算调整方案；听取和审议县政府关于 2014 年国民经济和社会发展计划调整方案的报告，审查和批准 2014 年国民经济和社会发展计划调整方案。

2014 年 12 月 29 日，举行第 31 次会议。审议决定关于召开县十六届人大五次会议有关事项；讨论通过 2014 年县人大常委会工作报告；审议通过县十六届人大常委会 2015 年工作要点。审议县政府关于研究处理县人大常委会对县政府关于十六届人大四次会议期间代表建议办理情况报告审议意见情况报告（书面）。听取和审议县人大常委会主任会议关于许可对县十六届人大代表梁斌采取刑事拘留强制措施的议案，作出许可的决定。

2015 年 2 月 28 日，举行第 32 次会议。邀请湖北民院副教授汪燕作立法讲座；常委会副主任邓家斌作专题讲座。

2015 年 3 月 11 日，举行第 33 次会议。进行人事任免。听取和审查县政府关于 2015 年部门预算详细方案报告，作出批准的决定。听取和审议县政府关于研究处理县人大常委会对关于扶贫开发工作情况报告审议意见情况报告。

2015年3月27日,举行第34次会议。通过关于接受肖作文辞去州七届人大代表职务请求的决定。

2015年4月23日,举行第35次会议。进行人事任免。审议县民宗局、民政局、财政局、人社局、住建局、文体局关于接受县人大常委会工作评议整改情况报告。听取和审议县政府关于研究处理县人大常委会对关于《食品安全法》执法检查报告审议意见询问意见情况报告。

2015年6月24日,举行第36次会议。进行人事任免。确认县人大常委会主任会议关于许可对县十六届人大代表刘成、向光敏、田金生采取刑事强制措施的决定。听取县人大常委会调研组关于社区矫正管理工作情况调研报告、关于秸秆露天禁烧与综合利用情况调研报告。听取和审议县政府关于工业企业发展情况报告。专题询问城区供水工作情况。

2015年7月21日,举行第37次会议。评议县发改局、教育局、公安局、监察局、国土局、交运局、水利局、商务局、卫计局、安监局工作。

2015年8月26日,举行第38次会议。进行人事任免。听取和审议县政府关于2015年1—6月财政预算执行情况报告、关于2015年1—6月国民经济和社会发展计划执行情况报告、关于县十六届人大五次会议期间代表建议办理情况报告。听取和审查县政府关于提请审议关于2015年财政预算调整方案报告的议案,作出批准的决定。

2015年10月21日,举行第39次会议。进行人事任免。听取和审查县政府关于2014年财政决算报告,作出批准的决定。听取和审议县政府关于2014年财政预算执行和其他财政收支情况的审计工作报告、关于研究处理县人大常委会对关于1—6月财政预算执行情况报告审议意见报告、关于1—6月国民经济和社会发展计划执行情况报告审议意见报告、关于工业企业发展情况报告审议意见报告。

2015年11月17日,举行第40次会议。进行人事任免。审议县人大常委会主任会议关于许可对县十六届人大代表周方英采取刑事强制措施的议案,作出许可的决定。听取和审议县人大常委会执法检查组关于检查《预算法》《行政诉讼法》实施情况报告;听取县人大常委会视察组关于华师来凤附中视察报告。

2015年12月22日,举行第41次会议。听取和审议县政府关于2015年财政预算调整方案的报告,审查和批准2015年财政预算调整方案;听取和审议县政府关于2015年国民经济和社会发展计划调整方案的报告,审查和批准2015年国民经济和社会发展计划调整方案。听取和审议县政府关于研究处理县人大常委会对2014年度财政预算执行和其他财政收支情况审计工作报告审议意见情况报告。

2015年12月28日,举行第42次会议。进行人事任免。补选州七届人大代表1名;讨论决定关于召开县十六届人大六次会议有关事项,讨论通过2015年县人大常委会工作报告,审议通过县人大常委会2016年工作要点,通过县人大常委会关于实施宪法宣誓制度暂行办法。听取和审议县政府关于研究处理县人大常委会对关于城区供水情况询问意见情况报告、关于县十六届人大五次会议期间代表建议办理情况报告审议意见情况报告。审议县发改局、教育局、公安局、监察局、国土局、交运局、水利局、商务局、卫计局、安监局关于研究处理县人大常委会工作评议意见情况报告。

2016年1月15日，举行第43次会议。听取和审议并通过县十六届人大常委会代表资格审查委员会关于县十六届人大代表资格审查和变动情况报告；听取和审议并原则通过县政府关于提请审议将龙凤科教示范园(教育城)还建小区等5个BT(Build—Transfer，即建设—转让，政府通过特许协议，引入外资或民间资金进行专属于政府的基础设施建设，基础设施建设完工后，该项目设施的有关权利按协议由政府赎回)项目工程回购款项纳入年度财政预算的议案，作出同意的决定。

2016年2月26日，举行第44次会议。学习中共中央转发全国人大常委会党组关于加强县乡人大工作和建设若干意见的通知、省委关于进一步加强人大工作和建设的决定、州委关于进一步加强人大工作和建设的实施意见、县委关于加强县乡人大工作和建设的实施办法；邀请州人大常委会委员、副秘书长、预工委主任唐洪贵和县委党校高级讲师姚元述，为常委会组成人员、乡镇人大副主席及县乡人大干部授课；姚元述对新修订的《中国共产党廉洁自律准则》(简称"《准则》")、《中国共产党纪律处分条例》(简称"《条例》")作全面解读，唐洪贵作《认真贯彻中央和省、州委人大工作会议精神，更好地服务"决胜"全面建设小康社会大局》专题讲座。

2016年3月24日，举行第45次会议。听取和审议县政府关于2016年财政部门预算详细方案报告，审查和批准2016年财政部门预算详细方案；下午，与会人员旁听县法院案件庭审。

2016年5月6日，举行第46次会议。进行人事任免。听取和审议县政府关于研究处理县人大常委会对县人大常委会执法检查组关于检查《预算法》实施情况审议意见报告、关于审计整改工作情况报告、关于实施法制宣传教育第六个五年规划决议情况报告、关于研究处理县人大常委会对扶贫开发工作情况报告审议意见情况报告；听取和审议"一府两院"关于研究处理县人大常委会执法检查组关于检查《行政诉讼法》实施情况审议意见情况报告。

2016年6月21日，举行第47次会议。进行人事任免。听取和审议县政府关于进一步研究处理县人大常委会对县人大常委会执法检查组关于检查《食品安全法》实施情况审议意见情况报告、关于进一步研究处理县人大常委会对县人大常委会执法检查组关于检查《州旅游条例》实施情况审议意见情况报告、关于进一步研究处理县人大常委会对关于城区供水情况询问意见情况报告、关于进一步研究处理县人大常委会对关于工业企业发展情况报告审议意见情况报告，其中关于进一步研究处理县人大常委会对关于城区供水情况询问意见情况报告表决未获通过。

2016年8月16日，举行第48次会议。进行人事任免。审议通过2016年县乡人大换届工作有关事项;听取和审议县政府关于2015年财政决算报告,审查和批准2015年财政决算;听取和审议县政府关于提请审议2016年财政预算调整方案报告的议案,审查和批准2016年财政预算调整方案;听取和审议县政府关于2015年财政预算执行和其他财政收支情况审计工作报告、关于2016年1—6月财政预算执行情况报告、关于2016年1—6月国民经济和社会发展计划执行情况报告、关于县十六届人大六次会议期间代表建议办理情况报告。

2016年9月28日,举行第49次会议。进行人事任免,确认主任会议许可对县十六届人大代表向军采取刑事强制措施的决定;听取和审议县政府提请审议关于开展第七个五年法治宣传教育的决议(草案)的议案;讨论通过县十六届人大常委会工作报告(草案)。

2016年10月21日,举行第50次会议。进行人事任免。听取和审议县政府关于进一步研究处理县人大常委会对城区供水工作专题询问意见情况的报告、关于研究处理县人大常委会对2015年度财政预算执行和其他财政收支情况的审计工作报告审议意见的报告,审议县政府关于研究处理县人大常委会对2016年1—6月财政预算执行情况报告审议意见的报告(书面)、关于研究处理县人大常委会对2016年1—6月国民经济和社会发展计划执行情况报告审议意见的报告(书面)、关于研究处理县人大常委会对县十六届人大六次会议期间代表建议办理情况报告审议意见的报告(书面),审议县人大常委会主任会议关于接受县乡选举委员会部分组成人员辞去职务情况的报告(书面)。

2016年12月7日,举行第51次会议。审议通过来凤县国家工作人员宪法宣誓组织实施办法(修正草案)。进行人事任免,通过关于接受徐庭海辞去县人大常委会副主任职务的决定。确认主任会议许可对县十六届人大代表罗文平采取刑事强制措施的决定。

2016年12月17日,举行第52次会议。进行人事任免;表彰2016年度代表建议办理工作先进单位和先进个人;审议通过县人大常委会代表资格审查委员会关于县十七届人大代表资格审查情况的报告;审议通过县人大常委会关于召开县十七届人大一次会议的决定草案;讨论通过关于召开县十七届人大一次会议有关事项;听取和审议县政府关于2016年财政预算调整方案的报告,审查和批准2016年财政预算调整方案;听取和审议县政府关于2016年国民经济和社会发展计划调整方案的报告,审查和批准2016年国民经济和社会发展计划调整方案。

第二节　县人大常委会主任会议

《地方组织法》规定:“县、自治县、不设区的市、市辖区的人民代表大会常务委员会主任、副主任组成主任会议。主任会议处理常务委员会重要日常工作。”主任会议任期与本级人大常委会任期相同。主任会议由主任召集并主持,受主任委托,副主任可以召集并主持会议。主任会议至少每月召开一次。1980年5月16日至2016年12月,县人大常委会召开主任会议有资料记载的510次。

一、自治县一届人大常委会主任会议

自治县一届人大常委会主任会议,由县人大常委会主任田恩波和副主任吴新知、蒋志卿、黄学初、彭金安组成。1983年3月13日,自治县一届人大三次会议同意田恩波不再担任主任职务,彭金安不再担任副主任职务,补选陈佑民为县人大常委会主任,主任会议由县人大常委会主任陈佑民和副主任吴新知、蒋志卿、黄学初组成。

自治县一届人大常委会召开主任会议有资料记载的26次,会议主要内容:(1)学习《宪法》《地方组织法》《选举法》《民族区域自治法》等法律。(2)学习全国人大常委会委员长彭真重要讲话。(3)听取五届全国人大代表彭昌松传达五届全国人大会议精神,听取六届全国人大代表田永才传达六届全国人大会议精神,听取中共十二大代表田恩波传达党的十二大会议精神。(4)听取传达省人大常委会人大工作会议精神、恩施地区县市人大常委会主任会议精神、鄂西自治州人大常委会人大工作会议精神。(5)讨论研究常委会主任、副主任分工。(6)讨论研究自治县一届人大二至四次会议和县九届人大一次会议筹备工作,讨论起草常委会工作报告。(7)讨论研究落实自治县一届人大一至四次会议精神及决议决定。(8)讨论研究自治县一届人大一至四次会议代表提案办理工作。(9)讨论研究常委会第1至26次会议议程、日程及其他有关事项。(10)讨论研究常委会年度工作要点和工作总结。(11)讨论研究常委会人事任免事项。(12)讨论研究组织代表视察,召开代表座谈会、开展执法检查和调查研究等工作。(13)讨论研究在全县开展打击经济犯罪活动。(14)讨论研究在全县开展全民义务植树活动。(15)讨论研究1984年人大换届选举工作。(16)讨论研究常委会办公室设置和工作人员配备问题。

二、县九届人大常委会主任会议

县九届人大常委会主任会议,由县人大常委会主任虞大远和副主任田南山、黄学初、段松龄、刘作林组成。

县九届人大常委会召开主任会议有资料记载的37次,会议主要内容:(1)讨论研究《宪法》颁布2周年纪念活动,安排召开座谈会,举行报告会等有关事项。(2)讨论研究修改《地方组织法》《选举法》征求意见工作。(3)讨论研究《民族区域自治法》颁布2周年庆祝活动。(4)讨论研究参加省人大常委会在鄂西召开的民族工作座谈会材料。(5)听取传达省人大常委会人大工作经验交流会精神和州人大常委会人大工作会议精神。(6)讨论研究向州人大常委会汇报关于使用“民族三照顾款”的经验材料。(7)讨论安排参加省、州人代会有关事项。(8)讨论研究常委会主任、副主任分工。(9)讨论研究县九届人大二至四次会议和县十届人大一次会议筹备工作,讨论起草常委会工作报告。(10)讨论研究落实县九届人大一至四次会议精神及决议决定。(11)讨论研究县九届人大一至四次会议期间代表议案和建议办理工作。(12)讨论研究县九届人大二次会议期间接龙桥代表团质询县土管局违法征地有关问题。(13)讨论研究常委会年度工作要点和工作总结。(14)讨论研究县九届人大常委会第1至22次会议日程、议程及其他有关事项。(15)讨论研究视察全县公路建设、林业工作有关事项。(16)讨论研究1987年人大换届选举工作,以及组织常委会委员和机关工作人员外出考察人大换届选举工作有关事项。(17)讨论研究组建代表小组,在区镇设立人大工作联络组有关事项。(18)讨论研究常委会工作机构设置问题。(19)讨论研究县人大常委会机关(简称“县人大机关”、“人大机关”)修建办公楼和住房问题。(20)讨论研究县人大机关搬家和住房分配问题。

三、县十届人大常委会主任会议

县十届人大常委会主任会议,由县人大常委会主任虞大远和副主任田南山、段松龄、魏遗俊组成。1989年6月28日,县十届人大三次会议补选成开林为县人大常委会副主任,主任会议由县人大常委会主任虞大远和副主任田南山、段松龄、魏遗俊、成开林组成。

县十届人大常委会召开主任会议有资料记载的26次,会议主要内容:(1)学习人大工作法律法规。(2)学习中央领导讲话。(3)听取传达省人大常委会法制工作会议精神、民族工作会议精神和省、州人大常委会代表工作会议精神。(4)安排配合省、州人大常委会开展执法检查工作。(5)讨论研究常委会主任、副主任分工。(6)讨论研究常委会参加省州人代会有关事项。(7)讨论研究县十届人大二至四次会议和县十一届人大一次会议筹备工作有关事项,讨论起草常委会工作报告。(8)讨论研究落实县十届人大一至四次会议精神和决议决定。(9)讨论研究县十届人大一至四次会议期间代表议案和建议办理工作。(10)讨论研究常委会年度工作要点和工作总结。(11)讨论研究常委会第1至23次会议日程、议程,以及安排围绕会议议题开展调查研究工作。(12)讨论研究常委会人事任免事项,以及组织人员考核拟任命的县政府组成部门负责人问题。(13)讨论研究组织人大代表开展视察和执法检查工作。(14)讨论研究1990年人大换届选举工作。(15)讨论研究常委会设立工作机构和充实工作人员问题。(16)讨论研究“小桥小路”款使用问题。(17)讨论研究指导区人大联络组和乡镇人大主席团工作以及指导召开乡镇人大会议有关事项。(18)讨论研究人大机关工作人员和区人大联络组组长外出学习考察事宜。(19)讨论研究人大机关财务、基建等工作。

四、县十一届人大常委会主任会议

县十一届人大常委会主任会议,由县人大常委会主任田南山和副主任成开林、赵毅、魏遗俊组成。

县十一届人大常委会召开主任会议有资料记载的70次,会议主要内容:(1)学习《代表法》,研究召开宣传贯彻《代表法》会议讲话材料及有关事项。(2)学习江泽民在庆祝中国共产党成立70周年大会上讲话。

(3)讨论研究参加州人大常委会人大工作会议有关材料。(4)讨论研究常委会主任、副主任分工。(5)讨论研究县十一届人大二、三次会议和县十二届人大一次会议筹备工作,讨论起草常委会工作报告。(6)讨论研究落实县十一届人大一至三次会议精神和决议决定。(7)讨论研究县十一届人大一、二、三次会议代表议案和建议办理工作。(8)讨论研究常委会年度工作要点和工作总结。(9)讨论研究常委会第1至23次会议议程、日程,以及安排围绕会议议题进行调查研究工作。(10)讨论研究常委会人事任免有关事项。(11)讨论研究组织人大代表视察和开展执法检查等工作。(12)讨论研究财政预算中有关具体事项。(13)讨论研究人大宣传工作,包括宣传报道奖励办法、拍摄电视专题片《为了人民的嘱托》等。(14)讨论研究接待全国人大常委会副委员长费孝通有关事项,讨论研究接待省人大常委会领导有关事项。(15)讨论研究区人大工作联络组更名为联络处有关事项。(16)讨论研究召开全县人大工作会议问题。(17)讨论研究联系代表、召开代表座谈会、发挥代表作用问题。(18)讨论研究表彰优秀人大代表、先进人大工作者、先进人大工作集体有关事宜。(19)讨论研究指导乡镇人大工作问题。(20)讨论研究1993年人大换届选举工作有关事项。(21)讨论研究承办湘鄂川黔四省边区县市人大工作联席会第5次会议有关事项。(22)讨论研究县人大机关工作人员、区人大联络处主任外出学习考察工作。(23)讨论研究县人大机关财务、后勤管理等工作。(24)讨论研究机关创收工作,包括车辆创收、人员创收、与王海民联办水松纸厂和董家政联办建筑队、来凤卷烟厂联办招待所等工作。(25)讨论研究县人大机关车辆购置问题。(26)讨论研究县人大机关接待工作。

五、县十二届人大常委会主任会议

县十二届人大常委会主任会议,由县人大常委会主任陈天会、副主任周发书和杨胜富、杨汉骥、汪达生、侯廷茂、李拗柱组成。1996年12月9日,县十二届人大常委会第26次会议接受陈天会辞去县人大常委会主任职务。1997年2月27日,县十二届人大四次会议补选董香彩为县人大常委会主任。主任会议由县人大常委会主任董香彩和副主任周发书、杨胜富、杨汉骥、汪达生、侯廷茂、李拗柱组成。

县十二届人大常委会召开主任会议有资料记载的85次,会议主要内容:(1)学习人大工作法律法规。(2)听取传达省、州人代会精神和州人大常委会人大工作会议精神。(3)讨论研究常委会主任、副主任分工。(4)讨论研究县十二届人大二至五次会议和县十三届人大一次会议筹备工作以及起草县人大常委会工作报告。(5)讨论研究落实县十二届人大一至五次会议精神及决议决定。(6)讨论研究县十二届一至五次会议期间代表议案和建议办理工作以及选择人民群众普遍关心建议重点督办。(7)讨论研究常委会第1至43次会议议程、日程及其他有关事项,并安排人员围绕会议议题进行调查研究。(8)讨论研究常委会年度工作要点和工作总结。(9)讨论研究常委会人事任免有关事项。(10)听取和讨论关于财政预算、审计工作汇报。(11)听取和讨论关于科技、矿产资源管理工作汇报。(12)听取和讨论关于普法、审判工作汇报。(13)听取和讨论关于翔凤镇区划调整和户籍管理,翔凤镇规划、市场和环境保护管理,城市房屋拆迁等工作汇报。(14)讨论研究关于纠正县政府加强流动人口计划生育管理办法公告中的违法条款。(15)讨论研究组织代表视察城市房屋拆迁、治理民营经济发展环境工作。(16)讨论研究开展执法检查、调查研究等工作。(17)讨论研究代表工作,包括联系代表、召开代表座谈会、开展代表活动、发挥代表作用等。(18)讨论研究表彰优秀人大代表、先进人大工作者、人大工作先进集体有关事宜。(19)讨论研究对违法违纪代表杨桦、洪家富处理问题。(20)讨论研究 1998 年县乡人大换届选举工作。(21)讨论研究推荐省、州人大代表问题。(22)讨论研究指导乡镇人大工作,拟定乡镇人大工作考核评比实施方案;讨论研究参加省人大常委会研究班学习问题。(23)讨论研究参与全县抗洪救灾活动有关事项。(24)讨论研究参加渝黔湘鄂边区县(市、区)人大工作联席会议有关资料。(25)讨论研究县人大机关小康工作队有关事项。(26)讨论研究县人大机关机构改革方案。(27)讨论研究县人大机关财务制度、车辆管理、电话管理、食堂和客房管理等工作。(28)讨论研究县人大机关党员评议和公务员考核有关事项。(29)讨论研究向省人大常委会争取有关资金问题。(30)讨论研究组织县人大机关工作人员、乡镇人大主席外出学习考察有关问题。

六、县十三届人大常委会主任会议

县十三届人大常委会主任会议,由县人大常委会主任董香彩和副主任周发书、王登高、田方明、杨树荣组成。

县十三届人大常委会召开主任会议有资料记载的 47 次,会议主要内容:(1)学习《预算法》《审计法》《湖北省地方各级人民代表大会常务委员会监督工作条例》(简称“《监督工作条例》”)。(2)讨论研究参加省、州人代会及人大工作会议有关问题。(3)听取传达省、州人代会及工作会议精神。(4)讨论研究常委会主任、副主任分工。(5)讨论研究县十三届人大二至五次会议和县十四届人大一次会议筹备工作,讨论起草常委会工作报告。(6)讨论研究落实县十三届人大一至五次会议精神及决议决定。(7)讨论研究县十三届人大一至五次会议期间代表议案和建议办理工作。(8)讨论研究常委会年度工作要点和工作总结。(9)讨论研究常委会第 1 至 34 次会议议程、日程,以及安排人员围绕会议议题调查研究。(10)听取和审议县财政局关于财政预算细目及财政决算情况汇报。(11)听取和审议县审计局关于财政收支的审计报告和县直机关正职负责人离任审计情况汇报。(12)讨论研究县人大常委会视察、执法检查工作有关事项。(13)听取和讨论县检察院关于刘宗元代表、吴俊代表案件汇报。(14)听取和讨论县公安局关于周行兵涉嫌贩毒取保候审案件汇报。(15)听取和审议县地税局关于税收执法工作汇报。(16)讨论研究 2003 年换届选举工作有关事项。(17)讨论研究指导乡镇人大工作。(18)讨论研究常委会有关制度。(19)讨论研究常委会领导参与联系卷烟销售市场、联系乡村和厂矿企业工作。(20)讨论研究县人大机关小康工作队工作。(21)讨论研究县人大机关财务、车辆、食堂管理工作及电话费补助、出勤奖发放工作。(22)讨论研究承办渝黔湘鄂边区县(市、区)人大工作第21次联席会议有关事宜。

七、县十四届人大常委会主任会议

县十四届人大常委会主任会议,由县人大常委会主任王建民、副主任周新华和田方明、杨树荣、徐庭海、刘静生、苏波组成。

县十四届人大常委会召开主任会议有资料记载的30次,会议主要内容:(1)学习《地方组织法》《选举法》《监督工作条例》等法律法规。(2)听取传达省、州人代会及有关工作会议精神,学习研究落实州委、县委关于加强人大工作的决定。(3)讨论研究常委会主任、副主任分工。(4)讨论研究县十四届人大二、三次会议和县十五届人大一次会议筹备工作,讨论起草常委会工作报告。(5)讨论研究落实县十四届人大一至三次会议精神及决议决定。(6)讨论研究县十四届人大一至三次会议期间代表议案和建议办理工作。(7)讨论研究常委会年度工作要点和工作总结。(8)讨论研究常委会第1至21次会议议程、日程以及安排人员围绕会议议题进行调查。(9)听取和审议县财政局关于2004年至2006年财政预算详细方案和部门预算方案。(10)讨论研究常委会视察、执法检查和工作评议。(11)讨论研究县政府提请的关于取缔城市营运三轮摩托车的议案和关于使用国家开发银行贷款用于城市基础设施建设的议案。(12)讨论研究组织特定调查委员会对县人大代表李永祥涉嫌非法转卖爆炸物一案进行调查有关工作,研究同意县公安机关对县人大代表汪忠鸣采取强制性措施等工作。(13)讨论研究争取武汉市人大常委会帮扶有关事项。(14)讨论研究指导乡镇人大工作。(15)讨论研究表彰优秀人大代表和先进人大工作者有关事项。(16)讨论研究人大制度建设及机关管理工作。(17)讨论研究出席渝黔湘鄂边区县(市、区)人大工作联席会议有关事宜。

八、县十五届人大常委会主任会议

县十五届人大常委会主任会议,由县人大常委会主任肖作文和副主任莫北平、田方明、杨树荣、徐庭海、刘静生、苏波组成。2010年3月苏波调离;2011年1月9日,县十五届人大六次会议补选田延初为县人大常委会副主任;2011年6月22日,县十五届人大常委会第40次会议,作出关于接受杨树荣辞去县十五届人大常委会副主任职务的决定。主任会议由县人大常委会主任肖作文和副主任莫北平、田方明、徐庭海、刘静生、田延初组成。

县十五届人大常委会召开主任会议有资料记载的84次,会议主要内容:(1)学习《监督法》《选举法》《地方组织法》等法律法规。(2)讨论研究常委会主任、副主任分工。(3)讨论研究常委会年度工作要点和工作总结。(4)审议县十五届三至六次会议和县十六届人大一次会议县人大常委会工作报告(县十五届人大一次会议常委会工作报告由县十四届人大常委会会议及其主任会议审议通过,因为县十五届人大一次会议与县十五届人大二次会议时间相距短,县十五届人大二次会议就没安排作常委会工作报告)及有关事项,提交常委会会议审议决定。(5)研究决定常委会第1至44次会议议题、议程、日程,提请常委会会议审议,并安排组织有关人员在常委会会议前开展调研。(6)讨论研究常委会会议听取和审议关于2006年度至2010年度财政预算执行和其他财政财务收支情况审计工作报告,以及提出审议意见有关事项。(7)讨论研究常委会会议听取和审查关于2006年至2010年财政决算情况报告,以及作出批准决议有关事项。(8)讨论研究常委会会议听取和审查2007年至2011年部门预算详细方案报告,以及作出批准决议有关事项。(9)讨论研究常委会会议听取和审议关于2007年至2011年各年度1—6月国民经济和社会发展计划执行情况报告,以及提出审议意见有关事项。(10)讨论研究常委会会议听取和审议关于2007年至2011年各年度1—6月财政预算执行情况报告,以及提出审议意见有关事项。(11)讨论研究常委会会议听取和审议关于2007年至2011年国民经济和社会发展计划调整情况报告,以及作出批准决议有关事项。(12)讨论研究常委会会议听取和审查2007年至2011年财政预算调整情况报告,以及作出批准决议有关事项。(13)讨论研究常委会会议审议2007年度县政府关于提请将申报农业发展银行农产品加工基地建设项目贷款(用于农业产业化、企业基础设施建设)偿债资金、2008年度县政府关于提请将申报农业发展银行农村基础设施建设项目贷款(用于边区贸易道路通达工程建设)偿债资金、2009年度县政府关于提请将申报国家开发银行市政基础设施项目贷款(用于蓝河流域治理暨综合开发工程建设)偿债资金列入县财政预算的议案,以及作出同意的决定有关事项。(14)讨论研究常委会会议听取和审议关于国民经济和社会发展第十一个五年计划实施中期评估情况报告,以及作出批准决议有关事项。(15)讨论研究常委会会议听取和审议2010年地方政府债券资金项目分配计划方案报告,以及作出批准决议有关事项。(16)讨论研究常委会会议听取和审议《省农村能源管理办法》《省扶贫条例》《人口与计划生育法》《劳动合同法》《档案法》《传染病防治法》《全民科学素质行动计划纲要》《水污染防治法》实施情况报告,以及提出审议意见有关事项。(17)讨论研究常委会会议听取和审议关于打击毒品违法犯罪工作、开展诉讼监督工作、人民陪审员工作情况报告,以及提出审议意见有关事项。(18)讨论研究常委会会议听取和审议关于教育工作、移民工作、环境保护工作、食品安全工作以及矿产资源开发、利用、保护工作和病险水库除险加固工程实施情况报告,以及提出审议意见有关事项。(19)讨论研究常委会会议听取和审议关于民贸企业发展、招商引资工作、工业园区建设、重点基础设施建设、生猪产业发展、城市建设投资资金管理使用、地方政府债务举借及偿还情况报告,以及提出审议意见有关事项。(20)讨论研究常委会会议听取和审议关于全县"五五"普法准备和启动情况报告,以及作出关于实施第五个法制宣传教育规则的决议事项。(21)讨论研究关于任命县选举委员会组成人员,任命各乡镇选举委员会组成人员,关于确定各乡镇人大代表名额等有关事项，提请常委会会议审议决定。(22)审议通过常委会议事规则(修订)，人事任免办法(修订)，县人大常委会工作评议暂行办法，办理代表建议、批评和意见办法，常委会组成人员守则(修订)，联系代表开展代表活动办法，主任会议议事规则(修订)，常委会组成人员联系县人大代表办法，规范性文件备案审查暂行办法，工作评议暂行办法(修订)，县人大代表学习培训制度(试行)，提请常委会会议审议通过。(23)讨论研究常委会关于视察全县农村合作医疗工作、城市建设重点工程、农业产业化建设、新农村建设、城市重点工程建设、“两河”治理及污水处理工程建设、旅游产业发展、大循环公路工程建设等有关事项。(24)讨论研究常委会关于检查《城市规划法》《退耕还林条例》《互联网上网服务营业场所管理条例》《土地管理法》《中小企业促进法》《职业教育法》实施情况报告，以及提出审议意见有关事项。(25)讨论研究常委会评议县商务局、科技局、民政局、质监局、水利局、人事局、科技局、环保局、广电局、烟草专卖局、文体局、食药监局、监察局、林业局、交通局、发改局、教育局、司法局、开发办、计生局、住建局、国土局、旅游局工作，以及提出评议意见有关事项。(26)讨论研究对住房公积金制度实施情况、国有资产经营管理情况、农民专业合作组织发展情况、村级卫生室建设情况开展调研有关事项。(27)讨论研究常委会会议提出审议意见、视察意见落实情况。(28)讨论研究县十五届人大常委会代表资格审查委员会名单，提请常委会会议审议通过。(29)讨论研究向常委会会议提交的人事任免案。(30)讨论研究关于接受苏波、杨树荣辞去县十五届人大常委会副主任职务，向运富、林正高、向应和辞去县十五届人大常委会委员职务相关事项。(31)讨论研究关于接受胡泽辞去县长职务，颜益志、胡红辉、罗华玉辞去副县长职务，刘天林辞去县政府办主任职务相关事项；讨论研究关于接受唐登洲辞去县法院院长职务相关事项；讨论研究关于接受税明泽、刘仕华辞去县检察院检察长职务，张国辞去副检察长职务相关事项，提请常委会会议审议决定。(32)讨论研究关于县十五届人大一次会议和三次至六次会议(第二次会议没安排此项议程)期间代表建议办理情况，提请常委会会议审议决定。(33)讨论研究关于接受县十五届人大代表辞职，许可对有犯罪嫌疑的县十五届人大代表采取刑事拘留、逮捕等强制性措施，提请常委会会议审议决定。(34)讨论研究常委会主任、副主任联系代表，代表学习培训述职，评选优秀人大代表、先进人大工作者、先进代表活动小组有关事宜。(35)讨论研究县委人大工作会议有关事宜。(36)讨论研究常委会机关建设，关于更名、增设常委会有关工委的议案，增加办公室副职人数，机关信访工作，机关老干部工作，“三万”活动(是省委、省政府开展的以农村发展为主的活动。第一轮“三万”活动为“万名干部进万村入万户”)，评选机关优秀公务员、优秀党员，解决机关职工福利问题和困难补助问题，组织机关人员外出学习考察等有关事项。(37)讨论研究承办渝黔湘鄂部分县(市、区)人大工作联席会第39次会议有关事宜。

九、县十六届人大常委会主任会议

县十六届人大常委会主任会议,由县人大常委会主任莫北平,副主任徐庭海、彭远仪、向清堂、高碧玉、田延初、邓家斌组成。2016年9月,县人大常委会副主任徐庭海调任州人大常委会办公室副主任。县十六届人大常委会主任会议,由县人大常委会主任莫北平,副主任彭远仪、向清堂、高碧玉、田延初、邓家斌组成。

县十六届人大常委会召开主任会议有资料记载的105次,会议主要内容:(1)讨论研究常委会主任、副主任分工;(2)研究确定常委会第1次会议有关事项,通过提请常委会会议审议的县十六届人大常委会代表资格审查委员会名单(草案)。(3)研究确定提交常委会会议审议表决的人事任免事项、关于县十六届人大一次会议期间代表建议交办建议方案、《来凤县人大志》(简称“《人大志》”)编纂工作实施方案和常委会工委室主任排序问题。(4)研究确定常委会第2次会议日程和议程(草案)。(5)研究决定常委会第3次会议有关事项。(6)研究确定常委会第4次会议有关事项。(7)研究决定常委会第4次会议增加人事任免议案,研究“三项活动”(正风肃纪、强基固本、惩恶扬善)动员会和乡镇人大副主席座谈会等事宜。(8)安排关于城市供水情况和“六五”普法调查工作、档案整理及达标升级工作、代表工作、水利基础设施建设情况视察工作;确定常委会第5次会议有关事项。(9)通报常委会党组会议研究决定事项,关于调整办公室领导及部分工作人员分工情况;部署办公室工作规范修改工作;研究提出有关人事任免议案。(10)研究确定常委会第5次会议有关事项。常委会副主任徐庭海通报赴省人大常委会、武汉市人大常委会学习联系情况和到利川、建始交流学习情况。副县长卢红鹂,县政府办相关人员、教育局局长黄万国汇报全县教育布局调整情况。(11)审定常委会第5次会议通过审议意见,讨论代工委提交的关于县人大代表闭会期间开展活动暂行规定(草案)和人事任免办法(修正草案)。会议确定常委会第6次会议议程、日程。(12)研究确定调整后的常委会第6次会议议程。讨论确定环境保护工作视察方案。(13)研究决定增加1次常委会会议。(14)研究决定县人大机关参加州人大常委会组织的赴北戴河培训计划和关于接待省人大常委会原副主任高瑞科一行方案。(15)研究决定常委会第7次会议增加议程。(16)审定常委会第7次会议有关审议意见;研究决定常委会第8次会议议程(草案);研究确定机关工作;研究决定常委会主任副主任接待代表活动、《残疾人保障法》执法检查、新农合实施情况调查等方案。(17)研究决定提交常委会第8次会议审议通过的6个制度(草案);研究人大代表述职试点暨乡镇人大工作交流现场会方案草案和提请书记县长办公会决定相关事项。(18)研究县人大常委会讨论决定重大事项办法(草案)中有关定量问题;研究调整听取和审议县政府关于工业企业发展情况报告的时间;听取常委会主任、副主任接待代表活动期间代表建议和意见汇总情况;通报全省各市州县人大常委会主任培训班学习情况,学习李鸿忠、苏晓云讲话。(19)研究决定常委会第8次会议增加议程并推迟举行。(20)审定常委会第8次会议上审议意见;研究决定常委会第9次会议议程(草案);研究确定机关工作和县人大代表述职评议工作方案;安排制定和修改常委会有关制度。(21)研究确定保障性安居工程专题询问方案;审定准备在常委会第10次会议上审议常委会相关制度;研究决定增加1次常委会会议。(22)研究决定调整常委会第10次会议议题,安排近期工作。(23)审定常委会第10次会议有关审议意见;研究决定常委会第11次会议方案(草案);研究确定机关工作安排(草案);讨论决定提交常委会审议有关制度;审定常委会主任会议议事规则(修正草案)和工委室工作职责及其工作联系办法(修正草案)。(24)讨论决定提交常委会第11次会议审议的关于召开县十六届人大三次会议有关事项、2013年常委会工作要点(草案)、常委会有关制度、关于旧司撤乡设镇有关问题议案。(25)研究决定常委会第13次会议方案(草案),研究确定机关工作,研究讨论常委会2013年监督工作计划草案,讨论决定备案审查室提交研究的关于对革勒车乡四届人大六次会议关于在集镇规划区内分时段禁止燃放烟花爆竹决议审查意见报告和关于对百福司集镇管理暂行办法审查意见报告;安排有关工作。(26)通报县十六届人大三次会议筹备情况;研究决定县十六届人大三次会议召开时间;决定将县政府关于2013年部门预算方案报告提交常委会第14次会议讨论。(27)研究决定常委会第13次会议增加关于人事任免议题;研究确定常委会第14、15次会议方案。(28)听取县政府关于2013年部门预算详细方案报告说明;研究决定常委会第15次会议增加人事任免议题;研究关于《人大志》编修工作有关问题。(29)审议关于向春华、彭芳、胡秋平职务任免议案(草案);研究确定县十六届人大三次会议期间代表建议办理督办事项和常委会第15次会议公民旁听方案(草案),增加补选州七届人大代表议题等。讨论确定常委会关于加强和规范乡镇人大工作指导意见。调整有关工作计划。(30)审定常委会第15次会议审议意见;研究决定常委会第16次会议方案;研究确定《州旅游条例》执法检查方案、国有资产管理工作调研方案、机关工作;讨论环资工委提交的跟踪督办工作情况报告。(31)研究决定常委会第16次会议有关事项。(32)研究决定增加1次常委会会议。(33)研究决定常委会第17次会议有关事项;通报武汉市人大常委会到来凤开展对口帮扶情况,通报《来凤县人大及常委会履职规范汇编》修订工作情况。(34)审定常委会第17次会议有关审议意见、常委会主任副主任接待代表活动方案(草案);研究确定常委会第18次会议方案(草案)、机关工作;审议备案审查室有关报告。(35)听取代工委关于常委会主任副主任接待代表活动代表建议汇总情况汇报、《人大志》编辑部有关情况汇报;讨论《来凤县人大及常委会履职规范汇编》《人大工作常用法律法规选编》样稿。(36)研究决定常委会第18次会议增加议题。(37)审定常委会第18次会议有关审议意见,研究确定常委会第19次会议方案(草案)和机关工作。(38)听取代表述职评议工作各指导组情况、监督司法工作办法实施情况汇报;研究确定常委会2013年度工作评议方案(草案);研究决定增加1次常委会会议。(39)听取《人大志》编辑部关于《人大志(征求意见稿)》修改情况汇报;研究常委会2013年度工作报告和2014年工作要点起草工作、《人大工作常用法律法规及规定选编》目录，研究确定机关工作。(40)审定常委会第20次会议评议意见，研究确定常委会第21次会议方案(草案)，研究讨论常委会2014年度工作要点、2014年监督工作计划，安排代表工作；办公室就《人大工作常用法律法规及规定选编》编辑情况向主任会议作说明。(41)研究县十六届人大四次会议有关事项，讨论常委会2013年工作报告(草案)和2014年工作要点(草案)，研究决定常委会第21次会议增加议题。(42)审议关于革勒车乡撤乡建镇有关事项的议案(草案)，研究确定常委会2014年度监督工作计划(草案)、工作计划(草案)、机关工作、常委会第22次会议方案(草案)。(43)研究决定增加1次常委会会议。(44)研究决定常委会第22次、第23次会议分别增加人事任免议题。(45)向县政府交办县十六届人大四次会议期间代表建议；研究调整工作计划；研究确定常委会第23次会议方案(草案)、机关工作、关于审查逮捕和公诉工作情况调查方案(草案)。(46)研究确定关于城乡规划工作情况调查方案(草案)；研究调整工作计划。(47)研究确定常委会第24次会议方案(草案)。(48)研究确定关于视察喳西泰水城建设情况方案(草案)、常委会领导重点督办县十六届人大四次会议代表建议方案(草案)、表彰2013年度代表建议办理先进单位和先进个人名单(草案)。(49)审定常委会第24次会议有关审议意见；研究调整工作计划。研究确定常委会第25次会议方案(草案)、机关工作。(50)研究调整常委会第25次会议日程。(51)听取县检察院关于对县十六届人大代表谢景华采取刑事强制措施报告；研究常委会第25次会议增加议题。(52)研究决定将县政府关于提请审议将龙凤新区土地收储项目资金列入县财政预算的议案，列入常委会会议审议。(53)研究确定常委会第26次会议方案、机关工作。(54)办公室通报各乡镇人大规范化建设调研情况，研究确定乡镇人大工作会议和人大宣传工作会议方案，研究决定召开人大工作规范化建设推进会，审核机关管理制度，通报常委会主任、副主任接待代表活动情况，审议主任会议人事任命议案(草案)，审议决定常委会新会议室设计方案，讨论决定2014年度人大代表述职评议工作，研究有关工作调整，安排代表建议督办、联系代表、收集2015年监督议题有关工作，办公室通报机关工作人员参加摆手舞比赛、开幕式演出情况。(55)研究有关工作调整，决定常委会第26次会议增加议题。(56)研究有关工作调整，决定常委会第26次会议议题调整。(57)审定常委会第26次会议有关审议意见，研究确定常委会第27次会议方案、机关工作，各乡镇人大汇报规范化建设情况，听取关于《州旅游条例》执法检查审议意见跟踪监督情况调查报告。(58)审议关于许可对县十六届人大代表田绍友采取刑事强制措施的议案(草案)。(59)审定常委会第28次会议有关审议意见，研究确定常委会第29次会议方案、机关工作、2014年度工作评议方案，审定关于向社会公开征集2015年监督议题公告。(60)研究确定2014年度工作评议中涉及一票否决情况。(61)审定常委会第29次会议对财政局、住建局、民政局、人社局、文体局、民宗局工作评议意见。研究决定增加1次常委会会议，作为第30次会议。(62)审定常委会第30次会议上询问意见(草案)，研究确定常委会第31次会议方案(草案)，讨论常委会2014年工作报告(草案)、常委会2015年工作要点(草案)。研究县人大机关管理制度汇编工作。(63)研究县十六届人大五次会议有关事项，讨论常委会2014年工作报告(草稿)、常委会2015年度工作要点(草稿)。(64)研究确定常委会第32次会议方案(草案)、机关工作。(65)审定常委会工作报告。(66)研究确定常委会2015年工作计划草案、监督工作计划草案，调整常委会第32次会议方案。(67)研究确定机关工作、酉水河立法保护调研工作方案(草案)，听取规范性文件备案审查工作汇报。(68)交办县十六届人大五次会议代表建议；研究确定常委会第34次会议方案、开展秸秆露天焚烧和综合利用调查实施方案、关于城区供水专题询问会前调查方案和人大宣传及人大网改版升级等事项。(69)研究确定人大代表工作室试点方案，决定启动人大代表工作室试点工作；研究确定县城区供水情况询问方案；研究增加常委会第35次会议上有关人事任免事项。(70)研究确定机关工作、常委会第36次会议方案、关于社区矫正工作情况调查方案；审定规范性文件备案审查室有关备案审查工作报告。(71)通过常委会主任会议关于许可对县十六届人大代表刘成、向光敏、田金生采取刑事强制措施的决定(草案)，安排做好乡镇人代会指导工作，通报到武汉市人大常委会开展对口帮扶工作情况。(72)审定常委会第36次会议上有关审议意见，研究确定机关工作、常委会第37次会议方案(草案)、2015年度工作评议方案(草案)、常委会主任副主任接待代表活动方案(草案)，审定机关管理制度。(73)研究机关精准扶贫工作，通过主任会议关于许可对县十六届人大代表和北采取刑事强制措施的决定(草案)。(74)审定常委会第37次会议上有关评议意见，研究确定常委会第38次会议(草案)，通报接待代表活动收集意见情况，安排“三严三实”(严以修身、严以用权、严以律己，谋事要实、创业要实、做人要实)专题教育活动。(75)研究常委会第38次会议议题调整事项。安排处级干部严以律己专题研学。(76)审定常委会第38次会议上有关审议意见，研究确定常委会第39次会议方案(草案)、机关工作，听取《人大志》编撰工作情况报告，研究确定开展环境保护工作专题询问实施方案，安排精准扶贫工作，听取规范性文件备案审查工作情况报告。(77)研究调整常委会第39次会议议程。(78)审定常委会第39次会议上对2014年审计工作报告审议意见，研究确定常委会第40次会议方案(草案)、机关工作、酉水河立法保护调研实施方案(草案)、《行政诉讼法》《预算法》实施情况执法检查方案(草案)、视察来凤一中方案(草案)。(79)研究增加常委会第40次会议议题，审议常委会主任会议关于许可对县十六届人大代表周方英采取刑事强制措施的议案。(80)审定常委会第40次会议上有关审议意见。(81)通报人事任免事项；拟补选州七届人大代表1名。(82)研究调整常委会第41次会议议程，研究县十六届人大六次会议有关事项；传达全省市州人大常委会主任座谈会精神。(83)研究确定常委会第44次会议方案、机关工作，安排县十六届人大六次会议筹备工作，以及看望困难群众、困难代表,开好“三严三实”民主生活会、乡镇人大主席座谈会、年终总结会,做好党建、纪检、宣传、统战、精准扶贫、“六城”(国家优秀旅游城市、文明城市、园林城市、卫生城市、森林城市、环保模范城市)同创等工作总结,开展武汉市人大常委会回访活动、新年机关学习活动。(84)研究调整常委会第43次会议方案。(85)研究确定常委会第45次会议方案、机关工作、2016年工作计划和监督工作计划、代表风采采编工作事宜以及代表建议交办会议方案。(86)向县政府交办县十六届人大六次会议期间代表建议。(87)研究确定常委会第46次会议方案(草案)、代表建议督办事宜。(88)研究确定长江流域部分县(市、区)人大工作联席会议第29次会议筹备工作方案(草案),讨论常委会工作报告提纲(草案),研究确定调整后的外出学习培训方案、代表工作,研究县人大机关参加全县庆“五一”徒步走活动事宜。(89)研究确定常委会第47次会议方案(草案)、机关工作和《人大志》修改完善事宜。(90)讨论主任会议关于许可对县十六届人大代表张昌奎采取取保候审刑事强制措施的决定(草案),研究长江流域部分县(市、区)人大工作联席会议第29次联席会议有关事宜。(91)研究确定常委会第48次会议方案(草案)、机关工作。(92)研究确定常委会第48次会议增加人事任免、预算调整议题,讨论县十六届人大常委会工作报告(讨论稿)和工作总结(讨论稿),讨论关于申报州人大立法规划和2017年立法计划有关事宜,研究精准扶贫工作,学习有关文件精神。(93)审议关于任命县乡选举委员会组成人员的议案(草案)。(94)审定常委会第48次会议上的审议意见,研究确定常委会第49次会议方案(草案)、机关工作,研究换届选举、精准扶贫、《人大志》印刷出版、县十六届人大常委会工作报告和工作总结等工作。(95)听取县选举委员会办公室各工作组、各指导组情况汇报,常委会主任、副主任分别安排换届选举工作。(96)听取县政府城区供水工作情况汇报,审议主任会议人事任免议案(草案)。(97)听取和审议主任会议关于许可对县十六届人大代表向军采取刑事强制措施的决定(草案)。(98)研究确定常委会第50次会议方案(草案),研究人大志编印相关事宜,安排县乡人大换届选举工作。(99)审议县人大常委会主任会议关于许可对县十六届人大代表罗文平采取刑事强制措施的决定(草案),审议关于县乡选举委员会部分组成人员辞去职务的报告。(100)研究确定县十六届人大常委会第51次会议方案(草案),研究安排换届选举严格工作。(101)研究确定县十六届人大常委会第51次、第52次会议方案(草案),研究主任会议人事任免议案(草案)。(102)研究安排县十七届人大一次会议筹备工作。(103)研究县人大常委会机关财务管理相关问题。(104)审议主任会议人事任命议案;研究决定52次常委会会议增加议题;通报县十六届人大代表罗文平采取强制措施情况和其他有关情况。(105)研究县十七届人大一次会议有关事项和其他相关工作。

第三节　重大事项决定

根据《宪法》和有关法律规定，讨论决定本行政区域内政治、经济、教育、科学、文化、卫生、环境和资源保护、民政、民族等工作的重大事项，是地方各级人大及其常委会一项重要职权。至2016年12月，县人大常委会举行常委会会议288次，围绕全县各方面重大事项，作出决议决定334项。

一、自治县一届人大常委会决议决定

自治县一届人大常委会举行会议26次，作出决议决定13项。择要介绍如下：

1982年5月12日，自治县一届人大常委会第11次会议通过关于认真讨论《宪法(修改草案)》的决议，以进一步认识把坚持四项基本原则列入《宪法》重大意义，提高人民对社会主义民主重要性认识，增强法制观念。

1983年7月14日，自治县一届人大常委会第18次会议通过关于集资办学和尽快解决中小学危房问题的决定，以办好中小学教育，继续坚持两条腿走路方针，通过多种渠道切实解决经费问题。

二、县九届人大常委会决议决定

县九届人大常委会举行会议22次，作出决议决定15项。择要介绍如下：

1985年4月6日，根据《地方组织法》有关规定，县九届人大常委会第4次会议通过县人大常委会关于代表工作联系办法(试行)，以加强县人大常委会同县人大代表联系和县人大代表与选民联系，充分发挥县人大代表模范带头作用，适应经济体制改革形势需要。

1986年7月10日，县九届人大常委会第13次会议通过关于加强全县文物保护的决定，以贯彻全国人大常委会制定的《文物保护法》和省人大常委会通过的《省实施〈文物保护法〉办法》。

1986年9月6日，县九届人大常委会第14次会议通过关于对全县普及法律常识工作进行视察的决定，以促使全县普及法律常识工作深入进行。

三、县十届人大常委会决议决定

县十届人大常委会举行会议23次，作出决议决定18项。择要介绍如下：

1989年1月14日，根据《地方组织法》第四十六条规定和县人大常委会工作需要，县十届人大常委会第7次会议通过关于设立县人大常委会法制民族、财政经济、教科文卫、代表联络等工委的决定，以便于县人大常委会工作开展。

1989年3月16日，县十届人大常委会第8次会议通过关于切实抓好治理经济环境整顿经济秩序保障改革和建设顺利进行的决定，以切实抓好治理经济环境、整顿经济秩序的工作，保障全县各项改革和建设顺利进行。

1989年8月8日，根据省七届人大常委会《关于在全省范围内开展对法律法规执行情况检查的决定》要求，县十届人大常委会第11次会议通过关于在全县开展执法检查的决定，以保证各项法律、法规在来凤县

正确实施,保障治理经济环境、整顿经济秩序和改革开放顺利进行。

1990年3月2日,县十届人大常委会第16次会议通过关于县国土资源综合评价报告和县国土综合开发总体规划报告的决议,以综合开发国土资源,保持全县国民经济持续、稳定、协调发展。

四、县十一届人大常委会决议决定

县十一届人大常委会举行会议23次,作出决议决定28项。择要介绍如下:

1991年8月27日,根据全国人大常委会和省、州人大常委会关于深入开展法制宣传教育的决议精神,县十一届人大常委会第5次会议通过关于在全县公民中开展第二个五年法制宣传教育的决议,以全面完成"二五"普法规划任务。

1992年6月2日,县十一届人大常委会第10次会议通过关于批准县生态农业试验方案的决议,以促进全县生态农业健康、稳定发展。

1992年10月30日,县十一届人大常委会第13次会议通过关于县水利工程设施权属暂行规定的决议,以明确水利工程设施权属,加强来凤县水利工程设施管理。

五、县十二届人大常委会决议决定

县十二届人大常委会举行会议43次,作出决议决定41项。择要介绍如下:

1995年1月18日,县十二届人大常委会第7次会议通过关于县政府调整翔凤镇区划加强户籍管理的议案的决定,以调整翔凤镇区划、加强户籍管理。

1995年1月18日,县十二届人大常委会第7次会议通过关于设立县人大常委会农业工委的决定,以加强农业基础地位,保证农业方面法律法规在全县贯彻实施,全面发展和繁荣农村经济,促进农村各项事业进步。

1997年5月28日,根据《宪法》、法律有关规定和省、州人大常委会关于加强依法治理决定的要求,县十二届人大常委会第31次会议通过关于加强依法治县的决定,以贯彻依法治国方针,加强全县社会主义民主和法制建设,坚持依法办事和管理各项事业,促进社会主义市场经济体制建立和完善,推动全县经济持续、快速、健康发展和社会全面进步,保障社会长治久安。

六、县十三届人大常委会决议决定

县十三届人大常委会举行会议34次,作出决议决定43项。择要介绍如下:

1999年3月16日,根据《地方组织法》《省各级人大常委会监督工作条例》《来凤县人民代表大会常务委员会议事规则》有关规定,县十三届人大常委会第1次会议通过县人大常委会主任会议议事规则,以规范县人大常委会主任会议议事行为,保证县人大常委会依法履行职责。

2000年5月19日,根据《森林法》《森林防火条例》有关规定,县十三届人大常委会第8次会议通过县森林防火管理办法,以有效预防和扑救森林火灾,保护森林资源,促进林业发展。

2000年7月28日,县十三届人大常委

会第 9 次会议通过关于来凤县城市总体规划修编的决议，以发挥规划在城市建设中引领作用。

2001 年 5 月 29 日，县十三届人大常委会第 16 次会议通过关于 2000 年县财政预算执行和其他财政收支情况审计工作的决议，以加强审计监督，严肃财经纪律，依法管好各项财政资金。

七、县十四届人大常委会决议决定

县十四届人大常委会举行会议 21 次，作出决议决定 20 项。择要介绍如下：

2004 年 9 月 17 日，根据《宪法》和有关法律、法规规定，县十四届人大常委会第 5 次会议通过来凤县预防职务犯罪办法（试行），以加强预防职务犯罪工作，保证国家工作人员依法公正、廉洁、忠实履行职务，促进廉政建设。

2005 年 8 月 30 日，根据《宪法》《地方组织法》等法律规定，县十四届人大常委会第 12 次会议通过县人大常委会述职评议工作办法，以加强对县人民代表大会选举和县人大常委会任命国家机关工作人员依法履行职责情况监督，进一步规范县人大常委会述职评议工作。

2006 年 2 月 27 日，县十四届人大常委会第 15 次会议通过关于同意县政府使用国家开发银行贷款用于城市基础设施建设的决定，以缓解来凤建设资金短缺，加快城市建设步伐，促进全县经济和社会发展。

八、县十五届人大常委会决议决定

县十五届人大常委会举行会议 44 次，作出决议决定 74 项。择要介绍如下：

2007 年 5 月 21 日，县十五届人大常委会第 4 次会议通过关于同意将农产品加工基地建设项目资金列入县财政预算的决定，以加强农产品加工基地建设，增强地方政府诚信度，提高贷款申报成功率，强化贷款资金监管，聚集地方经济社会发展资金。

2007 年 11 月 28 日，根据《全国人民代表大会常务委员会关于加强法制宣传教育的决议》，县十五届人大常委会第 7 次会议通过关于实施第五个法制宣传教育五年规划的决议，以适应构建社会主义和谐社会和全面建设小康社会的新形势，深入贯彻科学发展观，落实全县国民经济和社会发展第十一个五年规划纲要，积极推进社会主义民主法制建设。

2009 年 6 月 23 日，县十五届人大常委会第 22 次会议通过关于将蓝河流域治理暨综合开发项目融资资金列入县财政预算的决定，以提高贷款申报成功率，为蓝河流域治理暨综合开发项目建设筹集资金。

2009 年 10 月 22 日，根据《监督法》《省实施〈监督法〉办法》和省人大常委会关于规范性文件备案审查工作规程有关规定，县十五届人大常委会第 24 次会议通过县人大常委会规范性文件备案审查暂行办法，以做好规范性文件备案审查工作，加强县人大常委会法律监督，维护社会主义法制统一。

九、县十六届人大常委会决议决定

县十六届人大常委会举行会议 52 次，作出决议决定 82 项。择要介绍如下：

2012年4月23日,县十六届人大常委会第5次会议通过关于全县教育布局调整方案的决定,以稳步推进教育布局调整。

2012年4月24日,县十六届人大常委会第5次会议通过关于实施法制宣传教育第六个五年规划的决议,以适应中国特色社会主义法律体系形成后对加强法制宣传教育提出的新要求,进一步增强全社会法治观念,大力推进法治来凤建设,不断促进全县科学发展、跨越发展。

2012年5月21日,县十六届人大常委会第6次会议审议县政府关于提请审议《武陵山龙山来凤经济协作示范区发展战略规划》的议案,作出《武陵山龙山来凤经济协作示范区发展战略规划》的决议,为顺利实施龙凤示范区发展战略和推进龙凤示范区建设提供法制保障。

2014年6月9日,县十六届人大常委会第25次会议通过关于将龙凤新区土地收储项目贷款本息列入财政预算方案的决定,以支持龙凤新区土地收储,促进龙凤新区建设。

2014年8月21日,县十六届人大常委会第26次会议通过关于县政府与华中师范大学合作办学方案的决定,以提高来凤教育水平和办学质量。

2016年1月15日,县十六届人大常委会第43次会议通过关于批准将教育城还建小区等5个BT项目工程回购款项纳入年度财政预算的决定,为5个BT项目提供资金保障,推进教育城还建小区、思源实验学校、华中师范大学来凤附属中学(来凤一中)、讨橙公路改扩建工程等项目建设。

2016年8月16日,县十六届人大常委会第48次会议通过来凤县人大常委会关于2016年县乡两级人民代表大会换届选举时间的决定,以确保县乡两级人民代表大会换届选举顺利推进。

2016年9月28日,县十六届人大常委会第48次会议作出关于批准县政府开展第七个五年法治宣传教育的决议的决定,以确保全县“七五”普法、依法治县扎实推进,为实施全县“十三五”规划提供法治保障。

第四节　监督工作

地方人大及其常委会监督权是《宪法》和法律赋予的重要职权。1980年5月16日,县人大常委会设立以来,组织常委会委员、人大代表及机关工作人员,通过听取和审议工作报告、执法检查、视察、调查研究等形式,围绕县委中心工作、贯彻法律法规情况、执行县人大及其常委会各项决议决定和研究处理审议意见情况、议案和建议办理落实情况、人民群众普遍关心热点问题开展监督工作,有效监督和支持“一府两院”工作。

2007年1月1日,《监督法》施行,县人大常委会以此为契机,围绕关系全县改革发展稳定大局和群众切身利益、社会普遍关注重大问题,积极创新监督形式,努力突出监督实效,在监督中支持,在支持中监督,正确处理监督与被监督关系,取得良好监督效果，人大制度和来凤人大工作进入新的发展历史时期。

一、听取审议报告

听取和审议专项工作报告，是各级人大常委会对“一府两院”常用监督形式。1980年5月16日至2016年12月，县人大常委会举行288次会议，听取和审议工作报告752项。

自治县一届人大常委会举行会议26次，听取和审议计划安排与执行、财政预算决算、经济、交通、教育、民政、文化、民贸、生产自救、工商、卫生、扶贫开发、法院、检察院等工作报告37项。其中，将贯彻落实党委重大决策情况，纳入政府工作责任及报告审议，产生极大影响。1982年7月21日，常委会举行第12次会议，在学习省委关于打击经济领域中严重犯罪活动文件同时，听取和审议县政府关于开展打击经济领域中严重犯罪活动工作报告，提出把这项活动深入开展下去、务求取得更大实效的建议。

县九届人大常委会举行会议22次，听取和审议工作报告47项。在听取和审议工作报告中，除听取和审议计划、财政、司法工作报告外，还听取和审议体制改革、林业、民政、民贸、交通、企管、文化、广电、公安、农业、特产、畜牧、粮食、水利、电力、教育等工作报告，针对工作中存在突出问题，提出建议。

县十届人大常委会举行会议23次，听取和审议计划、财政、经济、档案、计生、粮食、民贸、农业、监察、司法、卫生、公安、工业煤炭、物资、劳动人事、农机、统计、工商、税务、民政、治理经济环境、体育、文化、林业、土管等工作报告53项，充分肯定工作成绩，同时，针对存在问题提出批评和建议。

县十一届人大常委会举行会议23次，听取和审议农业、公安、经济、教育、工业、财贸、体育、科技、民族、民政、监察、司法、城建、土管、计划、财政、法院、检察院、林业、人事、卫生、计生、税务、环保、水利、扶贫开发、工商、文化、金融等等工作报告62项。1991年10月28日，常委会第6次会议，首次把听取和审议《环境保护法》实施情况纳入监督范围，听取城建部门关于《环境保护法》实施情况汇报，在肯定成绩同时，对存在突出问题提出改进建议，并要求将问题整改情况向县人大常委会汇报。

县十二届人大常委会举行会议43次，听取和审议关于国民经济和社会发展计划及执行情况、民政、农业、法院、邮电、监察、城建、劳动、财政预算及执行情况、乡镇企业、检察、教育、民族、科技、司法、物价、计划生育、标准计量、公安、土管、规划、扶贫开发、卫生、工业、经济、农贸、文化、畜牧、审计、工商、体育、环保、广电、烟草专卖、水利电力、金融、林业、经管等工作报告98项。1995年5月10日，州政府决定，将原属宣恩县所辖高罗区、沙坪区、李家河区、沙道沟镇划归来凤代管，涉及人大方面问题引起人大常委会重视。1995年6月22日，常委会第11次会议，听取和审议区划及代管宣恩南四区工作情况报告，在肯定政府有效工作同时，就人大代表、人大机构及工作人员等提出建议，并积极配合抓落实。

县十三届人大常委会举行会议34次，听取和审议财政局、计委、经委、体委、交通局、教育局、卫生局、畜牧局、法院、检察院等单位89项工作报告。在听取和审议报告之前,常委会领导带队,组织常委会委员和机关工作人员,围绕议题,开展80多项工作调研,有关民营经济、畜牧业发展、农村卫生工作和体育方面调研情况及审议意见,引起县委、县政府重视,工作建议均被采纳。特别是对全县教育工作和农村卫生工作审议意见,县委、县政府高度重视,召开有关会议,组织教育、卫生部门制定改进工作方案供其决策,从而加快全县教育、卫生事业发展。

县十四届人大常委会举行会议21次,听取和审议工作报告57项。在安排听取和审议报告时,突出全县工作中心,关注人民关心热点、难点问题。同时,注重对司法工作监督。2005年,在听取和审议关于公安派出所工作情况报告、关于执行工作情况报告后,对公安司法工作成绩给予充分肯定,同时,针对存在问题提出批评,还就进一步改进工作、加强公安司法机关自身建设和解决法院执行难问题提出建议。常委会会议通过县检察院关于《县预防职务犯罪办法(试行)》,有力支持司法工作。

县十五届人大常委会举行会议44次,听取和审议工作报告136项。在听取和审议工作报告中,除听取和审议教育、民贸、卫生、司法、环保、交通、住建、移民等民生专题报告外,坚持把加强对计划和财政预算执行作为监督重点,定期听取计划、预算和审计工作报告,及时审议县政府提请的计划、预算调整报告,并根据事前调查掌握情况,有针对性提出审议意见,作出决议决定。在促进计划落实方面,听取和审议政府关于计划工作报告后,提出要科学安排年度计划、严格落实部门责任、适时搞好任务调度、探索申报重点项目前期经费解决办法、认真谋划储备一批重大项目、科学编制"十二五"规划等建议,促进相关问题解决。全县上下计划责任不断强化,项目意识明显增强,重大项目储备空前增加,五年中项目储备超过300个,项目概算总投资900多亿元,为来凤经济走出卷烟厂关闭低谷、实现恢复和快速发展打下坚实基础。在严格收支平衡方面,建议充分利用财政杠杆作用、积极培植财源,加大征管力度、壮大财政实力,规范分配关系、提高理财水平,确保重点财源建设支出,保证干部职工福利待遇逐步提高,有力推进全县财政收入稳步增长和支出结构不断改善。在严肃财政纪律方面,建议建立财政预算绩效评分体系、完善政贷资金风险预警和债务债还机制、强化审计职能作用,进一步提高全县财政和项目资金使用效益,使财务管理秩序进一步规范。

县十六届人大常委会举行会议52次,听取和审议工作报告173项(包括执法检查、调查和视察报告等)。

2012年,听取和审议(审查)常规工作报告9项。2月20日,常委会第4次会议,听取和审查县财政局局长向东作的2012年部门预算详细方案报告,会议同意这个报告,决定批准2012年财政部门预算方案,授权县财政局下达相关部门和单位执行。

8月28日,常委会第8次会议,听取和审查县财政局局长向东作的关于2011年财政决算报告,会议同意这个报告,决定批准2011年财政决算。听取和审查县审计局局长胡新江作的关于2011年度预算执行和其他财政收支情况审计工作报告,会议同意这个报告。会议认为,县政府及其审计部门深入贯彻落实科学发展观，围绕预算执行、政府投资、经济责任以及专项审计等审计工作重点，严格按照《预算法》《审计法》等法律法规规定，整合审计力量，拓宽审计领域，创新审计方式，提高审计质量，认真履行审计职能，较好完成2011年度财政预算执行和其他财政收支情况审计任务，为全县经济安全有序运行起到保驾护航作用。但存在审计决定落实不够好、绩效审计力度不够强、审计人员业务素质有待提高等问题。会议建议，要进一步加大审计决定落实力度、突出审计监督工作重点、提高审计人员综合素质。会议要求，以上审议意见，请县政府研究处理，并按照《监督法》规定，将研究处理情况报告县人大常委会。

8月29日，常委会第8次会议，听取和审查县财政局局长向东作的关于2012年1—6月财政预算执行情况报告，会议同意这个报告。会议认为，1—6月，县政府及其财税部门认真贯彻落实县十六届人大二次会议确定财政预算目标，强化税收征管，优化支出结构，加强财政管理，圆满完成半年任务，全县财政预算执行情况较好。但存在财政收入总量偏小、税源结构不优、财政收支矛盾加剧等问题。会议建议，要切实强化收入征管，努力培植后续财源；继续优化支出结构，确保全年收支平衡；继续推进财政改革，切实加强预算管理；积极推进预算公开，强化预算监督力度。会议要求，以上审议意见，请县政府研究处理，并按照《监督法》规定，将研究处理情况书面报告县人大常委会。

8月29日，常委会第8次会议，听取和审查县财政局局长向东作的关于2012年财政预算调整方案报告，会议同意这个报告，决定批准2012年财政预算调整方案。听取和审查县发改局局长蔡勇作的关于2012年1—6月国民经济和社会发展计划执行情况报告，会议同意这个报告。会议认为，1—6月，县政府围绕县十六届人大二次会议确定经济社会发展目标，抢抓武陵山试验区建设和武陵山龙山来凤经济协作示范区建设机遇，凝心聚力，真抓实干，在特色产业、基础设施和社会事业建设方面取得阶段性成效，为实现全年计划目标奠定坚实基础。但存在部分经济指标没实现时间过半任务过半，新建成工业企业对地方经济增长贡献率不高，投资与效益不平衡，农业产业基地规模不大，第三产业发展不够等问题。会议建议，要强化责任，落实措施，全面完成全年目标任务；注重投资效益，优化产业结构，提高经济运行质量；狠抓项目建设，增强发展后劲，带动经济社会快速发展。会议要求，以上审议意见，请县政府研究处理，并按照《监督法》规定，将研究处理情况书面报告县人大常委会。

8月29日，常委会第8次会议，听取和审议县政府办主任覃玉斌作的关于县十六届人大一次会议期间代表建议办理情况报告，会议同意这个报告。会议认为，县政府高度重视代表建议办理工作，统筹安排，精心组织，狠抓落实，办理工作取得较好实效，解决一批群众关注热点、难点问题，促进全县经济和社会事业健康发展。但存在个别承办单位对办理工作缺乏主动性、建议办理工作不规范、办理实效有待提高等问题。会议建议，要进一步提高代表建议办理工作重要性认识、切实增强办理工作自觉性，强化措施、切实提高办理工作实效,加大办理工作督查力度、切实做好办理跟踪工作,完善制度、建立办理工作奖惩机制。会议要求,以上审议意见,请县政府研究处理,并按照《监督法》规定,将研究处理情况书面报告县人大常委会。

12月14日,常委会第11次会议,听取和审查县财政局局长向东作的关于2012年财政预算调整方案报告,会议同意这个报告,决定批准2012年财政预算调整方案。听取和审查县发改局局长蔡勇作的关于2012年国民经济和社会发展计划调整情况报告,会议同意这个报告,决定批准2012年国民经济和社会发展计划调整方案。

2012年,听取和审议专项工作报告3项。4月24日,常委会第5次会议,听取和审议县司法局局长胡玉堂作的关于"六五"普法启动工作情况报告,会议同意这个报告。会议认为,县政府及其有关部门重视"六五"普法工作,取得一定成效,为实现"六五"普法目标,推进依法治县进程,打下较好基础。但存在少数单位认识不高、宣传力度不够、活动推进乏力等问题。会议建议,要进一步提高思想认识、切实增强普法责任感,突出普法重点、增强普法实效,创新宣传形式、营造良好氛围。会议要求,以上审议意见,请县政府研究处理,并按照《监督法》规定,将研究处理情况报告县人大常委会。

4月24日,常委会第5次会议,听取和审议县住建局局长陈应学作的关于城市供水情况报告,会议同意这个报告。会议认为,多年来,县政府及其主管部门,重视城市供水事业,在规划、建设和管理方面做了大量工作,取得一定成绩,较好保证城市发展和居民生活需要。供水企业克难奋进、负重前行,在保证城区居民正常安全供水、推进城市发展等方面作出积极贡献。但存在供水设施老化、供水规划滞后、水源质量堪忧、企业包袱过重等问题。会议建议,要高度重视供水事业发展、切实加强供水设施建设、科学制定城市供水规划、积极创新供水体制机制。会议要求,以上审议意见,请县政府研究处理,并按照《监督法》规定,将研究处理情况报告县人大常委会。

6月27日,常委会第7次会议,听取和审议县政府关于县级医疗卫生资源整合情况报告,会议同意这个报告。会议认为,近年来,县政府高度重视医疗卫生事业,着力解决人民群众最关心、最直接、最现实利益问题,优化县级医疗卫生资源配置,整合组建县中心医院。县中心医院狠抓内部管理,不断提高服务质量,呈现门诊量、住院人数、业务收入明显上升,发展环境不断改善良好局面,但存在新区医院建设进度缓慢、卫生资源利用率不高、医疗环境不优、看病贵就医难等问题。会议建议,要针对县中心医院整合后现状,迅速研究债务化解、新区医院建设资金来源及建设问题,及早启动二期建设,避免资源闲置,尽快完成新区搬迁,早日实现两院实质性整合;卫生行政主管部门要加大对中心医院管理支持力度,在巩固整合成绩前提下,搞好优质服务,降低医疗费用,次均住院费用涨幅过大问题要得到有效控制;督促有关部门贯彻卫生部、公安部关于维护正常医疗秩序通告精神,落实医疗环境整治措施,强化医德医风建设,加强源头控制,切实解决医疗纠纷。会议要求,以上审议意见,请县政府研究处理,并按照《监督法》规定，将处理情况报告县人大常委会。

2012年，听取和审议县政府关于研究处理县人大常委会审议意见情况的报告7项。6月27日，常委会第7次会议，听取和审议县政府关于研究处理县人大常委会对县政府关于“六五”普法启动工作情况报告审议意见情况报告，会议认为，县政府及其司法行政部门进一步统一思想、提高认识，切实增强普法责任感；突出重点、增强实效，把普法教育不断引向深入；创新形式、丰富载体，营造浓烈普法氛围。会议同意这个报告并提出审核意见，建议县政府及其司法行政部门进一步加大对审议意见落实力度，采取切实可行措施，严格按照全县“六五”普法规划，精心组织实施，确保全县“六五”普法工作顺利、有效开展。

6月27日，常委会第7次会议，听取和审议县政府关于研究处理县人大常委会对县政府关于城市供水情况报告审议意见情况报告，会议认为，县政府及其相关部门采取先重后轻、先急后缓办法，积极解决城市供水设施老化、供水规划滞后、水源质量堪忧、企业包袱过重等问题；采取加大投入力度，重点解决现有设施设备老化等问题；结合城市总体规划修编，高起点、高标准编制城市供水规划；着力解决城市供水事业发展中体制机制不顺等问题。会议同意这个报告并提出审核意见，希望县政府及其相关部门进一步加大对审议意见落实力度，认真研究解决城市供水事业发展中存在困难和问题，不断增强城市供水保障和应对市场能力，为促进全县经济社会发展作出应有贡献。

10月25日，常委会第10次会议，听取和审议县政府关于研究处理县人大常委会对县政府关于2012年1—6月财政预算执行情况报告审议意见情况报告，会议认为，县政府及相关部门对审议意见提出四点建议及时研究处理，逐条提出具体落实措施，落实有力、成效明显。会议同意这个报告并提出审核意见，建议县政府及相关部门科学合理、积极稳妥编制明年预算，充分发挥财政职能作用，努力促进全县经济社会又好又快发展。听取和审议县政府关于研究处理县人大常委会对县政府关于2012年1—6月国民经济和社会发展计划执行情况审议意见情况报告，会议认为，县政府及其相关部门采取突出重点，细化目标，强化奖惩等措施，确保完成全年目标任务；采取狠抓结构调整，提高经济运行质量，解决投资效益问题；采取深化政策研究，提高项目质量，强化保障措施，解决项目建设方面突出问题。会议同意这个报告并提出审核意见，希望县政府及其相关部门进一步加大对审议意见落实力度，采取更加有力措施，克服困难，努力完成各项目标任务，促使全县经济社会发展迈上新台阶。

10月25日，常委会第10次会议，听取和审议县政府关于研究处理县人大常委会对县政府关于2011年度预算执行和其他财政收支情况审计工作报告审议意见情况报告，会议认为，县政府及相关部门整改工作初见成效。截至10月，审计查出主要问题得到整改，应上缴财政金库资金2709.33万元全部上缴；漏征文化事业建设费9.92万元，补征入库；29个政府投资项目预算审计核减资金4200万元得到有关单位采用，37个政府投资项目决算审计核减工程款1021

万元,其他项目全部在工程结算中予以扣减。会议同意这个报告并提出审核意见,希望县政府及其相关部门进一步突出审计监督重点,围绕大局,加强重点领域、重点部门、重点项目、重点资金审计力度;进一步提升审计人员综合素质,努力打造一支作风优良、业务精湛、公正廉洁审计队伍,为高效开展审计工作提供重要保障。

10月25日,常委会第10次会议,听取和审议县政府关于研究处理县人大常委会关于县级医疗卫生资源整合情况报告审议意见情况报告,会议认为,县政府及相关部门加大县中心医院瓦尔高院区建设力度,研究解决县中心医院历史债务办法,进一步强化医疗路径管理,切实降低医疗费用涨幅过快问题,加强医疗环境整改。会议同意这个报告并提出审核意见,希望县政府及其相关部门迅速研究县中心医院债务化解和新院区建设资金来源等问题,进一步加大对审议意见落实力度,认真研究解决县级医疗卫生资源整合后存在问题,进一步促进县级医疗机构健康发展,不断满足人民群众日益增长卫生健康需要。

10月25日,常委会第10次会议,听取和审议县政府关于研究处理县人大常委会对县政府关于县十六届人大一次会议期间代表建议办理情况报告审议意见情况报告,会议认为,县政府及相关部门高度重视县人大常委会审议意见,代表建议办理工作取得一定成效。会议原则同意这个报告并提出审核意见,希望县政府及其相关部门进一步提高办理代表建议重要性认识,加大督办力度,按照审议意见要求,本着对代表对人民负责精神,把代表建议落到实处,实现基层满意、代表满意、群众满意。

2013年,听取和审议(审查)常规工作报告9项。3月12日,常委会第14次会议,听取和审查县财政局局长向东作的2013年部门预算详细方案报告,会议同意这个报告,决定批准2013年部门预算详细方案。授权县财政局自批准之日起30日内书面批复本级各部门预算,并报县人大常委会预工委备案。

8月26日,常委会第18次会议,听取和审查县财政局局长向东作的关于2012年财政决算报告,会议同意这个报告,决定批准2012年财政决算。听取和审查县审计局局长胡新江作的关于2012年度预算执行和其他财政收支情况的审计工作报告,会议对审计部门依法履行职责,加大审计监督力度给予充分肯定。会议同意这个报告。会议作出关于加强审计查出问题整改工作的决定,要求县政府及其有关部门要高度重视整改工作,切实解决突出问题,建立完善相关制度和机制,切实加强监督,如期完成整改任务,在3个月内向县人大常委会报告整改成果。

8月26日,常委会第18次会议,听取和审查县财政局局长向东作的关于2013年财政预算调整方案报告,会议同意这个报告,决定批准2013年财政预算调整方案。听取和审查县财政局局长向东作的关于2013年1—6月财政预算执行情况报告,会议同意这个报告。会议认为,1—6月,县政府及其财税部门认真贯彻落实县十六届人大三次会议确定财政预算目标,强化税收征管,优化支出结构,加强财政管理,圆满完成半年任务,全县财政预算执行情况较好。但存在财源基础薄弱、税源结构不优、财政收支矛盾加剧等问题。会议建议，要积极组织财政收入，努力培植后续财源；强化预算监督管理，优化财政支出结构；继续推进财政改革，提高依法理财水平；积极推进预算公开，增强预算执行透明度。会议要求，以上审议意见，请县政府研究处理，并按照《监督法》规定，将研究处理情况书面报告县人大常委会。

8月26日，常委会第18次会议，听取和审查县发改局局长蔡勇作的关于2013年1—6月国民经济和社会发展计划执行情况报告，会议同意这个报告。会议认为，1—6月，县政府围绕县十六届人大三次会议确定经济社会发展目标，狠抓招商引资，全力推进工业项目建设，全县经济社会呈现出较好发展势头。在推进工业发展、加大城建力度、打造特色产业、发展社会事业等方面取得阶段性成效，为实现全年计划目标奠定坚实基础。但存在部分指标没有实现双过半、产业结构不优、企业规模偏小等问题。会议建议，要明确责任，落实措施，全面完成年度目标任务；优化结构，扩大规模，不断提高经济运行质量；抓好项目，全力招商，不断增强经济发展后劲。会议要求，以上审议意见，请县政府研究处理，并按照《监督法》规定，将研究处理情况书面报告县人大常委会。

8月26日，常委会第18次会议，听取和审议县政府办主任覃玉斌作的关于县十六届人大三次会议期间代表建议办理情况报告。会议同意这个报告。会议认为，县政府高度重视代表建议办理工作，大多数承办单位主要领导亲自抓，办理工作取得较好实效。但存在少数承办单位对代表建议重视程度不够、建议办理工作不规范等问题。会议建议，要进一步提高思想认识，增强办理实效，加大督查力度。会议要求，以上审议意见，请县政府研究处理，并按照《监督法》规定，将研究处理情况书面报告县人大常委会。

12月19日，常委会第21次会议，听取和审查县财政局局长向东作的关于2013年财政预算调整方案报告，会议同意这个报告，决定批准2013年财政预算调整方案。听取和审查县发改局局长蔡勇作的关于2013年国民经济和社会发展计划调整方案报告，会议同意这个报告，决定批准2013年国民经济和社会发展计划调整方案。

2013年，听取和审议专项工作报告4项。4月19日，常委会第15次会议，听取和审议县畜牧局局长黄祥平作的关于硒都黑猪产业发展情况报告，会议同意这个报告。会议认为，县政府及其相关职能部门重视硒都黑猪产业发展，加强对硒都黑猪产业发展组织领导，确定相应扶持政策及养殖模式，硒都黑猪产业发展初见雏形。但存在宣传不够、认识不高、服务体系不健全等问题。会议建议，要进一步加强领导，提高认识；加大扶持力度，研究投入机制；加强服务体系建设，不断提高服务水平；支持企业健全机制，发挥主体作用。会议要求，以上审议意见，请县政府研究处理，并按照《监督法》规定，将研究处理情况报告县人大常委会。

4月19日，常委会第15次会议，听取和审议县经信局局长舒镜峰作的关于工业经济发展情况报告，会议同意这个报告。会议认为，县政府大力实施工业强县战略，抓项目、抓招商、保运行、调结构、促增长，有力推进工业经济快速发展。但存在工业块头偏小、结构不优、市场主体发育不良等问题。会议建议,要全力抓好招商引资工作不动摇,打造工业发展平台不放松,服务工业企业发展不松懈,培植领军企业不松劲。会议要求,以上审议意见,请县政府研究处理,并按照《监督法》规定,将研究处理情况报告县人大常委会。

6月17日,常委会第17次会议,听取和审议县城管局局长向兴祥作的关于城市管理工作情况报告,会议同意这个报告。会议认为,近年来,县政府及相关部门高度重视城市管理工作,采取一系列管理措施,实施强有力综合治理,取得明显成效,实现环境卫生、市容市貌、交通秩序等管理水平大提高,为实现"三城"(国家级园林城市、省级卫生城市、省级文明城市)同创目标奠定良好基础。针对存在宣传教育有待加强、部分市政设施配套建设需及时跟进等问题,会议建议,要提高认识,进一步加大宣传教育力度;完善功能,进一步加大市政设施配套建设力度;突出整治,进一步完善城市管理长效机制;强化职能,进一步加强城管机关建设。会议要求,以上审议意见,请县政府研究处理,并按照《监督法》规定,将研究处理情况报告县人大常委会。

6月17日,常委会第17次会议,听取和审议副县长、县公安局局长陶凯作的关于公安机关刑事立案和提请批准逮捕工作情况报告,会议同意这个报告。会议认为,换届以来,公安机关坚持立警为公,执法为民,认真履行法定职责,扎实开展刑事立案和提请批准逮捕工作,取得明显成效,较好发挥打击犯罪、维护稳定、保障发展积极作用。但存在少数案件立案查处不够及时、公安机关建设有待加强等问题。会议建议,要进一步强化立警为公、执法为民意识,严格履行法定职责;进一步加强公安机关建设,不断提高依法履职能力和水平。会议要求,以上审议意见,请县政府研究处理,并按照《监督法》规定,将研究处理情况报告县人大常委会。

2013年,听取和审议县政府关于研究处理县人大常委会审议意见情况的报告8项。6月17日,常委会第17次会议,听取和审议县政府关于研究处理县人大常委会对县政府关于硒都黑猪产业发展情况报告审议意见情况报告,会议认为,县政府及其相关部门在提高认识、加强领导方面,成立以县领导为组长、分管畜牧兽医工作副县长为常务副组长、相关单位负责人为成员领导小组,负责统一指挥、协调硒都黑猪产业发展工作;在加大扶持力度、研究投入机制方面,每年整合项目资金1000万元以上用于畜牧产业发展,县财政每年安排150万元作为畜牧产业发展专项资金;在加强服务体系建设方面,进一步建立健全服务体系,理顺管理关系,建立健全县、乡、村三级畜牧兽医服务体系;在支持企业健全机制、发挥主体作用方面,引导企业加强内部管理,切实做好种猪、饲料供给、技术指导、疾病防控等环节服务工作,不断提高养殖户积极性。会议同意这个报告并提出审核意见,希望县政府及其相关部门进一步加大对审议意见落实力度,推进硒都黑猪产业快速、健康发展。

6月17日,常委会第17次会议,听取和审议县政府关于研究处理县人大常委会对县政府关于工业经济发展情况报告审议意见情况报告。会议认为，县政府及其相关部门进一步统一思想、提高认识、硬化措施、突出重点、优化结构，全力抓好招商引资工作；进一步完善规划布局、推进基础设施建设、强化管理，在工业园区平台建设方面有新起色；加大要素配置力度，确保重点企业正常生产，进一步优化发展环境，加强环境治理，强化服务措施，提高服务水平；采取扶持重点企业倾斜政策，鼓励企业创立名优品牌，着力培植产业集群领军企业。会议同意这个报告并提出审核意见，希望县政府及其相关部门继续加大研究处理审议意见力度，推动工业经济快速健康发展。

10 月 23 日，常委会第 19 次会议，听取和审议县政府关于研究处理县人大常委会对县政府关于城市管理工作情况报告审议意见情况报告，会议认为，县政府及相关部门开设城管电视专栏、开办市民学校、举办城管知识讲座、聘请城管劝导员、发放宣传单，加强对城管工作及相关法律法规宣传，广大市民素质有所提高；完成城北农贸市场改造以及城区公厕、大型停车场、建筑垃圾填埋场选址和规划设计工作，在接龙桥路、庆凤山路等路段划定临时停车泊位 400 多个，重新划定城区道路标志标线，并对重要路段绿化和亮化改造升级；集中开展城市综合治理行动，城区道路交通秩序、市容市貌、环境卫生得到明显改观；加大投入，改善城管工作装备，提高一线工作人员待遇。会议同意这个报告并提出审核意见，希望县政府及其相关部门进一步落实好审议意见，深入推进城市综合治理，建立完善城市管理长效机制，积极促进城市管理与城市发展相协调，努力营造洁净靓丽、规范有序、和谐宜居城市环境。

10 月 23 日，常委会第 19 次会议，审议县政府关于研究处理县人大常委会对县政府关于 2013 年 1—6 月国民经济和社会发展计划执行情况报告审议意见情况报告（书面），会议认为，县政府及相关部门对审议意见提出四点建议研究处理及时。会议同意这个报告并提出审核意见，希望县政府及其相关部门继续进一步完善预算管理制度，特别是要确保部门预算编制科学性和可操作性，加强对财政资金、重大项目投资、重点专项资金监督，进一步提高财政资金使用效益，提高依法理财、依法行政水平，确保圆满完成全年预算任务。同时，要科学合理、积极稳妥编制好明年预算，充分发挥财政职能作用，努力促进全县经济社会持续健康稳定发展。审议县政府关于研究处理县人大常委会对县政府关于 2013 年 1—6 月国民经济和社会发展计划执行情况报告审议意见情况报告（书面），会议认为，县政府及其相关部门采取突出重点，细化目标，明确责任，落实措施；不断调整和优化产业结构，着力抓好企业成长工程；加大项目谋划和争取力度，全力推进项目建设；坚持招商引资一号工程、一把手工程不动摇，精心策划大招商、招大商办法措施，破解发展难题，增强发展后劲。会议同意这个报告并提出审核意见，希望县政府及其相关部门继续加大对审议意见研究处理力度，确保 2013 年计划目标全面完成。审议县政府关于 2012 年度本级预算执行和其他财政收支审计中查出问题整改落实情况报告（书面），会议认为，县政府高度重视关于加强审计查出问题整改工作决定，加大督办整改力度；审计部门采取措施,促进整改落实到位;审计查出16个问题得到全面整改落实。会议同意这个报告并提出审核意见,希望县政府及其相关部门进一步加大本级预算执行审计范围和深度,在力度上下功夫;切实抓好对政府性资金审计监督,在审计手段和方法上下功夫;在审计项目安排上更具有针对性,把事关国计民生及人大常委会关注重点资金、重大项目作为审计监督重点内容和重要目标;健全审计整改机制。

10月23日,常委会第19次会议,听取和审议县政府关于研究处理县人大常委会对县政府关于公安机关刑事立案和提请批准逮捕工作情况报告审议意见情况报告,会议认为,县政府及其相关部门建立人民群众反映诉求渠道,切实落实案件回访和执法回告制度,广泛接受社会监督,公安机关立警为公、执法为民意识得到进一步加强。公安机关接处警、受立案进一步规范,案件查处工作更加及时。加大对经济犯罪、涉毒犯罪以及针对未成年人犯罪和以限制人身自由追讨债务等犯罪行为打击力度。加强教育培训,端正执法理念,强化执法监管,公安民警思想政治素质、法治意识和办案能力不断提高。公安机关警力有所增强,公安执法装备得到较好维护和改善。会议同意这个报告并提出审核意见,建议县政府及相关部门进一步加大落实审议意见力度,为建设法治来凤、平安来凤、和谐来凤做出更大贡献。

12月19日,常委会第21次会议,审议县政府关于研究处理县人大常委会对县政府关于县十六届人大三次会议期间人大代表建议办理情况报告审议意见情况报告(书面),会议认为,县政府采取积极有效措施,加以改进,予以落实,解决一些问题。会议原则上同意这个报告并提出审核意见,希望县政府及其相关部门进一步落实好审议意见,不断改进完善办理方法,创新办理工作机制,确保建议办理工作取得实效。

2014年,听取和审议(审查)常规工作报告9项。3月14日,常委会第23次会议,听取和审查县财政局局长向东作的2014年部门预算详细方案报告,会议同意这个报告,决定批准2014年部门预算详细方案。授权县财政局自批准之日起30日内书面批复本级各部门预算,并报县人大常委会预工委备案。

8月21日,常委会第26次会议,听取和审议县政府办主任覃玉斌作的关于县十六届人大四次会议期间代表建议办理情况报告,会议同意这个报告。会议认为,县政府高度重视并认真组织办理人大代表建议工作,全程参与,重点督办,严格考核,确保代表建议办理质量和效果。但存在少数单位承办人员业务不熟、部分建议办理质量不高、解决落实率有待提高、统筹协调工作力度有待加强等问题。会议建议,要进一步加强对承办人员业务培训,加大协调力度,加强督办。以上审议意见,请县政府研究处理,并按照《监督法》规定,将研究处理情况书面报告县人大常委会。

8月21日,常委会第26次会议,听取和审查县发改局局长蔡勇作的关于2014年1—6月国民经济和社会发展计划执行情况报告,会议同意这个报告。会议认为,1—6月,县政府围绕县十六届人大四次会议确定经济社会发展目标,突出抓好产业化,科学推进城镇化,完善公共服务,着力改善民生,促进城乡统筹发展，稳步推进“两区”建设，全县经济社会呈现出较好发展势头。在园区建设、工业发展、城镇建设、商旅文打造、社会事业等方面取得阶段性成效，为实现全年计划目标奠定坚实基础。但存在部分指标没有实现双过半，产业结构和发展环境不优、企业规模不大、发展后劲不足等问题。会议建议，要制定对策，全面完成年度目标任务；调整结构，扩大工业企业经济规模；立足长远，增强全县经济发展后劲。以上审议意见，请县政府研究处理，并按照《监督法》规定，将研究处理情况书面报告县人大常委会。

8月21日，常委会第26次会议，听取和审议县政府关于国民经济和社会发展“十二五”规划中期执行情况报告，审查规划调整方案，并作出决议，决定调整国民经济和社会发展“十二五”规划中部分指标。调增指标：地方一般预算收入由规划目标2亿元，调增到3.5亿元，年均增长28.3%。调减指标：全社会消费品零售总额由规划目标年均增长18%，调减为16.5%；工业增加值占全县生产总值比重由规划目标30.5%，调减为25%；森林覆盖率由规划指标60.2%，调减为57%。调整指标：城镇化率由规划指标60%，调整为37%。

8月22日，常委会第26次会议，听取和审查县财政局局长向东作的关于2013年财政决算报告，会议同意这个报告，决定批准2013年财政决算。听取和审查县审计局局长胡新江作的关于2013年度预算执行和其他财政收支情况审计工作报告，会议同意这个报告。会议认为，县政府及其审计部门依法履行职责，加大审计监督力度，充分发挥审计监督功能，较好完成2013年度本级预算执行和其他财政收支情况审计任务，为全县经济安全有序运行起到保驾护航作用。但存在审计范围不广、审计查出问题整改不力、审计人员素质有待提高等问题。会议建议，要进一步拓宽审计领域，实行全方位监督；突出审计重点，改进审计方法；加强审计培训，提高综合素质；切实加强审计查出问题整改落实。以上审议意见，请县政府研究处理，并按照《监督法》规定，将研究处理情况报告县人大常委会。

8月22日，常委会第26次会议，听取和审查县财政局局长向东作的关于2014年1—6月财政预算执行情况报告，会议同意这个报告。会议认为，1—6月，县政府及其财税部门认真贯彻落实县十六届人大四次会议通过的财政预算草案，预算执行情况总体是好的，完成收入任务超序时进度。但存在收入后劲乏力、支出压力加大、资金调度困难等问题。会议建议，要积极组织财政收入，确保收入全面完成；强化预算监督管理，优化财政支出结构；切实改进工作作风，努力提高服务质量。以上审议意见，请县政府研究处理，并按照《监督法》规定，将研究处理情况书面报告县人大常委会。

12月11日，常委会第30次会议，听取和审查县财政局局长向东作的关于2014年财政预算调整方案报告，会议同意这个报告，决定批准2014年财政预算调整方案。听取和审查县发改局局长蔡勇作的关于2014年国民经济和社会发展计划调整方案报告，会议同意这个报告，决定批准2014年国民经济和社会发展计划调整方案。

2014年，听取和审议专项工作报告3

项。4月23日,常委会第24次会议,听取和审议副县长卢红鹏作的关于城乡规划工作情况报告,会议同意这个报告。会议认为,近年来,县政府及相关职能部门贯彻《城乡规划法》《省城乡规划条例》等法律法规,积极推进规划工作,为推动全县城乡建设和发展发挥积极作用。但存在规划编制滞后、执行规划不严、规划监管乏力等问题。会议建议,要加强宣传,切实增强全社会规划意识;着眼长远,建立完善规划执行和监管体制机制;立足当前,重点解决规划制定不够完善、规划执行不严、规划监管乏力问题;强化保障,切实加强规划工作队伍建设。以上审议意见,请县政府研究处理,并按照《监督法》规定,将研究处理情况报告县人大常委会。

4月23日,常委会第24次会议,听取和审议县检察院检察长肖功平作的关于审查逮捕和公诉工作情况报告,会议同意这个报告。会议认为,换届以来,县检察院坚持以科学发展观为指导,认真履行法定职责,加大打击刑事犯罪力度,严格执行宽严相济刑事政策,狠抓办案质量,提高办案效率,扎实开展审查逮捕和公诉工作,为构建和谐来凤作出积极贡献。但存在监督工作力度不够、检察队伍建设需进一步加强等问题。会议建议,要进一步加强法律监督力度,不断提高办案质量;深化检察改革,依法行使监督权力;进一步创新监督形式,提高监督水平;突出监督重点,加大监督力度,增强监督实效;着力解决群众反映强烈的执法、司法不公问题,改变诉讼监督薄弱环节,解决和纠正有案不立、以罚代刑、刑讯逼供等问题;进一步加强队伍建设,强化教育培训,不断提高全院干警思想政治素质、工作能力和执法水平;建立和完善工作保障机制,切实解决办案力量不足、业务骨干流动频繁等问题。以上审议意见,请县检察院研究处理,并按照《监督法》规定,将研究处理情况报告县人大常委会。

11月7日,常委会第28次会议,听取和审议县政府关于扶贫开发工作情况报告,会议同意这个报告。会议认为,近年来,县政府及相关职能部门扎实开展扶贫开发工作,整体脱贫、综合扶贫、农民收入倍增取得一定成绩,为推动全县扶贫开发和城乡经济发展发挥应有作用。但存在产业扶贫推进不够、扶贫资金项目管理不够规范等问题。会议建议,要咬紧目标,加快脱贫致富奔小康步伐;突出重点,着力做好产业扶贫大文章;规范管理,充分发挥扶贫资金使用效益。以上审议意见,请县政府研究处理,并按照《监督法》规定,将研究处理情况报告县人大常委会。

2014年,听取和审议"一府两院"关于研究处理县人大常委会审议意见情况的报告6项。11月7日,常委会第28次会议,听取和审议县政府关于研究处理县人大常委会对县政府关于城乡规划工作情况报告审议意见情况报告,会议认为,县政府及城乡规划工作主管部门重视县人大常委会审议意见,相关部门围绕四条审议意见做了大量工作,如加大宣传力度,完善相关工作机制,加强规划编制、监管等。但是,没制定解决"两违"问题切实可行措施,成效不够明显。会议原则上同意这个报告并提出审核意见。县人大常委会将对此项工作作为今后监督工作重点,督促政府高度重视、研究对策、采取措施，认真处理落实审议意见。

11 月 7 日，常委会第 28 次会议，听取和审议县检察院关于研究处理县人大常委会对县检察院关于审查逮捕和公诉工作情况报告审议意见情况报告，会议认为，县检察院加强法律监督力度，提高办案质量；检察队伍建设成效明显。会议同意这个报告并提出审核意见，建议县检察院进一步加大对审议意见落实力度，及时研究和解决审查逮捕和公诉工作中存在问题，为推动全县经济社会发展提供坚强有力司法保障。

11 月 7 日，常委会第 28 次会议，审议县政府关于研究处理县人大常委会对 2014 年 1—6 月财政预算执行情况报告审议意见情况报告（书面），会议认为，县政府及相关部门对审议意见逐条提出具体落实措施，重点突出、举措得当、成效明显。会议同意这个报告并提出审核意见，建议县政府及其相关部门要高度重视财源培植，狠抓财源建设；加大对招商和项目建设工作力度，加强对重点税源项目引进、服务和管理，培植新的财源增长点；进一步强化预算约束，加强预算监督管理；认真贯彻《预算法》，进一步规范预算执行程序，推进预算管理科学化、精细化；加大对财政资金拨付、使用和管理监督力度，深入推进预算支出绩效评价，不断提高财政资金使用效益，提高依法理财、依法行政水平，确保圆满完成全年预算任务。同时，要按照审议意见要求，科学合理、积极稳妥编制明年预算，充分发挥财政职能作用，努力促进全县经济社会持续健康稳定发展。审议县政府关于研究处理县人大常委会对县政府关于 2014 年 1—6 月国民经济和社会发展计划执行情况审议意见情况报告（书面），会议认为，县政府及其相关部门采取突出重点定措施，细化目标定责任，确保全年计划完成；优化产业结构，推动产业转型升级，不断扩大工业经济规模；继续狠抓项目建设，突出谋划大项目，坚持招商引资不动摇，破解发展难题，增强发展后劲。会议同意这个报告并提出审核意见，建议县政府及其相关部门继续加大对审议意见研究处理力度，采取更加有力措施，确保 2014 年计划目标全面完成。

11 月 7 日，常委会第 28 次会议，听取和审议县政府关于研究处理县人大常委会对县政府关于 2013 年度预算执行和其他财政收支情况审计工作报告审议意见情况报告。会议认为，县政府及相关部门整改工作初见成效，特别是在加大审计决定落实力度上效果明显。审计查出主要问题基本上得到整改，应上缴财政金库资金 9931.3 万元全部上缴；漏征少征税款 16.44 万元补征入库；178 个政府投资项目预算审计核减资金 4805.1 万元。有力强化审计监督，规范审计行为，切实维护财政经济秩序，促进国民经济和社会健康有序发展。会议同意这个报告并提出审核意见，建议县政府及其相关部门进一步深化审计转型改革，强化预算执行和财政资金绩效审计查出问题整改落实；加大对公共资金、国有资源等审计监督力度；深化投资项目审计，促进项目资金合理有效使用；提升审计人员综合素质，努力打造一支作风优良、业务精湛、公正廉洁审计队伍，为审计工作合法、公正、准确、高效提供重要保障。

12 月 29 日，常委会第 31 次会议，审议县政府关于研究处理县人大常委会对县政府关于县十六届人大四次会议期间人大代表建议办理情况报告审议意见情况报告(书面),会议认为,县政府把落实审议意见工作列入重要议事日程,针对提出问题采取有效措施,如进一步加大综合建议办理协调工作,强化督查督办,对承办单位相关工作人员进行业务培训,对办理不够规范的进行纠正。会议原则上同意这个报告并提出审核意见,建议县政府及其相关部门进一步落实好审议意见,继续跟踪督办,确保建议办理工作落到实处。

2015年,听取和审议(审查)常规工作报告9项。3月11日,常委会第33次会议,听取和审查县财政局局长向东作的2015年部门预算详细方案报告,会议同意这个报告,并作出决议,决定批准2015年财政部门预算详细方案。授权县财政局自批准之日起20日内书面批复本级各部门预算,并报县人大常委会预工委备案。

8月26日,常委会第38次会议,听取和审查县财政局局长向东作的关于2015年1—6月财政预算执行情况报告,会议同意这个报告。会议认为,1—6月,县政府及其财税部门认真执行县十六届人大五次会议通过的财政预算,预算执行情况总体较好,收入任务超序时进度,支出保障能力明显增强。但财源建设后劲不足、减收因素增多、支出压力增大、资金调度困难等问题。会议建议,要继续加强税收征管,确保全面完成收入任务;加强项目建设,不断增强财政收入后劲;强化财政监管,不断推进法治财政进程。以上审议意见,请县政府研究处理,并按照《监督法》规定,将研究处理情况书面报告县人大常委会。

8月26日,常委会第38次会议,听取和审查县发改局局长蔡勇作的关于2015年1—6月国民经济和社会发展计划执行情况报告,会议同意这个报告。会议认为,1—6月,县政府围绕县十六届人大五次会议确定经济社会发展目标,改革创新,主动适应经济新常态,顶住经济下行压力,大力实施产业化和精准扶贫,着力改善民生,促进城乡统筹发展,加快推进“生态文明、美丽来凤”建设,全县经济社会呈现出稳定向好发展势头。在特色农业、新型工业、商旅文融合、城镇建设、社会事业等取得较好成效,为实现全年计划目标打下坚实基础。但存在部分指标没有实现时间过半任务过半、农业产业化程度不高、工业企业规模不大、发展后劲不足等问题。会议建议,要明确责任,强化措施,全面完成年度目标任务;重视农业,培植产业,强力推进精准扶贫工作;突出重点,加大扶持,不断壮大工业企业规模;立足长远,精心谋划,科学制定“十三五”规划。以上审议意见,请县政府研究处理,并按照《监督法》规定,将研究处理情况书面报告县人大常委会。

8月26日,常委会第38次会议,听取和审查县财政局局长向东作的关于2015年财政预算调整方案报告,会议同意这个报告,决定批准2015年财政预算调整方案。

8月26日,常委会第38次会议,听取和审议副县长韩昕作的关于县十六届人大五次会议期间代表建议办理情况报告,会议同意这个报告。会议认为,县政府高度重视代表建议办理工作,以对代表和人民群众负责态度,认真研究落实建议办理工作。办理形式多样、措施有力,使一批代表关注热点、难点问题得到解决，办理工作成效明显，得到代表认可。但存在少数单位对办理工作认识不高、重视程度不够，办理程序不够规范、办理质量不高，解决问题思路不宽、力度不够等问题。会议建议，要进一步提高认识，不断增强办理工作责任感；切实加强跟踪督查，不断增强办理工作实效；强化和完善办理工作机制，不断提高建议办理落实率；进一步规范办理工作程序，不断提高办理工作水平。以上审议意见，请县政府研究处理，并按照《监督法》规定，将研究处理情况书面报告县人大常委会。

10 月 21 日，常委会第 39 次会议，听取和审查县财政局局长向东作的关于 2014 年财政决算报告，会议同意这个报告，决定批准 2014 年财政决算。听取和审查县审计局局长胡新江作的关于 2014 年度预算执行和其他财政收支情况审计工作报告，会议同意这个报告。会议认为，县政府及其审计部门依法履行职责，加大审计监督力度，充分发挥审计监督功能，较好完成 2014 年度预算执行和其他财政收支情况审计任务，为财政资金有效运行发挥较好监管作用，提升财政资金支出效益。但存在审计范围和深度不够、审计成果运用效果不明显、法律宣传和执法力度不够等问题。会议建议，要不断扩大审计范围，增加审计深度；加强审计成果运用，提升审计效能；高度重视法律宣传，加大执法力度。以上审议意见，请县政府研究处理，并按照《监督法》规定，将研究处理情况报告县人大常委会。

12 月 22 日，常委会第 41 次会议，听取和审查县财政局局长向东作的关于 2015 年财政预算调整方案报告，会议同意这个报告，决定批准 2015 年财政预算调整方案。听取和审查县发改局局长蔡勇作的关于 2015 年国民经济和社会发展计划调整情况报告，会议同意这个报告，决定批准 2015 年国民经济和社会发展计划调整方案。

2015 年，听取和审议专项工作报告 1 项。6 月 24 日，常委会第 36 次会议，听取和审议县经信局局长舒镜峰作的关于工业企业发展情况报告，会议同意这个报告。会议认为，县政府大力推进工业强县战略，在制定发展规划、出台政策措施、狠抓项目建设和招商引资、构筑投资平台、强化服务保障等方面做了大量工作，有力推动工业企业快速发展，取得显著成绩。但存在资源配置不足、工业税收总量偏小、企业纳税不平衡等问题。会议建议，要深化资源要素配置改革，维护市场配置主体地位；深入研究发展环境问题，切实解决企业发展矛盾；提高规上工业企业质量，加强规上企业税收征管。以上审议意见，请县政府研究处理，并按照《监督法》规定，将研究处理情况报告县人大常委会。

2015 年，听取和审议“一府两院”关于研究处理县人大常委会审议意见情况的报告 6 项。3 月 11 日，常委会第 33 次会议，听取和审议县政府关于研究处理县人大常委会对县政府关于扶贫开发工作情况报告审议意见情况报告，会议认为，县政府及扶贫开发部门加快发展特色产业，加强扶贫示范点建设，加大龙头企业培植力度，健全产业扶贫组织体系建设，出台财政专项扶贫项目管理办法。会议同意这个报告并提出审核意见，希望县政府及相关部门进一步做大做强产业扶贫大文章，解决农业龙头企业带动产业扶贫力度不够、项目资金管理制度需落到实处等问题,继续落实好县人大常委会审议意见。

10月21日,常委会第39会议,听取和审议县政府关于研究处理县人大常委会对对县政府关于2014年度财政预算执行和其他财政收支情况审计工作报告审议意见情况报告,会议认为,县政府及相关部门整改工作初见成效。在扩大审计范围、深化审计深度方面,审计部门按照"发展、改革、法制、反腐"目标,加大对公共资金、国有资产、国有资源和领导干部履行经济责任情况审计全覆盖,有效发挥审计监督作用;在加强审计成果、提升审计效能方面,审计部门按照"抓建设、练内功、提效能"原则,将审计整改作为审计成果运用重要内容,强化整改责任,进一步健全和完善相关制度,审计整改工作取得显著效果;在强化宣传、加大执法力度方面,审计部门坚持全面审计、突出重点原则,紧紧抓住事关全县改革发展问题,跟踪审计群众关注重点问题,整合审计资源,切实提高审计质量。会议同意这个报告并提出审核意见,希望县政府及相关部门进一步深化审计转型改革,强化预算执行和财政资金绩效审计查出问题的整改落实;进一步加大对民生资金审计监督力度,确保强农惠农资金落到实处;进一步深化投资项目审计,促进项目资金合理有效使用;进一步提升审计人员综合素质,切实改进工作作风,努力提高审计执法水平,树立公正、廉洁、高效良好形象。

10月21日,常委会第39会议,听取和审议县政府关于研究处理县人大常委会对县政府关于工业企业发展情况报告审议意见情况报告,会议认为,县政府及其相关部门采取强化专题和现场督办、强化运行监测和生产调度、强化平台建设和企业内部管理等措施,在深化资源要素配置改革方面,通过矿产资源普查和鼓励企业积极探矿,优化矿业权配置,拓展资源供应渠道,着力解决原材料供应困难问题;积极搭建融资平台,支持成立中小企业融资担保公司、小额贷款公司、民间资本管理公司,为企业注入大量资金,有效解决企业资金不足问题;通过推进校企联姻、本土人才选拔和挂职培训、企业管理人才培育,加大技能技工培训基地建设,着力解决企业用工难问题。在优化企业发展环境方面,加大项目落地建设力度,落实服务措施,着力解决工业项目建设难题;持续开展三项活动,妥善化解企业周边矛盾;加快推进企业品牌创建力度,促进企业与院校、科研单位联合,提高科技创新和品牌创建能力,增强产品市场竞争力,拓展企业市场空间。在促进企业管理和加强税收征管方面,对企业进行分类指导服务,不断提升企业转型升级能力;不断充实县协税护税领导小组力量,强化措施,明确责任,不断提高税收征管精细化水平,进一步促进企业依法纳税意识。会议同意这个报告并提出审核意见,希望县政府及其相关部门继续加大对审议意见研究处理力度,推动工业企业快速健康成长。

10月21日,常委会第39会议,审议县政府关于研究处理县人大常委会对2015年1—6月财政预算执行情况报告审议意见情况报告(书面),会议认为,县政府及相关部门落实审议意见措施具体、重点突出、成效明显。会议同意这个报告并提出审核意见,希望县政府及相关部门进一步强化预算约束，加强预算监督管理；继续深入贯彻《预算法》，不断推进法治财政进程；在预算编制、执行和管理方面，逐步达到规范化、精细化、法治化；继续加强财政项目资金使用监管力度，切实开展预算支出绩效评价，不断提高财政资金使用效益；进一步明确责任，积极组织财政收入入库，确保圆满完成全年预算任务。审议县政府关于研究处理县人大常委会对2015年1—6月国民经济和社会发展计划执行情况报告审议意见情况报告（书面），会议认为，县政府及其相关部门采取突出重点定措施，细化目标定责任，确保全年计划完成；夯实农业基础，培植优势产业，实施精准扶贫；继续推进新型工业建设，不断优化企业发展环境；深入调查研究，明确规划目标，全力组织编制“十三五”规划。会议同意这个报告并提出审核意见，希望县政府及其相关部门继续加大对审议意见研究处理力度，确保全年计划目标全面完成。

12月28日，常委会第42次会议，听取和审议县政府关于研究处理县人大常委会对县政府关于县十六届人大五次会议期间代表建议办理情况报告审议意见情况报告，会议认为，县政府高度重视县人大常委会审议意见，及时研究处理提出的四点建议，采取相应措施，解决一些问题，代表建议办理工作取得一定成效。会议原则上同意这个报告并提出审核意见，希望县政府及相关部门进一步提高办理工作认识，继续落实好审议意见，加强跟踪督办，把代表建议办理工作落到实处。

2016年，听取和审议（审查）常规工作报告9项。3月24日，常委会第45次会议，听取和审查县财政局局长向东作的关于2016年部门预算详细方案报告。会议同意这个报告，决定批准2016年财政部门预算详细方案。授权县财政局自批准之日起20日内书面批复本级各部门预算，并报县人大常委会预算工委备案。

8月16日，常委会第48次会议，听取和审查县财政局局长向东作的关于2015年财政决算报告。会议同意这个报告，决定批准2015年财政决算。

8月16日，常委会第48次会议，听取和审议县审计局局长胡新江作的关于2015年度预算执行和其他财政收支情况审计工作报告。会议同意这个报告。会议认为，县政府及其审计部门依法履行职责，加大审计监督力度，较好完成2015年度本级预算执行和其他财政收支情况审计任务，为全县财政资金有效运行发挥较好监管作用，提升财政资金使用效益。但在审计工作中，还存在新形势下审计工作改革步伐不快、审计范围不广、审计整改力度有待进一步加强等问题。为此，会议建议：主动适应新形势，不断提升业务水平。审计人员要主动适应新形势、新要求，加强学习，增强学习自觉性和针对性，坚持学以致用，不断深化审计改革，创新审计方法，充分运用审计成果。要在效益审计、审计管理、成果运用上有所创新，促进审计工作整体水平提高。扩大审计监督范围，拓展审计监督空间。要按照新预算法要求，加强对全口径预算审计监督。要在注重对政府财政性收支、建设项目等方面审计同时，加强对政府性基金、社保基金、国有资本经营收支情况审计，拓宽审计内容，扩大审计空间，不断提升审计质量。加强对查出问题的整改力度。县政府及其有关部门,要高度重视并及时研究部署审计查出问题整改工作。要把加强领导、强化责任,落实到审计整改工作始终,确保查出问题如期整改到位。以上审议意见,请县政府认真研究处理,并按照《监督法》有关规定,将研究处理情况报告县人大常委会。

8月16日,常委会第48次会议,听取和审议县财政局局长向东作的关于2016年财政预算调整方案报告。会议同意这个报告。决定批准2016年财政预算调整方案。听取和审议县财政局局长向东作关于2016年1—6月财政预算执行情况的报告。会议同意这个报告。会议认为,1—6月,县政府及其财税部门,认真执行县十六届人大六次会议通过的财政预算,预算执行情况总体较好,收入任务超序时进度,支出保障能力明显提升。但1—6月财政预算执行中还存在一些困难和问题,主要是收入结构不优、减收因素增多、支出压力加大、资金调度困难等。为此,会议建议:加强税收征管,确保完成年度任务。加大向上争取烟厂税收转移支付政策力度,确保既得利益稳步增长;强化综合治税,不断加大税收征管稽查力度,打击跑、冒、滴、漏,确保应收尽收;及时组织收入入库,保持收入进度,确保全面完成年度收入任务。积极争取资金,强化预算执行。各部门加强合作,积极争取上级专项资金和对口帮扶资金,切实保障全县重点项目建设;盘活国有资产,确保国有资产保值增值;积极向州政府争取调度资金,确保支出资金需求。优化支出结构,确保收支平衡。严格执行中央八项规定,牢固树立过紧日子思想,大力推行厉行节约,不断强化预算约束,严肃财经纪律;科学调度资金,在保工资、保运转前提下,确保义务教育、社会保障、支农等重点支出;统筹全局,精心安排,做好预算调整工作,不断提高预算编制水平和预算执行质量,确保全县全年财政收支平衡。以上审议意见,请县政府认真研究处理,并按照《监督法》有关规定,将研究处理情况书面报告县人大常委会。

8月16日,常委会第48次会议,听取和审议县发改局局长蔡勇作的关于2016年1—6月国民经济和社会发展计划执行情况报告。会议同意这个报告。会议认为,县政府围绕县十六届人大六次会议确定的经济社会发展目标,解放思想,创新思路,实施稳增长、促改革、调结构、惠民生、防风险等措施,促进全县经济社会不断发展。上半年,全县在遭受严重洪涝灾害情况下,农业生产保持稳定,农民收入稳步提升,精准扶贫强力推进;工业经济力顶下行压力,实现小幅增长;“商旅文”加深融合,第三产业特别是旅游业发展势头良好;基础设施建设不断加快,城乡统筹协调发展,社会事业全面进步,为实现年度计划目标打下较好基础。但在计划执行中还存在部分指标没达到预期目标、农业产业基础仍然薄弱、新型规上工业企业整体运行状况不佳、项目建设推进缓慢等问题。为此,会议建议:细化目标,压实责任,确保完成年度目标任务。针对下滑明显的经济指标,要制定相应对策,充分运用有利资源,分解目标任务,层层压实责任,采取有力措施,确保全面实现全年计划目标。关注农业,做实产业,不断巩固农业基础地位。有效推进现代农业生产经营方式,突出产业驱动,做到产业发展与后续管理并举。加快城乡统筹发展，以精准扶贫为契机，不断改善农村生产生活条件，夯实农业发展基础。增强信心，保持定力，坚持实施工业强县战略。要结合本地实际，因地制宜，大力实施可持续发展的工业项目。要加强研究现有规模以上工业企业，针对突出问题，制定相应对策，落实优惠政策，优化资源配置，盘活停产企业资产，帮助企业提升自我发展能力，提高工业对县域经济贡献率。狠抓项目，大力招商，不断增强投资拉动效应。要抓住项目建设有利时机，充分调动各部门力量，压实任务，全力推动全县项目建设和招商引资工作，最大限度争取项目资金，为全县经济社会持续发展提供强劲动力。以上审议意见，请县政府研究处理，并按照《监督法》有关规定，将研究处理情况书面报告县人大常委会。

8月16日，常委会第48次会议，听取和审议县政府副县长傅浩作的关于县十六届人大六次会议期间人大代表建议办理情况报告。会议同意这个报告。会议认为，县政府及各承办部门能充分认识办理代表建议重要意义，把办理工作列入工作重要议事日程，认真研究及时落实建议办理工作，总体办理质量较高，成效显著，办理工作得到代表们认可。但是，还存在少数单位对办理工作重视不够、要求不高、调查研究不透彻、沟通征求意见不够、答复迟缓、质量不高等问题。为此，会议建议：进一步提高认识，规范程序，不断提高办理工作水平。县政府进一步加强对各承办单位领导，切实增强承办单位大局观念和责任意识，把办理代表建议当作一项严肃政治任务完成。在办理代表建议过程中，要继续坚持深入调查研究、部门协作、网上网下办理等一些好作法，切实把代表建议办好办实；要严格按照有关规定，按期办理代表建议，坚决杜绝办理滞后或超期不办等情况发生。要加强业务学习培训，提高办理工作规范化水平。进一步改进工作方法，完善办理工作机制，不断提高建议办理落实率。县政府要建立和完善办理工作机制，定期研究建议办理工作。各承办单位要进一步改进和创新办理工作方式，在制定长远规划和年度计划时，要结合代表建议办理工作，统筹兼顾，优先考虑解决代表建议中提出的问题，切实提高建议办理落实率。切实加强跟踪督查，狠抓落实，不断增强办理工作实效。县政府及相关单位对承办的人大代表建议要做好跟踪督查工作。对正在解决和列入计划解决的，特别是县长、副县长领衔办理的7件重点办理件，要督促抓紧落实，对进展较慢的，要明确专班，加大工作力度，确保限期落实；对因条件变化难以按期落实的，要实事求是向代表说明情况。要采取行之有效措施，切实提高办理工作实效。以上审议意见，请县政府研究处理，并按照《监督法》有关规定，将研究处理情况书面报告县人大常委会。

12月17日，常委会第52次会议，听取和审议县财政局局长胡新江作的关于2016年财政预算调整方案报告，会议同意这个报告，决定批准2016年财政预算调整方案。听取和审议县发改局局长蔡勇作的关于2016年国民经济和社会发展计划调整方案报告，会议同意这个报告，决定批准2016年国民经济和社会发展计划调整方案。

2016年，听取和审议“一府两院”关于研究处理县人大常委会审议意见、决议决定情况的报告14项。5月6日，常委会第46次会议，听取和审议县政府关于研究处理县人大常委会关于检查《预算法》实施情况报告审议意见情况报告，会议认为，县政府及相关部门高度重视县人大常委会审议意见，整改工作初见成效。进一步加大学习宣传力度，县政府积极督导全县财政、财务人员认真学习《预算法》，要求分管财务领导掌握其主要精神实质，真正做到依法理财，让《预算法》贯穿于财政、财务活动始终。进一步规范预算编制，按照《预算法》规定，提前预算编制时间，严格预算编制程序，坚持二上二下原则，规范预算编制文本，深化预算改革。在进一步强化预算执行方面，严格预算执行，强化预算约束，坚决做到先有预算后有支出，集中财力保工资、保运转、保民生、促发展，进一步优化支出结构，压缩“三公”经费等非生产性支出，不断降低行政运行成本。进一步完善预算监督，针对问题制订切实可行整改措施，依法规范财政收支行为，确保公共财政资金发挥效益。进一步完善预决算公开内容，切实增强预算执行透明度，自觉接受人大和社会监督。会议同意这个报告并提出审核意见，建议县政府及相关部门进一步深化预算体制改革，加强财政支出绩效目标管理工作，切实提高财政资金使用效率。

5月6日，常委会第46次会议，听取和审议“一府两院”关于研究处理县人大常委会关于检查《行政诉讼法》实施情况报告审议意见情况报告，会议认为，“一府两院”重视县人大常委会审议意见，整改工作初见成效。加大法律学习宣传力度。进一步明确《行政诉讼法》实施工作领导职责，不断强化法制宣传教育落实情况督办检查和考评工作；积极组织广大干部尤其是行政执法人员系统学习，法律知识水平不断提高，依法行政意识得到增强；运用各种新闻媒体广泛开展法制宣传活动，不断提高公民、法人和其他组织通过诉讼解决行政争议、依靠法律维护合法权益意识。提高依法行政水平。全面推行行政执法责任制，建立较为完善行政执法体系；按照职权法定、权责一致原则，进一步规范行政执法主体，强化行政执法人员资格管理；强化规范性文件审查，从源头上防止违法行政；加强行政复议，纠正违法或不当行政行为。加强行政应诉工作。建立应诉案件定期报告备案制度并切实加以落实，至2016年3月，县行政机关负责人出庭应诉比例达到50%。及时与法院加强沟通协调，积极预防化解行政争议。强化行政诉讼案件审判工作。加强行政诉讼审判队伍建设，充实审判队伍；加强思想作风和司法能力建设，提升法官司法能力；认真落实立案登记制度，保护当事人诉权；严格执行程序实体并重，维护当事人合法权益；加强行政协调工作，提高行政审判效率；强化审判监督力度，自觉接受各界监督。加大行政检察工作力度。强化事前监督，健全两法衔接信息平台建设。与30余家县行政执法部门建立联席会议制度，启动两法衔接信息平台，要求各行政执法部门将行政处罚案件录入信息平台与检察机关共享，初步实现联系单位全覆盖。加强事中监督，发挥现场监督作用。突出事后监督，完善工作联系机制。2015年12月以来，县检察院在行政诉讼监督中，向县法院提出检察建议2件，均得到采纳。提升履职能力，规范行政检察工作程序。会议同意这个报告并提出审核意见，建议“一府两院”进一步研究解决实施《行政诉讼法》存在问题，不断提高依法行政、公正司法水平，切实保护当事人合法权益，为建设法治来凤、平安来凤、和谐来凤做出积极贡献。

5月6日，常委会第46次会议，听取和审议县政府关于研究处理县人大常委会对2015年度财政预算执行和其他财政收支情况审计工作报告审议意见情况报告，会议认为，县政府及相关部门高度重视县人大常委会审议意见，并下发关于做好审计查出问题整改工作通知，要求各部门按照县人大常委会审计监督工作暂行办法规定，切实重视审计整改工作，建立健全审计整改联动机制。被审部门主要负责人作为整改落实第一责任人，落实责任主体，对审计查出问题列出整改清单，不折不扣完成整改工作；健全完善各项内部规章制度，推进建立依法行政、依法理财长效机制。被审部门严格执行审计决定，积极采纳审计意见和建议，及时制定审计整改工作方案，采取有效措施，通过收缴资金、调整账务处理等方式整改；对内部管理控制问题，通过完善制度，加强督促检查和补办手续等方式整改；对一些发生但无法追溯调整问题，通过承诺加强事中事后监管，严格制度执行，杜绝类似问题再次发生方式整改。至2016年5月，应整改19个问题，除应拨未拨财政资金、财政预算资金出借因客观原因一时难以整改到位外，其余基本整改到位。会议同意这个报告并提出审核意见，建议县政府及相关部门进一步深化审计转型改革，促进审计成果综合运用，提高审计效能，强化预算执行和财政资金绩效审计查出问题整改落实，促进财政资金在管理上更规范、安全、有效。

5月6日，常委会第46次会议，听取和审议县政府关于进一步研究处理县人大常委会关于“六五”普法规划决议情况报告，会议认为，“六五”普法规划决议实施以来，县政府精心组织，各部门、各单位和广大普法工作者辛勤工作，普法工作得到社会各界大力支持和积极参与。五年来，“六五”普法工作推进顺利，“六五”普法规划决议得到贯彻落实。领导高度重视，工作基础坚实。县政府把法治建设和“六五”普法纳入重要议事日程，纳入经济社会发展总体规划，纳入社会治安综合治理考核体系，统筹安排，同步实施。各级普法组织机构健全，工作目标明确，规划制定科学，责任机制完善，经费保障落实。普法重点内容明确，学法方案切实可行。根据不同对象明确学法重点内容，把各种普法教材落到实处。制定进一步加强全县农村法制宣传教育工作实施方案、平安来凤建设主题法制宣传教育活动实施方案等。明确普法重点对象，普法成效明显。领导干部、公务员、青少年、企业经管人员和农民法制宣传教育得到加强。注重普治并举，法治化管理水平明显提高。积极推进实施阳光新政、基层依法治理和行业依法治理，构建法治创优平台。普法形式方法多样，宣传教育载体丰富。深入开展深化法律六进、服务科学发展法制宣传教育主题活动。利用重大活动，丰富创新法制宣传活动形式和内容。运用各种媒体，开展普法宣传。严格工作考核，推动“六五”普法规划落实。对规划实施情况组织年度考核、阶段抽查、中期检查和五年总验收，及时通报“六五”普法依法治理考核验收结果，将普法规划各项任务落到实处。会议同意这个报告并提出审核意见，建议县政府及相关部门进一步总结“六五”普法成绩和经验，找出存在突出问题，研究切实可行办法，在今后普法工作中加以解决，为全县经济社会依法运行和健康发展提供有力法制保障。

5月6日，常委会第46次会议，听取和审议县政府关于研究处理县人大常委会对扶贫开发工作情况报告审议意见情况报告，会议认为，县政府及扶贫开发主管部门高度重视县人大常委会审议意见，围绕审议意见做了大量工作。出台关于推进综合扶贫、促进农民收入倍增的决定，确定精准扶贫思路；明确精准扶贫指导思想、目标任务、帮扶政策，落实工作措施；规范扶贫资金管理制度和充分发挥扶贫资金使用效益。会议基本同意这个报告并提出审核意见，建议县政府及相关部门围绕脱贫攻坚目标，认真研究对策，采取强有力措施，确保全县精准脱贫任务圆满实现。

6月21日，常委会第47次会议，听取和审议县政府关于进一步研究处理县人大常委会对县人大常委会执法检查组关于检查《食品安全法》实施情况审议意见报告，会议认为，县政府及其相关部门落实审议意见取得一定成效。积极创新宣传形式，增强全社会食品安全意识。利用多种平台，采取多种有效形式，积极开展政策法规和认假辨真知识宣传，引导全社会共同参与，取得良好效果。不断优化监管措施，构建长效食品安全管理机制。建立举报平台，搭建县乡村整体联动网络体系，完善企业自律、诚信、惩戒机制，注重提高食品经营者自律意识。强化食品安全日常巡查力度，提高抽检率，开展专项整治，进一步优化管理模式，构建食品安全网络。不断加大投入，努力提升食品安全保障水平。在人力、物力、财力上给予支持，食品安全监管能力和保障水平得到加强。会议同意这个报告并提出审核意见，希望县政府及相关部门采取更加有力措施，认真解决食品安全监管存在问题，努力为全县人民营造一个安全放心食品安全环境。

6月21日，常委会第47次会议，听取和审议县政府关于进一步研究处理县人大常委会对县人大常委会执法检查组关于检查《州旅游条例》实施情况审议意见报告，会议认为，2013年以来，在县人大常委会跟踪监督下，县政府及相关部门认真研究处理审议意见提出建议，整改工作成效显著。广泛宣传《州旅游条例》，奠定旅游强县创建基础。强化《条例》宣传贯彻；加强领导，强化组织保障；以“六城”同创为契机，有序推进“湖北旅游强县”创建；强化协调，加强部门联动。科学编制规划，引领旅游产业健康发展。坚持规划引领，完善各项旅游规划；科学谋划“十三五”旅游发展规划；推进区域联合发展。切实加大投入，完善旅游产业发展功能。加大景区基础设施建设；加强景区创建；积极招商引资，完善旅游配套；建立旅投平台，培育市场主体；积极争取项目资金；扩大县级旅游发展基金。建立旅游执法机制，规范旅游市场秩序。成立旅游监管和执法机构；加强旅游市场管理；建立旅游巡回法庭。加强队伍建设，为旅游产业发展提供人才支撑。壮大县旅游部门队伍，完善旅游管理机构；加强导游队伍建设；加强旅游从业人员培训。加强旅游宣传，扩大来凤旅游影响力。丰富旅游宣传基础资料;举办旅游活动宣传;加强媒体宣传;积极对外宣传。坚持政策引导,增强旅游发展后劲。会议同意这个报告并提出审核意见,建议县政府及相关部门围绕全县“十三五”旅游专项规划,进一步加强领导,完善措施,真抓实干,为把来凤建成湖北旅游强县作出积极贡献。

6月21日,常委会第47次会议,听取和审议县政府关于进一步研究处理县人大常委会对县政府关于城区供水情况询问意见情况报告,会议表决报告未获通过。会议建议县政府及相关部门进一步追加措施,真正落实询问意见;同时,县人大常委会将继续跟踪监督。

6月21日,常委会第47次会议,听取和审议县政府关于进一步研究处理县人大常委会对工业企业发展情况报告审议意见情况报告,会议认为,县政府及其相关部门重视落实县人大常委会审议意见,多次在政府常务会议上研究,并就企业面临急重问题召开专题会议,研究制定解决办法和措施。采取加大矿产资源普查、优化矿产权配置,出台金融支持工业经济发展指导意见,加强人才引进和培训,使企业在资源要素配置存在问题得到进一步解决;继续推行项目建设工作制度,出台容缺预审、容错免责、能上能下机制,加大企业周边环境和矿山开采秩序整治,不断推进企业品牌创建和产品标志保护,使企业发展环境进一步改善;继续实行企业分片分类管理,推行现代企业管理制度,促进产业转型升级,全面推进营改增改革试点,不断提升税收征管精细化水平,增强企业依法纳税意识,进一步加强企业管理。会议同意这个报告并提出审核意见,希望县政府及其相关部门针对企业存在困难和问题,制定切实有效办法,采取更加有力措施予以解决,加快推进全县工业企业发展步伐。

10月21日,常委会第50次会议,听取和审议县政府关于进一步研究处理县人大常委会对城区供水情况的询问意见情况报告,会议认为,县政府及其相关部门在县人大常委会的持续跟踪监督下,进一步加大对询问意见落实力度。特别是在三水厂建设上,加强组织领导、投入大量资金,加快工程建设进度,三水厂厂区建设基本完工,达到生产试运行条件;输水管道完成18千米管道安装,在进行输水管两端接口工程施工;三水厂至老城区配水主干管及联网工程完成7.3千米的管道安装,实现全面供水目标指日可待。会议同意这个报告并提出审核意见,希望县政府及其相关部门继续加大对询问意见落实力度,加快推进三水厂工程建设,确保如期实现供水,切实保障人民群众用水安全和城市发展的需要。

10月21日,常委会第50次会议,听取和审议县政府关于研究处理县人大常委会对2015年度预算执行和其他财政收支情况审计工作报告审议意见情况报告,会议认为,县政府及相关部门对县人大常委会的审议意见高度重视,审议意见提出三点建议不同程度得到落实,整改工作初见成效。特别是在加强对审计查出问题的整改力度上效果尤为明显。审计部门结合工作实际,把审计整改作为工作重点,采取多项措施,强力推进审计查出问题的整改落实,促进审计成果转化。进一步健全审计整改情况报告制度,对审计整改情况作为一项重要内容定期向人大常委会报告;明确责任,被审计单位落实审计整改主体责任,上下联动、整体推进审计整改工作;加大督查,审计部门落实审计整改督促责任,加强对被审计单位的整改情况的督查,强化审计结果落实;优化服务,加大审后服务跟踪力度,寓服务于监督中;加强舆论监督,增强社会和舆论监督力度,扩大社会公众参与监督的范围,严明财经纪律。通过审计整改有力强化审计监督,规范审计行为,切实维护财政经济秩序,促进国民经济和社会健康有序发展。会议同意这个报告并提出审核意见,希望县政府及其相关部门要进一步深化审计转型改革,强化财政资金绩效审计查出问题的整改落实;加大对公共资金、国有资源等审计监督力度;深化投资项目审计,促进项目资金合理有效使用;提升审计人员的综合素质,努力打造一支作风优良、业务精湛、公正廉洁的审计队伍,为审计工作合法、公正、准确、高效提供重要保障。

10月21日,常委会第50次会议,审议县政府关于研究处理县人大常委会对2016年1—6月财政预算执行情况报告审议意见的报告(书面),会议认为,县政府及相关部门高度重视县人大常委会的审议意见。在关于“加强税收征管,确保完成年度任务”方面:财税部门紧紧围绕收入目标任务狠抓落实,认真分析全面推行营改增后减收因素的影响,进一步明确责任,细化措施,强化征管,积极组织各项收入及时足额入库,确保收入任务全面完成;在关于“积极争取资金,强化预算执行”方面:各部门加强合作,积极争取资金,至10月份争取上级专项资金47880万元和对口帮扶资金1917万元,着力保障全县重点项目建设;充分盘活闲置国有资产,确保国有资产保值增值,县汉办资产在处置中;积极向州争取调度资金,确保基本支出需要。在关于“优化支出结构,确保收支平衡”方面:紧密结合中央八项规定要求,严肃财经纪律,厉行节约,不断强化预算约束;科学调度资金,在保障基本支出的前提下,优先安排教育、社保等民生支出和重点工程项目投入;统筹财力,启动预算调整工作,确保全县全年财政收支平衡。会议同意这个报告并提出审核意见,希望县政府及其相关部门要高度重视财源培植,狠抓财源建设。要加大对招商和项目建设的工作力度,加强对重点税源项目的引进、服务和管理,培植新的财源增长点。要进一步强化预算约束,加强预算监督管理。要认真贯彻执行《预算法》,进一步规范预算执行程序,推进预算管理科学化、精细化。要加大对财政资金拨付、使用和管理的监督力度,要逐步推进预算支出绩效评价,不断提高财政资金使用效益,提高依法理财、依法行政水平,确保圆满完成全年预算任务。

10月21日,常委会第50次会议,审议县政府关于研究处理县人大常委会对2016年1—6月国民经济和社会发展计划执行情况报告审议意见的报告(书面),会议认为,县政府及相关部门高度重视县人大常委会的审议意见,组织相关部门召开会议进行研究,对审议意见中指出问题认真分析,积极应对。对审议意见中提出意见和建议认真研究,采取突出重点、细化目标、强化问责等措施,力保全年计划完成;强力推进精准扶贫和农村基础设施建设,不断培育优势产业,厚植农村发展基础;大力发展新型工业,继续优化发展环境，不断巩固工业经济基础；狠抓项目建设和招商引资工作，不断提升项目投资拉动效应。审议意见提出的四点建议得到较好落实，取得明显成效，会议同意这个报告并提出审核意见，希望县政府及其相关部门要对审议意见要继续深入落实，采取切实措施，确保全面完成2016年计划目标。

10月21日，常委会第50次会议，审议县政府关于研究处理县人大常委会对县十六届人大六次会议期间代表建议办理情况报告审议意见的报告（书面），县政府及相关部门对县人大常委会的审议意见高度重视，对提出三点建议及时进行研究处理，采取相应措施，解决一些问题，代表建议办理工作取得一定成效。会议原则同意这个报告并提出审核意见，希望县政府及其相关部门在今后的代表建议办理工作中要进一步提高认识，搞好跟踪督办，把代表建议办理工作落到实处。

二、执法检查

执法检查是各级人大常委会行使监督职权的重要形式。其目的在于保证法律法规在本行政区域有效贯彻实施，推进依法治国、社会主义法治国家建设进程。

自治县一届人大常委会执法检查工作基本上处于探索阶段，除组织学习法律法规外，重点是围绕法律法规制定和修改工作，到县直部门和区乡开展调研，了解在法律法规贯彻执行方面存在问题，听取干部群众对贯彻实施有关法律法规意见和建议。1983年7月，根据上级要求，常委会正副主任、部分县人大代表、机关工作人员和县直部门负责人50多人，分三批到有关单位调研座谈，学习讨论《民族区域自治法》(征求意见稿)，提出一些修改意见和建议，经过整理，向全国人大民族委员会（简称“民委”）写出书面报告。1984年8月，组织部分人大代表、机关工作人员，请法院、司法局、工会、妇联等部门负责人汇报保护妇女儿童权益情况，座谈讨论《省保护妇女儿童合法权益的规定》(征求意见稿)，结合实际，提出9条意见和建议，上报省人大常委会法制工作委员会。

县九届人大常委会检查《土地法》《地方组织法》等10部法律法规实施情况，根据不同内容，深入有关部门调研和座谈，了解实施情况，提出修改建议。常委会组成人员分别到司法局、林业局、检察院、民政局、税务局、文化局、工商局、教委、公安局等单位，听取《宪法》等法律法规实施情况汇报，发现许多执法不到位和值得改进问题，强调各部门要依法办事、大胆履行职责。注重抓好公民基本普及法律常识工作及检查。从1985年起，就把普法工作纳入常委会议事日程，调研和检查普法工作，仅1986年，就2次组织部分州县人大代表视察和检查县直单位普法情况，在充分肯定成绩同时，指出存在问题和困难，积极向政府及其有关部门建议，使问题得到及时解决，推进全县普法工作。

县十届人大常委会在听取和审议有关法律实施报告前，组织常委会组成人员和工委负责人检查有关法律实施情况。1988年，检查《食品卫生法》等法律法规实施情况，掌握第一手材料。在检查《统计法》实施情况时，发现少数地方对《统计法》宣传不深透、不重视统计工作、某些统计数据严重失实等问题，及时以材料形式向政府及其有关部门通报,强调政府部门要进一步加强《统计法》学习宣传,提高认识,科学有效依法开展统计工作,确保全县统计资料完整性、准确性,为党委政府决策提供真实信息。同时,检查少数地方随意撤换由乡镇人大选举产生的副乡镇长情况,并予以纠正。1989年8月,县十届人大常委会第11次会议作出关于开展执法检查的决定,确定检查《民族区域自治法》等20多部法律法规实施情况。9月,召开副局级以上干部会议和执法检查动员会议,县人大代表及200多名副科级以上干部听取动员报告。之后,全县成立执法检查领导小组,拟出执法检查方案,作出安排部署。为搞好这次执法检查,常委会集中领导、人员和精力,全力抓好组织、指导、督导工作,正副主任10余次同"一府两院"领导研究执法检查问题,主任会议多次听取情况汇报,组织人员50余次深入税务、审计、工商、物价、财政、银行、经委、烟草、公安、文化、广电、计生、土管等单位检查、督导。在税务执法检查中,人大代表在充分肯定税务工作同时,也指出存在问题,并提出一些改进建议。税务部门对建议及时研究,并组织召开有税务、工商等部门及个体工商户参加的依法纳税会议,表彰依法纳税人员、核定依法纳税标准,对偷税漏税较为严重者依法查处。

县十一届人大常委会每年都开展执法检查工作。1991年,根据省州关于1991年执法大检查的通知精神,常委会主任会议专门研究,召开"一府两院"及有关部门负责人会议部署,并制定大检查实施方案。在执法大检查中,常委会组成人员和部分人大代表多次到有关部门、重点单位检查和督查,并将有关法律实施情况作专题报告,肯定有关单位贯彻执行法律法规成绩,同时指出存在不足,提出进一步贯彻执行法律法规意见。1992年6月20—26日,组织常委会委员和矿管办、土管局、法制办、工业煤炭局、企管局、劳动局、工商局、司法局、公安局、法院、检察院12个单位21人,分3个执法检查组,深入20多个矿场,对《矿产资源法》实施情况开展4天检查,依法纠正一些乡、镇及个体户乱开滥采、无证开采违法现象。1992年3月,在执法检查中,发现几个乡没按法定程序,随意变动乡人大主席团主席职务,调查弄清情况后,建议和督促这些乡及时纠正。

县十二届人大常委会检查《农业法》《农民负担管理条例》等30多项法律法规在全县实施情况,通过执法检查,肯定成绩,严肃指出执法中存在问题,并督促执法部门认真整改。1994年,开展5次执法检查。检查《计量法》和《物价管理条例》实施情况,督促有关部门没收和销毁122件不合格衡器和卷烟、饮料等价值5万余元假冒伪劣商品,烧毁注水猪肉500多公斤,处罚违法个体经营者20户,保护消费者利益。检查《矿产资源法》实施情况,督促72个无证开采户补办开采证,查封违法开采的5个小煤窑,将个别违法强行开采的小煤窑责任人,交司法机关处理。检查《统计法》实施情况,督促纠正统计工作中虚报造假问题,解决某些单位统计人员长期不落实问题。1995年4月下旬,组织常委会委员、机关工作人员和物价局负责人,分成2个检查组,分别深入全县各个化肥销售点检查。通过检查,查获抬价销售金额8万余元,并查处一批非法经营的化肥，责令抬价单位和个人向农民退款5万余元，保护消费者利益，遏制抬价和非法经营歪风。检查《会计法》实施情况，针对少数单位财务管理混乱、不严格执法等问题，督促单位领导拟出整改措施，限期整改。1996年3—11月，组织开展7次执法检查。8月中旬，常委会3名副主任带队，组织9名常委会组成人员及农业部门负责人，分3个小组，检查《农民负担管理条例》实施情况。发现农民减免政策不够落实，负担卡发放不到位，以及乱收费、乱摊派问题。检查后，立即召集政府负责农村工作领导和农委、农业局、财政局等部门负责人开会，专题研究检查出来的问题，拿出解决问题办法，使农民减免政策得到落实，乱收费、乱摊派得到遏制。1997年4—10月，参与省州人大常委会对《行政处罚法》等法律法规实施情况执法检查8次。通过执法检查，肯定执法中成绩，指出存在问题，督促有关部门认真整改。1998年，根据上一级人大常委会统一部署，检查《农业法》《统计法》等8部法律法规实施情况。在开展对《统计法》执法检查中，了解到问题仍然不少，特别是弄虚作假行为影响县委、县政府决策。因此，对检查出来有法不依、弄虚作假违法行为严肃批评，要求有关部门立即纠正不实数据，为《统计法》在来凤贯彻实施起到重要促进作用。

县十三届人大常委会检查《预算法》等20多部法律法规实施情况。1999年11月下旬，组织20人执法检查组，用3天时间，检查《环境保护法》实施情况，实地查看翔凤镇造纸厂、观城坡牲畜交易市场、县食品公司屠宰场和在建的三胡乡苏家堡万头养猪场等5个单位和老虎洞河、万家塘河环境污染情况，及时向县委、县政府及有关单位通报执法检查情况，指出问题严重性，提出7个方面建议和整改意见，引起县委、县政府高度重视，及时采取措施，治理环境污染。2000年9月，配合省州有关执法部门，检查来凤县推行执法责任制、执法公示制、执法督察制、执法错案追究制“执法四制”情况，使全县行政部门进一步建立健全“执法四制”。2001年8月，组织常委会工委和县土管局负责人，检查《土地管理法》《省实施〈土地管理法〉办法》实施情况，通过听取汇报、现场查看和查阅资料等，在充分肯定成绩基础上，从9个方面对全县土地管理法律法规宣传、执法队伍建设和执法过程中存在问题提出意见和建议，强调对执法工作中问题要限期整改，使有关土地管理法律法规在全县更好贯彻执行。2002年3月，组织常委会组成人员与农业部门负责人，检查《种子法》实施情况时，发现非法经营种子、出售假冒伪劣种子问题较为严重，对此问题提出批评，还一查到底，提出建议，督促有关部门加强种子管理，加大打击力度，依法保护农民合法利益。2003年，组织常委会组成人员、工委负责人及有关执法部门，检查《动物防疫法》《省实施〈动物防疫法〉办法》实施情况，了解到不少单位和个人对《动物防疫法》《省实施〈动物防疫法〉办法》学习宣传不够、防疫检查监察工作不落实、防检案件难查处难判决难执法难处罚等问题，及时建议政府专题研究，拿出解决问题措施。之后，县十三届人大常委会第30次会议，听取和审议县政府关于《动物防疫法》《省实施〈动物防疫法〉办法》实施情况报告，就有关问题进行通报，引起政府及有关部门高度重视，并采取具体措施,解决有关问题。

县十四届人大常委会检查《民族区域自治法》《档案法》等11部法律法规实施情况。2004年8月,组织3个执法检查组,检查县民宗局、发展计划局等11个单位实施《民族区域自治法》情况,对存在问题提出建议,要求加大宣传和落实力度,特别是民族政策落实力度,促进全县民族经济发展。2005年6月,从进一步贯彻涉农法律法规出发,检查《土地管理法》《基本农田保护条例》实施情况。在执法检查中,对如何保护基本农田、怎样做到合理利用,以及防止乱占耕地等问题,提出意见和建议,引起政府高度重视。2006年5月,常委会分管副主任率领执法检查组,检查革勒车、三胡实施《矿产资源法》《安全生产许可证条例》情况,针对少数非煤矿山无证非法开采情况较为严重、中介组织收费太高、业主难承受、个别矿山治理不落实等问题,建议政府继续加大法律宣传力度、继续加大对非煤矿山整治力度,要求有关职能部门互相配合,依法采取有效措施整治非煤矿山,切实搞好非煤矿山依法开采和利用。

县十五届人大常委会组织6次专项执法检查,维护法律尊严,推进依法治县。在加强司法监督、促进公正司法监督中,常委会通过执法检查、听取和审议人民陪审员工作和诉讼监督工作报告后,及时向"两院"提出加强教育培训、严格规范管理、强化职能责任、提高履职水平等要求,为促进司法公正、维护公平正义、促进司法队伍建设等发挥积极作用。在加强执法监督、维护法律尊严中,常委会按照年度计划安排,听取《人口与计划生育法》等10部法律法规实施情况报告,有针对性提出工作要求和建议,保证这些法律法规在本地区遵守和执行,还分别检查《职业教育法》等6部法律法规实施情况,针对执法检查中问题,提出建议,使这些法律法规在全县得到较好贯彻执行。常委会受省州人大常委会委托,督促各级政府及有关部门自查《会计法》等7部法律法规实施情况,解决有关法律法规在贯彻实施中存在问题。

县十六届人大常委会开展6次执法检查。2012年,开展2次执法检查。4月11—12日,常委会执法检查组检查《矿产资源法》实施情况。检查组实地查看时代矿业、滑石板煤矿、老鸦山采石场、科隆公司等部分矿山企业采矿及加工情况;查阅相关资料;与部分矿山企业主座谈;听取县国土资源局局长陈光艾作的关于《矿产资源法》实施情况汇报,以及县经信局、公安局、林业局、环保局、安监局、工商局、电力公司等部门专项工作汇报,全面了解实施《矿产资源法》情况。检查组认为,近几年,县政府及相关部门牢固树立科学发展观,深入实施《矿产资源法》及相关法律法规,严格执法,认真履行职责,取得一定成绩,促进全县环境资源与经济社会可持续发展。学习宣传《矿产资源法》及相关法律法规有声有色;矿产资源开采利用及保护收效颇丰;依法整治和规范矿产资源开发秩序成效明显。同时指出,存在《矿产资源法》宣传不广泛、不深入、不持久现象;矿产资源开发利用水平有待提高;矿区生态环境治理及保护有待加强;执法部门合力形成不够,违法行为时有发生等。为此,提出建议,深化认识,强化措施,继续加强对《矿产资源法》宣传力度;科学规划，加强勘察，不断提高矿产资源开发利用总体效应；部门配合，重拳出击，继续抓好矿产资源违法行为整治；明确责任，综合治理，切实抓好矿山生态环境保护和治理；强化管理，健全机制，加强矿产资源管理队伍建设。4月24日，常委会第5次会议，听取和审议县人大常委会执法检查组关于检查《矿产资源法》实施情况报告。会议同意这个报告。会议认为，县政府及其相关职能部门在积极宣传法律法规、加强矿产资源开发利用和保护工作、保证重点企业原材料供应、整治规范开发秩序等方面，做了大量工作，取得明显成效，为经济快速发展作出积极贡献。但在《矿产资源法》实施过程中仍存在法律宣传力度不够、矿产资源开发利用水平不高、矿区生态环境保护和治理有待加强、执法部门合力不够等问题。会议建议，进一步加强对《矿产资源法》宣传；完善矿产资源开发利用总体规划；强化矿区生态环境保护；加大矿产资源开采秩序整治力度；加强矿管队伍建设。会议要求，以上审议意见连同执法检查报告，请县政府研究处理，并按照《监督法》有关规定，将研究处理情况报告县人大常委会。6月27日，听取和审议县政府关于研究处理县人大常委会对关于检查《矿产资源法》实施情况报告审议意见情况报告，会议认为，县政府及相关部门加大宣传力度，完善矿产资源开发利用总体规划，加大矿区生态环境保护及矿产资源开发秩序整治力度，加强矿管队伍建设。会议同意这个报告。但审议意见中要求从根本上解决三胡麻坑一带违法违规开采问题，只制定方案，没实质性进展，对此，常委会将继续跟踪督办。会议提出审核意见，建议县政府及矿产资源主管部门进一步加大对审议意见落实力度，认真研究和解决矿产资源开发利用及保护中存在问题，为促进全县经济社会发展作出应有贡献。

7月26日，常委会执法检查组检查《残疾人保障法》实施情况。检查组通过查阅资料、座谈交流，重点了解全县残疾人基层组织、社会保障体系和服务体系建设情况；实地查看城区残疾人无障碍设施建设和管理情况；召开汇报会，听取副县长卢红鹂作的关于《残疾人保障法》实施情况汇报，以及县法院等单位专项汇报，全面了解全县近几年《残疾人保障法》实施情况。检查组认为，县政府将残疾人事业纳入国民经济和社会发展规划中，制定出台关于促进残疾人事业发展实施意见，明确提出到2015年全县残疾人事业发展总体要求、基本目标和工作措施，从长远发展上保障残疾人权益。县财政部门不断加大对残疾人事业投入力度，工作经费逐年增加；各级各部门也将残疾人工作纳入工作计划，确保残疾人工作开展。残疾人工作机构基本健全，干部工作队伍得到加强。县政府成立残疾人工作委员会，负责全县残疾人事业发展组织协调，为残疾人工作有序推进提供组织保证；选优配强县残联领导班子，增加人员编制；各乡镇成立残联，有理事长和干事；村和社区设有残协组织，县乡村三级残联工作网络初步建立。残疾人康复工作取得较好成效。开展残疾人康复需求调查。全县有康复需求残疾人6200余人，占全县残疾人总数23.8%。按省州残联要求，在规定时间内将相关信息录入全国残疾人康复信息数据库。启动全国康复示范达标县创建工作。残疾人教育得到基本保障。对残疾人教育服务实施免费＋扶助均衡优惠和“两免一补”政策，招收能适应普通班学习适龄残疾儿童、少年就近入校就读，并根据其学习、康复需要提供必要帮助。残疾人就业工作逐步推进。出台相关政策，明确残疾人就业创业优惠政策，着力促进残疾人就业创业。几年来，县政府协调各家银行为扶持企业安置残疾人就业、残疾人自主就业落实扶贫贴息贷款200余万元，依法按比例安置残疾人15名。出台关于对残疾人就业保障金实行代扣代征的通知，明确“地税代征、财政代扣”残疾人就业保障金征收机制，2011年全县完成残保金征收76万元，同比增长7.0%。开展残疾人技能培训，提升残疾人就业能力。残疾人文体生活有所改善。为满足广大残疾人日益增长文化生活需要，开展“残健共融”文体服务，多次组织和扶持残疾人开展文化、体育、娱乐活动，举办特殊艺术演出和残疾人体育运动会，培养、输送优秀残障选手参加省残运会田径、棋类项目比赛。残疾人保障机制逐步建立。开展残疾人社会救助。坚持低保政策向残疾人倾斜，截至2012年6月，全县将14151名残疾人纳入低保，还为他们统一缴纳医疗保险费。全县235名孤残儿童，全部享受每月不低于600元生活补贴。实施大病医疗救助制度，将听力语言障碍、脑瘫等康复项目纳入医保报销范围。实施残疾人安居工程。全县投入安居改造资金300万元，有50户贫困残疾人迁入新居，改造192户残疾人危房，还为最困难残疾人配备床、被褥、灶具等生活必需品。创办托养服务试点。建立大河镇福利院、革勒车乡福利院2个集中托养站试点，集中托养残疾人125名；对25名重度残疾人提供居家安养服务。无障碍设施建设管理不断加强。注重对无障碍道路设施管理和维护，以确保残疾人出行安全。残疾人维权信访工作得到基本落实。县政府及有关部门高度重视残疾人维权工作。4年多来，县法院受理涉及残疾人各类纠纷案件330件，为涉诉残疾人减、免、缓诉讼费9.51万元，给身有残疾执行申请人解决司法救助金8.15万元；县司法局法律援助中心办理残疾人法律援助案件32件，办理残疾人法律援助事项100余件，解答残疾人法律咨询200余件，减免律师费用30余万元。认真开展信访维稳工作，仅2011年，全县接待残疾人来信来访208件，对残疾人上访提出问题均作妥善答复和处理，为维护全县社会稳定做出积极贡献。检查组指出，在《残疾人保障法》实施过程中，宣传工作有待加强；残疾人事业保障体系和服务体系有待完善；残疾人就业工作有待加强，就业保障金征收渠道需要进一步畅通；无障碍环境建设管理力度有待加大。检查组建议，要进一步加大宣传力度；加大“两个体系”(残疾人社会保障体系和服务体系)建设力度，推进残疾人事业健康快速发展；加大残疾人就业创业扶持力度，做好残疾人就业保障金征管工作；加强无障碍环境建设和管理。8月29日，常委会第8次会议，听取和审议县人大常委会执法检查组关于检查《残疾人保障法》实施情况报告。会议同意这个报告。会议认为，县政府及有关部门较好实施《残疾人保障法》，在残疾人康复、教育、就业、文化生活、社会保障、无障碍环境以及维权等方面做了大量工作，取得一定成绩，较好维护残疾人合法权益，促进社会和谐稳定。但残疾人工作宣传力度有待加大、残疾人社会保障体系和服务体系有待完善、残疾人就业工作有待加强、无障碍环境建设管理力度有待加大。会议建议，要进一步加大宣传力度；加大“两个体系”建设力度，推进残疾人事业健康快速发展；加大残疾人就业创业扶持力度，做好残疾人就业保障金征管工作；加强无障碍环境建设和管理。会议要求，以上审议意见连同执法检查报告，请县政府研究处理，并按照《监督法》规定，将研究处理情况书面报告县人大常委会。12月24日，常委会第12次会议，听取和审议县政府关于研究处理县人大常委会对关于《残疾人保障法》实施情况报告审议意见情况报告，会议认为，县政府及其相关部门充分利用各种宣传媒体，加大残疾人工作宣传力度；残疾人社会保障体系和服务体系建设取得新进展；对残疾人就业创业扶持力度进一步加大，残疾人就业保障金征管机制基本确立，就业保障金征收工作进展较快；残疾人无障碍环境建设和管理工作得到进一步加强。会议同意这个报告并提出审核意见，要求健全残疾人社会保障制度、研究制定残疾人相关保障政策措施等；开发残疾人就业岗位，引进福利企业或鼓励县内有条件企业安置残疾人就业，力争在“十二五”期内建成一个残疾人集中就业示范基地等。县政府及相关部门要进一步加大对审议意见落实力度，认真研究和解决残疾人工作中存在实际问题，为进一步实施好《残疾人保障法》、做好残疾人工作、推进全县残疾人事业发展，做出更大贡献。

2013年5月9—10日，常委会组成执法检查组，与州人大常委会执法检查组同步开展《恩施土家族苗族自治州旅游条例》（简称“《州旅游条例》”）实施情况执法检查。检查组到县直有关单位和百福司镇实地查看旅游业开发建设情况，召开有关人士参加的座谈会和汇报会，听取有关部门《州旅游条例》实施情况汇报和发展旅游业建议，听取副县长杜方平作的关于《州旅游条例》实施情况汇报。检查组认为，《州旅游条例》自2011年10月1日施行以来，县政府和有关部门遵循“政府引导、市场运作、统一规划、严格保护、合理开发、可持续发展”原则，积极争取上级支持，把旅游业作为全县第三产业龙头来抓，旅游规划不断完善，项目建设取得突破，要素配置持续推进，接待能力不断提升，以2012年仙佛寺景区、百福司旅游名镇、喳西泰水城项目建设启动和全面推进为标志，来凤旅游业进入新的发展阶段。《州旅游条例》颁布后，县政府及时组织旅游、民宗、文体、交运等相关部门专题学习，开展系列宣传活动，初步形成支持发展旅游产业氛围。为提高旅游资源开发成效，推动全县旅游业健康发展，县政府和有关部门坚持以科学发展观为指针，编制旅游发展规划等9个规划。县政府和有关部门普查县域旅游资源，基本摸清全县旅游资源情况。各级各部门主动作为，2011年年底，县十四次党代会和县十六届人大一次会议作出未来五年打造“艺术土家”文化旅游新名片的战略部署，并根据旅游产业现状确定全县旅游产业中长期发展思路，努力创建“湖北旅游强县”。加大资金投入，推进旅游重点项目建设。通过强力招商引资，促进旅游业开发建设。加大财政对旅游业开发建设投入，县财政2012年安排旅游发展专项资金100万元,用于旅游产业发展;安排专项资金500万元用于仙佛寺景区建设。围绕全县旅游资源,精心谋划一大批旅游项目,计划投资23.15亿元。积极向上争取资金支持,2011—2012年到位旅游项目资金350万元。加强行业创建与管理,逐步规范旅游市场。以提升服务质量、打造旅游品牌为重点,大力开展景区创A、宾馆酒店创星、旅行社创强、农家乐创星等工作,掀起全县旅游创建热潮。加强行业管理,组织旅游、工商、质监等有关部门对旅行社、宾馆酒店等进行联合执法检查,强化对旅游企业、旅游设施、旅游产品价格监督管理,全县旅游市场秩序逐步规范。为扩大旅游业知名度,逐步形成客源市场,开展系列宣传促销工作。检查组指出,《州旅游条例》宣传还不够广泛深入;全县旅游发展总体规划和旅游形象定位,需进一步谋划和修订完善;旅游资源开发程度低,尚未形成核心景区;投入严重不足,旅游业发展速度不快;旅游市场治理整顿力度需进一步加强;旅游人才队伍建设滞后,旅游管理水平亟待提高。检查组建议,要进一步抓好《州旅游条例》宣传;修订完善全县旅游发展总体规划;切实抓好核心景区建设;按照有关规定设立旅游发展专项资金,并形成逐年增长机制;加大旅游项目谋划、申报和争取力度,努力争取上级资金发展来凤旅游业;加强旅游执法工作;加强旅游队伍建设。6月17日,常委会第17次会议,听取和审议县人大常委会执法检查组关于检查《州旅游条例》实施情况报告,会议同意这个报告。会议认为,《州旅游条例》颁布实施以来,县政府及其相关部门采取一定形式宣传贯彻,营造旅游产业发展氛围,盘清旅游资源底数,编制旅游各种规划,推进旅游重点项目建设,加强行业创建与管理,推动来凤旅游业进入新的发展阶段。但存在宣传不够广泛深入、旅游发展规划和旅游形象定位需修订完善、核心景区建设有待加强等问题。会议建议,要进一步抓好《州旅游条例》宣传;全县旅游发展总体规划,应该以"全域龙凤、全域武陵"视野和高度修订完善;全县旅游形象定位,应该按照"千年秦城、武陵佛地、龙凤双城、艺术土家"来确定;切实抓好核心景区建设;进一步加大投入力度、加强旅游执法工作、加强旅游队伍建设。会议要求,以上审议意见连同执法检查报告,请县政府研究处理,并按照《监督法》规定,将研究处理情况报告县人大常委会。8月26日,常委会第18次会议,听取和审议县政府关于研究处理县人大常委会对关于检查《州旅游条例》实施情况报告审议意见情况报告,会议认为,县政府及相关部门进一步加强《州旅游条例》宣传;邀请旅游专家讲座,聘请专家考察来凤旅游资源,为修改完善县旅游发展总体规划、龙凤示范区旅游一体化规划奠定基础;确定2013年为"景区建设突破年",加快仙佛寺景区和黄(柏园)石(桥)景区建设和县域内6条旅游公路、码头等基础设施建设;进一步完善旅游业发展多元投入机制,加大部门资金捆绑力度,将县旅游发展专项资金调整至200万元;决定在三季度内成立县旅游质监执法机构,以依法管理和规范全县旅游市场。会议同意这个报告并提出审核意见,建议县政府进一步加强领导,协调督促相关部门加大工作力度,落实好审议意见,为把来凤建成湖北旅游强县奠定坚实基础。

2014年7月9日，常委会执法检查组检查《食品安全法》实施情况。检查组通过查阅资料、座谈交流，在对农产品、畜禽产品及食品生产、流通、消费等环节实地查看基础上，召开汇报会，听取副县长卢红鹂作的关于《食品安全法》实施情况汇报，全面了解全县近几年《食品安全法》实施情况。检查组认为，全县《食品安全法》实施工作成效明显。县政府高度重视，坚持以人为本、执政为民理念，周密部署，扎实做好《食品安全法》学习、宣传、实施工作；相关职能部门各司其职，通力合作，落实监督责任，健全工作机制，开展专项整治，全县食品安全状况得到改善。从执法检查情况看，食品安全监管各个环节工作基本到位，近几年没有发生等级以上食品安全事故，食品安全源头状况总体较好。县政府及相关部门将《食品安全法》实施纳入重要议事日程，成立食品安全领导机构，建立由政府主要领导任主任，分管农业、食品安全的副县长任副主任，政府办、食药监局等15个部门为成员的食品药品安全委员会。建立健全食品安全监管协调机制，提高食品安全监管整体效能。建立健全食品安全监管责任制，按照地方政府负总责、监管部门各负其责工作要求，县政府每年召开全县食品安全会议，与相关职能部门及乡镇政府签订食品安全目标责任书。监管部门与食品从业单位签订食品安全目标责任书，层层分解落实食品安全责任，在全县初步形成政府统一领导、牵头单位协调、成员部门负责、各方联合互动工作机制。适时启动食品监督管理体制改革，及时完成食品监督管理职能调整、人员配备，新组建1个县食品药品稽查大队和8个乡镇食品药品监管所，全县食药监系统核定行政编制人员69名。县食品安全监管各职能部门，把宣传《食品安全法》作为一项重要工作来抓，在3·15国际消费者权益日、食品安全法宣传月，广泛开展宣传活动，提高群众对食品安全工作知晓率，增强群众自我防范意识，营造全民参与食品安全监管良好氛围。县食品药品安全委员会各成员单位，严格依照法律法规，积极协作开展联合执法，根据各自职责范围，分别对食品源头、生产、流通、餐饮等环节实施监管，确保从源头到餐桌全过程监管环环相扣。检查组指出《食品安全法》实施存在问题：食品安全意识不强，共同参与监督食品安全社会氛围没形成；监管存在薄弱环节，食品源头治理形势较为严峻；食品经营持证率低，无证率高；监管体系不够完善。检查组建议，进一步加强宣传，增强全社会食品安全意识；加强监管，构建长效食品安全管理机制；加大投入，不断提高食品安全保障水平。8月21日，常委会第26次会议，听取和审议县人大常委会执法检查组关于检查《食品安全法》实施情况报告，会议同意这个报告。会议认为，县政府及有关部门较好实施《食品安全法》，在加强食品生产、流通、消费等监管方面做了大量工作，取得一定成效，较好维护人民群众生命安全和合法权益。但仍然存在食品安全工作宣传力度不够、监管力度不强等问题。会议建议，进一步加强宣传，增强全社会食品安全意识；加强监管，构建长效食品安全管理机制；加大投入，不断提高食品安全保障水平。以上审议意见连同执法检查报告，请县政府研究处理，并按照《监督法》规定，将研究处理情况报告县人大常委会。

12月11日,常委会第30次会议,听取和审议县政府关于研究处理县人大常委会对关于检查《食品安全法》实施情况报告审议意见情况报告,会议认为,县政府及相关部门进一步加强《食品安全法》和食品安全知识宣传,全民参与食品安全氛围有所加强;投入进一步加大,食品安全保障水平有所提高;食品安全整治进一步有力,食品安全监管机制有所创新。同时,常委会组成人员对审议意见落实情况进行专题询问,并形成询问意见。

2015年,开展2次执法检查。10月初,常委会执法检查组多次与县政府、法院、检察院、公安局、司法局、政府法制办等相关人员座谈,了解新修订《行政诉讼法》实施情况;23日,与州人大常委会执法检查组同步开展执法检查,召开座谈会,听取"一府两院"《行政诉讼法》实施情况报告以及公安局、司法局、律师代表、社区代表意见。检查组认为,新修订《行政诉讼法》实施以来(2015年5月1日至10月20日),县法院受理各类行政案件54件。其中,诉讼案件13件,非诉案件41件。审结44件,审结率81.5%。县检察院立案监督3件,向相关行政机关发出检察建议60余件。通过行政诉讼案件受理与审判,尤其是将一大批信访案件导入到行政诉讼途径解决,依法保护行政相对人合法权益,监督和支持行政机关依法行政。县政府根据机构人员变化,及时调整法治政府建设领导小组,将实施《行政诉讼法》列入重要议事日程。认真研判被法院判决撤销、变更或者确认违法案件,分析问题根源,不断完善管理制度。根据行政诉讼案件数量呈逐年上升态势和工作需要,定期对行政应诉人员进行法律和业务知识培训,保证行政应诉人员应诉能力与案件审理相适应。全面建立法律顾问制度,各部门、乡镇、村委会均聘请法律顾问,基本形成法律顾问工作体系全覆盖。县政府及其有关行政机关、法院、检察院高度重视《行政诉讼法》学习,多次组织集中学习,以会代训对各部门、各乡镇领导干部进行系统宣讲。将《行政诉讼法》纳入公务员继续教育培训内容,分批次有重点开展公务员、执法人员培训。各级领导干部和广大行政执法人员对《行政诉讼法》认识不断提高,依法行政意识不断增强。将宣传《行政诉讼法》纳入普法工作重要内容,通过电视、网络、展板、专栏等宣传手段,结合开展法制讲座、法律咨询、送法下乡和发放宣传资料多种活动加强宣传。公民、法人和其他组织通过诉讼解决行政争议,依靠法律维护合法权益意识有所提高。严格实行执法人员持证上岗和资格管理制度,对全县行政执法人员实行资格审查制度。充分发挥行政复议在行政监督、解决行政争议、化解人民内部矛盾和维护社会稳定方面重要作用,促进行政复议工作程序化、规范化、制度化。规范行政应诉案件委托代理行为,安排精通业务工作人员和政府法律顾问代为出庭应诉,促进依法行政。县政府法制办与法院、检察院、监察局通过建立行政执法与刑事司法衔接机制,搭建信息共享平台,对相关数据材料综合分析、认真比对,密切配合,充分利用各自资源优势,采取多项有效举措,加强行政执法监督联动性,做到对行政执法人员有错必究。县检察院案件办理过程中,密切与当事人、法院沟通,争取获得更多支持和配合;在日常工作中,不定期与内司委、政法委、司法局、信访局等多家单位联系，认真听取各界人士意见；会同县法院建立民事行政诉讼、执行监督联动机制，加强对行政诉讼和行政执行案件监督。认真开展规范性文件清理工作。出台县行政机关规范性文件管理办法，把制定、审查规范性文件纳入依法行政及法治政府建设责任目标考核。深入推进政务公开，扎实推进行政审批制度改革。规范288项县级行政审批事项及流程，对外公示，接受群众监督。检查组指出实施《行政诉讼法》存在主要问题：宣传学习力度有待加大；行政机关依法行政水平有待提高；行政应诉工作有待加强。检查组建议：切实加大《行政诉讼法》学习宣传力度，提高行政机关依法行政水平，加强行政应诉工作，强化行政案件审判工作，加大行政检察工作力度。11月17日，常委会第40次会议，听取和审议县人大常委会执法检查组关于检查《行政诉讼法》实施情况报告，会议同意这个报告。会议认为，近年来，“一府两院”在《行政诉讼法》实施过程中，依法履行职能，坚持依法行政、公正司法，有效维护公民、法人和其他组织合法权益。但存在学习宣传不够广泛深入、依法行政水平有待提高、行政应诉工作有待加强等问题。会议建议，“一府两院”要切实加大《行政诉讼法》学习宣传力度，提高行政机关依法行政水平，加强行政应诉工作，强化行政案件审判工作，加大行政检察工作力度。以上审议意见连同执法检查报告，请“一府两院”研究处理，并按照《监督法》规定，将研究处理情况书面报告县人大常委会。

11月10日，常委会执法检查组通过听取汇报、重点剖析、座谈交流等形式，检查新修订《预算法》实施情况。检查组认为，县政府及相关单位实施《预算法》总体情况较好。高度重视宣传培训，依法理财稳步推进；预算编制依法进行，预算结构日趋合理；预算执行规范到位，管理水平逐步提高；财政改革不断完善，预算管理纵深发展；认真落实人大决议，主动配合人大监督。依据《预算法》规定和要求，进一步完善规范财政收支范围。除教育收费外非税收入全部纳入预算内管理，政府性基金预算中地方教育附加、残疾人就业保障金、育林基金等纳入一般公共财政预算；比较规范编制政府性基金预算、社保基金预算、国有资本经营预算，完善政府预算体系；按政策落实人员经费，提高公积金、医疗保险、工伤保险等缴费基数，改革性补贴全额纳入预算；改进公用经费编制口径并提高公用经费标准，确保部门基本运转；严格按照中央“八项规定”（中央政治局全体同志要改进调查研究，轻车简从、减少陪同、简化接待，精简会议活动，切实改进会风，精简文件简报，切实改进文风，规范出访活动，改进警卫工作，严格文稿发表，厉行勤俭节约）要求，切实控制“三公”经费（财政拨款支出安排的出国出境费、车辆购置及运行费、公务接待费）和行政运行经费，进一步优化支出结构；大力推进预算绩效管理，加强财政综合监管，努力提高财政资金使用绩效；规范分配关系，促进地方财政收入较快增长。一年来，财政收入做到应收尽收，确保收入及时足额入库。预算支出严格按照程序审批，加强管理和监督，确保各项预算支出按进度基本拨付到位。1—9月份预算支出保障全县人员工资全部足额到位；按照事业发展需要,基本保证单位运转支出;继续优先保障和改善民生支出,切实增加教育、科技、住房、医疗、社保、农业等民生方面支出。大力推进各项改革,预算管理工作成绩显著。规范预决算编报程序,积极采纳部门意见提出方案,报政府常务会、县委常委会研究讨论,然后提请县人代会和人大常委会会议审议。按照会议审议意见,落实到具体部门和项目。预算支出严格按照接待费、差旅费、会议费、培训费相关管理办法,控制部门运行经费和"三公"经费,规范发放津补贴,做到先有预算后有支出。按照量力而行、讲求效益、加强管理、规避风险总体要求,坚持政府债务规模与国民经济发展和政府财力相适应原则,对确需举借政府债务由县政府提请县人大常委会审议批准后执行。落实人大常委会审议意见和审计查出问题整改,对审议意见和审计查出问题,县政府高度重视,研究整改措施,通过整改,盘活存量资金,切实使公共资金用在刀刃上,依法规范财政收支行为,确保公共财政资金发挥效益。确保预算执行主体规范有序运行。从检查的翔凤镇、县交通局、水利局、林业局情况来看,几个单位均能按照财政部门批复预算执行,基本能保证部门职能发挥和事业发展需要,预算执行比较规范有序。检查组指出实施《预算法》存在主要问题:预算编制有待进一步完善,预算执行有待进一步规范,预算监督有待进一步加强,预算绩效有待进一步提高。检查组建议:加大学习宣传《预算法》力度;努力提高预算编制科学性;切实增强预算执行严肃性;大力推进政府理财工作透明度。11 月 17 日,常委会第 40 次会议,听取和审议县人大常委会执法检查组关于检查《预算法》实施情况报告。会议同意这个报告。会议认为,县政府及相关部门和单位,认真贯彻实施《预算法》,积极推进依法理财,不断规范预算编制,强化预算执行,严格预算管理,取得较好成绩。但存在宣传力度不够、预算编制不够完善、预算执行不够规范、预算监督力度需加强等问题,会议建议,县政府及相关部门要进一步加大学习宣传力度,不断增强依法理财意识;进一步规范预算编制,不断提高预算编制科学性;进一步强化预算执行,切实增强预算执行严肃性;进一步完善预算监督,不断提高工作透明度。以上审议意见连同执法检查报告,请县政府研究处理,并按照《监督法》规定,将研究处理情况报告县人大常委会。

三、视察

组织人大常委会组成人员、人大代表视察,是有关法律规定的地方各级人大常委会和人大代表闭会期间履职的一项重要活动。视察是了解和检查本级或者下级国家机关和单位工作情况,目的是加强同人民群众联系,了解有关情况,并为开好人大常委会会议、听取和审议专项工作报告做准备,推进有关国家机关和单位工作。

1983 年 4 月下旬,三胡、革勒车等地发生罕见风雹灾害,自治县一届人大常委会根据县委意见,及时组织部分县人大代表到灾区视察,了解情况,弄清灾情,提出建议转交政府及时研究解决,并向省地有关部门报告灾情,力求扶持。1983 年 7 月下旬,官塘库区上游发生涝灾,部分农民房屋被淹、被毁。及时组织人大代表和机关工作人员实地视察，提出解决群众搬迁、过渡口、听广播等实际困难的建议方案，收到实际效果。

1984年2月，根据省人大常委会关于开展全民义务植树运动视察工作通知精神，县九届人大常委会组织省州县三级人大代表和林业部门负责人17人，对全县8区2镇、2个国营林场、16个乡、27个生产大队、102个生产队、6个联办林场进行15天视察，查看数千亩造林地，听取50多名干部汇报，访问25户林业重点户，总结部分单位先进经验，提出解决存在问题具体办法，促进全民义务植树运动纵深发展。1985年3月上中旬，组织常委会组成人员、部分人大代表及交通部门和各乡镇负责人100多人，用7天时间视察全县公路建设情况。在视察中发现工作发展不平衡，部分公路路段大面积存在沟渠、涵洞、桥梁及路面装铺配套工程不完善等问题，经过梳理后，写出视察报告，建议政府尽快研究，拿出具体措施解决，特别是建议对那些坡度大、转弯急路段作重点整改，收到成效。根据县人大常委会作出的关于对全县普及法律常识工作视察的决定，1986年9月中下旬，组织10名委员、7名人大代表及县直6个部门负责人，分5个小组，视察8区2镇、6个县直战线，同几百名干部职工座谈，针对普法中存在发展不平衡、搞形式、解决实际问题差、经费不足等问题，在常委会会议上通报，还写出专题情况报告书面向县委汇报，引起县委及职能部门重视。

1988年4月上旬，县十届人大常委会领导、常委会委员和省州县部分人大代表17人，组成视察组，视察《森林法》实施情况，除听取汇报外，直接到国营、集体联办林场实地查看，发现在森林管理方面存在问题，建议要坚持办好联办林场，严肃查处破坏森林案件，乡镇林业副乡镇长要以主要精力抓好林业工作等，并写出视察报告提交给县政府及有关部门，引起重视，促进林业生产。1989年3月3—9日，常委会副主任段松龄带队，组织常委会委员、部分省州县人大代表18人，到工商局、财政局、审计局、物价局、税务局、监察局、计委、检察院等单位，视察治理整顿情况。视察后，常委会邀请县政府领导及有关部门负责人座谈，共同学习有关治理整顿文件，通报全县治理整顿情况，指出存在问题，建议各部门进一步提高认识，切实加强领导，集中力量，统一组织，分工合作；充分发挥县治理整顿领导小组办公室及纪检监察、财政金融等部门作用，广泛发动群众，对查明案件严肃处理；政府积极支持各监督职能部门工作，有力促进全县治理整顿工作开展。1990年4月上旬，常委会组成人员及部分省州县人大代表14人，视察春耕生产及农业情况，从部分乡村干部、农民及供销社、生资公司、农行、农委、农业局等，了解到农资涨价、农贷利息过高、平价化肥分配不公等问题，影响春耕生产，于是要求涉农部门解决农资涨价过快、农贷利息过高、农药品种过乱、平价化肥分配不公等问题。

1991年3月下旬，县十一届人大常委会正副主任带队，组织常委会委员、部分省州县人大代表10人，视察农业生产情况。针对视察中发现问题，建议政府要加大农业投入，及时解决部分农民生产缺资金、种子、农药、化肥、柴油和农机服务等问题，并将视察情况刊登在《人大工作通讯》，报送县政府及有关部门,解决农业生产面临突出问题。1991年10月20日,常委会副主任成开林、魏遗俊率10名常委会委员和部分省州县人大代表,有针对性视察公安局“三所”(即看守所、拘役所、收审所)执法、收押、关押、教育和管理情况。视察组对“三所”条件不具备、严重超负荷关押、混关、混押;有关单位不依法办案,嫌疑人有超期关押;提审嫌疑人不按规定办理等问题,与公安部门负责人专题研究,逐项改进,见到实效。1993年4月上旬,常委会正副主任、委员和省州县人大代表12人,分成4个小组,视察县工商局、城建局、土管局、人事局、公安局、林业局、教委、农业局涉农收费情况。视察后,发现存在不少乱收费问题,立即责成有关部门在4月底前,重新清理收费情况,凡是违背政策规定收费项目和收费标准必须取消和降低。视察后,常委会还约谈2个部门,共同研究降标收费和取消某些项目收费。

1995年4月3—6日,县十二届人大常委会委员和州县人大代表到财政局、计委以及工商局、翔凤工商所等单位视察计划安排、财政预算执行和市场管理情况。在县工商局及翔凤工商所视察消费者权益保护情况时,了解到市场经营伪劣产品问题严重,及时建议加大市场检查、管理及清查伪劣产品工作力度,特别是对销售伪劣产品案件,要坚决依法查处和打击,让消费者满意。1996年8月12—13日,常委会4名正、副主任和10名常委会委员、部分州县人大代表,分2个组,视察县十二届人大三次会议期间代表建议办理情况,发现有的单位在办理中不认真、代表不满意等问题,将情况及时整理,在审议县政府办公室办理代表建议报告时,提出4条建议,其中关于办理要认真负责、对不负责任单位要追究责任的建议,引起各单位重视,促进办理工作落实。1997年10月29日,常委会主任和4名副主任带领部分州县人大代表及机关工委负责人,到乡镇部分烟叶收购点视察,了解烟叶收购情况,发现收购中有压级压价行为,影响烟农卖烟叶积极性。弄清情况后,严肃批评压级压价收购烟叶的收购点,并要求立即改进,维护烟农利益。1998年5月中旬,针对私营经济经营者和个体户反映强烈的经营环境差问题,常委会2名副主任带领6名人大代表、工委负责人,分别到6家私营企业和54户个体户家庭走访视察、座谈,发现县直少数单位存在乱收费、不公平收费、吃拿卡要等9种不良收费现象,向县委写出专题情况报告,从8个方面提出整改建议,有力促进部门整改,营造良好经营环境。

1999年7月初,县十三届人大常委会组织人大代表14人,分成4个组,深入9家企业和32户个体经营户进行5天视察。通过视察,常委会对某些部门“三乱”行为提出严肃批评,提出6点建议,督促有关部门及时整改,并将情况向县委反映,保障和促进全县民营经济发展。2000年2月,县十三届人大二次会议通过“关于治理我县经济环境”议案,为促进这一议案办理,4月初,组织部分省州县人大代表、邀请县直14个单位,视察全县涉及农民权益问题,深入9个乡镇和100多干部、农民家庭中座谈,针对存在侵犯农民权益问题,写出关于农民权益问题的调查报告,引起上级及县委、县政府高度重视。10月,组织部分州县人大代表视察县政府办理“十件实事”情况,实地查看

“四黄”(即四斗种至黄茅坪)路、209国道改建项目，提出许多建议，促进工作整改，加快县政府办理落实“十件实事”进度。2001年，组织人大代表视察全县职业教育、农资市场管理、计划生育、代表建议办理等，并首次视察气象服务工作。10月中旬，常委会副主任带队，组织7名人大代表到县气象局，通过听情况汇报、查看资料、召开座谈会议，充分肯定气象服务工作成绩，指出工作中存在问题，并就进一步搞好气象服务工作提出10条建议，形成视察报告，推动气象工作为全县社会经济服务。2002年，组织部分州县人大代表，对全县林业“三大工程”(即天然林资源保护工程、退耕还林工程、野生动植物保护和自然保护区建设工程)、病险水库除险加固工程、讨橙(即讨火车至橙木园)公路改造工程、代表建议办理、中小学学生入学收费等情况进行6次视察，收到很好效果。同时，配合省人大常委会2次开展对《省实施〈民族区域自治法〉若干规定》修正案征求意见的视察调研工作。8月下旬，组织部分州县人大代表，深入山坡地头，实地查看翔凤镇沿山坝村退耕还林工程、狮栗坪村封山育林、中华山村生态林和经济林基地、三胡乡黄柏园村古杨梅群落和科技示范园基地、大塘村马褂木科技示范基地。在充分肯定成绩基础上，提出一些值得注意和改进问题，推动全县林业“三大工程”顺利实施。2003年4—9月，组织常委会委员和部分人大代表视察城市建设与管理、民营经济发展环境、重点工程建设、农村卫生工作、烤烟生产和社区建设等工作。在视察城市建设与管理中，发现个别工程施工不到位、管理不到位情况并及时纠正。对规划建设城区主干道、环城路、断头路、城区景点建设提出许多建设性意见和建议，督促政府及城建部门采取有力措施，促进城市建设与管理工作健康发展。

2004年6月和9月，县十四届人大常委会组织代表视察城区群众文化娱乐休闲场所建设和环保工作情况，针对存在问题，建议政府进一步加大宣传力度和执法力度，增强环保意识和可持续发展观念，强化责任，严肃查处环保违法行为，巩固提高污染防治成果。针对老虎洞河城区沿岸随意倾倒垃圾、工业废污水随意乱排现象，提出要采取措施、尽快启动对老虎洞河城区流域综合治理建议。为进一步推动全县教育事业发展，2004年和2005年，听取和审议县政府关于《义务教育法》实施情况和关于教师队伍建设情况报告，组织部分常委会组成人员和部分省州县人大代表，2次视察全县教育工作情况。针对教育上存在困难和问题，向县政府就初中“渡峰”、教育体制改革和中小学布局调整、中小学师资队伍建设、中小学危房改造、农村寄宿制学校建设、教育资金等提出建议，县政府及时研究，采取得力措施，有效保证全县教育事业进一步发展。

县十五届人大常委会组织8次专题视察，重点围绕产业培植、工业发展、教育卫生、城市重点工程建设、新农村建设、文化旅游、大循环公路建设、中小型病险水库除险加固、乡集镇防洪工程建设，以及食品安全、打击毒品犯罪等热点问题。来凤卷烟厂关闭后，全县工业经济处于全州县市末位，“大办工业、办大工业”是摆在政府面前紧迫任务。五年里，常委会以促进全县工业发展为己任，除深入调查全县国有资产经营管理情况外，还视察和听取矿产资源开发保护、招商引资、工业园区建设、民族贸易企业发展等情况和专项工作报告，视察工业园区、矿产资源地，就合理开发利用矿产资源、改善投资兴业环境、搭建工业发展平台、落实民族企业政策等提出意见和建议，得到县政府及有关部门高度重视，及时出台优惠政策、采取相应措施，形成县级领导亲自抓、责任部门具体抓、全县上下共同抓工作格局。通过盘活国有资产、整合矿产资源、奖励招商引资、完善园区建设，闲置资产得到有效利用，矿产资源乱采现象得到遏制，工业园区集聚效应日趋显现，民族贸易企业逐渐壮大，工业经济步入良性发展轨道。2007 年，在视察城市重点工程时，发现资源整合不够、建设水平不高、资金保障乏力等问题，及时向县政府及有关部门提出要加强部门协调配合、提高城市规划水平、妥善解决投入问题等建议。2008 年，在监督城投资金管理使用时，认为贷款使用不规范、资金来源渠道不多、偿还措施乏力，提出加强贷款使用管理、拓宽资金来源渠道、积极筹措偿还资金的整改要求，使城投资金使用效率明显提高。2009 年，按照把旅游产业发展成为支柱产业总体要求，组织视察旅游产业发展情况，针对宣传推介不够、景区建设滞后、资金保护不严等问题，提出要科学规划、整合资源、着力招商、加强建设等视察意见，得到县政府及有关部门采纳。加快旅游业发展成为全县上下共识，旅游总体规划得到完善，作为来凤文化品牌原生态摆手舞走出山门，走向世界。2010 年 9 月，在视察“两河”治理及污水处理工程时，针对存在主要问题，提出强化征地拆迁措施、加大资金调度力度、加强施工环境治理、加快工程施工进程等视察建议，有效推动“两河”治理及污水处理等重点市政工程建设。

县十六届人大常委会开展 4 次视察。2012 年，开展 2 次视察。3 月下旬，常委会主任莫北平和副主任彭远仪、高碧玉、邓家斌等带领常委会委员及部分州、县人大代表，采取现场查看、召开座谈会、查阅相关资料等方式，深入三胡乡大堰塘村“三万”活动现场、新峡水库、纺车溪高低干渠、下河沟水库及渠道、旗鼓寨堤灌设施、佛塘大堰现场视察，听取部分乡镇及县直相关部门领导、村组干部和群众对农田水利基础设施建设意见。从视察情况看，近年来，全县各级各部门高度重视农田水利基础设施建设，坚持以人为本，深入贯彻落实科学发展观，紧紧围绕“加快水利改革发展步伐，建设现代水利和可持续发展水利”这个中心，推进水利工作争创新业绩，实现新跨越，取得明显成效。视察情况表明，近年来，县水利部门积极作为，科学编制水利发展规划，加大项目资金争取和工程建设工作力度，农田水利设施建设取得明显成效，为经济社会发展作出应有贡献。截至 2011 年年底，建成各类水库 53 座，其中小(一)型水库 21 座，小(二)型水库 29 座，总库容量 1.79 亿立方米；兴建饮水工程 19 处，供水能力 1301 立方米；兴建堤水工程 37 处，装机容量 1380 千瓦，供水能力 133 立方米；兴建泵站 38 座，装机 39 台 1107 千瓦；兴建灌溉渠道 260 条，总长 574.72 千米，设计灌溉面积 21.9 万亩，有效灌溉面积 18.37 万亩；渠系建筑物 250 座，其中输水建筑物 140 座，分水建筑物 16 座，交叉建筑物 94 座；中型灌区 1 个(老峡灌区)，灌溉渠道32条，长87.3千米，有效灌溉面积9.98万亩，小型灌区7个(金龙灌区、金光灌区、茅眼洞灌区、佛塘灌区、老虎洞灌区、新峡灌区、接龙桥灌区)，灌区渠道30条，长102.65千米，有效灌溉面积3.29万亩；零星灌溉设施125处，灌溉渠道198条，长384.77千米，有效灌溉面积5.1万亩；兴建防水沟27条，长72千米；排洪闸34座，涵管11处。2006年至2011年，争取国家投资24554万元，用于农村安全饮水、农村小水电、水库除险加固、中小河流治理、坡耕地水土流失治理、小农水重点县建设。除险加固21座小(一)型水库，29座小(二)型水库纳入"十二五"发展规划，预计2012年启动8—10座水库除险加固建设。抓住中央强化和支持小型农村水利建设与发展机遇，完成整治塘堰13口，新建或改建抽水灌溉泵站6座，新建及整修渠道77.8千米、隧道2座、渡槽5座、倒虹吸2座、小型涵闸135座、小型泄水堰15处、机耕桥32座、人行桥80座、管水堰22个、喷灌180亩，加固拦河坝1座。2011年，继续被纳入全国坡耕地水土流失综合治理试点县。工程建设完成治理面积8335亩，其中：土坎坡改梯7640亩，石坎坡改梯695亩，配套坡面水系工程建设完成截水沟8.34千米、排水沟26.67千米、蓄水池108口、沉沙池216口、田间步行道13.34千米。全县建成990处1000余口水池水窖，新建改造集中供水工程8处。到2011年年底农村饮水安全人口达到183700人，不安全人数还有96400人。沅江流域西水河重点段(来凤)综合治理工程项目纳入国家规划，2009年开工建设蓝河治理工程，完成新建河提6005米，加固河提880米，截污管道6000米。按照"挖万塘、强基础、惠民生"活动主题，安排2600万元资金用于"三万"活动。其中县财政安排500万元，通过整合烟水配套、农业综合开发、水利专项、老区建设等涉农资金2100万元，同时，积极发动农民群众出资、投工，102户自愿筹资31万元、1759人义务投工28320个，县内企业投资17.7万元，省、州、县各级工作组投入资金185万元用于挖万塘工程。根据因地制宜、量力而行和村村有项目原则，以恢复功能、完善配套为重点，明确各乡镇水利整治项目、建设内容、实施规模、资金来源和资金额度。对60口重点整治山塘实行一塘一案，到2012年3月中旬，全县286个项目完工209个，其余项目有序推进。此项工作经上级部门检查验收获全州第二名。2011年，县政府下发1号文件，全面部署水利工作，提出明确发展思路，鼓励和引导广大农民群众树立主体意识，主动参与到农田水利建设管理中来，按照谁投资、谁所有、谁受益、谁负担原则，大河、三胡、百福司等乡镇对部分重点渠道组建管水协会，明确农田水利设施所有权和管理权，落实管理措施和管理责任。县"三万"办转发县水利局《农村小型水利设施管护制度的指导意见》，确保水利工程设施建得起、稳得住、长受益。同时，针对设施老化、投入不足、管理体制不顺、机制不健全、队伍建设滞后等问题，视察组建议，着眼长远，认真编制完善农田水利设施建设总体规划；创新机制，不断加快水利体制改革步伐；增加投入，进一步加大项目谋划及资金争取工作力度；规范管理，努力加快建立水利设施管理长效机制；严格执法，维护水利设施建管良好秩序。4月24日,常委会第5次会议,听取和审议县人大常委会视察组关于全县农田水利基础设施建设情况视察报告,会议同意这个报告。会议认为,近年来,特别是2011年中央下发1号文件和全省开展“三万”活动以来,县政府及其主管部门高度重视农田水利基础设施建设,在农田水利基础设施规划、建设、管理和项目争取实施等方面做了大量卓有成效工作,取得明显成绩,为全县实现农村水利现代化奠定坚实基础。但农田水利基础设施建设仍存在投入不足、管理滞后、队伍力量薄弱等问题。会议提出视察意见,建议科学编制农田水利基础设施建设总体规划;加大投入力度,推进水利事业可持续发展;加大改革力度,创新管理机制,不断提高水利设施管理水平;加强水利队伍建设,不断提高依法履职水平。会议要求,以上视察意见,请县政府研究处理,并按照《监督法》规定,将研究处理情况报告县人大常委会。6月28日,常委会第7次会议,听取和审议县政府关于研究处理县人大常委会关于全县农田水利基础设施建设情况视察意见情况报告,会议认为,县政府及其主管部门整改工作初见成效:现代水利示范县规划编制工作着手进行,积极谋划项目,切实整合资金,推进水利事业可持续发展,不断创新机制,提高水利设施管理水平,切实加强队伍建设,提高依法履职水平有新举措。会议同意这个报告并提出审核意见,希望县政府及其主管部门进一步加大对视察意见落实力度,认真研究和解决存在问题,使水利现代化在来凤早日实现。

2012年5月29日,在常委会主任莫北平,副主任徐庭海、高碧玉、田延初等带领下,常委会视察组视察全县环境保护工作情况。视察组采取实地查看、查阅资料、召开座谈会等形式,查看腾升香料公司、凯迪生物质能源发电厂、县污水处理厂、金凤建材有限责任公司等企业环保设施建设及运行情况,听取县环保局局长向文作的关于全县环境保护工作情况汇报以及相关职能部门补充汇报,从视察和汇报情况看,全县环境保护工作总体情况是好的,基本上做到环境保护与经济工作同步协调发展。视察情况表明,近年来,县政府高度重视环境保护工作,以科学发展观为指导,以可持续发展为主题,以改善环境质量、提高人民生活水平为根本出发点,以建设生态县为奋斗目标,坚持经济发展与环境保护相结合,环境保护工作整体向前推进,全社会环保意识不断增强,“十一五”总量减排任务如期完成,环境污染治理初见成效,环境监管服务水平逐步提升,生态建设稳步推进。空气、水、噪音、电磁波辐射等情况,总体上能够达到相应质量、标准和要求,能够满足人们生产生活及经济建设健康发展基本需求。大气环境质量较好,连续3年环境优良天数达到每年330天以上。水环境质量基本达标,水环境包括地表水和饮用水,其中地表水包括酉水河、蓝河、新峡河、老峡河和怯道河等主要河流,水质在2类水标准与3类水标准之间。饮用水源一级保护区达到地表水2类水质标准,地下水质基本保持良好。声环境质量较好。区域内没有大的噪音源,噪声较低。但近年来随着城乡大型基础设施、工业园区、城市建设突飞猛进和市场商贸业繁荣,噪声整体污染呈上升趋势。电磁波辐射等其他局部污染情况较轻。同时,根据存在环保宣传力度不够、全社会环保意识有待加强、环境监管合力不强等问题，视察组建议，加强环保宣传，进一步增强全社会环保意识；完善环保规划，推进环保事业科学发展；加强源头监控，确保减排目标任务完成；加强部门配合，强化污染治理力度；围绕环保重点，加大监管查处力度；加大资金投入，进一步夯实环保工作基础；加强队伍建设，进一步提高环保工作水平。6月27日，常委会第7次会议，听取和审议县人大常委会视察组关于环境保护工作情况视察报告，会议同意这个报告。会议认为，近年来，县政府及其主管部门高度重视环境保护工作，在宣传环保法律法规、加强环保监管、打击环保违法行为等方面做了大量工作，取得一定成效，基本上做到环境保护与经济工作同步协调发展。但存在着全民环保意识不强、环境监管合力不够、环保基础设施建设滞后等问题。会议建议，要加强环保宣传，进一步增强全社会环保意识；完善环保规划，推进环保事业科学发展；加强源头监控，确保减排目标任务完成；要加强部门配合，强化监管查处力度；加大资金投入，进一步加强环保基础设施建设力度；要加强队伍建设，进一步提高环保工作水平。会议要求，以上视察意见，请县政府研究处理，并按照《监督法》规定，将处理情况报告县人大常委会。10月25日，常委会第10次会议，审议县政府关于研究处理县人大常委会关于环境保护工作情况视察意见情况报告（书面），会议认为，县政府及其主管部门加大环保宣传力度，编制完成"十二五"环境保护规划，强化源头监控和环保基础设施建设力度，加强环保队伍建设。会议指出，视察意见中要求限期取缔的翔凤镇水寨小作坊，只进行部分前期工作。对此，常委会将继续跟踪督办直至整改落实到位。会议原则同意这个报告并提出审核意见，县政府及环保部门要进一步加大对视察意见落实力度，认真研究和解决环保工作中存在实际问题，为促进全县经济社会发展作出应有贡献。

2013年9月中旬，常委会组织部分常委会委员、州县人大代表，采取现场查看、召开座谈会、查阅资料等方式，以"一会一节"（即省第八届少数民族传统体育运动会暨第二届来凤·中国摆手舞文化旅游节）相关项目工程为重点，视察龙凤科教示范园（教育城）、湘鄂情大桥引桥工程、黔龙国际家居建材城、全民健身中心、龙凤夏威夷大酒店、民族文化中心、恩来高速公路（来凤段）、仙佛寺景区建设情况。视察情况表明，全县重点工程建设推进情况总体良好，取得阶段性成效。10月23日，常委会第19次会议，审议县人大常委会视察组关于重点工程推进情况视察报告（书面）。基本情况：2013年全县计划开工重点建设项目145个（续建63个，新开工82个），总投资568亿元，年度计划投资69.4亿元，年度投资任务42亿元。其中：省下达2013年省级重点项目3个，总投资35.5亿元，年度计划投资6.7亿元；州下达县2013年州级重点项目17个（重点推进项目10个），总投资88.9亿元，年度计划总投资21亿元。省级重点项目工程——龙凤科教示范园、综合性全民健身中心、喳西泰水城旅游综合开发3个项目，全部开工建设。综合性全民健身中心3000座体育馆、15000座体育场、地下停车场主体工程进展顺利；喳西泰水城旅游综合开发项目中博物馆、图书馆、文化馆和剧场主体完成,进入装饰和设施设备安装阶段。龙凤科教示范园项目总体规划编制完成,征收土地9708亩,园区主要市政道路中教育一、七、十四、十五、十六路和教育大道工程,来凤一中新校区、还建二小区工程开工建设。州级重点项目工程——档案综合服务大楼、公安局指挥中心大楼、龙凤建材城、龙凤夏威夷五星级酒店、中心医院医技大楼、仙佛寺景区等项目开工15个(新建14个,扩建1个),未开工孚瑞萤石浮选二期工程完成征地,绿加食品产业园项目商家退出。档案综合服务大楼、公安局指挥中心大楼即将投入使用。龙凤夏威夷五星级酒店建筑主体完工;仙佛寺景区九大景点建设进展顺利,其中六大景点即将完工;湘鄂情大桥引桥工程,完成主体,接线部分基本完成,在进行桥面、路基施工,预计年底建成通车。其余工程在进行评审、施工设计、征地、场地平整工作。县级重点项目工程(省州重点工程除外)。龙凤新区综合开发、城区污水收集系统、城区小街小巷、酉水河重点段(来凤段)综合治理、新城区供水管网、城市绿化以及大批房地产综合开发项目工程等。两个工业园区基础设施建设、科隆碳酸钙粉体加工(二期)、轻质碳酸钙生产项目、改性硫酸钡生产线升级、大理石精深加工、石材加工、蓖麻油加工、道地药材加工、藤茶二期、纸质包装生产厂、钢化玻璃加工、生猪养殖基地、龙凤太子酒轩品牌连锁店、庆凤山公园配套工程、示范区农业技术展示中心等。乡镇垃圾处理场、老虎洞和新峡河治理、企业污水处理、退耕还林和天然林保护工程等。农村饮水安全工程、疾控中心大楼、乡镇卫生院配套设施、少数民族特色村寨保护与发展、旅游名村建设(黄柏园、徐家寨、桐子园、周家湾、舍米湖、兴安村)、百福司旅游名镇建设、集镇建设(大河、旧司、三胡、革勒车)工程等。上述项目均相继开工(续建),进度全部达到预期目标。重点工程未实施情况。安排145个重点项目中,40个未开工(州级2个,县级38个),比年初计划投资额减少37.5亿元。发展大道、迎宾大道、龙凤一级客运站等基础设施项目,中药中间物提取工程、古典红木家具加工、山茶油加工、凤凰传奇城市商贸综合体、酉水三峡旅游区建设等商贸旅游项目,以及部分民生工程、环境和土地治理等工程,由于多种原因,暂未开工建设,个别项目招商未获成功。主要成效:重点项目实施力度大,工程建设速度不断加快。县政府强化措施,细化责任,实行一个项目、一名领导、一套班子、一抓到底工作机制,在项目进度、质量和资金使用上实行一月一调度、一月一检查、一季一督办督促机制,使众多项目得以及时落地和开工建设,并得到快速推进,很多工程建成或即将建成。截至9月,省级重点项目工程3个,全部开工建设,完成投资8.6亿元,占年度投资的128%。州级重点项目工程开工或续建15个,完成投资15.2亿元,占年计划72.3%。县级重点项目145个(含省州重点项目),开(复)工105个,完成投资31.9亿元,完成计划75.95%。重点项目结构逐步优化,工业产业、现代服务业比重明显上升。抢抓"两区"建设机遇,以新型工业化为方向,坚定工业强县、企业第一理念,强力推进新材料、新能源、建材、食品、民族旅游商品产业集群建设,大力实施农业产业化建设,积极打造民族旅游品牌，逐步完善商业服务体系，提升城市综合服务和承载能力。三丰淀粉深加工、碳酸钙粉体加工（二期）、纳米碳酸钙加工、轻质碳酸钙生产、大理石精深加工、石材加工、纸质包装生产厂、改性硫酸钡生产线升级、蓖麻油加工、藤茶二期、凤雅藤茶三胡加工厂、道地药材加工、电力材料制品、五发及凤翔矿业公司煤矿技改、水泥旋窑迁建等项目工程建成后，将不断扩大工业规模，增强自我发展能力。百头千户生猪养殖场、恩施黑猪繁育和养殖基地、示范区农业技术展示中心工程建设，将进一步促进农业产业化发展。仙佛寺景区、喳西泰水城旅游综合开发、武陵源大酒店、龙凤夏威夷五星级酒店、庆凤山公园配套工程、龙凤太子酒轩品牌连锁店、旅游名镇建设、旅游名村建设，龙凤新区商贸中心、龙凤建材城等项目建设，将促进旅游及现代服务业突破性发展，将成为新的经济增长点。基础设施建设逐步配套，城市功能不断完善。恩来高速（来凤段）、鹤来一级公路、白岩山至坪坝营旅游公路等建设，使长期困扰全县发展交通制约状况将得到逐步缓解。水利设施方面：酉水河重点段（来凤段）、老虎洞河三胡段、新峡河综合治理等工程建设，在合理利用水利资源、促进农业产业发展、提升抵御灾害能力方面将发挥重要作用。县城污水收集处理、企业污水处理、乡镇垃圾处理，农村能源建设、退耕还林、天然林保护（二期项目）、石漠化治理、土地治理等工程建设，为保护和有效利用资源，减少环境危害，建设美丽家园将发挥关键作用。龙凤科教示范园、龙凤新区建设拓展城市发展空间，为城镇化建设打下较好基础；夏威夷、凤仪佳苑、凤北雅居，原国税、消防、地税、公安等地块商居楼开发工程，为改善城市居民居住条件、提高城市品位创造条件。全民健身中心、民族文化中心，天然气管网延伸、新城区供水管网、城市绿化、城市道路等工程建设，将提升城市基础设施水平和完善城市功能。档案综合服务大楼、示范区农业技术展示中心、公安局指挥中心大楼、司法局业务用房、城镇社区综合服务中心等工程建设，将继续改善政府综合服务条件。龙凤科教示范园、新城区供水管网、中心医院医技大楼、疾控中心大楼、乡镇卫生院配套设施、中心粮食储备库、农村教师安居工程、乡镇中心幼儿园建设、农村饮水、农网改造升级、扶贫搬迁、生态移民等工程建设，将不断提高全县教育、医疗、饮水等保障水平。城镇社区综合服务中心、集镇综合开发，旅游名镇建设、易地扶贫搬迁、少数民族特色村寨保护与发展、重点贫困村和老区村整村推进、农村社区综合服务中心建设、迁村并点试点小区建设、旅游名村等项目建设，为推动美丽乡村建设，提高农村综合服务水平，加快产业化进程，提供必要条件，也将改善农民生产生活条件。项目谋划工作扎实，招商引资成效显著。着眼于“两区”建设和州域副中心城市等目标，准确把握国家和省发展战略机遇，谋划500万元以上项目570个，总投资1324亿元，计划向上争取项目191个，总投资87.8亿元，拟向上争取补助资金19.9亿元。同时，依托项目，采取超常措施，狠抓招商引资，制定出台招商引资相关政策，不断优化建设环境，使招商引资工作取得明显成效，大批重点项目落地建设，掀起城乡建设热潮。存在主要问题：项目结构需进一步优化；征地拆迁工作需强化;项目前期工作有待加强;推进项目建设士气需提升。视察组建议:要加大项目前期工作力度;突出重点,确保“一会一节”如期举行;强化管理,充分发挥项目工程应有效益;提振信心,确保重点工程建设快速推进。

2015 年 11 月 12 日,常委会组成人员、部分县人大代表组成视察组,通过现场查看、座谈、听取工作汇报,全面了解华师来凤附中(简称“来凤一中”)发展现状。视察情况表明,来凤一中新校区于 2013 年 7 月 13 日开工建设,2015 年 2 月 12 日投入使用,学校占地 276 亩,建筑面积 71139 平方米,总投资 2.5 亿元。学校有 60 间标准教室,12 间实验室,2 间微机室,1 间电子阅卷室,3 间通用技术教室,15 间琴房,大型学术报告厅 1 个,阶梯教室 1 间,400 米跑道的标准田径运动场、足球场、排球场、乒乓球场、室内体育场、网球场配备较为齐全,教学和生活设施比较配套,功能较为齐全,办学条件达到省同类学校一流水平。有教职工 187 人,其中特级教师 1 人、州级名师 2 名、高级教师 60 人、中学一级教师 59 人。有教学班 46 个,在校学生 2400 余人。近年来,县政府把教育放在优先发展的战略地位,以办人民满意教育为目标,大手笔谋划,大资金投入,高标准建设,科学化管理,来凤一中呈现基础建设快速推进,学校管理不断加强,教学质量明显提升的良好发展态势。学校规划大谋略。县政府以来凤教育在武陵山地区领先发展理念来谋划来凤一中新区规划,坚持把高中教育纳入全县社会事业优先发展战略,按照百年不落后、办学水平一流目标,高起点规划来凤一中新区,取得显著成效。基础建设大投入。投入 2.5 亿元,经过一年多时间建设,全面完成建设任务。新校区功能较为齐全,设施较为配套,布局合理,教学楼、科教楼、住宿楼、运动场、洗衣房、超市、医务室、图书馆等能满足师生工作学习生活需要,近一年来运行顺畅。学校管理大创新。为进一步提升来凤一中办学水平,县政府及来凤一中,采取一系列改革创新措施。积极探索引进“名校”办“名校”合作办学模式,创新教育管理。2014 年 8 月 24 日,县政府与华中师范大学签订联合办学协议,成立华师附中来凤一中,引进华师丰富办学经验、科学管理办法和优质教育资源,采用两权分离、分权负责合作机制,实行管、办、评分离,构建政府管教育,合作办教育,社会评教育新格局。激发内部活力,调动教职工积极性,增强责任感。采取完善学校管理制度和教师绩效评价体系、全员竞聘上岗、扁平式管理等系列新举措,让多做事、想做事、有业绩教师受重视、受表彰、受奖励,形成比业绩、比贡献良好氛围。提升教师素质,采取走出去和请进来等多种形式,选派 207 人次前往华师附中、深圳华师龙岗附中等地培训,邀请 64 名教育专家、华师一附中名师开展现场教学示范、听课评课、指导教改等活动。通过这些活动,让教师们看到自身不足,开阔视野、提升业务素质、更新教书育人理念。合作办学以来,通过引进先进办学理念,实施科学化管理,教育教学成效初显。2015 年高考取得佳绩。一本硬上线 89 人;二本硬上线 152 人;体育一本、二本上线 79 人;艺术一、二本硬上线 70 人。一、二本上线比 2014 年增加 83 人,增幅为 27%。教研成果丰硕。获国家级论文、教学设计一等奖 4 篇,二等奖 9 篇,省级一等奖

1篇，省级二等奖1篇。省级刊物发表论文32篇。2名教师荣获恩施州名师称号，1名教师获评湖北省历史特级教师。各项竞赛取得佳绩。1人获全国生物竞赛三等奖，22人次分获全省生物和化学一、二、三等奖。在第31届武汉国际中小学生楚才作文竞赛中，10人获一等奖，25人获二等奖，64人获三等奖。存在不足：师资力量不足；发展环境不优；教育教学质量有待提升。视察组建议，要进一步强化师资队伍建设，优化办学环境，提升办学质量。11月17日，常委会第40次会议，听取审议县人大常委会视察组关于对华师来凤附中有关情况视察报告，会议同意这个视察报告。

此外，2014年1月6日下午，县十六届人大四次会议主席团组织与会代表，视察仙佛寺、龙凤新区、教育城、湘鄂情大桥重点工程建设情况。2015年1月13日下午，县十六届人大五次会议主席团组织与会代表，视察仙佛寺、龙凤新区、教育城、湘鄂情大桥重点工程建设情况。

四、调查研究

调查研究（简称“调研”）是提高人大工作质量有效途径，也是人大常委会闭会期间履行监督职权的一项重要活动和重要方式。

自治县一届人大常委会期间，1981年5月，县人大代表及卯洞公社部分群众联名反映，河东管理区民族文教卫生事业发展滞后，请求落实民族照顾有关政策。常委会及时派出人员到卯洞公社，重点调查河东管理区5个片、37个生产队、5所中小学，同100多名干部群众、教师座谈。通过调查，了解到该管理区民族教育落后、中小学校危房多、教师报酬不落实、民族学生免费政策落实不到位，以及医疗卫生落后等，写出专题调查报告，以人大工作《情况反映》送县委、县政府及有关部门，并上报省、地区，建议落实少数民族政策，在经费上给予照顾，教育、卫生经费不得挪用，对困难学生给予减免学杂费，采取有效措施维修中小学校危房。1981年9月，城关镇工商所擅自更改场期，引起干部群众质疑。常委会委员和机关工作人员，分别下到县工商局、城关镇工商所走访调查，同县直部分人大代表座谈，弄清擅自更改场期情况。通过调查，常委会认为，场期更改虽有许多理由，但部门不经批准、不要组织原则、擅自更改行为是错误的。建议县政府对场期更改问题进行讨论研究，决定后行文。11月，部分人大代表和群众反映农村联产承包责任制后党在农村政策不落实，出现乱砍滥伐林木、无计划生育、乱占耕地、公粮负担过重等问题，常委会3名副主任率领4名机关干部分别到大河、旧司、高洞，同人大代表、代表活动小组组长及干部群众座谈，到白岩山了解代表提出的修公路占田多、要求减免公余粮问题。在调查弄清情况后，常委会写出专题调查报告，以《情况反映》上报，并送县委、县政府，发县直部办局，就认真贯彻中央和省委有关文件、全面落实农村生产责任制、制止乱砍滥伐和无计划生育行为提出10多条建议，并要求有关部门尽快采取措施解决问题；对于减免公余粮问题，也向政府作出专题反映。为加强民族自治区域法制建设，保障少数民族地区根据本地实际情况贯彻执行党和国家政策自主权，1982年上半年，在上一级人大常委会法工委部署下，县人大常委会以主要精力开展对自治县政治、经济、民族文化、教育及其他问题调研。在调研中,到区乡同人大代表座谈征求意见,还派人到全国人大常委会民委和省人大常委会学习了解自治县条例制定有关问题,在广泛调研基础上,制定《来凤土家族自治县自治条例》,加强全县法制建设。1983 年 6 月,全县受严重旱灾,按照县里安排,常委会正副主任带队,组成 12 人调查组,到革勒车、高洞、旧司、大河、百福司等,了解到灾后群众生活、生产中存在诸多困难,向县政府提出关于解决部分受灾群众生活和生产困难的建议。同时,专题调查中小学校危房和集资办学问题,常委会第 18 次会议,安排县文教办公室负责人专题汇报集资办学和解决中小学校危房问题,引起县政府高度重视。

县九届人大常委会期间,1984 年,在全县开展纪念《宪法》颁布 2 周年活动前夕,为把纪念活动搞出成效,常委会正副主任、委员和机关干部,分头到县直有关部门调研,听取汇报,座谈贯彻执行《宪法》情况、总结先进典型、了解存在不足和需改进问题,为纪念大会召开和如何进一步贯彻落实《宪法》提供材料准备。1985 年 5 月,根据上一级人大常委会安排,开展对乡镇人代会选举产生的正副乡镇长变动情况调查研究活动。常委会领导带领常委会委员及机关工作人员直接到乡镇摸底,了解到违法变动 11 名正副乡镇长职务。常委会及时把情况专题报告县委,引起县委重视,使问题很快得到纠正。1986 年 6 月 14—27 日,组织 15 人分 3 个小组,调查县九届人大三次会议以来代表议案办理情况及农村交通、广播、农田水利、扶贫等情况,召开各类座谈会 26 次,近 200 人参加。通过调查,掌握情况,发现问题,专题向县委、县政府提交报告,其中关于农村交通、农田水利建设调研情况,还在县人大常委会会议上汇报。为掌握 6 年来上级对“民族三照顾款”政策在来凤落实情况,1986 年 10 月上旬,2 名常委会副主任带领机关干部分头到县直有关部门及部分区镇开展调查研究,撰写 6 年来“民族三照顾款”到位及使用情况专题报告报县委,并报州。报告中指出存在问题,提出进一步争取“三照顾”款的建议,在全州召开的人大工作会议上引起较大反响。1987 年 6 月上旬,常委会会同有关部门组成调查组,就大河、高洞代表团提出的关于维修乡村公路、小桥小路建设议案办理情况,到这两个区 7 个乡镇实地调研,对能解决问题予以一一解决,对不能解决的写出专题报告,向县政府及交通部门反映予以解决。

县十届人大常委会期间,1988 年 6 月审议通过政府工作报告,审查批准 1988 年国民经济和社会发展计划。当时,全县灾情比较严重,农业缺水、工业缺电,还有其他自然灾害。为保证完成国民经济计划,组织人员到县直经济部门、厂矿企业及部分区镇,调查工业生产、物资供应、农机服务等情况,并根据调查情况专题向县委、县政府反映,特别建议要全县一盘棋,搞好配套服务,迅速解决农用资金、农用生产资料问题。为推动全县治理整顿工作深入开展,1989 年 3 月,组织人员,到县直 8 个单位、2 个区镇调研,对治理整顿中存在问题,向县政府及有关部门提出四点整改建议。同时,县十届人大常委会第 8 次会议专门听取县政府关于开展治理经济环境、整顿经济秩序工作情况报告，结合在调查中发现关于政府对公司清理不彻底、对一些经济大案要案查处不力等突出问题提出整改意见，同时作出关于切实抓好治理经济环境、整顿经济秩序、保证改革开放和建设顺利进行的决定。1990年4月下旬，常委会正副主任带领机关干部3次深入各区乡，在半个多月时间，调查农业生产、农民负担情况。通过调查，了解到春播作物因气候反常长势差，资金紧缺，农贷利息高，农民负担太重，严重影响农民生产积极性。对此，常委会及时将调查情况以简报形式送县委、县政府领导及有关部门，让他们掌握情况，及时解决。对于负担过重问题，建议和要求有关部门按照上级有关规定及时纠正。1991年3—11月，组织人员，对农业生产及抗灾、《民族区域自治法》实施情况、接龙桥区社会治安和综合治理、扶贫工作、代表建议办理、代表信访主要批办件等，开展7次专题调研，撰写专题调查报告11份，其中关于接龙桥及城区社会治安状况调研报告，针对治安管理死角和许多隐患问题提出8条整改建议，引起公安部门高度重视，及时召开相关会议，研究整治措施。

县十一届人大常委会期间，1992年6—10月，组织人员对《民族区域自治法》实施情况、县城总体规划及代表议案反映问题，开展5次调研活动，写出5份调查报告，提出19条改进工作建议。10月，县政府向县人大常委会提出水利工程权属、水利水费核定计收等2件议案，提请县人大常委会作出决议。常委会在收到议案后，立即组织2个调查组，到4个区镇、6个乡镇，开展4天调查。通过调查，就2件议案向县政府提出4点建议。县政府按照建议修改议案有关条款，然后提交县人大常委会会议审议通过，促进全县水利工程建设和管理。

县十二届人大常委会期间，开展50多次专题调查，撰写50多份调查报告。通过调查，掌握第一手材料，提出几百条建议，为县委、县政府解决问题和科学决策提供可靠依据。1994年3月至11月，组织人员围绕全县农业生产、群众生活、社会治安、民政救济等工作，开展5次专题调查，并形成调查报告，提出20多条建议。8月，部分代表和群众来信反映邮电部门在电话管理范围、电话月租费收费标准有不明确和不合理问题，常委会指定财工委对此问题调查。调查中，走访部分人大代表和群众，同邮电部门座谈，弄清情况，向常委会写出专题报告，提出三点建议，邮电部门认真采纳，重新划分电话管理范围，调整电话月租收费标准。1995年，在召开常委会会议前，组织人员，结合议题作深入细致调查研究。围绕人民群众反映热点和难点问题以及春耕生产、计划生育、市场物价、农村医疗卫生队等情况开展7次专题调查，并形成调查报告，提出建议受到县政府及有关部门重视，多数问题得到解决。1995年10月，部分代表反映农村医疗卫生工作问题较多。立即组织调查组，到农村专题调查。调查组在调查中走访14个区级卫生机构、69个乡级卫生所、112个村卫生室，同1053名农村医疗卫生人员和干部座谈，写出专题调查报告，以《人大工作通讯》形式上送、下发。报告引起县委、县政府高度重视，对报告中提出措施，县委、县政府在解决问题时采纳。1996年，围绕县委中心工作和群众关心热点问题开展26次调研活动。在调查市场管理问题、农村电价问题、液化气质量和价格问题、中小学校乱收费问题和4宗判决案件及10多件重点信访件后,及时写出情况反映,向县委、县政府及有关部门转送,对相关问题,督促政府部门采取措施处理、整改。1997年,常委会对计划生育、农民负担、农资价格、农村卫生状况等开展8次调研活动。通过调查,掌握第一手材料,针对工作中突出问题,积极提出建议和意见,并督促有关部门解决。1997年4月,组织调查组调查农民负担问题,发现县政府及其有关部门下发的关于农民负担问题几个文件,对农民某些负担规定提取标准不一致,不便操作,且有的文件规定某些负担不合理,便及时向县政府书面提出关于减轻农民负担工作有关问题和建议,引起县政府高度重视,并及时发文纠正有关问题。

县十三届人大常委会期间,除在听取和审议"一府两院"工作报告前,对各项工作进行调查研究、向常委会会议报告外,还围绕县委中心工作和人民群众普遍关心问题,比如民营经济、农业产业化、畜牧业发展、农村卫生、办理代表议案、乡镇换届等开展调研,其中7份调研报告引起县委、县政府高度重视,许多工作建议被采纳,促进工作开展。2000年4月,县十三届人大二次会议通过关于治理来凤县经济环境议案,为督促议案办理,4月中旬,组织县直部门调查全县经济环境。调查组深入执法单位、企业和个体户家中,并到湖南省龙山等周边县市调查了解他们经验和做法,找出来凤经济环境不优突出问题,提出9条加强经济环境治理的建议,为代表视察提供基础情况。2002年7月下旬,为掌握乡镇换届选举准备情况,以便指导乡镇人大换届选举,组织常委会领导、代工委及机关干部到各乡镇,采取召开座谈会、走访代表等形式调研,撰写专题调查报告,针对农村选民外出打工多、居住分散、财政困难及代表素质与结构等问题,提出建议,引起县委、县政府高度重视,其中许多问题得到解决。

县十四届人大常委会期间,开展30多项专题调查和一次特定问题调查,撰写专题报告26篇,交办督办件8次。2005年,四斗种桥下17户人家乱搭乱建,带来很大安全隐患,人大代表和居民反映强烈,常委会领导带领有关工委负责人实地调查,找部分机关干部和周围群众座谈,弄清情况,写出专题报告,县政府对有关情况及时研究,拿出具体解决措施,常委会有关工委加强督办,解决乱搭乱建房屋,在很短时间内全部完成拆迁,排除安全隐患。

县十五届人大常委会期间,以突出贯彻《监督法》《省实施〈监督法〉办法》为重点,不断改进调研工作,除在听取和审议"一府两院"工作报告前组织人员进行80多项调查、撰写调查报告80多篇、为会议做好材料准备外,还围绕产业培植、工业发展、城市建设、教育发展等热点问题,开展5次专题调研,收到良好效果。2007年因高考失利,全县一度出现教育信任危机,常委会针对这一情况,迅速组成调查组,深入教育行政部门、学校、社区,听汇报、找相关人员座谈,多方面吸纳意见和建议,形成调研报告。调研报告针对存在突出问题,提出要合理配置教师资源、鼓励民办教育、狠抓师德师风、整治校园周边环境等建议,引起县政府及教育部门高度重视,并采取一系列措施,解决教育滑坡问题。2008年4月,组成6个调查组,围绕全面提升农业产业化水平，尤其是推进生猪产业发展问题，分别到8个乡镇和县直有关单位进行10天调研，摸清生猪产业发展中存在饲养方式落后、精深加工份额偏低、服务体系不全及龙头企业、生猪养殖小区和养殖大户缺资金、缺猪源、缺防疫等许多问题，提出加强组织领导、加大融资协调工作力度、壮大养殖小区、完善服务体系、规范生猪定点屠宰加工等调查建议。县人大常委会调查报告及建议得到县政府高度重视，县长胡泽及时主持召开政府常务会议，对调查建议逐条研究，并采取5条措施：增加防疫经费，确保防疫面100%；毫不动摇支持安普罗公司，把这个龙头企业做大做强；高标准建设好11个养殖小区，信用社按要求贷款给小区和养殖大户；对小区栏圈建设给予补贴；对政府出台各项扶持安全生产发展各项政策，相关部门要严格验收兑现，使生猪产业化发展中问题得到解决。投入不足、基础薄弱、设备陈旧、监管不力等问题，曾是制约农村卫生事业发展瓶颈。常委会专题调研新型农村合作医疗及村级卫生室建设情况后，针对农村卫生室工作存在主要问题，在调研报告中建议县政府及卫生主管部门把发展农村卫生事业作为振兴农村经济、维护农村稳定、构建和谐社会大事来抓，着力在宣传合作医疗政策、改善农村医疗条件、理顺乡村医疗体制、降低药品价格等方面下功夫，从根本上解决农村群众医疗保障问题。县政府十分重视调研建议，在主要领导过问下，2008年至2011年投入近5000万元，完成县人民医院、民族医院、疾控中心、妇幼保健院4个县级医疗卫生机构和8个乡镇卫生院及8个村卫生室基础设施建设，三级医疗卫生服务网络得到完善，公共卫生服务体系、疾病防控体系、医疗救治体系、卫生监督执法体系、医药卫生保障体系等均得以建立、健全，人民群众健康安全得到有效保障。5年里，常委会专题调查库区发展、毒品犯罪、食品安全、环境污染和住房公积金等群众反映强烈问题，这些调研成果，在县政府高度重视下，都得到全面运用，有效推动部门及相关工作。

县十六届人大常委会期间，开展7次专题调查。2012年，开展2次专题调查。4月6日，常委会调查组专题调查全县住房公积金管理情况。调查表明：自1994年建立住房公积金制度以来，截至2012年3月31日，全县206个单位（其中非公经济8个）、9111人参加缴存住房公积金，归集住房公积金总额14156.78万元，归集余额12648.53万元，累计提取1508.25万元。累计发放贷款7943.85万元，收回贷款2518.03万元，贷款余额5425.82万元。至2011年年末实现业务收入835.62万元，其中存款利息收入589.36万元，委托贷款利息收入246.26万元；业务支出529.62万元，其中支付职工利息504.43万元，支付银行归集、委托贷款手续费25.19万元；实现增值收益306万元，主要用于提取住房公积金贷款风险准备金73.22万元、上交州财政住房公积金管理费用126.04万元、上交州财政住房公积金管理中心专项资金40万元、上交州财政廉租住房建设补充资金66.74万元。缴存比例财政供养人员按工资收入8%缴交；企业缴存比例均达到12%。10多年来，住房公积金管理工作紧紧围绕保障资金安全、提高服务品质目标，解放思想,开拓创新,遵循住房委员会决策,住房公积金中心运作,银行专户存储,财政监督原则,逐步建立和完善各种管理规章制度,特别是建立公积金贷款会议审批制,为贷款安全提供制度保障。在住房公积金使用方面,按照全省统一操作流程实施管理。在机构设置、缴存、提取和使用、接受监督等方面日趋完善。调查组指出,全县住房公积金管理工作取得一定成绩,但住房公积金缴存基数和比例偏低;住房公积金缴交面没有实现全覆盖,乡镇卫生院和县自来水公司没有建立住房公积金制度;公积金宣传力度不够,干部职工知晓率低;人员变动调整服务未能及时跟上;历史遗留问题没得到妥善处理。调查组建议,适时调高缴存比例;将乡镇卫生院在职职工住房公积金适时纳入财政预算;建立健全国有企业住房公积金制度;每年向社会公布住房公积金增值收益和使用情况;加大宣传力度,强化广大职工缴存住房公积金自觉意识。4 月 23 日,常委会第 5 次会议,听取和审议副县长卢红鹏作的关于住房公积金管理工作情况报告。会议同意这个报告。会议认为,几年来,县政府贯彻《住房公积金管理条例》,坚持先易后难原则,有计划、有重点、有步骤推进住房公积金制度实施,在一定程度上解决干部职工公积金水平不高问题,得到广大干部职工肯定。但存在住房公积金缴存比例偏低、没有实现全覆盖等问题。会议建议,要进一步加强宣传工作,不断增强政策法律意识;采取切实可行措施,逐步提高住房公积金缴存比例;加大工作力度,逐步实现住房公积金制度全覆盖;强化服务意识,不断提高管理部门工作水平;采取得力措施,严格依法管理,确保住房公积金在安全前提下实现保值增值;改进工作方法,创新工作机制,努力为广大干部职工提供信息和融资服务;及时研究措施,妥善处理历史遗留问题。会议要求,以上审议意见,请县政府研究处理,并按照《监督法》规定,将研究处理情况报告县人大常委会。10 月 25 日,常委会第 10 次会议,听取和审议县政府关于研究处理县人大常委会对关于住房公积金管理工作情况报告审议意见情况报告,会议认为,县政府及相关部门在宣传方面,开通语音查询热线和短信提醒业务以及网上查询系统,有力提高住房公积金行业社会认知度;在缴存比例方面,县政府承诺力争在两年内提高到州定标准;在覆盖面方面,县政府采取有力措施力争在 2013 年实现自来水公司和乡镇卫生院住房公积金全覆盖。会议同意这个报告并提出审核意见,要求县政府及其相关部门进一步加强宣传力度,不断提升服务标准,强化队伍建设,加快化解历史遗留问题步伐,使全县住房公积金管理工作再上新台阶。

2012 年 7 月 4—5 日,常委会组成 2 个调查组,专题调查全县新型农村合作医疗制度运行情况。8 月 28 日,常委会第 8 次会议,审议县人大常委会调查组关于新型农村合作医疗制度运行情况调查报告(书面)。调查表明:自 2007 年启动新农合工作以来,县政府切实把推进新农合作为民生工程来抓,贯彻上级有关文件精神,以规范新农合医疗运行机制、努力提高基金运行效益为重点,制定配套政策,完善管理措施,稳步推进全县新农合工作,形成新农合工作总体运行平稳、基金运转安全、管理日益规范、农民切实受益良好局面。参合比例稳步提升。全县参合人数由2007年198201人增加到2012年260946人，增长31.66%，2012年参合人数占全县农村人口97.70%，5年来，农民参合率分别增加1.17%、4.25%、2.79%、2.54%、10.71%。基金规模逐年扩大。农民个人缴费水平由2007年每年每人10元，增加到2012年每年每人50元，增加5倍，各级财政投入由2007年每人每年40元增加到2012年每人每年240元，增长6倍，2012年全县新农合基金7564.34万元，比2007年1010.79万元增长7倍，新农合基金提标和扩面，提高新农合基金抗风险能力，提高农民受益面和收益度，进一步缓解农民看病贵问题。补偿标准逐步提高。2007年新农合政策范围内补偿率30.12%，最高补偿年封顶线1.5万元。2008年补偿率41.35%，年封顶线3万元。2009年补偿率50.83%，年封顶线3万元。2010年补偿率55.92%，年封顶线4万元。2011年补偿率70.20%，年封顶线6万元。2011年比2007年住院补偿率提高40.08个百分点，住院封顶线增长4倍。到2012年6月，累计筹集资金23311万元，受益农民185.72万人次，补偿16100万元，覆盖面不断扩大、筹资水平逐步提高、农民受益程度不断增加、保障能力逐步增强。主要做法：以政策宣传为抓手，提高社会关注度。县合管办积极指导各乡镇、村开展宣传工作，让更多农民明白制度优越性，吸引更多农民参加新农合，进一步巩固和提高参合率。运用典型事例深入细致宣传参合农民看病报销流程及补偿标准，及时公示农民补偿情况，广泛宣传新农合重要意义，调动各方面力量共同关注和积极参与新农合，形成全县大动员、大宣传、大行动浓厚氛围。以规范运行为基础，严格基金管理。实行独立建账，钱账分离，封闭运行。即财政部门管账不管钱，银行管钱不用钱，合管办用钱不见钱模式进行管理，执行严格审核和报销制度。严格执行三级审核制度。对每月各定点医疗机构和乡镇合管办上报县合管办合作医疗补偿资料，严把身份审核关、费用结算初审关、补偿资金终审关，经领导审批后转账拨付到各定点医疗机构和乡镇合管办。县合管办和县财政局社保股同时建账，加强对合作医疗基金补偿情况监督，确保基金安全与合理使用。设立预警线。以月均可支配统筹基金总额80%为预警线，坚持每月定期分析参合农民报销情况和资金实际结存余额，及时发现影响新农合基金运行不正常因素，有效规避资金透支风险。以优化补偿方案为核心，充分发挥基金效益。每年根据省新农合统一方案，制定全县新农合补偿实施方案。不断简化转院手续、补偿程序，参合患者在定点医院就诊实行直接补偿。不断提升新农合保障水平、补偿封顶线和住院补偿、保底补偿、慢性病门诊补偿比例。政策范围内补偿率逐年提高，从2007年30.12%上升到2011年70.20%。实行门诊统筹补偿，明确意外伤害补偿程序，严格控制目录外用药。以提升监管为动力，加强信息化建设。从2007年起，县乡两级医疗机构实行直补，提高新农合工作效率，有效加强对定点医疗机构监管。2011年初步实现省州县村四级并网运行且与各级定点医疗机构互联互通，提升新农合监管效能。积极推行优质便捷服务措施，简化工作流程，参合农民在省内各定点医疗机构实行“一卡通”，外出务工人员医疗费用在县行政服务中心窗口实行“一站式办理”,率先在全州推行门诊统筹基金打通使用,农民在县内任何定点医疗机构就诊均可得到及时补偿。以优化补偿模式为切入点,扩大参合农民受益面。不断增加门诊慢性病补偿病种,由7个病种增加到10个病种。实行大病救治,结合民政医疗救助政策,将儿童白血病等8种疾病纳入重大疾病补偿范围,住院实际补偿率增加到70%。对五保户、低保家庭、特困优抚对象、低收入重病患者等特殊困难群体,参合费由民政代缴,减免前三类人员住院起付线。以加强制度建设为保障,完善定点医疗机构监管。对定点医疗机构实行准入和退出制度,实行不定期考评,依据考评情况,建立动态管理机制,够格则定,降格则停,违规则改,不改则汰。建立定点医疗机构住院保底、例均费用控制、医疗费用三级审核等制度,加强目录外用药、不合理治疗日常监督。实际效果:政府得民心。通过借鉴外地经验和几年来实践,新型农村合作医疗制度在组织管理、规范筹资、医疗基金管理和使用以及医疗救助、卫生服务机构监管等方面,初步探索出适合本县实际情况办法,积累一定经验,新农合制度基本成熟,受到农村多数群众认同,树立政府为民办实事良好形象。农民得实惠。通过实施新农合制度,使广大农民群众共享发展成果,群众“看病难,看病贵”问题得到初步缓解,提高农民群众抵御重大疾病风险能力,最大限度减少农民因病返贫、因病致贫现象。农民看病更加方便放心,农民就医意识明显增强。医院得发展。县级医院和乡镇卫生院是实施新农合医疗制度主要载体,在新农合这一民生工程推动下,医院得到较快发展。利用财政资金5000万元,改造4个县级医疗机构、8个乡镇卫生院、91个村级卫生室。各级医疗机构不断拓展医疗服务项目,健全服务功能,加强医德医风建设,提高医疗服务质量,在给农民提供医疗服务同时,业务收入明显增加,县内各级医疗机构从新农合基金中获得9000多万元收入,占业务收入70%以上,医护人员待遇显著提高,医护人员责任意识逐渐增强。存在主要问题:参合任务比例太高,导致参合基金征收难,基层干部怨气大;部分定点医疗机构责任意识不强,服务能力较弱;宣传和公示力度不够、范围不广,致使参合患者误解政策;监管能力不足。调查组建议:要创新筹资机制,减少筹资成本,维护基层干部队伍稳定;强化监管力度,进一步加强定点医疗机构监管;加大宣传和公示力度,释疑解惑、正确引导;努力提高医疗服务水平。

2013年,开展3次专题调查。3月26—27日,常委会调研组专题调研全县“六五”普法依法治理工作情况。4月19日,常委会第15次会议,审议县人大常委会调研组关于“六五”普法依法治理工作情况的调研报告(书面)。调查表明:自“六五”普法启动以来,全县上下以科学发展观为指导,认真贯彻落实党的十七大、十八大会议精神,紧紧围绕创建“湖北省法治县”总体目标,扎实开展“六五”普法依法治理工作,取得阶段性成果。领导重视,机制健全。县政府高度重视,把法治建设和“六五”普法纳入政府重要议事日程,纳入经济社会发展总体规划,纳入社会治安综合治理考核体系,统筹安排,同步实施。全县各级各部门责任明确,县依法治县领导小组按领导干部、公务员、企业经营管理人员、青少年、农民等重点普法对象，分门别类明确牵头单位及协作单位。县长、县依法治县领导小组组长向军分别与乡镇和普法牵头单位签订普法责任书。各级各部门建立起齐抓共管工作责任机制，形成主要领导亲自抓、分管领导具体抓、政法部门常年抓、社会各界参与抓普法工作格局。创新载体，强化宣传。开展“深化法律六进，服务科学发展”法制宣传教育主题活动。创新法制宣传活动形式和内容。运用各种媒体，开展普法宣传。突出特色，打造亮点。强化普法问责，完善考核机制。启动创建“湖北省法治县”活动。推进社会管理创新，建立跨省法治建设协作制。突出民族普法宣传特色，提高民族地区法治化管理水平。构建全民参与创建工作格局。重点突出，成效明显。全民法律素质明显提升。法治政府建设初见成效。法治社会体系逐步形成。存在主要问题：对普法工作认识有待提高；普法工作开展还不平衡；普法队伍建设有待加强。调查组建议：要进一步端正态度，强化认识；扩大法制宣传覆盖面、拓宽普法工作渠道；加强普法队伍建设。

2013 年 5 月下旬，常委会调研组专题调研全县国有资产经营管理工作情况。6 月 17 日，常委会第 17 次会议，审议县人大常委会调研组关于国有资产管理工作情况调研报告（书面）。调查表明：全县国有资产包括各行政事业单位资产、原烟厂移交资产、政府外埠资产、国有企业资产、政府入股股权、国有存量土地、改制企业资产、打包资产、廉租房资产等方面，资产估算价值总额 859392.64 万元。全县国有资产收益情况，2012 年末实现收益 35375.06 万元，缴入财政专户 28534.83 万元，尚需清缴 6840.23 万元。全县行政事业单位门面经营及资产处置收益情况，截至 2012 年年末，全县行政事业单位资产收益 6382.86 万元，其中：门面经营收益 456.14 万元，处置收益5926.72 万元。主要做法。建立健全国有资产监管机构，为加强全县国资管理提供坚实组织保障。2005 年 7 月 14 日，设置县国有资产监督管理局，为政府正科级工作部门。2006 年经县编委同意成立县国有资产经营管理中心，为隶属县财政局科级事业单位。2011 年经县编委同意将“县国有资产经营管理中心”更名为“县国有资产管理办公室”，办公室内设综合办公室、资产经营管理股、资产处置审批股、财务管理股、政策法规股 5 个机构，领导职数一正三副，国资局长由财政局长兼任。县政府国有资产监督管理局有行政编制 1 人，县国有资产管理办公室有事业编制 24 人，实际在岗人员 7 人。通过建立管理机构、明确监管职责、落实人员配备，为加强国有资产管理提供坚强有力组织保证。建立完善各项规章制度，促进全县国有资产管理走上规范化管理轨道。国资监督管理工作始终坚持国有资产“国家所有、政府分级管理、单位占有使用”原则，严格依照《企业国有资产法》等法规制度规定，结合实际，2007 年县委办公室下发行政事业单位国有资产管理改革实施方案、国有资产管理办法（试行），规范全县国有资产占有、使用、划拨、转让、处置等，促使全县国有资产管理工作日渐走上规范化、制度化、法制化管理轨道。统筹国有资产收益管理，充分发挥监管职能，确保国有资产保值增值。对行政事业单位经营性资产收益，县国资主管部门严格按照县政府非税收入管理相关规定，将其按合同约定全额纳入本级财政收支两条线管理，除按省政府规定扣除国资占用费部分外，其余纳入单位下一年度部门预算或资产更新改造费用，任何单位或个人不得以任何方式截留、转移、挪用、私分资产经营收益，对违反规定，私设小金库或其他侵犯国有资产经营收益行为的，一经发现，按《财政违法行为处罚处分条例》规定追究相关负责人责任。实际效果。通过清理清查行政事业单位土地、房屋、车辆、办公电器、办公家具等，摸清全县行政事业单位家底，为政府决策提供可靠参考依据，为科学编制部门预算、推进收入分配制度改革创造条件。下发行政事业单位国有资产管理改革实施方案、国有资产管理办法(试行)，规范全县国有资产经管、管理、占有、使用、处置等，为确保国有资产安全与完整提供制度保障，有效杜绝小金库、擅自发放津补贴等违法违纪行为；落实收支两条线管理规定，有效解决由于国有资产收入和单位利益紧密关联带来分配不公问题；对出租出借收入实行缴入财政专户管理，并明确规定国有资产收入使用方向，充分调动部门和单位积极性，提高国有资产特别是闲置资产使用效益；要求国有资产收入及相关支出纳入部门预算统筹安排，进一步推进资产管理与预算管理有机结合。不断加大项目投资管理与融资力度，提升政府融资能力，努力为全县经济社会发展提供更多资金支持；切实加大闲置资产盘活力度，促进国有资产效益最大化；不断强化国有企业资产监管，着力构建财政(国资)部门—主管部门(乡镇政府)—行政企事业单位监管体系，确保国有资产得到全方位有效监管。存在问题：认识不足，账务处理滞后，账实不符和不动产未办证现象严重，化解遗留问题难度大，信息化程度低，存在漏税现象等问题。调查组建议：要加强宣传，提高认识；加强监督，提高透明度，规范国有资产管理；加强清查，依法理清全县国有资产家底；加强组织领导，切实提高国有资产管理水平；加强税收征管和信息化建设步伐；加强创新，不断加大国资专管员配置、不动产产权办理、乡镇行政事业单位国有资产产权权属确定、企业改制单位资产核实及遗留问题解决、国有土地存量清理调查工作力度，促进全县国有资产经营管理工作科学发展。

2013年9月12日，常委会调研组专题调研全县人才工作情况。10月23日，常委会第19次会议，审议县人大常委会调研组关于人才工作情况调研报告(书面)。人才队伍基本情况。截至2012年年底，全县各类人才11919人，其中女性4074人，占34.2%；少数民族6461人，占54.2%。按类别分，党政人才1494人，占12.5%。专业技术人才4429人，占37.2%。技能人才4860人，占40.8%。企事业单位管理人才1136人，占9.5%。全县党政人才总数1494人(含参照管理单位216人)，其中，女性313人，少数民族1080人。县级机关1113人，乡镇381人；学历分布情况，研究生9人，大学本科747人，大专507人，中专及以下231人；年龄结构分布情况，35岁及以下292人，36岁以上及45岁以下432人，46岁以上及54岁以下572人，55岁及以上198人。国家颁布的56个专业中涉及35个，全县有专业技术人才总数4429人，其中,女性 1988 人,少数民族 2762 人。行业分布情况,事业单位专业技术人才 4252 人,国有企业专业技术人才 177 人。学历分布情况,研究生 11 人,本科 1327 人,专科 2138 人,中专及以下 953 人。专业技术职务分布情况,高级职称 318 人(高级职称中:省级特级教师 3 人,湖北名师 1 人,享受国务院津贴 2 人),中级职称 1842 人,初级职称 2121 人。年龄结构分布情况,35 岁及以下 1520 人,36 岁以上及 45 岁以下 1565 人,46 岁以上及 54 岁以下 1051 人,55 岁及以上 293 人。全县有各类技能人才总数 4860 人,其中,女性 1460 人,少数民族 2106 人。行业分布情况,机关事业单位 524 人(其中机关和参公单位 108 人、事业单位 416 人),企业单位 4336 人。学历分布情况,大专及以上学历 209 人、高中及中专学历 2673 人、初中及以下 1978 人。技术等级分布情况,高级技师 18 人,技师 438 人,高级工 324 人,中级工 542 人,初级工及普工 3538 人。全县有企事业单位管理人才 1136 人,其中,女性 313 人,少数民族 513 人。行业分布情况,事业单位管理人才 959 人,企业管理人才 177 人。学历分布情况,全县事业单位管理人才中,硕士研究生 2 人,大学本科 249 人,大学专科 618 人,中专 146 人,高中及以下 121 人。年龄分布情况,35 岁以下 193 人,36 岁至 45 岁 558 人,46 岁至 54 岁 336 人,55 岁以上 49 人。人才队伍建设主要做法:坚持党管人才,人才工作体制机制不断健全。领导重视,成立人才工作领导小组。2012 年县委、县政府成立人才工作领导小组,县委书记任组长,亲自抓全县人才工作。编制人才工作发展规划。抢抓人才试点县建设机遇,研究出台关于加强人才试点县建设的实施意见(试行)、与湖南省龙山县联合编制武陵山龙山来凤经济协作示范区人才一体化发展规划,拟定今后三年武陵山龙山来凤经济协作示范区来凤人才支撑计划。建立人才工作专项基金。县政府在财力十分困难情况下,仍加大人才工作保障力度,按照地方财政一般预算性收入 2%标准,建立人才工作专项基金,并建立逐年递增机制,在资金投向上坚持优先支持高端人才、急需人才、技能人才的引、育、用等,着力向重点项目、重点领域、重点人才倾斜。坚持创新体制机制,选人用人体制更趋合理。严把选人进人关。严把人才管理关。激活用人体制。大力营造尊重人才良好环境,建立每两年一次十佳杰出人才评选、十大优秀人才评选制度。出台中层干部竞争上岗暂行办法,疏通中层干部流通渠道,举办中层干部竞争上岗选拔考试,打破一个岗位干到底、一个单位定终身桎梏。实施三大工程,促进人才队伍素质不断提升。实施党政人才能力素质提升工程、金蓝领开发工程、紧缺人才引进工程。人才工作存在主要问题。人才强县认识有待提高,人才机制活力有待增强,人才开发与引进力度有待加大。做好人才工作建议。提高认识,更新人才工作观念;解放思想,创新人才工作机制;加大投入,壮大人才队伍实力。

2015 年,开展 2 次专题调查。3 月至 5 月,常委会调查组专题调查全县农作物秸秆露天禁烧与综合利用情况。6 月 24 日,常委会第 36 次会议,听取县人大常委会关于秸秆露天禁烧和综合利用的调查报告。调查表明:全县农作物种植面积 256954 亩,产生秸秆117402吨。野外燃烧情况:露天燃烧22142吨,占18%。主要有油菜秆、稻草和玉米秆等。其中大河镇17780吨、百福司镇2000吨、旧司镇1000吨、翔凤镇904吨、革勒车镇320吨、绿水镇138吨。综合利用情况:全县秸秆综合利用95260吨,占81%。用作燃料45356吨,占38%。主要作物是油菜秆、烟秆、少量花生秆、豆秆、药材和玉米秆。分布情况为大河镇13625吨、绿水镇11482吨、旧司镇8000吨、漫水乡5447吨、翔凤镇2052吨、百福司镇2050吨、革勒车镇1700吨、三胡乡1000吨。用作饲料25581吨,占21%。主要是用于喂养牛、羊和母猪垫圈。分布情况为大河镇8550吨、绿水镇7800吨、三胡乡3500吨、漫水乡3360吨、革勒车镇1200吨、百福司镇700吨、翔凤镇271.5吨、旧司镇200吨。用作还田肥料20210吨,占17%。主要是稻草。分布为旧司镇8682吨、漫水乡6460吨、翔凤镇2000吨、百福司镇1000吨、革勒车镇1050吨、三胡乡880吨、绿水镇138吨。用作凯迪发电原料4112吨,占3%。主要是稻草和玉米秆。分布为翔凤镇1012吨、绿水镇2000吨、漫水乡1100吨。存在主要问题:思想认识不到位,野外燃烧现象仍然存在。法规制度不健全,宣传工作不到位。法规不健全,影响农作物秸秆露天禁烧工作顺利开展;制度不配套,制约农作物秸秆综合利用全面推进;《关于农作物秸秆露天禁烧和综合利用的决定》出台后,没形成强大宣传合力,导致广大基层干部群众不知道、不了解,缺乏自觉性和约束力。调查组建议:统一思想,加强宣传,努力提高全社会对秸秆露天禁烧和综合利用重要性的认识;加强领导,建立机制,扎实推进全县秸秆露天禁烧工作;多措并举,分类处置,积极做好秸秆综合利用工作。

5月12日,常委会调查组专题调查全县社区矫正管理工作情况。6月24日,常委会第36次会议,听取县人大常委会调研组关于全县社区矫正管理工作情况的调研报告。调查表明:截至2015年4月底,全县接收社区矫正人员713人,解除矫正492人;在册矫正人员221人,其中缓刑195人,假释21人,暂予监外执行5人。在实施社区矫正过程中,审核批准22人居住地变更要求,为其在异地接受社区矫正提供方便,将56人纳入手机定位跟踪管理,完成由法院、监狱、公安机关委托的审前社会调查评估195件;因违反管理规定,4名社区矫正人员被撤销缓刑收监执行原判刑法,53人被警告,3人受到治安处罚;因暂予监外执行条件消失收监执行3人。脱管、漏管和重新犯罪率均控制在规定范围内,为全县社会和谐稳定和"平安来凤"建设作出积极地贡献。工作情况。加强领导,设置工作机构。2007年3月,经县政府批准,在县司法局机关设立社区矫正办公室,负责社区矫正工作,各乡镇司法所负责社区矫正日常工作。2014年4月,由县编委行文,将"社区矫正办公室"更名为"社区矫正工作管理局",标志全县社区矫正由工作机构向刑罚执行机构转变。8个司法所加挂"社区矫正安置帮教中心"牌子,全县196个村(社区)分别以不同形式建立社区矫正安置帮教工作站,基本上实现社区矫正工作全覆盖。全县有社区矫正工作人员14人,其中司法所工作人员12人,人员业务素质和法治水平基本具备对社区矫正人员管控能力。明确职能，建立工作机制。从2007年至今，全县建立党委政府统一领导，司法行政机关负责组织实施、指导管理，法院、检察院以及公安等部门协调配合，社会力量广泛参与的领导体制和工作机制。2007年3月，县政府办印发社区矫正试点工作实施意见，2015年，县政法委、法院、检察院、公安局、司法局联合出台社区矫正协调工作制度，初步规范政法各家在社区矫正工作中职责。县司法局初步建立全县社区矫正人员信息与社区矫正成员单位共享机制，并会同公安机关将社区矫正严管对象纳入警务信息综合应用平台。将每季度工作开展情况汇总成社区矫正动态送发社区矫正成员单位，共同探索有效监管新方法，形成社区矫正各成员单位齐抓共管工作机制。严格执法，加强监管教育。把好衔接与接收两道关口。注重做好法院、检察院、监狱、公安机关对拟适用社区矫正被告人和罪犯的审前社会调查评估工作，实现社区矫正工作机构与社区矫正人员决定机关无缝对接。司法所在接收矫正对象时，对矫正人员接受社区矫正的法律依据和人员身份实行严格核对并填写相关资料，同时要求其监督人、志愿者必须到场，承诺各自责任。加强日常监管。建立健全监管网络。建立县、乡(镇)、村(社区)三级监管组织实行对矫正人员监督管理；建立规范的基础台账，按时完成社区矫正对象基础信息录入。司法所对社区矫正人员实行一人一档，详细记载情况，内容完整清晰。开展社区矫正工作规范化建设。积极探索推广新的监管模式，在全县大力推广大河司法所探索的社区矫正工作模式。矫正人员矫正期满后，发给社区矫正期满宣告书，转为安置帮教对象，向其居住地组织通报情况。完善监督管理措施。2013年9月，全县使用手机网络管理系统，对严管矫正人员实行定位跟踪管理，由过去单一人防，向人防和技防相结合方式转变。通过走访座谈、随机抽样、电话查询矫正人员等人防手段，以及对矫正人员实施计分考核、行政刑事奖励和依法予以警告、提请治安处罚、建议撤销缓刑、撤销假释收监执行原判刑罚等惩处手段，不断加强对社区矫正人员管理。加强教育矫正。采取集中教育、个别教育和劳动教育三结合方式，加强对矫正人员教育矫正。县司法局根据社区矫正实施办法编制社区矫正人员手册，在入矫时人手一册发放到社区矫正人员手中，将实施社区矫正过程中应遵守的法律法规、注意事项、违反相关规定应受到的处罚以及权益保护等内容，告知矫正人员。将思想教育、法制教育、社会公德教育、时事政治教育和公益性劳动等教育内容贯穿教育矫正全过程，帮助社区矫正人员树立正确人生观、价值观，使他们改过自新；将心理矫治和行为矫治相结合，加强对矫正人员心理健康教育。促进社区矫正人员顺利融入社会。帮助社区矫正人员解决在就业、生活和心理等方面遇到的困难和问题；协调有关部门和单位，为部分社区矫正人员提供职业培训、就业指导和就业信息；为符合条件社区矫正人员提供最低生活保障和临时救助，为社区矫正人员遇到的其他问题提供必要指导和帮助，做好社区矫正人员社会适应性帮扶工作。全县落实困难社区矫正人员享受最低生活保障32人，就学2人，临时救助73人，为社区矫正人员顺利融入社会提供帮助、创造条件。存在主要问题:社会认知和重视程度不够;工作衔接与配合程度不够;工作力量和履职保障不足。调查组建议:加大宣传力度,提高工作认知;规范工作管理,增强工作实效;加强队伍建设,保障履职。

五、规范性文件备案审查

对有关国家机关制定的规范性文件进行备案审查,是宪法和法律赋予地方各级人大常委会一项监督职权,也是地方各级人大常委会监督行政机关依法行政、司法机关公正司法的重要途径之一。

1998年5月,县政府制定的《关于加强流动人口计划生育管理的公告》与有关法律法规相抵触,侵犯妇女特别是未成年女性合法权益,县人大常委会督促县政府依法纠正。

2000年8月,县监察局报县政府批准,下发关于撤销吴骏县交通局局长职务处分文件。县人大常委会收到文件后,召集专门会议,对照有关法律法规认真审议,认为该文件撤销吴骏县交通局局长职务不合法,违反《地方组织法》第44条之规定。常委会及时下发督办通知书,责成县政府督促监察局将来监发〔2000〕9号文件自行纠正,予以撤销收回,并重新行文。

2009年,县十五届人大常委会根据《监督法》《省实施〈监督法〉办法》等法律法规规定,结合实际,制定出台规范性文件备案审查暂行办法,对规范性文件范围、报备处理程序作出具体规定,并率先在全州有序开展规范性文件备案审查工作。备案审查工作,由县人大常委会民工委负责办理。2011年8月16日,县编制委员会同意增设县人大常委会规范性文件备案审查室。任期5年里,清理审查政府行文420份,备案审查规范性文件17件。

2012年4月,县十六届人大常委会规范性文件备案审查室(简称“审查室”)配备主任1名,专职负责规范性文件备案审查工作。5月初,根据有关法律法规,结合实际,修订规范性文件备案审查暂行办法,制定规范性文件备案审查工作流程图、审查室工作职责、审查室与县直相关单位和乡镇人大工作联系办法。5月中旬,审查室与常委会民工委一道到县政府法制办和8个乡镇人大,指导规范性文件备案审查工作。督促政府法制办补齐2010年和2011年发文目录,查阅县政府2011年发布154个文件目录;督促各乡镇人大清理近两年来规范性文件制发和上报情况。注重多渠道掌握规范性文件底数,即在平时注意收集文件,在来凤政务网上查找文件,为提高报备率打下坚实基础。8月28日,常委会第8次会议审议通过规范性文件备案审查规定,同时,建立由民工委指导备案审查室工作、各工委室联合审查规范性文件工作机制;县政府建立报备机制,确定由县政府法制办具体负责规范性文件报备工作;各乡镇人大也建立规范性文件报备机制,明确工作人员。11月20日,召开全县规范性文件备案审查工作会议,对相关部门开展业务培训,安排下步工作。全年接受乡镇人大报备规范性文件3件,及时与有关工委联合审查,要求《百福司集镇管理暂行办法》《革勒车乡人民政府关于禁止在集镇规划区燃放烟花爆竹的通告》,修改后重新公布并报备,要求《绿水镇人民政府关于集镇规划区内禁止燃放烟花爆竹的决定》,重新制定后公布实施。

2013 年,审查室审查规范性文件 3 件:《绿水镇人民代表大会关于通过〈绿水镇人民政府关于在集镇规划区内禁止燃放烟花爆竹的规定〉的决议》《来凤县村级安全协管员管理试行办法》和县政府法制办报备《来凤县基本建设项目行政事业性收费和经营服务性收费管理办法》(来政办规〔2012〕2 号),没有发现违法违规,经常委会分管领导批准,均归卷存档。

2014 年 12 月底,审查室对县政府法制办报备《来凤县人民政府关于开展超限超载运输及公路抛洒行为专项整治行动的通告》《来凤县人民政府关于综合治理出生人口性别比偏高问题的公告》《来凤县建筑垃圾和散体物料运输处置管理办法》《来凤县基本建设项目行政事业性收费和经营服务性收费管理办法》(来政办规〔2014〕1 号)4 件规范性文件,进行初步审查,发现其中 3 个文件存在违法违规情况;将情况向常委会分管领导汇报,决定 2015 年与相关工委室联合审查上述 4 件规范性文件。

2015 年,审查室接受县政府法制办报备《来凤县城镇土地使用税征收管理办法》,并对上年底《来凤县人民政府关于开展超限超载运输及公路抛洒行为专项整治行动的通告》《来凤县人民政府关于综合治理出生人口性别比偏高问题的公告》《来凤县建筑垃圾和散体物料运输处置管理办法》《来凤县基本建设项目行政事业性收费和经营服务性收费管理办法》(来政办规〔2014〕1 号),与相关工委室联合审查,并报主任会议审查。审查后,建议归卷存档的规范性文件 2 件:《来凤县城镇土地使用税征收管理办法》《来凤县人民政府关于开展超限超载运输及公路抛洒行为专项整治行动的通告》;要求文件制定单位修改重新公布并报备 3 件:《来凤县人民政府关于综合治理出生人口性别比偏高问题的公告》《来凤县建筑垃圾和散体物料运输处置管理办法》《来凤县基本建设项目行政事业性收费和经营服务性收费管理办法》(来政办规〔2014〕1 号)。

2016 年 2 月,备案审查室对县公安局拟重新制定关于在翔凤镇限制或者禁止燃放烟花爆竹的规范性文件进行业务指导。坚持每月与县政府法制办进行一次工作联系。3 月,接到县政府法制办报备规范性文件 1 件,《县委办公室、县政府办公室关于印发〈来凤县领导干部能上能下暂行办法〉和〈来凤县领导干部容错免责暂行办法〉的通知》(来办发〔2016〕2 号),该文件是县委办公室与县政府办公室两家联合行文,不属于县人大常委会备案审查职权范围,备案审查室将该文件退回县政府法制办。5 月,接到公民书面申请,要求审查〔1988〕18 号和〔1989〕9 号 2 件规范性文件,文件均为县委制定,不属于县人大常委会备案审查职权范围,备案审查室告知提请人向有权审查机关提出审查建议。7 月,与县民族法制工委到县政府法制办和 8 个乡镇,检查指导规范性文件备案审查工作,还利用工作下乡之便多次与各乡镇人大沟通交流。同时,加强对规范性文件审查意见跟踪督办。县政府法制办按县人大常委会规范性文件备案审查意见要求,对上年报备 5 件规范性文件中 3 个文件进行修改、报备并重新公布实施。8 月 17 日,参加全州人大常委会规范性文件备案审查工作会议。会议邀请省人大常委会法规工作室立法规划(备案审查)处副处长吕六荣进行规范性文件备案审查工作业务培训。会上,来凤县人大常委会与州政府、利川市人大常委会作经验交流发言,来凤县人大常委会规范性文件备案审查工作,得到省州人大常委会领导肯定。

六、专题询问和质询

询问是人大及其常委会监督的法定形式,是人大及其常委会行使知情权的方式之一。专题询问则针对特定议题,有计划有组织有准备进行问答,比起一般询问增强刚性和加大制约力,有利于有重点有针对性加强监督。

质询是指人大代表、人大常委会组成人员对行政机关、审判机关、检察机关等国家机关工作严重不满,或发现这些机关有失职行为,给国家和社会造成重大损失的,在人民代表大会会议、人大常委会会议上,人大代表、人大常委会组成人员可依法对有关机关、部门提出质询。质询是人大代表、人大常委会组成人员的一项重要职权,是可以发挥重要作用的监督工作形式,程度上要比询问严厉。县人大代表运用质询形式对政府工作开展一次监督。

1985年5月25日,在县九届人大二次会议上,接龙桥区代表团唐辉成、田呈林、田宏立等25名代表,联名提出对县土管局违法征地的质询案。大会主席团决定,将质询案交由县土管局在主席团会议上口头答复提质询案代表。5月28日上午,主席团举行质询会议。提质询案代表在发言中指出,县土管局在给县客运站征地中,违法变更土地所有制,违背法定征地程序,超越法定审批权限。县土管局负责人在答复中以及县政府领导解释时,否认代表质询的事实和埋由。代表不满意受质询机关答复。县人大常委会领导写出专题报告分别向省、州人大常委会汇报。事后,县土管局依法补办有关征地手续,纠正部分违法行为。

2012年8月28日,常委会第8次会议审议通过专题询问暂行办法,使专题询问工作有章可循。9月25日下午,常委会召开保障性安居工程建设情况专题询问筹备会议,向县政府及住建局、规划局、财政局、发改局、民政局、国土局通报专题询问工作方案。9月27—29日,县人大常委会保障性安居工程建设情况调查组,在组长莫北平、副组长彭远仪和向清堂带领下,对全县保障性安居工程建设、管理和使用情况开展专题调查。调查组听取相关部门工作情况汇报后,在翔凤镇召开座谈会,与基层干部、居民代表、保障房住户代表以及享受住房补贴户代表座谈,并实地查看保障性住房建设工地,对入住小区入户走访。调查表明,2008年9月,全县城镇最低收入家庭1428户,住房情况:人均建筑面积8平方米以下546户,8—10平方米47户,10—13平方米19户,计612户;2011年年底符合申报条件512户(廉租房入住207户,享受住房补贴305户)。从2008年启动保障性安居工程建设以来,县政府高度重视,克服困难,抢抓机遇,稳步推进,使城镇低收入住房困难家庭住房条件得到较大改善,城镇其他住房困难群体居住条件也得到逐步改善。建设规划和土地供应情况。县规划、国土部门积极主动搞好保障性安居工程建设用地选址和许可,对地域条件较好,符合城区规划国有土地，优先无偿提供给保障房建设项目，满足用地需要，提供优质优惠服务。几年来，争取上级专项补助资金 10930 万元（其中农村危房改造 3684 万元），县级财政配套资金 3790 万元，公积金收益增值 15 万元，计 14735 万元，用于廉租房、公租房建设和农村危房改造等，并鼓励和引导社会资金参与经济适用房、限价房和棚户区改造建设。2008 年 12 月开工新建三光坪廉租房小区 B、C 栋 147 套，投资 800 万元，建筑面积 7971 平方米，2010 年 2 月竣工。2009 年 1 月开工改建三光坪廉租房小区 A 栋 60 套，投资 410 万元，建筑面积 4159 平方米，2009 年 7 月竣工。2009 年 8 月开工新建板栗河廉租房小区 266 套，投资 1230 万元，建筑面积 13681 平方米，2010 年 10 月竣工。2010 年 12 月开工新建廉租房桂花树小区 216 套，投资 1200 万元，建筑面积 10800 平方米，2012 年 10 月竣工。2011 年 8 月开工新建廉租房桂花树小区 204 套，投资 1122 万元，建筑面积 10200 平方米，主体完工，在进行配套设施建设。2012 年 8 月开工新建桂花树廉租房 112 套、公租房 86 套合建项目，投资 1600 万元，建筑面积 10760 平方米。建成和即将建成廉租房 893 套，入住 207 户，在建 112 套。公租房建设进度。2010 年转化完成 62 套，建筑面积 5895 平方米。2011 年转化完成 287 套，建筑面积 18900 平方米。2012 年改造完成 42 套，建筑面积 2520 平方米；还有 122 套在做施工前期准备，建筑面积 2400 平方米。2007 年 10 月动工新建大河教师安居工程，利用社会资金投资 300 万元，建成 40 套，全部入住。棚户区改造进度。2010 年来，城镇棚户区改造拆迁 5.58 万平方米，安置 636 户，完成投资 4721 万元；在进行改造前期选址及拆迁占地 4390 平方米，计划年底完成拆迁工作。2011 年 12 月动工配建舟上人家限价商品房 100 套，投资 2170 万元，完成投资 1025 万元，在进行主体施工。农村危房改造进度。2009 年至 2012 年全县 5647 户农村危房，投入资金 3684 万元，改造危房面积 49.94万平方米，解除 2.54 万人居住危房状况。2007 年至 2011 年享受租赁补贴对象累计 990 户，发放补贴资金 116 万元。工程质量情况。建设项目工程按照规定审批和许可，择优选定施工企业和监理单位，推行项目四制管理，按照合同施工，住建局所属质检部门全程监管项目实施过程。竣工验收备案制度，坚持按质量标准验收，竣工项目全部达到合格。自 2007 年，围绕建立、完善住房保障制度，成立县经济适用房廉租房建设工作领导小组，出台最低收入家庭入住廉租房实施细则、廉租住房租赁补贴发放管理实施细则、廉租住房保障实施细则（试行）、城镇最低收入家庭廉租住房申请审核退出管理办法等保障制度与政策措施。按照国家每年公布新标准及时调整实施。分配上由社区、民政、住建分别对申请对象进行审核，各自张榜公布，并对住房保障对象建立电子档案，实行准入、年度申核及退出动态管理机制。住房保障主管部门成立保障性住房管理中心，具体从事保障住房各项管理工作，由于人员配备还未到位，后续管理工作还未跟上，物业等管理还未开展。调查组指出存在主要问题：保障性安居工程建设规划滞后，目标任务不明确；县级财力有限，资金配套困难，项目申报实施存在畏难状况;由于国家对这一政策越来越重视,对地方补贴标准和数量在不断增加,导致地方财政的硬配套也要不断增加,负担加重,债务增加,财政风险加大,项目申报陷于两难境地;配套设施建设滞后,分配不及时、入住率不高,群众不很满意;保障性住房后续管理得不到保障,管理机构不够健全,管理人员没有到位,出现重建设轻管理现象,物业和社会事务管理等还是空白;信息资源平台不够完善,信息交流不畅,基本数据收集难以达到准确及时;宣传平台不够完善,宣传面不够宽,群众知晓率不高。调查组建议,要编制长远发展规划,科学制定项目实施方案;建立健全管理体制和机制,加强后续管理,把好事办好;在加快工程建设进度同时,加快实物配租进度,提高入住率;加大宣传力度,畅通信息交流,接受社会监督。10月24日上午,常委会在行政中心8楼会议室举行第10次会议,常委会主任莫北平,副主任徐庭海、彭远仪、向清堂、高碧玉、田延初、邓家斌及常委会其他组成人员出席会议。县政府有关领导,县法院院长,县检察院检察长,乡镇人大副主席,应邀县人大代表,县政府办、住建局、规划局、财政局、发改局、民政局、国土局主要负责人列席会议,列席会议人员还有翔凤镇社区干部,居民、保障房住户代表、旁听会议公民。常委会主任莫北平主持召开保障性安居工程建设专题询问会。副县长杜方平作关于保障性安居工程建设情况报告;常委会财工委提交书面调查报告。常委会组成人员围绕保障性安居工程建设规划、建设质量、进度、申请及审查和批准方式、后期管理及退出机制等问题,提出18个问题进行专题询问,副县长杜方平及住建局、规划局、财政局、发改局、民政局、国土局负责人,就常委会组成人员所提问题予以回答。会议认为,从2008年启动保障性安居工程建设以来,县政府高度重视,按照国务院提出目标和要求,因地制宜,克服困难,稳步推进,使城镇部分低收入群众住房困难问题得到一定程度解决,其他住房困难群众居住条件逐步改善,农村危房改造取得阶段性成效,为实现住有所居目标打下较好基础。但存在规划滞后、资金配套困难、相关设施配套跟进不够、后续管理薄弱等问题。会议建议,要编制长远发展规划,科学制定实施方案;健全管理体制机制,加强保障房后续管理;加快工程建设进度,及时进行实物配租;加大政策宣传力度,广泛接受社会监督。会议要求,以上询问意见,请县政府研究处理,将研究处理情况书面报告县人大常委会。2013年2月27日,听取和审议县政府关于研究处理县人大常委会对关于保障性安居工程建设情况询问意见情况报告,会议认为,县政府及其相关部门在保障规划方面,深入研究,制定完善符合实际和保障群体现实需要保障规划,增强规划科学性;在后续管理方面,建立和完善体制机制,充实管理人员,为推进保障房管理制度化、规范化迈出新步伐;在工程进度方面,采取针对性措施,确保工程质量,如期完成工程任务,保证应保对象及时入住;在宣传方面,利用各种有效形式,积极开展有关政策法规宣传,收到良好效果。会议同意这个报告并提出审核意见,希望县政府及其相关部门进一步加大对询问意见落实力度,采取更加有力措施,认真研究解决保障性安居工程建设和管理中存在问题,不断提升建设和管理水平，积极推进这项民生事业健康发展。

2014 年 12 月 11 日，常委会第 30 次会议，听取和审议县政府关于研究处理县人大常委会对关于检查《食品安全法》实施情况报告审议意见情况报告，常委会组成人员采取自由提问方式，对审议意见落实情况进行专题询问。从专题询问情况看，全县食品安全工作宣传方式、投入机制、监管措施等尚需优化。会议建议，进一步优化宣传方案，广泛发动全民参与，完善群众举报制度和企业自律、诚信、惩戒机制；加强对食品安全工作领导，切实履行食品安全工作第一责任；加大投入，为食品安全工作提供良好执法环境；细化工作措施，切实履行职责，不断提高执法人员综合素质；强化监管，建立常态化、规范化监管机制，努力营造一个安全、健康食品环境。以上询问意见，请县政府研究处理，并将研究处理情况书面报告县人大常委会。2015 年 4 月 23 日，常委会第 35 次会议，听取和审议县政府关于研究处理县人大常委会对关于检查《食品安全法》实施情况报告审议意见询问意见情况报告，会议认为，县政府及其相关部门在强化食品安全宣传方面，利用多种平台、有效形式，积极开展政策法规宣传；在完善群众举报制度方面，制定有奖举报管理办法，设立举报奖金，建立举报平台，调动全社会共同参与积极性；在建立企业自律、诚信、惩戒机制方面，通过对食品从业人员培训、签订食品安全承诺书，加强对违法经营行为处罚等措施，进一步提高食品经营者自律意识；在强化食品安全监管方面，加大日常巡查力度，提高抽检率，开展专项整治等措施，进一步优化管理模式，构建食品安全网络；在加强领导方面，落实安全责任，加大投入，为食品安全提供良好保障。会议同意这个报告并提出审核意见，希望县政府及相关部门进一步加大对询问意见落实力度，采取更加有力措施，认真解决食品安全监管方面问题，努力为全县人民营造一个放心食品安全环境。

2015 年 6 月 24 日，常委会第 36 次会议，听取和审议县政府关于城区供水工作情况报告，常委会组成人员专题询问相关情况。会议认为，随着全县城市建设飞速推进，在城区范围不断扩大、用水人口不断增加情况下，县政府及相关部门积极克服困难，为城区提供合格生产生活用水，保障城区经济社会发展基本需要。但存在老城区管网老化、布局不够合理、三水厂建设资金不足、供水企业管理体制机制不优等问题。会议提出询问意见，要科学规划，确保城区供水管网合理布局；加大投入，努力改善供水基础设施；完善体制，促进供水管理现代化。以上询问意见，请县政府研究处理，并按照《监督法》规定，将研究处理情况报告县人大常委会。12 月 28 日，常委会第 42 次会议，听取和审议县政府关于研究处理县人大常委会对城区供水工作情况询问意见情况报告，会议认为，县政府及其相关部门合理确定城市供水主管走向、建立“十三五”城市供水项目库；加大资金投入，改造部分老城区供水支管等设施；建立健全行业监管机制，加强对供水企业管理等。会议同意这个报告并提出审核意见，希望县政府及其相关部门进一步加大落实询问意见力度，切实保障人民群众用水安全和城市发展需要。

七、特定问题调查

特定问题调查，是国家权力机关为依法

行使职权就某一专门问题进行的一种调查活动,是国家权力机关行使监督权的一种非常措施。《宪法》和有关法律对县级以上各级人大及其常委会特定问题调查权及基本程序作出规定,《监督法》总结实践经验,设专章对各级人大常委会组织特定问题调查委员会范围、调查委员会组成和权限、调查报告提出和审议等,作出全面统一规定,这对保障这项权力正确行使,加强人大常委会监督工作,提供权威法律依据。

1998年10月,部分县乡人大代表反映,高洞乡第59选区选举工作没按法律程序办事,有作弊行为。县人大常委会立即召开专题会议,决定成立由代工委、教工委3名负责人组成高洞乡第59选区代表选举作弊问题调查组。调查组深入高洞乡新坪管理区第59选区,召开乡村组负责人、人大代表和群众座谈会,同直接涉案人员交谈,走访选举委员会部分成员,弄清选举作弊全过程,建议乡党委对该选区此次选举返工重新选举,并严肃处理有关作弊人员,追究其法律责任。乡党委采纳县人大常委会调查组意见,妥善处理这一事件,挽回影响。

2005年10月31日,县十四届人大常委会第13次会议,审议县公安局提出关于县十四届人大代表李永祥涉嫌非法转卖爆炸物品、请求组织特定问题调查委员会进行调查,经审议,决定同意组织特定问题调查委员会对李永祥案调查。12月15—16日,县十四届人大常委会第14次会议,听取和审议李永祥案特定问题调查委员会调查报告,认为县十四届人大代表李永祥非法转卖爆炸物品,事实清楚,涉嫌犯罪,决定同意司法机关对李永祥采取强制措施。

八、评议

评议,包括工作评议和述职评议,是地方人大常委会探索实践出的一种监督方式,对增强被任命干部依法履职意识、增强人大监督实效、促进"一府两院"工作具有重要作用。

(一)工作评议

工作评议是县人大常委会组织的对"一府两院"及其部门依法履职情况进行的评议。为使评议工作有章可循、依法开展,县人大常委会注重加强评议工作制度建设。

1995年6月22日,县十二届人大常委会第11次会议,通过《来凤县县乡(镇)人大代表评议制度》,明确规定开展代表进行工作评议的指导思想和原则、评议对象、评议方式、评议内容、评议重点、评议前后有关工作。2007年12月25日,县十五届人大常委会第8次会议,通过《来凤县人大常委会工作评议暂行办法》,对《来凤县县乡(镇)人大代表评议制度》进一步修订完善,使工作评议更具可操作性和针对性。

1999—2016年,县人大常委会组织评议48个单位工作,其中县十三届人大常委会评议2个单位,县十五届人大常委会评议24个单位,县十六届人大常委会评议22个单位。

1999年3月,县十三届人大常委会第1次会议,常委会组织人大代表评议法院、检察院工作,这是县人大常委会对"两院"进行的首次工作评议。

2007年11月29日,县十五届人大常委会第7次会议,评议县商务局、科技局、民政局、质监局、水利局工作，听取县商务局局长周涛、科技局局长汪建敏、民政局局长张家旺、水利局局长倪和森分别作的工作报告和县人大常委会工作评议调查组对这5个单位工作情况的调查报告。会议认为，2007年，这些单位认真贯彻县十三次党代会、县十五届人大一次会议精神，坚持依法行政，认真履行职责，开拓创新，克难奋进，较好完成各项工作任务，但工作中也存在一些问题和不足，建议积极改进，要求将整改情况在规定时间内书面报告县人大常委会。会议通过评议，这5个单位均被评为满意单位。

2008年12月23日，县十五届人大常委会第18次会议，评议县广电局局长翁益成、人事局局长谭贤斌、粮食局局长杨勇、环保局局长向静、烟草专卖局局长龚红星分别代表单位作的工作报告。会议同意这5个单位工作报告，认为这些单位两年来依法行政，认真履职，团结拼搏，克难奋进，较好完成各项工作任务，但工作中存在一些问题，应认真研究处理，并将落实情况按规定要求书面报告县人大常委会。会议通过评议，这5个单位均被评为满意单位。

2009年12月9日，县十五届人大常委会第25次会议，听取和评议县文体局局长岳琼、食药监局局长伍云舟、监察局局长向勤仕、林业局局长张国庆、交通局局长邓家斌分别代表单位作的工作报告。会议认为，这5个单位3年来，认真履行法律赋予的职责，全面贯彻执行相关法律法规，紧紧围绕全县经济工作中心，团结拼搏，克难奋进，务实创新，全力做好各自工作，取得较大成绩，为经济社会发展作出重要贡献，对存在问题建议整改，并在规定时间内将落实情况书面报告县人大常委会。会议通过测评，这5个单位均被评为满意单位。

2010年6月23日，县十五届人大常委会第30次会议，评议县开发办、教育局、司法局、发改局4个单位2007年以来工作。会议同意县开发办主任张孝祥、司法局局长林正高、教育局局长彭远仪、发改局局长高碧玉分别代表单位作的工作报告。会议认为，这些单位认真贯彻执行法律法规，切实履行职责，立足科学发展，围绕全县经济工作中心，充分发挥自身职能作用，团结拼搏，克难奋进，务实创新，为推进全县经济社会发展作出重要贡献，同时对这些单位工作中存在不足，提出整改意见，要求认真研究处理，并将整改情况在规定时间内书面报告县人大常委会。通过调查测评和会议测评分值进行加权计算，这4个单位综合得分均在95分以上，被评为满意单位。

2010年12月15—16日，县十五届人大常委会第35次会议，听取县计生局局长杨学东、住建局局长胡玉堂、国土局局长陈光艾、旅游局局长向泽林分别作的关于接受县人大常委会工作评议的报告。会议认为，这4个单位自2007年换届以来，在局班子带领下，认真贯彻落实科学发展观和法律法规及党的方针、政策，切实履行部门工作职能，按照县委、县政府年度工作部署，扎实开展工作，较好发挥部门职能作用，促进全县经济社会加快发展。通过对调查测评和会议测评分值加权计算，这4个单位综合测评得分均在93分以上，被评为满意单位。4个单位存在一些问题和不足，会议建议认真研究处理，及时整改，并将整改情况在规定时间内书面报告县人大常委会。

2013年10月11日,县十六届人大常委会根据《监督法》、工作评议办法有关规定,印发工作评议实施方案,并通过新闻媒体发布工作评议信息,向社会征求对被评议单位意见。10月25日下午,召开被评议单位班子成员动员会;同时成立常委会领导任组长的5个工作评议调查组。11月1—10日,评议调查组分赴被评议单位县经信局、农业局、科技局、审计局、环保局、司法局进行工作评议,召开集中座谈会,听取被评议单位主要负责人工作汇报和被评议单位参会人员发言,现场测评;召开被评议单位部分工作人员座谈会,了解该单位相关情况;查阅相关资料,全面了解被评议单位工作开展情况;召开被评议单位服务对象代表以及部分州、县人大代表座谈会,听取意见和建议,并进行测评;评议调查组到乡镇进行评议调查和测评;征求"一票否决"管理部门意见;整理调查资料,形成评议调查报告。然后,在常委会会议上进行会议评议。

2013年11月20—21日,县十六届人大常委会第20次会议,听取评议县经信局局长舒镜峰、审计局局长胡新江、科技局局长谭贤斌、农业局局长杨洋、环保局局长向文、司法局局长胡玉堂分别作的关于接受县人大常委会评议工作报告和县人大常委会评议工作调查组关于工作评议调查情况报告,并对这6个部门换届以来工作进行评议。会议认为,换届以来,县经信局围绕全县发展大局,认真履行职责,严格依法行政,扎实推进各项工作,在优化经济结构和发展环境、积极服务市场主体、促进工业快速发展、推进信息化建设等方面取得较好成绩,为推动工业经济发展发挥积极作用。经综合评议测评,县经信局得分96.71分,被评为满意单位。县审计局坚持依法行政,贯彻实施审计制度、全面规范和深化审计绩效管理、强化部门自身建设,取得较好成绩,为推动全县经济建设发挥积极作用。经综合评议测评,县审计局得分98.67分,被评为满意单位。县科技局认真贯彻执行《科技进步法》等法律法规,积极服务全县经济社会发展大局,严格依法行政,优化科技发展环境、推动企业自主创新、组织科技项目实施、推进科技成果转化、实施知识产权保护和科技合作交流,取得明显成绩。经综合评议测评,县科技局得分98.25分,被评为满意单位。县农业局认真履行职责,严格依法行政,在粮油生产、特色产业发展、新农村建设等方面取得较好成绩,为推进农村小康建设发挥积极作用。经综合评议测评,县农业局得分96.91分,被评为满意单位。县环保局认真履行职责,严格依法行政,在法律法规宣传、环境管理、生态保护、队伍建设等方面做了大量工作,取得一定成绩。经综合评议测评,县环保局得分97.50分,被评为满意单位。县司法局认真履行工作职责,在依法行政、公正司法、"六五"普法、服务中心、维护稳定、队伍建设等方面做了大量工作,并取得较好成绩。经综合评议测评,县司法局得分97.58分,被评为满意单位。会议建议,县经信局要加大培植龙头企业力度,不断优化产业结构;坚持扶大扶强,大力培植工业龙头企业,不断壮大总体规模和实力,促进产业结构优化,增强对县域经济发展支撑作用;加强资源配置工作,确保工业企业正常运行;加大项目前期工作力度,确保工业项目快速推进;继续抓好队伍建设,不断提高履职能力和水平。县审计局要加强宣传，努力营造良好履职环境；坚持改革创新，充分发挥审计职能作用；加强审计机关自身建设，不断提高依法履职水平。县科技局要深入调查研究，认真谋划科技创新体系规划建设；发挥平台作用，推动全县经济科学跨越发展；注重激励引导，加强科技人才队伍建设；突出引导监管，加强知识产权创造、运用和保护。县农业局要进一步完善农业产业发展规划；强化职能，加大农业生产资料和农产品监管力度；加强基层农技队伍建设，不断提高服务质量和水平。县环保局要进一步加大对环保法律法规宣传力度；强化环境监管职能；加强自身建设，不断提高环保工作水平。县司法局要加大法制宣传教育力度，提高普法工作针对性、实效性；切实加强人民调解工作，促进社会和谐稳定；加大矛盾纠纷排查、调处和专项治理工作力度，力争把矛盾纠纷化解在萌芽状态；重视调解队伍建设，加强业务培训和业务指导，不断提高人民调解员工作能力；规范法律服务市场管理，树立良好行业形象；加强对法律服务从业人员教育培训，提高从业人员能力素质，满足人民群众法律服务需求；建立健全行业管理制度，严肃执业执法纪律，加强执业执法监管，规范执业执法行为。会议要求，以上评议意见，县经信局等 6 个部门要认真研究，及时整改，并将整改情况书面报告县人大常委会。

2014 年 6 月 9 日，常委会第 25 次会议，审议县经信局、审计局、科技局、农业局、环保局、司法局 6 个部门关于研究处理县人大常委会工作评议意见情况报告（书面）。会议认为，县经信局实施企业成长工程，着力政策扶持、品牌创建、技术创新，以企业效率优化资源配置，企业产业结构得到进一步优化，企业规模不断壮大；积极创造条件，采用内联外引等方式，使项目谋划、申报争取、招商引资、项目建设等工作快速推进；加强队伍能力建设，强化目标考核与管理，工作效率和服务水平得到提升。会议同意县经信局报告并提出审核意见，县经信局要进一步加大落实评议意见力度，认真研究和解决存在问题，为促进全县工业经济快速发展作出应有贡献。县审计局在强化宣传方面，关注工作思路和文明审计、文明审理、文明执法、文明回访标准，努力提升审计工作公信力和知名度。在坚持改革创新，充分发挥审计职能作用方面，解放思想，更新审计观念，用审计转型升级和深化改革总要求统领审计工作；扩大审计影响力，按照“哪里有财政性资金，跟踪审计到哪里的要求”，加大对公共资金、国有资金、国有资源审计以及经济责任和绩效审计工作力度。在加强审计机关自身建设方面，从加强思想政治学习、价值观教育、提升审计水平等方面，深化队伍建设，提升队伍综合素质。会议同意县审计局报告并提出审核意见，县审计局要进一步加大评议意见落实力度，不断提高工作能力和水平，为全县经济社会发展保驾护航。县科技局对县人大常委会工作评议意见高度重视，科技宣传力度得到加强，科技创新规划得到完善，科技人才激励措施得到优化，企业创新能力得到提升，知识产权创造、运用和保护得到增强。会议同意县科技局报告并提出审核意见，县科技局要进一步加大对评议意见落实力度，认真研究和解决存在问题，为促进全县经济社会发展作出应有贡献。县农业局在完善农业产业发展规划方面,按照立足当前、着眼长远、突出特色、发挥优势、壮大规模、力求双增总体目标,围绕北茶南油城郊菜、山上林与药产业发展布局及农民收入倍增计划,完善《来凤县农业资源开发与利用“十二五”发展规划》等,产业发展规划得到优化。在强化职能、加大农业生产资料和农产品监督力度方面,规范农资生产经营秩序;加强农产品产地环境保护;开展农药等投入品专项治理;强化农产品市场监督;狠抓农产品质量抽检。在加强基层农技队伍建设、不断提高服务质量和水平方面,完善基层农技体系管理机制,提高服务水平和服务质量,不断创新服务方式。会议同意县农业局报告并提出审核意见,县农业局要进一步加大对评议意见落实力度,认真研究和解决存在问题,为促进全县农业和农村工作快速、健康发展再作贡献。县环保局加强对环保法律法规宣传,加大环保执法力度,加强自身建设,提高环保工作水平。会议同意县环保局报告并提出审核意见,县环保局要进一步加大整改落实力度,认真研究和解决存在问题,推进全县环保事业健康可持续发展。县司法局扩大法制宣传教育覆盖面、拓宽普法工作渠道,加大对农民、企业管理人员法制宣传教育力度,增强法制意识,重点抓对涉赌、涉毒、侵财以及非法集资等对象法制教育;加强调解队伍建设,加大排查纠纷化解矛盾工作力度;规范律师、基层法律服务工作者与司法行政工作人员相互关系,强化对法律服务市场监管;全面启动建立法律顾问制度工作,提升法律服务水平。会议同意县司法局报告并提出审核意见,县司法局要进一步加大对评议意见落实力度,及时研究和解决司法行政工作中出现的新情况新问题,为建设法治来凤做出新的更大贡献。

2014 年 11 月 27 日,常委会第 29 次会议,听取评议县财政局、住建局、民政局、人社局、文体局、民宗局 6 个部门关于接受县人大常委会评议工作报告和县人大常委会评议工作调查组关于工作评议调查情况报告,并对 6 个部门换届以来工作进行评议。会议认为,换届以来,县财政局坚持依法行政,开源节流,深化财政改革,强化财政监督,加强自身建设,为推动全县经济社会稳健发展发挥积极作用。经综合评议测评,县财政局得分 96.67 分,被评为满意单位。县住建局紧紧围绕全县中心工作,积极履行职责,推进城乡统筹发展、加快保障房和市政基础设施建设,取得较好成绩。经综合评议测评,县住建局得分95.73分,被评为满意单位。县民政局认真履行职责,依法行政,在救灾救济、城乡低保、优抚安置、基层政权建设、社会事务管理等方面做了大量工作,取得一定成绩。经综合评议测评,县民政局得分 95.2 分,被评为满意单位。县人社局依法行政,认真履行工作职责,在服务创业就业、保障改善民生、维护劳动者合法权益和人才队伍建设等方面做了大量卓有成效工作,取得较好成绩。经综合评议测评,县人社局得分 97.19 分,被评为满意单位。县文体局认真履行职责,严格依法行政,在打造“艺术土家”、非物质文化保护、文化市场监管等方面取得较好成绩,为全县经济社会发展提供较好文化支撑。经综合评议测评,县文体局得分 95.12 分,被评为满意单位。县民宗局认真履职,依法行政,切实加强自身建设，较好完成各项工作任务，为促进全县经济社会发展作出积极贡献。经综合评议测评，县民宗局得分 96.61 分，被评为满意单位。会议建议，县财政局要进一步加快财源建设步伐；优化财政支出结构；加强财政监管力度；加强机关自身建设。县住建局要进一步加强城乡建设管理力度；提升住房保障服务水平；加强干部队伍建设。县民政局要完善低保和社会救助保障机制；强化殡葬管理工作；切实做好社会养老服务工作；加强民政干部队伍建设。县人社局要实施更加积极就业政策，稳定就业形势；加强政策、法律法规宣传和执行力度，维护劳动者合法权益；创新人才工作，壮大人才队伍；加强人社队伍建设。县文体局要进一步加强创新能力建设；推进公共文化服务体系建设，不断提高公共文化服务水平；加强文化市场监管力度，不断推进文化市场健康有序发展；加强干部队伍建设，为文体事业可持续发展提供人才保障。县民宗局要进一步加大对国家扶持民族地区优惠政策争取力度；加强民族宗教政策和法律法规宣传；采取行之有效途径加强与乡镇工作联系，不断拓宽工作面；加大项目申报和项目资金争取力度，加强项目实施监管，确保项目质量、进度和项目资金的有效使用；加强民族传统文化体育项目的挖掘整理工作，不断推进民族传统文化体育事业发展；加强民族宗教工作研究，打好民族牌，加强宗教管理，推进全县经济社会科学发展。会议要求，以上评议意见，县财政局等 6 个部门要认真研究，及时整改，并将整改情况书面报告县人大常委会。

2015 年 4 月 23 日，常委会第 35 次会议，审议县财政局、住建局、民政局、人社局、文体局、民宗局 6 个部门关于接受县人大常委会工作评议整改情况报告（书面）。会议认为，县财政局在加快财源建设方面，从发展思路、充分利用当前财源建设有利因素以及加快推动商旅文融合等具体环节入手，积极拓展财源建设路径，加快财源建设步伐，培植新的经济增长点，切实加强财源建设。在关于优化财政支出结构方面，进一步规范财政资金供给范围，坚持量入为出，厉行节约，严格控制一般性支出，努力保工资、保运转、保民生、促发展。在加强财政监管方面，严格执行新《预算法》，规范收支行为，强化预算约束；执行阳光采购，扩大采购面；深化收支两条线管理，增强政府宏观调控能力；推进财政预决算和三公经费公开，维护人民群众知情权和监督权。在加强机关自身建设方面，加强干部职工学习和培训教育，大力提升财政部门办事服务水平，严明政治纪律，严守政治规矩，切实提高机关行政效能和服务质量。会议同意县财政局报告并提出审核意见，县财政局要进一步加大评议意见落实力度，认真研究财政工作中存在问题和困难，不断提高财政工作能力和水平，为全县经济跨越持续发展作出新的更大贡献。县住建局对城乡建设管理力度有所加强，住房保障服务水平有所提升，干部队伍素质有所提高。会议同意县住建局报告并提出审核意见，县住建局要继续解决城乡建设管理效益不高、行政审批程序不优、专业型实用型人才不够等问题，进一步加大对评议意见落实力度，认真研究和解决存在问题，为促进全县经济社会发展做出应有贡献。县民政局修订完善社会救助办法，细化农村低保保障标准及补助标准。开展农村低保户清理核查,建立居民信息核对平台,及时清退不符合条件对象。实行民主评议与公开公示,强化社会监督和责任追究制度。加大执法力度,规范殡葬行为。明确收费标准,规范殡仪服务;推进乡镇殡葬改革,编制完成全县农村公益性公墓建设规划,开展乡镇殡仪服务基础设施建设。充实老年工作机构人员力量。启动医养结合社会化养老服务中心建设。加强老年服务阵地建设,丰富服务内容。探索养老服务模式,进一步完善养老服务体系。加强民政干部队伍建设。加强理论学习、思想建设、廉政建设、作风建设,落实主体责任,机关干部整体素质不断提高,机关作风明显好转。会议同意县民政报告并提出审核意见,县民政局要进一步加大对评议意见落实力度,特别是要继续在完善社会救助机制,加大养老基础设施建设力度,提升养老服务工作水平等方面下功夫,及时研究和解决工作中出现的新情况新问题,为促进全县经济发展和社会稳定作出积极贡献。县人社局根据全县经济社会发展现状,强化就业服务和职业培训、开辟新的就业渠道,拓宽就业门路,增加就业岗位,逐步缓解就业压力。广泛运用宣传媒体和载体,深入宣传人力资源和社会保障等方面政策和法律法规,不断提高人民群众政策法规知晓率。严格落实现有政策,切实加强行业政策法规执行力。不断完善劳动合同内容,提高劳动合同签订率和社会参保率。加强劳动保障监察执法力度,对恶意拖欠农民工工资行为予以坚决打击。完善引才政策,健全引才机制,适时引进人才,为来凤建设发展提供有生力量。加强人社干部队伍学习培训,不断提高思想政治素质和依法行政能力。会议同意县人社局报告并提出审核意见,县人社局要进一步加大对评议意见落实力度,继续确保就业形势稳定,强化社保资金使用监管,及时充实机关业务力量,为促进全县经济社会发展做出应有贡献。县文体局文化管理创新能力有所提升,公共文化服务体系建设得到加强,文化市场监管不断完善,文化人才队伍建设激励措施得到优化。会议同意县文体局报告并提出审核意见,县文体局要继续解决文化产业对经济发展支撑作用不够、创新能力不强、文化体育人才不能适应发展需要等问题;进一步加大对评议意见落实力度,认真研究和解决存在问题,做好商、旅、文深度结合,为促进全县经济社会发展做出应有贡献。县民宗局组织学习民族工作有关优惠政策,做到工作有的放矢;加强与省、州民宗委联络,最大限度争取优惠政策落实到县;利用12·4宪法日,向市民宣传民族宗教政策;编印民族宗教知识100问宣传手册,给市民免费发放;办好民宗局网站,适时更新内容,及时回复群众急需了解的民族宗教政策;坚持原则,宣传政策,搞好民族成分认定服务;以工作协调函形式,建议各乡镇明确领导分管民族宗教工作和一名工作人员具体联络民族宗教工作;努力争取中央、省级少数民族发展资金;积极支持民贸民品企业发展;拟定抓民族文化体育工作的项目和措施,争取上级支持,实施抓项目、培人才、抓活动、促壮大民族民间艺术人才培育工程;在相关学校建设民族传统体育项目训练基地,促进民族传统体育发展;开展成果运用,推荐资助民族文化系列丛书编印出版等。会议同意县民宗局报告并提出审核意见,在加强民族宗教工作研究、打好民族牌、加强宗教管理等方面，县民宗局要进一步加大工作力度；继续履行好职责职能、落实好评议意见，以卓有成效工作推进全县经济社会科学发展。

2015年7月21—23日，常委会第37次会议，听取评议县发改局局长蔡勇、安监局局长吴汉左、商务局局长余容、交运局局长周涛、公安局局长陶凯、监察局局长滕建刚、教育局局长杨明、卫计局局长邓德武、国土局局长陈光艾、水利局局长段绍鹏分别作的关于接受县人大常委会评议工作报告和县人大常委会评议工作调查组关于工作评议调查情况报告，并对县发改局等10个部门换届以来工作进行评议。会议认为，县发改局严格依法行政，认真履行职责，出色完成各项工作任务，为经济建设和社会发展作出较大贡献。经综合评议测评，县发改局得分96.6分，被评为满意单位。县安监局积极发挥安全生产综合协调职能，依法行使安全生产监督管理和监察职权，不断创新管理体制机制，认真履行职责，较好完成各项工作任务，为保障人民群众生命财产安全作出较大贡献。经综合评议测评，县安监局得分94.27分，被评为满意单位。县商务局围绕全县中心工作，坚持商贸领先，抢抓机遇，谋划长远，大力实施市场体系建设，为推进城市商圈建设发挥重要作用。在履职过程中，严格依法行政，公正执法，强化服务，较好完成各项工作任务，促进县商贸事业不断繁荣。经综合评议测评，县商务局得分93.02分，被评为满意单位。县交运局围绕全县中心工作，抢抓机遇，立足当前，谋划长远，大力实施地区枢纽工程；积极发挥职能作用，依法行政，认真履职，较好完成各项工作任务，促进交通事业大发展。经综合评议测评，县交运局得分93.16分，被评为满意单位。县公安局依法认真履行工作职责，在打击违法犯罪、维护社会秩序安全稳定、化解社会矛盾风险以及维护县域经济发展秩序等方面做了大量工作。经综合评议测评，县公安局得分90.75分，被评为满意单位。县监察局紧紧围绕全县中心工作，以惩防体系建设为主线，以改革创新为动力，以维护群众利益为根本，着力开展监督、执纪、问责，全面落实监督责任，做了大量卓有成效工作，较好履行监察职责。经综合评议测评，县监察局得分95.78分，被评为满意单位。县教育局依法行政，认真履职，在推进全县教育布局调整、提高教育教学质量等方面取得较大成绩，为推进全县教育事业可持续发展作出积极贡献。经综合评议测评，县教育局得分92.50分，被评为满意单位。县卫计局以改革为动力，依法行政，在优化服务，提高人口素质，稳定低生育水平等方面做了大量工作，取得较好成绩。经综合评议测评，县卫计局得分94.59分，被评为满意单位。县国土局紧紧围绕全县中心，服务发展大局，认真履行职责，在保护耕地、保障重点项目建设用地、强化矿产资源管理、预防地质灾害等方面做了大量工作，取得较好成绩。经综合评议测评，县国土局得分90分，被评为满意单位。县水利局认真履职，严格依法行政，在水利工程建设、项目资金争取、特色水产养殖、干部队伍建设等方面取得较大成绩，为推动全县经济社会发展发挥积极作用。经综合评议测评，县水利局得分95.75分，被评为满意单位。会议建议，县发改局要科学制定“十三五”规划，推动来凤可持续发展。加强指导协调工作,切实提高规划水平。加强项目实施监督,确保项目实施效果。加强人才队伍建设,不断提高履职水平。县安监局要强化安全生产教育,营造良好生产安全环境。加强基层业务指导,努力提高工作水平。切实加强队伍建设,不断提高履职水平。县商务局要加大电商宣传力度,推进电商产业快速发展。充分发挥职能作用,努力提高综合执法能力。着眼发展,立足县情,做到科学招商。加强商务队伍建设,努力提高服务水平。县交运局要科学编制交通发展"十三五"规划,推动交通事业长远发展。加大公路执法力度,严厉整治"三乱"(乱堆、乱挖、乱建)行为。完善农村公路管护机制,努力提升公路使用效益。切实加强队伍建设,努力提高履职水平。县公安局要认真履行职责,严厉打击各类刑事犯罪;不断改进监管工作,努力提升公共安全水平;切实加强队伍建设,不断提高履职能力。县监察局要加强对政策、法纪和政纪宣传教育,筑牢国家公职人员思想道德防线;加强源头治理,形成预防机制,把问题解决在萌芽之中;认真履行监察职责,严格执法执纪,维护政纪法纪严肃性。县教育局要加快全县教育布局调整步伐,尽早完成布局目标;制定切实可行措施,不断提高教育教学质量;强化学校安全管理,营造校园良好环境;充分发挥相关学校引领示范作用,不断提升办学水平。县卫计局要加大政策法规宣传,营造良好履职环境;强化计生基层基础,确保计生工作健康发展;加大工程建设力度,确保医疗新区如期投入使用;加强队伍教育管理,不断提升服务水平。县国土局要加大对法律法规的宣传力度,不断增强全民国土保护意识;加大违法行为打击力度,维护国土资源管理秩序;加强干部队伍建设,提高国土资源执法能力。县水利局要进一步完善水利水产建设规划,为实现水利现代化奠定坚实基础;进一步强化质量意识,不断提高水利工程使用效益;进一步强化管理意识,确保水利事业可持续发展;进一步加强水利队伍建设,不断提高履职水平。会议要求,以上评议意见,县发改局等10个部门要认真研究,及时整改,并将整改情况书面报告县人大常委会。

2015年12月28日,常委会第42次会议,审议县发改局、安监局、商务局、交运局、公安局、监察局、教育局、卫计局、国土局、水利局10个部门关于接受县人大常委会工作评议整改情况报告(书面)。会议认为,县发改局科学制定"十三五"规划,深入开展调查研究,摸清底数,广泛征求意见,聘请专家团队参与,对规划编制方向、框架布局和内容进行科学论证,把握规划重点,准确设置目标,完善保障机制,突出规划战略性、前瞻性和指导性。强化联系指导,建立全县规划信息沟通渠道,运用调研座谈会、业务培训会和通信网络交流等方式,与乡镇和部门强化信息传递和衔接,把上级政策投向与基层项目规划进行无缝对接,不断提高规划质量和项目申报成功率,有力推进各项事业快速发展。建立健全决策科学、投向合理、运作规范、监管严格政府投资管理体制,制定管理办法,落实责任考核,强化检查督办,确保工程质量和投资效益不断提升。不断创新学习方式,努力提升思想素质、业务技能和为民服务水平;不断充实人才队伍,落实任务责任,完善管理制度,健全考评机制,严格检查督办，提高工作效率，较好完成换届以来各项工作任务。会议同意县发改局报告并提出审核意见，县发改局要进一步加大对评议意见落实力度，认真研究和解决存在问题，为促进全县经济社会快速发展作出更大贡献。县安监局采用多种形式开展安全生产宣传，《安全生产法》等法律法规知识得到进一步普及，特别针对重点人群、企业和行业加大宣传教育和培训力度，不断提高安全事故防范意识和能力。完善安全生产监督管理制度，提升企业安全标准，严格检查督办和开展专项整治，严厉执法，不断提高安全生产水平。改进作风，工作下沉，服务基层，加强对乡镇安监所指导和培训，提升基层工作人员服务能力和执法水平，提升安全管理全系统整体合力和全县安全生产水平。加强政治理论和业务知识学习，不断提升干部职工思想政治和业务素质，依法行政、廉洁从政和为民服务意识得到增强，工作效率明显提高，较好完成各项工作任务。会议同意县安监局报告并提出审核意见，希望县安监局进一步加大对评议意见落实力度，认真研究和解决存在问题，不断促进安全生产工作，全力保障国家和人民群众生命财产安全。县商务局根据新常态下电子商务发展趋势，结合上级电子商务进农村等要求，采取多种形式加强宣传，通过邀请“互联网＋”（即充分发挥互联网在生产要素配置中的优化和集成作用，将互联网的创新成果深度融合于经济社会各领域之中，提升实体经济的创新力和生产力，形成更广泛的以互联网为基础设施和实现工具的经济发展新形态）电子商务专家专题讲座，举办电子商务创业集中指导培训，电子商务知识宣传和普及效果明显。为加快全县电子商务发展，制定工作方案和实施意见，出台扶持政策，搭建电子商务服务平台，建立电子商务流通体系，设置服务站点，营造产品网络市场，较好推动电子商务起步发展。为实施商贸立县战略，立足长远，制定来凤县商贸物流发展规划，通过推进商务流通体制改革，增强服务功能，不断加大商务综合执法力度，优化发展环境，维护商务流通正常秩序。围绕实际科学招商，突出重点产业、专业市场、民生工程、新能源开发等项目招商引资工作，把来凤优势资源同招商引资项目有效结合，坚持招商引资工作不动摇，破解发展难题。不断加强商务队伍建设，全面落实党规党纪，不断完善管理制度，加强督办检查，工作效率得到不断提高，较好完成换届以来各项工作任务。会议同意县商务局报告并提出审核意见，希望县商务局进一步加大对评议意见落实力度，认真研究和解决存在问题，为实施商贸立县战略作出应有贡献。县交运局科学编制全县交通“十三五”规划。结合来凤城镇发展规划、地理资源分布、产业发展布局和人民群众生产生活需要，聘请专家团队参与规划编制，提高规划科学性，为交通事业长远发展打下良好基础。采用多种宣传方式，加大对公路法律法规宣传。针对公路“三乱”行为，制定专项整治措施，采取多部门联合执法，查处大批违规违法行为，道路交通环境得到明显好转。不断完善农村公路管护机制。制定农村公路管理养护实施方案，明确管养目标、养护责任、工作措施和考评办法，建立县乡村三级管护网络，解决养护人员报酬等问题，为确保农村公路畅通发挥较好作用。强力推进学习型、服务型和效能型机关建设，创新人事管理方式，重视专业人才培养和人才引进，建立公平激励机制，提升干部职工工作热情和效率，较好完成各项工作任务。会议同意县交运局报告并提出审核意见，希望县交运局进一步加大对评议意见落实力度，认真研究和解决存在问题，为促进全县交通事业快速发展作出更大贡献。县公安局认真履行职责，严厉打击各类刑事犯罪。组织开展夏季严打、毒品公开查缉等专项行动。通过加强城市监控设施建设和运用、移动警务站建设、强力推动内部治安保卫工作等措施，进一步加强社会治安防控体系建设。不断改进监管工作，努力提升公共安全水平。推进交通智能化管理基础设施和交通管理三级服务站建设，按实际需求科学设置红绿灯，并做好日常管理维护服务工作。全面整治城区8条主干道，城区主干道拥堵和违规停车情况得到有效缓解。认真开展道路交通安全隐患排查和交通违法行为查处工作。强化消防安全管理。持续开展重大火灾隐患专项整治工作，扎实开展消防检查工作，尽可能地将各种隐患消除在萌芽状态。全县建成5支乡镇专职消防队，给所有行政村均配备消防机动泵，消防社会化能力得到进一步增强。加强情报信息收集研判、重点人群管控和突发事件处置工作。优化护校安园工作，严格落实旅馆业信息实名制登记和娱乐场所安全规范管理，强化对涉爆危险物品安全管理，加强对金融单位安全监管，增强重点人员管控力度，认真落实综合维稳情报研判常态工作机制。切实加强队伍建设，不断提高履职能力。加大民警、协警招录力度。2015年，从外地调入民警4人，新招录民警11人，新招录协警36人，警力不足问题得到一定缓解。开展轮值轮训和信息化训比考活动，强化政治学习，加强队伍管理，公安民警思想政治素质和依法履职能力得到进一步提高。会议同意县公安局报告并提出审核意见，县公安局要进一步加大对评议意见落实力度，努力为全县经济社会发展和保障人民群众安居乐业做出更大贡献。县监察局通过开展日常宣传、紧抓重要节点和树立正反典型等方式，加强对政策、法纪和政纪宣传，进一步筑牢国家公职人员反腐倡廉防线。通过实施抓早抓小、规范权力运行和强化对党政主要负责人监督等措施，加强源头治理，形成预防机制，力争把问题解决在萌芽之中。通过开展常态监督严防“四风”、扎实推进专项检查、督促部门履职尽责以及严查群众身边腐败等工作，认真履行监察职责，严格执法执纪，维护政纪法纪严肃性。会议同意县监察局报告并提出审核意见，县监察局要进一步加大对评议意见落实力度，继续加强中央、省、州出台关于纪律规矩文件学习宣传，强化源头治腐工作，认真履行职能职责，力争在落实监督责任、加强纪律建设、改进干部职工工作作风、严厉惩治腐败等方面做出新的更大贡献。县教育局重视县人大常委会评议意见，优化教育城建设方案，加快校区施工进度，可望明年秋季招生入学，实现全县初中向县城集中，初步完成初中布局调整。同时抢抓国家薄改项目实施机遇，城区新增一所小学，对土堡小学改扩建，积极缓解城区超级大班问题。8个乡镇实现公办幼儿园，新招幼儿园老师6名，学前教育有新发展。优化教育教学管理，完善奖惩机制，深化课改和职称评定办法，形成学校管理、教学、教研整体推进良好格局。严格落实学校安全制度，通过抓隐患排查、应急演练、警校联动等措施，学校安全管理得到加强。以创建一所省级示范高中、一所国家级示范职中、一所重点初中、一所重点小学、一所省级示范幼儿园为抓手，发挥引领示范作用，全县教育教学水平得到提升。会议同意县教育局报告并提出审核意见，希望县教育局进一步加大评议意见落实力度，认真研究教育工作中存在问题，不断提高管理和服务水平，及时研究和解决工作中存在新情况新问题，为促进经济社会发展作出积极贡献。县卫计局采取多种有效措施，开展卫计法规宣传活动，不断营造和谐计生、和谐医患关系，争取社会各界对卫生计生工作理解、支持和参与。按照生育政策，通过政策导向，孕情优生健康检查，优化计生考核办法，加强业务培训，加强基础性工作，促进计生工作健康发展。加快龙凤医疗中心建设推进力度，一期住院大楼运行投入使用，西医住院部全部迁入新区，改善就医条件，二期内儿科医科楼完成主体建设，转入室内施工，2016年可投入使用，门诊楼、感染楼配套设施建设列入“十三五”规划，功能完善、设施齐全的龙凤医疗服务中心有望在“十三五”建成。以提待遇、稳队伍、招人员、充实力、训骨干、提实力等措施，服务能力得到增强。会议同意县卫计局报告并提出审核意见，希望县卫计局继续履行好职责，落实好审议意见，以卓有成效工作推动全县卫计工作又好又快发展。县国土局扩展创新宣传阵地，加强对国土政策法规宣传，全社会法律意识有所增强；加大部门执法监察力度和多部门联合办案力度，国土资源管理秩序逐步好转；加强干部队伍建设，管理能力和服务水平得到提高等。会议同意县国土局报告并提出审核意见，县国土局要进一步加大评议意见落实力度，认真研究和解决工作中存在困难和问题，进一步提升管理能力和服务水平，推进全县国土资源管理事业健康可持续发展。县水利局在完善水利水产建设规划方面，按照节水优先、空间均衡、系统治理、两手发力治水理念，以“十三五”规划为契机，完善水利水产建设规划；在强化质量意识，提高水利工程使用效益方面，按照“四制”要求制定措施、落实制度、提高质量、确保效益；在强化管理、确保水利事业持续发展上，制定出台水源地保护规划、农村饮水用水水源地大联通规划；在加强队伍建设、提高履职水平方面，抓学习，促提高，成效显著，干部队伍素质得到明显提高。会议同意县水利局报告并提出审核意见，希望县水利局进一步加大评议意见落实力度，认真研究工作中存在问题，不断提高管理和服务水平，及时研究和解决工作中存在新情况新问题，为建设现代化水利强县作出新贡献。

（二）述职评议

述职评议，是对由人大及其常委会选举、任命的国家机关工作人员，在人大及其常委会会议期间，就其所负责工作全面进行陈述和汇报，由常委会组成人员和人大代表进行评议的活动，是人大及其常委会监督方式之一。

1995年10月，县人大常委会制定关于对“一府两院”部分组成人员开展述职评议实施方案，首次把述职评议工作列入年度工作要点。每次评议，坚持党委领导、依法办事、实事求是原则,突出被评议对象完成本职工作任务、勤政廉洁、依法办事、联系群众、为民办实事办好事等内容,按照3个阶段做好评议各项工作。在评议准备阶段,确定评议单位和事项,制定评议方案,开展自查、调查,听取各方面意见,准备好评议发言提纲和有关材料;在评议阶段,召开常委会会议,听取和审议被评个人作的述职报告,然后由常委会委员和列席会议人大代表进行评议,评定被评单位和主要负责人思想、作风、工作情况,按照满意、基本满意、不满意档次定格,然后将结果转告被评单位和县委组织部;在整改阶段,将对被评对象意见及建议,经过综合后,形成评议意见,并提出整改要求和措施,要求被评单位和主要负责人整改,同时,指定有关工委搞好跟踪督办。

1997年11月27日,县十二届人大常委会第34次会议,常委会14名组成人员、3名州县人大代表,对县经贸委主任杨树荣、农委主任杨友富、计委主任刘静生、教委主任向子钧进行述职评议。评议时,常委会组成人员本着对党对人民和对事业、对干部负责精神,坚持两分法,实事求是肯定成绩,严肃认真指出问题并提出建议,按满意、基本满意、不满意3个档次对被评议对象进行测评。通过述职评议,加强对国家机关工作人员监督,增强国家机关工作人员依法行政自觉性和当好人民公仆责任感。

1998年6月25日,县十二届人大常委会第38次会议,对县工商局局长刘平立、林业局局长杨邦敏、公安局局长冉文生进行述职评议,在肯定成绩同时,也指出工作中存在问题,要求他们特别是问题较多单位负责人按照评议意见和建议,开展自查自纠,认真整改。

1998年8月26日,县十二届人大常委会第39次会议,对县法院院长谢和美、检察院检察长何守敏述职报告进行评议。评议坚持实事求是,客观评价“两院”工作成绩。同时,指出制度建设不完善、工作抓落实不够、队伍教育培训工作跟不上等问题,建议他们采取有效措施进行整改,进一步改进工作,提高工作水平。

1999年3月,县十三届人大常委会第1次会议,要求县“一府两院”领导干部每人交1份1999年度述职报告,为常委会开展述职评议做准备。

2000年3月5日,在县十三届人大二次会议期间,180多名人大代表评议县政府副县长聂紫云、虞保山、杨吉富、舒茂扬、苏启东书面述职报告。评议内容,主要是贯彻落实党的路线、方针、政策和法律法规情况;贯彻县委、人大、政府各项决议决定、保证政令畅通、依法行政、秉公执法情况;坚持以经济建设为中心,完成年度各项工作情况;遵纪守法、反腐倡廉、纠正不正之风、加强队伍建设和自身建设情况;加强领导班子建设,坚持民主集中制,团结合作,求真务实,艰苦奋斗情况。评议方式,首先按照评议方案、步骤、时间要求和评议内容,由被评对象总结和自查思想、作风和工作情况,写出述职报告,交县人大常委会评议领导小组;其次,县人大常委会派出人员调查考核;评议阶段,代表大会安排一定时间,组织代表分别讨论书面述职报告,分代表团测评,对被评对象按满意、基本满意、不满意3个格次,确定格次。评议结束后,在主席团会议上,收集各代表团对被评议对象评议意见,结果5

名副县长均被评为满意。对于评议中人大代表提出意见，常委会收集后，分别向被评议对象反馈，要求自纠和整改。

2001年1月11日，县十三届人大常委会第13次会议，对县公安局局长马爱武、人事局局长由勇进行述职评议。在肯定工作成绩同时，指出工作中存在问题。对县公安局存在对社会治安控制不全面、治安防范力度不够、民警整体素质不高、服务意识没从根本上解决问题，对县人事局存在学习不够、开拓进取心不强、工作创新差、工作作风不够扎实问题，从多方面提出意见和建议，要求整改。

2001年3月21日，县十三届人大常委会第14次会议，听取县水利局局长向开龙、广电局局长刘仁忠述职报告，评议述职人员履行工作职责情况。常委会组成人员和人大代表充分肯定述职人员工作成绩，又以认真负责态度提出许多意见和建议，并要求他们整改落实。

2003年11月27日，县十三届人大常委会第33次会议，评议县司法局局长邓家斌、卫生局局长姚冰、国土局局长谢代树述职报告，并进行民主测评，均被评为称职。

2004年12月8—9日，县十四届人大常委会第7次会议，听取和评议县建设局局长张超、文体局局长向文、水利局局长倪和森、民政局局长张家旺述职报告，并进行民主测评，4名述职对象均被评为称职。

2005年12月，县十四届人大常委会第14次会议，听取县公安局局长肖华林、农业局局长田绍文、计生局局长杨学东、交通局局长李平安、国土局局长谢代树述职报告和县政府办主任赵昌青、科技局局长汪建敏、审计局局长蔡勇、劳保局局长高碧玉、法院副院长彭西平、田胜国以及检察院副检察长陈刚、黄俊静书面述职报告，对这13名述职对象述职报告和调查报告进行民主评议，并按称职、基本称职、不称职3个档次投票表决。通过表决，13名述职对象均被评为称职。评议结束后，将评议意见向县委组织部通报，为县委管理和使用干部提供参考。

截至2005年年底，县人大常委会组织对“一府两院”34个单位5名副县长、33名局长、主任、法院院长副院长、检察院副检察长述职报告（其中8名为书面述职报告）进行评议，均被评为称职。

自县十五届人大常委会开始，为突出评议重点和避免重复评议，只开展工作评议。

九、个案监督

个案监督，最初是指各级人大常委会依照法定权限和程序，对其认为必须监督的涉嫌违法而未依法纠正的具体案件办理工作实施监督。这种个案监督，在实际操作中容易变成某一位或几位人大代表，接受案件当事人委托，向司法机关“喊冤”个人行为。有鉴于此，2007年施行的《监督法》中，没有对个案监督行为予以支持。但是，在《监督法》施行之前，县人大常委会根据工作实际，也严格依法开展一些个案监督。

1995年12月，县法院在执行公务中，未依照法律规定，对来凤县代管的宣恩县当阳坪乡1名乡人大代表执行拘留，当地干部群众反映强烈。县人大常委会立即派人深入实地调查，弄清情况，并及时与县法院联系，建议他们认真依法处理这一事件。县法院接受人大常委会建议，依法处理这一事件，挽回影响。

1997年5月，四川省丹棱县李树高来信反映1996年10月乘车经过三胡乡被三胡交警中队某交警打伤一案，引起县人大常委会高度重视。县人大常委会督促交警部门严肃批评违法人员，并于1997年6月，由县人大常委会分管领导带队，带领公安、交警和县人大常委会有关工委人员，专程赴四川省丹棱县，妥善解决这起事件。

1998年8月，易凤林(因犯盗窃、流氓和故意伤害罪被判入狱)以保外就医为由，回到来凤，继续聚众滋事，为非作歹，在社会上影响极坏。在1999年1月召开的县十三届人大一次会议期间，人大代表纷纷要求依法纠正易凤林保外就医不当案。闭会后，常委会经过调查，弄清情况，督促司法机关迅速将易凤林依法收监。

2000年4月，常委会根据群众反映，依法纠正贩毒嫌疑人周行兵取保候审不当案。绿水乡老鹰岩村村民周行兵于1999年10月14日购买海洛因20克，被公安部门在其家中当场查获，周于10月底被依法刑事拘留。不久，县公安局以“毒品来源无法查证，证据不足”为由，将其取保候审，致使周行兵脱离监管不知去向。县人大常委会认为县公安局运用法律不当，应予纠正，并连续2次召开主任会议，发出督办通知书，依法督促县公安局在规定时限内将周行兵缉拿归案。周行兵归案后，被县法院判处6年有期徒刑，处罚金3万元。

2000年10月，县人大常委会配合上级有关执法部门，全面检查全县“两保”(保外就医、取保候审)案件，依法纠正2起“两保”不当案。

2001年年初，据群众反映，县公安局漫水派出所一民警，在执行公务过程中徇私枉法，造成不良影响。县人大常委会通过深入调查，弄清情况，明确支持县检察机关办理此案。县检察院于5月对犯罪嫌疑人立案侦察，通过调查取证，于11月以涉嫌徇私枉法罪起诉到县法院，确保公正司法。

2002年5月，绿水乡教育站负责人向县人大常委会反映，该站存在绿水信用社2.7万元存款被县法院强行划拨。常委会及时派人实地调查，调查表明，县法院在执行陈朝胜与绿水中学债务纠纷案中，错将绿水教育站存款划拨，要求县法院予以纠正。在常委会督促下，县法院将错划拨存款退还给绿水教育站，维护该站合法权益。

2006年，群众向县人大常委会反映革勒车派出所民警捆打乡人大代表违法案。县人大常委会及时派人实地调查，弄清情况，督促有关部门认真查处这一事件，维护法律尊严和人大代表合法权益。

十、跟踪监督

跟踪监督是县十六届人大常委会为督促“一府两院”执行县人大及其常委会决议决定和研究处理审议意见，在工作实践中创新的一种监督形式。

2012年4月，常委会检查《矿产资源法》实施情况，并提出审议意见。5月，常委会副主任高碧玉带领环工委、农工委、办公室相关人员，多次到有关乡镇、部门调查了解情况。6月3日，常委会副主任高碧玉组织召集政府办、国土局、经信局、公安局、林业局、环保局、安监局、工商局、电力公司、三胡乡等部门和乡镇人员，采取座谈会汇报方式，跟踪监督县政府及其相关部门研究处理《矿产资源法》执法检查审议意见情况。县政府高度重视，认真落实县人大常委会执法检查审议意见。7 月 22 日，县长向军在三胡乡召开现场办公会，部署三胡乡石材业秩序整治和产业整合工作，并明确由县政府成立石材整治协调小组，组建专班，建立以三胡乡为主体、多方协调配合工作机制，县公安局、国土局、林业局、环保局、安监局等部门进行综合执法，全面实施三胡乡石材业秩序整治和产业整合工作，要求县国土局按照实际需要审批采矿许可证，原则上 1—2 个村发放 1 个采矿许可证。经过一年多努力，至 2013 年年底，县政府依法关停 54 家无序开采加工石材小作坊，积极引导石材加工业主入驻三胡乡石材工业园区，保护资源合法开采利用、自然生态环境和人居环境。

2012 年 6 月，常委会视察全县环境保护工作，提出视察意见。针对视察意见中“要求限期取缔生产废水直排严重污染酉水河的翔凤镇水寨小作坊”建议，常委会副主任高碧玉带领环工委、农工委、办公室相关人员多次到县环保局、经信局、公安局，水利局、卫计局、住建局、翔凤镇等相关部门和乡镇调查了解情况，加强县政府落实常委会视察意见跟踪监督。鉴于上述视察意见涉及部门较广，落实难度较大，常委会又将落实情况监督列为跨年跟踪监督内容，将主管部门环保局列为 2013 年常委会工作评议部门之一，采取多种形式加强跟踪监督。在常委会多次过问、监督下，2013 年 4—8 月，县环保局执法人员针对翔凤镇水寨小作坊违法排污现象，多次到酉水河沿岸现场调查核实、到电力部门调查其供电情况、到工商部门调查其证照办理情况，较为详细了解掌握翔凤镇水寨小作坊相关情况。经报请县政府同意，由县政府牵头，从县环保局、公安局、工商局、广电局、翔凤镇政府、电力公司等部门抽调人员，组成工作专班，对翔凤镇水寨 5 家违法排污小作坊停止供电，彻底关停翔凤镇水寨非法生产多年、对酉水河造成严重污染的小作坊，严厉打击破坏环境行为。

2014 年 8 月 20 日，常委会副主任向清堂、邓家斌带领民工委、内司委、备案室人员，召集县政府办和旅游、民宗、文体、财政、发改、交运、规划、住建、商务部门负责人，采取座谈汇报方式，跟踪监督县政府及其相关部门研究处理关于检查《州旅游条例》实施情况审议意见情况，听取关于检查《州旅游条例》实施情况报告审议意见情况报告和相关部门补充汇报。调查表明，县政府及其相关部门宣传工作有新举措：利用各种宣传形式，加强《州旅游条例》和来凤旅游宣传。景区建设有新进展：仙佛寺景区完成投资 15650 万元，九大景点完成翰墨碑林、仙佛映月、祥云霞光、慈航普渡、奇缘古道、佛潭栈道六大景点，计划于 10 月 18 日举行仙佛寺恢复重建开光。百福司旅游名镇完成百福广场、酉水河堤、观音阁改造、土家美食街、星级宾馆等，累计投资 8000 万元，计划于 10 月 21 日举行百福司古镇开游仪式。杨梅古寨景区完成 2 个寨门工程，特色民居改造完成 220 户，八股听禅于 7 月 12 日举行开光仪式，游泳池动工建设，8 千米景区道路全部硬化，累计投资 7000 万元。计划于 10 月 19 日举行杨梅古寨景区开寨仪式。喳西泰水城完成餐饮街 70％工程量，酒吧街完成60%工程量,休闲养生街完成50%工程量,商业街完成20%工程量,计划于10月20日举行喳西泰水城开城仪式。酉水三峡启动卯洞峡景区游客中心建设,积极创建国家AAA级景区,完成沙子田至鱼塘旅游公路基础工程,整体开发拟通过招商引资进行建设,与恩旅集团、三峡人家等公司进行招商接触,武汉奥山集团、张家界黄龙洞投资公司实地考察。资金投入有新力度:2014年,县财政将旅游发展专项资金调整至200万元。加强招商引资力度。喳西泰水城2014年投入资金6225万元,累计3.6亿元。通过招商引资建设一批酒店,凤雅专家楼、武陵山水国际酒店、九天国际等一批酒店相继建成,太子轩酒店、世纪金源国际酒店将于"一会一节"前建成营业。2014年1月,县政府与湖北比度克生物科技有限公司签订白岩山生态农业与旅游开发项目投资建设合同。县发改局向上级争取旅游项目资金5000多万元。5月,县政府与武汉市旅游局签订对口支援协议。执法工作有新作为:2013年11月县编委会批准成立县旅游监察大队。2014年修订完善旅游突发事件应急预案和旅游行业防止重大传染病流行应急处置预案,加强对景区景点、星级宾馆安全管理,落实责任制,开展4次安全生产隐患排查,无旅游安全事故发生。引导旅行社诚信、规范经营与创优工作,督促企业加强管理,印发关于加强赴港澳台及境外出游管理的通知,要求各旅行社引导游客文明出行,全县无旅游投诉事件。队伍建设有新动作:加强旅游局机关干部队伍建设。按照配齐配强原则,县政府为县旅游局配备1正3副4名班子成员。全局有干部职工15人,其中参公编制9名,公益性岗位6名。加强导游(包括讲解员)队伍建设。2013年9月,举办来凤首期景区讲解员培训,全县近100名旅游事业爱好者参加培训,30多名成绩合格者取得州旅游委颁发的景区讲解员证。2014年4月,20多名获得讲解员证学员赴恩施参加讲解员培训及换证考试。加强宾馆从业人员培训。酉水明珠、九天国际、武陵山水等一批新建宾馆,都在开业之前进行为期1个月培训。8月14日,在武汉市旅游局大力支持下,13名宾馆酒店骨干赴武汉挂职集中培训。调查发现存在的问题:全县旅游发展总体规划没以全域龙凤、全域武陵的视野和高度来修订完善,全县旅游形象定位尚未确定;围绕旅游吃、住、行、游、购、娱六要素招商引资力度有待加大;旅游产品开发和市场拓展有待加强。为此,调查组建议:县政府及其相关部门要继续采取措施,进一步落实审议意见,确保《州旅游条例》全面实施,为成功举办"一会一节"和创建湖北旅游强县奠定基础;以全域龙凤、全域武陵视野和高度,以新编修的城市总体规划为引领,适时修订完善全县旅游发展总体规划,并恰如其分地定位全县旅游形象;进一步围绕旅游项目和旅游要素,切实做好招商引资工作;出台优惠政策,鼓励扶持有关企业开发旅游产品,引导市场主体大力拓展市场。8月22日,在县人大常委会第56次主任会议上,调查组汇报调查情况,常委会主任会议同意调查组报告。

2016年,跟踪监督"一府两院"执行县十六届人大常委会本届以来决议、决定和研究处理审议意见情况,以确保决议、决定和审议意见有效落实。主要是对审计查出问

刘传锦为县检察院副检察长。

第 6 次会议(1981 年 6 月 9 日)

任命:

张令初为县检察院检察员;

胡经谱为县检察院检察员;

高书林为县检察院检察员;

彭守才为县检察院检察员;

黄柏樵为县检察院检察员;

朱　斌为县检察院检察员;

王佑生为县检察院检察员。

第 9 次会议(1982 年 1 月 8 日)

任命:

周昭嘉为县检察院检察员。

第 12 次会议(1982 年 7 月 21 日)

任命:

蔡绍林为县检察院检察员。

免去:

彭守才县检察院检察委员会委员、检察员职务。

第 13 次会议(1982 年 9 月 30 日)

任命:

陈维嵩为县检察院检察员。

第 22 次会议(1984 年 3 月 18 日)

任命:

高书林为县检察院副检察长。

免去:

刘传锦县检察院副检察长职务。

第 25 次会议(1984 年 8 月 4 日)

任命:

周昭嘉为县检察院副检察长、检察委员会委员;

黄柏樵为县检察院检察委员会委员;

朱　斌为县检察院检察委员会委员;

龙占位为县检察院检察员;

刘汉生为县检察院检察员;

姚祖兴为县检察院检察员;

蒲　伟为县检察院检察员。

免去:

高书林县检察院副检察长职务。

二、县九届人大常委会人事任免

县九届人大常委会依法任免县级国家机关工作人员 110 人次,其中权力机关任命 6 人次,免职 4 人次(接受常委会委员辞职 2 人);行政机关任命 34 人次(任命代理县长 1 人、副县长 2 人),免职 19 人次(副县长免职 1 人);审判机关任命 20 人次,免职 8 人次;检察机关任命 14 人次,免职 5 人次。

(一)任免县级国家权力机关工作人员

第 2 次会议(1984 年 12 月 20 日)

决定接受高剑峰辞去县九届人大常委会委员职务。

第 5 次会议(1985 年 5 月 5 日)

任命:

余维林为县人大常委会办公室副主任。

第 11 次会议(1986 年 3 月 19 日)

通过县人大常委会各工作委员会主任名单

财政经济工作委员会

主任:段松龄

政法民族工作委员会

主任:黄学初

教科文卫工作委员会

主任:刘作林

第12次会议(1986年5月16日)

任命:

周鸿遴为县人大常委会办公室主任。

免去:

崔　震县人大常委会办公室主任职务。

第14次会议(1986年9月6日)

决定接受郝轸辞去县九届人大常委会委员职务。

任命:

粟功厚为县人大常委会办公室副主任。

免去:

余维林县人大常委会办公室副主任职务。

(二)任免县级国家行政机关工作人员

第2次会议(1984年12月20日)

决定任命:

林春瑞为县农业局局长。

第3次会议(1985年2月12日)

决定任命:

文　锋为县政府副县长;
孟荪兰为县教育局局长;
朱在清为县轻工业局局长。

决定免去:

胡宁中县政府副县长职务;
晏性源县教育局局长职务;
侯树功县轻工业局局长职务。

第5次会议(1985年5月5日)

决定任命:

杨德彬为县劳动人事局局长;
谭永红为县林业局局长;
汪达生为县畜牧局局长;
周开元为县企业管理局局长。

决定免去:

宗禄德县劳动人事局局长职务;
谭永红县物价局局长职务;
罗崇良县畜牧局局长职务。

第7次会议(1985年6月19日)

决定任命:

许德昌为县农业机械管理局局长。

决定免去:

金绍阳县农业机械管理局局长职务。

第8次会议(1985年9月14日)

决定任命:

白道泉为县城乡建设环境保护局局长。

决定免去:

乐崇德县城乡建设环境保护局局长职务。

第10次会议(1986年1月17日)

决定任命:

吴荣贵为县财贸办公室主任。

决定免去:

汤永孝县财贸办公室主任职务。

第11次会议(1986年3月18日)

决定任命:

罗楚翘为县农业办公室主任;
谭文扬为县统计局局长;
谭寿林为县卫生局局长。

决定免去:

徐文安县政府副县长职务;
龚昌寿县农业办公室主任职务;
汪泽清县卫生局局长、计划生育办公室

主任职务。

第 12 次会议(1986 年 5 月 16 日)

决定任命:

伍芬俊为县物价局局长。

第 13 次会议(1986 年 7 月 10 日)

决定任命:

杨国瑞为县政府副县长;
康正国兼任县教育委员会主任;
何宗宪为县档案局局长;
丁德辅为县烟草专卖局局长;
贾新林为县外贸局局长;
卞于德为县广播电视局局长。

决定免去:

孟荪兰县教育局局长职务。

第 14 次会议(1986 年 9 月 6 日)

决定任命:

田启栋为县计划生育委员会主任;
余维林为县工商行政管理局局长;
丁立人为县交通局局长;
侯　瑜为县体育运动委员会主任。

决定免去:

杨尚志县工商行政管理局局长职务。

第 15 次会议(1986 年 10 月 24 日)

决定任命:

李世昌为县科学技术委员主任;
高剑峰为县水电局局长。

决定免去:

谭大宾县科学技术委员会主任职务;
余柳青县水电局局长职务。

第 16 次会议(1986 年 12 月 21 日)

决定任命:

杨斌儒兼任县民族事务委员会主任;
杨汉骥为县民族贸易局局长。

决定免去:

邓光中县民族贸易局局长职务。

第 17 次会议(1987 年 3 月 9 日)

决定任命:

罗楚翘为县农业委员会主任。

决定免去:

伍芬俊县物价局局长职务。

第 18 次会议(1987 年 5 月 23 日)

决定任命:

吴荣贵为县财贸委员会主任;
王　英为县物价局局长。

决定免去:

周开元县乡镇企业管理局局长职务。

第 21 次会议(1987 年 10 月 25 日)

决定任命:

杨斌儒为县政府代理县长;
冉新中为县乡镇企业管理局局长。

(三)任免县级国家审判机关工作人员

第 2 次会议(1984 年 12 月 20 日)

任命:

刁兰鑫为县法院副院长;
肖长耕为县法院经济审判庭副庭长;
杨顺堂为县法院高洞法庭庭长;
陈本立为县法院百福司法庭庭长;
彭守印为县法院漫水法庭庭长;
杨胜国为县法院革勒车法庭副庭长;
滕树常为县法院三胡法庭副庭长;
贺其海为县法院审判员;
田义书为县法院审判员;

邹孝贵为县法院审判员；

李玉章为县法院审判员；

周光林为县法院审判员。

免去：

滕树常县法院民事审判庭副庭长职务。

第5次会议(1985年5月5日)

任命：

尚世志为县法院绿水法庭副庭长。

第8次会议(1985年9月14日)

任命：

戴礼运为县法院刑事审判第一庭副庭长。

第9次会议(1985年11月21日)

任命：

贺其海为县法院刑事审判第二庭副庭长；

姚　锋为县法院审判员。

第17次会议(1987年3月9日)

任命：

戴礼运为县法院刑事审判第一庭庭长；

吴正富为县法院刑事审判第二庭庭长；

冯中国为县法院经济审判庭副庭长；

杨胜国为县法院接龙桥法庭副庭长。

免去：

张荣华县法院刑事审判第一庭庭长职务；

戴礼运县法院刑事审判第一庭副庭长职务；

杨胜国县法院革勒车法庭副庭长职务；

姚学禄县法院三胡法庭副庭长职务；

曹树华县法院接龙桥法庭庭长职务；

滕树常县法院民事审判庭副庭长职务。

第18次会议(1987年5月23日)

免去：

段绍轩县法院审判员职务。

(四)任免县级国家检察机关工作人员

第5次会议(1985年5月5日)

任命：

向明炽为县检察院检察员；

黄俊静为县检察院检察员。

第8次会议(1985年9月14日)

任命：

陈桂英为县检察院检察员；

李德武为县检察院检察员；

张厚培为县检察院检察员。

第9次会议(1985年11月21日)

任命：

向明炽为县检察院检察委员会委员。

免去：

王启璜县检察院副检察长职务。

第11次会议(1986年3月18日)

任命：

朱　斌为县检察院副检察长。

第14次会议(1986年9月6日)

任命：

常秋芳为县检察院检察员。

第17次会议(1987年3月9日)

任命：

刘汉生为县检察院检察委员会委员；

刘冬生为县检察院检察员；

陈　新为县检察院检察员；

向　明为县检察院检察员；

余大鳌为县检察院检察员；

杨清富为县检察院检察员。

第 18 次会议(1987 年 5 月 23 日)

免去：

高书林县检察院检察员职务；

王启璜县检察院检察委员会委员、检察员职务；

黄柏樵县检察院检察委员会委员、检察员职务；

王佑生县检察院检察员职务。

三、县十届人大常委会人事任免

县十届人大常委会依法任免县级国家机关工作人员 182 人次，其中权力机关任命 35 人次(1986 年 12 月 2 日修改后的《地方组织法》规定，自 1987 年起，县人大常委会设立代表资格审查委员会，因此，代表资格审查委员会组成人员，纳入县人大常委会人事任免范围)，免职 1 人；行政机关任命 60 人次(任命代理县长 1 人、副县长 6 人)，免职 15 人次(接受副县长辞职 3 人)；审判机关任命 41 人次，免职 13 人次；检察机关任命 11 人次，免职 6 人次。

(一)任免县级国家权力机关工作人员

第 3 次会议(1988 年 5 月 23 日)

通过代表资格审查委员会名单

主任委员：田南山

委　　员：刘连源　余　辉

第 7 次会议(1989 年 1 月 14 日)

通过县人大常委会各工作委员会主任、委员名单

法制民族工作委员会

主　　任：虞大远

委　　员：黄学初　周鸿遴　刘凤佩

代表联络工作委员会

主　　任：田南山

委　　员：刘连源　余　辉

财政经济工作委员会

主　　任：段松龄

委　　员：何本厚　全盛德

教科文卫工作委员会

主　　任：魏遗俊

委　　员：向桂香　杨宗云

第 8 次会议(1989 年 3 月 16 日)

任命：

向子钧为县人大常委会办公室副主任。

第 12 次会议(1989 年 9 月 8 日)

任命：

喻积正为县人大常委会教科文卫工作委员会主任；

尹学银为县人大常委会财政经济工作委员会主任；

张柱凤为县人大常委会办公室副主任；

李德志为县人大常委会代表联络工作委员会副主任；

周国祥为县人大常委会法制民族工作委员会副主任。

第 14 次会议(1990 年 1 月 14 日)

任命：

沈士华为县人大常委会法制民族工作委员会副主任；

田安皇为县人大常委会财政经济工作委员会副主任。

第 19 次会议(1990 年 8 月 29 日)

任命:

邓国强为县人大常委会办公室副主任；

田维望为县人大常委会代表联络工作委员会主任；

张昌瑞为县人大常委会接龙桥区人大工作联络组组长；

邓家栋为县人大常委会绿水区人大工作联络组组长；

洪业丰为县人大常委会大河区人大工作联络组组长；

段太林为县人大常委会旧司区人大工作联络组组长；

任光富为县人大常委会高洞区人大工作联络组组长；

文竹山为县人大常委会三胡区人大工作联络组组长；

李文忠为县人大常委会革勒车区人大工作联络组组长；

杨秀金为县人大常委会百福司镇人大工作联络组组长；

向培益为县人大常委会翔凤镇人大工作联络组组长。

免去:

向子钧县人大常委会办公室副主任职务。

(二)任免县级国家行政机关工作人员

第1次会议(1988年1月22日)

决定任命:

张宜盛为县政府副县长；

林祥龙为县监察局局长。

第2次会议(1988年3月28日)

决定任命:

赵　毅为县经济委员会主任；

向泽银为县工业煤炭局局长；

丁立人为县交通局局长；

冉新中为县乡镇企业管理局局长；

朱在清为县物资局局长；

姚颖生为县财政局局长；

潘定国为县税务局局长；

喻大靖为县粮食局局长；

杨汉骥为县民族贸易局局长；

田永新为县工商行政管理局局长；

贾新林为县外贸局局长；

汪达生为县农业委员会主任；

林春瑞为县农业局局长；

向极弟为县特产局局长；

高剑峰为县水电局局长；

谭永红为县林业局局长；

许德昌为县农业机械管理局局长；

丁德辅为县烟草专卖局局长；

范志民为县计划委员会主任；

康正国兼任县教育委员会主任；

杨戊云为县民族事务委员会主任；

侯　瑜为县体育运动委员会主任；

王　英为县物价局局长；

何宗宪为县档案局局长；

谭文扬为县统计局局长；

李世昌为县科学技术委员会主任；

杨德彬为县劳动人事局局长；

姚荣洲为县审计局局长；

田启栋为县计划生育委员会主任；

向致春为县土地管理局局长；

冯　炎为县政府办公室主任；

段佑训为县公安局局长；

江发富为县司法局局长；

何凤池为县民政局局长。

第 3 次会议(1988 年 5 月 23 日)

决定任命:

柳玉林为县政府副县长;

唐洪祥为县广播电视局局长;

曾友德为县文化局局长;

谭寿林为县卫生局局长;

向文海为县轻工局局长。

第 4 次会议(1988 年 7 月 17 日)

决定任命:

钟威为县财贸委员会主任。

第 5 次会议(1988 年 9 月 16 日)

决定免去:

李世昌县科学技术委员会主任职务;

侯　瑜县体育运动委员会主任职务。

第 6 次会议(1988 年 11 月 24 日)

决定任命:

侯延社为县政府副县长。

第 8 次会议(1989 年 3 月 16 日)

决定任命:

向致春为县教育委员会主任;

邓显敏为县土地管理局局长;

林树山为县物资局局长;

崔建辉为县体育运动委员会主任。

决定免去:

康正国县教育委员会主任职务;

向致春县土地管理局局长职务;

朱在清县物资局局长职务。

第 11 次会议(1989 年 8 月 8 日)

决定任命:

侯廷茂为县人事局局长;

杨荣松为县劳动局局长;

冉新中为县城乡建设环境保护局局长;

杨树荣为县乡镇企业管理局局长;

邹科应为县畜牧局局长。

决定免去:

冉新中县乡镇企业管理局局长职务。

第 12 次会议(1989 年 9 月 8 日)

决定任命:

文　锋为县政府代理县长。

第 14 次会议(1990 年 1 月 14 日)

决定任命:

王正东为县政府副县长;

杨汉骥为县政府副县长;

杨梅玉为县司法局局长。

决定免去:

杨汉骥县民族贸易局局长职务;

江发富县司法局局长职务。

第 17 次会议(1990 年 5 月 10 日)

决定任命:

吴满红为县政府副县长。

决定免去:

何宗宪县档案局局长职务。

第 18 次会议(1990 年 7 月 10 日)

决定接受康正国辞去县政府副县长职务。

第 19 次会议(1990 年 8 月 29 日)

决定任命:

向义松为县土地管理局局长。

决定免去:

赵　毅县经济委员会主任职务;

邓显敏县土地管理局局长职务。

第 20 次会议(1990 年 9 月 28 日)

决定任命：

何国正为县科学技术委员会主任。

决定接受柳玉林、侯延社辞去县政府副县长职务。

第22次会议(1991年1月7日)

决定任命：

田宏立为县经济委员会主任。

决定免去：

向泽银县工业煤炭局局长职务。

(三)任免县级国家审判机关工作人员

第3次会议(1988年5月23日)

任命：

向尧成为县法院翔凤法庭庭长；

陈本立为县法院百福司法庭庭长；

田义书为县法院刑事审判第二庭副庭长；

姚　锋为县法院执行庭副庭长；

向绍碧为县法院翔凤法庭副庭长；

谭德刚为县法院民事审判庭副庭长；

杨伯华为县法院审判员；

向成世为县法院审判员；

杨吉坤为县法院审判员；

吴正平为县法院审判员。

免去：

杨梅玉县法院民事审判庭庭长、审判员、审判委员会委员职务；

吴正富县法院刑事审判第二庭副庭长、审判员职务；

柯世林县法院刑事审判第一庭副庭长、审判员、审判委员会委员职务；

尚世志县法院绿水法庭副庭长、审判员职务；

陈宜汉县法院审判员职务。

第4次会议(1988年7月17日)

免去：

贺其海县法院刑事审判第二庭副庭长、审判员职务。

第5次会议(1988年9月16日)

任命：

陈国防为县法院副院长。

第6次会议(1988年11月24日)

任命：

陈国防为县法院审判委员会委员；

杨学涛为县法院大河法庭庭长；

曾召顺为县法院旧司法庭庭长；

彭守印为县法院百福司法庭庭长；

陈本立为县法院漫水法庭庭长；

吴汉和为县法院审判员；

田胜国为县法院审判员；

严文华为县法院审判员；

向北海为县法院审判员。

免去：

杨学涛县法院旧司法庭庭长职务；

曾召顺县法院大河法庭副庭长职务；

彭守印县法院漫水法庭副庭长职务；

陈本立县法院百福司法庭庭长职务。

第14次会议(1990年1月14日)

任命：

江发富为县法院副院长、审判委员会委员；

戴礼运为县法院审判委员会委员；

赵科然为县法院民事审判庭庭长、审判委员会委员；

田义书为县法院刑事审判二庭庭长；

彭守印为县法院百福司法庭庭长；
曾召顺为县法院旧司法庭庭长；
吴正平为县法院革勒车法庭副庭长；
滕建治为县法院审判员；
吴真文为县法院审判员；
向远勤为县法院审判员；
彭玉堂为县法院审判员。

免去：

陈国防县法院副院长、审判委员会委员职务。

第22次会议(1991年1月7日)

任命：

赵科然为县法院行政审判庭庭长；
姚锋为县法院执行庭庭长；
肖长耕为县法院经济审判庭庭长；
谭德刚为县法院民事审判庭庭长；
冯中国为县法院告诉申诉庭副庭长；
王　鼎为县法院经济审判庭副庭长；
姚茂胜为县法院刑事审判庭副庭长；
严文华为县法院行政审判庭副庭长；
冉孟超为县法院审判员；
包金全为县法院接龙桥法庭副庭长。

免去：

赵科然县法院民事审判庭庭长职务；
冯中国县法院经济审判庭副庭长职务。

(四)任免县级国家检察机关工作人员

第3次会议(1988年5月23日)

任命：

王宗荣为县检察院检察员；
陈国和为县检察院检察员；
曾庆新为县检察院检察员；
李　坤为县检察院检察员。

免去：

陈桂英县检察院检察员职务；
陈维嵩县检察院检察员职务；
张厚培县检察院检察员职务。

第5次会议(1988年9月16日)

免去：

常秋芳县检察院检察员职务。

第6次会议(1988年11月24日)

任命：

刘汉生为县检察院副检察长；
彭西平为县检察院检察员。

第11次会议(1989年8月8日)

任命：

肖大刚为县检察院检察员。

第18次会议(1990年7月10日)

任命：

向明炽为县检察院副检察长。

免去：

周昭嘉县检察院副检察长、检察委员会委员、检察员职务。

第22次会议(1991年1月7日)

任命：

苏　学为县检察院检察员；
张先超为县检察院检察员；
王雪峰为县检察院检察员。

免去：

蒲　伟县检察院检察员职务。

四、县十一届人大常委会人事任免

县十一届人大常委会依法任免县级国

家机关工作人员154人次,其中权力机关任命20人次,免职7人次(接受常委会委员辞职1人);行政机关任命68人次(任命代理县长1人、副县长6人),免职27人次(接受县长辞职1人、副县长辞职3人,副县长免职1人);审判机关任命17人次,免职9人次;检察机关任命5人次,免职1人次。

(一)任免县级国家权力机关工作人员

第1次会议(1991年3月16日)

通过代表资格审查委员会名单

主 任 委 员:田南山

副主任委员:田维望

委　　　员:张银莲　汪国成

第5次会议(1991年8月27日)

任命:

张昌瑞为县人大常委会接龙桥区联络处主任;

邓家栋为县人大常委会绿水区联络处主任;

尹继祥为县人大常委会漫水区联络处主任;

洪业丰为县人大常委会大河区联络处主任;

段太林为县人大常委会旧司区联络处主任;

任光富为县人大常委会高洞区联络处主任;

李文忠为县人大常委会革勒车区联络处主任;

文竹山为县人大常委会三胡区联络处主任。

第6次会议(1991年10月31日)

任命:

何家骏为县人大常委会教科文卫工作委员会副主任。

第9次会议(1992年3月25日)

任命:

田永新为县人大常委会财政经济工作委员会主任。

免去:

尹学银县人大常委会财政经济工作委员会主任职务。

第10次会议(1992年6月2日)

决定接受全盛德辞去县十一届人大常委会委员职务。

第12次会议(1992年8月28日)

任命:

周湘利为县人大常委会办公室副主任。

免去:

张柱凤县人大常委会办公室副主任职务。

第17次会议(1993年5月13日)

任命:

王富昌为县人大常委会办公室副主任。

第18次会议(1993年8月24日)

任命:

尹继祥为县人大常委会绿水区联络处主任;

任发安为县人大常委会大河区联络处主任。

免去:

洪业丰县人大常委会大河区联络处主任职务;

尹继祥县人大常委会漫水区联络处主

任职务；

邓家栋县人大常委会绿水区联络处主任职务。

第 21 次会议(1993 年 11 月 19 日)

任命：

周明星为县人大常委会接龙桥区联络处主任；

罗清富为县人大常委会漫水区联络处主任。

免去：

张昌瑞县人大常委会接龙桥区联络处主任职务。

(二)任免县级国家行政机关工作人员

第 1 次会议(1991 年 3 月 16 日)

决定任命：

冯　炎为县政府办公室主任；

杨荣松为县劳动局局长；

侯廷茂为县人事局局长；

杨戊云为县民族事务委员会主任；

田子云为县民政局局长；

林祥龙为县监察局局长；

范志民为县计划委员会主任；

张文化为县档案局局长；

谭文扬为县统计局局长；

吴本敦为县审计局局长；

徐庭海为县物价局局长；

林树山为县物资局局长；

李长华为县土地管理局局长；

伍芬俊为县老区贫困地区经济开发办公室主任；

田宏立为县经济委员会主任；

姚　磊为县工业煤炭局局长；

向文海为县轻纺工业局局长；

任福生为县交通局局长；

向义松为县城乡建设环境保护局局长；

杨树荣为县乡镇企业管理局局长；

汪达生为县农业委员会主任；

林春瑞为县农业局局长；

谭永红为县林业局局长；

高剑峰为县水利电力局局长；

杨荣庭为县畜牧局局长；

向极弟为县特产局局长；

欧才明为县农业机械管理局局长；

丁德辅为县烟草专卖局局长；

钟威为县财贸委员会主任；

熊昌镇为县财政局局长；

贾新林为县民族贸易局局长；

喻大靖为县粮食局局长；

田永新为县工商行政管理局局长；

向致春为县教育委员会主任；

何国正为县科学技术委员会主任；

曾友德为县文化局局长；

叶明理为县广播电视局局长；

宗禄德为县卫生局局长；

田启栋为县计划生育委员会主任；

崔建辉为县体育运动委员会主任；

段佑训为县公安局局长；

张宏新为县司法局局长。

第 7 次会议(1991 年 12 月 26 日)

决定任命：

段春林为县政府副县长；

汪达生为县政府副县长；

杨树荣为县经济委员会主任；

田宏立为县农业委员会主任；

余维林为县乡镇企业管理局局长；

洪先烈为县土地管理局局长。

决定免去:

田宏立县经济委员会主任职务;

汪达生县农业委员会主任职务;

杨树荣县乡镇企业管理局局长职务;

李长华县土地管理局局长职务。

第 8 次会议(1992 年 1 月 25 日)

决定任命:

陈家奎为县政府副县长。

第 9 次会议(1992 年 3 月 25 日)

决定任命:

叶太俊为县政府副县长;

喻大靖为县财贸委员会主任;

周开元为县计划委员会主任;

万　华为县计划生育委员会主任;

王本堂为县人事局局长;

贵立远为县工商行政管理局局长;

周基禄为县轻纺工业局局长;

胡大金为县特产局局长。

决定免去:

钟　威县财贸委员会主任职务;

范志民县计划委员主任职务;

田启栋县计划生育委员会主任职务;

喻大靖县粮食局局长职务;

侯廷茂县人事局局长职务;

田永新县工商行政管理局局长职务;

向文海县轻纺工业局局长职务;

向极弟县特产局局长职务。

第 11 次会议(1992 年 6 月 25 日)

决定任命:

郭仕洲为县政府副县长;

张昌龄为县粮食局局长。

决定免去:

吴满红县政府副县长职务。

第 12 次会议(1992 年 8 月 28 日)

决定接受文锋辞去县政府县长职务。

决定任命:

钟存高为县政府副县长、代理县长;

伍云发为县文化局局长。

决定免去:

曾友德县文化局局长职务。

第 14 次会议(1992 年 12 月 25 日)

决定接受王正东、杨国瑞、陈家奎辞去县政府副县长职务。

第 15 次会议(1993 年 2 月 19 日)

决定任命:

陈德溥为县计划生育委员会主任;

姚元正为县农业机械管理局局长。

决定免去:

万　华县计划生育委员会主任职务;

欧才明县农业机械管理局局长职务;

姚　磊县工业煤炭局局长。

第 16 次会议(1993 年 4 月 16 日)

决定任命:

彭军为县政府办公室主任;

杨邦敏为县林业局局长。

决定免去:

冯　炎县政府办公室主任职务;

谭永红县林业局局长职务;

徐庭海县物价局局长职务。

第 18 次会议(1993 年 8 月 24 日)

决定任命:

姚祖述为县民族贸易局局长;

夏永富为县轻纺工业局局长;

谭寿林为县卫生局局长。

决定免去：

周基禄县轻纺工业局局长职务；

贾新林县民族贸易局局长职务；

宗禄德县卫生局局长职务。

（三）任免县级国家审判机关工作人员

第3次会议（1991年5月18日）

任命：

戴礼运为县法院副院长。

免去：

江发富县法院副院长、审判委员会委员职务。

第4次会议（1991年7月31日）

任命：

田义书为县法院刑事审判庭庭长、审判委员会委员；

谭德刚为县法院审判委员会委员；

冯中国为县法院经济审判庭庭长；

冉孟超为县法院执行庭副庭长；

吕松林为县法院审判员；

吴新贵为县法院审判员。

免去：

戴礼运县法院刑事审判庭庭长职务；

田义书县法院告诉申诉庭庭长职务；

肖长耕县法院经济审判庭庭长职务；

冯中国县法院告诉申诉庭副庭长职务。

第9次会议（1992年3月25日）

任命：

吴新贵为县法院接龙桥法庭副庭长。

第12次会议（1992年8月28日）

任命：

谭德刚为县法院副院长。

免去：

谭德刚县法院民事审判庭庭长职务；

肖长耕县法院审判员职务。

第14次会议（1992年12月25日）

免去：

吕松林县法院审判员职务。

第15次会议（1992年2月19日）

任命：

吴新贵为县法院民事审判庭庭长；

彭　勇为县法院审判员；

向世斌为县法院审判员；

杨克昌为县法院审判员；

郭永红为县法院审判员；

李大文为县法院审判员；

袁志平为县法院审判员。

免去：

吴新贵县法院接龙桥法庭副庭长职务。

第18次会议（1993年8月24日）

任命：

谢和美为县法院副院长、审判委员会委员。

（四）任免县级国家检察机关工作人员

第6次会议（1991年10月31日）

任命：

姚祖新为县检察院检察委员会委员；

黄俊静为县检察院检察委员会委员；

陈　新为县检察院检察委员会委员。

第12次会议（1992年8月28日）

免去：

张令初县检察院检察员、检察委员会委员职务。

第16次会议(1993年4月16日)

任命：

柳红兰为县检察院检察员；

彭　军为县检察院检察员。

五、县十二届人大常委会人事任免

县十二届人大常委会依法任免县级国家机关工作人员265人次、撤职2人,其中权力机关任命24人次,免职20人次(接受常委会主任辞职1人、委员辞职4人);行政机关任命71人次(任命代理县长2人、副县长13人),免职43人次(接受县长辞职2人,接受副县长辞职7人,副县长免职4人);审判机关任命62人次,免职35人次,撤职2人;检察机关任命7人次,免职3人次。

(一)任免县级国家权力机关工作人员

第2次会议(1994年4月15日)

决定接受李秀芳辞去县十二届人大常委会委员职务。

通过代表资格审查委员会名单

主任委员:侯廷茂

委　　员:田维望　郑开国

第3次会议(1994年6月29日)

任命：

李德志为县人大常委会办公室副主任；

田安皇为县人大常委会财政经济工作委员会主任；

周国祥为县人大常委会法制民族工作委员会主任。

免去：

田永新县人大常委会财政经济工作委员会主任职务；

何家骏县人大常委会教科文卫工作委员会副主任职务。

决定接受田永新辞去县十二人大常委会委员职务。

第8次会议(1995年2月9日)

任命：

邓国强为县人大常委会办公室主任；

李德志为县人大常委会教科文卫工作委员会主任；

沈仕华为县人大常委会财政经济工作委员会副主任；

肖长耕为县人大常委会法制民族工作委员会副主任；

何家驹为县人大常委会代表联络工作委员会副主任；

徐朝凤为县人大常委会绿水区联络处主任；

瞿先平为县人大常委会旧司区联络处主任；

吴政权为县人大常委会高洞区联络处主任；

朱贵清为县人大常委会革勒车区联络处主任。

免去：

周鸿遴县人大常委会办公室主任职务；

粟功厚县人大常委会办公室副主任职务；

王富昌县人大常委会办公室副主任职务；

喻积正县人大常委会教科文卫工作委员会主任职务；

李德志县人大常委会代表联络工作委员会副主任、办公室副主任职务；

沈仕华县人大常委会法制民族工作委员会副主任职务；

尹继祥县人大常委会绿水区联络处主任职务；

段太林县人大常委会旧司区联络处主任职务；

任光富县人大常委会高洞区联络处主任职务；

李文忠县人大常委会革勒车区联络处主任职务。

第9次会议(1995年3月7日)

决定接受唐维常辞去县十二届人大常委会委员职务。

第19次会议(1996年3月18日)

任命：

沈仕华为县人大常委会农业工作委员会副主任。

免去：

周湘利县人大常委会办公室副主任职务；

沈仕华县人大常委会财经工作委员会副主任职务；

文竹山县人大常委会三胡区联络处主任职务。

第24次会议(1996年9月26日)

任命：

向继华为县人大常委会三胡区联络处主任。

第25次会议(1996年11月27日)

任命：

田忠诚为县人大常委会农业工作委员会主任。

免去：

田维望县人大常委会代表联络工作委员会主任职务。

第26次会议(1996年12月9日)

决定接受陈天会辞去县人大常委会主任职务。

第29次会议(1997年3月9日)

免去：

邓国强县人大常委会办公室主任职务。

第30次会议(1997年4月15日)

决定接受邓国强辞去县十二届人大常委会委员职务。

任命：

李德志为县人大常委会办公室主任；

崔建辉为县人大常委会教科文卫工作委员会主任；

高碧玉为县人大常委会代表联络工作委员会主任；

贵立远为县人大常委会财政经济工作委员会主任。

免去：

李德志县人大常委会教科文卫工作委员会主任职务；

田安皇县人大常委会财政经济工作委员会主任职务。

第33次会议(1997年9月24日)

任命：

周国祥为县人大常委会办公室副主任

(正科级);

肖长耕为县人大常委会法制民族工作委员会主任。

免去:

周国祥县人大常委会法制民族工作委员会主任职务。

(二)任免县级国家行政机关工作人员

第1次会议(1994年2月22日)

决定任命:

彭军兼任县政府办公室主任;
周开元为县计划委员会主任;
杨树荣为县经济委员会主任;
田宏立为县农业委员会主任;
向致春为县教育委员会主任;
高秉福为县科学技术委员会主任;
唐洪祥为县民族事务委员会主任;
张宏新为县司法局局长;
冉文生为县公安局局长;
田子云为县民政局局长;
熊昌镇为县财政局局长;
陈少剑为县人事局局长;
杨荣松为县劳动局局长;
吴本敦为县审计局局长;
向义松为县城乡建设环境保护局局长;
龙通胜为县工业煤炭局局长;
任福生为县交通局局长;
林春瑞为县农业局局长;
高剑峰为县水利电力局局长;
杨邦敏为县林业局局长;
姚祖述为县民族贸易局局长;
陈建军为县文化局局长;
叶明理为县广播电视局局长;
谭寿林为县卫生局局长;
崔建辉为县体育运动委员会主任;
陈德溥为县计划生育委员会主任。

第2次会议(1994年4月15日)

决定任命:

李　平为县监察局局长。

第3次会议(1994年6月29日)

决定任命:

谭文扬为县财贸委员会主任。

第4次会议(1994年8月26日)

决定任命:

丁孝国为县政府副县长。

第6次会议(1994年12月22日)

决定接受叶太俊辞去县政府副县长职务。

决定任命:

杨序谷为县政府副县长。

第8次会议(1995年2月9日)

决定任命:

张宏新为县政府办公室主任;
莫北平为县劳动局局长;
梅德荣为县农业局局长;
向开龙为县水利电力局局长;
谭德刚为县司法局局长;
肖均舜为县经济体制改革办公室主任。

决定免去:

彭　军县政府办公室主任职务;
杨荣松县劳动局局长职务;
张宏新县司法局局长职务;
林春瑞县农业局局长职务;
高剑峰县水利电力局局长职务。

第9次会议(1995年3月7日)

决定接受丁孝国辞去县政府副县长职务。

第12次会议（1995年7月26日）

决定任命：

杨胜才为县政府副县长。

决定接受郭仕洲辞去县政府副县长职务。

第13次会议（1995年8月18日）

决定任命：

唐文松为县广播电视局局长；

刘仁忠为县计划生育委员会主任；

樊盛茂为县民族贸易局局长；

由　勇为县劳动局局长。

决定免去：

叶明理县广播电视局局长职务；

陈德溥县计划生育委员会主任职务；

莫北平县劳动局局长职务；

姚祖述县民族贸易局局长职务。

第19次会议（1996年3月18日）

决定任命：

刘宗元为县政府副县长；

刘越清为县政府副县长；

涂元玲为县政府副县长；

彭英翔为县人事局局长；

田呈林为县城乡建设环境保护局局长；

田永芳为县司法局局长；

陈　利为县民族贸易局局长；

周传华为县监察局局长。

决定免去：

向义松县城乡建设环境保护局局长职务；

谭德刚县司法局局长职务；

陈少剑县人事局局长职务；

李　平县监察局局长职务；

樊盛茂县民族贸易局局长职务。

第20次会议（1996年4月10日）

决定任命：

杨朝中为县政府副县长。

决定免去：

彭　军县政府副县长职务。

第25次会议（1996年11月27日）

决定接受钟存高辞去县政府县长职务。

决定任命：

李　济为县政府副县长、代理县长。

第29次会议（1997年3月9日）

决定接受杨朝中、涂元玲辞去县政府副县长职务。

决定任命：

聂紫云为县政府副县长；

刘静生为县计划委员会主任；

杨树荣为县经济贸易委员会主任；

田子云为县民族事务委员会主任；

黄通贵为县计划生育委员会主任；

向子钧为县教育委员会主任；

杨友富为县农业委员会主任；

田宏立为县科学技术委员会主任；

洪先烈为县财政局局长；

田延初为县审计局局长；

吴　骏为县交通局局长；

田绍友为县文化局局长；

杨万林为县民政局局长。

决定免去：

杨梅玉县政府副县长职务；

周开元县计划委员会主任职务；

谭文扬县财贸委员会主任职务；

杨树荣县经济委员会主任职务；

田宏立县农业委员会主任职务；

向致春县教育委员会主任职务；

高秉福县科学技术委员会主任职务；

唐洪祥县民族事务委员会主任职务；

田子云县民政局局长职务；

熊昌镇县财政局局长职务；

吴本敦县审计局局长职务；

任福生县交通局局长职务；

陈建军县文化局局长职务；

刘仁忠县计划生育委员会主任职务。

第30次会议(1997年4月15日)

决定任命：

田呈林为县城乡建设委员会主任(环境保护局局长)。

决定免去：

田呈林县城乡建设环境保护局局长职务；

崔建辉县体育运动委员会主任职务。

第33次会议(1997年9月24日)

决定任命：

刘仁忠为县广播电视局局长。

决定免去：

唐文松县广播电视局局长职务。

第34次会议(1997年11月28日)

决定接受杨胜才辞去县政府副县长职务。

第36次会议(1998年2月26日)

决定任命：

舒茂扬为县政府副县长。

第37次会议(1998年4月29日)

决定接受杨序谷辞去县政府副县长职务。

决定免去：

段春林县政府副县长职务。

第39次会议(1998年8月26日)

决定任命：

魏来良为县政府副县长。

第42次会议(1998年11月23日)

决定任命：

于德海为县政府副县长。

第43次会议(1998年12月31日)

决定接受李济辞去县政府县长职务。

决定任命：

刘越清为县政府代理县长；

黄成益为县政府副县长。

决定免去：

于德海县政府副县长职务。

(三)任免县级国家审判机关工作人员

第2次会议(1994年4月15日)

任命：

冯中国为县法院行政审判庭庭长；

向绍碧为县法院告诉申诉庭庭长；

严文华为县法院经济审判庭副庭长；

杨胜国为县法院翔凤法庭庭长；

向世斌为县法院翔凤法庭副庭长；

彭　勇为县法院翔凤法庭副庭长；

李大文为县法院高洞法庭副庭长。

免去：

冯中国县法院经济审判庭庭长职务；

赵科然县法院行政审判庭庭长职务；

严文华县法院行政审判庭副庭长职务；

王　鼎县法院经济审判庭副庭长、审判

员职务；

向绍碧县法院翔凤法庭副庭长职务；

杨胜国县法院接龙桥法庭副庭长职务；

包金全县法院接龙桥法庭副庭长职务；

杨顺堂县法院高洞法庭庭长职务；

彭守印县法院百福司法庭庭长职务。

第 3 次会议(1994 年 6 月 29 日)

任命：

田胜国为县法院经济审判庭副庭长；

万志成为县法院审判员；

吕松林为县法院审判员；

林　灵为县法院审判员；

冯国强为县法院审判员；

莫金阶为县法院审判员；

梁东华为县法院审判员；

姚贤吉为县法院审判员；

张昌久为县法院审判员；

肖亚林为县法院审判员；

杨如斌为县法院审判员。

免去：

向尧成县法院翔凤法庭庭长职务。

第 8 次会议(1995 年 2 月 9 日)

任命：

田义书为县法院副院长；

彭西平为县法院副院长。

免去：

谭德刚县法院副院长职务。

第 9 次会议(1995 年 3 月 7 日)

任命：

彭西平为县法院审判委员会委员；

吴新贵为县法院审判委员会委员；

姚　锋为县法院刑事审判庭庭长；

吕松林为县法院刑事审判庭副庭长；

袁志平为县法院三胡法庭副庭长；

向远勤为县法院绿水法庭副庭长；

吴汉左为县法院百福司法庭副庭长；

郭咏红为县法院漫水法庭副庭长。

免去：

田义书县法庭刑事审判庭庭长职务；

吴正富县法院审判委员会委员职务；

姚茂胜县法院刑事审判庭副庭长职务；

姚　锋县法院执行庭庭长职务；

陈本立县法院漫水法庭庭长职务。

第 11 次会议(1995 年 6 月 22 日)

撤销张昌久县法院审判员职务。

任命：

姚道轩为县法院沙道法庭庭长；

李　明为县法院审判员；

张少民为县法院审判员；

唐桂生为县法院审判员；

张　勤为县法院审判员；

彭　文为县法院审判员；

谭　瑛为县法院审判员；

尤珍春为县法院审判员；

邓青乔为县法院审判员。

第 19 次会议(1996 年 3 月 18 日)

任命：

陈少剑为县法院副院长。

第 20 次会议(1996 年 4 月 10 日)

任命：

陈少剑为县法院审判委员会委员。

第 21 次会议(1996 年 5 月 22 日)

任命：

赵科然为县法院经济审判第二庭庭长；

吴汉和为县法院经济审判第二庭副庭长；

杨吉坤为县法院行政审判庭副庭长；

莫金阶为县法院刑事审判第二庭副庭长；

姚贤吉为县法院高洞法庭副庭长；

杨克昌为县法院大河法庭副庭长。

免去：

杨学涛县法院大河法庭庭长职务；

郭咏红县法院漫水法庭副庭长职务。

第22次会议(1996年7月26日)

撤销李玉章县法院审判员职务。

第25次会议(1996年11月27日)

任命：

吴汉左为县法院审判员；

向世贵为县法院审判员。

第29次会议(1997年3月9日)

任命：

冉孟超为县法院执行庭庭长；

田胜国为县法院经济审判一庭庭长；

吕松林为县法院刑事审判庭庭长；

严文华为县法院行政审判庭庭长；

向世贵为县法院百福司法庭副庭长；

吴　文为县法院审判员、漫水法庭副庭长；

毛　倩为县法院审判员、绿水法庭副庭长；

董延平为县法院审判员；

段　涛为县法院审判员。

免去：

辛宜远县法院沙道法庭庭长职务；

冯中国县法院行政审判庭庭长职务；

姚　锋县法院刑事审判第一庭庭长职务；

莫金阶县法院刑事审判第二庭副庭长职务；

严文华县法院经济审判第一庭副庭长职务；

吴汉左县法院百福司法庭副庭长职务；

彭　勇县法院翔凤法庭副庭长职务；

向世斌县法院翔凤法庭副庭长职务；

向远勤县法院绿水法庭副庭长职务。

第30次会议(1997年4月15日)

免去：

戴礼运县法院副院长职务；

习兰鑫县法院副院长职务。

第36次会议(1998年2月26日)

任命：

向绍碧为县法院审判监督庭庭长；

严文华为县法院立案庭庭长。

免去：

冉孟超县法院执行庭庭长职务；

赵科然县法院经济审判第二庭庭长职务；

杨克昌县法院大河法庭副庭长职务。

第37次会议(1998年4月29日)

任命：

吕松林为县法院审判委员会委员；

向绍碧为县法院审判委员会委员；

向尧成为县法院执行庭庭长；

吴汉和为县法院行政审判庭庭长。

免去：

向绍碧县法院告诉申诉庭庭长职务；

严文华县法院行政审判庭庭长职务；

习兰鑫县法院审判委员会委员职务。

(四)任免县级国家检察机关工作人员

第 2 次会议(1994 年 4 月 15 日)

任命:

黄松林为县检察院检察员。

第 9 次会议(1995 年 3 月 7 日)

任命:

杨清富为县检察院检察委员会委员;

李　坤为县检察院检察委员会委员;

刘冬生为县检察院检察委员会委员。

免去:

陈　新县检察院检察员、检察委员会委员职务;

彭西平县检察院检察员职务。

第 17 次会议(1995 年 12 月 20 日)

任命:

李华国为县检察院检察员;

贾运刚为县检察院检察员。

第 30 次会议(1997 年 4 月 15 日)

任命:

陈　刚为县检察院副检察长;

免去:

朱　斌县检察院副检察长职务。

六、县十三届人大常委会人事任免

县十三届人大常委会依法任免县级国家机关工作人员 199 人次、撤职 2 人,其中权力机关任命 13 人次,免职 10 人次(接受常委会委员辞职 2 人);行政机关任命 59 人次(任命代理县长 1 人、副县长 11 人),免职 17 人次(接受县长辞职 1 人、副县长辞职 6 人),撤职 1 人;审判机关任命 40 人次(任命县法院代理院长 1 人),免职 34 人次(接受县法院院长辞职 1 人);检察机关任命 22 人次,免职 4 人次(接受县检察院检察长辞职 1 人),撤职 1 人。

(一)任免县级国家权力机关工作人员

第 1 次会议(1999 年 3 月 17 日)

决定接受高碧玉辞去县十三届人大常委会委员职务。

通过代表资格审查委员会名单

主 任 委 员:周发书

副主任委员:田忠诚

委　　　员:田新孟　胡家悌　杨建平

任命:

田忠诚为县人大常委会代表联络工作委员会主任;

阮　敏为县人大常委会办公室副主任。

免去:

高碧玉县人大常委会代表联络工作委员会主任职务;

田忠诚县人大常委会农业工作委员会主任职务。

第 3 次会议(1999 年 7 月 29 日)

任命:

周国祥为县人大常委会农业工作委员会主任;

沈仕华为县人大常委会办公室副主任。

免去:

周国祥县人大常委会办公室副主任职务;

沈仕华县人大常委会农业工作委员会副主任职务。

第 5 次会议(1999 年 11 月 18 日)

任命：

夏大胜为县人大常委会办公室副主任。

第 8 次会议(2000 年 5 月 19 日)

决定接受田新孟辞去县十三届人大常委会委员职务。

第 20 次会议(2001 年 12 月 5 日)

免去：

沈仕华县人大常委会办公室副主任职务；

田忠诚县人大常委会代表联络工作委员会主任职务；

周国祥县人大常委会农业工作委员会主任职务。

第 21 次会议(2002 年 1 月 22 日)

任命：

胡任平为县人大常委会办公室副主任。

第 23 次会议(2002 年 5 月 29 日)

任命：

吴春菊为县人大常委会代表联络工作委员会主任。

免去：

阮敏县人大常委会办公室副主任职务。

第 26 次会议(2002 年 11 月 27 日)

任命：

向应和为县人大常委会农业工作委员会副主任。

(二)任免县级国家行政机关工作人员

第 1 次会议(1999 年 3 月 17 日)

决定任命：

莫北平为县政府办公室主任；

田宏立为县科学技术委员会主任；

洪先烈为县财政局局长；

黄通贵为县计划生育委员会主任；

刘静生为县计划委员会主任；

田子云为县民族事务委员会主任；

由　勇为县人事局局长；

高碧玉为县劳动局局长；

彭英才为县林业局局长；

田绍友为县文化局局长；

邓国建为县经济贸易委员会主任；

田永芳为县司法局局长；

梅德荣为县农业局局长；

刘仁忠为县广播电视局局长；

杨友富为县农业委员会主任；

马爱武为县公安局局长；

田延初为县审计局局长；

向开龙为县水利水产局局长；

谭寿林为县卫生局局长；

周传华为县监察局局长；

杨万林为县民政局局长；

杨　勇为县城乡建设委员会主任(环境保护局局长)。

第 3 次会议(1999 年 7 月 29 日)

决定任命：

张建国为县教育委员会主任；

吴　骏为县交通局局长；

苏　波为县林业局局长；

向开龙为县水利水产局局长。

决定免去：

彭英才县林业局局长职务。

第 4 次会议(1999 年 9 月 16 日)

决定任命：

苏启东为县政府副县长。

第 7 次会议(2000 年 3 月 17 日)

决定任命:

黄成益为县政府副县长。

第 8 次会议(2000 年 5 月 19 日)

决定免去:

洪先烈县财政局局长职务;

田永芳县司法局局长职务。

第 10 次会议(2000 年 9 月 21 日)

决定任命:

肖　强为县政府副县长;

邓家斌为县司法局局长;

徐庭海为县财政局局长。

决定接受舒茂扬辞去县政府副县长职务。

撤销吴骏县交通局局长职务。

第 11 次会议(2000 年 11 月 29 日)

决定任命:

李平安为县交通局局长。

第 14 次会议(2001 年 3 月 21 日)

决定任命:

高敬佩为县政府副县长。

第 17 次会议(2001 年 7 月 27 日)

决定接受黄成益辞去县政府副县长职务。

决定任命:

黄树立为县政府副县长。

第 20 次会议(2001 年 12 月 5 日)

决定任命:

谭贤斌为县监察局局长;

刘静生为县发展计划局局长;

邓国建为县经济贸易局局长;

彭远仪为县教育局局长;

周　涛为县科学技术局局长;

谢代树为县国土资源局局长;

杨　勇为县城乡建设局局长;

梅德荣为县农业局局长;

倪和森为县水利水产局局长;

田绍友为县文化体育局局长;

姚　冰为县卫生局局长;

赵海林为县计划生育局局长;

向子钧为县民族宗教事务局局长;

高碧玉为县劳动和社会保障局局长。

决定免去:

周传华县监察局局长职务;

向开龙县水利水产局局长职务;

谭寿林县卫生局局长职务。

第 23 次会议(2002 年 5 月 29 日)

决定任命:

何　慧为县政府副县长;

朱建华为县政府副县长;

杨天龙为县政府办公室主任。

决定免去:

莫北平县政府办公室主任职务。

第 24 次会议(2002 年 7 月 25 日)

决定任命:

毕建英为县政府副县长。

第 28 次会议(2003 年 3 月 20 日)

决定接受苏启东、肖强辞去县政府副县长职务。

决定任命:

谭世明为县政府副县长;

肖华林为县公安局局长。

决定免去:

马爱武县公安局局长职务。

第29次会议(2003年5月30日)

决定接受刘越清辞去县政府县长职务。

决定任命:

黄树立为县政府代理县长。

第30次会议(2003年7月30日)

决定任命:

廖于实为县政府副县长;

张　超为县建设局局长。

决定免去:

杨　勇县建设局局长职务。

第31次会议(2003年9月24日)

决定接受毕建英、朱建华辞去县政府副县长职务。

决定任命:

刘晓辉为县政府副县长;

田绍文为县农业局局长。

决定免去:

梅德荣县农业局局长职务。

(三)任免县级国家审判机关工作人员

第1次会议(1999年3月17日)

任命:

段涛为县法院执行庭庭长。

免去:

向尧成县法院执行庭庭长、审判员职务。

第3次会议(1999年7月29日)

任命:

杨如斌为县法院审判委员会委员;

田胜国为县法院审判委员会委员;

彭　文为县法院行政审判庭庭长;

郭咏红为县法院翔凤法庭庭长;

向世贵为县法院百福司法庭庭长;

张　勤为县法院大河法庭庭长;

向世斌为县法院旧司法庭庭长;

袁志平为县法院三胡法庭庭长;

梁东华为县法院百福司法庭副庭长。

免去:

赵科然县法院审判委员会委员职务;

戴礼运县法院审判委员会委员职务;

吴汉和县法院行政审判庭庭长职务;

向绍碧县法院审判监督庭庭长职务;

杨吉坤县法院行政审判庭副庭长职务;

杨胜国县法院翔凤法庭庭长职务;

曾召顺县法院旧司法庭庭长职务;

吴正平县法院革勒车法庭庭长职务;

吴　文县法院漫水法庭副庭长职务;

毛　倩县法院绿水法庭副庭长职务。

第5次会议(1999年11月18日)

任命:

姚茂胜为县法院刑事审判庭庭长;

张少民为县法院刑事审判庭副庭长;

谭　瑛为县法院翔凤法庭副庭长。

免去:

吕松林县法院刑事审判庭庭长职务。

第8次会议(2000年5月19日)

任命:

杨如斌为县法院告诉立案庭庭长;

严文华为县法院审判监督庭庭长;

吴汉和为县法院三胡法庭庭长;

袁志平为县法院百福司法庭庭长;

董延平为县法院大河法庭副庭长;

王永春为县法院审判员。

免去:

严文华县法院立案庭庭长职务；

向世贵县法院百福司法庭庭长职务；

袁志平县法院三胡法庭庭长职务。

第 14 次会议(2001 年 3 月 21 日)

免去:

张勤县法院大河法庭庭长职务；

董延平县法院大河法庭副庭长职务。

第 18 次会议(2001 年 9 月 21 日)

任命:

杨光红为县法院审判员、大河法庭副庭长；

王永春为县法院立案庭副庭长；

吴文为县法院三胡法庭副庭长；

张少民为县法院大河法庭庭长。

免去:

张少民县法院刑事审判庭副庭长职务；

梁东华县法院百福司法庭副庭长职务。

第 19 次会议(2001 年 11 月 29 日)

任命:

唐登洲为县法院副院长、审判委员会委员。

免去:

吕松林县法院审判员、审判委员会委员职务。

第 20 次会议(2001 年 12 月 5 日)

免去:

陈少剑县法院副院长、审判委员会委员职务。

第 23 次会议(2002 年 5 月 29 日)

任命:

段　涛为县法院刑事审判庭庭长、审判委员会委员；

吴汉和为县法院民事审判第一庭庭长、审判委员会委员；

彭　文为县法院审判委员会委员；

王永春为县法院立案庭庭长；

吴新贵为县法院审判监督庭庭长；

郭咏红为县法院执行庭庭长；

谭　瑛为县法院民事审判第一庭副庭长；

严文华为县法院民事审判第二庭庭长；

李红兵为县法院审判员；

杨静波为县法院审判员；

姚源盛为县法院审判员、百福司法庭副庭长。

免去:

段　涛县法院执行庭庭长职务；

吴汉和县法院三胡法庭庭长职务；

王永春县法院立案庭副庭长职务；

姚贤吉县法院高洞法庭副庭长职务；

田胜国县法院经济审判庭庭长职务；

姚茂胜县法院刑事审判庭庭长职务；

杨如斌县法院立案庭庭长职务；

吴新贵县法院民事审判庭庭长职务；

郭咏红县法院翔凤法庭庭长职务；

谭　瑛县法院翔凤法庭副庭长职务；

严文华县法院审判监督庭庭长职务。

第 27 次会议(2002 年 12 月 26 日)

任命:

唐登洲为县法院代理院长。

决定接受张寿齐辞去县法院院长职务。

第 28 次会议(2003 年 3 月 20 日)

任命:

肖亚林为县法院三胡法庭庭长。

第30次会议(2003年7月30日)

任命:

徐东海为县法院审判员、审判委员会委员、副院长。

第33次会议(2003年11月22日)

任命:

田胜国为县法院副院长;

王祯健为县法院副院长。

免去:

段　涛县法院审判员、审判委员会委员、刑事审判庭庭长职务。

(四)任免县级国家检察机关工作人员

第3次会议(1999年7月29日)

任命:

吴　艳为县检察院检察员;

张　国为县检察院检察员;

周胜学为县检察院检察员。

第8次会议(2000年5月19日)

任命:

刘冬生为县检察院副检察长。

撤销向明炽县检察院副检察长职务。

免去:

向明炽县检察院检察委员会委员职务;

李　坤县检察院检察委员会委员职务。

第14次会议(2001年3月21日)

任命:

彭礼元为县检察院检察员;

张　哲为县检察院检察员;

粟良成为县检察院检察员;

付凤鸣为县检察院检察员;

田拥军为县检察院检察员;

邱克权为县检察院检察员;

彭兴民为县检察院检察员;

阎晓娥为县检察院检察员。

第20次会议(2001年12月5日)

免去:

刘汉生县检察院副检察长职务。

第23次会议(2002年5月29日)

任命:

张洪辉为县检察院检察员;

胡朝辉为县检察院检察员;

钱保清为县检察院检察员;

邓　忠为县检察院检察员;

白玉新为县检察院检察员;

田延军为县检察院检察员;

周习斌为县检察院检察员。

第30次会议(2003年7月30日)

决定接受巩建国辞去县检察院检察长职务。

任命:

税明泽为县检察院副检察长、代理检察长;

喻建平为县检察院副检察长。

第33次会议(2003年11月22日)

任命:

黄俊静为县检察院副检察长。

七、县十四届人大常委会人事任免

县十四届人大常委会依法任免县级国家机关工作人员154人次,其中权力机关任命17人次,免职5人次(接受常委会委员辞职1人);行政机关任命41人次(任命代理县长2人、副县长10人)，免职14人次(接受县长辞职1人、代理县长辞职1人、副县长辞职7人)；审判机关任命43人次，免职20人次；检察机关任命8人次，免职6人次。

(一)任免县级国家权力机关工作人员

第1次会议(2004年2月2日)

任命：

谭生发为县人大常委会办公室主任；

胡任平为县人大常委会办公室副主任；

何家驹为县人大常委会办公室副主任；

张昌盛为县人大常委会办公室副主任；

贵立远为县人大常委会财政经济工作委员会主任；

肖长耕为县人大常委会法制民族工作委员会主任；

崔建辉为县人大常委会教科文卫工作委员会主任；

吴春菊为县人大常委会代表联络工作委员会主任；

向应和为县人大常委会农业工作委员会主任。

免去：

李德志县人大常委会办公室主任职务；

夏大胜县人大常委会办公室副主任职务；

何家驹县人大常委会代表联络工作委员会副主任职务。

第2次会议(2004年3月10日)

通过代表资格审查委员会名单

主 任 委 员：周新华

副主任委员：吴春菊

委　　　员：向应和　林正高　谭生发

第9次会议(2005年2月22日)

决定接受黄礼伟辞去县十四届人大常委会委员职务。

第10次会议(2005年4月19日)

任命：

周国祥为县人大常委会环境资源保护工作委员会主任；

向艳萍为县人大常委会代表联络工作委员会副主任。

第16次会议(2006年4月25日)

任命：

田泓为县人大常委会办公室副主任。

免去：

张昌盛县人大常委会办公室副主任职务。

(二)任免县级国家行政机关工作人员

第1次会议(2004年2月2日)

决定任命：

赵昌青为县政府办公室主任；

杨天龙为县发展计划局局长；

周涛为县经济贸易局局长；

倪传新为县教育局局长；

汪建敏为县科学技术局局长；

肖华林为县公安局局长；

谭贤斌为县监察局局长；

张家旺为县民政局局长；

邓家斌为县司法局局长；

田延初为县财政局局长；

由　勇为县人事局局长；

高碧玉为县劳动和社会保障局局长；
谢代树为县国土资源管理局局长；
张超为县建设局局长；
李平安为县交通局局长；
田绍文为县农业局局长；
倪和森为县水利水产局局长；
向　文为县文化体育局局长；
姚　冰为县卫生局局长；
杨学东为县计划生育局局长；
蔡　勇为县审计局局长；
田绍友为县民族宗教事务局局长。

第5次会议(2004年9月17日)

决定接受刘晓辉辞去县政府副县长职务。

决定任命：

吴山民为县政府副县长；
姜正文为县政府副县长。

第8次会议(2004年12月28日)

决定任命：

甄　别为县政府副县长。

第10次会议(2005年4月19日)

决定任命：

由　勇为县监察局局长；
谭贤斌为县人事局局长；
周　涛为县商务局局长；
杨天龙为县发展和改革局局长；
杨学东为县人口和计划生育局局长。

决定免去：

由　勇县人事局局长职务；
谭贤斌县监察局局长职务。

第12次会议(2005年8月30日)

决定接受吴山民、谭世明辞去县政府副县长职务。

决定任命：

卢丙来为县政府副县长；
颜益志为县政府副县长。

第13次会议(2005年10月31日)

决定任命：

刘迪玉为县政府副县长。

第14次会议(2005年12月16日)

决定接受甄别辞去县政府副县长职务。

第15次会议(2006年2月27日)

决定接受陈胜辞去县政府副县长职务。

第16次会议(2006年4月25日)

决定任命：

张湖林为县政府副县长；
高碧玉为县发展和改革局局长；
倪　勇为县卫生局局长；
杨　洋为县劳动和社会保障局局长。

决定免去：

高碧玉县劳动和社会保障局局长职务；
杨天龙县发展和改革局局长职务；
姚　冰县卫生局局长职务。

第17次会议(2006年5月23日)

决定接受黄树立辞去县政府县长职务。

决定任命：

肖作文为县政府副县长、代理县长。

第18次会议(2006年8月3日)

决定任命：

向勤仕为县监察局局长。

决定免去：

由　勇县监察局局长职务。

第19次会议(2006年10月9日)

决定接受卢丙来辞去县政府副县长职务。

决定任命：

周　勇为县政府副县长。

第 20 次会议（2006 年 11 月 2 日）

决定接受肖作文辞去县政府副县长、代理县长职务。

决定任命：

胡泽为县政府副县长、代理县长。

（三）任免县级国家审判机关工作人员

第 1 次会议（2004 年 2 月 2 日）

免去：

田义书县法院副院长职务。

第 2 次会议（2004 年 3 月 10 日）

任命：

张少民为县法院刑事审判庭庭长；

向世斌为县法院民事审判第一庭庭长；

吴汉和为县法院民事审判第二庭庭长；

严文华为县法院行政审判庭庭长；

谭　瑛为县法院立案庭庭长；

杨光红为县法院大河法庭庭长；

吴　文为县法院旧司法庭庭长；

姚源盛为县法院百福司法庭庭长；

尤珍春为县法院民事审判第一庭副庭长；

邓青乔为县法院刑事审判庭副庭长；

罗长华为县法院审判员、旧司法庭副庭长；

吴志勇为县法院审判员；

虞业树为县法院审判员。

免去：

袁志平县法院百福司法庭庭长职务；

彭　文县法院行政审判庭庭长职务；

王永春县法院审判员、立案庭庭长职务；

严文华县法院民事审判第二庭庭长职务；

吴　文县法院三胡法庭副庭长职务；

谭　瑛县法院民事审判第一庭副庭长职务；

张少民县法院大河法庭庭长职务；

向世斌县法院旧司法庭庭长职务；

吴汉和县法院民事审判第一庭庭长职务。

第 10 次会议（2005 年 4 月 19 日）

任命：

吴汉左为县法院审判员、审判委员会委员、副院长；

严文华为县法院审判监督庭庭长；

向世贵为县法院执行庭庭长；

吴新贵为县法院民事审判庭第一庭庭长；

郭咏红为县法院行政审判庭庭长；

罗　春为县法院陪审员；

刘　红为县法院陪审员；

张昌恩为县法院陪审员；

谭少军为县法院陪审员；

向少明为县法院陪审员；

熊英明为县法院陪审员；

李世文为县法院陪审员；

李凡松为县法院陪审员；

瞿先平为县法院陪审员；

王　健为县法院陪审员；

陈龙福为县法院陪审员；

滕树华为县法院陪审员；

段维孝为县法院陪审员；

杨文峰为县法院陪审员；

杨南山为县法院陪审员；

姚红梅为县法院陪审员；

周春浓为县法院陪审员；

曾庆慧为县法院陪审员；

田永前为县法院陪审员；

李超为县法院陪审员。

免去：

严文华县法院行政审判庭庭长职务；

吴新贵县法院审判监督庭庭长职务；

郭咏红县法院执行庭庭长职务；

向世斌县法院民事审判第一庭庭长职务；

吴　文县法院旧司法庭庭长职务。

第12次会议(2005年8月30日)

免去：

徐东海县法院副院长、审判委员会委员、审判员职务。

第16次会议(2006年4月25日)

任命：

郭咏红为县法院执行裁决庭庭长；

严文华为县法院行政审判庭庭长；

肖亚林为县法院审判监督庭庭长；

向世贵为县法院执行实施庭庭长；

李红兵为县法院三胡法庭庭长。

免去：

郭咏红县法院行政审判庭庭长职务；

严文华县法院审判监督庭庭长职务；

肖亚林县法院三胡法庭庭长职务；

向世贵县法院执行庭庭长职务。

(四)任免县级国家检察机关工作人员

第2次会议(2004年3月10日)

任命：

张　国为县检察院检察委员会委员；

付凤鸣为县检察院检察委员会委员；

苏　学为县检察院检察委员会委员；

粟良成为县检察院检察委员会委员。

免去：

杨清富为县检察院检察委员会委员职务；

姚祖新为县检察院检察委员会委员职务。

第5次会议(2004年9月17日)

任命：

王永春为县检察院检察员。

第9次会议(2005年2月22日)

任命：

王永春为县检察院检察委员会委员；

彭礼元为县检察院检察委员会委员。

免去：

付凤鸣县检察院检察委员会委员、检察员职务；

彭兴民县检察院检察员职务。

第10次会议(2005年4月19日)

任命：

明文林为县检察院副检察长、检察委员会委员。

第12次会议(2005年8月30日)

免去：

喻建平县检察院副检察长职务；

邱克权县检察院检察员职务。

八、县十五届人大常委会人事任免

县十五届人大常委会依法任免县级国家机关工作人员225人次，其中权力机关任命32人次，免职23人次（接受常委会副主任辞职2人、委员辞职3人）；行政机关任命68人次（任命副县长21人），免职31人次（接受县长辞职1人、副县长辞职1人，副县长免职7人）；审判机关任命40人次，免职19人次（接受法院院长辞职1人）；检察机关任命7人次，免职5人次（接受检察院检察长辞职2人）。

（一）任免县级国家权力机关工作人员

第1次会议（2007年1月19日）

通过代表资格审查委员会名单

主任委员：莫北平

副主任委员：吴春菊

委　　员：向应和　林正高　谭生发

任命：

谭生发为县人大常委会办公室主任；

崔建辉为县人大常委会教育科学文化卫生工作委员会主任；

徐移坤为县人大常委会财政经济工作委员会主任；

周国祥为县人大常委会环境资源保护工作委员会主任；

戴鸣凤为县人大常委会民族法制内务司法工作委员会主任；

吴春菊为县人大常委会代表选举工作委员会主任；

向应和为县人大常委会农业农村工作委员会主任；

胡任平为县人大常委会办公室副主任（正科级）；

何家驹为县人大常委会办公室副主任（正科级）；

田　泓为县人大常委会办公室副主任（正科级）。

免去：

肖长耕县人大常委会民族法制内务司法工作委员会主任职务；

贵立远县人大常委会财政经济工作委员会主任职务。

第2次会议（2007年3月26日）

决定接受向运富辞去县十五届人大常委会委员职务。

第11次会议（2008年3月24日）

任命：

汪再华为县人大常委会办公室主任；

谭生发为县人大常委会农村工作委员会主任；

戴鸣凤为县人大常委会内务司法工作委员会主任；

明文林为县人大常委会民族法制工作委员会主任。

免去：

谭生发县人大常委会办公室主任职务；

向应和县人大常委会农业农村工作委员会主任职务。

决定接受向应和、林正高辞去县十五届人大常委会委员职务。

第17次会议（2008年11月28日）

任命：

向艳萍为县人大常委会办公室副主任。

免去：

何家驹县人大常委会办公室副主任职务；

向艳萍县人大常委会代表选举工作委员会副主任职务。

第28次会议(2010年3月24日)

决定接受苏波辞去县十五届人大常委会副主任职务。

第37次会议(2011年1月23日)

任命:

明文林为县人大常委会内务司法工作委员会主任;

廖兴锋为县人大常委会教育科学文化卫生工作委员会主任;

胡任平为县人大常委会财政经济工作委员会主任;

李　明为县人大常委会办公室副主任。

免去:

崔建辉县人大常委会教育科学文化卫生工作委员会主任职务;

戴鸣凤县人大常委会内务司法工作委员会主任职务;

徐移坤县人大常委会财政经济工作委员会主任职务;

周国祥县人大常委会环境资源保护工作委员会主任职务;

明文林县人大常委会民族法制工作委员会主任职务;

胡任平县人大常委会办公室副主任职务;

田　泓县人大常委会办公室副主任职务。

第38次会议(2011年3月17日)

任命:

向艳萍为县人大常委会环境资源保护工作委员会主任。

免去:

向艳萍县人大常委会办公室副主任职务。

第40次会议(2011年6月22日)

决定接受杨树荣辞去县十五届人大常委会副主任职务。

第41次会议(2011年8月10日)

任命:

冯公平为县人大常委会办公室副主任;

李　洁为县人大常委会办公室副主任。

第44次会议(2011年11月11日)

任命:

明文林为县人大常委会办公室主任;

周光玉为县人大常委会内务司法工作委员会主任;

吴春菊为县人大常委会代表选举人事任免工作委员会主任;

田永宽为县人大常委会农村工作委员会主任;

李　明为县人大常委会民族法制工作委员会主任。

免去:

李　明县人大常委会办公室副主任职务;

谭生发县人大常委会农村工作委员会主任职务;

明文林县人大常委会内务司法工作委员会主任职务;

汪再华县人大常委会办公室主任职务。

(二)任免县级国家行政机关工作人员

第1次会议(2007年1月19日)

决定任命：

刘天林为县政府办公室主任；
高碧玉为县发展和改革局局长；
周　涛为县商务局局长；
倪传新为县教育局局长；
汪建敏为县科学技术局局长；
张孝赤为县公安局局长；
向勤仕为县监察局局长；
张家旺为县民政局局长；
邓家斌为县司法局局长；
田延初为县财政局局长；
谭贤斌为县人事局局长；
倪　勇为县劳动和社会保障局局长；
张　超为县建设局局长；
李平安为县交通局局长；
田绍文为县农业局局长；
倪和森为县水利水产局局长；
向　文为县文化体育局局长；
姚　冰为县卫生局局长；
杨学东为县人口和计划生育局局长；
蔡　勇为县审计局局长；
田绍友为县民族宗教事务局局长。

第 6 次会议（2007 年 9 月 26 日）

决定任命：

燕元沂为县政府副县长；
张野田为县政府副县长；
彭远仪为县教育局局长。

决定免去：

倪传新县教育局局长职务。

第 7 次会议（2007 年 11 月 28 日）

决定任命：

侯尤峰为县政府副县长。

第 8 次会议（2007 年 12 月 25 日）

决定免去：

颜益志县政府副县长职务。

第 10 次会议（2008 年 2 月 29 日）

决定任命：

胡红辉为县政府副县长。

第 11 次会议（2008 年 3 月 24 日）

决定任命：

黄万国为县民政局局长；
林正高为县司法局局长；
胡玉堂为县建设局局长；
邓家斌为县交通局局长；
和　北为县水利水产局局长；
岳　琼为县文化体育局局长。

决定免去：

张家旺县民政局局长职务；
邓家斌县司法局局长职务；
张　超县建设局局长职务；
李平安县交通局局长职务；
倪和森县水利水产局局长职务；
向　文县文化体育局局长职务。

第 13 次会议（2008 年 6 月 26 日）

决定任命：

陈清华为县政府副县长。

第 15 次会议（2008 年 10 月 29 日）

决定任命：

李　光为县政府副县长。

第 23 次会议（2009 年 8 月 27 日）

决定任命：

陈国进为县政府副县长。

第 26 次会议（2009 年 12 月 29 日）

决定任命：

雷利军为县政府副县长。

第27次会议(2010年2月23日)

决定任命:

黄家斌为县公安局局长;

邓德武为县卫生局局长。

决定免去:

张孝赤县公安局局长职务;

姚　冰县卫生局局长职务。

第28次会议(2010年3月24日)

决定任命:

刘　玲为县政府副县长;

曾凡胜为县政府副县长。

决定免去:

刘迪玉县政府副县长职务;

高敬佩县政府副县长职务。

第30次会议(2010年6月24日)

决定任命:

孙　平为县政府副县长;

周　涛为县经济和信息化局局长;

倪　勇为县人力资源和社会保障局局长;

胡玉堂为县住房和城乡建设局局长;

邓家斌为县交通运输局局长;

燕　华为县商务局局长。

决定免去:

周　涛县商务局局长职务。

第33次会议(2010年10月27日)

决定任命:

罗华玉为县政府副县长;

赵昌青为县政府副县长。

决定免去:

向应才县政府副县长职务;

曾凡胜县政府副县长职务。

第36次会议(2010年12月27日)

决定任命:

蔡　勇为县发展和改革局局长;

张孝祥为县教育局局长;

段绍鹏为县审计局局长。

决定免去:

彭远仪县教育局局长职务;

高碧玉县发展和改革局局长职务;

蔡　勇县审计局局长职务。

第37次会议(2011年1月23日)

决定任命:

杨天龙为县政府副县长;

杜方平为县政府副县长;

许德胜为县政府副县长;

谭贤斌为县科学技术局局长;

胡玉堂为县司法局局长;

向　东为县财政局局长;

林正高为县人力资源和社会保障局局长;

陈应学为县住房和城乡建设局局长。

决定免去:

刘　玲县政府副县长职务;

胡平江县政府副县长职务;

汪建敏县科学技术局局长职务;

向勤仕县监察局局长职务;

林正高县司法局局长职务;

田延初县财政局局长职务;

倪　勇县人力资源和社会保障局局长职务;

胡玉堂县住房和城乡建设局局长职务。

第39次会议(2011年4月26日)

决定任命:

覃玉斌为县监察局局长。

第 40 次会议(2011 年 6 月 22 日)

决定任命:

张百香为县政府副县长;

姜　健为县政府副县长。

第 43 次会议(2011 年 10 月 18 日)

决定免去:

胡　泽县政府县长职务;

罗华玉县政府副县长职务;

刘天林县政府办公室主任职务。

决定任命:

向　军为县政府副县长;

杨　斌为县政府副县长;

傅　浩为县政府副县长。

第 44 次会议(2011 年 11 月 11 日)

决定任命:

覃玉斌为县政府办公室主任;

陶　凯为县公安局局长;

张国庆为县监察局局长。

决定免去:

覃玉斌县监察局局长职务;

黄家斌县公安局局长职务。

(三)任免县级国家审判机关工作人员

第 4 次会议(2007 年 5 月 21 日)

任命:

张少民为县法院执行局局长、审判委员会委员。

免去:

郭咏红县法院执行裁决庭庭长、审判员职务;

张少民县法院刑事审判庭庭长职务;

罗长华县法院审判员、旧司法庭副庭长职务。

第 5 次会议(2007 年 7 月 26 日)

任命:

向世斌为县法院刑事审判庭庭长。

第 6 次会议(2007 年 9 月 26 日)

任命:

张　勤为县法院旧司法庭庭长;

吴志勇为县法院旧司法庭副庭长;

张　军为县法院审判员;

杨　铭为县法院审判员。

第 12 次会议(2008 年 4 月 29 日)

任命:

向世贵为县法院执行裁决庭庭长;

肖亚林为县法院执行实施庭庭长;

尤珍春为县法院民事审判第一庭庭长;

邓青乔为县法院审判监督庭庭长;

杨静波为县法院百福司法庭副庭长;

唐桂生为县法院刑事审判庭副庭长;

姚贤吉为县法院立案庭副庭长;

梁东华为县法院民事审判第二庭副庭长。

免去:

吴新贵县法院民事审判第一庭庭长职务;

向世贵县法院执行实施庭庭长职务;

肖亚林县法院审判监督庭庭长职务;

邓青乔县法院刑事审判庭副庭长职务;

尤珍春县法院民事审判第一庭副庭长职务。

第 20 次会议(2009 年 4 月 29 日)

任命:

张　军为县法院民事审判第一庭副

庭长。

第28次会议(2010年3月24日)

任命：

姚忠君为县法院陪审员；

田茂国为县法院陪审员；

周志家为县法院陪审员；

杨朝明为县法院陪审员；

高秉福为县法院陪审员；

杨顺宏为县法院陪审员；

姚江海为县法院陪审员；

谢成建为县法院陪审员；

向青平为县法院陪审员；

黄飞鹏为县法院陪审员；

姚东舟为县法院陪审员；

黄腊梅为县法院陪审员；

龙仁发为县法院陪审员；

李世玉为县法院陪审员；

陈龙福为县法院陪审员；

瞿先平为县法院陪审员；

张宪周为县法院陪审员；

姚广明为县法院陪审员；

姚元军为县法院陪审员；

张维波为县法院陪审员。

第29次会议(2010年4月27日)

免去：

田义书县法院审判委员会委员、审判员职务；

彭　文县法院审判委员会委员、审判员职务；

杨　铭县法院审判员职务。

第38次会议(2011年3月17日)

任命：

张少民为县法院副院长。

免去：

吴汉左县法院副院长、审判委员会委员、审判员职务；

彭西平县法院副院长职务；

冯中国县法院审判员职务；

莫金阶县法院审判员职务。

第39次会议(2011年4月26日)

任命：

向世贵为县法院刑事审判庭庭长；

尤珍春为县法院执行裁决庭庭长；

吴　文为县法院民事审判第一庭庭长。

免去：

向世贵县法院执行裁决庭庭长职务；

向世斌县法院刑事审判庭庭长职务；

尤珍春县法院民事审判第一庭庭长职务。

第43次会议(2011年10月18日)

决定接受唐登洲辞去县法院院长职务。

任命：

张辅军为县法院副院长、代理院长。

(四)任免县级国家检察机关工作人员

第4次会议(2007年5月21日)

任命：

张　国为县检察院副检察长。

第11次会议(2008年3月24日)

免去：

黄俊静县检察院副检察长、检察委员会委员职务；

明文林县检察院副检察长、检察委员会委员职务。

第12次会议(2008年4月29日)

任命：

王永春为县检察院副检察长。

第 28 次会议（2010 年 3 月 24 日）

任命：

彭　军为县检察院检察委员会委员；

田拥军为县检察院检察委员会委员；

肖茜予为县检察院检察员。

第 33 次会议（2010 年 10 月 27 日）

决定接受税明泽辞去县检察院检察长职务。

任命：

刘仕华为县检察院副检察长、代理检察长。

第 43 次会议（2011 年 10 月 18 日）

决定接受刘仕华辞去县检察院检察长职务；

决定接受张国辞去县检察院副检察长职务。

任命：

肖功平为县检察院副检察长、代理检察长。

九、县十六届人大常委会人事任免

县十六届人大常委会依法任免县级国家机关工作人员 251 人次，其中权力机关任命 25 人次，免职 9 人次（接受常委会副主任辞职 1 人、委员辞职 3 人）；行政机关任命 70 人次（任命副县长 23 人），免职 36 人次（副县长免职 5 人，接受副县长辞职 11 人）；审判机关任命 68 人次，免职 26 人次；检察机关任命 15 人次，免职 2 人次。

（一）任免县级国家权力机关工作人员

第 1 次会议（2011 年 12 月 15 日）

通过代表资格审查委员会名单

主 任 委 员：彭远仪

副主任委员：吴春菊

委　　　员：向光敏　李　明　明文林

任命：

明文林为县人大常委会办公室主任；

吴春菊为县人大常委会代表选举人事任免工作委员会主任；

邱　安为县人大常委会预算工作委员会主任；

李　明为县人大常委会民族法制工作委员会主任；

周光玉为县人大常委会内务司法工作委员会主任；

胡任平为县人大常委会财政经济工作委员会主任；

廖兴锋为县人大常委会教育科学文化卫生工作委员会主任；

田永宽为县人大常委会农村工作委员会主任；

向艳萍为县人大常委会环境资源保护工作委员会主任；

李　洁为县人大常委会办公室副主任；

吴　言为县人大常委会办公室副主任。

第 2 次会议（2011 年 12 月 31 日）

任命：

胡秋平为县人大常委会办公室副主任；

向春华为县人大常委会代表选举人事任免工作委员会副主任。

第 5 次会议（2012 年 4 月 24 日）

任命：

刘　伟为县人大常委会办公室副主任；

胡淑凤为县人大常委会办公室副主任；

胡秋平为县人大常委会规范性文件备案审查室主任。

免去：

胡秋平县人大常委会办公室副主任职务。

第15次会议(2013年4月19日)

任命：

向春华为县人大常委会办公室副主任；

彭　芳为县人大常委会代表选举人事任免工作委员会副主任。

免去：

胡秋平县人大常委会规范性文件备案审查室主任职务；

向春华县人大常委会代表选举人事任免工作委员会副主任职务。

第26次会议(2014年8月21日)

任命：

余三龙为县人大常委会规范性文件备案审查室主任。

决定接受向光敏辞去县十六届人大常委会委员职务。

第35次会议(2015年4月23日)

决定接受姚冰辞去县十六届人大常委会委员职务。

第42次会议(2015年12月28日)

决定接受田永宽辞去县十六届人大常委会委员职务。

免去：

田永宽县人大常委会农村工作委员会主任职务。

第51次会议(2016年12月7日)

任命：

李春芳为县人大常委会办公室主任。

免去：

明文林县人大常委会办公室主任职务。

决定接受徐庭海辞去县十六届人大常委会副主任职务。

(二)任免县级国家行政机关工作人员

第1次会议(2011年12月15日)

决定任命：

覃玉斌为县政府办公室主任；

蔡　勇为县发展和改革局局长；

舒镜峰为县经济和信息化局局长；

黄万国为县教育局局长；

谭贤斌为县科技局局长；

郭相山为县民族宗教事务局局长；

陶　凯为县公安局局长；

张国庆为县监察局局长；

郎洪波为县民政局局长；

胡玉堂为县司法局局长；

向　东为县财政局局长；

杨　洋为县农业局局长；

林正高为县人力资源和社会保障局局长；

陈应学为县住房和城乡建设局局长；

向　文为县环境保护局局长；

周　涛为县交通运输局局长；

段绍鹏为县水利水产局局长；

向泽林为县商务局局长；

岳　琼为县文化体育局局长；

邓德武为县卫生局局长；

杨　明为县人口和计划生育局局长；

胡新江为县审计局局长；

汪再华为县林业局局长；

唐年华为县安全生产监督管理局局长。

第 5 次会议(2012 年 4 月 24 日)

决定任命：

王世忠为县政府副县长；

黄科舫为县政府副县长。

第 13 次会议(2013 年 2 月 27 日)

决定接受王世忠、黄科舫、姜健、张百香辞去县政府副县长职务。

决定任命：

郦昌军为县民族宗教事务局局长。

决定免去：

郭相山县民族宗教事务局局长职务。

第 16 次会议(2013 年 5 月 30 日)

决定任命：

田恩舜为县政府副县长；

丁星火为县政府副县长；

陶　凯为县政府副县长。

第 18 次会议(2013 年 8 月 26 日)

决定任命：

沈　毅为县政府副县长。

决定接受许德胜辞去县政府副县长职务。

第 21 次会议(2013 年 12 月 19 日)

决定任命：

汪　健为县政府副县长。

第 23 次会议(2014 年 3 月 14 日)

决定任命：

杨　明为县教育局局长；

邓德武为县卫生和计划生育局局长；

唐年华为县林业局局长；

吴汉左为县安全生产监督管理局局长。

决定免去：

黄万国县教育局局长职务；

汪再华县林业局局长职务；

唐年华县安全生产监督管理局局长职务。

第 24 次会议(2014 年 4 月 23 日)

决定任命：

谭培忠为县政府副县长。

决定接受邓波辞去县政府副县长职务。

第 25 次会议(2014 年 6 月 9 日)

决定任命：

朱　祎为县政府副县长。

决定接受丁星火辞去县政府副县长职务。

第 26 次会议(2014 年 8 月 21 日)

决定任命：

余　容为县商务局局长；

向光敏为县林业局局长。

决定免去：

向泽林县商务局局长职务；

唐年华县林业局局长职务。

第 28 次会议(2014 年 11 月 7 日)

决定任命：

滕建刚为县监察局局长。

决定免去：

张国庆县监察局局长职务。

第 29 次会议(2014 年 11 月 27 日)

决定任命：

陈义兵为县政府副县长。

第 33 次会议(2015 年 3 月 11 日)

决定免去：

覃玉斌县政府办公室主任职务。

第36次会议(2015年6月24日)

决定任命：

韩　昕为县政府副县长；

张　华为县政府副县长。

决定免去：

杨　洋县农业局局长职务；

向光敏县林业局局长职务。

第38次会议(2015年8月26日)

决定任命：

田明纲为县林业局局长。

第39次会议(2015年10月21日)

决定免去：

卢红鹂县政府副县长职务。

第40次会议(2015年11月17日)

决定任命：

赵宏亮为县政府副县长；

程建军为县政府副县长。

第42次会议(2015年12月28日)

决定免去：

郎洪波县民政局局长职务；

邓德武县卫计局局长职务；

陈应学县住建局局长职务。

第46次会议(2016年5月6日)

决定任命：

万　晨为县政府副县长；

赵映年为县政府副县长；

汪再华为县食品药品监督管理局局长。

决定接受汪健辞去县政府副县长职务。

第47次会议(2016年6月21日)

决定接受田恩舜、沈毅、朱祎辞去县政府副县长职务。

第48次会议(2016年8月16日)

决定任命：

曾　生为县政府副县长。

决定免去：

杜方平县政府副县长职务。

第49次会议(2016年9月28日)

决定任命：

杨振宇为县政府副县长。

决定免去：

傅浩县政府副县长职务。

第50次会议(2016年10月21日)

决定任命：

向子明为县政府副县长。

第51次会议(2016年12月7日)

决定任命：

杨局成为县政府副县长、代理县长；

牟林炎为县政府副县长；

汪建敏为县政府办公室主任；

向　文为县民族宗教事务局局长；

牟林炎为县公安局局长；

蒲　瑛为县民政局局长；

杨　碧为县司法局局长；

胡新江为县财政局局长；

邱克柱为县农业局局长；

胡大林为县环境保护局局长；

黄祥平为县水利水产局局长；

胡玉堂为县卫生和计划生育局局长；

汤东亚为县审计局局长；

张常春为县统计局局长。

决定免去：

杨　斌县政府副县长职务；

陶　凯县政府副县长职务；

郦昌军县民族宗教事务局局长职务；

陶　凯县公安局局长职务；

胡玉堂县司法局局长职务；

向　东县财政局局长职务；

向　文县环境保护局局长职务；

段绍鹏县水利水产局局长职务；

胡新江县审计局局长职务。

第 52 次会议(2016 年 12 月 17 日)

决定任命：

夏　伟为县政府副县长；

卢　彬为县政府副县长；

朱学敏为县政府副县长。

(三)任免县级国家审判机关工作人员

第 2 次会议(2011 年 12 月 31 日)

任命：

张　伟为县法院审判员、审判委员会委员、副院长。

第 4 次会议(2012 年 2 月 20 日)

任命：

严文华为县法院立案庭庭长；

谭　英为县法院行政庭庭长；

杨光红为县法院绿水人民法庭庭长；

吴　文为县法院审判委员会委员；

向世贵为县法院审判委员会委员；

邓青乔为县法院审判委员会委员；

吴志勇为县法院执行实施庭副庭长；

唐桂生为县法院三胡法庭副庭长；

张　军为县法院旧司法庭副庭长；

杨克昌为县法院旧司法庭副庭长；

李　明为县法院大河法庭副庭长；

张　敏为县法院审判员、大河法庭副庭长。

免去：

吴志勇县法院旧司法庭副庭长职务；

唐桂生县法院刑事审判庭副庭长职务；

张　军县法院民一庭副庭长职务；

严文华县法院行政庭庭长职务；

谭　英县法院立案庭庭长职务；

杨光红县法院大河法庭庭长职务。

第 5 次会议(2012 年 4 月 24 日)

任命：

李红兵为县法院执行局局长、审判委员会委员；

姚源盛为县法院审判委员会委员；

张　勤为县法院百福司法庭庭长。

免去：

李红兵县法院三胡法庭庭长职务；

姚源盛县法院百福司法庭庭长职务；

张　勤县法院旧司法庭庭长职务；

张少民县法院执行局局长职务。

第 10 次会议(2012 年 10 月 24 日)

免去：

向绍碧县法院审判委员会委员职务。

第 21 次会议(2013 年 12 月 19 日)

任命：

杨光红为县法院执行实施庭庭长。

免去：

杨光红县法院绿水法庭庭长职务；

肖亚林县法院执行实施庭庭长职务；

严文华县法院审判员、立案庭庭长职务；

万志成县法院审判员职务；

姚茂胜县法院审判员职务。

第22次会议(2014年2月27日)

任命:

张　勤为县法院执行裁决庭庭长;

袁志平为县法院民一庭副庭长;

毛　倩为县法院执行裁决庭副庭长;

彭　勇为县法院立案庭副庭长;

孙　青为县法院审判员;

叶　松为县法院审判员;

曾　志为县法院审判员;

周健伟为县法院审判员;

王　涛为县法院审判员;

谭学胜为县法院审判员;

刘　仲为县法院审判员。

免去:

张　勤县法院百福司法庭庭长职务;

尤珍春县法院执行裁决庭庭长职务。

第25次会议(2014年6月9日)

任命:

夏大胜为县法院审判员、审判委员会委员、副院长;

冉莉莉为县法院审判员。

第35次会议(2015年4月23日)

任命:

叶　松为县法院民事审判第二庭副庭长;

曾　志为县法院刑事审判庭副庭长;

周健伟为县法院三胡法庭副庭长;

王　涛为县法院绿水法庭副庭长;

李伯成为县法院陪审员;

李家祥为县法院陪审员;

金　辉为县法院陪审员;

陈礼胜为县法院陪审员;

张昌恩为县法院陪审员;

李应权为县法院陪审员;

梁晓英为县法院陪审员;

钱永安为县法院陪审员;

王学英为县法院陪审员;

向顺成为县法院陪审员;

姚双云为县法院陪审员;

向运富为县法院陪审员;

何受朗为县法院陪审员;

田玉珍为县法院陪审员;

金传进为县法院陪审员;

何利兵为县法院陪审员;

刘克斌为县法院陪审员;

田南昌为县法院陪审员;

张天华为县法院陪审员;

陈龙福为县法院陪审员;

向春平为县法院陪审员;

姚东舟为县法院陪审员;

李世文为县法院陪审员;

张宪周为县法院陪审员;

瞿先平为县法院陪审员;

杨顺宏为县法院陪审员;

向广明为县法院陪审员;

姚江海为县法院陪审员;

徐中赋为县法院陪审员。

免去:

毛倩县法院执行裁决庭副庭长职务。

第42次会议(2015年12月28日)

任命:

张　敏为县法院立案庭庭长。

免去:

李红兵县法院执行局局长职务;

张　敏县法院大河法庭副庭长职务;

姚　锋县法院审判员职务;

冯国强县法院审判员职务；
冉孟超县法院审判员职务。

第46次会议(2016年5月6日)

任命：

刘　仲为县法院百福司法庭副庭长；
叶　松为县法院大河法庭副庭长；
王　涛为县法院旧司法庭副庭长。

免去：

叶　松县法院民事审判第二庭副庭长职务；
王　涛县法院绿水法庭副庭长职务。

第51次会议(2016年12月7日)

任命：

舒业树为县法院副院长、代理院长。

(四)任免县级国家检察机关工作人员

第2次会议(2011年12月31日)

免去：

陈　刚县检察院副检察长职务。

第5次会议(2012年4月24日)

任命：

粟良成为县检察院副检察长；
闵　伟为县检察院检察员；
宋玉华为县检察院检察员；
郭　炯为县检察院检察员；
李　鸣为县检察院检察员。

第10次会议(2012年10月24日)

任命：

田延军为县检察院检察委员会委员；
胡朝辉为县检察院检察委员会委员；
邓　忠为县检察院检察委员会委员。

免去：

陈　刚县检察院检察委员会委员职务。

第21次会议(2013年12月19日)

任命：

严文华为县检察院检察员。

第22次会议(2014年2月27日)

任命：

葛斌任县检察院检察员；
吴赵任县检察院检察员；
吴金梅任县检察院检察员。

第26次会议(2014年8月21日)

任命：

孙碧祥为县检察院检察员、检察委员会委员、副检察长。

第51次会议(2016年12月7日)

任命：

田崇忠为县检察院副检察长、代理检察长。

张　钘为县检察院检察员、检察委员会委员、副检察长。

第六节　代表工作

代表工作是人大常委会的基础工作，也是人大常委会闭会期间一项重要工作。县人大常委会组织人大代表开展工作时，主要是围绕党的中心工作，围绕贯彻法律法规和执行县人大常委会决议决定，围绕办理代表议案、建议，围绕县人大常委会会议程和群众普遍关心问题开展活动。开展代表活动方式，除组织代表参加执法检查、视察和调查研究以外，还加强同人大代表联系，开展人大代表培训，创办人大代表活动室（中心），组建代表小组开展活动，建立人大代表工作室，邀请人大代表列席常委会会议，组织代表述职等。通过开展代表工作和组织代表活动，各级人大代表在行使法律赋予的职权中发挥作用。

一、代表培训

历届县人大常委会重视代表培训工作，不断提高代表素质。主要方式:代表列席县人大常委会会议。县人大常委会在举行会议时，邀请县人大代表列席会议，让他们听取法律知识讲座，了解会议议题，学习和掌握依法举行会议程序及方法，以便更好履职。以会代训。县人大常委会召开人大工作会议时，或召开代表座谈会、换届选举会、调研会等时，专门安排一定时间，组织代表学习有关法律法规和人大业务知识，提高其法律素质和业务素质。深入乡镇巡回培训。根据换届选举后新当选代表多及新的人大工作者业务不熟，县人大常委会派出常委会领导和工委室负责人到乡镇，对代表巡回培训，讲法律和业务辅导课，提高其履职能力。在指导乡镇人大工作中进行培训，学习有关知识，释疑解难，讲授人大工作方法和程序。为代表寄送人大公报，征订人大杂志，发放资料，以及通过媒体宣传人大法律法规和人大业务知识等，对代表及代表工作进行指导和培训，使代表及时了解和掌握上级精神，更好开展人大工作。

1980年9月8—9日，自治县一届人大常委会承担恩施地区公社（镇）选举工作试点，选举公社（镇）人大代表。为搞好选举，自治县一届人大常委会用2天时间，对常委会委员、人大工作人员、县直相关部门负责人、公社（镇）组织委员、办公室工作人员71人，采取以会代训形式培训代表选举工作，传达地区选举工作会议精神，讲解代表选举法律法规及有关知识、选举方法、注意事项，强调发扬民主、依法办事、工作要认真负责，按统一要求做好代表选举工作。

1985年12月26—28日，县九届人大常委会召开全县代表活动小组组长及联络员座谈会议，采用以会代训方式，组织代表学习《宪法》《地方组织法》、党的方针政策和人大基本知识，总结人大代表工作，提出新年度工作任务。

1989年10月，县十届人大常委会召开全县人大工作联络员会议，会议采取以会代训形式，在总结交流人大工作经验同时，安排与会人员学习党的十三届四中、五中全会精神和邓小平、江泽民等重要讲话，坚持在政治上与党中央保持一致，维护全县政治安定和社会稳定。同时，组织乡镇人大主席团主席，参加州人大、州委党校联合举办的人大干部培训班学习；组织各区镇人大工作联络组组长，到湖南、浙江等学习考察。

1991年，县十一届人大常委会采取常委会领导和工委负责人走下去、把乡镇人大主席团主席召集上来、以会代训、专题讲座等形式，就人大工作性质和特点以及工作职责和方式等内容，对52个乡镇人大主席团主席全部培训1次。1992年12月，县人大常委会召开为期3天全县人大工作会议。会议用1天时间培训区镇、乡镇60多名人大干部，组织学习有关法律法规和人大业务知识，并联系实际讨论，总结工作，交流经验，讨论下年度工作任务。

1997年10月，县十二届人大常委会根据新形势和新任务要求，组成8个小组，分别到乡镇，用1天时间培训县人大代表。培训中，组织代表学习党的十五大精神、有关法律法规和政策，还征求他们对各方面工作意见，积极向有关部门反映和督促落实。

2000年11月初，县十三届人大常委会举办为期3天全县乡镇人大干部培训班。常委会领导和工委负责人，给乡镇人大工作者讲授有关法律法规和人大业务知识。2001年，乡镇机构改革，人大主席团成员变动大，新手多。对此，县人大常委会举行会议时，邀请乡镇人大副主席列席会议，专门安排时间，给他们讲人大业务课，传授人大工作方法，学习有关法律法规。

县十四届人大常委会期间举办培训班11次，培训各级人大代表和人大工作人员395人次。仅2004年7—8月，常委会举办9期培训班，对全县各级人大代表普遍培训1次。

县十五届人大常委会坚持把学习培训作为提高代表素质重要途径，按照了解基本法律、明确代表职责、具备履职能力要求，修订人大代表学习培训制度，完善学习培训方式。组织和引导代表学习法律知识和履职业务知识，适时开展各种活动，代表素质明显提升。任期里，采取举办培训班、以会代训等形式，培训代表700多人次。

县十六届人大常委会根据2011年11月换届后新当选人大代表较多实际，2012年，常委会领导与工委室负责人到乡镇，以乡镇为单位，对全县州、县、乡三级人大代表开展人大制度性质、地位和作用以及代表权利、义务等知识初任培训，举办培训班8期，参训代表678人，参训率达90%以上。

2013年，按照县人大代表学习培训制度要求，制定年度学习培训计划，采取集中与分散、讲座与交流相结合方式，开展代表学习培训活动。按期向代表寄送常委会公报和人大工作简报及有关学习资料，为代表学习和不断提高自身素质提供服务。3月29日，代工委主任吴春菊利用“百名干部进讲堂”平台，为部分县人大代表、各乡镇人大办主任、机关全体干部，就坚持和完善人大制度以及地方组织法理论知识和代表履职具体业务进行深入讲解和辅导。5月中旬，组织8个乡镇人大副主席赴河北省昌黎县考察学习。9月中旬，组织部分人大代表赴北戴河全国人大常委会培训中心培训，学习宪法、监督法、代表法、地方组织法等法律以及履职业务知识。

2014年，常委会依据代表学习培训制度规定，依托代表之家，组织代表集中学习培训100多人次，并按有关要求安排部分州县人大代表，参加全国人大常委会举办的培训活动。给代表寄送人大常委会公报、人大工作简报以及其他有关学习资料2000余份，满足代表知情知政和学习需要。

2015年5月—15日，8月9—12日，为学习外地先进经验，开展好县人大代表工作室试点工作，县人大常委会副主任彭远仪带领代工委、办公室工作人员及乡镇人大副主席，到湖南株洲、湘潭和重庆秀山、贵州铜仁碧江区等地考察学习。

2016年，县人大常委会分批组织乡镇人大副主席、人大办主任以及县人大常委会机关工作人员，参加全国人大常委会在深圳培训基地举办的人大干部能力素质提升班培训学习。

二、代表联系

县人大常委会通过多种形式，经常联系省州县乡人大代表，指导他们依法履职。

1980年5月，自治县一届人大常委会设立后，重视代表联系工作，通过信函方式同253名代表联系2次，代表们表示要认真履行职责，宣传党的方针政策，多做调查研究，及时反映群众情况，并要求县人大常委会经常了解情况，密切上下联系，指导代表工作。1981年，常委会根据代表反映城镇管理差、公厕太少、学校周边环境不好、生产责任制不落实、公粮负担过重等问题，组织常委会组成人员、人大机关工作人员，几次到公社、镇和街道，召开8次座谈会，到会代表98人，个别走访代表82人次，全面了解情况，并用人大工作简报如实反映，送县几大家领导及县直有关部门，促使问题较快得到解决。1982年，常委会到各公社、镇召开县人大代表座谈会9次，到会代表83人，个别走访代表43人次，接待代表和群众来访50多人次，处理代表和群众来信63件。这年，县内一些地方乱砍滥伐，但原因不清。县人大常委会调查组通过同代表和群众座谈，了解到群众担心林权下放后责任制改变、集体管山员取消、报酬不落实、单家独户无力管理、对偷伐林木行为无法处理和打击等，就此及时向县政府及林业部门反映，督促采取有效措施，制止乱砍滥伐行为。1983年10月，常委会正副主任带队，分3个组到公社、镇走访人大代表，召开座谈会3次，74人参会，个别走访代表40人次，听取代表议案、建议办理落实情况，了解农田水毁工程、小桥小路修建、政策落实等方面存在问题，将情况向县政府反映，向县人大常委会会议汇报，引起各方面重视。1984年，全县设区建乡，恢复乡级政权机构。为加强新形势下人大代表联系工作，县人大常委会组织人员分别到区、镇召开9次座谈会，个别走访代表120人次。通过召开区镇座谈会议和具体指导，帮助建立代表活动小组49个，选出正副组长，各区镇配备联络员，并广泛征求关于代表工作联系的意见，使代表开展活动有章可循。

1985年4月，县九届人大常委会第4次会议通过县人大常委会代表工作联系办法(试行)，使联系代表工作制度化。1985年9月至12月，常委会组织人员两次到区乡加强代表联系，召开代表会4次，到会代表72人次，走访代表30人次，征求他们对行政执法监督方面意见及对农村“五保户”供养、小桥小路修建等问题的建议。1986年6月，常委会3名领导带领部分委员和机关工作人员，到6区1镇14个乡镇，召开21次有120多名代表参加的座谈会；9月，常委会委员分组到区镇召开9次代表组长及联络员座谈会，61名代表组长和联络组长参会，他们对两个文明建设、法制建设及社会治安、烟叶收购、煤油和柴油供应等方面提出建议，常委会将建议整理归纳为68条，以人大《情况反映》形式向有关部门通报。12月，召开各区镇人大工作联络员座谈会，听取对人大常委会及政府工作意见和建议。

1988年1月，县十届人大常委会根据《地方组织法》有关规定，结合实际，制定关于县人大常委会与县人大代表联系暂行办法，规定常委会1名副主任分管代表联络工作，适当增加代表联络机构工作人员。建立代表活动小组，并邀请省州人大代表参加代表小组活动。各区镇设立人大工作联络组长，负责所管辖区域代表工作，并不定期向常委会反映代表活动情况。常委会召开会议时，邀请联络组长、乡镇人大主席团主席和部分人大代表列席。常委会组成人员分工联系代表，经常走访代表，召开代表座谈会。常委会每年至少召开1次代表联系工作会议，总结交流工作经验；根据工作需要，适时组织代表开展视察、调查活动等，使联系代表工作，走上经常化、规范化轨道。1988年6月，在召开省州人代会前，县人大常委会领导带领常委会组成人员和机关工作人员，到区镇和乡镇，召开44次座谈会，250多名代表参会，走访代表和群众1200多人次，了解基层代表活动情况，就工农业生产、农村教育、卫生、社会治安等工作，征求代表和群众意见和建议。1989年1月，县人大常委会作出设立代工委决定，正式设立代表联络机构，组织人员2次到区镇和县直，召开代表座谈会17次，120人参会，走访代表80多名，征求收集代表建议、意见200多条。1990年年底，常委会在各区镇和县直召开17次座谈会，206名代表参加座谈，走访代表140人次，代表们提出许多建设性意见。

1991年，县十一届人大常委会走访联系县人大代表198人次，走访联系面93.8%，召开代表座谈会10次，114人参加，征求和收集代表建议和意见200多条。对代表反映的意见，常委会督促有关部门认真办理。如代表提出行路难问题，常委会通过与政府有关部门协商，县财政拨出专款解决。这年，解决22座小桥和25条村组公路新建、维修问题。1992年，常委会组织人员深入区乡，召开代表座谈会12次，160多名代表参会，走访代表210人次，对代表反映的行路难、过河难问题，积极向有关部门反映，并通过县政府解决小桥小路修建所需专项资金。1993年，走访代表102人次，召开座谈会11次，到会代表105名，征求代表对各方面工作意见，帮助代表解决许多实际问题。任期3年里，常委会将省州县和乡镇人大代表混合编为210个代表小组，并推选出400多名正副组长，制定活动制度，每年中，各代表小组一般开展2—4次活动，多的达到6次；召开座谈会33次，406名代表参会，走访县代表518人次，联系走访面82%，同时，联系省州人大代表190人次、乡镇人大代表1000多人次。

1994年，县十二届人大常委会走访省州县乡四级人大代表1048人次，召开代表座谈会134次，到会代表和部分区乡干部1000多人次，接待代表和群众来访41人次，处理代表来信56件。1995年，县人大常委会走访县人大代表256人（含代管的宣恩县南四乡县人大代表），召开座谈会15次，到会代表240人次。在走访和召开座谈会中，了解人大代表工作及家庭生产、生活情况，倾听代表和群众呼声，采纳代表合理建议，尤其是帮助解决部分人大代表生产生活问题。1996年，组织人员走访县级人大代表300多人次，到乡镇召开座谈会13次，到会代表210人次；接待代表来访110人次，处理代表来信30件。1997年，组织常委会组成人员和机关工作人员，走访代表

251人次,召开座谈会15次,到会代表170多人次,联系面98%。1998年,常委会组织代工委和其他工委负责人走访代表171人次,召开代表座谈会9次,到会代表92人次,听取和收集各方面工作意见和建议60多条,积极向有关部门反映,得到较好解决。

县十三届人大常委会走访县人大代表835人次,召开代表座谈会61次,到会代表644人次。1999年,登门走访代表149人,召开座谈会12次,到会代表124人次。2000年,登门走访代表148人次,召开代表座谈会15次,到会代表160人次,发出186份征求意见书,回收96份,将结果向县委汇报,为县委决策提供参考依据。配合县"三讲"(即讲学习、讲政治、讲正气)办公室,组织乡镇人大代表对县几大家领导班子提出许多意见和建议。2001年,在开展"三个代表"重要思想学习教育活动中,切实转变作风,走访县人大代表167人次,召开代表座谈会14次,到会代表及部分乡镇干部170人次,同时组织代表专题调查8次,向代表征求意见38条,为常委会依法行使职权提供参考依据。2002年2月,在走访代表中了解到,县人大代表李银莲等人多次联名反映车大坪小学师生饮水问题没解决,常委会领导把此当作一件要事来办,迅速向县政府有关部门反映,并组织有关部门筹措资金,解决该校师生饮水问题,代表们非常满意。2002年,组织人员走访代表92人次,召开座谈会9次,到会代表86人次。2003年,组织人员走访代表279人次,召开代表座谈会9次,到会代表104人次,广泛征求代表对各方面工作建议和意见;同时组织代表学习有关法律和政策,提高代表素质和履职能力。

2005年"五一"期间,县十四届人大常委会以发公开信形式,向全县186名县人大代表致以节日问候。任期3年里,常委会采取走访、召开座谈会、办理代表建议和常委会领导到乡镇调研等形式,联系走访代表471人次,召开座谈会17次。通过联系代表,听取代表意见,加强常委会同代表联系,帮助解决一些实际问题,密切党群干群关系。

县十五届人大常委会坚持每年安排每位常委会组成人员联系3至5名代表,走访联系代表400多人次,召开代表座谈会20多次,倾听代表心声,为代表解决实际问题,增强代表归属感,激发代表履职热情。2008年2月,县十五届人大常委会第12次主任会议通过县人大常委会主任、副主任定期接待代表暂行办法,启动定期接待代表活动,每年7月,常委会主任、副主任带队,与"一府两院"领导一道,分赴各乡镇集中向代表通报半年工作情况,听取代表意见和建议。2008年7月至2011年7月,常委会主任、副主任定期接待代表480多人次,收集、整理和交办代表建议120余条。开展接待代表活动,为代表搭建闭会期间履职平台,增强代表责任意识,激发代表参政议政热情,促成一些事关民生和人民群众普遍关注热点难点问题解决,对促进"一府两院"依法行政、公正司法,发挥积极作用。不断改进服务方式,坚持定期给代表寄送常委会公报、人大工作简报及有关资料,及时向代表通报常委会重大活动情况,满足代表知情知政要求。

2012年7月12—13日,县十六届人大常委会代工委制定活动方案，各工委室协助常委会领导，到乡镇开展主任、副主任接待县人大代表活动。活动中，广泛听取代表对常委会及“一府两院”工作建议和意见，代工委对收集整理22条建议，分别反馈给常委会及“一府两院”处理。同时，制定下发常委会组成人员联系代表工作方案，确定常委会组成人员联系代表名单，明确联系代表主要内容、方法和具体要求。全年23名常委会组成人员联系县人大代表60名，征求代表意见26条，吸纳意见13条。

2013年7月10—11日，常委会组织开展主任、副主任接待代表活动，代工委收集整理代表建议，形成23条建议并以常委会文件向“一府两院”及相关部门通报情况。全年23名常委会组成人员联系县人大代表46名，收集意见建议35条，10条建议得到解决。

2014年7月初，常委会主任、副主任深入各乡镇开展接待代表活动，与“一府两院”领导一道，向代表报告半年来工作情况，接受代表监督，广泛听取代表意见，并整理形成17条建议，交“一府两院”及相关部门处理，其中10条建议反映问题得到解决。全年常委会组成人员与44名县人大代表开展联系活动，收集整理建议25条，全部转交相关部门处理。

2015年7月初，常委会开展主任、副主任接待代表活动，向代表通报常委会和“一府两院”工作情况，广泛听取代表建议，收集整理24条建议，交“一府两院”处理。“一府两院”认真办理，并在规定时间内反馈情况。

2016年，常委会主任、副主任和常委会组成人员继续开展代表联系工作。

三、代表活动阵地

从县十二届人大常委会起，开始注重人大代表活动阵地建设，为人大代表依法履职创造条件。1995年，县十二届人大常委会根据代表工作实际，决定在乡镇人大主席团设立办公室，配备专门工作人员，建立一室多用的综合活动室，并出台规范化建设实施办法。办法规定，综合活动阵地有固定房屋、有桌凳、有基本设施、有环境布置、有制度、有活动内容。之后，常委会分管代表工作副主任带领代工委人员，首先在绿水乡办试点，经常到绿水乡人大主席团指导，在该乡办起比较规范的综合活动阵地。1996年至1998年，经过努力，在全县所有乡镇人大主席团建起比较规范综合活动阵地，经检查验收，基本达到规范化建设标准，为人大代表活动创造条件提供保障。

2000年，县十三届人大常委会在乡镇人大工作目标考核实施办法中，明确规定乡镇人大办公室（代表活动室）必须按照“1267”规范化要求巩固和提高。“1267”模式，即一图（主席团成员简介图）、两册（人大代表名册和人大干部、主席团成员、政府领导名册）、六项制度（监督、汇报、廉政、会议、学习、办公）、七个登记簿（走访代表、各种会议、代表开展活动、学习、宣传上报材料、来信来访、为民办实事、代表典型）。12月，常委会组织考核组考核乡镇人大工作目标（包括活动室建设），分数达标的绿水乡、百福司镇、翔凤镇、大河镇受到表彰。

2009年6月下旬，县十五届人大常委会分管领导和代工委主任，随州人大常委会考察团赴荆门、黄冈学习考察代表活动小组及代表活动阵地建设工作，回来之后，专题向常委会汇报，常委会及时作出安排，在三胡、漫水开展试点工作。常委会分管代表工作领导和代工委人员，多次深入2个示范点指导，2个示范点做到有活动阵地、设施完备、制度健全、内容充实、效果明显。2009年9月，全州人大常委会主任会议在来凤召开期间，州人大常委会领导带领与会人员，专程参观考察三胡、漫水两乡代表活动小组和活动阵地建设情况，对代表活动小组工作及阵地建设给予充分肯定。2010年，常委会决定继续抓好三胡、漫水2个代表活动示范点外，将其他6个乡镇都纳入示范点建设。常委会给每个示范点拨付启动资金2000元，示范点建设得到乡镇党委、政府大力支持，将创建经费纳入乡镇级财政预算，按照有场所、有牌子、有制度、有网络、有记录“五有”标准扎实推进，代表活动中心(室)建设，经州人大常委会验收合格，并给予高度肯定。到2011年年底，全县6个乡镇(除旧司、绿水当时无场所外)按照“五有”要求，高标准高质量建成代表小组中心活动室，为代表依法履职搭建平台、创建条件。

2012年，县十六届人大常委会注重抓好阵地建设，为代表履职搭建平台。指导各乡镇人大按照有场所、有牌子、有制度、有活动、有记录“五有”要求，高标准高质量建成代表小组中心活动室。

2013年，按照“五有”要求，加强指导完善乡镇代表活动阵地建设。通过努力，旧司镇代表活动小组被州人大常委会表彰为“代表活动小组先进单位”。通过抓示范小组建设，带动其他代表小组开展活动，进一步增强活动效果，提高活动质量。同时，根据实际，指导成立县直省州人大代表活动小组，推选代表小组组长、副组长，建立代表活动室，完善各项制度，制定全年活动计划并组织代表开展活动，为代表履职搭建平台，提供服务。

2014年，常委会为把代表之家建成在闭会期间代表履职重要平台，进一步规范8个乡镇代表之家建设，做到统一命名、统一模式、统一制度。同时，督促引导43个代表小组开展闭会期间活动，为代表履职提供服务。

2015年年初，常委会学习借鉴外地经验，决定开展建立人大代表工作室试点工作。试点工作分考察学习、制定方案、确定场所、投入使用4个阶段进行。全县8个乡镇确定11个选区作为建立代表工作室试点，县乡人大代表64人参加试点工作。试点工作要求：人大代表要在村(社区)设立的代表工作室按计划定期参加活动，接待选民、群众来访，每年不少于3次，并做到活动时间相对固定。代表要经常深入村(居)民家中了解群众生产生活情况，指导帮助生产、生活中有困难群众。代表与群众要不定时互相约访、约见，也可通过电话联络。代表工作室要根据群众提出困难和问题，组织代表有针对性回访，积极为群众排忧解难。要做好代表活动、接待选民前动员部署工作，采用接待公示牌、墙报以及上门宣传等形式，做到家喻户晓，提高选民参与意识和参与度。要充分发挥代表工作室作用，除定期接待选民外，还要适时组织代表学习，开展代表小组活动，通报选民所提建议、意见办理落实情况等，并结合实际，充分发挥活动室阵地作用，不断充实和完善代表活动内容。代表接待选民主要内容为向选民宣传政策法规，并倾听群众呼声，调研基层建设与服务工作中热点、难点问题；各代表工作室联络员要积极配合各级人大代表，开展好工作室各项活动，有关问题需入户调查核实的，及时做好安排。根据接待对象所述内容和所反映问题，认真填写人大代表接待选民群众登记表。要认真听取接待对象意见及对一些问题看法，并及时按有关规定处理。对选民群众反映问题，按分级负责、归口办理办法处理。属村（社区）范围内的，由村委会或社区处理；属乡镇有关部门范围内的，由乡镇人大转交有关部门协调解决；属“一府两院”范围内的，应及时汇总报县人大常委会，由县人大常委会交“一府两院”研究处理。每个问题处理完毕后，各级人大代表和代表工作室工作人员要及时对反映问题群众进行回访。代表工作室要公布代表通讯联络方式，便于村（社区）不方便出行群众直接与代表电话联系；还可设立意见箱，方便群众以写信方式反映问题，并采取一定方式及时回复。全县11个人大代表工作室试点工作，有序扎实推进。

2016年，11个村（社区）人大代表工作室继续开展接待人民群众工作，耐心倾听意见和建议，认真解答人民群众的疑问，积极协调有关部门帮助解决人民群众实际困难，主动对人民群众反映问题的办理情况跟踪、督办，并及时向人民群众反馈。

四、发挥代表作用

县人大常委会注重发挥人大代表管理国家事务重要作用，采用组织人大代表开展视察、调查，对“一府两院”工作进行评议，收集对“一府两院”工作建议和意见，督促“一府两院”改进工作等形式加强监督外，还采取组织发动、广泛引导、开展争先创优活动等形式，围绕经济建设、产业结构调整、发展市场经济、科技教育、组织商品流通、扶贫帮困、计划生育、社会治安综合治理和新农村建设等工作，发挥代表带头示范作用，涌现一大批人大工作先进单位、先进人大工作者和优秀人大代表。由于县十一届以前人大常委会缺乏有关档案，下面主要记述县十一届人大常委会以来情况。

县十一届人大常委会组织全县各级人大代表，开展争先创优活动。活动以代表小组为单位，各区镇联络处、主席团和县直各战线具体实施，开展扶贫帮困，发展农村经济，为贫困村、困难户做好事、解难题，涌现一大批先进典型。1991年12月，常委会召开全县人大工作会议，表彰高洞区人大联络处等11个人大工作先进单位，任光富等11个先进人大工作者，覃金友等13名优秀人大代表。1992年，全县2000多名四级（省州县乡）人大代表，联系扶持贫困户2100多户，每年有1200多户解决温饱。接龙桥区30名县人大代表扶持30户贫困户，年人均收入比上年增加91%；区联络处重点扶贫13户贫困户，人均纯收入比1991年增加接近翻一番。1992年，在全县人大工作会议上，县人大常委会表彰26名优秀人大代表、25名先进人大工作者和24个人大工作先进单位。

县十二届人大常委会采取多种形式，围绕县委中心工作，组织和引导人大代表开展活动，发挥示范带头作用。1994年，全县四级人大代表帮扶贫困户1407户，他们采取筹备资金、提供信息、送科技、组织劳力帮工等多种扶持方式,使709户贫困户当年基本脱贫。此外,代表在扶贫活动中,倾听群众呼声,对一些急、难问题,及时向县人大常委会反映,协调和督促有关方面解决。1995年,全县1672名各级人大代表,帮扶贫困户1576户,到年底有1126户基本脱贫。1997年,县人大常委会组织代表重点解决群众反映的走路难、过河难问题,同时组织248名人大代表与贫困户结成对子,重点扶贫,帮助贫困户实现脱贫。这年,全县人大代表工作成效显著,县人大常委会代工委被省人大常委会授予“人大工作先进集体”称号。

县十三届人大常委会动员和组织人大代表开展争先创优、扶贫帮困、为困难群众做好事办实事等活动,通过开展活动,人大代表在政治生活、经济生活和社会生活中都发挥重要作用,涌现出许多优秀人大代表和人大工作先进集体。2000年3月,县人大常委会表彰饶启凤等19名优秀人大代表和绿水乡人大主席团等4个人大工作先进集体。

县十四届人大常委会密切联系代表,认真履行职责,使代表作用得到更好发挥。2005年,常委会通过基层推荐和考核评比,表彰优秀县人大代表18名、先进人大工作者6名;同时,在县电视台开辟代表风采专题节目,宣传报道优秀人大代表履职先进事迹。

县十五届人大常委会坚持把多形式开展代表活动,作为促进代表依法履职、发挥代表作用重要形式,不断探索代表活动新途径,创新代表活动新形式,取得令人瞩目成绩,得到州人大常委会充分肯定,开展代表活动经验在全州交流。积极开展代表小组活动。按照易于组织、便于活动原则,常委会将四级代表混合编排,组建52个代表小组,集中组织代表开展联系选民、调查、视察等活动,为推进地方经济社会发展,促进基层政权建设发挥重要作用。坚持组织代表参加常委会活动。2010年,代表作用得到充分发挥,涌现一大批先进典型,县人大常委会表彰20名优秀人大代表、3个先进代表活动中心,极大激发代表工作热情。任期5年里,常委会邀请代表144人次列席常委会会议,组织代表200余人次参加视察、调查等活动,为代表履职拓展知情知政渠道,为代表提供参政议政平台。

县十六届常委会在发挥代表作用方面,主要开展以下工作。2012年,组建代表小组。按照易于组织、便于活动原则,将辖区四级代表混合编排,组建43个代表小组,各个乡镇建立活动室(中心)为代表开展活动奠定组织基础。开展代表小组活动。各代表活动小组健全各项制度和有针对性制定年度计划,围绕县委中心工作、群众关心热点问题和常委会重要工作组织代表开展视察、执法检查、调查等活动,让更多代表了解社情民意。各代表小组结合实际,创造性提出许多工作思路,如旧司乡“2451”活动、三胡乡“八个一”活动、革勒车“1355”活动(参见第四章第三节)。制定出台邀请县人大代表列席常委会活动方案,邀请44名县人大代表列席常委会会议。安排20名县人大代表参加常委会组织的执法检查、视察调研等活动。向代表寄送人大常委会公报10期2600余本、人大工作简报6期1500余份及有关资料,让代表能及时了解人大常委会工作动态,为代表知情知政提供服务。及时将代表活动经费下拨各乡镇人大办,为代表开展活动提供经费保障。按照关于县人大代表闭会期间开展活动的暂行规定,组织代表65人次,参与部门开展各项活动6次。对在履职活动中涌现出来优秀人大代表,如李启明等4名人大代表先进事迹,在县人大网上进行宣传报道。

2013年,常委会邀请28名县人大代表列席常委会会议。组织县人大代表39人次参与视察、执法检查、听取报告、调查等活动。组织代表85人次,参与部门开展各项活动6次,活动中,代表们对相关部门提出建议和意见。

2014年,常委会邀请32名代表列席常委会会议,组织代表50人次参与视察、调查和执法检查,安排代表123人次参与县直部门有关活动。活动中,代表们提出建议和意见。

2015年,常委会邀请29名代表列席常委会会议,组织代表50人次参与视察调研、执法检查等活动,组织代表22人次参与县直部门有关活动。活动中,代表们踊跃建言献策,对促进有关工作发挥积极作用。

2016年,常委会邀请20名代表列席常委会会议;同时组织部分县人大代表参加全县“十三五”规划(草案)征求意见座谈会,代表们踊跃建言献策,提出许多建设性修改意见,较好发挥代表在闭会期间的作用。

五、代表述职评议

述职评议,是县十六届人大常委会分期分批安排县人大代表回选区向选民述职、接受选民评议和监督,加强代表与选民联系,搭建选民监督代表平台,增强代表接受监督、依法履职意识的活动。至2015年9月,180名县人大代表回选区向选民述职,通过选民评议,其中144名代表被评为优秀,35名代表被评为称职,1名代表被评为不称职(参见第四章第三节);历时4年的代表述职评议活动圆满结束。

2012年,县人大常委会开展代表述职评议试点工作,为确保试点工作成功,借鉴外地人大工作经验,结合人大工作实际,研究制定县人大代表述职试点工作方案并以县委文件转发,明确指导思想、时间及述职代表安排、述职内容及程序、组织领导等,为试点工作顺利开展打下基础。在实施过程中,根据代表述职评议工作试点方案,对述职及测评具体程序作出安排。同时,加强与述职试点选区联系,引导述职代表围绕全县工作中心,围绕群众关注热点问题,结合实际积极履职尽责;指导代表结合实际认真撰写述职报告,要求报告体现自身特色,突出履职重点和亮点,并在形式上做到规范统一。11月21日,2名述职代表在68选区(旧司乡锁洞村)述职,汇报履职情况,接受评议和测评。2名述职代表得到选民代表高度评价,测评满意率100%。通过开展述职试点活动,为全面推进代表述职评议活动积累经验。

2013年,在开展代表述职试点基础上,全面推进代表述职评议活动。根据县人大代表述职评议工作实施方案安排,9月上旬,县人大常委会安排29个选区59名代表述职评议,其中41名代表被评为优秀,18名代表被评为称职。

2014年9月,全县安排33个选区70名县人大代表述职评议,其中60名代表被评为优秀,10名代表被评为称职。

2015年,安排23个选区49名县人大代表述职评议,其中41名代表被评为优秀,7名代表被评为称职,1名代表被评为不称职。

六、代表履职保障

县人大常委会根据《地方组织法》第 35 条、《代表法》第 32 条有关规定，对涉嫌违法犯罪的人大代表，根据司法机关提请，许可司法机关采取限制人身自由的措施；对因刑事案件被羁押正在受侦查、起诉、审判的和被依法判处管制、拘役或者有期徒刑而没有附加剥夺政治权利的人大代表，决定暂时停止执行代表职务。

1990 年 9 月 28 日，县十届人大常委会第 20 次会议，根据县检察院关于请求同意对肖本权执行逮捕的报告中认定的县十届人大代表肖本权涉嫌贪污、挪用公款罪的事实，作出同意的决定。

1995 年 11 月 17 日，县十二届人大常委会第 15 次会议，根据县检察院关于对涉嫌重大经济犯罪的县十二届人大代洪家富许可逮捕的提请报告，作出同意的决定。

2000 年 1 月 14 日，县十三届人大常委会第 6 次会议决定，对涉嫌受贿的县十三届人大代表刘宗元，暂时停止其执行代表职务，时间自 1999 年 12 月 17 日至 2003 年 12 月 16 日。

2000 年 7 月 28 日，县十三届人大常委会第 9 次会议，根据县检察院关于提请对涉嫌非法杀害珍贵、濒危野生动物罪的县十三届人大代表吴晓明许可逮捕的报告，作出许可的决定。

2001 年 4 月 30 日，县十三届人大常委会第 15 次会议，根据县检察院关于提请对涉嫌挪用公款、受贿的县十三届人大代表杨世文许可逮捕的报告，作出许可的决定。

2005 年 12 月 15 日，县十四届人大常委会第 14 次会议，作出关于同意对县十四届人大代表李永祥非法买卖爆炸物品涉嫌犯罪采取强制措施的决定。

2006 年 2 月 3 日，根据县公安局关于对县十四届人大代表汪忠鸣采取强制措施的请示，经主任会议研究决定，批准县公安机关对汪忠鸣采取刑事拘留措施的请示，并在 2 月 27 日县十四届人大常委会第 15 次会议上报告。

2007 年 7 月 26 日，县十五届人大常委会第 5 次会议，根据县检察院关于提请批准逮捕县十五届人大代表田仕祥的报告，作出许可的决定，并暂停其执行代表职务。

2008 年 6 月 26 日，县十五届人大常委会第 13 次会议，根据县检察院关于报请许可逮捕周兵的报告，作出许可的决定，同时暂停其执行代表职务。

2008 年 11 月 28 日，县十五届人大常委会第 17 次会议，根据县检察院报请许可对鲁红兵刑事拘留的报告，作出许可的决定。

2008 年 12 月 15 日，县检察院作出不起诉决定书，认为田仕祥犯罪情节轻微，没有判处刑罚必要。12 月 24 日，县人大常委会第 18 次会议作出关于恢复县十五届人大代表田仕祥执行代表职务的决定。

2009 年 10 月 22 日，根据县法院关于被告人林顺平涉嫌贪污一案报请许可审判报告，县十五届人大常委会第 24 次会议作出许可的决定。

2009 年 10 月 22 日，根据县公安局关于对县十五届人大代表刘迪玉采取刑事强制措施的请示，县十五届人大常委会第 24 次会议作出许可的决定。

2012 年 9 月 21 日下午，县十六届人大常委会第 9 次会议，听取审议并通过县人大常委会主任会议关于许可对县十六届人大代表陈大明采取刑事强制措施的议案，作出许可的决定。

2014 年 6 月 9 日，县十六届人大常委会第 25 次会议，听取审议并通过县人大常委会主任会议关于许可对县十六届人大代表谢景华采取刑事强制措施的议案，作出许可的决定。

2014年8月27日，县十六届人大常委会召开第27次会议，审议并通过县人大常委会主任会议关于许可对县十六届人大代表田绍友采取刑事强制措施的议案，作出许可的决定。

2015年6月24日，县十六届人大常委会第36次会议，作出关于确认主任会议许可对县十六届人大代表刘成、向光敏、田金生采取刑事强制措施决定的决定。

2015年8月26日，县十六届人大常委会第38次会议，作出关于确认主任会议许可对县十六届人大代表和北采取刑事强制措施决定的决定。

2015年11月17日，县十六届人大常委会第40次会议，听取审议并通过县人大常委会主任会议关于许可对县十六届人大代表周方英采取刑事强制措施的议案，作出许可的决定。

2016年6月21日，县十六届人大常委会第47次会议，作出关于确认主任会议许可对县十六届人大代表张昌奎采取取保候审刑事强制措施决定的决定。

2016年9月28日，县十六届人大常委会第49次会议，作出关于确认主任会议许可对县十六届人大代表向军采取刑事强制措施的决定。

2016年12月7日，县十六届人大常委会第51次会议，作出关于确认主任会议许可对县十六届人大代表罗文平采取刑事强制措施的决定。

在为人大代表履职依法提供保障同时，县人大常委会根据《选举法》第47条、第50条有关规定，加强代表监督，依法罢免代表。

1990年8月29日，县十届人大常委会第19次会议，根据州人大常委会关于罢免贾昌来州二届人大代表资格的建议，决定罢免因犯诈骗罪的贾昌来州二届人大代表资格。

1996年8月26日，县十二届人大常委会第23次会议，根据洪家富涉嫌重大经济犯罪被依法逮捕、原选区选民30人联名提出罢免其县十二届人大代资格的建议案，并听取罢免情况报告，决定同意罢免洪家富县十二届人大代表职务。

第七节　机构设置

《地方组织法》规定："常务委员会根据工作需要，设立办事机构和其他工作机构。"自治县一届人大常委会设立办公室，办公室内设秘书科。县九届人大常委会办公室增设综合科；县九届人大常委会第11次会议决定设立财政经济、政法民族、教科文卫3个工委，各工委主任由常委会副主任兼任。根据修订后《地方组织法》规定，代表资格审查委员会由原来的代表大会工作机构，改设为常委会工作机构，因此，1988年5月23日，县十届人大常委会设立代表资格审查委员会，其主任委员由常委会主任或副主任兼任；县十届人大常委会还设立法制民族、财政经济、教科文卫、代表联络4个工委，各工委主任由常委会主任副主任兼任；在各区（镇）设立人大常委会人大工作联络组（简称"人大工作联络组"）作为派出机构。县十一届人大常委会将区（镇）人大工作联络组更名为人大工作联络处。县十二届人大常委会增设农业工委（简称"农工委"）；撤区建乡后，各乡镇人大依法设人大主席、副主席（参见第四章第二节），撤销人大工作联络处。县十三届人大常委会机构设置无变动。县十四届人大常委会增设环境资源保护工委

(简称“环工委”);办公室增设信访科。县十五届人大常委会将教科文卫工委更名为教育科学文化卫生工委(简称“教工委”);将法制民族工委更名为民族法制内务司法工委,再分设为民族法制工委(简称“民工委”)和内务司法工委(简称“内司工委”);将代表联络工委更名为代表选举工委,再更名为代表选举人事任免工委(简称“代工委”);将农业工委更名为农业农村工委,再更名为农村工委(简称“农工委”)。县十六届人大常委会增设预算工委(简称“预工委”)和规范性文件备案审查室(简称“备案审查室”)。

一、自治县一届人大常委会机构设置

1980年5月16日,自治县一届人大一次会议选举产生自治县一届人大常委会,设立常委会办公室。1984年7月,办公室设秘书科。

自治县一届人大常委会办公室主任、副主任名录

表3—1

职务	姓名	性别	出生年月	籍贯	民族	政治面貌	学历	任职时间
主任	杨芳佑	男	1933.4	湖北当阳	汉	中共党员	初中	1983.5—1984.3
主任	崔震	男	1928.6	河南淮滨	朝鲜	中共党员	高中	1984.3—11
副主任	杨芳佑	男	1933.4	湖北当阳	汉	中共党员	初中	1982.7—1983.5
副主任	余辉	男	1930.11	湖北潜江	汉	中共党员	初中	1982.7—1984.11

办公室秘书科:

副科长:余维林(1984.7—11)

二、县九届人大常委会机构设置

1986年3月,县九届人大常委会第11次会议决定,县人大常委会设立财政经济、政法民族、教科文卫3个工委,各工委主任由常委会副主任兼任。同时,办公室增设综合科。县九届人大常委会办事机构为办公室,办公室下设秘书科、综合科。

(一)办事机构

县九届人大常委会办公室主任、副主任名录

表3—2

职务	姓名	性别	出生年月	籍贯	民族	政治面貌	学历	任职时间
主任	崔震	男	1928.6	河南淮滨	朝鲜	中共党员	高中	1984.11—1986.5
主任	周鸿遴	男	1937.11	湖北新洲	汉	中共党员	大学	1986.5—1987.11
副主任	余辉	男	1930.11	湖北潜江	汉	中共党员	初中	1984.11—1987.11

续表

职　务	姓　名	性　别	出生年月	籍　贯	民　族	政治面貌	学　历	任职时间
副主任	余维林	男	1942.7	湖北来凤	土家	中共党员	高中	1985.5—1986.9
副主任	粟功厚	男	1936.2	湖北来凤	土家	中共党员	大学	1986.9—1987.11

办公室各科科长、副科长：

秘书科

科　长：粟功厚(1986.3—1987.5)

向子钧(1987.5—11)

副科长：余维林(1984.11—1985.5)

向子钧(1986.9—1987.5)

李德志(1987.5—11)

综合科

科　长：尹学银(1986.3—1987.11)

(二)工作机构

县九届人大常委会工作机构负责人名录

表 3—3

职　务	姓　名	性　别	出生年月	籍　贯	民　族	政治面貌	学　历	任职时间
财政经济工委主任	段松龄	男	1931.4	湖北宣恩	汉	中共党员	初中	1986.3—1987.11
政法民族工委主任	黄学初	男	1932.9	湖北巴东	汉	中共党员	高中	1986.3—1987.11
教科文卫工委主任	刘作林	男	1940.4	湖北恩施	汉		大学	1986.3—1987.11

三、县十届人大常委会机构设置

1986 年 12 月 2 日修改后的《地方组织法》规定，自 1987 年起，县级人大常委会设立代表资格审查委员会。1988 年 5 月 23 日，县十届人大常委会第 3 次会议通过代表资格审查委员会名单。

1988 年初，县十届人大常委会决定在区(镇)和县直战线口党委设立人大工作联络组，组长由区(镇)长和县直战线口党委书记兼任。1990 年 8 月 29 日，县十届人大常委会第 19 次会议任命专职联络组长。各区(镇)和县直战线口人大工作联络组为县人大常委会派出机构。

1989 年 1 月，县十届人大常委会第 7 次会议，决定县人大常委会设立法制民族、财政经济、教科文卫、代表联络 4 个工委，各工委主任由常委会主任或副主任兼任(至 1989 年 9 月)。县十届人大常委会内设机构为办公室和法制民族工委、财政经济工委、教科文卫工委、代表联络工委。办公室设秘书科、综合科。

(一)办事机构

县十届人大常委会办公室主任、副主任名录

表 3—4

职务	姓名	性别	出生年月	籍贯	民族	政治面貌	学历	任职时间
主　任	周鸿遴	男	1937.11	湖北新洲	汉	中共党员	大学	1987.11—1991.1
副主任	粟功厚	男	1936.2	湖北来凤	土家	中共党员	大学	1987.11—1991.1
副主任	向子钧	男	1955.12	湖北来凤	土家	中共党员	大专	1989.3—1990.8
副主任	张柱凤	男	1947.11	湖北来凤	苗	中共党员	高中	1989.9—1991.1
副主任	邓国强	男	1952.5	湖北来凤	汉	中共党员	大学	1990.8—1991.1

办公室各科科长、副科长：

秘书科

科　长：向子钧(1987.11—1989.9)
邓国强(1989.9—1991.1)

副科长：李德志(1987.11—1989.9)
何家驹(1989.9—1991.1)

综合科

科　长：尹学银(1987.11—1989.9)
沈仕华(1989.9—1990.1)

副科长：张菊贞(女,1989.9—1991.1)
邓荣鹏(1989.9—1991.1)

(二)工作机构

县十届人大常委会工作机构负责人名录

表 3—5

职务	姓名	性别	出生年月	籍贯	民族	政治面貌	学历	任职时间
代表资格审查委员会主任委员	田南山	男	1937.2	湖北来凤	土家	中共党员	小学	1988.5—1991.1
法制民族工委主任	虞大远	男	1942.7	湖北来凤	土家	中共党员	中专	1989.1—9
财政经济工委主任	段松龄	男	1931.4	湖北宣恩	汉	中共党员	初中	1989.1—9
代表联络工委主任	田南山	男	1937.2	湖北来凤	土家	中共党员	小学	1989.1—9

续表

职务	姓名	性别	出生年月	籍贯	民族	政治面貌	学历	任职时间
教科文卫工委主任	魏遗俊	男	1933.1	湖北宣恩	汉		大专	1989.1—9
法制民族工委副主任	周国祥	男	1956.4	湖北来凤	土家	中共党员	中专	1989.9—1991.1
法制民族工委副主任	沈仕华	男	1946.6	湖北来凤	汉	中共党员	高中	1990.1—1991.1
财政经济工委主任	尹学银	男	1938.3	湖北恩施	汉	中共党员	小学	1989.9—1991.1
财政经济工委副主任	田安皇	男	1941.12	湖南龙山	土家	中共党员	中专	1990.1—1991.1
教科文卫工委主任	喻积正	男	1938.1	湖南平江	汉	中共党员	大学	1989.9—1991.1
代表联络工委主任	田维望	男	1946.9	湖北来凤	土家	中共党员	高中	1990.8—1991.1
代表联络工委副主任	李德志	男	1947.5	湖北来凤	汉	中共党员	大学	1989.9—1991.1

（三）派出机构

县人大工作联络组组长、联络员名录

（1988.1—1990.8）

表3－6

单位名称	组　长	联络员
翔凤镇	彭军	向培益
接龙桥区	肖先荣　姚元正	何国然
绿水区	田维望　姚祖术	张开贞
漫水区	田恩松　田德成	易吉元
百福司镇	向卫华	杨胜友
大河区	向义松	洪业丰
旧司区	谢和美	黄士祥
高洞区	龙通胜　田代芝	李建明

续表

单位名称	组　长	联络员
革勒车区	梅德荣　李宏恩	李文忠
三胡区	田德军　陈　远	侯长树
经委口	金绍阳	
农委口	罗楚翘	
财委口	钟　威	
政法口	王启璜	
综合口	乐崇德	
党群口	王可为	

县人大工作联络组组长名录

(1990.8—1991.8)

表3—7

区镇	姓名	性别	出生年月	籍贯	民族	政治面貌	学历	任职时间
翔凤镇	向培益	男	1934.7	湖北来凤	土家	中共党员	中专	1990.8—1991.8
接龙桥区	张昌瑞	男	1938.3	湖北来凤	苗	中共党员	小学	1990.8—1991.8
绿水区	邓家栋	男	1943.10	湖北来凤	汉	中共党员	高中	1990.8—1991.8
百福司镇	杨秀金	男	1945.3	湖北来凤	苗	中共党员	高中	1990.8—1991.8
大河区	洪业丰	男	1934.9	湖北来凤	汉	中共党员	小学	1990.8—1991.8
旧司区	段太林	男	1937.5	湖北来凤	土家	中共党员	高中	1990.8—1991.8
高洞区	任光富	男	1938.5	湖北来凤	苗	中共党员	小学	1990.8—1991.8
三胡区	文竹山	男	1942.4	湖北来凤	汉	中共党员	中专	1990.8—1991.8
革勒车区	李文忠	男	1938.11	湖北来凤	汉	中共党员	初中	1990.8—1991.8

注：漫水区没安排人大工作联络组专职组长

四、县十一届人大常委会机构设置

县十一届人大常委会内设机构为代表资格审查委员会，办公室，法制民族工委，财政经济工委，教科文卫工委，代表联络工委。办公室设秘书科、综合科。1991年8月，县十一届人大常委会第5次会议，将各区（镇）人大工作联络组更名为人大工作联络处，为县人大常委会派出机构。

(一)办事机构

县十一届人大常委会办公室主任、副主任名录

表3—8

职务	姓名	性别	出生年月	籍贯	民族	政治面貌	学历	任职时间
主　任	周鸿遴	男	1937.11	湖北新洲	汉	中共党员	大学	1991.1—1994.1
副主任	张柱凤	男	1947.11	湖北来凤	苗	中共党员	高中	1991.1—1992.8
副主任	邓国强	男	1952.5	湖北来凤	汉	中共党员	大学	1991.1—1994.1
副主任	周湘利	男	1954.6	湖南双峰	汉	中共党员	大专	1992.8—1994.1
副主任	王富昌	男	1962.12	湖北来凤	苗	中共党员	大学	1993.5—1994.1

办公室各科科长、副科长：

秘书科

科　长：何家驹(1991.4—1994.1)

副科长：何家驹(1991.1—4)

杨　俊(1993.7—1994.1)

肖长耕(1993.7—1994.1)

综合科

科　长：张菊贞(女,1991.4—1994.1)

副科长：邓荣鹏(1991.1—1994.1)

胡任平(1991.4—1994.1)

(二)工作机构

县十一届人大常委会工作机构负责人名录

表3—9

职务	姓名	性别	出生年月	籍贯	民族	政治面貌	学历	任职时间
代表资格审查委员会主任委员	田南山	男	1937.2	湖北来凤	土家	中共党员	小学	1991.3—1994.1
代表资格审查委员会副主任委员	田维望	男	1946.9	湖北来凤	土家	中共党员	高中	1991.3—1994.1
法制民族工委副主任	周国祥	男	1956.4	湖北来凤	土家	中共党员	中专	1991.1—1994.1
法制民族工委副主任	沈仕华	男	1946.6	湖北来凤	汉	中共党员	高中	1991.1—1994.1
财政经济工委主任	尹学银	男	1938.3	湖北恩施	汉	中共党员	小学	1991.1—1992.3

续表

职务	姓名	性别	出生年月	籍贯	民族	政治面貌	学历	任职时间
财政经济工委主任	田永新	男	1951.1	湖北来凤	土家	中共党员	中专	1992.3—1994.1
财政经济工委副主任	田安皇	男	1941.12	湖南龙山	土家	中共党员	中专	1991.1—1994.1
教科文卫工委主任	喻积正	男	1938.1	湖南平江	汉	中共党员	大学	1991.1—1994.1
教科文卫工委副主任	何家骏	男	1948.6	湖北天门	汉	中共党员	大学	1991.10—1994.1
代表联络工委主任	田维望	男	1946.9	湖北来凤	土家	中共党员	高中	1991.1—1994.1
代表联络工委副主任	李德志	男	1947.5	湖北来凤	汉	中共党员	大学	1991.1—1994.1

(三)派出机构

县人大工作联络处主任名录

(1991.8—1994.1)

表3－10

单位	姓名	性别	出生年月	籍贯	民族	政治面貌	学历	任职时间
接龙桥区	张昌瑞	男	1938.3	湖北来凤	苗	中共党员	小学	1991.8—1993.11
	周明星	男	1935.9	湖南龙山	苗	中共党员	中专	1993.11—1994.1
绿水区	邓家栋	男	1943.10	湖北来凤	汉	中共党员	高中	1991.8—1993.8
	尹继祥	男	1950.3	湖北来凤	汉	中共党员	高中	1993.8—1994.1
漫水区	尹继祥	男	1950.3	湖北来凤	汉	中共党员	高中	1991.8—1993.8
	罗清富	男	1947.3	湖北来凤	汉	中共党员	高中	1993.11—1994.1
大河区	洪业丰	男	1934.9	湖北来凤	汉	中共党员	小学	1991.8—1993.8
	任发安	男	1940.8	湖北来凤	汉	中共党员	初中	1993.8—1994.1
旧司区	段太林	男	1937.5	湖北来凤	土家	中共党员	高中	1991.8—1994.1
高洞区	任光富	男	1938.5	湖北来凤	苗	中共党员	小学	1991.8—1994.1
三胡区	文竹山	男	1942.4	湖北来凤	汉	中共党员	中专	1991.8—1994.1
革勒车区	李文忠	男	1938.11	湖北来凤	汉	中共党员	初中	1991.8—1994.1

县人大工作联络处工作人员名录：

接龙桥区：肖桂香
绿 水 区：田　华　田祥艳
漫 水 区：徐玉武　李　兵
大 河 区：杨　超　曾松林
旧 司 区：黄仕祥　张正书
高 洞 区：姚贤荣　梁章安
　　　　　卢必钟　罗惠江
三 胡 区：刘言成　车从安

五、县十二届人大常委会机构设置

1995 年 1 月 18 日，县十二届人大常委会第 7 次会议作出关于设立县人大常委会农业工委的决定。县十二届人大常委会内设机构为代表资格审查委员会，办公室，法制民族工委，财政经济工委，教科文卫工委，代表联络工委，农业工委。办公室设秘书科、综合科。1996 年底撤区建乡，1997 年 1 月，各乡镇依法设立乡镇人大，各区镇人大联络处撤销。

（一）办事机构

县十二届人大常委会办公室主任、副主任名录

表 3—11

职务	姓名	性别	出生年月	籍贯	民族	政治面貌	学历	任职时间
主　任	周鸿遴	男	1937.11	湖北新洲	汉	中共党员	大学	1994.1—1995.2
主　任	邓国强	男	1952.5	湖北来凤	汉	中共党员	大学	1995.2—1997.3
主　任	李德志	男	1947.5	湖北来凤	汉	中共党员	大学	1997.4—1999.1
副主任	粟功厚	男	1936.2	湖北来凤	土家	中共党员	大学	1994.1—1995.2
副主任	邓国强	男	1952.5	湖北来凤	汉	中共党员	大学	1994.1—1995.2
副主任	周湘利	男	1954.6	湖南双峰	汉	中共党员	大专	1994.1—1996.3
副主任	王富昌	男	1962.12	湖北来凤	苗	中共党员	大学	1994.1—1995.2
副主任	李德志	男	1947.5	湖北来凤	汉	中共党员	大学	1994.6—1995.2
副主任	周国祥	男	1956.4	湖北来凤	土家	中共党员	中专	1997.9—1999.1

办公室各科科长、副科长：

秘书科

科　长：何家驹（1994.1—1995.6）
　　　　黄万国（1995.6—1997.1）
　　　　阮　敏（女，1997.9—1999.1）
副科长：杨　俊（1994.1—7）
　　　　肖长耕（1994.1—1995.2）
　　　　阮　敏（女，1997.4—9）

综合科

科　长：张菊贞（女，1994.1—1998.6）
　　　　胡任平（1998.6—1999.1）
副科长：邓荣鹏（1994.1—1999.1）
　　　　胡任平（1994.1—1998.6）

(二)工作机构

县十二届人大常委会工作机构负责人名录

表3—12

职务	姓名	性别	出生年月	籍贯	民族	政治面貌	学历	任职时间
代表资格审查委员会主任委员	侯廷茂	男	1939.12	湖北来凤	苗	中共党员	初中	1994.4—1999.1
法制民族工委主任	周国祥	男	1956.4	湖北来凤	土家	中共党员	中专	1994.6—1997.9
法制民族工委主任	肖长耕	男	1951.1	重庆双桥	汉	中共党员	大专	1997.9—1999.1
法制民族工委副主任	周国祥	男	1956.4	湖北来凤	土家	中共党员	中专	1994.1—6
法制民族工委副主任	沈仕华	男	1946.6	湖北来凤	汉	中共党员	高中	1994.1—1995.2
法制民族工委副主任	肖长耕	男	1951.1	重庆双桥	汉	中共党员	大专	1995.2—1997.9
财政经济工委主任	田永新	男	1951.1	湖北来凤	土家	中共党员	中专	1994.1—6
财政经济工委主任	田安皇	男	1941.12	湖南龙山	土家	中共党员	中专	1994.6—1997.4
财政经济工委主任	贵立远	男	1952.3	湖北来凤	汉	中共党员	大专	1997.4—1999.1
财政经济工委副主任	田安皇	男	1941.12	湖南龙山	土家	中共党员	中专	1994.1—6
财政经济工委副主任	沈仕华	男	1946.6	湖北来凤	汉	中共党员	高中	1995.2—1996.3
教科文卫工委主任	喻积正	男	1938.1	湖南平江	汉	中共党员	大学	1994.1—1995.2
教科文卫工委主任	李德志	男	1947.5	湖北来凤	汉	中共党员	大学	1995.2—1997.4
教科文卫工委主任	崔建辉	男	1954.1	河南淮滨	朝鲜	中共党员	大专	1997.4—1999.1
教科文卫工委副主任	何家骏	男	1948.6	湖北天门	汉	中共党员	大学	1994.1—6
代表联络工委主任	田维望	男	1946.9	湖北来凤	土家	中共党员	高中	1994.1—1996.11
代表联络工委主任	高碧玉	女	1965.1	湖北来凤	苗	中共党员	大专	1997.4—1999.1
代表联络工委副主任	李德志	男	1947.5	湖北来凤	汉	中共党员	大学	1994.1—1995.2
代表联络工委副主任	何家驹	男	1955.8	湖北天门	汉	中共党员	大专	1995.2—1999.1
农业工委主任	田忠诚	男	1953.4	湖北宣恩	土家	中共党员	高中	1996.11—1999.1
农业工委副主任	沈仕华	男	1946.6	湖北来凤	汉	中共党员	高中	1996.3—1999.1

（三）派出机构

县人大工作联络处主任名录

（1994.1—1996.12）

表3—13

单位	姓名	性别	出生年月	籍贯	民族	政治面貌	学历	任职时间
接龙桥区	周明星	男	1935.9	湖南龙山	苗	中共党员	中专	1994.1—2
绿水区	尹继祥	男	1950.3	湖北来凤	汉	中共党员	高中	1994.1—1995.2
	徐朝凤	男	1947.12	湖北来凤	汉	中共党员	初中	1995.2—1996.12
漫水区	罗清富	男	1947.3	湖北来凤	汉	中共党员	高中	1994.1—1996.12
大河区	任发安	男	1940.8	湖北来凤	汉	中共党员	初中	1994.1—1996.12
旧司区	段太林	男	1937.5	湖北来凤	土家	中共党员	高中	1994.1—1995.2
	瞿先平	男	1950.6	湖北来凤	汉	中共党员	高中	1995.2—1996.12
高洞区	任光富	男	1938.5	湖北来凤	苗	中共党员	小学	1994.1—1995.2
	吴政权	男	1945.1	湖北来凤	苗	中共党员	高中	1995.2—1996.12
三胡区	文竹山	男	1942.4	湖北来凤	汉	中共党员	中专	1994.1—1996.3
	向继华	男	1944.4	湖北来凤	土家	中共党员	高中	1996.3—1996.12
革勒车区	李文忠	男	1938.11	湖北来凤	汉	中共党员	初中	1994.1—1995.2
	朱贵清	男	1947.7	湖北来凤	汉	中共党员	初中	1995.2—1996.12

县人大工作联络处工作人员名录：

接龙桥区：肖桂香
绿 水 区：田　华　田祥艳
漫 水 区：徐玉武　李　兵
大 河 区：杨　超　曾松林
旧 司 区：黄仕祥　张正书
高 洞 区：姚贤荣　梁章安
　　　　　卢必钟　罗惠江
三 胡 区：刘言成　车从安

六、县十三届人大常委会机构设置

县十三届人大常委会内设机构为代表资格审查委员会，办公室，法制民族工委，财政经济工委，教科文卫工委，代表联络工委，农业工委。办公室设秘书科、综合科。

(一)办事机构

县十三届人大常委会办公室主任、副主任名录

表 3—14

职　务	姓　名	性别	出生年月	籍贯	民族	政治面貌	学历	任职时间
主　任	李德志	男	1947.5	湖北来凤	汉	中共党员	大学	1999.1—2004.1
副主任	周国祥	男	1956.4	湖北来凤	土家	中共党员	中专	1999.1—7
副主任	阮　敏	女	1964.3	湖北黄陂	苗	中共党员	大专	1999.3—2002.5
副主任	沈仕华	男	1946.6	湖北来凤	汉	中共党员	高中	1999.7—2001.12
副主任	夏大胜	男	1968.12	湖北来凤	土家	中共党员	大学	1999.11—2004.1
副主任	胡任平	男	1962.2	湖北来凤	汉	中共党员	大专	2002.1—2004.1

办公室各科科长、副科长:

秘书科

科　长：阮　敏(女，1999.1—2)

　　　　张　伟(2002.8—2004.1)

副科长：张　伟(2000.12—2002.8)

综合科

科　长：胡任平(1999.1—2002.1)

副科长：王　军(2000.12—2004.1)

(二)工作机构

县十三届人大常委会工作机构负责人名录

表 3—15

职务	姓　名	性别	出生年月	籍贯	民族	政治面貌	学历	任职时间
代表资格审查委员会主任委员	周发书	男	1945.1	湖北利川	汉	中共党员	高中	1999.3—2004.1
代表资格审查委员会副主任委员	田忠诚	男	1953.4	湖北宣恩	土家	中共党员	高中	1999.3—2004.1
法制民族工委主任	肖长耕	男	1951.1	重庆双桥	汉	中共党员	大专	1999.1—2004.1
财政经济工委主任	贵立远	男	1952.3	湖北来凤	汉	中共党员	大专	1999.1—2004.1
教科文卫工委主任	崔建辉	男	1954.1	河南淮滨	朝鲜	中共党员	大专	1999.1—2004.1
代表联络工委主任	高碧玉	女	1965.1	湖北来凤	苗	中共党员	大专	1999.1—3
代表联络工委主任	田忠诚	男	1953.4	湖北宣恩	土家	中共党员	高中	1999.3—2001.12
代表联络工委主任	吴春菊	女	1964.2	湖北来凤	苗	中共党员	大专	2002.5—2004.1

续表

职务	姓　名	性别	出生年月	籍贯	民族	政治面貌	学历	任职时间
代表联络工委副主任	何家驹	男	1955.8	湖北天门	汉	中共党员	大专	1999.1—2004.1
农业工委主任	田忠诚	男	1953.4	湖北宣恩	土家	中共党员	高中	1999.1—3
农业工委主任	周国祥	男	1956.4	湖北来凤	土家	中共党员	中专	1999.7—2001.12
农业工委副主任	沈仕华	男	1946.6	湖北来凤	汉	中共党员	高中	1999.1—7
农业工委副主任	向应和	男	1962.2	湖北来凤	土家	中共党员	大专	2002.11—2004.1

七、县十四届人大常委会机构设置

2005 年 4 月，县十四届人大常委会设立环境和资源保护工委，办公室增设信访科。县十四届人大常委会内设机构为代表资格审查委员会，办公室，法制民族工委，财政经济工委，教科文卫工委，代表联络工委，农业工委，环境和资源保护工委。办公室设立秘书科、综合科、信访科。

（一）办事机构

县十四届人大常委会办公室主任、副主任名录

表 3—16

职　务	姓　名	性别	出生年月	籍贯	民族	政治面貌	学历	任职时间
主　任	李德志	男	1947.5	湖北来凤	汉	中共党员	大学	2004.1—2
主　任	谭生发	男	1958.7	湖北来凤	汉	中共党员	大专	2004.2—2006.12
副主任	夏大胜	男	1968.12	湖北来凤	土家	中共党员	大学	2004.1—2
副主任	胡任平	男	1962.2	湖北来凤	汉	中共党员	大专	2004.1—2006.12
副主任	何家驹	男	1955.8	湖北天门	苗	中共党员	大专	2004.2—2006.12
副主任	张昌盛	男	1964.9	湖北来凤	土家	中共党员	大学	2004.2—2006.4
副主任	田　泓	男	1970.5	湖北来凤	土家	中共党员	大学	2006.4—12

办公室各科科长、副科长：

秘书科

科　长：张　伟（2004.1—2）

综合科

副科长：王　军（2004.1—2005.5）

信访科

科　长：王　军（2005.5—2006.12）

(二)工作机构

县十四届人大常委会工作机构负责人名录

表3—17

职务	姓名	性别	出生年月	籍贯	民族	政治面貌	学历	任职时间
代表资格审查委员会主任委员	周新华	男	1949.4	湖北宣恩	侗	中共党员	大学	2004.3—2006.12
代表资格审查委员会副主任委员	吴春菊	女	1964.2	湖北来凤	苗	中共党员	大专	2004.3—2006.12
法制民族工委主任	肖长耕	男	1951.1	重庆双桥	汉	中共党员	大专	2004.1—2006.12
财政经济工委主任	贵立远	男	1952.3	湖北来凤	汉	中共党员	大专	2004.1—2006.12
教科文卫工委主任	崔建辉	男	1954.1	河南淮滨	朝鲜	中共党员	大专	2004.1—2006.12
代表联络工委主任	吴春菊	女	1964.2	湖北来凤	苗	中共党员	大专	2004.1—2006.12
代表联络工委副主任	何家驹	男	1955.8	湖北天门	苗	中共党员	大专	2004.1—2
代表联络工委副主任	向艳萍	女	1973.11	湖北来凤	土家	中共党员	大学	2005.4—2006.12
农业工委主任	向应和	男	1962.2	湖北来凤	土家	中共党员	大专	2004.1—2006.12
环境资源保护工委主任	周国祥	男	1956.4	湖北来凤	土家	中共党员	大专	2005.4—2006.12

八、县十五届人大常委会机构设置

2007年1月19日，县十五届人大常委会第1次会议，将教科文卫工委更名为教育科学文化卫生工委，将法制民族工委更名为民族法制内务司法工委，将代表联络工委更名为代表选举工委，将农业工委更名为农业农村工委。

2008年3月24日，县十五届人大常委会第11次会议，审议决定关于更名、增设县人大常委会有关工委的议案，将民族法制内务司法工委分设为民族法制工委和内务司法工委，将农业农村工委更名为农村工委。

2011年8月16日，县编制委员会同意增设县人大常委会预算工委和备案审查室，并同意县人大常委会代表选举工委更名为县人大常委会代表选举人事任免工委。11月11日，县十五届人大常委会第44次会议，将县人大常委会代表选举工委更名为县人大常委会代表选举人事任免工委。

县十五届人大常委会内设机构为代表资格审查委员会，办公室，财工委，环工委，教工委，内司工委，农工委，代工委，民工委。

(一)办事机构

县十五届人大常委会办公室主任、副主任名录

表 3—18

职　务	姓　名	性 别	出生年月	籍 贯	民 族	政治面貌	学 历	任职时间
主　任	谭生发	男	1958.7	湖北来凤	汉	中共党员	大专	2007.1—2008.3
主　任	汪再华	男	1967.7	湖北来凤	土家	中共党员	大学	2008.3—2011.11.11
主　任	明文林	男	1967.6	湖北来凤	苗	中共党员	大学	2011.11.11—27
副主任	胡任平	男	1962.2	湖北来凤	汉	中共党员	大专	2007.1—2011.1
副主任	何家驹	男	1955.8	湖北天门	苗	中共党员	大专	2007.1—2008.11
副主任	田　泓	男	1970.5	湖北来凤	土家	中共党员	大学	2007.1—2011.1
副主任	向艳萍	女	1973.11	湖北来凤	土家	中共党员	大学	2008.11—2011.3
副主任	李　明	男	1961.9	湖北来凤	苗	中共党员	大专	2011.1—11
副主任	李　洁	女	1975.8	湖北来凤	苗	中共党员	大学	2011.8—11
副主任	冯公平	男	1975.9	湖北宣恩	苗	中共党员	大学	2011.8—11

办公室各科科长、副科长：

秘书科

科　长：吴咏剑(2009.10—2011.8)

信访科

科　长：王　军(2007.1—2011.11)

综合科

科　长：向春华(女,2011.7—11)

(二)工作机构

县十五届人大常委会工作机构负责人名录

表 3—19

职 务	姓　名	性 别	出生年月	籍 贯	民 族	政治面貌	学 历	任职时间
代表资格审查委员会主任委员	莫北平	男	1957.9	湖北来凤	土家	中共党员	大学	2007.1—2011.11
代表资格审查委员会副主任委员	吴春菊	女	1964.2	湖北来凤	苗	中共党员	大专	2007.1—2011.11
财政经济工委主任	徐移坤	男	1956.1	湖北宣恩	苗	中共党员	大学	2007.1—2011.1

续表

职务	姓名	性别	出生年月	籍贯	民族	政治面貌	学历	任职时间
财政经济工委主任	胡任平	男	1962.2	湖北来凤	汉	中共党员	大专	2011.1—2011.11
环境资源保护工委主任	周国祥	男	1956.4	湖北来凤	土家	中共党员	大专	2007.1—2011.1
环境资源保护工委主任	向艳萍	女	1973.11	湖北来凤	土家	中共党员	大学	2011.3—11
教育科学文化卫生工委主任	崔建辉	男	1954.1	河南淮滨	朝鲜	中共党员	大专	2007.1—2011.1
教育科学文化卫生工委主任	廖兴锋	男	1962.6	湖北来凤	汉	中共党员	大学	2011.1—11
民族法制内务司法工委主任	戴鸣凤	女	1957.1	安徽海泉	汉	中共党员	大专	2007.1—2008.3
内务司法工委主任	戴鸣凤	女	1957.1	安徽海泉	汉	中共党员	大专	2008.3—2011.1
内务司法工委主任	明文林	男	1967.6	湖北来凤	苗	中共党员	大学	2011.1—11
内务司法工委主任	周光玉	男	1963.7	湖北来凤	土家	中共党员	大学	2011.11.11—27
民族法制工委主任	明文林	男	1967.6	湖北来凤	苗	中共党员	大学	2008.3—2011.1
民族法制工委主任	李　明	男	1961.9	湖北来凤	苗	中共党员	大专	2011.11.11—27
农业农村工委主任	向应和	男	1962.2	湖北来凤	土家	中共党员	大专	2007.1—2008.3
农村工委主任	谭生发	男	1958.7	湖北来凤	汉	中共党员	大专	2008.3—2011.11
农村工委主任	田永宽	男	1962.5	湖北来凤	土家	中共党员	大学	2011.11.11—27
代表选举工委主任	吴春菊	女	1964.2	湖北来凤	苗	中共党员	大专	2007.1—2011.11
代表选举工委副主任	向艳萍	女	1973.11	湖北来凤	土家	中共党员	大学	2007.1—2008.11
代表选举人事任免工委主任	吴春菊	女	1964.2	湖北来凤	苗	中共党员	大专	2011.11.11—27

九、县十六届人大常委会机构设置

县十六届人大常委会增设预工委和备案审查室，内设机构为代表资格审查委员会，办公室，代工委，预工委，民工委，内司工委，财工委，教工委，农工委，环工委，备案审查室。

（一）办事机构

县十六届人大常委会办公室主任、副主任名录

表 3—20

职　务	姓　名	性 别	出生年月	籍 贯	民 族	政治面貌	学 历	任职时间
主　任	明文林	男	1967.6	湖北来凤	苗	中共党员	大学	2011.12—2016.10
主　任	李春芳	女	1966.1	湖北来凤	苗	中共党员	大学	2016.12.7—12.22
副主任	李　洁	女	1975.8	湖北来凤	苗	中共党员	大学	2011.12—2016.12
副主任	吴　言	男	1968.6	湖北来凤	苗	中共党员	大学	2011.12—2016.12
副主任	胡秋平	男	1965.9	湖北来凤	土家	中共党员	大专	2011.12—2012.4
副主任	刘　伟	男	1967.7	江西高安	苗	中共党员	大学	2012.4—2016.12
副主任	胡淑凤	女	1966.12	湖北宣恩	土家		大学	2012.4—2016.12
副主任	向春华	女	1979.7	湖北来凤	土家	中共党员	大专	2013.4—2016.12

办公室各科科长、副科长：

秘书科

科　长：余三龙（2012.4—2016.12）

副科长：唐　敏（女，2014.7—2016.1）

信访科

科　长：王　军（2011.12—2012.4）

彭　芳（女，2012.4—2014.3）

王　军（2014.3—2016.1）

唐　敏（女，2016.1—12）

综合科

科　长：彭　芳（女，2014.3—2015.2）

罗　涛（2015.3—2016.12）

政工科

科　长：田　伟（2012.4—2016.12）

（二）工作机构

县十六届人大常委会工作机构负责人名录

表 3—21

职　务	姓　名	性 别	出生年月	籍 贯	民 族	政治面貌	学 历	任职时间
代表资格审查委员会主任委员	彭远仪	男	1963.11	湖北来凤	土家	中共党员	大学	2011.12—2016.12
代表资格审查委员会副主任委员	吴春菊	女	1964.2	湖北来凤	苗	中共党员	大专	2011.12—2016.12
代表选举人事任免工委主任	吴春菊	女	1964.2	湖北来凤	苗	中共党员	大专	2011.12—2016.12

续表 3—21

职　务	姓　名	性 别	出生年月	籍 贯	民 族	政治面貌	学 历	任职时间
代表选举人事任免工委副主任	向春华	女	1979.7	湖北来凤	土家	中共党员	大专	2011.12—2013.4
代表选举人事任免工委副主任	彭　芳	女	1975.6	湖北来凤	土家	中共党员	大学	2013.4—2016.12
预算工委主任	邱　安	男	1965.8	重庆酉阳	苗	中共党员	大学	2011.12—2016.12
民族法制工委主任	李　明	男	1961.9	湖北来凤	苗	中共党员	大专	2011.12—2016.12
内务司法工委主任	周光玉	男	1963.7	湖北来凤	土家	中共党员	大学	2011.12—2016.12
财政经济工委主任	胡任平	男	1962.2	湖北来凤	汉	中共党员	大专	2011.12—2016.12
教育科学文化卫生工委主任	廖兴锋	男	1962.6	湖北来凤	汉	中共党员	大学	2011.12—2016.12
农村工委主任	田永宽	男	1962.5	湖北来凤	土家	中共党员	大学	2011.12—2015.12
环境资源保护工委主任	向艳萍	女	1973.11	湖北来凤	土家	中共党员	大学	2011.12—2016.12
规范性文件备案审查室主任	胡秋平	男	1965.9	湖北来凤	土家	中共党员	大专	2012.4—2013.4
规范性文件备案审查室主任	余三龙	男	1985.2	湖北大冶	汉	中共党员	大学	2014.8—2016.12
规范性文件备案审查室副主任	胡秋平	男	1965.9	湖北来凤	土家	中共党员	大专	2013.4—2016.12

第八节　机关建设

人大及其常委会机关建设是人大工作一项重要内容。1980 年 5 月 16 日，县人大常委会成立后，根据形势发展和做好人大工作需要，不断加强机关建设。

一、党组织建设

《中国共产党章程》规定，在中央和地方国家机关、人民团体、经济组织、文化组织或其他非党组织的领导机关中成立党组。1980 年 6 月，县委决定成立县人大常委会党组，并任命县人大常委会党组成员。党组成员由驻会的具有党员政治面貌常委会主任、副主任和办公室主任组成。县人大常委会党组在县委领导下，负责在人大工作中贯彻党的路线、方针、政策和县委各项重大决策。按照党组职责，党组会议研究人大常委会重要工作，做出决议、决定并贯彻执行，或提交主任会议、常委会会议研究；讨论研究需向县委报告、请示的重要工作；研究召开人民代表大会会议的组织筹备工作；研究县委向人大常委会推荐任免的干部；研究人大常委会机关机构设置、干部任免和机关建设重大事项；领导和指导中共来凤县人大常委会机关总支部委员会（简称“机关党总支”）、中共来凤县人大常委会机关支部委员会（简称“机关党支部”）、中共来凤县人大常委会机关老干部支部委员会（简称“老干党支部”）工作，开展机关工作人员政治思想工作。

（一）中共来凤县人大常委会党组

1980 年 5 月，成立自治县一届人大常委会。1981 年 6 月 27 日，县委决定成立县人大常委会党组，并确定自治县一届人大常委会党组成员。党组书记田恩波（任至 1983 年 3 月），副书记吴新知，成员蒋志卿、黄学初、彭金安（任至 1983 年 3 月）。1983 年 3 月，田恩波离任，陈佑民接任党组书记。

1984 年 11 月，成立县九届人大常委会。1984 年 12 月，县委根据人大常委会换届领导变动，调整县人大常委会党组。党组书记虞大远，副书记田南山，成员黄学初、段松龄、崔震（任至 1985 年）。

1987 年 11 月，成立县十届人大常委会。随着领导职务变动，1987 年 12 月，县委调整县人大常委会党组。党组书记虞大远，副书记田南山，成员黄学初、段松龄、周鸿遴、成开林（1989 年 7 月增补）、田维望（1990 年 5 月增补）。

1991 年 1 月，成立县十一届人大常委会。随着换届领导变动，1991 年 2 月，县委调整县人大常委会党组。党组书记田南山，副书记成开林，成员赵毅、周鸿遴、田维望。

1994 年 1 月，成立县十二届人大常委会。1994 年 2 月，县委调整县人大常委会党组。党组书记陈天会（兼任至 1996 年 12 月），1997 年 2 月董香彩接任党组书记；副书记周发书，成员杨富胜、杨汉骥、汪达生、侯廷茂、周鸿遴（任至 1995 年 9 月）、邓国强（1995 年 9 月增补，任至 1997 年 9 月）、李德志（1997 年 9 月增补）。

1999 年 1 月，成立县十三届人大常委会。随着换届领导变动，1999 年 3 月，县委调整县人大常委会党组。党组书记董香彩，副书记周发书、王登高，成员杨树荣、李德志。

2004 年 1 月，成立县十四届人大常委会。随着换届领导变动，2004 年 3 月，县委调整县人大常委会党组。党组书记王建民（兼任），副书记周新华、莫北平（2006 年 11 月增补），成员杨树荣、徐庭海、刘静生、苏波、谭生发。

2006 年 12 月，成立县十五届人大常委会。随着换届领导变动，2007 年 1 月，县委调整县人大常委会党组。党组书记肖作文（兼任），副书记莫北平，成员杨树荣（任至 2011 年 6 月）、徐庭海、刘静生、苏波（任至 2010 年 3 月）、谭生发（任至 2008 年 3 月）、汪再华（2008 年 3 月增补，任至 2011 年 11 月）、田延初（2011 年 1 月增补）、明文林（2011 年 11 月增补）。

2011 年 11 月 27 日，县十六届人大常委会成立。随着换届领导变动,2012年1月,县委调整人大常委会党组成员。调整后,党组书记莫北平,成员徐庭海(任至2016年9月)、彭远仪、高碧玉、田延初、邓家斌、明文林(任至2016年10月)、李春芳(2016年10月增补)。

(二)中共来凤县人大常委会机关总支部委员会、机关支部委员会、老干支部委员会

1980年,县人大常委会建立机关党支部。1980年至2004年2月历任支部书记有:杨芳佑(1980—1982年)、余辉(1983—1987年;1990年)、侯俊安(1988—1989年)、周鸿遴(1991—1993年)、田维望(1994—1995年)、邓国强(1996—1997年6月)、李德志(1997年7月—2004年2月)。历任支部副书记有:田维望(1991—1993年)、邓国强(1994—1996年)、田安皇(1996—1997年6月)、田忠诚(1997年7月—2004年2月)。历任支部委员有:余辉、余维林、杨芳佑、尹学银、粟功厚、沈仕华、张柱凤、周国祥、田启华、田安皇、周湘利、高碧玉、崔建辉、严艺华。

2004年2月,县人大常委会党组根据县人大机关党员状况,为便于活动和管理,决定成立机关党总支,下设机关党支部和老干党支部。谭生发任人大机关党总支书记,委员有张昌盛、崔建辉。机关党支部由5人组成,崔建辉任书记,胡任平任副书记,向应和任组织委员,吴春菊任宣传委员,严艺华任纪检委员。老干部党支部由3人组成,张昌盛任书记,任至2006年4月调离,增补向艳萍为书记,田安皇任组织委员,杨胜富任纪检、宣传委员。2007年10月,增补田泓为机关党总支委员、老干党支部书记,向艳萍不再担任老干支部书记。2008年2月,机关党支部改选,书记由崔建辉(兼任机关党总支部委员)担任,胡任平为副书记,向应和为组织委员(任至2008年3月),吴春菊为宣传委员,严艺华为纪检委员。2008年3月,谭生发因工作变动,不再担任机关党总支书记,增补汪再华为机关党总支书记(任至2011年11月)。2008年6月,增补明文林为机关党支部组织委员。2010年9月,县人大常委会党组同意机关党支部换届,经选举5人为支部成员:崔建辉为书记(兼任机关党总支副书记),胡任平为副书记,明文林为组织委员,吴春菊为宣传委员,严艺华为纪检委员。2011年9月增补李洁为机关党总支副书记、老干党支部书记,杨胜富、田安皇为老干党支部委员。

2011年12月,选举明文林为机关党总支书记。县十六届人大常委会机关党总支书记(任至2016年10月)、李春芳(2016年10月增补),副书记李洁(兼任机关党支部书记),副书记崔建辉(兼任机关老干党支部书记)。

2012年1月9日,县直机关工委批复:县十六届人大常委会机关党支部书记李洁,副书记胡任平,委员吴春菊、邱安、严艺华;老干党支部书记崔建辉,委员杨胜富、田安皇。2015年2月8日,县直机关工委批复:县十六届人大常委会机关党总支书记明文林,副书记李洁(兼任机关党支部书记),副书记崔建辉(兼任机关老干党支部书记),组织委员胡秋平(兼任机关党支部组织委员),纪检、宣传委员田伟(兼任机关党支部宣传

委员），机关党支部副书记邱安，机关党支部纪检委员田启华，老干党支部组织委员田安凰，老干党支部纪检、宣传委员杨胜富。

常委会机关党总支和机关党支部、机关老干党支部，在常委会党组领导下，组织机关党员干部开展系列活动。

自2006年以来，县人大常委会党组注重机关党组织“五个基本”（即基本组织、基本队伍、基本活动、基本制度、基本保障）建设，严格工作考评细则，把工作抓到实处，年年工作达标，经考评每年党建工作都居全县前列位次。

2012年7月1日，县人大机关开展建党91周年纪念活动，机关在家党员55人参加座谈。会议通报上半年全县经济社会发展及县人大机关工作情况。与会人员结合党的奋斗历程和全县改革发展所取得成就畅所欲言，为全县和县人大工作提出意见和建议。会议表彰机关优秀共产党员。

2013年7月1日下午，县人大机关举行庆“七一”座谈会，常委会主任莫北平，副主任徐庭海、彭远仪、高碧玉、田延初、邓家斌参加座谈，工委室主任、办公室人员及12名老党员参加会议。会议通报上半年全县经济社会发展及县人大机关工作情况，表彰2012年度县人大机关党总支优秀党员和党的知识竞赛先进个人。

2014年7月1日上午，县人大机关召开建党93周年纪念座谈会。常委会主任莫北平，副主任徐庭海、高碧玉、邓家斌出席会议。座谈会上，与会人员结合党的奋斗历程和来凤改革发展所取得成就，畅所欲言，为全县和县人大工作提出建议。会上，表彰机关优秀共产党员，通报全县及人大机关重点工作开展情况。

2015年2月26日下午，常委会党组书记、主任莫北平主持召开2015年全体机关干部职工大会暨落实党风廉政建设“两个责任”（党委负主体责任，纪委负监督责任）专题会议，安排部署人大工作及党风廉政建设工作。会上通报省纪委对全省违规违纪处理情况；学习县委关于向向勤仕学习决定及追授向勤仕为“来凤县模范公仆”荣誉称号决定；传达县纪委有关会议精神。会议要求，要深入贯彻落实好党风廉政“两个责任”，认真抓好党风廉政与反腐败工作，从过节气氛中调整过来，全身心投入工作；精心谋划好启动酉水河流域保护相关立法调研工作；依法指导开好乡镇人代会及武汉市对口帮扶工作；积极开展视察检查和工作评议；切实加强代表工作，做好代表建议交办；积极发挥代表先进模范作用；认真抓好机关建设，抓好党建、宣传、计生、综治、惩恶扬善、工青妇等工作，要努力提高工作水平，牢牢抓住执政为民这个主题，严格执行各项纪律要求，认真履行宪法和法律赋予职责，把人大工作提高到一个新水平。4月10日上午，县人大机关召开机关党建工作会议，传达学习州委常委、州委秘书长孔祥恩在全州机关党建工作会议上讲话和2015年县直机关党建工作要点，安排2015年常委会机关党建、党风廉政建设和精神文明建设等工作。会议强调，2015年常委会机关党建、党风廉政建设和精神文明建设工作，党组要担负起主体责任，把机关党建和党风廉政建设作为主要政治任务，及时研究部署，加强督促检查。全体党员要严守党的政治纪律和政治规矩，模范遵守国家法律法规，在政治上讲忠诚、组织上讲服从、行动上守规矩。党建工作要严格按照2015年党建工作要点落实,切实将党建各项工作抓好、抓实、抓出成效,不断开创机关党建工作新局面。要以创建州级最佳文明单位为目标,以党员先锋模范作用带动机关思想道德建设,加快“学习型、务实型、创新型、清廉型、和谐型”机关建设,努力构建和谐文明工作环境。进一步巩固党的群众路线教育实践活动成果,继续深化机关作风建设,切实发挥工作制度在机关建设中的规矩作用。6月30日,县人大常委会副主任徐庭海主持召开县人大机关党总支庆祝建党94周年座谈会,学习省纪委关于进一步深化大办婚丧喜庆事宜专项整治工作的通知和有关文件,通报全县及人大机关上半年重点工作情况,安排人大机关下半年重点工作,表彰优秀共产党员。常委会主任、党组书记莫北平强调,必须加强党的建设、抓好精准扶贫各项工作、抓好“五型”机关建设。10月20日,组织县人大机关干部职工参加县第九届“文明杯”运动会;常委会副主任高碧玉带队参加乒乓球比赛。12月14日,县人大机关党总支举行会议,再次学习贯彻《中国共产党廉洁自律准则》《中国共产党纪律处分条例》。会议强调,学习贯彻好《准则》《条例》是当前和今后重要任务。每位党员和干部要认真学习,深刻领会精神实质;要切实遵守好、执行好《准则》《条例》,规范好每位党员和干部思想、语言和行为。12月10日,常委会党组研究人大机关工会工作,要求机关工会认真落实工会制度,为推动常委会“五型”机关建设发挥积极作用。12月11日上午,县人大机关党支部召开党员民主评议会议。党支部书记李洁代表机关党支部述职,举行纳新党员宣誓仪式。根据县委和县人大常委会党组要求,再次集中深入学习《准则》《条例》,并对全体党员进行年度民主评议。12月25日下午,县人大常委会党组在县人大常委会会议室开展集中谈心谈话会,莫北平、徐庭海、彭远仪、高碧玉、田延初、邓家斌参加会议。会上,学习省委组织部关于高质量开好“三严三实”专题民主生活会的通知,党组书记莫北平给党组成员集体谈话。

2016年5月16日,为深入推进“两学一做”(学党章党规、学系列讲话,做合格党员)学习教育活动,县人大机关召开“不忘初心、永跟党走”推进会。会上,与会人员学习县委“不忘初心、永跟党走”学习教育活动方案和文件精神以及县人大常委会制定的教育活动方案,莫北平作重要讲话。莫北平指出,“不忘初心、永跟党走”主题教育实践活动是州委为深入推进“两学一做”学习教育工作的创新,以支部主题党日为基本载体,以引导机关党员“‘两学一做’当先锋、精准扶贫立新功”为目标,号召全体党员返乡寻访,回顾自己成长经历,增强使命感、责任感;回望家乡经济社会发展和变化,增强自豪感;到现场和群众中接受教育,增进感恩意识和群众感情,为全县在全州率先实现脱贫摘帽、跨入全面小康社会目标提供坚强组织保证。机关全体党员要高度重视这项活动,严格按照活动方案,按时完成工作任务。6月3日上午,县人大机关党支部召开“不忘初心、永跟党走”专题交流会议。机关在职党员参加会议,常委会领导以普通党员身份参加活动。会上,机关党总支书记明文林传达全州开展“两学一做”学习实践推进会议精神和换届选举工作纪律，要求机关全体人员认真学习《准则》《条例》，熟记有关内容，严守换届纪律，从严要求自己。机关支部党员各自汇报“不忘初心、永跟党走”返乡走访活动感悟，大家表示这个活动开展很好，对自己内心触动很大。最后，莫北平谈参加“不忘初心、永跟党走”三个感触：一是增强使命感，要不忘家乡嘱托和期望；二是增强自豪感，家乡变化很大，离不开党的富民政策指引和广大村民共同努力，每一位党员都要坚定信心；三是增强责任感，党员要充分发挥带头作用，要坚决宣传贯彻好党的方针政策，要加大精准扶贫工作力度，为实现两个百年奋斗目标做出应有贡献。莫北平强调，“两学一做”学习教育，并不只是一次活动，而是党员教育常态化重要实践。一定要认真领会“不忘初心、永跟党走”主题实践活动内涵，率先垂范，积极投身到教育实践中，达到在思想上进行一次大洗礼、在能力素质得到一次大提高的效果，深学党章党规和习近平总书记系列讲话，真正做一名合格党员。莫北平代表人大常委会党组，对人大副科级以上干部进行严肃换届纪律集体谈话，重申九个严禁、九个必须要求。6月17日，县人大机关支部开展第二个支部主题党日活动。机关在职党员参加会议，常委会领导以普通党员身份参加活动。莫北平指出，今年是换届年，作为党员要讲政治、讲纪律、讲规矩，一定要牢记换届工作九个严禁、九个必须，认真做好换届工作前期准备工作；常委会党组和党组成员、工委室负责人一定要严格履行党风廉政建设主体责任，管好自己，管好身边人；全体党员要自觉遵守各项规章制度，坚定理想信念，严守党的纪律，牢记党的宗旨，正确对待和认识宗教，切实增强三个自信。会上，传达各级纪委、组织部门关于换届选举、落实两个责任以及党员信教等会议、文件精神；学习《中央纪委关于〈党风廉政建设责任制追究典型案例汇编〉的通知》《省委印发〈湖北省党风廉政建设主体责任和监督责任〉追究暂行办法》《省党风廉政建设主体责任和监督责任追究暂行办法解读》《公共机构节能条例》；观看《镜鉴》《毁于小节的悔恨人生》警示片；抽查督办《准则》《条例》学习情况；开展讲政治、有信念专题大讨论；安排机关开展“我是党员、我爱我家”主题实践活动。6月30日下午，县人大常委会机关党总支举行庆祝中国共产党成立95周年大会暨“两学一做”学习教育交流会，回顾建党95周年所走过的光辉历程，总结人大机关党建工作成绩和经验，表彰机关优秀共产党员，动员和激励党员干部继承和发扬党的优良传统和作风。县人大常委会党组书记、主任莫北平在会上讲专题党课：以“两学一做”学习教育为契机，推动人大工作与时俱进。7月15日，县人大常委会机关党总支开展第3个“支部主题党日”活动。党总支书记明文林主持会议，彭远仪、高碧玉等在家县级党员领导干部以普通党员身份参加活动。会上，重点学习《习近平总书记在庆祝建党95周年大会上的讲话精神》《党风廉政建设热点辨析》《关于5起违反防汛救灾工作纪律问题查处的通报》有关文件，对进一步落实党风廉政建设主体责任、抓实“两学一做”专题教育、严肃换届纪律、切实规范财政行为和财经纪律、建立清理机关事业单位“吃空饷”长效机制、全力投入精准扶贫和“六城”同创等工作进行再次督办。要求全体党员将学习贯彻活动与做好当前各项工作有机结合起来,以有序推进各项工作态度和工作成效来检验学习贯彻效果。8月23日,按照县委统一部署要求,县人大常委会机关党总支开展第4个“支部主题党日”活动。党总支书记明文林主持会议,徐庭海、田延初、邓家斌等在家县级党员领导干部以普通党员身份参加活动。常委会副主任徐庭海将习近平总书记“七一”重要讲话精神与人大机关工作实际有机结合,给大家上一堂《学习贯彻习近平总书记“七一”重要讲话精神,推动人大机关建设全面发展》专题党课。会上学习习近平在2014年5月8日同中央办公厅各单位班子成员和干部职工代表座谈时讲话和在1990年与地方干部谈心时讲话,学习李保国、李连先进事迹和栗战书2016年6月30日在中央办公厅“七一”上专题党课报告,学习《关于认真做好换届工作风险点排查的通知》等省州县换届选举工作和严肃换届纪律相关文件,学习毛泽东《党委会的工作方法》《中国共产党问责条例》《地方委员会工作条例》《党组工作条例》《习近平总书记重要讲话文章选编》,传达贯彻全州办公室主任暨信息工作会议、全州县市人大常委会办公室主任会议精神。同时,开展学习贯彻习近平总书记“七一”重要讲话精神、“讲规矩,有纪律”等专题研讨。办公室主任明文林安排“两学一做”专题教育、党费清理、党风廉政建设主体责任、精准扶贫、县乡换届选举等工作。9月19日,县人大常委会机关支部开展第五个支部主题党日活动,集体重温入党誓词、诵读党章,举办专题党课,对换届选举等工作进行再部署,要求继续践行“两学一做”,全面做好县乡人大换届选举工作,保证换届选举工作风清气正。彭远仪作《践行“两学一做”、遵守“九个严禁”,全面做好县乡人大换届选举工作》的专题党课。会议传达《湖北省委组织部、宣传部关于认真组织学习〈十八大以来重要文献选编〉中册的通知》、全省“两学一做”专题教育电视电话会议精神以及《中共湖北省纪委机关、中共湖北省委组织部关于对襄阳市司法局陈星亮同志在干部推荐中拉票问题处理情况的通报》《2016年上半年全省查处违反中央八项规定精神问题情况分析报告》《关于九起基层违反群众纪律典型案例的通报》《全面从严治党,实践“四种形态”是全面从严治党的具体举措》等有关文件及通报精神,与会人员学习《习近平关于“国家安全”论述摘编》《〈十八大以来重要文献选编〉中册》,再次学习王光国、沈因洛、李保国等先进事迹,收看“‘支部主题党日’示范培训教材”视频资料。

二、法制理论建设

(一)宪法、法律和人大工作基本理论及基本知识学习

常委会成立后头几年,根据常委会组成人员不了解人大制度和人大常委会自身地位、特点及职能的状况,组织学习《宪法》《地方组织法》《选举法》等法律法规,使常委会组成人员增强人大意识、法律意识和做好人大工作责任感,逐步适应人大工作。1985年4—12月,根据县委关于用五年时间向全县公民普及法律常识通知精神,组织常委会组成人员和机关干部职工学习《宪法》《刑法》《经济合同法》《刑事诉讼法》《民事诉讼

法》《婚姻法》《森林法》《兵役法》《民族区域自治条例》《治安管理条例》。学习采用领导带头学与组织干部职工学相结合、集中学与自学相结合、复习备考与检查评比相结合、法制理论学习研讨与实践相结合方法，收到良好效果。1991年1月、1996年8月、2002年3月、2006年3月，组织常委会组成人员和机关干部职工进行第二、三、四、五次普法教育，系统学习70多部法律法规，参加县里组织统一考试，每次都成绩优良，每次检查验收合格。在经常组织常委会组成人员和机关干部职工学习《宪法》《地方组织法》基础上，根据人大常委会行使职权需具备专业性法律理论实际，利用多种时机，采用多种方式，经常组织学习有关法律法规，学习人大工作基本理论、基本知识和基本经验，使全体人员掌握法律法规和基本理论内容，明确依法履职程序，增强对监督工作和重大事项决定合法性、科学性和有效性的认识。

2012年3月23—24日，县人大机关组织全体工作人员集中学习培训。常委会主任莫北平，副主任徐庭海、彭远仪、高碧玉出席集训会。县档案局、县委党校相关人员为与会人员讲解文秘、档案、保密、调研、总结、机关接待、服务礼仪等知识；常委会主任莫北平为与会人员专题讲授人大制度理论知识。4月5日上午，常委会邀请县司法局负责人，就普法知识向常委会组成人员进行专题讲座，以确保常委会开展的全县“六五”普法启动情况调查工作顺利推进。4月12日上午，常委会邀请县国土局负责人，就《矿产资源法》有关知识向常委会组成人员进行专题讲座，为检查《矿产资源法》实施情况作准备。5月28日上午，常委会邀请县环保局负责人，就《环境保护法》有关知识向常委会组成人员进行专题讲座，以确保常委会组成人员站在法律高度视察全县环境保护工作情况。6月29日上午，常委会举行新型农村合作医疗制度相关政策知识培训，为7月份常委会开展全县新型农村合作医疗制度实施情况调查，提供必要政策理论准备。

2013年3月29日，常委会代工委主任吴春菊就《地方组织法》有关知识，给机关人员上课。5月3日，常委会举办《州旅游条例》专题讲座，邀请县旅游局负责人讲课。常委会主任莫北平，副主任高碧玉、邓家斌，常委会机关干部参加学习，为检查《州旅游条例》实施情况奠定基础。7月19日，为检查《残疾人保障法》实施情况，常委会邀请县残联负责人，给常委会组成人员举办《残疾人保障法》知识讲座。9月21日，常委会召开学习会议，组织全体机关人员收看《保密技术的防范常识》专题片。11月29日，县人大机关召开全体机关人员学习会议，邀请县公安局交警大队负责人，就《道路交通法》进行专题讲座。

2014年2月27日，常委会主任莫北平主持召开县十六届人大常委会第22次会议，组织学习《城乡规划法》《食品安全法》《来凤县人大及其常委会履职规范汇编》。

2015年2月28日上午，在县十六届人大常委会第32次会议上，湖北民族学院副教授汪燕应邀作立法工作讲座，她从单行条例的立法主体、立法程序、立法依据、立法权限和立法方案五个方面，全面系统、深入浅出进行讲解，具有很强理论性、法律性、知识性、指导性和可操作性。同时，常委会副主任邓家斌作题为《中国特色社会主义道路、理论体系、制度是全面推进依法治国的根本遵循的几点体会》专题讲座。常委会组成人员和其他与会人员参加讲座培训。8月13日,县人大常委会召开监督财政预决算专题培训会议,武汉市人大常委会预算工作委员会副主任陈祖华应邀作专题讲座。陈祖华详细解读新《预算法》修订历程、背景、内容及意义,重点分析《预算法》中预算制度特征、实施原则以及责任追究,讲解审查监督具体内容,同时结合武汉市人大常委会加强全口径预决算审查监督主要做法、先进经验,从预算审查监督机制形式、监督工作新变化,阐述实施新《预算法》思路,提出实施意见和建议。县人大常委会组成人员,政府办分管副主任,财政局、审计局班子成员,国税局、地税局主要领导及分管负责人,财政局预算股长、核算中心主任,各乡镇人大副主席、人大办主任,县人大机关工作人员参加培训会。

2016年1月22日下午,县人大常委会机关干部职工参加恩施州创建全国民族团结进步示范州理论知识测试。测试内容主要涉及党和国家民族政策,中央、省、州民族工作会议精神,恩施州情以及全州创建全国民族团结进步示范州与“六城”同创等相关知识。测试旨在进一步提升县人大机关干部职工民族团结意识和对创建民族团结进步模范县知晓率。4月15日上午,县人大机关召开党员和干部职工会议,学习《湖北省行政问责办法》。会议要求,县人大机关要把学习《湖北省行政问责办法》作为重要政治任务,全面领会其深刻内涵和精神实质,加大宣传力度,做到内化于心、外化于行,切实增强县人大机关干部法律意识。

(二)理论研究和人大工作实践经验总结

县人大常委会根据省州人大理论研究课题安排和重要会议进行理论探讨交流要求,组织人大常委会领导和工委室负责人进行专题调研与写作;同时,有重点、有针对性对人大工作中问题和实践经验,进行研究和系统总结,使人大工作逐步系统化、规范化,不断创新。县人大常委会成立到2016年,有100多篇人大论文和工作研究文章,分别在州级以上报刊和网络上发表。

1.**人大制度与人大工作方面:**

《社会主义市场经济与人大工作》,作者赵毅、王富昌,刊载于《中南民族学院学报》1993年第3期。

《新时期县级人大工作的主要任务》,作者田南山、杨俊,刊载于《中南民族学院学报》1993年第6期。

《愿人民代表大会制度永葆青春》,作者杨胜富,刊载于《楚天主人》1994年第7期。

《从民族区域自治谈人民代表大会制度》,作者夏大胜,刊载于《人民代表报》2002年6月7日第3版。

《按照“三个代表”要求,推动人大工作创新》,作者周新华、王登高,刊载于2004年7月人民日报社出版的《新时期人大工作理论与实践》。

《以人为本做好人大信访工作,情系百姓促进社会和谐稳定》,作者县人大常委会办公室,刊载于2011年3月全州人大常委会办公室信访工作座谈会材料汇编。

《人民代表大会制度在来凤的发展》,作者李明,刊载于恩施人大网2012年6月11

日；豆丁网 2012 年 6 月 25 日；百度文库 2012 年 6 月 28 日；道客巴巴 2012 年 9 月 15 日；《土家族研究》2012 年第 2 期（总第 51 期）；三亿文库 2013 年 6 月 7 日；文档资料库 2014 年 1 月 15 日；中华文本库 2014 年 4 月 22 日。

《与时俱进、创新领先，努力开创人大工作新局面》，作者莫北平，2013 年 7 月 11—12 日全州人大常委会主任座谈会议交流材料。

《推进规范化建设，努力创新人大工作》，作者县人大常委会民工委，2014 年 11 月 4—6 日渝黔湘鄂部分县（市、区）人大工作联席会第 49 次会议交流材料，刊载于豆丁网、道客巴巴网、淘豆网 2014 年 11 月 6 日。

《推进规范化建设，不断创新人大工作》，作者李明，刊载于湖北人大网 2015 年 12 月 9 日。

《以省委人大工作会议精神为动力，不断推动人大工作与时俱进》，作者莫北平，2015 年 12 月 15—16 日全省市州人大常委会主任座谈会议交流材料。

2. 监督工作方面：

《强化县级人大常委会的监督职能》，作者成开林、周国祥，刊载于《中南民族学院学报》1993 年第 6 期。

《把握三个环节，提高监督质量》，作者李德志，刊载于全国人大常委会民族委员会主办的《民族法制通讯》1996 年第 4 期。

《代表犯事该由谁负责浅谈》，作者王登高，刊载于山东省人大常委会主办的《人民权利报》2005 年 5 月 31 日第 4 版。

《拓展思路，创新机制，不断开创人大工作新局面》，作者县人大常委会办公室，刊载于 2009 年 9 月 3 日全州县市人大常委会主任座谈会材料汇编。

《加强环保工作监督，推进可持续发展》，作者县人大常委会环工委，刊载于 2009 年 9 月 9 日渝黔湘鄂部分县（市、区）人大工作联席会议交流材料汇编。

《规范政府举债偿债，确保财政平稳运行》，作者吴泳剑，刊载于湖北人大网 2011 年 7 月 13 日。

《来凤县人大常委会注重“三突出”加强和改进监督工作》，作者吴言，刊载于湖北人大网 2012 年 2 月 12 日。

《来凤县人大常委会监督工作成效明显》，作者李明、胡秋平，刊载于豆丁网 2014 年 1 月 13 日。

《来凤县人大常委会监督工作纵深化、代表工作精细化、自身建设科学化》，作者李明、胡秋平，刊载于湖北人大网 2014 年 2 月 27 日。

《围绕中心、突出重点——来凤县人大常委会监督工作成效明显》，作者李明、胡秋平，刊载于湖北人大网 2014 年 3 月 31 日。

《来凤县人大关注“龙凤示范区”供水工作》，作者吴言，刊载于湖北人大网 2015 年 4 月 17 日。

《把“疯狂的石头”关进笼子》，作者吴言，刊载于湖北人大网 2015 年 4 月 17 日。

《来凤县人大常委会对全县秸秆露天焚烧说“不”》，作者吴言，刊载于湖北人大网 2015 年 4 月 27 日。

《来凤县人大常委会关注跨省“龙凤示范区”供水工作》，作者吴言、余三龙、向艳萍，刊载于湖北人大网 2015 年 4 月 27 日。

《来凤县人大常委会推进监督工作纵深化、监督实效明显提升》,作者李明、胡秋平,刊载于湖北人大网2015年7月6日。

《来凤县发挥预算监督职能作用的实践与思考》,作者邱安、吴言,刊载于湖北人大网2016年1月26日。

3. **代表工作方面:**

《关于提高代表视察质量的探讨》,作者李德志,刊载于1991年9月全省人大代表工作理论研讨会论文集。

《努力开展代表工作,充分发挥代表作用》,作者李德志,1992年10月全省人大代表工作经验交流会文章。

《关于闭会期间代表活动的探讨》,作者李德志、田维望,刊载于《中南民族学院学报》1993年第6期。

《登门走访代表的几点体会》,作者高碧玉,刊载于《楚天主人》1998年第1期。

《建立人大代表辞职制度的意义分析》,作者王登高,刊载于《人民代表报》2005年6月25日第3版。

《浅析代表意识与组织保障》,作者王登高,刊载于《人民代表报》2004年3月18日第4版。

《创新代表工作机制,保障依法履职行权》,作者县人大常委会代工委,刊载于2008年9月全州人大代表工作座谈会发言材料汇编。

《开展述职评议工作的实践与思考》,作者县人大常委会办公室,刊载于2008年9月全州人大代表工作座谈会发言材料汇编。

《加强和改进人大工作,充分发挥代表作用》,作者吴春菊,刊载于2009年5月全州人大代表工作会议经验交流材料汇编。

《与时俱进谱新篇——来凤县人大常委会代表工作记略》,作者李明、胡秋平,刊载于三亿文库2012年8月30日;豆丁网2013年7月12日。

《开展代表述职评议,增强代表履职责任》,作者李明、吴春菊、吴言,刊载于湖北人大网2013年11月13日;豆丁网2013年10月22日。

《开展代表述职评议,增强代表履职责任》,作者吴春菊、吴言、李明,刊载于土家族研究,2014年第1期(总第54期)。

《开展述职评议、增强代表责任、发挥代表作用》,作者县人大常委会民工委,2014年6月26日渝黔湘鄂部分县(市、区)人大工作联席会第48次会议发言材料。

《把握特点、多管齐下,不断提高代表建议办理质量》,作者李明、吴春菊,刊载于豆丁网2014年5月14日;恩施人大网2014年5月29日;湖北人大网2014年7月11日。

《来凤县人大常委会推进代表工作精细化》,作者李明,刊载于湖北人大网2015年2月25日。

《县人大代表向原选区述职接受评议》,作者彭芳,刊载于《楚天主人》2015年第12期。

《创新代表工作,加强选民联系——来凤县人大常委会开展建立人大代表工作室试点工作》,作者李明、胡秋平、周光玉,刊载于湖北人大网2016年1月26日,2016年中国人大年鉴。

4. **换届选举工作方面:**

《新时期县级人大换届选举的难点及建议》,作者高碧玉,刊载于《楚天主人》1998

年第 6 期。

《来凤县县乡两级人大换届选举工作总结》，作者李明，刊载于百度文库 2012 年 2 月 17 日；豆丁网 2012 年 2 月 18 日；道客巴巴网 2013 年 12 月 28 日；中华文本库 2014 年 1 月 16 日。

5. **人大教科文卫工作方面：**

《做好教科文卫工作，加强社会主义精神文明建设》，作者李德志，刊载于《楚天主人》1997 年第 2 期。

《着力四个强化，确保卫生法规实施》，作者王登高、崔建辉，刊载于 2000 年出版的《全省人大教科文卫工作文选》。

6. **关于乡镇人大工作方面：**

《关于乡镇人大工作的实践与思考》，作者李德志、肖长耕，刊载于《中南民族学院学报》1993 年第 6 期。

《加强对乡镇人大工作指导的几点做法》，作者高碧玉，刊载于《楚天主人》1998 年第 1 期。

《关于乡镇人大机构设置之我见》，作者李明，刊载于豆丁网 2014 年 1 月 14 日；2014 年 1 月 15 日，中华文本库；湖北人大网 2014 年 3 月 21 日。

《关于做好新形势下乡镇人大工作的思考》，作者胡秋平、李明，刊载于湖北人大网 2016 年 9 月 7 日。

6. **其他方面**

《市长报告的掌声与“逼”祖母鸡下蛋的尴尬》，作者王登高，刊载于《楚天主人》2000 年第 9 期。

《人大代表素质问题随谈》，作者王登高，刊载于《楚天主人》2001 年第 6 期；《甘肃人民之声报》2001 年第 81 期。

《多为人民创政绩》，作者王登高，刊载于《楚天主人》2002 年第 6 期。

《民选村官莫乱撤》，作者王登高，刊载于《楚天主人》2003 年第 2 期；《甘肃人大研究》2003 年第4 期。

《忘记人民最危险》，作者王登高，刊载于《楚天主人》2004 年第 6 期。

《重要的是落实》，作者王登高，刊载于《楚天主人》2005 年第 5 期。

《不可以以建议落实代表建议》，作者王登高，刊载于《楚天主人》2006 年第 5 期；《甘肃人大研究》2006 年第 7 期；《中国党政干部优秀论文选·2006》。

《重要的是要让人民监督》，作者王登高，刊载于《楚天主人》2007 年第 7 期。

《想起小平同志的“三怕”》，作者王登高，刊载于《楚天主人》2009 年第 9 期。

《不要等出了问题才想起科学发展观》，作者王登高，刊载于《楚天主人》2010 年第 4 期。

《必须算清的几笔账》，作者王登高，刊载于《楚天主人》2010 年第 10 期。

《来凤县人大机关“四个一”推进治庸问责》，作者冯公平、李洁，刊载于湖北人大网 2011 年 10 月 25 日。

《来凤县人大机关赴防城港市的考察报告》，作者李明，刊载于百度文库 2012 年 2 月 15 日；文库大全 2013 年 6 月 16 日；三亿文库 2014 年 1 月 12 日；中华文本库 2014 年 2 月 16 日；道客巴巴网 2014 年 6 月 2 日；博泰典藏网 2014 年 7 月 4 日。

《关于“提案”使用情况之我见》，作者李明，刊载于恩施人大网 2012 年 3 月 1 日；湖北省人大网 2012 年 3 月 26 日;豆丁网 2012 年 9 月 11 日;百度文库 2013 年 2 月 28 日;中华文本库 2014 年 1 月 15 日;学习资料共享网 2014 年 5 月 14 日。

《反腐倡廉须警钟长鸣》,作者李明,刊载于恩施人大网 2012 年 6 月 7 日;湖北省人大网 2012 年 6 月 18 日;豆丁网 2012 年 6 月 26 日。

《应该正确使用来凤地名》,作者李明,刊载于百度文库 2012 年 12 月 20 日;道客巴巴网 2013 年 12 月 19 日;学习资料共享网 2014 年 4 月 13 日;中华文本库 2014 年 5 月 9 日;三亿文库 2014 年 6 月 19 日。

《来凤县县名由来》,作者李明,刊载于武陵网 2013 年 3 月 5 日;土家族文化网 2013 年 4 月 15 日。

《胡耀邦亲笔题写来凤“接龙桥”桥名》,作者李明,刊载于武陵网 2013 年 3 月 5 日。

《来凤乡镇地名的来历》,作者李明,刊载于武陵网 2013 年 3 月 6 日;土家族文化网 2013 年 4 月 15 日。

《湖北省来凤县县级政府组织形式的演变情况》,作者李明,刊载于武陵网 2013 年 4 月 14 日;土家族文化网 2013 年 4 月 15 日;中华文本库 2014 年 1 月 26 日。

《湖北省来凤县地名拾趣》,作者李明,刊载于土家族文化网 2013 年 4 月 15 日;《土家族研究》2014 年第 1 期(总第 54 期);豆丁网 2014 年 1 月 14 日。

《来凤县土家语地名辑要》作者李明,刊载于《恩施人大》2013 年第 1 期(创刊号);武陵网 2013 年 4 月 14 日;土家族文化网 2013 年 4 月 15 日。

《关于〈人大志〉的编修》,作者李明,刊载于百度文库 2013 年 6 月 7 日;道客巴巴网 2013 年 6 月 23 日。

《恩施州文化旅游短板的成因分析及对策》,作者邓家斌,刊载于《巴文化》2014 年第 2 期(总第 36 期)。

《构建龙凤示范区利益协调机制的思考》,作者邓家斌,刊载于 2014 年 10 月 10 日《恩施州纪念民族区域自治法颁布实施 30 周年暨民族法制建设座谈会资料汇编》。

《来凤人大全方位开展精准扶贫工作》,作者吴言,刊载于湖北人大网 2015 年 11 月 26 日。

《关于酉水河立法保护的浅见》,作者李明,刊载于豆丁网 2015 年 9 月 30 日;道客巴巴网 2015 年 11 月 5 日;湖北人大网 2015 年 12 月 8 日。

《以改革创新精神,开展立法保护酉水河工作》,作者李明、胡秋平、周光玉,刊载于湖北人大网 2016 年 5 月 6 日。

《探索规范性文件备案审查工作,切实维护国家法制统一》,作者胡秋平,2016 年 8 月 17 日恩施州人大常委会规范性文件备案审查工作会议发言材料。

《新常态下县乡人大宣传工作探索》,作者吴言,2016 年 9 月 8 日渝黔湘鄂部分县(市、区)人大工作联席会第 53 次会议交流材料。

《坚持改革创新,做好立法工作——酉水河保护条例立法工作始末》,作者李明、胡秋平、向艳萍,刊载于豆丁网 2016 年 11 月 21 日;道客巴巴网 2016 年 11 月 21 日;《土家族研究》2016 年第 2 期(总第 59 期)。

三、思想作风建设

1980 年,自治县一届人大常委会成立

后，按照县委统一安排，针对党员干部中存在各种模糊认识，组织常委会组成人员和机关党员干部，学习党的十一届三中、五中全会精神，统一思想认识，正确理解中共中央作出的关于大力发展经济、平反冤假错案、创造安定团结政治局面等一系列重大决策，在政治上同党中央保持一致，不断增强贯彻执行党的路线方针政策自觉性。

1981年7—9月，县人大常委会组织全体人员学习中共中央《关于建国以来党的若干历史问题的决议》，统一认识，明辨是非，使全体人员对党的重大历史问题在认识上更加清醒和统一。

1982年3月和9月，县人大常委会按照县委通知要求，在机关党员干部中开展党性、党风、党纪教育和检查评比活动。在教育活动中，全体党员认真学习《中国共产党章程》《关于党内政治生活的若干准则》、党的十二大文件，进一步明确端正党风、加强党的思想作风建设的重要性和必要性，从人大机关做起，努力实现党风根本好转。

1983年8月，县人大常委会党组在党员干部中进行彻底否定"文化大革命"的教育，通过学习党中央会议精神和文件精神，开展大批判，提高党员干部政治觉悟。

1984年4月，中共中央总书记胡耀邦率中央书记处候补书记乔石、团中央书记处书记胡锦涛视察来凤县，就恢复来凤卷烟厂、贫困地区人民群众早富快富等问题作重要讲话。5月，县人大常委会组成人员和机关干部按照县委安排，参加全县党员干部学习整党文件读书班，学习中共中央关于整党的决定、胡耀邦视察鄂西时重要讲话、《党员必读》《十一届三中全会以来重要文献简编》等，为开展人大工作打下坚实思想基础。

1985年，县人大常委会党组（含机关党支部）9名正式党员，按照县委统一部署，从6月21日到12月30日，参加全县历时半年整党活动。整党活动分学习整党文件、对照检查、制定整改措施、党员登记四个阶段。6月25日进入整党学习阶段，针对党员中存在各种模糊认识，组织党员学习《中共中央关于整党的决定》《关于经济体制改革的决定》《关于建国以来党的若干历史问题的决议》《胡耀邦在党的十二大会议上讲话》《中国共产党章程》《邓小平建设有中国特色社会主义》等，明确整党目的、意义和任务要求。在对照检查阶段，联系个人和人大工作实际进行自查，找出问题和不正之风种种表现，查危害，找根源，从党性高度总结经验教训。整改阶段，人大常委会党组针对检查中找出主要问题和人大机关特点，突出如何坚持改革、支持改革、改进作风、进一步做好人大工作等方面，制定整改方案进行整改，巩固整党成果。在党员登记中，评议每个党员，9名党员撰写思想小结，经支部大会讨论通过，并全部予以登记。

1987年4月和5月，县人大常委会党组组织党组成员及机关党员学习贯彻中共中央和省委宣传工作会议精神，参加全县举办的理论学习短训班，学习邓小平《建设有中国特色的社会主义》《坚持四项基本原则、反对资产阶级自由化》，进一步解决党员思想、作风、组织不纯和对新形势、新任务不适应问题。

1989年5月，县人大常委会党组按照上级党委要求，组织机关党员干部学习《人民日报》4·26社论和党的十三届四中、五中全会精神,开展对“一个中心、两个基本点”(一个中心,指以经济建设为中心;两个基本点,指坚持四项基本原则,坚持改革开放)的学习讨论,坚定机关党员干部坚持四项基本原则、反对资产阶级自由化的立场,保证人大机关工作秩序和生活秩序稳定。

1990年6月,县人大常委会根据新时期要求,为进一步加强常委会自身及人大机关思想作风建设,组织常委会组成人员和机关干部职工学习中共中央十三届六中全会公报,在人大机关中贯彻县委审议通过的关于贯彻执行中央决定、加强党同人民群众联系若干具体规定,进一步加强常委会及其机关思想作风建设。

1991年8月,县人大常委会党组按照中央、上级党委关于加强党的建设和党风廉政建设决定的精神,组织党组成员和机关党员干部学习中共中央关于加强党风廉政建设的若干规定,在全体党员中开展党风廉政建设自查,并开展党员评议工作,清查用公款送子女上学和突击清查违法违规建私房问题。党员干部切实改进作风,到联系点和所驻村开展社会主义思想教育活动。

1992年3月,县人大常委会党组成员参加县委组织的传达学习邓小平在武昌、深圳、上海等地谈话要点,在机关党员干部中组织开展学习邓小平视察南方重要讲话和邓小平中国特色社会主义理论活动,进一步明确人大工作特点和任务,增强常委会组成人员和机关工作人员中心意识、改革意识和法律意识。

1993年5—10月,县人大常委会组织机关党员干部系统学习党的十四大报告和建设有中国特色社会主义理论,并分9个方面内容,按专题学习和讨论,加深理解,掌握精神,促进思想观念大更新、作风大转变和当年工作目标的实现。

1994年3—6月,县人大常委会党组按照县委统一要求,组织机关党员干部学习社会主义市场经济知识和反腐倡廉知识,参加全县组织考试,同时,在县人大常委会及其机关副科级以上领导干部中,贯彻执行县委关于党员干部廉洁自律有关规定,扎实开展反腐倡廉工作,积极推进党风廉政建设。

1995年4—8月,县人大常委会党组按照县委关于“深入学习和掌握建设有中国特色社会主义理论、贯彻党的基本路线、牢固树立人民公仆思想、切实加强领导班子建设”为主要内容的领导班子思想作风建设年活动要求,组织机关党员干部学习建设有中国特色社会主义理论,根据县委“抓思想教育导向,培养班子良好精神状态和思想作风;抓发展思路导向,把班子统一在一个目标下创造性工作;抓组织干部导向,强化责任意识,发挥整体效能”总体安排,把此项活动抓得有成效,尤其是在“强化责任意识,发挥整体效能”方面效果明显,人大机关领导成员和一般干部职工有职有权,人人头上有责任,个个身上有压力,一门心思搞工作,目标任务抓落实;同时,安排相关审议议题,抓督办,抓考核,推动活动深入开展。

1996年3—5月,县人大常委会党组根据县委“提高领导干部素质、塑造领导干部最佳形象”为主题联系群众教育活动的部署,在人大机关副科级以上干部中扎实开展“三个一”活动(一名领导干部帮助一名困难儿童上学、扶持一户特困户、每月参加一天义务劳动),“亮牌子、照镜子、做样子”,并扩大到人大机关所有干部职工，帮扶救助联系点特困户 22 户，支持化肥 22 袋，给 19 名困难儿童每人资助学杂费 50 元。

1997 年 9—12 月，县人大常委会组织机关全体党员干部学习党的十五大报告，并开展讨论，深刻领会报告精神，掌握精神实质。

1998 年 6 月，常委会继续组织机关党员干部学习党的十五大精神，并系统学习邓小平理论。在此基础上，县人大常委会领导干部集中开展以“讲学习、讲政治、讲正气”为主要内容的党性党风教育活动。

1999 年，县人大常委会在人大机关开展揭批邪教“法轮功”活动，通过学习文件、收看电教片、听取唯物论和无神论报告，揭批邪教“法轮功”反人类、反科学、残害人民罪行，引导机关全体党员干部进一步树立马克思主义唯物论。

2000 年 5 月下旬至 8 月上旬，根据上级党委部署，常委会领导班子开展以“讲学习、讲政治、讲正气”（简称“三讲”）为主要内容的党性党风教育活动。人大机关 5 名“三讲”对象、17 名“三讲”学习教育人员，按照“三讲”要求，第一阶段思想动员、学习提高。学习“三讲”教育读本，参加对象人人写心得笔记。第二阶段开展自我剖析、听取意见。领导班子和班子成员，对照要求剖析，对 1992 年以来存在的党性党风方面问题，认真反思，查找剖析原因，形成剖析材料。第三阶段思想交流、开展批评。针对存在突出问题进行批评与自我批评。第四阶段抓好整改、制定整改措施。8 月初制发县人大常委会领导班子“三讲”教育整改方案，经征求各方意见，几次修改，公布实施。

2001 年上半年，按照县委统一安排，县人大常委会在机关全体党员干部中按照动员学习、自我剖析、整改提高三个步骤和要求，开展江泽民“三个代表”重要思想学习教育活动。学习教育活动中，20 多名学习对象（其中 5 名重点对象）人人参加学习，个个写心得体会文章，党组成员和领导干部写出剖析材料和整改方案，之前，还派出几个调查组深入乡镇和县直部门调查研究、征求意见。

2002—2003 年，县人大常委会组织机关干部系统学习中共十五大、十六大报告、江泽民“七一”重要讲话和中共中央关于加强和改进党的作风建设的决定及党的十六大通过的新党章，狠抓机关思想和作风建设，增强常委会组成人员和工作人员使命感和责任感。

2004 年 2—5 月，县人大常委会组织常委会组成人员和机关工作人员深入学习党的十六大精神，按照县委统一安排，开展以树立正确权力观、政绩观和科学发展观为内容的“三观”教育。在“三观”教育中，机关干部职工学习中共中央和省委州委有关文件，深刻理解“三观”教育内涵、精神实质和重大意义，开展讨论和自查，撰写理论文章和自查分析材料。

2005 年 2 月下旬至 6 月下旬，根据县委统一安排，县人大常委会机关全体党员首批参加在全县党员中开展的保持共产党员先进性教育活动。先进性教育活动按照组织发动，深入学习理论；自我检查，民主评议；整改建制，巩固提高等 3 个阶段进行，通过全面总结近几年来思想、工作和生活情况、重点检查存在问题、剖析问题原因、开展批评与自我批评和民主评议,以及针对问题采取有效措施进行整改,收到良好效果,达到教育目的,被省州检查验收为合格单位。

2006年3月,县人大常委会根据县委安排,组织机关党员干部学习党章,以县委确定的加强机关效能建设为主题,认真查找问题,搞好党性分析,开展批评与自我批评,努力克服工作中不足,进一步加强机关效能建设。5月,在机关中广泛开展学习胡锦涛总书记提出的社会主义荣耻观教育,明辨是非荣辱,增强道德素质,树立人大良好形象。

2007年,县人大常委会结合全县开展的“干部作风集中整顿”活动,按照县委关于干部作风集中整顿要求,高度重视、统一部署、精心组织、周密安排、狠抓落实,确保干部作风集中整顿各项任务完成,干部作风有新改进。

2008年,县人大常委会按照县里安排,由分管机关工作副主任亲自抓,用3个月时间,分学习动员、自查自纠、整改提高、回头看四个阶段,扎实开展“一优化两提高”(即优化发展环境,提高干部队伍素质,提高服务质量)活动,把优化发展环境作为重点,突出自查整改,收到明显效果。

2009年,县人大常委会根据上级党委安排,从3月底开始,以“践行科学发展,加快‘二次创业’”为主题,以“干部素质提升年”为载体,以“党员干部受教育、科学发展上水平、人民群众得实惠”为总体要求的贯彻落实科学发展观活动,组织全体党员干部深入学习科学发展观,着力转变不适应、不符合科学发展观要求思想观念,着力提高依法履职、推动科学发展、促进社会和谐能力,着力解决影响人大和谐、工作作风、服务质量、工作效率和党风党纪等方面存在突出问题,通过学习讨论、深入调研、查找问题、分析检查、强力抓整改、组织评议等环节工作,深入学习实践科学发展观活动取得良好效果。

2010年,县人大常委会结合全县开展的“巩固干部作风整顿成果,争先创优”活动,立足人大机关实际,坚持学习制度,学习党的十七大和十七届四中、五中全会精神及重要文件;筑牢党员干部拒腐防变防线,树立正确世界观、人生观、价值观和权力观;进一步提高机关工作效能,确保各项工作任务高质量完成,扎实开展各项活动,取得明显成效。

2011年,县人大常委会以全县开展干部素质提升年活动为契机,以提高履职能力为重点,全面加强思想作风建设。按照县委统一部署,着力开展推进“百个单位千名干部进万户”等重要活动。在活动中,紧密结合自身实际,始终坚持以打造“为民、务实、高效、廉洁”型机关为目标,不断强化宗旨意识、求实精神、时效意识、公仆意识,自觉把民本思想、调查研究、参政议政、为民谋利、快节奏工作、清正廉洁、为民办实事、提升机关形象等要求,贯穿和落实于履职中,尤其是县人大常委会领导和人大机关干部进村入户送政策、访民情、办实事、促发展的工作任务完成突出,受到县里好评。12月10日,按照县委统一部署,县人大常委会及时安排“万名干部进万村挖万塘”活动。县人大常委会办公室主任明文林带领机关“三万”活动工作组全体成员,深入漫水乡社里坝村、苏家坪村摸底调查,与党员干部座谈,了解2个村农田水利设施基本情况,宣传相关政策，安排下一阶段工作。

2012年2月17日上午，县人大机关召开“三项活动”暨争创“五型”机关动员会，常委会主任、党组书记莫北平提出人大机关争创“五型”机关奋斗目标。2月29日上午，县人大机关召开“双联双促”（即机关联基层、干部联群众，促科学发展、促社会和谐）活动动员会，向全体机关干部传达精神，安排相关工作。下午，莫北平率队赴绿水镇沙子田村和上寨社区，实地调查走访并确定28户贫困户为“双联对象”，为深入开展活动奠定基础。3月2日，县人大机关召开“三项活动”民主生活会暨招商引资动员会。会议通报正风肃纪活动督查情况，传达学习全县强力推进招商引资加快工业经济发展动员大会、县纪委十四届二次全体（扩大）会议精神，安排人大机关招商引资工作。与会人员纷纷联系工作实际，对照正风肃纪有关要求，开展批评与自我批评，作出承诺，并提出改进措施和办法。3月14日，县人大机关“三万”工作组成员到漫水乡苏家坪、社里坝3个水利项目施工现场，查看工程进度、了解施工情况，对施工进度、质量以及水利设施建成后建立和完善使用维护制度提出要求和建议，并对水利工程验收工作做前期部署。5月4日，常委会主任莫北平，副主任徐庭海、彭远仪、田延初率领人大机关干部职工在绿水镇沙子田村和上寨社区开展“双联双促”活动。在沙子田村，为19户联系户各送去50公斤尿素和50公斤复合肥，并与村干部座谈，了解该村基层组织建设、产业基地建设、基础设施建设等情况。在上寨社区，为13户联系户送去尿素和复合肥；随后在上寨社区居委会召开座谈会。县人大机关自“双联双促”活动开展以来，机关干部每人结对1名贫困群众，经多方筹措，县人大机关为联系村办实事价值1.5万余元。7月1日，常委会主任莫北平和办公室主任明文林分别带队到绿水镇沙子田村、四合村、上寨社区，走访慰问困难村民和困难老党员。在沙子田村，莫北平一行看望19位困难群众、残疾群众，详细了解他们生产生活情况。在上寨社区，明文林代表县人大机关慰问社区13位困难群众和党员。11月2日，常委会副主任徐庭海、高碧玉带领人大机关干部赴上寨社区、沙子田村、老鹰岩村集中慰问，为留守老人和留守儿童32户送去慰问金。12月7日上午，县人大机关召开动员会，办公室主任明文林传达全县“万名干部进万村洁万家”活动动员大会精神，并安排人大机关做好新一轮“三万”活动。随后，“三万”活动工作组成员一行到绿水镇上寨社区、沙子田村与驻村干部和村支两委负责人座谈，共同讨论活动方案。

2013年2月1日，县人大机关召开改进工作作风会议，学习讨论中央政治局关于改进工作作风、密切联系群众的“八项规定”和省委“六条意见”及县委、县纪委关于改进工作作风意见。会议要求，县人大常委会要充分发挥人民代表大会制度特点和优势，不断完善常委会组成人员联系代表、代表联系选民机制，人大机关要认真学习、贯彻中央精神，不断改进工作作风，树立人大机关良好形象。2月16日下午，县人大机关召开“学习贯彻十八大、争创发展新业绩”主题实践活动动员会，传达全省有关电视电话会议精神和县委具体要求，安排近期相关工作。2月27日，县十六届人大常委会召开第13

次会议，将学习党的十八大精神作为会议第一项议程，邀请县委党校杨林老师给与会人员进行专题讲座。会上，常委会主任莫北平就深入学习贯彻党的十八大精神、切实提高依法履职能力和水平、认真做好新形势下人大工作提出要求。3月22日，县人大机关党总支召开会议，集中学习党的十八大精神，邀请县委党校教师作辅导讲座。县人大机关离退休老干部、机关全体干部职工及县人大机关“双联双促”活动联系村村支部书记参加学习。3月，全县启动“百名干部进讲堂”活动，县人大机关把“干部进讲堂”作为打造“五型”机关、提高机关干部综合素质重要抓手，坚持学习为先、学以致用、学有所成原则，紧密联系工作实际，制订学习计划，常委会主任、副主任和工委室主任带头讲课，形成“人人当老师、人人当学生”领学、助学、互学生动局面，为提高人大履职能力和机关服务水平打下坚实基础。自3月至12月，常委会办公室主任明文林、代工委主任吴春菊、预工委主任邱安、民工委主任李明、教工委主任廖兴锋、财工委主任胡任平、农工委主任田永宽、环工委主任向艳萍和办公室秘书科科长余三龙、政工科科长田伟等，分别就办文办会、《地方组织法》、人大预算监督、《人大志》的编修、机关公文处理、保密工作、《食品安全法》、工业经济发展、现代畜牧业、环境保护等进行专题讲座。

2014年2月28日上午，县人大机关召开党的群众路线教育实践活动动员会，学习各级党委有关会议精神，贯彻落实县委关于深入开展党的群众路线教育实践活动实施方案和具体要求。会议宣读县人大机关党支部开展党的群众路线教育实践活动实施方案；常委会副主任徐庭海就县人大机关开展党的群众路线教育实践活动作动员讲话；常委会主任、党组书记莫北平作重要讲话，提出明确要求。县委第十二督导组到会督导。4月25日，常委会主任莫北平，副主任彭远仪、高碧玉、邓家斌带领人大机关干部，到驻点村绿水镇沙子田村、上寨社区开展群众路线教育实践活动，在沙子田村10组村民向涵家，莫北平一行与村民代表，就村里“三万”活动、群众路线教育实践活动开展以及产业发展座谈。当天，莫北平一行还为32户困难群众送去慰问金。6月20日上午，县人大机关干部集中收看新闻专题片《向灵魂深处掘进——红安县委常委班子专题民主生活会纪实》和恩施市民主生活会纪实新闻报道。10月31日上午，县人大机关召开党的群众路线教育实践活动总结会，县委督导组对县人大机关开展党的群众路线教育实践活动，给予高度肯定。

2015年3月12日，县人大常委会办公室组织干部职工开展“绿满荆楚”活动，40余名干部职工参加植树活动。4月1日上午，按照县“三万”活动总体安排，县人大常委会办公室作为绿水片区“三万”活动牵头单位，为深入推进“三万”工作顺利开展，在人大常委会会议室召开“三万”活动绿水片区工作联系会。会上，各工作队负责人通报近期“三万”活动开展情况和工作打算。4月10日，县人大机关开展“严明政治纪律，严守政治规矩”教育活动，深入学习贯彻《中共湖北省委关于落实党风廉政建设党委主体责任纪委监督责任的意见》《中共恩施州委关于严守政治纪律和政治规矩的实施意见》《中共湖北省纪委关于印发〈关于党员干部大办婚丧喜庆事宜监督检查办法〉的通知》《中共恩施州委关于开展向向勤仕同志学习活动的决定》。机关党支部要求机关党员干部要增强政治责任感，把政治纪律和政治规矩集中教育活动作为重要政治任务，发挥示范表率作用，带头学习、率先做到守纪律、讲规矩。4月14日上午，县人大常委会办公室召集县财政局、法院、烟草局等单位，安排绿水片区精准扶贫工作。各工作队汇报近期精准扶贫工作进展情况。会上，片区负责单位县人大常委会办公室要求，片区各工作队要按照县委要求，要深入各驻点村，进村入户、现场查看、座谈了解，切实开展精准扶贫相关工作。会后，县人大常委会办公室组成调查组到绿水镇沙子田村，通过座谈了解、现场查看、进村入户等方式开展调查。4月16日上午，县人大常委会办公室召集绿水片区成员单位共商村村通客车工作，要求“三万”活动各工作队深入绿水片区，搞好村村通客车相关工作，确保完成任务。4月28日，县人大常委会办公室主任明文林带队到绿水镇沙子田村，督促落实精准扶贫工作。5月19日，县人大机关举办严明政治纪律严守政治规矩专题培训班会议，会议集中学习传达相关文件精神，观看州委书记王海涛、县委书记胡泽等关于严明政治纪律严守政治规矩视频讲话，同时对干部职工进行闭卷知识测试和个人承诺签字。6月10日下午，绿水镇召开精准扶贫、农民收入倍增工作培训会，常委会主任莫北平，副主任彭远仪、邓家斌等同参训人员一道，学习全域精准扶贫模式。为了推进精准扶贫工作，常委会8名县级领导分别联系1个村，领导开展精准扶贫工作，1名常委会副主任被县委任命为全县精准扶贫办公室主任，统筹开展全县精准扶贫工作。县人大常委会办公室成立精准扶贫工作组，在做好所联系贫困村精准扶贫工作同时，还带领县乡17个单位做好绿水片区精准扶贫工作，选派1名干部到绿水镇挂职，担任镇长助理，增强精准扶贫工作力量。6月12日，县人大机关召开第十六个党风廉政建设宣教月活动动员会，安排党风廉政建设工作，办公室主任明文林传达学习会议精神，部署人大机关宣教月活动。会上还收看廉政警示片《贪途欲海无归路》。6月25日，常委会主任莫北平深入绿水镇沙子田村6组，走访精准扶贫结对帮扶对象——李启昌、李成万、李成国、杨昌明、李成友5户困难户和种植大户张振银。当天，莫北平还看望慰问绿水镇新溪沟村谢志魁、沙子田村李光前、田家寨村蒋世堂3名困难老党员。8月18日，常委会主任莫北平带领县人大机关精准扶贫工作队到绿水镇，与其他8个驻村工作队，会同该镇党政班子，就精准扶贫农民收入倍增工作进行回头看、再研判，以问题为导向，进一步夯实该镇扶贫倍增工作。9月29日，县人大机关精准扶工作队协同绿水镇开发办和畜牧服务中心，为沙子田村58户贫困户发放猪仔162头。常委会副主任田延初带领人大机关干部20人到现场与养殖户交流座谈。县畜旺生猪养殖专业合作社负责人田永红，现场详细讲解生猪养殖须知并解答群众提出养猪病害防治问题。随后，合作社与领取仔猪贫困户签订养殖协议。10月15日，县人大机关精准扶贫工作队召开县直驻绿水行片区扶贫工作会议，学习传达全县2015年冬农开发、精准扶贫工作推进会议精神，安排近期扶贫开发工作。12月9日，常委会副主任徐庭海到绿水镇沙子田村，了解人大机关工作队所联系沙子田村精准扶贫工作，查看易地扶贫搬迁工程；在沙子田村8组调查核桃苗圃基地建设情况，查看9组公路垮塌情况，解决相关问题。12月10日下午，常委会主任莫北平到绿水镇，督办指导绿水片区精准扶贫工作。在听取县直单位驻绿水镇工作队和绿水镇精准扶贫工作后，莫北平要求绿水镇和驻村工作队进一步强化认识，将精准扶贫当作单位重要工作，一把手要亲自抓在手上，积极主动做好工作；进一步跟进精准识别，做到深入细致；进一步调查研究，制定切实可行扶贫脱贫措施；进一步强化片区联动，形成整体合力。会后，莫北平赴沙子田村6组，调查了解所联系6户贫困户生产生活情况，并同他们亲切交谈，共商精准扶贫措施。12月18日下午，县人大常委会办公室召集驻绿水片区县直工作队，传达全县精准扶贫会议精神、全省精准扶贫督办通报，安排近期精准扶贫工作，要求各工作队进一步强化责任、强化措施，严格按照时间进度，认真做好贫困户清理工作，做到精准识别。12月24日，县人大常委会办公室再次组织全体机关干部到联系村开展精准扶贫工作，为该村123名贫困户送去3万多元慰问金，并检查产业建设和村委会办公楼建设情况。当天，常委会主任莫北平到绿水镇五台片区，看望慰问选民代表；到百福司镇安家堡村和桂林书院社区，看望贫困县人大代表张林玉和胡敬明，并为他们送去慰问金。常委会副主任彭远仪到绿水镇新溪沟村指导督办精准扶贫工作，深入贫困户家中，详细了解情况，并为贫困户送去慰问金。

2016年5月9日下午，莫北平到绿水镇小坳村督办精准扶贫工作，听取县农发行驻村工作队和村委会扶贫工作情况汇报，听取县、镇开发办关于该村基础设施建设、产业建设、村级经济建设情况介绍。莫北平要求，绿水镇是全县今年脱贫镇，要坚定信心，围绕精准扶贫目标任务精准发力，确保精准扶贫各项目标任务如期完成，并做好迎接省、州各种检查验收工作，确保验收过关；要通力协作，围绕民生需求和现实条件，积极主动与村民及贫困户沟通交流，解决现实问题，化解矛盾，让村民拥有获得感；要责任到位，农发行驻村工作队要切实履行责任，绿水镇村及驻村单位要积极参与，共同完成精准扶贫工作。5月16日，县人大机关召开第十七个党风廉政建设宣传教育月动员会，传达学习第十七个党风廉政建设宣传教育月活动方案。会上，党组书记莫北平带头给机关全体人员讲题为《学好〈准则〉〈条例〉做合格党员、推动人大工作与时俱进》的党课；与会人员收看党风廉政电教片《不变的步伐》。会议要求，人大机关全体人员要进一步加强党风廉政建设，扎实开展“两学一做”学习教育特别是“不忘初心、永跟党走”主题教育实践活动，打牢廉洁从政思想根基，做合格党员，推动人大工作与时俱进。要自觉践行《准则》和《条例》相关规定，做到守纪律、讲规矩，知敬畏、存戒惧，自觉在廉洁自律上追求高标准，在严守党纪上远离违纪红线，任何时候任何情况下严守政治纪律和政治规矩不放松。

四、制度建设

加强制度建设，是县人大常委会依法履

职、发挥人大制度优越性的重要前提和保证，也是坚持和完善人大制度的重要内容，历届常委会十分重视制度建设。

1980 年 5 月，自治县一届人大常委会成立后，根据《地方组织法》规定，制定自治县人大和政府组织条例，对人大及其常委会、县政府的组成、职权和任务作出相应规定。从 1981 年 6 月自治县一届人大常委会第 6 次会议开始，县人大常委会就注重制定学习、会议、工作、联系代表、人事任免和机关管理等规则、办法和制度。1981 年 6 月 9 日，自治县一届人大常委会第 6 次会议讨论通过自治县人大常委会任免暂行办法。

1985 年 4 月 5—6 日、5 月 5 日，县九届人大常委会第 4 次会议、第 5 次会议，分别讨论通过县人大常委会关于代表工作联系办法（试行）和关于议案、批评、意见的规定及其说明。

1988 年 1 月 20—22 日，县十届人大常委会第 1 次会议，讨论通过县人大常委会议事规则和工作制度、关于县人大常委会与县人大代表联系暂行办法。

县十二届人大常委会制定和完善常委会议事规则、人事任免办法、乡镇人大工作目标考核实施办法、机关廉政建设及机关学习、人大宣传、计划生育、车辆管理、财务管理等方面制度。

县十三届人大常委会制定和修改完善县人民代表大会议事规则、县人大常委会议事规则、主任会议议事规则、机关信访工作规则、人事任免办法、关于评议工作试行办法、乡镇人大工作目标考核实施办法；进一步建立和完善机关学习、考勤、财务、车辆、食堂、电话、接待、宣传工作等管理制度，促进人大常委会及其机关制度建设，保证人大工作和机关工作井然有序进行。

县十四届人大常委会进一步修改完善县人大常委会议事规则及机关管理制度，制定县人民代表大会议案、建议、批评和意见工作规则和县人大常委会述职评议工作办法。

县十五届人大常委会修订常委会议事规则、常委会主任会议议事规则等 8 项制度，制定规范性文件备案审查暂行办法、常委会决议决定和审议意见处理办法等 26 项工作制度，完善 15 项机关管理制度。

2012 年，县十六届人大常委会修改完善原有 32 项履职规范和 12 项机关管理制度，新制定履职规范 11 项，为全面实现人大履职、管理规范化奠定坚实基础。

2013 年，常委会新制定履职规范 11 项，编印《来凤县人大及其常委会履职规范汇编》，为人大履职创新提供制度保障。在制定公民旁听办法基础上，首次安排 4 名公民旁听常委会会议，扩大公民有序政治参与，增强人大工作透明度。首次采用票决制，加大对“一府两院”执行常委会决议决定和研究处理审议意见情况监督力度。首次采用跟踪监督方式，监督上年度常委会有关决议决定和审议意见落实情况，促进有关问题解决。

2014 年，常委会在编印、学习和贯彻《来凤县人大及其常委会履职规范汇编》《人大工作常用法律法规及规定选编》基础上，9 月 29 日，召开纪念人大成立 60 周年暨推进县乡人大依法履职规范化建设会议。县委书记胡泽、县委副书记县长向军及县人大常委会主任莫北平在会上分别讲话，就人大如何适应新形势、依法履好职、提升新水平、开创新局面提出明确要求，为推进县乡人大依法履职规范化建设指明方向。会后，县乡联动，狠抓落实，规范化建设取得明显成效，达到预期目的。2014年年底，常委会召开党组会原则通过《来凤县人大常委会机关管理制度》，使机关管理更加规范。

2015年，常委会机关为巩固党的群众路线教育实践活动成果，制定和完善机关管理制度，编印并实施《来凤县人大常委会机关管理制度》，使常委会机关各项工作均有章可循、运行有序，服务水平大幅度提升。12月28日，县十六届人大常委会第42次会议，通过关于实施宪法宣誓制度暂行办法，以组织国家机关工作人员在就职时向宪法宣誓，培育宪法信仰，彰显宪法权威。

五、精神文明建设

历届县人大常委会注重人大机关精神文明建设，积极开展精神文明建设创建活动。1999年至2000年度，县人大机关首次被县委、县政府命名为县级文明单位。

2001年，县人大常委会机关在继续巩固和创建县级文明单位同时，积极争创州级文明单位。3月，成立由分管机关工作的人大常委会副主任、党组副书记王登高为组长，常委会党组成员、办公室主任李德志为副组长的创建工作领导小组，制定机关创建州级文明单位实施方案，采取加强创建工作领导、加强领导班子建设、加强政治理论学习、加强党风廉政建设、打造务实为民服务型机关、强化各项目标责任制落实、突出抓好“两个一票否决”(计划生育、社会治安综合治理)工作落实、加强机关制度建设与管理、努力改善机关环境和工作条件、检查督办创建工作措施落实等十二项工作措施，并精心组织实施，经过2年努力，县人大机关首次被州委、州政府授予2001—2002年度文明单位称号。县十四届、十五届人大常委会进一步加强机关精神文明建设，创造性开展创建工作，至2011年年底，县人大机关连续多次被州委、州政府授予文明单位称号。

由于历届县人大常委会机关创建州级文明单位工作措施、目标任务、工作要求及州文明办评比条件(在时事政治学习、作风建设内容随着形势变化略有不同外)大体相同，且县人大机关创建工作申报材料、上报表格和工作总结大体一致，为避免重复记载，这里只将县十五届人大常委会机关2011年创建州级文明单位和州级最佳文明单位申报材料和年度文明单位创建工作总结归纳记载于此，其做法有七个方面：第一，加强政治学习，不断提高全体人员思想政治素质。以打造学习型机关为目标，经常组织干部职工深入学习马克思列宁主义、毛泽东思想、邓小平理论、“三个代表”重要思想，贯彻落实科学发展观及党的重大会议精神和文件；学习法律法规、时事政治，开展“保持共产党员先进性”的教育，不断提高政治理论水平和思想业务素质以及认识和解决问题的能力，推进社会主义法制建设进程。第二，加强班子建设。常委会党组、党支部一班人和常委会工委室负责人率先垂范，带头搞好自身建设，带头建设精神文明。第三，加强制度建设。常委会不仅制定和完善常委会依法履行职权各项规章制度，而且在机关建立健全学习、党建、精神文明建设、工作考核、计划生育、机关后勤管理等20多项管理办法及制度，要求人人自觉遵守，强化约束。第四，加强廉政建设。经常组织党员、干部职工学习党章及党规党法，不间断开展廉政教育，增强拒腐防变能力，自觉抵制不良习气，基本杜绝以权谋私和违法违纪行为。第五，加强作风建设。通过经常整顿思想，整顿作风，开展建设务实、为民、服务型机关教育活动，人大机关作风有根本转变，体现最明显的是服务全县中心大局，密切联系群众，尽心尽力为群众解难事、办实事、做好事。从1994年起，县人大常委会领导都按照县委统一分工，参与各大责任组(指挥部)工作，联系乡镇，驻点包村、挂企业、挂项目，经常下去调查研究，指导工作，搞好协调服务，帮助解决工作中的难题，千方百计为群众办实事。第六，加强“两个一票否决”工作落实。历届人大常委会领导和机关党支部都十分重视这两项工作，纳入议事议程，实行责任目标管理，经常安排部署，抓好工作落实。经检查评比，这两项工作年年都被县里评为合格，成为优胜单位。第七，加强机关基本建设和管理。1980年5月，县人大常委会成立时，县人大机关设在县政府大院内，由县政府办安排几间房屋办公；1984年，县九届人大常委会提出修建机关职工宿舍及办公楼的申请，经政府同意，于1987年建起1栋4层楼3单元职工宿舍楼和1栋3层楼办公楼，同年，县人大机关正式迁入单独院内新场地办公。在后来20多年里，县人大机关建设不断加强，基础设施不断完善。2007年4月，县人大机关搬迁至行政中心大楼4楼上班，办公条件及工作环境有更大改善，机关制度化、规范化水平有新的提高，精神文明建设也跃上新台阶。

2011年11月28日换届以来，县十六届人大常委会党组加强县人大机关政治文明、物质文明和精神文明建设，全面提高机关工作人员整体素质，更好发挥履职作用。2016年9月，县人大机关被州委、州政府授予2013—2014年度最佳文明单位称号。

六、人事工作

1980年5月，自治县一届人大常委会组成，常委会主任田恩波，副主任吴新知、蒋志卿、黄学初、彭金安。工作人员有杨芳佑、余维林、甘伟淑、杨志纯。1981年11月，甘伟淑调出。1982年7月，杨芳佑任办公室副主任，余辉调入任办公室副主任。1983年3月，田恩波补选为县长并调出，陈佑民补选为常委会主任并调入，杨志纯调出；5月，杨芳佑任办公室主任。1984年3月，崔震调入任办公室主任，杨芳佑调出；7月，余维林任秘书科副科长；向子钧、阮敏、王军调入。

1984年11月，县九届人大常委会组成，自治县一届人大常委会主任陈佑民和副主任吴新知、蒋志卿调出，县九届人大常委会主任虞大远、副主任田南山和段松龄调入。1985年5月，余维林任办公室副主任。1986年3月，尹学银调入任综合科科长，粟功厚调入任秘书科科长；4月，沈仕华调入；5月，周鸿遴调入任办公室主任，免去崔震办公室主任职务；9月6日，免去余维林办公室副主任职务并调出，粟功厚任办公室副主任；9月16日，向子钧任秘书科副科长；10月，侯俊安调入任常委会专职委员；12月，张菊贞调入任总务出纳。1987年1月，李德志调入；2月，邓荣鹏调入；5月，向子钧任秘书科科长,李德志任秘书科副科长。

1987年11月,县十届人大常委会组成。1988年3月,喻积正、何家驹调入。1989年3月,向子钧任办公室副主任;5月,邓国强、胡任平调入;6月,补选成开林为常委会副主任并调入;7月,王卫东调入;9月,张柱凤、周国祥调入,喻积正任教工委主任,尹学银任财工委主任,周国祥任法工委副主任,李德志任代工委副主任,张柱凤任办公室副主任,邓国强任秘书科科长、何家驹任秘书科副科长,沈仕华任综合科科长,张菊贞、邓荣鹏任综合科副科长,同时免去尹学银综合科科长、向子钧秘书科科长、李德志秘书科副科长职务。1990年1月,田安皇调入任财工委副主任,沈仕华任法工委副主任;8月,田维望调入任代工委主任,邓国强任办公室副主任,免去向子钧办公室副主任职务并调出。

1991年1月,县十一届人大常委会组成,县十届人大常委会主任虞大远调出,县十一届人大常委会副主任赵毅调入;4月,何家驹任秘书科科长,张菊贞任综合科科长,胡任平任综合科副科长,免去邓国强秘书科科长职务;5月,王卫东调出,何家骏调入;10月,何家骏任教工委副主任。1992年3月,田永新调入任财工委主任,免去尹学银财工委主任职务;5月,肖长耕调入;7月,田启华调入;8月,周湘利调入任办公室副主任,免去张柱凤办公室副主任职务并调出;1992年,杨俊调入。1993年5月,王富昌调入任办公室副主任。

1994年1月,县十二届人大常委会组成,县十一届人大常委会主任田南山调出,县十二届人大常委会副主任周发书、杨胜富、杨汉骥、汪达生、侯廷茂调入;6月,李德志任办公室副主任,田安皇任财工委主任,周国祥任法工委主任,免去田永新财工委主任职务并调出、何家骏教工委副主任职务并调出;7月,杨俊调出。1995年2月,邓国强任办公室主任、李德志任教工委主任、沈仕华任财工委副主任、肖长耕任法工委副主任、何家驹任代工委副主任,免去周鸿遴办公室主任职务、粟功厚办公室副主任职务,免去王富昌办公室副主任职务并调出,免去喻积正教工委主任职务,免去李德志代工委副主任、办公室副主任职务,免去沈仕华法工委副主任职务;严艺华调入;5月,成开林调出,黄万国调入;6月,黄万国任秘书科科长,免去何家驹秘书科科长职务。1996年2月,粟功厚退休;3月,沈仕华任农工委副主任,免去周湘利办公室副主任职务;11月,田忠诚调入任农工委主任,免去田维望代工委主任职务;12月,陈天会辞去常委会主任职务。1997年1月,黄万国调出;2月,补选董香彩为常委会主任并调入;3月,免去邓国强办公室主任职务并调出;4月,李德志任办公室主任,崔建辉调入任教工委主任,高碧玉调入任代工委主任,贵立远调入任财工委主任,免去李德志教工委主任职务、田安皇财工委主任职务,阮敏任秘书科副科长;9月,周国强任办公室副主任,肖长耕任法工委主任,免去周国强法工委主任职务;田启华任办公室接待室主任,王军为副主任;阮敏任秘书科科长。1998年6月,胡任平任综合科科长。

1999年1月,县十三届人大常委会组成,县十三届人大常委会副主任王登高、杨树荣调入;3月,田忠诚任代工委主任,阮敏任办公室副主任；免去高碧玉代工委主任职务并调出，免去田忠诚农工委主任职务；7月，周国祥任农工委主任，免去其办公室副主任职务；沈仕华任办公室副主任，免去其农工委副主任职务；11月，夏大胜调入任办公室副主任。2000年5月22日，明确沈仕华为正科级；12月，张伟任秘书科副科长，王军任综合科副科长。2001年12月，免去沈仕华办公室副主任职务、田忠诚代工委职务、周国祥农工委主任职务，3人被任命为办公室主任科员。2002年1月，胡任平任办公室副主任；5月，吴春菊调入任代工委主任，免去阮敏办公室副主任职务并调出；11月，向应和调入任农工委副主任。

2004年1月，县十四届人大常委会组成，县十四届人大常委会副主任周新华、徐庭海、刘静生、苏波调入；2月2日，谭生发调入任办公室主任，胡任平、何家驹任办公室副主任，张昌盛调入任办公室副主任，贵立远任财工委主任，肖长耕任法工委主任，崔建辉任教工委主任，吴春菊任代工委主任，向应和任农工委主任，免去李德志办公室主任职务、被任命为主任科员，免去何家驹代工委副主任职务，免去夏大胜办公室副主任职务并调出，免去张伟秘书科科长职务并调出。2005年4月19日，周国祥任环工委主任；向艳萍调入任代工委副主任；5月，王军任信访科科长。2006年4月25日，田泓调入任办公室副主任；免去张昌盛办公室副主任职务并调出。

2006年12月，县十五届人大常委会组成，县十五届人大常委会副主任莫北平调入；县十四届人大常委会副主任周新华改任常委会正县级干部。2007年1月19日，谭生发任办公室主任，胡任平、何家驹、田泓任办公室副主任，崔建辉任教工委主任，徐移坤调入任财工委主任，周国祥任环工委主任，戴鸣凤调入任民族法制内务司法工委主任，吴春菊任代工委主任，向应和任农工委主任，免去肖长耕民族法制内务司法工委主任职务，免去贵立远财工委主任职务；1月，王军任信访科科长。2008年3月24日，汪再华调入任办公室主任，谭生发任农工委主任、免去其办公室主任职务，戴鸣凤任内司工委主任，明文林调入任民工委主任；3月31日，免去向应和农工委主任职务并调出；11月28日，向艳萍任办公室副主任，免去何家驹办公室副主任职务。2009年1月8日，补选汪再华、明文林为常委会委员；9月，吴泳剑调入；10月，吴泳剑任秘书科科长。2010年3月24日，苏波辞去常委会副主任职务并调出。2011年1月9日，补选田延初为常委会副主任并调入；1月23日，明文林任内司工委主任、免去其民工委主任职务，廖兴锋调入任教工委主任，胡任平任财工委主任、免去其办公室副主任职务，李明调入任办公室副主任，免去崔建辉教工委主任职务、戴鸣凤内司工委主任职务、徐移坤财工委主任职务、周国祥环工委主任职务，免去田泓办公室副主任职务并调出；2月，王军明确为主任科员；3月8日，向春华调入；3月17日，向艳萍任环工委主任，免去其办公室副主任职务；6月22日，杨树荣辞去常委会副主任职务；7月，向春华任综合科科长，严艺华任司机班班长，吴泳剑明确为副科级；8月，吴泳剑调出，李洁、冯公平调入任办公室副主任；10月，肖作文辞去常委会主任职务，刘静生辞去常委会副主任并调出;11月11日,明文林任办公室主任、免去其内司工委主任职务,周光玉调入任内司工委主任,吴春菊任代工委主任,田永宽调入任农工委主任,李明任民工委主任、免去其办公室副主任职务,免去谭生发农工委主任职务,免去汪再华办公室主任职务并调出。

2011年11月27日,县十六届人大常委会组成,县十六届人大常委会副主任彭远仪、高碧玉、邓家斌调入;12月15日,明文林任办公室主任,吴春菊任代工委主任,邱安调入任预工委主任,李明任民工委主任,周光玉任内司工委主任,胡任平任财工委主任,廖兴锋任教工委主任,田永宽任农工主任,向艳萍任环工委主任,李洁任办公室副主任,吴言调入任办公室副主任;12月22日,胡秋平调入;12月31日,胡秋平任办公室副主任,向春华任代工委副主任。2012年2月,田伟调入;3月,彭芳、余三龙调入;4月24日,刘伟、胡淑凤调入均任办公室副主任,胡秋平任备案审查室主任、免去其办公室副主任职务;4月,余三龙任秘书科科长,彭芳任信访科科长,田伟任政工科科长。2013年1月,唐敏调入;4月19日,向春华任办公室副主任,彭芳任代工委副主任,胡秋平任备案审查室常务副主任、免去其审查室主任职务,免去向春华代工委副主任职务。2014年3月,彭芳兼任综合科科长;7月,唐敏任秘书科副科长;8月21日,余三龙任备案审查室主任。2015年2月,罗涛调入;3月,罗涛任综合科科长;12月28日,免去田永宽农工委主任职务。2016年1月,杨洋调入,免去王军信访科科长职务,任命唐敏为信访科科长;9月,罗菊珍调入,徐庭海调出;10月,明文林调出,李春芳、郦昌军调入。

七、宣传工作

1980年,县人大常委会成立后,注重宣传人大制度和人大工作。提高认识,加强领导,把宣传工作放在突出位置,每年都纳入议事日程和工作要点安排。明确工作任务,主要是编印人大常委会公报、人大工作情况反映(后改为人大工作简报),撰写宣传人大制度和人大工作稿件及有关文章、材料等,并做到有总结,有奖励兑现。同时,确定1名常委会领导和1名办公室负责人分管,成立人大工作宣传报道组,并不断充实和加强宣传报道队伍。

1984年6月,在人民代表大会成立30周年之际,县人大机关与新闻单位联系,共同开展"人民代表大会成立30周年"集中宣传活动,采写稿件40多篇,被县以上新闻媒体采用,其中被地区以上报刊(台)采用19篇。

1992年6月,县人大机关协助州电视台拍摄反映县人大工作的电视专题片《为了人民的嘱托》,在中央电视台2频道《祖国各地》栏目中播出,后被省人大常委会评为宣传人大工作好新闻专题片一等奖。

1999年,县人大常委会从县委宣传部、来凤报社、县广播电视台等新闻单位聘请50人为人大宣传特约通讯员,并提出任务和要求。县人大常委会办公室与县委宣传部、新闻单位及县直有关部门,本着宣传人大工作、宣传来凤,联合组织开展宣传活动,提高宣传效果。

1999—2003年,县十三届人大常委会组织机关人员，为各级报刊（台）撰写人大工作稿件，被采用500多篇。

2004年，县十四届人大常委会利用纪念人民代表大会成立50周年契机，召开座谈会；组织县电视台等新闻媒体宣传报道常委会会议和重大活动；人大机关撰写纪念文章，领导作专题讲话；将州、县两级人大代表向班贵的典型事迹制成专题片，报送州人大常委会在全州宣传；组织撰写宣传人大工作和人大代表典型的稿件，向各级报刊（台）投稿，播放人大代表先进事迹等，扩大对人大制度和人大工作宣传。

2005年，县人大常委会代工委、教工委和县电视台联合开展“宣传优秀人大代表”活动，实地采访拍摄人大代表风采电视专题片，开办《代表风采》专题节目，集中宣传14名优秀县人大代表先进事迹，在县内外产生较大反响。

2007年，县十五届人大常委会通过民主推荐，评选出12名依法履职好的县人大代表，整理出先进事迹，在县电视台《代表风采》栏目里连续集中报道，在社会上产生良好影响。在继续办好人大常委会公报和人大工作简报等刊物、并定期寄发人大代表和适当交流基础上，6月，成功开通来凤人大信息网，为促进县人大常委会与“一府两院”、人大代表、人民群众信息交流搭建新平台。

2009年，县十五届人大常委会修订完善人大机关宣传报道工作管理办法，制定出台人大系统宣传报道工作实施方案和通讯员管理暂行办法，从制度上保证工作有序推进。任期5年里，除编印70多期人大常委会公报、人大工作简报外，有480多篇人大稿件在县以上电视网络、报刊、网上发表，其中有2篇被人民网采用；130多篇被省州媒体刊发，产生积极影响。

2012年2月21日，县十六届人大常委会召开宣传工作会议，常委会办公室通报2012年宣传工作要点，常委会主任莫北平出席会议并讲话，常委会副主任徐庭海安排宣传工作。3月8日，县人大常委会被州人大常委会表彰为“2011年度宣传工作先进单位”，冯公平被表彰为宣传工作先进个人。

2014年8月5日，县人大常委会召开专题宣传会议，聘请黎克念等9人为人大系统特约记者。常委会主任莫北平就宣传工作提出三点要求：高度重视人大宣传工作，明确人大宣传工作重要性；落实责任，搞好策划，注重突出先进人物和工作经验宣传，注意引导，提高宣传工作正能量；提供切实保障，确保人大宣传工作制度化常态化。经过努力，全年在各级各类媒体刊发人大宣传稿件（信息、图片）近300篇（条、幅），进一步扩大人大工作影响。

2015年4月2日，县人大常委会召开宣传工作专题会，州人大常委会副秘书长唐洪贵应邀作《做好新常态下基层人大宣传工作的几点学习体会》专题讲座，来凤新闻网和电视台负责人分别介绍宣传工作经验。常委会主任莫北平强调：要适应新常态，切实提高宣传工作认识，努力做好人大宣传工作：明确目标，把宣传工作做“实”；结合工作实际，把宣传工作做“细”；突出宣传实效，把宣传工作做“精”；借助媒体力量，把宣传工作做“响”；建立保障激励机制，把宣传工作做“活”。由于人大宣传工作成绩突出，县人大常委会被州人大常委会表彰为“2015年度宣传工作先进单位”。

2016年，李明、胡秋平、周光玉撰写的《创新代表工作，加强选民联系——来凤县人大常委会开展建立人大代表工作室试点工作》，1月26日刊载于湖北人大网，同时被2016年中国人大年鉴收录。胡秋平撰写的《探索规范性文件备案审查工作，切实维护国家法制统一》，在8月17日恩施州人大常委会规范性文件备案审查工作会议上交流。吴言撰写的《新常态下县乡人大宣传工作探索》，在9月8日渝黔湘鄂部分县(市、区)人大工作联席会第53次会议上交流。

八、信访工作

历届县人大常委会及其机关，把处理人大代表和人民群众来信来访，作为联系人大代表和人民群众、改进机关作风、树立人大机关良好形象、加强机关精神文明建设的一项重要工作来抓。

自治县一届人大常委会受理来信213件，接待人大代表和人民群众来访184人次。县九届人大常委会受理来信161件，接待人大代表和群众来访206人次。县十届人大常委会受理来信207件，接待来访人大代表和群众254人次。县十一届人大常委会受理来信275件，接待人大代表和群众来访337人次。县十二届人大常委会受理来信521件，接待人大代表和群众来访755人次。县十三届人大常委会受理来信436件，接待人大代表和群众来访532人次。县十四届人大常委会受理来信439件，接待人大代表和群众来访1683人次。县十五届人大常委会受理来信96件，接待人大代表和群众来访539人次。

为做好信访工作，从县十四届人大常委会开始，在办公室设立信访科和信访接待室，安排和任命信访科长，专门负责处理来信和来访工作，并按照《信访工作条例》制定信访工作规则，建立和完善信访工作制度，对信访来访人员和信件逐一登记，填写批办单，按来信来访处理原则和程序，全部及时作好交办、协办、转办和督办，并做到事事有着落，件件有回音。2005年12月，县人大机关信访接待室被州评为信访文明接待室。例如，信访对象蔡子渊，20世纪50年代被错误开除，多年上访未解决，他抱着最后一线希望到县人大机关信访接待室上访。2006年年初，常委会副主任周新华收到上访件后，立即批转给县检察院等有关单位研究处理，后经有关部门复查，使其问题得到纠正。漫水乡中学教师谢代伟，因单位财务工作人员工作失误，使其工资掉2级，多次上访未解决。最后他反映到人大机关信访接待室，信访工作人员及时向常委会领导汇报。常委会分管副主任田方明找有关部门核实，有关部门按政策解决这位教师工资调级和补发工资。2007年3月，县十五届人大常委会副主任莫北平接到僧人释心龙等9人要求修建仙佛寺大雄宝殿的联名信，莫北平立即将此件来信转到常委会民工委，民工委又及时转县民宗局，民宗局专门在县长办公会上汇报，后同意该项目立项，由县文体局向国家申报文物保护准建证。

县十六届人大常委会把人大代表和人民群众来信来访作为联系人民群众、获取监督议题的重要渠道，不断完善领导督办、工委室对口联系办理的机制，回应信访人员关切，促进相关问题解决，维护社会和谐稳定。

至2015年，接待来访130人次，接收来信50件；其中：2012年，接待来访62人次，接收来信12件；2013年，接待来访31人次，接收来信8件；2014年，接待来访16人次，接收来信11件；2015年，接待来访21人次，接收来信9件；2016年，接收来信10件。

九、档案工作

1980年，县人大常委会成立后，即建立机关档案室，由办公室主任分管，秘书人员代管档案。档案除收集县人大及其常委会文件资料外，还收集全国人大常委会和北京、上海及湖北省人大常委会召开会议的有关资料，供学习和开展工作之用。

1984年年初，办公室配备1名兼职档案干部，负责文件、材料及人大活动情况的收集、管理工作。6月，县人大机关安排两间房屋，分别作为档案室库房和阅览室，增添较标准档案柜，配备有关设备和用品，为开展档案工作创造条件。1984年年底，县人大机关集中力量鉴定整理档案资料，分门别类，装订归档，使档案齐全完整。从1985年起，机关逐步建立档案保管、移交、销毁、保密、借阅、立卷归档制度和档案人员岗位责任制，使机关档案工作逐步走上制度化、规范化轨道，并努力搞好编研，配备必要检索工具，发挥档案服务功能和作用。

1999年，县人大机关按照机关档案工作目标管理省二级综合档案室要求，严格管理档案，机关档案室有卷宗266册（其中永久186卷）、会计档案45卷（其中永久3卷）、基建档案2套、照片9卷、资料585册，向县档案馆移交194卷（其中永久137卷）、资料145册。2010年，县人大机关档案工作目标管理升为省二级后，成立由常委会副主任为分管领导，办公室主任具体负责，档案员负责日常工作，各工委室负责本委室档案整理收集移交的档案管理机制。继续在基础设施、组织机构、业务建设等方面增添措施，加强管理，发挥档案为人大工作和地方建设服务作用。2011年3月，正式申报为省档案管理一级单位接受验收。

2012年，为顺利通过省档案管理一级单位验收，县人大机关在档案管理工作上投入6万多元，为档案室安装防盗门窗，配备标准档案专用器材，具备防火、防盗、防光、防虫、防潮、防尘、防高温等安全保护措施，形成良好档案保管条件。建档案537卷3856件（1999—2011年），包括文书、会计、声像、基建、设备档案等，档案种类齐全、规范，档案利用全面充分，为各部门和社会各界提供历史档案100余人次，每年编写档案利用效果典型实例，充分发挥档案作用。依托信息化建设，加强电子档案管理工作。将2006年重新收集整理永久、长期文书档案和2007年至2011年永久、30年保管期限档案全部原文扫描，实现全文管理计1306件、4352幅。10月31日，州档案局副局长庞青云等5人组成档案工作目标管理考评验收组，对县人大机关档案工作目标管理晋升省一级进行考评。常委会副主任徐庭海参加考评会。考评组通过听取常委会办公室主任明文林作的档案工作汇报和晋升省一级自查报告，现场检查档案库房和硬件设施建设，查阅各种门类档案资料，查看电脑中归档文件系统和数码照片档案管理系统以及档案信息化建设情况，现场逐项考核评分,县人大机关以较高综合考评分通过晋升省一级验收。

2013年,整理归档2012年度文书档案19盒793件,其中永久663件,30年期72件,10年期58件;照片档案1盒,为永久保存;实物档案10件,为永久保存。所有档案全部录入档案系统数据库,保存期限为永久和30年档案均扫描保存。主要内容是常委会工作材料、各种会议记录、人事任免相关资料、工作计划总结、述职材料、文明单位等相关文件资料;照片为县十六届人大二、三次会议照片;实物档案主要为单位获各级奖状奖牌。全年档案利用35人次。

2014年,整理归档2013年度文书档案19盒620件,其中永久496件,30年期76件,10年期48件;照片档案1盒,为永久保存;实物档案3件,为永久保存。所有档案全部录入档案系统数据库,保存期限为永久和30年档案均扫描保存。主要内容是常委会工作材料、各种会议记录、人事任免相关资料、工作计划总结、述职材料、文明单位等相关文件资料;照片为县十六届人大四次会议照片;实物档案主要为单位获各级奖状奖牌。全年档案利用43人次。

2015年,整理归档2014年度文书档案25盒620件,其中永久453件,30年期35件,10年期132件;照片档案1盒,为永久保存;实物档案5件,为永久保存;音像档案1件,为永久保存。所有档案全部录入档案系统数据库,保存期限为永久和30年档案均扫描保存。各种门类和载体档案实行集中统一管理,并对保存的数据实行异质备份。档案利用38人次,借阅档案108件,为县人大常委会各项工作及《人大志》编撰提供相关资料,也为其他单位工作提供相关资料。12月,县档案局按照《湖北省机关档案工作目标管理等级考评办法》,对县人大机关档案目标管理工作进行省一级复查,复查得分93分,被确认为省一级。

2016年,县人大常委会领导高度重视档案工作,加强对档案工作领导,调整档案工作领导小组,由常委会办公室副主任刘伟分管档案工作,办公室信访科长唐敏负责具体档案收集整理及管理工作,形成一把手亲自抓,分管领导具体抓,专职人员具体操作档案管理网络体系。至8月,整理归档2015年度文书档案25盒706件,其中永久587件,30年期23件,10年期96件;照片档案1盒,为永久保存;实物档案5件,为永久保存;音像档案4件,为永久保存。所有档案全部录入档案系统数据库中,保存期限为永久和30年档案并经过全文扫描保存。各种门类和载体档案实行集中统一管理,并对保存数据实行异质备份。档案利用45人次,借阅档案123件,为人大常委会机关各项工作、《人大志》编撰及2016年县乡两级人大换届选举工作提供相关资料,也为其他单位工作提供相应资料。

十、老干部工作

1980年至2011年年底,历届县人大常委会及党组重视和关心支持老干部(包括退休老工人)工作。

每届县人大常委会及党组都确定1名常委会副主任和1名办公室副主任,分管老干部工作,明确工作任务、职责要求。

县人大常委会及党组每年研究老干部工作至少在三次以上。年初,把老干部工作纳入常委会及其机关工作要点；半年或“七一”、重阳节前，听取一次工作汇报，研究相关问题；年底，同机关其他工作一样检查总结，几十年里，形成制度。2004 年 2 月，为加强老干部工作，突出老干部工作特点，机关成立老干党支部，老干党支部具体抓老干部工作。

关心老干部政治、生活、经济待遇和身体健康。县人大常委会关心老干部政治生活。1994 年前，机关组织老干部每月学习一次。1995 年至 2007 年，每两个月学习一次。2008 年，鉴于老干部实际情况，改为每季度学习一次，同时，确定如有重大学习活动，不受季度时间限制，增加学习次数，直至完成政治教育及党员学习任务。几十年里，组织老干部学习邓小平理论、“三个代表”重要思想和科学发展观、党委和人大重要会议文件、人大相关法律法规以及县委、县政府重要决策等，同时县人大常委会主要领导向老干部通报情况。1981 年 7 月，组织老干部，系统学习中共中央《关于建国以来党的若干历史问题的决议》。1983 年 9 月，组织老干部，进行彻底否定“文化大革命”的教育。1984 年 4 月至 1985 年，在老干部中开展整党教育活动，老干部党员全部给予登记。1989 年 5 月，按照上级党委要求，组织老干部党员开展“一个中心、两个基本点”的学习讨论。2000 年 5—8 月，组织老干部学习中央规定的《“三讲”教育读本》篇目，开展“三讲”（讲学习、讲政治、讲正气）教育。2001 年上半年，按照县委统一安排，在老干部中开展江泽民“三个代表”重要思想学习教育活动。2004 年 2—5 月，组织老干部学习党的十六大精神，按县委统一安排，开展“三观”（权利观、政绩观、科学发展观）教育。2005 年至 2010 年，在老干部党员中开展“干部作风集中整顿”“践行科学发展观”“保持共产党员先进性”等教育活动。同时，表彰老干部中优秀党员。

县人大常委会关心老干部生活待遇。凡涉及老干部调级、调资、生活补贴、政策性奖励资金、福利待遇等，县人大常委会领导或召集专门会议、或专题讨论出台相应制度和方案，并确保落实。2006 年，县人大常委会召开主任会议，研究决定给老干部安排一辆生活用车，以备急用。2007 年，县人大常委会根据县政府规定，专题研究老干部文明单位奖励事项，奖励标准与在职干部职工相同，调动老干部创建文明单位积极性。

县人大常委会关心老干部身体健康，从 1999 年以来，常委会办公室每年组织老干部参加一次体检，对需要治疗者组织治疗；老干部生病住院，办公室组织人员带上礼品或慰问金前去看望；老干部病逝，常委会领导和办公室人员，积极出面组织或协助其亲属办理丧事，并解决办丧事中困难。县人大常委会对在外地居住老干部同样关心。2007 年以来，县人大常委会主要领导，利用赴省开会之机，带上慰问金登门看望居住在武汉的县人大常委会老干部。

适时组织和积极支持老干部参加社会活动。1994 年以来，县人大常委会每年组织机关老干部开展一次县内参观、学习考察，例如组织老干部到县人大常委会联系点、经济开发区、卷烟企业、城市防洪排污工程工地、新农村建设示范村、重点企业、农业产业化示范乡村、示范区新城区、重要旅游开发景点、电站等参观学习考察，了解县域经济社会发展情况。同时，县人大常委会领导适时安排老干部到县外学习考察。1994

年以来，县人大机关6次组织老干部到湘渝黔赣等地参观学习。县人大常委会领导安排和支持老干部担任社会组织领导职务，开展社会活动。1984年，县人大常委会安排并支持县人大常委会原副主任吴新知担任县老年体育协会会长，2004年吴新知离任后，又支持县人大常委会原主任董香彩接任。他们不负众望，热心组织老干部开展训练、比赛等活动，组织老干部几十次参加省、州及省外周边县市组织的门球、乒乓球、羽毛球等比赛，并在州以上获得名次。1995年，县人大常委会积极支持县人大常委会原副主任段松龄，担任老年书画研究会会长职务，他克服各种困难，积极组织老年书画爱好者开展活动，结合重大纪念活动举办10多次书画展，在社会产生积极影响。1997年6月，县人大常委会领导推荐、支持县人大常委会原副主任侯廷茂、杨胜富、王登高担任县老区建设促进会副会长。他们在老促会积极做好分工负责的工作，搞好调查研究，参加组织办实事活动，编撰书刊、电视专题片，宣传来凤老区，募集资金，组织修桥、修路、修学校、修水利设施、发展产业化基地、帮扶贫困学生、维修红色旧址等。2004年，县人大常委会领导积极支持县人大常委会原副主任王登高、办公室原主任李德志，组建来凤县诗词楹联学会，担任正副会长，并提供设施帮助。十多年来，他们抓组织发展，组建十个分会，由当初几十人，发展到300多人；抓培训提高，力促诗联进机关、进校园、进企业，通过不同形式培训诗联爱好者5000多人次，有30人成为国家级、省级诗联学会会员；每年组织会员开展学研、采风创作活动，创作大量诗联作品，出版学会会刊17期和2本诗词、楹联专集，4名会员出版个人诗词专集；在县委、县政府领导组织下，全县上下创建“中华诗词之乡”“中国楹联文化县”，通过2012年和2013年努力，顺利通过国家诗联学会验收，来凤县被命名为“中华诗词之乡”“中国楹联文化县”；学会多次受到州、县表彰。

2011年12月22日上午，县人大机关老干支部召开老党员座谈会，会上老干部建议：结合县里重大决策，组织老干部学习和通报情况，每年组织学习和活动3次到4次；两年组织一次老干部外出考察和学习，平常组织老干部在本县或周边县市考察学习一次；常委会和办公室明确专门分管老干部工作领导，加强对老干部管理和领导；对老干部政治上要关心，加强学习，生活上关心，老干部生病要去看望，关心他们家庭，了解他们情况；对老干部工作设立专项经费。

2012年2月22日，县人大机关召开离退休老干部工作会议，老干支部书记崔建辉主持会议。会议学习和传达全县“喜迎十八大、争创新业绩”及“三项”活动会议精神；学习县正风肃纪“二十条”；县人大常委会办公室主任明文林通报全县重大活动开展情况，介绍常委会2012年工作要点和工作计划；老干支部书记崔建辉介绍2012年人大机关老干部工作及活动安排。离退休老干部积极建言献策，表示完全支持县里“三项”活动，要带头自觉遵守相关规定，进一步加强自身思想政治建设，为人大工作开展尽自己一份力。10月，组织离退休老干部赴重庆市武隆县，考察旅游业开发情况。

2013年2月1日上午，县人大机关召开离退休人员迎春座谈会。会上，办公室主任明文林通报2012年常委会工作情况。听完汇报后，离退休老干部对2012年常委会工作给予充分肯定,并对县人大机关和人大工作提出很好建议和意见。常委会主任莫北平出席会议并讲话,他希望,离退休老干部今后一如既往关注、支持人大机关工作,并向他们送去新春祝福。3月22日,县人大机关召开退休干部座谈会,结合学习贯彻落实党的十八大精神,共话来凤发展。常委会主任莫北平参加座谈。会议通报全县经济社会发展情况及人大工作开展情况。与会老干部认为,新一届县委政府班子履职一年多来,团结带领全县广大干部群众,紧紧围绕既定目标,凝心聚力,真抓实干,在经济建设、社会建设和党的建设等方面取得令人鼓舞成绩。座谈中,与会老干部就老干支部建设、城市管理、社会治安综合治理、市民素质提升等,提出许多建设性意见和建议。在认真听取与会老干部发言后,莫北平表示,县人大常委会取得各项成绩,与老干部关心、支持密不可分,对老干部们提出意见建议,将高度重视,认真研究,希望老干部们一如既往关心支持人大工作和全县经济社会发展,继续发挥参谋、监督和带头作用。莫北平强调,县人大机关要进一步重视老干部工作,积极探索新形势下老干部工作新方法、新机制,进一步增强服务意识,做到政治上尊重老干部,思想上关心老干部,生活上照顾老干部。2013年度,县人大常委会党组出台关于加强机关老干部工作的意见,老干党支部被评为全州老干先进党支部。

2014年6月24日,县人大机关老干支部召开部分离退休老干部座谈会,特邀县委组织部副部长、老干局局长谭震及办公室相关负责人参加。会上,县人大机关老干支部书记崔建辉汇报机关老干支部半年工作,安排下步工作;机关支部书记李洁汇报党的群众路线教育实践活动开展情况和相关工作。老干部们围绕党的群众路线教育实践活动、老干支部活动、来凤经济社会发展和民生改善等问题提出宝贵意见和建议。在听取老干部发言后,老干支部书记崔建辉表示,老干部提出意见和建议很好、很中肯,老干支部将认真归纳整理老干部提出意见和建议,及时整理报告,确保意见和建议能及时得到采纳。县委组织部副部长、老干局局长谭震对近年来县人大老干支部工作表示肯定,对老干部提出有关问题做了解答,并表示县委老干局将进一步做好老干部工作,切实做到思想重视、生活关心、保障到位。2014年度,退休老干部李德志被评为全州老干部先进个人。

2015年9月,组织离退休老干部赴湖南省龙山县里耶、来凤县百福司两镇,考察旅游名镇建设及酉水河流域生态保护情况。

2016年10月8日下午,县人大机关召开老干部座谈会,县人大常委会主任莫北平,县人大常委会副主任彭远仪、田延初出席会议。会上通报2016年人大及常委会工作情况,听取通报后,县人大机关老干部一致认为县人大及常委会今年工作成绩突出,各方面工作均衡发展,老干部工作细致到位。莫北平向老干部送上重阳节的祝福,同时表达谢意,感谢老干部老有所为,发挥所长,积极支持人大相关工作,树立好人大良好形象。

十一、指导与联系工作

县人大常委会成立初期,对乡镇人大工作人员和人大工作只是一般性联系,从1999年起,对乡镇人大工作换届选举、代表工作开展、乡镇人大会议召开、乡镇人大机关建设、人事安排建议等全面进行指导。1999年1月,县十三届人大常委会根据县委要求,全面加强对乡镇人大工作指导,2000年3月出台《来凤县乡镇人大工作目标考核实施办法》,对乡镇人大在加强党的领导、加强自身建设、监督工作、代表工作、依法召开主席团会议、宣传工作、阵地建设、其他工作等,每年考核,对排列前三名乡镇人大给予奖励。同时,逐步探索出加强同乡镇人大工作联系与指导有效做法,即:坚持邀请乡镇人大主席和副主席列席县人大常委会会议,审议报告,提审议意见,掌握召开相关会议方法和程序;经常组织乡镇人大干部参加视察、执法检查、调研等活动,提高乡镇人大干部工作水平;统筹安排乡镇人大干部外出学习考察,了解学习外地人大工作情况;定期召开乡镇人大座谈会,交流人大工作经验,相互学习提高;坚持人大常委会主任、副主任联系乡镇人大工作制度,实行面对面指导;经常依法指导召开乡镇人代会和开展人大代表活动,规范活跃乡镇人大工作;指导乡镇人大工作及阵地规范化建设,为开展乡镇人大工作创造良好环境等,把指导乡镇人大工作,提高到一个新水平。

县人大常委会重视对外联系与交流。主动争取省州人大常委会和武汉市人大常委会指导,经常请示汇报县人大常委会工作,得到关怀和支持。积极组织和安排人员参加、列席省州人代会及其常委会会议,认真配合省州人大常委会开展视察、调研及学习考察活动,开阔眼界,学习经验,促进工作;同时,积极协助承办相关会议,4次协助承办全州人大常委会办公室工作、代表工作、常委会主任座谈会等,提升来凤人大工作影响力。依托渝黔湘鄂部分县(市、区)人大工作联席会这一平台,学习借鉴外地先进经验。从1989年8月,县人大常委会派出领导和办公室人员出席在利川市召开的第一次联席会后,20多年来,县人大常委会参加渝黔湘鄂部分县(市、区)人大工作联席会53次,每次安排4—5人参会,并于1992年下半年、2000年下半年、2009年下半年,成功举办第5次、第21次、第39次边区人大工作联席会议,分别围绕如何开展好新形势下人大代表工作,制约当前地方人大工作的主要因素及对策以及加强环保工作监督、促进可持续发展主题深入交流和探讨,学习外地许多经验,较好展示来凤文明形象。

县十六届人大常委会更加注重对乡镇人大指导与联系、对上对外联系与交流、拓展与武汉市人大常委会对口帮扶范围和深度,积极协助州人大常委会开展保护酉水河立法工作。

(一)对乡镇人大指导与联系

2012年,鉴于乡镇人大办公室工作人员变动较多,对相关法律法规及人大工作程序不太熟悉,2月21日,常委会召开乡镇人大主席及人大办工作人员座谈会议,采取以会代训形式,就如何做好乡镇人大工作、召开乡镇人代会程序及有关要求进行培训学习。3月中旬,常委会领导带领工委室负责人指导乡镇人大筹备人代会,到各乡镇察看会议材料准备情况,对一些不规范程序及时纠正;会中又到部分乡镇现场指导,保证乡镇人代会严格按照程序依法进行。9月24日,组织乡镇人大副主席参加州人大常委会举办的培训班。11月21日,在旧司镇召开全县乡镇人大工作交流现场会。会上,各乡镇人大交流年度工作情况,就如何做好新形势下人大工作进行探讨，代工委就乡镇人大性质及人大工作重点等内容进行培训。同时，会议提出“2532”乡镇人大工作要求，以规范乡镇人大工作。

2013年，制定县人大常委会关于加强乡镇人大规范化建设的指导意见。同时，按照“2532”工作要求，统一制定乡镇人大主席团工作职责和乡镇人大主席、副主席工作职责以及乡镇人大办公室工作人员职责等制度。常委会领导带领工委室负责人，赴乡镇指导县人大代表向选民述职等工作。

2014年，常委会按照“2532”工作要求，及时指导督促乡镇人大工作规范化建设，促进乡镇人大工作协调平衡发展。各乡镇人大依法召开人代会、主席团会，开展视察调研、执法检查、工作评议、联系代表和选民、代表述职评议活动，狠抓代表培训、代表建议督办、人大宣传工作，积极推进阵地建设和制度建设，规范化建设水平得到进一步提升。

2015年11月4日，常委会主任莫北平一行深入绿水镇，调研人大工作。莫北平一行实地调研该镇香沟村人大代表工作室创建情况，并听取该镇人大工作情况汇报。莫北平强调，创建人大代表工作室，是全面落实人民代表大会制度，促进民主政治建设重要工作内容。要通过创建活动搭建人大代表履职平台，使人大代表深入基层收集整理群众意见和建议；要不断丰富代表活动内容，畅通各级人大代表与选民群众之间联系渠道，化解经济社会多元化矛盾。

2016年2月25日下午，县人大常委会组织召开乡镇人大工作座谈会，安排全面推进乡镇人大工作。县人大常委会主任莫北平、副主任徐庭海、彭远仪、高碧玉、田延初出席会议。县人大常委会机关干部职工、各乡镇人大专职副主席、乡镇人大办公室主任参加会议。各乡镇人大汇报2015年工作和2016年工作打算；办公室、代工委、民工委分别就做好2016年乡镇人大工作提出意见和建议。莫北平指出：乡镇人大要充分认识人大工作重要性，贯彻好县委人大会议精神，切实按照“2532”工作要求做好人大工作。要明确目标和任务，科学安排好年度计划；要立足本职，认真做好人大规范化建设，进一步提高依法履职活力水平；要加强队伍建设，提高人员素质。

（二）对上对外联系与交流

2012年3月15日，州人大常委会党组书记、副主任瞿赫之一行到县人大常委会看望机关工作人员，听取工作汇报，并给予高度评价。3月21日上午，常委会主任莫北平带队到州人大常委会开展拜访活动，州人大常委会党组书记、副主任瞿赫之等领导亲切接见来凤人大常委会一行，常委会副主任徐庭海、彭远仪、向清堂、高碧玉、田延初、邓家斌，以及工委室相关人员参加拜访活动。21日下午，常委会主任莫北平率常委会考察组到恩施市人大常委会学习交流，恩施市人大常委会主任刘凡主持座谈，市人大常委会副主任许强、邵永政、洪波、余秋红参加座谈会。座谈会上，恩施市人大常委会主刘凡介绍市人大常委会重点抓好三个方面工作：在乡镇配齐领导班子和专职工作人员，抓好组织机构建设，使工作职责得到落实；通过建立完善制度和乡镇人大工作考核，推进乡镇人大规范化建设，确保履职到位；在乡镇建立人大活动中心，通过开展“四个一”活动（即帮扶一户贫困户，办一件好事，解决一个问题,提一条建议),充分发挥人大代表作用。在听取恩施市人大常委会工作情况介绍后,莫北平介绍来凤县人大常委会相关情况,他认为,恩施市人大常委会工作有很多好经验和做法值得借鉴,并热烈欢迎恩施市人大常委会同仁到来凤指导工作。刘凡主任愉快接受邀请并表示,以后双方要进一步加强彼此间交流,更好发挥各自人大常委会作用。3月22—23日,常委会主任莫北平率常委会考察组赴建始、利川考察学习。5月22—23日,州人大常委会内司工委主任巩建国带领执法检查组,检查来凤《残疾人保障法》实施情况。5月23—24日,州人大常委会副主任陈学明带领督查组,督导来凤人口和计划生育工作。6月下旬,根据州人大常委会办公室关于开展湖北省"促进民族地区发展法制宣传鄂西行"恩施州活动的通知安排,县人大常委会组织开展"促进民族地区发展法制宣传鄂西行"民族法制知识竞赛活动。7月9—10日,州人大常委会副主任邓正平带领视察组,视察来凤2012年上半年经济社会发展计划、财政预算执行情况及重点建设项目实施情况。7月11—12日,湖北"民族法制宣传鄂西行"记者采访团,在省人大民族宗教侨务外事委员会(简称"民宗侨外委")秘书长王光萍带领下,赴来凤集中采访。8月22—23日,州人大常委会内司工委主任巩建国带领执法检查组,检查来凤《社会保险法》实施情况。9月1—2日,省人大常委会调研组根据关于对湖北武陵山少数民族经济社会发展试验区建设情况进行专题调研和对《民族区域自治法》等法律法规执法检查报告审议意见研究处理情况进行跟踪检查的通知要求,赴来凤就上述两项工作进行专题调研和跟踪检查。11月9日,州人大常委会副主任于德海带领州人大财经工委、州财政局相关人员,调研来凤部门预算编制工作。11月15—16日,州人大常委会副主任吕金施带领视察组,视察来凤"四年建设"(重大项目建设年、招商引资突破年、城镇建设攻坚年、环境建设优化年)活动开展情况、重点项目领域预防职务犯罪工作情况、《州民族文化遗产保护条例》实施情况。此外,常委会参加省州人大常委会安排各项活动,配合完成交办各项工作任务,安排人员出席第44次、45次鄂渝湘黔边区人大工作联席会议。

2013年3月12日,贵州松桃县人大常委会主任唐永明一行考察来凤,县人大常委会主任莫北平陪同考察。4月15日,州人大常委会调研组调研来凤《省农村土地经营承包条例》实施情况。5月9—10日,州人大常委会副主任陈学明率执法检查组,与县人大常委会执法检查组同步检查来凤《州旅游条例》实施情况。5月14—15日,州人大常委会副主任陈学明带领视察组,视察来凤少数民族特色村寨保护与发展情况。5月22日,州人大常委会副主任于德海带领调查组,调查来凤监督政府全口径预算决算工作情况。7月18日,省人大常委会副秘书长彭小海一行考察喳西泰水城、文化中心、全民健身中心、科教示范园、卯洞景区、仙佛寺等,并了解县人大工作开展情况。9月5—6日,州人大常委会副主任于德海带领调查组到来凤开展工作评议调查。10月10—11日,长阳土家族自治县人大常委会副主任官守国一行,考察来凤龙凤科教示范园。10月16日,湖南龙山县人大常委会主任余佳祥一行到来凤,调研龙凤示范区规划和建设情况。12月2日,河南镇平县人大常委会副主任李国进带队，到来凤县人大常委会学习交流监督审计工作。是年，常委会安排人员出席第46次、47次鄂渝湘黔边区人大工作联席会议。

2014年3月12日，省人大民宗侨外委主任委员、省人大常委会委员谭徽在，省人大常委会委员、省佛教协会会长正慈一行到来凤，调研《州行政立法条例》《州法律援助条例》实施情况及民族宗教工作。5月20—24日，协助州人大常委会调研组，赴百福司镇及其兴安村和县文体局、仙佛寺以及龙山县人大常委会、龙山县华塘坝办事处等地，调研武陵山试验区和龙凤示范区推进情况、法制保障情况以及非物质文化遗产保护情况。6月25—26日，渝黔湘鄂部分县(市、区)人大工作联席会第48次会议在建始县举行，常委会副主任邓家斌在会议上作题为《开展述职评议、增强代表责任、发挥代表作用》交流发言。9日10日下午，秭归县人大常委会主任郑之全带队，考察调研来凤经济社会发展和财政工作。9月24日，湘西州人大常委会副主任刘时进一行考察来凤城镇化建设工作。10月17日，恩施市人大常委会主任刘凡一行考察来凤经济社会发展情况及人大工作情况。11月4—6日，渝黔湘鄂部分县(市、区)人大工作联席会第48次会议在贵州松桃县举行，常委会副主任徐庭海在会议上提交题为《推进规范化建设，努力创新人大工作》交流材料。11月19日，省人大常委会副秘书长郭玉军一行，调研来凤贯彻落实2009年省委人大工作会议、2011年省委人大工作座谈会议精神和省委《关于进一步加强和改进人大工作的决定》的情况。11月19日，州人大常委会内司工委主任巩建国一行，调研来凤公安刑事侦查工作开展情况。12月24—25日，常委会协助省人大民宗侨外委在来凤成功举办民族法制建设理论研讨会暨人大民族干部培训班，常委会副主任邓家斌作《构建龙凤示范区利益协调机制的思考》的交流发言，并安排有关人员参加培训学习。

2015年3月18日，省人大常委会副主任赵斌带领调研组，调研来凤民族工作及扶贫开发情况。6月7日，全国人大常委会办公厅新闻局副局长曲卫国一行指导来凤人大宣传工作，并考察三胡乡黄柏园一石桥扶贫开发片区、仙佛寺。6月10日，省人大常委会代工委副主任委员刘建新率驻鄂部队省人大代表团到来凤调研视察。7月2—3日，州人大常委会副主任涂元玲调研来凤“山更青、天更蓝”暨《内保条例》实施情况。7月9日，州人大常委会副主任刘青带队，视察来凤2015年上半年计划预算执行情况。9月6—7日，州人大常委会副主任邓正平率视察组，视察来凤“水更绿”“土更净”专项工作情况。9月15—16日，省人大常委会副主任张岱梨调研来凤精准扶贫工作。10月9日，州人大常委会副主任陈学明带领调研组到来凤，开展州委人大工作会议会前情况调研暨《预算法》实施情况调研。11月4日，州人大常委会副主任涂元玲率视察组，视察来凤“十三五”规划编制完成情况、“城乡更美”专项工作情况。11月15日，仙桃市人大常委会副秘书长、办公室副主任郑序廷一行5人，考察来凤人大档案管理工作。11月26日，湖南省人大常委会副主任蒋作斌一行，在湘西州人大常委会及龙山县相关领导陪同下到来凤县调研。12月15—16日，来凤县人大常委会作为全州县市唯一代表参加全省市州人大常委会主任座谈会议并作交流,得到省、州人大常委会领导充分肯定。

2016年3月2—3日,省人大常委会副主任王玲带领省人大常委会调研组,到来凤调研《省农村扶贫条例》实施情况。州人大常委会党组书记副主任瞿赫之、副主任邓正平,县委书记胡泽,县委副书记、县长向军,县人大常委会主任莫北平,县人大常委会副主任徐庭海、高碧玉,副县长杜方平陪同。王玲一行到三胡乡黄柏园村等地调研。近年来,三胡乡依托区域优势,因地制宜大力扶持乡村旅游、杨梅、藤茶等特色产业发展,走出一条致富路。王玲认为,来凤通过发展以藤茶为代表的特色农业,打造以杨梅古寨为代表的特色乡村旅游等,为深入推进精准扶贫找准方向,要进一步突出生态扶贫后发优势,发挥脱贫群众辐射带动作用。座谈会上,王玲一行认真听取来凤关于经济社会发展情况、实施《条例》情况汇报。王玲表示,来凤发展深刻体现"来凤之狠",狠在自我加压的精神状态,狠在敢于担当和创新的追求,狠在从实际出发推动扶贫工作,狠在措施落实到位,狠在脱贫效果突出。针对下一步工作,王玲强调,坚持把精准扶贫、精准脱贫当做头等大事,深刻领会精准扶贫、精准脱贫意义、指导思想、任务、目标等,把思想和认识统一到中央要求和省委部署上。要进一步加大宣传动员力度,精准扶贫、精准脱贫工作,政府是主导,群众是主体,要调动全社会积极性、广泛参与。要大胆担当,克难攻坚,整合资金,鼓励先行先试;引入市场机制,用好市场资源,撬动市场资源;围绕精准扶贫工作,探索体制机制创新;要加大《省农村扶贫条例》宣传落实力度。调研期间,王玲一行还深入龙凤文化中心、龙凤体育中心、龙凤科教示范园、凤雅藤茶公司、湘鄂情大桥等地调研,并在湖南省龙山县考察参观皇仓中学、龙凤广场、龙山来凤高速公路,详细了解龙凤经济协作区发展情况。3月8日,州人大常委会副主任邓正平带领视察组到来凤,视察审计查出问题整改落实情况。视察组到绿水镇、翔凤镇,实地检查胡家坪林场危旧房改造、棚户区改造安置、保障性住房分配和管理问题整改落实情况。邓正平指出,来凤组建工作专班,对审计查出问题积极自查和扎实整改,措施得力、效果良好、资料详尽,反映来凤对整改工作重视程度高、整改力度大。他强调,要按要求处理好危旧房改造工程中未使用基础设施配套资金。要公平、公正、公开进行保障性住房动态分配,根据保障对象实际家庭收入情况,实行最低收入家庭、低收入家庭和中收入家庭差别化租金;要持续做好后续物业管理,耐心、细心为廉租、公租房租户提供优质物业服务。

(三)武汉市人大常委会对口帮扶

2012年8月12—13日,武汉市人大常委会秘书长于建海一行到县人大常委会开展对口帮扶工作。常委会主任莫北平,副主任徐庭海、彭远仪、高碧玉、田延初、邓家斌出席座谈会。座谈会上,莫北平对武汉市人大常委会给予来凤人大常委会事业发展高度关注和支持表示衷心感谢,徐庭海就来凤县和来凤县人大常委会近年来情况作简要介绍。于建海表示,武汉市人大常委会将认真落实省委、市委决策部署,进一步探索对口帮扶新领域和新途径,扩大协作交流深度和广度,努力开创两地人大常委会多层次、全方位协作新局面。会上,武汉市人大常委会向来凤县人大常委会捐赠对口帮扶资金10万元，莫北平与于建海代表双方签署武汉市人大常委会对口帮扶来凤县人大常委会协议书。协议书主要内容有：建立健全对口帮扶制度。设立对口帮扶工作小组，拟定对口帮扶方案，全面协商开展对口帮扶事宜。两地人大常委会要各自明确一名领导分管对口帮扶工作，同时以办公室为主成立对口帮扶工作小组，开展对口帮扶工作。建立便捷通畅信息交流通道。武汉市人大常委会与来凤县人大常委会建立信息交流平台，定期交流人大监督工作、人大代表工作、机关建设与管理等有关信息，相互赠送人大简报、人大刊物、相关资料等。开展人才交流活动。两地人大常委会每年安排1—2名干部挂职学习。开展互访活动。两地人大常委会机关每年至少开展一次交流活动，密切联系，增进友谊，促进来凤人大事业发展。开展推介来凤活动。武汉市人大常委会通过自身优势和社会影响力、公信力，帮助来凤在汉推介旅游项目、招商引资项目和名优土特产品。加大对口帮扶资金投入。武汉市人大常委会每年安排一定帮扶资金，帮助来凤人大机关改善工作条件。

2013年6月5日下午，武汉市人大常委会副主任卢国祥一行到来凤开展对口帮扶工作。州人大常委会副主任于德海，县领导胡泽、向军、莫北平、陈胜、谭培忠、徐庭海、彭远仪、向清堂、高碧玉、田延初、邓家斌、田方明、许德胜、丁星火出席汇报会。会上，武汉市人大常委会向县人大常委会捐赠对口帮扶资金50万元。卢国祥说，来凤生态优美，资源丰富，发展快，潜力大，干部职工有扎实工作作风和争先竞位意识。武汉市人大常委会将帮助来凤联络有关专家、学者，对发展目标、发展优势进行深度研究，寻求科学思路，对来凤发展给予力所能及支持和帮助。

2014年5月15—17日，武汉市人大常委会秘书长袁堃率队到来凤开展对口帮扶工作。常委会主任莫北平，副主任徐庭海、彭远仪、高碧玉、田延初等参加活动。5月16日上午，在县人大常委会会议室召开对口帮扶座谈会，双方就深化对口帮扶、推动县域经济社会发展进行探讨和交流。会后袁堃一行赴百福司镇、仙佛寺景区、龙凤新区、文化中心等地考察。袁堃一行对来凤县近年来经济社会发展取得显著成效予以高度评价，希望两地人大常委会进一步加强沟通交流。他表示，武汉市人大常委会将进一步加大帮扶力度，探索对口帮扶新领域和新途径，扩大协作交流深度和广度，努力开创两地人大常委会多层次、全方位协作新局面。莫北平对武汉市人大常委会倾力帮扶表示感谢。他说，2001年以来，武汉市人大常委会既扶资又扶智，既“输血”又“造血”，在技术培训、人才支持、资金援助等方面给予无私帮扶，希望继续将这种亲情般帮扶关系延续下去，为两地经济社会发展作出更大贡献。6月4—6日，常委会主任莫北平和副主任徐庭海、彭远仪、高碧玉、田延初、邓家斌，带领常委会工委室主任和机关工作人员，赴武汉市人大常委会学习取经。学习期间，武汉市人大常委会安排汉阳区人大常委会副主任陈辉，作题为《人大代表履职机制研究》讲座；武汉市人大常委会代工委副主任刘颖萍，介绍武汉市人大常委会加强常委会与代表联系、加强代表与人民群众联系等做法和体会；武汉市人大常委会预工委副主任陈祖华，作题为《以深化财税体制改革为契机,加强预算审查监督职能》讲座。同时,武汉市人大常委会安排县人大常委会一行,参观考察武汉市民之家(武汉规划展示馆)、汉阳区二街人大代表工作室。此外,县人大常委会办公室副主任胡淑凤、向春华,从6月份开始在武汉市人大常委会进行为期半年挂职学习。10月9日下午,武汉市人大常委会党组副书记、副主任胡绪鹍一行到来凤开展对口帮扶工作,并召开座谈会,为县人大常委会捐赠帮扶资金50万元,用于常委会新会议室装修和电子表决系统购置。县领导向军、莫北平、陈胜、徐庭海、彭远仪、高碧玉、田延初、邓家斌出席座谈会。县委副书记、县长向军就介绍县情、经济社会发展等情况。胡绪鹍说,来凤历史悠久,来凤人民热情好客,乐观向上。两地人大常委会要进一步加强联系,增进友谊,希望来凤进一步加快武陵山区经济强县建设,成为武陵山区一颗耀眼明珠。当天,胡绪鹍一行还深入武汉大道、湘鄂情大桥等重点工程现场参观考察。

2015年6月2日至12月2日,县人大常委会预工委主任邱安、办公室副主任刘伟在武汉市人大常委会挂职锻炼。7月16—17日,武汉市人大常委会副主任彭志敏一行到来凤开展对口帮扶工作,为县人大常委会捐赠帮扶资金30万元。8月13日,县人大常委会召开监督财政预决算专题培训会议,武汉市人大常委会预算工委副主任陈祖华应邀作专题讲座。9月14—15日,武汉市人大常委会研究室主任彭少怀带领武汉电视台、长江日报记者采访团到来凤,实地采访武汉市对口帮扶重点项目实施成效和精准扶贫工作。

2016年5月13日,武汉市人大常委会党组书记、副主任贾耀斌一行到来凤开展对口帮扶工作,为县人大常委会捐赠帮扶资金30万元。座谈会上,县委副书记彭立华汇报县情、经济社会发展等情况。贾耀斌对来凤近年来经济社会发展取得成效给予高度评价。他说,来凤是武汉市人大常委会对口帮扶的重点地区,来凤县委、县政府高度重视,工作扎实,各部门工作积极主动,干部群众充满自信,希望两地人大常委会进一步加强联系交流,把来凤建设成为武陵山区一颗耀眼的明珠。贾耀斌还对来凤旅游产业发展提出建议。

(四)协助开展保护酉水河立法工作

2014年7月3日,根据来凤县和龙山县县委领导就保护酉水河商定的意见,常委会主任莫北平和副主任高碧玉、邓家斌,带领有关工委室主任和工作人员,赴湖南龙山县人大常委会,就龙凤示范区建设、立法保护酉水河水环境等问题,进行广泛深入交流和探讨,并就两县人大常委会分别向恩施州和湘西州人大常委会提出立法建议达成共识。10月16日,常委会主任莫北平带领分管环境保护和民族法制工作的副主任及工作人员,赴恩施州人大常委会作专题汇报,并在汇报会上与宣恩县人大常委会商定,两县共同起草提交立法建议,得到州人大常委会领导肯定。11月13日,来凤和宣恩县人大常委会共同向恩施州人大常委会,提交关于提请对酉水河流域实施保护的立法建议。之后,被恩施州人大常委会纳入2015年立法工作计划。

2015年2月28日,县十六届人大常委会第32次会议举办立法调研专题讲座,湖北民族学院副教授汪燕从单行条例的立法主体、立法程序、立法依据、立法权限和立法方案五个方面，全面系统、深入浅出地进行讲解。常委会组成人员和有关与会人员参加培训。3月13日上午，常委会主任莫北平、副主任邓家斌等，赴州人大常委会专题汇报立法保护酉水河前期工作情况。3月20日，常委会配合湖北民族学院专家组召开立法调研座谈会，州县人大代表、州县政协委员、执法单位负责人、律师、村（社区）负责人、村（居）民代表、企业事业单位代表，以及县直部门和乡镇负责人参加会议，与会人员踊跃发言，积极建言献策，对制定《酉水河保护条例》（简称"《条例》"）提出很多具有参考价值意见和建议。同时，在来凤人大网、来凤新闻网、中国来凤网、来凤电视台、来凤网络电视、来凤百姓网等媒体，刊登（播）关于开展《条例》立法调研征求意见的公告，广泛征求社会各界人士意见。3月24—26日，州人大常委会副主任陈学明带领州人大常委会有关委室和州政府法制办以及来凤县人大常委会有关人员，赴湖南湘西州人大常委会以及重庆秀山县、酉阳县和贵州松桃县人大常委会，衔接《条例》同步立法工作。通过参与各方沟通协商，在明确制定《条例》必要性和紧迫性、联合成立立法工作协调领导小组、确定各自工作专班、组织沿河考察调研、加强与各自省人大常委会和法制部门协调沟通、共同委托第三方（法律专家）起草《条例》文本、组建文本专家咨询组、召开同步立法工作第一次联席会议等方面，达成初步共识。4月15日上午，州人大常委会副主任陈学明到来凤，明确酉水河保护同步立法工作第一次联席会议筹备会相关事项。4月25日，恩施州人大常委会及其来凤县人大常委会、湘西州人大常委会及其龙山县人大常委会有关领导和工作人员，在恩施州人大常委会召开《条例》同步立法第一次联席会筹备会议，原则通过酉水河流域保护同步立法工作方案，并就有关问题磋商形成共识。5月5日，来凤、龙山县人大常委会，在来凤县人大常委会会议室召开座谈会，就两县组建立法工作专班、加强同步立法协调联系、确定委托第三方起草文本等问题形成共识。5月20日，来凤、龙山县人大常委会，组织湖北民族学院、吉首大学法学专家在龙山县民族宾馆会议室召开座谈会。就受恩施、湘西两州人大常委会委托，聘请湖北民族学院、吉首大学联合组成课题组开展立法调研、起草文本以及工作经费等问题形成共识。9月7—10日，恩施州和湘西州人大常委会主办、来凤县人大常委会承办的酉水河保护立法工作第一次联席会议在来凤县召开。出席会议的有：湖南省人大民侨外委副主任委员刘路平，湖北省人大民宗侨外委副主任委员陈亚平、省人大常委会办公厅巡视员黄文平、省人大民宗侨外委办公室调研员宗丽娟等领导；湘西州人大常委会副主任吴凌频，湘西州人大城环委主任委员张党闽、民侨外委主任委员刘卫平，湘西州政府法制办主任沈世锋、州水利局副局长米承胜、州环保局局长石泽龙，龙山县委副书记贺代贵、县人大常委会主任余佳祥、副主任严许艾，永顺县人大常委会副主任曾甲林，保靖县人大常委会副主任宋梦扬，花垣县人大常委会副主任姚胜玉，古丈县人大常委会副主任石远胜，怀化市沅陵县人大常委会副主任全竹英，以及相关县人大常委会工委室和法制办、水利局、环保局负责人；重庆市秀山土家族自治县人大常委会法工委主任赵通庆，酉阳土家族自治县人大常委会法工委主任熊金华。恩施州人大常委会党组书记副主任瞿赫之，副主任陈学明、涂元玲，恩施州人大民族法制委主任委员董传柏、环境资源保护委主任委员苏启东，恩施州人大常委会法规研究室主任杨绪明，州政府办执法监督科科长向仕胜、州水利局党组成员防汛办副主任黄思昭、州环保局总工程师杨绪敏；宣恩县人大常委会副主任李明山，县人大常委会主任莫北平、副主任徐庭海、向清堂、高碧玉、田延初、邓家斌，调研员田方明，以及相关县人大常委会工委室和法制办、水利局、环保局负责人；文本起草组专家成员吉首大学法学与公共管理学院院长、博士、教授吴文平，吉首大学法学与公共管理学院博士、副教授阮丽娟；湖北民族学院法学院副教授、法学博士、恩施州政府法律顾问、省民族法学研究会副秘书长汪燕，湖北民族学院法学院副教授、法学博士冉艳辉，湖北民族学院法学院讲师、法学博士李妍辉；专家咨询组成员中南民族大学法学院行政法教研室主任、副教授冉瑞燕，中南民族大学法学院经济法教研室主任、副教授廖华，中南民族大学法学院行政法教师、副教授余涛，吉首大学法学与公共管理学院法学系主任、博士、副教授谭正航，吉首大学生物资源与环境科学学院博士、副教授袁志忠，吉首大学生物资源与环境科学学院博士、副教授胡文勇，湘西州人大常委会委员、州教科院主任王琳；来凤县委副书记彭立华等领导列席会议。湖南省人大民侨外委副主任委员刘路平，湖北省人大常委会办公厅巡视员黄文平，湘西州人大常委会副主任吴凌频，恩施州人大常委会党组书记副主任瞿赫之，专家咨询组代表冉瑞燕、谭正航，分别在会上讲话。会议讨论《条例》文本起草专家组提出的立法建议，进一步明确制定《条例》必要性、紧迫性。会议指出，酉水河发源于湖北省宣恩县椿木营境内七姊妹山自然保护区，流经湖北省来凤县和湖南省龙山县、永顺县、保靖县、花垣县、古丈县以及重庆市酉阳县、秀山县和湖南省怀化市沅陵县，进入沅江，汇洞庭湖而入长江，全长477千米，流域人口400多万。酉水河在武陵山区11个县内蜿蜒曲折，相互交错。由于酉水河地域特殊性，还没有现成法律法规来保护。同时，流域内行政区划分割，综合管理合力难以形成，目前流域内无序开发、工农业生产和生活废水及垃圾污染、水土流失等问题日益突出。长此以往，必将制约流域内经济社会科学发展、绿色发展、可持续发展。通过立法来治理和保护酉水河，促使其科学保护、适度开发、有效利用，已刻不容缓、势在必行。会议认为，立法保护酉水河，是贯彻落实党的十八大和十八届三中四中全会精神的重要举措，是推进生态文明建设和促进依法治国的具体体现，是加强和促进武陵山区各民族团结和进步、加快实施武陵山片区区域发展与扶贫攻坚规划的应有内涵，也是巩固党的群众路线教育实践活动成果、回应人民群众对保护青山绿水和全面建设小康社会殷切期盼的实际行动。因此，酉水河流域内有关人大及其常委会，在立法保护酉水河方面，承担着责无旁贷、义不容辞的责任。会议强调，根据《立法法》等法律法规的规定，湖南省湘西州人大常委会与湖北省恩施州人大常委会，要将《条例》分别纳入本届人大常委会立法计划。会议讨论湘西州人大常委会和恩施州人大常委会共同起草的《条例》协作立法工作方案，认为立法工作方案，内容全面，重点突出，要求明确，操作性较强，同意进一步修改完善后印发给各方。会议同意联合成立立法工作协调领导小组，并要求各方组建工作专班，确定联络人员。会议肯定由人大常委会主导、委托第三方起草法规文本的做法。建议专家起草组，继续做好所承担立法调研以及《条例》文本修改、完善等工作。会议认为，鉴于各方人大常委会任期时间不一，为统一立法工作进度，各方要在本届任期内完成《条例》立法工作，力争在2016年年初将《条例》（草案）提交湘西州、恩施州人大常委会分别按程序办理。会议要求，《条例》文本起草专家组在修改完善文本过程中，要继续开展调查研究，广泛征求意见，进一步修改完善文本，使其更具前瞻性、针对性和可操作性。有关各方人大常委会要提前介入，组织人大常委会组成人员、人大代表和部门负责人等，在酉水河全线开展调研活动，为审议文本奠定基础。建议由有关专家组成的专家咨询组，在文本修改完善过程中，要继续对文本进行咨询论证。会议认为，各方人大常委会在征求当地党委政府领导班子成员、专家学者、人大代表、政协委员、部门和乡镇负责人、基层群众等社会各界人士意见同时，可以聘请熟悉州情县情、熟悉相关法律和具有一定专业知识的本地专家，对《条例》文本进行论证，以切实提高立法质量。会议讨论专家建议稿。认为专家建议稿基本涵盖酉水河保护与治理、开发与利用以及法律责任等主要内容，有一定针对性、指导性和可操作性。但是，鉴于酉水河跨省市跨流域和流经县多特点，其上中下游保护与治理是一个不可分割有机整体，沿河两岸各级政府和人民群众，在酉水河保护与治理上，是休戚与共、责任同担、利益共享的共同体。要求在进一步广泛调研和听取各方面意见建议基础上，修改完善专家建议稿内容；要突出重点，针对当前酉水河水环境、水生态、水污染等突出问题，设置法律规范。要处理好共性与个性、统一性与差异化关系，在原则上保持统一前提下，对一些诸如执法管理机构之类条款，可以预留空间，由参与各方自主处理。会议期间，湘西州和恩施州人大常委会负责人还协商立法工作和专家咨询经费等问题。12月29日，受州人大常委会委托，县人大常委会办公室和民工委在来凤人大网、来凤政务网，发布关于做好《酉水河保护条例（草案建议稿）》修改工作的通知和《酉水河保护条例（草案建议稿）》及其说明，要求县直单位和乡镇在调查研究或者组织座谈基础上，提出修改意见，便于州人大常委会调研组和《条例》文本起草专家组修改完善《条例》文本。

2016年3月1日，州人大常委会副主任陈学明带领调研组一行到来凤，就《酉水河保护条例（草案建议稿）》征求意见实地调研。同时，县人大常委会有关组成人员，州县镇人大代表，县直有关部门负责人组成调研组，同步开展实地调研。上午，州、县人大常委会调研组到宣恩县李家河镇川大河（酉水河一级支流）流入来凤县入口处、龙凤大桥（县自来水公司二水厂取水处）、湘鄂情大桥等地，就酉水河水质、水量、污染情况等进行实地查看和调研。在下午召开的座谈会上，州人大常委会调研组围绕《条例（草案建议稿）》修改完善，广泛听取意见。与会的来凤县人大常委会有关组成人员，州县乡人大代表，县水利局、环保局、农业局、住建局、法制办等单位负责人，分别从不同角度、不同方面，对《条例（草案建议稿）》的修改完善提出建议。陈学明在听取修改完善建议后指出,《条例(草案建议稿)》立法工作,要坚持保护优先、突出重点、问题导向、法治思维、技术规范、不做重复性规定等原则,要依法有序推进立法工作进程。同时强调,酉水河保护要坚持“创新、协调、绿色、开放、共享”五大发展理念,要与“六城”同创活动、以及“山更青、水更绿、天更蓝、土更净、城乡更美”五项专项工作结合起来。来凤县人大常委会要切实抓好酉水河保护推进工作,既要督促政府部门抓好污水处理等当务之急,也要推进来龙两县酉水河保护的协调联动机制建立。5 月 17—19 日,县人大常委会副主任邓家斌等出席在湖南永顺县召开的酉水河保护立法工作第二次联席会议,对《条例(草案建议稿)》提出修改完善意见,为全面完成立法工作任务奠定基础。9 月 23 日,州七届人大法制委员会召开第三次全体会议,第三次集中审议《恩施土家族苗族自治州酉水河保护条例(草案)》。州人大常委会法制工委、州政府法制办、州环保局、州水利水产局、州农业局、湖北民族学院有关人员列席会议。会议听取州人大常委会法制工委关于《条例(草案)》“二审”后开展相关工作情况的汇报,听取州人大法制委员会主任委员吕世安关于条例草案修改情况的说明,对条例草案进行逐条审议,形成《条例(建议表决稿)》。会议认为,条例文本基本成熟,一致同意由法制工委和湖北民族学院起草组根据各方面提出的意见和建议对条例有关条款作具体修改,同意将《条例(建议表决稿)》提交州七届人大常委会第 32 次会议审议表决。9 月 29 日,州七届人大常委会举行第 32 次会议。州委书记、州人大常委会主任王海涛主持会议。州人大常委会党组书记、副主任瞿赫之,副主任吕金施、刘青、邓正平、陈学明、涂元玲,秘书长涂洋轩及常委会其他组成人员出席会议。会议审议并通过《条例(建议表决稿)》。11 月 20 日,省人大民宗侨外委主任委员、省人大常委会委员谭徽在带领省人大民宗侨外委副主任委员陈亚平、吴志峰、何世平等人组成的考察组,到来凤县考察酉水河保护现状。考察组一行重点考察来凤县城区第二自来水厂取水口上游 1000 米以内河段水质及河道两岸保护情况,听取来凤县环保、水利部门负责人现场汇报,了解来凤、龙山两县酉水河环境现状。此次考察目的主要是为审议《恩施土家族苗族自治州酉水河保护条例(表决稿)》掌握第一手资料。恩施州人大常委会党组书记副主任瞿赫之、副主任陈学明,来凤县人大常委会主任莫北平、副主任邓家斌陪同考察。12 月 1 日,经省十二届人大常委会第 25 次会议表决,《恩施土家族苗族自治州酉水河保护条例》获全票通过。这标志恩施州首部地方性法规正式诞生。

第四章 乡镇人民代表大会

乡镇人民代表大会是我国人民代表大会制度重要组成部分，是最基层地方国家权力机关，是人民当家做主、行使管理国家和社会事务政权组织形式之一。

1954年，全县各乡镇召开一届人大会议，建立乡镇政权，标志乡镇人民代表大会制度在来凤正式确立。1956年，各乡镇召开二届人大会议。

1958年10月，撤销区公所，全县建立政社合一的人民公社（简称“公社”），至1960年全县建立6个公社（即接龙桥、卯洞、旧司、大河、三胡、城关镇），并成立公社管理委员会（简称“管委会”）代行政府职能，乡镇人大由公社人大替代。1961年5月，恢复区公所，6个公社改为4个区（即接龙桥、旧司、大河、三胡）、1个区级公社（即卯洞）和1个镇（即城关镇）。

1966年5月，“文化大革命”开始，成立公社革委会，人大被迫停止活动。至1980年11月，全县设立8个公社革委会（即接龙桥、绿水、卯洞、旧司、高洞、大河、三胡、革勒车）和1个镇革委会（即城关镇）。

1980年，因公社（镇）作为地方一级政府，社（镇）长均须选举产生，8月至11月，各社（镇）分别召开一届人大一次会议（城关镇因未中断，为七届人大一次会议）。12月，恢复公社管委会和城关镇（1981年9月城关镇更名为翔凤镇）政府，同时恢复公社、镇人大制度。

1984年6月，设区建乡，撤销公社管委会，全县设立接龙桥、绿水、漫水、高洞、旧司、大河、三胡、革勒车8个区、翔凤、百福司2个县辖镇，以及48个乡和4个区辖镇，恢复乡镇政府和乡镇人大。

1988年1月，全县乡镇人大选举产生人大主席团成员和主席。按照《地方组织法》规定，乡镇人大依法行使职权，如期举行会议，听取和审议乡镇政府工作报告、乡镇人大主席团工作报告，审查批准乡镇政府财政预算决算，依法决定乡镇重大事项，选举乡镇人大主席团及其成员和乡镇政府组成人员。乡镇人大主席团负责处理乡镇人大闭会期间日常事务。同时，县十届人大常委会第1次会议，决定在区镇设立人大工作联络组，组长由区镇长兼任。1990年8月29日，县十届人大常委会第19次会议任命专职联络组组长。1991年8月27日，县十一届人大常委会第5次会议作出关于区人大工作机构更改名称的决定，将区人大工作联络组更名为区人大工作联络处，并任命各联络处主任，翔凤镇和百福司镇不再设联络处，各区人大工作联络处至1997年1月撤区建乡时自行撤销（参见第三章第七节）。

1993年12月15日，经省政府批准，同意撤销接龙桥区，将其行政区域并入翔凤镇。1994年3月，召开翔凤镇一届人大一次会议。

1995年5月10日，州政府决定，将原属宣恩县所辖高罗区、沙坪区、李家河区、沙道沟镇（1996年7月撤区建乡，分别更名为高罗乡、沙坪乡、李家河乡、沙道沟镇)划归来凤代管。1998 年 2 月 9 日,州政府决定,高罗乡、沙坪乡、李家河乡、沙道沟镇不再由来凤县代管,仍归宣恩县管辖。根据“书不越界”修志工作原则,对高罗乡、沙坪乡、李家河乡、沙道沟镇人大和人大工作,不纳入本志记述范围。

1996 年 7 月,根据省州有关文件精神,撤区建乡,全县设立绿水、漫水、高洞、旧司、三胡、革勒车 6 个乡和翔凤、百福司、大河 3 个县辖镇。

1997 年 1 月,全县 9 个乡镇分别召开一届人大一次会议(其中,翔凤镇和百福司镇因为建制没有改变,因此,翔凤镇召开二届人大一次会议;百福司镇召开五届人大一次会议)。根据 1995 年修正后《地方组织法》规定:“乡、民族乡、镇的人民代表大会设主席,并可以设副主席一人至二人。主席、副主席由本级人民代表大会从代表中选出,任期同本级人民代表大会每届任期相同。”从 1997 年 1 月起,全县 9 个乡镇选举产生乡镇人大主席、副主席。

2001 年 3 月 15 日,经省政府批准,撤销高洞乡,将其行政区域划归旧司乡管辖。2001 年 9 月 22 日,召开合并后的旧司乡三届人大一次会议。

2011 年 11 月 7 日,经省政府批准,撤销绿水乡,设立绿水镇。11 月 16 日,召开绿水镇一届人大一次会议。

2012 年 9 月 11 日,经省政府批准,撤销旧司乡,设立旧司镇。2013 年 3 月 9 日,召开旧司镇一届人大一次会议。

2013 年 11 月 13 日,经省政府批准,撤销革勒车乡,设立革勒车镇。2014 年 3 月 25 日,召开革勒车镇一届人大一次会议。

由于各乡镇档案资料严重缺失,难以全面系统记述乡镇人大会议和人大工作,因此,本着实事求是和详近略远修志工作原则,乡镇人大会议和人大工作记述上限,统一确定为 1980 年。

第一节　乡镇人民代表大会代表选举

1980 年,接龙桥、绿水、卯洞、高洞、旧司、大河、三胡、革勒车公社和城关镇,开展社镇人大代表选举,选举产生代表 1156 名。

1984 年至 1993 年,在撤区建乡之前,2 个县辖镇以及 48 个乡和 4 个区辖镇,开展 4 次乡镇人大代表选举,其中,1984 年选举产生乡镇人大代表 2544 名,1987 年选举产生乡镇人大代表 1750 名,1990 年选举产生乡镇人大代表 1905 名,1993 年选举产生乡镇人大代表 1926 名。

1996 年至 2011 年,在撤区建乡后,乡镇开展 6 次乡镇人大代表选举,其中,1996 年 9 个乡镇选举产生代表 548 名,1999 年 9 个乡镇选举产生代表 529 名,2001 年合并后的旧司乡选举产生代表 69 名,2002 年除旧司乡外 7 个乡镇选举产生乡镇代表 427 名,2006 年选举产生乡镇代表 509 名,2011 年选举产生乡镇代表 530 名。

一、社镇人民代表大会代表选举

1980 年,按照五届全国人大二次会议 1979 年 7 月 1 日通过的《选举法》规定,全县8社1镇进行社镇人大代表选举。

1980年来凤县社镇人大代表选举情况一览表

表4—1　　　　　　　　　　　　　　　　　　　　　　　　　　单位:名

社镇名称	代表数	其中									
		男	女	非党人士	少数民族	工人	农民	军人	干部	知识分子	其他
城关镇政府	77	60	17	25	13	13	20	1	20	9	14
接龙桥公社	184	156	28	68	131	4	142	2	25	9	2
绿水公社	84	70	14	17	16	4	61	1	11	2	5
三胡公社	136	114	22	49	85	5	107	1	13	4	6
革勒车公社	98	79	19	39	85	4	69	1	11	7	6
高洞公社	74	59	15	26	50	4	56	1	10	2	1
旧司公社	150	127	23	62	83	3	109		23	8	7
大河公社	176	141	35	59	81	6	130	1	24	4	11
卯洞公社	177	138	39	59	147	4	135		29	9	
合计	1156	944	212	404	691	47	829	8	166	54	52

二、撤区建乡前乡镇人民代表大会代表选举

在1996年7月撤区建乡前，1984年、1987年、1990年和1993年，全县48个乡、6个镇分别4次选举乡镇人大代表。

1984—1993年来凤县乡镇人大代表选举情况一览表

表4—2

区(镇)名称	人大代表数(名)			
	1984年	1987年	1990年	1993年
全县合计	**2544**	**1750**	**1905**	**1926**
翔凤镇(小计)	**55**	**37**	**47**	**50**

1984—1993 年来凤县乡镇人大代表选举情况一览表

续表 4—2

区(镇)名称	人大代表数(名)			
	1984 年	1987 年	1990 年	1993 年
接龙桥区(小计)	**440**	**282**	**306**	**308**
沙坨乡	59	35	39	41
飞机乡	60	36	41	41
土堡乡	60	36	41	41
活水乡	57	36	41	41
红花乡	59	35	37	37
新峡乡	50	36	37	37
大沟乡	45	34	35	35
甘溪乡	50	34	35	35
绿水区(小计)	**196**	**127**	**142**	**142**
上寨乡	50	31	35	35
茅坝乡	60	35	41	41
龙嘴乡	37	30	31	31
五台乡	49	31	35	35
漫水区(小计)	**208**	**157**	**171**	**169**
漫水镇	55	35	39	39
三坝乡	43	31	35	35
兴隆坳乡	30	30	35	31
鱼塘乡	35	30	31	31
洗车乡	45	31	31	33
百福司镇(小计)	**335**	**221**	**243**	**249**
镇街道办事处	64	30	31	39
河东乡	47	32	35	33
风洞乡	50	33	41	41

1984—1993年来凤县乡镇人大代表选举情况一览表

续表4—2

区(镇)名称	人大代表数(名)			
	1984年	1987年	1990年	1993年
观音坪乡	49	32	35	35
荆竹乡	50	31	35	35
安抚司乡	50	33	35	35
高洞乡	25	30	31	31
高洞区(小计)	**167**	**119**	**124**	**126**
东流司乡	54	34	37	39
新坪乡	50	33	35	35
花坨乡	25	21	21	21
官塘乡	38	31	31	31
旧司区(小计)	**265**	**167**	**173**	**181**
旧司镇	60	37	41	39
黄土乡	50	34	38	39
水田乡	55	33	28	33
三合乡	50	34	37	37
新乐乡	50	29	29	33
大河区(小计)	**435**	**296**	**323**	**327**
大河坝镇	50	35	41	41
社坛溪乡	50	33	33	33
楠木坪乡	50	33	33	33
杉木塘乡	50	32	33	33
两河口乡	55	35	41	41
观音桥乡	50	35	37	39
蒲西乡	30	27	31	31
牡丹坪乡	50	33	37	37

1984—1993 年来凤县乡镇人大代表选举情况一览表

续表 4—2

区(镇)名称	人大代表数(名)			
	1984 年	1987 年	1990 年	1993 年
大红乡	50	33	37	39
三胡区(小计)	**240**	**166**	**179**	**177**
胡家沟乡	59	37	37	37
猴栗堡乡	60	36	41	41
苏家堡乡	50	33	35	35
三堡岭乡	41	30	35	33
八股乡	30	30	31	31
革勒车区(小计)	**203**	**178**	**197**	**197**
革勒车镇	50	33	39	41
文坪乡	38	29	31	31
太坪乡	25	30	31	31
鼓架乡	25	29	31	31
高山乡	40	32	34	35
百兴木乡	25	25	31	28

注:翔凤镇街道办事处原档案遗失,以镇为单位统计

1993 年 12 月 15 日,经省政府批准,撤销接龙桥区,将其行政区域并入翔凤镇。1994 年 1 月,合并后的翔凤镇开展一届人大代表选举。

1994 年翔凤镇一届人大代表选举情况表

表 4—3 单位:个、名

选区数	选民数	分配代表名额	正式代表候选人	选举代表	代表类型(一)					代表类型(二)		
					工人	农民	知识分子	干部	其他	妇女	非党人士	少数民族
47	35684	92	139	90	4	37	10	35	4	14	22	52

三、撤区建乡后乡镇人民代表大会代表选举

1996 年 7 月，撤区建乡，原 7 区 2 镇改为 6 乡 3 镇，即绿水、漫水、旧司、高洞、三胡和革勒车乡以及翔凤、百福司、大河镇。6 乡 3 镇分别于 1996 年、1999 年，依法开展乡镇人大代表换届选举。

1996 年来凤县乡镇换届选举人大代表情况一览表

表 4—4　　　　单位：个、名

乡镇	选民数	选区数	分配代表名额	正式代表候选人	选举代表	代表类型(一)					代表类型(二)		
						工人	农民	知识分子	干部	其他	妇女	非党人士	少数民族
翔凤镇	48644	48	97	145	96	2	47	3	43	1	21	20	53
绿水乡	12720	22	53	75	53	1	37	2	13		11	21	27
漫水乡	12202	20	53	73	53	1	33	2	17		7	9	43
百福司镇	16083	29	59	88	59	1	39	4	15		14	24	34
高洞乡	11021	24	51	75	51		28	6	17		5	15	29
旧司乡	18128	23	59	82	59	1	41	5	12		9	20	30
大河镇	28046	46	71	117	71	1	43	2	25		15	14	32
三胡乡	17118	21	57	96	57		38	4	15		3	11	52
革勒车乡	12899	19	53	72	49		36	1	12		1	21	49
合计	176861	252	553	823	548	7	342	29	169	1	86	155	349

1999 年来凤县乡镇换届选举人大代表情况一览表

表 4—5　　　　单位：个、名

乡镇	选民数	选区数	分配代表名额	正式代表候选人	选举代表	代表类型(一)					代表类型(二)		
						工人	农民	知识分子	干部	其他	妇女	非党人士	少数民族
翔凤镇	49530	48	99	148	93	6	44	8	31	4	15	23	68

1999 年来凤县乡镇换届选举人大代表情况一览表

续表 4—5　　　　单位:个、名

乡镇	选民数	选区数	分配代表名额	正式代表候选人	选举代表	代表类型(一)					代表类型(二)		
						工人	农民	知识分子	干部	其他	妇女	非党人士	少数民族
绿水乡	13486	23	54	77	46	1	31	1	13		9	15	25
漫水乡	12368	20	54	74	54	1	33	2	18		7	9	43
百福司镇	16347	29	59	88	55		38	1	15	1	5	18	40
高洞乡	11332	24	51	75	45		27	3	15		6	16	30
旧司乡	18858	23	59	82	59	1	39	6	13		10	19	29
大河镇	29424	46	72	118	68	1	50	2	15		3	12	32
三胡乡	17642	20	58	98	58		40	4	14		3	11	52
革勒车乡	13763	19	53	72	51		36	3	12		6	12	50
合计	182750	252	559	832	529	10	338	30	146	5	64	135	369

2001 年,撤销高洞乡,高洞乡所辖区域并入旧司乡。合并后的旧司乡从 8 月下旬至 9 月下旬,开展三届人大代表换届选举。

2001 年旧司乡三届人大代表选举情况表

表 4—6　　　　单位:个、名

选民数	选区数	分配代表名额	正式代表候选人	选举代表	代表类型(一)					代表类型(二)		
					工人	农民	知识分子	干部	其他	妇女	非党人士	少数民族
29920	37	72	156	69		44	4	21		3	12	37

2002 年,翔凤镇、绿水乡、漫水乡、百福司镇、大河镇、三胡乡、革勒车乡依法开展人大代表换届选举。

2002年来凤县7个乡镇换届选举人大代表情况一览表

表4—7　　单位：个、名

乡镇	选民数	选区数	分配代表名额	正式代表候选人	选举代表	代表类型(一)					代表类型(二)		
						工人	农民	知识分子	干部	其他	妇女	非党人士	少数民族
翔凤镇	48644	41	99	140	91	1	44	4	29	13	12	9	58
绿水乡	13989	23	54	77	52	2	35	2	13		12	11	29
漫水乡	12482	20	54	74	54	1	31	4	18		10	10	40
百福司镇	17775	29	59	90	59		42	4	13		5	8	31
大河镇	30667	46	72	117	63		41	3	19		5	9	23
三胡乡	18341	20	58	95	57		38	3	16		3	10	51
革勒车乡	13958	19	53	72	51		34	3	14			20	44
合计	155856	198	449	665	427	4	265	23	122	13	47	77	276

2006年，翔凤镇、绿水乡、漫水乡、百福司镇、大河镇、旧司乡、三胡乡、革勒车乡依法开展人大代表换届选举。

2006年来凤县乡镇换届选举人大代表情况一览表

表4—8　　单位：个、名

乡镇	选民数	选区数	分配代表名额	正式代表候选人	选举代表	代表类型(一)					代表类型(二)		
						工人	农民	知识分子	干部	其他	妇女	非党人士	少数民族
翔凤镇	63501	44	99	143	98	2	51	15	30		11	11	66
绿水乡	15054	21	54	75	54	3	35	1	14	1	7		29
漫水乡	12806	20	54	74	54	1	30	3	20		4	8	40
百福司镇	16787	29	59	88	55		45	1	9		9	13	34
旧司乡	32124	33	72	105	72		49	1	22		8	5	48

2006 年来凤县乡镇换届选举人大代表情况一览表

续表 4—8　　　　单位:个、名

乡镇	选民数	选区数	分配代表名额	正式代表候选人	选举代表	代表类型(一)					代表类型(二)		
						工人	农民	知识分子	干部	其他	妇女	非党人士	少数民族
大河镇	29689	41	72	113	72	1	50	5	14	2	5	7	35
三胡乡	20079	20	59	79	59		44	2	13		4	10	53
革勒车乡	14713	20	45	65	45		37	2	6		2	9	43
合计	204753	228	514	742	509	7	341	30	128	3	50	63	348

2011 年,翔凤镇、绿水乡、漫水乡、百福司镇、大河镇、旧司乡、三胡乡、革勒车乡,依法开展人大代表换届选举。

2011 年来凤县乡镇换届选举人大代表情况一览表

表 4—9　　　　单位:个、名

乡镇	选民数	选区数	分配代表名额	正式代表候选人	选举代表	代表类型(一)					代表类型(二)		
						工人	农民	知识分子	干部	其他	妇女	非党人士	少数民族
翔凤镇	76464	39	105	144	105	2	60	20	21	2	21	11	73
绿水乡	13620	21	55	75	55	1	34	3	9	8			35
漫水乡	22003	19	55	74	55	1	29	3	22		5	3	39
百福司镇	17246	29	59	88	58		42	2	14		10	13	36
旧司乡	35104	33	73	106	70		57		13		13	4	45
大河镇	30698	41	73	114	73	2	50	2	18	1	7	12	40
三胡乡	20904	20	60	85	60	3	35	2	20		5	3	50
革勒车乡	13768	18	54	72	54	1	40	3	10		10	12	50
合计	229807	220	534	758	530	10	347	35	127	11	71	58	368

第二节　乡镇人民代表大会会议

一、社镇人民代表大会会议

1980年11月下旬至12月中旬，全县8个公社和城关镇召开人大会议。会议听取和审议代表资格审查报告、公社革委会(1980年12月撤销公社革委会，恢复公社管委会)工作报告、镇政府工作报告以及代表提案办理报告，选举产生公社管委会主任、副主任，镇政府镇长、副镇长(见来凤县8社1镇行政领导人员名录)，以及人民陪审员。

来凤县8社1镇主任(镇长)、副主任(副镇长)名录

(1980.11—1984.5)

表4—10

单　位	主任(镇长)	副主任(副镇长)
城关镇政府	田祚春	向培益　倪学式　冉正怀　向兴昆　周兴志
接龙桥公社	向泽银　任福生	罗楚翘　朱森松　张永生　熊实禄　莫易林　曾昭义　邹隆成
绿水公社	田维望	陈应学　田兆德　杨兴华
卯洞公社	粟明忠	黄治安　田德成　罗清富　向世友　向世凯　彭昌利　石永谦
大河公社	卞于德　向代福	任发安　向代福　万明义　何绍清　杨树荣　洪　琳
旧司公社	尹毓胜	张发明　段太林　田绍元　樊哲辉　吴承学
高洞公社	杨世海	张成均　魏仁清　黄永新
革勒车公社	李国铨　杨荣庭	杨荣庭　杨顺勤　文竹山　侯树功
三胡公社	谭永红　杨荣松	黄思明　杨荣松　张文仲　彭端富　沈秀凤　万先德　胡　杰

自1980年召开一届人大一次会议后，至1984年5月，全县8个公社和城关镇均未召开人大会议。

1984年6月，遵照省委、省政府关于做

好政社分开、建立乡政府的通知精神,经鄂西州政府同意,撤销公社体制,重新设区建乡,全县设8区2镇。

二、撤区建乡前乡镇人民代表大会会议

从1984年至1996年,全县46个乡、6个镇人大换届4次,每年依法召开人大会议。会议听取和审议乡镇政府工作报告、人大主席团工作报告、"三提五统"(指村级三项提留和五项乡统筹)工作报告,审查和批准财政工作报告,选举乡镇人大主席团主席、副主席和乡镇政府乡(镇)长、副乡(镇)长。

翔凤镇人大主席团主席、副主席名录

(1994.3—1996.12)

表4—11

主　　席	副　主　席
刘光明	周明星

接龙桥区各乡人大主席团主席名录

(1984.6—1993.12)

表4—12

乡　名	姓　　名
沙坨乡	吴真学　杨立忠　陈久长　张中平
飞机乡	杨永才　张雨沛　杨正东　杨隆召　田呈林　龙福生
大沟乡	夏隆胜　郑方权　张福生　向开田
甘溪乡	田代芝　向启顺　陈久长　李世元
土堡乡	谭宏宪　沈永安　覃运全　朱富国
活水乡	陈朝明　张雨沛　周昌万
红花乡	杨绍富　蒋延钊　李世元　彭仕良
新峡乡	田文才　谢双全

绿水区各乡人大主席团主席名录

(1984.6—1996.12)

表 4—13

乡　名	姓　　　名
上寨乡	严天佑　向世友　杨光荣　和云国
茅坝乡	姚元正　李家祥　李万全　张庭芳　施明燕
龙嘴乡	向顺福　杨胜祥　李正祥　向官贵
五台乡	肖绍田　田官启　杨光松　向朝利

漫水区各乡镇人大主席团主席名录

(1984.6—1996.12)

表 4—14

乡　镇	姓　　　名
漫 水 镇	向世干　向世华　刘克斌
洗 车 乡	周培富　彭武进　彭明德　彭庆权
三 坝 乡	田德安　彭明德　胡振玉　田继和
鱼 塘 乡	刘克斌　胡振玉　向世华　田礼贵
兴隆坳乡	田绍华　王进福　田绍文　颜松柏

百福司镇及其各乡人大主席团主席名录

(1984.6—1996.12)

表 4—15

乡　镇	姓　　　名
百福司镇	任福生　邓明进　杨秀金　张岸华
河 东 乡	彭大开　严天云　李中元　向忠富　田先贵
风 洞 乡	张儒全　田先考　胡凤云
观音坪乡	向发友　田先贵　田先考　向世友
荆 竹 乡	尚星海　张应华　田新贵

百福司镇及其各乡人大主席团主席名录

(1984.6—1996.12)

续表4—15

乡　镇	姓　　名
安抚司乡	向习海　刘万双　张开宏
高洞乡	彭尚立　宁中富　王世海　廖达礼　向世全

大河区各乡镇人大主席团主席名录

(1984.6—1996.12)

表4—16

乡　镇	姓　　名
大河坝镇	杨文清　张子云　吴承学　刘乾佑　杨培芝
大红乡	向林仕　向戊香　杨高元
社坛溪乡	姚凤山　田棋楼　王连加
楠木坪乡	张泽术　张松柏　曾松林
杉木塘乡	田恩宽　姚平章　张泽术　邵光志
两河口乡	刘祖新　曾雨安
观音桥乡	向顺成　杨培芝　肖宏华
蒲西乡	杨光佑　雷光树
牡丹坪乡	彭开武　雷光树　何安柏

旧司区各乡镇人大主席团主席名录

(1984.6—1996.12)

表4—17

乡　镇	姓　　名
旧司镇	邓云易　黄　储　李光红　田锦银　田延吉　鲁必华
黄土坝乡	张秀成　姚贤碧
水田坝乡	张前国　田锦银　伍　刚　向光华　鲁必华
新乐乡	莫菊英　王雨池　王兆华　向仁和　邓全松　覃德兴
三合乡	田中元　杨胜银　杨秀文　周宗主

高洞区各乡人大主席团主席名录

(1984.6—1996.12)

表 4—18

乡　名	姓　　　名
东流司乡	郑代术　姚贤荣　姚贤碧　张秀成
新 坪 乡	姚贤荣　郑代术　黄土奎　张秀成
官 塘 乡	杨天明　李宪文　唐官伯　陈朝堂　任光福
花 坨 乡	唐红丹　卢仁海　陈朝堂

三胡区各乡人大主席团主席名录

(1984.6—1996.12)

表 4—19

乡　名	姓　　　名
胡家沟乡	杨本太　覃兰元　龙如福　向　力
猴栗堡乡	覃兰元　谭再富　龙如福
苏家堡乡	杨山才　何忠保　覃兰元　杨本太　龙如福　尤学亮　田恩海
三堡岭乡	姚顶胜　朱　轩　杨松林
八 股 乡	向达再　彭绍军　尤学亮　杨松林

革勒车区各乡镇人大主席团主席名录

(1984.6—1996.12)

表 4—20

乡　镇	姓　　　名
革勒车镇	田承德　陈　远　李宪文　张　源　向尧林　林　超　杨延万　姚平安　任光福　杨滨海　田宗海
文 坪 乡	张桂林　陈　远　张　超　姚学家　唐辉志　张　源
太 坪 乡	李宏恩　唐辉志　姚平安　张孝国　盛光桃　杨顺勇　杨光华
鼓 架 乡	何益山　张桂林　姚学家　张　超　彭丹华　任光福　田宗海　杨滨海　聂其胜
高 山 乡	田佑林　姚平安　何益山　林　超　张孝国　杨光华　彭丹华
百兴木乡	李宪文　朱贵清　林　超　张昌明

翔凤镇政府镇长、副镇长名录

(1984.6—1996.12)

表 4－21

镇　长	副　镇　长
卞于德　彭　军 姚贤弟　刘　冰 杨吉富	周兴志　王恒星　彭　军　李才平　杨忠全　任　兵 石万祥　李华林　杨胜国　陈朝明　王贤鹏　向德军 李小波　张雨沛　姚福德　谭金萍

接龙桥区各乡政府乡长、副乡长名录

(1984.6—1996.12)

表 4－22

乡　名	乡　　长	副　乡　长
沙坨乡	彭继松　田呈林　吴真学 李树林　杨立中　欧洪权	易久成　莫开富　张志德　杨通干　韩文松 龙华山　周冬玉　张启发　杨　莉
飞机乡	周昌万　朱富国　万先文 沈青山　覃运金　许吉富 汪建敏	任福祥　万先文　方树银　魏金平　王太军 李世望　杨通干　杨桂莲　周冬玉　胡大林 汪建敏　胡启应　罗　静
大沟乡	龙福生　杨　勇　欧洪全 许吉富　汪长贵　何芝松 吴克华　杨通明	杨永富　欧洪全　张中平　杨桂莲　向　义 鲁道普　粟明海　张承东　曾凡国
甘溪乡	万国华　刘绍伯　田文清 夏隆胜　朱富国　李世望 张志德　欧洪全　覃德新 吴真学　何芝松　宋仕友	李世望　李连中　龙志祥　林顺龙　姚海玉 田永保　舒建华　汪长贵　向　义　李国璋
土堡乡	田呈林　沈青山　沈永安 张洪成　吴克华　汪再华	沈青山　丁　友　任福祥　刘绍伯　林顺龙 汪长贵　张成久　覃金友　许坤发　何国刚 罗　静　段龙湘
活水乡	贾炳璜　杨吉坤　杨通干 陈久长　万先文　沈青山 谢培胜　罗　静　吴克华	田凤均　魏仁清　刘绍伯　胡玉堂　向忠银 易锦林　赵景松　林顺龙　李仕元　罗　静

续表

乡　名	乡　　长	副　乡　长
红花乡	田文清　周昌万　刘绍伯 杨　勇　张中平　蒋延钊 赵景松　彭仕良	易锦林　张小虎　田永保　刘启海 向　义　谢成建　龙志祥　韩文松
新峡乡	唐辉成　田呈林　谢双全 龙福生　李菊云　吕国松	覃运金　张雨沛　田永保　莫开富 何　平　粟明海　王太军　张永占 龙志祥　赵景松　刘绍伯　张承东

绿水区各乡政府乡长、副乡长名录

(1984.6—1996.12)

表 4—23

乡　名	乡　　长	副　乡　长
上寨乡	彭万富　向绍勤　田仁应　向习成 李正祥　余秋红　姚元胜	陈阳孟　周行安　田宣福　向习成 刘明益　刘龙贵　张秀明　向伯海
茅坝乡	田仁应　吴正祥　张己龙　向官贵 向顺福　田维松　田　华　向权珍 向世勇　陶　强	覃运全　刘明益　李家祥　向世应 张秀明　田永贵　陈玉香　杨胜忠 陶　强
龙嘴乡	向大培　向世友　施明燕　向习成 杨胜富　李宗培　陶　强	向启顺　向清明　田维德　彭兴成 李家祥　刘明益　陈　勇
五台乡	严天胜　和云国　吴正祥　向世友 覃金顺	杨胜忠　和云国　向朝利　杨胜富 向官友

漫水区各乡镇政府乡(镇)长、副乡(镇)长名录

(1984.6—1996.12)

表 4—24

乡　镇	乡(镇)长	副乡(镇)长
漫 水 镇	向世发　刘繁海　何清飞　丁仁茂 向世干　田洪进　田绍华　刘克斌	向志栋　田应凡　何清飞　龙林沛 向孝祥　彭庆权　王光富　向中才

漫水区各乡镇政府乡(镇)长、副乡(镇)长名录

(1984.6—1996.12)

续表4—24

乡 镇	乡(镇)长	副乡(镇)长
洗车乡	殷炳松 田德顺 赵仁光 杨万成 彭大芝	刘克斌 易吉元 田德顺 彭庆全 曾庆志 彭岸明 段福祥 田德权
三坝乡	彭武进 田洪进 范才祥 田礼贵 彭岸明 陈光友 田科元	田诗武 陈长清 田绍金 田礼贵 杨秀礼 田绍绪
兴隆坳乡	丁仁茂 陈长友 田绍华 刘克斌 王进福 颜松柏 田德顺 谭中军 向志栋 龙林沛 李 兵	田祥列 吴邦志 石德林 段福祥 杨秀礼 彭大元 曾庆志 覃国芝
鱼塘乡	田德明 向世友 彭庆全 龙林沛 向中才 段福祥	向国祥 田志书 王光富 赵 华 向高山 向孝祥

百福司镇及其各乡政府乡(镇)长、副乡(镇)长名录

(1984.6—1996.12)

表4—25

乡 镇	乡(镇)长	副乡(镇)长
百福司镇	邹科应 向致春 向卫华 张岸华 莫小刚 吴汉岳	张岸华 向致春 赵仁生 刘万照 田祥福 张世友 张昌恩 曾宪伟 王贤鹏 张继恩 杨胜友 彭英才 田德明 尚星海 朱 瑜 周运峰 田志权 林礼富 刘树生 田 斌
河东乡	胡凤云 田先贵 田永富 陈大明 彭大楚 彭召明 田学海	张德华 张岸军 任汝陆 向广碧 严天云 张品胜 李天银 田先贵
风洞乡	向德华 彭大开 田先考 向世国 向中富 王书华 曾庆田	彭大开 李天银 胡凤云 张应华 向世华 陈洪斌 张品胜 张岸军 向世友 冯新佩 廖文轩 田圣才

百福司镇及其各乡政府乡(镇)长、副乡(镇)长名录

(1984.6—1996.12)

续表 4—25

乡　镇	乡(镇)长	副乡(镇)长
观音坪乡	廖文轩　田德明　向世权　向桂菊　王书华　郎洪波	李茂胜　张品兰　郭多双　胡凤云　向世华　周洪全　张应华　彭大楚　张品胜
荆竹乡	田祥福　向世友　田礼贵　郭多双　向孝武　郎洪波　彭召明　陈大明	田圣才　陈彦生　冯新佩　向中富　周畅富　张应华　彭南清　廖达礼　陈礼元
安抚司乡	向习海　向运富　徐民权　姜应峰　田言武　彭大开	田先考　刘万双　陈礼元　唐光荣　田言兵　彭南清　向世友　彭大开　周畅富
高洞乡	张开宏　陈礼元　田先考　王世海　任汝陆　向锡明　向世友　廖达礼	王世海　宋祥辉　向运富　廖达礼　周洪全　严天云　向广碧

大河区各乡镇政府乡(镇)长、副乡(镇)长名录

(1984.6—1996.12)

表 4—26

乡　镇	乡(镇)长	副乡(镇)长
大河坝镇	向友士　刘乾佑　田恩乾	洪业秀　王连加　李学文　田永清　杨高元　吴庭元　张新洪　吴习富　陈祖胜　张通林　向志佳　吴文友　易厚祥
大红乡	向世祥　曾松林　张世忠　肖宏祥　曾宪勇　杨高元	姚术柏　冯尚志　何国海　杨光明　张东山　洪业召　安忠辉　田永清
社坛溪乡	郑远高　田　宏　杨高元　张泽术　肖宏祥	田棋六　吴爱民　杨本然　章绍宇　郭棉喻　陈　南　尹文堂　田永松　姚　江　向贤林　谢发章
楠木坪乡	向学林　田恩乾　田　宏　张东山　邓代明　姚伯承	向子安　郭明辉　曾宪禄　田永宽　田恩乾　洪业秀　邓代明　姚　伟　余运红　田　彦

大河区各乡镇政府乡(镇)长、副乡(镇)长名录

(1984.6—1996.12)

续表4—26

乡　镇	乡(镇)长	副乡(镇)长
杉木塘乡	杜长清　杨本然　杨高元　姚凤山　向学林	杨本然　黄世德　杨中明　田维兵　杨金安　杨光明
两河口乡	刘乾佑　李世泽　曾宪勇　王连加　刘祖兴　杨　桦　李成林	郑清白　曾宪勇　郭金华　田金生　杨学东　肖宏祥　陈祖胜　姚祖兵　曾雨安　曾宪禄　田呈明　杨启成　李世文
观音桥乡	杨文清　李世泽　田永宽　张兴宏　洪业秀　肖宏华　段术祥	张施胜　邓国富　杨培芝　姚　伟　肖宏华　陈兆胜　田正祥　黄永成　郭金华　姚本均　姚伯承　姚元中　向代富
蒲西乡	田　宏　田金超　田凤阶　吴小明　肖宏华	向代富　吴庭元　邓文正　聂家发　田金生　吴小明　王国安
牡丹坪乡	李世泽　雷光树　龙发江　彭开发	田兰香　叶胜召　何安柏　龙发江　彭开发　李大刚　张子龙　向代富　李正富

旧司区各乡镇政府乡(镇)长、副乡(镇)长名录

(1984.6—1996.12)

表4—27

乡　镇	乡(镇)长	副乡(镇)长
旧司镇	邓云易　杨胜银　张秀成　王兆华　向新民　杨孝习　尹建华　田　义　向世松	向如州　田承权　胡万胜　向新民　杨秀文　龙发明　杨长林　田中轩　杨胜银　唐银山
黄土坝乡	田锦银　王兆华　吴习高　田祥贵　张秀成　唐正德　龙发明　向世松　向培世	向金仕　何光友　吴永清　田永红　向代琼　向培世　向光礼　向代高　向　义　覃德兴　刘景山

旧司区各乡镇政府乡(镇)长、副乡(镇)长名录

(1984.6—1996.12)

续表4—27

乡　镇	乡(镇)长	副乡(镇)长
水田坝乡	龙发定　田延吉　覃德兴　田　义　向光华	杨长林　黄斌禄　田永红　向培世　田延吉　田锦银　田承元　田　义　米永华　向光华　田丙秀　杨秀文　杨月和
三合乡	田祥贵　邓云易　田承元　李光宏　杨胜银　王兆华　周宗主　杨术海　田永红	刘国政　余家和　龙发明　唐银山　米永华　田中元　杨秀文　田中福　田延江　刘景山　唐飞虎　唐吉林
新乐乡	贵立佑　向仁和　向代琼　田中元　鲁必华　邓之友	向新民　向光礼　李发明　贵立佑　龙发明　邓之友　张正书

高洞区各乡政府乡长、副乡长名录

(1984.6—1996.12)

表4—28

乡　名	乡　长	副乡长
东流司乡	向艾仕　李道仲　陈庆超　邓国林　覃运坤　龙仁华　鲁红兵	唐辉应　唐官前　丁启胜　陈洪斌　袁通碧　李建华　唐洪春　陈朝堂　张志德
新坪乡	宋永香　陈庆超　马中贵　李庆游　唐辉林　邓国林	陈朝堂　张　斌　黄士祥　卢碧贵　袁通碧　邓国林　唐红丹　唐辉林
花坨乡	姚贤碧　卢必钟　张国生	王焕品　罗惠江　黄士全　陈志国
官塘乡	李良海　田恩龙　唐仁祥　张先权　向必武	田恩龙　杨天明　李建华　李木海　袁通碧　卢碧贵　李木贵

三胡区各乡政府乡长、副乡长名录

(1984.6—1996.12)

表4—29

乡 名	乡 长	副 乡 长
胡家沟乡	吴正初 向绍红 龙如福 谭绍前 陈和忠 杨术成 郭学炎 李东升 田永久 田恩海	何忠保 刘连生 滕仕清 贾友文 杨术成 谭再富 田恩海 管民桦 张兆富 滕久文 喻乐海 朱 轩 童代富 叶青松 夏永刚 郭 峰 徐友成 何受朗
猴栗堡乡	刘仁忠 向明辉 向明扬 李东升 何受朗 吴 进	覃友清 彭善清 吴召会 向明扬 贾斌富 覃运坤 喻乐海 黄家万 吴 进 向代群 杨荣贵 杨必军 贾运平
苏家堡乡	黄家万 姚顶胜 郭学炎 向绍红 杨松林 滕仕清 舒镜峰 余学奎	喻乐海 郭学炎 滕 干 喻乐方 郭 峰 杨本太 叶青松 尤学亮 何忠保 周良高 张新华 向 力
三堡岭乡	唐洪应 夏开科 龙如福 杨友富 滕 干 尤学亮 张辉林	谭国喜 耿兴隆 杨友富 朱 轩 郭 峰 粟茂林 谭要双 林安友 向 力 彭彩云
八 股 乡	夏开科 杨南志 贾友文 莫金阶 杨松林 田永久 滕 干 舒镜峰	向达再 白孝江 陈和忠 徐友成 粟茂林 张新华 彭绍军 朱 轩 滕久文 彭吉军

革勒车区各乡镇政府乡(镇)长、副乡(镇)长名录

(1984.6—1996.12)

表4—30

乡 镇	乡(镇)长	副乡(镇)长
革勒车镇	朱贵清 刘永金 李春生	彭 军 曾 举 文青山 张辉全 张 源 彭大荣 何 慧 吴胜同 姚贤超 向兴祥

革勒车区各乡镇政府乡(镇)长、副乡(镇)长名录

(1984.6—1996.12)

续表 4—30

乡　镇	乡(镇)长	副乡(镇)长
革勒车镇	朱贵清　李春生　刘永金	彭　军　曾　举　杨胜占　文青山　张辉全　张　源　彭大荣　何　慧　吴胜同　田延富　侯长贵　姚贤超　张碧成　田　泓　向兴祥　赵　钧
文坪乡	张道先　彭　军　张　超　文青山　聂其胜　向兴祥　田延富　黄飞鹏	田延华　杨正志　田宗海　彭　军　张　超　张碧成　杨玉林　吴仲乐　张道周　周习兵　陈茂林　吴胜同
太坪乡	龙云志　向尧林　刘永金　张　源　姚贤超　田宗海　张道先　张孝国　曾祥兵	彭大荣　王友胜　杨胜占　杨通进　向菊英　姚平安　田　涛　田宗海　包凤平　李平贵　任福高　姚贤超　杨玉林　黄学望
鼓架乡	周文富　林　超　吴贵福　张道周　龙晋平　杨顺勇　任友胜	石定禄　陈以华　杨滨海　杨海波　张道周　姚双云　李平贵　吴易文　杨玉林　田　泓　张碧成　陈　辉　姚贤超
高山乡	姚平安　姚学家　盛光桃　赵海林　杨光华　吴仲乐	刘永金　姚学家　田延华　王友胜　田宗海　张道周　张孝国　李平贵　黄学望　张道荣　余　华　盛光桃　陈　辉　吴易文　田　涛　陈明术　任友胜
百兴木乡	盛光桃　侯长贵　田宗海　任友胜	王开文　张道荣　吴胜铜　陈明术　杨玉林　杨滨海

三、撤区建乡后乡镇人民代表大会会议

从 1997 年至 2011 年，绿水、漫水、旧司、高洞、三胡、革勒车乡和翔凤、百福司、大河镇人大换届 5 次，每年依法召开人大会议。

(一)翔凤镇历届人大会议

1981 年 9 月，城关镇更名为翔凤镇。1993 年 12 月 15 日，经省政府批准，撤销接龙桥区，将其行政区域并入翔凤镇。1994 年 3 月 29 日，召开合并后的翔凤镇一届人大一次会议；从 1994 年至 1997 年，翔凤镇一届人大召开会议 3 次。从 1997 年至 2016 年，翔凤镇人大历经五届，召开会议 23 次。

1.二届人大会议

(1)**二届人大一次会议**

1997 年 1 月 8—9 日，召开二届人大一次会议，应到代表 96 人，实到 96 人。会议听取和审议镇政府工作报告、镇人大主席团工作报告，审查和批准财政工作报告，表决

通过3个报告决议。选举田新孟为镇人大主席,石万祥为镇人大副主席,杨吉富为镇长,王贤鹏、张雨沛、谭金萍、姚福德、万先文为副镇长。

(2)二届人大二次会议

1998年3月26日,召开二届人大二次会议。一次会议后,2名代表病故、1名代表调离本行政区,代表资格终止。二次会议应到代表93人,因病因事请假3人,实到90人。会议听取和审议镇政府工作报告、镇人大主席团工作报告,审查和批准财政工作报告,表决通过3个报告决议。接受并通过谭金萍辞去副镇长职务辞呈。补选周兴志为副镇长。

(3)二届人大三次会议

1999年4月2日,召开二届人大三次会议。二次会议后,3名代表调离本行政区,代表资格终止。三次会议应到代表90人,因病因事请假18人,实到72人。会议听取和审议镇政府工作报告、镇人大主席团工作报告,审查和批准财政工作报告,表决通过3个报告决议。接受并通过杨吉富辞去镇长职务辞呈、姚福德辞去副镇长职务辞呈。补选任兵为镇长,唐正德、杨光亮为副镇长。

2.三届人大会议

(1)三届人大一次会议

2000年1月14—15日,召开三届人大一次会议,应到代表93人,因病因事请假7人,实到86人。会议听取和审议镇政府工作报告、镇人大主席团工作报告,审查和批准财政工作报告,审查和批准1997年至1999年"三提五统"收支情况和减轻农民负担情况报告,表决通过4个报告决议。选举向子钧为镇人大主席,姚碧云为镇人大副主席,任兵为镇长,周文长、周兴志、万先文、杨光亮、唐正德、吕国松、刘亚军为副镇长。

(2)三届人大二次会议

2001年7月19日,召开三届人大二次会议。一次会议后,补选1名代表。二次会议应到代表94人,因病因事请假16人,实到78人。会议听取和审议镇政府工作报告、镇人大主席团工作报告,审查和批准财政工作报告以及2001年"三提五统"收支情况和2002年"三提五统"预算报告,表决通过4个报告决议。接受并通过向子钧辞去镇人大主席职务辞呈、姚碧云辞去镇人大副主席职务辞呈,万先文、杨光亮、唐正德、周文长辞去副镇长职务辞呈。补选何慧为镇人大主席、万先文为镇人大副主席,段绍鹏、彭义成为副镇长。

(3)三届人大三次会议

2002年3月19—20日,召开三届人大三次会议,应到代表94人,因病因事请假18人,实到76人。会议听取和审议镇政府工作报告、镇人大主席团工作报告,审查和批准财政工作报告,表决通过3个报告决议。接受并通过任兵辞去镇长职务辞呈。补选段绍鹏为镇长、刘鑫民为副镇长。

3.四届人大会议

(1)四届人大一次会议

2003年1月4—5日,召开四届人大一次会议,应到代表91人,实到91人。会议听取和审议镇政府工作报告、镇人大主席团工作报告,审查和批准财政工作报告,表决通过3个报告决议。选举张涛为镇人大主席,张雨沛为镇人大副主席,段绍鹏为镇长,田维松、周兴志、吕国松、龙春艳、何芝松为副镇长。

(2)**四届人大二次会议**

2004年2月17日,召开四届人大二次会议。一次会议后,2名代表调离本行政区,代表资格终止;补选1名代表。二次会议应到代表90人,因病因事请假15人,实到代表75人。会议听取和审议镇政府工作报告、镇人大主席团工作报告,审查和批准财政工作报告,表决通过3个报告决议。接受并通过张涛辞去镇人大主席职务辞呈。补选林枫为镇人大主席。

(3)**四届人大三次会议**

2005年3月3日,召开四届人大三次会议,应到代表90人,因病因事请假15人,实到75人。会议听取和审议镇政府工作报告、镇人大主席团工作报告,审查和批准财政工作报告,表决通过3个报告决议。

(4)**四届人大四次会议**

2006年6月12日,召开四届人大四次会议。三次会议后,1名代表调离本行政区,代表资格终止;补选2名代表。四次会议应到代表91人,因病因事请假10人,实到81人。会议听取和审议镇政府工作报告、镇人大主席团工作报告,审查和批准财政工作报告,表决通过3个报告决议。接受并通过林枫辞去镇人大主席、张雨沛辞去镇人大副主席职务辞呈,段绍鹏辞去镇长职务辞呈,周兴志、吕国松、龙春艳辞去副镇长职务辞呈。补选鲁红兵为镇人大主席,杨天龙为镇长,钱成玉、兰祝英为副镇长。

4.五届人大会议

(1)**五届人大一次会议**

2006年11月9日,召开五届人大一次会议,应到代表98人,因病因事请假2人,实到96人。会议听取和审议镇政府工作报告、镇人大主席团工作报告,审查和批准财政工作报告,表决通过3个报告决议。选举鲁红兵为镇人大主席,杨天龙为镇长,钱成玉、何芝松、田维松、兰祝英为副镇长。

(2)**五届人大二次会议**

2007年5月18日,召开五届人大二次会议。一次会议后,1名代表调离本行政区,代表资格终止;补选1名代表。二次会议应到代表98人,因病因事请假10人,实到88人。会议听取和审议镇政府工作报告,审查和批准财政工作报告,表决通过2个报告决议。接受并通过杨天龙辞去镇长职务辞呈,钱成玉、田维松辞去副镇长职务辞呈。补选赵昌青为镇长,徐子明、周兵为副镇长。

(3)**五届人大三次会议**

2008年5月25日,召开五届人大三次会议,应到代表98人,因病因事请假8人,实到90人。会议听取和审议镇政府工作报告、镇人大主席团工作报告,审查和批准财政工作报告,表决通过3个报告决议。接受并通过鲁红兵辞去镇人大主席职务辞呈。补选谭政敏为镇人大主席、黄光英为副镇长。

(4)**五届人大四次会议**

2009年6月29日,召开五届人大四次会议。三次会议后,1名代表调离本行政区,代表资格终止;补选1名代表;3名代表涉嫌犯罪,暂时停止执行代表职务。四次会议应到代表95人,因病因事请假7人,实到88人。会议听取和审议镇政府工作报告、镇人大主席团工作报告,审查和批准镇财政工作报告,表决通过3个报告决议。会议决定,依法罢免周兵副镇长职务。接受并通过何芝松辞去副镇长职务辞呈。补选向莉、刘成、陈华、黄仕华、虞列峰为副镇长。

(5)**五届人大五次会议**

2010年4月25日,召开五届人大五次会议。四次会议后,1名代表涉嫌犯罪,暂时停止执行代表职务。五次会议应到代表94人,因病因事请假8人,实到86人。会议听取和审议镇政府工作报告、镇人大主席团工作报告,审查和批准财政工作报告,表决通过3个报告决议。接受并通过黄光英辞去副镇长职务辞呈。

(6)**五届人大六次会议**

2011年5月22日,召开五届人大六次会议。五次会议后,1名代表病故,代表资格终止。六次会议应到代表93人,因病因事请假11人,实到82人。会议听取和审议镇政府工作报告、镇人大主席团工作报告,审查和批准财政工作报告,表决通过3个报告决议。接受并通过赵昌青辞去镇长职务辞呈、兰祝英辞去副镇长职务辞呈。补选向勤仕为镇长、谢成建为副镇长。

5.**六届人大会议**

(1)**六届人大一次会议**

2011年11月22日,召开六届人大一次会议,应到代表105人,因病因事请假3人,实到102人。会议听取和审议镇政府工作报告、镇人大主席团工作报告,审查和批准财政工作报告,表决通过3个报告决议。选举向勤仕为镇人大主席,洪业炳为镇人大副主席,刘成为镇长,虞列峰、汤超、谢成建、向莉为副镇长。

(2)**六届人大二次会议**

2012年3月16日,召开六届人大二次会议。一次会议后,2名代表调离本行政区,代表资格终止;补选1名代表。二次会议应到代表104人,因病因事请假7人,实到97人。会议听取和审议镇政府工作报告、镇人大主席团工作报告,审查和批准财政工作报告,表决通过3个报告决议。接受并通过刘成辞去镇长职务辞呈,汤超、向莉辞去副镇长职务辞呈。补选满涛为镇长,赵忠文、曾凡国为副镇长。

(3)**六届人大三次会议**

2013年3月23日,召开六届人大三次会议。二次会议后,1名代表病故,代表资格终止。三次会议应到代表103人,因病因事请假15人,实到88人。会议听取和审议镇政府工作报告、镇人大主席团工作报告,审查和批准财政工作报告,表决通过3个报告决议。接受并通过谢成建辞去副镇长职务辞呈。补选田昌林、江书剑、杨思国、杨通学、廖金芳为副镇长。

(4)**六届人大四次会议**

2014年4月4日,召开六届人大四次会议,应到代表103人,因病因事请假7人,实到96人。会议听取和审议镇政府工作报告、镇人大主席团工作报告,审查和批准财政工作报告,表决通过3个报告决议。接受并通过洪业炳辞去镇人大副主席职务辞呈、虞列峰辞去副镇长职务辞呈。

(5)**六届人大五次会议**

2014年9月19日,召开六届人大五次会议。四次会议后,1名代表调离本行政区、1名代表病故,代表资格终止。五次会议应到代表101人,因病因事请假20人,实到81人。接受并通过江书剑、廖金芳辞去副镇长职务辞呈。补选李玖山为镇人大副主席。

(6)**六届人大六次会议**

2015 年 5 月 27 日，召开六届人大六次会议。五次会议后，1 名代表病故，代表资格终止；补选代表 1 名。六次会议应到代表 101 人，因病因事请假 19 人，实到 82 人。接受并通过曾凡国辞去副镇长职务辞呈。补选覃玉斌为镇人大主席。

(7)**六届人大七次会议**

2016 年 5 月 12 日，召开六届人大七次会议。六次会议后，1 名代表病故，代表资格终止。七次会议应到代表 100 人，因病因事请假 14 人，实到代表 86 人。会议听取和审议镇政府工作报告、镇人大主席团工作报告，审查和批准财政工作报告，表决通过 3 个报告决议。

翔凤镇人大主席、副主席名录

(1997.1—2016.10)

表 4—31

姓　名	性别	出生年月	籍贯	民族	政治面貌	学历	任职时间	备注
田新孟	男	1950.9	宣恩	土家	中共党员	中专	1997.1—2000.1	主　席
石万祥	男	1954.2	来凤	苗	中共党员	高中	1997.1—2000.1	副主席
向子钧	男	1955.2	来凤	土家	中共党员	大专	2000.1—2001.7	党委书记兼任主席
姚碧云	女	1959.6	来凤	土家	中共党员	高中	2000.1—2001.7	副主席
何　慧	男	1967.11	来凤	苗	中共党员	大学	2001.7—2003.1	党委书记兼任主席
万先文	男	1952.11	来凤	汉	中共党员	高中	2001.7—2003.1	副主席
张　涛	男	1968.11	来凤	苗	中共党员	大学	2003.1—2004.2	党委书记兼任主席
张雨沛	男	1953.2	来凤	苗	中共党员	高中	2003.1—2006.6	副主席
林　枫	男	1967.12	武汉	汉	中共党员	大学	2004.2—2006.6	党委书记兼任主席
鲁红兵	男	1969.3	龙山	苗	中共党员	大专	2006.6—2008.5	主　席
谭政敏	男	1972.6	来凤	土家	中共党员	大专	2008.5—2011.11	主　席
向勤仕	男	1969.8	来凤	土家	中共党员	大学	2011.11—2015.2	党委书记兼任主席
洪业炳	男	1966.1	来凤	土家	中共党员	大学	2011.11—2014.4	副主席
李玖山	女	1975.5	来凤	汉	中共党员	大专	2014.9—2016.10	副主席
覃玉斌	男	1966.7	来凤	土家	中共党员	大学	2015.4—2016.10	党委书记兼任主席

翔凤镇政府镇长、副镇长名录

(1997.1—2016.10)

表4－32

届别	乡长	副乡长
第二届	杨吉富(1997.1—1999.4) 任　兵(1999.4—2000.1)	王贤鹏　张雨沛　谭金萍　姚福德　万先文 周兴志　唐正德　杨光亮
第三届	任　兵(2000.1—2002.3) 段绍鹏(2002.3—2003.1)	周文长　周兴志　万先文　杨光亮　唐正德 刘亚军　吕国松　段绍鹏　彭义成　刘鑫民
第四届	段绍鹏(2003.1—2006.3) 杨天龙(2006.3—11)	田维松　周兴志　何芝松　吕国松　龙春艳 钱成玉　兰祝英
第五届	杨天龙(2006.11—2007.5) 赵昌青(2007.5—2011.5) 向勤仕(2011.5—2011.11)	钱成玉　何芝松　田维松　兰祝英　徐子明 周　兵　黄光英　向　莉　刘　成　陈　华 黄仕华　虞列峰　谢成建
第六届	刘　成(2011.11—2012.3) 满　涛(2012.3—2016.10)	虞列峰　汤　超　谢成建　向　莉　赵忠文 曾凡国　田昌林　江书剑　杨思国　杨通学 廖金芳

(二)绿水镇(乡)历届人大会议

1997年1月至2011年10月，绿水乡人大历经四届，召开会议17次。2011年11月13日，绿水乡撤乡建镇，绿水乡人大更名为绿水镇人大。2011年11月16日，绿水镇召开一届人大一次会议。至2016年，绿水镇人大召开会议7次。

绿水乡人大会议

1.一届人大会议

(1)**一届人大一次会议**

1997年1月13日，召开一届人大一次会议，应到代表53人，实到53人。会议听取和审议乡政府工作报告、乡人大主席团工作报告，审查和批准财政工作报告，表决通过3个报告决议。选举徐朝凤为乡人大主席，陈朝明为乡长，肖庆华、田维松、彭义成、游明华为副乡长。

(2)**一届人大二次会议**

1998年4月4日，召开一届人大二次会议。一次会议后，2名代表调离本行政区，代表资格终止。二次会议应到代表51人，因病因事请假9人，实到42人。会议听取和审议乡政府工作报告、乡人大主席团工作报告和代表建议办理情况报告，审查和批准财政工作报告，表决通过4个报告决议。

接受并通过陈朝明辞去乡长职务辞呈，彭义成、肖庆华、田维松、游明华辞去副乡长职务辞呈。补选刘天林为乡长，汪建敏、罗崇国为副乡长。

(3)**一届人大三次会议**

1999年3月27日，召开一届人大三次会议，应到代表51人，因病因事请假6人，实到45人。会议听取和审议乡政府工作报告、乡人大主席团工作报告和农民负担收支情况报告，审查和批准财政工作报告，表决通过4个报告决议。补选陈应学、杨胜祥为副乡长。

2. 二届人大会议

(1)**二届人大一次会议**

2000年1月7日，召开二届人大一次会议，应到代表49人，实到49人。会议听取和审议乡政府工作报告、乡人大主席团工作报告、减轻农民负担报告、“三提五统”资金预决算报告和代表建议办理情况报告，审查和批准财政工作报告，表决通过6个报告决议。选举刘天林为乡人大主席、徐玉武为乡人大副主席。选举胡明科、罗崇国、陈应学为副乡长。乡政府乡长选举未过半票数缺额。

(2)**二届人大二次会议**

2000年9月10日，召开二届人大二次会议，应到代表49人，因病请假1人，实到48人。补选向兴祥为乡长。

(3)**二届人大三次会议**

2001年7月26日，召开二届人大三次会议。二次会议后，3名代表调离本行政区，代表资格终止。三次会议应到代表46人，因病因事请假2人，实到44人。会议听取和审议乡政府工作报告、乡人大主席团工作报告，审查和批准财政工作报告，表决通过3个报告决议。接受并通过徐玉武辞去乡人大副主席职务辞呈，胡明科、罗崇国、陈应学辞去副乡长职务辞呈。补选严天佑为乡人大副主席，田维松、林兰英、向培世为副乡长。

(4)**二届人大四次会议**

2002年3月25日，召开二届人大四次会议。三次会议后，1名代表调离本行政区，代表资格终止。四次会议应到代表45人，因病请假1人，实到44人。会议听取和审议乡政府工作报告、乡人大主席团工作报告、“三提五统”收支情况报告和代表建议办理情况报告，审查和批准财政工作报告，表决通过5个报告决议。接受并通过刘天林辞去乡人大主席职务辞呈、向兴祥辞去乡长职务辞呈。补选向兴祥为乡人大主席、和北为乡长。

3. 三届人大会议

(1)**三届人大一次会议**

2003年1月5日，召开三届人大一次会议，应到代表52人，因病因事请假4人，实到48人。会议听取和审议乡政府工作报告、乡人大主席团工作报告，审查和批准财政工作报告，表决通过3个报告决议。选举向兴祥为乡人大主席、严天佑为乡人大副主席，和北为乡长，向培世、刘兴国、林兰英为副乡长。

(2)**三届人大二次会议**

2003年6月7日，召开三届人大二次会议。一次会议后，1名代表调离本行政区，代表资格终止。二次会议应到代表51人，因病因事请假2人，实到49人。会议听取和审议乡政府工作报告、乡人大主席团工作报告，审查和批准财政工作报告，表决通过3个报告决议。接受并通过向兴祥辞去乡人大主席职务辞呈、和北辞去乡长职务辞呈。补选和北为乡人大主席、吴汉左为乡长。

(3)三届人大三次会议

2004年2月8日，召开三届人大三次会议。二次会议后，1名代表调离本行政区，代表资格终止。三次会议应到代表50人，因病请假1人，实到49人。会议听取和审议乡政府工作报告、乡人大主席团工作报告，审查和批准财政工作报告，表决通过3个报告决议。接受并通过刘兴国辞去副乡长职务辞呈。补选胡新江、李文菊为副乡长。

(4)三届人大四次会议

2005年4月10日，召开三届人大四次会议。三次会议后，2名代表调离本行政区，代表资格终止。四次会议应到代表48人，因病因事请假6人，实到42人。会议听取和审议乡政府工作报告、乡人大主席团工作报告，审查和批准财政工作报告，表决通过3个报告决议。接受并通过吴汉左辞去乡长职务辞呈。补选和北为乡长。

(5)三届人大五次会议

2006年6月6日，召开三届人大五次会议。四次会议后，2名代表调离本行政区，代表资格终止。四次会议应到代表46人，因病因事请假8人，实到38名。会议听取和审议乡政府工作报告、乡人大主席团工作报告，审查和批准财政工作报告，表决通过3个报告决议。接受并通过和北辞去乡人大主席职务辞呈，向培世、胡新江、李文菊辞去副乡长职务辞呈。补选周庆玲为乡人大主席，杨明、杨超、段光明为副乡长。

4. 四届人大会议

(1)四届人大一次会议

2006年11月9日，召开四届人大一次会议，应到代表54人，因病因事请假3人，实到51人。会议听取和审议乡政府工作报告、乡人大主席团工作报告，审查和批准财政工作报告，表决通过3个报告决议。选举周庆玲为乡人大主席，和北为乡长，杨明、杨超、林兰英、段光明为副乡长。

(2)四届人大二次会议

2007年5月20日，召开四届人大二次会议。一次会议后，4名代表调离本行政区，代表资格终止；补选1名代表。二次会议应到代表51人，因病因事请假6人，实到45人。会议听取和审议乡政府工作报告、乡人大主席团工作报告，审查和批准财政工作报告，表决通过3个报告决议。接受并通过周庆玲辞去乡人大主席职务辞呈，林兰英、段光明、杨超辞去副乡长职务辞呈。补选李庆游为乡人大主席，李洁为副乡长。

(3)四届人大三次会议

2008年5月24日，召开四届人大三次会议。二次会议后，4名代表调离本行政区，代表资格终止；补选3名代表。三次会议应到代表50人，因病因事请假5人，实到45人。会议听取和审议乡政府工作报告、乡人大主席团工作报告，审查和批准财政工作报告，表决通过3个报告决议。接受并通过和北辞去乡长职务辞呈、杨明辞去副乡长职务辞呈。补选管民桦为乡长，蒲瑛、尹建华、李远宏为副乡长。

(4)四届人大四次会议

2009年6月30日，召开四届人大四次

会议，应到代表50人，因病因事请假6人，实到44人。会议听取和审议乡政府工作报告、乡人大主席团工作报告，审查和批准财政工作报告，作出并通过3个报告决议。补选宋宇为副乡长。

（5）**四届人大五次会议**

2010年4月23日，召开四届人大五次会议，应到代表50人，因病因事请假3人，实到47人。会议听取和审议乡政府工作报告、乡人大主席团工作报告，审查和批准财政工作报告，表决通过3个报告决议。

绿水镇人大会议

1. 一届人大一次会议

2011年11月16日，召开一届人大一次会议，应到代表55人，因病因事请假2人，实到53人。会议听取和审议镇政府工作报告、镇人大主席团工作报告，审查和批准财政工作报告，表决通过3个报告决议。选举蒲瑛为镇人大主席、尹建华为镇人大副主席，向寿刚为镇长，李远宏、刘国清、余运红为副镇长。

2. 一届人大二次会议

2012年3月9日，召开一届人大二次会议。一次会议后，2名代表调离本行政区，代表资格终止。二次会议应到代表53人，因病请假1人，实到52人。会议听取和审议镇政府工作报告、镇人大主席团工作报告、关于在绿水集镇规划区内禁止燃放烟花爆竹的规定（草案）报告，审查和批准财政工作报告，表决通过4个报告决议。接受并通过管民桦、刘文辞去镇人大代表职务辞呈。

3. 一届人大三次会议

2013年3月10日，召开一届人大三次会议。二次会议后，4名代表调离本行政区，代表资格终止。三次会议应到代表49人，因病因事请假4人，实到45人。会议听取和审议镇政府工作报告、镇人大主席团工作报告，审查和批准财政工作报告，表决通过3个报告决议和授权人大主席团处理闭会期间日常事务的决定。接受并通过尹建华辞去镇人大副主席职务辞呈，李远宏、余运红辞去副镇长职务辞呈。补选刘海丰为镇人大副主席，李洋、胡超为副镇长。

4. 一届人大四次会议

2014年3月27日，召开一届人大四次会议。应到代表49人，因病因事请假2人，实到47人。会议听取和审议镇政府工作报告、镇人大主席团工作报告，审查和批准财政工作报告，表决通过3个报告决议。

5. 一届人大五次会议

2014年9月19日，召开一届人大五次会议。四次会议后，2名代表调离本行政区、1名代表病故，代表资格终止。五次会议应到代表46人，因病因事请假2人，实到44人。接受并通过刘国清辞去副镇长职务辞呈。补选文斌为副镇长。

6. 一届人大六次会议

2015年5月21日，召开一届人大六次会议。应到代表46人，因病因事请假3人，实到43人。会议听取和审议镇政府工作报告、镇人大主席团工作报告，审查和批准绿水镇“十三五”规划报告，审查和批准财政工作报告，表决通过4个报告决议。

7. 一届人大七次会议

2016年5月9日，召开一届人大七次会议，应到代表46人，因病因事请假5人，实到41人。会议听取和审议镇政府工作报告、镇人大主席团工作报告,审查和批准财政工作报告,表决通过3个报告决议。

绿水乡人大主席、副主席名录

(1997.1—2011.11)

表4—33

姓　名	性别	出生年月	籍贯	民族	政治面貌	学历	任职时间	备注
徐朝凤	男	1947.12	来凤	汉	中共党员	初中	1997.1—2000.1	主　席
刘天林	男	1968.1	来凤	土家	中共党员	大学	2000.1—2002.3	党委书记兼任主席
徐玉武	男	1967.12	咸丰	土家	中共党员	大学	2000.1—2001.7	副主席
严天佑	男	1952.4	来凤	苗	中共党员	高中	2001.7—2006.6	副主席
向兴祥	男	1964.9	来凤	土家	中共党员	大专	2002.3—2003.6	党委书记兼任主席
和　北	男	1967.10	来凤	土家	中共党员	大专	2003.6—2006.6	党委书记兼任主席
周庆玲	女	1969.6	来凤	土家	中共党员	大学	2006.6—2007.5	主　席
李庆游	男	1965.10	来凤	汉	中共党员	高中	2007.5—2011.11	主　席

绿水镇人大主席、副主席名录

(2011.11—2016.10)

表4—34

姓　名	性别	出生年月	籍贯	民族	政治面貌	学历	任职时间	备注
蒲　瑛	女	1973.1	咸丰	土家	中共党员	大学	2011.11—2016.10	党委书记兼任主席
尹建华	男	1962.9	来凤	土家	中共党员	大专	2011.11—2013.3	副主席
刘海丰	男	1972.7	来凤	土家	中共党员	大学	2013.3—2016.10	副主席

绿水乡政府乡长、副乡长名录

(1997.1—2011.11)

表4—35

届　别	乡　长	副乡长
第一届	陈朝明(1997.1—1998.3) 刘天林(1998.3—2000.1)	肖庆华　田维松　彭义成　游明华　汪建敏 罗崇国　陈应学　杨胜祥

绿水乡政府乡长、副乡长名录

(1997.1—2011.11)

续表 4—35

届　别	乡　　长	副 乡 长
第二届	向兴祥(2000.3—2003.1) 和　北(2002.3—12)	胡明科　罗崇国　陈应学　田维松　林兰英　向培世
第三届	和　北(2003.1—2003.6) 吴汉左(2003.6—2005.4) 和　北(2005.4—2006.11)	向培世　刘兴国　林兰英　胡新江　李文菊　杨　明　杨　超　段光明
第四届	和　北(2006.11—2008.5) 管民桦(2008.5—2011.11)	杨　明　杨　超　林兰英　段光明　李　洁　蒲　瑛　尹建华　李远宏　宋　宇

绿水镇政府镇长、副镇长名录

(2011.11—2016.10)

表 4—36

届　别	镇　　长	副 镇 长
第一届	向寿刚(2011.11—2016.10)	李远宏　刘国清　余运红　李　洋　胡　超　文　斌

(三)漫水乡历届人大会议

1997 年 1 月至 2016 年,漫水乡人大历经五届,召开会议 23 次。

1. 一届人大会议

(1)一届人大一次会议

1997 年 1 月 13 日,召开一届人大一次会议,应到代表 53 人,因病请假 1 人,实到 52 人。会议听取和审议乡政府工作报告、乡人大主席团工作报告,审查和批准财政工作报告,表决通过 3 个报告决议。选举罗清富为乡人大主席,赵昌青为乡长,唐兴卫、向世干、向发金为副乡长。

(2)一届人大二次会议

1998 年 4 月 4 日,召开一届人大二次会议,应到代表 53 人,因病因事请假 2 人,实到 51 人。会议听取和审议乡政府工作报告、乡人大主席团工作报告,审查和批准财政工作报告,表决通过 3 个报告决议。接受并通过赵昌青辞去乡长职务辞呈,唐兴卫、向世干、向发金辞去副乡长职务辞呈。补选夏烈军为乡长,王龙儒、田维松为副乡长。

(3)一届人大三次会议

(没有档案资料,无法记述)

2.二届人大会议

(1)二届人大一次会议

2000年1月7日,召开二届人大一次会议,应到代表53人,实到53人。会议听取和审议乡政府工作报告、乡人大主席团工作报告,审查和批准财政工作报告,表决通过3个报告决议。选举田绍文为乡人大主席、向运富为乡人大副主席,夏烈军为乡长,王龙儒、田维松、段新华、尤权为副乡长。

(2)二届人大二次会议

2001年7月26日,召开二届人大二次会议,应到代表53人,因病请假1人,实到52人。会议听取和审议乡政府工作报告、乡人大主席团工作报告,审查和批准财政工作报告,表决通过3个报告决议。补选向勤仕、李庆游为副乡长。

(3)二届人大三次会议

2002年7月26日,召开二届人大三次会议,应到代表53人,因病请假1人,实到52人。会议听取和审议乡政府工作报告、乡人大主席团工作报告,审查和批准财政工作报告,表决通过3个报告决议。

3.三届人大会议

(1)三届人大一次会议

2003年1月5日,召开三届人大一次会议,应到代表54人,实到54人。会议听取和审议乡政府工作报告、乡人大主席团工作报告,审查和批准财政工作报告,表决通过3个报告决议。选举田绍文为乡人大主席、向运富为乡人大副主席,向勤仕为乡长,鲁红兵、范才祥、刘海丰为副乡长。

(2)三届人大二次会议

2004年2月8日,召开三届人大二次会议,应到代表54人,因病因事请假4人,实到50人。会议听取和审议乡政府工作报告、乡人大主席团工作报告,审查和批准财政工作报告,表决通过3个报告决议。接受并通过田绍文辞去乡人大主席职务辞呈,向勤仕辞去乡长职务辞呈。补选向勤仕为乡人大主席,吴乾淘为乡长,彭亮、张冠华为副乡长。

(3)三届人大三次会议

2005年4月10日,召开三届人大三次会议,应到代表54人,因病因事请假7人,实到47人。会议听取和审议乡政府工作报告、乡人大主席团工作报告,审查和批准财政工作报告,表决通过3个报告决议。

(4)三届人大四次会议

2006年6月7日,召开三届人大四次会议,应到代表54人,因病因事请假10人,实到44人。会议听取和审议乡政府工作报告、乡人大主席团工作报告,审查和批准财政工作报告,表决通过3个报告决议。接受并通过向勤仕辞去乡人大主席职务辞呈。补选向运富为乡人大主席,陶强、何英为副乡长。

4.四届人大会议

(1)四届人大一次会议

2006年11月9日,召开四届人大一次会议,应到代表54人,实到54人。会议听取和审议乡政府工作报告、乡人大主席团工作报告,审查和批准财政工作报告,表决通过3个报告决议。选举张孝祥为乡长,李兴国、刘海丰、谭绍军为副乡长。

(2)四届人大二次会议

2007年5月14日,召开四届人大二次会议,应到代表54人,因病请假1人,实到代表53人。会议听取和审议乡政府工作报告、乡人大主席团工作报告，审查和批准财政工作报告，表决通过3个报告决议。接受并通过向运富辞去乡人大主席职务辞呈。补选张冠华为乡人大主席。

(3)四届人大三次会议

2008年5月24日，召开四届人大三次会议，应到代表54人，因病请假1人，实到53人。会议听取和审议乡政府工作报告、乡人大主席团工作报告，审查和批准财政工作报告，表决通过3个报告决议。接受并通过张孝祥辞去乡长职务辞呈。补选彭云宪为乡长。

(4)四届人大四次会议

2009年6月30日，召开四届人大四次会议，应到代表54人，因病因事请假4人，实到50人。会议听取和审议乡政府工作报告、乡人大主席团工作报告，审查和批准财政工作报告，表决通过3个报告决议。补选黎中新、张达炜为副乡长。

(5)四届人大五次会议

2010年4月13日，召开四届人大五次会议，应到代表54人，因病因事请假5人，实到49人。会议听取和审议乡政府工作报告、乡人大主席团工作报告，审查和批准财政工作报告，表决通过3个报告决议。

(6)四届人大六次会议

2011年5月20日，召开四届人大六次会议，应到代表54人，因病因事请假5人，实到49人。会议听取和审议乡政府工作报告、乡人大主席团工作报告，审查和批准财政工作报告，表决通过3个报告决议。

5.五届人大会议

(1)五届人大一次会议

2011年11月16日，召开五届人大一次会议，应到代表55人，实到55人。会议听取和审议乡政府工作报告、乡人大主席团工作报告，审查和批准财政工作报告，表决通过3个报告决议。选举彭云宪为乡人大主席、谭绍军为乡人大副主席，向峰为乡长，朱进友、黎中新、田绍恩为副乡长。

(2)五届人大二次会议

2012年3月16日，召开五届人大二次会议，应到代表55人，因病请假1人，实到54人。会议听取和审议乡政府工作报告、乡人大主席团工作报告，审查和批准财政工作报告，表决通过3个报告决议。接受并通过彭云宪辞去乡人大主席职务辞呈。补选胡大林为乡人大主席。

(3)五届人大三次会议

2013年3月8日，召开五届人大三次会议。二次会议后，6名代表调离本行政区、2名代表病故，代表资格终止。三次会议应到代表47人，实到47人。会议听取和审议乡政府工作报告、乡人大主席团工作报告，审查和批准财政工作报告，表决通过3个报告决议。接受并通过朱进友辞去副乡长职务辞呈。补选蒋银为副乡长。

(4)五届人大四次会议

2014年3月28日，召开五届人大四次会议。三次会议后，1名代表调离本行政区、代表资格终止。四次会议应到代表46人，实到46人。会议听取和审议乡政府工作报告、乡人大主席团工作报告，审查和批准财政工作报告，表决通过3个报告决议。

(5)五届人大五次会议

2014年9月18日，召开五届人大五次会议。四次会议后，3名代表调离本行政区,代表资格终止。五次会议应到代表43人,实到43人。补选黄友林为副乡长。

(6)**五届人大六次会议**

2015年5月21日,召开五届人大六次会议。五次会议后,1名代表调离本行政区,代表资格终止。六次会议应到代表42人,实到42人。接受并通过谭绍军辞去乡人大副主席职务辞呈、黎中新辞去副乡长职务辞呈。

(7)**五届人大七次会议**

2016年5月9日,召开五届人大七次会议。六次会议后,1名代表调离本行政区、1名代表病故,代表资格终止。四次会议应到代表40人,因病因事请假6人,实到34人。会议听取和审议乡政府工作报告、乡人大主席团工作报告,审查和批准财政工作报告,表决通过3个报告决议。

漫水乡人大主席、副主席名录

(1997.1—2016.10)

表4—37

姓　名	性别	出生年月	籍贯	民族	政治面貌	学历	任职时间	备　注
罗清富	男	1947.3	来凤	汉	中共党员	高中	1997.1—2000.1	主　席
田绍文	男	1962.10	来凤	土家	中共党员	大专	2000.1—2003.10	党委书记兼任主席
王进福	男	1954.5	来凤	汉	中共党员	高中	2000.1—2001.7	副主席
向运富	男	1961.9	来凤	土家	中共党员	大专	2001.7—2006.6	副主席
向勤仕	男	1968.8	来凤	土家	中共党员	大专	2003.10—2006.6	党委书记兼任主席
向运富	男	1961.9	来凤	土家	中共党员	大专	2006.6—2007.5	主　席
张冠华	男	1974.4	来凤	汉	中共党员	大专	2007.5—2011.6	主　席
彭云宪	男	1965.1	来凤	土家	中共党员	大学	2011.11—2012.3	党委书记兼任主席
谭绍军	男	1969.2	来凤	苗	中共党员	大专	2011.11—2015.5	副主席
胡大林	男	1972.7	来凤	汉	中共党员	大学	2012.3—2016.10	党委书记兼任主席

漫水乡政府乡长、副乡长名录

(1997.1—2016.10)

表4—38

届别	乡　长	副乡长
第一届	赵昌青(1997.1—1997.2) 夏烈军(1997.2—2000.1)	唐兴卫　向世干　向发金　王龙儒　田维松

漫水乡政府乡长、副乡长名录

(1997.1—2016.10)

续表 4—38

届　别	乡　　长	副 乡 长
第二届	夏烈军(2000.1—2002.3) 向勤仕(2002.3—2003.1)	王龙儒　田维松　段新华　向勤仕　尤　权 李庆游　鲁红兵　范才祥
第三届	向勤仕(2003.1—9) 吴乾洵(2003.9—12)	鲁红兵　范才祥　刘海丰　彭　亮　张冠华
第四届	吴乾洵(2004.1—2005.12) 张孝祥(2006.3—2008.3) 彭云宪(2008.4—2011.11)	刘海丰　彭　亮　范才祥　陶　强　何　英 李兴国　谭绍军　黎中新　张达炜
第五届	向　峰(2011.11—2016.10)	朱进友　黎中新　田绍恩　蒋　银　黄友林

(四)百福司镇历届人大会议

1984 年 6 月,卯洞人民公社更名为百福司镇。1984 年 11 月 14—15 日,百福司镇召开一届人大一次会议。1984 年至 1996 年,百福司镇人大历经四届。从 1997 年 1 月至 2016 年,百福司镇人大历经五届,召开会议 21 次。

1.五届人大会议

(1)五届人大一次会议

1997 年 1 月 12—14 日,召开五届人大一次会议,应到代表 58 人,实到 58 人,列席人员 22 人。会议听取和审议镇政府工作报告、镇人大主席团工作报告,审查和批准财政工作报告,表决通过 3 个报告决议。选举杨胜友为镇人大主席、向应和为镇人大副主席,吴汉岳为镇长,田祥福、林礼富、彭大开、向锡明、彭召明为副镇长。

(2)五届人大二次会议

1998 年 4 月 20—21 日,召开五届人大二次会议,应到代表 58 人,因事因病请假 6 人,实到 52 人。会议听取和审议镇政府工作报告、镇人大主席团工作报告,审查和批准财政工作报告,表决通过 3 个报告决议。

(3)五届人大三次会议

1999 年 3 月 26—28 日,召开五届人大三次会议。二次会议后,3 名代表调离本行政区,代表资格终止。三次会议应到代表 55 人,因事因病请假 13 人,实到 42 人。会议听取和审议镇政府工作报告、镇人大主席团工作报告,审查和批准财政工作报告,表决通过 3 个报告决议。接受并通过吴汉岳辞去镇长、田祥福辞去副镇长职务辞呈。补选曾祥华为镇长。

2.六届人大会议

(1)六届人大一次会议

2000 年 1 月 11—13 日,召开六届人大一次会议,应到代表55人,实到55人,列席人员54人。会议听取和审议镇政府工作报告、镇人大主席团工作报告,审查和批准财政工作报告,表决通过3个报告决议。选举彭远仪为镇人大主席、杨胜友为镇人大副主席,曾祥华为镇长,向清堂、彭大开、徐民权、彭英富为副镇长。

(2)**六届人大二次会议**

2000年11月20—22日,召开六届人大二次会议,应到代表55人,因病因事请假3人,实到52人。会议听取和审议镇政府工作报告、镇人大主席团工作报告,审查和批准财政工作报告,表决通过3个报告决议。

(3)**六届人大三次会议**

2001年7月24—25日,召开六届人大三次会议,应到代表55人,实到55人。会议听取和审议镇政府工作报告、镇人大主席团工作报告,审查和批准财政工作报告,表决通过3个报告决议。接受并通过曾祥华辞去镇长职务辞呈,杨胜友辞去镇人大副主席职务辞呈。补选王书华为镇长,易吉元为镇人大副主席。

(4)**六届人大四次会议**

2002年4月11—12日,召开六届人大四次会议,应到代表55人,因事请假3人,实到52人。会议听取和审议镇政府工作报告、镇人大主席团工作报告,审查和批准财政工作报告,表决通过3个报告决议。接受并通过彭英富辞去副镇长职务辞呈。

3.七届人大会议

(1)**七届人大一次会议**

2003年1月4—5日,召开七届人大一次会议,应到代表59人,实到59人,列席人员27人。会议听取和审议镇政府工作报告、镇人大主席团工作报告,审查和批准财政工作报告,表决通过3个报告决议。选举夏烈军为镇人大主席、易吉元为镇人大副主席,王书华为镇长,范才成、刘兴国、田学海、向莉、徐民权、胡新江、肖红军为副镇长。

(2)**七届人大二次会议**

2004年11月5—6日,召开七届人大二次会议,应到代表59人,因病因事请假4人,实到55人。会议听取和审议镇政府工作报告、镇人大主席团工作报告,审查和批准财政工作报告,表决通过3个报告决议。

(3)**七届人大三次会议**

2005年12月20—21日,召开七届人大三次会议,应到代表59人,因病因事请假5人,实到54人。会议听取和审议镇政府工作报告、镇人大主席团工作报告,审查和批准财政工作报告,表决通过3个报告决议。

4.八届人大会议

(1)**八届人大一次会议**

2006年4月22—23日,召开八届人大一次会议,应到代表57人,实到57人,列席人员35人。会议听取和审议镇政府工作报告、镇人大主席团工作报告,审查和批准财政工作报告,表决通过3个报告决议。选举刘公安为镇人大主席,管民桦为镇长,田学海、罗菊珍、彭召元、肖红军、向莉、向锡明、尹凯为副镇长。

(2)**八届人大二次会议**

2007年5月15—16日,召开八届人大二次会议。一次会议后,1名代表调离本行政区,代表资格终止。二次会议应到代表

56人，实到56人。会议听取和审议镇政府工作报告、镇人大主席团工作报告，审查和批准财政工作报告，表决通过3个报告决议。接受并通过刘公安辞去镇人大主席职务辞呈，向莉辞去副镇长职务辞呈。补选罗菊珍为镇人大主席。

(3)**八届人大三次会议**

2008年5月21—22日，召开八届人大三次会议，应到代表56人，实到56人。会议听取和审议镇政府工作报告、镇人大主席团工作报告，审查和批准财政工作报告，表决通过3个报告决议。接受并通过罗菊珍辞去镇人大主席职务辞呈，管民桦辞去镇长职务辞呈彭召元辞去副镇长职务辞呈。补选彭召元为镇人大主席，郎洪波为镇长，罗菊珍为副镇长。

(4)**八届人大四次会议**

2009年6月29—30日，召开八届人大四次会议。1名代表调离本行政区，代表资格终止。四次会议应到代表55人，实到55人。会议听取和审议镇政府工作报告、镇人大主席团工作报告，审查和批准财政工作报告，表决通过3个报告决议。补选夏昌林为副镇长。

(5)**八届人大五次会议**

2010年4月20—21日，召开八届人大五次会议，应到代表55人，实到55人。会议听取和审议镇政府工作报告、镇人大主席团工作报告，审查和批准财政工作报告，表决通过3个报告决议。补选汤超为副镇长。

5.**九届人大会议**

(1)**九届人大一次会议**

2011年11月15—16日，召开九届人大一次会议，应到代表58人，实到58人，列席人员57人。会议听取和审议镇政府工作报告、镇人大主席团工作报告，审查和批准财政工作报告，表决通过3个报告决议。选举郎洪波为镇人大主席、向锡明为镇人大副主席，宋道桥为镇长，向云生、王健、李东生、龙建盛为副镇长。

(2)**九届人大二次会议**

2012年3月16日，召开九届人大二次会议。一次会议后，1名代表调离本行政区，代表资格终止；补选1名代表。二次会议应到代表58人，实到58人。会议听取和审议镇政府工作报告、镇人大主席团工作报告、百福司镇集镇管理暂行办法的报告，审查和批准财政工作报告，表决通过4个报告决议。接受并通过郎洪波辞去镇人大主席职务辞呈。补选向家林为镇人大主席。

(3)**九届人大三次会议**

2013年3月9日，召开九届人大三次会议。二次会议后，2名代表调离本行政区，代表资格终止。三次会议应到代表56人，实到56人。会议听取和审议镇政府工作报告、镇人大主席团工作报告，审查和批准财政工作报告，表决通过3个报告决议。接受并通过王健辞去副镇长职务辞呈。补选郑兵权为副镇长。

(4)**九届人大四次会议**

2014年3月28日，召开九届人大四次会议，应到代表56人，实到56人。会议听取和审议镇政府工作报告、镇人大主席团工作报告，审查和批准财政工作报告，表决通过3个报告决议。

(5)**九届人大五次会议**

2015年5月21日，召开九届人大五次会议。四次会议后，2名代表调离本行政区，代表资格终止。五次会议应到代表54人，因病因事请假11人，实到43人。会议听取和审议镇政府工作报告、镇人大主席团工作报告，审查和批准财政工作报告，表决通过3个报告决议。接受并通过向家林辞去镇人大主席职务辞呈、宋道桥辞去镇长职务辞呈。补选宋道桥为镇人大主席、向雪峰为镇长。

(6)**九届人大六次会议**

2016年6月10日，召开九届人大六次会议。五次会议后，2名代表调离本行政区，代表资格终止。六次会议应到代表52人，因病因事请假11人，实到41人。会议听取和审议镇政府工作报告、镇人大主席团工作报告，审查和批准财政工作报告，表决通过3个报告决议。

百福司镇人大主席、副主席名录

(1997.1—2016.10)

表4—39

姓　名	性别	出生年月	籍贯	民族	政治面貌	学历	任职时间	备　注
杨胜友	男	1946.6	来凤	土家	中共党员	高中	1997.1—2000.1	主　席
向应和	男	1962.2	来凤	土家	中共党员	中专	1997.1—2000.1	副主席
彭远仪	男	1963.11	来凤	土家	中共党员	大学	2000.1—2003.1	党委书记兼任主席
杨胜友	男	1946.6	来凤	土家	中共党员	高中	2000.1—2001.7	副主席
易吉元	男	1958.2	来凤	土家	中共党员	大专	2001.7—2005.12	副主席
夏烈军	男	1964.6	来凤	侗	中共党员	大学	2003.1—2005.4	党委书记兼任主席
王书华	男	1963.8	来凤	苗	中共党员	大专	2003.9—2005.4	党委书记兼任主席
刘公安	男	1962.3	来凤	土家	中共党员	大专	2006.4—2007.5	主　席
罗菊珍	女	1973.10	来凤	汉	中共党员	大专	2007.5—2008.5	主　席
彭召元	男	1967.5	来凤	土家	中共党员	大专	2008.5—2011.11	主　席
郎洪波	男	1967.8	来凤	苗	中共党员	大专	2011.11—2012.3	党委书记兼任主席
向锡明	男	1962.10	来凤	土家	中共党员	大专	2011.11—2016.10	副主席
向家林	男	1973.5	来凤	土家	中共党员	研究生	2012.3—2015.5	党委书记兼任主席
宋道桥	男	1982.3	鹤峰	土家	中共党员	大学	2015.5—2016.10	党委书记兼任主席

百福司镇政府镇长、副镇长名录

(1997.1—2016.10)

表 4—40

届 别	镇 长	副 镇 长
第五届	吴汉岳(1997.1—1999.2) 曾祥华(1999.3—2000.1)	田祥福 向锡明 林礼富 彭大开 彭召明
第六届	曾祥华(2000.1—2001.7) 王书华(2001.7—2003.1)	向清堂 徐民权 彭大开 彭英富
第七届	王书华(2003.1—2005.4)	田学海 徐民权 胡新江 向 莉 刘兴国 肖红军 范才成
第八届	管民桦(2005.4—2008.5) 郎洪波(2008.5—2011.11)	田学海 罗菊珍 彭召元 肖红军 向 莉 向锡明 尹 凯 夏昌林 汤 超
第九届	宋道桥(2011.11—2015.5) 向雪峰(2015.5—2016.10)	向云生 王 健 李东生 龙建盛 郑兵权

(五)大河镇历届人大会议

1997 年 1 月至 2016 年,大河镇人大历经五届,召开会议 21 次。

1. 一届人大会议

(1)一届人大一次会议

1997 年 1 月 7 日,召开一届人大一次会议,应到代表 71 人,实到 71 人。会议听取和审议镇政府工作报告、镇人大主席团工作报告,审查和批准财政工作报告,表决通过 3 个报告决议。选举郑远高为镇人大主席(当选后辞职)、姚书元为镇人大副主席,郑远高为镇长,田金超、彭开武、伍云舟、张绪华为副镇长。

(2)一届人大二次会议

1998 年 4 月 18 日,召开一届人大二次会议,应到代表 71 人,因病因事请假 9 人,实到 62 人。会议听取和审议镇政府工作报告、镇人大主席团工作报告,审查和批准财政工作报告,表决通过 3 个报告决议。接受并通过郑远高辞去镇长职务辞呈,伍云舟、张绪华辞去副镇长职务辞呈。补选李世泽为镇人大主席,汪再华为镇长,白道光、卢必钟、陈代荣、姚春生为副镇长。

(3)一届人大三次会议

1999 年 3 月 26—27 日,召开一届人大三次会议,应到代表 71 人,因病因事请假 13 人,实到 58 人。会议听取和审议镇政府工作报告、镇人大主席团工作报告和“三提五统”收支报告,审查和批准财政工作报告,表决通过4个报告决议。接受并通过李世泽辞去镇人大主席职务辞呈,汪再华辞去镇长职务辞呈。补选向文为镇长。

2.二届人大会议

(1)二届人大一次会议

2000年1月8日,召开二届人大会一次会议,应到代表68人,因病因事请假2人,实到66人。会议听取和审议镇政府工作报告、镇人大主席团工作报告、关于农民负担的报告,审查和批准财政工作报告,表决通过4个报告决议。选举向文为镇人大主席、唐远钦为镇人大副主席,汪建敏为镇长,彭开武、陈代荣、田金超、向新民、吴晓玲为副镇长。

(2)二届人大二次会议

2001年7月2日,召开二届人大二次会议,应到代表68人,因病请假1人,实到67人。会议听取和审议镇政府工作报告、镇人大主席团工作报告、关于农民负担的报告,审查和批准财政工作报告,表决通过4个报告决议。补选杨天之为副镇长。

(3)二届人大三次会议

(由于经费紧缺,大河镇二届人大三次会议没有召开)

3.三届人大会议

(1)三届人大一次会议

2003年1月3日,召开三届人大会一次会议,应到代表63人,实到63人。会议听取和审议镇政府工作报告、镇人大主席团工作报告,审查和批准财政工作报告,表决通过3个报告决议。选举田金超为镇人大副主席,张孝祥为镇长,向学红、刘国清、杨超、谭政敏为副镇长。

(2)三届人大二次会议

2004年3月6日,召开三届人大二次会议,应到代表63人,因病因事请假2人,实到61人。会议听取和审议镇政府工作报告、镇人大主席团工作报告,审查和批准财政工作报告,表决通过3个报告决议。接受并通过向学红辞去副镇长职务辞呈。补选向应才为镇人大主席,郦昌军、鲁帮林为副镇长。

(3)三届人大三次会议

2005年7月30日,召开三届人大三次会议,应到代表63人,实到63人。会议听取和审议镇政府工作报告、镇人大主席团工作报告,审查和批准财政工作报告,表决通过3个报告决议。

(4)三届人大四次会议

2006年6月20日,召开三届人大四次会议,应到代表63人,因病请假1人,实到62人。会议听取和审议镇政府工作报告、镇人大主席团工作报告,审查和批准财政工作报告,表决通过3个报告决议。接受并通过向应才辞去镇人大主席职务辞呈,郦昌军、杨超、谭政敏、鲁帮林辞去副镇长职务辞呈。补选田德义为镇人大主席,向应才为镇长,田义、向培世、陈华、陈鹏为副镇长。

4.四届人大会议

(1)四届人大一次会议

2006年11月8日,召开四届人大一次会议,应到代表72人,因事请假5人,实到67人。会议听取和审议镇政府工作报告、镇人大主席团工作报告,审查和批准财政工作报告,表决通过3个报告决议。选举田德义为镇人大主席,向应才为镇长,陈鹏、陈华、向培世、田义为副镇长。

(2)四届人大二次会议

2007年5月14日，召开四届人大二次会议，应到代表72人，因病因事请假9人，实到63人。会议听取和审议镇政府工作报告、镇人大主席团工作报告，审查和批准财政工作报告，表决通过3个报告决议。接受并通过田德义辞去镇人大主席职务辞呈，向应才辞去镇长职务辞呈，陈华、田义辞去副镇长职务辞呈。补选黄祥平为镇人大主席，杨洋为镇长，向雪峰、向学红为副镇长。

(3)四届人大三次会议

2008年5月25日，召开四届人大三次会议，应到代表72人，因病因事请假4人，实到68人。会议听取和审议镇政府工作报告、镇人大主席团工作报告、集镇规划修编方案的报告，审查和批准财政工作报告，表决通过4个报告决议。

(4)四届人大四次会议

2009年7月31日，召开四届人大四次会议，应到代表72人，因病因事请假5人，实到67人。会议听取和审议镇政府工作报告、镇人大主席团工作报告，审查和批准财政工作报告，表决通过3个报告决议。接受并通过黄祥平辞去镇人大主席职务辞呈，向雪峰辞去副镇长职务辞呈。补选曾文元为镇人大主席，黄祥平、王闯、刘国清、陶华为副镇长。

(5)四届人大五次会议

2010年5月28日，召开四届人大五次会议，应到代表72人，因病因事请假6人，实到66人。会议听取和审议镇政府工作报告、镇人大主席团工作报告、大河镇控制性详细规划的报告，审查和批准财政工作报告，表决通过4个报告决议。

(6)四届人大六次会议

2011年5月20日，召开四届人大六次会议，应到代表72人，因病因事请假5人，实到67人。会议听取和审议镇政府工作报告、镇人大主席团工作报告，审查和批准财政工作报告，表决通过3个报告决议。补选董兴开为副镇长。

5. 五届人大会议

(1)五届人大一次会议

2011年11月15日，召开五届人大一次会议，应到代表73人，实到73人。会议听取和审议镇政府工作报告、镇人大主席团工作报告，审查和批准财政工作报告，表决通过3个报告决议。选举杨洋为镇人大主席，向培世为镇人大副主席，薛劲松为镇长，田仕文、李琴菲、黄永成、陈阳为副镇长。

(2)五届人大二次会议

2012年3月29日，召开五届人大二次会议，应到代表73人，因病因事请假3人，实到70人。会议听取和审议镇政府工作报告、镇人大主席团工作报告，审查和批准财政工作报告，表决通过3个报告决议。接受并通过杨洋辞去镇人大主席职务辞呈。补选向静为镇人大主席，罗畅为副镇长。

(3)五届人大三次会议

2013年3月8日，召开五届人大三次会议。二次会议后，3名代表调离本行政区，代表资格终止。三次会议应到代表70人，因病因事请假5人，实到代表65人。会议听取和审议镇政府工作报告、镇人大主席团工作报告，审查和批准财政工作报告，表决通过3个报告决议。接受并通过罗畅、李琴菲、田仕文辞去副镇长职务辞呈。补选周彦、葛剑为副镇长。

(4)**五届人大四次会议**

2014年3月31日,召开五届人大四次会议。三次会议后,2名代表调离本行政区,代表资格终止。四次会议应到代表68人,实到代表68人,列席人员37人。会议听取和审议镇政府工作报告、镇人大主席团工作报告,审查和批准财政工作报告,表决通过3个报告决议。

(5)**五届人大五次会议**

2015年5月22日,召开五届人大五次会议。应到代表68人,实到代表68人,列席人员40人。会议听取和审议镇政府工作报告、镇人大主席团工作报告,审查和批准财政工作报告,表决通过3个报告决议。

(6)**五届人大六次会议**

2016年5月10日,召开五届人大六次会议。五次会议后,3名代表涉嫌犯罪,暂时停止执行代表职务。六次会议应到代表65人,实到65人。会议听取和审议镇政府工作报告、镇人大主席团工作报告、城建规划修编议案的报告,审查和批准财政工作报告,表决通过4个报告决议。

大河镇人大主席、副主席名录

(1997.1—2016.10)

表4—41

姓　名	性别	出生年月	籍贯	民族	政治面貌	学历	任职时间	备　注
郑远高	男	1950.6	来凤	土家	中共党员	高中	1997.1	当选主席后辞职
姚书元	男	1950.9	来凤	苗	中共党员	初中	1997.1—2000.1	副主席
李世泽	男	1942.6	来凤	土家	中共党员	高中	1998.4—1999.3	主　席
向　文	男	1970.1	来凤	土家	中共党员	大学	2000.1—2003.1	党委书记兼任主席
唐远钦	男	1953.9	来凤	汉	中共党员	高中	2000.1—2003.1	副主席
田金超	男	1957.8	来凤	土家	中共党员	高中	2003.1—2006.6	副主席
向应才	男	1969.1	来凤	土家	中共党员	大学	2004.3—2006.6	党委书记兼任主席
田德义	男	1970.5	来凤	土家	中共党员	大专	2006.6—2007.5	主　席
黄祥平	男	1970.2	来凤	土家	中共党员	大专	2007.5—2009.7	主　席
曾文元	男	1973.7	来凤	土家	中共党员	大学	2009.7—2011.1	主　席
杨　洋	男	1970.3	来凤	土家	中共党员	大学	2011.1—2012.3	党委书记兼任主席
向培世	男	1962.6	来凤	土家	中共党员	大专	2011.11—2016.10	副主席
向　静	男	1964.12	来凤	土家	中共党员	大学	2012.3—2016.10	党委书记兼任主席

大河镇政府镇长、副镇长名录

(1997.1—2016.10)

表 4—42

届别	镇长	副镇长
第一届	郑远高(1997.1—1998.4) 汪再华(1998.4—1999.3) 向　文(1999.3—1999.11) 汪建敏(1999.11—2000.1)	田金超　彭开武　伍云舟　张绪华　白道光　卢必钟　陈代荣　姚春生
第二届	汪建敏(2000.1—2002.3) 张孝祥(2002.3—2003.12)	彭开武　陈代荣　田金超　向新民　吴晓玲　杨天之
第三届	张孝祥(2004.1—2006.6) 向应才(2006.6—11)	向学红　刘国清　杨　超　谭政敏　郦昌军　鲁帮林　田　义　向培世　陈　华　陈　鹏
第四届	向应才(2006.11—2007.5) 杨　洋(2007.5—2011.11)	陈　鹏　陈　华　向培世　田　义　向雪峰　向学红　黄祥平　王　闯　刘国清　陶　华　董兴开
第五届	薛劲松(2011.11—2016.10)	田仕文　李琴菲　黄永成　陈　阳　罗　畅　周　彦　葛　剑

(六)旧司镇(高洞乡、旧司乡)历届人大会议

1997 年 1 月至 2000 年 1 月，高洞乡人大历经两届，召开会议 4 次。

1997 年 1 月至 2000 年 1 月，旧司乡人大历经两届，召开会议 4 次。

2001 年 4 月，撤销高洞乡政府，与旧司乡政府合并，合并后的旧司乡于 2001 年 9 月 22 日召开三届人大一次会议。

从 2001 年 9 月至 2012 年，旧司乡人大历经三届，召开会议 14 次。

2012 年 9 月 11 日，省民政厅作出关于来凤县撤销旧司乡设立旧司镇的批复。12 月 17 日，县人大常委会作出关于旧司撤乡设镇有关问题的决定，撤销旧司乡设立旧司镇，行政区划未作调整，乡人大更名为镇人大。2013 年度例会为旧司镇一届人大一次会议。乡人大代表为镇人大代表，不再重新选举，任期至 2016 年换届。乡人大主席、副主席更名为镇人大主席、副主席，乡长、副乡长更名为镇长、副镇长。至 2016 年，旧司镇人大召开会议 5 次。

高洞乡历届人大会议

1.一届人大会议

(1)一届人大一次会议

1997年1月10—12日,召开一届人大一次会议,听取和审议乡政府工作报告、乡人大主席团工作报告,审查和批准财政工作报告,表决通过3个报告决议。选举唐远钦为乡人大主席,林枫为乡长,陆仁海、李庆游、张晋峰为副乡长。

(2)一届人大二次会议

(没有档案资料,无法记述)

(3)一届人大三次会议

(没有档案资料,无法记述)

2.二届人大会议

(1)二届人大一次会议

2000年1月5—7日,召开二届人大一次会议,会议听取和审议乡政府工作报告、乡人大主席团工作报告,审查和批准财政工作报告,表决通过3个报告决议。选举林枫为乡人大主席、李建明为乡人大副主席,谭传凯为乡长,陆仁海、李庆游、范才成、龙仁华为副乡长。

合并前旧司乡历届人大会议

1.一届人大会议

(1)一届人大一次会议

1997年1月8—9日,召开一届人大一次会议,应到代表59人,因病因事请假2人,实到57人。会议听取和审议乡政府工作报告、乡人大主席团工作报告,审查和批准财政工作报告,表决通过3个报告决议。选举瞿先平为乡人大主席、向世松为乡人大副主席,任兵为乡长,王雨池、林正高、肖洪祥、向顺成、邓全松为副乡长。

(2)一届人大二次会议

1998年3月18—20日,召开一届人大二次会议,应到代表59人,因病因事请假5人,实到54人。会议听取和审议乡政府工作报告、乡人大主席团工作报告,审查和批准财政工作报告,表决通过3个报告决议。接受并通过向世松辞去乡人大副主席职务辞呈,王雨池、肖洪祥、林正高辞去副乡长职务辞呈。补选黄通今为乡人大副主席,向世松、李光宏为副乡长。

(3)一届人大三次会议

1999年3月16日,召开一届人大三次会议,应到代表59人,因病因事请假6人,实到53人。会议听取和审议乡政府工作报告、乡人大主席团工作报告,审查和批准财政工作报告,表决通过3个报告决议。接受并通过任兵辞去乡长职务辞呈。补选王雨池为乡长。

2.二届人大会议

(1)二届人大一次会议

2000年1月12—14日,召开二届人大一次会议,应到代表59人,因病因事请假2人,实到57人。会议听取和审议乡政府工作报告、乡人大主席团工作报告,审查和批准财政工作报告,表决通过3个报告决议。选举邓全松为乡人大主席、向培世为乡人大副主席,王雨池为乡长,向世松、卢红鹏、洪业炳为副乡长。

合并后旧司乡历届人大会议

1.三届人大会议

(1)三届人大一次会议

2001年4月,撤销高洞乡,与旧司乡合并组建旧司乡,合并后的旧司乡于2001年

9月22日召开三届人大一次会议。

2001年9月22—24日，召开三届人大一次会议，应到代表69人，因病请假1人，实到代表68人。会议听取和审议乡政府工作报告、乡人大主席团工作报告、“三提五统”工作报告，审查和批准财政工作报告，表决通过4个报告决议。选举林枫为乡人大主席、李建明为乡人大副主席，王雨池为乡长，龙仁华、向世松、洪业炳、田中元为副乡长。

(2)**三届人大二次会议**

2002年4月16日，召开三届人大二次会议。一次会议后，3名代表调离本行政区，代表资格终止。二次会议应到代表66人，因病因事请假3人，实到63人。会议听取和审议乡政府工作报告、乡人大主席团工作报告，审查和批准财政工作报告，表决通过3个报告决议。接受并通过王雨池辞去乡长职务辞呈。补选胡明科为乡长。

(3)**三届人大三次会议**

2003年1月2日，召开三届人大三次会议，应到代表63人，实到63人。会议听取和审议乡政府工作报告、乡人大主席团工作报告，审查和批准财政工作报告，表决通过3个报告决议。补选张前国、张东山为副乡长。

(4)**三届人大四次会议**

2004年2月26—27日，召开三届人大四次会议。三次会议后，2名代表调离本行政区，代表资格终止；补选3名代表。四次会议应到代表64人，因病因事请假13人，实到51人。会议听取和审议乡政府工作报告、乡人大主席团工作报告，审查和批准财政工作报告，表决通过3个报告决议。接受并通过林枫辞去乡人大主席职务辞呈，洪业炳辞去副乡长职务辞呈。补选黄万国为乡人大主席，陈所华、刘乾昌为副乡长。

(5)**三届人大五次会议**

2005年8月8日，召开三届人大五次会议。四次会议后，2名代表调离本行政区，代表资格终止。五次会议应到代表62人，实到62人。会议听取和审议乡政府工作报告、乡人大主席团工作报告，审查和批准财政工作报告，表决通过3个报告决议。会上还表彰优秀人大代表。

(6)**三届人大六次会议**

2006年7月20日，召开三届人大六次会议。五次会议后，2名代表调离本行政区、1名代表病故，代表资格终止；补选1名代表。六次会议应到代表60人，因病因事请假13人，实到47人。会议听取和审议乡政府工作报告、乡人大主席团工作报告，审查和批准财政工作报告，表决通过3个报告决议。接受并通过黄万国辞去乡人大主席职务辞呈，李建明辞去乡人大副主席职务辞呈，胡明科辞去乡长职务辞呈，张东山、田中元、陈所华、刘乾昌辞去副乡长职务辞呈。补选李庆游为乡人大主席，黄万国为乡长，刘阳、王平、尹建华为副乡长。

2. 四届人大会议

(1)**四届人大一次会议**

2006年11月9日，召开四届人大一次会议，应到代表72人，因病请假1人，实到71人。会议听取和审议乡政府工作报告、乡人大主席团工作报告，审查和批准财政工作报告，表决通过3个报告决议。选举李庆游为乡人大主席，黄万国为乡长，刘阳、张前国、尹建华、王平为副乡长。

(2)**四届人大二次会议**

2007年5月19日,召开四届人大二次会议。一次会议后,4名代表调离本行政区,代表资格终止;补选1名代表。二次会议应到代表69人,因病因事请假2人,实到67人。会议听取和审议乡政府工作报告、乡人大主席团工作报告,审查和批准财政工作报告,表决通过3个报告决议。接受并通过李庆游辞去乡人大主席职务辞呈,尹建华、王平辞去副乡长职务辞呈。补选陈友明为乡人大主席,严青玲、林兰英为副乡长。

(3)**四届人大三次会议**

2008年5月25日,召开四届人大三次会议。二次会议后,2名代表调离本行政区、1名代表病故,代表资格终止;补选1名代表。三次会议应到代表67人,因病因事请假10人,实到57人。会议听取和审议乡政府工作报告、乡人大主席团工作报告、乡集镇建设和环境卫生管理暂行办法报告,审查和批准财政工作报告,表决通过4个报告决议。接受并通过黄万国辞去乡长职务辞呈,严青玲辞去副乡长职务辞呈。补选向家林为乡长,郭棉平为副乡长。

(4)**四届人大四次会议**

2009年6月29日,召开四届人大四次会议。三次会议后,1名代表调离本行政区,代表资格终止;补选1名代表。四次会议应到代表67人,因病因事请假5人,实到62人。会议听取和审议乡政府工作报告、乡人大主席团工作报告,审查和批准财政工作报告,表决通过3个报告决议。接受并通过陈友明辞去乡人大主席职务辞呈。补选滕召华为乡人大主席、姚海雪为副乡长。

(5)**四届人大五次会议**

2010年4月24日,召开四届人大五次会议,应到代表67人,因病因事请假7人,实到60人。会议听取和审议乡政府工作报告、乡人大主席团工作报告,审查和批准财政工作报告,表决通过3个报告决议。

(6)**四届人大六次会议**

2011年5月21日,召开四届人大六次会议,应到代表67名,因病因事请假9名,实到58名。会议听取和审议乡政府工作报告、乡人大主席团工作报告,审查和批准财政工作报告,表决通过3个报告决议。补选刘伦兴为副乡长。

5.**五届人大会议**

(1)**五届人大一次会议**

2011年11月16日,召开五届人大一次会议,应到代表70人,因事请假1人,实到69人。会议听取和审议乡政府工作报告、乡人大主席团工作报告,审查和批准财政工作报告,表决通过3个报告决议。选举向家林为乡人大主席、张前国为乡人大副主席,黄仕华为乡长,段吉敏、郭棉平、刘伦兴为副乡长。

(2)**五届人大二次会议**

2012年4月9日,召开五届人大二次会议。一次会议,2名代表调离本行政区,代表资格终止;补选1名代表。二次会议应到代表69人,因病因事请假6人,实到63人。会议听取和审议乡政府工作报告、乡人大主席团工作报告,审查和批准财政工作报告,表决通过3个报告决议。接受并通过向家林辞去乡人大主席职务辞呈,刘伦兴辞去副乡长职务辞呈。补选余容为乡人大主席,罗勇为副乡长。

旧司镇人大会议

1. 一届人大一次会议

2013年3月9日,召开一届人大一次会议。乡五届人大二次会议后,3名代表调离本行政区,代表资格终止。一次会议应到代表66人,因病因事请假7人,实到代表59人。会议听取和审议镇政府工作报告、镇人大主席团工作报告,审查和批准财政工作报告,表决通过3个报告决议。接受并通过罗勇、郭棉平、段吉敏辞去副镇长职务辞呈。补选张卫东、洪娇、唐勇为副镇长。

2. 一届人大二次会议

2014年3月28日,召开一届人大二次议。一次会议后,3名代表调离本行政区,代表资格终止;补选1名代表。二次会议应到代表64人,因病因事请假4人,实到代表60人。会议听取和审议镇政府工作报告、镇人大主席团工作报告,审查和批准财政工作报告,表决通过3个报告决议。接受并通过余容辞去镇人大主席、黄仕华辞去镇长职务辞呈。补选伍晓锋为镇人大主席、尹宾为镇长,祁曼曼、谢鹏飞为副镇长。

3. 一届人大三次会议

2014年9月19日,召开一届人大三次会议,应到代表64人,因事因病请假8人,实到代表56人。接受洪娇、谢鹏飞辞去副镇长职务辞呈。补选郝辉为副镇长。

4. 一届人大四次会议

2015年5月23日,召开一届人大四次会议,会议应到代表64人,实到50人,因事因病请假14人;列席人员49人。会议听取和审议镇政府工作报告、镇人大主席团工作报告,审查和批准财政工作报告,表决通过3个报告决议。

5. 一届人大五次会议

2016年5月10日,召开一届人大五次会议,应到代表61人,实到53人,因事因病请假8人;列席人员59人。会议听取和审议镇政府工作报告、镇人大主席团工作报告,审查和批准财政工作报告,表决通过3个报告决议。接受伍晓峰辞去镇人大主席职务辞呈。

高洞乡人大主席、副主席名录

(1997.1—2001.9)

表4—43

姓　名	性别	出生年月	籍贯	民族	政治面貌	学历	任职时间	备　注
唐远钦	男	1953.9	来凤	汉	中共党员	高中	1997.1—2000.1	主　席
林　枫	男	1967.12	武汉	汉	中共党员	大专	2000.1—2001.9	党委书记兼任主席
李建明	男	1960.5	来凤	苗	中共党员	高中	2000.1—2001.9	副主席

旧司乡人大主席、副主席名录

(1997.1—2001.9)

表4—44

姓　名	性别	出生年月	籍贯	民族	政治面貌	学历	任职时间	备　注
瞿先平	男	1950.6	来凤	汉	中共党员	高中	1997.1—2000.1	主　席
向世松	男	1961.10	来凤	土家	中共党员	高中	1997.1—1998.3	副主席
黄通今	男	1947.11	来凤	汉	中共党员	高中	1998.3—2000.1	副主席
邓全松	男	1960.2	来凤	土家	中共党员	高中	2000.1—2001.9	主　席
向培世	男	1962.6	来凤	土家	中共党员	高中	2000.1—2001.9	副主席

注:此名录为合并前旧司乡历届人大主席、副主席

旧司乡人大主席、副主席名录

(2001.9—2012.12)

表4—45

姓　名	性别	出生年月	籍贯	民族	政治面貌	学历	任职时间	备　注
林　枫	男	1967.12	武汉	汉	中共党员	大学	2001.9—2004.2	党委书记兼任主席
李建明	男	1960.5	来凤	苗	中共党员	高中	2001.9—2006.8	副主席
黄万国	男	1962.7	来凤	苗	中共党员	大学	2004.2—2006.7	党委书记兼任主席
李庆游	男	1965.10	来凤	苗	中共党员	大专	2006.7—2007.5	主　席
陈友明	男	1964.12	来凤	苗	中共党员	大专	2007.5—2009.6	主　席
滕召华	男	1973.3	咸丰	苗	中共党员	大学	2009.6—2011.6	主　席
向家林	男	1973.5	来凤	土家	中共党员	研究生	2011.11—2012.3	党委书记兼任主席
张前国	男	1961.12	来凤	苗	中共党员	大专	2011.11—2012.12	副主席
余　容	男	1973.7	长阳	土家	中共党员	大学	2012.4—12	党委书记兼任主席

注:此名录为合并后旧司乡历届人大主席、副主席

旧司镇人大主席、副主席名录

(2012.12—2016.10)

表4—46

姓　名	性别	出生年月	籍贯	民族	政治面貌	学历	任职时间	备　注
余　容	男	1973.7	长阳	土家	中共党员	大学	2012.12—2014.3	党委书记兼任主席

旧司镇人大主席、副主席名录

(2012.12—2016.10)

续表 4—46

姓　名	性别	出生年月	籍贯	民族	政治面貌	学历	任职时间	备　注
张前国	男	1961.12	来凤	苗	中共党员	大专	2012.12—2016.10	副主席
伍晓锋	男	1976.6	来凤	苗	中共党员	大学	2014.3—2016.5	党委书记兼任主席

高洞乡政府乡长、副乡长名录

(1997.1—2001.9)

表 4—47

届　别	乡　　长	副 乡 长
第一届	林　枫(1997.1—2000.1)	陆仁海　李庆游　张晋峰　聂其明　范才成
第二届	谭传凯(1997.1—2001.4)	陆仁海　李庆游　范才成　龙仁华

旧司乡政府乡长、副乡长名录

(1997.1—2012.12)

表 4—48

届　别	乡　　长	副 乡 长
第一届	任　兵(1997.1—1999.3) 王雨池(1999.3—2000.1)	王雨池　林正高　肖洪祥　向顺成　邓全松 向世松　李光宏　卢红鹂　田中元　洪业炳
第二届	王雨池(2000.1—2001.9)	向世松　卢红鹂　洪业炳　田中元　龙仁华 张东山　张前国　刘乾昌　陈所华
第三届	王雨池(2001.9—2002.3) 胡明科(2002.4—2003.12)	龙仁华　向世松　洪业炳　田中元　张前国 张东山　陈所华　刘乾昌　刘　阳　王　平 尹建华
第四届	胡明科(2004.1—2006.7) 黄万国(2006.7—2008.5) 向家林(2008.5—2011.11)	刘　阳　张前国　尹建华　王　平　严青玲 林兰英　郭棉平　姚海雪　刘伦兴
第五届	黄仕华(2011.11—2012.12)	段吉敏　郭棉平　刘伦兴　罗　勇

旧司镇政府镇长、副镇长名录

(2012.12—2016.10)

表4—49

届别	镇长	副镇长
第一届	黄仕华(2012.12—2014.3) 尹　宾(2014.3—2016.10)	段吉敏　郭棉平　罗　勇　唐　勇　洪　娇 张卫东　祁曼曼　谢鹏飞　郝　辉

(七)三胡乡历届人大会议

1997年1月至2016年,三胡乡人大历经五届,召开会议24次。

1.一届人大会议

(1)一届人大一次会议

1997年1月7日,召开一届人大一次会议,应到代表57人,因病请假2人,实到55人。会议听取和审议乡政府工作报告、乡人大主席团工作报告,审查和批准财政工作报告,表决通过3个报告决议。选举向继华为乡人大主席,张超为乡长,何益山、苏新民、陈光艾、杨洋、周良高、姚顶胜为副乡长。

(2)一届人大二次会议

1998年3月28日,召开一届人大二次会议,应到代表57人,因病因事请假5人,实到52人。会议听取和审议乡政府工作报告、乡人大主席团工作报告、"三提五统"及减轻农民负担情况报告,审查和批准财政工作报告,表决通过4个报告决议。

(3)一届人大三次会议

1999年3月14日,召开一届人大三次会议,应到代表57人,因病因事请假11人,实到46人。会议听取和审议乡政府工作报告、乡人大主席团工作报告、"三提五统"及减轻农民负担情况工作报告,审查和批准财政工作报告,表决通过4个报告决议。接受并通过张超辞去乡长职务辞呈,何益山辞去副乡长职务辞呈。补选张涛为乡长,田官启为副乡长。

2.二届人大会议

(1)二届人大一次会议

2000年1月8日,召开二届人大一次会议,应到代表58人,因病请假1人,实到57人。会议听取和审议乡政府工作报告、乡人大主席团工作报告、"三提五统"及减轻农民负担情况工作报告、"乡规民约"的报告、代表议案和建议办理情况报告、城乡规划报告,审查和批准财政工作报告,表决通过7个报告决议。选举张超为乡人大主席,何益山为乡人大副主席,张涛为乡长,田官启、杨莉、周良高、杨洋为副乡长。

(2)二届人大二次会议

2000年4月30日,召开二届人大二次会议,应到代表58人,因病因事请假11人,实到47人。会议接受并通过张超辞去乡人大主席职务辞呈,张涛辞去乡长职务辞呈,杨洋辞去副乡长职务辞呈。补选张涛为乡人大主席,杨洋为乡长。

(3)二届人大三次会议

2001年8月7日，召开二届人大三次会议。二次会议后，3名代表调离本行政区，代表资格终止；补选2名代表。三次会议应到代表57人，因病因事请假10人，实到47人。会议听取和审议乡政府工作报告、乡人大主席团工作报告、“三提五统”收支情况报告，审查和批准财政工作报告，表决通过4个报告决议。接受并通过张涛辞去乡人大主席职务辞呈，何益山辞去乡人大副主席职务辞呈，田官启、杨莉辞去副乡长职务辞呈。补选姚顶胜乡为人大副主席，郭学炎、唐洪应、陈和忠为副乡长。

(4)二届人大四次会议

2002年4月4日，召开二届人大四次会议。三次会议后，1名代表调离本行政区，代表资格终止；依法罢免1名代表，代表资格终止。四次会议应到代表55人，因病因事请假8人，实到47人。会议听取和审议乡政府工作报告、乡人大主席团工作报告、“三提五统”收支情况报告，审查和批准财政工作报告，表决通过4个报告决议。接受并通过杨洋辞去乡长职务辞呈。补选卢红鹏为乡长。

3.三届人大会议

(1)三届人大一次会议

2003年1月5日，召开三届人大一次会议，应到代表57人，因病因事请假5人，实到52人。会议听取和审议乡政府工作报告、乡人大主席团工作报告，审查和批准财政工作报告，表决通过3个报告决议。选举杨洋为乡人大主席、郭学炎为乡人大副主席，卢红鹏为乡长，唐洪应、陈和忠、贾友坤、吴进为副乡长。

(2)三届人大二次会议

2004年3月18日，召开三届人大二次会议，应到代表57人，因病因事请假5人，实到52人。会议听取和审议乡政府工作报告、乡人大主席团工作报告，审查和批准财政工作报告，表决通过3个报告决议。补选滕召华为副乡长。

(3)三届人大三次会议

2005年4月20日，召开三届人大三次会议，应到代表57人，因病因事请假3人，实到54人。会议听取和审议乡政府工作报告、乡人大主席团工作报告，审查和批准财政工作报告，表决通过3个报告决议。

(4)三届人大四次会议

2006年6月3日，召开三届人大四次会议，应到代表57人，因病因事请假4人，实到53人。会议听取和审议乡政府工作报告、乡人大主席团工作报告，审查和批准财政工作报告，表决通过3个报告决议。接受并通过杨洋辞去乡人大主席、滕召华辞去副乡长职务辞呈。

4.四届人大会议

(1)四届人大一次会议

2006年11月8日，召开四届人大一次会议，应到代表59人，因病因事请假6人，实到53人。会议听取和审议乡政府工作报告、乡人大主席团工作报告，审查和批准财政工作报告，表决通过3个报告决议。选举田烨为乡人大主席，卢红鹏为乡长，余容、沈选国、贾友坤、吴言为副乡长。

(2)四届人大二次会议

2007年5月19日，召开四届人大二次会议，应到代表59人，因病因事请假6人，实到53人。会议听取和审议乡政府工作报告、乡人大主席团工作报告,审查和批准财政工作报告,表决通过3个报告决议。

(3)**四届人大三次会议**

2008年5月25日,召开四届人大三次会议。二次会议后,1名代表调离本行政区、1名代表病故,代表资格终止;补选1名代表。三次会议应到代表58人,因病因事请假2人,实到56人。会议听取和审议乡政府工作报告、乡人大主席团工作报告,审查和批准财政工作报告,表决通过3个报告决议。接受并通过田烨辞去乡人大主席职务辞呈,卢红鹂辞去乡长职务辞呈,余容、沈选国辞去副乡长职务辞呈。补选洪业炳为乡人大主席,郭相山为乡长,杨明、田慧为副乡长。

(4)**四届人大四次会议**

2009年6月30日,召开四届人大四次会议。三次会议后,4名代表调离本行政区,代表资格终止;1名代表因嫌犯罪,暂停执行代表职务;补选2名代表。四次会议应到代表55人,因病请假1人,实到54人。会议听取和审议乡政府工作报告、乡人大主席团工作报告,审查和批准财政工作报告,表决通过3个报告决议。接受并通过贾友坤、吴言辞去副乡长职务辞呈。补选王健、吴洪为副乡长。

(5)**四届人大五次会议**

2010年4月23日,召开四届人大五次会议,应到代表55人,因病因事请假3人,实到52人。会议听取和审议乡政府工作报告、乡人大主席团工作报告,审查和批准财政工作报告,表决通过3个报告决议。

(6)**四届人大六次会议**

2011年5月20日,召开四届人大六次会议,应到代表55人,因病请假1人,实到54人。会议听取和审议乡政府工作报告、乡人大主席团工作报告,审查和批准财政工作报告,表决通过3个报告决议。补选陈阳为副乡长。

5.**五届人大会议**

(1)**五届人大一次会议**

2011年11月16日,召开五届人大一次会议,应到代表60人,实到60人。会议听取和审议乡政府工作报告、乡人大主席团工作报告,审查和批准财政工作报告,表决通过3个报告决议。选举郭相山为乡人大主席、吴进为乡人大副主席,田慧为乡长,刘广达、彭吉军、向广权为副乡长。

(2)**五届人大二次会议**

2012年3月22日,召开五届人大二次会议,应到代表60人,因病因事请假3人,实到57人。会议听取和审议乡政府工作报告、乡人大主席团工作报告,审查和批准财政工作报告,表决通过3个报告决议。接受并通过郭相山辞去乡人大主席职务辞呈。补选刘成为乡人大主席。

(3)**五届人大三次会议**

2013年3月8日,召开五届人大三次会议。二次会议后,6名代表调离本行政区,代表资格终止;补选1名代表。三次会议应到代表55人,因病因事请假4人,实到51人。会议听取和审议乡政府工作报告、乡人大主席团工作报告,审查和批准财政工作报告,表决通过3个报告决议。接受并通过刘广达辞去副乡长职务辞呈。补选向代群为副乡长。

(4)**五届人大四次会议**

2014年3月28日,召开五届人大四次

会议。三次会议后，2名代表病故、1名代表调离本行政区，代表资格终止。四次会议应到代表52人，因病因事请假6人，实到46人。会议听取和审议乡政府工作报告、乡人大主席团工作报告，审议乡政府撤乡建镇的议案，表决通过2个报告决议。接受并通过刘成辞去乡人大主席职务辞呈、田慧辞去乡长职务辞呈。补选田慧为乡人大主席、龙显著为乡长。

（5）**五届人大五次会议**

2014年9月19日，召开五届人大五次会议。四次会议后，4名代表调离本行政区，代表资格终止。五次会议应到代表48人，因病因事请假5人，实到43人。会议接受并通过吴进辞去乡人大副主席、彭吉军辞去副乡长职务辞呈。补选彭吉军为乡人大副主席、洪娇为副乡长。

（6）**五届人大六次会议**

2015年5月22日，召开五届人大六次会议。应到代表48人，因病因事请假6人，实到42人。会议听取和审议乡政府工作报告、乡人大主席团工作报告，审查和批准财政工作报告，表决通过3个报告决议。

（7）**五届人大七次会议**

2016年5月11日，召开五届人大七次会议，应到代表48人，因病因事请假6人，实到42人。会议听取和审议乡政府工作报告、乡人大主席团工作报告，审查和批准财政工作报告，表决通过3个报告决议。

三胡乡人大主席、副主席名录

（1997.1—2016.10）

表4—50

姓　名	性别	出生年月	籍贯	民族	政治面貌	学历	任职时间	备　注
向继华	男	1944.4	来凤	土家	中共党员	高中	1997.1—1999.3	主　席
何益山	男	1946.5	来凤	苗	中共党员	高中	1999.3—2000.1	主　席
何益山	男	1946.5	来凤	苗	中共党员	高中	2000.1—2002.4	副主席
张　超	男	1964.1	来凤	汉	中共党员	高中	2000.1—2000.4	党委书记兼任主席
张　涛	男	1967.12	来凤	苗	中共党员	大学	2000.4—2002.4	党委书记兼任主席
杨　洋	男	1970.3	鹤峰	汉	中共党员	大学	2002.4—2006.6	党委书记兼任主席
姚顶胜	男	1949.10	来凤	苗	中共党员	高中	2002.4—2003.1	副主席
郭学炎	男	1955.11	来凤	苗	中共党员	高中	2003.1—2006.6	副主席
田　烨	男	1969.6	来凤	土家	中共党员	大专	2006.6—2007.5	主　席
洪业炳	男	1968.5	来凤	土家	中共党员	大学	2007.5—2011.7	主　席
郭相山	男	1972.5	宣恩	土家	中共党员	大学	2011.11—2012.3	党委书记兼任主席

三胡乡人大主席、副主席名录

(1997.1—2016.10)

续表4—50

姓　名	性别	出生年月	籍贯	民族	政治面貌	学历	任职时间	备　注
吴　进	男	1964.12	来凤	苗	中共党员	大专	2011.11—2014.9	副主席
刘　成	男	1970.12	来凤	土家	中共党员	大学	2012.3—2014.3	党委书记兼任主席
田　慧	女	1977.10	来凤	土家	中共党员	大专	2014.3—2016.10	党委书记兼任主席
彭吉军	男	1970.6	来凤	土家	中共党员	大专	2014.9—2016.10	副主席

三胡乡政府乡长、副乡长名录

(1997.1—2016.10)

表4—51

届　别	乡　　长	副　乡　长
第一届	张　超(1997.1—1999.3) 张　涛(1999.3—2000.1)	何益山　苏新民　陈光艾　杨　洋　周良高 姚顶胜　田官启
第二届	张　涛(2000.1—4) 杨　洋(2000.4—2002.4) 卢红鹂(2002.4—2003.1)	杨　洋　田官启　杨　莉　周良高　郭学炎 唐洪应　陈和忠
第三届	卢红鹂(2003.1—2006.6)	唐洪应　陈和忠　吴　进　贾友坤　滕召华
第四届	卢红鹂(2006.11—2008.5) 郭相山(2008.5—2011.11)	余　容　沈选国　贾友坤　吴　言　杨　明 田　慧　王　健　吴　洪　陈　阳
第五届	田　慧(2011.11—2014.3) 龙显著(2014.3—2016.10)	刘广达　彭吉军　向广权　向代群　洪　娇

(八)革勒车镇(乡)历届人大会议

1997年1月至2013年10月，革勒车乡人大历经五届，召开会议19次。

2013年11月13日，革勒车乡撤乡建镇。根据县人大常委会关于革勒车撤乡设镇有关问题的决定，革勒车乡人大更名为革勒车镇人大，2014年度例会为革勒车镇一届人大一次会议。乡人大代表更名为镇人大代表，不再重新举行选举，任期至换届。乡人大主席、副主席更名为镇人大主席、副主席，乡长、副乡长更名为镇长、副镇长。至

2016年,革勒车镇人大召开会议4次。

革勒车乡人大会议

1. **一届人大会议**

(1)**一届人大一次会议**

1997年1月8—9日,召开一届人大一次会议,应到代表49人,实到49人。会议听取和审议乡政府工作报告、乡人大主席团工作报告,审查和批准财政工作报告,表决通过3个报告决议。选举赵海林为乡人大主席,田泓为乡人大副主席,杨学东为乡长,张桂林、杨红依、向兴祥为副乡长。

(2)**一届人大二次会议**

1998年3月11日,召开一届人大二次会议,应到代表49人,实到49人。会议听取和审议乡政府工作报告、乡人大主席团工作报告,审查和批准财政工作报告,表决通过3个报告决议。

(3)**一届人大三次会议**

1999年3月27日,召开一届人大三次会议,应到代表49人,实到49人。会议听取和审议乡政府工作报告、乡人大主席团工作报告、"三提五统"和公路建勤费收支情况及农民承担劳务费用预算方案的报告、代表建议办理情况报告,审查和批准财政工作报告,表决通过6个报告决议。接受并通过向兴祥辞去副乡长职务辞呈。补选吴仲乐为副乡长。

2. **二届人大会议**

(1)**二届人大一次会议**

2000年1月7日,召开二届人大一次会议,应到代表51人,实到51人。会议听取和审议乡政府工作报告、乡人大主席团工作报告、"三提五统"和公路建勤费收支情况及减轻农民负担情况报告、代表建议办理情况报告,审查和批准财政工作报告,表决通过6个报告决议。选举向莉萍为乡人大主席、姚顶胜为乡人大副主席,杨学东为乡长,吴仲乐、田泓、张道先、刘鑫鸣为副乡长。

(2)**二届人大二次会议**

2001年1月8日,召开二届人大二次会议,应到代表47人,实到47人。会议听取和审议乡政府工作报告、乡人大主席团工作报告,审查和批准财政工作报告,表决通过3个报告决议。接受并通过杨学东辞去乡长职务辞呈。补选谭传凯为乡长。

(3)**二届人大三次会议**

2002年5月11日,召开二届人大三次会议,应到代表47人,实到47人。会议听取和审议乡政府工作报告、乡人大主席团工作报告,审查和批准财政工作报告,表决通过3个报告决议。接受并通过姚顶胜辞去乡人大副主席职务辞呈。补选张道先为乡人大副主席。

3. **三届人大会议**

(1)**三届人大一次会议**

2003年1月4—5日,召开三届人大一次会议,应到代表51人,实到51人。会议听取和审议乡政府工作报告、乡人大主席团工作报告,审查和批准财政工作报告,表决通过3个报告决议。选举杨学东为乡人大主席、田泓为乡人大副主席,谭中君为乡长,吴仲乐、张庆军、文青山为副乡长。

(2)**三届人大二次会议**

2004年1月2日,召开三届人大二次会议,应到代表51人,实到51人。会议听取和审议乡政府工作报告、乡人大主席团工作报告,审查和批准财政工作报告,表决通过3个报告决议。接受并通过杨学东辞去乡人大主席职务辞呈，谭中君辞去乡长职务辞呈。补选谭中君为乡人大主席，范才成为乡长，杨顺勇为副乡长。

(3)**三届人大三次会议**

2005年7月17日，召开三届人大三次会议，应到代表48人，实到48人。会议听取和审议乡政府工作报告、乡人大主席团工作报告，审查和批准财政工作报告，表决通过3个报告决议。接受并通过谭中君辞去乡人大主席职务辞呈。

(4)**三届人大四次会议**

2006年6月2日，召开三届人大四次会议，应到代表46人，实到43人，因事因病请假3人。会议听取和审议乡政府工作报告、乡人大主席团工作报告，审查和批准财政工作报告，表决通过3个报告决议。接受并通过田泓辞去乡人大副主席职务辞呈，杨顺勇、吴仲乐辞去副乡长职务辞呈。补选吴仲乐为乡人大主席，胡新江、文俊为副乡长。

4.四届人大会议

(1)**四届人大一次会议**

2006年11月7—8日，召开四届人大一次会议，应到代表50人，实到50人。会议听取和审议乡政府工作报告、乡人大主席团工作报告，审查和批准财政工作报告，表决通过3个报告决议。选举吴仲乐为乡人大主席，范才成为乡长，胡新江、文俊、张庆军、文青山为副乡长。

(2)**四届人大二次会议**

2007年5月18日，召开四届人大二次会议，应到代表47人，实到43人，因事因病请假4人。会议听取和审议乡政府工作报告、乡人大主席团工作报告，审查和批准财政工作报告，表决通过3个报告决议。接受并通过范才成辞去乡长职务辞呈，张庆军、文俊辞去副乡长职务辞呈。补选钱成玉为乡长，沈冬青、任福高为副乡长。

(3)**四届人大三次会议**

2008年5月24日，召开四届人大三次会议，应到代表45人，实到40人，因事因病请假5人。会议听取和审议乡政府工作报告、乡人大主席团工作报告，审查和批准财政工作报告，表决通过3个报告决议。接受并通过胡新江辞去副乡长职务辞呈。补选伍晓锋为副乡长。

(4)**四届人大四次会议**

2009年6月29日，召开四届人大四次会议，应到代表45人，实到45人。会议听取和审议乡政府工作报告、乡人大主席团工作报告，审查和批准财政工作报告，表决通过3个报告决议。接受并通过吴仲乐辞去乡人大主席职务辞呈。补选张东山为乡人大主席。

(5)**四届人大五次会议**

2010年5月10日，召开四届人大五次会议，应到代表44人，实到44人。会议听取和审议乡政府工作报告、乡人大主席团工作报告，审查和批准财政工作报告，表决通过3个报告决议。

(6)**四届人大六次会议**

2011年5月22日，召开四届人大六次会议，应到代表41人，因事因病请假8人，实到33人。会议听取和审议乡政府工作报告、乡人大主席团工作报告，审查和批准财政工作报告，表决通过3个报告决议。接受并通过沈冬青辞去副乡长职务辞呈。补选刘峰为副乡长。

5. 五届人大会议

(1)**五届人大一次会议**

2011年11月16日，召开五届人大一次会议。选举五届人大代表54人，选举后调离本行政区、代表资格终止1人，乡五届人大一次会议应到代表53人，因事因病请假2人，实到51人。会议听取和审议乡政府工作报告、乡人大主席团工作报告，审查和批准财政工作报告，表决通过3个报告决议。选举伍晓锋为乡人大主席、文青山为乡人大副主席，张冠华为乡长，任福高、刘峰、赵勇为副乡长。

(2)**五届人大二次会议**

2012年3月16日，召开五届人大二次会议，应到代表53人，因事因病请假7人，实到46人。会议听取和审议乡政府工作报告、乡人大主席团工作报告，审查和批准财政工作报告，表决通过3个报告决议。

(3)**五届人大三次会议**

2013年3月8日，召开五届人大三次会议。二次会议后，1名代表调离本行政区，代表资格终止。三次会议应到代表52人，实到52人。会议听取和审议乡政府工作报告、乡人大主席团工作报告，审查和批准财政工作报告，表决通过3个报告决议。接受并通过刘峰辞去副乡长职务辞呈。补选张歌、颜羽为副乡长。

革勒车镇人大会议

(1)**一届人大一次会议**

2014年3月25日，召开一届人大一次会议。乡五届人大三次会议后，2名代表调离本行政区，代表资格终止；1名代表病故，代表资格终止；补选1名代表。一次会议应到代表50人，因事请假6人，实到代表44人。会议听取和审议镇政府工作报告、镇人大主席团工作报告，审查和批准财政工作报告，表决通过3个报告决议。接受并通过伍晓锋辞去镇人大主席职务辞呈，张冠华辞去镇长职务辞呈、任福高辞去副镇长和镇人大代表职务辞呈。选举张冠华为镇人大主席，徐骏为镇长、姚东舟为副镇长。

(2)**一届人大二次会议**

2014年9月19日，召开一届人大二次会议。一次会议上，1名代表辞职；会后2名代表调离本行政区，代表资格终止。二次会议应到代表47人，因事请假9人，实到代表38人。接受张歌、颜羽辞去副镇长职务辞呈。补选黄晓林为副镇长。

(3)**一届人大三次会议**

2015年5月21日，召开一届人大三次会议。二次会议后，1名代表调离本行政区，代表资格终止；1名代表涉嫌犯罪，暂时停止执行代表职务。三次会议应到代表45人，因事因病请假10人，实到代表35人。会议听取和审议镇政府工作报告、镇人大主席团工作报告，审查和批准财政工作报告，表决通过3个报告决议。通过调整革勒车镇农贸市场等建设项目规划指标的决定。

(4)**一届人大四次会议**

2016年5月11日，召开一届人大四次会议，应到代表45人，因事因病请假11人，实到代表34人。会议听取和审议镇政府工作报告、镇人大主席团工作报告，审查和批准财政工作报告，表决通过3个报告决议。

革勒车乡人大主席、副主席名录

(1997.1—2013.11)

表4—52

姓　名	性别	出生年月	籍贯	民族	政治面貌	学历	任职时间	备　注
赵海林	男	1961.1	来凤	汉	中共党员	高中	1997.1—2000.1	党委书记兼任主席
田　泓	男	1970.5	来凤	土家	中共党员	中专	1997.1—2000.1	副主席
向莉萍	女	1963.7	湖南龙山	土家	中共党员	大学	2000.1—2003.1	党委书记兼任主席
姚顶胜	男	1949.10	来凤	苗	中共党员	高中	2000.1—2001.8	副主席
张道先	男	1954.6	来凤	苗	中共党员	中专	2001.8—2003.1	副主席
杨学东	男	1964.8	来凤	苗	中共党员	大专	2003.1—2004.1	党委书记兼任主席
田　泓	男	1970.5	来凤	苗	中共党员	大专	2003.1—2006.6	副主席
谭中君	男	1966.6	来凤	苗	中共党员	大学	2004.1—2005.7	党委书记兼任主席
吴仲乐	男	1967.12	来凤	苗	中共党员	大专	2006.6—2009.6	主　席
田　泓	男	1970.5	来凤	苗	中共党员	大专	2003.1—2006.6	副主席
张东山	男	1970.12	宣恩	苗	中共党员	大专	2009.6—2011.11	主　席
伍晓锋	男	1976.6	来凤	苗	中共党员	大学	2011.11—2013.11	党委书记兼任主席
文青山	男	1962.7	来凤	苗	中共党员	大专	2011.11—2013.11	副主席

革勒车镇人大主席、副主席名录

(2013.11—2016.10)

表4—53

姓　名	性别	出生年月	籍贯	民族	政治面貌	学历	任职时间	备　注
伍晓锋	男	1976.6	来凤	苗	中共党员	大学	2013.11—2014.3	党委书记兼任主席
文青山	男	1962.7	来凤	苗	中共党员	大专	2013.11—2016.10	副主席
张冠华	男	1974.4	来凤	汉	中共党员	大专	2014.3—2016.10	党委书记兼任主席

革勒车乡政府乡长、副乡长名录

(1997.1—2013.11)

表4—54

届　别	乡　长	副乡长
第一届	杨学东(1997.1—2000.1)	张桂林　杨洪依　向兴祥　吴仲乐

革勒车乡政府乡长、副乡长名录

(1997.1—2013.11)

续表4—54

届　别	乡　　长	副 乡 长
第二届	杨学东(2000.1—2001.1) 谭传凯(2001.1—2003.1)	吴仲乐　田　泓　张道先　刘鑫鸣
第三届	谭中君(2003.1—2004.1) 范才成(2004.1—2006.11)	吴仲乐　张庆军　文青山　杨顺勇　胡新江　文　俊
第四届	范才成(2006.11—2007.5) 钱成玉(2007.5—2011.11)	胡新江　文　俊　张庆军　文青山　沈冬青　任福高　伍晓锋　刘　峰
第五届	张冠华(2011.11—2013.11)	任福高　刘　峰　赵　勇　张　歌　颜　羽

革勒车镇政府镇长、副镇长名录

(2013.11—2016.10)

表4—55

届　别	镇　　长	副 镇 长
第一届	张冠华(2013.11—2014.3) 徐　骏(2014.3—2016.10)	任福高　刘　峰　赵　勇　张　歌　颜　羽　姚东舟　黄晓林

第三节　乡镇人大工作

1988年年初,按照修正后的《地方组织法》,县十届人大常委会决定在乡镇人大设立主席团,以加强乡镇人大工作。乡镇人大主席团在人民代表大会每次会议预备会议上选举产生,人大主席团主席由主席团会议推选。人大主席团除主持本级人大会议期间工作外,还负责闭会期间日常工作。

1990年3月3日,省七届人大常委会第12次会议,通过《湖北省乡镇人民代表大会主席团工作若干规定》(简称"《主席团工作若干规定》"),确定乡镇人大主席团及其主席任期与本级人民代表大会相同;主席团每3个月举行1次会议。

1995年11月30日,省八届人大常委会第17次会议,根据《地方组织法》修正条款,修正《主席团工作若干规定》,规定乡镇人民代表大会会议选举产生人大主席团主席、副主席,人大主席团主席、副主席与本级人民代表大会任期相同。全县各乡镇人大主席团按照《主席团工作若干规定》,在县人大常委会指导下,开展乡镇人大工作。

根据《地方组织法》规定,自1997年1月开始,全县乡镇人大选举产生乡镇人大主席、副主席。

一、机构设置

1987年以前,乡镇人大主席团为临时机构,主席团成员由全体人大代表在预备会上表决通过。主席团成员再推选大会执行主席、副主席。代表大会全过程均由大会执行主席、副主席负责主持。会议结束后,主席团自行撤销。

1987年11月,全县52个乡镇分别开展乡镇人大代表选举。1988年初,按照修正后《地方组织法》规定,根据县十届人大常委会在乡镇人民代表大会设立主席团的决定,在乡镇人大一次会议上,选举产生乡镇人大主席团成员和主席、副主席,并将人大主席团作为人大工作常设机构。乡镇人大主席团成员一般为五至九人。乡镇人大主席团主席、副主席一般由同级党委书记或者副书记兼任。

1995年修正后《地方组织法》第一次明确规定:“乡、民族乡、镇的人民代表大会设主席,并可以设副主席一人至二人。主席、副主席由本级人民代表大会从代表中选出,任期同本级人民代表大会每届任期相同。”

1996年7月,根据省、州有关文件精神,开始撤区建乡工作,全县设6乡3镇,将原区辖乡镇改为管理区。

1997年1月,全县9个乡镇召开撤区建乡后的一届人大一次会议(其中,翔凤镇为二届人大一次会议,百福司镇为五届人大一次会议),选举产生乡镇人大主席团和人大主席、副主席。

2000年1月至2006年6月,乡镇人大主席都由同级党委书记兼任,另外配备一名副主席负责主持人大日常工作。

2006年6月至2011年11月,多数乡镇人大配备一名主席,少数乡镇人大主席由同级党委书记兼任,另配备一名副主席主持人大日常工作。

2011年11月换届后,根据上级规定,乡镇人大主席都由同级党委书记兼任,另外配备一名副主席负责主持人大日常工作。

二、行使职权

根据《地方组织法》和《主席团工作若干规定》,全县乡镇人大在本级人民代表大会闭会期间,组织人大代表围绕乡镇党委、政府中心工作和群众普遍关心的热点问题,采取集中与分散、专题与综合相结合形式,开展视察调查等活动;组织代表评议基层站所工作;听取乡镇站所专题工作报告,提出意见和建议;组织人大代表检查督促乡镇政府和有关单位办理代表议案和建议;组织代表学习《宪法》《地方组织法》等法律,使人大代表了解人民代表大会制度性质、地位、作用和人大代表权利、义务,增强人大代表民主意识和法制观念。乡镇人大还负责乡镇人民代表大会会议筹备工作，接待、办理人大代表和人民群众来信来访，依法办理人大代表补选和罢免等事务，办理县人大常委会和乡镇人大主席团交办有关事项等。

（一）代表工作

1.组织学习培训

翔凤镇人大：1997年，根据代表分布情况、文化层次以及年龄特点，将全镇人大代表编成14个代表小组，并要求代表小组每季度统一组织学习1次，以镇为单位学习2次。全年各代表小组组织学习6次，参加学习代表1069人次；组织主席团成员及代表小组长学习6次，参加学习118人次。1998年，组织州县镇三级人大代表集中学习2次，13个代表小组有480人次参加学习。全年召开4次主席团会议，学习党的十五大精神、九届全国人大会议精神和抗洪救灾精神以及人大换届相关法律法规。1999年，组织学习邓小平理论和党的十五大精神，以及法律知识和人大工作知识。同时，围绕换届选举工作，多次开展代表培训。8月16日，组织代表20多人，学习县人大常委会文件；8月20日—9月1日，培训选举骨干，召开党员、团员、小组长会议，学习《代表法》《选举法》《地方组织法》《省县乡两级人民代表大会代表选举实施细则》和选举工作实施方案。9月1—6日，培训登记员，学习《选举法》第六章和《省县乡两级人民代表大会代表选举实施细则》第五章，明确选民登记范围和对象。2000年，镇人大主席团和13个代表小组均制定学习计划，利用开会集中学习和自学方式，学习政治理论和业务知识。5月17日，组织主席团7名成员学习《代表法》《地方组织法》《主席团工作若干规定》。5月30日，组织各代表小组代表14人，学习《代表法》《选举法》等法律及镇人大主席团2000年工作要点。2001年，结合开展“三个代表”重要思想学习教育活动，组织主席团成员、各代表小组长，学习江泽民、胡锦涛等关于“三个代表”重要思想学教活动讲话、“七一”讲话和《关于加强和改进党的作风建设的决定》，进村入户250户，召开座谈会11次。2002年，组织主席团成员学习邓小平理论、江泽民“三个代表”重要思想和党的十六大报告、人大工作业务知识。2003年，把加强政治理论和法律法规学习纳入重要议事日程，组织主席团成员学习《代表法》《主席团工作若干规定》；同时，要求代表学习党的路线方针政策、邓小平理论和“三个代表”重要思想，学习党的十六届三中全会和十届全国人大一次会议精神。2004年，以“三观”教育为动力，利用集中学习和自学等形式，学习《代表法》《主席团工作若干规定》，学习党的十六大和十六届四中全会精神及十届全国人大二次会议精神、市场经济和科技知识。8月4日，组织州县镇人大代表培训会，学习《代表法》，交流代表如何行使职权、如何履行义务、如何当好代表等。2005年，镇人大主席团成员学习《代表法》《主席团工作若干规定》。2006年，组织学习县委《关于进一步加强人大工作的决定》。8月31日，组织学习换届选举有关法律法规和换届选举实施方案。2007年初，组织98名州县镇人大代表培训，学习《代表法》。12月10日，组织主席团成员学习《监督法》，在县人大常委会组织《监督法》知识竞赛活动中，翔凤镇获得第二名。2008

年8月,组织主席团成员和各代表小组组长19人,历时7天,到县内和青岛、大连等地学习考察人大工作。同时,组织学习《代表法》《监督法》以及党的十七届三中全会精神。2009年,深入开展学习科学发展观活动。2010年,抓住干部作风整顿成果巩固年活动机遇,结合履职需要,组织学习理论和业务知识。2011年,组织代表学习开展"百千万"活动实施方案和人大换届选举有关法律法规。2012年,代表通过参加各种会议和自学等方式,学习党的十八大精神、《选举法》《代表法》《监督法》和上一级人大关于进一步加强人大工作的意见。2013年5月27日,在县交警大队三楼会议室,召开19名县镇人大代表参加的取缔城区内电动三轮车座谈会,学习有关文件和法规。8月31日,召开各代表小组长会议,学习《代表法》和县、镇有关文件,安排代表述职评议工作。2014年8月30日,召开代表工作会议,学习《代表法》和有关文件,安排县人大代表述职评议工作。2015年8月27日,召开代表工作会议,学习《代表法》和有关文件,安排县人大代表述职评议工作。

绿水镇(乡)人大:1998年7月6日,组织人大代表小组成员和乡人大主席团成员21名,进行履职培训;7月31日,组织全乡53名人大代表学习《代表法》,乡人大主席徐朝凤作辅导讲课;12月16日,组织14名乡县人大代表,学习《代表法》《选举法》《地方组织法》。2000年1月7日,组织49名人大代表学习《代表法》《地方组织法》。2003年1月5日,组织48名人大代表学习《选举法》。2007年8月8日,在县人大常委会指导下,培训州县乡三级人大代表59名,组织学习《代表法》,县人大常委会办公室主任谭生发、代工委主任吴春菊分别作辅导讲课;县人大常委会副主任莫北平在培训会上要求,代表对《代表法》要做到应知应会。2011年11月14日,组织12名县人大代表和54名镇人大代表,学习《代表法》《选举法》。2012年3月25日,组织镇人大代表48名,学习《组织法》《代表法》《监督法》。2013年3月10日,组织州县镇人大代表52名,学习《省实施〈代表法〉办法》。2014年9月28日,组织州县镇人大代表54名开展履职培训,镇人大主席蒲瑛作辅导讲课。2015年8月26日,召开代表工作会议,学习《代表法》,安排2015年县人大代表述职评议和香沟村代表工作室有关工作。2016年6月1日,召开各代表小组长和部分县镇人大代表会议,学习《代表法》和《监督法》和上级关于进一步加强人大工作的意见。

漫水乡人大:1998年3月中旬,举行52名代表培训会,学习《地方组织法》。2000年1月5日,组织53名代表,学习《宪法》《选举法》。2002年7月20日,组织52名代表,学习《代表法》。2008年5月22日,组织53名代表,学习相关法律法规,培训履行人大代表权利和义务相关知识。2011年11月14日,培训11名县代表和55名乡代表,集中学习《宪法》《代表法》《选举法》。2012年3月14日,组织53名代表培训,乡人大副主席谭绍军作辅导讲课。2013年3月18日,组织47名代表学习全国"两会"精神,详细讲解如何将"两会"精神运用到人大代表履职上。2014年4月12日,组织主席团9名成员学习《代表法》《地方组织法》。

百福司镇人大:1998年8月21—22

日,组织全镇各级人大代表77人,学习《宪法》《选举法》,百福司派出所所长黄小明作法律知识专题辅导报告。1999年10月25日,组织代表学习《种子法》《森林法》《动物检疫法》,分管农村经济工作副镇长作专题报告;镇人大负责人作关于强化人大代表学习培训的讲话。2000年4月3—4日,组织全镇各级人大代表,学习《主席团工作若干规定》和县人大常委会关于2000年全县乡镇人大工作实行目标量化考核实施方案;镇人大办公室工作人员向军根据学习内容,作辅导发言。2002年10月15日,组织代表学习《县乡换届选举实施细则》《村民委员会自治条例》,镇人大副主席易吉元作专题辅导报告。2005年5月18日,组织代表学习《选举法》《治安处罚条例》,百福司派出所所长向东作辅导讲课。2008年4月8日,组织代表学习培训,交流和收集人大代表对人大主席团工作建议。2010年8月28日,组织各级代表78人学习《县乡两级换届选举实施细则》,为换届工作做准备。2011年9月25日,组织全镇各级人大代表学习《民法通则》部分章节。2012年5月12日,组织代表学习,镇人大主席向家林作辅导报告。2013年10月16日,组织全镇各级人大代表,学习党的群众路线教育实践活动有关论述。2014年6月5日,组织代表学习培训,交流和收集人大代表对人大主席团工作建议。2015年7月3日,组织人大代表学习新修订的《预算法》。11月,组织人大代表学习精准扶贫工作有关要求。2016年4月21日,组织县镇人大代表学习《代表法》和精准扶贫等知识。

大河镇人大:1997年3月25日,组织县镇人大代表学习《宪法》《代表法》《地方组织法》。2000年1月8日,组织68名人大代表学习《代表法》。2003年,组织培训代表200多人次,学习《组织法》《选举法》《监督法》《宪法》《劳动社会保障法》《城市规划法》,以及邓小平理论、"三个代表"重要思想、科学发展观。2006年11月8日,组织县镇人大代表,学习《代表法》;县人大常委会代工委主任吴春菊作辅导讲课;县人大常委会副主任莫北平要求代表对《代表法》做到应知应会。2012年3月8日,组织28名县人大代表和73名镇人大代表,学习《代表法》《选举法》。2013年3月18日,组织县镇96名人大代表,学习《宪法》《城市规划法》,以及县正风肃纪二十条规定。2014年11月12日上午,组织县镇人大代表88名学习培训,镇人大主席向静作辅导报告,学习《宪法》《地方组织法》和《选举法》。2015年5月7日上午,组织镇人大代表学习党的十八届四中全会精神。2016年9月1日,镇人大主席团组织州、县、镇人大代表85人学习培训,学习《选举法》《换届选举实施办法》,学习换届纪律;县人大常委会副主任田延初作辅导报告,要求严格遵守九个严禁、九个必须。

旧司镇(乡)人大:1997年7月25日,组织全乡代表学习培训,乡人大主席瞿先平作辅导讲课,学习《宪法》《地方组织法》《选举法》。2011年11月14日,县乡代表70人参加培训会议,学习《选举法》,县人大常委会财经工委主任胡任平作辅导讲课。2012年12月21日,组织全乡代表学习党的十八大精神。2013年10月15日,镇人大派4名人大代表,到汉阳区委党校学习培训。2014年6月26日，镇党委举办反腐倡廉警示教育活动，组织县镇人大代表参加活动。2015年4月28日，镇人大与镇农业服务中心组织部分县、镇人大代表及科技示范户，参观三胡乡石桥村绿茶标准示范园；并邀请县农业局技术人员培训土壤改良、测土配方施肥技术和农作物病虫害防治知识。5月8日，结合镇党委组织的全镇党员干部"两严"培训，安排县镇人大代表参加培训和考试。12月25日，组织县、镇人大代表传达省、州、县委人大工作会议精神，学习县委书记胡泽在全县人大工作会上讲话以及县委关于加强县乡人大工作和建设的实施办法。

三胡乡人大：2008年6月下旬，组织县乡人大代表，学习《代表法》，乡人大主席洪业炳作辅导讲课。2010年11月26日，组织县乡人大代表，学习《选举法》。2011年11月15日，组织全乡78名县乡人大代表，就"如何当好人大代表，如何履行好人大代表职责"进行培训。在培训会议上，县人大常委会办公室主任明文林讲课。2012年3月22日，组织72名县乡人大代表学习《代表法》《组织法》。2013年3月8日，组织56名县乡人大代表，学习代表职责、代表权利、代表义务等。2014年9月19日上午，召开人大代表培训会，乡人大代表43人参加培训。县人大常委会代工委主任吴春菊作辅导讲课。乡人大主席田慧对代表履职提出要求。2015年11月24日上午，县乡人大代表23人参加培训，乡人大副主席彭吉军就新常态、新时期代表如何履职进行讲解。2016年5月11日，召开人大代表学习培训会，州县乡三级人大代表42人参加学习培训，乡人大领导领学《代表法》《选举法》并进行讲解。

革勒车镇(乡)人大：2007年5月18日，组织主席团7名成员学习《代表法》《主席团工作若干规定》《地方组织法》。2008年5月4日，组织县乡代表集中学习有关法律法规。2009年6月29日，组织代表学习《地方组织法》《选举法》。2010年4月20日，组织主席团成员学习《计划生育条例》《义务教育法》。2011年5月22日，培训全乡47名乡人大代表，县人大常委会代工委主任吴春菊作辅导讲课。2011年11月16日，县人大常委会办公室副主任李明对全乡新一届人大代表，进行初任培训。2012年3月16日，采取以会代训形式，组织代表学习《监督法》《劳动和社会保障法》《公务员法》《城市规划法》《电力法》。2013年3月8日，组织代表学习《选举法》《组织法》和《信访条例》。2014年3月25日，组织代表学习《代表法》《选举法》《组织法》。9月19日，组织代表学习《选举法》《监督法》《信访条例》。2015年5月21日，组织代表学习《宪法》《民族区域自治法》《选举法》《组织法》《代表法》《监督法》《信访条例》。2016年4月16日，参加县人大常委会组织的赴深圳人大干部能力素质提升班培训学习。5月11日，组织人大代表采取以会代训形式，集中学习《代表法》《选举法》和精准扶贫等知识，提高人大代表自身素质和履职能力。

2. 代表小组活动

翔凤镇人大：1997年，全镇有州人大代表16名，县人大代表65名，镇人大代表96名，组建代表小组13个(包括：沙坨代表小组、飞机代表小组、大沟代表小组、土堡代表小组、活水代表小组、红花代表小组、新峡代表小组、三光坪代表小组、花园堡代表小组、精神堡代表小组、育红桥代表小组、镇直代表小组、县直代表小组，下同）。镇党委、镇政府高度重视人大工作，给人大办公室配备一名工作人员，解决7000余元办公经费，代表活动经费足额到位，为人大工作顺利开展提供保障。同时，镇人大主席团围绕本职工作，开展正规化建设，做到有“一表、两册、三簿”（基本情况统计表、人大代表花名册、人大干部花名册、人大工作记录簿、来信来访记录簿、办实事登记簿），镇人大办公室做到“八有”（有人大主席团职责、有镇人大主席团主席副主席职责、有镇人民政府职权、有经费、有办公室、有桌凳、有资料柜、有水瓶杯子），室内清洁整齐、干净，资料整理及时、存放有序；按时开好人大主席团会议、代表座谈会、代表小组长会议。1998年，将省州县镇人大代表155人，混合编成代表小组13个，每个组设一名组长，负责召集小组会议、召开代表座谈会。学习人大换届选举有关法律法规，宣传走访选民，顺利完成选举工作任务。1999年，将州县镇人大代表132人混合编组，组建代表小组13个，每个代表小组推选一名组长，负责召集小组会议、组织活动，为代表在闭会期间开展代表工作、学习提供组织保障。每季度以代表小组为单位开展一次活动，组织学习有关法律法规、农业科技知识，提高代表自身素质和参政议政能力。2000年，把辖区内各级代表129人编建代表小组13个，制定学习计划和工作计划，召开小组会议，开展小组活动。2001年，将131名人大代表组编成13个代表小组，组长负责拟定活动计划，召开小组会议，开展小组活动。2002年，把州县镇人大代表132人混合编成13个代表小组，为开展代表活动提供组织保障。2003年3月，把州县镇人大代表132人，混合编建代表小组13个，组长负责拟定活动计划，召开小组会议，组织代表学习，开展代表活动。2004年3月，把州县镇人大代表107人混合编建代表小组13个。7月7日，召开各代表小组长会议，集中学习《代表法》；各代表小组也分别召开座谈会，组织学习《代表法》。2005年3月，把州县镇人大代表108人混合编成代表小组13个，组长负责拟定活动计划，召开小组会议，组织代表学习，开展代表活动。把省人大工作会议精神传达提纲，发放到所有代表，并组织学习。2006年5月，把州县镇人大代表110人，混合编建代表小组13个，组长负责拟定活动计划，召开小组会议，组织代表学习，开展代表活动。2007年7月，把州县镇人大代表144人，混合编建代表小组12个，拟定活动计划，召开小组会议，组织代表学习，开展代表活动，并做到有活动场所、有代表小组牌子、有开展活动记录。2008年3月，把州县镇人大代表105人，混合编建代表小组11个，组长负责拟定活动计划，召开小组会议，组织代表学习，开展代表活动。做到门口有牌子、墙上有代表基本情况、开展活动有记录。2009年3月，把州县镇人大代表144人，混合编建代表小组12个，开展形式多样活动。2010年3月，把州县镇人大代表142人，混合编建代表小组12个，开展形式多样活动。2011年2月，把州县镇人大代表143人，混合编建代表小组12个，各小组结合换届选举开展形式多样活动。2012年2月，把州县镇人大代表144人,混合编建代表小组12个,12个代表小组结合实际开展活动。2013年3月,把州县镇人大代表144人,混合编建代表小组12个。8月,6个代表小组结合7个选区17县人大代表述职,组织开展小组活动。5月27日,就取缔城内电动三轮车在县交警大队召开代表座谈会,征求代表意见,参会代表17人,通过代表宣传发动,使城内三轮车取缔工作顺利进行。2014年8月,8个代表小组结合11个选区22名代表述职,组织开展小组活动。2015年9月5日,8个代表小组结合6个选区13名代表述职,组织开展小组活动。9月,在小河坪社区、三官坪社区建立2个代表工作室,代表按时进驻代表工作室接待选民,开展活动。

绿水镇(乡)人大:1997—2000年,有人大代表小组5个,州县乡人大代表66人,其中龙嘴代表小组12人,茅坝代表小组23人,上寨代表小组11人,五台代表小组12人,乡直代表小组8人。2000—2003年,有人大代表小组5个,州县乡人大代表61人,其中龙嘴代表小组9人,由乡人大主席团成员苏凤英负责联系;茅坝代表小组17人,由乡人大副主席徐玉武和主席团成员张庭芳负责联系;上寨代表小组11人,由乡人大主席团成员向艳萍负责联系;乡直代表小组12人,由乡人大副主席严天佑负责联系。2003—2006年,有人大代表小组5个,州县乡人大代表59人,其中龙嘴代表小组9人,由主席团成员苏凤英联系;茅坝代表小组19人,由主席团成员田华负责联系;上寨代表小组11人,由主席团成员李胜连负责联系;五台代表小组11人,由乡人大副主席严天佑负责联系;乡直代表小组9人,由乡人大主席团成员吴汉左负责联系。2006—2007年,有人大代表小组5个,州县乡人大代表66人。2007—2012年,按照县人大常委会安排,将15名州县代表和54名乡(镇)代表重新编组,成立州县人大代表小组,以茅坝、上寨、龙嘴和五台四个片区成立4个代表小组(2011年以前为5个代表小组),由代表推选代表小组组长,建立健全代表小组活动制度,做到"一册""五有""五本""四上墙""三归档"("一册"即代表名册;"五有"即有代表小组组织、有活动场所、有牌子、有工作计划、有活动记录;"五本"即代表小组活动记录本、代表小组基本情况登记本、联系选民登记本、来信来访记录本、讨论重大事项记录本;"四上墙"即代表简介、代表职责、活动制度、代表活动剪影上墙;"三归档"即活动记录、视察检查材料、代表履职登记表归档),以规范代表活动阵地。同时建立健全活动制度,制定人大代表专题视察、活动登记、联系、走访征求意见、学习等制度。在活动中,组织代表学习、联系选民,反映选民急需解决难点和热点问题,监督和支持政府工作。2012年度开展代表小组活动4次,如6月16日—7月10日,全镇5个代表小组(五台、上寨、龙嘴、茅坝和州县)组织开展"人民选我当代表,我当代表为人民"为主题的人大代表"听民生、察民情、解民难"活动,收集建议53条,通过整理归类为18条,提交政府研究处理。2013年3月3—8日、6月28日—7月5日、12月10—20日,全镇5个代表小组开展活动3次,组织代表联系选民12000余人次,收集建议60余件。2014年3月20—26日、7月1—13日、12

月15—25日，全镇5个代表小组利用镇人代会以及县人大常委会主任、副主任接待代表活动及县人代会召开前期，开展活动3次，组织人大代表联系选民13563人次，收集意见建议38件。2015年8月28日，4个代表小组结合30选区代表述职，组织开展收集民情民意活动，收集建议11条，通过整理归类为3条，提交政府研究处理。2016年5月3—8日，全镇5个代表小组在镇人代会召开前期，以选区开展代表走访选民活动，人大代表联系选民1283人次，收集意见建议12件。

漫水乡人大：2012年，根据县人大常委会安排，办一个规范化代表小组，将代表重新编组，建立州县人大代表小组活动阵地，乡人大主席任代表小组组长。乡党委、乡政府领导高度重视活动室建设，在财力十分有限情况下，组织资金1万余元整修活动室，购置硬件设备。代表活动小组各种制度全部上墙，对重点活动还制作一个光碟，做到“一册”“五有”“五本”“四上墙”“三归档”。为保障人大代表小组活动顺利开展，建立健全八项制度：制定人大代表活动制度，把代表小组活动时间定在每季度开展一次；制定人大代表专题视察制度，规定每年至少开展1—2次专题视察活动；建立人大代表活动登记制度，设立人大代表活动登记本，详细记录人大代表活动情况；建立人大代表联系制度，有效解决人大代表活动通知难、组织难、活动难问题；建立人大代表走访征求意见制度，每年人代会前，走访群众，征求意见，为代表参加人代会做好准备；建立人大代表调查研究制度，要求每位人大代表每年结合本职工作，开展1—2次调研活动，把群众反映热点和难点问题及时向代表小组通报，为代表小组活动提供信息；建立人大代表学习制度；建立人大代表联系选民制度，每位人大代表在工作单位或居住地密切联系选民，在代表小组活动时汇报联系选民情况，增强代表小组活动针对性。此外，乡人大制定代表小组“八个一”活动方案（1.每位人大代表一个季度走访选民一次，深入群众，了解群众关注热点难点问题，帮助群众解决困难。2.每年帮扶一户贫困户，在生产生活上给予帮助。3.联系一个选民，保持同选民经常联系，随时了解、掌握选区情况。4.为选区办一件实事，如：基础设施建设、农业技术指导等。5.届中进行一次述职，让选民评一评，满意不满意。6.联系一个村组进行新农村建设工作调查，结合新农村建设要求，积极争取有关部门支持。7.联系一个部门，经常深入联系部门调查，对其工作进行监督和支持。8.每年度参加一次活动）。2013年，全乡有6个代表活动小组（兴隆代表活动小组、漫水代表活动小组、三坝代表活动小组、洗车代表活动小组、鱼塘代表活动小组、乡直代表活动小组），47名代表，人大主席团成员10名，结合实际，制定漫水乡人大代表联系群众工作办法。乡人大主席团成员分别联系代表小组，组织开展代表履职活动，如8月12日，乡人大主席团组织代表活动小组集中学习《选举法》《代表法》。2014年6月12日，组织人大主席团成员结对帮扶困难选民，为6户困难选民发放土鸡鸡苗2400只、仔猪6头。

百福司镇人大：1997—1999年，将州县镇77名人大代表编成7个代表小组，任命各小组组长和副组长，为各小组开展代表活动提供组织保障。2000—2002 年,有州县镇人大代表 73 名,将其编成 7 个代表小组。组织小组会议 8 次,开展代表活动 6 次,加强各级代表间交流与沟通。2003—2004 年,有州县镇人大代表 77 名,编成 7 个代表小组。各代表小组分别召开座谈会,组织学习《代表法》等法律法规。2005—2010 年,有州县镇人大代表 78 名,编成 7 个代表小组。根据镇人大主席团安排,各小组定期开展学习培训、深入实地调研、走访群众等活动。2011 年 5 月,听取县政府、法院、检察院工作情况汇报,县人大代表分别提出建议。10 月,选举产生 7 个代表小组,由 58 名代表组成。2012 年 8 月,听取县水利局和纳吉滩公司关于百福司镇集镇饮水情况汇报,县人大代表对集镇饮水要求立项解决。2013 年,有州县镇人大代表 79 名,编成 7 个代表小组,并拟定活动计划,召开小组会议,组织代表学习,各代表小组切实做到有活动场所、有代表小组牌子、有活动记录。2014 年,有州县镇人大代表 76 名,编成 7 个代表小组。各代表小组分别召开座谈会,组织学习《代表法》等法律法规。2015 年,将州县镇人大代表 74 名编成 7 个代表小组,各代表小组分别召开座谈会,组织学习《预算法》等法律法规知识。11 月,召开座谈会,讨论产业发展新思路和精准扶贫工作。

大河镇人大:1997—2000 年,有人大代表 71 人,组成代表小组 4 个。2000—2003 年,有代表 68 人,编为 4 个代表小组。2003—2006 年,有代表 63 人,编成 4 个代表小组。2006—2011 年,有代表 72 人,编成 4 个代表小组。2011 年以后,有州人大代表 1 人、县人大代表 28 人、镇人大代表 73 人,混合编成 4 个代表小组。在镇五届人大期间,按照县人大常委会安排,镇人大办建立健全有关制度,要求代表开展有关活动。2011 年以来,镇党委、镇政府领导高度重视人大活动室建设,组织资金 1 万余元整修活动室,配置电脑等,代表小组各种制度全部上墙,做到“一册”“五有”“七本”“三归档”。建立人大代表联系制度,走访群众,征求意见。2012 年 3 月 29 日,镇五届人大二次会议期间,组织 4 个代表小组正副组长座谈,要求认真开展小组活动,发挥代表小组作用,各小组代表深入选区与选民联系,听取选民建议,解决选民关注热点和难点问题。通过开展小组活动,收集代表建议 12 件,及时向党委汇报,及时研究、处理落实。2013 年 3 月 8 日,将州县镇代表混合编成 4 个代表小组,组织开展代表小组活动,切实解决选民关注热点和难点问题。2014 年 3 月 29 日上午,镇人大召开主席团会议,要求各代表小组深入选区征求选民建议。2015 年 5 月 10 日上午,镇人大主席团召开代表小组活动会议,要求各代表小组充分发挥代表作用。2016 年 5 月 11 日,镇人大组织人大代表各小组活动会议,听取大河坝社区、白果树人大工作室开展代表小组工作情况汇报,要求各代表小组深入学习,开展“不忘初心,永跟党走”主题实践活动。

旧司镇(乡)人大:1997—1999 年,将 59 名代表编成 5 个代表小组,规定每个代表小组每年活动不得少于 3 次。2001—2006 年,将 69 名代表编成 6 个代表小组,每个小组都有主席团成员联系。2000 年,在阵地建设上,完善一图一表、两册、两职、两权、六制度、七簿外(一图:主席团成员简介图;一表:基本情况统计表;两册:各级人大代表花名册、主席团成员和政府领导花名册;两职:主席团职责、正副主席职责;两权:乡人民代表大会职权、乡人民政府职权;六制度:监督、汇报、廉政、会议、学习、办公等制度;七簿:宣传报道、走访代表、会议、开展活动、来信来访、学习、为民办实事等登记簿),还制作代表分布示意图和主席团成员简介。2007—2011年,将72名代表划分成3个代表小组。2012年,将州县乡代表84名代表编成3个代表小组,规定每个小组每年活动不少于2次,代表小组活动有声有色。在乡党委领导和县人大常委会指导下,乡政府投入近3万元加强人大活动阵地建设,给乡人大活动室配备桌椅、空调,重新制作县乡人大代表基本情况及活动剪影图表和县人大代表"2451"(每年回选区2次以上,每年参加活动不少于4次,5个1是帮1户困难户、每年为选区办1件实事、为政府提1条合理化建议、联系选区1个村、任期内回选区述职1次)活动情况一览表,县乡人大代表分布示意图及6个制度上墙,得到县人大常委会充分肯定。2012年10月17日,旧司乡人大代表第一代表小组30人齐聚乡人大活动室,学习讨论《代表法》《来凤县人大代表述职评议试点工作实施方案》,并就如何履行好代表职务、在经济社会发展中建言献策,展开热烈讨论,提出许多建议。11月14日,全县乡镇人大建设经验交流会在旧司乡召开,把旧司乡人大活动室作为现场参观。2013年,镇人大要求,凡是镇组织理论学习业务培训代表小组长都要参加,每个代表小组都采取不同形式开展活动。4月20日,在水田举办桑蚕养殖知识培训,各村民代表及养蚕户均踊跃参加。2013年4月,镇人大被州人大常委会评为"代表小组活动先进单位"。2014年,在镇党委领导和县人大常委会指导下,镇政府投入近2万元,加强人大活动阵地建设,给人大办公室配备一台新电脑、打印机,并维护与完善镇人大活动室制度墙,得到县人大常委会充分肯定。11月10日,组织县镇人大代表在后坝村开展藤茶知识培训,各村民代表及藤茶种植户均积极参加。2015年8月28日,腊壁司村代表活动室召开选区代表会,就代表活动室工作开展、代表们如何履职提出要求。

三胡乡人大:2009年,有州人大代表1名、县人大代表18名、乡人大代表56名,组建代表小组5个。根据县人大常委会安排,办一个规范化代表活动小组,将代表重新编组,建立一个州县人大代表小组活动阵地,乡人大主席任代表活动小组组长。乡党委、乡政府领导高度重视活动室建设,组织资金1万余元整修活动室,购置硬件设备。代表活动小组各种制度上墙,重点活动还制作一个光碟,做到"一册""五有""五本""四上墙""三归档"。为保障人大代表小组活动顺利开展,三胡人大代表小组建立健全八项制度(人大代表活动制度、人大代表专题视察制度、人大代表活动登记制度、人大代表联系制度、人大代表走访征求意见制度、人大代表调查研究制度、人大代表学习制度、人大代表联系选民制度)。此外,制定代表小组"八个一"活动方案(每位人大代表一个季度走访选民一次,深入群众,了解群众关注热点难点问题,帮助群众解决困难。每年帮扶一户贫困户,在生产生活上给予帮助。联系一个选民，保持同选民经常联系，随时了解、掌握选区情况。为选区办一件实事。届中进行一次述职，让选民评一评，满意不满意。联系一个村组开展新农村建设工作调查，结合新农村建设要求，积极争取有关部门支持。联系一个部门，经常深入联系部门调查，对其工作进行监督和支持。每年度参加一次活动)。2011年，第二代表小组开展扶贫帮困活动，金桥村县人大代表彭吉林与团县委联系，启动"新天地义卖会"，把所得善款3000余元全部捐助留守儿童。2012年12月，县人大代表范俊、田延初、李明、胡任平、郭相山等，联系各自选区选民，并带上慰问金，看望困难选民。2013年12月28日，县人大代表田延初、胡任平等一行，慰问县乡人大代表。2014年春节前夕，组组县乡人大代表召开座谈会，集中看望代表，并发给慰问金，广泛征求代表建议。2015年12月28日，县人大常委会副主任田延初一行，在三胡乡人大副主席彭吉军陪同下看望困难选民代表10名，了解他们生产生活情况，并给每个困难选民代表送上慰问金，选民代表非常感谢人大常委会领导关怀。2016年1月28日，乡人大副主席彭吉军看望困难选民代表8名，了解他们生产生活情况，并送上慰问金表示问候。

革勒车镇(乡)人大：1997—1999年，有州人大代表1名、县人大代表10名、乡人大代表49名，组建代表小组5个。2000—2002年，有县人大代表9名，乡人大代表47名，编成革勒车、高山、太坪、鼓架和文坪5个代表小组。2003—2005年，有县人大代表10名，乡人大代表51名，编成革勒车、高山、太坪、鼓架和文坪5个代表小组。2006—2010年，有县人大代表10名，乡人大代表47名，编成革勒车、高山、太坪、鼓架和文坪5个代表小组。根据县人大常委会安排，办一个规范化代表活动小组，将代表重新编组，建立一个州县人大代表小组活动阵地，乡人大主席任代表活动小组组长，做到"一册""五有""五本""四上墙""三归档"。制定人大代表活动制度，把代表小组活动时间定在每季度开展一次；制定人大代表专题视察制度，规定每年至少开展1—2次专题视察活动；建立人大代表活动登记制度，设立人大代表活动登记本，详细记录人大代表活动情况；建立人大代表联系制度，有效解决人大代表活动通知难、组织难、活动难问题；建立人大代表走访征求意见制度，每年人代会前，走访群众，征求意见，为代表参加人代会做好准备；建立人大代表调查研究制度，要求每位人大代表每年结合本职工作，开展1—2次调研活动，把人民群众反映热点难点问题及时向代表小组通报，为代表小组活动提供信息；建立人大代表学习制度；建立人大代表联系选民制度，每位人大代表在工作单位或居住地密切联系选民，在代表小组活动时汇报联系选民情况，增强代表小组活动针对性。2011年9月换届选举后，有县人大代表14名、乡人大代表54名，组建州县人大代表小组和乡人大代表小组4个，加强代表与选区选民沟通联系，为地方政府施政当好参谋助手。2012年，将州县乡人大代表65人组成4个代表小组，各代表小组深入开展"1355"(即1名县、乡人大代表；3项联系：联系1个选区选民、联系1个村进行新农村调查工作、联系1个贫困户；5访5问：访基层干部、群众代表，问发展良策；访致富能手、致富大户，问致富经验；访上访户、意见户，问问题缘由；访困难户、低保户，问群众疾苦；访服务对象、管理对象，问期望需求）活动，加强人大代表与广大群众联系。2012 年 3 月 7 日，组织州县乡人大代表在陈家沟村、土家寨村、豹子沟村、鼓架山村等公路沿线路边开展义务植树活动。2013 年 4 月 27 日，组织县乡人大代表参加“干部进讲堂”活动，全面提高代表素质。9 月 2 日，州县人大代表活动小组人大代表彭远仪、吴春菊等，深入大地垄村、三房沟村，倾听选民建议和意见。2014 年 4 月，将州县镇人大代表 55 人，编成代表活动小组 4 个，即：州县人大代表活动小组、镇人大代表活动第一小组、镇人大代表活动第二小组、镇人大代表活动第三小组，每个组设组长、副组长各 1 名，负责召集代表活动小组会议、召开代表座谈会，动员代表到辖区内调研和走访选民，加深代表和选民联系。2015 年 11 月 20 日，各代表小组动员选区内代表广泛开展精准扶贫活动，县镇人大代表上门为选民脱贫谋划产业发展。2016 年 3 月 15 日，组织 7 名县人大代表、13 名镇人大代表，在辖区内新峡河两岸，参加“绿满荆楚”义务植树活动。5 月中上旬，各代表小组开展走访联系选民活动，收集群众意见，倾听选民呼声，调查了解选民群众生产生活现状，推进农村社会发展，为代表参政议政和履职作铺垫。

3. **走访接待代表**

翔凤镇人大：1997 年春耕前夕，21 名代表、49 名村民来信反映，有 6 条水渠大面积破裂渗漏，3 个滴灌设施损坏严重，致使 1.8 万多亩水田无法灌溉。得知情况后，镇人大立即组织工作人员走访了解实际情况，会同相关部门实地勘察，并督促政府及时到位资金约 13 万元，赶在春播之前修复。1998 年初，镇人大收到部分城镇下岗职工反映子女上学学杂费压力大的信访件，随即组织人员，调查核实并与县实验中学协商沟通，减免特困生学杂费用 1.3 万余元，减轻学生家长经济负担。1998 年 12 月，镇人大收到有关代表反映特产税征收不合理问题，调查核实后，把全镇特产税按人口征收，纠正为按农户特产品收入据实征收，并要求镇政府制发文件，规定特产税必须按纠正后办法征收实施。1998 年，登门走访代表 89 人次，接待群众来访 12 人来信 9 件，为 9 名代表在资金、项目方面与开发办等部门协商落实。1999 年 8 月 16 日，镇人大接待代表 20 多人，听取他们建议。全年走访代表 95 人次，联系代表面 95%以上。2000 年，走访代表 100 余人次，调查研究代 13 个表小组活动情况，并写出 17 篇调研文章在县级以上刊物发表。镇人大接待来信 1 件，来访 2 件，均配合有关部门处理落实。2001 年，镇人大走访代表、群众 108 人次，看望困难代表 2 人，并为其解决暂时经济困难。解决望水村幼儿园饮水困难，无偿援助抽水泵 1 台。支持人大代表周胤多方筹资 2.5 万元，为何家坡村修建公路 2.5 千米，修水渠 2000 多米，改善该村群众生产生活条件。2002 年，加强同代表联系，联系面达 95%以上，接待群众来信来访 6 件，并配合有关部门处理落实。2003 年，召开代表座谈会 2 次，联系走访代表 95 人。在联系代表活动中，围绕人大换届，了解代表思想、工作、学习、生活状况，并写出调查报告。接待来信来访 2 件，督促有关部门处理落实。2004 年,组织召开座谈会 3 次,联系走访代表 95 人次,了解代表思想和家庭状况,倾听群众和代表建议,为困难代表送去组织温暖。做好来信来访接待工作,做到件件有着落,调查齐成胜反映万家塘选举人大代表不公平一事,并写出调查报告。6 月 26 日,举行信访听证会,邀请 10 名县镇人大代表参加,增加信访工作透明度。同时,根据代表反映情况,镇人大跟踪监督落实农村税费改革政策,特别是对农业税税率降低、粮食直补、水稻良种补助等,监督有关部门按政策落实到位。2005 年,组织召开代表座谈会 4 次,联系走访代表 95 人次。2006 年,结合县镇人大代表换届工作,走访、联系代表率 95%,接待来信来访 4 件,交有关部门办理落实。3 月 2 日,对代表秦文勋反映要求享受二等乙级伤残军人待遇的信访件,镇人大与镇民政办、武装部组成调查组,形成调查报告并回复秦文勋。2007 年,召开代表座谈会 4 次,联系走访代表 125 人次。2008 年,召开座谈会 6 次,走访联系代表 138 人次。在县人大代表接待日活动前,镇人大给每个代表,印发建议书写纸。代表经过调研,收集建议 14 条,这些建议很快得到有关部门答复。2009 年,召开代表座谈会 5 次,联系走访代表 126 人次,及时准确把群众思想动态和意见反馈给政府,促进政府部门工作。2010 年,召开代表座谈会 3 次,联系走访代表 121 人次,切实做到联系代表工作制度化。2011 年,结合县委开展的"百千万"活动和换届选举工作,建立健全人大代表"民情日记"制度,组织召开代表座谈会 5 次,联系走访代表 126 人,积极向有关部门反映民众所想所盼。2012 年,召开座谈会 2 次,联系走访代表 100 余人次,春节前看望代表 16 名。2013 年,联系走访代表 100 余人次,在联系代表活动中,围绕县镇工作重点,倾听群众呼声和代表意见,收集合理化建议,注重了解代表生产生活情况,及时帮助解决有关问题,准确把群众思想动态和意见要求反馈给政府,促进政府及其部门工作。2014 年,镇人大主席团联系走访代表 98 人次,如在走访代表田启学时,得知其家庭困难,镇人大副主席李玖山找有关部门帮助解决困难。2015 年,镇人大主席团联系走访代表 151 人次,将收集建议和意见反馈给政府部门。

绿水镇(乡)人大:1999 年 6 月 25 日,施南坪村谭英豪家,遭受暴风暴雨,墙壁倒塌,全家 3 人都是残疾人,乡人大知道情况后,及时与乡民政办联系,并同村干部一起,组织群众义务投工帮助整修。2002 年年初,人大代表、群众对上寨集镇啤酒机赌博、养狗成群、车辆乱停乱靠等问题反映强烈,乡人大主席团专题调查并召开主席团专题会议,敦促乡政府专项整治,乡政府立即召开乡长办公会议,研究措施,通过整治,上寨集镇变得文明整洁。2007 年 2 月 10 日,乡人大代表张桂艳反映施南坪村渡口、渡船多年失修,导致沿河两岸群众出行不便,请求乡政府尽快修复。乡人大将张桂艳建议及时转交乡政府,乡政府积极争取上级部门支持,争取资金 3 万元恢复渡船,同时拿出 3000 元整修渡口码头。3 月 20 日,在走访接待代表活动中,群众呼吁整修维护供电线路,乡人大同乡政府组成专班,清理 17 个行政村供电线路树障 246 处,受到群众好评。2009 年下半年,乡人大根据代表、群众反映看病费用贵问题，敦促政府加强新农合跟踪管理。2012 年，走访接待代表、群众 12 起，48 人次。如 2012 年 3 月 5 日，老鹰岩村 3 组陈志香因计划生育后遗症上访，镇人大主席蒲瑛了解情况后，协调有关单位为其解决 1 个人公益性岗位和 4 个人最低生活保障，并支付医药费 6 万元，当事人很满意。香沟村 1 组周兰英因计划生育后遗症，导致家庭困难，镇人大代表李世林得知情况后，4 月 23 日反映到镇人大，镇人大主席蒲瑛亲自办理，为患者解决医疗费 1.55 万元。在关注民生上，镇人大把帮助解决群众生产生活困难当作一项重要工作，如田家寨 1 组孤寡老人周吉林身体不好，镇人大代表向官福将情况于 8 月 25 日反映到镇人大。镇人大督促镇政府采取以分散供养方式，由镇民政办每年出资 1200 元，给当事人侄儿媳作护养费来照顾周吉林。2012 年，镇人大注重督促政府化解群众矛盾纠纷，如四合村 13 组赵兴国为饮用水纠纷一事，经村里多次调解未达成协议，4 月中旬，镇人大知情后，督促政府组织派出所、司法所、信访办组成联合调查组调查解决。最终以定时供水达成协议，使问题得到有效解决。2013 年 3 月 5 日，在接待人大代表活动中，镇人大代表向代祥、张振银反映，沙子田村 8 组村民与滑石板煤矿有限公司使用 8 组公路纠纷，导致运煤车辆不能通行。镇人大副主席刘海丰到维稳中心协调综治办、司法所和派出所组建协调小组，通过调查、取证和协商，双方达成公路使用及补偿协议。3 月 10 日，镇人大主席蒲瑛在梅子树村走访人大代表，了解到该村绿水加油站至甘家坳和来智路至谢家洞两段公路，坑坑洼洼，村民出行、运输困难情况后，协调上级有关部门，争取资金 15 万元，整修两段公路。2014 年 7 月 5－10 日，组织主席团成员开展联系走访代表活动，收集合理化建议 23 条，将这些建议反映到政府及有关部门，达到改进工作目的。2015 年，镇人大以香沟代表工作室为重点，组织县镇人大代表，联系走访选民代表 18 人次。2016 年 1 月 15 日，召开座谈会，参加座谈代表 45 人，同时春节前看望代表和困难群众 20 名。

漫水乡人大：1999 年 3 月中旬，乡人大代表联名反映乡集镇滑坡地带，危及集镇居民安全，乡人大得知情况后，迅速实地勘察，了解情况，及时向政府提交意见，要求政府尽快采取措施，确保人民群众生命财产安全。2005 年 6 月中旬，接代表来信来访反映桶子村鸡公尾渡口、渡船年久失修，导致沿河两岸群众出行不便；乡人大将代表意见提交给乡政府，乡政府高度重视，争取上级部门支持，修复渡船，方便沿河两岸群众出行；同时乡人大建议修建一座桥梁，彻底解决沿河两岸群众出行问题，乡政府采纳意见，并积极向上级争取立项，于 2006 年实施。2010 年 5 月中旬，代表、群众反映集镇老街居民饮水困难，乡人大同乡政府组成专班，实地勘察，寻找水源，勘查后建议乡政府修建蓄水池。2012 年 2 月下旬，组织部分县乡人大代表走访特困群众，了解他们生活状况，同时与乡民政办联系，及时给予他们物资帮扶。2013 年 5 月 21 日，在接待人大代表活动中，乡人大代表向昌荣了解到村民田呈书因妻子患重病，家庭极其困难，希望乡政府帮助解决困难，向昌荣迅速将情况报告乡人大，乡人大主席胡大林亲自督办此事,乡民政办解决救助资金400元,大米75公斤,食用油25公斤,帮其度过难关。2014年6月27日,接代表来信反映桶子村铁索桥部分护栏破损,存在极大安全隐患,乡人大得知情况后,迅速实地勘察,了解情况,建议政府尽快要求安监、交运部门采取措施,确保人民生命财产安全,乡政府采纳意见,协调乡交通办修复铁索桥护栏。

百福司镇人大:1998年6月,捏车坪村集镇群众反映人畜饮水困难,镇人大将情况报告给县人大常委会,县人大常委会向县水利局争取项目资金5万元,一个月内解决捏车坪村集镇500多人饮水难问题。1999年9月,天旱80天,高洞村群众人畜饮水困难,镇人大督办相关部门组织消防车向高洞村送水15天,解决村民人畜饮水问题。2007年5月,集镇居民反应饮水供水不足问题,镇人大督办水利水产中心,找县水利局支持,投入300万元扩建水厂,解决供水问题。2011年10月,县烟草公司实施烟水配套工程,群众反映蓄水池不能蓄水,镇人大组织专班到现场查看,以书面形式告知县烟草公司,该公司即整修3口蓄水池。2012年4月,观音坪村4个村民小组群众反映金龙滩库区蓄水淹没田土未补偿问题,镇人大组织专班核查,责成纳吉滩公司对观音坪村所涉及4个组库区所淹没田土、树林、荒山,全部按移民政策补偿到位。2013年10月,石梁子村公路塌方3000立方米,严重影响村民出行,镇人大组织交通办,联系交通局,半月内疏通道路。2015年4月,怯道河响水坝公路塌方,严重影响村民出行且存在安全隐患,镇人大组织专班到现场查看,建议政府出资2.4万元排险处理,疏通交通;12月,解决新才沟村马鞍山公路塌方,疏通交通。

大河镇人大:1997年1月,有10名代表、60名群众来访反映洞塘渠道渗漏,致使6个村8000多亩水田无法灌溉。镇人大立即会同相关部门实地查看,督促镇政府投资10万元修复渠道。1998年7月25日,拦马山村5组骆洪云房屋被烧毁,全家5口人,生活十分困难,镇人大知道情况后,及时与镇民政办联系,并同村干部一起,组织群众义务投工为其修建房屋,民政办解决困难补助500元,大米150公斤,帮其度过难关。1999年,牡丹坪、蒲西群众50多人次,到镇人大反映用电问题。镇人大督促镇政府和有关部门,于1999年冬架起高压线,购买变压器,解决群众用电难。2002年,采取登门走访和召开代表座谈形式,加强与群众、代表联系,听取群众、代表建议与意见,并把群众来信来访5件转交有关部门处理落实。2003年,召开2次代表座谈会,走访代表63人,走访过程中,认真听取代表建议,把6件急需解决事项,向党委汇报,督促有关部门处理落实。2004年,召开座谈会议42次,联系走访代表63人,会同相关部门解决4个代表家庭困难。2006年,召开代表座谈会4次,联系走访代表63人次。2007年,召开代表座谈会4次,联系走访代表120人次。走访车洞湖村,召集代表、群众40人座谈,座谈中代表及群众要求解决车洞湖45亩水田被淹问题,镇人大实地查看,与镇政府研究,请求县水利部门帮助解决,县水利部门投资20万元,修建长3000米、3米高排水沟,基本解决水田被淹问题。2009年,召开代表座谈会4次,联系走访代表和群众

121次。2011年11月21日，走访上届代表座谈3次，接待代表73人次，听取代表和选民建议。2012年，召开代表座谈会3次，联系接待代表120余人次。2013年，组织县人大代表28人、镇人大代表18人召开座谈会5次，联系接待代表150人次。7月10日，配合县人大常委会、“一府两院”、水利局、交通局，来大河开展接待代表活动。2014年，走访县、镇人大代表6次，座谈120人次。2015年，走访县、镇人大代表8次，座谈168人次。2016年，镇人大走访县、镇人大代表4次，接待县镇人大代表85人次。4月6日，配合县人大常委会副主任高碧玉走访有关单位、部分人大代表，调查了解精准扶贫开展情况、发展项目落实情况。

旧司镇(乡)人大：2006年5月16日，乡人大在走访代表时，代表和群众强烈要求打通冷竹堡至花坨2千米断头公路，当时就给代表和群众作出答复，动员群众采用“一事一议”投工投劳，乡政府积极向上争取项目资金14万元给予扶持，该工程于2007年冬动工，2009年完工，解决都司界村农户运输难问题。2012年，把每月3日定为接待代表活动日，倾听代表和群众呼声，体察民情、了解民意，积极收集群众反映的热点和难点问题。2013年，加强与代表联系沟通，了解代表家庭生产、生活情况，并看望慰问部分困难代表，采取请进来走出去办法，与州县镇人大代表见面，联系率98.5%。2014年4月16日，结合党的群众路线教育实践活动，镇人大主席团成员在人大主席伍晓锋带领下，走访看望在病中的人大代表向春英，了解其生活和身体状况，鼓励她战胜病魔，并送去慰问金。2015年，镇人大把每月农历初三、十三、二十三作为接待代表日，代表们有什么要求可到镇人大反映，全年接待县镇代表82人次；同时结合精准扶贫工作，走访部分人大代表。

三胡乡人大：2007年3月，乡党政班子成员分成四个组，分别走访乡人大代表59名，征求他们对乡人大、乡政府工作建议，听取他们对乡政府调整班子成员看法，把党委意图与他们广泛交换意见。2008年，为开好乡四届人大三次会议，乡人大采取走访代表方式，加强同代表联系，乡党政领导分成四个小组，分别走访部分乡人大代表，征求他们对乡人大、乡政府工作建议。2010年4月20日，乡党委分成四个组，分别走访部分乡人大代表，征求他们对乡人大、乡政府工作建议。2011年1月12日，县人大常委会领导与乡人大领导一同走访人大代表龙禅，并送上慰问金。6月16日，看望在病中的乡人大代表向利远。2012年12月20日，县人大常委会领导与乡人大领导一同走访人大代表翁德贵，并送上慰问金。2013年12月25日，县人大常委会领导与乡人大领导，一同走访人大代杨长胜。2014年5月，集镇居民反映自来水污染问题，乡人大组织水利、村镇办、集镇居民10人，现场察看三胡自来水厂及水渠现况，水利部门在7天内解决自来水污染问题。2014年春节前夕，县人大常委会领导与乡人大领导一同走访、看望县乡人大代表16人，并送上慰问金。2015年10月28日上午，三胡乡黄柏园村人大代表工作室集体接待5名选民代表，选民代表对黄柏园村3—7组水渠毁坏、5组水渠施工质量差、响水洞一带的水渠渗漏严重等问题反映强烈，希望水利部门采取措施整修。选民代表对来智路改造施工存在无故毁坏田土现象、施工不规范问题反映强烈,希望公路部门采取措施加强监管。县人大代表李明就选民代表提出的建议及时向有关单位反映,得到相关单位高度重视,并给予及时办理和答复。2016年4月13日,县人大代表李明、杨长胜和乡人大代表李国政在黄柏园村人大代表工作室接待选民代表张超明、袁玉明、袁玉华。张超明反映13组公路不通请求政府解决;袁玉明反映水池漏水问题;袁玉华反映金盆水库占地,原减农业税,后农业税取消后,要求给予合理解决。县人大代表李明把选民代表提出的建议整理后,书面送达相关单位,并给选民代表回复相关单位研究处理情况。

革勒车镇(乡)人大:制订代表接访选民制度,把每月2日定为代表接访日,由代表活动小组组长和1—2名代表组成,负责接访选民来访,综合整理选民反映情况,及时向代表小组或县人大常委会反映,努力为群众解难事、办实事。2009年,接访代表40人次,对代表反映问题交有关单位解决。例如,对群众反映集镇垃圾乱倒、严重影响环境卫生情况,乡人大监督在陈家沟建立垃圾焚烧场。对代表反映困难留守儿童状况,乡人大组织专题调查后,组织县乡人大代表及部分选民参加献爱心活动,在2009年献爱心活动中,收到乡人大代表赵勇捐献价值3万余元衣物,此外全乡募集爱心捐款2万余元。2012年7月11日,配合县人大常委会主任、副主任接待代表活动,县人大常委会副主任田延初带领"一府两院"和水利局、交通局等单位负责人,集体接待代表,听取州县人大代表对县人大常委会和"一府两院"半年来工作情况的建议和评价。2013年11月6日,组织开展走访接待代表活动,重点对农业生产、科技强农、法律援助等与人大代表面对面沟通,体现人大代表在农村各项事业发展中重要作用。2014年,走访人大代表30人次,调查4个代表活动小组情况,并写出7篇人大工作方面文章在县级新闻媒体刊发;接待来信来访1件,配合有关部门处理落实。2015年7月19日,镇人大会同县人大常委会集中接待县镇人大代表,对政府工作开展情况向代表进行通报,接受代表批评建议。全年走访代表35人次,搜集代表建议10条,促进各项工作推进。2016年3月9日,镇人大深入第76、77选区走访2名县人大代表,调查了解代表当选以来参政议政、提出建议等履职尽责情况。6月6—7日,镇人大协助县人大常委会、县电视台录制县十六届人大代表杨海清、鲁德贵两名代表履职事迹风采录。

4. 代表述职评议

翔凤镇人大:2013年,按照县人大代表述职评议试点工作实施方案要求,成立以镇党委书记为组长的领导督导小组,并以镇党委名义转发镇人大主席团开展县人大代表述职评议实施方案,要求镇人大办公室负责具体工作,以确保述职评议工作顺利推进。各选区成立评议工作组,并以文件下发到选区。同时,调查分析每个代表及所在单位情况,制定代表述职日程安排表。8月30日—9月16日,安排17名县人大代表分别回8个选区,向197名选民代表述职,经评议和投票测评,胡仕清、张昌奎、闵远国、唐彪、杨先国、刘绍群、岳琼、和北、吕斌、杨志华、谭华11人被评为优秀,吴庆成、胡陆林、李德华、张福生、田务忠、田启学6人被评为称职。2014年9月3—10日，安排22名县人大代表分别回11个选区，向259名选民代表述职，经评议和投票测评，谭培忠、宋柯、田克峰、刘成、罗静、罗文平、胡泽、万辉、蔡勇、瞿德辉、肖功平、陈锐、兰鸿韬、徐庭海、田昌林、刘晓明、苏光友、赵昌青、谭生发、彭庆、周涛、周胤22人被评为优秀。2015年9月1—15日，安排13名县人大代表（县人大代表姚冰因故请假）分别回6个选区，向145名选民代表述职，经评议和投票测评，周庆玲、林正高、向仕元、洪业炳、向艳萍、翟显让、邱雪峰、徐英洲、杨通学、黄透胜、余容11人被评为优秀，田绍友被评为称职。

绿水镇（乡）人大：2013年，根据县人大常委会办公室关于县人大代表述职评议试点工作实施方案，安排县人大代表述职评议工作，成立县人大代表述职工作领导小组和述职评议工作组，制定述职评议方案。8月25日—9月6日，安排8名县人大代表分别向3个选区85名选民代表述职，经评议和投票测评，莫北平、蒲瑛等7人被评为优秀，1人被评为称职。2014年9月1—4日，安排5名县人大代表分别向3个选区90名选民代表述职，经评议和投票测评，管民桦、向寿刚等5人被评为优秀。2015年8月30日，安排2名县人大代表分别向选区29名选民代表述职，经评议和投票测评，邱安、罗良红被评为优秀。

漫水乡人大：2013年9月，按照代表述职工作实施意见要求，制定县人大代表述职工作实施方案，成立由乡党委书记任组长的代表述职工作领导小组，对述职代表和各选区职责提出具体要求，确保述职评议工作有序推进。9月17日，安排4名县人大代表分别向2个选区选民代表述职，经评议和投票测评，黄家斌、向中干、周方英、王秀军4人被评为优秀。2014年8月28日，安排6名县人大代表分别向3个选区选民代表述职，经评议和投票测评，彭云宪、彭庆明、谢代耀、谭绍军、宋宇、向为民6人被评为优秀。2015年9月17日，安排4名县人大代表分别向2个选区选民代表述职，经评议和投票测评，向峰、向东、向昌荣、张应品4人被评为优秀。

百福司镇人大：2013年，成立代表述职领导小组，镇党委书记向家林担任组长，镇人大副主席向锡明、镇党委副书记张庆军任副组长，制定县人大代表述职工作实施方案。7月1日，安排县人大代表奉孝坤回选区向42名选民代表述职，经评议和投票测评，奉孝坤被评为优秀。8月29日，安排2名县人大代表向选区50名选民代表述职，经评议和投票测评，朗洪波、阙兴富被评为优秀。2014年8月29日—9月3日，安排10名县人大代表分别向5个选区95名选民代表述职，经评议和投票测评，向光敏、向志云、向清堂、宋道桥、田永亮、向锡明、张成英、杜方平、肖红华、张林玉10人被评为优秀。2015年7月8日，安排4名县人大代表分别向2个选区47名选民代表述职，经评议和投票测评，彭安敏、田金花、彭桃云3人被评为优秀，胡敬明被评为称职。

大河镇人大：2013年8月2日，大河镇人大召开主席团会议，学习县委关于转发县人大代表述职评议工作实施方案的通知，并及时向镇党委汇报县人大代表述职评议工作准备情况,得到党委高度重视,决定成立领导小组,负责述职评议工作。9月2—4日,安排8名县人大代表分别向4个选区110名选民代表述职,经评议和投票测评,杨洋、段术祥、李金云、谢景华4人被评为优秀,兰术清、陈刚、洪业秀、曾宪茂4人被评为称职。2014年9月3—5日,安排8名县人大代表分别向3个选区108名选民代表述职,经评议和投票测评,邓波、姚相斌、刘琳、彭开发、曾召文5人被评为优秀,李伯成、李治安、余运清3人被评为称职。2015年9月5—9日,安排11名县人大代表分别向5个选区148名选民代表述职,经评议和投票测评,邓家斌、赵艺鸿、廖兴锋、高碧玉、滕洪、薛劲松、向永红、向培世8人被评为优秀,田晓林、田兴贵、龙昌远3人被评为称职。

旧司镇(乡)人大:2012年9月4日,乡人大接到县人大常委会办公室关于县人大代表述职评议试点工作实施方案通知后,及时向乡党委汇报,得到乡党委高度重视,多次召开会议研究,决定成立领导小组和工作专班,为县人大代表述职评议试点现场会和乡镇人大工作经验交流会到旧司乡顺利召开奠定基础。11月21日上午,县人大代表述职评议试点现场会在68选区(烂车河、锁洞、高桥)举行,县人大常委会领导和各工委室主任,各乡镇人大主席、副主席、办公室主任参加会议,旧司乡县人大代表到会现场观摩。县人大常委会副主任彭远仪主持会议,旧司乡人大主席余容致辞,县人大常委会主任莫北平作重要讲话。会上,县人大代表汪再华、唐光余向选区30名选民代表作述职报告,2名代表根据选民代表提出意见现场解答,通过选民代表评议和投票测评,2名代表被评为优秀。2013年9月3—6日,安排7名县人大代表分别向3个选区选民代表述职,经评议和投票测评,张竹英、仇兵武、黄金波人被评为优秀,向家林、张正书、陈庆超、段吉敏4人被评为称职。2014年8月29日—9月9日,安排11名县人大代表分别向5个选区选民代表述职,经评议和投票测评,周光玉、向春英、向军、田一平、田中华、张辅军、杨胜祥、田昌成8人被评为优秀,冉辉、邓家东、杨仁胜3人被评为称职。2015年9月5—10日,安排6名县人大代表分别向3个选区选民代表述职,经评议和投票测评,田永宽、张前国、田冬明3人被评为优秀,黄仕华、向相屹被评为称职,尹呈德被评为不称职。

三胡乡人大:2013年9月,乡人大认真学习县委关于转发县人大代表述职评议工作实施方案的通知等文件精神,及时向乡党委汇报;乡党委召开会议,研究安排代表述职评议工作,成立领导小组和工作专班。领导小组下设办公室,并设立4个工作专班。9月6日,安排7名县人大代表分别向4个选区107名选民代表述职,经评议和投票测评,李启明、姚晓红、彭吉林、沈上钊、李明、杨长胜6人被评为优秀,张冠华被评为称职。2014年9月5日、10日,安排6名县人大代表分别向2个选区选民代表述职,经评议和投票测评,范俊、滕仕清、吴进、田高飞4人被评为优秀,谭跃、翁德贵被评为称职。2015年9月7日上午,安排6名县人大代表分别向2个选区选民代表述职,经评议和投票测评,田延初、田慧、滕干、胡任平、郭相山、钱保林6人被评为优秀。

革勒车镇（乡）人大：2013年8月1日，召开县人大代表述职工作会，要求各选区做好宣传，述职代表认真撰写述职报告，走访辖区选民，确保代表述职工作如期举行。9月6—8日，安排5名县人大代表分别向3个选区72名选民代表述职，经评议和投票测评，田桂梅、田成双、彭远仪、周金萍4人被评为优秀，滕建元被评为称职。2014年9月3—4日，安排2名县人大代表分别向2个选区55名选民代表述职，经评议和投票测评，伍晓锋被评为优秀，章健被评为称职。同时，安排2名镇人大代表向2个选区20名选民代表述职，经评议和投票测评，唐辉林、向祥2名镇人大代表被评为称职。2015年9月7—8日，安排4名县人大代表分别向2个选区56名选民代表述职，经评议和投票测评，吴春菊、文青山、杨海清、鲁德贵4人被评为优秀。

（二）听取审议报告

翔凤镇人大：1997年7月23日，听取和审议镇广播电视站工作情况报告、法庭工作情况报告，主席团成员和人大代表审议认为，有关部门能较好发挥各自职能，工作较为扎实，同时提出意见和建议。1999年6月8日，听取和审议农业机械管理工作情况报告以及1997至1999年全镇农民负担情况报告。2000年1月6日，听取和审议镇政府办关于代表建议办理情况报告。5月3日，听取和审议城郊供电所、翔凤派出所、接龙桥派出所和镇农技推广站、计生办、教育站、土管所、司法所、财政所工作报告。6月27日，听取和审议农村电网改造工程情况报告、接龙桥和翔凤派出所工作情况报告。10月9日，听取和审议关于“三五”普法实施情况报告。12月22日，听取和审议计生工作情况报告、财政工作情况报告和代表建议办理情况报告。2001年6月2日，听取和审议镇政府办关于代表建议办理情况报告。6月26日，听取和审议民政工作报告、法庭执法情况报告。9月30日，听取和审议关于2001年“三提五统”预算及农民负担情况报告、接龙桥卫生院工作情况报告。12月20日，听取和审议财政工作情况报告以及关于代表建议办理情况报告。2003年6月29日，听取和审议关于预防和控制传染性非典肺炎工作情况报告、翔凤派出所工作情况报告。10月20日，听取和审议关于民政工作情况报告和镇政府办关于代表建议办理情况报告。12月30日，听取和审议关于劳动就业保障工作情况报告、关于2003年财政预算执行情况报告。2004年5月15日，听取和审议镇农技站工作情况报告。9月28日，听取和审议镇民营经济管理站工作情况报告。12月28日，听取和审议镇计生办工作情况报告、镇政府办关于代表建议办理情况报告。2005年6月25日，听取和审议民政工作情况报告，要求民政工作要进一步为党委、政府排忧解难，搞好村级换届工作。10月28日，听取和审议镇政府办关于代表建议办理情况报告。2006年1月14日，听取和审议计生工作情况报告，要求计生部门在长效机制上下功夫，探索新办法。8月5日，听取和审议翔凤派出所工作情况报告，建议派出所加强与村委会、基层群众、治安中心户联系，加大学校周边治安环境治理力度，把巡逻队运转起来，严厉打击盗窃、抢窃犯罪；对管片民警要加强管理，定期不定期巡查。2007年12月10日,听取和审议关于整村推进扶持重点贫困村情况报告,建议要加强领导,对项目资金投入要结合实际,在实施过程中搞好监督。听取和审议关于劳动和社会保障工作情况报告,建议劳动和社会保障部门政策要公开,要加强对下岗工人再就业培训等。2008年6月30日,听取和审议关于新农合试点工作情况报告和安全生产执法工作情况报告,并提出加大辖区内定点医疗机构管理、合作医疗基金监管力度以及加强重点地区、重点行业、重点区域、重点企业安全管理等审议意见。12月29日,听取和审议关于退耕还林工作情况报告。2010年8月,听取和审议镇司法所工作报告、宏达信用社关于政风行风专题报告。12月24日,听取和审议农技服务中心关于"五改三建"工作报告、水利水产服务中心关于农村饮水安全情况报告、镇政府办关于代表建议办理情况报告。建议继续抓好提高沼气池老池使用率和产气率,组织专业技术服务队伍和以多种形式培训启渣、除渣及维修技术,确保群众生命安全,切实抓好新农村生态家园示范村建设,重点解决示范村"三改"配套标准不高等问题。建议人畜饮水工程要提高群众参与意识,探索建立农村集中供水管理办法,保障饮水安全。2011年7月1日,听取和审议镇民政办工作情况报告,建议加强对弱势群体保障工作,在低保工作审核上要严格把关,对低保对象分社区、分村在网上公示。2012年,听取和审议年度财政预算执行情况和调整方案的报告。

绿水镇(乡)人大:1997年6月21日,听取和审议乡开发办关于扶贫开发工作情况报告。1999年10月16日,听取和审议乡教育站关于教育工作情况报告,会议认为学校有乱收费现象,需限期整改。11月20日,乡教育站向主席团递交教育收费自查报告,学校乱收费得到遏制。2000年12月20日,听取和审议乡财政所关于2000年财政预算执行情况报告、乡经管站关于2000年"三提五统"征收情况报告、绿水派出所关于治安工作情况报告,对3个报告表示满意,同时要求派出所,加大治安处罚力度,搞好保稳定工作。2001年9月26日,听取和审议绿水派出所依法行政工作情况报告、国土所土地执法工作情况报告、民政办民政救济工作情况报告和绿水中学"普九"工作情况报告。审议认为,民政办民政救济工作和绿水中学"普九"工作较好,对绿水派出所依法行政、国土所土地执法表示满意,要求绿水派出所依法行政、国土所土地执法还要加大力度。2003年11月18日,听取和审议乡土地管理工作情况报告。2004年2月18日,听取和审议绿水乡小学2003年度财务收支报告。12月15日,听取和审议乡政府关于2004年度计划生育工作情况报告。2005年4月5日,听取和审议乡政府关于"五改三建"工作情况报告、关于人畜饮水工作情况报告和关于计划生育工作情况报告。7月9日,听取和审议绿水派所工作情况报告。2007年7月5日,听取和审议水利水产服务中心工作报告、乡民政办工作报告。2008年6月9日,听取和审议乡新农合医疗补偿情况报告。2009年4月4日,听取和审议国土所关于土地管理情况报告,并督促国土所搞好土地管理,制止无证建房。2010年6月29日,听取和审议乡政府关于撤绿水乡设绿水镇工作报告。2011年10

月25日，听取和审议镇政府关于在绿水集镇规划区内禁止燃放烟花爆竹的规定(草案)报告。2012年12月13日，听取和审议国土所、财经所工作报告。2013年9月10日，听取和审议安监所、国土所、派出所工作报告，并对3个单位工作审议后提出相关建议。2014年5月25日，听取和审议镇建管办关于城建工作情况报告，对四合新区集贸市场、四合工业园区建设征地拆迁涉及6户人家，责成城建部门牵头、党政班子成员分户包干、责任到人工作机制，严格按照规划执行。2015年6月25日，审议通过镇建管办关于绿水镇十二五规划实施情况报告。2016年4月16日，听取和审议镇民政办关于民政工作情况报告，建议加强对弱势群体保障工作，在低保审核上要严格把关，分社区、分村公示低保对象，增强民政工作透明度。

漫水乡人大:2000年12月15日，听取和审议乡经管站关于2000年“三提五统”征收情况报告，建议加强“三提五统”征收监管力度。2001年7月26日，听取和审议漫水派出所关于治安工作情况报告，建议派出所要加强治安巡查，打击犯罪，维护辖区内社会稳定。2004年3月8日，听取和审议乡林业工作情况报告，建议乡林业工作站(简称“林站”)要加强乱砍乱伐监管力度，完善采伐证办理程序。2007年6月6日，听取和审议乡农业服务中心农业生产发展情况报告，建议农业中心要落实各项惠农强农政策。2009年7月15日，听取和审议乡经发办关于整村扶贫推进工作情况报告，要求经发办要落实各项整村扶贫政策。2012年3月16日，听取和审议乡城建城管办关于乡集镇全面禁鞭报告，建议城建办要广泛收集民意，宣传禁鞭好处，加快集镇禁鞭落实。2013年3月8日，听取和审查乡财经所关于2013年财政预决算报告，建议乡政府积极培植财源，加大税收征管力度，进一步增收节支、优化支出结构，切实保障民生，保障重点，并加大监管力度。2014年6月12日，听取和审议乡水利水产管理站关于农村人畜安全饮水工作情况报告，要求乡水利水产管理站抓好各项农村安全饮水项目落实，解决饮水难题。6月19日，听取和审议漫水派出所工作情况报告，要求漫水派出所继续加大工作力度，严厉打击盗窃、抢窃犯罪，加强平安漫水建设。

百福司镇人大:1997年10月25日，听取和审议镇教育站关于全镇普及九年义务教育验收准备工作情况报告。针对报告中反映的“教育硬件设备不足，生源、师资分配不均”等问题，镇党委、镇政府高度重视，按照“分级办学、分级管理、分级投入”原则，成立“普九”验收工作专项领导小组，及时解决师资、生源、硬件设施等问题，使“普九”验收工作顺利完成。1998年，听取和审议“三五”普法工作情况汇报。2003年4月5日，听取和审议镇林站关于全镇退耕还林面积落实情况和补助资金到位情况报告。2005年10月25日，听取和审议镇水利水产服务中心关于曾家坳水库整修大坝方案报告，要求在方案制定前，一定要深入实地考察，搞好调查研究;在施工过程中要严把质量关，强化工程监督，预防违规违纪现象发生。2012年3月9日，审议百福司镇集镇管理暂行办法，与会人员就处罚细则、类别、罚额等进行讨论，并发表建设性意见。3月15

日,听取和审议镇建管办关于百福司集镇暂行管理办法的方案报告,与会人员对方案相关细则,提出意见和建议,要求在施工过程中要围绕省级旅游名镇创建标准来建设,切实保护好环境,加强百福司镇旅游名镇建设,解决集镇环境卫生问题,彻底清查车辆乱停乱靠及乱倒垃圾现象。2013年3月16日,听取和审议镇政府关于观音坪旅游农民新村建设方案报告,与会人员对方案相关细则,提出意见和建议,要求把该项工程建成一项民心工程。2014、2015年镇人大主席团未听取和审议报告。

大河镇人大:1999年3月26日,听取和审议镇开发办关于扶贫开发工作情况报告。2000年1月8日,听取和审议镇教育站关于教育工作情况报告,审议认为,学校教学质量有待提高,要求严格师生管理制度,严格收费标准,杜绝乱收费现象。2000年,听取和审议普法情况报告,建议有关部门加强法律宣传教育,做到普法知识家喻户晓。2001年1月8日,听取和审议关于2000年财政预算执行情况报告、关于农民负担情况报告。7月2日,听取和审议关于2001年财政所收支执行情况报告、关于2001年"三提五统"征收情况报告。2005年7月30日,听取和审议民政工作情况报告,要求民政工作进一步为党委、政府排忧解难,严格执行民政工作纪律,把有限资金落实到困难户。2006年6月20日,听取和审议计生服务站工作情况报告、大河派出所工作情况报告,建议计生服务站在机制上下功夫,确保计生优质服务,探索新办法;建议派出所加强与基层干部、综治中心户联系,加大学校周边治理管理力度,经常进行巡查。2007年5月14日,听取和审议关于新农合工作情况报告,肯定完成半年工作成绩,建议加强宣传力度,深入千家万户,解决看病难问题。2008年5月25日,听取和审议镇综治办工作情况报告,建议社会治安严格执行上级规定,实行一票否决,层层签订责任状,确保一方平安。2009年7月31日,听取和审议社会养老保险工作情况报告、林站关于退耕还林情况报告,要求严格按照上级方案执行。2010年5月18日,听取和审议关于新农合运行情况报告、新农保运行情况报告,镇人大主席团根据群众反映看病费用贵问题,建议政府对新农合实行跟踪管理。2011年5月20日,听取和审议司法工作情况报告、农村饮水安全情况报告,建议司法部门加强调解工作,把矛盾消灭在萌芽状态;建议安全饮水工程要提高群众参与意识,保障饮水安全。2012年3月29日,听取和审议镇城建办关于城建工作情况报告,对未经土管部门审批并影响城建规划8户人家,建议由城建部门牵头,严格按照规划执行。在县相关部门大力支持下,4月15日上午9时拆除8户人家违法建筑物,退还耕地1050平方米。2014年11月12日上午,听取和审议镇民政办关于村支两委换届选举实施办法的报告,建议按照选举程序进行,选准选好村委会班子。2015年9月25日,听取和审议镇城建办关于大河镇开展"六城"同创报告,建议"六城"同创先从集镇开展,带动全镇到村到院落。2016年5月10日,听取和审议大河镇镇域规划以及安置小区建设项目规划指标变更的报告。

旧司镇(乡)人大:2001年9月22日,听取和审议乡财经所减轻农民负担"三提五统”情况报告、乡财政预算执行情况报告。2008年5月23日，听取和审议乡城管办关于旧司集镇、高洞集镇建设和环境卫生管理暂行办法草案的报告。2010年4月23日，听取和审议旧司乡集镇建设和环境卫生管理暂行办法修正案的报告，要求进一步加决集镇管理步伐，加强宣传教育力度，加大执法、检查、监督、评议力度，真正实现集镇管理民主化、法制化、规范化。会议分析工作中存在不足和原集镇管理办法与时代发展不相适应部分，提出修改主要思路和目标任务。2013年3月9日，审议关于在集镇规划区内分时段禁止燃放烟花爆竹的议案。2015年8月25日，听取和审议旧司、高洞两个集镇控制性规划编制情况报告。

三胡乡人大：1999年9月，听取和审议乡建设规划修编情况报告。2007年6月，听取和审议财经所、派出所、法庭、卫生院、合管站（新农合管理站）工作报告。2008年6月25日，听取和审议乡水利水产服务中心工作报告、乡民政办工作报告，通过主席团成员审议，并将主席团成员提出意见和建议经整理后，书面通知到被审议单位。9月25日，听取和审议乡畜牧兽医服务中心工作报告，主席团成员审议时指出存在问题，并提出合理化建议。12月，听取和审议工商分局工作报告、乡农业技术服务中心工作报告、乡广播电视服务中心工作报告，要求把改进和落实情况书面报告乡人大主席团。2009年4月28日，听取和审议副乡长杨明作的关于请求变更冷水溪小溪沟规划的报告，经审议，会议决定批准这个报告。7月，听取和审议信用社工作报告、国土所工作报告，要求把改进和落实情况书面报告乡人大主席团。9月，听取和审议财经所、派出所、信用社、国土所、合管办、中心小学工作报告，把主席团成员提出建议和意见经整理后书面通知到被审议单位。12月，听取和审议合管站工作报告、中心小学工作报告，要求把改进和落实情况书面报告乡人大主席团。2010年3月，听取和审议乡政府“十二五”规划方案，并通过“十二五”规划。6月29日，听取和审议卫生院工作报告、民族中学工作报告，要求把改进和落实情况书面报告乡人大主席团。2011年9月，听取和审议集镇总体规划修编及控制性详细规划，审议认为：集镇总体规划修编及控制性详细规划，结合三胡实际，制定周密细致，总体规划切实可行。建议乡政府及有关部门要严格按照总体规划实施，禁止在规划区内乱搭乱建；城建、土地管理部门要严格按照总体规划布局，搞好协调；乡政府及有关部门对违章建筑要依法处理，确保总体规划实施。2012年3月18日，听取和审议三胡乡部门预算报告，主席团成员及代表畅所欲言，对不合理部门预算提出建议，进行适当调整。2013年6月18日，听取和审议三胡卫生院、三胡合管站工作报告，参会代表踊跃发言，充分肯定成绩，一针见血指出工作中不足。两个单位负责人当场表态，要认真整改问题。2014年6月19日，听取和审议三胡卫生院、林站工作报告，参会代表充分肯定成绩，实事求是指出工作中不足。两个单位负责人当场表态，要认真整改问题。乡人大责成三胡卫生院、林站写好书面报告交乡人大。8月29日，听取和审议三胡水利站工作报告，参会代表踊跃发言，充分肯定成绩，又指出工作不足。2015年11月24日，听取和审议三胡乡经发办工作报告;听取和审议三胡林站、三胡供电所整改报告。12月31日,听取和审议三胡派出所工作报告。

革勒车镇(乡)人大:2000年1月7日,听取和审议乡财政所关于2000年财政预算执行情况报告和乡经管站关于2000年“三提五统”征收情况报告。2006年11月,听取和审议林站林业执法工作情况报告、乡民政办民政救济工作情况报告。2007年10月,听取革勒车中小学教育教学情况报告。2008年5月,听取和审议乡安监所和派出所关于交通安全专项整治活动情况报告、革勒车中学“普九”工作情况报告。2009年6月,听取和审议关于集镇规划修编情况报告,审议并通过控制性详规(草案)。2010年4月,听取和审议乡政府关于革勒车乡集镇总规修编及控制性详细规划编制情况报告。2011年5月22日,听取和审议关于在集镇规划区内分时段禁止燃放烟花爆竹的议案。2012年4月9日,听取乡普法办“六五”普法工作汇报。2013年3月8日,听取和审议乡政府关于提请审议革勒车乡改制建镇为革勒车镇的议案。2014年3月25日,听取和审议村镇建设管理报告,对报告中存在问题提出意见和建议,要求推进村镇建设工作合规合法。2015年5月21日,听取和审议调整革勒车镇农贸市场等建设项目规划指标的报告,并作出决定。

(三)监督法律法规实施

翔凤镇人大:1997年7月23日,听取和审议镇农技站关于《农技推广法》实施情况报告、水电管理站关于《电力法》实施情况报告、土管所关于《土地管理法》实施情况报告,并提出意见和建议。1999年7月2日,听取和审议《优抚工作条例》实施情况报告,督促镇政府成立安置工作领导小组,解决退伍军人治病难、住房难、生活难。2000年6月27日,听取和审议《农业技术推广条例》实施情况报告。10月9日,听取和审议《义务教育法》《土地管理法》《农业技术推广条例》实施情况和关于“三五”普法工作情况报告。2001年6月2日,听取和审议国土所《土地管理法》实施情况报告、广播电视站《广播电视设施保护条例》实施情况报告、企管站《企业法》和《省实施〈乡镇企业法〉办法》实施情况报告、水利水产站《水法》实施情况报告,并开展执法检查。6月26日,听取和审议《森林法》《森林防火条例》实施情况报告。12月20日,听取和审议实施《计划生育条例》情况报告。2002年6月21日,听取和审议《土地管理法》《乡镇企业法》《广播电视设施保护条例》实施情况报告。10月20日,听取和审议水利水产站《水法》实施情况报告。2003年6月29日,听取和审议《民用爆破物品管理条例》实施情况报告。10月20日,听取和审议《森林法》《退耕还林条例》《动物防疫法》实施情况报告。12月30日,听取和审议《计划生育法》实施情况报告。5月15日,听取和审议《统计法》实施情况报告。9月28日,镇人大听取和审议《安全生产法》实施情况报告。2005年6月25日,听取和审议《动物防疫法》实施情况报告。10月28日,听取和审议《安全生产法》实施情况报告。2006年1月14日,听取和审议实施《农村土地承包法》情况报告。8月5日,听取和审议《义务教育法》实施情况报告,建议加强中小学教师队伍管理和作风建设，注重学生德育教育，政府要力所能及支持教育事业发展。2008 年 12 月 19 日，听取和审议《土地管理法》实施情况报告。2009 年 12 月 17 日，听取和审议《传染病防治法》《中小企业促进法》《省实施〈中小企业促进法〉办法》实施情况报告，提出加强医院管理力度，采取激励措施，盘活人员和加强对重点人群、特殊人群宣传教育，确保其预防接种；强化服务理念，引导中小企业建立现代企业制度，搞好企业管理和加大对中小企业扶持力度，简化办事程序。2011 年 7 月 1 日，听取和审议《动物防疫法》实施情况报告，建议加大宣传力度，使农户更加理解支持动物防疫工作，加强对兽医技术培训，健全服务网络，提升兽医技术服务能力。

绿水镇(乡)人大：1998 年 7 月 6 日，听取绿水中学擅自增加收费专题报告，经过讨论，认为绿水中学擅自增加收费是错误的，违反《教育法》有关规定，应立即停止，同时将收的费用全部退还学生。2000 年春季，上寨小学领导要求 34 名教职工每人集资 3000 元，用于还银行贷款，违反《教育法》《教师法》有关规定，乡人大到学校了解情况，进行批评教育，制止乱集资，并督促乡政府调查整改学校举债问题。2009 年 4 月 4 日，听取和审议国土所关于土地管理情况汇报，并督促国土所搞好土地管理，制止农村无证建房，确保《土地管理法》贯彻实施。2013 年 3 月 19 日，组织人大代表 15 人，检查《安全生产法》《土地管理法》《物业管理条例》实施情况。2014 年 4 月 8—10 日，组织人大代表 7 人，会同安监所、派出所、国土所、供电所负责人，检查辖区煤矿实施《安全生产法》情况，针对存在的井下未坚持探水作业、作业面防尘除尘不够等问题提出整改建议。2015 年 11 月 25 日，听取和审议绿水供电所关于《电力法》实施情况报告，建议供电所要加大《电力法》宣传力度，加强与镇直部门协调沟通，在规定时间内把改进和落实情况书面报告镇人大主席团。

漫水乡人大：1999 年 9 月 3 日，召开乡一届人大主席团第 4 次会议，对乡中心小学擅自增加收费，召集小学校长听取专题报告，经过审议，认为乡中心小学擅自增加收费违反《教育法》有关规定，应立即停止，同时将收的费用全部退还学生。2012 年 4 月中旬，乡淀粉加工业违反《环境保护法》有关规定，严重污染环境，乡人大主席团对其进行监督，并督促乡政府尽快与县环保部门联系，请求环保部门争取项目治理污染。5 月 6 日，听取和审议关于《环境保护法》实施情况报告，主席团成员审议时指出，乡环保部门管理不到位，导致淀粉加工业污染问题，并建议乡政府尽快与县环保部门联系，请求环保部门争取项目治理污染。

百福司镇人大：2010 年 3 月 18 日，检查农业服务中心实施《种子法》、林站实施《森林法》、畜牧服务中心实施《畜牧法》情况，听取和审议农业服务中心、林站、畜牧服务中心关于相关法律实施情况报告，要求相关站所在履职过程中，切实运用好法律，增强广大党员干部法治观念。2013 年 6 月 10 日，根据《旅游法》规定，检查百福司镇旅游名镇创建工作情况，要求相关站所严格按照要求实施旅游名镇创建工程。2014 年 12 月 8 日，根据《旅游法》规定，检查百福司镇旅游名镇验收准备情况，要求相关站所做好准备工作。2015年8月20日,严格监督镇政府贯彻实施新修订《预算法》,推进预算工作依法开展。

大河镇人大:1997年1月7日,听取和审议镇农技站关于《农技推广法》实施情况报告。1998年4月18日,听取和审议教育站关于《教育法》实施情况报告,建议教育站加强中小学教师队伍管理和作风建设,注重学生德育教育;政府要进一步支持教育事业发展。1999年3月26日,听取和审议镇土管所关于《土地管理法》实施情况报告、水利水产站关于《水法》实施情况报告,会议对土管部门依法审批土地比较满意,同时要求加强土管工作人员学习教育,严格控制审批耕地。建议水产站整治上游河道排污,使全镇人们吃上安全水。2001年7月2日,听取和审议镇林站关于《森林法》实施情况报告、国土所关于《土地管理法》实施情况报告和派出所依法行政工作情况报告。会议对几个单位情况进行审议,对森林执法、派出所依法行政、国土所土地执法表示满意,要求林站、国土所、派出所执法中要加大宣传力度,为保护森林、保护土地、保卫一方平安当好卫士。2003年1月3日,听取和审议国土所关于《土地管理法》实施情况报告、企管站关于《企业法》实施情况报告。会议对两个报告进行审议,实事求是指出存在问题,并督促整改落实,限期提出整改方案和措施。此后,听取和审议镇安检所关于《民用爆破物品管理条例》实施情况报告、兽医工作站(简称"兽医站")关于《动物防疫法》实施情况报告和林站关于《森林法》《退耕还林条例》实施情况报告。2004年3月6日,听取和审议镇林站关于《森林法》《森林防火条例》实施情况报告,建议加强宣传力度,增加森林管理人员。此后,听取和审议关于《安全生产法》《统计法》实施情况报告,建议认真贯彻实施有关法律。2005年7月30日,听取和审议《土地承包法》实施情况报告,建议认真确定权属关系。2013年12月18日,听取和审议《土地管理法》实施情况报告、《城乡建设规划法》实施情况报告。2014年4月12日,镇人大主席团组织人大代表检查《城乡建设规划法》《土地管理法》实施情况,对存在的问题提出整改意见。2015年5月20日,镇人大组织镇烟草、林业、农业、畜牧等部门学习《大气污染防治法》,就秸秆露天禁烧现状、净化空气质量、提高水资源环境卫生标准等问题开展讨论,提出建议。2016年9月1日,镇人大组织全镇国家干部、各村支部书记,学习《选举法》和《换届选举实施办法》,研究部署县乡换届选举,要求严格执行选举法律法规。

旧司镇(乡)人大:2012年12月14日,听取和审议《土地管理法》实施情况报告、《城乡建设规划法》实施情况报告。2014年6月13日,听取和审议《食品安全法》实施情况报告。

三胡乡人大:2008年6月25日,听取和审议乡民政办关于《婚姻法》实施情况报告、国土所关于《土地管理法》实施情况报告,要求乡政府及有关单位要认真研究落实审议意见,并在规定时间内把改进和落实情况书面报告乡人大主席团。2008年9月25日,听取和审议供电所关于《电力法》实施情况报告、林站关于《森林法》实施情况报告。主席团成员建议供电所加大《电力法》宣传力度,确保安全用电;加强与乡直部门协调沟通；要解决好农网改造后遗症，化解矛盾；加强对职工职业道德教育，搞好优质服务。要求乡政府及有关单位认真研究落实审议意见，并在规定时间内把改进情况书面报告乡人大主席团。2013 年 8 月 29 日，听取和审议三胡供电所关于《电力法》实施情况报告。2015 年 9 月 24 日，组织县乡人大代表检查乡水利站《水污染防治法》实施情况，同时对三胡水厂、金盆水厂水质是否达标，听取三胡水利站站长宋玉新汇报，代表感到满意。2016 年 4 月 24 日，乡人大组织县乡人大代表检查监督农民负担资金情况，听取三胡财经所负责人汇报情况，代表表示满意。

革勒车镇（乡）人大：2007 年 8 月 15 日，组织《矿产资源法》实施情况检查，将革勒车矿产资源非法开采情况，形成书面报告提交县四大家，引起县委高度关注，在县乡人大监督下，县政府责成国土、安监、公安等部门联合办公，纠正矿产资源非法开采混乱局面。2009 年 7 月 10 日，听取和审议乡林站关于《森林法》实施情况报告，审议时明确指出林业部门管理不到位，导致滥砍乱伐，森林资源遭到严重破坏，并提出合理化建议。2010 年，听取和审议乡国土所关于《土地管理法》实施情况报告，审议时指出：未批先建、批荒山占耕地、批耕地占良田等不良现象较多，要加大宣力度和治理力度。2012 年 3 月 16 日，听取和审议乡建管办关于《城乡建设规划法》实施情况报告，建议要依法拆除集镇违章建筑，有力推动新集镇规划顺利实施。2014 年 3 月 26 日，对《城乡建设规划法》《土地管理法》《预算法》实施情况开展执法检查，对存在问题提出整改意见。2015 年 5 月 5 日，组织农业、畜牧、烟草、林业等部门学习《大气污染防治法》，研究秸秆露天禁烧现状，净化空气质量，提高水资源环境卫生标准。2016 年 1 月 4 日，组织人大代表、社区群众、城建等职能部门人员，认真研读《酉水河流保护条例（草案）》，结合辖区水资源保护情况，对《条例（草案）》提出部分修改建议和意见。9 月，组织宣传《选举法》和《湖北省县乡两级人民代表大会实施细则》，营造县乡人大换届氛围。

（四）视察

翔凤镇人大：1997 年春，镇人大主席团前往各管理区视察春耕生产情况，发现水稻烂种现象严重，导致种子发不出芽，农民非常焦急。了解情况后，立即组织镇农技站调查原因，督促农技部门及时给农民退换种子 3250 多公斤，折款 1.6 万余元，确保水稻生产不误农时。1999 年 12 月 14 日，组织部分代表视察辖区内翔凤、接龙桥派出所执法情况，听取 2 个派出所工作汇报。2000 年 6 月 2 日，组织县镇人大代表 18 人，视察飞机、活水产业结构调整大户，根据存在问题，镇人大主席团提出视察意见。2001 年 4 月 8 日，组织红花代表小组 11 名代表，视察车大坪小学教师饮水工程建设情况。车大坪小学有 625 名学生、24 名教师，饮水十分困难，县人大常委会副主任周发书、镇人大副主席姚碧云等，多次请求各方支持并到工地督办，这一工程得到顺利实施，代表视察后给予高度评价。2009 年 12 月 30 日，组织部分县镇人大代表视察新农村建设情况，提出科学规划、合理布局、以产业支撑发展、调动群众共同参与建设的建议。2012 年，按照县人大常委会工作安排，镇人大配合调查城乡居民生产生活用水情况和保障性安居工程建设情况，针对存在问题提出建议。2012年12月28日上午，组织县镇人大代表13人，视察仙佛寺景区建设项目，代表视察后给予高度评价。2013年12月27日，组织县镇人大代表25人，视察仙佛寺景区、龙凤新区、教育城等重点建设项目，听取有关负责人介绍情况，代表肯定成绩，提出建议，促进重点项目建设进程。2014年12月29日，组织县镇人大代表21人视察高速公路、仙佛寺景区、桂花树工业园区翔奥集团、县文体中心展示厅，听取有关负责人介绍情况，代表满意评价高。

绿水镇(乡)人大：1998年7月31日，组织53名州县乡代表视察下河沟水库，乡政府根据视察意见安排8万元整修渠道。2009年12月23日，组织县乡部分人大代表视察大坪、大堰塘、沙子田油桐基地建设以及绿水中学校园和四合工业园区建设情况。2010年9月11日，组织人大代表视察17个村农业生产情况。2010年10月中旬，组织人大代表视察胡家坪施工段、拦马山施工段、大堰塘施工段、小坳施工段等公路建设情况。2010年12月29日，组织人大代表视察上寨至五台公路建设情况，并深入四合工业园区，视察凯迪生物质发电厂和腾升香精香料厂建设及运营情况，使代表了解政府发展大计，对绿水重大项目建设起到督导作用。2012年6月16日，组织人大代表12人，视察绿水卫生院、茅坝分院和香沟村卫生室，对新农合政策落实和医务人员服务质量提出意见和建议。10月9日，组织53名人大代表，视察沙子田村6组灾后恢复重建项目和上五路硬化建设、四合新村建设情况。2013年9月25日，组织12名人大代表，视察安监所、国土所、派出所执法工作，进一步增强执法部门依法行政意识，提升依法行政水平。12月10—14日，组织县镇人大代表45人，视察全镇公路、小城镇建设、农村产业、工业经济运行情况和群众普遍关心热点难点问题。2015年1月9日，组织县镇人大代表21人，调研工业经济运行和农业产业结构调整情况，实地考察周家湾木制品加工厂、周家湾个体养鸡场、新溪沟村藤茶基地、四合工业园区大理石加工、农村公路、小城镇和公租房建设等情况；视察后，主席团召开座谈会，绿水镇人大主席蒲瑛通报全镇经济社会发展情况，代表们充分肯定近几年来绿水镇经济社会发展取得成绩，建议进一步加大项目争取力度和产业结构调整力度，把工业和基地做大做强。9月17日，镇人大结合“六城”同创，组织县镇人大代表25人，检查集镇卫生管理情况，代表们认为集镇是绿水镇窗口，镇建管办要加强宣传，依法加强集镇管理，杜绝乱搭乱建行为。

漫水乡人大：2001年5月中旬，组织代表视察车沟水库，了解库区群众生产生活，检查库区防洪设施，建议乡政府及相关单位要加强库区基础设施建设，确保库区稳定。2002年6月5日，乡二届人大视察乡工商部门对集镇门面乱收费情况，要求相关部门制止乱收费现象，并督促政府就集镇门面价格调查整改。2006年10月中旬，组织代表视察桶子村铁索桥施工现场，了解工期进度以及工程安全保障，视察后要求施工方购置相应安全设施，确保施工安全，同时建议政府及相关单位加强施工监督。2011年12

中旬，组织代表视察桶子村米汤坝桂花树基地，了解基地建设和运营情况，建议政府加强项目扶持力度，把基地做大做强。2012年2月下旬，组织代表视察县阿塔食品有限责任公司，发现漫水淀粉加工业存在较大污染，乡人大主席团建议乡政府与县环保部门联系，请求环保部门争取项目治理污染。4月中旬，组织代表视察漫水老街滑坡地带，了解滑坡地带农户搬迁问题，建议政府及相关单位出台搬迁措施，保障群众生命财产安全。2013年3月28日，组织县乡人大代表视察油房坳村用电情况，发现油房坳村在烤烟季节供电不足，视察组认为，烤烟时期烟叶基地供电不足影响烤烟质量，不利于农民增收，并将结果提交乡政府，乡政府高度重视，及时协调漫水供电所，满足当地烤烟期间供电需求，并对其他供电不足地区也及时整改，切实保障农民合法权益。2014年7月18日，组织代表视察赵家坡村武陵山茶花树基地，了解基地建设情况，代表高度评价基地建设情况，建议政府加强项目扶持力度、把基地做大做强。

百福司镇人大：1998年9月22日，组织全镇各级人大代表、镇直机关单位负责人、群众代表，视察镇民族小学教学楼和民族中学教学楼修建工程，就工程质量和建设进度，听取两所学校校长情况汇报，提出建设性意见。1998年7月18日，组织视察司法所、派出所、法庭普法工作。2001年7月18日，组织全镇各级人大代表、镇直机关单位负责人、群众代表，视察农网改造现场，听取百福司供电所所长情况汇报。通过视察，较好解决农网改造过程中群众反映一些热点难点问题。2004年10月24日，组织全镇各级人大代表、镇直机关单位负责人70余人，深入纳吉滩建设工程现场视察，听取纳吉滩工程指挥部情况汇报。视察组就纳吉滩工程建设质量，提出中肯意见，要求纳吉滩工程指挥部狠抓质量不放松，造福于百福司镇群众。2008年10月12日，组织全镇各级人大代表、镇直机关单位负责人90余人，视察酉水河百福司集镇段1600多米防护堤坝工程。通过视察，督促提高防护河堤工程质量。2012年9月10日，组织全镇各级人大代表、镇直机关单位负责人90余人，深入观音坪旅游农民新村、土家美食街等重点工程建设现场视察，听取施工方关于工程建设相关情况汇报。结合实地了解情况和群众意见，视察组就观音坪旅游农民新村、土家美食街等重点工程建设，提出许多中肯意见，要求在项目推进过程中，要加快建设进度，符合法律法规要求，维护好群众利益。2013年5月20日，组织镇各级人大代表、镇直机关单位负责人65人，视察百福广场建设及张家沟山茶油加工厂建设工程，并对这两项工程提出建议及意见。2015年12月，视察污水处理厂和百福司镇社区建设。2016年4月，组织县镇人大代表视察兴安村、捏车坪村、安家堡村山茶、绿茶、藤茶产业基地，对产业扶贫提出建议。

大河镇人大：1997年7月21日，组织全镇人大代表视察集镇街道乱搭乱建和白水泉污水处理问题，建议镇政府督促城建城管部门绘制集镇红线规划图，按规划建设居民区，限期整治乱搭乱建问题和白水泉污水处理问题。1999年3月26日，组织全镇人大代表，对在一届人大三次会议上代表提出2个管理区“三提五统”难以收取议案，主席团组织代表视察，通过发挥代表作用，达到预期目的。2008年5月25日，组织人大代表视察冷水溪生态家园建设和桐子园民族新村建设情况，要求各位代表向两村学习，积极发挥代表作用，协助所在村搞好各方面建设。2012年5月28日，组织人大代表，视察大河镇集镇建设控制性详细规划实施情况，监督集镇建设执行规划，对集镇街道乱搭乱建，提出整改建议。12月26日，组织县镇人大代表，视察镇城建城管执行城乡建设规划执行情况，对在建项目、施工质量及安全情况提出建议。2013年12月18日，组织全镇人大代表视察为民服务中心、居民安置小区、沿河大道、综合开发区等。2014年12月26日，组织县镇人大代表视察集镇规划实施情况、集镇管理情况和集镇交通情况，听取群众意见，建议相关职能部门加强管理。2015年12月21日上午，组织县镇人大代表视察大河桂花广场安置小区及集镇建设与管理情况。2016年6月24日，组织州县镇人大代表视察全镇精准扶贫集中安置点和分散安置区，听取分管精准扶贫领导汇报全镇精准扶贫工作情况。政府决定按照上级要求，根据本镇实际，采取集中安置点建房92户，分散安置处建房99户。代表们实地视察集中安置点，对工作情况满意，肯定政府在真扶贫。

旧司镇(乡)人大：2000年12月15日，组织县乡人大代表20人，视察群众反映强烈的乡卫生院、中学、广播站、计生服务站收费情况，对4个单位在工作中存在问题下达限期整改通知书，要求各单位迅速整改落实。2008年6月，组织部分县乡人大代表到新乐、黄土坝视察煤矿污水污染情况，组织座谈，向煤矿业主宣讲《环境保护法》，请县环保局一起研究污水处理方案，督促煤矿污水污染按要求治理。企业根据视察组意见，于12月动工开挖污水处理池3口，有效减轻企业污水对下游污染。2009年9月10日，组织县乡人大代表视察乡集镇环境卫生管理办法执行情况，评比和通报部分乡直站所门前“三包”(包卫生、包绿化、包秩序)，并将情况反馈给乡政府。乡政府根据人大代表意见和建议作出整改决定，要求集镇内大型养殖场年内修建沼汽池，污水不得直接排放；乡政府出资添置10个垃圾桶，方便集镇群众处理垃圾。2012年8月24日，组织部分县乡人大代表及选民代表26人，视察大坝新社区建设、宏发钡盐公司生产、乡集镇新区建设等民众关心热点建设项目。视察后召开座谈会，代表们热烈讨论，充分肯定政府在社区建设、集镇建设及招商引资等所取得成绩，并提出下一步工作建议和意见。2013年12月13日，组织部分县镇人大代表，视察道路管护、低丘岗改造、后坝村藤茶基地及土鸡养殖场，视察后召开座谈会，会上镇长黄仕华通报全镇2013年经济发展情况；代表们畅所欲言，对全镇2013年取得成绩给予充分肯定，对全镇路网建设、农村产业发展等提出建议。2014年9月25日，组织部分县镇人大代表，视察旧司镇亲水广场建设情况，听取工地负责人汇报工作，代表们对亲水广场建设给予肯定，同时提出建议。2015年12月25日，组织县镇人大代表16名，视察西北车村藤茶千亩基地和黄土坝村绿茶千亩基地建设情况。

三胡乡人大：2007年9月8日，组织代表视察三胡卫生院农村合作医疗运转情况，代表们肯定农合工作成绩，指出存在问题。2009年12月18日，组织州县乡人大代表20余人，视察农村合作医疗工作情况。2010年12月31日，组织州县乡人大代表20余人，视察三胡中心福利院工作，建议福利院搞好安全防范工作。2012年8月14日，组织县乡人大代表视察石材整合工作，建议从根本上治理石材加工带来的环境污染问题，使石材整合方案科学合理。8月24日，组织部分县乡人大代表，视察全乡新农合工作运行情况、乡村定点医疗机构服务情况，肯定乡卫生院及乡合管办在宣传、开展新农合方面取得成绩，对加强村级卫生室监管及提高医疗服务水平提出整改意见。2013年9月16日，组织部分县乡人大代表，视察锦龙公司、古杨梅酒厂、黄石景区，听取公司负责人工作汇报。2014年12月28日，组织22名县乡人大代表，视察三胡供电所工作，听取单位负责人工作汇报，对代表提出苏家片区增添变压器的建议，供电所表态尽快解决。2015年11月31日，乡人大结合在三胡筹建猴栗堡物流园实际，组织县乡人大代表12名到酉阳考察物流园建设情况，学习先进经验，形成考察报告，以便建好物流园。2016年7月30日，乡人大组织部分县乡人大代表，视察三胡乡在建的铁路工程，听取公司主要负责人工作汇报。下午，县乡人大代表视察黄柏园村藤茶基地，听取黄柏园村书记工作汇报，代表们听取汇报后感到满意。

革勒车镇(乡)人大：2008年3月12日，组织代表视察孚瑞公司。2012年12月21日，组织县人大代表视察乡重点项目、工矿企业、陈家沟特色民居院落建设等情况，全面了解年度各项工作进度和建设情况，提出合理化工作建议。2013年12月20日，组织人大代表视察孚瑞公司和集镇新区建设，给企业生产管理提出建设性意见；对集镇新区建设提出确保工程进度、工程质量、工程安全的建议。2014年12月28日，组织县镇人大代表，视察集镇建设、桑树坪水利设施改造、鼓架山芳园石材工业园。2015年12月下旬，镇人大组织县人大代表视察农村社会发展及精准扶贫工作，为参加县十六届人大六次会议行使代表职权做准备。2016年5月初，镇人大组织一届人大代表在选区内开展精准扶贫视察调研活动，为参加镇一届人大四次会议行使代表职权做准备。

(五)评议

翔凤镇人大：1999年8月22日，组织县镇人大代表10人，评议县法院工作，县法院院长张寿齐等4人参加评议会议，人大代表希望杜绝以权代法、以言代法现象，建议对个别交不起诉讼费的，法院是否能暂缓收取。投票测评，10名代表对县法院工作表示满意。2000年6月27日，组织镇人大代表评议全镇农网改造工程，针对在220伏低压分支线路旧材利用较多等问题，代表们要求政府分管领导和城郊供电所，在2个月内制定整改方案，完善整改措施，确保工程顺利完成。2000年，配合县人大常委会组织82名人大代表，评议县直9个部门、26个镇直单位工作。2001年，结合乡镇机构改革，组织部分代表评议11个工作队班子，广泛征求代表对镇政府工作建议和意见。2001年4月25日，组织82名代表测评镇直29

个单位工作,并将结果发文通报。2004 年,开展对政法综治工作评议,收集意见建议 42 条,交综治委反馈到各相关部门。2008 年 5 月 25 日,组织 86 名代表,测评 40 个镇直单位工作,并将测评结果发文通报到被测评单位。2010 年,组织 42 名人大代表评议县国税局、宏达信用社、镇国土所等 9 个单位工作,提出提高管理服务质量建议。2010 年 4 月 25 日,组织 82 名人大代表,测评镇直 29 个单位工作,并将测评结果发文通报到被测评单位。2013 年 3 月 25 日,组织 91 名人大代表,测评镇直 32 个单位工作,分优秀、合格、基本合格、不合格 4 个档次,并将测评结果发文通报到被测评单位。同时,对镇政府 5 名组成人员测评,代表对其工作很满意。2014 年 4 月 4 日,组织 85 名人大代表,对 30 个镇直单位测评,分优秀、合格、基本合格、不合格 4 个档次,并将测评结果发文通报到被测评单位。同时,对镇政府 8 名组成人员测评,代表对其工作满意。2015 年 5 月 27 日,组织 79 名人大代表,测评 28 个镇直单位,分优秀、合格、基本合格、不合格 4 个档次,对镇政府 5 名组成人员测评,代表对其工作很满意。7 月 7 日,根据县人大常委会安排,组织部分县镇人大代表、部分镇领导和镇直站所负责人 20 人,评议县交运局、卫计局、监察局、水利局、公安局、安监局、发改局、商务局、国土局、教育局工作,与会人员充分肯定各单位工作成绩,同时对存在不足和加强对乡镇支持提出建议。2016 年 5 月 12 日,组织 83 名人大代表,分优秀、合格、基本合格、不合格 4 个档次,测评 27 个镇直单位,同时,对镇政府 5 名组成人员测评,代表对其工作满意。

绿水镇(乡)人大:1997 年 6 月 21 日,召开乡人大主席团会议,听取乡扶贫开发办工作汇报后,评议乡扶贫开发办工作。1998 年 4 月 4 日,组织州县乡人大代表和乡村干部,测评 4 个管理区和 13 个乡直单位负责人,公布测评结果。2000 年 6 月 29 日,组织州县乡人大代表和乡村干部 213 人,测评乡领导班子和乡直单位负责人,发出评议表 213 张,收回 200 张,当场公布评议结果,乡人大主席刘天林表扬获好评的,批评获差评的。2001 年 9 月 26 日,召开乡人大主席团会议,听取民政办、绿水中学、国土所和派出所工作汇报后,评议这 4 个单位工作。2010 年 5 月,组织乡人大代表测评乡党政办、国土所、供电所、卫生院、邮政支局、信用社、财经所工作。2012 年 12 月 13 日,组织主席团成员和部分人大代表 22 名,评议国土所、财经所工作。2013 年 11 月 8 日,配合县人大常委会,组织县镇人大代表 19 名,评议县经信局、农业局、科技局、审计局、环保局、司法局工作,促进县政府有关部门依法履职、依法行政。2014 年 8 月 30 日,组织县镇人大代表 25 名,听取镇安监所关于安全隐患排查工作汇报,并评议安监所工作,代表们审议认为,绿水镇近几年来安生产工作组织健全,责任明确,措施具体,及时排查各种安全隐患,确保煤矿、非煤矿山、道路交通及水上交通等人身财产安全;对安监所工作评议结果为满意。2015 年 6 月,2015 年 6 月,县人大常委会在绿水镇召开工作评议座谈会,评议县安监局、卫计局等 10 个部门工作,绿水镇在家领导、县人大代表、部分站所负责人、部分村民代表等参加会议。

漫水乡人大:2001 年 7 月初,组织县乡人大代表测评乡民族中学、中心小学工作，要求对测评中存在问题限期整改，并制定整改措施，交乡人大办。2002年8月初，组织县乡人大代表测评乡林站工作，要求对测评中存在问题限期整改，并制定整改措施，交乡人大办。2005年4月中旬，组织县乡人大代表测评16个乡直单位工作，要求对测评后3名单位限期整改，并制定整改措施，交乡人大办。2006年3月下旬，组织县乡人大代表测评乡财经所工作，要求对测评中存在问题限期整改，并制定整改措施，交乡人大办。2008年5月初，组织县乡人大代表测评16个乡直单位。2009年11月28日，组织县乡人大代表及主席团成员评议所有乡直单位全年工作，并将评议结果通报给主管单位，要求将整改措施书面报乡人大办。2010年5月中旬，2010年5月中旬，组织人大代表评议乡农业服务中心等6个公益性服务单位工作，通过评议有效监督各单位开展工作。2011年9月15日，组织代表评议乡民族中学、卫生院工作，听取和审议工作报告，对民族中学和卫生院工作成绩表示肯定，同时对存在问题提出整改建议。2012年11月中旬，组织县乡人大代表评议乡直所有单位工作，经过评议，乡国土所、乡林业工作站、漫水信用合作社、邮政漫水支局、乡农业服务中心、水利水产服务中心、畜牧兽医服务中心、劳保所、卫生院、派出所、中心小学、民族中学被评为优秀，计生服务中心、广电服务中心被评为合格，乡人大将评议结果通报给主管单位，要求将整改措施书面报乡人大办。2013年9月中旬，组织部分人大代表测评乡为民服务中心工作人员履职情况，6名工作人员均被评为优秀。2014年10月20日，组织部分人大代表测评乡林站工作人员履职情况，工作人员均被评为优秀。

百福司镇人大：2002年5月18日，召集部分人大代表，评议烟站落实烤烟生产面积、民政办应急救灾、计生服务中心计生服务工作，要求烟站、民政办、计生服务中心明确工作职责和任务，创新工作思路，保质保量完成好镇党委、镇政府交予各项任务。2012年3月18日，组织人大代表45人，测评全镇126名干部。经过评议，有32人被评为优秀，58人被评为称职，29人被评为基本称职，7人被评为不称职，并通报测评结果。2013年11月6日，县人大常委会在百福司镇召开工作评议座谈会，评议县经信局、农业局、科技局、审计局、环保局、司法局工作，百福司镇在家领导班子成员、县人大代表、部分站所负责人、部分村民代表等参加会议，测评得分情况为：县经信局99.5分，农业局99.4分，科技局99.6分，审计局99.8分，环保局99.2分，司法局99.5分。2015年6月，县人大常委会在百福司镇召开工作评议座谈会，评议县安监局、卫计局、公安局、水利局、交运局、文体局工作，百福司镇在家领导班子成员、县人大代表、部分站所负责人、部分村民代表等参加会议，测评得分情况为：县安监局97.5分，卫计局96.8分，公安局95.6分，水利局97.1分，交运局96.5分，文体局96.2分。

大河镇人大：1997年8月25日，主席团召开会议，听取国土所工作汇报后，评议国土管理所工作。1998年5月4日，组织县镇人大代表和全镇村级干部，评议26个镇直单位负责人工作，公布测评结果。2001

年7月21日,召开部分人大代表会议,听取大河中学、大河小学工作汇报,评议2个单位工作。2003年7月2日,主席团召开会议,听取民政办、国土所、派出所、司法所、法庭工作汇报,评议5个单位工作,找出差距,对执法不严、有法不依、严重失职部门提出批评建议,并向主管部门通报。2005年7月3日,主席团召开代表会议,听取城建办、水利站、计生办、计生服务站、财政所工作汇报,代表们对评议单位提出意见并投票测评。2007年5月14日,镇人大主席团召开代表及全镇41个村支书会议,测评全镇公务员,公布测评结果。2011年4月19日,组织人大代表及群众代表评议镇直机关单位工作,对评议不合格单位提出整改要求,并通报主管部门。2011年4月18日,镇人大组织部分人大代表,评议土管、电力、国土、医院等单位工作,对执法不严、有法不依、严重失职的提出批评,并向上级主管部门通报。2012年12月20日,组织部分人大代表和集镇群众代表20人,评议大河镇派出所工作。2013年12月18日,组织人大代表评议镇城建办工作,听取城建办主任汇报工作情况,代表们感到满意,并建议城建办要严格执行城乡建设规划法,合理规划集镇,坚决控制乱搭乱建,及时处理集镇垃圾。2014年11月22日上午,镇人大配合县人大常委会,组织县镇人大代表35人,评议财政局、民政局、住建局、公安局、民宗局工作。2015年9月10日,镇人大主席团组织人大代表及部分选民代表,评议镇自来水厂、城建办、派出所、林站、卫生院、合管办工作,通过评议肯定成绩,弥补不足,促进各单位工作。2016年2月28日,镇人大组织部分代表评议开发办工作,主席团和代表根据单位汇报和平时工作开展评议,认为开发办在精准扶贫工作上,掌握政策不准,摸排贫困数据不清,贫困人口数与实际数不符,单位负责人不得力,提出建议要求整改,将整改情况报乡镇人大。

旧司镇(乡)人大:1997年9月25日,组织部分代表,评议土管所、教育站、开发办工作,主席团成员和代表根据各单位报告和平时工作情况开展评议,代表就土管所如何加大对违章建筑户处罚力度、教育收费问题、开发办扶贫资金回收等问题,提出建议和整改意见,并要求将整改措施报乡人大。1998年9月25日,召开主席团会议,评议民政办、法庭工作,就民政救灾、优扶、社团管理等工作和法庭执法情况,提出整改意见,建议民政办在救灾方面要及时,救灾钱物发放要准确;法庭执法力度要加强,办案水平要提高。要求2个单位在下次主席团会议上,报告整改落实情况。2000年12月15日,组织县乡代表20人,评议派出所、法庭、司法所和民政办14名干部,评议结果为优秀3人、称职10人、基本称职1人。2009年11月27日,评议财经所、劳保所、民政办、卫生院等单位工作,对各单位工作成绩给予充分肯定,对各单位存在不足提出整改建议。2012年10月12日,邀请州县乡部分人大代表、相关单位分管领导25人,评议林站、合管办、卫生院、国土所工作。会上,被评议单位负责人各自汇报工作,与会代表对医疗卫生、林业、国土等工作感到满意,并指出问题、提出建议。代表们希望全乡站所进一步转变作风,改进服务,切实履行职能,实现各项工作新突破,更好为经济社会发展服务，真正做到让基层满意、代表满意、群众满意；进一步提高办事效率，强化服务理念，增强政策制度公开性、透明度，加大宣传力度，让惠农政策更好惠及群众。2013年11月7日，根据县人大常委会安排，组织部分县镇人大代表、部分镇领导和镇直站所负责人20人，评议县经信局、农业局、科技局、审计局、环保局、司法局工作，与会人员充分肯定各单位工作成绩，对存在不足和加强对乡镇支持提出建议。2014年7月17日，组织县人大代表，评议旧司派出所工作。2015年7月8日，配合县人大常委会，组织13名人大代表，评议县监察局、安监局、国土局、交运局、发改局、卫计局、公安局、商务局、教育局、水利局工作。10月9日，组织人大代表评议国土所工作。

三胡乡人大：1997年9月，在乡一届人大主席团会议上，审议和通过林站、派出所工作报告，并评议2个单位工作，要求对存在不足限期整改。2000年12月25日，在乡二届人大主席团会议上，审议和通过财政所、民政办工作报告，代表们提出建议，促使加强整改。同时，参会代表测评乡直单位，并将评议结果公示在乡政府公示栏上，要求评议在后1名单位，写出书面整改材料交乡人大主席团。2007年8月，组织州县乡人大代表，测评32个乡直单位工作，要求测评在后1名乡直单位限期整改，并制定整改措施，交乡人大办。2009年12月8日，组织州县乡人大代表21人，评议所有乡直单位工作，并将评议结果通报给主管部门，要求评议为后2名单位将整改措施书面上报乡人大主席团。12月10日，组织州县乡人大代表测评28个乡直单位工作，将测评结果函告主管部门，并公布于众。2010年12月19日，组织州县乡人大代表18名，评议29个乡直单位工作，将评议结果函告主管部门，并公布于众。2011年12月21日，组织州县乡人大代表17名，听取各个单位简要汇报，然后根据工作汇报，评议28个乡直单位工作，并将评议结果当场公布。2012年12月24日，组织州县乡人大代表19名，听取28个乡直单位工作汇报，并进行评议，当场公布评议结果。2013年12月14日，组织州县乡人大代表21名，听取30个乡直单位工作汇报，并进行评议，当场公布评议结果。2014年12月28日，组织州县乡人大代表22名，听取32个乡直单位汇报工作，并进行评议，评议结果公布在乡政府公示栏。2015年12月31日，召开乡五届人大主席团第14次会议，组织州县乡人大代表和主席团成员20多人，评议乡直单位工作，将评议结果通报给主管单位，评议为后2名单位要将整改措施书面上报乡人大主席团。

革勒车镇（乡）人大：2008年9月15日，组织州县乡人大代表测评民族中学、小学工作，听取中小学校长工作汇报，代表们针对群众普遍关注问题进行询问，并根据存在问题提出建设性意见，推动革勒车教育事业发展。2009年11月28日，组织州县乡人大代表，测评卫生院、农业服务中心、供电所工作，质询卫生院服务、收费问题，通过民主测评，充分肯定乡直单位工作，鞭策后进，对单位工作起到促进作用。2012年9月18日，组织县乡人大代表43人，测评烟站和民政办工作，指出烟站烟叶收购中存在问题，同时对民政工作予以高度评价。2012年12月21日，组织州县乡人大代表20名，听取卫生院、供电所、农业服务中心各负责人述职报告，参评代表就选民所关注热点难点问题提问发言，各参评单位根据代表建议和意见现场答复，通过测评，3个被评单位测评满意等次均达98%，评议结果全部合格。2013年11月6日，县人大常委会工作评议调查组到乡召开调查座谈会，组织乡领导班子成员、乡直机关站所负责人、村干部代表、人大代表、群众代表20人，评议县经信局、农业局、科技局、审计局、环保局、司法局工作，听取参评单位工作报告。会上，与会评议人员针对各单位履职情况，积极发言，建议经信局要加大企业培植，增强资源开发能力，推进工业项目工作。建议农业局要理清思路，加强农业执法力度和农产品质量安全管理，提高农技干部队伍素质，优化“三农”服务。建议科技局谋划科技创新思路，增强经济发展科技后劲，加强科技队伍和人才队伍建设。建议审计局做好审计宣传，提高审计透明度，提高审计人员素质。建议环保局加强环保法律法规宣传教育，强化环境综合监管，认真开展环保执法，实行城乡环境综合治理，加强环保队伍建设。建议司法局做好法制宣传教育，提高普法实效性，切实抓好人民调解，规范法律服务管理，树立良好行业形象。同时对各单位测评，测评分情况：经信局97.8分、审计局98.5分、科技局98.9分、司法局96.7分、农业局99.8分、环保局98.9分。2014年8月12日，组织县镇人大代表20人，评议工商、供电、国土等站所工作，听取被评议单位负责人工作汇报，再采取代表点评和公开测评形式评议相关单位工作，参评单位测评满意率在90%以上，对存在问题人大代表提出整改建议。12月24日，组织州县镇人大代表19名，听取28个镇直单位汇报工作，然后代表发言评议，并将评议结果当场公布。

（六）办理议案和建议

1.翔凤办理议案和建议

1998年，镇二届人大二次会议期间，代表提出议案和建议23件，其中城市建设2件，水电7件，土地执法3件，公路建设7件，义务教育3件，财务管理1件，闭会后交镇政府和有关部门办理，当年办结13件。如吴德元代表提的修建希望小学建议，得到很好解决。1999年，镇二届人大三次会议期间，代表提出建议13件，其中水利设施建设5件，交通2件，教育2件，林业1件，财务管理2件，集体经济1件。镇政府高度重视代表建议办理工作，狠抓落实。至2000年1月，办结12件。例如，代表黎兴明提出的关于尚家洞水库闸门维修建议、代表覃德兴提出的龙洞河至大垭口大堰维修建议，镇政府拨款2.8万元维修。对代表陈久长关于维修小河坪至马家园公路的建议、代表黎兴明关于活水至新峡公路维修建议，镇政府拿出37万元、水泥60吨用于公路维修。代表杨通明反映活水群众抢占集体财产问题，镇里专门召开党政班子会，成立专班，实地调查取证，基本解决问题。代表吴德元提出关于甘溪希望小学维修护基墙建议，镇政府联系有关部门，维修护基墙得到解决。

2000年1月14—15日，镇三届人大一次会议期间，代表提出建议57件，其中农业水利设施15件，交通11件，广播电视2件，城建城管5件，社会治安6件，农民负担10件，政权建设2件，土地管理5件，多种经济

1件。至12月，办结43件。2001年7月19日，三届人大二次会议期间，代表提出建议15件，其中水利设施4件，交通3件，城建城管1件，农民负担2件，教育3件，人畜饮水1件，农村税费管理1件。11月底全部办结。

2003年1月4—5日，镇四届人大一次会议期间，代表提出建议46件，其中城建7件，农业结构调整10件，基础设施建设17件，林业2件，科教文卫5件，财政4件，基层组织建设1件。到10月，办结17件。2004年2月17日，镇四届人大二次会议期间，代表提出建议27件，其中城建1件，林业1件，科教文卫2件，财政2件，基层组织建设3件，农业结构调整2件，基础设施建设16件。到12月，办结7件。2005年3月3日，镇四届人大三次会议期间，代表提出建议20件，其中城建3件，林业1件，科教文卫2件，财政6件，基层组织建设1件，劳动保障1件，基础设施建设5件，民营经济1件。到10月，办结10件。

2006年11月9日，镇五届人大一次会议期间，代表提出建议71件，其中水利设施建设19件，城建、公路建设34件，林业2件，农技2件，开发2件，科教文卫2件，财经2件，基层组织建设4件，社会保障1件，土管1件，供电1件，其他1件。到12月，办结21件。2008年5月25日，镇五届人大三次会议期间，代表提出建议17件，其中水利设施建设2件，城建、公路建设12件，林业1件，科教文卫2件。到8月，办结3件。2009年6月29日，镇五届人大四次会议期间，代表提出建议34件，其中水利设施建设8件，城建、公路建设6件，村干部待遇7件，农技2件，国土1件，教育5件，财经2件，电力2件，环保1件。到12月，办结16件。2010年4月25日，镇五届人大五次会议期间，代表提出建议6件，其中水利设施建设1件，公路建设2件，卫生1件，供电2件，到12月，办结2件。

2011年11月16日，镇六届人大一次会议期间，代表提出建议47件，其中交通12件，水利10件，城建8件，民生5件，教育文化3件，财政3件，其他6件。47件建议于2012年5月31日前按照程序办理答复完毕，办复率100%。2013年3月23日，镇六届人大三次会议期间，代表提出建议29件，其中交通14件，水利3件，电力3件，农业1件，社会治安2件，组织建设1件，其他5件。29件建议都在规定时间内办理完毕，办结率100%。2014年4月4日，镇六届人大四次会议期间，代表提出建议23件，其中交通11件，饮水1件，电力1件，城建5件，社区建设1件，广播电视1件，干部待遇2件，河堤治理1件。23件建议全部按照程序办理答复完毕，办复率100%。2015年5月27日，镇六届人大六次会议期间，代表提出建议29件，其中交通12件，水利7件，城建2件，环境卫生4件，干部待遇2件，其他2件。都在规定时间内办理完毕，办结率100%。代表满意的27件，满意率93.1%。2016年5月12日，镇六届人大七次会议期间，收到代表建议16件，其中城建、公路4件，水利建设1件，环境卫生4件，小区干部待遇6件，产业发展1件。

2. 绿水办理议案和建议

1997年1月13日，乡一届人大一次会

议期间,代表提出议案和建议24件;1998年4月4日,乡一届人大二次会议期间,代表提出议案和建议22件;1999年3月27日,乡一届人大三次会议期间,代表提出议案和建议32件;代表提出议案和建议78件,有10件属重复提出,议案建议计68件,其中水利13件,人畜饮水20件,交通12件,电力7件,教育6件,综合类10件,每次会议闭会后,乡人大交乡政府承办,到二届人大一次会议前办结49件。

2000年1月7日,乡二届人大一次会议期间,代表提出议案和建议23件,在二届人大三次会议前,办结16件。2001年7月26日,乡二届人大三次会议期间,代表提出议案和建议27件,到二届人大四次会议前办结12件,8件在2002年年底办结。如代表反映绿水中学教学秩序混乱问题,乡人大同乡政府组成调查组专题调查,同上级主管部门配合,要求绿水教育站和绿水中学主要负责人及时整改,恢复学校正常教学秩序。如沙子田滑石板村级3千米断头路问题,2002年1月,乡政府挤出资金修路,3月竣工通车。2002年3月15日,乡二届人大四次会议期间,代表提出议案和建议17件,到三届人代会前办结12件,3件在2003年度办结。

2003年1月5日,乡三届人大一次会议期间,代表提出议案和建议44件,其中水利14件,林业7件,公路12件,教育3件,其他8件;主席团收集整理后交乡政府和有关单位办理,办结15件。2004年2月8日,乡三届人大三次会议期间,代表提出议案和建议18件;4月7日交乡政府承办,办结7件。2005年4月10日,乡三届人大四次会议期间,代表提出21件建议,其中水利6件,林业3件,烟叶2件,公路5件,其他5件;闭会后,乡人大主席团交乡政府承办,办结9件。

2006年11月9日,乡四届人大一次会议期间,代表提出议案和建议30件,主席团审查后及时交乡政府和有关单位办理,在四届人大二次会议前办结19件。如茅坝代表团和龙嘴代表团提出公路养护问题,乡镇府安排2.5万元,实行专人养护管理。2008年5月24日,乡四届人大三次会议期间,代表提出议案和建议30件,其中水利14件,集镇建设2件,基层组织建设1件,公路12件,其他1件;乡人大主席团于5月24日交与乡政府承办,在乡四届人大四次会议前办结11件。2009年6月30日,乡四届人大四次会议期间,代表提出建议11件,其中水利4件,基层组织建设1件,集镇建设2件,公路2件,其他2件;7月15日交乡政府承办,在四届人大五次会议前办结9件。2010年5月20日,乡四届人大六次会议期间,代表提出议案和建议15件,其中公交电力、环保5件,农林9件,其他1件;会后乡人大主席团交与乡政府和有关单位承办,到召开绿水镇一届人大一次会议前解决10件。

2011年11月16日,镇一届人大一次会议期间,代表提出议案和建议29件,其中水利设施和人畜饮水14件,公路10件,环保2件,其他3件;11月18日交镇政府和有关单位承办,到2013年3月10日,办结29件。2013年3月10日,镇一届人大三次会议期间,代表提出建议15件,其中公路7件,安全2件,民生2件,基础组织建设1件,环保1件,卫生1件,其他1件。3月18

日交镇政府和有关单位承办，到2014年3月，办结10件。2014年3月27日，镇一届人大四次会议期间，代表提出建议19件，其中公路5件，水利3件，环保2件，民生4件，工业1件，教育1件，林业1件，卫生1件，其他1件。2014年3月28日交镇政府和有关单位承办，到2015年3月，办结16件。2015年5月21日，镇一届人大六次会议期间，代表提出建议20件，其中公路9件，水利2件，环保2件，民生4件，工业1件，林业1件，卫生1件。到2016年1月，办结10件。2016年5月9日，镇一届人大七次会议期间，代表提出建议12件，其中公路5件，民生2件，环保2件，生态旅游1件，文化1件，农民素质教育1件。闭会期后，镇人大主席团将建议交镇政府及相关部门办理。

3.漫水办理议案和建议

1997年1月13日，乡一届人大一次会议期间，代表提出议案和建议19件。到一届人大二次会议前，办结17件。1998年4月4日，乡一届人大二次会议期间，代表提出议案和建议20件。闭会期后，乡人大主席团交乡政府承办，到二届人大一次会议前，办结20件。

2000年1月7日，乡二届人大一次会议期间，代表提出议案和建议18件。到二届人大二次会议前，办结18件。2001年7月26日，乡二届人大二次会议期间，代表提出议案和建议21件。闭会期后，乡人大主席团建议交乡政府及相关部门办理，到二届人大三次会议前，办结21件。

2003年1月5日，乡三届人大一次会议期间，代表提出议案和建议25件，其中水利9件，林业3件，公路7件，教育2件，环保1件，其他3件；闭会后，交乡政府承办。到三届人大二次会议前，办结19件。2004年2月8日，乡三届人大二次会议期间，代表提出议案和建议24件；闭会后，交乡政府承办。到三届人大三次会议前，办结19件。2005年4月10日，乡三届人大三次会议期间，代表提出议案和建议19件，其中公路6件，全部办结。例如对代表提出关于修建桶子村铁索桥的建议，乡人大建议抓住州政协、州发改委和州总工会驻该村实施整村扶贫推进契机，2006年6月，在村口修建起一座长215米，宽2.7米铁索桥，结束桶子村多年过河坐船历史。2006年6月7日，乡三届人大四次会议期间，代表提出议案和建议15件，其中水利7件，林业3件，公路5件，全部办结。

2006年11月9日，乡四届人大一次会议期间，代表提出议案和建议23件，其中农林水电9件，基础设施10件，文教卫2件，其他2件；闭会后，乡人大主席团交乡政府及相关部门办结19件。2007年5月14日，乡四届人大二次会议期间，代表提出议案和建议24件，其中农林水电11件，基础设施8件，文教卫2件，政法1件，其他2件；闭会后，乡人大主席团交乡政府及相关部门办结18件。2008年5月24日，乡四届人大三次会议期间，代表提出议案和建议20件，其中农林水电8件，基础设施8件，文教卫2件，其他2件；闭会后，乡人大主席团交乡政府及相关部门办结17件。2009年6月30日，乡四届人大四次会议期间，代表提出议案和建议27件，其中农林水电10件，基础设施13件，文教卫2件，其他2件；

闭会后，乡人大主席团交乡政府及相关部门办结22件。2010年4月13日，乡四届人大五次会议期间，代表提出议案和建议21件，其中农林水电7件，基础设施12件，文教卫1件，其他1件；闭会后，乡人大主席团交乡政府及相关部门全部办结。例如老街群众饮水问题，实地勘察后，建议政府修建蓄水池。2011年5月20日，乡四届人大六次会议期间，代表提出议案和建议25件，其中农林水电8件，基础设施13件，文教卫2件，政法1件，其他1件；闭会后，乡人大主席团交乡政府及相关部门办结20件。

2011年11月16日，乡五届人大一次会议期间，代表提出议案和建议28件，其中农林水电3件，基础设施17件，文教卫2件，其他6件；闭会后，乡人大主席团交乡政府及相关部门办结18件。2012年3月16日，乡五届人大二次会议期间，代表提出议案和建议25件，其中农林水电8件，基础设施14件，文教卫3件；闭会后，乡人大主席团交乡政府及相关部门办结15件。例如关于修建桶子村公路的建议，乡人大和乡政府通过多方争取，在5月中旬顺利开工，随后乡人大组织代表视察工程进展情况，监督工程质量以及安全保障情况。2013年3月8日，乡五届人大三次会议期间，代表提出议案和建议11件，其中农林水电3件，基础设施8件，闭会后乡人大主席团将议案和建议交乡政府办理，办结9件。2014年3月28日，乡五届人大四次会议期间，代表提出议案和建议3件，闭会后乡人大主席团将议案和建议交乡政府办理，办结3件。2014年9月18日，乡五届人大五次会议期间，没有安排代表提出议案和建议的议程。2015年5月21日，乡五届人大六次会议期间，代表提出建议19件。5月22日，交乡政府和有关单位承办。到9月10日，办结6件。

4. 百福司办理议案和建议

1997年1月12日，镇五届人大一次会议期间，代表提出建议57件，其中公路18件，水电10件，农业税15件，文教卫生12件，烟叶2件。闭会后主席团将建议交镇政府办理，办结54件。1998年4月20日，镇五届人大二次会议期间，代表提出建议50件，其中公路19件，水电12件，文教卫生13件，烟叶6件，闭会后主席团将建议交镇政府办理，办结47件。1999年3月26日，镇五届人大三次会议期间，代表提出建议42件，其中公路15件，水电8件，文教卫生10件，人畜饮水9件，闭会后主席团将建议交镇政府办理，办结40件。

2000年1月11日，镇六届人大一次会议期间，代表提出建议52件，其中公路13件，水电11件，文教卫生6件，人畜饮水13件，水利7件，村级阵地建设2件。闭会后主席团将建议交镇政府办理，办结49件。2000年11月20日，镇六届人大二次会议期间，代表提出建议45件，其中公路10件，水电10件，文教卫生5件，人畜饮水11件，水利工程7件，村级阵地建设2件。闭会后主席团将建议交镇政府办理，办结43件。2001年7月24日，镇六届人大三次会议期间，代表提出建议30件，其中公路9件，水电8件，人畜饮水5件，水利工程5件，村级阵地建设3件。闭会后主席团将建议交镇政府办理，办结28件。2002年4月11日，镇六届人大四次会议期间，代表提出建议32件，其中公路10件，水电8件，人畜饮水

5件，水利工程5件，村级阵地建设4件。闭会后主席团将建议交镇政府办理，办结29件。

2003年1月4日，镇七届人大一次会议期间，代表提出建议43件，其中人畜饮水5件，水利7件，村级阵地建设8件，村卫生室建设7件，水利设施13件，综合类3件。闭会后主席团将建议交镇政府办理，办结41件。2004年11月5日，镇七届人大二次会议期间，代表提出建议40件，其中交通8件，人畜饮水5件，村级阵地建设10件，村卫生室建设5件，水利10件，综合类2件。闭会后主席团将建议交镇政府办理，办结35件。2005年12月20日，镇七届人大三次会议期间，代表提出建议32件，其中交通7件，人畜饮水4件，村级阵地建设5件，村卫生室建设3件，水利10件，综合类3件。闭会后主席团将建议交镇政府办理，办结30件。

2006年4月22日，镇八届人大一次会议期间，代表提出建议41件，其中公路8件，水电6件，村级阵地建设6件，村卫生室建设10件，水利6件，教育2件，综合类3件。闭会后主席团将建议交镇政府办理，办结40件。2007年5月15日，镇八届人大二次会议期间，代表提出建议21件，其中公路8件，水电3件，村级阵地建设3件，水利2件，教育2件，综合类3件。闭会后主席团将建议交镇政府办理，办结20件。2008年5月21日，镇八届人大三次会议期间，代表提出建议26件，其中公路9件，水电4件，村级阵地建设3件，水利3件，教育3件，综合类4件。闭会后主席团将建议交镇政府办理，办结22件。2009年6月29日，镇八届人大四次会议期间，代表提出建议22件，其中公路8件，水电4件，村级阵地建设3件，水利2件，教育2件，综合类3件。闭会后主席团将建议交镇政府办理，办结20件。2010年4月20日，镇八届人大五次会议期间，代表提出建议15件，其中公路7件，村级阵地建设2件，教育2件，综合4件。闭会后主席团将建议交镇政府办理，办结15件。

2011年11月15日，镇九届人大一次会议期间，代表提出建议67件，其中新农合10件，计划生育8件，农业5件，交通5件，移民3件，水电6件，村级阵地建设6件，村卫生室建设10件，水利6件，教育2件，集镇管理6件。闭会后主席团将建议交镇政府办理，办结63件。2012年3月16日，镇九届人大二次会议期间，代表提出建议6件，其中交通3件，水电1件，村干部养老保险1件，合作医疗收缴1件。闭会后主席团将建议交镇政府办理，办结6件。2013年3月10日，镇九届人大三次会议期间，代表提出建议4件，其中交通2件，人畜饮水1件，民俗文化保护1件。闭会后主席团将建议交镇政府办理，办结4件。2014年3月28日，镇九届人大四次会议期间，代表提出建议6件，其中交通3件，人畜饮水2件，民俗文化保护1件。闭会后主席团将建议交镇政府办理，办结6件。2015年5月21日，镇九届人大五次会议期间，代表提出建议8件，其中交通4件，人畜饮水2件，村级阵地建设2件。闭会后主席团将建议交镇政府办理。对代表提出的建议跟踪督办，办结6件。

5. 大河办理议案和建议

1997年1月7日，镇一届人大一次会

议期间,代表提出建议35件,其中村级建设15件,人畜饮水15件,村级卫生3件,维修渠道2件;闭会后转交镇政府及有关部门办理。对代表和群众反映强烈公路问题、人畜饮水难问题,镇人大主席团督促政府有关部门解决,办结27件。例如,镇政府争取上级部门资金30万元,年底,修建牡丹坪至中坝村公路10千米、牡丹坪至火烧山公路8千米。1998年4月18日,镇一届人大二次会议期间,代表提出建议30件,其中集镇建设5件,水电10件,公路11件,土地执法4件,闭会后交镇政府及有关部门办理,办结21件。1999年3月26日,镇一届人大三次会议期间,代表提出建议20件,其中交通6件,水利5件,林业5件,教育2件,电力2件,闭会后交镇政府及有关部门办理,办结13件。

2001年7月2日,镇二届人大二次会议期间,代表提出建议15件,其中公路3件,水利4件,人畜饮水5件,城建城管3件,闭会后交镇政府及有关部门办理,办结12件。例如,在解决人畜饮水方面,开发办投资5.8万元,在牡丹坪集镇新建蓄水池41口、1200立方米,基本解决牡丹坪群众、师生饮水困难。

2003年1月31日,镇三届人大一次会议期间,代表提出议案20件、建议28件。到12月,镇政府及有关部门办结13件。2004年3月6日,镇三届人大二次会议期间,代表提出议案4件、建议20件,镇政府及有关部门办结4件。2005年7月30日,镇三届人大三次会议期间,代表提出议案8件、建议5件,其中城建2件,林业2件,教育2件,财政1件,基层组织建设3件,基础设施2件,农业结构调整3件。到12月,镇政府及有关部门办结13件。

2006年11月9日,镇四届人大一次会议期间,代表提出建议12件,其中产业结构调整3件,污水处理2件,烟叶2件,基层组织建设2件,林业2件,卫生1件,督促有关部门办结10件。2007年5月14日,镇四届人大二次会议期间,代表提出建议13件,其中水利4件,公路4件,教育2件,林业3件。闭会后,交镇政府承办,到12月,办结12件。2008年5月25日,镇四届人大三次会议期间,代表提出建议20件,其中基础设施5件,林业2件,水利3件,国土2件,电力1件,村干部待遇4件,农技3件,到12月,办结16件。2009年7月31日,镇四届人大四次会议期间,代表提出建议18件,其中村级公路7件,基础设施3件,垃圾处理2件,林业3件,烟草3件。到12月,办结15件。2010年5月28日,镇四届人大五次会议期间,代表提出建议15件,其中集镇街道建设5件,村级基础建设3件,人畜饮水2件,林业3件,水利2件。到12月,办结12件。

2011年5月20日,镇五届人大一次会议期间,代表提出建议14件,其中执法4件,公路3件,林业3件,城建2件,水利2件。会后镇人大交镇政府和有关部门办理,办结8件。2012年3月29日,镇五届人大二次会议期间,代表提出建议12件,其中土地执法2件,城建城管3件,基础设施建设3件,森林管理2件,农村低保2件。闭会后,镇人大会同政府及有关部门决定,取缔关系保、人情保。对违法占地建房,强制撤除8户,退还土地1050平方米。12件建议全部办结。2013 年 3 月 8 日，镇五届人大三次会议期间，代表提出建议 8 件，其中公路建设 3 件，森林管理 1 件，集镇街道建设 2 件，环境保护、污水处理 2 件。年末硬化 3 个村公路，全长 32 千米。加强森林管理，控制滥砍滥伐现象。年内硬化 2 条街道，解决集镇街道灯光建设和下水道污水处理。2014 年 3 月 30 日，镇五届人大四次会议期间，代表提出建议 6 件，其中公路建设 2 件，合作医疗 1 件，卫生 2 件，低保 1 件。闭会后，镇人大同党委召集相关部门召开会议，要求卫生院服务部门，提高服务质量，搞好服务态度，增强技术业务水平。民政低保按照县里决定重新评定，合作医疗加强管控报销。黑（家坝）杉（木塘）公路年终启动。2015 年 5 月 22 日，镇五届人大五次会议期间，代表提出建议 7 件，其中自来水 1 件，城建 2 件，治安 1 件，林业 1 件，卫生 1 件，新农合 1 件。会后，镇人大办向镇党委汇报，镇党委高度重视，召集相关单位召开会议专题研究，要求服务部门必须改善服务态度，提高服务水平，达到群众满意。执法机关必须严格执法，提高执法水平。2016 年 5 月 10 日，镇五届人大六次会议期间，代表提出建议 4 件，其中开发 1 件，民政 1 件，治安 1 件，城建 1 件。闭会后，人大主席团与镇政府专题研究，要求相关单位按时办结。

6. 旧司办理议案和建议

1997 年 1 月 8 日，乡一届人大一次会议期间，代表提出建议 19 件，其中公路 8 件，水电 6 件，农业税 5 件。政府办结 16 件。1998 年 3 月 18—20 日，乡一届人大二次会议期间，代表提出建议 21 件，其中小桥小路 3 件，水电 10 件，文教卫生 4 件，粮食 1 件，烟叶 1 件，广播 1 件，集镇建设 1 件。乡政府及有关部门办结 16 件。

2001 年 9 月 23 日，乡三届人大一次会议期间，代表提出议案和建议 40 件，其中公路交通 11 件，人畜饮水 10 件，集镇自来水等综合 19 件，到四届人大一次会议前，办结 22 件。2002 年 4 月 16 日，乡三届人大二次会议期间，代表提出建议 15 件，其中交通 4 件，财政、农业各 2 件，水电 6 件，其他 1 件；除 3 件受条件限制无法办理外，按时办结 12 件。2003 年 1 月 2 日，乡三届人大三次会议期间，代表提出建议 37 件，在规定时限内，乡政府及有关部门办结 35 件。2004 年 2 月 26 日，乡三届人大四次会议期间，收到代表建议 39 件，其中交通 16 件，国土 3 件，林业 4 件，产业发展 2 件，水利 9 件，财政、开发、民宗 3 件，其他 2 件，除受条件限制无力办理的 6 件，其余均办结。2005 年 8 月 8 日，乡三届人大五次会议期间，代表提出建议 29 件，其中水利 21 件，交通 5 件，农业 3 件。除水利建议中 4 件无法办理外，其余均办结。

2006 年 11 月 10 日，乡四届人大一次会议期间，代表提出建议 62 件，其中人畜饮水、水利 15 件，交通 12 件，退耕还林 12 件，教育 10 件，集镇安全饮水 2 件，综合类 11 件。经有关单位办理，两个集镇都喝上自来水，各村组安全饮水问题解决 70%，公路村组覆盖面 80%。2007 年 5 月 19 日，乡四届人大二次会议期间，代表提出建议 26 件，其中“五改三建”5 件，新农合 5 件，防检费征收 6 件，计划生育 3 件，农业 3 件，移民 1 件，集镇管理 3 件。有 5 件无法解决外，其余全部办结。例如，新坪代表团和旧司代表团部分代表建议政府,打通西北车至烂车河6.3千米经济循环公路,乡政府要求乡开发办向县开发办、发改局将该工程作为项目申报,旧司乡部分县人大代表在县人代会上也作为建议提出,得到县人大常委会高度重视,县人大常委会副主任苏波带领县直有关部门多次实地查勘,在县发改局大力支持下,作为项目立项建设,投资270余万元修建,该工程于2009年开工,2011年竣工,该公路全线贯通。2008年5月25日,乡四届人大三次会议期间,代表提出建议19件,其中交通8件,水利5件,移民2件,集镇管理2件,环保1件,其他1件。除2件政府暂时无法办理需给代表作解释外,其余均办结。2009年6月29日,乡四届人大四次会议期间,收到代表建议16件,其中交通6件,水利4件,村级阵地建设2件,村干部待遇2件,环保2件。办理答复结果,代表表示满意。2010年4月24日,乡四届人大五次会议期间,收到代表建议15件,其中交通5件,人畜饮水4件,环保2件,村卫生室建设2件,其他2件。答复办理结果,代表表示满意。

2011年11月16日,乡五届人大一次会议期间,代表提出建议14件,其中公路4件,水利2件,村级办公室及村级卫生室建设5件,综合类3件。答复办理结果,代表表示满意。2012年4月9日,乡五届人大二次会议期间,代表提出建议11件,其中公路6件,水利2件,村级阵地建设1件,村卫生室建设1件,综合类1件。答复办理结果,代表表示满意。

2013年3月9日,镇一届人大一次会议期间,代表提出建议19件,其中公路7件,水利2件,村级办公室及卫生室建设3件,人畜饮水2件,村干部待遇1件,综合类4件。答复办理结果,代表表示满意。2014年3月28日,镇一届人大二次会议期间,代表提出建议19件,涉及交通、旅游开发、村级卫生室建设、水利设施建设等8个方面问题。镇政府高度重视代表建议办理,维修旧(司)三(合)路、新建西北车村卫生室、落实组干部工资等7条建议得到有效解决;新修岩蜂窝村和黑洞塘村堰渠、延长集镇路灯至后坝村4—5组等9条建议被列入2015年度计划解决;板沙界红色革命旅游景点打造、大坝社区扩大建设规模等3件建议列入规划,将逐步安排解决。19件建议办理情况为:18件满意、1件基本满意。2015年5月23日,镇一届人大四次会议收到代表建议23件,闭会后镇人大主席团交镇政府办理,到12月25日全部办结,其中满意20件,基本满意3件。

7.三胡办理议案和建议

1997年1月7日,乡一届人大一次会议期间,收到代表3件议案、28件建议。3件议案中电力2件,水利1件,乡政府责成水利站解决。28件建议,其中公路10件,电力3件,林业3件,人畜饮水6件,文教2件,卫生3件,集镇建设1件,乡人大主席团将28件建议转交政府及相关部门办理,除3件政府暂时无法办理外,办结25件。

2000年1月8日,乡二届人大一次会议期间,收到代表4件议案、16件建议,乡人大主席团审议后将4件议案转为建议,把20件建议转交乡政府及相关部门办理,20件建议中,公路8件,林业4件,电力4件,卫生2件,人畜饮水2件。公路8件建议全部办结；林业4件、人畜饮水2件、电力4件建议，乡政府责成林站、水利站、供电所解决；卫生2件建议办结1件。

2003年1月5日，乡三届人大一次会议期间，代表们提出12件建议，乡人大主席团将建议转交乡政府及相关部门办理。12件建议中，公路5件，电力3件，人畜饮水4件。除范（范家沟）猴（猴栗堡）路要求硬化条件不成熟外，其余梨园沟、六正沟、黄柏园、阳河坝4个村公路得到维修；三堡岭、金桥、石桥3个村要求解决变压器、电线问题得到解决，代表满意率98%。

2006年11月8日，乡四届人大一次会议期间，代表们提出14件建议。其中公路4件，水利3件，电力2件，人畜饮水5件。公路4件建议全部办结，黄柏园3千米、阳河坝村刺猪槽2千米、范家沟至猴栗堡公路9.8千米、金桥至三堡岭20千米循环路全部硬化；水利3件建议全部办结，金塘、金盆、狮子桥3座水库各立项200多万元整修；电力2件建议由供电所解决；官坟山、狮子桥村和中学自来水问题得到解决，黄柏园、三堡岭70%农户喝上自来水；代表对政府办理建议满意。

2011年11月20日，乡五届人大一次会议期间，代表们提出2件议案、13件建议，经乡人大主席团审议，认为2件议案不符合议案规定，转为建议办理。其中水利设施1件，人畜饮水3件，公路7件，市场管理1件，卫生2件，林业1件。水利1件建议，在“万人挖万塘”活动中解决大堰塘水库维修；人畜饮水3件建议，除集镇自来水污染问题没有解决外，其余2件办结；公路7件建议，覃家嘴大桥修铁索桥未解决，其余6件均解决；卫生2件，其中三堡岭村卫生室管理督促乡卫生院解决；林业1件，责成林站解决；市场管理类1件和修建金桥村卫生室由于条件不成熟没解决。2012年3月22日，乡五届人大二次会议期间，代表没有提出建议。2013年3月10日，乡五届人大三次会议期间，代表们提出7件建议，其中集镇管理1件，水利1件，电视网络1件，公路、桥梁3件，卫生1件。以上7件建议在2014年全部办结。2014年3月28日，乡五届人大四次会议期间，代表们提出2件建议，经乡人大主席审议认为2件建议属政府部门解决，1件是环境污染，1件是公路硬化；环境污染问题责成村镇办清理河道。公路硬化乡交通办上报县交通局，县乡统筹解决。2014年9月19日，乡五届人大五次会议期间，代表没有提出建议。2015年5月22日，乡五届人大六次会议期间，代表提出建议5件。乡人大加强督办检查，促进承办站所、部门加大办理力度，提高办理答复质量，代表感到满意。2016年5月11日，乡五届人大七次会议期间，代表们提出3件建议，乡五届人大七次会议议案审查委员会审议认为，3件建议符合建议规定。其中水利建设1件，环境治理1件，财政预算调整1件。闭会后，乡人大转交乡政府办理，在8月底办理完毕。

8. 革勒车办理议案和建议

1997年1月8—9日，乡一届人大一次会议期间，收到代表议案和建议36件，其中水电交通25件，集镇建设2件，文教卫和广播7件，社会治安2件。闭会后，乡人大主席团交乡政府及相关部门办理，办结36件。

1998年3月11日，乡一届人大二次会

议期间,收到代表议案和建议20件,其中水电交通6件,集镇建设2件,文教卫及广播电视7件,社会治安2件,“三提五统”3件,办结20件。1999年3月27日,乡一届人大三次会议期间,收到代表议案和建议13件,其中电力4件,集镇建设3件,人畜饮水3件,公路3件,办结13件。

2000年1月7日,乡二届人大一次会议期间,收到代表议案和建议28件。在二届人大一次会议闭会期间,办结25件,代表表示满意。

2003年1月5日,乡三届人大一次会议期间,收到代表议案和建议18件,其中水利和人畜饮水8件,林业2件,公路4件,教育2件,集镇建设1件,卫生1件。全部办结。2006年6月2日,乡三届人大四次会议期间,收到代表议案和建议15件,其中公路3件,农民工资1件,粮食补贴1件,水利2件,村级组织建设3件,其他5件。全部办结和答复。

2006年11月7—8日,乡四届人大一次会议期间,收到代表议案和建议22件。主席团及时交乡政府和有关部门办理,在2007年6月前办理答复完毕。2008年5月24日,乡四届人大三次会议期间,收到代表议案和建议15件,其中农村合作医疗2件,公路8件,教育教学1件,阵地建设2件,集镇管理2件。全部办理和答复。2009年6月29日,乡四届人大四次会议期间,收到代表建议20件,其中道路5件,水利2件,民间文化1件,有线电视1件,组织建设1件,垃圾处理1件,教育2件,其他7件。按照代表建议办理程序,全部办理和答复。2011年5月22日,乡四届人大六次会议期间,收到代表建议4件,其中土地1件,村级工作经费1件,新农合农保1件,村级干部待遇1件,办理答复4件。

2011年11月16日,乡五届人大一次会议期间,收到代表建议61件,其中公路16件,人畜饮水11件,水利9件,其他25件。交乡政府和相关单位办理,并将办理情况逐件答复有关代表。2013年3月8日,乡五届人大三次会议期间,收到代表建议12件,其中水利3件,公路4件,林业3件,教育2件。闭会后交乡政府和相关单位办理,办结答复10件。

2014年3月25日,镇一届人大一次会议期间,收到代表建议11件,其中人畜饮水4件,水利1件,公路4件,社区阵地建设1件,农村供电1件。闭会后交乡政府和相关单位办理,办结率100%。2015年5月21日,镇一届人大三次会议期间,收到代表建议6件,其中交通3件,基础设施1件,重点大户建设1件,新农合新农保征收1件,闭会期后交政府和相关部门办理,办结答复6件,办结率100%。2016年5月11日,镇一届人大四次会议期间,收到代表建议5件,其中环境污染2件,集镇建设1件,公路管护1件,通村光纤1件。闭会期间,各分管领导带相关部门进行调查了解、实地查看、分类办理,对照办理要求办结答复5件,办结率100%。

三、乡镇人大办公室

为加强和做好乡镇人大工作,各乡镇人大都设立人大办公室,配备工作人员,围绕乡镇人大工作目标,按照工作职责,协助乡镇人大主席、副主席开展工作。

(一)职责

负责办理人大主席团和人大会议决定事项及人大领导交办事项，组织实施和督促检查工作；负责草拟人大工作计划、总结、报告，以及人大会议审议意见和其他综合性文稿；负责承办人大各种会议、会议期间记录、会议后资料汇编；协调和参与每年度人大例会和组织视察、评议、执法检查等有关工作；联系人大代表，协助人大代表组成代表小组并开展活动；受理代表和群众来信来访，做好登记、拟办、转办、催办、回复、报告等工作；负责人大办政治学习和思想教育工作，组织人大代表学习和宣传宪法、法律法规；负责上级各种文件收发、登记、管理；负责人大办各种资料保管利用，不定期为领导提供人大工作信息资料；负责上一级人大常委会检查、视察等接待工作；参与人大换届选举工作；承办上一级人大常委会交办其他工作等。

(二)人员

1.翔凤镇人大办公室

曾庆慧(女，1997.1—2016.10)

2.绿水镇(乡)人大办公室

李玖山(女，1997.1—2001.8)
肖　萍(女，2001.8—2003.1)
吴贤军(2003.1—2005.1)
熊英明(2005.1—2007.3)
李正祥(2007.3—2016.10)

3.漫水乡人大办公室

尤　权(1997.1—1999.12)
田科元(2001.1—2002.10)
谭绍军(2002.10—2006.4)
向昌荣(2003.12—2006.4)
田绍恩(2006.5—2011.12)
向中军(2006.5—2008.11)
刘继清(2008.12—2011.8)
韩　喆(2011.9—2012.2)
张维波(2012.1—2014.5)
田　毅(2012.3—2013.11)
徐贤翔(2014.5—12)
夏隆浩(2014.12—2015.3)
廖月琴(女，2015.3—12)
胡学府(2016.1—3)
吕金芳(女，2016.3—10)

4.百福司镇人大办公室

向　军(1997.1—2003.1)
李启峰(2003.1—2010.10)
李思友(2010.11—2011.12)
张　勇(2011.12—2012.12)
陶新林(2012.12—2013.8)
袁　茂(2013.8—2015.12)
廖宏伟(2016.1—8)
甘红伟(2016.8—10)

5.大河镇人大办公室

李达武(1997.1—2000.1)
张庆林(2000.1—2003.1)
段太勇(2003.1—2005.7)
邓建平(女，2005.7—2010.5)
李文祥(2010.5—2012.3)
段术祥(2012.3—2016.10)

6.旧司镇(乡)人大办公室

(1)高洞乡人大办公室
罗惠江(1997—1999)
姚贤荣(2000—2001)

(2)旧司乡(镇)人大办公室

彭高星(1997—1998)

陈丛臻(1998—1999)

唐孔琪(1999—2001)

姚贤荣(2001—2002;2005—2007)

杨银香(女,2002—2003)

张正书(2003—2004)

冯　成(2007—2008)

杨孝刁(2008—2016.1)

杨　雪(女,2014.9—2016.8)

田　丹(女,2016.8—10)

7.三胡乡人大办公室

舒镜峰(1997.1—1999.3)

胡连华(1999.4—2000.9)

戴生菊(女,2000.10—2001.1)

谭再富(2001.2—2003.12;
2005.1—2016.7)

宋　宇(2004.1—12)

罗　佳(女,2016.6—10)

向　毅(2016.10.8—10.31)

8.革勒车镇(乡)人大办公室

唐辉志(1997.1—6;
2003.1—2007.8;
2008.4—2009.3)

任福高(1997.6—2000.2)

吴金梅(女,2000.3—2002.12)

田碧波(2007.9—2008.3;
2009.4—2010.6;
2012.3—2013.12)

张　翔(2010.7—2012.2)

刘建华(2011.7—2012.2)

李相明(2013.7—2014.1)

张余成(2014.1—2016.10)

第五章 人 物

第一节 县人大常委会主任

自1980年5月县人大常委会设立以来，截至2016年12月，当选县人大常委会主任有12人次，按照当选任职届别顺序，将他们生平简介如下。

田恩波

田恩波（1929.8—2012.6），男，土家族，湖北省来凤县人，中共党员，小学文化程度。1952年4月至1954年1月，在旧司参加土地改革工作，任土改工作队副队长。1954年1月至1955年6月，在大河区任生产助理员和民政助理员；1955年3月至1956年1月，任大河区委组织委员；1956年2月至1965年8月，任大河区委副书记；1965年9月至1966年5月，任县委常委；1965年10月至1968年8月，任县政府副县长，其间于1966年任恩施县三岔区“四清”工作队队长；1968年7月至1968年9月，在湖北省军区学习班学习；1968年9月，任县革委会副主任；1970年5月至1971年1月，任县革委会核心小组成员、县革委会副主任；1971年2月，任县委常委、县革委会副主任；从1971年起，连续当选四届省委候补委员；1972年12月，任县委副书记、县革委会副主任，其间于1978年8月当选县纪律检查委员会（简称“纪委”）书记；1978年8月至1980年5月，任县委副书记、县革委会主任；1980年5月至1983年3月，当选自治县一届人大常委会主任，任县委副书记、县人大常委会党组书记；1983年3月至10月，当选自治县县长，任县委副书记、省委候补委员；1983年10月至1988年4月，当选州委常委；1983年11月至1988年11月，当选州人大常委会主任；1984年3月，任州人大常委会党组书记，其间当选州一次党代会代表、州委委员和州一届人大代表；1988年11月至1994年4月，当选省人大常委会委员、省人大民宗侨外委员会委员。其间于1959年至1964年，当选二届、三届全国人大代表；1969年4月、1973年8月、1977年8月、1982年9月，当选九次、十次、十一次、十二次全国党代会代表，任六届、七届全国政协委员。1994年4月退休。2012年6月去世。

陈佑民

陈佑民，男，汉族，1926年3月出生，湖北省谷城县人，中共党员，高中文化程度。

1949年7月，到湖北革命大学学习，12月分配到来凤县工作；1950年1月至1973年4月，历任来凤县城关区工作队队员、工作组长、三胡区副区长、城关区区长；1973年5月至1975年10月，任城关区区委委员、城关区革委会副主任；1975年10月至1978年10月，任城郊公社党委委员、公社革委会副主任；1978年10月至1979年11月，任城郊公社党委副书记、公社革委会主任；1979年11月至1980年5月，任接龙桥公社党委书记，其间于1980年4月当选自治县一届人大代表；1980年5月至1983年3月，当选自治县副县长；1983年3月至1984年9月，补选为自治县一届人大常委会主任，任县人大常委会党组书记。1984年9月至11月，任县政协筹备委员会主任委员；1984年11月至1991年1月，当选县政协主席。1996年4月离休。

虞大远

虞大远，男，土家族，1942年7月出生，湖北省来凤县人，中共党员，中专文化程度。1970年9月至1975年7月，任飞机公社党委书记；1975年7月至1976年12月，任县委副书记，兼任大河公社党委书记；1976年12月至1978年8月，任县委副书记，兼任农林水战线党委书记；1978年8月至1982年2月，任县委副书记，兼任县委宣传部部

长；1982年2月至1984年3月，任县委副书记，兼任县纪委书记；1984年3月至11月，任代理县长；1984年11月至1991年1月，当选县九届、十届人大常委会主任，任县人大常委会党组书记；1991年1月至1992年4月，任县委常委、县委政法委书记；1992年4月至1999年1月，任县政协主席。2002年7月退休。

田南山

田南山，男，土家族，1937年2月出生，湖北省来凤县人，中共党员，小学文化程度。1954年至1955年10月，在国营席塔煤矿当工人；1955年10月至1956年12月，任城关区九龙初级农业合作社主任；1957年初至1958年4月，任梅河高级农业合作社主任；1958年5月至1975年8月，历任新峡乡党总支副书记、代理书记、新峡乡党委副书记、书记；1975年9月至1980年9月，任接龙桥公社党委副书记；1980年12月至1984年6月，任接龙桥公社党委书记，其间当选省党代会代表；1984年8月至11月，任县选举委员会副主任，其间于1984年9月当选县九届

人大代表；1984 年 11 月至 1991 年 1 月，当选县九届、十届人大常委会副主任，任县人大常委会党组副书记；1991 年 1 月至 1994 年 1 月，当选县十一届人大常委会主任、任县人大常委会党组书记，其间当选省八届人大代表和州二、三届人大代表，1991 年 7 月至 1993 年 11 月任县委委员、县委常委。1994 年 2 月，调离县人大常委会，任县委副书记（正县级）。1997 年 3 月退休。

陈天会

陈天会，男，汉族，1955 年 10 月出生，湖北省南漳县人，中共党员，大专文化程度。1975 年 6 月至 1981 年 3 月，在湖北省南漳县龙门公社任党委副书记兼任石门管理区、龙门管理区党总支书记；1981 年 4 月至 1986 年 6 月，任南漳县龙门公社党委书记，其间于 1982 年 11 月当选南漳县委候补委员，1984 年 9 月至 1986 年 6 月在华中农业大学学习；1986 年 6 月至 1990 年 8 月，任南漳县委副书记；1990 年 9 月至 1993 年 9 月，任保康县委副书记、县长；1993 年 10 月，任来凤县委书记；1994 年 1 月，当选县十二届人大常委会主任，任县人大常委会党组书记。1996 年 12 月，辞去县人大常委会主任职务，调离来凤县。

董香彩

董香彩，男，土家族，1943年10月出生，湖北省鹤峰县人，中共党员，大学文化程度，被评为高级经济师。1962 年 9 月至 1966 年 8 月，在华中师范学院学习；1966 年 9 月至 1968 年 2 月，毕业留校；1968 年 3 月至 1984 年 5 月，在来凤县卯洞公社工作，历任教师、公社通讯干事、宣传委员、组织委员；1984 年 6 月至 1985 年 2 月，任百福司镇党委书记；1985 年 3 月至 1986 年 3 月，任县委宣传部副部长；1986 年 3 月至 12 月，任县委常委、县委办公室主任；1987 年 1 月至 1991 年 4 月，任县委常委、县委组织部部长；1991 年 5 月至 1992 年 11 月，任咸丰县委常委、县纪委书记；1992 年 12 月至 1997 年 3 月，任来凤县委副书记；1997 年 3 月，补选为县十二届人大常委会主任，任县人大常委会党组书记。1999 年 1 月，当选县十三届人大常委会主任，任县人大常委会党组书记。2004 年 2 月退休。

王建民

王建民，男，汉族，1963 年 5 月出生，湖北省天门市人，中共党员，大学文化程度。1982 年 7 月，武汉地质学院毕业参加工作；1982年8月

至1984年1月,任宜昌地区殷盐磷矿矿务局生产技术科科员;1984年2月至1986年1月,任宜昌地区殷盐磷矿矿务局生产技术科科长;1986年2月至1987年9月,任宜昌地区殷盐磷矿矿务局神龙磷矿筹建处主任;1987年10月至1988年7月,任宜昌地区殷盐磷矿矿务局副局长;1988年8月至1989年5月,任宜昌磷化工业集团公司开发部副主任;1989年6月至1990年9月,任宜昌磷化工业集团磷酸盐化工厂筹建处指挥长;1990年10月至1992年12月,任宜昌磷化工业集团磷酸盐化工厂厂长;1993年1月至1996年12月,任宜昌磷化集团磷酸盐化工厂厂长、党总支书记,其间于1996年3月至1998年5月任宜昌磷化集团副总经理;1998年6月至1999年11月,任宜昌股份公司党委委员;1999年12月至2000年12月,任枝江市委副书记、市长;2003年1月至2006年12月,任来凤县委书记;2004年1月至2006年12月,当选县十四届人大常委会主任,任县人大常委会党组书记。2006年12月调离来凤县。

肖作文

肖作文,男,土家族,1962年3月出生,

湖北省恩施市人,中共党员,大学文化程度。1982年9月,在恩施县人事局工作;1984年4月,任共青团恩施市委(简称“团市委”)副书记;1986年8月,任恩施市三岔区委副书记;1988年4月,任团市委书记;1989年6月,挂职任团省委研究室副主任;1991年7月,任团州委副书记、党组成员;1996年9月,任团州委书记、党组书记;1998年5月至1998年11月,在山东省青州市挂职任副市长;1999年1月,任利川市委副书记(正县级);2001年10月,任州劳动和社会保障局局长、党组书记,其间于2004年4月至2005年7月兼任州社会保险管理局局长,2004年8月5日至21日,参加国家劳动部举办的全国劳动局长业务培训班学习,2005年9月至2006年1月,参加省委党校中青年干部培训班学习;2006年4月,任来凤县委委员、常委、副书记,任代理县长、县政府党组书记;2006年10月,任县委书记;2006年12月,当选县十五届人大常委会主任,任县人大常委会党组书记。2011年10月,辞去县人大常委会主任职务,调离来凤县。

莫北平

莫北平,男,土家族,1957年9月出生,湖北省来凤县人,中共党员,大学文化程度,经济师。1974年12月,在北京军区某部服役;1981年1月至1982年1月,在来凤县接龙桥沙坨中、小学任教;1982年1月至1991年8月,在县民政局工作,历任副股长、股长,其间于1987年9月至1989年9月,在国家民政部民政管理干部学院学习;1991年8月至1993年

2月，任大河区副区长；1993年2月至1994年2月，任大河区委副书记；1994年2月至1995年2月，任县委办公室副主任；1995年2月至8月，任县劳动局局长；1995年8月至1999年2月，任县委、县政府接待办公室主任，兼任来凤宾馆总经理；1999年2月至2002年4月，任县政府办公室主任、县政府党组成员、综合战线党委书记，其间于1997年9月至1999年11月，在省委党校经济管理专业学习；2002年4月至2003年12月，任县委常委，其间于2003年3月至5月参加州委党校县级干部培训班学习；2003年12月至2006年11月，任县委常委、县委宣传部部长；2006年11月，当选县委委员，任县十四届人大常委会党组副书记；2006年12月，当选县十五届人大常委会副主任，任县人大常委会党组副书记，主持县人大常委会日常工作(其间，县委书记兼任县人大常委会主任)；2007年3月，参加州人大常委会举办的法律知识培训学习，4月，参加省人大常委会举办的县市人大常委会主任、副主任培训班学习；2011年10月至11月，任县十五届人大常委会副主任、党组书记；2011年11月，当选县十六届人大常委会主任，任县人大常委会党组书记。

第二节 县人大常委会副主任

自1980年5月县人大常委会设立以来，截至2016年12月，当选县人大常委会副主任的有44人次，按照当选任职届别顺序，将他们生平简介如下。

吴新知

吴新知(1924.5—2011.9)，男，汉族，河南省确山县人，中共党员，小学文化程度。1940年11月至1947年3月，在新四军五师工作，历任警卫员、通讯员、副班长、班长、排长；1947年3月至1948年8月，在二野12纵39团六连任副指导员；1948年8月至1949年3月，在江汉军分区六连任指导员；1949年3月至1950年2月，在大冶军分区阳新县大队任指导员；1950年2月至1951年1月，在省军区后勤部任副协理员；1951年1月至1955年4月，在鹤峰县兵役局任副政委；1955年4月至1956年3月，在来凤县兵役局任副局长；1956年3月至1964年10月，任县委常委、副县长；1964年11月至1965年4月，任建始县三里区二龙大队工作队队员；1965年4月至1966年5月，兼任来凤县委城镇工作部部长；1966年4月至10月，在恩施县沙地社教分团，任分团委员、队长；1966年10月至1971年5月，在来凤新峡电站指挥部任副指挥长；1971年5月至1972年7月，任来凤县革委会综合口领导小组组长；1972年7月至1973年2

月，任县计委主任；其间于1971年3月至1978年7月，当选四届、五届县委委员；1972年12月至1980年4月，任县革委会副主任；1980年4月，当选自治县一届人大代表；1980年5月，当选自治县一届人大常委会副主任，任县人大常委会党组副书记；1986年5月离休，享受副州级待遇。2011年9月去世。

蒋志卿

蒋志卿(1925.11—2006.12)，男，汉族，湖北省随州市人，中共党员，初中文化程度。

1948年2月参加工作；1949年11月，在恩施专署财政科任科员；1952年7月至1955年10月，任来凤县财政科科长；1955年10月至1956年2月，任三胡区区长；1956年2月至10月，任三胡区委书记；1956年10月至1980年5月，历任副县长、县革委会副主任，其间于1978年7月当选县委委员；1980年4月，当选自治县一届人大代表；1980年5月至1984年11月，当选自治县一届人大常委会副主任，任县人大常委会党组成员。1985年12月离休。2006年12月去世。

黄学初

黄学初(1932.9—2011.3)，男，汉族，湖北省巴东县人，中共党员，高中文化程度。

1949年11月至1952年8月，在巴东县清太坪区工作，历任青年干事、土改工作队队员、土改工作队队长；1952年8月至12月，任巴东县杨柳池区副区长；1952年12月至1953年12月，任大支坪区区长；1953年12月至1954年12月，任巴东县茶店区委书记(政委)；1954年12月至1955年12月，任巴东县委委员、农村工作部部长；1955年12月至1958年12月，历任巴东县委常委、组织部部长、县委办公室主任、农村工作部部长；1958年12月至1959年10月，任巴东县委常委，兼任野三关区委第一书记；1959年10月，因抵制“五风”(即“官僚主义、强迫命令、瞎指挥、浮夸风、共产风”五股风)而被划为右倾机会主义分子，并被撤销一切职务，只保留县委委员；1961年平反，恢复巴东县委常委、农村工作部部长职务；1964年任来凤县委委员，兼任农村工作部部长；1971年1月至1980年4月，任县委委员，兼任县农委主任、“330”(宜昌葛洲坝)工程来凤民兵团团长；1980年5月至1987年11月，当选自治县一届和县九届人大常委会副主任，任县人大常委会党组成员；1987年11月，当选县十届人大常委会委员，任县人大常委会党组成员。1992年9月退休。2011年3月去世。

彭金安

彭金安（1921.11—2009.1），男，土家族，湖北省来凤县人，中共党员，小学文化程度。1952年参加工作，任大河区工作队员；1958年任大河区委副书记；1965年任县贫协副主席；1973年3月，任县工农青妇联合办公室主任；1973年12月，任县贫协副主任；1978年8月，任县革委会委员；1980年4月，当选自治县一届人大代表；1980年5月至1983年3月，当选自治县一届人大常委会副主任，任县人大常委会党组成员。1983年11月退休。2009年1月去世。

段松龄

段松龄，男，汉族，1931年4月出生，湖北省宣恩县人，中共党员，初中文化程度。1949年11月考入恩施革命干部学校；1950年4月毕业，5月分配到来凤县茅坝区工作，后调任高洞乡工作组长；1952年在大河区社坛溪乡任土改工作组组长；1953年7月，任大河区副区长兼任团委书记；1954年春至1965年10月，历任大河区区长、区政委、区委书记，其间于1954年在省委党校学习半年；1965年10月至1966年5月，任县文教局局长；1971年在“330”（宜昌葛洲坝）工程任来凤民兵团城关区民兵营营长；1972年至1977年，在县林业局工作，历任林业科科长、林业局局长；1977年至1978年，任县农业局局长；1978年至1981年8月，历任县农委副主任、主任；1981年8月至1984年11月，任副县长；1984年11月至1991年1月，当选县九届、十届人大常委会副主任，任县人大常委会党组成员。1992年8月退休。

刘作林

刘作林，男，汉族，1940年4月出生，湖北省恩施市人，大学文化程度，高级教师。1958年7月至1962年7月，在武汉师范学院读书；1962年9月，毕业分配到来凤县第一中学任教（简称“一中”），历任一中教导主任、副校长；1984年9月，当选县九届人大代表；1984年11月至1987年11月，当选县九届人大常委会副主任。2000年4月退休。

魏遗俊

魏遗俊（1933.1—1996.9），男，汉族，湖北省宣恩县人，大专文化程度，高级教师。

1955年7月，恩施师范毕业后参加工作；1956年调入来凤县第一中学任教；1969年下放到旧司花坨小学教书；1972年调入接龙桥区三光坪小学任教；1977年调回一中从事教务工作；1984年11月至1987年11月，任县政协委员，其间于1985年至1987年11月，任一中校长办公室主任；1987年11月至1994年1月，当选县十届、十一届人大常委会副主任。1996年9月病故。

成开林

成开林，男，土家族，1939年1月出生，湖北省宣恩县人，中共党员，初中文化程度。1955年11月至1958年12月，在宣恩县沙道沟区粮管所、供销社工作；1958年12月至1965年2月，在部队服役，历任战士、给养员、会计、代司务长；1966年3月至1971年7月，在宣恩县人事局、县革委会专案组工作；1971年7月至1973年2月，任宣恩县电信局副教导员(未到职)；1973年2月，在宣恩县委组织部工作，任干部科干事；1980年9月，任宣恩县委组织部副部长；1982年10月，任宣恩县纪委委员、常委；1984年1月至1985年3月，任宣恩县委副书记；1985年4月至1989年6月，任来凤县委常委、县纪委书记，其间于1988年4月当选州纪委委员。1989年6月至1991年1月，补选为县十届人大常委会副主任，任县人大常委会党组成员；1991年1月至1994年1月，当选县十一届人大常委会副主任，任县人大常委会党组副书记。1994年1月，调离县人大常委会，任县委顾问。1999年1月退休。

赵　毅

赵毅，男，汉族，1934年1月出生，湖北省来凤县人，中共党员，初中文化程度。1951年至1955年年底，在来凤县委工作，历任办事员、工作组长；1956年至1957年，在县委指导组任组长、党委书记；1958年至1959年，在城关区甘溪乡任党总支书记；1960年至1963年，任三胡区文坪公社党委书记；1964年在建始县花坪区高潮公社开展社会主义教育，任工作组长；1965年在恩施县三岔区崔坝公社开展社会主义教育，任工作队长；1966年至1969年，任三胡区胡家沟公社党委书记；1970年至1981年，任县化肥厂党委书记、厂长，兼任县燃化局副局长；1982年至1988年，历任县经委副主任、主任；1989年至1991年，任来凤卷烟厂党委书记；1991年1月至1994年1月，当选县十一届人大常委

会副主任，任县人大常委会党组成员。1994年1月退休。

周发书

周发书，男，汉族，1945年1月出生，湖北省利川市人，中共党员，高中文化程度，被评为经济师。1964年12月至1968年7月，在恩施专区公安大队、军分区独立营历任战士、班长；1968年7月至1978年5月，历任来凤县人武部军事科参谋、副科长；1978年5月至1986年1月，任县人武部副部长；1986年1月至1992年2月，任县人武部部长，其间于1986年6月至1992年3月任县人武部党委书记，1986年10月至1992年3月任县委常委；1992年4月至1993年12月，任县政协副主席、党组副书记；1994年1月至2003年12月，当选县十二届、十三届人大常委会副主任，任县十二届、十三届人大常委会党组副书记，其间于1994年1月至1997年3月，主持县人大常委会日常工作（其间，县委书记兼任县人大常委会主任）。从1986年起，当选七、八、九、十一次县党代会代表。1994年1月至2003年12月，当选县十二届、十三届人大代表和州三届、四届人大代表。2004年1月至12月，协助县人大常委会主任工作。2005年1月退休。

杨胜富

杨胜富，男，汉族，1941年8月出生，湖北省来凤县人，中共党员，大学文化程度。1962年7月至1964年4月，在来凤县城关镇第一小学任教；1964年5月至1968年8月，在华中师范学院读书，任系团支部宣传委员；1968年9月至1969年12月，在湖北省军垦农场劳动锻炼，任四班副班长；1970年2月至1974年9月，在恩施地委宣传部从事通讯报道工作；1974年10月至1981年10月，在来凤县广播站工作，其间于1976年8月任副站长；1981年11月至1984年2月，任县广播事业局副局长；1984年3月至1986年1月，在县委办公室历任副科长、科长；1986年1月至1990年5月，任县委办公室副主任，其间于1987年10月至1993年10月，当选县十届、十一届人大代表；1990年5月至1993年12月，任县委常委、县委办公室主任；1994年1月至1999年1月，当选县十二届人大常委会副主任，任县人大常委会党组成员。2001年8月退休。

杨汉骥

杨汉骥，男，汉族，1940年8月出生，湖北省武汉市蔡甸区人，中共党员，大学文化程度，被评为高级经济师。1963年8月，湖北大学毕业后参加工作；1963年8月至

1965年8月，在来凤县统计局工作，任统计员；1965年8月至1979年12月，在县生资公司、日杂公司工作；1980年1月至1983年4月，在县供销合作社（简称“供销社”）工作，历任物价员、物价股股长；1983年4月至1986年5月，任县供销社副主任；1986年5月至1987年2月，任县供销社主任；1987年2月至1990年1月，任县民贸局局长；1990年1月至1994年1月，任副县长；1994年1月至1999年1月，当选县十二届人大常委会副主任，任县人大常委会党组成员。2000年8月退休。

汪达生

汪达生，男，汉族，1937年5月出生，湖北省咸丰县人，中共党员，中专文化程度。1958年7月参加工作；1958年8月至1962年4月，在来凤县农水局工作，任技术员；1962年5月至1963年2月，在城关区供销社工作；1963年3月至1964年6月，在县农水局工作；1964年7月至1968年11月，在县科委工作；1968年12月至1970年4月，在县革委会生产组工作；1970年5月至1985年3月，任县农业局种子站站长；1985年3月至1988年3月，任县畜牧局局长，其间于1984年11月至1987年11月，当选县政协常委；1988年3月至1991年12月，任县农委主任、农业战线党委书记，其间当选八届、九届县委委员；1991年12月至1994年1月，任副县长；1994年1月至1999年1月，当选县十二届人大常委会副主任，任县人大常委会党组成员。1997年5月退休。

侯廷茂

侯廷茂，男，苗族，1939年12月出生，湖北省来凤县人，中共党员，初中文化程度。1957年10月至1958年10月，在三胡区苏家堡乡任代理秘书；1958年10月，到三胡区参加工作；1962年4月至1963年12月，任三胡区安乐公社秘书，其间于1963年9月至12月在恩施地区农校干部训练班学习；1963年12月至1966年5月，任三胡区会计辅导站辅导员，其间于1964年2月至7月在湖北大学干部训练班学习；1966年5月至1970年2月，在卯洞区工作；1970年2月至1980年2月，在县委宣传部工作；1980年2月至1989年9月，在县人事局、劳动人事局工作，任副局长，其间于1981年2月至6月在省委党校学习；

1989年9月至1992年5月，任县人事局局长；1992年5月至1994年1月，任县委组织部副部长；1994年1月至1999年1月，当选县十二届人大常委会副主任，任县人大常委会党组成员，其间于1994年1月至1997年1月，兼任县委组织部副部长。2000年1月退休。

李拗柱

李拗柱，女，汉族，1947年11月出生，湖北省黄梅县人，初中文化程度。1962年9月，参加工作；1962年10至1966年9月，在来凤县和平缝纫社工作；1966年9月至1983年12月，在县丝绸厂、丝线社（后两厂合并）历任会计、副厂长、厂长；1984年1月至1993年3月，任县手工业联社副理事长，其间县手工业联社与县轻工局合署办公时，任办公室副主任；1993年4月，任县工商业联合会（简称“工商联”）副主任、县总商会副会长；1994年1月至1999年1月，当选县十二届人大常委会副主任，兼任县工商联副主任、总商会副会长。2002年11月退休。

王登高

王登高，男，汉族，1945年10月出生，湖北省襄阳市襄城区人，中共党员，中专文化程度，被评为记者职称。1963年6月，

毕业于襄阳地区农业学校，11月入伍参加工作；1963年11月至1968年6月，在恩施专区公安大队、恩施军分区历任战士、文书、班长、军分区“支左”办公室秘书；1968年7月至1985年12月，历任来凤县人武部参谋、秘书、副营职干事、政工科科长；1986年1月至1987年6月，任县委宣传部宣传科科长；1987年6月至1993年10月，历任县委办公室副主任、县保密委员会办公室主任、党群战线党委委员；1993年11月至1999年1月，任县委常委、县委办公室主任，兼任党群战线党委书记、县委政策研究室主任；1999年1月，当选十、十一次县党代会代表和县十三届人大代表；1999年1月至2004年1月，当选县十三届人大常委会副主任，任县人大常委会党组副书记。2004年2月至2005年10月，为副县级干部。2005年10月退休。

田方明

田方明，男，土家族，1956年12月出生，湖北省来凤县人，大专文化程度。1975年6月高中毕业，作为知识青年分配到县农科所工作；1978年至1979年，在来凤民族师范学校读书；1980年1月至1984年7月，在来凤一中、三胡四中、翔凤镇中学任语文教师；1984年8月至1986年7月，在县民委、县政府办公室工作，任县政府办公室

秘书科副科长；1986年7月至1988年4月，下派县水泥厂任副厂长；1988年4月至1990年3月，任县委宣传部宣传科副科长(副主任科员)；1990年3月至1995年3月，任来凤人民广播电台副台长；1995年3月至1996年3月，在县文学艺术界联合会(简称“文联”)主持工作；1996年3月至1997年4月，任县文联副主席；1997年4月至1999年1月，任县文联主席；1999年1月至2006年12月，当选县十三届、十四届人大常委会副主任，其间于1999年1月至2001年12月兼任县文联主席，2001年12月至2006年12月兼任县工商联主任、县总商会会长，其间于2004年5月随湖北作家代表团赴西北欧有关国家作文学交流；2006年12月至2011年11月，当选县十五届人大常委会副主任，兼任县科学技术协会(简称“科协”)主席。其间，当选县政协三届、四届常委和州四届、五届人大代表。是湖北省作家协会会员、湖北省电影家协会会员、北京鲁迅文学院作家班学员、中国电影编剧班第三期学员、《中华文学》杂志编委。2011年11月，改任调研员。

杨树荣

杨树荣，男，土家族，1951年3月出生，湖北省来凤县人，中共党员，大专文化程度。1968年10月至1969年9月，在大河区芭

蕉溪小学任教；1969年10月至1971年8月，任大河区东风公社党委委员兼党支部书记；1971年9月至1973年6月，在湖北省粮食学校学习；1973年7月至1979年12月，任县粮食局副局长；1980年1月至1984年5月，任大河公社革委会副主任、管委会副主任；1984年6月至1987年6月，任接龙桥区副区长；1987年7月至1991年11月，任县企管局局长，其间在湖北工业学院学习；1991年12月至1997年3月，任县经委主任、党委书记；1997年3月至1998年12月，任县经贸委主任、党委书记；1999年1月至2011年3月，当选县十三届、十四届、十五届人大代表和人大常委会副主任，任县人大常委会党组成员；1993年11月至2011年3月，当选十次、十一次、十二次、十三次县党代会代表和十届、十一届、十二届、十三届县委委员；1998年至2011年3月，当选州四届、五届、六届人大代表。2011年4月退休。

周新华

周新华，男，侗族，1949年4月出生，湖北省宣恩县人，中共党员，大学文化程度。1971年12月，参加工作后任宣恩县椒园信用社会计；1974年3月，任宣恩县椒园公社党委书记；1975年7月，任宣恩县椒园公社革委会主任；1978年9月，任宣恩县长潭河

公社党委书记；1980年1月，任宣恩县椒园公社党委书记，自此多次当选州党会代表和州人大代表；1984年4月，任宣恩县晓关区委书记；1987年9月，任宣恩县特产局局长；1990年5月至1994年，任来凤县委副书记，其间于1991年9月至1992年7月兼任县纪委书记，1993年交流任孝感市委副书记、孝南区委副书记；1994年至1999年1月，任来凤县委副书记，兼任县委政法委书记；1999年1月，任县政协主席、党组书记；2004年1月至2006年12月，当选县十四届人大常委会副主任，任县人大常委会党组副书记，主持县人大常委会日常工作（其间，县委书记兼任县人大常委会主任）。2006年12月至2009年4月，改任调研员。2009年4月退休。

徐庭海

徐庭海（曾用名徐廷海），男，苗族，1962年4月出生，湖北省来凤县人，中共党员，大学文化程度，经济师。1979年9月至1981年9月，在恩施州财校商业物价专业学习；1981年10月至1984年10月，在来凤县供销社工作，历任县供销社物价股和办公室办事员、团总支书记；1984年10月至1985年5月，在共青团来凤县委（简称“团县委”）工作，历任办事员、科员；1985年5月至1986年9月，任团县委副书记；1986年9月至1989年9月，任团县委书记；1989年9月至1991年3月，任县物价局副局长（正科级），兼任县政府“两清”（清理逾期贷款、清理职工借支）办公室副主任，其间于1987年9月至1990年7月在省委党校党政管理专业学习；1991年3月至1993年3月，任县物价局局长；1993年3月至2000年5月，任县财政局副局长（正科级），兼任县国资局局长、农税局局长，其间于1996年8月至1998年12月在中央党校函授学院本科政法专业学习，1998年9月至12月在州委党校中青年干部培训班学习；2000年5月至9月，任县财政局副局长、党组书记；2000年9月至2004年1月，任县财政局局长、党组书记；2004年1月，当选县十四届人大常委会副主任，任县人大常委会党组成员，其间于2005年3月至4月在州委党校县级干部培训班学习；2006年12月，当选县十五届人大常委会副主任，任县人大常委会党组成员；2011年11月，当选县十六届人大常委会副主任，任县人大常委会党组成员。2016年9月，调州人大常委会任办公室副主任；12月，辞去县人大常委会副主任职务。

刘静生

刘静生，男，汉族，1958年10月出生，湖北省应城市人，中共党员，大学文化程度。1976年9月至1979年9月，在来凤县化肥

厂工作;1979年10月至1981年9月,在恩施州供销学校学习;1981年10月至1983年4月,在来凤县革勒车供销社工作;1983年4月至1985年11月,在县食杂果品公司工作;1985年11月至1987年4月,在县供销社工作,其间于1983年至1986年在恩施州财校脱产学习;1987年5月至1995年2月,在县开发办工作,任县开发办副主任,其间于1988年至1991年在省委党校函授班学习,1991年至1994年在中央党校函授班学习;1995年2月至1997年2月,任县计委副主任、党组成员;1997年2月至2001年1月,任县计委主任、计划战线党委书记;2001年1月至2004年1月,任县发展计划局党组书记、局长,兼任县物价局局长;2004年1月至2011年10月,当选县十四届、十五届人大常委会副主任,任县人大常委会党组成员;2011年10月,辞去县人大常委会副主任职务并调离。2011年11月,当选县政协副主席、任县政协党组成员。

苏　波

苏波,男,土家族,1959年11月出生,湖北省利川市人,中共党员,大专文化程度。1975年8月至1977年9月,在利川市群英中心小学任教;1977年10月至1979年8月,在利川师范学习,任校团委书记;1979年9月至1983年7月,在利川市沙溪中学

任教,任校团委书记;1983年8月至1987年7月,任利川市城南初级中学校长;1987年8月至1992年2月,任利川市土管局党支部书记、办公室主任(副科级);1992年3月至1995年2月,任利川市忠路区区长;1995年3月至1996年12月,任利川市东城街道办事处主任,当选州、市人大代表;1997年1月至1998年2月,任利川市扶贫办公室副主任,当选州、市人大代表;1998年3月至1999年3月,调任来凤县开发办公室副主任;1999年4月至2003年12月,任县林业局党组书记、局长,当选县政协常委;2004年1月至2010年3月,当选县十四届、十五届人大常委会副主任,任县人大常委会党组成员。2010年3月,辞去县人大常委会副主任职务,调州人大常委会工作。

彭远仪

彭远仪,男,土家族,1963年11月出生,湖北省来凤县人,中共党员,大学文化程度。1981年9月至1985年7月,在湖北大学生物系读书;1985年7月至

1992年6月，在来凤师范任教，任政教处副主任；1992年7月至1994年7月，在县委宣传部工作，任宣传科副科长；1994年8月至1996年6月，在县委组织部工作，历任电教中心副主任、组织科科长、县委副科级组织员；1996年7月至1997年3月，任沙道区党委副书记、区长；1997年3月至2001年11月，任百福司镇党委书记、镇人大主席，其间于1999年9月至12月在州委党校中青年干部培训班学习；2001年12月至2004年1月，任县教育局党委书记、局长、县政府教育督导室主任；2004年1月至2011年11月，任县政协副主席、县政协党组成员，其间于2007年8月至2010年11月，兼任县政府党组成员、县政府教育督导室主任、县教育局党组书记、县教育局局长；2011年11月，当选县十六届人大常委会副主任，任县人大常委会党组成员。

向清堂

向清堂，男，土家族，1964年2月出生，湖北省来凤县人，大学文化程度，被评为经济师。1982年8月至1986年11月，在绿水粮管所工作；1986年11月至1990年10月，在百福司粮管所工作，其间于1987年9月至1989年7月在省计划管理干部学院学习；1990年10月至1999年10月，在县粮食局工作，其间于1991年7月至1994年5月下派任县粮贸公司经理（副科级）；1999年10月至2000年1月，为百福司镇副镇长候选人；2000年1月至2002年10月，当选百福司镇副镇长，其间于1998年6月至2000年12月在中央党校函授学院法律专业学习；2002年10月至2004年2月，任县政协办公室副主任（正科级）；2004年2月至2005年4月，当选县政协副主席，兼任县农业局副局长；2005年4月至2006年11月，任县政协副主席，兼任县科协主席；2006年11月至2011年11月，任县政协副主席，兼任县工商联主任、县总商会会长；2011年11月，当选县十六届人大常委会副主任，兼任县残联理事长。

高碧玉

高碧玉，女，苗族，1965年9月出生，湖北省来凤县人，中共党员，大学文化程度。1982年9月至1984年7月，在建始卫校学习；1984年9月至1989年8月，历任来凤县劳动人事局出纳、打字员；1989年8月至1992年8月，历任县劳动局和人事局会计、工资股股长；1992年8月至1994年2月，任县妇联副主任；1994年2月至1995年2月，任县劳动局副局长；1995年2月至1996年12月，任三胡乡党委副书记兼组织委员；1996年12月至1997年4月，任县卫生局副局长；1997年4月至1999

年3月，任县人大常委会代工委主任；1999年3月至2001年12月，任县劳动局副局长；2001年12月至2006年4月，任县劳动和社会保障局局长；2006年4月至2008年3月，任县发改局局长、党组书记，兼任县物价局局长；2008年3月至2009年1月，任县发改局局长、党组书记；2009年1月至2011年11月，任县政协副主席、党组成员，其间于2009年1月至2010年11月，兼任县发改局局长、党组书记；2011年11月，当选县十六届人大常委会副主任，任县人大常委会党组成员。

田延初

田延初，男，土家族，1965年1月出生，湖北省来凤县人，中共党员，大学文化程度。1984年8月至1986年8月，在县经管站工作；1986年8月至1988年9月，下派接龙桥区企管站历任副站长、站长；1988年9月至1991年10月，历任团县委副书记、书记；1991年10月至1992年3月，任县委宣传部副科级干部；1992年3月至1993年9月，任县委宣传部副部长(正科级)；1993年9月至1996年11月，任高洞区党委副书记、区长；1996年11月至1997年3月，任县财委副主任；1997年3月至2004年2月，任县审计局局长、党组书记；2004年2月至2011年1月，任县财政局局长、党组书记，兼任县国资局局长；2011年1月，补选为县十五届人大常委会副主任，任县人大常委会党组成员；2011年11月，当选县十六届人大常委会副主任，任县人大常委会党组成员。

邓家斌

邓家斌，男，汉族，1963年2月出生，湖北省来凤县人，中共党员，在职研究生学历。1981年9月至1989年8月，在旧司小学、来凤二中任教，其间于1984年9月至1989年7月在湖北大学数学专业学习；1989年8月至1991年5月，调入县法律顾问处从事律师工作，其间于1990年参加全国律师资格统一考试获得律师资格；1991年5月至1997年5月，历任县司法局办公室副主任、公证处主任、政工股长；1997年5月至2000年5月，任县司法局副局长、党组成员；2000年5月至9月，任县司法局党组书记；2000年9月至2008年3月，任县司法局局长、党组书记，其间于1999年9月至2002年9月在省委党校在职研究生班法学专业学习；2008年3月至2010年5月，任县交通局局长、党组书记；2010年6月至2011年11月，任县交通运输局局长、党组书记；2011年11月，当选县十六届人大常委会副主任，任县人大常委会党组成员。

第三节 全国人大代表

自1959年至1983年,来凤县有3人分别当选第二、三、四、五、六届全国人民代表大会代表,将他们生平简介如下。

田恩波

(参见第一节)

彭昌松

彭昌松,男,土家族,1930年11月出生,湖北省来凤县百福司镇人,1977年7月加入中国共产党,小学文化程度。1975年当选四届全国人大代表,受到李先念接见。1977年,当选五届全国人大代表以及省人大代表、省人大常委会委员;1978年,当选国家民委委员、县七届人大代表。1964年4月至1982年12月,担任卯洞公社河东管理区舍米湖大队民兵连长。2001年,率领摆手舞队在来凤县第一届摆手舞节比赛中获第一名。2008年8月,被州政府授予"摆手舞民间艺术大师"称号。2010年6月,被县非物质文化遗产保护中心命名为第二批县级非物质文化遗产项目代表性传承人。

田永才

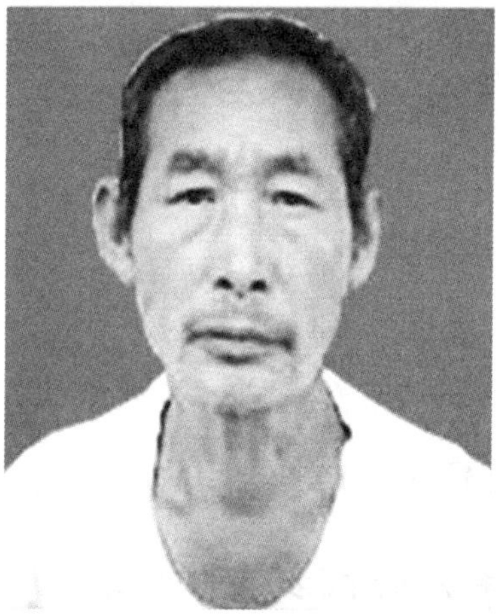

田永才,男,土家族,1949年3月出生,湖北省来凤县百福司镇人,1975年7月加入中国共产党,初中文化程度。1975年至1983年,担任卯洞公社河东管理区兴安大队民兵连连长。1983年6月,当选六届全国人大代表。1986年,列席省六届人大三次会议。1987年,列席县十届人大一次会议。1983年至1984年6月,担任卯洞公社河东管理区兴安大队党支部书记。1984年6月至1993年,担任百福司镇兴安村党支部书记。1993年至今,担任百福司镇兴安村枫香坪组村民小组组长。1992年、2006年、2011年,被县委评为优秀共产党员。

第四节 省州人大代表

自1950年以来,截至2016年12月,来凤县当选(包括协商指定)湖北省各界人民代表会议代表、湖北省人民代表大会代表和恩施(鄂西)土家族苗族自治州人民代表大会代表有339人次，其中省各界人民代表会议代表5人次、省人民代表大会代表29人次(辞职1人)、州人民代表大会代表305人次(辞职1人)。

一、湖北省各界人民代表会议代表名录

第一届(1950年)

梅德安

第二届(1951年)

杨绍贤　曾宪章

第二届(1952年)

陈茂和　曾宪章

二、湖北省人民代表大会代表名录

第一届(1954年)

张来义　明树荣　张志德(1956年12月补选)

第二届(1958年)

张志德　任寿千　田恩波

第三届(1963年)

张志德　田恩波　任寿千

第四届

(根据《湖北省人民代表大会志》记载，这届省人民代表大会会议没有召开)

第五届(1977年)

彭昌松　匡云清

第六届(1983年)

陈佑民　彭大海　田世梅(女)

第七届(1988年)

虞大远　张先国　张世忠

第八届(1993年)

田南山　沈永安　向菊花(女)

第九届(1997年)

李　济　陈　彦

第十届(2003年)

刘越清　高敬佩(女)

王建民(从宜昌市转入)

第十一届(2008年)

胡　泽　王耀志

第十二届(2013年)

向　军(辞职)　罗文平

三、恩施(鄂西)土家族苗族自治州人民代表大会代表名录

第一届(48名，含转入及补选4名)

1983年11月12日，自治县一届人大四次会议选举产生州一届人大代表44名。

王守义	邓际明	田恩波
孙济民	刘德忠	刘启政
汪人杰	李金元	李保唐
范前炎	涂寿桂(女)	杨建强
姚燕萍(女)	向厚贵	张　强
向翠云(女)	杨大胜	胡宁中
王银香(女)	田永述	卢必贵
田凤云(女)	龙礼成	向开运
向凤萍(女)	龙吉富	向同珍
周碧玉(女)	杨吉善	杨汉骥
邹联璜	田南山	吕纯池
陈佑民	杨荣松	代　瑞

廖玉珍(女)　郝耀生　卢谋贵
刘作林　向林仕　韩伯卿
颜昌贤　胡玉艳(女)
虞大远(补选)　高瑞科(补选)
牟方成(从利川转入)
田恒超(从军队转入)

第二届(39 名,含补选 1 名)

1988 年 6 月 16 日,县十届人大二次会议选举产生州二届人大代表 38 名。

高瑞科　向远福　田恩波
胡宁中　王仕才　王宏辉(女)
刘启政　牟方成　陈正森
高太顺　虞大远　王世兰(女)
陈庆超　向义松　杨胜银
张宜盛　田南山　胡玉艳(女)
贾昌来　杨树成　张世友
向忠于　彭　军　姚玉芳(女)
彭远全　向世海　彭进章
赵仁生　蔡本珊　向子云(女)
姚森林　何凤仙(女)　向志珍(女)
向菊花(女)　田凤英(女)　田兰香(女)
田翠柏(女)　向　莉(女)　文　锋(补选)

第三届(39 名)

1993 年 5 月 23 日,县十一届人大三次会议选举产生三届人大代表 39 名。

徐静黎　田寿延　赵世举
周友同　向国成　傅瑞琼(女)
李同民　吴光明　刘培芝
田南山　钟存高　张玉珍(女)
董香彩　伍荣权　张昌权
张岸华　刘可惠　李琼芳(女)
李运才　李远龙　田永芳
杨友富　邹振志　胡玉艳(女)
周明星　和云国　郑远高
莫开军　洪先进　彭兰英(女)
任光富　刘景山　王俊生
彭大庭　游明华　田翠柏(女)
尹继祥　向子云(女)　田云祯(女)

第四届(49 名,含补选 3 名、另行选举 8 名)

1998 年 1 月 8 日,县十二届人大五次会议选举产生举州四届人大代表 38 名。

王仕才　王家璋　文　锋
乐金斗　吕家梅　吴晓甦(女)
李春红(女)　陈国富　陈道友
陈　新　刘正坤　田卯香(女)
陈天会　董香彩　李　济
徐运生　钟存高　向玉凤(女)
杨国瑞　刘静生　李庆游
田永芳　伍荣权　杨秀平(女)
刘可惠　刘灼平　杨吉富
吴文勇　张元辉　杨荣芳(女)
张冠华　陈福英(女)　郑远高
赵海林　杨友富　张玉梅(女)
徐　行　段新华(女)
补　　选:田方明　魏来良　黄成益
另行选举:
韩北平　周发书　刘越清
杨树荣　莫开军　张新莲(女)
杨　琼　周行权

第五届(43 名,含另行选举 3 名)

2003 年 1 月 10 日,县十三届人大五次会议选举产生州五届人大代表 40 名。

程远斌　徐　健　陈国富

韩北平	陈武林	杨　琴(女)
曹　毅	傅瑞满	张　怀
段太品	孙学余	廖海燕(女)
黄树立	杨树荣	苏　波
刘静生	邓国建	吴春菊(女)
段绍鹏	和　北	向勤仕
王书华	莫开军	杨荣芳(女)
李平安	胡明科	张孝祥
谭中君	田方明	卢红鹂(女)
向来生	杨　琼	向班贵
田延富	张昌奎	张新莲(女)
陈中伟	蒲　燕(女)	周淑萍(女)
向　莉(女)		

另行选举:柳望春　时建华　田亚斌

第六届(42 **名**)

2006 年 12 月 9 日,县十五届人大一次会议选举产生州六届人大代表 42 名。

叶太俊	张晓玲(女)	陈声荣
周娅岚(女)	段太品	黄大铭
黄树立	曹　毅	彭　军
廖海燕(女)	魏阳生	肖作文
胡　泽	莫北平	田方明
杨树荣	徐庭海	刘静生
苏　波	钱成玉(女)	杨　明
李兴国	田学海	刘　阳
陈　鹏	余　容	胡新江
李平安	高碧玉(女)	吴春菊(女)
倪　勇	王书华	倪和森
田亚斌	张昌奎	杨荣芳(女)
杨云贵	周淑萍(女)	向　丰
张新莲(女)	陈中伟	周南山

第七届(45 **人,含另行选举** 1 **人、补选** 2 **人**)

2011 年 11 月 27 日,县十六届人大一次会议选举产生州七届人大代表 42 名。

邓　波	邓家斌	田　慧(女)
田玉珍(女)	田延初	田景福
朱正洪	向　丰	向　军
向　峰(女)	向寿刚	向清堂
刘　成	李云开	李作军
肖作文(辞职)	吴春菊(女)	宋道桥
张昌奎	张冠华	陈中伟
陈以平	周　静(女)	周水秀(女)
周淑萍(女)	胡　泽	胡其龙
胡淑凤(女)	段太品	姚　冰
莫北平	徐庭海	高碧玉(女)
唐春燕(女)	涂元玲(女)	黄仕华
黄树立	常　青(女)	彭远仪
彭南清	蔡　勇	薛劲松

另行选举:谢崇礼

补选:谭志平　覃正炜

第五节　县人民委员会委员

1954 年,《宪法》规定设立地方各级人民委员会,它是地方各级国家行政机关,也是地方各级人民代表大会的执行机关。每届人民代表大会会议期间,在选举产生县政府县长副县长同时,选举产生县人民政府委员会委员。从 1954 年 6 月至 1968 年 9 月,选举产生县人民政府委员会(1956 年 12 月更名为县人民委员会)委员 127 人次,按照届别用人物名录形式介绍如下。

第一届　县人民政府委员会委员

(1954.6—1956.12)

张来义	贾兰祥	耿新斗
孙华森	孟祥文	张志德
石玉华	谢维德	蒋志卿
陈良辅	周　纯	李乐德
由　坤	岳咸泉	刘文章
贾东和	吴连成	刘永中
靳惠贤(女)	田桃芝(女)	

第二届县人民委员会委员

(1956.12—1958.5)

张志德	徐中球	蒋志卿
耿新斗	贾兰祥	陈　恕
贾东和	田恒才	明树荣
连学义	刘学光	孙济民
唐文中	夏绍南	艾　廉
傅鹏翔	王海庭	向松云(女)

梅德安(1956.12—1958.1)

第三届县人民委员会委员

(1958.5—1961.12)

张志德	郝耀生	蒋志卿
吴新知	耿新斗	张习堂
徐中球	王海庭	罗乾坤
连学义	田恩波	周茂林
傅鹏翔	田恒才	杨桂珍(女)
刘学光	艾　廉	李言志
向松云(女)		

第四届县人民委员会委员

(1961.12—1963.9)

张志德	郝耀生	蒋志卿
吴新知	许振中	耿新斗
赵明喜	徐中球	刘灼宣
田恩波	李言志	魏敬贤
田连培	傅鹏翔	范志民(女)
谭玉和	周　礼	刘中华
刘旅海(女)	靳惠贤(女)	杨桂珍(女)

第五届县人民委员会委员

(1963.9—1965.12)

张志德	郝耀生	吴新知
许振中	蒋志卿	耿新斗
赵明喜	刘灼宣	李言志
魏敬贤	田连培	田恩波
傅鹏翔	谭玉和	刘中华
靳惠贤(女)	周　礼	左　翼
宣秋潭	洪先举	范志民(女)
杨桂珍(女)	向万珍(女)	

第六届县人民委员会委员

(1965.12—1968.9)

汤其贤	许振中	蒋志卿
田恩波	郝耀生	吴新知
吴荣清	陈仕贵	霍德成
胡宁中	魏敬贤	柳德善
许金凤(女)	左　翼	向松云(女)
郑保珍	傅鹏翔	刘中华
周　礼	向万珍(女)	田连培
杨桂珍(女)	谭玉和	姚守仁
洪先举		

第六节　县人大常委会委员

自1980年5月县人大常委会设立以来,截至2016年12月,当选县人大常委会委员的有169人次(包括常委会主任、副主任55人次),按照届别用人物名录形式介绍如下。

自治县一届人大常委会委员名录
(1980.5—1984.11)

表5—1

姓　名	性别	出生年月	籍　贯	民族	政治面貌	学历	任职时间	备　注
柳德善	男	1922.11	湖北监利	汉	中共党员	小学	1980.5—1984.11	
李成高	男	1943.7	湖北松滋	汉	中共党员	高中	1980.5—1984.11	
廖玉珍	女	1935.12	湖北来凤	苗	中共党员	小学	1980.5—1984.11	
郝　轸	男	1926.9	湖北仙桃	汉		高中	1980.5—1984.11	
田呈林	男	1955.3	湖北来凤	土家	中共党员	高中	1980.5—1984.11	
洪金苑	男	1938.9	湖北嘉鱼	汉	中共党员	中专	1980.5—1981.10	辞职
向致春	男	1942.12	湖北来凤	土家	中共党员	中专	1981.10—1984.11	补选
田诗学	男	1936.1	湖北来凤	土家	中共党员	初中	1983.3—1984.11	补选

注:各届县人大常委会主任、副主任也是各届县人大常委会委员,因为前面已记述,为避免重复,故未列入名录(下同)

县九届人大常委会委员名录
(1984.11—1987.11)

表5—2

姓　名	性别	出生年月	籍　贯	民族	政治面貌	学历	任职时间	备　注
廖玉珍	女	1935.12	湖北来凤	苗	中共党员	小学	1984.11—1987.11	
郝　轸	男	1926.9	湖北仙桃	汉		高中	1984.11—1986.9	辞职
田诗学	男	1936.1	湖北来凤	土家	中共党员	初中	1984.11—1987.11	
崔　震	男	1928.2	河南淮滨	朝鲜	中共党员	高中	1984.11—1987.11	
杨宗云	女	1935.6	湖北来凤	苗		大专	1984.11—1987.11	
侯俊安	男	1928.4	湖北咸丰	汉	中共党员	初中	1984.11—1987.11	专职委员

县九届人大常委会委员名录

(1984.11—1987.11)

续表 5—2

姓　名	性别	出生年月	籍　贯	民族	政治面貌	学历	任职时间	备　注
喻积正	男	1938.3	湖南平江	汉	中共党员	大专	1984.11—1987.11	
高剑峰	男	1940.4	江苏如皋	汉	中共党员	中专	1984.11—12	辞职
全盛德	男	1938.12	湖北咸丰	汉		大专	1985.5—1987.11	补选
何本厚	男	1935.9	湖北来凤	汉	中共党员	初中	1986.6—1987.11	补选
刘鹤超	男	1939.9	河南西平	汉		大学	1986.6—1987.11	补选

县十届人大常委会委员名录

(1987.11—1991.1)

表 5—3

姓　名	性别	出生年月	籍　贯	民族	政治面貌	学历	任职时间	备　注
刘凤佩	女	1936.6	湖北来凤	苗		中专	1987.11—1991.1	
刘连源	男	1949.11	湖北天门	汉	中共党员	高中	1987.11—1991.1	
向桂香	女	1956.10	湖北来凤	土家	中共党员	中专	1987.11—1991.1	
全盛德	男	1938.12	湖北咸丰	汉		大专	1987.11—1991.1	
余　辉	男	1930.11	湖北潜江	汉	中共党员	初中	1987.11—1991.1	
何本厚	男	1935.9	湖北来凤	汉	中共党员	初中	1987.11—1991.1	
杨宗云	女	1935.6	湖北来凤	苗		大专	1987.11—1991.1	
周鸿遴	男	1937.11	湖北新洲	汉	中共党员	大学	1987.11—1991.1	
黄学初	男	1932.9	湖北巴东	汉	中共党员	高中	1987.11—1991.1	专职委员

县十一届人大常委会委员名录

(1991.1—1994.1)

表 5—4

姓　名	性别	出生年月	籍　贯	民族	政治面貌	学历	任职时间	备　注
尹学银	男	1938.3	湖北恩施	汉	中共党员	高小	1991.1—1994.1	
由庆萍	女	1953.10	山东临沂	汉	中共党员	中专	1991.1—1994.1	
田维望	男	1946.9	湖北来凤	土家	中共党员	初中	1991.1—1994.1	
全盛德	男	1938.12	湖北咸丰	汉		大专	1991.1—1992.6	辞职

县十一届人大常委会委员名录

(1991.1—1994.1)

续表5－4

姓　名	性别	出生年月	籍　贯	民族	政治面貌	学历	任职时间	备　注
肖金玉	女	1953.8	湖北来凤	汉		大专	1991.1—1994.1	
张林生	男	1948.12	湖北来凤	土家		大专	1991.1—1994.1	
张银莲	女	1962.6	湖北来凤	苗	中共党员	大学	1991.1—1994.1	
汪国成	男	1948.5	湖北来凤	苗		小学	1991.1—1994.1	
周鸿遴	男	1937.11	湖北新洲	汉	中共党员	大学	1991.1—1994.1	
姚玉芳	女	1952.6	湖北来凤	苗	中共党员	高小	1991.1—1994.1	
尹继祥	男	1950.3	湖北来凤	汉	中共党员	高中	1992.4—1994.1	补选

县十二届人大常委会委员名录

(1994.1—1999.1)

表5－5

姓　名	性别	出生年月	籍　贯	民族	政治面貌	学历	任职时间	备　注
尹继祥	男	1950.3	湖北来凤	汉	中共党员	高中	1994.1—1999.1	
由庆萍	女	1953.10	山东临沂	汉	中共党员	中专	1994.1—1999.1	
田永新	男	1951.10	湖北来凤	土家	中共党员	中专	1994.1—6	辞职
田维望	男	1946.9	湖北来凤	土家	中共党员	高中	1994.1—1999.1	
刘光明	男	1942.5	湖北来凤	汉	中共党员	高中	1994.1—1999.1	
李秀芳	女	1948.10	湖北来凤	汉	中共党员	大专	1994.1—4	辞职
肖金玉	女	1953.8	湖北来凤	汉		初中	1994.1—1999.1	
周鸿遴	男	1937.11	湖北新洲	汉	中共党员	大学	1994.1—1999.1	
姚玉芳	女	1952.6	湖北来凤	苗	中共党员	小学	1994.1—1999.1	
唐维常	男	1950.6	湖北来凤	汉	中共党员	大学	1994.1—1995.3	辞职
邓国强	男	1952.5	湖北来凤	汉	中共党员	大学	1995.3—1997.4	补选、辞职
田安皇	男	1941.11	湖北来凤	土家	中共党员	中专	1995.3—1999.1	补选
林春瑞	男	1937.9	湖北武汉	汉	中共党员	中专	1995.3—1999.1	补选

县十三届人大常委会委员名录

(1999.1—2004.1)

表5—6

姓 名	性别	出生年月	籍 贯	民族	政治面貌	学历	任职时间	备 注
田新孟	男	1950.9	湖北宣恩	土家	中共党员	中专	1999.1—2000.5	辞职
田忠诚	男	1953.4	湖北宣恩	土家	中共党员	高中	1991.1—2004.1	
杨建平	女	1963.3	湖北来凤	汉		高中	1999.1—2004.1	
杨荣芳	女	1962.2	湖北来凤	土家	中共党员	大专	1991.1—2004.1	
李德志	男	1947.5	湖北来凤	汉	中共党员	大学	1991.1—2004.1	
肖长耕	男	1951.11	重庆双桥	汉	中共党员	大专	1991.1—2004.1	
胡家悌	男	1944.11	湖北武汉	汉	中共党员	大学	1991.1—2004.1	
贵立远	男	1952.2	湖北来凤	苗	中共党员	大专	1991.1—2004.1	
徐朝凤	男	1947.11	湖北来凤	苗	中共党员	高中	1991.1—2004.1	
高碧玉	女	1965.9	湖北来凤	苗	中共党员	大专	1999.1—3	辞职
崔建辉	男	1954.1	河南淮滨	朝鲜	中共党员	大专	1991.1—2004.1	
蒲 燕	女	1968.8	湖北武汉	苗		大专	1991.1—2004.1	

县十四届人大常委会委员名录

(2004.1—2006.12)

表5—7

姓 名	性别	出生年月	籍 贯	民族	政治面貌	学历	任职时间	备 注
谭生发	男	1958.7	湖北来凤	土家	中共党员	大专	2004.1—2006.12	
肖长耕	男	1951.11	重庆双桥	汉	中共党员	大专	2004.1—2006.12	
向应和	男	1962.2	湖北来凤	土家	中共党员	大专	2004.1—2006.12	
吴春菊	女	1964.2	湖北来凤	苗	中共党员	大专	2004.1—2006.12	
崔建辉	男	1954.1	河南淮滨	朝鲜	中共党员	大专	2004.1—2006.12	
贵立远	男	1952.2	湖北来凤	苗	中共党员	大专	2004.1—2006.12	
蒲 燕	女	1968.8	湖北武汉	苗		大专	2004.1—2006.12	
舒朝英	女	1965.12	湖南益阳	汉		大学	2004.1—2006.12	
向班贵	男	1963.5	湖北来凤	土家	中共党员	中专	2004.1—2006.12	
黄礼伟	男	1970.2	湖北鹤峰	土家	中共党员	大学	2004.1—2005.1	辞职
易吉元	男	1958.2	湖北来凤	土家	中共党员	大专	2004.1—2006.12	
杨先国	男	1964.11	湖北来凤	苗		大学	2004.1—2006.12	
林正高	男	1964.6	湖北来凤	苗	中共党员	大专	2004.1—2006.12	
戴鸣凤	女	1957.10	安徽海泉	汉	中共党员	大专	2004.1—2006.12	

县十五届人大常委会委员名录

(2006.12—2011.11)

表5—8

姓　名	性别	出生年月	籍　贯	民族	政治面貌	学历	任职时间	备　注
谭生发	男	1958.7	湖北来凤	土家	中共党员	大专	2006.12—2011.11	
向应和	男	1962.2	湖北来凤	土家	中共党员	大专	2006.12—2008.3	辞职
吴春菊	女	1964.2	湖北来凤	苗	中共党员	大专	2006.12—2011.11	
崔建辉	男	1954.1	河南淮滨	朝鲜	中共党员	大专	2006.12—2011.11	
贵立远	男	1952.2	湖北来凤	苗	中共党员	大专	2006.12—2011.11	
戴鸣凤	女	1957.10	安徽海泉	汉	中共党员	大专	2006.12—2011.11	
周国祥	男	1956.4	湖北来凤	土家	中共党员	大专	2006.12—2011.11	
徐移坤	男	1956.1	湖北宣恩	苗	中共党员	大学	2006.12—2011.11	
林正高	男	1964.6	湖北来凤	苗	中共党员	大学	2006.12—2008.3	辞职
杨先国	男	1964.11	湖北来凤	苗		大学	2006.12—2011.11	
罗文平	男	1970.3	湖南龙山	汉		大学	2006.12—2011.11	
杨云贵	男	1959.8	湖北来凤	汉	中共党员	大专	2006.12—2011.11	
徐建恩	男	1957.6	湖北来凤	汉	中共党员	大专	2006.12—2011.11	
向运富	男	1961.9	湖北来凤	土家	中共党员	大专	2006.12—2007.3	辞职
汪再华	男	1967.7	湖北来凤	土家	中共党员	大学	2009.1—2011.11	补选
明文林	男	1967.6	湖北来凤	苗	中共党员	大学	2009.1—2011.11	补选
周庆玲	女	1969.6	湖北来凤	土家	中共党员	大学	2009.1—2011.11	补选
李庆游	男	1965.10	湖北来凤	汉	中共党员	高中	2009.1—2011.11	补选
余　容	男	1973.7	湖北长阳	土家	中共党员	大学	2009.1—2011.11	补选

县十六届人大常委会委员名录

(2011.11—2016.12)

表5—9

姓　名	性 别	出生年月	籍　贯	民族	政治面貌	学历	任职时间	备　注
明文林	男	1967.6	湖北来凤	苗	中共党员	大学	2011.11—2016.12	
吴春菊	女	1964.2	湖北来凤	苗	中共党员	大专	2011.11—2016.12	
李　明	男	1961.9	湖北来凤	苗	中共党员	大专	2011.11—2016.12	
周光玉	男	1963.7	湖北来凤	土家	中共党员	大学	2011.11—2016.12	

县十六届人大常委会委员名录

(2011.11—2016.12)

续表 5—9

姓 名	性 别	出生年月	籍 贯	民族	政治面貌	学历	任职时间	备 注
胡任平	男	1962.4	湖北来凤	苗	中共党员	大专	2011.11—2016.12	
廖兴锋	男	1962.6	湖北来凤	汉	中共党员	大学	2011.11—2016.12	
向艳萍	女	1973.11	湖北来凤	土家	中共党员	大学	2011.11—2016.12	
向光敏	男	1974.11	湖北鹤峰	土家	中共党员	大学	2011.11—2014.8	辞职
宋 宇	男	1981.1	湖北恩施	土家	中共党员	大学	2011.11—2016.12	
姚 冰	男	1962.1	湖北来凤	苗	中共党员	大学	2011.11—2015.4	辞职
杨先国	男	1964.11	湖北来凤	苗		大学	2011.11—2016.12	
向培世	男	1962.6	湖北来凤	土家	中共党员	大专	2011.11—2016.12	
罗文平	男	1970.3	湖南龙山	汉		大学	2011.11—2016.12	
章 健	男	1966.11	江西新余	汉		大学	2011.11—2016.12	
邱 安	男	1965.8	重庆酉阳	苗	中共党员	大学	2012.2—2016.12	补选
田永宽	男	1962.5	湖北来凤	土家	中共党员	大学	2012.2—2015.12	补选、辞职
段光明	男	1977.11	湖北来凤	汉	中共党员	大学	2015.1—2016.12	补选

第七节 县人民政府县长

自1949年11月9日成立临时县人民政府以来(12月1日,正式成立县人民政府),截至2016年12月,被任命和当选县人民政府代理县长、县长(包括县革委会主任)的有37人次,按照时间顺序用人物名录形式介绍如下。

县人民政府县长名录

(1949.11—1968.9)

表 5—10

姓 名	性别	出生年月	籍 贯	民族	政治面貌	学历	任职时间	备 注
杨汉中	男		湖北巴东		中共党员		1949.11—12	临时人民政府代理县长
向辉宇	男		湖北应城		中共党员		1949.12—1950.3	任命
竹 魁	男				中共党员		1950.3—8	代理县长

县人民政府县长名录

(1949.11—1968.9)

续表 5—10

姓　名	性别	出生年月	籍　贯	民族	政治面貌	学历	任职时间	备　注
常修利	男		湖北监利		中共党员		1950.8—1952.3	任命
霍　震	男		安徽怀宁		中共党员		1952.4—10	代理县长
臧家祺	男				中共党员		1952.10—1953.7	代理县长
张来义	男	1915.4	山西襄垣	汉	中共党员	小学	1953.7—1954.6	代理县长
张来义	男	1915.4	山西襄垣	汉	中共党员	小学	1954.6—1955.4	选举
张志德	男		山西晋城		中共党员		1956.11—12	代理县长
张志德	男		山西晋城		中共党员		1956.12—1965.3	选举
汤其贤	男		河南汝南		中共党员		1965.3—12	代理县长
汤其贤	男		河南汝南		中共党员		1965.12—1968.9	选举

注:表中有的内容因为无档案资料佐证,故空白(下同)

县革命委员会主任名录

(1968.9—1980.5)

表 5—11

姓　名	性别	出生年月	籍　贯	民族	政治面貌	学历	任职时间	备　注
苏其新	男	1926.9	山东武城	汉	中共党员	初中	1968.9—1974.6	
刘启政	男	1930.11	山西晋城	汉	中共党员	高中	1974.6—1978.8	
田恩波	男	1929.8	湖北来凤	土家	中共党员	小学	1978.8—1980.5	

县人民政府县长名录

(1980.5—2016.12)

表 5—12

姓 名	性 别	出生年月	籍 贯	民 族	政治面貌	学 历	任职时间	备 注
吕纯池	男	1938.3	湖北鹤峰	土家	中共党员	中专	1980.5—1983.3	
田恩波	男	1929.8	湖北来凤	土家	中共党员	小学	1983.3—10	
虞大远	男	1942.7	湖北来凤	土家	中共党员	中专	1984.3—11	代理县长
吕纯池	男	1938.3	湖北鹤峰	土家	中共党员	中专	1984.11—1987.10	
杨斌儒	男	1941.8	湖北来凤	苗	中共党员	中专	1987.10—11	代理县长

县人民政府县长名录

(1980.5—2016.12)

续表 5—12

姓名	性别	出生年月	籍贯	民族	政治面貌	学历	任职时间	备注
牟方成	男	1937.4	湖北利川	土家	中共党员	大学	1987.11—1989.9	
文　锋	男	1943.9	陕西临潼	汉	中共党员	大学	1989.9—1991.1	代理县长
文　锋	男	1943.9	陕西临潼	汉	中共党员	大学	1991.1—1992.8	
钟存高	男	1955.4	湖北咸丰	土家	中共党员	大专	1992.8—1993.5	代理县长
钟存高	男	1955.4	湖北咸丰	土家	中共党员	大专	1993.5—1996.11	
李　济	男	1952.10	贵州铜仁	苗	中共党员	大专	1996.11—1997.2	代理县长
李　济	男	1952.10	贵州铜仁	苗	中共党员	大专	1997.2—1998.12	
刘越清	男	1954.9	湖北宣恩	土家	中共党员	大学	1998.12—1999.1	代理县长
刘越清	男	1954.9	湖北宣恩	土家	中共党员	大学	1999.1—2003.5	
黄树立	男	1959.1	湖北恩施	土家	中共党员	研究生	2003.5—12	代理县长
黄树立	男	1959.1	湖北恩施	土家	中共党员	研究生	2004.1—2006.5	
肖作文	男	1962.4	湖北恩施	土家	中共党员	大学	2006.5—11	代理县长
胡　泽	男	1963.12	湖北利川	土家	中共党员	研究生	2006.11—12	代理县长
胡　泽	男	1963.12	湖北利川	土家	中共党员	研究生	2006.12—2011.10	
向　军	男	1975.1	湖北建始	土家	中共党员	研究生	2011.10—11	代理县长
向　军	男	1975.1	湖北建始	土家	中共党员	研究生	2011.11—2016.11	
杨局成	男	1974.10	湖北黄梅	汉	中共党员	研究生	2016.12.7—12.22	代理县长

第八节　县人民政府副县长

自 1949 年 11 月 9 日成立临时县人民政府以来，截至 2016 年 12 月，被任命和当选县人民政府副县长（包括县革委会副主任）的有 175 人次，按照时间顺序和届别用人物名录形式介绍如下。

县人民政府副县长名录

(1950.8—1968.9)

表 5—13

姓名	性别	出生年月	籍贯	民族	政治面貌	学历	任职时间	备注
李益孟	男		湖北咸丰				1950.8—12	
贾兰祥	男		河北阜平				1953.7—1955.7	

县人民政府副县长名录

(1950.8—1968.9)

续表 5—13

姓　名	性别	出生年月	籍　贯	民族	政治面貌	学历	任职时间	备　注
徐中球	男		江苏沭阳		中共党员		1955.11—1958.4	
蒋志卿	男	1925.11	湖北随州	汉	中共党员	小学	1956.12—1968.9	
郝耀生	男	1920.2	陕西绥德	汉	中共党员	小学	1958.5—1966.1	
吴新知	男	1924.5	河南确山	汉	中共党员	小学	1958.5—1966.4	
许振中	男		湖北保康		中共党员		1961.12—1968.9	
吴荣清	男		湖北来凤		中共党员		1962.2—1968.9	荣誉职务
田恩波	男	1929.8	湖北来凤	土家	中共党员	小学	1965.9—1968.9	

县革命委员会副主任名录

(1968.9—1980.5)

表 5—14

姓　名	性别	出生年月	籍　贯	民族	政治面貌	学历	任职时间	备　注
陈仕贵	男	1922.10	江苏灌云	汉	中共党员	小学	1968.9—1970.1	
张道宽	男		湖北天门	汉	中共党员		1968.9—1974.7	
蒋志卿	男	1925.11	湖北随州	汉	中共党员	小学	1968.9—1980.5	
田恩波	男	1929.8	湖北来凤	土家	中共党员	小学	1968.9—1978.8	
刘新顺	男						1970.4—1973.1	第一副主任
张宝玉	男	1926.3	河北邯郸	汉	中共党员	初中	1970.4—1976.10	
田德轩	男		湖北宣恩	土家			1968.9—1978.8	群众代表
贾炳兰	男		湖北来凤				1968.9—1978.8	群众代表
韩福寿	男	1927.3	山西武乡	汉	中共党员	初中	1970.4—1978.8	
吴新知	男	1924.5	河南确山	汉	中共党员	小学	1972.12—1980.5	
郭同新	男		湖北襄阳	汉	中共党员		1971.6—1976.10	
王守义	男	1924.12	吉林磐石	满	中共党员	大学	1972.12—1976.11	
孙济民	男	1932.7	湖北石首	汉	中共党员	高中	1974.9—1980.5	
时　静	男		山西晋城		中共党员		1974.12—1980.5	
田恒才	男		湖北巴东	土家	中共党员		1975.3—1976.2	
王仕才	男	1934.2	湖北恩施	苗	中共党员	初中	1978.6—1980.5	
胡宁中	男	1931.12	安徽桐城	汉	中共党员	初中	1978.6—1980.5	
向极大	男	1932.1	湖北恩施	土家	中共党员	初中	1978.6—1980.5	

注:1976年10月后任职的为选举产生

自治县一届人民政府副县长名录

(1980.5—1984.11)

表5—15

姓　名	性别	出生年月	籍　贯	民族	政治面貌	学历	任职时间	备　注
王仕才	男	1934.2	湖北恩施	苗	中共党员	初中	1980.5—1982.2	辞职
胡宁中	男	1931.12	安徽桐城	汉	中共党员	初中	1980.5—1984.11	
陈佑民	男	1928.2	湖北谷城	汉	中共党员	高中	1980.5—1982.12	辞职
杨斌儒	男	1941.8	湖北来凤	苗	中共党员	中专	1980.5—1984.11	
段松龄	男	1931.4	湖北宣恩	汉	中共党员	初中	1981.8—1984.3	任命
高瑞科	男	1943.9	山西平定	汉	中共党员	大学	1982.12—1984.3	任命
康正国	女	1946.6	湖北宜昌	汉	中共党员	大专	1984.3—11	任命

县九届人民政府副县长名录

(1984.11—1987.11)

表5—16

姓　名	性别	出生年月	籍　贯	民族	政治面貌	学历	任职时间	备　注
胡宁中	男	1931.12	安徽桐城	汉	中共党员	初中	1984.11—1985.2	辞职
杨斌儒	男	1941.8	湖北来凤	苗	中共党员	中专	1984.11—1987.10	辞职
康正国	女	1946.6	湖北宜昌	汉	中共党员	大专	1984.11—1987.11	
徐文安	男	1940.12	湖北应城	汉	中共党员	大学	1984.11—1986.3	辞职
陈尔煌	男	1943.10	广东潮安	汉		大学	1984.11—1987.11	
文　锋	男	1943.9	陕西临潼	汉	中共党员	大学	1986.2—1987.11	任命
杨国瑞	男	1944.3	湖南澧县	汉	中共党员	大学	1986.7—1987.11	任命

县十届人民政府副县长名录

(1987.11—1991.1)

表5—17

姓　名	性别	出生年月	籍　贯	民族	政治面貌	学历	任职时间	备　注
康正国	女	1946.6	湖北宜昌	汉	中共党员	大专	1987.11—1990.7	辞职
陈尔煌	男	1943.10	广东潮安	汉		大学	1987.11—1991.1	

县十届人民政府副县长名录

(1987.11—1991.1)

续表5－17

姓　名	性别	出生年月	籍　贯	民族	政治面貌	学历	任职时间	备　注
文　锋	男	1943.9	陕西临潼	汉	中共党员	大学	1987.11—1989.9	辞职
杨国瑞	男	1944.3	湖南澧县	汉	中共党员	大学	1987.11—1991.1	
张宜盛	男	1939.5	湖北宜昌	汉	中共党员	大学	1988.1—1991.1	任命
柳玉林	男	1940.6	湖北武汉	汉	中共党员	大学	1988.5—1990.9	挂职
侯延社	男	1956.2	湖北巴东	土家	中共党员	大专	1988.11—1990.9	挂职
王正东	男	1939.1	湖北建始	汉	中共党员	大专	1990.1—1991.1	任命
杨汉骥	男	1940.11	湖北武汉	汉	中共党员	大学	1990.1—1991.1	任命
吴满红	男	1951.8	浙江金华	汉	中共党员	大专	1990.5—1991.1	挂职

县十一届人民政府副县长名录

(1991.1—1994.1)

表5－18

姓　名	性别	出生年月	籍　贯	民族	政治面貌	学历	任职时间	备　注
杨国瑞	男	1944.3	湖南澧县	汉	中共党员	大学	1991.1—1992.12	辞职
王正东	男	1939.1	湖北建始	汉	中共党员	大专	1991.1—1992.12	辞职
杨汉骥	男	1940.11	湖北武汉	汉	中共党员	大学	1991.1—1994.1	
吴满红	男	1951.8	浙江金华	汉	中共党员	大专	1991.1—1992.6	挂职
冉新中	男	1951.3	重庆奉节	汉	中共党员	大专	1991.1—1994.1	
杨梅玉	女	1946.10	湖南龙山	土家	中共党员	大专	1991.1—1994.1	
虞保山	男	1950.12	湖北来凤	土家	中共党员	高中	1991.1—2004.1	
段春林	男	1945.6	湖北宣恩	汉	中共党员	大专	1991.12—1994.1	任命
汪达生	男	1937.4	湖北咸丰	汉	中共党员	中专	1991.12—1994.1	任命
陈家奎	男						1992.1—12	交流
叶太俊	男	1951.4	湖北利川	汉	中共党员	大专	1992.3—1994.1	任命
郭仕洲	男	1955.2	湖北武汉	汉	中共党员	研究生	1992.6—1994.1	挂职
钟存高	男	1955.4	湖北咸丰	土家	中共党员	大专	1992.8—1993.5	任命

县十二届人民政府副县长名录

(1994.1—1999.1)

表 5—19

姓 名	性别	出生年月	籍 贯	民族	政治面貌	学历	任职时间	备 注
冉新中	男	1951.3	重庆奉节	汉	中共党员	大专	1994.1—1999.1	
杨梅玉	女	1946.10	湖南龙山	土家	中共党员	大专	1994.1—1996.3	辞职
虞保山	男	1950.12	湖北来凤	土家	中共党员	高中	1994.1—1999.1	
段春林	男	1945.6	湖北宣恩	汉	中共党员	大专	1994.1—1998.4	辞职
叶太俊	男	1951.4	湖北利川	汉	中共党员	大专	1994.1—12	辞职
郭仕洲	男	1955.2	湖北武汉	汉	中共党员	研究生	1994.1—1995.7	挂职
彭 军	男	1960.4	重庆彭水	土家	中共党员	大专	1994.1—1996.4	辞职
丁孝国	男	1954.10	湖北孝感	汉	中共党员	大学	1994.8—1995.3	交流
杨序谷	男	1954.7	湖北宣恩	苗	中共党员	大专	1994.12—1998.4	任命
杨胜才	男	1962.9	湖南凤凰	苗		研究生	1995.7—1998.2	挂职
刘宗元	男	1946.7	湖北鹤峰	土家	中共党员	大专	1996.3—1999.1	任命
刘越清	男	1954.9	湖北宣恩	土家	中共党员	大学	1996.3—1998.12	任命
涂元玲	女	1964.6	湖北恩施	土家	中共党员	大专	1996.3—1997.3	任命
杨朝中	男	1956.9	湖北天门	土家	中共党员	大学	1996.4—1997.3	挂职
李 济	男	1952.10	贵州铜仁	苗	中共党员	大专	1996.11—1997.2	任命
聂紫云	女	1962.11	湖北利川	苗	中共党员	大专	1997.3—1999.1	任命
舒茂杨	男	1966.6	湖北来凤	汉	中共党员	大学	1998.2—1999.1	挂职
魏来良	男	1954.8	河南遂平	汉	中共党员	大学	1998.8—1999.1	任命
于德海	男	1954.4	湖北建始	汉	中共党员	大专	1998.11—12	任命
黄成益	男	1956.6	湖北利川	土家	中共党员	大专	1998.12—1999.1	任命

县十三届人民政府副县长名录

(1999.1—2004.1)

表 5—20

姓 名	性别	出生年月	籍 贯	民族	政治面貌	学历	任职时间	备 注
聂紫云	女	1962.11	湖北利川	苗	中共党员	大专	1999.1—2004.1	
舒茂杨	男	1966.6	湖北来凤	汉	中共党员	大学	1999.1—2000.9	挂职

县十三届人民政府副县长名录

(1999.1—2004.1)

续表5－20

姓　名	性别	出生年月	籍　贯	民族	政治面貌	学历	任职时间	备　注
杨吉富	男	1953.7	湖北来凤	汉	中共党员	大专	1991.1—2004.1	
虞保山	男	1950.12	湖北来凤	土家	中共党员	高中	1999.1—2004.1	
苏启东	男	1956.11	湖北利川	土家	中共党员	大学	1999.9—2003.3	任命
黄成益	男	1956.6	湖北利川	土家	中共党员	大专	2000.3—2001.7	任命
肖　强	男	1969.3	湖北来凤	土家	中共党员	大学	2000.9—2003.3	任命
高敬佩	女	1964.5	湖南石门	苗		大专	2001.3—2004.1	任命
黄树立	男	1959.1	湖北恩施	土家	中共党员	研究生	2001.7—2003.12	任命
何　慧	男	1967.11	湖北来凤	苗	中共党员	大学	2002.5—2004.1	任命
朱建华	男	1957.4	湖北应城	汉	中共党员	研究生	2002.5—2003.9	挂职
毕建英	男	1960.12	黑龙江哈尔滨	汉	中共党员	大学	2002.7—2003.9	挂职
谭世明	男	1969.11	湖北利川	苗	中共党员	研究生	2003.3—2004.1	挂职
廖于实	男	1960.12	湖北荆门	汉	中共党员	大学	2003.7—2004.1	任命
刘晓辉	男	1956.12	天津蓟县	汉	中共党员	大学	2003.9—2004.1	挂职

县十四届人民政府副县长名录

(2004.1—2006.12)

表5－21

姓　名	性别	出生年月	籍　贯	民族	政治面貌	学历	任职时间	备　注
高敬佩	女	1964.5	湖南石门	苗		大专	2004.1—2006.12	
谭世明	男	1969.11	湖北利川	苗	中共党员	研究生	2004.1—2005.8	挂职
廖于实	男	1960.12	湖北荆门	汉	中共党员	大学	2004.1—2006.12	
何　慧	男	1967.11	湖北来凤	苗	中共党员	大学	2004.1—2006.10	辞职
刘晓辉	男	1956.12	天津蓟县	汉	中共党员	大学	2004.1—9	挂职
陈　胜	男	1964.12	湖北鹤峰	土家	中共党员	大学	2004.1—2006.3	辞职
邓国建	男	1962.12	湖北来凤	汉	中共党员	大专	2004.1—2006.12	
吴山民	男						2004.9—2005.12	挂职
姜正文	男	1966.1	湖北鄂州	汉	中共党员	大学	2004.9—2006.12	挂职
甄　别	男	1969.2	湖北武汉	汉		大学	2004.12—2005.12	挂职

县十四届人民政府副县长名录

(2004.1—2006.12)

续表 5—21

姓 名	性别	出生年月	籍 贯	民族	政治面貌	学历	任职时间	备 注
卢丙来	男	1961.9	陕西合阳	汉	中共党员	研究生	2005.8—2006.10	挂职
颜益志	男	1969.5	湖北利川	土家		大学	2005.8—2006.12	挂职
刘迪玉	男	1964.8	湖北鹤峰	土家	中共党员	大学	2005.10—2006.12	任命
张湖林	男	1970.10	湖北赤壁	汉	中共党员	研究生	2006.4—12	挂职
肖作文	男	1962.4	湖北恩施	土家	中共党员	大学	2006.5—11	任命
周 勇	男	1963.4	江西南昌	汉		大学	2006.10—12	挂职
胡 泽	男	1963.12	湖北利川	土家	中共党员	研究生	2006.11—12	任命

县十五届人民政府副县长名录

(2006.12—2011.11)

表 5—22

姓 名	性别	出生年月	籍 贯	民族	政治面貌	学历	任职时间	备 注
高敬佩	女	1964.5	湖南石门	苗		大专	2006.12—2010.3	辞职
邓国建	男	1962.12	湖北来凤	汉	中共党员	大专	2006.12—2011.10	辞职
刘迪玉	男	1964.8	湖北鹤峰	土家	中共党员	大学	2006.12—2010.2	辞职
张湖林	男	1970.10	湖北赤壁	汉	中共党员	研究生	2006.12—2007.4	挂职
周 勇	男	1963.4	江西南昌	汉		大学	2006.12—2007.10	挂职
胡平江	男	1967.2	湖北咸丰	土家	中共党员	大学	2006.12—2010.12	辞职
向应才	男	1969.1	湖北来凤	土家	中共党员	大学	2006.12—2010.10	辞职
燕元沂	男	1970.10	湖南桃源	汉	中共党员	大学	2007.9—2008.8	挂职
张野田	男	1962.12	吉林	汉	中共党员	大学	2007.9—2008.9	挂职
侯尤峰	男	1970.10	河南安阳	汉	中共党员	研究生	2007.11—2008.10	挂职
胡红辉	男	1974.12	湖南	汉	中共党员	大学	2008.2—2009.12	挂职
陈清华	男	1963.4	湖北黄陂	汉	中共党员	大学	2008.5—2010.10	挂职
李 光	男	1969.12	河南汝阳	汉	民建会员	博士	2008.10—2010.10	挂职
陈国进	男	1964.6	湖北武汉	汉	中共党员	大学	2009.8—2010.8	挂职
雷利军	男	1976.1	湖北监利	汉	中共党员	大学	2009.12—2010.12	挂职

县十五届人民政府副县长名录

(2006.12—2011.11)

续表5－22

姓　名	性别	出生年月	籍　贯	民族	政治面貌	学历	任职时间	备　注
刘　玲	女	1968.8	湖南长沙	土家	中共党员	大学	2010.3—2011.1	任命
曾凡胜	男	1979.4	湖北宣恩	土家	中共党员	大学	2010.3—10	任命
孙　平	男	1962.3	湖北当阳	汉	中共党员	大学	2010.6—2011.10	挂职
罗华玉	男	1981.1	湖北随州	汉	中共党员	大学	2010.10—2011.10	任命
赵昌青	男	1966.10	湖北来凤	汉	中共党员	大学	2010.10—2011.10	任命
杨天龙	男	1964.5	湖北来凤	苗	中共党员	大学	2011.1—10	任命
杜方平	男	1964.2	湖北建始	土家	中共党员	大学	2011.1—11	任命
许德胜	男	1964.9	湖北仙桃	汉	民进会员	大学	2011.1—11	挂职
张百香	男	1968.5	湖北鄂州	汉	中共党员	研究生	2011.6—11	挂职
姜　健	男	1965.4	湖南灵乡	汉	中共党员	研究生	2011.6—11	挂职
邓　波	男	1965.10	湖北咸丰	土家	中共党员	大学	2011.10—11	任命
杨　斌	男	1968.1	湖北来凤	土家	中共党员	大学	2011.10—11	任命

县十六届人民政府副县长名录

(2011.11—2016.12)

表5－23

姓　名	性 别	出生年月	籍 贯	民 族	政治面貌	学 历	任职时间	备　注
邓　波	男	1965.10	湖北咸丰	土家	中共党员	大学	2011.11—2014.4	辞职
杜方平	男	1964.2	湖北建始	土家	中共党员	大学	2011.11—2016.8	免职
卢红鹂	女	1971.6	湖北五峰	土家	中共党员	大学	2011.11—2015.10	免职
杨　斌	男	1968.1	湖北来凤	土家	中共党员	大学	2011.11—2016.12	
傅　浩	男	1973.10	湖北宣恩	土家		大学	2011.11—2016.9	
张百香	男	1968.5	湖北鄂州	汉	中共党员	研究生	2011.11—2013.2	挂职
姜　健	男	1965.4	湖南灵乡	汉	中共党员	研究生	2011.11—2013.2	挂职
许德胜	男	1964.9	湖北仙桃	汉	民进会员	大学	2011.11—2013.8	挂职
王世忠	男	1963.3	湖北潜江	汉	中共党员	博士研究生	2012.4—2013.2	挂职
黄科舫	男	1969.2	湖北天门	汉	民进会员	博士研究生	2012.4—2013.2	挂职
田恩舜	男	1968.4	湖北鹤峰	土家	中共党员	博士研究生	2013.5—2016.6	挂职
丁星火	男	1970.9	湖北赤壁	汉	中共党员	大学	2013.5—2014.6	挂职

县十六届人民政府副县长名录

(2011.11—2016.12)

续表 5－23

姓　名	性 别	出生年月	籍 贯	民 族	政治面貌	学 历	任职时间	备　注
陶　凯	男	1969.1	湖北宣恩	土家	中共党员	大学	2013.5—2016.12	任命
沈　毅	男	1973.7	上海	汉	民进会员	博士研究生	2013.8—2016.6	挂职
汪　健	男	1977.4	河南信阳	汉	中共党员	大学	2013.12—2016.5	挂职
谭培忠	男	1970.8	湖北建始	土家	中共党员	大学	2014.4—2016.12	任命
朱　祎	男	1975.5	湖北石首	汉	中共党员	研究生	2014.6—2016.6	挂职
陈文兵	男	1971.4	湖北黄冈	汉	中共党员	大学	2014.11—2016.12	挂职
张　华	男	1976.2	湖北五峰	苗	中共党员	大学	2015.6—2016.12	挂职
韩　昕	男	1963.6	河南商丘	回	中共党员	大学	2015.6—2016.12	挂职
赵宏亮	男	1979.11	山西昔阳	汉	中共党员	大学	2015.11—2016.12	挂职
程建军	男	1974.10	湖北武汉	汉	中共党员	大学	2015.11—2016.12	挂职
万　晨	男	1979.11	湖北荆门	汉	中共党员	研究生	2016.5—12	挂职
赵映年	男	1976.10	湖北仙桃	汉	中共党员	研究生	2016.5—12	挂职
曾　生	男	1979.10	河南南召	汉	中共党员	研究生	2016.8—12	挂职
杨振宇	男	1976.4	湖北鹤峰	苗	中共党员	大学	2016.9—12	任命
向子明	男	1973.7	湖北宣恩	土家	中共党员	大学	2016.10—12	任命
杨局成	男	1974.10	湖北黄梅	汉	中共党员	研究生	2016.12.7—12.22	任命
牟林炎	男	1970.5	湖北利川	土家	中共党员	大学	2016.12.7—12.22	任命
夏　伟	男	1973.10	湖北武汉	汉	中共党员	研究生	2016.12.17—12.22	任命
卢　彬	男	1982.12	湖北监利	汉	中共党员	博士	2016.12.17—12.22	任命
朱学敏	男	1968.12	湖北宣恩	土家	中共党员	大学	2016.12.17—12.22	任命

第九节　县人民法院院长

自 1953 年以来，截至 2016 年 11 月，被任命和当选县人民法院院长（包括代理院长）的有 20 人次，，按照时间顺序用人物名录形式介绍如下。

县人民法院院长名录

(1953.5—2016.12)

表5—24

姓　名	性别	出生年月	籍　贯	民族	政治面貌	学历	任职时间	备　注
张来义	男	1915.4	山西襄垣	汉	中共党员	小学	1953.5—1954.7	任命
由　坤	男	1923.10	山东临沂	汉	中共党员	小学	1956.12—1965.10	
涂青松	男	1928.1	湖北潜江	汉	中共党员	小学	1965.10—1970.11	
吴善良	男	1934.8	四川蓬安	汉	中共党员	初中	1973.6—1974.7	任命
李宗文	男	1934.6	湖北建始	汉	中共党员	初中	1978.8—1994.1	
谢和美	男	1946.5	湖北来凤	苗	中共党员	大专	1994.1—1999.1	
张寿齐	男	1956.8	湖北恩施	土家	中共党员	大学	1999.1—2002.12	
唐登洲	男	1961.12	湖北鹤峰	土家	中共党员	大学	2002.12—2003.1	代理院长
唐登洲	男	1961.12	湖北鹤峰	土家	中共党员	大学	2003.1—2011.10	
张辅军	男	1968.7	湖北恩施	土家	中共党员	大学	2011.10—11	代理院长
张辅军	男	1968.7	湖北恩施	土家	中共党员	大学	2011.11—2016.11	
舒业树	男	1970.2	湖北恩施	土家	中共党员	大学	2016.12.7—12.22	代理院长

第十节　县人民检察院检察长

自1956年以来，截至2016年12月，被任命和当选县人民检察院检察长(包括代理检察长)的有22人次，按照时间顺序用人物名录形式介绍如下。

县人民检察院检察长名录

(1956.12—2016.12)

表5—25

姓　名	性别	出生年月	籍　贯	民族	政治面貌	学历	任职时间	备　注
肖　凯	男	1907.9	重庆双桥	汉	中共党员	小学	1956.12—1965.10	任命
倪学式	男						1965.10—1966.5	任命
金忠诚	男						1978.6—8	代理检察长
金忠诚	男						1978.8—1979.5	

县人民检察院检察长名录

(1956.12—2016.12)

续表 5—25

姓 名	性别	出生年月	籍 贯	民族	政治面貌	学历	任职时间	备 注
杨孟群	男	1932.2	湖北宣恩	苗	中共党员	初中	1979.10—1980.5	代理检察长
杨孟群	男	1932.2	湖北宣恩	苗	中共党员	初中	1980.5—1987.11	
何守敏	男	1942.4	湖北来凤	土家	中共党员	中专	1987.11—1999.1	
巩建国	男	1956.10	湖北襄阳	汉	中共党员	大专	1999.1—2003.7	
税明泽	男	1956.2	湖北巴东	汉	中共党员	大专	2003.7—2004.1	代理检察长
税明泽	男	1956.2	湖北巴东	汉	中共党员	大专	2004.1—2010.10	
刘仕华	男	1969.11	湖北咸丰	土家	中共党员	大学	2010.10—2011.1	代理检察长
刘仕华	男	1969.11	湖北咸丰	土家	中共党员	大学	2011.1—10	
肖功平	男	1966.12	湖北鹤峰	土家	中共党员	大学	2011.10—11	代理检察长
肖功平	男	1966.12	湖北鹤峰	土家	中共党员	大学	2011.11—2016.11	
田崇忠	男	1964.1	湖北巴东	土家	中共党员	大学	2016.12.7—12.22	代理检察长

第六章　大事记

1949 年

11月9日,来凤县解放,成立临时县人民政府,中国人民解放军二野十一军教导团干部大队政委杨汉中任代理县长。

12月1日,县人民政府正式成立,向辉宇任县长。

1950 年

3月,根据中央人民政府《县各界人民代表会议组织通则》,县政府组成各界人民代表会议,代行人民代表大会职权。

3—8月,竹魁任代理县长。

从5月下旬起,根据政务院(1954年9月改称国务院)《乡(行政村)人民代表会议组织通则》,废除保甲制度,建行政村,村称为"村人民政府",全县设立127个村,指派临时村长。

6月1日,县委建立,霍震任县委副书记。

6月14—15日,县政府召开各界人民代表座谈会,讨论促进剿匪统一战线和做好鄂湘两省进剿土匪的支前工作。

8月,常修利任县长。

9月,县一届各界人民代表会议一次会议召开。

10月5—20日,县工商联主任梅德安作为来凤唯一代表,出席省一届各界人民代表会议一次会议。

1951 年

7月9—11日,县二届各界人民代表会议一次会议召开。

11月23日—12月1日,县工商联副主任杨绍贤、城关镇小学教师曾宪章作为来凤代表,出席省二届各界人民代表会议一次会议。

11月,霍震任县委书记。

1952 年

1月2—6日,县三届各界人民代表会议一次会议召开。

4月,霍震任代理县长。

10月,乡级政权实行民主建政,村改建为乡,全县地名区改为数字区,辖7区1镇,125个乡,5个街道居民委员会(简称"居委会")。

10月,臧家祺任代理县长。

11月7—16日,县三届各界人民代表会议二次会议召开。

12月8—12日,县副食品公司陈茂和、城关镇小学教师曾宪章作为来凤代表,出席省二届各界人民代表会议二次会议。

1953 年

7月,张来义任代理县长。

7月,霍震调离,耿新斗接任县委书记。

9月14日,县政府成立选举委员会,并

在城关区老寨坪乡进行选举试点。

1954 年

2 月 28 日—3 月 4 日，县四届各界人民代表会议一次会议召开。

4 月，全县各基层单位开展县人大代表普选工作。

6 月 28 日—7 月 3 日，县一届人大一次会议召开，选举张来义为县长。

6 月底，县人民政府改称县人民政府委员会。

12 月 24 日，全县建立 17 个指导组、52 个乡。

1956 年

2 月，根据恩施专署指示，撤销各区公所建制，将数字区改为地名区，设立指导组；到年底，全县设 17 个指导组。

6 月 3—7 日，中共来凤县第一次代表大会召开，耿新斗当选县委书记。

6 月 13 日，社会学家、优生学家、著名学者潘光旦考察识别来凤土家族。

11 月，张志德任代理县长。

12 月 29 日—1957 年 1 月 1 日，县二届人大一次会议召开，选举张志德为县长。

1957 年

1 月，县人民政府委员会改称县人民委员会(简称“县人委”)。

7 月 12—15 日，县二届人大二次会议召开。

9 月，区恢复建制，全县设 5 区 1 镇、52 乡。

1958 年

1 月 2—4 日，县二届人大三次会议暨县第五届劳模会议召开。

5 月 2—4 日，县三届人大一次会议召开，选举张志德为县长。

6 月，根据上级指示，县委设立书记处，耿新斗任书记处第一书记。

9 月 8 日，全县成立第一个人民公社——沙坨乡“国庆人民公社”，接着全县开展“大跃进”和人民公社化运动，行政区划随之更改，将全县 5 个区更名为 5 个人民公社，下辖 158 个大队、1388 个生产队。

1959 年

4 月 18－29 日，全国人大代表田恩波出席二届全国人大一次会议。

10 月 15 日，公社以下增设管理区，全县设立 51 个管理区，下辖 154 个大队、1478 生产队。

10 月 19—20 日，中共来凤县第二次代表大会召开，耿新斗当选县委书记处第一书记。

1961 年

5 月，为落实“三级所有，队为基础”体制，撤销城关、旧司、大河、三胡 4 个人民公社，恢复区、镇建制，仍保留卯洞人民公社(区级)；改管理区为乡级人民公社。全县辖 4 区 1 镇、1 个区级人民公社、40 个乡人民公社、11 个管理区、139 个大队、1557 个生产队。

12 月 24—26 日，县四届人大一次会议召开，选举张志德为县长。

1963 年

2月20日—3月6日,中共来凤县第三次代表大会召开,耿新斗当选县委书记。

9月20—22日,县五届人大会一次会议召开,选举张志德为县长。

1964 年

12月,田恩波出席三届全国人大一次会议。

1965 年

1月5日,县委书记耿新斗调离。

3月8日,霍德成接任县委书记。

3月,汤其贤任代理县长。

12月16—26日,县六届人大一次会议召开,选举汤其贤为县长。

1966 年

1月,霍德成调离,贾兰祥接任县委书记。

6月,全县开始为期10年"文化大革命"。

11月,县委书记贾兰祥遭到批斗,此后,县委和县人委基本瘫痪。

1967 年

2月,部分派性组织结成"大联合"。县委、县人委领导受揪斗,各级党政机关开始瘫痪。

3月,县人武部、县委、县人委机关抽领导组成"抓革命促生产第一线指挥部",领导全县各方面工作;8月29日,受派性组织冲击,停止工作。

1968 年

9月17日,省革委会批准来凤县成立革委会。

9月23日,县革委会成立,苏其新任县革委会主任。

1970 年

4月,县革委会实行机构调整。

5月5日,经省革委会核心领导小组批准,成立县革委会核心领导小组,代行县委职权,苏其新任组长。

1971 年

1月16—21日,中共来凤县第四次代表大会召开,决定撤销县革委会核心领导小组,重新设立县委,苏其新当选县委书记。

6月,刘启政任县革委会主任。

1975 年

4月,卯洞公社河东管理区冉家大队土家族民兵连长、全国人大代表彭昌松出席四届全国人大一次会议。

8月15日,经恩施地委批准,调整行政区划,撤区并社,将40个乡级人民公社、11个管理区合并为8个区级人民公社和城关镇,下辖139个生产大队、1561个生产队。

1976 年

10月,县革委会领导班子成员调整。

1978 年

2月,彭昌松出席五届全国人大一次会议。

7月28—31日，中共来凤县第五次代表大会召开，刘启政当选县委书记。

8月2—5日，县七届人大一次会议召开，选举田恩波为县革委会主任。

9月，县委、县革委会向上级提交请求成立来凤土家族自治县的报告。

12月12日，县委决定在县革委会设立党组，田恩波任党组书记。

1979年

6月，城郊公社更名为接龙桥公社。

12月19日，国务院以国发〔1979〕291号文件批准撤销来凤县建制，建立来凤土家族自治县，为全国第一个土家族自治县。

1980年

5月13－16日，自治县一届人大一次会议在县城召开。根据《地方组织法》《选举法》规定，设立县人大常委会，为人代会闭会期间最高权力机构，撤销县革委会，恢复县政府。选举田恩波为县人大常委会主任，吕纯池为县长。

11月23日—12月15日，全县8个公社和城关镇召开一届人大一次会议。

12月，刘启政调离，孙济民接任县委书记。

12月，全县区划体制再次变更，撤销(区)镇革委会，恢复公社管委会和城关镇政府。全县划为接龙桥、绿水、漫水、卯洞、高洞、旧司、大河、三胡、革勒车、城关镇八社一镇，下设51个管理区。

1981年

6月27日，县委设立县人大常委会党组。

9月，城关镇更名为翔凤镇。

10月16—19日，自治县一届人大二次会议召开。

1982年

3月，公社下设管理区，全县8社(除城关镇外)设51个管理区，159个大队，2036个生产队。

3月底，县人大常委会作出关于执行严惩严重破坏经济罪犯的决定。

4月中旬，县委、县人大常委会贯彻执行中央指示和全国人大常委会关于严惩严重破坏经济罪犯的决定，在全县开展打击经济领域严重犯罪活动。

10月中旬，孙济民调离，王仕才接任县委书记。

10月27—28日，中共来凤县第六次代表大会召开，王仕才当选县委书记。

1983年

3月10—13日，自治县一届人大三次会议召开，补选陈佑民为县人大常委会主任，田恩波为县长。

6月16日，省人大常委会副主任石川一行视察来凤。

6月，卯洞公社河东管理区兴安大队党支部书记、全国人大代表田永才，出席六届全国人大一次会议。

8月，县人大常委会党组按照县委安排，在机关党员干部中进行彻底否定“文化大革命”的教育。

11月11—12日，自治县一届人大四次会议召开。

12月1日,鄂西土家族苗族自治州成立,来凤土家族自治县随之撤销,恢复来凤县建制。

1984 年

1月,王仕才调离,高瑞科接任县委书记。

3月,虞大远任代理县长。

4月7日,中共中央总书记胡耀邦视察来凤。

5月中旬,县委举办全县副科级以上党员干部学习整党文件读书班,人大常委会机关副科级以上干部全部参加。

6月,遵照省委、省政府关于做好政社公开、建立乡政府的通知精神,经鄂西州政府同意,撤销人民公社体制,重新设区建乡,全县设8区2镇,决定将原卯洞公社所辖兴隆坳、鱼塘、洗车、三坝、漫水5个管理区划分出来,成立漫水区;同时将原卯洞公社改为百福司镇。至此,全县设8区2镇辖52个乡镇(其中4个区辖镇)、3个办事处、7个居委会、202个村委会。

8月4日,自治县人大常委会第25次会议作出关于更改县人民代表大会届次的决定,报经省人大常委会同意,将下届人民代表大会届次,更改为县九届人民代表大会,自治县一届人民代表大会为县八届人民代表大会。

8月21日,省人大常委会副主任林木森、张秀龙一行视察来凤。

11月7—11日,县九届人大一次会议召开,选举虞大远为县人大常委会主任,吕纯池为县长。

1985 年

2月,高瑞科调离,皮绪品接任县委书记。

5月26—29日,县九届人大二次会议召开。

6月,全县开展整党,县人大常委会机关同县直70个科级以上单位参加第一批整党学习。

7月15日,抗战时期任中共鄂西特委副书记、时任四川省人大常委会副主任马识途一行,在来凤作短暂停留后,去湖南张家界。

9月14日,全县开展第一个五年计划(简称"一五",下同)普及法律知识(简称"普法")工作,提出用5年时间向全县公民普及法律常识。

1986 年

1月4—7日,中共来凤县第七次代表大会召开,皮绪品当选县委书记。

3月18—19日,县人大常委会决定设立县人大常委会财政经济、法制民族、教科文卫3个工委。

6月5—8日,县九届人大三次会议召开。

8月5日,中国法学会会长、原中共鄂西特委负责人魏泽同,调研来凤普法工作。

是年,全县开展普法教育,受教育者1万多人。

1987 年

3月25—29日,县九届人大四次会议召开。

10月，皮绪品调离，吕纯池接任县委书记。

10月，杨斌儒任代理县长。

11月21—26日，县十届人大一次会议召开，选举虞大远为县人大常委会主任，牟方成为县长。

1988年

6月13—17日，县十届人大二次会议召开。

1989年

1月19—22日，中共来凤县第八次代表大会召开，吕纯池当选县委书记。

1月，经县委研究同意，县十届人大常委会第7次会议决定，设立县人大常委会法制民族、财政经济、教科文卫、代表联络4个工委。

5月，吕纯池调离，杨斌儒接任县委书记。

6月24—28日，县十届人大三次会议召开。

9月，文锋任代理县长。

1990年

3月16—19日，县十届人大四次会议召开。

9月—11月，全县贯彻实施《村民委员会组织法》，202个村选举产生198个村委会组成人员。

1991年

1月2日，全县开展“二五”普法，县人大机关干部职工参加普法学习。

1月20—25日，县十一届人大一次会议召开，选举田南山为县人大常委会主任，文锋为县长。

7月，杨斌儒调离，张齐斌接任县委书记。

8月中旬至12月，县人大常委会领导及机关干部接受清查用公款送子女上学、违规建私房等问题。

10月12—14日，全国人大常委会副委员长费孝通视察来凤卷烟厂、丝织厂、漆器工艺厂，访问土堡乡桂花树村农民胡仁孝、蒋进学，并为县里及县人大常委会题词。给县里题词是：“增强民族团结，开发山区经济。”给县人大常委会题词是：“围绕党的中心任务，认真开展人大工作。”

12月20—22日，县人大常委会首次召开全县人大工作会议，各区人大联络处主任、各乡镇人大主席团主席、县直部门负责人200多人出席。会议学习党的十三届八中全会精神，听取县委、县人大常委会领导讲话，总结人大工作，安排人大工作任务，13名人大工作者交流经验，表彰一批人大工作先进集体和优秀人大代表。

1992年

4月5—9日，县十一届人大二次会议召开。

6月，县人大常委会参与并协助鄂西电视台拍摄的来凤人大工作电视专题片《为了人民的嘱托》，在中央电视台2频道祖国各地栏目中播出，后被省人大常委会评为宣传人大工作好新闻专题片一等奖。这是来凤人大工作首次在国家级媒体上宣传。

7月23—27日，中共来凤县第九次代

表大会召开,张齐斌当选县委书记。

8月,钟存高任代理县长。

10月9日,鄂湘川黔边区县(市、区)人大工作联席会第5次会议在来凤召开。

1993年

2月,县委召开九届二次全体会议,决定在全县开展学习贯彻邓小平视察南方重要讲话、党的十四大精神,突破姓"社"姓"资"束缚、大胆开放、加快向市场经济体制转轨活动,并作为1993年思想教育重要任务。县人大常委会及其机关人员围绕这一任务,开展系列教育和调研活动。

5月19—24日,县十一届人大三次会议召开。

9月,张齐斌调离,陈天会接任县委书记。

11月24—26日,中共来凤县第十次代表大会召开,陈天会当选县委书记。

12月15日,经省政府批准,同意撤销接龙桥区,将其行政区域并入翔凤镇。

1994年

1月6—10日,县十二届人大一次会议召开,选举陈天会为县人大常委会主任,钟存高为县长。

1995年

1月,县十二届人大常委会第7次会议作出关于设立县人大常委会农业工委的决定。

3月15—18日,县十二届人大二次会议召开。

4月21日,州委、州政府决定将宣恩县李家河、沙道沟、高罗、沙坪4个区成建制划归来凤县代管,同时,该四区原宣恩县人大代表转为来凤县人大代表。

4月25日,县委县政府决定将旧司区官田坝村和革勒车区小河村划归高洞区官塘乡管辖。

5月,高洞区花坨乡合并到官塘乡。

11月6日,全国人大民委副主任委员伍精华一行视察来凤民族工作。

12月,"二五"普法工作经省州验收合格。

1996年

1月21—24日,县十二人大三次会议召开。

1月,全县启动"三五"普法工作。

7月10日,省人大常委会副主任朱纯宣一行检查来凤贯彻落实民族地区发展政策情况。

9月3日,乡镇启动人大换届选举工作,至1997年1月10日结束,并召开新一届人大一会议。

9月,按照上级要求,完成撤区建乡,全县设立13个乡镇(含代管宣恩县南四乡镇),323个村,11个居委会。

11月,陈天会调离,钟存高接任县委书记。

11月,李济任代理县长。

1997年

2月24—27日,县十二届人大四次会议召开,补选董香彩为县人大常委会主任,李济为县长。

3月11—13日,省人大常委会副主任

肖全涛率省建设厅、省纺织总公司、省建行、中建三局、武汉纺织学院、襄樊市领导到来凤调研。

3月，全县进行第二次机构改革，调整行政区划，原10个区镇调整为9个，52个小乡调整为36个管理区（不含代管的宣恩县南四乡镇）。

是年，县人大常委会代工委被省人大常委会授予“人大工作先进集体”称号。

1998年

1月5—9日，县十二届人大五次会议召开。

2月9日，省委、省政府决定将原划归来凤县代管的宣恩县高罗乡、沙坪乡、李家河乡、沙道沟镇划回宣恩县管辖，四乡镇人大代表同时划回宣恩县。

7月20—22日，境内突降特大暴雨，城郊龙洞河2次溃堤，洪水侵袭县城。县人大常委会领导及机关干部职工参加抗洪救灾。

10月，钟存高调离，韩北平接任县委书记。

12月，刘越清任代理县长。

1999年

1月10—12日，中共来凤县第十一次代表大会召开，韩北平当选县委书记。

1月18—23日，县十三届人大一次会议召开，选举董香彩为县人大常委会主任，刘越清为县长。

3月4—9日，县人大常委会机关干部参加县委组织的“解放思想、真抓实干”为主题干部整训大会。

5月，全县发生大范围牲畜5号病，县人大常委会领导带领工委室负责人及机关干部深入疫区，开展消毒灭源和扑杀带疫家畜工作。

11月4—5日，全国人大民委副主任委员韦继松一行，在省人大常委会副主任朱纯宣陪同下到来凤调研。

11月27日，全县第四届村委会换届选举结束。

2000年

2月，韩北平调离，徐健接任县委书记。

3月5—8日，县十三届人大二次会议召开。

4月13日，县人大常委会召开贯彻执行《省监督条例》动员大会。

5月10日，县委书记徐健和20多名县级干部，听取法制讲座并参加“三五”普法考试。

8月16日，县人大常委会组织部分人大代表和有关部门负责人视察酉水河水土流失情况，为争取立项综合治理酉水河流域建言献策。

9月11—14日，州人大常委会副主任叶太俊一行检查来凤实施《森林法》情况。

10月10—13日，在来凤县召开渝黔湘鄂边区17个县（市、区）人大工作联席会第21次会议，探讨制约地方人大工作主要因素和对策，促进新形势下地方人大工作开展。

11月7—9日，县人大常委会组织人大干部学习《地方组织法》。

2001年

1月8日，省政府授予来凤“村民委员

会换届选举先进县”称号。

1—6月，按照县委安排，县人大机关全体党员参加学习“三个代表”重要思想学习教育活动。

2月20—23日，县十三届人大三次会议召开。

3月15日，经省政府批准，撤销高洞乡，将原高洞乡行政区域划归旧司乡管辖。19日，州政府同意，撤销新峡等46个管理区和精神堡等6个办事处建制。至此，全县设5乡3镇。

4月10日，省人大民宗侨外委主任委员李辉轩到来凤调研。

8月13—14日，省人大常委会主任关广富一行视察来凤，并考察卯洞风景区。

12月19日，县委、县政府召开会议部署“四五”普法工作。

12月，县委、县政府工作机构改革调整。

2002年

2月28日—3月3日，县十三届人大四次会议召开。

3月15日，省人大民宗侨外委、省政府民宗委和法制办派员到来凤，征求《省实施〈民族区域自治法〉若干规定》修改意见。

4月，县委下发关于进一步加强新时期人大工作的若干意见。

4月28日，全县60名警察、检察官参加任前法律知识考试。

6月18日，县人大常委会副主任周发书和县国土局负责人检查绿水煤矿安全生产情况。

7月4日，武汉大道举行奠基仪式，武汉市副市长聂玉春、州委常委宣传部部长程远斌，州人大常委会副主任、来凤县委书记徐健等领导出席。

7月16日，中共中央政治局委员、省委书记俞正声视察来凤卷烟厂。

8月7日，县“四五”普法法律知识讲课首讲在县林业局开课。

8月22日，省人大民宗侨外委副主任委员蒋永松、武汉市人大常委会副主任单大年到来凤调研，并给县人大常委会捐赠3万元。

10月，县委、县政府根据《村民委员会组织法》规定和省州关于裁并村委会干部职数精神，调整合并乡辖部分村，全县设5乡3镇、11个社区居委会、185个行政村、1816个村民小组、75个居民小组。

11月9日，省人大常委会副主任朱纯宣带领省政府民宗委、法制办、交通厅、林业局、水利厅负责人到来凤，开展关于修改《省实施〈民族区域自治法〉的若干规定》立法调研。

11月24日，选出乡镇人大代表428名，90%以上村委会新班子产生。

11月25—26日，全国人大民委主任委员王朝文在省人大常委会副主任朱纯宣陪同下，到来凤检查指导工作。

11月30日，全县教师普法培训结束。

11月，县人大常委会组织机关干部学习党的十六大报告。

12月3日，县委召开12·4法制宣传日活动座谈会，学习宣传《宪法》。

2003年

1月4—5日，乡镇分别召开换届后人

大一次会议，选举产生新一届领导班子，制定未来3年发展规划。

1月7—11日，县十三届人大五次会议召开。

1月27日，州人大常委会副主任、县委书记徐健到翔凤镇万家塘居委会，给7户困难群众送去棉衣和每户200元慰问金。

1月底，徐健调离，王建民接任县委书记。

4月15日，州人大常委会、州政府督查室、州交通局有关负责人到革勒车，调研修建来（凤）黔（江）公路有关问题。

5月11日，县委中心学习组集中学习法制知识。

5月，黄树立任代理县长。

10月9日，县四大家领导班子换届工作会议在县政协会议室召开。

10月，全县由原来203个村调整合并为185个村。

12月18—21日，中共来凤县第十二次代表大会召开，王建民当选县委书记。

2004年

1月4—9日，县十四届人大一次会议召开，选举王建民为县人大常委会主任，黄树立为县长。

2月至5月，县人大常委会组织机关工作人员开展树立正确权力观、政绩观和科学发展观教育。

3月，县人大常委会副主任周新华主持召开主任会议，决定编写《来凤县人民代表大会志（1949—2005）》（简称“《来凤县人大志》”）。

5月11日，县政府在广泛征求市民、人大代表、政协委员意见基础上，向县十四届人大常委会第3次会议提交报告，县十四届人大常委会审议通过关于取缔城区营运三轮摩托车的报告，决定从2004年6月2日零时起，取缔城区三轮摩托车从事营运。

7月，《来凤县人大志》编写人员调研情况、查阅档案、收集资料。

8月，县政府同意设立育红桥等11个社区居委会。

9月14日，在全州《民族区域自治法》颁布20周年庆祝活动晚会上，来凤获两项大奖。

10月19日，州人大常委会主任杨俊发一行检查大河镇烟叶收购工作。

11月2—3日，省“普九”检查组认为，来凤初步达到普及九年义务教育验收合格标准。

11月16日，“四五”普法法律知识竞赛在来凤剧场落下帷幕。翔凤代表队获冠军，绿水、国土局代表队分获第二名，三胡、电力公司、财政局代表队分获第三名。

11月，《来凤县人大志》开始撰稿。

2005年

1月7—10日，县十四届人大二次会议召开。

2月下旬至6月下旬，县人大常委会机关党员参加保持共产党员先进性活动。

3月21日，全县学习贯彻实施《宗教事务条例》工作会议在来凤宾馆召开。

3月，县委同意县十四届人大常委会设立环境资源保护工委。

4月9—10日，省人大常委会副主任高瑞科一行视察来凤。

4月下旬,县人大常委会任命县人民医院医师罗春等20人为县法院陪审员。

7月7—20日,县人大常委会副主任周新华随省人大常委会友好访问团访问日本、韩国。

7月24日,武汉市江汉区委书记、人大常委会主任黄楚平率区有关部门和卓尔美等企业负责人,到大河镇捐赠帮扶资金30万元。

8月20—21日,武汉市人大常委会主任赵零、副主任苏忠遂听取来凤县委、人大常委会和政府工作汇报,视察县人大常委会机关、武汉大道、龙山县城。

9月8日,县人大常委会办公室、劳动保障局、林业局、工商联、太保分公司等筹资3万余元修建的大河镇五道水村村委会办公楼竣工。

9月9—10日,省人大常委会副主任朱纯宣、省人大民宗侨外委主任委员张洪伦一行,调研来凤民族宗教工作情况。

9月21日,县委召开庆祝人大制度建立50周年座谈会,县委书记、人大常委会主任王建民作重要讲话。

10月,《来凤县人大志》形成初稿。

11月30日,县委召开常委会会议,专题听取县人大工作汇报和省委人大工作会议精神传达,讨论县人大工作,决定以县委名义召开全县人大工作会议,并出台关于进一步加强人大工作的决定。12月8日,县委召开全县人大工作会议,县委书记、人大常委会主任王建民作重要讲话,县人大常委会副主任周新华作报告。

12月22日,组织8名州县人大代表,视察三胡锦龙实业有限公司。

2006年

1月8—10日,县十四届人大三次会议召开。

3月26日,县政府安排县十四届人大三次会议期间代表建议办理工作。

4月,县人大常委会决定联系有关县市磋商申报黔(江)张(家界)常(德)铁路立项事宜。9月13日,常委会副主任田方明等与湖南桑植、龙山县人大常委会领导,赴咸丰县磋商申报黔张常铁路事宜。9月15日,在重庆黔江区人大常委会商定,分别由在湘、鄂、渝的全国人大代表领衔向十届全国人大五次会议,提出关于请求加快规划建设黔张常铁路的议案。

5月17—18日,武汉市人大常委会副主任、党组副书记张代重调研来凤城市建设和对口帮扶工作。

5月,肖作文任代理县长。

6月30日,县委中心学习组和县信访工作领导小组成员学习《信访条例》。

6月30日—7月1日,省人大常委会副主任王守海一行,检查来凤《节约能源法》实施情况。

8月2日,州人大常委会主任杨俊发带领州烟草技术专家,在县委书记人大常委会主任王建民等陪同下,检查指导来凤烟叶生产。

8月8日,县选举委员会第一次会议在县人大常委会会议室召开,选举委员会全体成员参加会议。会议讨论通过县乡两级人大换届选举工作实施方案、关于设立县选举委员会办事机构的决定、县十五届人大代表选区划分及代表名额分配、县选举委员会办公室及各组工作职责等。

8月14日，县乡换届工作会议在来凤宾馆召开。会议要求：统一思想，把握政策，加强领导，统筹安排，圆满完成换届工作目标任务。下午，县乡换届选举培训工作会在县人大常委会会议室召开。

9月2—3日，省人大常委会副主任韩忠学一行，检查来凤《民族区域自治法》实施情况。

9月5日，省委第四巡查组组长王云柏一行督查来凤换届选举工作。

10月14日，县选举委员会召开会议，安排县乡两级人大换届选举工作。

10月31日，全县86个选区、18万选民参加选举，参选率90%，选举产生县十五届人大代表191名。

10月，王建民调离，肖作文接任县委书记。

11月17日，县法院在来凤宾馆会议室举办法律知识竞赛。

11月26—29日，中共来凤县第十三次代表大会在来凤剧场召开，肖作文当选县委书记。

11月，胡泽任代理县长。

12月5—10日，县十五届人大一次会议召开，选举肖作文为县人大常委会主任，胡泽为县长。

2007年

3月15日，全县“五五”普法暨人民调解工作会在来凤宾馆召开。

4月13日，县十五届人大二次会议在来凤剧场召开。

5月21日，县十五届人大常委会第4次会议首次使用电子表决系统表决。

7月8—10日，州人大常委会副主任杨斌率视察组，视察来凤国民经济计划和财政预算上半年执行情况。

7月9日，县人大常委会召开会议，学习胡锦涛总书记6·25重要讲话。

7月19日，县人大常委会副主任田方明、苏波分别带领人大代表视察绿水、旧司新型农村合作医疗运行情况。

7月23日，全国人大民委主任委员多吉才让到来凤调研。

8月1—3日，县人大常委会组织人大工作者赴利川市考察学习。

8月6—15日，县人大常委会在8个乡镇举办人大代表培训班，参加培训的州县乡三级人大代表578人次，占代表总数80%。

9月5—6日，州人大常委会副主任叶太俊率视察组，视察来凤人口与计划生育工作。

9月12日，在行政中心8楼会议室召开“五五”普法暨依法治县工作会议。

10月14日，省人大常委会副主任贾天增率执法检查组，检查来凤《水法》实施情况。

10月16日，在行政中心8楼会议室举办《监督法》知识专题培训会，县领导、人大常委会组成人员、法院、检察院、各乡镇和县直有关单位主要负责人参加培训。州人大常委会法规研究室主任李开文作辅导报告。

10月17日，浙江杭州市人大常委会副主任杨耀櫟带领省工业经济联合会有关人员，考察旧司乡桑蚕产业。

10月17—18日，县人大常委会组成人员、部分人大代表组成8个执法检查小组，检查8个乡镇《退耕还林条例》实施情况。

11月22日,武汉市江岸区人大常委会副主任曹祖惠、副区长张文胜一行,为翔凤镇为民服务中心建设捐赠资金10万元。

12月13日,州人大常委会副主任陈亚平一行到来凤调研。

2008年

1月12—14日,县十五届人大三次会议在县城召开。

2月27—29日,州人大常委会副主任叶太俊一行调研来凤工作评议开展情况。

3月1日,县机构编制委员会确定,同意对县人大常委会机构设置适当调整。

3月18—20日,州人大农村委员会主任委员郭银龙带领州农资打假工作检查组,检查翔凤镇、绿水乡农资打假工作,并听取县政府农资打假工作汇报。

3月24日,县十五届人大常委会第11次会议决定,将县人大常委会原民族法制内务司法工委更名为民族法制工委、将原农业农村工委更名为农村工委,增设内务司法工委。

4月18日,全县“五五”普法暨法律知识考试专题工作会议召开。

4月24日,州人大常委会副主任杨斌率视察组调研来凤行政审判工作。

4月25日,州人大常委会副主任杨斌一行检查来凤《水土保持法》实施情况。

5月9日,重庆市万州区人大常委会主任、党组书记梁先玉一行,考察来凤城市规划和建设及工业园区建设情况。

5月21—22日,州人大常委会副主任陈亚平一行到三胡乡黄柏园村调研。

7月6—8日,州人大常委会副主任马春菊一行检查来凤《中小企业促进法》实施情况。

7月24日,县人大常委会主任、副主任定期接待代表活动启动仪式在大河镇举行。

7月30日,湘西州人大常委会原副主任符光安一行考察来凤,县人大常委会副主任田方明陪同考察。

8月7日,在县行政中心8楼会议室举行州人大代表培训会,州人大常委会法规研究室主任李开文、代工委主任张在勇,分别讲授代表的权利、义务和议案建议与视察调查。来凤州人大代表参加培训。

9月4—5日,州人大常委会副主任叶太俊一行检查来凤《土地管理法》实施情况。

9月24—25日,州人大常委会副主任冯国亮一行检查来凤《妇女权益保障法》实施情况。

12月18—19日,州人大常委会副主任于德海率州人大常委会工作评议组一行,到来凤开展评议工作调查。

2009年

1月5—8日,县十五届人大四次会议在县城召开。

2月19日,州人大常委会副主任杨斌率州人大视察组视察来凤科技工作。

3月7—9日,福建省人大常委会人事代表工作室巡视员陈起辉一行,考察来凤城市建设、仙佛寺景区,并听取县人大常委会工作情况介绍。

4月10日上午,县人大常委会机关举办学习实践科学发展观活动专题辅导讲座。

4月21日下午,县人大常委会组织机

关于部参加《劳动合同法》《就业促进法》法律知识考试。

4月23日，全体在家县级领导参加“五五”普法笔试考试。

4月24—25日，武汉市人大常委会副主任杨向玲一行考察来凤。

7月7—8日，州人大常委会副主任马春菊率州直有关部门负责人，调研来凤上半年经济运行及《中小企业促进法》实施情况。

7月23日，县人大常委会召开督办会议，通报代表建议办理工作情况。

7月28—30日，县人大常委会主任、副主任定期接待代表活动在各乡镇举行。

8月5日，县人大常委会副主任莫北平到革勒车乡调研人大工作。

8月10—12日，北京市人大常委会副主任吴世雄一行考察来凤。

8月13—14日，州人大常委会副主任叶太俊一行检查来凤代表活动示范小组筹建工作。

8月15日，省人大常委会办公厅巡视员辜伯怡一行考察来凤。

9月1—2日，省人大常委会党组副书记、副主任赵文源一行，考察来凤、龙山两县城市建设和来凤工业园区建设情况。

9月2—3日，全州县市人大常委会主任座谈会在来凤召开。

10月12—14日，渝黔湘鄂部分县(市、区)人大工作联席会第39次会议在来凤召开。

10月26日，县人大常委会召开机关离退休老干部交流座谈会。

11月13日，县人大常委会召开机关干部职工会议，传达学习省委人大工作会议精神。

11月26—27日，罗田县人大常委会副主任杨建军一行，考察来凤民族文化产业发展、城市建设、招商引资等情况。

12月1—3日，州人大常委会副主任罗贤美带领州直单位工作评议组，到来凤私立高中和私立春晖幼儿园调研。

12月2日，州人大常委会主任、州委书记肖旭明在来凤调研时指出，来凤要力争建成“武陵山区经济强县”。

12月16日，州人大常委会副主任叶太俊带领部分州人大代表到来凤回访。

12月20日，副州长、州人大代表董永祥到来凤回访。

12月25日上午，受州人大常委会委托，县人大常委会组织全县州人大代表视察来凤天然气产业发展情况。

2010年

1月16—18日，县十五届人大五次会议在来凤剧场召开。

春节前夕，县人大常委会副主任莫北平带领有关部门负责人，深入基层慰问困难人大代表和贫困户。

3月30日，以县人大常委会副主任莫北平为组长的执法检查组，深入县教育局、职业高中、致信电子学校、新科驾校等检查《职业教育法》实施情况。

4月1日，安徽省安庆市人大常委会党组书记、副主任李荣森一行考察来凤旅游产业发展情况。

4月7日，县人大常委会召开全县乡镇人大工作座谈会。

4月7—8日，州人大常委会副主任马

春菊一行,调研来凤语言文字执法工作。

4月8日,县政府召开人大代表建议交办会议。

4月28—29日,省人大教科文卫委员会副主任委员张继年带领省人大常委会调研组一行,调研来凤文化建设情况。

5月29日,县委人大工作会议在行政大楼会议大厅召开。会议强调,要进一步加强和改进党委对人大工作领导,支持和保证人大及其常委会依法履行职责,不断开创全县人大工作新局面。要深入实践科学发展观,积极推进民主法制建设,大力弘扬来凤精神,为把来凤建设成为“武陵山区经济强县”作出新的更大贡献。县委书记、人大常委会主任肖作文出席会议并讲话。县委副书记、县长胡泽主持会议。

6月11—12日,省委书记、人大常委会主任罗清泉在州委书记肖旭明、州长杨天然等陪同下,调研来凤经济社会发展情况。

6月29日,县人大常委会召开机关党员庆“七一”座谈会。

7月1日,省人大常委会办公厅副巡视员李明璞、省人大常委会规范性文件备案审查处处长刘彦发等,在州人大常委会法规研究室主任李开文陪同下,调研来凤规范性文件备案审查工作情况。

7月8日,县人大常委会主任、副主任接待代表活动筹备工作会议在县人大常委会会议室召开。

7月15日,县人大常委会副主任莫北平带领县开发区管委会、住建局、环保局等部门负责人,深入绿水现场督办李庆游代表提出的关于绿水集镇垃圾处理问题建议办理情况,绿水乡党委政府有关领导参加现场督办会。

7月15日,县人大常委会组织部分州县人大代表,视察县检察院反渎职侵权工作情况。

7月27日,县委书记、人大常委会主任肖作文,带领县人大常委会、“一府两院”有关领导和相关部门负责人到旧司乡开展接待人大代表活动。

8月10日,县人大常委会副主任刘静生带领开发区、交运局相关负责人深入百福司镇南河村调研。

8月14日,省人大常委会副主任周坚卫、蒋大国,视察县人大常委会机关、宝石花工艺品有限公司、科隆粉体有限公司及在建的湘鄂情大桥。周坚卫一行听取来凤县城市建设规划和来凤、龙山一体化建设规划情况汇报,充分肯定来凤近年来经济社会发展和城市建设取得的成绩。

8月14日,省人大常委会副主任蒋大国到省“616”对口帮扶的来凤职校和城市福利院调研。

8月17日,省委第一巡视组检查县人大常委会党组贯彻落实党的方针政策特别是贯彻落实科学发展观、执行民主集中制、党风廉政建设、作风建设、选拔任用干部等情况。

9月1日,州人大常委会副主任马春菊率检查组,检查来凤《州城乡规划建设管理条例》实施情况。

10月16日,县人大常委会组织机关离退休老干部开展考察暨县情通报活动。

11月12日,州人大常委会副主任陈亚平、州委组织部副部长郑开国、州人大常委会环资工委主任吴建辉一行,检查来凤贯彻落实州委人大工作会议精神情况。陈亚平一行还深入大河镇，检查指导人大代表活动小组工作。

12月2—3日，县人大常委会组织部分州县人大代表，视察全县大循环公路工程建设情况、“两河”治理及污水处理工程建设情况。

2011年

1月6—9日，县十五届人大六次会议在来凤剧场召开。

1月12—20日，县人大常委会副主任莫北平、田方明、杨树荣、徐庭海、刘静生分别带队，走访慰问乡镇19名县人大代表。

2月13日，《来凤县人民代表大会志(1949—2016)》编纂委员会成立，并组建编辑部，同时印发《来凤县人大志》编纂工作实施方案。

3月4日，县人大机关召开会议，学习吴邦国在形成中国特色社会主义法律体系座谈会上讲话。

3月5日，县人大机关抽调3名优秀年轻干部，组成“百个县直单位千名机关干部深入万家农户”工作队。

3月8日，州人大常委会内司工委主任刘述宣、环资工委主任吴建辉一行，就州人大常委会制定监督司法工作办法在来凤召开调研座谈会。

3月11日，县人大常委会副主任徐庭海、田延初带领机关干部职工，到翔凤镇旗鼓寨村开展义务植树活动。

3月17日，县人大常委会召开第77次主任会议，研究县人大机关开展“百个县直单位千名机关干部深入万家农户”活动实施方案和进村入户方案。

3月18日，县人大机关召开“百千万”活动动员大会。

3月19—20日，县人大常委会副主任莫北平、徐庭海、刘静生、田延初率县人大机关“百千万”活动工作组，到漫水乡苏家坪和社里坝村，了解农民群众生产生活情况。

3月31日，县政府召开关于县十五届人大六次会议期间人大代表建议办理答复工作会议。

4月14日，县人大常委会召开党组会议，听取县人大机关“百千万”活动情况汇报，研究为漫水乡苏家坪和社里坝村各办1件实事等。

4月中旬，县人大机关走访慰问驻点村困难户34户，送去慰问金7400元。

4月20日，县人大常委会副主任徐庭海带领工委室有关人员第4次深入漫水乡社里坝村，调查了解情况，结合实际拟定办实事项目，计划维修1条公路、修缮1座便民桥、整修3处道路保坎。

5月10日，县人大常委会副主任刘静生带领相关部门负责人，到绿水乡督办张振银代表提出的关于五台煤矿井下污水源治理工程的建议。刘静生一行查看煤矿排污现场，并在绿水乡召开督办会议。

6月1日，省人大常委会原副主任贾天增到来凤调研。

6月2日，省人大常委会原副主任邓道坤一行，考察来凤城市建设、工业园区建设、湘鄂情大桥建设及安普罗食品公司。

6月8—9日，县人大常委会副主任刘静生、田延初带领部分州县人大代表，视察全县农业产业化建设情况。

6月13日,县人大常委会副主任田延初带领调查组,调查县十五届人大以来全县举债和偿债情况。

6月24日,县人大常委会组织换届纪律知识考试。

6月29日,县人大机关干部职工在烈士纪念碑前重温入党誓词。

7月5—14日,县委书记、人大常委会主任肖作文,副主任莫北平、田方明、徐庭海、刘静生、田延初,分别带领"一府两院"及相关部门负责人赴8个乡镇,开展集中接待代表活动,接待县人大代表120余人。

7月20日,县人大常委会副主任田延初带领内司工委负责人一行,到县法院调研。

8月1—3日,县人大常委会副主任田延初带领相关人员,到县检察院、司法局调研。

8月11日,县选举委员会在县人大会议室召开第一次会议。会议学习县委批转县人大常委会党组关于2011年县乡两级人大换届选举工作意见通知、关于任命县选举委员会组成人员的决定、关于2011年县乡两级人大换届选举时间的决定等文件。听取并讨论通过2011年县乡两级人大换届选举工作实施方案(草案)及关于设立县选举委员会办事机构的决定(草案)。同时,讨论通过选举县十六届人大代表选区划分和代表名额分配方案以及召开县乡人大换届选举工作会议方案等事项,明确全县选举委员会各工作组职责。会议决定,2011年9月17日(农历八月二十)为县乡两级人大代表选举日。

8月12日,召开县乡两级人大换届选举工作培训会。组织学习2011年县乡两级人大换届选举工作实施方案等文件,公布县选举委员会组成人员及各乡镇选举委员会组成人员名单,对省县乡两级人大代表选举实施细则、县乡人大换届选举法定程序、法定时间和法定人数以及关于县乡人大换届选举工作中应注意问题等进行培训。

8月15日,县人大常委会副主任莫北平带领开发办、财政、国土、司法等部门负责人,到漫水乡兴隆坳村指导整村推进扶贫工作。

8月15日,全县召开县乡人大换届选举工作会议。会议传达学习县委批转县人大常委会党组关于2011年县乡两级人大换届选举工作意见的通知。县委书记、人大常委会主任肖作文在会上讲话,县人大常委会副主任莫北平安排县乡人大换届选举工作。

8月18日,县选举委员会召开第二次会议,讨论通过选举县十六届人大代表选区划分及代表名额分配和县选举委员会关于成立选举工作组及选举工作小组的通知。

8月28日,县乡人大换届选举工作第二次会议召开,安排下一阶段工作。

8月29日,县选举委员会召开第三次会议,表决通过关于推荐到各乡镇选区参加选举的县十六届人大代表候选人名单,同时,根据部分选区请求,会议决定部分选区延期举行选举。

9月1日,州人大常委会副主任叶太俊一行,调研来凤人大换届选举工作。

9月5日,县乡人大换届选举工作第三次会议召开。

9月8日,县选举委员会第五次会议召开,会议审查通过各选区经过选民酝酿、协商的县十六届人大代表正式候选人名单，依法确定县十六届人大代表各选区正式代表候选人。会议要求，各选区于9月10前张榜公布正式代表候选人名单及其有关情况。同时，研究部署组织代表候选人与选民见面等有关事项。

9月9日，县乡人大换届选举工作第四次会议召开。

9月14日，全县换届选举督查工作会议召开。

9月21日，州人大常委会副主任于德海带领州视察组，视察来凤特色民居改造情况。

9月30日，县人大机关召开老干部重阳节座谈会。

10月10日，县人大机关连续六年荣获州级文明单位称号。

10月12日，县人大常委会办公室对人大机关治庸问责工作提出明确要求。

10月，肖作文调离，胡泽接任县委书记。

10月，向军任代理县长。

11月1—3日，中共来凤县第十四次代表大会在来凤剧场召开，胡泽当选县委书记。

11月14—15日，县人大常委会副主任莫北平、田方明、徐庭海、刘静生、田延初，分别带领各工委室负责人到8个乡镇，培训新当选的191名县人大代表和530名乡镇人大代表。

11月24—27日，县十六届人大一次会议在来凤剧场召开，选举莫北平为县人大常委会主任，向军为县长。

11月7日，经省政府批准，撤销绿水乡，设立绿水镇。

12月15日，县人大常委会主任莫北平主持召开县十六届人大常委会第1次会议。

12月23日，县人大常委会主任莫北平带领视察组视察县法院工作。

2012年

1月11日，县人大机关“三万”活动工作组参加漫水乡社里坝村蓄水池工程建设。

2月9—11日，县十六届人大二次会议在来凤剧场召开。

2月21日，县人大常委会召开工作会议，部署人大宣传、《人大志》编修、乡镇人代会筹备及代表工作。

2月22日，县人大常委会召开机关老干部工作会议。

2月24日，县人大常委会办公室印发县人大常委会联系代表开展代表活动办法。

2月29日，县人大机关召开“双联双促”活动动员会，安排相关工作。

3月2日，县人大机关召开“三项活动”民主生活会暨招商引资动员会。

3月7日，县人大常委会副主任田延初带领人大机关干部，到翔凤镇竹坝村咸泥沟义务植树。

3月7日，县政府召开县人大代表建议交办会议。

3月8日，县人大常委会荣获“恩施州2011年度宣传工作先进单位”称号。

3月12日，县人大常委会副主任田延初带领预工委、财工委负责人到县自来水公司，听取县住建局、自来水公司关于自来水供应情况汇报。

3月14日，县人大机关“三万”工作组

协调落实漫水片区“三万”活动。

3月15日，州人大常委会副主任瞿赫之一行到县人大常委会看望机关工作人员，听取工作汇报，并给予高度评价。

3月15—16日，州人大常委会副主任瞿赫之率视察组，视察来凤春耕备耕。

3月21日，县人大常委会主任莫北平带队到州人大常委会开展拜访活动。

3月21日，县人大常委会主任莫北平率考察组，到恩施市人大常委会交流人大工作。

3月23—24日，县人大机关组织机关工作人员集训。

3月28—29日，县人大常委会主任莫北平带领常委会组成人员、部分州县人大代表和有关部门负责人，深入三胡乡、旧司乡、绿水镇和翔凤镇，视察全县农田水利基础设施建设情况。

4月6日，县人大常委会副主任徐庭海、田延初带领部分常委会组成人员、州县人大代表及相关委室人员，调研全县住房公积金管理工作情况。

4月9—10日，县人大常委会副主任向清堂、邓家斌带领常委会组成人员、部分县人大代表，视察全县“六五”普法启动情况。

4月11—12日，县人大常委会主任莫北平、副主任高碧玉带领检查组，检查《矿产资源法》实施情况。

4月28日，县人大常委会副主任彭远仪带领代工委、办公室相关人员，检查督办革勒车、三胡、大河等乡镇人大代表小组活动室建设情况。

5月3日，县人大常委会召开相关职能部门工作会议，安排县级医疗卫生资源整合情况调查工作。

5月4日，县人大常委会主任莫北平，副主任徐庭海、彭远仪、田延初率县人大机关干部职工，在绿水镇沙子田村和上寨社区开展“双联双促”活动。

5月8日，县人大常委会副主任彭远仪带领工委室主任、部分州县人大代表，实地查看县中心医院西医部、中医部相关科室以及县中心医院建设新址，详细了解全县医疗卫生资源整合情况。

5月12日，县人大机关组织党员干部观看警示教育片《蜕变与悔悟》。

5月15日，县人大常委会主任莫北平调研绿水镇经济社会发展情况和人大工作情况，看望人大代表，督办代表建议办理。

5月18日，县人大常委会主任莫北平调研大河镇经济社会发展情况、代表建议办理情况。

5月21—22日，省人大常委会原副主任高瑞科考察来凤土家族少数民族习俗及自然人文风光和旅游资源开发情况。

5月22—23日，州人大常委会内司工委主任巩建国带领执法检查组，检查来凤《残疾人保障法》实施情况。

5月23—24日，州人大常委会副主任陈学明带领督查组，督查指导来凤人口和计划生育工作。

5月29日，县人大常委会主任莫北平，副主任徐庭海、高碧玉、田延初及常委会组成人员和部分州县人大代表，视察全县环境保护工作。

6月5日，根据县纪委安排，县人大机关4名干部赴恩施监狱参加警示教育活动。

6月11日，鹤峰县人大常委会主任向

金洲、副主任杨振凡一行，考察来凤人大工作。

6月下旬，县人大常委会组织开展“促进民族地区发展法制宣传鄂西行”民族法制知识竞赛活动。

6月29日，县人大常委会举行新型农村合作医疗制度相关政策知识培训。

7月2日，县人大常委会机关开展建党91周年纪念活动。

7月4—5日，县人大常委会副主任彭远仪、田延初带队，调查全县新型农村合作医疗制度运行情况。

7月9—10日，州人大常委会副主任邓正平带领视察组，视察来凤2012年上半年经济社会发展计划、财政预算执行情况及重点项目建设情况。

7月11—12日，湖北“民族法制宣传鄂西行”记者采访团，赴来凤集中采访。

7月12—13日，县人大常委会主任莫北平、副主任徐庭海、彭远仪、向清堂、高碧玉、田延初、邓家斌分别带领“一府两院”及相关部门负责人，赴8个乡镇接待人大代表。

7月26日，县人大常委会副主任向清堂、高碧玉、田延初、邓家斌带领检查组，分组检查全县残疾人基层组织、服务保障体系建设、残疾人就业保障况以及残疾人无障碍设施建设和管理情况。

8月3—7日，县人大常委会副主任徐庭海、田延初带领常委会工委室负责人及部分州县人大代表，到审计局、国税局、地税局、财政局、发改局调研上半年全县财税审计工作情况。

8月12—13日，武汉市人大常委会秘书长于建海一行到来凤人大常委会开展对口帮扶工作。

8月22—23日，州人大常委会内司工委主任巩建国带领执法检查组，检查来凤《社会保险法》实施情况。

9月1—2日，省人大常委会调研组赴来凤进行专题调研和跟踪检查。

9月11日，经省政府批准，撤销旧司乡，设立旧司镇。

9月27—28日，县人大常委会主任莫北平和副主任彭远仪、向清堂率调研组，采取听汇报、召开座谈会、实地查看等方式，专题调研全县保障性安居工程项目落实、资金筹措、工程建设以及使用和管理等情况。

10月10日，县人大常委会副主任高碧玉带队，检查环保局办理代表建议情况。

10月24日，县人大常委会首次采用专题询问监督保障性安居工程建设情况。

10月31日，州档案局副局长庞青云等5人组成档案工作目标管理考评验收组，考评来凤县人大机关档案晋升“省一级”情况。

11月2日，县人大常委会副主任徐庭海、高碧玉带领机关干部赴上寨社区、沙子田村、老鹰岩村集中慰问，为32户留守老人和留守儿童送去慰问金。

11月9日，州人大常委会副主任于德海带领州人常委会大财经工委、州财政局相关人员，调研来凤部门预算编制工作。

11月13—14日，县人大常委会主任莫北平深入三胡、革勒车、漫水、旧司等乡镇，调研乡镇人大工作和乡镇经济社会发展情况。

11月15—16日，州人大常委会副主任吕金施带领视察组，视察来凤“四年建设”活动开展情况、重点项目领域预防职务犯罪工作情况、《州民族文化遗产保护条例》实施情况。

11月20日,县人大常委会召开规范性文件备案审查工作会议。

11月20日,县人大常委会民工委、内司工委和备案审查室召开县直相关部门工作联系会。

11月21日,县十六届人大代表述职评议试点现场会在旧司乡锁洞村召开。

11月22日,县人大常委会召开汇报会议,有关部门汇报《残疾人保障法》执法检查审议意见落实情况。

12月7日,县人大机关召开"万名干部进万村洁万家"活动动员大会。

2013年

1月14—16日,县十六届人大三次会议在来凤剧场召开。

1月29日,县人大常委会副主任田延初带领民工委和财工委负责人,赴三胡参加该乡人大组织的代表小组"八个一"活动。

1月30日,县人大常委会副主任田延初带领县人大机关干部职工,到"双联双促"和"三万"活动驻点村看望慰问生活困难党员和群众。

2月1日,县人大机关召开离退休人员迎春座谈会。

2月1日,县人大机关召开改进工作作风会议。

2月16日,县人大机关召开"学习贯彻十八大、争创发展新业绩"主题实践活动动员会。

2月22日,县十六届人大三次会议代表建议交办会在行政中心会议室召开。

2月26日,县人大常委会副主任徐庭海、田延初率调查组,调查财政部门预算详细方案编制情况。

2月27日,县十六届人大常委会召开第13次会议,将学习党的十八大精神作为会议第一项议程。

3月5—6日,县人大常委会领导带领各工委室工作人员,分赴各乡镇,指导检查乡镇人代会筹备工作。

3月12日,贵州省松桃县人大常委会主任唐永明一行考察来凤,县人大常委会主任莫北平陪同考察。

3月22日,县人大机关党总支召开会议,邀请县委党校教师作辅导讲座,学习党的十八大精神。

3月26—27日,县人大常委会副主任向清堂带领工委室和普法办负责人、人大代表组成的调查组,专题调查全县"六五"普法、依法治理工作情况。

3月28日—4月5日,县人大常委会副主任田延初率调查组,调查全县工业经济运行情况。

3月,县人大机关开展"百名干部进讲堂"活动。

4月15日,州人大常委会调研组调研来凤《省农村土地经营承包条例》实施情况。

4月19日,县十六届人大常委会第15次会议首次安排公民旁听席。

4月19日,县人大常委会召开乡镇人大工作会议。

5月3日,县人大常委会举办《州旅游条例》专题讲座。

5月8日,县人大常委会召开实施县人

大常委会监督司法工作暂行办法专题会议。

5月9—10日，州人大常委会副主任陈学明率执法检查组，与县人大常委会执法检查组同步检查来凤《州旅游条例》实施情况。

5月14—15日，州人大常委会副主任陈学明带领视察组，视察来凤县少数民族特色村寨保护与发展情况。

5月21日，县人大常委会副主任田延初带领调查组，调查全县国有资产管理情况。

5月22日，州人大常委会副主任于德海带领调查组，调查来凤监督政府全口径预算决算工作情况。

5月22日，县人大常委会副主任高碧玉带领调查组，调查全县城市管理工作情况。

5月31日，州人大常委会副主任吕金施带领州人大常委会代工委、内司工委负责人以及州发改局、环保局、物价局、恩施高中等单位负责人，深入百福司镇南河村落实整村扶贫推进工作。

6月5日，武汉市人大常委会副主任卢国祥一行到来凤对口帮扶。

6月6日，县人大常委会副主任向清堂、邓家斌带领调查组，调查县公安机关刑事立案、提请批准逮捕工作情况。

6月18—20日，县人大常委会副主任高碧玉带队，参加在贵州石阡举行的渝黔湘鄂四省边区人大工作联系会第46次会议。

6月20日，县人大常委会副主任向清堂和邓家斌，带领县人大常委会民工委、内司工委和备案审查室负责人，深入百福司镇、漫水乡、人社局等，督办10件代表建议办理情况。

7月1日，县人大常委会主任莫北平和办公室主任明文林分别带队到翔凤镇、绿水镇沙子田村、四合村和上寨社区，走访慰问困难村民和困难老党员。

7月1日，县人大常委会举行庆“七一”座谈会。

7月11—15日，县人大常委会主任莫北平，副主任徐庭海、彭远仪、向清堂、高碧玉、田延初、邓家斌，分别带领“一府两院”领导和县直有关部门负责人，赴乡镇开展接待县人大代表活动。

7月11—12日，县人大常委会主任莫北平、副主任徐庭海、办公室主任明文林赴利川参加全州人大常委会主任座谈会，会上，莫北平作《与时俱进、创新领先，努力开创人大工作新局面》交流发言。

7月18日，省人大常委会副秘书长彭小海一行考察喳西泰水城、文化中心、全民健身中心、科教示范园、卯洞景区、仙佛寺等，并了解县人大工作开展情况。

7月25日，县人大常委会主任莫北平带领县人大常委会办公室、法院、公路局、烟草专卖局负责人深入绿水镇体河村，与村干部、村民代表及致富能手座谈，并看望慰问10户困难群众。

8月，县人大常委会安排的需述职评议59名县人大代表，分别采取不同形式联系选民，听取选民意见和建议。

9月5—6日，州人大常委会副主任于德海带领州人大常委会评议调查组到来凤开展评议调查。

9月10日，县人大常委会副主任向清堂、邓家斌带领调查组，调查县公安局落实县人大常委会关于县公安机关刑事立案和提请批准逮捕工作情况报告审议意见情况。

9月上旬,59名县人大代表分别回到29个选区述职。

9月12日,县人大常委会副主任向清堂带领各工委室人员到县人社保局,调研全县人才工作情况。

10月10—11日,长阳土家族自治县人大常委会副主任官守国一行考察来凤龙凤科教示范园。

10月16日,湖南龙山县人大常委会主任余佳祥一行到来凤,调研龙凤示范区规划和建设情况。

10月25日,县人大常委会召开2013年度工作评议动员会。

11月13日,经省政府批准,撤销革勒车乡,设立革勒车镇。

12月2日,河南镇平县人大常委会副主任李国进带队,到来凤县人大常委会交流监督审计工作情况。

2014年

1月6—8日,县十六届人大四次会议在来凤剧场召开。

1月24日,县人大常委会主任莫北平、副主任徐庭海一行,赴武汉市人大回访并汇报对口帮扶工作。

2月27日,县十六届人大四次会议代表建议交办会召开。

2月27日,县十六届人大常委会第22次会议,作出关于革勒车撤乡设镇有关问题的决定。

2月28日,县人大机关召开党的群众路线教育实践活动动员会议。

3月4日,县人大常委会副主任徐庭海、田延初带领调查组,调查2014年财政部门预算详细方案编制情况。

3月11日,县人大常委会副主任向清堂、邓家斌带队调研县检察院公诉及审查逮捕工作。

3月12日,省人大民宗侨外委主任委员、省人大常委会委员谭徽在,省人大常委会委员、省佛教协会会长正慈一行,到来凤征求《恩施州行政立法条例》《恩施州法律援助条例》修改意见,并调研来凤民族宗教工作。

3月14日,县人大常委会召开会议,安排全县城乡规划工作情况调查。

3月21日,县人大常委会主任莫北平带队督查三胡乡重点项目建设,了解该乡招商引资、产业基地建设、集镇建设、新社区建设等情况。

4月21日,州人大常委会副主任涂元玲率执法检查组,检查来凤《专利法》实施情况。

4月25日,县人大常委会主任莫北平,副主任彭远仪、高碧玉、邓家斌带领县人大机关干部,到绿水镇沙子田村、上寨社区开展群众路线教育实践活动。

5月14日,湖南安化县人大常委会办公室一行,考察来凤《人大志》编修情况。

5月15—17日,武汉市人大常委会秘书长袁堃率队对口帮扶县人大常委会。

5月20日,县委书记胡泽,县委副书记、县长向军带领县委组织部、县财政局、县人社局等部门主要负责人,在县人大常委会会议室召开现场办公会,专题研究人大工作经费、机关建设、人才保障等事宜。

5月20—24日,协助州人大常委会调

研组，赴百福司镇及其兴安村和县文体局、仙佛寺以及湖南龙山县人大常委会、龙山县华塘坝办事处等地，调研武陵山试验区和龙凤示范区推进情况、法制保障情况以及非物质文化遗产保护情况。

6月2—13日，确定25个调研对象单位，调研《州自治条例》和9个单行条例实施情况。

6月4—6日，县人大常委会主任莫北平和副主任徐庭海、彭远仪、高碧玉、田延初、邓家斌等，带领工委室主任和机关工作人员，赴武汉市人大常委会学习培训。

6月20日，县人大机关干部收看新闻专题片《向灵魂深处掘进——红安县委常委班子专题民主生活会纪实》和恩施市民主生活会纪实新闻报道。

6月24日，县人大机关老干支部召开部分离退休老干部座谈会。

6月25—26日，渝黔湘鄂部分县（市、区）人大工作联席会第48次会议在建始县举行，县人大常委会副主任邓家斌在会议上作交流发言。

7月1日，县人大机关召开建党93周年纪念座谈会。

7月3日，县人大常委会主任莫北平和副主任高碧玉、邓家斌，带领有关工委室主任，赴湖南龙山县人大常委会，就武陵山龙山来凤经济协作示范区建设有关问题，如何从地方人大角度相互携手合作、积极有所作为而进行广泛深入交流和探讨，并对双方关注问题达成初步共识。

7月9日，县人大常委会副主任彭远仪、向清堂、高碧玉、田延初、邓家斌带领工委室主任及部分人大代表，检查《食品安全法》实施情况。

7月10—16日，县人大常委会主任莫北平，副主任徐庭海、彭远仪、向清堂、高碧玉、田延初、邓家斌分别带领“一府两院”及相关部门负责人分赴8个乡镇，以集中座谈方式接待人大代表，通报工作，听取民声。

7月22日，县人大常委会主任莫北平到旧司镇，指导调研人大规范化建设。

7月28日，县人大常委会副主任徐庭海、田延初带领调研组，调研全县财税工作。

7月30日，县人大常委会副主任田延初带领调查组，调查国民经济和社会发展“十二五”规划中期评估及2014年上半年计划执行情况。

8月5日，县人大常委会召开专题宣传会议，聘请黎克念等9人为人大系统特约记者。

8月20日，县人大常委会副主任向清堂、邓家斌带领民工委、内司工委、备案审查室人员，跟踪监督县政府及其相关部门落实《州旅游条例》执法检查审议意见情况。

9月3—5日，县委书记胡泽，县委常委副县长谭培忠，县委常委县委办公室主任赵昌青，县人大常委会副主任徐庭海，县检察院检察长肖功平作为翔凤镇所辖选区选出的县人大代表，分别在选区向选民述职。

9日10日，秭归县人大常委会主任郑之全带队，调研来凤经济社会发展和财政工作情况。

9月24日，县人大机关老干支部组织离退休老干部开展重阳节庆祝活动，老干部参观考察黄（柏园）石（桥）景区、仙佛寺、体育中心和教育城等重点工程建设情况，并对黄石景区和仙佛寺建设提出建议。

9月24日，湘西州人大常委会副主任刘时进一行考察来凤城镇化建设情况。

9月24日，县人大机关召开大会，学习传达县委落实党风廉政建设主体责任和监督责任推进会精神。

9月25—26日，县人大常委会副主任高碧玉带领调研组，深入旧司镇后坝和三胡乡黄柏园、石桥等村，调研扶贫开发工作。

9月29日，全县召开纪念人民代表大会成立60周年暨推进县乡人大依法履职规范化建设会议，回顾人民代表大会60年来历程，总结县人大及其常委会近几年来依法履职规范化建设情况，安排部署下步工作。

10月9日，武汉市人大常委会党组副书记、副主任胡绪鹍一行到来凤开展对口帮扶工作，为县人大常委会捐赠帮扶资金50万元。

10月16日，县人大常委会主任莫北平带领分管环境保护和民族法制工作的2名副主任及工作人员，赴州人大常委会专题汇报立法保护酉水河有关工作，并与宣恩县人大常委会商定，两县共同起草提交立法建议。

10月17日，恩施市人大常委会主任刘凡一行考察来凤经济发展及人大工作情况。

10月31日，县人大机关召开党的群众路线教育实践活动总结会。

11月12日，县人大常委会召开2014年度工作评议动员会。

11月13日，来凤和宣恩县人大常委会共同向州人大常委会提交关于提请对酉水河流域实施保护的立法建议。这是来凤和宣恩县人大常委会首次联合向州人大常委会提出立法建议。

11月19日，省人大常委会副秘书长郭玉军一行，调研来凤贯彻落实2009年省委人大工作会议、2011年省委人大工作座谈会议精神和省委《关于进一步加强和改进人大工作的决定》的情况。

11月19日，州人大常委会内司委工委主任巩建国一行，调研来凤公安刑事侦查工作情况。

12月22—24日，县人大常委会协助省人大民宗侨外委，在来凤成功举办民族法制建设理论研讨会暨人大民族干部培训班。

2015年

1月14日，县十六届人大五次会议在龙凤大剧院开幕。

2月26日，县人大常委会主任莫北平主持召开2015年全体机关干部职工大会暨落实党风廉政建设“两个责任”专题会议。

2月28日，县十六届人大常委会第32次会议举办立法调研专题讲座。

3月12日，县人大机关干部职工开展“绿满荆楚”活动，40余名干部职工参加植树。

3月13日，县人大常委会主任莫北平、副主任邓家斌等，赴州人大常委会专题汇报立法保护酉水河前期工作情况。

3月18日，省人大常委会副主任赵斌带领调研组，调研来凤民族工作及扶贫开发情况。

3月20日，县人大常委会与湖北民院法律专家组，联合召开《酉水河保护条例》立法调研座谈会。

3月24—26日，州人大常委会副主任陈学明带领州人大常委会民族法制委员会、法规政策研究室和州政府法制办以及来凤县人大常委会有关人员，赴湖南湘西州人大常委会以及重庆秀山县、酉阳县和贵州松桃县人大常委会，衔接《酉水河保护条例》同步立法工作。

3月25日，县人大常委会召开会议，安排秸秆露天禁烧和综合利用调查工作。

4月1日，县人大常委会办公室召开“三万”活动绿水片区工作联系会。

4月2日，县人大常委会召开宣传工作专题会。

4月9日，县人大常委会副主任高碧玉带领调研组，到革勒车镇调研水源保护情况。

4月10日，县人大机关召开党建工作会议。

4月10日，县人大机关开展“严明政治纪律，严守政治规矩”教育活动。

4月14日，县人大常委会办公室召集财政局、法院、烟草局、公路局、统计局、就业局、农发行、城投公司等单位，安排绿水片区精准扶贫工作。

4月15日，州人大常委会副主任陈学明到来凤，明确酉水河保护同步立法工作第一次联席会议筹备会相关事项。

4月16日，县人大常委会办公室召集绿水片区成员单位，共商村村通客车工作。

4月25日，恩施州人大常委会及来凤县人大常委会、湘西州人大常委会及龙山县人大常委会有关领导和工作人员，在恩施州人大常委会共商酉水河保护同步立法工作。

4月29日，县人大机关干部职工参加县九届“文明杯”运动会徒步越野比赛。

5月5日，受恩施、湘西两州人大常委会委托，来凤、龙山两县人大常委会在来凤县城共商酉水河保护同步立法工作。

5月6日，县人大常委会副主任高碧玉带领农工委、环工委到旧司镇，督办人大代表田东明提出的关于扩建旧司镇高洞大坝新区建设的建议办理情况。

5月19日，县人大机关举办严明政治纪律、严守政治规矩专题培训会议。

5月20日，来凤和龙山县人大常委会，组织湖北民族学院、吉首大学法学专家在龙山县民族宾馆会议室召开座谈会。

6月4日，2015年环保世纪行活动启动，提出推进生态文明建设美丽来凤活动主题，并开列10项环保活动清单。

6月7日，全国人大常委会办公厅新闻局副局长曲卫国一行，考察三胡乡黄柏园—石桥扶贫开发片区和仙佛寺。

6月10日，省人大常委会代工委副主任刘建新率驻鄂部队省人大代表团到来凤调研视察。

6月12日，县人大机关召开第十六个党风廉政建设宣教月活动动员大会。

6月25日，县人大常委会主任莫北平走访绿水镇沙子田村精准扶贫结对帮扶对象。

6月29日，县人大常委会召开2015年度工作评议动员会。

7月2—3日，州人大常委会副主任涂元玲调研来凤“山更青、天更蓝”工作暨《内保条例》实施情况。

7月8日，县人大常委会主任莫北平带领“一府两院”及县直相关单位负责人，到百福司镇接待人大代表，广泛听取代表意见和建议。

7月9日,州人大常委会副主任刘青带队,视察来凤2015年上半年计划预算执行情况。

7月16—17日,武汉市人大常委会副主任彭志敏一行到来凤开展对口帮扶,为县人大常委会捐赠帮扶资金30万元。

8月13日,县人大常委会召开监督财政预决算专题培训会议,武汉市人大常委会预算工委副主任陈祖华应邀作专题讲座。

8月18日,县人大常委会主任莫北平带领县人大机关精准扶贫工作队到绿水镇,就精准扶贫农民收入倍增工作进行回头看、再研判。

9月6—7日,州人大常委会副主任邓正平率视察组,视察来凤"水更绿""土更净"工作情况。

9月7—10日,酉水河保护立法工作第一次联席会议在来凤召开。

9月14—15日,武汉市人大常委会研究室主任彭少怀带领武汉电视台、长江日报记者采访团,到来凤采访武汉市对口帮扶重点项目实施成效和精准扶贫工作。

9月15—16日,省人大常委会副主任张岱梨到来凤调研精准扶贫工作。

9月29日,县人大机关精准扶贫工作队协同绿水镇开发办和镇畜牧服务中心,为沙子田村58户贫困户发放猪仔162头。

10月9日,州人大常委会副主任陈学明带领调研组到来凤,调研州委人大工作会议会前调查暨《预算法》实施情况。

10月15日,县人大机关精准扶贫工作队召开县直驻绿水片区工作会。

10月20日,县人大机关工会组织机关干部职工参加县九届"文明杯"运动会。常委会副主任高碧玉带领机关干部参加"文明杯"乒乓球比赛。

11月4日,州人大常委会副主任涂元玲率视察组,视察来凤"十三五"规划编制完成情况、"城乡更美"工作情况。

11月4日,县人大常委会主任莫北平一行调研绿水镇人大工作。

11月15日,仙桃市人大常委会副秘书长办公室副主任郑序廷一行,考察来凤县人大常委会机关档案工作情况。

11月26日,湖南省人大常委会副主任蒋作斌一行到来凤调研。

12月8日,县委召开人大工作会议,学习贯彻省委、州委人大工作会议精神和省委《关于进一步加强人大工作和建设的决定》、州委《关于进一步加强人大工作和建设的实施意见》,研究部署新形势下加强党对人大工作和建设的领导,推动县乡人大工作与时俱进。县委书记胡泽出席会议并讲话,县委副书记、县长向军主持会议。

12月9日,县人大常委会副主任徐庭海到绿水镇沙子田村调研人大机关工作队精准扶贫工作。

12月10日,县人大常委会党组研究人大机关工会工作。

12月11日,县人大机关党支部召开党员民主评议会议。

12月14日,县人大机关党总支组织党员干部,再次学习《中国共产党廉洁自律准则》《中国共产党纪律处分条例》。

12月15—16日,县人大常委会主任莫北平参加全省市州人大常委会主任座谈会议并作交流。

12月18日,县人大常委会办公室召集

驻绿水片区县直工作队，传达全县精准扶贫会议精神，安排精准扶贫工作。

12月24日，县人大常委会主任莫北平到绿水镇五台片区，看望慰问选民代表；到百福司镇安家堡村和桂林书院社区，看望县人大代表张林玉和胡敬明，并为他们送去慰问金。县人大常委会副主任彭远仪到绿水镇新溪沟村指导督办精准扶贫工作。县人大常委会办公室组织全体干部到联系村开展精准扶贫工作。

12月25日，县人大常委会党组召开集中谈心谈话会。

12月31日，县十六届人大六次会议筹备会召开。

2016年

1月5日，县人大常委会在安普罗公司州人大代表活动室，组织来凤县州七届人大代表召开会议，讨论拟向州七届人大六次会议提交的议案和建议选题。

1月17—20日，县十六届人大六次会议在龙凤大剧院召开。

1月22日，县人大常委会机关干部职工参加恩施州创建全国民族团结进步示范州理论知识测试。

1月26日，李明、胡秋平、周光玉撰写的《创新代表工作，加强选民联系——来凤县人大常委会开展建立人大代表工作室试点工作》，刊载于湖北人大网，3月份又被《中国人大年鉴》(2016)收录。《中国人大年鉴》收录来凤县人大常委会的文章，这在来凤县人大常委会历史上属于第一次。

2月25日，县人大常委会召开2015年度工作总结表彰会议。

2月25日，乡镇人大工作座谈会召开。

3月1日，州人大常委会副主任陈学明带领调研组，与来凤县人大常委会调研组同步开展《酉水河保护条例(草案建议稿)》征求意见实地调研。

3月2—3日，省人大常委会副主任王玲带领省人大常委会调研组，调研来凤《省农村扶贫条例》实施情况。

3月8日，州人大常委会副主任邓正平带领视察组，视察来凤审计查出问题整改情况。

3月9日，县十六届人大常委会召开第86次主任会议，交办县十六届人大六次会议期间代表建议。

3月21日，县人大常委会召开《来凤县人大志(1949—2016)》(送审稿)审读工作安排会议。

3月24日，参加第45次常委会会议的县人大常委会组成人员和人大代表，旁听县法院审理一起非法拘禁刑事案件。

4月15日，县人大机关组织学习《湖北省行政问责办法》。

5月4日，在县人大常委会会议室举行的《来凤县人大志》评审会上，《来凤县人大志(1949—2016)》通过终审。

5月6日，县十六届人大常委会第46次会议任命的6名国家机关工作人员，在县政府8楼会议室首次向宪法宣誓。

5月9日，县人大常委会主任莫北平督办绿水镇小坳村精准扶贫。

5月11日，2016年人大代表重点建议督办会议召开。

5月13日，武汉市人大常委会党组书记、副主任贾耀斌一行到来凤对口帮扶，为县人大常委会捐赠资金30万元。

5月15日,州人大常委会副主任陈学明带队,视察来凤、宣恩两县贯彻实施《湖北省水污染防治条例》《恩施州城乡规划建设管理条例》情况和“六五”普法工作情况。

5月16日,县人大机关召开第十七个党风廉政建设宣传教育月动员会。

5月16日,县人大机关召开“不忘初心、永跟党走”推进会。

5月17—19日,县人大常委会副主任邓家斌等出席在湖南永顺县召开的酉水河保护立法工作第二次联席会议。

6月3日,县人大机关召开“不忘初心、永跟党走”专题交流会议。

6月17日,县人大机关支部开展第二个“支部主题党日”活动。

6月30日,县人大机关党总支隆重举行庆祝中国共产党成立95周年大会暨“两学一做”学习教育交流会。

7月5日上午,州人大常委会副主任陈学明率州人大常委会法规研究室负责人赴来凤县,调研指导由省经济学会主办、来凤县和恩施发展研究院承办的“2016年长江经济论坛”筹备工作。

7月15日,县人大机关党总支开展第3个“支部主题党日”活动。

8月9日,州人大常委会党组副书记、副主任吕金施率州发改委负责人,赴来凤县百福司镇,视察指导抗灾救灾工作。

8月11日,县人大常委会主任莫北平在绿水镇主持召开会议,听取沙子田村精准扶贫工作汇报,部署该村开展扶贫攻坚“百日会战”工作。县人大常委会副主任徐庭海、办公室主任明文林和人大机关驻村工作队参加会议。

8月16日,县人大常委会作出关于任命县乡(镇)选举委员会组成人员的决定。

8月23日,县人大机关党总支开展第4个“支部主题党日”活动。常委会副主任徐庭海将习近平总书记“七一”重要讲话精神与人大机关工作实际有机结合,给大家上《学习贯彻习近平总书记“七一”重要讲话精神,推动人大机关建设全面发展》专题党课。

8月25日,召开县选举委员会第一次会议。县委书记、县选举委员会主任胡泽出席会议并讲话,县人大常委会主任莫北平,县委常委、组织部部长刘涛,县人大常委会副主任徐庭海、彭远仪及县选举委员会其他成员出席会议。会议宣读《来凤县人大常委会关于设立县选举委员会的决定》,讨论通过《来凤县2016年县乡两级人民代表大会换届选举工作实施方案》,通过《关于设立县选举委员会办事机构的决定》《关于成立县乡人大换届选举工作指导组的通知》等其他相关决定事项。会议要求,县选举委员会成员要认真学习有关法律和文件,明确自身职责,熟悉换届选举工作程序,严格依法做好各项工作。

8月25日,县选举委员会在来凤人大网发布《来凤县选举委员会致全县选民的公开信》。

8月25日,县人大常委会给绿水镇沙子田村,赠送价值10万元便民服务设备及村委会办公设备。

8月26日,召开县乡两级人大换届选举工作会议,全体参会人员观看警示教育片《镜鉴》,学习换届选举实施方案等换届选举相关文件;县委常委、组织部部长刘涛传达中央、省委、州委关于做好县乡两级人大换届工作会议及文件精神，县人大常委会主任、党组书记莫北平安排部署县乡两级人大换届选举工作。

8月29日，州人大常委会党组副书记、副主任吕金施率视察组到来凤县，专项视察该县2016年计划出列的三胡、革勒车、漫水、绿水4个乡镇脱贫攻坚工作。

9月7日，县十六届人大常委会召开第95次主任会议，听取县乡人大换届选举第一阶段工作汇报，部署县乡人大换届选举推进工作。

9月7—9日，县人大常委会主任莫北平、副主任徐庭海、彭远仪、向清堂、高碧玉、田延初等深入全县八个乡镇，检查督办县乡两级人大换届选举工作。

9月13日，县人大常委会组织来凤省州人大代表召开专题会议，回顾和总结本届人大代表工作，就本届人大常委会工作报告展开讨论。

9月19日，县人大常委会机关支部开展第五个支部主题党日活动，集体重温入党誓词、诵读党章，举办专题党课，部署换届选举等工作。

9月20日，县乡人大换届选举工作第二次会议召开，安排下阶段推荐协商确定代表候选人工作。

9月25日，县选举委员会召开第三次会议，审查各选区推荐县十七届人大代表初步代表候选人情况，听取县选举委员会相关委员意见和建议，部署下步工作。

9月25日晚，县委召集各乡镇书记、组织委员及人大专职副主席，召开专题会议，督办县乡人大换届选举工作，再次开展业务培训。

9月28日，县人大常委会位于县农业展示中心四楼的新会议室正式投入使用。

9月29日，州七届人大常委会举行第32次会议，审议并通过《恩施土家族苗族自治州酉水河保护条例(建议表决稿)》。

10月1日，县选举委员会召开第四次会议，通报县委对县十七届人大代表初步代表候选人的资格预审、综合评价情况及审查结果，通过《来凤县选举委员会关于县第十七届人民代表大会代表选举部分选区提前举行的批复(草案)》《来凤县选举委员会关于县第十七届人民代表大会代表选举部分选区延期举行的决定(草案)》，部署初步代表候选人公布等工作。

10月8日下午，县人大机关召开老干部座谈会。

10月10日，县选举委员会召开第五次会议，安排推荐协商确定县第十七届人民代表大会正式代表候选人相关工作。

10月12日下午，县选举委员会召开第六次会议，听取各乡镇人大代表候选人名单报送情况汇报，审议通过各政党、人民团体、选民联名提名推荐的代表候选人名单。

10月13日，县乡人大换届选举工作第三次会议召开，各乡镇党委书记汇报县乡人大换届选举第三阶段工作进展情况，县选委会组织组负责人全面细致讲解第四阶段投票选举工作的政策及有关注意事项。

10月17—18日，省人大常委会副主任张岱梨率领省人大常委会民宗侨外委、省民政厅等负责人一行，到来凤县开展精准扶贫调研。

10月20日，全县24万选民投票选举县乡人大代表。

10月21日，县人大常委会机关党支部

开展第六个支部主题党日活动，活动中重温入党誓词、集体诵读党章、学习习近平总书记系列重要讲话、讲专题党课等；再次学习《十八大以来重要文献选编》(中册)、《准则》《条例》《中国共产党问责条例》、习总书记关于国家安全的重要论述；学习传达《湖北省信访局关于印发〈湖北省信访工作负面责任清单〉的通知》、周恩来有关共产党员加强自我改造和党性修养的论述以及县委近期重要会议精神；收看大型专题片《永远在路上》。县人大常委会副主任高碧玉结合自己成长经历讲“如何当好一名基层女性领导干部”党课。

10月31日，县人大常委会党组组织机关全体党员干部传达学习党的十八届六中全会精神和习近平总书记在纪念红军长征胜利80周年大会上的重要讲话精神，安排部署深入学习贯彻落实党的十八届六中全会精神。

11月4日，县人大常委会党组组织机关全体党员干部学习党的十八届六中全会上审议通过的《关于新形势下党内政治生活的若干准则》《中国共产党党内监督条例》，传达全县基层党建专项整改工作会议精神及《来凤县基层党建专项整改工作方案》。会议结合学习十八届六中全会精神、习近平总书记系列讲话精神、“两学一做”学习教育，部分党员干部就学习心得体会进行交流发言。莫北平对学深学透十八届六中全会精神提出要求。

11月18日，县人大常委会机关党支部组织开展第七个支部主题党日活动，县人大常委会主任莫北平，副主任彭远仪、高碧玉、田延初、邓家斌以普通党员身份参加活动。全体人员重温入党誓词，集体诵读《党章》。邓家斌讲《认真学习贯彻党的十八届六中全会精神，正确把握全面从严治党和全面依法治国关系》专题党课。会议开展对《习近平总书记系列重要讲话读本》(2016年版)、《恩施州党员领导干部参加党的组织生活若干规定》《关于十二起侵害群众利益的不正之风和腐败问题典型案例的通报》《关于7起党风廉政建设责任追究典型案例的通报》《关于全省运用大数据开展惠民政策落实情况监督检查工作典型案例的通报》《关于4起省直单位干部“四风”问题查处情况的通报》等省纪委有关通报以及《关于进一步抓严抓实“两学一做”学习教育相关工作的通知》等“两学一做”学习教育文件专题学习。对当前“两学一做”学习教育问题整改再次进行督办。会上开展“党员不能信仰宗教，要用马克思主义立场、观点、方法认识和对待宗教，坚定共产主义信仰和中国特色社会主义信念”和“讲奉献，有作为”专题研讨。党员积极发言，围绕“‘讲奉献，有作为’是什么”“为什么要强调‘讲奉献，有作为’”“如何做一名‘讲奉献，有作为’的合格党员”等方面开展专题讨论。与会人员一致认为，党员干部要对照标杆找差距、查不足，见贤思齐，要进一步坚定理想信念、强化宗旨意识、加强党性修养、弘扬严实作风，争做一名“四讲四有”合格党员和“两为”干部。莫北平在会上强调，人大机关要深入学习贯彻六中全会精神，切实落实全面从严治党；统筹兼顾，科学安排，切实做好当前各项工作；坚持制度，团结协作，保持人大机关良好形象；认真履职，善始善终，圆满完成本届各项工作任务。

11月19日，县人大机关工会组织开展秋季职工运动会。

11月20日，省人大常委会民宗侨外委

主任委员、省人大常委会委员谭徽在带领省人大常委会考察组考察酉水河（来凤段）保护现状。州人大常委会、来凤县人大常委会有关领导陪同考察。

11月25日，县人大常委会机关举办党的十八届六中全会精神讲座。应邀讲座的县委党校高级讲师姚元述，以“书写全面从严治党新篇章——解读十八届六中全会精神”为题进行授课。

12月1日，经省十二届人大常委会第25次会议表决，《恩施土家族苗族自治州酉水河保护条例》获全票通过。这标志恩施州首部地方性法规正式诞生。

12月2日，举行国家宪法日系列法治宣传活动暨“七五”普法启动仪式。

12月7日，县人大常委会根据全国人大常委会和省人大常委会关于宪法宣誓有关规定，对原制订的宪法宣誓制度进行修订完善，更名为《来凤县国家机关工作人员宪法宣誓组织实施办法》，并经县十六届人大常委会第51次会议审议通过。至此，本届人大常委会制订和修订的履职制度达到42个。

12月18日上午，县人大常委会8个人大换届选举指导组，赴8个乡镇对新当选的县乡人大代表进行初任培训。

附　录

一、工作报告摘要

1.县八届人大一次会议有关报告（摘要）

政府工作报告(摘要)

县七届人大会议是在1978年8月召开的，到1980年5月历时一年零九个月。在这段时间里，由于继续拨乱反正，各方面发生深刻变化，全县出现安定团结、生动活泼政治局面。

开展关于真理标准问题讨论，深入进行四项基本原则教育，积极落实党的各项政策。全县组织600多人专班，对极“左”路线所造成大批冤、假、错案复查纠正，平反、昭雪受迫害干部和群众。全县处理11000多件。其中审干复查215件；“一打三反”案件复查108件；纪律检查案件复查106件；“四清”案件复查109件；财贸整队案件复查86件；右派分子摘帽和改正149件(其中改正141件)；政法系统冤、假、错案复查338件，纠正46件；四类分子摘帽2439人；地富子女改成分6616人，第三代改出身3911人。另外，积极慎重给700多户计2000多城镇下放居民作妥善解决。城镇原有待业人员1283人，安置611人，城关镇安置240人。这一系列问题的解决，保证社会秩序稳定，为工作重点转移创造良好条件。

从1979年开始，全县工作重点转移到“四化”建设上来，坚决贯彻执行国民经济调整、改革、整顿、提高方针，取得显著成绩。全县粮食总产量18738斤，比1978年减产507万斤；但社员自留地增加产量比往年多，全年粮食人平产量仍在880斤以上。油菜籽总产302万斤，比上年增加五成以上。生猪发展数19.59万头，存栏数13.82万头，比上年增加18.7%。鸡、鸭有很大发展，鸡年末存栏数10.5万只，蛋鸭6.28万只。羊、兔饲养量有很大增加。多种经济作物中，全县造林6.5万多亩。当年受益辣椒、生姜、药材等，面积、产量比1978年都有扩大和增加，特别是桑蚕有很大发展。1979年收蚕茧451担，比上年翻一番。社队企业有新发展，总收入634万元，比上年增长3.8%，公社三级经济收入3588万元，比上年增8%。其中生产队收入2955万元，比上年增9.3%；纯收入1734万元，人平83元，比上年增加4.5元。1979年农田基本建设主要以配套、续建为主，增加蓄水102万方，新修渠道19000多米，水电装机容量增加205千瓦，1980年一季度又增加装机容量240千瓦。

全年工业总产值1610万元，超额完成计划23.8%，比上年增10.6%。其中生产氮肥 8171 吨，超计划 16.7%；原煤 71684 吨，超计划 10.4%；发电量 809 万度，完成计划的 85.2%；卷烟 5620 大箱，超计划 87.3%；交通邮电事业也有较大发展。

1979 年全县财政收入 4524000 元，超计划 75.94%，比上年增加 33.25%；农副产品收购完成 691 万元，比 1978 年上升 23.6%；收购生猪 24555 头，比 1978 年上升 33.2%；收购鲜蛋 6884 担，比上年上升 75.4%；商业、供销纯销售额完成 2292 万元，比 1978 年上升 15.2%；外贸收购完成 676000 元，比 1978 年上升 37.5%；粮食入库 1789 万斤，超额任务 8.4%。食油入库 49 万斤，超额 2.9 倍完成任务；城乡储蓄上升，1979 年底城镇储蓄 835500 元，比 1978 年上升 27.8%。社员存款 476100 元，比 1978 年上升 48.8%。集体存款 127 万元，比 1978 年上升 21.9%。

文教、卫生、体育和政法部门，以及民兵组织，围绕全党工作重点转移，都积极开展工作，作出新贡献。

工作缺点和问题：有的单位，有的同志，对三中全会精神缺乏全面正确理解，跟不上形势发展；在贯彻山区生产方针中，还没把农林牧放在同等重要位置，忽视多种经济发展；有的思想作风转变不够，工作漂浮，使许多问题不能及时解决。

报告提出 1980 年全县发展国民经济和其他各项事业任务及主要措施。

2. 县九届人大一次会议有关报告（摘要）

政府工作报告（摘要）

农业内部结构不断调整，农业生产持续发展。粮食总产量 1980 年 13815 万斤，1982 年突破 2 亿斤大关；1983 年比 1982 年减产，但仍达 18530 万斤，比 1980 年增产 34%。1984 年夏粮 3472 万斤，比 1983 年增长 7.27%，比 1980 年增长 36.8%。农业总产值 1980 年 4266 万元，1983 年 5705 万元，比 1980 年增长 33.7%，年递增率 5.9%。农业内部结构发生变化，多种经营产值占农业总产值比重提高。1978 年 51.6%，1980 年 52.2%，1983 年 59.2%。社员纯收入 1983 年 3177 万元，比 1980 年 1293 万元，增长 1.4 倍，人平由 90 元增加到 145 元，增长 61%。有各种专业户 10201 户，占总农户的 20.4%，其中：种植业 3065 户，养殖业 3086 户，林业 350 户，商业 250 户，副业 3059 户，运输业 391 户，经济联合体 260 个、769 户。乡镇企业 1978 年产值 610 万元，1980 年 702 万元，1983 年发展到 775 万元。县委、县政府根据实际，提出“林特为主，综合经营，因地制宜，发挥优势”方针，逐步停耕 25 度以上坡地，建立粮食、林业、特产等十二大基地 125 万亩，以基地建设推动农业内部结构变化，发展商品生产。

工业生产以较快速度发展。全县工业总产值由 1980 年 2590 万元，增加到 1983 年 4753 万元，增长 83.5%。其中：工交口工业总产值 1980 年 1673 万元，1983 年 3966 万元，增长 137%。全县有工业企业 55 个，其中：全民所有制工业企业 19 个，县办集体所有制企业 6 个，乡镇工业企业 22 个，财贸口工业企业 8 个，工业固定资产 545 万元。1983 年化肥产量基本保持 1980 年生产水平；煤炭、发电量，1983 年比 1980 年分别增长 11.8%、49.2%；水泥 1983 年比1980年增长3.4倍,灰砂砖1983年产量1171万块,焦炭1983年比1980年增长近6倍,漆筷、晴雨伞、丝织品等成倍增长。卷烟工业1975年筹建,1976年投产,到1980年产13715标箱,产值831万元,卷烟工业成为民族工业骨干企业。1982年,生产卷烟31080标箱,产值2055万元,占全县工业总产值3623万元的57%,缴纳税收1021万元,占财政总收入1525万元的67%。1983年9月15日,县烟厂奉命关停,只生产九个半月,产量43734标箱,产值完成2931万元,比1980年增长两倍半,比1982年增长42.6%。1984年4月7日,中共中央总书记胡耀邦以及其他中央领导到来凤视察工作,对来凤经济建设和各族人民生产生活问题,给予极大关心和重视,6月15日,国家烟草专卖局根据胡耀邦等中央领导意见,批准来凤卷烟厂纳入国家计划,于8月初正式生产。

财贸工作兴旺发达,市场繁荣,人民生活水平逐步提高。全县财政收入1983年完成1086万元,比1980年734万元增长48%。1983年,商业系统国内纯购进完成1713万元,比1980年970万元增长76.6%;国内纯销售完成1468万元,比1980年893万元增长64.4%。供销系统国内纯购进1983年完成1342万元,比1980年890万元增长50.8%,其中农副产品采购完成682万元,比1980年增长30.2%;国内纯销售完成2386万元,比1980年1887万元增长26.4%,其中农业生产资料供应589万元,比1980年增长17.6%。人民生活水平显著提高,1983年底,城镇储蓄余额261万元,人平比1980年增长一倍;农民存款余额276万元,人平比1980年增加9元,集市贸易成交额1072万元,比1980年增长27.5%;社会商品零售总额4022万元,比1980年增长22.5%;个体商业快速发展,到1983年发展到1121户,1272人,个体商业网点716个。城镇职工人均年平工资收入由1980年689元增加到1983年836元,增长21.3%。

文教卫生科学体育等事业有新发展。学校校容校貌有较大改变,教学设备有一定改善。适龄儿童入学率提高,儿童学龄前教育加强。各级党委和政府加强对教育工作领导,建立分级办学体制,开展集资办学。改革中等教育结构,建立农民技术学校,加强农民教育工作。考入大专院校学生169人,其中1980年38人,1983年46人,比1980年增长21%,进入中等专业学校学生497人。民族文化艺术发掘和振兴工作取得新进展。摆手舞不断提到普及和提高。区、乡文化站、文化室群众文化活动阵地不断建立和加强,促进群众文化活动生动活泼开展。1980年到1983年,全县病床由385张增加到453张,专业卫生技术人员由770人增加到863人。县区乡医疗卫生网基本建立,许多村建立卫生室,赤脚医生遍布农村,缺医少药局面初步转变。举办外、妇科医生培训班,提高医疗卫生水平。卫生重点县建设有新进展。计划生育工作深入人心,1983年采取长效节育措施超过历年总和,结扎11000多人,人工流产2400人,出生3300人中,一胎率上升到67%,人口净增率由1980年10.76‰下降到7.63‰。科学技术面向经济建设取得一定成效(略)。电视自办节目试播成功。民间武术发掘、整理和推广工作取得成效，为体育事业增添新的项目，群众性体育活动广泛开展，对增加人民体质起重要作用；老年人体协成立，给老年人安度晚年、延年益寿起积极作用。

加强民主和法制建设，全县安定团结政治局面不断巩固和发展。继续清除“左”的思想影响，妥善处理“文化大革命”遗留问题，认真落实三中全会以来各项政策，在密切政府与群众联系、提高工作效率方面，有初步成效。公安、司法部门认真宣传、执行《刑法》等法律法规，实行综合治理，惩恶扬善，社会治安秩序和社会风气明显好转。民兵工作不断加强(略)。全县建立正常生产秩序、工作秩序和社会秩序，安定团结政治局面不断巩固和发展(略)。

工作缺点和困难：在生产建设和流通领域中，浪费现象很严重。商业、供销部门参与市场竞争能力不强，购销利计划完成不理想。能源特别是电力不能满足工农业生产需要，财政资金存在困难。社会上歪风邪气没得到有力制止，一些恶性犯罪案件时有发生。政府工作部门中官僚主义作风和工作效率不高问题，没得到有效纠正。

报告提出今后政府工作任务、主要措施和工农业总产值翻番设想。

人大常委会工作报告(摘要)

4 年多来，自治县一届人大常委会召开三次人代会，举行 26 次常委会会议，围绕党的中心工作和县委重大任务及人民群众普遍关心问题调查研究，讨论决定一些重大事项，提出建议和意见，作出一些决议决定；根据县委提议和有关法律规定，依法任免国家机关工作人员，加强对国家机关工作人员监督；参与全国人大常委会和省人大常委会交办的《宪法》《民族区域自治法》《兵役法》和一些法律(草案)、地方性法规(草案)交地方征求意见工作；1984 年 8 月，常委会组织和领导县乡两级人大换届选举工作。

自治县一届人大召开三次会议，其中一次是根据鄂西土家族自治州成立，要选举州人大代表而召开，除这次会议没有向代表报告工作外，其余两次会议均向代表报告工作。现着重报告 1983 年 3 月三次会议闭幕以来工作。

听取县政府及有关部门工作报告，讨论决定重大事项。一年多来，围绕物质文明和精神文明建设以及县委各个时期重大任务，召开 11 次常委会会议，听取政府和有关部门工作报告或汇报，提出建议和意见，根据情况作出决定。常委会第 16 次会议，听取县政府关于 1983 年国民经济和社会发展计划报告，审议工农业生产计划、人口计划、主要商品购销调计划以及外贸计划等，提出修改意见。常委会第 17 次会议，听取省人大代表、县人大常委会主任陈佑民传达省六届人大一次会议精神，听取和审议县财政局关于 1983 年财政预算安排情况汇报，审议财政增收节支和机动财力安排情况，强调在确保工、农业生产急需资金同时，解决好中小学危房、小集镇建设、城市维护、广播、卫生等资金优先安排问题。常委会第 18 次会议，听取县政府关于加强和改革学校教育工作汇报，会议决定，要进一步贯彻执行“两条腿走路”办学方针，作出关于集资办学和尽快解决中、小学危房问题的决定。常委会 19 次会议，听取和审议县政府关于 1 至 9 月国民经济计划和财政预算执行情况报告以及关于严厉打击刑事犯罪活动汇报,作出关于严厉打击刑事犯罪活动的决议。常委会第20次会议,听取和审议县政府关于文化工作报告、关于1983年集资办学和校舍维修情况报告、关于1984年春节物资供应工作情况报告、关于1983年优抚和扶贫工作报告,会议对4个工作报告表示满意,作出高度评价。常委会第21次会议,根据中央关于县级机构改革精神和县委建议,因职务调整,决定免去2名副县长职务;对2名现任副县长职务任命,作出“原已办理法律手续,这次不再重新任命”的决定。常委会第22次会议,根据代理县长提议,决定任免县政府、办、委、局负责人;同时任免县检察院和县人大常委会办公室工作人员。常委会第23次会议,根据县委建议和区、乡人员调整,恢复县农业办公室,决定任免有关部门负责人。常委会第24次会议,听取和审议县政府关于1984年国民经济和社会发展计划(草案)报告和1983年财政决算和1984年财政预算(草案)报告,会议讨论并原则通过。常委会第25次会议,传达学习《湖北省县、乡两级人民代表大会代表选举实施细则》和省、州人大常委会关于县、乡两级人大代表换届选举工作安排意见,作出关于县乡两级人大代表换届选举工作有关事项的决定、关于县九届人大代表名额分配的决定、关于更改县人民代表大会届次的决定、关于任命县选举委员会组成人员的决定,通过县委提请任免人员名单。常委会第26次会议,讨论决定县九届人大会议召开日期;拟定大会议程草案;听取和审议全县选举工作情况汇报和人大常委会工作报告有关事宜。

组织对《民族区域自治法》(征求意见稿)和一些地方性法规(草案)座谈讨论。受县委委托,于1983年7月,分三批组织对《民族区域自治法》(征求意见稿)座谈讨论,参加讨论人大常委会全体组成人员、县长、法院院长、检察院检察长以及县直各有关部、委、办、局负责人。通过讨论,提高对民族区域自治法政策认识,增强法制观念。对讨论中提出意见和建议,经过整理,向全国人大常委会民委写出书面报告。在省州主管机关协助下,组织对起草《自治条例》学习、调查、座谈和考察,负责修改并向上级作书面报告。通过这些活动,对宣传贯彻、落实民族政策起促进作用,增强法制观念。

依法任免国家机关工作人员178人次。为做好干部任免工作,认真履行法律手续,常委会坚持两条:凡依法经报请人大常委会审议通过后才能公布;凡经县人民代表大会选举产生干部,在法定任期内一般不作变动,必须变动的,按《地方组织法》规定履行法律手续。

围绕人民群众普遍关心问题组织视察。1983年4月下旬,三胡等地发生罕见风雹灾害,根据县委意见,及时组织有关部门奔赴灾区,弄清情况,提请政府解决群众生产生活困难,并且受政府委托,及时向省有关部门报告,力求扶持。7月下旬,官塘库区上游发生涝灾,官田坝部分群众房屋被淹,龙家桥受到水毁,根据政府意见,组织有关部门实地调查,反复研究,提出解决群众搬迁、过河、听广播等困难的方案,逐步得到实施。其它方面,如修复老虎洞民桥和解决一些小学、卫生院房屋维修等困难,也通过视察督促有关部门解决。

关于处理代表提案和联系代表。1980年以来，代表提出提案926件，县八届人大转政府及有关部门办理，在规定期限内全部办理完毕。为加强人大代表联系，给代表寄送常委会公报3期、六届全国人大一次会议文件汇编1册，召开小型代表座谈会3次(74人)，收到代表和群众来信44件，接待来访21人次。这些联系，对于沟通上下情况，改进和加强各方面工作是有益的。

关于县人大代表换届选举工作(略)。

工作主要差距：工作一般化，监督不够得力；抓大事，搞调查研究少；严格依法办事做得不够。

3.县十届人大一次会议有关报告(摘要)

政府工作报告(摘要)

农业生产稳步增长。粮食产量三年丰收；农业总产值三年三增加，分别比上年增长3.9%、2.57%和19.54%。三年来，调整粮食和其他经济作物面积比例，适当调减粮食面积，扩大经济作物面积。1984年粮食用地面积284000亩，调减为1986年的25万亩，但亩产却提高83斤。三年来长远经济作物发展25600亩，当年经济作物每年稳定在4万亩左右。多种经营产值，在农业总产值比例中逐年提高。1984年，多种经营产值3170万元，占农业总产值的50.5%；1986年4522万元，占农业总产值的58.7%。杂交水稻模式栽培1985年试验，1986年推广，面积11万多亩，占水稻总面积78.5%。经大面积验收，比常规栽培法每亩平均增产200斤左右，亩纯收入增加50多元，每斤稻谷成本下降26.7%。多种经济生产发展较快。油菜籽总产123500担，比1984年增长51.1%，继续保持全省前列。特产商品生产基地建设加快，柑桔产量5万担，比1984年增长3.7倍；茶叶产量5千担，比1984年增长1.7倍；桑蚕产量4500担，比1984年增长2.2倍。全县建立民间耕牛配种站93个，耕牛受胎率4.3%，实行生猪人工受精，使一代杂交良种达到80%左右，生猪死亡率控制在5%以下。预计1987年生猪存栏15万头，比1984年增长30.6%，生猪出栏105000头，比1984年增长50.7%，耕牛存栏17000头，比1984年增长6.6%。联办林场发展到15个，经营面积近10万亩。三年荒山造林计划基本完成，四旁植树353万株，育苗1549亩。至1987年水利设施经过维修配套，恢复和新增灌溉面积5万亩，解决28365人和31139头牧畜饮水困难。

工业生产发展较快。工业总产值1987年可突破亿元大关，实现1.1亿元，比1986年增长31.6%，比1984年增长137%。在工农业总产值中比重，达到57.9%。1986年，生产卷烟96430标箱，产值5001万元，占工业总产值的59.8%；缴纳税收占全县工商税收的82%，预计1987年产量可完成12万标箱，产值可达8000万元，分别比1984年增长1.47倍和1.54倍。三年来，狠抓公路建设和交通管理。到1987年，全县通车里程521公里，10个区镇、51个乡镇通公路。修通通往四川酉阳县和湖南龙山县三条省际断头公路，为繁荣经济创造条件。1987年，全县有大小客货汽车477辆，比1984年164辆增加313辆。客运量120

万人次,比1984年91万人次增长31.86%。货运量11万吨,比1984年80400吨增长36.8%。1987年,原煤8万吨,基本保证自给;发电量2千万度。装机容量为15000瓦的塘口水电站工程,动工修建。新峡一级电站水库加坝工程在实施,将新增库容900万方,年新增发电量410万度。

财贸工作成绩显著。预计1987年商品零售总额3千万元,比1984年增长31.9%,国内纯购进总额2400万元,比1984年增长7.8%。国内纯销售总额4700万元,比1984年增长31.94%。化肥、农药供应,都比1984年有较大幅度增长。全县个体工商户4046户,从业6603人,比1984年2237户,3765人,分别增长80.8%和75.4%。集市贸易成交额预计2000万元,比1984年1239万元增长61.4%。粮食部门认真执行国家对粮食购销政策改革,抓紧合同定购粮食入库并积极开展议购议销工作。银行部门积极进行金融体制改革,1987年为工农业生产提供贷款总额比1984年增长1.4倍。财政收入1985年2450万元,比上年增长33.08%;1986年2715万元,比上年增长11.04%;1987年预计3500万元,比上年增长28.9%,比1984年增长90.1%。三年来,建立和完善乡级财政体制,1984年核定乡级财政收入基数249万元,1987年预计429万元,增长72.2%。县财政每年投入一定资金,用于工农业生产和科学、教育、文化、卫生等事业发展。税务部门进行税务体制改革,三年来,都超额完成上级分配税收任务,1987年,税收入库比1984年增长141%。农民人平纯收入,1984年为180元,1987年可达215元;干部职工人平收入也有较大幅度提高。城乡居民储蓄成倍增长。预计1987年末存款余额可达2400万元,比1984年785万元增长2.06倍。

精神文明建设取得新成果。加强各种教育,开展共创文明单位(村、组)225个,五好家庭138户、双文明户67户,1986年被省命名文明单位1个,州命名18个。加强基础设施建设,特别是市政建设和城镇综合治理。三年来,改善给排水条件,1985年县自来水厂建成投产以来,铺设给水管道4059米,城镇供水普及率85%;新修排水管渠13条,全长5188米。新建4条主要街道,铺设11条水泥路面,全长5213米,总面积70340平方米;总投资110万元,总建筑面积8793平方米的城南、城北综合集贸市场,竣工并投入使用。三年来,新建校舍86518平方米,其中教师住房25315平方米。全县初等教育达到国家规定标准,1987年,学龄儿童入学率98.4%,巩固率98.2%,分别比1984年增长5%和2.2%;小学升初中学生由1984年42%提高到51%。初中升高中学生达到42%,高考升学达到46%,分别比1984年提高1.2%和20%。为各类大专院校输送学生401人。三年来,卫生重点县建设总投资281万元,除中医院以外8个建设单位竣工并投入使用。县财政拨出专款整修4个区医院,14个乡级卫生所,新增医疗器械,改善医疗条件。三年来下达科技计划项目66项,获部、省、州肯定科技成果27项。文化部门坚持正确文艺发展方向,注重社会效益(略)。全县乡镇、村、组基本通广播,入户率51.3%,通响率90%。三年来,县财政投资体育事业费39万元,动工兴建游泳池、田径场、体育馆、门球场等体育设施，为体育运动开展提供条件。

加强法制建设，社会秩序好转。三年来，培训普法员 1318 人，订购、翻印普法课本 33000 册，普及教育 62000 人，占应普及 19 万人 32.6%。通过法律顾问、公证工作，保护国家、集体、个人合法权益。根据中央关于严厉打击严重刑事犯罪活动指示，坚决镇压和打击各种犯罪分子，社会治安秩序明显好转。

工作差距和问题：思想不够解放，改革步伐不快。农村产业结构调整不快，农业科技推广不力。商品生产观念不强，有的思想仍停留在狭隘小农经济水平上。工业结构不尽合理，后劲不足；企业管理水平不高，乡镇工业发展速度缓慢。县级财政收入结构单一，乡级财政脆弱。计划生育工作处于落后状态等。

报告提出今后三年政府基本任务、工作措施。

人大常委会工作报告(摘要)

依法召开常委会会议，代表人民行使讨论决定重大事项职权。县九届人大常委会举行 22 次会议，听取有关部门工作汇报 47 次；经过集体讨论，就民主与法制建设、政权建设、经济建设等重大事项作出决议决定 15 个；依法任免国家机关工作人员 110 人次。三年来，以经济建设为中心，依照法律和政策，坚持改革开放，根据常委会工作特点，致力于提高常委会会议质量。一是在会议前半个月，认真确定好会议议题，并通知“一府两院”作好充分准备，印好材料送人大常委会，便于进行审议；二是在会议召开前，围绕会议议题搞好调查研究工作，为会议讨论决定问题取得发言权，以减少工作中失误。三年来，围绕经济建设，分别听取计划、财政、议案办理等工作情况汇报，并就审计工作、文物保护工作、普法工作等作出决议决定；对其它部门工作，在听取汇报基础上，提出建设性意见。通过常委会例会，较好行使法律赋予决定权和监督权，促进两个文明建设，使宪法、法律、法规和上一级人大及其常委会决议、决定在全县得到遵守与执行，为经济建设和各项改革工作发展起到推动作用。依法任免国家机关工作人员，逐步理顺人事任免组织程序和法律程序，促进国家机关工作人员增强法制观念和宗旨观念，摆正公仆与主人关系，自觉接受人民监督，克服官僚主义积弊。

加强民主与法制建设，逐步增强广大干部群众民主意识与法制观念。认真办理上一级人大常委会交办的法律、法规(草案)征求意见工作。三年来，对《关于县级人大常委会监督本级政法机关工作的若干意见》《建设用地管理办法》《农村五保户供养工作暂行条例》《土地法》《关于减轻农民负担若干规定》《关于县级以下人民代表大会代表名额分配方案》《选举法》《地方组织法》《湖北省县乡两级人民代表大会选举实施细则》《湖北省计划生育工作条例》10 个法律法规(草案)征求意见。抓法律法规学习宣传与贯彻实施监督。三年来，听取县司法局、林业局、检察院等单位汇报，了解全县在学习、宣传、贯彻《宪法》法律法规等情况，强调并支持各部门依法办事，大胆履行职责。抓在全体公民中基本普法工作，增强全县公民法制观念和公民意识。从 1985 年起，把普法工作就纳入常委会议事日程。常委会分派一名副主任专抓此项工作,并提出普法工作要与社会治安、综合治理相结合,与精神文明建设相结合,与经济工作和改革相结合。1986年9月,常委会作出关于视察全县普法工作的决定,通过视察,充分肯定工作成绩,也指出存在问题和困难,促进普法工作进一步展开和不断深入。

抓好县乡两级人大换届选举,加强基层政权建设(略)。

搞好调查研究,密切联系代表,促进议案办理,推动两个文明建设。三年来,围绕经济体制改革和经济建设,在听取各部门汇报前,开展好会前调查。此外,对代表所提议案、建议,代表和群众来信来访所反映重大问题进行调查研究。听取有关部门汇报,指出其工作薄弱环节,反映代表和群众呼声,提出改进工作建议,寓支持于监督之中。就区乡公路建设、民用便桥与渡口建设、区乡集镇建设、农田水利建设、基层政权建设等关系经济发展、商品流通、人民生产生活问题,收到较好效果。组织代表开展视察,促进各项工作顺利开展。组织代表视察区乡公路、农田水利、普法工作、城镇环境卫生等工作。加强与代表联系。三年来,制定《来凤县人大常委会代表工作联系办法》,建立代表联系小组,确定各区镇人大工作联络员,不定期召开人大工作联络员会议、代表小组长会议、代表座谈会议。同时,利用常委会公报与代表加强联系,以便代表闭会期间了解常委会工作情况。根据代表议案处理意见,连同代表所提建议,整理后转交有关部门具体办理。在办理过程中,加强对所反映情况调查研究,督促有关部门认真办理,4次听取代表议案和建议办理情况汇报,使之落到实处。

抓常委会自身建设,转变工作作风,提高工作效率。抓上级文件和领导重要讲话学习,增强责任感和做好人大工作信心和决心。抓常委会一班人对法律和党在新时期各项方针、政策学习,提高法律水平、议政能力。抓机关工作人员组织建设、思想建设和业务水平提高。

工作主要差距:行使职权时工作不够大胆,职能作用没充分发挥;对任免人员缺少必要考核和监督;在联系代表和群众方面,缺乏广泛性,有待进一步改进。

4.县十一届人大一次会议有关报告(摘要)

政府工作报告(摘要)

全县国民经济持续、稳定增长。1990年同1987年相比,国民生产总值由14848万元增加到15500万元(按1980年不变价计算,下同),增长4.4%,年均增长1.4%。全县工农业总产值由20104万元增加到24523万元,增长22%,年均递增6.8%,完成“七五”计划104%。其中工业总产值由12148万元增加到16380万元,增长34.8%,年均递增10.5%。占工农业总产值的66.8%,比1987年提高6.4%,农业总产值由7956万元增加到8143万元,增长2.4%,财政收入由3699万元增加到5274万元,增长42.6%,年均递增12.6%,完成“七五”计划139%。人平储蓄存款由96元增加到196元,跃居全州各县(市)第一。其它各行各业都获得新的发展。

农村产业结构逐步趋于合理，多种经营产值在农业总产值比重中逐年提高，1987年，多种经营产值4500万元，占农业总产值的56%；1990年达到5057万元，占农业总产值的62%。

1990年粮食总产101580吨，其中水稻产量57500吨，小麦产量自1988年以来连续三年过千万斤。油茶生产注重稳定和扩大种植面积。烟叶、茶叶、桑蚕等基地初具规模。多种形式联办林场60个，比1987年增加34个，经营面积45万亩。三年造林15万亩。四旁植树400多万株，育苗近2000亩。柑桔面积24000亩，产量3000吨，分别比1987年增长1.2%和57%，茶叶面积稳定在18400亩左右，产量250吨，比1987年增长32.3%，桑园面积8000亩，蚕茧产量300吨左右。烟叶种植面积3万亩，收购量5万担左右。

1990年生猪存栏15万头，出栏10万头，耕牛存栏19200头，比1987年增长7.8%。

全县投资292.2万元，投标工14万多个，开挖土石方91.14万立方米，恢复和改善灌溉面积6万亩，解决4.4万人和4万多头牲畜饮水困难。完成新峡一级电站加坝工程，新增蓄水量2500万立方米，年增加发电量500万度。

农机工作狠抓排灌机具维修和管理，开展小型、多功能农用机具引进、示范和推广。农村能源建设经省验收，基本达到全国农村能源建设先进县标准。加强天气预报和气象服务工作。开展扶贫帮困活动，兴办各种经济实体48个，安置贫困户276人就业，带动贫困户791户、2642人发展生产。投入351万元发展村级经济，实施项目136个，发展经济作物1万亩，用材林6万亩，全县贫困户由1987年底28536户、127890人下降到2391户、9310人。

工业生产持续稳步增长。工业总产值平均每年以1500万元速度增长。1989年底，全县54家工交商企业承包方式选择基本合理。三年完成技改项目24个，投入资金3273万元，完成县化工厂1.5万吨合成氨、县水泥厂4.4万吨规模和印刷厂彩印等主要技术改造项目。新建10公里三级公路，新建百福司、四斗种、旧司等大桥，加强区乡公路养护，强化水运交通安全管理。

兴建和完成一批重点建设项目，1987年动工兴建装机容量1.5万千瓦塘口水电站，预计1992年可竣工发电；新上11万伏输变电工程；新建2400绪规模民族丝厂，1990年8月底竣工并试产成功；县电讯大楼在1990年当年开工、当年竣工、当年投产、当年受益；加工750吨茶叶精制茶厂动工兴建等。

1990年生产卷烟151528标箱，产值12546万元，分别比1987年增长57.1%和1.5倍，生产的84毫米“四七”牌和“凤烟”牌卷烟，荣获1989年湖北省首届“消费者满意杯”银杯奖，卷烟厂跨入全国500家大型企业行列。

搞活流通，保障供应，财贸工作成绩显著。1990年全县社会商品零售总额8988万元，比1987年增长38.3%。民贸、供销企业国内纯购进2628万元，纯销售5521万元，分别比1987年增长4.5%和16.9%。1990年集市贸易成交额2890万元，比1987年增长34%。1990年，全县各项存款余额

9898万元,比1987年净增2866万元,其中储蓄存款余额5210万元,比1987年净增1.1倍;各项贷款余额突破两亿元大关,三年净增6890万元,其中工业贷款余额近亿元,三年净增3572万元,农业贷款余额也翻一番。三年来,各家银行引进资金8588万元,相互融资总额29000万元,保险部门开辟农房两全保险,水稻制种和烟叶生产等22个险种,比1987年新增5个险种,为我县经济发展社会稳定提供保障。

狠抓乡级财政体制完善和发展,1989年核定乡级财政工商税收基数为429.7万元。1989、1990两年来实际完成为572.7万元和661.8万元。

1990年,农民人平纯收入373元,干部职工人平收入也有较大幅度增加。

治理整顿工作取得初步成效。坚决压缩基本建设投资规模,全面清理在建项目,合理调整投资结构,严格控制生产性建设。对1988年度计划内32个基建项目全面清理,决定停建2个,缓建7个,压缩非生产性计划投资318万元,三年完成全民所有制基建投资3000万元,其中生产性投资2200万元,占总投资的73%。整顿流通领域,清理整顿各类公司。全县有公司64个,清理整顿后撤销8个,合并3个,更名4个,保留49个。加强重要和紧俏商品管理,对化肥、农药、农膜、彩电等实行专营。积极调整信贷结构,千方百计稳定金融。开展税收、财务、物价大检查。整治乱收费、乱罚款和乱摊派,纠正行业不正之风。

各项事业继续发展,加快我县经济建设步伐。三年来,组织科技攻关155项,其中获州科技进步成果奖7个,县科技进步成果奖26个,动工兴建科技馆。教育事业在改革中不断发展,1990年全县各类学校在校学生人数4.5万人,比1987年增长2%。三年来,新建校舍42000平方米,维修校舍12800平方米,为各类大专院校输送学生339人,兴办17所农民技术学校,培训农民4396人次。开展文化市场清理整顿以及“扫黄”斗争,新建落成来凤剧场和文化馆。县电影院翻修工程动工兴建。抓紧区镇文化站建设,除翔凤镇、百福司镇以馆代站外,其余8个区镇建站7个。公布第一批文物保护单位11个,文物考古工作有新突破。全县广播、电视覆盖率由75%上升到92%,喇叭总数由28776只上升到38095只,三年来,拍摄《凤凰迷恋的地方》《金凤朝阳》等电视风光片及新闻专题片。加强农村防病治病网络建设,翻修中医院门诊楼基本竣工,60%区镇卫生院29%乡镇卫生所得到修缮。新建落成标准室外游泳池和两个标准门球场,维修体育馆,在全省第二届青少年运动会和湖北省第八届运动会上,我县总分在全州各县市名列第一,三年来获全国比赛名次5个,省级比赛名次56个,州级比赛名次107个,群众性体育活动得到广泛开展,1990年,我县被省政府命名为全省体育先进县。三年完成结扎10107例,其中女扎7122例,特别是1990年完成结扎5800例,其中女扎占70%,人口自然增长率11.8%,计划生育率84.9%。

精神文明建设取得新成果,民主法制建设得到加强。社会主义精神文明取得新成果(略)。民主和法制建设得到加强,圆满完成第一个五年普法实施规划。三年来,根据上级统一部署,开展专项斗争、专项打击、专项治理，摧毁各类刑事犯罪团伙265个、1754人，立案、侦破各类案件2837起，其中刑事案件1348起，破1151起，破案率85.3%，立重大案件187起，破172起，破案率92%，调处民事纠纷8183件，保障社会治安和社会经济秩序健康发展，维护政治和社会稳定。加强廉政建设，转变工作作风（略）。

存在问题和困难：农业基础比较薄弱，农村财务管理比较混乱；工业企业管理水平不高，经济效益不够理想，投资效益不能够充分发挥；财源结构单一，后续财源建设缓慢；某些改革方案粗糙，急于求成；政府工作效率有待提高，廉政建设有待加强等。

报告提出1991年政府工作任务、主要措施。

人大常委会工作报告（摘要）

认真行使法律赋予职权。依法行使重大事项决定权。三年来，县十届人大常委会对有关重大事项，作出决议决定18项，保证人民意志在本行政区域实现。依法行使对“一府两院”监督权。对“一府两院”实行法律监督和工作监督，采取三种方式开展监督：听取并审议工作情况报告和某方面工作专题汇报。三年来，听取并审议26个机关、部门53项执法或工作情况报告和汇报，内容涉及计划财政、工商税务、普法执法等方面情况。把审议法律、法规贯彻执行情况报告作为监督重要内容。三年中，听取各有关部门关于《档案法》等法律法规在贯彻执行情况汇报，通过审议，增强执法部门依法办事自觉性，法律、法规得到有效贯彻实施。加强对国民经济和社会发展计划、财政预算执行情况报告审议，三年中，常委会7次审议计划、预算执行情况和部分调整情况报告。另外，把预算外资金管理列入财政监督内容。把农业工作列为审议重点，三年中，审议农业工作报告4项，审议与农业生产密切相关工作报告6项。社会治安是人民群众普遍关心问题，为给经济建设和人民生活创造安定环境，常委会4次听取公安工作情况汇报。督促政府关心群众生活也是工作监督重要内容，三年来，听取与群众生活息息相关工作汇报8项，解决部分群众生活困难问题。组织代表视察和开展执法检查。1988年4月初，组织部分委员和省、州、县人大代表17人，到八区一镇11个乡和部分林场开展视察。1989年3月，组织省、州、县人大代表，到全县8个单位视察，并写出视察报告，向政府提出7点建议，推动经济治理整顿工作。1990年9月上旬，配合州人大常委会视察组，深入胡家坪林场、百福司镇、旧司区、大河区实地检查，听取县政府和林业部门汇报。督办代表议案和建议，办理代表和人民群众来信来访（略）。依法行使任免权。依法任免国家机关工作人员182人次。三年来，在行使任免权时，坚持党管干部原则；坚持依法办事；坚持任人唯贤、唯德才是用标准；坚持发扬民主，集体行使权力。

加强同代表联系和对乡镇人大工作指导。建立制度，成立机构。在未正式设立代表联络机构之前，常委会分工一名副主任专管代表工作，配备专门抓代表联络工作人员，各区镇和县直各战线建立代表联络组。1989年1月，作出设立代表联络工委的决定，正式设立代表联络机构。代表联络工委有正、副主任2人,经常开展代表联系和乡镇人大工作指导。运用多种形式开展工作。组织培训工作人员。走下去,请上来联系代表。常委会组成人员不定期地走访代表,征求代表对各个方面工作意见。通过三年努力,代表联系工作和乡镇人大主席团工作逐步做到规范化、制度化,各级人大代表参政议政、模范带头,桥梁纽带作用得到较好发挥。

做好本级人大代表换届选举工作(略)。

加强常委会机关建设。三年来,坚持抓机关思想、作风、组织、制度等方面建设,收到良好效果(略)。

5.县十二届人大一次会议有关报告(摘要)

政府工作报告(摘要)

国民经济持续增长,经济实力有所增强。1993年,全县国民生产总值预计(下同)可达3.5亿元(1990年不变价,下同),三年年均增长6.7%;国民收入3.2亿元,年均增长16.2%。工农业总产值5.4亿元。粮食年产量仍稳定在2.016亿斤左右。多种经营发展较快,全县建立20余万亩烟、桑、茶、果等多种经济生产基地,经济结构日趋合理。1993年工业产值可达到3.32亿元,销售收入可达到3.4亿元以上,卷烟、原煤、水泥、发电量等主要产品产量都有不同程度增长。社会商品零售总额可达到1.25亿元,比1990年上升39%,实现财政收入8274万元,比1990年增长56.9%,银行存款余额达到15016万元,比1990年上升51.7%,各项贷款余额达到28047万元,比1990年上升33%。

重点建设步伐加快,基础工业和基础设施有所加强。三年来,全县固定资产累计投资2亿元,新增固定资产1.5亿元。来智路纳入省道管养,来咸路改善基础工程基本结束。加强乡村公路建设,形成以209国道和省、县公路为主干,县区乡相通交通网络。县城开通国际国内直拨电话,3个区镇开通自动电话,县城6000门程控电话改制工程抓紧进行。塘口水电站建设进入发电机组最后安装阶段,即将投产发电。五台煤矿技术改造进展快,新建贵帽山煤矿加紧实施,预计今年可以投产。相继兴建来凤商城、工行、农行营业大楼、五交化大楼、民贸中心、电影院和来凤宾馆等重点基础设施,增强服务功能。

城乡居民收入增加,人民生活水平明显提高。三年来,全县职工人平年货币工资由1760元增加到2580元,农民人平纯收入由429元增加到473元。城乡居民人平储蓄由196元增加到349元,居全州各县(市)第一位。城镇新增住房面积7.2万平方米,农村新增住房面积22.7万平方米,城乡消费水平有所提高。

社会事业不断发展,精神文明建设加强(略)。民主与法制建设加快,廉政建设得到加强(略)。政府其他各部门、各单位工作都取得成绩,为来凤建设和发展做出贡献。

存在困难和问题:思想解放不够,不能适应市场经济需要;第三产业发展滞后,非公有制经济成分较少;经济结构调整步伐不快,工业发展后劲不足,农民收入增长缓慢;少数企业仍未走出困境,亏损比较严重;社会治安形势比较严峻,综合治理有待进一步加强；反腐败斗争离群众期望有很大差距等。

报告提出政府今后五年工作任务、主要措施以及1994年工作意见。

人大常委会工作报告(摘要)

履行监督职责，审议决定重大事项，促进“一府两院”工作。在法律监督方面，三年来，县十一届人大常委会听取和审议“一府两院”关于民族区域自治法等15个法律法规贯彻执行情况报告。同时，突出对经济方面法律、法规贯彻实施情况监督，在审议法律法规贯彻实施情况时，根据调查了解情况，提出建议和意见，交政府有关部门研究处理，并督促落实。对法律法规贯彻执行情况开展执法检查和视察。三年来，组织部分省、州、县人大代表对实施森林法、义务教育法等情况，开展执法检查和视察。在工作监督中，围绕经济建设这个中心，抓住一个时期工作重点，以及人民群众关心热点，对“一府两院”实施工作监督，其监督方式主要是会议监督、调查监督、视察监督和参与监督。三年来，听取和审议有关计划、财政等报告47个。三年来，对“一府两院”工作报告内容组织20多次调查，较好促进“一府两院”工作，除会议监督和调查监督外，还抓住人民群众反映强烈问题开展视察监督。三年来，不断探索监督工作新路子，在事后监督基础上开展事前、事中监督，在参与、协助政府工作中了解情况，发现问题，开展监督，寓监督于支持之中。三年来，常委会正、副主任按照县委分工，分别参与政府有关工作。

围绕重大事项审议，作出决议决定。三年来，对有关重要事项，认真审议后作出28项决定，其中关于经济建设和改革开放方面12项。

依法做好人事任免工作。三年来，依法任免本级国家机关工作人员154人次，通过依法任免，坚持党的领导，体现人民当家作主地位，为全县经济建设和改革开放顺利进行提供组织保证。

认真做好代表工作，加强区乡人大工作指导。健全代表工作机构，增加人员，充实工作力量。认真组织学习、宣传贯彻代表法。认真办理代表提出议案和建议。三年来，代表提出1件议案、530件建议。每次代表大会闭会后，常委会办事机构同“一府两院”及时落实办理任务。三年来，还办理不少代表和群众来信来访。按照来信来访处理原则，都分别及时处理。加强同代表联系，主要方式有个别走访，召开座谈会，寄送学习资料等。三年来，召开代表座谈会30多次，联系本级人大代表518人次，联系面82%，联系省、州人大代表190人次，乡、镇人大代表1000多人次，通过广泛联系代表，了解群众要求，倾听代表意见，宣传党委和政府决策政令，密切同人民群众联系。对代表反映行路难、过河难问题，想方设法尽量解决。三年来，政府用于解决这方面问题资金100多万元。积极开展代表活动，努力发挥代表作用。要求各级人大代表围绕经济建设和改革开放开展代表小组活动。三年来全县多数代表小组每年开展3—4次活动，多的达到6次。有的还组织代表开展评议乡镇政府及其干部活动，通过评议，发挥代表参政议政作用，促进政府工作。全县范围内开展代表扶贫帮困活动和争先创优活动，充分发挥各级人大代表在经济建设和精神文明建设中模范带头作用。

加强对区乡人大工作指导。加强区乡人大组织机构建设。根据省委、州委常委会议纪要精神,1992年给各区人大联络处和翔凤镇、百福司镇人大主席团配备专职工作人员,充实办事机构力量。乡、镇人大主席团组织建设,全部选配主席,并落实相应政治、经济待遇。加强业务培训。采取专题讲座、以会代训、下乡指导等形式开展培训,提高他们素质。办好区乡人大工作指导联系点。在革勒车镇、茅坝乡和兴隆坳乡建立联系点。常委会领导以及有关工委负责人不定期到点上了解情况,指导工作。点上工作为面上工作提供经验,收到以点带面效果。监督指导乡镇人大依法办事。鉴于少数乡镇有随意变动人代会选举干部和乡镇人代会法律程序不够严格情况,常委会加强监督和指导。每年各乡镇召开人代会时,常委会都要召开主任会议,具体布置,提出要求,并派出指导组分头到各乡镇指导,发现不合法问题及时指出并纠正。

为了认真总结区乡人大工作经验,大力表彰先进典型,促进全县人大工作不断发展,于1991年12月和1992年12月先后召开两次全县人大工作会议。会议分别总结一年来人大工作,交流经验,讨论和初步安排下年任务。两次会议表彰39名优秀人大代表,36名先进人大工作者,35个先进人大工作集体。

坚持依法办事,做好县乡两级人大换届选举工作(略)。

加强常委会自身建设。加强思想建设,加强作风建设,加强制度建设和后勤建设,加强派出机构建设,加强人大制度宣传,加强横向联系。

工作主要差距:对某些违法行为纠正不力,监督工作比较薄弱。重大事项决定权行使不够充分。代表议案和建议督办工作做得不够等。

6.县十三届人大一次会议有关报告(摘要)

政府工作报告(摘要)

国民经济持续发展。1998年,全县国内生产总值达到6.32亿元(1990年不变价,下同),年均增长12.8%;工农业总产值达到11.28亿元,平均增长16.19%。

1998年农业总产值达到2.96亿元,年均增长8.63%;粮食产量达到13.8万吨,年均增长6.60%;多种经济作物产值达到0.78亿元,年均增长8.21%。乡镇企业产值达到2.15亿元,年均增长22%。脱贫步伐加快,有6.58万人摆脱绝对贫困。

1998年工业总产值8.32亿元,年均增长19.47%,实现利税总额1.06亿元,年均增长5.70%。来凤卷烟厂1998年纳税1.1亿元,年均增长11.72%,为全县经济发展作出巨大贡献。

第三产业发展较快。1998年,第三产业增加值1.5亿元,年均增长17.22%,占国内生产总值比重提高1.36个百分点;1998年,个体私营经济产值及营业额6100万元,个体工商户9538户,私营企业67户,从业人数15451人。

固定资产投资加大。1998年,全县固定资产投资完成1.3亿元,五年完成5.34亿元,年均增长8.92%。烟厂投入1.4亿元,装备水平居全省同行前列;全县电站装机容量2.62万千瓦,年发电量增长2.6倍,塘口电站并入华中电网,二龙山水库建设进展顺利;五年来新增通电村79个,农村初级电气化建设通过国家验收;县城主干道和二水厂一期建设基本完成,多数乡镇街道实现硬化,城镇面貌变化深刻;全县公路里程达到1569公里,通路村达197个,路网格局基本形成;程控电话全部开通等。

1998年,财政收入1.43亿元,年均增长11.56%。1998年末,全县金融机构各项存款余额3.92亿元,五年净增2.23亿元,贷款余额7.18亿元,净增4.16亿元,年均分别增长18.72%和19.14%,保费收入1390万元。

改革开放稳步推进。继续稳定、完善家庭承包责任制和双层经营体制,积极推进农业产业化,农民商品意识、市场意识不断增强,努力深化国有企业改革,民营化进程不断加快。35家县属国有企业实施改制,一批企业民营化改革抓紧进行。粮食等重要生产生活资料购销体制改革不断深入;社会保障体系开始形成,就业和再就业工程纳入政府重要议事日程。机构改革稳步实施,财税、金融、住房、价格、计划体制等改革顺利实施。

人民生活水平明显改善。1998年,城镇居民人均可支配收入达到4212元,农民人均纯收入达到1440元,年均分别增长23.60%和24.18%,城乡居民储蓄存款余额由0.97亿元增加到2.92亿元,社会消费品零售额由1.21亿元增加到2.76亿元,年均分别增长25.64%和18.28%;城镇人均居住面积达21.3平方米,农村人均居住面积达29.61平方米等。

社会事业全面进步。大力开展科普、科研和技术应用,五年累计培训农村实用技术人员25.5万人次;安排科研项目160个,获得州以上科技成果奖2项,被确定为首批全国科普示范县;科技对经济增长贡献率36%;电视气象预报节目顺利播出;积极发展教育、文化、卫生、体育等各项事业,全面提高人口素质。教育事业总投资5000多万元,办学条件显著改善,建成省州级示范学校8所,“扫盲”“普九”通过省政府评估验收。文化工作跨入全国文化先进县行列。全县广播电视人口混合覆盖率91%;卫生医疗单位服务能力和水平不断提高,被评为国家初级卫生保健合格县。全民健身体育运动蓬勃开展,竞技体育水平有所提高。坚持可持续发展战略,全面落实计划生育、环境保护、土地管理三大国策。全县人口自然增长率从11.1‰降至6.07‰。

精神文明建设和民主法制建设不断加强(略)。各个部门充分发挥各自职能作用,为经济建设作出较大贡献。

存在困难和问题:思想解放不够,改革开放步子不大,经济结构性矛盾十分突出,经济发展后劲严重不足,财政收入增长乏力,收支矛盾日益突出;企业改革步履艰难,就业和再就业工作形势不容乐观;不稳定因素增加,维持稳定难度加大;交通设施不适应经济发展需要;计划生育工作仍需加倍努力;作风不实、政令不畅的现象依然存在。

报告提出政府今后五年目标和任务以及1999年政府工作。

人大常委会工作报告(摘要)

监督工作取得明显成效。加强法律监

督。督促抓好法制宣传教育。五年来,县十二届人大常委会把法制宣传教育作为重要工作来抓,听取和审议县政府关于“二五”普法工作情况报告,关于“三五”普法工作安排意见报告和关于“三五“普法工作情况报告,作出关于在全县开展第三个五年法制宣传教育决议,对普法工作加强经常性监督检查,促进全县法制宣传教育工作开展。听取和审议法律实施情况报告。五年来,听取和审议农业法、教育法等20多项法律实施情况报告。通过审议这些报告,提出审议意见,督促有关部门认真贯彻执行法律法规,增强法制观念,严格依法办事,从而较好保证法律法规在全县贯彻实施。开展执法检查。五年来,检查统计法、税收征管法等30多项法律贯彻执行情况,通过开展执法检查,指出执法中存在问题,督促执法部门认真整改,严格执法,提高依法办事自觉性。依法纠正违法事件。1998年5月,县政府制定《关于加强流动人口计划生育管理的公告》,与有关法律法规相抵触,侵犯妇女特别是未成年女性合法权益,常委会督促县政府依法纠正,受到人民群众好评。加强工作监督。通过会议形式实施监督。五年来,常委会举行43次会议,听取和审议计划、财政、公安等98项工作报告。通过审议这些报告,针对各项工作存在问题,提出审议意见,并督促有关单位按照审议意见自查和整改,促进各项工作顺利开展。进行视察。五年来,组织人大代表视察减轻农民负担、发展民营经济等10多项工作。通过视察,针对工作中存在问题实施监督,促进有关方面工作健康发展。在参与中监督。开展调查研究。五年来,围绕县委中心工作、常委会会议议题、群众普遍关心热点问题开展50多项调查研究,写出50多篇调查报告,为常委会审议议题和县委制定有关决策提供可靠依据。加强信访工作。五年来,收到代表和群众来信427件,接待来访567人次,对这些信访案件,高度重视,督促有关单位认真办理落实,代表和人民群众反映很好。

有效行使重大事项决定权。五年来,认真行使决定权,围绕全县重大事项依法作出41项决议决定,有效保障和促进全县经济社会发展。围绕来凤民主与法制建设作出许多项决议决定,为加强和促进民主与法制建设起到重要促进作用。围绕国民经济和社会发展、财政预算、农业生产、公路建设、矿产资源开发、城建工作等重大事项,依法作出一系列决议决定,为保障和促进全县经济社会发展发挥重要作用。坚持为人民服务宗旨,围绕人民群众普遍关心热点问题作出决议决定,切实解决人民群众迫切需要解决实际问题。

人事任免工作取得重大进展。坚持党管干部和依法任免原则,严格按照德才兼备标准,依法行使人事任免权,为全县国家机关工作正常运行发挥重要保障作用。五年来,依法任免国家机关工作人员265人次。在人事任免工作中,坚持依法任免,注重对任命人员监督和管理,任命前听取供职报告,对任命人员进行法律知识考试,进行述职评议,增强被任命人员公仆意识和工作责任感。

代表工作跃上新台阶。把代表工作纳入重要议事日程。年初制定工作要点,年终进行工作总结,一年一度向人代会所作工作报告,都把代表工作作为重要内容;常委会分工一名副主任分管代表工作，代工委具体抓代表工作；为方便开展代表活动，把全县各级人大代表混合编成代表小组，以小组开展代表活动，督促县政府依法落实代表活动经费，为代表开展活动提供保障。加强同代表联系。制定联系代表制度，采取登记走访代表和召开代表座谈会等形式，平均每年联系代表面90%以上。通过联系代表，征求代表对各方面工作建议和意见，积极向有关部门反映和督促解决，组织代表学习有关法律和政策，增强代表素质和参政议政能力。认真办理代表议案和建议。五年来，代表在人代会期间提出议案3件、建议522件，各承办单位全部在法定时限内办理完毕，代表和群众比较满意。积极开展代表活动，充分发挥代表作用。五年来，组织代表开展争先创优、扶贫帮困、为群众办实事等活动，人大代表在政治、经济和社会生活中发挥重要作用，由于代表工作成效显著，省人大常委会第31次会议决定，授予来凤县人大常委会代工委"人大工作先进集体"称号。

切实加强对乡镇人大工作指导。指导乡镇人大加强组织机构建设。按照有关法律规定和乡镇人大职能要求，结合实际，指导各乡镇人大加强组织机构建设，在县委和各乡镇党委重视与关怀下，9个乡镇人大主席团，配备8名人大主席、1名兼职人大主席和5名人大副主席，配备专职工作人员，专职人大主席分别在同级党委担任委员或副书记，乡镇人大组织机构建设不断加强，为全县乡镇人大工作开展提供重要保障。指导和支持乡镇人大依法履行职权。提高乡镇人大工作者素质，采取多种形式培训乡镇人大工作者，增强其法制观念、人大意识和依法办事能力。指导各乡镇依法召开人代会和主席团会。采取会前集中指导、会中督促检查、会后总结提高等方式，精心指导各乡镇依法召开一年一度人代会和主席团会，使会议质量不断提高，乡镇人大职权得到较好履行。指导乡镇人大依法进行换届选举工作。指导乡镇人大主席团规范化建设。每年初，常委会制定乡镇人大工作目标量化考核实施方案，对乡镇人大工作及其规范化建设提出要求；年终，按照要求考核验收总结评比。

依法做好人大代表选举工作(略)。

常委会自身建设不断加强。加强思想政治建设，加强组织机构建设，加强制度建设，加强作风建设，加强人大宣传工作，认真抓小康工作队工作。

工作主要差距：监督工作有待加强，依法行使重大事项决定权有待规范，县人大常委会会议质量还有待提高，乡镇人大工作需进一步加强指导。

报告对新一届人大常委会工作提出6点建议。

7. 县十四届人大一次会议有关报告(摘要)

政府工作报告(摘要)

国民经济稳步发展。国内生产总值实现113966万元，完成年计划的108.9%，比1998年增长21.7%，年均增长4%；社会固定资产投资完成26008万元，完成年计划的107.1%，比1998年增长100%，年均增长15%，创历史新高，五年总投资99500万元，是建国以来至1998年的总和；财政收入完成13818万元,同比增长2.4%;社会消费品零售总额完成31400万元,完成计划的102.3%,比1998年增长37%,年均增长6.5%;城镇居民可支配收入4750元,比1998年增长13%;农民人均纯收入1473元,比1998年增长2.3%;五年中2.2万人摆脱绝对贫困。产业化建设步伐加快。五年调减粮食种植面积54216亩,粮经作物面积比由1998年69.4:30.6调为64.8:35.2,经济作物面积上升4.6个百分点;退耕还林完成13.5万亩,其中荒山造林8.5万亩,天保工程完成85万亩森林管护。凤头食品、凤鸣藤茶、宗味食品等农产品加工企业初具规模,一批种养和营销大户在壮大。2003年,全县农副产品商品率40%,比1998年提高10个百分点。卷烟工业实现恢复性增长,2003年提前完成9300万元税收任务。五年来,卷烟工业创产值占全县规模以上工业85%,税收占85%以上。电力总装机容量2.91万千瓦,2003年销售收入3724万元,首次实现扭亏增盈。水泥生产能力由1998年6.6万吨上升到2003年40万吨。截止2003年底,累计注册民营经济7736户,从业人员16500人,其中民营企业113户,从业人员3100人,民营经济实现税收1200万元。武汉市帮扶资金和物资突破1300万元,农业部投入690万元支援建成农业生态科技示范园、高山希望小学和3800口沼气池。五年累计签约项目36个,合同金额54716万元,到位资金20100万元,建成投产项目29个。2003年签约项目11个,合同金额33676万元,到位资金9590万元,建成投产6个,合同金额和资金到位额分别是前四年1.6倍和1倍。凤翔商贸中心项目签约,纳吉滩电站招商成功。2003年财政收入13818万元,税收收入占财政收入比重比1998年提高1.72个百分点。金融机构存款余额8.5亿元,比1998年增长117%;贷款余额7.9亿元,比1998年增长20%。金融累计投放农村小额信用贷款1.1亿元。

基础设施建设得到较大发展。以来智路、讨橙路、胡革路基本完工为标志,在全州率先实现县乡公路黑色化,形成县乡1小时交通圈。随着城南大桥、民族路、西环路、武汉大道一期工程完工,城区道路格局基本形成;建成第二水厂,并完成二期管网改造工程,日供水量由2万吨增加到6万吨。建成金凤边贸大市场、城南边贸市场、城东农贸市场、合顺商行、名大超市、好利来超市,初步形成专业市场和综合市场相结合市场格局。以百福司小城镇综合开发和漫水新集镇建设为代表小城镇建设进展顺利。一、二期农网改造顺利结束,电力通村率100%。计生服务大楼、人民医院门诊大楼竣工投入使用;建成实验中学教学楼、大河中学学生宿舍、绿水中学教学楼等28栋校舍。固定电话用户18177户,比1998年增加9852户,移动电话用户33000户,计算机互联网用户1050户。农村饮水解困工程解决27000人饮水困难;建成沼气池1.1万口,完成12个村60.1公里通村油路;森林覆盖率由1998年37%提高到2003年46%。

各项改革积极推进。完成89家企业改制任务,改制面97.8%,职工身份置换7253人,移交社保1693人。五年中财政投入改制资金3444万元,2003年投入2057万元,确保改革顺利推进。农村税费与改革前

1999年相比，农民负担总额下降304.5万元，减负25%。财政改革向纵深推进。其他改革取得进展。

社会保持稳定。社会治安工作保持“严打”态势，维护社会稳定。五年来征缴社保基金4694万元，向上争取资金1551万元，发放养老金、失业金和下岗职工基本生活费5312万元。农村五保户998人全部实现集中供养，882户农村特困户告别岩洞茅屋，迁进新居；城镇低保覆盖面16641人次，比1998年翻一番，发放低保金932万元，比1998年增长近6倍。

各项社会事业稳步发展。计生工作2000年达到合格县创建目标，五年来人口出生率一直稳定在10‰以下。科技工作初步形成以科技推广和应用为主，以项目为依托，以产业发展为目标工作格局。五年调并学校43个，消化“普九”债务526万元，消除校舍危房35000平方米，新建校舍31200平方米；小学入学率100%，巩固率99.4%，初中入学率92.3%，巩固率90.5%，人均受教育年限7.5年。文体工作始终突出活动开展和阵地建设，顺利通过“全国文化先进县”复查验收。卫生工作坚持医防并重，广播电视工作完成省到县光纤工程等。

民主法制建设不断加强。依法行政明显进步。各级政府及政府各部门自觉接受人大法律监督、政协民主监督和广泛社会监督，认真办理人大代表议案和政协委员提案，五年来办理人大代表议案3件、建议522件。党风廉政建设“一岗双责”全面落实。其他工作取得新成绩。

存在困难和问题：发展面临巨大压力，经济结构不优，民营经济发展不快，财政收入结构单一，城市建设相对滞后，社会保障压力巨大，乡镇、村级负债和“普九”负债沉重，初中、高中发展不足等。

报告对今后五年政府工作提出建议。

人大常委会工作报告(摘要)

围绕经济建设和社会发展重大问题，加强监督工作。加强法律监督。听取和审议法律实施情况报告。五年来，县十三届人大常委会听取和审议30多项法律法规实施情况报告，通过审议这些报告，提出审议意见，作出决议决定，督促有关部门认真贯彻执行法律法规，增强法制观念，严格依法办事，较好保证法律法规在来凤贯彻实施。认真开展执法检查。五年来，检查《预算法》《种子法》等20多项法律法规在来凤实施情况，通过开展执法检查，严肃指出执法中存在问题，督促执法部门认真整改，严格执法，提高依法办事自觉性。依法纠正违法事件。如2000年4月，根据群众反映问题，依法纠正贩毒嫌疑人周行兵取保候审不当案，受到人民群众好评。加强工作监督。通过会议形式实施监督。五年来，常委会举行34次会议，听取和审议财政局等单位89项工作报告。并就提高常委会会议审议质量进行有益探索。每次听取报告之前，对各项工作都调查研究，五年来，围绕县委中心工作、常委会会议议题、群众普遍关心热点问题，就农业产业化、财政税收、文化教育等工作开展80多次调查研究，并写出调查报告。其中有关民营经济、畜牧产业发展、农村卫生等10多项工作调查报告，引起县委、县政府重视，工作建议被采纳。进行视察工作。五年来，组织代表视察发展民营经济、路网建设、农资市场管理、酉水河流域治理、林业工程建设、义务教育、计划生育等 20 多项工作,针对工作中存在问题实施监督,促进有关工作健康发展。在参与中监督。加强信访工作。五年来,收到代表和群众来信 436 件,接待来访 532 人次,常委会高度重视,督促有关单位认真办理落实,代表和人民群众反映很好。

讨论、决定本行政区域内重大事项,支持和促进"一府两院"工作。五年来,围绕民主与法制建设作出多项决议决定,为加强和促进来凤民主与法制建设起到重要促进作用。围绕国民经济和社会发展、财政预算、农业生产、林业工程、公路建设、矿产资源开发、城市规划等重大事项,依法作出 43 项决议决定,审议通过《森林防火管理办法》《林业工程管理办法》,为保障和促进全县经济社会发展发挥重要作用。

依法做好人事任免工作,为县级地方国家机关正常运行提供组织保障。坚持党管干部和依法任免原则,严格按照德才兼备标准,依法行使人事任免权,为来凤国家机关工作正常运行发挥重要保障作用。五年来,依法任免国家机关工作人员 199 人次。在人事任免工作中,坚持充分发扬民主、严格依法办事。对县委推荐"一府两院"提名的领导干部任免,坚持依法任免,注重对任免人员监督和管理。任命前听取供职报告,对任命人员进行法律知识考试,进行述职评议,增强被任命人公仆意识和工作责任感。

认真贯彻实施《代表法》,加强和改进代表联系工作。把代表工作纳入重要议事日程。年初制定工作要点,年终进行工作总结,一年一度向人代会所作工作报告,都把代表工作作为重要内容,常委会分工一名副主任分管代表工作,代工委具体抓代表工作,为方便开展代表活动,把全县各级代表混合编成代表小组,以小组开展代表活动,依法落实代表活动经费,为代表开展活动提供保障。加强同代表联系。制定联系代表制度,采取登门走访代表和召开代表座谈会等形式,平均每年联系代表面 90%以上,通过联系代表,征求代表对各方面工作建议和意见,积极向有关部门反映和督促解决问题,组织代表学习有关法律和政策,增强代表素质和参政议政能力。认真督促办理代表议案和建议。五年来,代表在人代会期间提出议案 1 件、建议 568 件,常委会督促县政府办理,各承办单位全部在法定时限内将代表建议办理完毕,取得较好结果。积极开展代表活动,充分发挥代表作用。五年来,动员和组织代表开展争先创优、扶贫帮困、为群众办实事等活动,通过开展这些活动,代表在政治、经济和社会生活中发挥重要作用,涌现出许多优秀人大代表和人大工作先进集体。认真组织,精心部署,完成县十四届人大换届选举工作(略)。

切实加强对乡镇人大工作指导。指导乡镇人大加强组织机构建设。按照有关法律规定和乡镇人大职能要求,结合实际情况,指导各乡镇人大加强组织机构建设,在县委和乡镇党委重视与关怀下,全县 8 个乡镇人大主席团都配备人大副主席,配备工作人员,乡镇人大组织机构建设不断加强,为乡镇人大工作开展提供重要保障。指导和支持乡镇人大依法履行职权。提高乡镇人大工作者素质,采取多种形式培训乡镇人大工作者,增强其法制观念、人大意识和依法办事能力；指导各乡镇依法召开人代会议和主席团会议，采取会前集中指导、会中督促检查、会后总结提高等方式，精心指导各乡镇依法召开一年一度人代会议和主席团会议，使会议质量不断提高，乡镇人大职权得到较好履行；指导乡镇人大依法换届选举工作。指导乡镇人大主席团进行规范化建设。

加强常委会自身建设。加强思想政治建设，加强组织机构建设，加强制度建设，加强作风建设，加强人大宣传工作。

工作主要差距：监督工作形式和内容要进一步拓展和创新，要在增强实效上下功夫；行使重大事项决定权不充分，人事任免权工作还需不断完善；为代表履职创造条件、提供服务做得不够，同代表联系途径和方法有待创新；同周边县市人大常委会交往渠道还需拓展等。

报告对新一届人大常委会工作提出 5 点建议。

8. 县十五届人大会议有关报告（摘要）

(1) 县十五届人大一次会议有关报告（摘要）

政府工作报告（摘要）

预计 2006 年末，全县地区生产总值 135640 万元，年均增长 10.5%，其中：第一产业 55900 万元，年均增长 4.0%；第二产业 29930 万元，年均增长 21.0%；第三产业 49810 万元，年均增长 10.9%。全社会固定资产投资累计 53890 万元，年均增长 28.5%。财政收入 16368 万元，年均增长 5.8%。社会消费品零售总额 42400 万元，年均增长 10.5%。城镇居民可支配收入 8000 元，年均增长 9.4%；农民人均纯收入 1800 元，年均增长 6.6%。

认真落实"三农"政策，农业农村工作态势良好。粮食直补、水稻良种补贴、粮食综合直补、农机具购置补贴等资金及时足额发放，三年发放 7036 万元。道地药材、特色蔬菜、林果、烟叶、茶叶等特色基地 17.5 万亩，比 2003 年末增加 7.5 万亩；特色农产品经营加工龙头企业 28 家，其中 13 家被认定为州级重点龙头企业；农产品商品率 46.0%，比 2003 年末提高 5 个百分点；农民收入中，农产品销售收入比重 63.7%。标准化种植面积 3 万余亩，7 家企业 19 个品种获得质量体系建设相关质量认证、产品冠标和准入证书。全部取消农业税；依法圆满完成农村土地二轮延包和村委会换届选举；乡镇综合配套改革如期完成，乡镇事业单位"以钱养事"（加大财政投入力度，实行政府采购，花钱购买农村公益服务）新机制基本确立。县乡公路全部实现黑色化；打通县内经济循环路和出口路 3 条 40 公里；建成通村油路（水泥路）259.8 公里，82 个村实现通村公路黑色化（硬化）；顺利完成农村户户通电工程和电信村村通工程；三年新建沼气池 25810 口，"三改"（改厕、改圈和改厨）配套率 40.0%；除险加固 20 座水库，整修渠道 80 公里；新修水窖 1414 口，完成集中供水工程 98 处，解决农村 1.63 万人饮水困难；完成退耕还林 2.3 万亩，荒山造林 3.5 万亩；实施整村推进扶贫 56 个村，42 个村达到预期目标；扶贫搬迁 942 户；解决 3000 多户农村特困户生产生活、看病就医、子女入学等困难；白羊坡、周家湾 2 个新农村建设示范村和马家园村“百镇千村工程”(用5年时间支持全省100个重点镇和1000个中心村的基础设施建设)进展顺利。

工业结构转型步伐坚实,民营经济发展势头强劲。初步形成能源、药化、特色农产品加工、建材四个支柱产业。三年新增规模以上工业企业10家,规模以上工业企业达到15家;新建工业项目21个,建成17个,在建4个;实施技改项目35个。县财政安排工业发展资金1200万元;组建投资担保公司为29家企业担保贷款4115万元。扎实推进工业园区建设,有8家企业申请入园,其中5家企业在施工设计,3家企业开工建设。预计2006年末,工业总产值、增加值分别实现53500万元、23230万元,比2003年(剔除烟厂)分别增加31908万元、9846万元;规模以上工业增加值11550万元,比2003年增加8076万元。国企改革改制任务基本完成,以民营经济为主体县域经济发展格局基本形成。民营经济从业户数9070户,从业人员21800人,分别比2003年增加1334户、5300人;民营企业185户,从业人员7100人,分别比2003年增加72户、4000人。预计2006年末,民营经济实现增加值58220万元,是2003年2.3倍,占全县地区生产总值比重42.9%,比2003年上升17.1个百分点。全社会固定资产投资三年累计完成134022万元,拉动国内生产总值增长4.2个百分点。城镇基础设施、交通、能源、农村基础设施建设等成为投资重点。三年实施172个重点项目,竣工104个,投资总额100148万元,占全社会固定资产投资的74.7%;重点项目投资中,以能源、药化工业项目等为主工业项目投资和技改投资58012万元,占重点项目固定资产投资的57.9%,增强经济发展后劲。对外开放取得明显成效。三年新签招商引资项目52个,开工建设47个,建成投产32个;新签、续建项目实际到位资金累计71982万元。外贸出口累计创汇200万美元,利用外资26.9万美元。有7家企业获得自营进出口经营权。

城镇建设强力推进,城镇管理水平有所提高。成立规划委员会、规划咨询委员会和规划执法中队,初步理顺规划工作体制;完成县城区总规调整、7个乡镇集镇规划和12个中心村规划;加强控制性详规编制,城区详规覆盖率60%,比2003年提高28个百分点;加大规划执法力度。按照建设规划,围绕新城区建设和老城区改造,三年启动城建项目119个,竣工101个,在建18个,城市发展格局基本确立,以东环大道、武汉大道、环西路为主城区外环基本明朗。城市基础配套设施和公益设施不断完善。房地产开发力度加大,城区人均居住面积增加11平方米,达到22.23平方米。乡镇集镇基础设施明显改善,完成7个乡镇集镇街道硬化。集中整治城区交通秩序和14条主要路段;成功取缔城区客运三轮摩托车;高度重视城镇生态环境建设,清理和取缔城镇和公路沿线可视范围内挖山、填水、毁绿采矿活动。建立健全国有土地收购储备制度。

财税金融运行平稳,政府保障能力有所增强。预计2006年末,财政收入16368万元,比2003年增加2550万元,年均增长5.8%;地方一般预算收入5631万元,比2003年增加960万元,年均增长6.4%;工商税收占地方一般预算收入比重75.4%,

比2003年提高12.9个百分点。集中资金促发展，三年用于支持工业、农业和教育等社会事业发展资金23995万元；进一步理顺县乡财政管理体制，积极有效化解村级债务，保证乡村干部工资及时足额发放。县乡行政事业预算单位全部纳入部门预算；国库集中收付率100%；政府采购目录91个，比2003年增加22个，三年采购资金7090万元，节约率10.0%；预算外资金全部纳入“收支两条线”（即有关部门取得非税收入与发生支出脱钩，收入上缴国库或财政专户，支出由财政根据各单位履行职能需要按标准核定的资金管理模式）管理；实施政府收支分类改革、财政与编制政务公开。预计2006年末，金融机构各项存款余额135000万元，年均增长16.7%，其中居民储蓄存款105000万元，年均增长18.0%；各项贷款余额95000万元，年均增长5.5%。金融不良贷款占比25.0%，比2003末降低27.5个百分点。连续三年获得全州“A级信用县”称号，2006年获得“全省最佳金融信用县”称号。

统筹经济社会协调发展，社会事业全面进步。科技对农业和工业贡献率分别达到48.5%、45.0%。一大批新教学楼、学生宿舍楼、学生食堂投入使用；“普九”成果得到巩固，教育教学质量回升，高中扩容成效显著，职业教育有新发展，职教就业率90.0%；三年新增初高中教师157人（含青年志愿者、资教生80人）；发放农村义务教育“两免一补”（对农村义务教育阶段贫困家庭学生免杂费、免书本费，补助寄宿生生活费）资金955万元。完成卫生“三权”（人事权、财权、管理权）上划、防监分离等医疗卫生体制改革，医疗卫生服务能力和水平不断提高。文体和广电事业健康发展，改造、新建一批文体设施；成功举办州二十届老年运动会，参加州五运会、省民运会取得较好成绩；仙佛寺石窟被列为第六批国家重点文物保护单位；南剧《西兰卡普》在省参演获楚天文华奖；有线电视网络改造和广播电视信号村村通工程进展顺利。人口出生率8.98‰，自然增长率4.79‰。连续第四次荣获“全国民族团结进步先进集体”称号。其他各项工作取得新成绩。

以人为本关注民生，保持社会和谐稳定。三年社会保险（简称“社保”）扩面8561人次，各项保费征缴7238万元，支付各类社保待遇6887.9万元，初步建立起“养老、失业、医疗、工伤、生育”五险合一社会保障体系；再就业培训3726人次，农村劳动力转移培训22054人；城镇新增就业9769人，其中下岗失业再就业3705人，困难人员再就业1928人。城镇低保实现动态管理，低保纳入3685户5982人，三年发放低保资金1184.2万元；新建、改建福利院29000平方米，下拨“五保”（保吃、保穿、保医、保住、保葬，孤儿为保教）供养资金374.9万元，“五保”集中供养率95.0%；社会定期定量救助3911户6886人，救助资金213.3万元；实施大病医疗救助城乡贫困群众716人，救助资金106万元；发放自然灾害救助资金404万元。健全县乡治安防控网络，连续三年实现命案必破目标，荣获“平安县市”称号。“四五”普法通过验收，人民调解和法律援助工作成效明显。高度重视信访工作，信访积案逐步消化。突出煤矿、道路交通、重点工程建设、食品药品、危险化学品、消防等重点领域,加强日常监控、专项整治、隐患整改和部门联合执法,落实安全生产责任制,安全生产管理水平有较大提高。

坚持依法行政,政府自身建设不断加强。自觉接受人大法律监督、工作监督和政协民主监督,坚持向人大报告、向政协通报政府工作,三年办理人大代表建议和政协委员提案670件。坚持依法行政,实行政务、村务公开,增加政府工作透明度。事关人民群众切身利益事情,举行听证会,实行公示制,力求做到民众参与、专家咨询、科学决策。认真贯彻《行政许可法》,进一步规范政府部门行政行为。认真落实党风廉政建设责任制,加强财政监督和审计监督,从源头上防止腐败,严肃查处各类违法违纪案件。广泛开展行风评议,纠正不正之风。高度重视软环境建设,树立对外良好形象。积极开展机关效能建设,认真开展保持共产党员先进性教育活动,不断改进政府工作,狠抓工作落实。

存在困难和问题:工业经济总量偏小,农业产业化程度不高,发展资金和人才缺乏,社会事业发展相对滞后,社会保障和就业再就业压力加大,城市建设管理与人民群众期望有较大差距等。

报告提出未来五年政府工作指导思想和主要预期目标以及2007年政府主要工作目标和重点工作。

人大常委会工作报告(摘要)

围绕中心突出重点、监督工作力求实效。法律监督力度逐步加大。为保证法律法规在本行政区域内遵守和执行,县十四届人大常委会把法律监督放在突出位置,采取多种监督形式,加大监督力度,增强监督实效。有力支持相关国家机关依法行政,公正司法,增强全社会法制观念,提高公职人员特别是领导干部法律意识和依法办事能力,促进执法队伍建设和执法水平提高,促进全县经济发展,维护社会稳定。工作监督不断深化。三年中,召开常委会会议21次,听取和审议“一府两院”工作报告57项,开展视察调查48次。重点加强对计划预算审查监督。加强对预算草案、预算执行情况、预算调整方案及决算初审工作,为人大及其常委会审查批准预算打好基础。支持和监督政府进行预算改革,使预算工作细化到部门、具体到项目,增强预算透明度。以深化国有企业改革、经济结构调整、专项资金使用、重点项目建设等重大事项为重点,加强对国民经济和社会发展计划编制、执行和调整工作监督。每年听取县政府财政审计报告,支持县审计局依法审计同级财政,督促有关部门依法严肃查处和纠正审计中发现问题,努力杜绝审计“打白条”问题。抓住全县工作重点和人民群众普遍关心问题进行监督。加强信访工作。把信访工作作为权力机关对行政、司法机关进行监督一条重要渠道。为此,增设信访科,配备信访干部,规范信访处理工作。三年来,受理群众来信439件,接待群众来访1683人次,对信访件及时交政府有关部门和“两院”(即法院、检察院)办理。

依法行使决定权,推进重大决策民主化、科学化。三年来,围绕民主法制建设和经济建设中重大事项,作出20项决议和决定。

坚持原则和程序统一,依法做好人事任

免工作。三年来，依法任免地方国家机关工作人员154人次。加强干部任后监督，每年对政府部门及“两院”负责人进行述职评议。为规范述职评议工作，制定述职评议工作办法，每次述职评议前都制定述职评议工作方案。三年来，对13名县政府组成人员、2名县法院副院长，2名县检察院副检察长进行述职评议。通过述职评议，把对人监督与对事监督结合起来，进一步增强“一府两院”工作人员法律意识和公仆意识。

发挥代表主体作用，代表工作有新进展。加强对代表议案、建议办理情况督办。三年来，大代表提出议案1件、建议528件，为促进办理工作规范有序，提高办理效率和质量，制定关于议案和建议办理工作办法，坚持每年召开代表建议交办会，由县政府每年向县人大及其常委会报告代表议案、建议办理情况。在办理中，委派代工委及各工委负责日常督办工作，到承办单位了解情况，督促检查，跟踪办理，协调解决办理中问题。代表对议案建议办理工作满意和基本满意率100%。组织代表开展活动。为丰富代表闭会期间活动，发挥代表作用，根据代表分布情况，及时组建代表活动小组，全县建立代表活动小组59个。积极帮助、指导各代表小组建立和健全学习、活动、分工联系选民等各项制度。十分重视代表学习培训。2004年7月至8月，对全县各级人大代表分期分批培训，举办9期培训班，集中时间组织代表学习《代表法》等有关法律法规和代表履行职责等知识。结合常委会工作安排，组织代表视察、执法检查和调查。每次常委会会议，邀请部分代表列席，听取他们建议和意见。加强与代表联系。采取走访、召开座谈会、办理代表建议和常委会领导到乡镇调研等形式，加强同代表联系，使代表闭会期间对国家事务管理一些意见和建议有一个畅通渠道。三年来，联系走访代表471人次。开展评比和表彰优秀代表活动。2005年，表彰优秀人大代表18名和先进人大工作者6名，激发代表依法履行职责积极性，推动人大工作深入开展。

加强对乡镇人大工作指导，坚持邀请乡镇人大主席或副主席列席常委会会议，组织乡镇人大干部学习法律和人大工作知识，提高乡镇人大干部业务水平。乡镇召开人代会、主席团会议和开展重要活动时，常委会都派人下去指导工作，保证活动严格依法办事，促进乡镇人大工作规范化、程序化。组织乡镇人大干部培训，到外地学习考察，提高工作水平，增强工作责任感。

加强基层民主建设，依法搞好人大换届选举工作(略)。

自身建设进一步加强。重视理论和业务知识学习，注重制度建设和机关效能建设，加强工作研究和宣传工作。

工作主要差距：监督工作还存在薄弱环节，常委会会议审议方式需进一步改进和完善，审议质量、实效有待进一步提高，对常委会审议意见跟踪督办力度有待加大；代表履职发挥代表作用上需进一步探讨和改进等。

报告指出，常委会三年来工作主要体会有：必须坚持党的领导；必须把促进发展作为人大工作中心；必须把维护人民群众根本利益放在人大工作首位。报告对今后人大工作提出建议。

法院工作报告(摘要)

2004年以来，受理各类案件3844件，审结3650件,结案率95%。其中,受理各类刑事案件250件364人,审结235件341人,结案率94%。受理各类民事案件1883件,审结1802件,结案率95.7%。受理各类行政案件28件,结案27件,结案率96.4%。为242件案件当事人减、缓、免诉讼费31.7万元,维护弱势群体合法权益,体现社会主义司法人文关怀。接待来访人员3200余人次,处理来信237件次。审理申诉、再审案件92件,结案88件,结案率95.7%。受理执行案件1503件,结案1351件,结案率89.9%。2004年下半年,开展集中执行活动,在20天时间里,执结各类案件368件,极大缓解执行难等。

检察院工作报告(摘要)

2004年以来,初查各类职务犯罪案件线索38件,立案查处16件22人,其中大案4件9人。通过办案,为国家挽回直接经济损失500余万元。受理提请逮捕各类刑事案件235件347人,经审查依法批准逮捕221件312人,不批准逮捕14件35人;受理移送审查起诉各类刑事案件236件331人,经审查依法提起公诉221件312人,移送州检察院起诉11件14人,决定不起诉4件5人。向公安机关发出要求说明不立案理由通知书12件14人,公安机关直接立案12件14人,建议公安机关撤案1件1人。受理不服法院生效的民事、行政判决申诉案20件,立案11件,息诉9件。参与监管场所安全检查40次,与人犯谈话171次,给在押人员上法制课13次,受教育796人次,向监管场所提出书面和口头纠正意见44件次等。

(2)县十五届人大二次会议有关报告(摘要)

政府工作报告(摘要)

2006年,全县地区生产总值保持平稳增长,实现135440万元,同比增长(下同)9.6%;工业增加值增幅较大,完成23469万元,增长26.3%;全社会固定资产投资增势较为强劲,完成59912万元,增长31.0%;财政收入超额完成年度目标任务,达到16808万元,增长5.8%;社会消费品零售总额43833万元,增长14.7%;城镇居民人均可支配收入8001元,增长5.1%;农民人均纯收入1881元,增长13.5%。其他各项工作都取得新成绩等。

报告提出2007年政府工作基本思路、全县经济社会发展目标和政府主要工作。

(3)县十五届人大三次会议有关报告(摘要)

政府工作报告(摘要)

2007年,预计实现生产总值157220万元,增长10.6%;全社会固定资产投资72611万元,增长21.2%;财政收入18416万元,增长9.6%,其中面上财政收入7166万元,增长28.9%,地方一般预算收入6246万元,增长10.7%;社会消费品零售总额51821万元,增长18.2%;城镇居民人均可支配收入8653元,农民人均纯收入2153元,分别增长8.1%和14.5%。

农村经济实现新发展。农林牧渔业总产值97589万元,增长5.1%。新发展楠竹、油桐等多年生产业基地2.8万亩,巩固特色蔬菜、烟叶等一年生产业基地8.5万亩；生猪出栏37万头，建成10个畜牧养殖小区；大力推广农业标准化建设，新增标准化示范基地5个，新增“三品”（无公害农产品、绿色食品、有机食品）认证15个、地理标志性保护产品2个。安普罗、凤头食品等一批龙头企业快速成长，带动能力明显增强，州级农业龙头企业达到15家，省级农业龙头企业1家。完成农村公路“通畅工程”（是省交通厅采取以奖代补政策实施的将全省乡镇通达行政村公路，按有关标准改造成水泥混凝土路面或沥青路面，提高路面等级和通车能力的一项惠民工程）157.6公里，“通达工程”（指未通公路行政村以一事一议、投工投劳方式修通等级外公路，每条公路国家补助2万元）39.9公里，来革路等通乡公路基本建成；完成洞塘灌区、马家坝小流域治理工程，新修和维修水渠40公里，整修河堤10公里；完成退耕还林1.3万亩，封山育林2万亩；搬迁贫困户及改造危房485户，完成28个贫困村扶贫整村推进年度建设任务。桐子园村等4个县级示范村初步形成各具特色产业基础，村容村貌得到较大改善，乡镇7个试点村建设进展较好。农民专业合作组织15个，参加农户21500户。培训农村剩余劳动力12533人，农村实用技术培训8000人次。财政支持“三农”资金10968万元，惠农补贴2626万元及时足额发放到农户。

工业兴县呈现新气象。工业总产值66377万元，增长26.1%；工业增加值29524万元，增长22.4%。完成桂花树工业园区产业布局规划，园区水、电、路、通信等基础设施建设快速推进，管理体制进一步完善，工业经济发展平台初步形成，企业入园步伐加快，有9家企业入园并建成2家。启动四合工业园区建设。22个重点工业项目完成投资25895万元。纳吉滩电站建成并实现发电1.1亿千瓦时，贵帽山煤矿原煤生产线改造等5个项目相继建成投产；水泥干法旋窑生产线、金龙滩电站等16个项目建设进展顺利。新增规模以上工业企业4家，规模以上工业企业增加值17577万元，增长42.0%；主要工业产品产销率99.4%；实现外贸出口272万美元，创历史最高水平；7家企业通过ISO9001（ISO是International-StandardizationOrganization的缩写，即国际标准化组织。ISO9001是ISO9000族标准所包括的一组质量管理体系核心标准之一）质量管理体系认证，1家企业通过ISO14000（ISO14000环境管理系列标准是国际标准化组织继ISO9000标准之后推出的又一个管理标准）环境管理体系认证；2件商标被评为湖北省著名商标，3个产品被评为湖北省名牌产品。

城市建设实现新突破。开展城市建设突破战，实现一年提速和创省级园林城市目标。坚持以人为本、依法办事，有效破解城市重点工程建设征地难、拆迁难、施工难问题，优化建设环境，尤其是在武汉大道二期、东环路、西环路等停工多年工程建设上取得重点突破；凤翔世纪商业广场二期等10个工程相继建成，团结二桥路、滨江路等5个工程建设进展顺利。以城市交通秩序综合整治为突破口，集中各部门力量，集中整治群众反映强烈热点、难点问题，城市秩序有所好转；严格规划管理，加大对违法用地、违法建房的清理力度，清理“两违”（指违法占地和违法建房）案件441起。强化经营城市理念,建立城市投资与经营工作新机制,做大做实城投公司融资平台,来凤被确定为全省开发性金融支持示范县,实现融资 7815 万元;努力盘活城市资产,实现收益 2280 万元。

第三产业凸显新面貌。第三产业增加值完成 58001 万元,增长 10.7%。旅游经济逐步升温。完成仙佛寺文物本体抢救性保护设计方案和民族风情园建设性详规,龙嘴峡被评为 AA 级景区,星级农家乐达到 6 家。接待旅游人数 32.2 万人次,实现旅游总收入 5839 万元。一批住宅小区相继开工建设,完成房地产投资 6850 万元,竣工面积 4.5 万平方米,城镇居民人均住房面积 26.3 平方米。通过引导消费,鼓励发展,餐饮、住宿、休闲娱乐等服务业发展迅速。

项目工作取得新成效。坚持把项目工作放在经济工作首位,建立项目工作专班,出台项目争取激励政策,争取到位各类项目资金 31405 万元。黔张铁路初步进入铁道部调整规划,有望纳入国家“十一五”铁路路网调增规划,来凤至恩施沪蓉高速连接线列为州六届人大一次会议议案并纳入全州“十一五”重大项目,水泥干法旋窑生产线纳入全省水泥行业规划并获核准,城区自来水管网改造项目纳入国家投资计划,蓝河河堤治理项目纳入省资金计划,酉水流域综合治理国债项目上报国家发改委。城市污水处理、纳吉滩至当阳坪 110 千伏输电线路等一批大项目进入储备项目库。成立重点项目办公室和综合招投标(政府采购)办公室,建立县级领导联系重大项目建设制度,加强对项目建设督办,严格项目建设管理,保证项目建设进度和质量。建立招商激励机制,鼓励全民招商。新签招商引资项目 13 个,续建新签项目实际到位资金 32400 万元,利用外资 240 万美元。大发塑料、兴平纸品、楚城矿业等一批项目相继落户来凤。

财税管理迈上新台阶。加大财税监管力度。严格税收和非税收入征管,规范接待费、会议费、差旅费等非生产性支出,开源节流并举,保障干部职工个人待遇、行政事业单位正常运转和各项法定支出。强化预算管理。规范国库集中收付。规范政府采购,政府采购资金 4497 万元,节约资金 499 万元。加强对财政专项资金管理,资金使用效益进一步提高。继续深化财政与编制政务公开,清理“吃空饷”(指机关事业单位在编在职人员违规领取工资、津贴、补贴等待遇)人员 158 人。102 个单位国有资产移交国资部门统一管理和经营,国有经营性资产收益 228 万元,较上年增长 43.3%。努力增加信贷投入。年末金融机构存款余额 156964 万元,贷款余额 83632 万元;累计放贷 49745 万元,其中支持“三农”贷款 21000 万元,支持重点项目和企业贷款 15000 万元。县担保公司累计为 27 家企业提供担保贷款 5740 万元。

社会事业取得新进步。进一步健全农村义务教育经费保障新机制,落实“两免一补”资金 1197 万元,救助贫困学生 40084 人次;顺利通过国家“两基”(是基本实施九年义务教育和基本扫除青壮年文盲的简称)验收;建成寄宿制学校项目 10 个,启动接龙中学迁建项目。启动新型农村合作医疗试点工作,为 48089 人次补助医疗费 566 万元;改造完成 2 个乡镇卫生院和 10 个中心村卫生室,启动县民族医院、妇幼保健院业务楼建设。摆手舞、地龙灯、南剧被列入全省非物质文化遗产名录；成功举办首届春节联欢晚会、第二届边区龙舟赛和第五届“文明杯”运动会；百福司镇、旧司乡被命名为“湖北省民族民间文化艺术之乡”。新增有线电视用户1000户，《社会广角》等自办节目水平不断提高。扭转计生工作被动局面，人口出生率9.1‰，自然增长率4.7‰。黄柏园村、马家园村被纳入全州民族团结示范村建设；大力弘扬民族文化，出版《来凤县民族文化丛书》。启动土地利用总体规划修编，完成年度矿产资源整合和马家坡等11个土地开发复垦项目建设；加大违法用地查处力度，用地秩序逐步规范。关闭2家水泥厂和1家造纸厂，单位生产总值综合能耗下降4.0%，主要污染物二氧化硫和化学需氧量分别消减4.0%、8.0%。加强产学研结合，完成7个新产品和新工艺的研发；通过“全国科普示范县”复核和“全国科技进步县”考核。城镇新增就业3738人，城镇登记失业率控制在4.0%以内；社会保险扩面5471人，征收保险费4226万元，发放各种保险待遇4413万元，启动城镇灵活就业人员、低保对象、国有困难企业退休人员医疗保险工作。启动农村低保工作，纳入农村低保8256人，发放低保资金220万元；来凤连续第五次被评为全省“双拥模范县”。大力开展“平安来凤”建设，继续保持严打高压态势；进一步加强治安防控网络建设，有效维护社会稳定，重点保障企业正常生产经营和重点工程建设秩序。深入开展重点行业和领域专项治理，全面排查事故隐患，切实落实整改责任，安全生产形势进一步稳定好转，州政府下达责任目标全面完成。其他工作取得新成绩。

行政能力得到新提高（略）。

存在困难和问题：经济总量偏小，发展环境不优，众多民生问题亟待解决。

报告提出2009年全县经济社会发展目标及政府重点工作。

人大常委会工作报告（摘要）

全面贯彻《监督法》，监督工作取得新成效。2007年是《监督法》实施第一年。常委会以贯彻实施《监督法》为契机，将关系全县发展大局和群众切身利益民生问题作为监督重点，综合运用听取审议专项工作报告和执法检查、视察等多种形式开展监督工作。听取和审议专项工作报告9个、财政经济工作报告4个，开展执法检查、视察和调查6次，对5个单位进行工作评议。为切实增强监督实效，加大对审议意见督办力度，采取多种形式对整改情况进行跟踪检查，截止2007年12月31日，印发的审议意见全部收到县政府和县法院书面回复，收到良好效果。围绕大局，强化工作监督。突出重点，强化财政预算和经济工作监督。常委会把对财政预算审查、国民经济运行作为经济监督工作重点。加强对财政预算科学性、合理性安排的积极探索，提前介入对部门预算编制的调查，为常委会会议审查批准年度部门预算详细方案提供参考。关注热点，积极开展执法检查和视察。有效促进事关人民群众切身利益热点问题解决。同时，积极配合省州人大常委会在来凤开展执法检查、调查和视察，并督促县政府及其相关部门改进工作中存在不足，促进相关法律法规贯彻落实。督促依法履职，认真开展工作评议。为切实促进辖区内具有行政执法职能部门依法行政，对县商务局等5个单位进行工作评议。保障群众权益,加强信访监督。受理来信14件(全国人大转办1件),转办14件,接待来访154人次。通过多方面工作,常委会转办信访件全部收到承办单位回复,群众来信来访要求解决问题,基本得到落实。

围绕发展主题,审议决定重大事项。坚持"抓大事、议大事和决定大事"原则,将事关发展重大事项列入常委会重要议事日程。除将上年度财政决算、本年度财政部门预算以及计划、财政预算调整方案列入审议重点外,将县政府提出的关于提请审议将农产品加工基地建设项目资金列入县财政预算的议案和关于提请审议将2007年度申报国家开发银行市政基础设施项目贷款偿债资金列入县财政预算的议案列为重大事项,进行专项审议,并及时组织常委会组成人员和部分县人大代表深入调研,作出同意县政府将农产品加工基地建设项目资金和2007年度申报国家开发银行市政基础设施项目贷款偿债资金列入县财政预算的决定。

严格人事任免,依法做好干部任免工作。坚持党管干部和依法任免相统一原则,充分发扬民主,严格按程序做好人事任免工作。结合工作评议,对被任命干部进行跟踪监督,进一步增强被任命干部法制意识、责任意识和公仆意识。依法任免国家机关工作人员48人次,其中任命42人,免职6人,从组织上保证"一府两院"工作顺利开展。

创新代表工作方式,充分发挥代表作用。认真督办代表建议。县十五届人大一次会议收到代表建议221件,及时综合整理代表建议,并转交县政府办理。为保证代表建议落实效果,采取视察、调查和走访等形式,对代表建议办理进行跟踪督办。代表提出所有建议于7月底全部办理完毕,办结率100%,代表满意率97%、基本满意率3%。组织代表集中培训。集中半个月时间,对全县州、县、乡(镇)三级人大代表进行专题培训,培训代表578名,参训率80%。通过培训,参训代表履职能力有明显提高。保障代表知情权。坚持重大情况向代表通报制度,按期给代表发送人大工作简报和常委会公报,并将常委会会议、主要工作安排和重要活动在来凤人大网页上公布;督促"一府两院"采取多种形式向代表通报工作情况,将重要工作情况资料发送代表,拓宽代表知情知政渠道。广泛联系走访代表。走访县人大代表141名,走访面75%。在走访过程中,向代表及时通报常委会和"一府两院"工作情况,认真倾听代表意见,收集建议7条,转办7条。为代表在闭会期间发挥参政议政作用创造条件。组织代表开展活动。邀请14名县人大代表列席人大常委会会议,邀请州、县、乡镇三级人大代表107名参加常委会组织的执法检查、视察和调查活动。将州、县、乡镇三级代表混合编排,组建51个代表小组,组织代表围绕建议办理、重大工作推进等情况和人民群众关注热点难点问题开展代表小组活动,为代表知情知政、倾听民声、反映民意提供平台。加强代表典型宣传。通过民主推荐,评选出12名依法履职好的县人大代表,在县电视台"代表风采"栏目里连续报道他们牢记人民重托、积极建言献策和充分发挥模范带头作用的先进事迹。

密切联系,加强指导,积极推进乡镇人大工作。注重加强对乡镇人大工作指导,建立常委会领导联系乡镇人大制度,全面指导乡镇人大开展工作。邀请乡镇人大主席列席县人大常委会会议,加强县乡镇人大工作联系，不断推进人大工作。组织乡镇人大主席赴利川等地学习，开阔视野，拓展工作思路，增强履职责任感。全面指导各乡镇召开换届后第二次人代会，依法选举乡镇领导22人，圆满完成会议任务。参与中心工作，全面完成县委安排各项工作任务。

着力加强自身建设，不断提高常委会工作水平。加强作风建设，提高整体素质。不断完善制度，推进规范化建设。加强宣传工作，营造良好环境。常委会重视人大宣传工作，修订完善宣传工作制度，建立激励机制；充分利用媒体对人大制度、常委会会议、检查视察和代表履职方面的宣传报道，扩大社会影响。在继续办好人大工作简报和常委会公报刊物基础上，成功开通来凤人大网，为促进常委会与“一府两院”、人大代表、人民群众信息交流，搭建新平台。此外，注重向外学习和交流，不断推进工作创新。常委会领导积极参加州人大统一组织的学习考察活动，相关工委室人员参加渝黔湘鄂四省市边区县市人大工作联席会，成功举办全州人大教科文卫工作座谈会。接待省州人大常委会及周边县市人大常委会领导到来凤检查指导和考察工作，增进联系和交流，为推进来凤人大工作注入新活力。

工作主要差距：监督工作与《监督法》要求还有不相适应地方，常委会会议审议质量还需不断提高，代表工作还需进一步加强，常委会自身建设还需不断强化等。报告提出2008年县人大常委会工作总体要求和工作重点。

法院工作报告（摘要）

2007年，受理各类案件861件，结案843件，结案率97.9%，与2006年相比，收案下降8.9%，结案下降8%，结案率持平。其中，受理各类刑事案件97件167人，审结95件145人，结案率97.9%。受理各类民事案件524件，审结517件，结案率98.7%。受理行政案件11件，审结11件，结案率100%。受理各类执行案件203件，执结195件，执结率96.1%，执结标的330余万元等。

检察院工作报告（摘要）

2007年，受理并初查贪污、贿赂、渎职犯罪案件线索8件9人，恢复侦查1件1人；初查后，决定立案侦查7件8人。通过办案为国家挽回经济损失近300万元。受理公安机关和本院自侦部门提请批捕案件100件172人，受理件数、人数同比上升40.8%和55%，经审查，批准、决定逮捕94件162人，不批准逮捕6件10人。受理公安机关及自侦部门移送起诉案件104件191人，受理件数、人数同比上升28%和69%，经审查提起公诉93件180人，追诉漏罪漏犯5件5人，向州院移送审查起诉1件1人，不起诉3件3人，退查7件7人。启动立案监督程序5件次，发出要求说明不立案理由通知书4份，通知公安机关撤案1件1人，公安机关均立案或撤案。受理不服法院生效民事、行政判决申诉案8件，其中提请上级检察机关抗诉5件。参与安全检查14次，与人犯谈话79次，给在押人员上法制课4次，受教育450人次，向监管场所提出书面和口头纠正意见10件次。走访各级人大代表20余人次，邀请人大代表座谈和视察工作2次，向各级人大代表发出征求意见函50余份，反馈意见建议10余条等。

(4)县十五届人大四次会议有关报告(摘要)

政府工作报告(摘要)

超额完成各项目标任务。2008年,实现生产总值19.50亿元,完成年计划的107.1%,增长15.0%;工业增加值4.10亿元,完成年计划的112.3%,增长39.0%,其中规模以上工业增加值2.50亿元,完成年计划的106.4%,增长43.7%;全社会固定资产投资9.80亿元,完成年计划的116.4%,增长35.0%;财政收入30906万元,完成年计划的103.8%,增长67.8%,其中面上财政收入9558万元,完成年计划的106.1%,增长33.4%,地方一般预算收入7580万元,完成年计划的103.5%,增长21.4%;社会消费品零售总额7.00亿元,完成年计划的117.4%,增长35.1%;粮食总产量13.35万吨,增长1.9%;招商引资到位资金4.46亿元,完成年计划的105.9%,增长37.7%;实际利用外资245万美元,完成年计划的117.5%,增长2.1%;城镇居民人均可支配收入9500元,完成年计划的104.4%,增长9.8%;农民人均纯收入2543元,完成年计划的108.2%,增长18.1%;万元生产总值综合能耗下降5.1%,主要污染物化学需氧量和二氧化硫排放量分别削减1%、2%;城镇登记失业率4.0%;居民消费价格指数6.5%;人口自然增长率5.4‰。

强力推进各项建设。桂花树、四合两个工业园区基础设施进一步完善,入驻企业10家。新增规模以上工业企业11家。新建重点工业项目16个,总投资8.2亿元。财政金融部门、担保公司为产业建设提供1.5亿元资金支持,保证企业正常经营和项目建设。新建特色基地13万亩、标准化养殖小区10个,完成能源林土地流转30万亩。有15家企业被认定为州级农业龙头企业,其中凤头食品被认定为省级农业龙头企业。启动关口民族风情园建设,黄柏园和舍米湖民俗文化旅游示范村建设稳步推进。科学编制规划,积极争取项目,仙佛寺民族宗教文化旅游开发和舍米湖原生态摆手舞旅游景区建设项目争取工作取得重大进展。完成县城控制性详规和乡镇集镇总体规划。凤仪大道、接龙桥路中段等城市外环路建成通车,启动瓦尔高片区、沙坨片区建设,城市框架拉开;完成凤翔大道改造升级,启动城市绿化、美化、亮化及污水处理、蓝河治理工程,城市品位得到很大提升。理顺城市管理体制,实行综合执法,城市管理有新进步。积极争取黔(江)张(家界)常(德)铁路、恩(施)吉(首)高速公路两个大通道项目,黔张常铁路建设列入国家计划;恩吉高速公路得到鄂湘两省交通部门支持。主动转变政府职能,改革审批制度,建立健全县、乡、村三级便民服务网络。行政审批实现“两集中三到位”(即一个部门内审批事项向一个审批股室集中,审批股室审批事项向县行政服务中心集中;审批事项进中心到位,部门对窗口审批权授权到位,中心窗口人员配备到位),对市场主体和群众审批事项做到一个窗口受理、一站式办结;乡镇为民服务中心、村为民服务代办点方便当地群众办事,提高行政效能,得到企业和群众好评。坚定不移维护社会稳定。有效化解绝大部分复杂疑难信访问题,信访秩序进一步规范。继续深化社会治安综合治理,深入开展“五五”普法活动,“平安来凤”建设成果得到巩固。认真落实安全生产责任制,狠抓隐患排查治理,安全生产管理工作走在全州前列。积极慎重应对各类突发事件，保持全县社会大局安定有序。信用环境、民族团结建设取得新进步。认真落实党风廉政建设责任制。狠抓制度建设，建立预防腐败长效机制。在招投标、政府采购、专项资金、公务消费、政府投资项目、国有资产处置、经济责任审计等领域建立完善一整套工作制度，有效防止政府工作人员以权谋私行为发生；建立乡财县管乡用制度，规范乡镇财政支出行为。自觉接受人大法律监督和政协民主监督。坚持科学民主决策，实行政务公开，严格按程序举行听证会，实行公示制，力求做到公众参与、专家咨询、民主决策。高度重视政府执行力建设。不断转变工作作风，狠抓工作落实，建立督办机制，政府工作效率明显提高。

积极解决民生问题。发放强农惠农补贴4456万元。完成农村公路通畅工程124公里、通达工程67.8公里、经济循环路17公里，新建沼气池6000口，三改配套率53.6%，完成金塘水库除险加固，解决1.58万人安全饮水困难，启动投资7000余万元土地治理、低丘岗地改造项目。扶贫搬迁、倒损房屋恢复重建1729户，28个重点贫困村扶贫整村推进年度任务全面完成。开展劳动力素质培训，培训农民13537人。完成16个“农民健身工程”（国家体育总局实施的以行政村为主要对象，以村级文艺体育场地为建设重点，把场地建到农民身边，提高农民身体素质，丰富农民文化体育生活的一项工程）和革勒车、大河综合文化站建设，建成36个“农家书屋”（为满足农民文化需要，在行政村建立、农民自己管理、能提供农民实用书报刊和音像电子产品阅读视听条件的公益性文化服务设施），创作一大批群众喜闻乐见民族民间文化作品，进一步解决农村看书难、看戏难、看电影难等问题。教育事业得到重点发展。加大投入力度，启动瓦尔高高级中学建设，职校学生宿舍主体工程完工，革勒车小学改造和大河小学、两河小学希望工程项目建设进展顺利。高考成绩明显进步，中考成绩稳步提升，教研活动获省级以上奖励91项。县妇幼保健院、旧司和漫水卫生院建设项目主体工程完工，10个中心村卫生室规范化建设全部完成。新型农村合作医疗基金运行良好，为5.1万人次补助医疗费用1416万元，2009年参合率87.75%。社会保障力度进一步加大。11760户、19358人纳入低保范围，发放低保金1690万元，实施大病救助882人。积极抗击冰雪和洪涝灾害，下拨救灾专款943万元，救助受灾群众5.8万人次，建成城市福利院。为汶川大地震募捐款物385万元。城镇新增就业人员3318人，困难人员再就业1124人，其中“4050”（指女性年满40岁、男性年满50岁的下岗失业人员）人员471人，开发公益性岗位354个，跨地区转移劳动力9800人。各种社会保险参保73070人，征收保费5892万元，社保扩面11903人。启动村主职干部养老保险、城镇居民医疗保险和原乡镇解聘人员养老保险。建立乡镇住房公积金制度，公积金贷款余额1400万元，发放城镇“双低”（指城镇低保户和城镇低收入户）住房补贴220万元。

统筹推进政府其他工作，其他工作取得新进步（略）。

存在问题：县域经济总量不大，投入相对不足，工作落实不力。

报告提出2009年全县经济社会发展目标及政府重点工作。

人大常委会工作报告(摘要)

突出重点,加强监督。2008年,常委会紧扣全县推进“二次创业”、加快发展的工作大局和人民群众普遍关注民生等问题,确定监督重点,精选监督议题,认真实施监督。加强对财政预算和计划执行情况审查监督,促进财政管理规范化。加强对“三农”工作监督,为促进“三农”问题解决发挥积极作用。加强对民生问题监督,促进工作目标落实和事关人民群众切身利益问题解决。高度重视信访工作,加强信访件的交办、转办和督办,对12件次来信、83人次来访,做到事事有交待、件件有结果,化解矛盾,维护社会稳定。加强对依法行政情况监督,依法对县人事局、粮食局、环保局、广电局和烟草专卖局进行工作评议。致力于改进监督方式方法,努力增强监督实效。综合运用多种监督形式,把听取审议专项工作报告和开展执法检查有机结合起来,把推进工作与促进法律法规实施有机结合起来,围绕重点多层面实施监督。深入开展调查研究,不断提高审议质量。不断强化督促落实,积极推进事业发展。形成审议意见后,主任会议及时将审议意见交由报告机关研究处理,有关工委加强衔接和督办,支持部门改进工作。县政府高度重视常委会提出的审议意见,及时召开专题会议,认真研究落实措施,并如期报告整改落实结果。

着眼长远议大事,适时决策促发展。以科学发展观为指导,把行使决定权与监督权有机结合起来,坚持议大事、促发展原则,紧紧抓住关系发展大局和人民群众普遍关注热点问题,依法作出决议、决定,并加强跟踪督办,增强决策实效,促进事业发展。审查批准2007年财政决算、2008年财政部门预算详细方案、2008年计划调整方案和2008年财政预算调整方案,并分别作出决议。为切实解决城市建设融资难问题,及时审议县政府关于提请审议将边区贸易道路通达工程贷款偿债资金列入县财政预算的议案,作出同意将边区贸易道路通达工程贷款偿债资金列入县财政预算的决定,提出管好用好贷款资金、扎实做好偿债工作的建议和要求,有力支持和促进城市建设快速发展。

着力干部任职监督,人事任免工作有序进行。认真开展任后监督,结合听取审议专项工作报告、开展工作评议和执法检查,及时发现存在问题,提出整改建议,督促被任命人员自觉接受监督,认真履行职责,严格依法行政。任命职务23人,免去职务16人,接受辞职2人。

注重创建新机制,代表工作取得新进步。积极创新代表工作机制,支持和保障代表依法履职,代表作用得到进一步发挥。抓好代表学习培训。按照学习基本法律,熟悉代表职责,密切联系选民,依法执行代表职务等要求,指导乡镇组织代表学习培训,进一步提高代表思想政治素质,明确自身权利和义务。认真指导代表小组开展活动,使代表明确如何履行职责,怎样参加视察和提出议案建议,不断提高依法履职能力。拓宽代表知情知政渠道。为切实保障代表知情权,采取按期给代表寄送常委会公报、人大工作简报及有关资料,及时公布常委会会议、主要工作安排和重要活动等信息,督促“一府两院”定期向代表通报工作情况,邀请代表参加常委会有关活动等措施,较好满足广大代表知情知政要求，为代表更好依法行使职权创造条件。保持与代表密切联系。高度重视与代表联系，在继续坚持走访探望代表和寄送贺年卡慰问代表同时，制定并实施《县人大常委会组成人员联系代表办法》和《县人大常委会主任、副主任定期接待代表暂行办法》，逐步把联系代表工作推向经常化、制度化。常委会组成人员注重定向联系代表，经常了解代表履职情况和生产生活情况，收集并反映代表建议，帮助解决力所能及问题。常委会制定主任、副主任定期接待代表活动方案，于去年7月下旬分别在全县各乡镇开展主任、副主任接待代表活动。活动中，常委会及"一府两院"向代表通报半年工作情况，集中听取代表意见和建议。活动结束后，及时将收集整理后的41条建议转交"一府两院"研究办理。接待代表活动的开展，密切与代表联系，促进常委会及"一府两院"工作，得到广泛认可。增强代表建议办理实效。将代表反映比较集中建议作为督办重点，安排相关工委配合县委县政府督查室跟踪督办；对涉及多个部门建议，由县政府明确牵头单位，注重协调，定期督办。听取审议县政府关于十五届人大三次会议代表建议办理情况报告后，提出加强建议办理后续工作、推进办理工作制度化的建议。县政府高度重视，及时研究出台《来凤县办理人大代表建议和政协委员提案工作规定》，加大办理工作力度，取得较好效果。截止7月30日，代表在十五届人大三次会议期间提出的116件建议全部办理完毕，办结率100%，代表满意率97%，基本满意率3%。

注重履职能力培养，自身建设水平逐步提高。以全县开展"一优化、两提高"主题实践活动为契机，以培养履职能力为重点，着力加强自身建设。加强政治业务学习，努力提高队伍素质。加强机关组织建设，适应事业发展需要。为保持与上级人大工作机构对应联系，在县委、县政府重视和支持下，常委会对内设机构进行调整，将原民族法制内务司法工委更名为民族法制工委，增设内务司法工委。同时调整常委会内设机构部分负责人，改善机关工作人员年龄结构，增添机关工作活力。加强机关作风建设，不断提高工作效率。加强工作制度建设，推进履职规范化。对原有制度进行修订完善，并将修订完善的40余项工作制度，分类汇编成册，分别印发常委会组成人员、机关工作人员和"一府两院"及有关部门具体实施，进一步推进常委会规范化建设。

加强内外联系交流，促进人大工作上台阶(略)。

工作主要差距：监督工作实效有待进一步增强，代表工作机制有待进一步完善，履职水平有待进一步提高，对外宣传有待进一步加强等。报告提出2009年县人大常委会工作总体要求和工作重点。

法院工作报告(摘要)

2008年，受理各类案件1057件，审结1045件，结案率98.9%，同比收案上升22.9%，结案上升28.2%，结案率上升4.7个百分点。其中，受理刑事案件114件191人，审结113件190人，结案率99.1%。受理各类民事案件623件，审结614件，结案率98.6%。受理各类行政案件8件，结案8件，结案率100%。受理执行案件303件，执结301件,结案率99.3%等。

检察院工作报告(摘要)

2008年,受理并初查贪污、贿赂、渎职犯罪案件线索8件;决定立案侦查4件7人;其中渎职犯罪案件1件3人。通过办案为国家挽回经济损失近200万元。受理公安机关和本院自侦部门提请批捕案件123件152人,决定逮捕116件145人,结案率、准确率均达100%。受理公安机关及自侦部门移送起诉案件127件173人,经审查提起公诉113件153人、移送州院5件10人、不诉7件8人、结存2件2人。全年启动立案监督程序5件次,发出要求说明不立案理由通知书5件,通知公安机关立案5件,全部立案。追诉漏罪漏犯6件6人、不批准逮捕7件7人。对看守所进行安全检查12次,与在押人员谈话50人次,给在押人员上法制课2次,受教育167人;向监管部门提出书面建议3份、口头建议12次,对看守所上报4名留劳人员资格依法审查等。接受群众咨询30余人次,受理来信来访及举报线索8件。走访各级人大代表20余人次,邀请人大代表座谈和视察工作2次,向各级人大代表发出征求意见函50余份,反馈意见建议10余条等。

(5)县十五届人大五次会议有关报告(摘要)

政府工作报告(摘要)

综合实力明显提升。2009年,实现地区生产总值27.26亿元,同比(下同)增长14.1%;财政总收入32068万元,增长3.76%,地方一般预算收入8208万元,增长8.28%;出口创汇363万美元。

发展后劲明显增强。以工业为主二产业增长26.0%,分别比一、三产业高20和12个百分点,三次产业构成由2008年30.1:21.6:48.3调整为28.0:24.0:48.0;全社会固定资产投资13.05亿元,增长31.7%;招商引资到位资金5.40亿元,实际利用外资167万美元。城镇化率35%,比上年提高5个百分点,城区框架建设全面展开。初升高比例比上年提高23个百分点。

人民生活明显改善。社会消费品零售总额8.87亿元,增长26.0%;城镇居民人均可支配收入首次突破万元大关,达到10169元,增长8.9%;农民人均纯收入2801元,增长10.1%;城乡居民储蓄存款余额16.22亿元,增长16.1%;发放惠民补贴4706万元;完成农村危房改造704户、生态移民和扶贫搬迁350户;建成廉租房462套;解决农村安全饮水3万人;新建改建农村公路68公里;新农合参保率90.2%;社保扩面6266人,城镇新增就业3126人,城镇登记失业率4.5%;纳入城乡低保11760户25137人;森林覆盖率55%;城区垃圾无害化处理率100%,主要污染物化学需氧量和二氧化硫排放量均削减1.5%。

以特色基地建设为重点,实现调整农业产业结构突破。依托凯迪公司流转林地34万亩,新建油桐基地12.6万亩,给农民兑付土地流转费610万元;新建各类特色基地22.58万亩,基地培管25万亩;建成规模化生猪养殖小区8个,生猪出栏52万头;小龙虾养殖稳步推进。龙头企业不断壮大,16家企业被评为州级农业龙头企业,2家被评为省级农业龙头企业。新增25个农民专业合作社。

以重大工业项目建设为重点，实现扩张工业经济规模突破。科隆公司百万吨重质碳酸钙粉体加工项目落户工业园区；凯迪生物质电厂完成设备采购；金凤旋窑百万吨水泥技改项目建成投产；安普罗肉联扩能成功，"零号土猪肉"畅销多个大中城市。新增规模以上工业企业10家，总数41家，其中有2家产值过亿元，能源、建材、食品工业成为县域经济发展重要支撑。

以举办摆手节为重点，实现培育文化旅游产业突破。以原生态摆手舞为核心，深入发掘土家民族文化。举办摆手节，设立土家文化研究中心，组织摆手舞队参加上海国际旅游节，启动仙佛寺景区建设，高标准制订文化旅游产业发展规划。全年接待游客41万人次，实现旅游收入8492万元。旅游产品生产企业和吃、购、娱、住、行五大行业得到快速健康发展。

以拉开框架为重点，实现建设中等城市突破。实施城市建设重点工程25个，投入资金3.34亿元。完成解放路、凤北路、观城坡路、接龙桥路建设工程，打通制约城市发展老城区东、西两大通道；以湘鄂情大桥开工和鹤来绕城一级路获批为标志，环绕城市西部近8平方公里，连接仙佛寺景区、老城区、土堡行政服务区、桂花树工业园区四大组团的城市外环骨架将拉开。积极筹措资金继续实施背街小巷治理、垃圾处理、污水处理和绿化、美化、亮化工程；开工建设蓝河景观带。在把县城建设成靓丽宜居"人文边城"、把"龙凤"双城建设成中等规模城市上迈出坚实步伐。

以"两路"项目争取为重点，实现优化发展条件突破。黔张常铁路完成预可研评审，可望2010年开工建设；安吉高速公路恩施至来凤段项目完成可研报告编写、评审，与福建客商签订BOT（build — operate — transfer。即建设—经营—转让。是私营企业参与基础设施建设，向社会提供公共服务的一种方式）建设框架协议，可望在2010年开工建设。

以破解高中教育瓶颈为重点，实现改善民生民利的突破。来凤高级中学当年动工当年投入使用，有效解决高中容量不足问题。通过加强学校基础设施建设，深化学校精细化管理，强化教师队伍建设，整治校园周边环境，使得教育教学环境明显改善，教育教学质量明显提高。通过积极争取，来凤被确定为全国首批新型农村养老保险试点县。县民族医院建设顺利推进，县妇幼保健院、8个乡镇卫生院、66个村卫生室建设全面完成，城乡医疗保险稳健运行，城乡基本医疗保障均衡度进一步提高。

以三级便民服务网络建设为重点，实现建设服务型政府突破。推动行政审批制度改革，实现行政审批及相关服务事项一个窗口受理、一站式办结，建立为企业提供优质高效服务制度，县乡村三级便民服务网络基本实现规范运行，行政服务效率和服务质量明显提高。办理各类行政审批及公共服务事项21万余件。

以重大节点安保工作为重点，实现建立维护社会稳定长效机制突破。以开展大接访和信访积案化解为载体，积极开展矛盾纠纷排查、预警、化解工作；始终保持对各类犯罪严打高压态势，实现摆手节、国庆60周年等重大节庆活动期间零上访、零事故，妥善处置新蕾学校债务危机；成功化解一大批信访积案；有效应对伤寒疫情、甲型流感等突发公共事件。其他工作取得新成绩。

亟待解决问题:经济规模仍然不大,财政实力仍然不强,政府在解决民生问题、改善发展环境上常常显得力不从心;城市管理没有跟上城市建设步伐,“两违”重新抬头,市容脏、乱、差现象突出,市政设施毁损严重;非法集资、违规放贷比较突出,影响正常经济秩序;计划生育基层基础工作薄弱;少数政府工作人员思想和能力跟不上时代前进步伐等。

报告提出2010年全县经济社会发展目标及政府重点工作。

人大常委会工作报告(摘要)

强化计划预算监督,较好维护财经秩序,促进经济社会健康发展。根据有关法律规定,2009年,常委会听取和审议县政府关于“十一五”规划实施中期情况评估报告,批准县政府提出的“十一五”规划调整方案,充分体现县委总体部署,使全县“十一五”规划更加符合来凤发展实际,更具科学性和指导性。强化重点工作监督。紧紧围绕全县工作中心,突出对事关发展、稳定重点工作进行专项监督。强化法律实施监督。对本行政区域国家法律法规实施情况进行监督,是各级人大及其常委会重要职责。听取和审议县政府关于《劳动合同法》实施情况报告,检查《中小企业促进法》实施情况,听取和审议县政府关于《档案法》实施情况报告。为加强法律监督,维护国家法制统一,在制定出台规范性文件备案审查办法基础上,启动规范性文件备案审查工作。此外,受省州人大常委会委托,检查《招投标法》等法律法规实施情况。强化履职行权监督。为切实增强政府职能部门以及部分垂直单位法律意识和责任意识,促其严格依法履职,对县交通局、文体局、监察局、林业局和食药监局进行工作评议。

坚持将行使重大事项决定权与行使监督权相结合,作出同意县政府适量发行地方政府债券的决定和同意将蓝河流域治理暨综合开发项目融资资金列入县财政预算的决定,增加项目建设资金1.14亿元,为全县经济社会快速发展提供有力支持和保障。

坚持党管干部和依法任免相统一,依法任命“一府两院”工作人员职务3人,为全县经济社会可持续发展提供组织保证。

注重代表能力建设,代表工作全面推进。坚持以提高代表参政议政能力为重点,不断丰富代表活动,在继续拓展代表知情知政渠道同时,积极创新代表工作机制,努力为代表依法履职创造条件、搭建平台,代表作用得到较好发挥,代表工作活力不断增强。学习培训不断深化。以乡镇为单位,以代表活动小组为平台,综合运用专题学习、以会代训、集中开展活动等方式,对代表履职知识进行再学习,对履职技能进行再培训,广大代表综合素质得到进一步增强,履职能力得到不断提高。活动实效不断增强。继续坚持定向联系代表、定期接待代表和适时邀请代表参加活动等制度,活动质量得到不断提高,活动效果得到进一步增强。常委会组成人员定向联系县人大代表94名,占代表总数的50.5%,加上前两年联系数,提前实现到本届末将所有代表普遍联系一次目标。通过开展联系活动,增强常委会对代表了解,拉近与代表心理距离,增强代表归属感,对推进常委会工作起到积极作用。常委会主任、副主任定期接待代表是人大常委会自觉接受人大代表和人民群众监督,为广大代表提供知情知政渠道、搭建参政议政平台重要形式。7月，常委会与“一府两院”组成8个小组，分赴各乡镇集中向县人大代表报告执行年初人代会决议情况，征求代表意见和建议14条。常委会及“一府两院”高度重视代表意见和建议，认真研究处理。重视代表活动小组建设，在组织部分乡镇人大负责人学习考察外地先进经验基础上，按照州人大常委会要求，结合来凤实际，在三胡、革勒车、漫水3个乡开展代表活动小组建设试点工作。由于试点特色鲜明，成效显著，州人大常委会给予充分肯定，并在来凤召开的全州人大常委会主任座谈会议期间，推介来凤试点经验，得到与会人员一致好评。建议督办力度不断加大。高度重视人大代表建议办理工作，不断加大督办力度。除督促“一府两院”严格执行办理工作规则、办法外，着力采取四个措施，强化督办工作。由常委会主任、副主任领衔督办。突出重点督办。整合力量督办。后续跟踪督办。代表建议126件，全部办理完毕，满意率92.1%，基本满意率7.1%，不满意率0.8%。

突出增强机关效能，自身建设不断进步（略）。

加强内外联系交流，对外形象不断提升。继续加强对乡镇人大指导。继续加强与上级人大联系。加强与外地工作交流。常委会在组织学习考察外地先进经验同时，紧紧抓住渝黔湘鄂部分县（市、区）第39次人大工作联席会在来凤召开机遇，与20多个兄弟县（市、区）近百名与会代表，共同交流以“加强环保工作监督、促进可持续发展”为主题的工作经验，并就有关问题进行深入探讨，提出一系列建设性意见和建议，为推进武陵山地区环保监督区域协作，促进经济社会可持续发展，发挥积极作用。

工作主要差距：监督工作实效需进一步增强，履职程序需进一步完善，代表工作机制需进一步创新，自身建设需进一步加强等。

报告提出2010年县人大常委会工作总体要求和重点工作。

法院工作报告（摘要）

2009年，受理各类案件1258件，结案1245件，结案率99%，与上年同期受案1057件，结案1045件，结案率98.9%相比，收案上升19%，结案上升19.1%，结案率上升0.1个百分点。其中，受理、审结各类刑事案件137件214人，结案率100%。与上年受理114件191人，审结113件190人，结案率99.1%相比，受案上升20.2%，结案上升21.2%，结案率上升0.9个百分点。受理民商事案件631件，结案622件，结案率98.6%，与上年受案623件、结案614件、结案率98.6%相比，收案上升1.3%，结案上升1.3%，结案率持平。受理、审结行政案件11件，结案率100%，与上年收、结案8件相比，收结案均上升37.5%。受理执行案件468件，结案465件，结案率99.4%，与上年受案303件，结案301件，结案率99.3%相比，受案上升34.5%，结案上升54.5%，结案率上升0.1个百分点。落实特困群体诉讼案件41件，司法救助金额15.5231万元，为执行案件特困当事人解决司法救助金6.3万元等。

检察院工作报告（摘要）

2009年，立案侦查各类职务犯罪案件7

件 12 人,追缴赃款 50 余万元,通过办案为国家挽回经济损失近 200 万元。受理公安机关和本院自侦部门提请批捕案件 128 件 210 人,决定逮捕 119 件 198 人,不批准逮捕 9 件 12 人,结案率和批捕准确率均达 100%;受理公安机关及自侦部门移送起诉案件 129 件 223 人,经审查向县法院提起公诉 117 件 197 人,不起诉 3 件 3 人,移送州院 3 件 9 人,退回公安机关补充侦查 2 件 10 人。启动立案监督程序 5 件次,发出要求说明不立案理由通知书 5 份,通知公安机关立案 5 件,全部立案。公诉部门在审查案件过程中追诉漏罪漏犯 4 件 6 人。出庭支持公诉 84 次,提出书面量刑建议 8 份,法院采纳 8 份,当庭提出口头纠正违法意见 4 次,书面纠正 2 次。进行安全检查 15 次,参加狱情分析会 12 次,召开监管场所联系会 4 次;与在押人员谈话 52 人次,给在押人员上法制课 2 次,受教育 294 人次;在刑罚执行和监管活动中发出书面检察建议 3 份、口头建议 5 次,均被采纳和纠正。受理控告及举报线索 13 件,接待人民群众来信来访及法律咨询 50 余人次。启动人民监督员程序 2 次。走访各级人大代表 20 人次,邀请人大代表、政协委员来院视察工作 2 次,发送征求意见函 50 余份、邀请召开座谈会 2 次,主动听取社会各界对检察工作和队伍建设意见和建议等。

(6)县十五届人大六次会议有关报告(摘要)

政府工作报告(摘要)

预计 2010 年,完成地区生产总值 29.5 亿元,较上年增长(下同)13.0%,超"十一五"规划目标 46.3%,年均增长 12.8%;三次产业结构比由"十一五"期初 39.3:15.9:44.8 调整为期末 28.8:26.4:44.8;工业增加值 6.66 亿元,增长 22.5%,超规划目标 17.5%,年均增长 25.8%;财政总收入 36939 万元,增长 15.1%,超规划目标 65.7%,年均增长 18.4%,地方一般预算收入 10075 万元,增长 22.7%,超规划目标 46.9%,年均增长 13.9%;全社会固定资产投资 17 亿元,增长 30.3%,五年累计完成 53.22 亿元,超规划目标 90.1%,年均增长 30.0%;全社会消费品零售总额 10.64 亿元,增长 20.0%,超规划目标 73.0%,年均增长 22.7%;城镇居民人均可支配收入 11000 元,增长 8.2%,超规划目标 12.9%,年均增长 7.6%,农民人均纯收入 3100 元,增长 10.8%,超规划目标 53.5%,年均增长 13.2%;森林覆盖率 52.1%;城镇登记失业率 4.3%;人口自然增长率 8.7‰。

大力改善农业基础条件,农村面貌发生深刻变化。积极发展产业龙头,省级龙头企业达到 2 家,州级龙头企业达到 16 家,农民专业合作组织达到 78 家。建成特色产业基地 44 万亩,生猪养殖小区 12 个,初步形成工业原料林、生猪、道地药材、特色蔬菜、水果、特色水产等六大板块基地。实施农村通达工程 550 公里,通畅工程 573 公里,打通 220 公里农村公路大循环,基本实现"行政村两小时"(通过大通道建设,使全县所有行政村都能在两小时内到达县城,缩短县城与行政村的时间距离)经济圈;完成 22 座水库除险加固和所有乡镇集镇自来水厂建设,整修渠道 216 公里,解决 9.73 万人饮水安全问题;实施土地整治工程,新增土地 1.5 万亩；新建沼气池3万口，建设生态家园示范村40个；完成79个村扶贫整村推进任务，减少贫困人口3.84万人；新农村示范乡镇和示范村建设稳步推进。

大力扩张工业经济规模，新型工业体系现雏形。建设“一区两园”（经济开发区，桂花树、四合工业园）发展平台，开展全民招商，构建以新材料、新能源、食品、建材为主新工业经济体系。凯迪、科隆等知名企业落户来凤；萤石浮选生产线在来凤建成；纳吉滩电站、金凤百万吨水泥旋窑相继投产；安普罗肉联与武汉上市公司成功合作；以方解石、石灰石为主新材料产业发展前景广阔。“十一五”期末，规模以上工业企业达到55家，较期初净增45家，有1家企业产值过2亿元，2家过亿元，5家过5000万元。

大力培育文化旅游产业，第三产业得到快速发展。原生态摆手舞荣获国家群星奖，摆手舞成为来凤特色文化品牌和名片。深入发掘和保护文化遗产，仙佛寺被列为国家重点文物保护单位，摆手舞、南剧、地龙灯被纳入国家级非物质文化遗产保护名录，西兰卡普织绵在首届全国非物质文化遗产博览会上获得金奖。高标准编制来凤旅游发展总体规划和一系列旅游专项规划，5个重点旅游项目纳入鄂西生态文化旅游圈项目规划，关口民族风情园一期工程建设完成，仙佛寺保护维修工程启动。文化旅游业升温，带动吃、购、娱、住、行等第三产业发展，全国著名商贸企业中百集团落户来凤，鄂湘渝边区最大综合购物中心——来凤中百购物广场即将开工建设，覆盖城乡商贸流通网络基本形成。

大力开展中等规模城市建设，城市面貌发生显著变化。“十一五”期间，投入资金13.56亿元，实施城市重点建设项目99个。打通城市外环，拉开城市框架，新城区基本形成，城市建成区面积达到8平方公里；实施城区主干道路网改造，老城区改造稳步推进；建成垃圾处理厂、天然气管网、污水处理厂等一大批市政设施；实施城区绿化、美化、亮化和背街小巷治理工程，城市面貌发生显著变化，成为省级园林城市；开展城市综合执法，城市管理水平有较大提升；实施湘鄂情大桥等基础设施对接工程，积极争取国家设立武陵山经济协作区龙凤先行区，来凤龙山共建龙凤中等城市迈出坚实步伐。

大力争取铁路、高速公路等重大项目，改善发展条件取得重大成效。成功争取黔（江）张（家界）常（德）铁路、恩（施）来（凤）高速公路和鹤（峰）来（凤）一级公路绕城线建设项目。高速公路、绕城线分别于2010年12月18日、30日开工；铁路可望启动建设；五（峰）来（凤）高速公路纳入省交通规划。全力开展项目争取和招商引资工作，累计争取资金21.05亿元，招商引资签约项目64个，实际到位资金16.3亿元，搭建城投融资平台，成功融资3.46亿元。

大力改善民生民利，社会事业协调发展。新建一所高级中学，破解高中容量不足瓶颈问题，初升高比例超过85%，位居全州前列，县职校被评为国家级重点职业技术学校。完成所有乡镇卫生院改造，完善县乡村三级卫生服务网络，推行新农合及城镇居民医疗保险，建立覆盖城乡基本医疗保障体系。五年累计新增城镇就业1.74万人，转移农村劳动力就业5万人，建立覆盖城乡公共就业服务体系。开展城镇灵活就业人员养老保险、村主职干部养老保险、新型农村养老保险等,基本建立覆盖城乡社会养老保险体系。城乡低保五年累计扩面1.9万人,五保集中供养率95%,在全省率先启动农村非五保困难人群集中供养试点工作。实施农村危房改造、生态移民和扶贫搬迁3404户。按时足额发放惠农补贴1.94亿元。

大力创建“平安来凤”,社会稳定得到有效维护。畅通信访渠道,规范信访秩序,积极开展矛盾纠纷排查化解工作,妥善解决群众合理诉求。建成覆盖县城和乡镇集镇视频监控系统和全方位治安防控体系,始终保持严厉打击各类犯罪行为高压态势,有效维护社会秩序。完善安全生产监管体制,建立健全突发事件应急体制机制,成功应对新蕾事件、冰雪灾害、伤寒疫情等突发公共事件,切实保障人民群众生命财产安全。

大力转变政府职能,政府服务发展能力得到提高(略)。

大力促进协调发展,各行各业都取得长足进步。在全县经济社会加快发展过程中,其他工作取得新成绩。来凤先后荣获“全国民族团结进步先进县”“全国绿化模范县”称号,通过“全国文化先进县”“全国科技进步县”“全国科普示范县”复核和“五五”普法验收。

存在困难和问题:县域经济发展尚处于工业化初期,转变经济发展方式任重道远;交通、资金、人才等要素制约仍较突出;政府工作人员创新意识、服务质量及工作落实力度与人民群众要求还存在一定差距。

报告提出“十二五”全县经济社会发展总体目标以及2011年经济社会发展主要预期目标、重点工作。

人大常委会工作报告(摘要)

2010年,常委会召开主任会议20次、常委会会议8次,听取审议专项工作报告12项,听取审议落实专项工作审议意见报告7项,开展执法检查1次、专题视察2次,讨论决定重大事项2项,任免国家机关工作人员职务45人次,较好完成年度工作任务,为推进来凤经济社会发展和民主法制建设作出积极贡献。

围绕中心服务大局,积极促进经济发展。按照县委提出工作思路,认真履行宪法和法律赋予职权,寓支持于监督之中,有力促进全县经济又好又快发展。不断强化计划财政监督。坚持把计划、财政预算执行作为监督重点,听取审议2010年部门预算详细方案的报告、2009年财政决算报告、2009年财政预算执行情况和其他财政收支情况的审计报告、2010年上半年计划财政预算执行情况的报告、2010年预算调整的报告,有针对性提出审议意见。在促进计划落实方面,提出要严格落实部门责任、加强计划目标实施情况调研、适时调度任务进度,积极探索重点项目前期经费解决办法、认真谋划储备一批重大项目、科学编制“十二五”规划等建议,促进全县新农村、新产业和新城镇建设。在严格收支平衡方面,要求充分发挥财政杠杆作用、积极培植财源,加大征收力度、壮大财政实力,坚持保压适度、增强财政供给保障能力,促进全县财政收入稳步增长,支出结构不断改善,干部职工福利待遇逐步提高。在严肃财经纪律方面,建议建立财政预算绩效评价体系,完善政府借贷资金风险预警和债务偿还机制；增强财经人员审计意识，严格落实审计决定，健全审计监督长效机制，促进全县财政资金使用效益提高，进一步规范部门财务管理秩序。注重促进民族贸易企业发展。按照年度工作要点安排，把落实民族贸易优惠政策、促进民族贸易企业发展纳入重要日程，组织调查组调查全县民族贸易企业发展、落实民族贸易企业发展政策等情况，听取和审议县政府关于民族贸易企业发展情况报告，提出加强对民族贸易企业发展领导、深入贯彻落实民族优惠政策、不断壮大民族贸易企业实力等建议，有关部门对民族贸易企业发展认识明显提高，政企、银企协作增强，经济发展环境不断改善。积极支持重点项目建设。根据县政府提请的议案，听取审议来凤县使用2010年地方政府债券省转贷资金调整年度预算方案报告，及时作出同意使用省级转贷给来凤2010年地方政府债券资金的决定，审查批准债券资金项目分配计划，并向县政府及相关部门提出严格按照地方债券配套范围、配套重点、使用要求，使用好债券资金，从而保障全县保障性安居工程、农村民生工程及教育卫生基础建设项目顺利实施，为推进全县经济社会可持续发展奠定一定基础。

以人为本关注民生，积极促进社会和谐。始终把关系人民群众切身利益重大问题纳入监督重点，充分发挥密切联系群众优势，认真履行为民代言履职责任，促进一些突出民生问题解决，维护社会和谐稳定。切实关注移民生产生活。针对库区遗留问题多、后扶项目实施难、部分移民生活水平低等问题，认真听取审议县政府关于移民工作情况报告，提出高度重视移民工作、切实解决库区遗留问题、加大后期扶持力度等审议意见。县政府及其主管部门，认真研究落实审议意见，取得一定成效。百福司移民新村内涝问题由州水利水电勘测设计院制定解决方案，纳吉滩库周维护问题与业主商谈解决办法，金龙滩库区新增淹没土地补偿问题与业主达成共识，库区移民反映一些突出问题得到有效解决。同时，牵头组织调查组，围绕全县移民基本情况、移民生产生活状况、移民后期扶持情况等内容，深入纳吉滩、金龙滩、塘口、新峡、二龙山5个库区，开展专题调研，从改善库区生态环境、发展库区产业、维护库区稳定目标出发，向县委、县政府提出建设性意见。切实关注民生工程建设。为加快农村道路交通和城镇基础设施建设，组织专题视察组，对县城区内酉水河、蓝河治理工程、翔凤镇污水处理工程、来凤大循环公路建设，针对存在不足，提出加强领导、强化责任、严格管理等建议，为推进民生工程快速建设发挥积极作用。切实关注生态环境建设。为全面落实科学发展观、转变经济发展方式、加强生态环境建设，按照省、州人大常委会开展环保世纪行活动安排部署，围绕建设生态来凤、推进绿色繁荣主题，以改善环境质量、控制排污总量、遏制生态破坏行为为目标，利用各种监督形式，有重点开展系列活动，促进全县生态环境综合治理工作，推进生态工程建设，得到州环保世纪行组委会充分肯定。切实关注群众合理诉求。为畅通人民群众表达诉求渠道，坚持以做好人大信访工作为抓手，把解决群众合理诉求过程变成密切联系群众、疏导群众情绪、为群众排忧解难过程,严格执行信访制度,热情接待来访群众,认真办理信访信件。全年接待群众来访 91 人次,收到群众来信 8 件,均按信访工作原则和程序及时处理,为维护群众合法权益、促进社会和谐稳定作出积极努力。发扬民主依法办事,积极推进依法治县。为保证国家法律法规正确实施,综合运用各种监督形式,对贯彻实施有关法律法规情况进行监督。开展执法检查。组织执法检查组检查全县《职业教育法》实施情况。县政府及其主管部门及时研究处理常委会审议意见,按照法律要求,结合实际,为职校解决扩大办学规模用地、改善基础设施、充实师资力量等问题,保障来凤职业技术教育发展需要。听取审议法律法规实施情况报告。听取和审议县政府关于《传染病防治法》《水污染防治法》《国务院全民科学素质行动计划纲要》实施情况报告,提出加强法律法规宣传、加大执法力度、不断提高依法行政和依法治县水平的建议,得到县政府及有关部门采纳。在听取县检察院关于依法开展诉讼监督工作情况报告后,有针对性提出增强诉讼监督责任、强化依法监督权威、完善监督机制、提高监督能力等建议,为促进司法公正,维护社会公平正义发挥积极作用。做好规范性文件备案审查工作。坚持把开展规范性文件备案审查作为加强法律监督重要手段,严格按照省人大常委会规范性文件备案审查工作规程和县人大常委会规范性文件备案审查暂行办法要求,有序开展规范性文件备案审查工作。清理审查政府上年度行文 420 份,督促补报补备规范性文件 8 件,完成政府当年规范性文件备案审查 9 件,从源头上预防行政机关违规行文问题发生,有效维护国家法制统一。搞好部门工作评议。修订和完善《县人大常委会工作评议暂行办法》,以执行法律法规、履行工作职责等为主要评议内容,采取调查测评和会议评议相结合综合评价方式,分别对县发改局、教育局、司法局、国土局、住建局、计生局、开发办、旅游局进行工作评议,有效促进政府部门工作。

完善制度创新机制,积极推进代表工作。高度重视代表工作,以提高代表履职能力和水平为目标,继续完善代表工作机制,进一步丰富代表活动,广大代表作用得到较好发挥,代表工作不断创新。工作机制不断完善。坚持以增强代表工作实效为重点,不断创新代表活动形式,丰富代表活动内容,代表工作机制进一步完善。在提高代表素质方面,以乡镇代表活动小组为单位,采取确定专题学、以会代训学、结合工作实践学等有效形式,认真开展有关法律法规、代表履职知识学习培训。在激发代表活力方面,以增强代表履职积极性为目标,及时报道代表履职活动情况,大力宣传代表先进事迹,适时表彰先进典型。去年,集中表彰 20 名优秀人大代表、3 个先进代表活动中心。服务保障不断加强。以代表活动示范点建设为重点,按照有场所、有牌子、有制度、有网络、有记录"五有"标准,在翔凤镇、大河镇、百福司镇新创建 3 个代表活动中心,为本辖区人大代表开展活动提供阵地保障,得到州人大常委会检查验收组高度肯定。在贯彻落实县委人大工作会议精神中,积极争取政府支持,将提高标准后代表活动经费,纳入年度财政预算予以保证。继续坚持定期给代表寄送常委会公报、简报等资料，及时向代表通报常委会重大活动情况，严格执行代表列席常委会会议、参加常委会活动制度，认真开展常委会主任、副主任定期接待代表等活动，使代表知情权、参与权、表达权、监督权得到有效保障。建议督办力度不断加大。继续坚持领导领衔督办、突出重点督办、整合力量督办、后续跟踪督办等有效举措，着力在提高代表建议落实率上下功夫，代表建议办理质量进一步提高，落实率显著提升。54 件代表建议全部办理完毕，建议落实率 64.8%，较上年提高 36.2 个百分点，代表满意率 98%，基本满意率 2%。

内强素质外树形象，积极推进自身建设（略）。

常委会工作在提高监督实效、发挥代表作用、增强履职能力等方面还有差距。报告提出 2011 年常委会工作总体思路和重点工作。

法院工作报告（摘要）

2010 年，受理各类案件 1638 件，审(执)结 1566 件，结案率 95.6%，与上年度同期受理各类案件 1258 件，审结 1245 件，结案率 99.0%相比，收案上升 30.2%，结案上升 25.8%，结案率下降 3.4 个百分点。其中，受理刑事案件 121 件 211 人，审结 119 件 209 人，结案率 98.3%。与上年度受理并审结刑事案件 137 件 214 人，结案率 100%相比，收案下降 11.7%，结案下降 13.1%，结案率下降 1.7 个百分点。受理民商事案件 777 件，结案 737 件，结案率 94.9%。与上年度受案 631 件，结案 622 件，结案率 98.6%相比，收案上升 23.0%，结案上升 18.3%，结案率下降 3.7 个百分点。受理并审结行政案件 13 件，结案率 100%，与上年度收案 11 件，结案 11 件相比，收结案均上升 18.1%。受理执行案件 716 件，结案 686 件，结案率 95.8%，与上年度受案 468 件，结案 465 件，结案率 99.4%相比，收案上升 53.0%，结案上升 47.5%，结案率下降 3.6 个百分点，执行标的 3330 余万元，查封、扣押 40 件次，司法拘留 14 人，拍卖 2 次，执行社会抚养费 7.9 万元。接待来访群众 1476 人次，受理来信 121 件。上级交办的 35 件信访案件，办结 32 件。办理司法救助案件 74 件，减、缓、免诉讼费用 36.27 万余元。提请县人大常委会任命 20 名人民陪审员，人民陪审员参与 153 件各类案件审理。

检察院工作报告（摘要）

2010 年，受理公安机关提请批捕案件 130 件 194 人，审查后批准或决定逮捕 128 件 189 人。受理公安机关及自侦部门移送审查起诉案件 137 件 235 人，审查后提起公诉 120 件 199 人，同比受理案件数上升 16.5%，起诉人数上升 11.8%；报送州检察院审查起诉 5 件 13 人。受理并初查贪污贿赂、渎职侵权等职务犯罪案件线索 7 件；初查后，决定立案侦查 6 件 8 人，其中贪污案 1 件 3 人，贿赂案 4 件 4 人，滥用职权案 1 件 1 人，涉案金额 150 余万元。启动立案监督程序 15 件 19 人，发出要求说明不立案理由通知书 15 份，建议行政机关移送案件 1 件。邀请州、县人大代表视察工作 4 次，走访各级人大代表 30 余人次。

9.县十六届人大会议有关报告(摘要)

(1)县十六届人大一次会议有关报告(摘要)

政府工作报告(摘要)

县域经济跃上新台阶。预计2011年,实现生产总值34.80亿元,是2006年2.3倍,年均增长13.2%(可比价);人均地区生产总值突破万元大关,达到14216元,是2006年2.6倍;财政总收入4.03亿元,是2006年2.4倍,年均增长19.1%,其中地方一般预算收入1.44亿元,是2006年2.6倍,年均增长20.6%;社会消费品零售总额12.80亿元,是2006年2.9倍,年均增长23.9%;城镇居民人均可支配收入12490元,是2006年1.6倍,年均增长9.3%;农民人均纯收入3726元,是2006年2.0倍,年均增长14.6%。

结构调整取得新进展。农业经济稳步发展,2011年第一产业增加值9.20亿元,年均增长4.8%;累计流转土地34.5万亩,建成特色农业基地50万亩,2011年出栏生猪40万头;五年新增农民专业合作组织122家、省州级农业龙头企业5家。工业经济快速发展,2011年工业增加值8.5亿元,年均增长24.5%;“一区两园”入园企业20家,科隆、凯迪等知名企业落户来凤,旋窑水泥、萤石浮选等重点项目建成投产;五年新增年主营业务收入500万元以上企业47家,总数65家,其中规模以上工业企业28家,年主营业务收入过亿元企业3家,新工业经济体系基本建成。第三产业持续发展,2011年增加值15.80亿元,年均增长13.8%;喳西泰水城、酉水三峡等重点旅游项目招商引资取得突破,龙凤夏威夷五星级酒店开工建设,中百来凤购物中心即将建成,覆盖城乡商贸流通网络基本形成。三次产业结构比由2006年36.0:18.6:45.4调整为26.4:28.2:45.4。

城乡面貌发生新变化。五年投入资金15亿元,实施城市重点建设项目73个,打通县城外环,拉开城市框架,建成区面积达到8平方公里;完成40万平方米主次干道黑色化改造和小街小巷硬化,建成污水处理厂,实施自来水、天然气管网改造和城区绿化、美化、亮化工程;城市污水处理率60%,垃圾无害化处理率95%,城镇化率39%。开展城市管理综合执法,推行网格化管理新模式,城区秩序进一步规范,成功创建省级园林城市。基础设施加快改善,恩(施)来(凤)高速、鹤(峰)来(凤)一级公路绕城线启动建设,实施农村通达通畅工程1123公里,县内220公里大循环公路全线贯通,实现村村通公路;完成22座水库除险加固和8个集镇自来水厂建设,整修渠道200多公里,解决9万人饮水安全问题;五年新建沼气池2.7万口,清洁能源入户3.4万户;完成79个重点贫困村整村扶贫推进任务,新农村示范乡镇、示范村建设稳步推进。

财税金融取得新成效。五年投入地方财政资金2.25亿元用于支持产业发展,新增税收过500万元企业4家。实施综合治税,地方一般预算收入去年首次突破亿元大关。城投融资3.46亿元,带动社会投资超过20亿元。预计金融机构年末存贷款余额分别达到37.5亿元、20亿元,较2006年增长175.3%和114.4%,连续六年被评为“全省最佳金融信用县”。

对外开放增添新活力。五年累计签约招商引资项目64个，到位资金16.3亿元；外贸出口1024.4万美元，年均增长19.6%；累计向上争取项目资金24.5亿元。累计实施重点项目246个，完成固定资产投资68.8亿元，年均增长28.5%。加强区域协作，与龙山县共同申请设立武陵山龙山来凤经济协作示范区获国务院批准。

社会事业得到新发展。优先发展教育，新建1所高级中学，高中阶段教育毛入学率达到85%，2011年高考创近十年最好成绩，县职校被评为国家级重点职校，民族幼儿园扩招410人，城区幼儿入园难问题得到解决。组建中心医院，完成8所乡镇卫生院改造，新建和改造98所村级卫生室，2011年新农合参合率96.5%，城镇居民医疗保险参保率98%，实施国家基本药物制度，城乡医疗保障事业均衡发展。推广应用新技术28项，申请专利36项，获州级以上科技奖励7项，成为国家传统知识知识产权保护试点县。成功举办摆手节，原生态摆手舞荣获国家群星奖，参加上海世博会、荆楚文化澳洲行等获得广泛好评。完成8个乡镇综合文化站改造，建成196个“农家书屋”，在全州率先实现村级“农家书屋”全覆盖；完成县、乡、村三级文化信息资源共享工程和50个农民体育健身项目建设，建成4个市民健身广场，面积7000平方米。完成城区数字电视整体转换，用户2.1万户。人口、资源、环境协调发展。完成第六次人口普查，人口自然增长率控制在7.29‰以内；完成第二次土地调查，实施土地开发整理，新增耕地1.5万亩；植树造林35.3万亩，森林覆盖率55%；加强城乡环境保护，节能减排完成省州下达任务。及时足额发放惠农补贴2.89亿元。转移农村劳动力6.1万人，新增城镇就业2.1万人，城镇登记失业率控制在4.2%以内；社保累计参保8.87万人，支付社保基金3.08亿元；在全省率先开展新农保试点，2011年参保率89.4%；城乡低保累计扩面3.4万人，发放低保资金1.05亿元，救助大病对象6000多人次，新建、改造福利院14所，五保对象集中供养率95%；建成商品房63万平方米、保障房1236套，改造农村危房3208户，生态移民和扶贫搬迁2012户。同时，政府每年办理一批事关群众切身利益实事，上学难、看病难、行路难、饮水难、就业难等问题逐步得到解决。

社会管理迈出新步伐。认真抓好安全生产工作，全县安全生产形势继续保持平稳。加强应急管理体制机制建设，组建综合应急救援队伍，新蕾债务危机等突发事件得到妥善处置。扎实开展社会治安综合治理，完成“两实”（即实有人口、实有房屋）清理，建成覆盖县城、乡集镇视频监控网络，治安管理安全防范能力进一步加强。落实领导包案、定期接访等制度，开展矛盾纠纷大排查活动，一大批信访积案得到化解，信访秩序进一步规范，社会大局保持和谐稳定。

行政效能得到新提升。完成新一轮政府机构改革，推进行政审批制度改革，建成县、乡、村三级便民服务网络，办理各类行政审批和服务事项81万件，县行政服务中心成为全省第一个通过省级服务业标准化验收单位，并纳入国家级试点。建成电子政务平台，行政效率进一步提高。推行重点工作领办制、工作调度制、限时办结制、责任追究制等制度,优化考评办法,加强检查督办,政府系统执行力明显增强。坚持依法行政,规范执法行为,民主法制建设得到加强,“五五”普法通过验收。自觉接受人大和政协监督,累计办理人大代表建议583件,政协委员提案227件。坚持反腐倡廉,强化行政监察和审计监督,查办违纪案件175件,审减重点项目建设资金1.15亿元。

其他工作取得新成绩。五年来,来凤荣获“全国民族团结进步先进县”“全国绿化模范县”等荣誉称号,通过“全国文化先进县”“全国科普示范县”“全国科技进步县”复核验收。

存在困难和问题:经济总量偏小,财政收支矛盾突出,产业结构调整任务较重,资金、人才和交通瓶颈制约依然存在,民生改善任务十分艰巨,发展环境需进一步优化,少数工作人员服务意识淡薄、工作作风飘浮、工作能力欠缺等。

报告提出未来五年政府工作重点和2012年全县经济社会发展目标及重点工作。

人大常委会工作报告(摘要)

五年来,县十五届人大常委会坚持围绕中心、突出重点、讲求实效工作思路,按照两年打基础、五年上水平总体要求,不断加强和改进监督工作,听取和审议“一府两院”工作报告136个,开展专题视察8次,专项调查5次,组织执法检查6次,备案审查政府规范性文件17份,评议工作部门23个,取得良好监督效果。

围绕发展实施监督,促进经济又好又快发展。始终紧扣县委提出的产业兴县、工业强县、惠民和县、一水双城四大战略和新产业、新城镇、新农村建设工作重点,选准监督方向,拟实监督议题,适时开展监督,有力支持和保障全县经济健康快速发展。强化计划预算监督。坚持把加强对计划和财政预算执行作为监督重点,定期听取计划、预算和审计工作报告,及时审议县政府提请的计划、预算调整报告,并根据调查掌握实际情况,有针对性提出审议意见,作出决议决定。在促进计划落实方面,及时提出要严格落实部门责任、适时搞好任务调度、积极探索重点项目前期经费解决办法、谋划储备一批重大项目、科学编制“十二五”规划等建议,促进相关问题解决。全县上下计划责任不断强化,项目意识明显增强,重大项目储备超过300个,概算总投资900多亿元,为保持全县经济快速发展打下坚实基础。在严格收支平衡方面,要求充分运用财政杠杆作用、积极培植财源,加大征管力度、壮大财政实力、规范分配关系、提高理财水平,确保重点财源建设支出,保证干部职工福利待遇逐步提高,有力推进全县财政收入稳步增长和支出结构不断改善。在严肃财经纪律方面,建议建立财政预算绩效评价体系、完善政府借贷资金风险预警和债务偿还机制、强化审计职能作用,进一步提高全县财政和项目资金使用效益,部门财务管理秩序进一步规范。强化产业培植监督。为全面提升农业产业化水平,从优化发展环境、加大培植力度入手,重点听取生猪产业发展情况报告,视察农业产业化发展情况,调查农民专业合作组织建设情况。针对饲养方式落后、精深加工份额偏低、服务体系不全等生猪产业发展问题,提出加强组织领导、增加资金投入、完善服务体系、转变发展方式等审议意见。针对认识不够、管理滞后、环境不优等农民专业合作组织发展问题，提出加强宣传引导、加大扶持力度、抓好典型示范等建议。针对特色产业基地规模不大、龙头企业总体实力不强、农户企业利益联系不紧等农业产业化发展问题，提出科学制定发展规划、扩大板块基地规模、增强龙头企业实力等视察意见。县政府高度重视，迅速研究工作措施，较好解决上述问题。全县以养殖小区为主体生猪产业快速发展，以安普罗为代表龙头企业实力不断增强，以大河镇桐子园为样板产业基地建设日益壮大，为农业产业建设提档升级奠定坚实基础。为加快旅游产业发展步伐，2009 年，按照把旅游产业发展成为支柱产业总体要求，组织视察组视察全县旅游产业发展情况。针对宣传推介不够、景区建设滞后、资源保护不严等问题，提出要科学规划、整合资源、着力招商、加快建设等视察意见，得到县政府及其有关部门采纳。加快旅游业发展成为全县上下共识，旅游发展总体规划得到进一步完善，作为来凤文化品牌原生态摆手舞走出山门、走向世界。强化工业发展监督。五年来，以促进全县工业发展为己任，除对全县国有资产经营管理进行深入调查外，还听取矿产资源开发保护、招商引资、工业园区建设和民族贸易企业发展等专项工作报告，就合理开发利用矿产资源、改善投资兴业环境、搭建工业发展平台、落实民族企业政策等方面提出意见和建议，得到县政府及有关部门高度重视，及时出台优惠政策、采取相应措施，形成县级领导亲自抓、责任部门具体抓、全县上下共同抓工作格局。通过盘活国有资产、整合矿产资源、奖励招商引资、完善园区设施，闲置资产得到有效利用，矿产资源乱采现象得到遏制，工业园区集聚效应日趋显现，民族贸易企业逐渐壮大，工业经济步入良性发展轨道。强化城市建设监督。高度关注城市建设，把积极推进城市发展作为监督工作重要内容。2007 年，在视察城市重点工程时，发现资源整合不够、建设水平不高、资金保障乏力等问题，及时向县政府及有关部门提出要加强部门协调配合、提高城市规划水平、妥善解决投入问题等建议。2008 年，在监督城投资金管理使用时，认为贷款使用不规范、资金来源渠道不多、偿还措施乏力，提出加强贷款使用管理、拓宽资金来源渠道、积极筹措偿债资金的整改要求，有效促进城投资金使用效益提高。2010 年，在视察“两河”治理及污水处理工程时，针对存在主要问题，提出强化征地拆迁措施、加大资金调度力度、加强施工环境治理、加快工程施工进度等建议，有效推动“两河”治理及污水处理等重点市政工程建设。通过努力，全县城市建设取得显著成绩，城市功能逐步完善，城市品位不断提升，为把来凤建设成为州域副中心城市奠定良好基础，得到广大人民群众和上级充分肯定。围绕民生实施监督，促进和谐社会建设。始终把关注民生、维护民生贯穿于人大及其常委会依法履职全过程，紧紧抓住与人民群众切身利益密切相关事项进行监督，坚持跟踪问效，一抓到底，使一些涉及上学、就医、行路等民生问题得到解决，有力推动全县民生逐步改善，促进社会和谐稳定。加强教育工作监督。2007 年，因高考失利，全县一度出现教育信任危机，严重影响全县教育事业健康发展。2008

年,经过讨论,确定将教育工作纳入年度监督重点,及时听取教育工作汇报,对县政府将教育摆在优先发展位置作法,给予充分肯定。同时,针对存在突出问题,提出合理配置教师资源、鼓励民办教育、狠抓师德师风、整治校园周边环境等建议,并交由县政府及教育部门研究处理,促进学校精细化管理和民办教育发展,全县教育教学质量不断提高,教育事业走上健康发展轨道。加强卫生工作监督。在调查视察新型农村合作医疗及村级卫生室建设情况后,认识到发展农村卫生事业紧迫性,针对农村卫生工作存在投入不足、基础薄弱、设备陈旧、监管不力等问题,建议县政府及卫生主管部门要把发展农村卫生事业作为振兴农村经济、维护农村稳定、构建和谐社会的大事来抓,着力在宣传合作医疗政策、改善农村医疗条件、理顺乡村医疗体制、降低药品价格等方面下功夫,从根本上解决农村群众医疗保障问题。五年来,在县政府高度重视下,投入5300余万元,完成县医院、民族医院、疾控中心、妇保院等4个县级医疗卫生机构、8个乡镇卫生院及83个村卫生室基础设施建设,三级医疗卫生服务网络得到完善,公共卫生服务体系、疾病预防控制体系、医疗救治体系、卫生监督执法体系、医药卫生保障体系等均得以建立、健全和完善,人民群众健康安全得到有效保障。加强基础设施建设监督。在视察新农村建设、大循环公路建设和审议中小型病险水库除险加固工程实施情况报告基础上,将本届以来重点基础设施建设列为2011年监督工作重点,密切关注全县基础设施建设项目争取、施工环境、工程监管和人才队伍建设情况,建议县政府及其相关部门积极争取项目资金、不断拓展融资渠道、强力整治施工环境、及时解决人才问题。在县政府高度重视下,全县重点基础设施建设进入前所未有快速发展时期。加强热点问题监督。针对库区发展、毒品犯罪、食品安全、环境污染和住房公积金等群众反映强烈问题,从保护环境、治理秩序、发展经济、维护公平目标出发,听取县政府关于移民、打击毒品犯罪、食品安全和环境保护等工作报告,视察百福司集镇防洪工程建设,调查住房公积金管理情况,开展以建设生态来凤、推进绿色繁荣为主题环保世纪行活动。通过监督,库区移民政策得到认真执行,毒品犯罪得到有效控制,食品安全生产得到切实加强,全民环保意识得到不断强化,乡镇干部及教师享受住房公积金政策得到全面落实,村干部待遇得到逐步提高。围绕执行法律法规实施监督,促进依法行政、公正司法。将促进法制建设作为履职重要任务,利用执法检查、听取专项工作报告、备案审查规范性文件等形式,对全县贯彻实施有关法律法规情况进行监督,维护法律尊严,推进依法治县。加强普法监督。在听取“五五”普法启动情况报告时,明确提出健全组织机构、突出普法重点、创新宣传形式、完善工作机制等要求,促进全县普法工作顺利开展。加强司法监督,促进公正司法。在审议人民陪审员工作和诉讼监督工作报告时,向“两院”提出加强教育培训、严格规范管理、强化职能责任、提高履职水平等要求,为促进司法公正、维护公平正义,发挥积极作用。加强执法监督,维护法律尊严。按照年度计划安排,检查《土地管理法》《城市规划法》等6部法律法规实施情况,听取《人口与计划生育法》《劳动合同法》等10部法律法规实施情况报告，有针对性提出工作要求和建议，保证法律法规在本辖区遵守和执行。根据省、州人大常委会委托，还督促全县各级政府及有关部门对《会计法》《矿产资源法》等7部法律法规实施情况进行自查，解决有关法律法规在贯彻实施中存在问题。加强规范性文件备案审查工作，维护国家法制统一。2009年，常委会根据《监督法》和《省实施〈监督法〉办法》等法律法规规定，制定出台规范性文件备案审查暂行办法，对规范性文件范围、报送处理程序作出规定，并率先在全州启动规范性文件备案审查工作。近三年来，清理审查政府行文420余份，备案审查规范性文件17件，从源头上预防行政机关违规行文问题发生，保证地方规范性文件与国家法律统一。围绕履职行权实施监督，促进部门工作。坚持把开展部门工作评议作为创新监督工作重要举措来抓，得到州人大常委会高度评价，并将其作法在全州推广。2007年，从促进部门严格依法行政、改进工作作风、提高履职水平、推进事业发展目的出发，制定工作评议暂行办法，以贯彻执行法律法规、落实人大决议决定、办理人大代表建议、履行部门职责为主要评议内容，采取调查评议与会议评议相结合方式，对部门工作进行全面评议，客观肯定成绩、指出不足，有针对性提出整改建议。五年来，对县发改局等23个县直部门进行工作评议，有效推进部门工作。

坚持议大事、促发展原则，紧紧抓住事关发展大局和人民群众普遍关注重大事项，适时依法作出决议决定74项，促进事业发展。2009年，在审议“十一五”规划实施中期评估情况报告时，认为县政府积极致力于扩大生产投资、扩张经济总量、解决民生问题，经济社会事业快速发展，部分计划指标落后于发展实际，及时作出批准“十一五”规划调整方案的决定，使“十一五”规划充分体现县委意图，更加符合来凤实际，较好维护“十一五”规划科学性和统一性。五年来，审议县政府关于将农产品加工基地建设项目资金、边区贸易道路通达工程贷款偿债资金、蓝河流域治理暨综合开发项目融资资金列入县级财政预算等6项议案，决定批准县政府融资贷款和发行地方政府债券2.97亿元，用于经济发展和民生工程建设，有力保障全县城乡重点基础设施、保障性安居工程等项目顺利实施。

坚持党管干部和人大依法任免相统一，充分发扬民主，依法有序开展人事任免工作。在具体工作中，常委会始终把握三条原则：充分体现党委意图。凡是县委提出人事方案，都及时进入法定程序，依法进行任免，保证县委意图实现。严格依法办事。凡是人事任免事项，都严格履行法定程序。坚持对拟任人员进行任前调查、法律知识考试、拟任职发言、颁发任命书等制度，使人事任免工作在规范轨道上运行。加强任后监督。根据任命后情况，结合听取审议专项工作报告、开展工作评议、组织执法检查等监督形式，对被任命人员进行监督，促使其认真履行职责，严格依法行政。五年来，任免县级国家机关工作人员225人次，为来凤事业发展提供有力组织保障。

高度重视代表工作，不断创新代表活动方式，积极支持和保障代表依法履职，代表作用得到较好发挥，代表工作水平不断提高,代表工作进入全州先进行列。抓学习培训,代表素质不断提升。坚持把学习培训作为提高代表素质重要途径,按照了解基本法律、明确代表职责、具备履职能力要求,采取举办培训班、以会代训等形式,对代表进行履职培训,参训人员700多人次。积极组织和引导代表学习政策法律知识和履职业务知识,适时开展各种活动,代表素质得到明显提升,参政议政能力得到不断增强,代表履职水平得到明显提高。抓履职服务,代表履职条件不断改善。努力拓展代表知情知政渠道。从2008年起,改进服务方式,坚持定期给代表寄送常委会公报、人大工作简报及有关资料,及时向代表通报常委会重大活动情况,较好满足代表知情知政要求。努力建好活动阵地。坚持以代表活动示范点建设为重点,按照有场所、有牌子、有制度、有网络、有记录"五有"标准,高质量建设活动阵地。经过努力,在全县6个乡镇创建代表活动中心(室),为人大代表开展活动创造良好条件。为满足代表履职需要,各级各部门为代表参加会议、开展活动提供时间和物质保证。抓活动开展,代表活力不断增强。五年来,不断探索代表活动新途径,创新代表活动新形式,取得令人瞩目成绩,得到州人大常委会充分肯定,开展代表活动经验在全州交流。积极开展代表小组活动。按照易于组织、便于活动原则,将全县内省、州、县、乡(镇)四级代表混合编排,组建52个代表小组,集中组织代表开展联系选民、调查、视察等活动,为推进地方经济社会发展,促进基层政权建设发挥重要作用。坚持组织代表参加常委会活动。邀请代表144人次列席常委会会议,组织代表200余人次参加视察、调查等活动,为代表提供参政议政平台。积极开展联系代表活动。围绕增进感情、了解民意、指导工作目标,坚持每年安排每位常委会组成人员联系3—5名代表,倾听代表心声,为代表解决实际问题,增强代表归属感,激发代表履职热情。积极开展接待代表活动。自2008年启动定期接待代表活动后,每年7月由常委会主任、副主任带队,与"一府两院"领导一道,分赴各乡镇集中向代表通报半年工作情况,听取代表意见和建议。几年来,主任、副主任定期接待代表480余人次,收集、整理和交办代表建议120余条。接待代表活动的开展,为代表搭建闭会期间履职平台,增强代表责任意识,激发代表参政议政热情,促成一些事关民生和人民群众普遍关注热点难点问题解决,对促进"一府两院"依法行政、公正司法,发挥积极作用,深受代表欢迎。抓建议督办,办理质量不断提高。将代表建议办理作为工作重点列入议事日程,切实加强督办。在督办代表建议工作中,坚持采取领导领衔督办、集中时间督办、突出重点督办、及时跟踪督办等措施,不断强化办理责任,硬化办理措施,努力提高办理质量,取得良好效果。五年来,收到代表大会期间代表建议586件,全部办理完毕,办结率100%,落实率由42%上升为66%,代表满意率达到97%以上。

坚持从提高人大工作水平出发,认真做好对乡镇人大指导工作,积极开展对上联系和对外交流。坚持邀请乡镇人大主席列席常委会会议,参加视察、调研活动,统筹安排乡镇人大干部外出学习考察,定期召开乡镇人大座谈会,交流人大工作经验,促进乡镇人大工作水平进一步提高。坚持常委会主任、副主任联系乡镇人大工作制度，依法指导乡镇人代会和人大代表活动，积极推进乡镇人大工作规范化建设。主动争取省、州人大常委会指导，积极组织和安排人员参加、列席省州人代会及常委会会议，认真配合上一级人大常委会开展视察、调研及学习考察活动。2009 年，全州人大常委会主任座谈会在来凤成功召开，全面提升来凤人大工作影响力。紧紧依托渝黔湘鄂部分县（市、区）人大工作联席会这一平台，学习借鉴外地先进经验。五年来，参加边区联席会议 9 次，就如何做好新形势下人大工作进行广泛深入探讨和交流，获得有益经验。2009 年，来凤成功举办第 39 次边区人大工作联席会议，20 多个县（市、区）近百名与会代表，围绕加强环保工作监督、促进可持续发展主题深入交流，会议取得圆满成功。

坚持以提升履职能力为重点，全面加强自身建设。加强思想建设。始终把思想政治建设摆在首位，注重全面提高人大工作者思想政治素质。紧紧抓住开展干部作风集中整顿、一优化两提高、深入学习实践科学发展观、百个单位千名干部进万户等主题实践活动机遇，深入学习邓小平理论、“三个代表”重要思想和科学发展观等党的基本理论，自觉用中国特色社会主义理论体系武装头脑，指导实践，推进工作，切实增强党性观念、全局观念、群众观念和法治观念，为做好新形势下人大工作奠定良好思想基础。加强作风建设。始终以打造为民、务实、高效、清廉型机关为目标，切实推进机关作风建设。紧密结合思想和工作实际，着力强化宗旨观念，将民本思想贯穿于履职始终，切实维护人民群众利益；着力强化求是精神，将调查研究贯穿于履职全过程，切实提高参政议政水平；着力强化时效意识，将工作快节奏贯穿于履职各个环节，切实提高工作效率；着力强化公仆意识，将清正廉洁贯穿于履职各个方面，切实提升机关形象。坚持把群众来信来访作为密切联系群众重要渠道，认真处理群众来信来访，积极维护人民群众合法权益，化解一些社会矛盾，密切党群干群关系。加强能力建设。十分重视队伍能力建设，始终坚持在学好基本理论基础上，着力在实践中提升认知能力、调研能力、决策能力和业务操作能力。加强制度建设。始终以制度建设为抓手，不断提高人大工作规范化水平。抓住贯彻实施《监督法》和《省实施〈监督法〉办法》契机，从履行职责、规范管理、创新机制等实际需要出发，修订常委会议事规则等 8 项议事制度，制定联系代表开展代表活动办法等 26 项工作制度，完善 15 项机关管理制度，使常委会工作和机关管理迈入制度化、规范化、法制化轨道。几年来，常委会多项工作得到上级表彰，连续五次被评为州级文明单位。

工作主要差距：监督力度有待加大，代表作用有待发挥，履职水平有待提高，对外宣传有待加强。

报告指出，回顾五年来工作实践，获得有益经验：坚持党的领导，是做好人大工作根本保证。坚持围绕中心、服务大局，是做好人大工作重要职责。坚持尊重人民主体地位，是做好人大工作本质要求。坚持严格依法办事，是做好人大工作重要原则。坚持与时俱进、开拓创新，是做好人大工作强大动力。报告对今后人大工作提出三点建议。

法院工作报告(摘要)

五年来,受理各类案件6762件,与上届同比增长30.69%。审(执)结6496件,审(执)结率96.06%,执结标的7761万元。其中,受理刑事案件617件,审结615件,审结率99.68%,判处罪犯1001人;受理各类民事案件3760件,审结3597件,审结率95.66%;受理行政案件49件,审结49件,结案率100%;受理各类执行案件2336件,执结2235件,执结率95.68%,兑现执行标的款7761万元。

检察院工作报告(摘要)

五年来,受理提请逮捕各类刑事案件614件905人,批准逮捕586件867人;受理移送审查各类刑事案件642件1054人,经审查提起公诉576件943人。立案侦查职务犯罪案件28件43人。其中,贪污贿赂案件21件31人,渎职侵权案件7件12人,通过办案为国家挽回直接经济损失868万余元。监督各类案件90余件次,向相关部门发出检察建议72份;发出纠正违法通知书23份,有力维护司法公正。

(2)县十六届人大二次会议有关报告摘要

政府工作报告(摘要)

2011年,县域经济实力明显提升。预计实现生产总值34.85亿元,固定资产投资23亿元,社会消费品零售总额12.84亿元,财政总收入4.70亿元,三次产业结构由28.4:25.9:45.7调整为27.2:26.3:46.5,农民人均纯收入3895元,城镇居民人均可支配收入12892元。城市建设明显提速。启动城市总体规划修编,完成龙山来凤经济协作示范区建设总体规划初步方案和17个重点项目规划设计。城市又好又快发展,荣获全省城市建设“楚天杯”奖,城镇化率39%。改革开放水平明显提高。医疗卫生体制改革、文化体制改革、农业“三场”(即国营农场、园艺场、药材场)改制等稳步推进,对外开放进一步深化,全年新签约落地项目21个,续建招商项目29个,招商引资到位资金8.01亿元,外贸出口548.9万美元,实际利用外资220万美元。社会建设进程明显加快。社会事业协调发展,社会保障进一步加强,基本国策得到全面落实,社会大局保持和谐稳定。政府自身建设明显加强。坚持依法行政,办理人大代表建议65件、政协委员提案45件,满意率100%。深化行政审批制度改革,全年三级便民服务网络办理各类审批及服务事项38万多件。加强行政监督,全年审减重点项目建设资金6175万元,查办各类违法违纪案件40件,给予党纪政纪处分39人。

存在困难和问题:经济总量偏小,市场主体偏少,财政收支压力大,要素瓶颈制约仍然突出,发展环境有待进一步优化,少数工作人员执行力、落实力亟待提高等。

报告提出2012年全县经济社会发展主要目标和政府重点工作。

(3)县十六届人大三次会议有关报告(摘要)

政府工作报告(摘要)

县域经济实力进一步壮大。2012年,预计实现地区生产总值40.80亿元,同比

(下同)增长13.0%;规模以上工业增加值7.70亿元,增长21.0%;全社会固定资产投资31.15亿元,增长35.4%;地方公共财政预算收入2.01亿元,增长36.5%;社会消费品零售总额15.17亿元,增长18.2%;城镇居民人均可支配收入14598元,增长13.2%;农民人均纯收入4557元,增长17.0%。三次产业结构由2011年的27.2:26.3:46.5调整为24.8:28.0:47.2,产业结构进一步优化。

农村经济稳步发展。农业增加值10.12亿元,同比增长4%;农产品加工业产值8.63亿元,占农业总产值的50.2%。新建和培管烟叶、茶叶等产业基地14.3万亩,标准化种植面积3.5万亩。来凤藤茶获国家地理标志产品保护,安普罗冷鲜肉和腌腊肉制品、宝石花漆筷获湖北省名牌产品称号;新增恩施黑猪良种繁育基地1个、标准化养殖小区10个、标准化养殖场6个、"161"养殖模式示范户108户,全县生猪出栏58.85万头。依靠龙头企业带动农村产业发展,州级以上农业龙头企业总数达到19家;新增年销售收入过2000万元农业企业4家,总数达到16家;新增农民专业合作组织52家,总数达到197家。以生猪养殖、藤茶加工、薯类加工等企业为龙头农业产业化格局初步形成。

工业经济不断壮大。新开工建设27个重点工业项目,12个重点工业项目建成投产,全年完成工业重点项目投资7亿元;新增规模以上工业企业10家,总数38家,全县年产值过5000万元工业企业15家,其中过亿元企业达到5家。规模以上工业实现总产值25.75亿元,增长30%。进一步完善工业园区管理体制机制,完成园区基础设施投资2800万元,新增入园企业9家,总数达到28家。

第三产业快速提升。旅游业加快发展。与中森华投资集团成功签订"凤兮土家"民俗风情旅游区综合开发协议;仙佛寺景区、喳西泰水城全面启动建设,百福司旅游名镇建设成效显著,旅游名村建设快速推进;全年接待游客55.5万人次,增长37.5%,旅游综合收入2.31亿元,增长57.0%。商贸流通服务业迅速发展。武陵源大酒店主体工程建成,龙凤·夏威夷大酒店建设顺利推进,农家乐达到138家;中百来凤购物中心正式营业,形成购物、餐饮、娱乐一体化商贸综合体,启动5个乡镇农贸市场建设,建成农村新社区商业网点12个、村级综合服务社32家,城乡商贸流通市场体系进一步完善,新增限上企业5家。

财税金融较快增长。完成"营改增"改革,财政总收入实现5.15亿元,增长9.5%,税收收入占地方财政公共预算收入比重82.3%,财政保障能力进一步提高。启动农村信用社改革,新成立1家小额贷款公司,金融机构支持地方发展力度加大,年末存、贷款余额分别达到47.00亿元、21.70亿元,增长20.7%、8.2%。

发展后劲进一步增强。高度重视招商引资工作,出台奖励办法和招商引资优惠政策,鼓励全民招商。"龙凤新区"综合开发、龙凤科教示范园(教育城)、绿加食品产业园、翔奥电力器材等一批对来凤发展有重大影响的招商项目成功签约并启动建设。全年新签约项目36个,签约资金228.4亿元,招商引资到位资金12.2亿元,增长52.3%,

增幅全州第一;新开工建设招商引资项目达到62个,计划投资额达到138亿元,年度完成投资10.62亿元。全年实际利用外资252万美元,增长14.5%,外贸出口1201万美元,增长118.8%。

项目工作成果丰硕。县级重点项目库得到充实和完善,项目总数达到640个,总投资达1355亿元。抢抓"两区"建设、"616"对口支援和武汉市对口帮扶机遇,积极向上争取资金,全年到位项目资金11.3亿元,增长37.8%。开展"重点项目建设年"活动,强力推进重点项目建设,全年开工建设重点项目125个,固定资产投资额增幅全州第一。

示范区建设进一步加快。抢抓机遇,建立加快推进龙凤示范区建设体制机制,成立示范办,与龙山县合作,建立两县县级联席会议制度、示范办协商制度和部门衔接落实制度,共同强力推进龙凤示范区建设。成立高级别专家顾问组,积极争取国家和省、州支持,龙凤示范区纳入湖北省一元多层次发展战略体系,成功召开龙凤示范区建设第一次推进会。完善龙凤示范区建设规划,《武陵山龙山来凤经济协作示范区发展战略规划》经鄂湘两省政府同意获两省发改委批复并在京对外正式发布,启动龙凤城区规划、龙凤基础设施、龙凤旅游开发等十个一体化专项规划,启动实施规划、基础设施、金融、通信、公交五个一体化建设。率先集中启动两批25个重点项目建设,龙凤示范区(来凤)进入实质建设阶段,在国家推进武陵山片区区域发展与扶贫攻坚工作中,走在武陵山片区县市前列,迎来全省武陵山少数民族经济社会发展试验区建设现场会成功召开。

城镇建设进一步提速。按照州域副中心城市定位,积极推进城乡统筹试点县建设。启动城市总体规划修编,完成统筹城乡发展规划纲要。实施城市重点项目35个,完成投资11.9亿元。龙凤新区建设顺利推进,城市新区迅速拓展,30平方公里城市框架拉开;老城区改造稳步推进,5条城区道路和10条小街小巷2.07万平方米道路改造如期完成;配套设施进一步完善,新铺设天然气管道16.5公里,改造自来水管网11.5公里,新增绿地面积1万平方米。启动"三城"(国家级园林城市、省级卫生城市和省级文明城市)同创工作,城市管理水平进一步提高,顺利通过省级园林城市复查验收并取得国家级园林县城申报资格;开展"两违"清理,拆除"两违"建筑47处5127平方米。加快推进乡镇集镇和农村新社区建设,7个乡镇集镇建设全面展开,完成投资2.43亿元;百福司集镇建设力度大,集镇面貌焕然一新;旧司实现撤乡建镇。全县城镇化率预计达到31%。

社会民生进一步改善。实施农村通畅工程和安保工程,完成35公里列养公路黑色化改造;新建、整修水渠80公里,整治山塘60口、其它水利设施226处,启动10座小(二)型水库除险加固,完成安全饮水工程99处,农村饮水安全普及率达到71%,"万名干部进万村挖万塘"工作获省表彰,农田水利基本建设荣膺省政府"大江杯"奖;加强生态环境建设保护,封山育林2万亩,人工造林3.4万亩,完成坡耕地改造5000亩、低丘岗地改造2万亩、土地治理6000亩,节能减排完成州控目标;新农村建设示范乡镇、示范村建设顺利推进,重点贫困村整村推进及重点老区村建设完成年度工作任务；建成30个生态文明示范村。竣工商品房面积14.89万平方米，新建保障房1227套，发放住房公积金贷款4172万元，完成生态移民和扶贫搬迁412户、特色民居改造1108户、农村危房改造2439户，居民住房保障水平进一步提高，兴安村、冷水溪村纳入中国传统村落第一批保护名录。

社会事业加快发展。实施教育布局调整，启动龙凤科教示范园（教育城）建设，新建、改造幼儿园5所；加强教师队伍建设，新招录教师188名，培训教师1100人次；教育教学质量进一步提高，高考成绩创近十年最佳水平。实施《全民科学素质行动纲要》，开展实用技术培训1万人次，召开来凤县科技进步奖励大会，表彰18项科技成果。推进城乡医疗卫生体系建设，中心医院新区医技大楼开工，康复医院新区改建完成，2个乡镇卫生院、17个村级卫生室完成规范化建设；实施基本药物制度，农村新型合作医疗参合率97.7%，城镇居民医疗保险参保率98%以上，医疗保障水平进一步提高。加强公共文化体育设施建设，龙凤文化中心、龙凤体育中心建设顺利推进，新建成1家数字影院和8个农民健身工程，“农家书屋”实现村（社区）全覆盖；推进文化体制改革，完成县南剧团改制；“五个一”精品工程完成来凤形象宣传片、来凤民歌集和来凤宣传画册前期制作；成功创建湖北“荆楚诗词之县”“楹联文化县”；《来凤县志（1983—2003）》通过省州县专家评审；自然村广播电视村村通工程顺利实施。稳定低生育水平，出生人口符合政策生育率92.94%，人口性别比控制在111.17。

社会保障水平稳步提高。各项强农富农惠农政策全面落实，按时足额发放各项补贴6468.8万元。城镇新增就业3415人，帮助下岗和就业困难人员实现再就业1280人，城镇登记失业率控制在4.0%，农村富余劳动力新增转移就业4796人，开展就业创业培训5200人次。社保累计扩面1132人，保费征收10987万元，累计支付各项社保基金16885万元，城乡居民社会养老保险参保率93.4%；纳入城乡低保35035人，发放城市和农村低保资金4360万元，实施大病救助2951人次，发放救助资金426万元。

社会继续保持和谐稳定。加强“平安来凤”建设，创新社会管理，统筹推进城乡社区建设和网格化管理，社会管理基层基础工作得到有效加强，社会管理水平明显提升。加强法治建设，全面实施“六五”普法，启动“湖北省法治县”创建工作。积极开展人民调解、法律援助活动，成功调解矛盾纠纷2071件，实施法律援助260起。深入开展“惩恶扬善”活动，始终保持严打高压态势，快速侦破一批典型案件，有效维护社会治安稳定。开展领导干部大接访活动，建立县乡干部联席包保村（社区）制度，深入开展矛盾纠纷排查化解工作，一批突出信访问题得到有效化解。强化煤矿、非煤矿山、消防、交通、危化品、烟花爆竹、建筑、食品药品等重点行业领域安全监管，开展安全生产专项活动，安全生产形势保持稳定。

政府自身建设水平进一步提高（略）。

存在困难和问题：经济总量偏小，产业发展仍然不够；制约经济发展资金、土地、人才等要素瓶颈问题依然突出；乡镇部分基础设施薄弱；发展环境建设仍然任重道远；部分工作人员素质和能力亟待提高等。

报告提出2013年全县经济社会发展目标及政府重点工作。

人大常委会工作报告(摘要)

强化监督职能,服务发展有新成效。2012年,常委会把监督工作作为履职重点,紧紧围绕全县工作中心,充分运用各种监督手段,有针对性实施监督,有力促进经济发展、民生改善和法制建设。加强计划和预算监督,促进经济健康持续发展。听取计划、预算执行情况报告和审计工作报告,审查县政府关于年度计划、预算调整方案报告,并在充分调查研究基础上,提出审议意见,作出决议决定。在监督计划执行方面,提出优化产业结构,提高经济运行质量;狠抓项目建设,增强发展后劲;强化措施落实,确保完成年度任务等建议。在监督预算执行方面,针对收入总量小、税源结构不优、收支矛盾突出等长期困扰的问题,提出下大力气培植财源,加大收支结构优化力度,强化预算监督管理,确保年度任务如期完成等建议。县政府认真研究,制定实施强有力工作措施,超额完成年度计划和预算目标任务,地方一般预算收入首次突破2亿元大关,增强实力,夯实进一步发展基础。紧扣产业发展监督,推进工业强县战略实施。围绕县委提出的工业强县战略,从资源性重点产业入手,有针对性实施监督。为使全县非金属矿产资源得到科学开发,最大限度发挥资源综合效益,检查实施《矿产资源法》情况,提出切实加强法律宣传,进一步完善开发利用总规、不断强化矿区生态保护、加大开采秩序整治力度、加强矿管队伍建设等建议。县政府高度重视,认真研究处理常委会审议意见,并重点解决影响矿产资源开发利用和保护方面存在问题,理顺开发秩序,优化资源配置,保证重点企业正常生产和发展需要,使非金属矿产业走上良性发展轨道。由于发展条件改善,孚瑞公司决定扩大规模,在大河镇投资亿元实施二期建设,拟建成全省最大规模萤石加工企业。科隆公司拟延长产业链,提档升级,做大做强方解石产业。宏发钡盐公司以商招商5000万元,决定建成全国同行业颇具规模的精深加工基地。贴近民生监督,促进社会和谐。关注民生事业发展,从人民群众反映突出问题入手,运用各种监督方式,有重点实施监督。城乡居民生产生活用水是全县统筹城乡发展需要解决重点问题。认真听取和审议县政府关于城市供水情况专项报告,组织常委会组成人员及部分人大代表视察全县水利基础设施建设情况,形成审议意见和视察报告,针对存在突出问题,提出具体建议。县政府认真落实常委会建议,制定切实可行措施,在一定程度上解决城乡供水规划、设施设备改造、体制机制创新、企业债务化解、依法治水和队伍建设等方面问题,取得初步成效。农村水利建设加快推进,城区供水状况得到一定缓解,设施设备得到基本改善,符合城乡统筹发展要求供水规划在制定之中,为推进全县供水事业健康持续发展奠定基础。高度重视县级医疗卫生资源整合和新型农村合作医疗运行情况,在听取县政府专项报告和进行专题调查研究基础上,就如何整治医疗卫生环境、解决看病贵就医难问题、加快县中心医院新区建设等问题提出意见,就新农合存在基金征收难、服务工作滞后、监管力度不够等问题，提出建议。县政府及其相关部门认真研究落实整改措施，在认识上有较大提高，及时启动中心医院新区二期工程建设，制定医疗环境整治方案，加大医疗收费监管力度，医疗费用涨幅过快问题得到一定控制；新农合基金征收管理得到进一步改进，基层服务态度有一定改善。住房保障是民生重要内容。首次运用专题询问形式，对全县保障性安居工程建设情况进行专题询问，并针对存在问题提出建议。县政府加大整改力度，较好解决安居工程建设管理使用方面存在问题，使部分住房困难群众居住条件得到改善。为促进住房公积金政策全面落实，在听取县政府专项工作报告后，提出四条整改意见，促进有关问题解决。县政府在及时研究解决提高住房公积金缴存基数，扩大公积金覆盖面和贷款规模等问题同时，决定用一年时间将公积金缴存比例提高到州定标准 12%水平，为进一步改善广大职工住房条件提供有力保障。为维护良好生产生活环境，视察全县环保工作情况，提出重点解决翔凤镇水寨小作坊污染酉水河、三胡石材加工污染耕地和水源等问题的意见。县政府制定整改方案，有的问题得到一定程度解决。突出法律实施监督，推进依法治县进程。为了推进依法治县方略实施，听取县政府关于"六五"普法启动工作情况报告，审查批准"六五"普法规划，作出关于加强"六五"普法工作决议。在县政府重视下，普法工作得到有序推进，有的工作取得初步成效。为了维护国家法制统一，加强规范性文件备案审查工作，对 3 件文件备案审查，对 2 件文件提出修改建议，促进全县规范性文件规范化水平提高，维护公民、法人以及其它社会组织合法权益。根据人民群众反映，检查实施《矿产资源法》《残疾人保护法》情况。通过执法检查，较好解决全县矿产资源开发、利用和保护问题；促进残疾人有关问题解决，为推进残疾人事业健康发展奠定基础。在做好监督工作同时，依法任免国家机关工作人员，任命职务 28 人次，免去职务 13 人次，为国家机关工作正常运行提供保障。为强化被任命人员责任意识，提高依法履职水平，通过各种形式，对被任命人员进行任后监督，收到良好效果。

善用决定职权，助推发展呈现新局面。按照县委决策部署，在充分调查研究基础上，对全县有关经济社会发展全局重大事项作出 10 项决议决定，有力保障全县科学发展、跨越发展需要。为了推进龙凤示范区建设，及时审查批准武陵山龙山来凤经济协作示范区发展战略规划，为顺利实施龙凤示范区发展战略提供保障。为了促进全县城乡教育均衡协调发展，作出对全县教育布局进行调整的决定，为迅速推进龙凤科教示范园建设，给予有力支持。为了保障城乡基础设施和民生工程建设需要，批准县政府发行地方政府债券 2733 万元，缓解事业发展资金压力，为夯实发展基础起到积极保障作用。

突出代表主体作用，代表工作有新进步。以提升代表履职水平为主线，进一步深化代表工作，取得新成绩。扎实开展"六个活动"。开展学习培训活动，有效提高代表履职能力。开展常委会组成人员联系代表活动，密切与代表联系，达到改进工作目的。开展常委会主任、副主任接待代表活动，有力促进常委会与"一府两院"工作。邀请代表列席常委会会议，增加常委会工作透明度。组织代表参加检查、视察和调查活动,提高代表对常委会监督工作参与度。开展代表小组活动,为代表在闭会期间执行职务搭建平台。各乡镇按照要求开展丰富多彩代表小组活动,取得切实效果。抓好“两个建设”。抓好组织建设。抓好阵地建设。做好“四项工作”。围绕代表履职,积极做好服务工作。围绕代表开展活动,适时做好宣传工作。围绕办理代表建议,扎实做好督办工作。截至2012年7月底,126件代表建议全部办理完毕,办复率100%,满意率95%。围绕代表述职,抓好试点工作。

扎实推进自身建设,履职能力有新提升。按照县委提出“三项活动”要求,紧紧围绕建设“学习、务实、创新、清廉、和谐”型机关目标,坚持不断完善制度,强化管理,改进作风,提升素质,切实有效推进机关建设。狠抓政治业务学习。狠抓机关作风建设。狠抓各项制度建设。认真做好来信来访工作。积极搞好联系指导工作。加强和改进对乡镇人大联系指导,促进县乡人大工作协调发展,常委会在继续做好主任、副主任联系指导乡镇人大工作同时,在旧司成功召开乡镇人大工作交流现场会。会上各乡镇交流年度工作情况,就如何做好新形势下乡镇人大工作进行探讨,提出“2532”工作要求,为提升乡镇人大工作水平起到积极促进作用。

工作主要差距:议事水平需进一步提高、监督实效需进一步增强、代表建议办理工作需进一步强化、机关工作水平需进一步提升等。报告提出2013年县人大常委会工作总体要求和工作重点。

法院工作报告(摘要)

2012年,受理各类案件3672件,同比上升52.67%,审、执结案件3316件,同比上升42.62%,审限内结案率100%。受理刑事案件176件307人,审结133件245人。审结民商事案件2076件,诉讼标的7224万元。审结行政纠纷案件10件,维持具体行政行为6件,支持行政机关依法行政,撤销具体行政行为4件,保护行政相对人合法权益。协助行政机关调处案件6件,加大行政协调力度。裁定准予执行非诉行政案件21件,维护行政机关执法权威。受理执行案件1128件,执结1037件,执结率91.93%,结案标的额2452万元。设立巡回审判点,开展巡回审判521件次,就地化解矛盾纠纷,减少群众诉累。接待来访人员210人次,处理来信65件,有效化解赴省进京涉诉信访积案25件,办结上级机关和领导交办、转办案件46件次。办理司法确认案件532件,把大量矛盾纠纷化解在对簿公堂之前。强化诉讼调解,全年调解撤诉1555件,调撤率75%。落实司法救助,为101名当事人减、缓、免交诉讼费20.07万元,给符合救助条件当事人落实司法救助金9.6万元,为经济确有困难18名被告人指定辩护人。人民陪审员参与审理案件535件。

检察院工作报告(摘要)

2012年,受理提请批准逮捕案件156件236人,同比分别上升11.4%和24.9%,审查后批准逮捕154件233人,同比分别上升13.2%和25.9%,不批准逮捕2件3人;受理移送审查起诉案件241件403人,同比分别上升61.3%和69.6%，审查后向县法院提起公诉181件312人，同比分别上升35.3%和47.3%，移送州院审查4件5人，作出不起诉决定7件10人，退回公安机关补充侦查35件57人。立案查办职务犯罪案件6件10人，其中贪污贿赂、私分国有资产案件4件6人，渎职侵权案件2件4人，为国家挽回经济损失180余万元。追捕漏犯14人，追诉漏犯24人，追诉漏罪3个。对2011年度公安机关另案处理56名犯罪嫌疑人逐一清理、监督。受理各类民事行政申诉案件15件，经审查，立案3件，其中向州院提请和建议提请抗诉2件，向县法院发出检察建议1份。检查监管场所安全24次，召开狱情分析会24次，集中教育在押人员12次，与在押人员个别谈话48人次，对在检查中发现问题发出纠正违法通知书、检察建议13份，均得到纠正和采纳。邀请人大代表、政协委员参加座谈会2次，到基层征求意见和建议5次，对所征求意见和建议办理情况均及时反馈。

（4）县十六届人大四次会议有关报告（摘要）

政府工作报告（摘要）

2013年，预计实现地区生产总值47.26亿元，同比增长13%；规模以上工业增加值10亿元，增长14.5%；全社会固定资产投资42亿元，增长34.8%；社会消费品零售总额17.51亿元，增长18%；城镇居民人均可支配收入16609元，增长13.1%；农民人均纯收入5283元，增长17.2%；金融机构年末存、贷款余额分别达到57.3亿元、26.4亿元，增长22%、21.4%；财政总收入6.09亿元，增长18.3%；地方公共财政预算收入2.51亿元，增长25%，实现财政总收入、地方公共财政预算收入增速位居南四县第一目标。

产业竞争力显著增强。产业建设取得长足进步，三次产业结构比由2012年24.8:27.9:47.3调整到22.9:29.6:47.5。

新型工业活力增强。规模以上工业总产值实现32.5亿元、增长25%，为打造龙凤百亿产业园奠定坚实基础。园区功能不断完善，编制龙凤百亿产业园24平方公里总体规划和土地利用规划。桂花树工业园新征土地578亩，四合、桂花树工业园道路、亮化、天然气等基础设施不断完善，完成投资6750万元。三胡石材产业园完成场地平整。园区新增企业8家、达到33家。产业集群不断壮大，培植销售收入过亿元企业2家、5000万元以上企业7家。新增规模以上工业企业13家、达到50家，总数跃居全州第四、南四县第一。新材料、新能源、绿色食品、新型建材、民族旅游商品加工，分别实现销售收入8亿元、3亿元、7亿元、4.5亿元、4.1亿元，增长26.2%、9.8%、22.9%、14.7%、52%，五大产业占全县规模以上工业销售收入比重达到80%以上。工业项目加快建设，建设重点工业项目25个，完成投资7.1亿元。其中，10个项目建成投产，6个项目厂房主体封顶，9个项目加紧建设。

现代农业进程加快。农业增加值10.82亿元，增长5.0%。农产品加工销售收入12.39亿元，占农业总产值比重67.4%。新建藤茶、生姜、烟叶等农业产业基地10.9万亩，其中标准化种植面积3.5万亩。发展“161”养殖模式500户，新增年出栏1000头规模生猪养殖场 10 个，生猪年出栏 56.8 万头，土鸡孵化养殖规模突破 100 万只。来凤成为富硒零号土猪、阿塔峡土鸡重要养殖基地。凤雅藤茶成为省级重点农业产业化龙头企业，新增年销售收入过 2000 万元企业 4 家、达到 19 家(其中省级重点 4 家)。来凤藤茶获得国家地理标志产品保护，来凤金丝桐油获得国家地理标志证明商标保护；湖北省名牌产品达 5 个，湖北省著名商标达 5 个，恩施州知名商标达 11 个；新增农民专业合作组织 52 家，总数 252 家。基础配套不断完善，完成 9 个重点贫困村整村推进和 4 个重点老区村建设，减少贫困人口 9000 人。完成 18 座小(二)型病险水库除险加固工程。新建农村沼气池 2000 口，“三改”1300 余户。完成老虎洞河三胡段治理工程第一标段、革勒车集镇河堤工程。新增及改扩建公路 157 公里，新建及改造农村 10 千伏线路 35 千米、农村低压线路 98 千米。完成生态造林 2.5 万亩、封山育林 5 万亩、生态公益林管护 74 万亩，创建生态文明村 31 个。

旅游商贸加速发展。旅游景区景点及配套设施年度投资突破 9 亿元，投资强度创历史新高。实现旅游综合收入 3.51 亿元，增长 40%。仙佛寺景区佛光普照、仙佛映月等六大景点基本建成，填补恩施州及湘西、渝东地区佛教文化旅游空白；喳西泰水城餐饮街、酒吧街、养生休闲街等加紧建设；杨梅古寨(黄石)景区新寨迎客、八股听禅、十娘子桥等景点基本建成；百福司旅游名镇创建积极推进。华龙国际大酒店启动建设，龙凤·夏威夷、西水明珠、太子轩 3 家高星级酒店完成主体工程；帝豪、皇庭等一批商务宾馆相继营业，新增床位 400 张，新发展和提档升级农家乐 20 家，旅游接待能力不断增强。来智线二级公路完成大修工程，白岩山至坪坝营公路完成路基工程，杨梅古寨(黄石)景区公路完成路面铺设，旅游可进入性明显提高。《来凤县商贸流通发展规划》通过国家级专家评审，来凤列入商务部“全国商旅文创新发展试点县”；黔龙建材城一期工程主体即将完工，建成后达 12 万平方米、可入驻商家 1000 户；华龙城一期 17 万多平方米商业区封顶；中百来凤购物中心辐射带动效应彰显，全年销售收入突破 2 亿元；来凤原卷烟厂、金凤国际城市商贸综合体成功招商，“1 平方公里龙凤商圈”初具规模。新建村级综合服务社 20 家、超市网点 8 个，新增限上商贸企业 10 家。来凤村镇银行挂牌营运，湖北银行来凤支行有序筹备。

城乡统筹协调发展。依托城镇项目建设，不断拓展城镇空间，城镇化率提升 2 个百分点。完成《来凤县城市总体规划》《中心城区控制性详细规划》《乡集镇修建性规划》等 11 个规划，综合规划体系更加完善。收储土地突破 1 万亩，集中供地 3000 余亩，拉动城市建设综合投资超过 20 亿元。龙凤·夏威夷、黔龙·1 号、华龙城一期、海玉名城等 11 个项目加快建设，商品房销售面积 40 万平方米。“两大中心”(即文化中心和体育中心)项目主体完工，2014 年“一会一节”可投入使用。档案馆综合大楼和公安指挥中心基本完工，荣获省第五届城市规划建设管理楚天杯。武汉大道三期基本建成，迎宾大道完成设计，四斗种引桥完成桥梁基础工程，接龙桥加固工程竣工。完成老城区、龙凤新区污水管网 10.8 公里。百福司“湖北旅游名镇”声誉鹊起，大河“鄂渝边贸中心镇”、漫水“旅游风情小镇”、三胡“古道杨梅风情园”初具雏形，绿水、旧司、革勒车集镇建设积极推进，农村新社区水、电、路、休闲、绿化等配套设施不断完善。全州城镇建设现场会在来凤召开。“三城”同创取得新成绩，创建国家级园林城市和省级文明县城，省级卫生县城通过验收。开办市民学校，聘请城市管理社会监督员，提升市民文明素质。实行无缝隙、全覆盖、全天候清扫保洁作业，清扫保洁率100%。武汉大道新栽植桂花树1300余株。探索城市管理综合执法新机制，主体责任全面落实，网格化管理实现全覆盖。依法拆除“两违”建筑353户、5.2万平方米。城市综合管理水平显著提升。

项目建设势头强劲。安排重点项目145个，实际开工123个，完成固定资产投资42亿元，增长34.8%，增幅全州第一。结合武陵山试验区规划项目库、全县“十二五”规划和“五大产业”，精心谋划一大批带动作用强、市场前景好、发展后劲足的好项目，投资500万元以上项目570个，总投资1324亿元（不含高速、铁路和机场），项目库建设更加充实完善。项目推进力度加大。一批打基础、管长远、惠民生重大项目顺利推进，黔张常铁路可研报告通过审查，2014年将开工建设；恩吉铁路纳入省州铁路网规划，在申报国家规划；4D通用机场（指在标准条件下，可用跑道长度≥1800米，可用最大飞机的翼展36米的机场）获得省发改委支持；天山坪风能开发项目获省发改委批准立项；页岩气勘探试点启动。黔龙·1号、华龙城一期2区、龙凤新区市政道路、城区供水第二水源及净化工程等19个大项目加快建设，总投资51.6亿元。争取到位各类专项资金10亿元。

改革开放成效显著。龙凤示范区、武陵山试验区建设、招商引资等，成为改革开放新亮点。“两区”建设加快推进。龙凤“十个一体化”（即城市规划布局、项目建设整合、支柱产业培育、基础设施建设、文化旅游开发、融资扩大方式、生态资源保护、政策制度创新、民族团结进步、民计民生改善）强力推进，其中基础设施、金融、公共服务三个一体化建设成效显著。湘鄂情大桥连接工程基本完工；中国邮政储蓄银行发行首张全国跨省金融IC卡——龙凤卡，两县农村信用联社、工商银行实现信贷业务同城化；两县公共交通实现统一。

招商引资成效明显。出台《关于规范招商引资工作流程管理的意见》《来凤县招商引资工作考核奖惩实施细则》等文件。新签约项目41个，签约资金88.36亿元，招商引资到位资金20.01亿元，增长34.05%，增幅全州第一；招商引资项目新开工36个，计划投资额68.76亿元，完成年度投资8.25亿元。实际利用外资280万美元，增长11.1%。

各项改革顺利推进。“营改增”、财政集中收付制度改革不断深化，公立医院改革在全州第二批启动。以钱养事新机制不断完善，进一步理顺农村公益性服务管理体制。农村信用联社实施农村商业银行改革获中国银监会正式批复。

社会事业全面进步。教育事业加快发展。高考一本上线录取118人，二本上线408人，2名考生分别被清华大学和北京大学录取。小学适龄人口入学率、巩固率均100%,初中适龄人口入学率、巩固率分别为96.15%、98%。教育布局更加优化,龙凤科教示范园(教育城)土地征收基本完成、房屋征收顺利推进,还建二小区、市政道路、一中新校区加快建设。实施乡镇教育基础设施项目32个,改扩建校舍2.27万平方米。争取香港言爱基金1000万元,支持来凤思源学校建设。卫生事业不断进步。恩施州中心医院对来凤县中心医院实行全面托管,成立龙凤医疗服务中心,群众就医质量明显提高。县中心医院内儿科医技大楼、县疾控中心综合楼主体工程完工,完成4个乡镇卫生院配套设施及16个村级卫生室建设。疾病防控工作有效开展,荣获省疾病防控"强基工程"先进县称号。新农合参保率98.47%,基本药物"零差价"销售100%,合作医疗政策范围内补偿率75.6%,医疗保障水平不断提高。人口和计划生育出生政策符合率93.18%。文体事业活力迸发。来凤成为全州唯一入选全省首批"公共文化服务体系示范区"县市,文化体育活动蓬勃开展。摆手舞展演走进湖北省春晚和中央电视台《舞蹈·世界》栏目。组织参加恩施州第七届运动会等多项体育赛事,获得恩施州第八届运动会承办权。成功创建"中华诗词之乡""中国楹联文化县"。传统技艺"凤头姜制作技艺"、民俗"土家族牛王节"列入第四批省级非物质文化遗产名录,"来凤漆筷制作技艺"列入第四批国家级非物质文化遗产申报名录。

社会保障更加有力。"五险"参保人数突破9万人,征收社会保险费1.1亿元。转移农村劳动力4200人,开展就业培训1200余人,发放小额担保贷款1200余万元,城镇登记失业率控制在3.9%以内。城镇居民医疗保险覆盖面98%。城镇低保应保尽保,标准由原来每月330元提高到385元。"五保"集中供养标准提至3120元/年,分散供养提至2180元/年。发放城乡低保、"五保"供养、各类临时救助资金5500余万元,成功创建社会救助示范县。

社会管理不断创新。"法治来凤""平安来凤"建设深入推进,城乡社区网格化管理实现全覆盖,"十户电话联防"(借助固定和移动电话通信网络,将居住相邻的固定电话或移动电话用户以10户左右为单位组成一个群组,群组中任一用户遇到紧急情况时在电话上统一拨打固定简单救助号码,即可发出报警声讯,请求邻居亲友给予及时帮助)、"民生110"(乡镇便民服务平台,即在各乡镇开通民生热线电话〔0718+乡镇号段+110〕,建立民生110指挥中心,统一受理群众来信来电来访)治安管理走在全州前列。"六五"普法全面实施,全民法治意识不断增强。信访工作机制不断健全,化解各类矛盾纠纷192起。惩恶扬善专项活动深入开展,一批刑事、社会治安案件得到及时侦破和有效查处。应急预案体系不断完善,突发性事件得到妥善处置。开展重点领域安全生产隐患排查、专项整治行动,安全生产形势持续保持稳定。

政府建设不断加强(略)。

存在矛盾和困难:经济总量偏小,产业链条延伸不够。征地拆迁、农民收入、城乡统筹发展,仍然是短板;公共服务水平滞后于经济发展,企业发展和项目建设环境需进一步优化;少数干部担当意识不强,破解难题办法不多，先行先试闯劲不够。

报告提出2014年全县经济社会发展目标及政府重点工作。

人大常委会工作报告（摘要）

围绕全县工作中心，突出重点，监督实效不断增强。加强计划、预算监督。2013年，常委会按照党的十八大提出的“加强对政府全口径预算决算的审查和监督”新要求，在加强财政预算编制、执行、决算等审查监督同时，积极探索全口径预算审查监督新途径，出台监督财政预算决算暂行办法。听取计划、预算执行情况报告和审计工作报告，审查县政府关于年度计划、预算调整方案报告，针对存在问题，提出审议意见，作出决议决定。在监督计划执行方面，提出优化结构、增强后劲、强化措施等建议。在监督预算执行方面，提出推进预算公开、加强预算监管、深化财政改革、努力培植后续财源等建议。在加强审计整改方面，作出关于加强审计查出问题整改工作的决定。县政府高度重视，认真执行常委会决定，及时研究处理审议意见，制定实施切实可行措施，圆满完成年度计划和预算目标，预算收入突破6亿元，位居南四县之首。审计查出16个问题全部整改到位，较好维护财经秩序，促进经济健康发展。加强重点产业监督。为促进县委提出的工业强县战略实施，听取和审议县政府关于工业经济发展情况报告，剖析工业经济发展过程中存在块头偏小、结构不优、市场主体发育不良、要素制约突出、环境有待优化等问题，提出要全力抓好招商引资、打造工业发展平台、培植领军企业等建议。县政府多次召开会议专题研究，制定办法和措施，加大推进工业经济发展的力度，使规模以上工业企业总数由上年37家上升至50家，当年净增13家，总数跃居全州第四、南四县第一，规模以上工业企业增加值增幅名列全州前茅。为推动农业产业化进程，听取和审议县政府关于硒都黑猪产业发展情况报告，针对存在问题提出要进一步统一思想、加大扶持力度、加强服务体系建设等建议。县政府专题研究畜牧产业发展，出台关于进一步加快畜牧产业发展的决定，制定硒都黑猪产业发展政策，加大资金投入，每年整合项目资金1000万元、县财政安排专项资金150万元用于畜牧产业发展。为加快旅游产业发展，开展实施《州旅游条例》情况检查，提出要加大宣传贯彻力度、完善旅游发展规划、高起点建设景区等建议。县政府认真研究处理审议意见，加速推进仙佛寺和黄（柏园）石（桥）等景区建设，加大百福司创建旅游名镇力度，取得显著成效。加强民生事业监督。针对人民群众普遍关注城市管理工作，听取和审议县政府关于城市管理工作情况报告，剖析城管工作存在困难和问题，提出要提高认识、完善功能、强化整治等建议。县政府重视落实审议意见，采取一系列有效措施，在城市综合整治、完善配套设施、建立长效机制等方面取得明显成效，城市管理水平得到较大提升，为推进“三城”同创目标奠定良好基础。针对全县普遍关心重点项目推进情况，在年初代表大会期间，组织与会代表视察部分重点项目；9月中旬，又组成视察组，视察龙凤科教示范园等8个重点项目建设现场，听取145个重点项目推进情况报告，肯定成绩，提出建议，促进重点项目建设进程，为推进城镇化建设、确保“一会一节”成功举办奠定坚实基础。针对事关经济社会发展人才保障、国有资产保值增值等问题,常委会调研组进行专题调研,全面了解现状,找出存在困难和问题,提出对策和建议,并形成专题调研报告供县委、县政府决策参考,为加强全县国有资产管理和人才队伍建设起到积极作用。针对普遍关注一些社会热点问题,除加强检查督办本年度常委会决议决定执行和审议意见研究处理情况外,还跟踪监督上年度县政府研究处理县人大常委会关于医疗卫生资源整合、城市供水情况报告等审议意见和保障性安居工程建设专题询问意见落实情况。县政府采取一系列措施,大胆改革,实现州中心医院对县中心医院托管,使看病贵就医难问题得到较大程度缓解;启动城市供水第二水源建设,并解决供水企业存在一些困难;进一步完善保障房建设,较好解决保障对象住房困难问题。加强法律监督。为促进执法为民、公正司法,审议通过监督司法工作暂行办法,听取和审议县政府关于公安机关刑事立案和提请批准逮捕工作情况报告,针对存在问题,建议公安机关要坚持有警必接、如实立案,加大对经济犯罪以及涉毒、针对未成年人、以限制人身自由追讨债务等犯罪行为打击力度,进一步加强公安队伍建设,不断完善保障机制,以适应新形势新任务要求。公安机关认真整改,较好发挥职能作用。为了维护国家法制统一,十分重视规范性文件备案审查工作,规范工作流程,加大报备力度,依法审查3件规范性文件,督促有关乡镇人大修改上年度报备3件规范性文件,重新报备并公布实施,有效维护公民法人合法权利。为推进依法治县工作,就“六五”普法、依法治理工作情况开展专题调研,建议县政府采取切实措施,进一步加强依法治理工作,推动普法工作扎实开展。为促进依法行政,11月份,对县经信局、科技局、司法局、农业局、环保局、审计局进行工作评议,6个部门均被评为满意单位,有力促进政府部门工作。采取跟踪监督方式,督促落实上年度对《矿产资源法》实施情况检查审议意见。县政府依法关停三胡乡54家无序开采加工石材小作坊,维护资源开采秩序,保护自然生态环境和人居环境。

认真行使重大事项决定权和人事任免权。为盘活国有资产、保持可持续发展,作出关于批准原烟厂主厂区土地使用权等资产处置的决定。县政府精心运作,以1.55亿元价位成功挂牌拍卖。为增强发展实力,作出关于批准将地方债券省级转贷资金4271万元纳入预算管理的决定。为保持国家机关正常运转,依法任命干部10人次,免去职务8人次,接受辞职5人次。

围绕发挥主体作用,突出实效,代表工作不断深化。着力提高代表素质。始终坚持抓代表学习培训工作,根据县人大代表学习培训制度要求,制定年度学习培训计划,采取集中与分散、讲座与交流相结合,运用以会代训、考察培训等方式,多层次全方位开展代表学习培训,全年受训代表120多人次。通过抓学习培训,代表法律意识、责任意识得到增强,代表综合素质进一步提高。着力搭建活动平台。按照有场所、有牌子、有制度、有活动、有记录“五有”要求,坚持抓好代表活动阵地建设。组织成立县直省州人大代表小组,并建立规范化活动室。在全县开展代表小组阵地建设示范活动，带动全县 43 个代表小组活动阵地建设迈上新台阶，其中旧司镇代表小组活动室被州人大常委会表彰为先进单位。坚持开展常委会主任、副主任定期接待代表，常委会组成人员联系代表，邀请代表列席常委会会议，组织代表参加执法检查、视察和调查等活动，密切同代表联系，充分发挥代表作用。在闭会期间活动中，收集整理代表建议 23 条，并以常委会文件形式向“一府两院”通报，有的建议得到落实，有的建议作为改进工作的参考。着力开展述职评议。为进一步密切代表与选民联系，增强代表履职责任，在成功开展试点基础上，按照县委有关要求，在 8 个乡镇 29 个选区，组织 59 名县人大代表回选区述职，接受选民评议，其中 41 名代表被评为优秀，18 名代表被评为称职。通过开展述职评议，代表同选民面对面沟通交流，汇报履职情况，听选民诉心声、道实情、提意见，拉近同选民距离，融洽同选民关系，代表代表意识、责任意识和接受监督意识得到增强，“人民选我当代表，我当代表为人民”在活动中真正得到体现。着力办理代表建议。把代表建议办理作为激发和保护代表履职热情重要工作，继续坚持常委会主任副主任领衔督办、突出重点督办、全程跟踪督办等方式，进一步加大办理代表建议督查力度。县政府高度重视代表建议办理工作，积极采取有效措施，较好完成办理任务。截至 7 月底，61 件代表建议全部办结，办复率 100%，满意率 98%。着力服务代表履职。围绕代表履职，积极做好服务工作。为满足代表知情知政需要，给代表寄送常委会公报 935 份、人大工作简报 374 份，在各级媒体发布有关信息 220 多条。还不定期走访联系代表，了解代表生产生活情况，为家庭困难代表排忧解难，激发代表履职热情。

围绕推进“五型”目标，突出创新，自身建设不断加强。抓学习促履职能力提升。抓制度建设促工作创新。强化制度建设，在修改完善原有履职规范和机关管理制度基础上，新制定履职规范 11 项，编印《来凤县人大及其常委会履职规范汇编》，为人大履职创新提供制度保障。在制定公民旁听办法基础上，首次安排 4 名公民旁听常委会会议，扩大公民有序政治参与，增强人大工作透明度。首次采用票决制，加大对“一府两院”执行常委会决议决定和研究处理审议意见情况监督力度。首次采用跟踪监督方式，对上年度常委会有关决议决定和审议意见落实情况进行督查，促进有关问题解决。抓信访工作促社会和谐。抓联系指导促协调发展。根据乡镇人大工作需要，出台关于加强乡镇人大规范化建设的指导意见，并按照“2532”工作要求，全面推进规范化建设，提升乡镇人大工作水平，促进乡镇人大工作协调发展。同时，积极参加省州人大常委会安排的各项活动，完成交办各项工作任务，出席第 46 次、47 次渝黔湘鄂边区人大工作联席会议。抓参与中心促职能作用发挥。

工作主要差距：监督工作需进一步深化，代表工作需进一步细化，机关建设需进一步强化等。报告提出 2014 年县人大常委会工作总体要求和工作重点。

法院工作报告(摘要)

2013 年，受理各类案件 3214 件，审执结 2853 件，审限内结案率 100%。审慎、及时审理和执行涉重点工程、重点项目、征地拆迁案件180件。妥善审理与群众生产生活密切相关民事案件1539件。审理行政案件15件,依法维护行政相对人合法权益,支持行政机关依法行政。受理执行案件1021件,执结891件,执行到位标的额2792.92万元。接待群众来访259人次,处理来信85件次。受理刑事案件208件,审结179件,判处罪犯293人,其中,审理故意杀人、抢劫、强奸、绑架等严重刑事犯罪案件22件,判处罪犯41人;审理危害人民群众生命健康和侵犯财产犯罪案件92件,判处罪犯168人;审理破坏环境资源犯罪案件9件,判处罪犯10人;审理贪污贿赂、渎职犯罪案件7件,判处罪犯9人;审理危害公共安全、扰乱市场秩序等其他犯罪案件49件,判处罪犯65人。审理企业破产、侵害股东权、房地产开发合同、建设工程施工合同等涉企纠纷案件81件,涉案标的12866万元;审理金融纠纷案件308件;审理民间借贷案件122件。全年上诉案件仅71件,服判息诉率95.85%;化解民商事纠纷1176起,案件调解撤诉率71.76%;对229件人民调解组织调解案件进行司法确认;人民陪审员参与审理刑事、民商事、行政案件600件。组织干警参加培训58人次;有4个集体、19名个人受到省州县有关部门表彰和奖励。投资85.8万元改善办案办公用条件;投资113万元修建绿水法庭审判办公楼;争取武汉市两级法院对口支持资金80万元。在恩施、来凤两电视台播出“平安来凤”“以案说法”“送法下乡”等节目13期。评查案件2853件,督促整改121件。建立裁判文书上网制度,裁判文书上网率100%。开展送法下乡、以案说法活动,巡回办案35件;为30余名被告人指定辩护人,为310件案件当事人减、缓、免交诉讼费22.95万元,为27名特别困难当事人解决救助资金29.35万元。听取代表意见150人次,办理县人大代表建议及其他事项3件;办理检察机关工作建议3件等。

检察院工作报告(摘要)

2013年,受理公安机关提请批准逮捕案件130件185人,审查后批准逮捕118件165人,不批准逮捕12件20人;受理公安机关与本院自侦部门移送审查起诉案件153件277人,报送州检察院审查起诉8件13人,向县法院提起公诉148件273人,作出不起诉18件28人,其中相对不起诉16件25人,对未成年人附条件不起诉2件3人。对毒品犯罪、赌博犯罪、黑恶势力犯罪等犯罪案件做到在批捕阶段3天内办结,在公诉阶段15天内办结。依法实行羁押必要性审查,建议办案部门变更强制措施10人。办案期间对未成年犯罪嫌疑人成长经历、犯罪原因、监护教育等情况开展社会调查6次,并撰写调查报告。依法对涉嫌犯罪的未成年人作出不批准逮捕决定2件4人,作出附条件不起诉决定2件3人。立案查办职务犯罪案件9件13人,其中贪污贿赂案件7件9人,渎职侵权案件2件4人。进行案例分析10件,向发案单位发出检察建议书31份。安排专人深入各乡镇和部门开展预防教育讲座13次,受教育1200余人。为企业、社区、村组及有关单位提供预防咨询服务121次;进行行贿犯罪档案查询303次。向侦查机关发出要求说明不立案理由通知书16份，侦查机关全部立案。纠正漏捕12件16人，追诉漏罪2个，漏犯5件29人。检察长列席审判委员会会议6次。强化对刑事判决监督，对认为确有错误刑事判决依法提出抗诉5件6人，改判4件5人。受理各类民事行政申诉案件14件，开展民事行政执行监督6件，开展审判活动违法监督并向县法院发出检察建议4份，均得到采纳。开展对社区矫正工作检察监督，向相关部门发出检察建议书7份，其中对严重脱管3人建议撤销缓刑、予以收监执行，1人由原判决机关撤销缓刑，予以收监，其余2人受到相应处罚。受理举报贪污贿赂、渎职侵权线索18条、控告申诉7件，均按有关规定及时作出处理。在县城和部分乡镇开展法律宣传3次，发放宣传资料7000余份。邀请人大代表、政协委员参加座谈会2次，到基层征求意见和建议5次。启动人民监督员监督程序等活动10余次。开展检察机关"公众开放日"活动，邀请各界代表20余人召开座谈会。发出流程监控通知书5份，发现执法办案风险等级或预案需调整并及时通知办案部门33件次，完成案件评查105件，针对评查中发现问题和薄弱环节提出整改意见12件次。投资40余万元升级检察专网。开展检务督察62次。组织干警参加各类培训635人次，组织新刑诉法知识竞赛1次，有3名新进干警通过国家司法考试，有11个集体、13名个人分别受到省、州、县级表彰。

(5)县十六届人大五次会议有关报告(摘要)

政府工作报告(摘要)

2014年，预计实现地区生产总值53.5亿元，同比增长12%；规模以上工业增加值12.8亿元，增长17%；财政总收入完成6.86亿元，增长12.5%；地方公共财政预算收入完成3.14亿元，增长25%；全社会固定资产投资54亿元，增长29.3%；社会消费品零售总额19.88亿元，增长16.8%；城镇居民人均可支配收入18218元，增长12.4%；农民人均纯收入5977元，增长16%；金融机构年末存、贷款余额分别达到63.68亿元、39.08亿元，增长11.5%、47.7%。来凤成功承办全省、全州县域经济工作现场会，连续六次被表彰为"全国民族团结进步先进集体"。

转型发展态势良好。加快转变经济发展方式，促进结构调整和优化升级，提高经济增长质量和效益，三次产业结构比由2013年的23.2:28.6:48.2调整到21.9:29.3:48.8。

新型工业突破性发展。预计全年实现工业总产值36亿元，增长17.46%。完成龙凤百亿产业园24平方公里总体规划和控制性规划。桂花树、四合工业园区加快建设，新建标准化厂房10万平方米，新建工业项目25个，完成投资9.2亿元，翔奥电气、和为生物、腾升香料二期等12个项目建成投产。革勒车、三胡石材产业园基础配套日趋完善。全年新增规模以上企业12家，总数61家，培育产值过亿元企业4家。

特色农业加快发展。围绕"富硒零号土猪养殖大县""阿塔峡土鸡养殖大县"目标，畜牧产业链加快建设，建成规模生猪养殖场10家、出栏生猪58.3万头，建成万只土鸡养殖场10家、出栏家禽279.1万羽。加快茶叶(藤茶)产业链建设，新发展茶叶(藤茶)

1万亩，首届“中国藤茶文化节”在来凤成功举办，签约销售合同金额1.2亿元。特色基地不断壮大，新发展烟叶(雪茄烟)、蔬菜、药材等特色基地11.5万亩。农业产业化龙头企业发展加速，年销售收入过5000万元农业企业19家。新增农民专业合作组织56家，总数达到308家。精准扶贫、农民收入倍增计划深入推进，完成9个重点贫困村整村推进和4个重点老区村建设，减少贫困人口1.5万人。完成15座小(二)型病险水库除险加固工程、酉水河城区段(二期)及老虎洞河治理工程；完成2013年小型农田水利项目；完成土地整理2万亩；新建农村沼气池1200余口，“三改”2500余户；新增、改扩建农村公路245公里。

商旅文融合发展。“全国现代商贸流通综合改革试点”工作取得积极进展，生态文化旅游、商贸服务产业链加快建设，出台《关于加快发展旅游业的决定》《关于加快发展旅游业的若干政策》。仙佛寺景区、喳西泰水城、杨梅古寨、百福司古镇实现“开光、开城、开寨、开游”目标，仙佛寺创国家4A级景区通过预验收，卯洞成功创建国家3A级景区，百福司获省级地质公园资格、创“湖北旅游名镇”进展顺利。酉水明珠、世纪金源、龙凤太子、凤鸣山庄等高星级酒店建成营业，接待能力大幅提升。预计全年实现旅游综合收入5.26亿元，增长46%。商贸服务业快速发展，5万平方米来凤中百购物中心经营良好，10万平方米华龙商贸城、12万平方米黔龙建材城基本建成，10万平方米同利星都汇等商贸综合体加紧建设。来凤成为湖北首批“全国电子商务进农村综合示范试点县”。

城乡一体加快推进。围绕“恩施州域副中心城市”和“城乡统筹试点县”目标，着力构建一体发展新格局，统筹城乡发展进程加快。城镇建设提档升级。启动城镇建设项目65个，撬动投资突破26亿元。来凤县城市总体规划(2013—2030)获州政府批准。完成湘鄂情大桥、武汉大道三期、四斗种桥改造等项目建设。改造凤仪大道、老城区背街小巷15万平方米。完成武汉大道路灯改造工程、城区“凤舞霓虹”夜间景观灯和关口—龙颈坳路灯安装工程。完成凤仪大道—武汉大道—湘鄂情大桥10里绿化长廊建设。龙凤·夏威夷二期、黔龙1号等城市综合体加快建设，商品房销售面积25.5万平方米。百福司“湖北旅游名镇”、绿水“百亿产业重镇”、漫水“旅游风情小镇”、大河“鄂渝边贸中心镇”、三胡“古道杨梅风情园”魅力彰显。县城区面积拓展到15平方公里，城镇化率36.7%。围绕“三城”同创目标，深入推进网格化管理，全面落实“门前六包”。城市综合管理不断加强，车辆乱停乱放、乱设户外广告、占道经营、城区扬尘等突出问题得到有效治理，城区保洁率100%。县城成功创建为省级文明城市、卫生城市。全年制止“两违”建房124户，拆除“两违”建筑1.8万平方米。切实加强环境综合整治，乡镇集镇面貌焕然一新。完成生态造林2.3万亩、封山育林2.1万亩、生态公益林管护74万亩；严格控制污染物总量排放，7个乡镇垃圾处理厂正常运转，年处理垃圾近2万吨；改造特色民居1000户、创建生态文明村3个，百福司镇、石桥村分别荣获“荆楚最美乡镇”“荆楚最美乡村”称号，黄柏园等10个村成功申报“中国传统村落”。

项目投资高速增长。安排重点项目180个，实际开工162个，完成固定资产投资54亿元，增长29.3%。结合“两区”建设、“十三五”规划，精心谋划“十三五”项目609个、总投资5154.5亿元(不含高速、铁路和机场)。恩来高速公路建成通车，黔张常铁路控制性工程启动建设，来凤通用机场前期工作顺利，页岩气勘探完成野外地质调查132平方公里，天山坪风能开发项目开展测风工作，黄茅坪110千伏、新峡35千伏输变电工程基本建成。2个省级重点项目、14个州级重点项目取得新进展，重点项目累计完成年度投资56.3亿元，增长28.8%。争取到位各类项目专项资金11亿元。项目建设形成“储备一批、签约一批、开工一批、投产一批”梯次推进格局。

改革开放不断深化。龙凤示范区建设成效明显。“十个一体化”有序推进，其中规划、金融、通讯、交通等六个一体化建设成效显著。龙凤金融创新示范区启动建设，酉水河开发与保护立法工作启动。湘鄂情大桥将来凤龙山县城融为一体，龙凤示范区城市建成区面积22平方公里，人口25万，拉开近50平方公里城市框架。一批重大基础设施项目启动建设，总投资突破100亿元。出台《来凤县招商引资工作考核奖励办法》，重点部门招商工作机制不断完善。新签约项目63个，招商引资到位资金23亿元，增长27.4%；招商引资项目新开工30个，计划投资额34亿元，完成年度投资6.5亿元；外贸出口完成2100万美元，增长22.8%；实际利用外资328万美元，增长17%。行政审批制度改革实行“三集中三到位”，承接上级行政审批事项43项、取消9项，288项行政审批事项全部进入县政务服务中心，县级政务服务中心完成提档升级，便民信息化服务平台向80个村(社区)延伸，来凤行政审批制度改革走在全省前列；“营改增”试点范围扩大，国库集中收付改革实现全覆盖；县级公立医院改革有序推进，州中心医院托管来凤中心医院；华中师范大学联姻来凤一中，成立华中师范大学来凤附属中学；农村信用社成功组建农村商业银行，湖北银行来凤支行挂牌营业，新成立海玉、合顺2家小额贷款公司；农村水利基础设施管护体制改革试点、食药监管体制改革、广电网络改革顺利完成。

民生事业持续发展。全年财政用于民生支出13.3亿元，占公共财政预算支出的75%。全县小学适龄儿童入学率100%，初中三年巩固率90%以上，高考第一批本科硬上线68人，第二批本科硬上线218人。龙凤科教示范园(教育城)加快建设，华中师范大学来凤附属中学新校区建成，来凤思源实验学校、高平国际实验学校启动建设，安置小区建设快速推进，市政道路框架基本形成。实施义务教育学校教师周转房等项目8个，改扩建校舍11.4万平方米。教育信息化建设步伐加快，全县义务教育阶段学校网络接通率和覆盖率分别达到95.89%、94.25%。全省公共文化服务体系示范区创建扎实推进，总占地面积18万平方米、总建筑面积15万平方米龙凤文化中心、龙凤体育中心如期建成投入使用，高质量、高水平成功举办“一会一节”。中国文联、中国视协“送欢乐下基层”赴来凤慰问演出活动圆满精彩。“五个一工程”完成一本书、一部风光片、一部民歌集的制作。《来凤漆筷制作技艺》《西兰卡普制作技艺》代表湖北省参加俄罗斯举办的非物质文化遗产展活动，老虎洞电站申报成为省级重点文物保护单位。广播电视、信息网络工作取得新成绩。全省公共文化服务体系示范区建设现场会在来凤召开，“全国文化先进县”通过复查审核，来凤被命名为“中国民间文化艺术之乡”。龙凤医疗中心一期住院大楼投入使用、二期住院大楼主体竣工，门诊人数 26.12 万人次、住院人数 2.34 万人次，分别增长 16.35%、8.02%。每千人拥有床位 4.44 张、执业(助理)医师 1.79 人，就医条件明显改善，群众满意度大幅提升。新建标准化村级卫生室 30 个。疾病防控工作有效开展，无重大传染疫情发生。来凤被评为“全省基本公共卫生服务规范管理先进县”。农民参合率 99.37%，政策范围内补偿比例 75%。出生人口政策符合率 92.54%，单独二孩政策全面落实。“五险”参保人数 9.42 万人次，征收社会保险费 1.26 亿元。转移农村劳动力 1.58 万人，发放小额担保贷款 1700 余万元。城乡低保实现应保尽保，农村低保标准提至 1900 元/年，城镇低保标准提至 4620 元/年。“五保”集中供养率 80%以上，“五保”集中供养标准提至 3699 元/年，分散供养提至 2568 元/年。发放城乡低保、“五保”供养、临时救助等资金 7300 余万元。

社会大局和谐稳定。“平安来凤”“法治来凤”建设深入实施，“1＋5”农村社会治理模式切实加强，大力推广律师进村“面对面”(通过在村、社区普遍建立法律顾问制度，开通律师进村“面对面”视频会面通道)、“民生 110”经验，网格化建设纵深推进。“六五”普法取得成效，全民法治氛围日益浓厚。信访工作机制不断健全，基层基础不断夯实。整治专项活动深入开展，社会治安秩序明显改善。与龙山县联合举办跨区域突发公共卫生事件应急演练活动，应急预案体系不断完善。安全生产和食品药品监管力度加大，社会秩序和谐稳定。

自身建设切实加强(略)。

存在困难和问题：自然资源不多、城镇化率不高、城乡发展不平衡，发展不足、欠发达。大项目不多、产业链不长、发展质量不高，产业转型升级压力大。极少数干部思想境界不高、服务质量不优；部分征地拆迁工作难度大、推进慢，影响项目建设进度；信访秩序不规范，社会维稳压力增大。龙凤示范区“十个一体化”建设协调机制刚性不强、市场一体化程度不高等。

报告提出 2015 年全县经济社会发展目标及政府重点工作。

人大常委会工作报告(摘要)

扎实推进监督工作纵深化，监督实效明显提升。2014 年，常委会围绕关系全县改革发展稳定大局、人民群众切身利益、社会普遍关注的重大问题，着力推进由程序性监督向实质性监督转变，突出监督实效，不断深化监督工作，在服务中心、促进发展、深化改革、保障民生、维护稳定等方面取得新的成绩。强化计划、预算和审计监督。为了提高经济运行质量、促进产业健康发展，听取审议计划、预算和审计工作报告，针对各自存在的问题，分别提出审议意见，作出决议决定。县政府及其相关部门认真执行常委会决议决定，及时研究处理审议意见，取得明显成效。在计划执行方面，县政府采取超常措施，实现县域经济快速发展。全年全县地区生产总值、全社会固定资产投资分别突破50亿元，地方公共财政预算收入首次突破3亿元，全社会固定资产投资增幅、地方公共财政预算收入增幅等指标，在全州县市中名列前茅。在预算执行方面，坚持勤俭节约，强化预算约束，做到有保有压，在严格压缩“三公”经费、及时调整公用经费标准的同时，积极改善村干部和国家公职人员待遇，较好保障经济发展和民生改善。为了深化预算监督工作，首次把国有资本经营预算收支情况纳入审查和监督范围，实现全口径预算决算的审查和监督；与县财政国库实行联网，使预算监督工作步入常态化轨道。在执行审计决定方面，审计查出主要问题得到及时整改，应上缴国库的9931.30万元资金全部上缴，漏征少征的16.44万元税款补征入库，178个政府投资项目预算审计核减资金4805.10万元。强化民生和热点问题监督。为了保证法律法规在来凤全面贯彻实施，促进政府有关工作，维护人民群众切身利益，回应社会普遍关注的热点问题，采取听取报告、视察调查、执法检查、专题询问等监督方式，监督城乡规划、食品安全、扶贫开发等工作。在常委会会议审议中，常委会组成人员直指城乡规划不完善、执行规划不严格、规划监管缺力度等问题；直陈食品安全工作宣传不够、监管力度不强、缺乏必要保障等问题；直言产业扶贫推进不力、扶贫资金管理不规范等问题。县政府及其有关部门积极落实审议意见，有的问题得到及时整改：城乡规划在编修完善；强拆“两违”建筑96次，拆除面积达2万多平方米，查处规划违法案件411件；加大食品监管巡查力度，组织专项集中整治12次，责令18个生产不合格产品的企业限期整改；扶贫工作正按照精准扶贫、产业扶贫和综合扶贫要求扎实推进。强化依法行政和公正司法监督。为了推进依法行政依法开展工作评议，成立4个工作评议调查组，严格按照工作评议程序，评议县民宗局、民政局、财政局、人社局、住建局、文体局工作，肯定各单位换届以来工作成绩，实事求是指出存在问题，分别形成评议意见交各单位整改；同时，听取县经信局、科技局、司法局、农业局、环保局、审计局工作评议整改情况报告，并提出审核意见。通过工作评议，促进政府部门认真履职，依法行政。为了促进公正司法，听取和审议县检察院关于审查逮捕和公诉工作情况的报告。县检察院根据常委会审议意见，进一步加强法律监督力度，不断提高办案质量；进一步加强队伍建设，不断提高依法履职能力。为了维护国家法制统一和公民法人以及其他组织的合法权利，常委会依法备案审查4件规范性文件。此外，配合县委政法委，开展《州自治条例》和9个单行条例执行情况调研，并提交调研报告；配合州人大常委会，开展龙凤示范区法制保障建设情况调研，形成4个调研报告；与湖南龙山县、湖北宣恩县人大常委会就酉水河保护达成共识，并与宣恩县人大常委会，共同向州人大常委会提交保护酉水河流域的立法建议，被州人大常委会纳入2015年度立法计划；与县委、县政府共同举办12·4首个国家宪法日暨法制宣传日活动，营造学法守法氛围。强化审议意见跟踪监督。深入跟踪监督县政府研究处理《矿产资源法》《州旅游条例》等执法检查报告审议意见落实情况，县政府及其有关部门和乡镇积极配合监督,采取切实措施整改。在落实《矿产资源法》执法检查报告审议意见方面,县政府在依法关停三胡乡无序开采加工石材小作坊之后,新建三胡乡石材产业园,规范矿产资源开采秩序,保障石材产业健康发展。在落实《州旅游条例》执法检查报告审议意见方面,县政府加强旅游宣传和景区建设,制定发展旅游产业的扶持奖励政策,基本完成仙佛寺(一期)、喳西泰水城(一期)、百福司旅游名镇、三胡杨梅古寨等景区打造,为成功举办“一会一节”、创建湖北旅游强县奠定基础。常委会持续跟踪监督环境保护工作,县政府经过两年努力,对严重污染酉水河的水寨小作坊,依法关停。

扎实推进决定、任免工作规范化,保障作用充分发挥。为了更好行使重大事项决定权和人事任免权,紧密结合实际,着力推进决定、任免工作规范化,为来凤长远发展提供有力保障。按照讨论决定重大事项办法规定,审查并批准县政府提交的对国民经济和社会发展“十二五”规划部分指标调整方案,使“十二五”规划更加符合来凤实际,有利于全县经济社会又好又快发展。审查并原则通过城市总体规划(2013—2030年),为推进城市化建设提供规划保障。为了加快城镇化建设,推进旅游产业发展,常委会审议决定,同意县政府将龙凤新区土地收储项目贷款1亿元本息、仙佛寺景区建设融资2亿元列入财政预算,保障重点项目建设资金需要。为了助推民生事业发展,审议通过县政府与华中师范大学合作办学方案,同时批准将3704万元地方政府债券用于公益项目建设方案,促进城乡居民入学、就医、健身等条件改善,并为成功举办“一会一节”奠定良好基础。坚持党管干部原则,严格按照人事任免办法规定,认真做好人事任免工作。对提请任命干部人选,严格实行任前调查、法律知识考试、拟任职发言、常委会会议审议表决、颁发任命书等程序。全年任免干部36人次,其中任命28人次、免职8人次,接受辞职3人次,为国家机关正常运转提供保障。

扎实推进代表工作精细化,代表作用明显增强。以发挥代表主体作用为重点,注重夯实代表工作基础,着力提高精细化水平,扎实有效推进代表工作。着力抓好代表学习培训。为不断提高代表素质和履职能力,依托“代表之家”,组织代表集中学习培训100多人次,并按有关要求安排部分州县人大代表,参加全国人大常委会举办的培训活动。为配合代表学习培训,及时给代表寄送人大常委会公报、人大工作简报以及其他有关学习资料2000余份,满足代表知情知政和学习需要。着力抓好代表履职平台建设。为把“代表之家”建成在闭会期间代表履职重要平台,进一步规范8个乡镇“代表之家”建设,做到统一命名、统一模式、统一制度。同时,督促引导43个代表小组积极开展闭会期间活动,为代表履职提供服务。着力抓好代表活动开展。组织代表参加有关活动。邀请32名代表列席常委会会议,组织代表50人次参加视察、调查和执法检查,安排代表123人次参与县直部门有关活动。活动中,代表们提出很好建议和意见,促进各项工作,发挥代表作用,提升代表形象。扎实开展联系活动。常委会组成人员与44名县人大代表开展联系活动,收集整理建议25条,全部转交相关部门处理。7月初,常委会主任、副主任深入各乡镇开展接待代表活动，与“一府两院”一道，向代表报告半年来工作情况，接受代表监督，广泛听取代表意见，并整理形成17条建议，交“一府两院”及相关部门处理，其中10条建议反映的问题得到解决。开展代表述职评议活动。全县安排33个选区70名县人大代表开展述职评议，其中60名代表被评定为优秀，10名代表被评定为称职。着力抓好代表建议办理。将县十六届人大四次会议期间代表提出62件建议，及时交与承办机关办理。继续坚持主任、副主任领衔督办、突出重点督办和工委室全程跟踪督办制度，同时与县委县政府督查室组成联合督查组，定期检查督办，并将督办情况及时通报，促进代表建议办理工作。从代表反馈情况看，62件代表建议中，满意的60件，满意率97%；基本满意的2件。为激发办理工作积极性，常委会表彰承办代表建议工作成效突出的7个单位和7名个人。

扎实推进自身建设科学化，履职水平明显提高（略）。

工作主要差距：监督工作需进一步强化，代表工作需进一步深化，自身建设需进一步提升等。报告提出2015年常委会工作总体要求和重点工作。

法院工作报告（摘要）

2014年，受理各类案件2580件，审结2198件，法定审限内结案率100%。发回重审改判率、服判息诉率等反映审判质效的指标位居全州前列。受理刑事案件216件362人，审结194件，判处罪犯329人。通过调解和撤诉方式处理案件695件。其中，民事案件调解、撤诉685件，刑事附带民事诉讼案件调解10件。处理省委巡视组、州中院、县委督查室交办信访案件33件。接待群众来访132人次，处理来信31件，院领导接访79人次。审结一审商事案件652件，涉案标的6521.48万元。审理合资合作开发房地产、房屋拆迁安置补偿、建设施工纠纷案件19件。审理金融纠纷案件259件。审理民间借贷案件109件。审结各类民事案件1342件，着力保护当事人诉讼权益。审理婚姻家庭、相邻关系等案件409件。审理劳动争议、工伤保险等案件52件。审理农村土地承包经营权、收益分配等案件10件。执结各类案件640件，执行到位总金额1753.10万元。将89名失信被执行人自然人和17名失信被执行人法人名单在网络、报刊及微信等平台上予以公布。清理涉民生执行案件170件，全部执结，执行到位509.12万元。审结行政案件22件。其中，经法院协调后和解、撤诉7件，和解撤诉率32%。巡回办案135次，办结案件126件。依法准予缓、减、免案件208件，缓、减、免交诉讼费23.3万元，为17名生活确有困难当事人发放司法救助金30.34万元。在中国裁判文书网公布裁判文书1158份，促进法官业务素质和司法水平提高。加强法院门户网站维护和运用，在腾讯、新浪开通微博，发布审判执行信息523条，开通法院微信，发布审判执行信息14期。投资135万元建成具有庭审全程直播和录音录像功能科技法庭4个。召开审委会41次，讨论案件36件，提高重大、疑难、复杂案件裁判水平。评查庭审10次、评查案件1533件、评查法律文书530份。组织人民陪审员参审案件

246件,占一审普通程序案件的96.09%。整改超标办公用房258平方米。开展审务督查47次,发督查通报6期,诫勉谈话13人,通报批评10人,取消评先资格2人。健全完善规章制度38个。组织干警业务培训15期,参与培训人员121人次。全院有3个集体、20名个人受到县级以上有关部门表彰。

检察院工作报告(摘要)

2014年,受理提请批准逮捕案件145件192人,批准逮捕125件169人,受理移送审查起诉案件184件278人,提起公诉158件250人,对应当判处无期徒刑、死刑的案件报送州检察院提起公诉7件13人。批准逮捕故意杀人、故意伤害、强奸、抢劫、抢夺、盗窃等严重暴力犯罪和多发性侵财犯罪案件60件77人,提起公诉53件71人。批准逮捕各类毒品犯罪22件30人,提起公诉16件24人,批准逮捕涉赌犯罪5件13人,提起公诉6件16人。批准逮捕破坏环境资源案件6件7人,提起公诉5件9人。对构成犯罪但无逮捕必要的17件19人不予批捕。依法和解轻伤、交通肇事等轻微刑事案件10人,刑事和解不起诉8人。开展羁押必要性审查变更强制措施9件9人。依法开展释法说理,促使申诉人息诉罢访2件。依法办理群众信访41件,其中检察长接待群众来信来访25次。提出司法救助7件,向刑事被害人及其家属发放司法救助款3.58万元。立案侦查贪污贿赂职务犯罪案件11件15人,与州院共同查办渎职侵权职务犯罪案件2件7人,立案查处科级干部3人。在4个乡镇、9个县直单位开展预防职务犯罪专题讲座,受教育800余人次。结合执法办案,开展犯罪分析12次、预防调查17件、警示教育13次。对发案单位提出整改建议10件次。深入调研职务犯罪预防工作情况,3份检察建议得到县领导批示,发往林业部门检察建议被评为全省"优秀检察建议",2013年惩治和预防职务犯罪年度报告被评为全省"十佳年度报告"。监督立案11件11人,监督撤销案件8件8人。对应当提请逮捕而未提请的,纠正漏捕8人,对应当移送起诉而未移送的,追诉漏罪2件,漏犯2人。提前介入侦查43件次。对办案中违反程序规定、侵犯当事人合法权利的行为发出纠正违法通知书27份。对认为确有错误的刑事判决依法提出抗诉4件,对二审生效判决建议提请抗诉1件。对刑事审判活动中侵犯诉讼参与人诉讼权利等违法情形,提出检察建议1件。加大对民事案件执行活动监督力度,发出检察建议13件。督促行政机关履职39件,支持起诉2件。对认为确有错误民事行政判决和裁定,依法提出再审检察建议1件。进行监所安全大检查24次,提出纠正意见15件次。针对罪犯交付执行不及时,提出检察建议4人次。开展减刑、假释、暂予监外执行专项监督,针对违法情形提出检察建议4人次。对社区矫正中各类违法情形发出书面纠正意见11次,对严重不服管理、脱管的社区矫正对象监督收监执行刑罚3人。监督行政执法机关移送涉嫌犯罪案件8件8人,提前介入拒不支付劳动报酬案1件、非法行医案1件。向相关单位提供行贿犯罪档案查询315件次,1家企业因有行贿犯罪记录被取消投标资格。有针对性提出消除隐患、强化管理、预防犯罪的检察建议16件次，催生各类整改措施30余项。为国家追回偷逃的税款67.97万元，税务部门据此对当事人处以罚款27.85万元。为4名干部澄清事实，依法保护干部。在社区、乡镇建立12个检察工作联络室。开展检察工作“进机关、进企业、进学校、进社区、进农村”等活动，解答群众维权等各类法律咨询120余人次。评查案件273件，对执法办案过程中存在瑕疵、错误提出整改意见129件次。开展法医鉴定4件，纠正因新旧标准混用的错误鉴定1件，完成对技术性证据文证审查34件，对其中有瑕疵的鉴定纠正5件。排除非法证据2件。协助本院及州院等业务部门出警536人249次。开展检务督察78次。全面使用全国检察机关统一业务应用系统，网上办案率100%。新招录干警8名。组织干警参加各级各类培训和岗位练兵85次861人次。举行“公众开放日”活动。组织人民监督员依法监督直接受理立案侦查的案件8件14人，邀请人民监督员监督搜查现场9次，质量评查职务犯罪案件4件、庭审观摩评议1件、参与批捕案件公开听证1件。邀请10余名人大代表视察检察工作、参加座谈会和工作情况通报会。向各界代表通报检察工作情况，听取批评、建议6次。建立“来凤检察”官方微信、微博服务平台，适时发布检察工作信息，推介来凤检察工作动态，提供网上法律服务。

（6）县十六届人大六次会议有关报告（摘要）

政府工作报告（摘要）

综合实力迈上新台阶。地区生产总值由2010年30.18亿元增长到2015年60亿元，年均增长13%；规模以上工业增加值由5.05亿元增长到12.6亿元，年均增长14.8%；财政总收入由3.69亿元增长到7.3亿元，年均增长14.6%；地方公共财政预算收入由1.01亿元增长到3.72亿元，年均增长29.8%；全社会固定资产投资由17.53亿元增长到62.4亿元，年均增长28.9%；社会消费品零售总额由10.8亿元增长到21.5亿元，年均增长14.8%；金融机构年末存、贷款余额分别由31.34亿元、15.2亿元增长到72.3亿元、51.1亿元，年均增长18.2%、27.4%。

结构调整取得新进步。三次产业结构比由2010年28.4∶25.9∶45.7调整为2015年20.2∶30.1∶49.7。完成龙凤百亿产业园24平方公里总体规划和控制性规划，桂花树、四合工业园区加快建设，革勒车、三胡石材产业园初具规模。2015年规模以上工业企业65家，产值过亿元企业10家，产值过10亿元绿色食品产业集群1个。藤茶、生姜、烟叶（雪茄烟）等特色产业基地突破30万亩；2015年，生猪出栏32.06万头、存栏34.59万头，家禽出笼160.02万羽、存笼140.54万羽，牛羊存栏5.69万头。省州级农业龙头企业23家，产值5000万元以上达到7家，农民专业合作社414家。打造“来凤藤茶”“来凤姜”“零号土猪肉”等一批特色品牌。“商旅文”融合发展。10万平方米黔龙建材城、10万平方米华龙商贸城基本建成，10万平方米同利·星都汇商贸综合体加紧建设；建成5万平方米中百来凤购物中心，营业额年均突破2亿元；凤雅藤茶公司探索“商（农）旅文”融合发展，年销售收入过亿元;来凤成为"全国现代商贸流通综合改革试点县""全国电子商务进农村综合示范试点县",湖北裕农武陵山电商运营中心基本建成。生态文化旅游从无到有,仙佛寺、卯洞景区成功创建国家4A、3A级景区,杨梅古寨正争创国家4A级景区,百福司成功创建"湖北旅游名镇"。世纪金源、凤鸣山庄等4家高星级酒店建成营业,黔龙1号酒店基本建成。发展特色农家乐236家,三星级农家乐达到20家。2015年,接待游客150万人次、旅游综合收入8亿元,分别是2010年的3.1倍、7.8倍。

项目投资实现新突破。恩来高速公路建成通车,黔张常铁路开工建设,页岩气勘探取得突破、进入压裂试气阶段,咸来高速、来凤通用机场、天山坪风能开发项目前期工作顺利,恩吉铁路纳入国家、省、州规划。五年累计完成固定资产投资210亿元,是"十一五"时期4倍,2012—2014年投资增幅全州第一。出台《来凤县招商引资工作考核奖励办法》,重点部门招商工作机制不断完善。五年招商引资到位资金91亿元,外贸出口8365万美元,利用外资1522万美元。结合武陵山少数民族经济社会发展试验区规划、全县"十二五"规划,精心谋划招商项目,项目库建设充实完善,项目后劲支撑有力。实施国省干道公路改造及大中修工程165公里,42公里绿色旅游公路及配套工程全面竣工,完成公路安保工程358公里,农村公路通达通畅工程416.4公里,196个村(社区)实现村村通客车,交通基建累计投资4.69亿元,比"十一五"时期净增1.6亿元。建成各类水利工程2693处,解决13.94万人安全饮水问题,酉水河、老峡河等中小河流域防洪及生态问题得到有效治理。电力供应体系安全可靠,智能化信息网络实现全覆盖。

城乡建设呈现新面貌。围绕"州域副中心城市"定位,积极推进"龙凤经济协作示范区"和"全州城乡统筹试点县"建设。完成《龙凤经济协作示范区发展战略规划》《来凤县城乡统筹发展规划》《来凤县城市总体规划》及百福司镇、大河镇、旧司镇规划编制。着力新型城镇化,构建一体发展新格局,龙凤商圈、龙凤新区、龙凤科教示范园(教育城)建设扎实推进,县城面积拓展到15平方公里,城镇化率37.4%。重点打造百福司"湖北旅游名镇"、漫水"旅游风情小镇"、绿水"百亿产业重镇"、大河"鄂渝边贸中心镇"、三胡"古道杨梅风情园"。"六城"同创活动深入人心,成功创建省级园林城市、省级卫生城市和省级文明城市,来凤成为全州城镇建设先进县。生态文明建设积极推进,完成生态造林8万亩,森林覆盖率56.7%;以大气污染防治为重点,多措并举开展整治优良天气达330天以上;严守水资源管理,建立县、乡、村三级河长制,纳入州考核重要河流水功能区水质达标率均为100%。积极开展耕地酸化治理,大力发展生态循环农业,优化测土配方施肥,实施化肥农药管控;城区污水集中处理率70%,垃圾无害化处理率98%。

社会事业开创新局面。龙凤科教示范园(教育城)加快建设,华中师范大学来凤附属中学建成投入使用,来凤思源学校进入装修阶段,高平国际实验学校主体封顶,安置小区、教育大道等配套设施逐步完善。义务教育"全面改薄"加紧实施,2015年高考第一批本科硬上线150人，来凤高中教育迈上新台阶。龙凤医疗中心（县中心医院）新区外科大楼投入使用，医技综合大楼进入装修阶段，医院服务水平和业务收入双提升。县疾控中心综合楼、县康复医院（航空路新区）及8个乡镇卫生院业务用房等项目建成投入使用；县、乡、村三级卫生服务体系逐步完善，新农合参合率、医保参保率均在99%以上，国家基药“零差价”销售100%。“单独二孩”政策全面落实，人口自然增长率7.99‰；来凤被评为“全省疾控工作强基工程先进县”“全省基本公共卫生服务规范管理先进县”。“全省公共文化服务体系示范区”创建扎实推进，95个行政村（农村社区）建设文体广场，县城建成总占地面积18万平方米、总建筑面积15万平方米龙凤文化中心和龙凤体育中心，成功承办湖北省第八届少数民族传统体育运动会暨第二届来凤·中国土家摆手舞文化旅游节等重大节会活动；成功申报摆手舞等3项国家级非物质文化遗产保护项目、来凤漆筷制作技艺等11项省级非物质文化遗产保护项目；《来凤县志（1983—2003）》历时九年付梓出版；来凤被命名为“中国民间文化艺术之乡”“中华诗词之乡”“中国楹联文化县”“全国文化先进县”，来凤摆手舞被授予湖北省“一县一品”品牌创建奖。来凤连续七次获得“全省双拥模范县”称号，连续六次被表彰为“全国民族团结进步先进集体”。

人民生活得到新提升。2015年，城镇常住居民人均可支配收入21338元，增长10%，五年年均增长14%；农村常住居民人均可支配收入8108元，增长15%，五年年均增长20%。投入资金1.25亿元，重点对46个村实施整村扶贫。省、州、县、乡（镇）四级189个工作队、1426名驻村干部，结对帮扶185个村、7个农村社区、21897户贫困户、79913名贫困人口。实施产业扶贫7825户，新发展特色农产品基地2.1万亩，低保救助2198户、8064人，扶贫搬迁和危房改造1371户、4798人，服务外出贫困户5477户、19060人，2015年预脱贫2.87万人。五年城镇新增就业18011人，城镇登记失业率控制在4.0%以内，农村劳动力新外出就业27543人；城镇基本养老、医疗保险覆盖面不断扩大，“五险合一”保险网络基本形成，城乡居民参保10.9万人、综合参保率99.82%；城乡低保实现按标施保，保障标准与全省平均水平同步增长，五保供养政策全面落实，建成61个农村幸福院、4个城市社区养老服务站；住房保障不断提升，累计投资4.8亿元建设各类保障性住房6309套，改造农村危房7248户。

改革开放进入新境界。2011年10月，国务院批复《武陵山片区区域发展与扶贫攻坚规划》，设立武陵山龙山来凤经济协作示范区。按照《龙凤示范区发展战略规划》，重点推进“十个一体化”建设，其中规划、交通等六个一体化建设成效显著。龙凤金融创新示范区启动建设，酉水河开发与保护立法工作进展顺利。来凤龙山县城逐步融为一体，示范区城市建成区面积30平方公里，人口25万人，拉开近50平方公里城市框架。行政审批制度改革实行“三集中三到位”，便民信息化服务平台向村（社区）延伸，商事登记制度改革全面推进，来凤行政审批制度改革及政务服务工作走在全省前列。医疗体制、教育改革走在全州前列，州中心医院全面托管县中心医院、成立龙凤医疗服务中心,来凤一中联姻华中师范大学、成立华中师范大学来凤附属中学。成功组建来凤农村商业银行,湖北银行来凤支行、恩施村镇银行来凤支行挂牌营业。国库集中收付、政府采购、以钱养事新机制、“营改增”试点等改革稳步推进。农村水利基础设施管护体制改革、食药监管体制改革、林权制度改革、农电体制改革等全面完成。

自身建设得到新加强(略)。

存在不足和差距:经济下行压力持续加大,产业发展支柱不强、质效不高,产业滞后;乡村公路、饮水、电网等基础设施建设滞后;少数信访问题积重难返、少数征地拆迁户漫天要价,严重影响项目实施;少数干部面对新常态不适应、不担当、不落实。

报告提出“十三五”时期经济社会发展指导思想和目标任务以及2016年工作任务。

人大常委会工作报告(摘要)

强化监督工作,监督实效不断提高。2015年,常委会紧扣县委重大决策的落实、“一府两院”重点工作的推进、人民群众关注热点问题的解决,正确处理监督与支持的关系,敢于监督,善于监督,监督工作实效得到不断提升。加强计划、预算和审计监督。采取听取审议工作报告、执法检查等方式,加强对计划、预算和审计工作的监督。针对计划、预算和审计工作存在的问题,分别提出审议意见,作出决议决定。县政府及其相关部门认真执行常委会决议决定,及时研究处理常委会审议意见。如在深化审计监督方面,县政府向审计部门提出要按照“发展、改革、法制、反腐”的目标,对公共资金、国有资产、国有资源和领导干部履行经济责任情况实行审计全覆盖,有效发挥审计监督作用。为确保修改后的预算法在全县贯彻实施,常委会执法检查组采取听取汇报、重点剖析、座谈交流等方式,检查预算法贯彻实施情况,肯定县政府及其财政部门规范财政收支范围和分配关系、确保预算执行主体规范有序运行等作法,同时针对存在问题,建议进一步加大学习宣传力度、不断增强依法理财意识,规范预算编制、不断提高预算编制科学性,强化预算执行、不断增强预算执行严肃性,完善预算监督、不断提高预算工作透明度。所提建议均得到采纳,并取得初步成效。加强工业发展和精准扶贫监督。高度关注工业强县战略实施,听取审议县政府关于全县工业企业发展情况的报告,肯定县政府大力推进工业强县战略取得的成绩,同时,根据存在问题,提出深化资源要素配置改革、维护市场配置资源主体地位,深入研究发展环境问题、切实解决企业发展矛盾,提高规上工业企业质量、加强规上企业税收征管的建议。县政府及其相关部门多措并举,认真研究处理常委会审议意见,取得较好成效。通过努力,全年新增规模以上企业12家,总数达到65家;10个工业项目建成投产,16个工业项目开工建设;规模以上企业增值税和增加值的增长速度,名列全州前茅。紧贴中心,听取审议县政府关于扶贫开发工作情况报告审议意见落实情况报告。在常委会监督和支持下,县政府及其扶贫开发部门采取切实措施,认真落实审议意见,制定出台“减贫摘帽”工作实施方案,大力实施产业发展、道路畅通、水利设施、扶贫搬迁、农网改造、环境整治“六大工程”，加快推进产业发展。县直部门和乡镇积极配合，分别向扶贫联系村（社区）派驻182个工作队1389人，深入扎实开展工作，有力推进全县精准扶贫工作。加强民生改善和热点问题监督。听取审议县政府关于研究处理实施食品安全法情况审议意见报告的询问意见情况报告，提出整改意见。县政府及其相关部门高度重视，积极整改，通过采取加强领导、加大投入，利用多种形式、开展政策法规宣传，建立举报平台、设立举报奖励基金，规范生产经营秩序、建立企业自律诚信惩戒机制，加强监管、构建网络等措施，促进食品安全有关问题解决。全年检查各类批发户、生产加工小作坊和企业202家；抽检食品365品批，处理不合格食品54批次；立案查处57起，收取罚没款39万多元，打击违法违规行为，保障“舌尖上的安全”。为让城区居民喝上安全放心饮用水，采取专题调研和专题询问相结合方式，对城区供水情况进行监督。在做好专题调研基础上，专门召开会议，就城区供水工作情况进行专题询问。县政府分管领导及住建局、水利局、环保局、卫计局负责人到会应询。针对存在的问题，提出科学规划、确保城区供水管网合理布局，加大投入、努力改善供水基础设施，完善体制、促进供水管理现代化的询问意见。县政府认真落实询问意见，投入1亿多元推进第三水厂建设；筹资120万元，改造14个小区供水管网；制定措施，加强水源地保护。为依法开展社区矫正工作，将社区被矫正人员改造成为守法公民，维护社会和谐稳定，常委会组成调查组专题调查全县社区矫正管理工作情况。对“一府两院”和有关部门，为社区被矫正人员顺利融入社会、维护社会和谐稳定、推进“平安来凤”建设取得的成绩予以肯定，同时，针对存在的问题，提出建议，促进社区矫正工作。华师来凤附中新校区建设和联合办学情况，是全县人民群众关注的热点。为回应人民群众关切，常委会组成视察组，通过现场查看、观看视频、座谈、听取汇报等方式，对华师来凤附中建设和发展情况进行全面了解。视察表明，学校新校区于2013年7月13日开工建设，2015年2月12日投入使用，校区占地面积276亩，建筑面积71139平方米，总投资2.5亿元；教育教学、文体活动和生活设施基本配套，功能较为齐全，办学条件达到省内同类学校一流水平；联合办学，提升教育教学水平，2015年高考告捷，高考学生一本、二本硬上线人数比上年增加83人；教师教研成果和学生参加各项竞赛取得佳绩。这充分印证县委县政府引入联合办学机制的正确性。针对学校存在不足，提出进一步强化师资队伍建设、优化办学环境、提升办学质量的建议，为实现联合办学目标起到积极的促进作用。加强生态文明建设监督。为防患于未然，确保大气污染防治法、省人大常委会关于农作物秸秆露天禁烧和综合利用的决定在全县贯彻实施，常委会调查组历时3个多月，专题调查全县农作物秸秆露天燃烧和综合利用情况。调查组通过召开座谈会、走访、发放调查表等方式，实地调查全县秸秆露天燃烧和综合利用情况。通过调查，摸清全县农作物秸秆露天燃烧和综合利用现状，分析存在的问题并提出建议，形成调查报告，为县政府深入开展此项工作提供参考。为切实加强酉水河保护，按照县委要求，在充分调研基础上,向州人大常委会提出依法保护酉水河的立法建议,并积极协助州人大常委会扎实开展立法保护酉水河工作。立法工作启动后,举办立法调研专题讲座,召开社会各界代表参加的立法调研座谈会,参与恩施州人大常委会组织的同湖南省湘西州,以及重庆市秀山县、酉阳县和贵州省松桃县人大常委会的沟通协商工作,承办由恩施州和湘西州人大常委会联合主办的立法工作第一次联席会议,讨论酉水河保护条例(专家建议稿),形成会议纪要,为2016年全面完成立法工作任务奠定基础。加强依法行政和公正司法监督。为加强对权力制约和监督,按照工作评议办法规定,对县发改局等10个部门进行工作评议,肯定被评议部门换届以来工作成绩,实事求是指出存在不足,分别形成评议意见交被评议部门整改,并在规定时间内,听取审议整改情况报告,提出审核意见。通过工作评议,促进政府部门依法行政,推进政府工作。常委会对"一府两院"贯彻实施新修改的行政诉讼法情况进行执法检查,听取"一府两院"实施情况报告以及县公安局、司法局和律师、社区代表意见,形成加大学习宣传行政诉讼法力度、提高行政机关依法行政水平、加强行政应诉工作、强化行政案件审判工作、加大行政检察工作力度等审议意见,促进行政诉讼工作有序开展。为从源头上规范国家机关依法行使权力,依法对5件规范性文件进行备案审查,对其中3件提出修改意见,维护国家法制统一和公民、法人及其他组织合法权益。

在强化监督工作同时,依法行使重大事项决定权。审查并批准县政府提交的地方政府债券资金纳入预算管理的方案、财政预算调整方案,为教育城、县中心医院、黔张常铁路(来凤段)、讨橙路等建设提供资金保障,并较好保障村干部待遇提高。

坚持党管干部原则与人大依法任免相统一,认真做好人事任免工作,确保县委人事意图和人事安排顺利实现,保证国家机关正常运转。依法任免国家机关工作人员55人次,其中任命39人次,免职14人次;接受2人辞职。

深化代表工作,代表履职活力不断增强。组织代表开展活动。邀请县人大代表参加活动。邀请29名代表列席常委会会议,组织代表50人次参与视察调研、执法检查,组织代表22人次参与县直部门有关活动。代表们在各类活动中踊跃建言献策,对推进有关工作发挥积极作用。开展接待代表活动。7月初,常委会开展主任、副主任接待代表活动。活动中,向代表通报常委会和"一府两院"工作情况,广泛听取代表的建议和意见,收集整理24条建议,交"一府两院"研究处理。"一府两院"认真办理,并在规定时间内反馈办理情况。开展代表述职评议活动。49名县人大代表分别在23个选区述职,接受选民评议,其中41人被评为优秀,7人被评为称职,1人被评为不称职。通过开展述职评议活动,加强代表与选区群众联系,增强代表依法履职的责任意识和接受监督意识。探索建立代表工作室。为推进代表工作与时俱进,丰富闭会期间代表活动,在11个选区开展建立人大代表工作室试点工作。按照试点工作实施方案要求,确定办公场所,建立5个工作制度,配备学习资料。参加试点工作的64名县乡(镇)人大代表,根据轮值安排,按时进驻代表工作室接待选民群众，认真倾听意见，热情释疑解惑，积极协调有关部门落实选民群众意见，并及时反馈情况。建立代表工作室，为人大代表搭建履职平台，丰富闭会期间代表活动，密切代表与选民群众联系，发挥人大代表反映民声、化解矛盾、促进和谐、服务大局的积极作用。加强代表建议督办。县十六届人大五次会议期间，代表提出建议60件。3月11日，召开主任会议交办，明确办理任务，提出工作要求，落实常委会领导领衔督办、重点督办和工委室全程督办责任。6月下旬，代工委与县委县政府督查室组成联合督查组，对承办2件以上的22个单位进行检查督办；11月，又与督查室对相关部门落实审议意见情况，进行跟踪监督，促使代表建议办理工作落到实处。“一府两院”建立领导领办代表建议制度，严格落实办理代表建议奖惩制度，不断提高代表建议办理水平。截至7月31日，60件建议均办理完毕，并书面答复代表，办结率100%。代表满意的59件，占98%；基本满意的1件，占2%。10件关系全局性问题的代表建议，均由县长、副县长领衔办理和常委会领导领衔督办，其中，解决3件，3件正在解决，4件列入解决计划。

推进自身建设，依法履职水平不断提高。紧紧围绕建设“学习、务实、创新、清廉、和谐”型机关目标，适应新形势新任务新要求，着力提高常委会及其机关依法履职能力和水平。着力强化干部队伍建设，全面提升履职素质。坚持理论武装，抓好学习培训。坚持从严治党，抓好党风廉政建设。坚持求真务实，抓好作风建设。着力强化规范化建设，全面提升履职科学化水平。在总结历届工作经验和借鉴外地成功做法基础上，制定完善“三会”议事规则等一套程序严谨、操作性强的41个履职制度，为全面实现履职规范化奠定基础。坚持常委会领导联系乡镇人大工作制度，继续指导乡镇人大按照“2532”工作要求，开展各项工作，推动县乡人大工作协调发展。12月中旬，常委会被作为全州县市唯一代表，参加全省市州人大常委会主任座谈会议并作交流发言，得到省、州人大常委会领导充分肯定。同时，为巩固党的群众路线教育实践活动成果，制定完善机关管理制度，编印并实施《来凤县人大常委会机关管理制度》，使常委会机关各项工作有章可循、运转有序，服务水平大幅度提升。着力强化宣传工作，不断提升社会影响力。着力强化信访工作，促进人民群众关注问题的解决。

工作主要差距：监督手段运用不够全面，监督实效还需进一步提高；代表活动效果还需不断增强，代表工作活力还需进一步提升；机关工作效能还需不断增强，依法履职水平还需进一步提高等。报告提出2016年县人大常委会工作总体要求和工作重点。

法院工作报告(摘要)

2015年，受理各类案件3041件，审结2712件，审限内结案率100%。较上年同期，收案增加461件，上升17%，结案增加514件，上升23%。依法惩治刑事犯罪。受理刑事案件228件，审结206件307人，判处有期徒刑259人。其中，判处10年以上有期徒刑3人，3年以上10年以下有期徒刑11人，3年以下有期徒刑245人。审结故意杀人、故意伤害、抢劫、盗窃等侵犯公民人身、财产及民主权利类案件80件。严惩毒品犯罪，审结涉毒案件28件。审结贪污、渎职、贿赂犯罪案件11件14人。判处拘役25人，宣告缓刑84人，单处罚金6人，免予刑事处罚13人。积极支持社区矫正工作，对4名在缓刑期间不遵守法律规定的罪犯撤销缓刑，依法收监执行原判刑罚。受理民事案件908件，审结791件。高度重视社会保障、医疗、消费者权益保护等民生案件的审理，审结相关案件221件。妥善处理劳动就业、追索劳动报酬和涉及老人、妇女、未成年人等弱势群体的纠纷，审结相关案件506件。及时审理"三农"案件，审结涉及土地承包经营权流转、山林地界纠纷、宅基地纠纷等案件64件。受理各类合同纠纷案件784件，审结694件，结案标的额达5325万元。审理侵害股东权、房地产买卖、建设工程施工等涉企案件183件。审理民间借贷、金融借款合同案件486件。受理行政案件79件，审结76件。其中，受理行政非诉执行案件43件，审查43件，裁定准予执行37件，撤诉6件。受理执行案件1042件，执结945件，执结率90%，执行标的到位率95%。依法将不自觉履行义务的294名被执行人(其中个人277名，单位17个)纳入失信被执行人黑名单，68名失信被执行人主动到法院履行义务。对22名拒不执行被执行人依法采取司法拘留强制措施。成功执结来凤金凤集团公司与浙江一销售商合同纠纷案，为该公司挽回经济损失140余万元。积极开展计划生育非诉执行专项活动，执结21件，执行到位金额26.7万元。审理环境保护案件14件。2015年5月1日实行立案登记制以来，登记立案1687件，同比收案上升40.7%。深入开展"送法下乡、以案说法"活动，巡回审判606次。为经济确有困难当事人缓、减、免交诉讼费22.48万元，为符合救助条件当事人发放司法救助金44.62万元。办理省委第三巡视组交办案件70件。新任命人民陪审员29人，人民陪审员参与审理案件455件。全年在中国裁判文书网公布生效裁判文书1243份。官方微博发布信息1407条，官方微信发布192期，在恩施日报、来凤新闻网等纸媒和网络媒体发表宣传报道319篇。公开、择优招录4名书记员进入相关审判工作岗位，为人员分类管理打下基础。经报名、资格审查、考试、民主测评、综合考核，从41名具有审判资格法官中择优遴选员额法官28名。县法院被州委政法委评为化解涉法涉诉信访工作先进单位，执行实施庭分别被省高院、州中院评为先进内设机构，24名干警荣获省、州、县表彰。组织干警参加各类业务培训24期，参与培训人员118人次。发出书面监督意见函22件，指出存在问题14个。开展各项专题教育和专项清理10次，开展审务督查37次，印发纪检通报8期，廉政勤政约谈31人次，处理领导交办案件22件，通报批评和诫勉谈话10人次等。

检察院工作报告(摘要)

2015年，立案侦查贪污贿赂案件30件30人，立案侦查渎职侵权案件9件9人。在查办县电力执法大队干部王某骗取农村化粪池改造项目资金200余万元的涉嫌行贿、诈骗案中，办案人员调查取证1600余份，通过深挖细查，立办涉及该项目的职务犯罪案件8件8人。开展严厉打击"两违"

背后职务犯罪专项活动，立案查处受贿、行贿案件16件16人。查处行贿犯罪案件11件11人，同比上升120%。开展职务犯罪预防调查6次，犯罪分析32次，预防介入11次，预防咨询45次，向相关涉案单位或部门发出检察建议27份，向相关单位提供行贿犯罪档案查询388件次。7月31日，县检察院作为全省十个基层检察院代表在全省检察机关加强“三农”建设领域预防工作现场推进会上交流发言。受理侦查机关提请批准逮捕案件128件181人，批准逮捕120件164人；受理移送审查起诉案件238件345人，提起公诉188件275人。其中批捕严重暴力犯罪案件30件41人，起诉39件53人；批捕毒品犯罪案件23件38人，起诉20件23人；批捕“两抢一盗”(指抢劫、抢夺、盗窃)犯罪案件32件49人，起诉38件52人；批捕破坏环境资源犯罪案件10件15人，起诉18件29人。对5名无逮捕必要和12名犯罪情节轻微的犯罪嫌疑人分别作出不批准逮捕和不起诉决定。加强捕后羁押必要性审查，变更和建议公安、法院变更刑事强制措施16人。办理未成年人案件11件18人，其中附条件不起诉4件6人，开展社会调查18人，对涉罪未成年人进行心理测评6人，亲情会见7人。深入中小学开展未成年人法制教育2场次。对侦查机关应当立案而未立案以及不应当立案而立案的，监督立案21件、撤案2件；对应当逮捕而未提请逮捕的，纠正10人；加强案件事实和证据审查，依法追诉漏罪5件、漏犯18人，要求公安机关对瑕疵证据补正和作出合理解释32份；完成文证审查50件，纠正有瑕疵的鉴定5件，结论错误的鉴定1件。对审判活动中违法情形发出纠正违法通知书2份，向法院提出刑事抗诉7件，建议州院提请抗诉3件。7月15日全州公诉工作现场会在来凤召开，县检察院就刑事抗诉工作作交流发言。受理民事、行政案件183件。对民事执行提出检察建议16件；对民事诉讼违法行为提出检察建议15件；对民事生效判决、裁定、调解提出再审检察建议1件；向行政机关提出督促履行职责检察建议64件；对3件追索劳动报酬案件支持起诉。加强刑罚执行场所监督，开展看守所安全检查24次，狱情分析24次，对在押人员谈话教育96人次，对存在安全隐患和违法行为发出纠正违法通知书11份、检察建议17份。加强社区矫正监督，经建议，3名违反规定、不服监管的矫正人员被收监执行刑罚。按照检察官36%、检察辅助人员49%、司法行政人员15%比例，科学配置人员。顺利完成首次确定计入员额检察官选任，有序进行检察辅助人员和司法行政人员分类定岗。院领导直接办理案件15件，出庭6次。办理来信来访71件。对应当予以刑事赔偿的决定赔偿3件3人计6.99万元；对14名生活确有困难的刑事被害人及其近亲属进行司法救助，申报发放救助金7.1万元；综合运用公开审查、社会参与、心理疏导等方法，依法实施终结17件。连续三年被评为全县党建工作先进单位和全县党风廉政建设责任制优秀单位，连续三届被授予省级文明单位称号。2个科室、4名个人受到州级以上表彰，2名干警在州院组织的竞赛活动中获奖，2名干警被州院荣记三等功。组织班子成员、中层正职述职述廉117人次。开展督察62次。投资60余万元修建的职务犯罪警示教育基地在建设之中。投入149万余元完成高清视频会议系统改造升级、职务犯罪侦查信息查询平台、人民监督员评议厅等建设。依法接受人大监督,及时向人大常委会报告执行决议情况。年中向人大代表报告工作8场次,邀请人大代表、政协委员参与接待来访、公开答复、预防宣传、公开审查等工作17人次。提请人民监督员对查处的职务犯罪案件监督4件次。邀请人民监督员参加执法检查、联合接访、案件搜查等活动80人次。邀请社会各界代表对5起案件公开听审,增强办案透明度。在门户网站案件信息公开栏上公开法律文书161份,发布重大案件信息67条、程序性信息416条。举办"检察开放日",邀请70余名社会各界代表走进检察机关。发布官方微信319期、官方微博4526条,其中"来凤检察"官方微信自连续21周入围鄂检微信群周榜20强等。

二、履职制度选录

来凤县人民代表大会议事规则

2000年3月8日来凤县第十三届人民代表大会第二次会议通过,根据2013年1月16日来凤县第十六届人民代表大会第三次会议《来凤县人民代表大会关于修改〈来凤县人民代表大会议事规则〉的决定》第一次修正。

第一章　总　则

第一条　为了保障县人民代表大会依法行使职权,规范履职行为,提高议事质量和效率,根据《中华人民共和国宪法》《中华人民共和国地方各级人民代表大会和地方各级人民政府组织法》《全国人民代表大会和地方各级人民代表大会选举法》等法律的有关规定,结合本县实际,制定本规则。

第二条　县人民代表大会按照民主集中制的原则,充分发扬民主,严格依法办事,集体行使宪法、法律赋予的职权。

第二章　会议的举行

第三条　县人民代表大会会议每年至少举行一次,一般于每年第一季度举行。县人民代表大会常务委员会(以下简称常委会)认为必要,或者五分之一以上的代表向常委会提议,可以临时举行县人民代表大会会议。每届县人民代表大会第一次会议,在本届县人民代表大会代表(以下简称代表)选举完成后的两个月内举行。

第四条　县人民代表大会会议由县人大常委会召集。

每届县人民代表大会第一次会议,由上届县人大常委会召集。

第五条　县人民代表大会会议应当有三分之二以上的代表出席才能举行。

出席县人民代表大会会议是代表的法定职责。代表因病或者其他特殊原因不能出席本次县人民代表大会会议的,会前应当书面向常委会请假;未经批准两次不出席县人民代表大会会议的,依法终止其代表资格。

代表在会议期间临时请假的，应当经代表团团长同意，并经大会秘书处批准。大会秘书处负责向主席团报告代表出席会议的情况和缺席的原因。

第六条　常委会在县人民代表大会会议举行前，完成下列准备工作：

（一）决定会议召开的日期，提出会议议程草案；

（二）提出主席团和秘书长名单草案；

（三）决定列席会议人员名单；

（四）提出计划和预算审查委员会、议案审查委员会的成员名单草案；

（五）审议通过代表资格审查报告；

（六）审议通过拟提交县人民代表大会会议的常委会工作报告

（七）会议的其他准备事项。

第七条　常委会在县人民代表大会会议举行的15日前，将开会日期和建议会议讨论的主要事项通知代表。

临时召集的县人民代表大会会议不适用前款的规定。

第八条　县人民代表大会举行会议，以乡镇为单位组成代表团。代表团设团长一名，副团长一至二名，由代表团第一次全体会议推选。

第九条　代表团团长召集并主持本团全体会议，组织本团审议会议议案和有关报告，反映本团对议案和有关报告的审议意见，主持在本团会议上的询问、质询，传达、贯彻主席团会议的决定和有关事项，处理本团的其他工作事项。代表团副团长协助团长工作。

第十条　县人民代表大会会议举行前，召开预备会议，选举本次会议主席团和秘书长，通过会议议程和关于会议其他准备事项的决定。

预备会议由常委会主持。

县人民代表大会会议举行前，各代表团审议常委会提出的主席团和秘书长名单草案、会议议程草案以及会议的其他准备事项。常委会委托主任会议根据各代表团提出的意见，可以对主席团和秘书长名单草案、会议议程草案以及关于会议的其他准备事项提出调整意见，提请预备会议通过。

县人民代表大会会议期间设立的计划和预算审查、议案审查等委员会的组成人员人选，由常委会在代表中提名，提请预备会议通过。

第十一条　县人民代表大会每次会议主席团在代表中产生，一般由县委常委、人大常委会组成人员、各代表团团长和有关方面的代表组成。

除每届县人民代表大会第一次会议外，县人民政府组成人员、县人民法院和县人民检察院的负责人一般不担任主席团成员职务。

第十二条　主席团的主要职责：

（一）主持县人民代表大会会议；

（二）向会议提出议案和决议草案；

（三）组织审议列入会议议程的议案和有关报告；

（四）依法提出县级国家机关领导人员和组成人员的人选；

（五）主持会议选举，提出选举办法草案；

（六）决定议案、罢免案、质询案的审议程序和处理意见；

（七）发布公告；

（八）决定需要由主席团决定的其他

事项。

主席团会议应当有三分之二以上的主席团成员出席才能举行。主席团的决定，由主席团全体成员的过半数通过。

第十三条 主席团第一次会议由常委会主任或副主任召集。

每届县人民代表大会第一次会议主席团的第一次会议由上届常委会主任或副主任、或者本次会议秘书长召集。

主席团第一次会议在主席团成员中推选常务主席若干人、大会各次全体会议的执行主席若干人，并决定下列事项：

(一)会议日程；

(二)副秘书长的人选；

(三)表决议案的办法；

(四)代表提出议案的截止时间；

(五)其他需要决定的事项。

第十四条 主席团常务主席的职责：

(一)召集并主持主席团会议；

(二)对主席团职权范围内的事项向主席团提出建议；

(三)根据会议进展情况，对会议日程安排作出调整；

(四)必要时，召开代表团团长会议，就议案和有关报告的重大问题听取代表团的审议意见，进行讨论，并将讨论的情况和意见向主席团报告；就重大的专门性问题，召集代表团推选的代表进行讨论，并将讨论的情况和建议向主席团报告；

(五)根据需要向主席团提出建议，召开全体会议就议案和有关报告进行大会发言；

(六)根据主席团的授权，处理主席团职责范围内的其他事项。

主席团会议讨论重大的专门性问题时，主席团常务主席可以召集县人民政府及其工作部门、县人民法院、县人民检察院的负责人参加会议，汇报情况，回答询问。

第十五条 下列人员依法列席县人民代表大会会议：

(一)不是县人大代表的县人民政府组成人员，县人民法院院长、县人民检察院检察长；

(二)本县选出的州人民代表大会代表；

(三)不是人大代表的常委会工作机构负责人；

(四)常委会决定邀请列席会议的其他有关机关、团体的负责人。

县人民政府、县人民法院、县人民检察院的列席人员，应当按照会议的安排和要求，列席会议，听取意见。

出席县人民政治协商会议的政协委员应邀列席县人民代表大会的有关全体会议。

列席会议的人员有发言权，没有表决权。列席人员因病或者其他特殊原因不能列席会议的，会前应当书面向常委会请假；在会议期间不能列席会议的，应当向代表团请假。

第十六条 县人民代表大会会议设立秘书处。秘书处由秘书长和副秘书长组成。

秘书处在秘书长领导下，办理主席团交办的事项，处理会议的日常事务工作。副秘书长协助秘书长工作。秘书处可以设立若干工作机构。

第十七条 县人民代表大会会议公开举行。

经秘书处同意，记者可以对会议进行采访报道。

第十八条 全体会议可以设旁听席。旁听办法由常委会规定。

第三章　议案的提出和审议

第十九条　主席团、常委会、县人民政府，可以向县人民代表大会提出属于县人民代表大会职权范围内的议案，由主席团决定是否列入会议议程。

第二十条　代表十人以上联名可以向县人民代表大会提出属于县人民代表大会职权范围内的议案，由主席团决定是否列入会议议程，或者交议案审查委员会审查，提出是否列入会议议程的意见，再由主席团决定是否列入会议议程。

代表联名提出的议案应当有领衔人，并在本次会议代表议案截止时间之前提出。

第二十一条　向县人民代表大会提出议案，应当写明案由、案据和方案。

第二十二条　列入会议议程的议案，提案人应当向会议提出关于议案的说明和相关资料。

第二十三条　列入会议议程的议案，由主席团提交各代表团审议，并由主席团决定提请大会全体会议表决。

议案在交付大会表决前，提案人要求撤回的，经主席团同意，会议对该议案的审议即行终止。

第二十四条　列入会议议程的议案，在审议中有重大问题需要进一步研究的，经主席团提出，由大会全体会议决定，可以授权常委会在本次会议闭会后审议决定，并报下次县人民代表大会会议备案，或提请下次县人民代表大会会议再次审议。

第二十五条　主席团决定不作为议案处理的，可作为建议、批评和意见处理。代表向县人民代表大会提出的对各方面的建议、批评和意见，按照《来凤县人民代表大会代表议案、建议批评和意见工作规则》办理。

第四章　审议工作报告、审查计划和预算

第二十六条　县人民代表大会听取和审议常委会、县人民政府、县人民法院、县人民检察院的工作报告，以及其他重大事项的报告，审查和批准县人民政府关于全县国民经济和社会发展计划及计划执行情况的报告、关于全县财政预算及预算执行情况的报告。

根据需要，报告机关应当向会议提供相关资料。

第二十七条　各项报告由代表团全体会议审议。对报告中重要和专门性的问题，主席团可以组织有关代表进行专题审议。审议工作报告时，报告机关应当派有关负责人到会听取意见。

常委会、县人民政府、县人民法院、县人民检察院应当根据各代表团的审议意见，对工作报告进行修改后印发会议。

第二十八条　受主席团委托，大会秘书处根据各代表团的审议意见和专题审议的情况，起草关于常委会、县人民政府、县人民法院、县人民检察院工作报告的决议草案，经主席团会议通过后提交各代表团审议，并提请县人民代表大会全体会议表决。

第二十九条　工作报告在县人民代表大会会议上未获批准的，提出该报告的机关应当进行整改，并将整改情况专题报告下次县人民代表大会会议，或者由县人民代表大会授权常委会，在规定的时间内听取整改情况的报告。

第三十条　受主席团委托，大会秘书处

根据各代表团的审议意见和有关委员会的审查报告,起草关于全县国民经济和社会发展计划的决议草案、关于全县财政预算的决议草案,经主席团会议通过后提交各代表团审议,并提请县人民代表大会全体会议表决。

第三十一条 县人民代表大会会议举行的一个月前,县人民政府有关部门应当将全县国民经济和社会发展计划及计划执行情况、财政预算及预算执行情况的主要内容,向县人大常委会汇报,并由财政经济工作委员会和预算工作委员会进行初步审查。

第三十二条 县人民政府在向县人民代表大会提出关于全县国民经济和社会发展计划及计划执行情况的报告、关于县财政预算及预算执行情况的报告的同时,应当将国民经济和社会发展计划主要指标草案、财政预算收支表草案和预算执行情况表草案一并印发会议,由各代表团和计划预算审查委员会进行审查。

计划预算审查委员会根据各代表团的审查意见,对全县国民经济和社会发展计划及计划执行情况、财政预算及预算执行情况进行审查,向主席团提出审查结果报告,主席团审议通过后,将决议草案提请县人民代表大会全体会议表决。

第三十三条 国民经济和社会发展计划、财政预算经县人民代表大会批准后,在执行过程中必须作部分调整的,县人民政府应当将调整方案提请常委会审查和批准。

第五章 选举、辞职和罢免

第三十四条 县人民代表大会会议依法选举、罢免常委会组成人员、县长、副县长、县人民法院院长、县人民检察院检察长和出席州人民代表大会的代表,并接受上述人员的辞职。

县人民代表大会会议可以依法罢免县人民政府其他组成人员。

第三十五条 县人民代表大会进行选举应当制定选举办法,由主席团提交各代表团审议,并由大会全体会议表决通过。

第三十六条 常委会组成人员的人选,县长、副县长的人选,县人民法院院长的人选,县人民检察院检察长的人选,由主席团提名,或者由代表十人以上书面联名。不同代表团的代表可以联合提名。

主席团提名的候选人人数,每一代表与其他代表联合提名的候选人人数,均不得超过应选名额。

州人民代表大会代表候选人由各政党、各人民团体联合或者单独推荐,代表十人以上联名也可以推荐。

第三十七条 县级国家机关领导人员候选人的提名人,应当以书面或者其他形式向代表介绍候选人的基本情况和提名理由,并对代表提出的问题作口头或者书面说明。

州人民代表大会代表候选人的推荐人,应当以书面或者其他形式向代表介绍候选人的基本情况和推荐理由,并对代表提出的问题作口头或者书面说明。主席团应当将候选人的基本情况和提名或者推荐理由印发代表。

第三十八条 选举州人民代表大会代表和县级国家机关领导人员,依法进行差额选举。如果提名的候选人人数符合选举办法规定的差额数,由主席团提交代表酝酿、讨论后进行选举。如果提名的候选人人数超过选举办法规定的差额数，由主席团将全部候选人名单提交代表酝酿、讨论后进行预选，并公布结果。根据预选时得票多少的顺序，按照选举办法规定的差额数，确定正式候选人名单，进行投票选举。如果提名的常委会主任、县长、县人民法院院长、县人民检察院检察长的候选人只有一人，也可以等额选举。

第三十九条　县人民代表大会选举州人民代表大会代表和换届选举县级国家机关领导人员时，提名、酝酿候选人的时间不得少于两天。

第四十条　在投票选举常委会主任、副主任，县长、副县长，县人民法院院长和县人民检察院检察长前，主席团可以组织正式候选人与代表见面等活动，为代表了解候选人提供条件。

第四十一条　县人民代表大会选举州人民代表大会代表和县级国家机关领导人员，获得全体代表过半数选票的候选人人数超过应选名额时，以得票多的当选。如遇票数相等不能确定当选人时，应当就票数相等的人再次投票，以得票多的当选。

第四十二条　获得全体代表过半数选票的当选人数少于应选名额时，不足的名额另行选举。另行选举时，可以根据在第一次投票时得票多少的顺序确定候选人，也可以依照本规则规定的程序另行提名、确定候选人。经大会全体会议决定，不足名额的另行选举可以在本次人民代表大会会议上进行，也可以在下次人民代表大会会议上进行。

另行选举州人民代表大会代表和常委会副主任、委员，副县长时，依照法定差额数进行差额选举。

第四十三条　补选州人民代表大会代表，常委会组成人员，县长、副县长，县人民法院院长和县人民检察院检察长时，候选人人数可以多于应选人数，也可以与应选人数相等。

第四十四条　县人民代表大会会议进行选举时，采用无记名投票方式，设秘密写票处。选举结果由会议主持人宣布。

第四十五条　主席团、常委会或者十分之一以上代表联名，可以提出对常委会组成人员、县人民政府组成人员、县人民法院院长、县人民检察院检察长的罢免案。

主席团或者十分之一以上的代表联名，可以提出对由本县选举的州人民代表大会代表的罢免案。

罢免案应当写明罢免理由，并提供有关材料。罢免案由主席团交各代表团审议后，提请大会全体会议表决；或者由主席团提议，经大会全体会议决定，组织调查委员会，由下次县人民代表大会会议根据调查委员会的报告审议决定。

对个别副县长和由常委会任命的县人民政府其他组成人员的罢免案，可以经大会全体会议决定，授权常委会在县人民代表大会闭会后六个月内，听取调查委员会的调查报告，并作出相应的决定，报下次县人民代表大会会议备案，或者提请下次县人民代表大会会议审议。

罢免案提交大会全体会议表决前，被提出罢免的人员有权在主席团会议或者大会全体会议上提出申辩意见，或者书面提出申辩意见。在主席团会议上提出的申辩意见或者书面提出的申辩意见，由主席团印发会议。

第四十六条 在县人民代表大会会议期间,常委会组成人员,县长、副县长,县人民法院院长和县人民检察院检察长提出辞职的,由主席团将其辞职请求交各代表团审议后,提请大会全体会议决定;大会闭会期间提出辞职的,由常委会主任会议将其辞职请求提请常委会会议决定。常委会决定接受辞职,应当报县人民代表大会备案。

第四十七条 县人民代表大会选举、罢免县人民检察院检察长或者接受其辞职,经大会全体会议通过后,应当报经州人民检察院检察长提请州人民代表大会常务委员会批准。

罢免由本县选举的州人民代表大会代表,应当报州人民代表大会常务委员会备案。

第六章 询问和质询

第四十八条 各代表团审议议案和有关报告时,代表可以向有关国家机关提出询问;有关机关的负责人应当到会听取意见,回答代表提出的询问。

主席团审议议案和有关报告时,有关机关的负责人应当到会听取意见,回答询问,并可以对议案或者有关报告作补充说明。

第四十九条 代表十人以上联名,可以书面提出对县人民政府及其工作部门、县人民法院、县人民检察院的质询案。

质询案应当写明质询对象、质询的问题和内容。

第五十条 质询案由主席团决定交由受质询机关在主席团会议、大会全体会议、有关的代表团会议口头答复,或者由受质询机关书面答复。

质询案在主席团会议答复的,提出质询案的代表有权列席会议,发表意见。在代表团会议答复的,有关代表团应当将答复质询案的情况向主席团报告。主席团认为必要时,可以将答复质询案的情况报告印发会议。

质询案以口头答复的,应当由受质询机关的主要负责人到会答复;以书面答复的,应当由受质询机关的主要负责人签署,由主席团决定印发会议或者印发提出质询案的代表。

提出质询案的代表对受质询机关的答复发表意见时,提出的问题应当与原质询的问题有关。

第五十一条 提出质询案的代表半数以上对受质询机关的答复不满意的,可以提出重新答复的要求,由主席团交受质询机关再作答复。

质询案涉及的问题比较复杂,在会议期间答复有困难的,经主席团决定,可以在县人民代表大会闭会后两个月内,由受质询机关在常委会会议上作出答复。必要时,常委会可以根据答复的情况和代表意见作出决定。

第七章 建议、批评和意见

第五十二条 县人民代表大会会议期间,县人民代表大会代表可以对各方面的工作提出建议、批评和意见。经主席团决定,未列入会议议程的议案,作为建议、批评和意见处理。

第五十三条 县人民代表大会代表在会议期间提出的建议、批评和意见,由常委会交有关机关处理,并进行督促检查。承办机关必须在接到代表所提出的建议、批评和意见之日起三个月内办理完毕，并负责答复代表。

第五十四条　代表对所提建议、批评和意见的办理和答复不满意的，可以提出意见，由常委会交有关机关重新办理和答复代表。

第八章　特定问题调查委员会

第五十五条　主席团或者十分之一以上的代表书面联名，可以向县人民代表大会提议组织关于特定问题的调查委员会，由主席团提请大会全体会议决定。

第五十六条　调查委员会由主任委员、副主任委员和委员组成，由主席团在代表中提名，提请大会全体会议通过。

调查委员会可以聘请有关专门人员参加调查工作。

第五十七条　调查委员会进行调查时，有关国家机关、社会团体、企业事业单位和公民都有义务如实提供情况。提供情况的组织和公民要求调查委员会对情况来源保密的，调查委员会应当保密。

调查委员会在调查过程中，可以不公布调查的情况和材料。

第五十八条　调查委员会应当向县人民代表大会提出调查报告。县人民代表大会根据调查委员会的报告，可以作出相应的决议。

县人民代表大会可以授权常委会在县人民代表大会闭会期间听取调查委员会的调查报告。常委会可以作出相应的决议，报下次县人民代表大会会议备案。

第九章　发言和表决

第五十九条　代表在县人民代表大会各种会议上的发言和表决，不受法律追究。

第六十条　主席团认为必要时，可以召开大会全体会议进行大会发言。大会发言应当在会前向大会秘书处报名，并将发言的主要内容提交大会执行主席，由大会执行主席安排发言顺序。临时要求发言的，经大会执行主席许可。在大会全体会议上每位代表的发言时间，由主席团决定。

大会全体会议进行表决和选举时，代表不进行大会发言。

第六十一条　大会全体会议表决，由主席团决定采用投票、电子表决或者举手的方式，以全体代表的过半数通过。表决结果由会议主持人当场宣布。

第六十二条　大会通过的决议、决定以及选举结果，由大会主席团公布，并及时在《来凤县人民代表大会常务委员会公报》、来凤县人民代表大会常务委员会网、来凤电视台、来凤新闻网等媒体上刊播。

第十章　附　则

第六十三条　本规则由县人大常委会负责解释，自2013年2月1日起施行。2000年3月8日来凤县第十三届人民代表大会第二次会议通过的《来凤县人民代表大会议事规则》同时废止。

来凤县人民代表大会
常务委员会议事规则

1999年3月16日来凤县第十三届人大常委会第1次会议通过，2004年5月11日来凤县第十四届人大常委会第3次会议第一次修订，2007年5月21日来凤县第十五届人大常委会第4次会议第二次修订，

2012年12月25日来凤县第十六届人大常委会第12次会议第三次修订。

目　录

第一章　总　则

第一条　为了保障来凤县人民代表大会常务委员会(以下简称县人大常委会)依法行使职权,规范县人大常委会组成人员的议事行为,提高议事质量和效率,根据《中华人民共和国宪法》(以下简称宪法)、《中华人民共和国地方各级人民代表大会和地方各级人民政府组织法》(以下简称组织法)、《中华人民共和国各级人民代表大会常务委员会监督法》(以下简称监督法)和《湖北省实施〈中华人民共和国各级人民代表大会常务委员会监督法〉办法》等法律法规的有关规定,制定本规则。

第二条　县人大常委会是县人民代表大会的常设机关,向县人民代表大会负责并报告工作。

第三条　县人大常委会审议议案、决定问题时,坚持实事求是、依法办事,民主集中、集体行使职权原则。

第四条　本规则所称县人大常委会组成人员,是指县人大常委会主任、副主任和委员。

第二章　会议的召开

第五条　县人大常委会会议每两个月至少举行一次;根据需要,经县人大常委会主任会议(以下简称主任会议)决定,可以临时举行。

第六条　县人大常委会会议由县人大常委会主任召集并主持;也可以由主任委托副主任召集并主持。

县人大常委会会议必须有县人大常委会全体组成人员过半数出席,才能召开。

第七条　县人大常委会会议议程草案,由主任会议拟定,提请县人大常委会全体会议审议通过。通过后的议程如需改变,由县人大常委会全体会议决定。

县人大常委会会议日期和日程安排,由主任会议决定。

第八条　县人大常委会举行会议,应于会议举行的10日前,将开会日期、地点、建议会议讨论的主要事项通知县人大常委会组成人员和列席会议的人员。

临时召集的会议,可以临时通知。

第九条　县人大常委会举行会议时,下列人员列席会议:

（一）县人民政府县长或副县长、县人民法院院长和县人民检察院检察长。县人民法院院长和县人民检察院检察长因故不能列席会议时，经报告县人大常委会主任同意，可以委托副职列席。

（二）向会议报告工作和说明情况的县人民政府有关部门主要负责人及在本行政区域内的垂直部门主要负责人；

（三）县人大常委会办公室和工作委员会负责人；

（四）乡（镇）人大主席或副主席，部分县人大代表；

（五）主任会议决定的其他人员。

列席人员有发言权，无表决权。

第十条　县人大常委会组成人员和列席人员，都必须按时出席或者列席县人大常委会会议；因病或因其他特殊原因不能参加会议的，必须向县人大常委会主任或者主持会议的副主任请假。

第十一条　县人大常委会举行会议时，经主任会议决定，本行政区域内的公民可以旁听；新闻单位可以采访、报道会议情况。

第三章　议案的提出和审议

第十二条　本行政区域内的下列事项应当提请县人大常委会审议和决定：

（一）宪法、法律、行政法规、地方性法规的遵守和执行情况；

（二）上级人大及其常委会和县人大及其常委会的决议、决定的执行情况；

（三）县人民代表大会议案和县人大代表建议、批评和意见的办理情况；

（四）国民经济和社会发展计划的执行及调整，财政预算的执行及调整，财政决算；

（五）同级财政审计情况报告；

（六）政治、经济、教育、科学技术、文化、卫生、体育、人口与计划生育、劳动就业和社会保障、民政、民族、宗教、侨务等工作的重大事项；

（七）城市建设与管理、重大建设项目、资源与环境保护的重大事项；

（八）社会稳定和社会治安的重大事项；

（九）人民群众普遍关心的重大事项；

（十）县人民法院、县人民检察院专项执法情况；

（十一）人事任免，依法决定撤销职务、接受辞职和决定代理人选的事项；

（十二）县人民代表大会换届选举工作中的重大事项；

（十三）补选州人民代表大会出缺的代表和罢免个别州人大代表；

（十四）是否许可逮捕或者刑事审判涉嫌刑事犯罪的县人大代表，是否许可对涉嫌犯罪的县人大代表采取法律规定的其他限制人身自由的措施；如果因为是现行犯依法必须逮捕而又不能及时召开县人大常委会会议，可以先由主任会议许可，再由主任会议提请县人大常委会下次会议确认；

（十五）撤销县人民政府发布的不适当的决定、命令和其他规范性文件；撤销乡镇人民代表大会的不当决议、决定；

（十六）授予地方荣誉称号；

（十七）县人民代表大会授权审议、决定的事项以及上一级人大及其常委会交办的重要事项；

（十八）县人大常委会认为需要审议、决定的其他重大事项；

（十九）人民群众对县人民政府、县人民

法院、县人民检察院和国家机关工作人员的申诉和意见。

第十三条 县人民代表大会会议主席团交付县人大常委会审议的议案，由主任会议决定提请县人大常委会会议审议。

第十四条 主任会议可以向县人大常委会提出属于县人大常委会职权范围内的议案，由县人大常委会会议审议。

县人民政府、县人民法院、县人民检察院可以向县人大常委会提出属于县人大常委会职权范围内的议案，由主任会议决定提请县人大常委会会议审议，或者先交由县人大常委会有关工作机构进行研究，提出意见，再决定提请县人大常委会会议审议。

县人大常委会组成人员3人以上书面联名，可以向县人大常委会提出属于县人大常委会职权范围内的议案，由主任会议决定是否提请县人大常委会会议审议，或者先交由县人大常委会有关工作机构进行研究，提出意见，再决定是否提请县人大常委会会议审议。不提请县人大常委会会议审议的，应当向县人大常委会会议报告，并向提案人说明。

第十五条 议案必须以书面形式提出，一事一案，写明案由、案据和方案。提案机关和提案人应于县人大常委会会议召开15日前(特殊情况除外)，将拟提请该次会议审议的议案及其有关材料，报送县人大常委会办公室及有关工委室。

第十六条 对列入县人大常委会会议议程的议案，提案机关、提案人或者县人大常委会有关工作机构应当提供有关资料，并向县人大常委会会议作出说明。

审议议案时，有关机关负责人应当到会，听取意见，回答询问。

第十七条 列入县人大常委会会议议程的议案，在交付县人大常委会会议表决前，提案机关或者提案人要求撤回的，经主任会议同意，对该议案的审议即行终止。

第十八条 县人大常委会会议在审议议案中如意见分歧较大或者有重大问题需要进一步研究的，经主任或主任会议提出，全体会议同意，可以暂不付表决，交由提案机关或提案人进一步补充论证，或者交县人大常委会有关工作机构进一步调查研究，提出报告，再由主任会议提请县人大常委会会议审议。

第四章 听取和审议专项工作报告

第十九条 县人大常委会每年选择若干关系改革发展稳定大局和群众切身利益、社会普遍关注的重大问题，有计划地安排听取和审议县人民政府、县人民法院和县人民检察院的专项工作报告。

县人大常委会会议听取和审议专项工作报告的议题，根据下列途径反映的问题确定：

(一)县人大常委会在执法检查中发现的突出问题；

(二)县人大代表对县人民政府、县人民法院和县人民检察院工作提出的建议、批评和意见集中反映的问题；

(三)县人大常委会组成人员提出的比较集中的问题；

(四)县人大常委会及工作机构在调查研究中发现的突出问题；

(五)人民群众来信来访集中反映的问题；

（六）社会普遍关注的其他问题。

县人民政府、县人民法院和县人民检察院可以向县人大常委会要求报告专项工作。

县人大常委会会议听取和审议专项工作报告的年度计划，经主任会议通过，印发县人大常委会组成人员并向社会公布。

第二十条　主任会议建议列入县人大常委会会议议程的专项工作报告，由县人大常委会工作机构提前通知有关机关；有关机关应当在县人大常委会举行会议的20日前，将专项工作报告送县人大常委会有关工作机构征求意见；待修改后，在举行会议的10日前，将报告正式文本及有关材料报送县人大常委会。县人大常委会办公室在举行会议的7日前，将报告发送给县人大常委会组成人员。

县人大常委会临时决定听取有关工作报告，不受前款规定的限制。

第二十一条　县人民政府向县人大常委会报告工作，涉及全局性的、一定时期的中心工作或重大问题，由县长或副县长报告；涉及县人民政府某个方面的工作，县人民政府可以委托有关部门主要负责人报告，但报告稿须经县人民政府审定。县人民法院、县人民检察院向县人大常委会报告工作，由院长、检察长报告。法院院长、检察院检察长因故不能到会报告时，经县人大常委会主任同意，可以委托副院长、副检察长报告。在本行政区域内的垂直部门向县人大常委会报告工作时，由部门主要负责人报告。

第二十二条　县人大常委会听取和审议专项工作报告前，主任会议可以组织常委会组成人员和县人大代表就工作报告的有关事项进行视察或专题调查研究，并将各方面对该项工作的意见汇总，交由县人民政府、县人民法院、县人民检察院研究并在专项工作报告中作出回应；也可以决定将工作报告先交由常委会有关工作机构研究，提出意见，再由主任会议决定提请常委会会议审议。

参加视察或专题调查研究的人大代表可以列席常委会会议，听取报告，提出意见。

第二十三条　县人大常委会组成人员对专项工作报告不同意超过半数的，主任会议责成报告机关整改后向常委会会议重新报告。

第二十四条　县人大常委会对专项工作报告提出的审议意见，经综合整理并报常委会主任会议审定后，送常委会分管副主任审核、主任审签，以常委会文件形式交有关机关和部门研究处理。有关机关和部门应当在规定的时间内将研究处理情况报告常委会。

第二十五条　县人大常委会听取的专项工作报告及作出的决议决定、提出的审议意见，报告机关执行决议、决定情况的报告，研究处理审议意见情况的报告，由县人大常委会工作机构向县人大代表通报并向社会公布。

第五章　审查和批准决算，听取和审议国民经济和社会发展计划、预算的执行情况报告，听取和审议审计工作报告

第二十六条　县人大常委会对县国民经济和社会发展计划、预算（以下简称计划、预算）的执行情况以及本级政府非税收入管

理的情况实施监督,依法审查和批准本级计划、预算执行中的部分调整,审查和批准本级决算。

第二十七条 县人民政府应当在每年六月至九月期间,将上一年度的本级决算草案提请县人大常委会审查和批准。

决算草案应当按照本级人民代表大会批准的预算所列科目编制,按预算数、调整数或者变更数以及实际执行数分别列出,并作出说明。

第二十八条 县人民政府应当在每年六月至九月期间,向县人大常委会报告上半年计划、预算的执行情况。

第二十九条 计划、预算经县人民代表大会批准后,在执行过程中需要作部分调整的,县人民政府应当将调整方案提请县人大常委会审查和批准。

严格控制不同预算科目之间的资金调整。预算安排的农业、教育、科技、文化、卫生、社会保障等资金需要调减的,县人民政府应当提请县人大常委会审查和批准。

县人民政府及其主管部门应当在县人大常委会举行会议的一个月前,将预算调整初步方案送县人大常委会预工委征求意见。

第三十条 县人大常委会对决算草案和预算执行情况报告,重点审查下列内容:

(一)预算收支的执行及平衡情况;

(二)重点支出及重大政府投资项目资金使用情况;

(三)预算超收收入的安排和使用情况;

(四)部门预算制度建立和执行情况;

(五)政府非税收入管理情况;

(六)上级财政补助资金安排情况和对下级财政转移支付情况;

(七)执行县人民代表大会批准预算决议的情况;

(八)预算执行中的其他重要问题。

除前款规定外,县人大常委会还重点审查上级财政转移支付及县人大常委会认为需要重点审查的专项资金的安排和使用情况。

第三十一条 县人大常委会每年在审查和批准决算的同时,听取和审议县人民政府提出的审计机关关于上一年度预算执行和其他财政收支情况的审计工作报告。

第三十二条 县人大常委会组成人员对计划执行情况报告、预算执行情况报告和审计工作报告的审议意见交县人民政府研究处理。县人民政府应当将研究处理情况向县人大常委会提出书面报告。

县人大常委会听取的计划执行情况报告、预算执行情况报告和审计工作报告及作出的决议决定、提出的审议意见,县人民政府对执行决议、决定情况的报告,研究处理审议意见情况的报告,由县人大常委会工作机构向县人大代表通报并向社会公布。

第三十三条 县人民代表大会批准的本级国民经济和社会发展五年规划,在实施中期,经规划评估需要调整的,县人民政府应当将调整方案提请县人大常委会审查和批准。

第六章 选举和任免

第三十四条 在县人民代表大会闭会期间,县人大常委会可以补选由本县人民代表大会选举产生的州人民代表大会出缺的代表。进行选举前,须向州人大常委会报告。

第三十五条　补选州人大代表时，各政党、各人民团体可以联合或者单独推荐代表候选人；县人大常委会组成人员3人以上联名，也可以推荐代表候选人。

补选代表的候选人名额，可以多于应补选的代表名额，进行差额选举；也可以同应补选代表的名额相等，进行等额选举。

第三十六条　补选代表的候选人获得县人大常委会全体组成人员过半数的赞成票，始得当选。

获得过半数选票的代表候选人人数超过应选名额时，以得票多的当选；如果票数相等不能确定当选人时，应当就票数相等的候选人再次投票，以得票多的当选。

应补选的代表的名额未选足时，可以根据有关规定依法再次进行补选，也可以暂缺。

第三十七条　补选结果，由会议主持人当场宣布，并报州人大常委会代表资格审查委员会进行审查，由州人大常委会确认其代表资格。

第三十八条　在县人民代表大会闭会期间，县人大常委会按照法定程序决定副县长的个别任免；在县长和县人民法院院长、县人民检察院检察长因故不能担任职务时，县人大常委会根据主任会议提名，从县人民政府、县人民法院、县人民检察院副职领导人员中决定代理人选。决定代理检察长，须由县人民检察院和县人大常委会分别报州人民检察院和州人大常委会备案。

第三十九条　县人大常委会根据县长的提名，决定县人民政府组成部门局长、主任的任免。

第四十条　县人大常委会根据县人民法院院长的提名，任免县人民法院副院长、局长、庭长、副庭长、审判委员会委员、审判员以及按有关规定需要任命的其他人员；根据县人民检察院检察长的提名，任免县人民检察院副检察长，检察委员会委员、检察员以及按有关规定需要任命的其他人员。

第四十一条　县人大常委会根据主任会议提名，任免县人大常委会办公室和各工作委员会主任、副主任以及县人大常委会机关其他有关人员职务。

第四十二条　县人大常委会根据主任会议的提名，任免其他应由县人大常委会任免的人员。

第四十三条　提请县人大常委会任免国家机关工作人员，提请机关一般应在县人大常委会会议举行的15日前将人事任免议案报送县人大常委会代表选举人事任免工作委员会。人事任免议案应附有拟任免人员简历、主要表现和任免理由等书面材料。

第四十四条　县人大常委会会议审议人事任免议案时，提请机关负责人应到会宣读提请任免议案，介绍被任免人的基本情况和主要表现，听取意见，回答询问。

第四十五条　县人大常委会审议人事任命议案前，应对拟任命人员进行法律知识考试，安排拟任命人员向县人大常委会会议作拟任职发言。

第四十六条　人事任免议案表决前，县人大常委会组成人员对拟任免人选意见分歧较大的，由主任会议决定，可以暂不付表决。

人事任免议案在交付表决前，提请机关要求撤回的，经主任会议同意，县人大常委会会议对该任免议案的审议即行终止。

第四十七条 提请县人大常委会决定任命的国家机关工作人员连续两次未获通过的，不得再提名为同一职务的人选。

第四十八条 在县人民代表大会闭会期间，县人大常委会组成人员和县人民政府县长或副县长、县人民法院院长、县人民检察院检察长可以向县人大常委会提出辞职，由县人大常委会决定是否接受辞职。县人大常委会决定接受辞职的，报县人民代表大会备案。县人民检察院检察长的辞职，须报经州人民检察院检察长提请州人大常委会批准。

第四十九条 在县人民代表大会闭会期间，县人大常委会主任因健康状况不能工作或者缺位时，经主任会议提名，由县人大常委会在副主任中决定一人代理主任职务，直到主任能够担任职务或者县人民代表大会选出新的主任为止。

第五十条 在县人民代表大会闭会期间，县人大常委会可以决定撤销个别副县长的职务；决定撤销由其任命的国家机关工作人员的职务。

第五十一条 县人民政府、县人民法院和县人民检察院，可以向县人大常委会提出对由县人大常委会任命的国家机关工作人员的撤职议案。

县人大常委会主任会议或者县人大常委会组成人员五分之一以上联名，可以向县人大常委会书面提出对由其任命的国家机关工作人员的撤职议案和对由其选举产生的州人大代表的罢免议案。由主任会议决定是否提请县人大常委会会议审议，或者由主任会议提议，经县人大常委会会议决定，组织调查委员会，再由县人大常委会会议根据调查委员会的报告审议决定。

第五十二条 罢免议案和撤职议案应当写明罢免或者撤职的对象和理由，并提供有关材料，于县人大常委会会议举行的15日前报送县人大常委会。

罢免议案和撤职议案在提请县人大常委会会议表决前，被提出罢免的代表、被提出撤职的人员有权在县人大常委会会议上提出申辩意见，或者书面提出申辩意见，由主任会议决定是否印发县人大常委会会议。

第五十三条 撤职议案提请县人大常委会表决前，提案人或者部分提案人书面要求撤回的，坚持提出撤职案的人员少于法定人数的，经主任会议同意，对该撤职议案的审议即行终止。

第七章 执法检查

第五十四条 县人大常委会依照《监督法》第九条规定，每年选择若干关系改革发展稳定大局和群众切身利益、社会普遍关注的重大问题，有计划地对有关法律、法规实施情况组织执法检查。

第五十五条 县人大常委会编制年度执法检查计划，经主任会议通过，印发县人大常委会组成人员并向社会公布。

县人大常委会根据年度执法检查计划，组织执法检查组。执法检查工作由县人大常委会有关工作机构具体组织实施。

第五十六条 接受上一级人大常委会对有关法律、法规在本行政区域内实施情况进行检查的委托，并书面报送检查情况。

第五十七条 执法检查结束后，执法检查组应及时提出执法检查报告，由主任会议决定提请县人大常委会审议。

执法检查报告包括下列内容：

（一）对所检查的法律、法规实施情况进行评价，提出执法中存在的问题和改进执法工作的建议；

（二）对有关法律、法规提出修改完善建议。

第五十八条　县人大常委会组成人员对执法检查报告的审议意见连同执法检查报告，一并交县人民政府或县人民法院、县人民检察院研究处理。县人民政府或县人民法院、县人民检察院应当将研究处理情况由其办事机构形成书面材料送县人大常委会有关工作机构征求意见后，再向县人大常委会提出报告。必要时，由主任会议决定提请县人大常委会审议，或者由县人大常委会组织跟踪检查，或委托县人大常委会有关工作机构进行跟踪检查。

县人大常委会的执法检查报告及审议意见，县人民政府、县人民法院、县人民检察院对其研究处理情况的报告，由县人大常委会工作机构向县人大代表通报并对社会公布。

第八章　规范性文件备案审查

第五十九条　县人大常委会对县人民政府、县人民法院、县人民检察院及乡镇人大发布的涉及公民、法人和其他组织的权利义务关系，具有普遍约束力的规范性文件进行备案审查。

第六十条　文件制定机关应当依法将规范性文件于发布或通过后30日内报送县人大常委会备案。

第六十一条　经审查，规范文件有下列不适当情形之一的，县人大常委会依据有关法律法规的规定做相应处理：

（一）超越法定权限，限制或者剥夺公民、法人和其他组织合法权利，或者增加公民、法人和其他组织义务的；

（二）同法律、法规相抵触的；

（三）有其他不适当情形，应予以撤销的。

第九章　询问和质询

第六十二条　县人大常委会会议审议议案和有关报告时，县人民政府、县人民法院、县人民检察院应派有关负责人到会，听取意见，回答询问。

第六十三条　县人大常委会组成人员3人以上联名，可以向县人大常委会书面提出对县人民政府及其工作部门、县人民法院、县人民检察院的质询案。

质询案必须写明质询对象、质询的问题和内容。质询内容必须属于受质询机关和部门职权范围内的事项。

第六十四条　质询案由主任会议决定交受质询机关在县人大常委会会议上口头答复，或者由受质询机关书面答复。

质询案以口头答复的，应当由受质询机关主要负责人到会答复。质询案以书面答复的，由受质询机关的主要负责人签署，经主任会议决定，印发县人大常委会会议或者提质询案的县人大常委会组成人员。

第六十五条　质询案在未作出答复前，提案人要求撤回的，经主任会议同意，对该质询案的审议即行终止。

第六十六条　县人大常委会组成人员半数以上对受质询机关的答复不满意的，可以继续质询。必要时，由县人大常委会作出相应的决定,交受质询机关执行。

第十章 特定问题调查

第六十七条 县人大常委会对属于职权范围内的事项需要作出决议、决定,但有关事实不清的,可以组织关于特定问题的调查委员会。

第六十八条 主任会议或者五分之一以上的县人大常委会组成人员书面联名,可以向县人大常委会提议组织关于特定问题调查委员会,提请县人大常委会审议。

第六十九条 特定问题调查委员会由主任委员、副主任委员和委员组成,由主任会议在县人大常委会组成人员和县人大代表中提名,提请县人大常委会审议通过。

根据需要,特定问题调查委员会可以聘请有关专家参加调查工作。

与调查的问题有利害关系的县人大常委会组成人员和其他人员不得参加特定问题调查委员会。

第七十条 特定问题调查委员会进行调查时,有权组织听证、专项审计、调阅有关卷宗和证据材料,有关国家机关、社会团体、企业事业组织和公民有义务如实介绍情况,提供材料。

提供材料的单位、公民要求对材料来源保密的,特定问题调查委员会应当予以保密。

特定问题调查委员会在调查过程中,可以不公布调查的情况和材料。

第七十一条 特定问题调查委员会应当向县人大常委会提出调查报告。县人大常委会根据调查报告,作出相应的决议、决定。

第十一章 决议和决定

第七十二条 县人大常委会会议审议议案或有关工作报告,必要时对属于县人大常委会职权范围内的重大事项作出决议或决定。

第七十三条 县人大常委会会议作出的决议、决定及通过的议案,有关机关和部门必须认真贯彻执行,并在规定的时间内,将贯彻执行情况向县人大常委会报告。

第七十四条 县人大常委会对决议、决定的执行情况实施监督和检查。主任会议负责处理对决议、决定的执行情况实施监督和检查的日常事务。县人大常委会闭会期间,如遇紧急情况,主任会议可依法及时处理,事后将处理结果报下次常委会会议确认。

第十二章 发言和表决

第七十五条 县人大常委会组成人员的发言,应当紧扣议题,简明扼要。

第七十六条 县人大常委会组成人员在县人大常委会会议上的发言和表决不受法律追究。

第七十七条 县人大常委会会议表决任免案、撤职案、罢免案,采用无记名投票表决方式;其他表决事项,可以采用无记名方式,也可以采用其他方式。

第七十八条 县人大常委会会议表决议案,应逐项表决。

表决的议案有修正案的,先表决修正案。

任免议案逐人表决,根据情况也可以合并表决。

第七十九条　县人大常委会会议表决事项，以县人大常委会全体组成人员过半数赞成通过。表决结果由会议主持人当场宣布。

第八十条　县人大常委会会议通过的决议、决定、任免名单，依法报上一级国家机关备案，并及时通过县人大常委会公报和县新闻媒体予以公布。

第十三章　附　则

第八十一条　本规则由县人大常委会办公室负责解释，自2013年1月1日起施行。

来凤县人民代表大会常务委员会主任会议议事规则

1999年3月16日来凤县第十三届人大常委会第1次会议通过，2007年12月25日来凤县第十五届人大常委会第8次会议第一次修订，2012年10月25日来凤县第十六届人大常委会第23次主任会议第二次修订。

第一条　为保证来凤县人民代表大会常务委员会（以下简称县人大常委会）主任会议依法履行职责，规范履职行为，提高履职效能，根据《中华人民共和国地方各级人民代表大会和地方各级人民政府组织法》《中华人民共和国各级人民代表大会常务委员会监督法》《来凤县人民代表大会常务委员会议事规则》有关规定，制定本规则。

第二条　主任会议由县人大常委会主任、副主任组成，负责处理常委会重要的日常工作。

第三条　主任会议由主任召集并主持。受主任委托副主任可以召集并主持会议。

第四条　主任会议至少每月召开一次，必要时可由主任决定或副主任建议临时召开。

第五条　主任会议必须有全体组成人员的过半数出席。

主任会议组成人员应按时出席会议。因病或因其他特殊原因不能出席会议，必须向主任请假，请假未获批准，必须出席会议。

第六条　主任会议讨论决定问题，应坚持集体领导、少数服从多数、严格依法办事原则。

主任会议决定重要事项，以全体组成人员的过半数通过。

第七条　主任会议议题，由主任提议或副主任建议，办公室主任负责收集，常委会主任或主持会议的副主任确定。议题一般不临时动议，特殊情况确需临时动议的议题由主持人决定是否列入会议议程。

第八条　主任会议依法处理常委会下列重要日常工作：

（一）拟定常委会会议议程草案，决定开会日期、会议日程和列席人员。

（二）拟定常委会工作要点草案，提请常委会会议审议通过并组织实施。

（三）对属于常委会职权范围的议案，决定是否提请常委会会议审议。或者先交由常委会有关工作机构研究提出报告，再决定提请常委会审议。

（四）对常委会组成人员三人以上联名书面提出的质询案，决定交由受质询机关在常委会会议上口头答复，或者由受质询机关书面答复。主任会议认为必要时，可以将答复质询案的情况报告印发常委会会议。提质询案的过半数常委会组成人员对答复不满意的,可以决定由受质询机关再作答复。

(五)研究县乡两级人民代表大会换届选举工作,提请常委会审议县乡两级人民代表大会换届选举有关事项。

在常委会组成人员中提名代表资格审查委员会组成人员人选,提请常委会会议通过。

(六)提出常委会向代表大会所作的工作报告草案以及代表大会有关准备事项的建议,提请常委会会议审议通过。

(七)审议县人民政府、县人民法院、县人民检察院提出的人事任免议案,提请常委会会议审议决定。

(八)提出常委会机关人事任免议案,提请常委会审议决定。

(九)组织常委会组成人员和本级人大代表,对有关工作进行视察或者专题调查研究。

(十)听取常委会各工作委员会和规范性文件备案审查机构对规范性文件备案审查情况的报告,决定提请常委会会议审议。

(十一)听取常委会办事机构和工作机构工作汇报,讨论决定有关重大事项。制定常委会执法检查计划实施方案,印发常委会组成人员并向社会公布。提请常委会审议执法检查报告及审议意见草案。提议组织关于特定问题的调查委员会,提名调查委员会组成人员人选,提请常委会审议通过。向常委会提出有关国家机关工作人员的撤职案。

(十二)根据实际情况和工作需要,听取县人民政府及其部门、县人民法院和县人民检察院的专题汇报。

(十三)讨论决定对人大代表和人民群众提出的有关重大问题的建议、批评、意见及重要来信来访的处理意见。

(十四)在常委会会议闭会期间,根据常委会的授权,处理紧急情况,并提请下次常委会会议确认。

(十五)讨论上一级人大常委会交办的有关事项,提出办理意见。

(十六)讨论需要由县人大常委会答复的有关事项,提出处理意见。

(十七)讨论决定需要依法处理的其他事项。

第九条 主任会议召开的两天前,常委会办公室将会议的议题、时间和地点,通知主任会议组成人员和列席人员。临时召集的会议临时通知。

第十条 经主任或主持会议的副主任同意,常委会办公室和各工作委员会主任、副主任以及规范性文件备案审查机构负责人,可以列席主任会议。经主任或主持会议的副主任确定,可以邀请其他有关人员列席会议。

列席会议人员有发言权。

第十一条 主任会议由常委会办公室作会议记录,必要时编写会议纪要。会议纪要由会议主持人签发。

第十二条 主任会议通过的文件和决定的事项需要行文时,由主任或分管副主任签发。

第十三条 本规则自2013年1月1日起施行。

来凤县国家机关工作人员宪法宣誓组织实施办法

2015年12月28日来凤县第十六届人大常委会第42次会议通过,2016年12月7日来凤县第十六届人大常委会第51次会议第一次修订。

宪法是国家的根本大法,具有最高的法律地位、法律权威和法律效力。国家工作人员必须树立宪法意识,履行宪法使命。为彰显宪法权威,激励和教育国家工作人员忠于宪法、遵守宪法、维护宪法,加强宪法实施,规范来凤县国家工作人员宪法宣誓的组织工作,根据《全国人民代表大会常务委员会关于实行宪法宣誓制度的决定》和《湖北省国家工作人员宪法宣誓组织办法》,结合我县实际,制定本办法。

第一条　县、乡(镇)人民代表大会及县人民代表大会常务委员会选举或决定任命的国家工作人员,以及县人民政府及其部门、人民法院、人民检察院任命的国家工作人员,在就职时应当公开进行宪法宣誓。

第二条　宣誓誓词如下:

我宣誓:忠于中华人民共和国宪法,维护宪法权威,履行法定职责,忠于祖国、忠于人民,恪尽职守、廉洁奉公,接受人民监督,为建设富强、民主、文明、和谐的社会主义国家努力奋斗!

第三条　宣誓对象:

(一)县人民代表大会选举的人民代表大会常务委员会主任、副主任、委员,县长、副县长,人民法院院长,人民代表大会通过的县人民代表大会专门委员会主任委员、副主任委员、委员;乡(镇)的人民代表大会选举的主席、副主席,乡(镇)长、副乡(镇)长在依照法定程序产生后,进行宪法宣誓。宣誓仪式由本级人民代表大会会议主席团组织,主席团一位常务主席主持。集体宣誓时,由主席团在宣誓人中确定一名领誓人。

县人民代表大会选举的人民检察院检察长,待州人民代表大会常务委员会批准后,进行宪法宣誓。宣誓仪式由县人民代表大会常务委员会主任会议组织,主任或者由主任委托一名主任会议成员主持。

(二)县人民代表大会闭会期间,人民代表大会常务委员会任命或者决定任命的人民代表大会专门委员会个别副主任委员、委员,个别副县长,在依照法定程序产生后,进行宪法宣誓。宣誓仪式由县人民代表大会常务委员会主任会议组织,主任或者由主任委托一名主任会议成员主持。集体宣誓时,由主任会议在宣誓人中确定一名领誓人。

(三)县人民代表大会常务委员会任命或者决定任命的县人民代表大会常务委员会办公室主任、副主任,代表资格审查委员会主任委员、副主任委员、委员,工作委员会主任、副主任,备案审查室主任等人员;县人民政府办公室主任、局长;人民法院副院长;人民检察院副检察长,在依照法定程序产生后,进行宪法宣誓。宣誓仪式由本级人民代表大会常务委员会主任会议组织,主任或者由主任委托一名主任会议成员主持。集体宣誓时,由主任会议在宣誓人中确定一名领誓人。

(四)县人民代表大会常务委员会任命的县人民法院审判委员会委员、庭长、副庭长、审判员,县人民检察院检察委员会委员、检察员,在依照法定程序产生后,进行宪法宣誓。宣誓仪式由县人民法院、县人民检察院分别组织，县人大常委会委托相关工作机构负责人见证宣誓。

(五)县人民政府及其各部门、县人民法院、县人民检察院任命的国家工作人员，在就职时进行宪法宣誓。宣誓仪式由县人民政府及其各部门、县人民法院、县人民检察院分别组织。

第四条 宣誓仪式程序：

宣誓仪式一般应当在有关国家工作人员依照法定程序产生后当即进行，遇特殊情况时应当在一个月内进行。

宣誓场所应当庄重、严肃，悬挂中华人民共和国国旗或者国徽。宣誓人员应当着装整洁、得体。

宣誓仪式根据情况，可以采取单独宣誓或者集体宣誓的形式。单独宣誓时，由常委会分管副主任领誓，领誓人左手抚按《中华人民共和国宪法》，右手举拳，领诵誓词，宣誓人应当左手持《中华人民共和国宪法》，右手举拳，诵读誓词。集体宣誓时，由一人领誓，领誓人左手抚按《中华人民共和国宪法》，右手举拳，领诵誓词；其他宣誓人整齐排列，左手持宪法文本，右手举拳，跟诵誓词。诵读誓词后，由领誓人报宣誓人，宣誓人同时各自报自己姓名。

宣誓仪式进行时，相关与会人员应见证宣誓。

县人民代表大会及其常务委员会组织的宣誓活动，各新闻媒体应当向社会公开报道。

第五条 本办法自通过之日起施行。

第六条 本办法由主任会议负责解释。

三、决议决定选录

来凤县人大常委会关于全县教育布局调整方案的决定

(2012年4月23日县十六届人大常委会第5次会议通过)

2012年4月23日，来凤县第十六届人大常委会第5次会议对县人民政府提请审议的全县教育布局调整方案的议案进行了审议，并对全县教育布局调整方案进行了审查。会议决定，原则同意全县教育布局调整方案。

会议要求，教育布局调整、教育“三集中”、打造教育城，事关全县人民的切身利益，事关来凤未来的发展，县人民政府要科学规划，合理布局，稳步推进教育布局调整，促进城乡教育均衡发展，不断开创全县教育事业新局面。在方案实施过程中，县人民政府要定期向县人大常委会报告工作进展情况。

来凤县人大常委会关于实施法制宣传教育第六个五年规划的决议

(2012年4月24日县十六届人大常委会第5次会议通过)

2011年至2015年，是全面实施法治来凤建设暨第六个五年法制宣传教育规划的五年。为适应中国特色社会主义法律体系形成后对加强法制宣传教育提出的新要求，进一步增强全社会法治观念，大力推进法治来凤建设，不断促进全县科学发展、跨越发展，县人大常委会特作如下决议：

一、围绕发展大局，进一步明确法制宣传教育的重点内容

按照"六五"普法规划的总体要求，围绕全县科学发展、跨越发展目标任务，突出抓好宪法的学习宣传，增强公民的宪法意识和社会主义民主法治观念，形成崇尚宪法、遵守宪法、维护宪法权威的良好氛围。深入学习宣传中国特色社会主义法律体系的基本法律和促进经济发展、保障和改善民生、加强社会管理、反腐倡廉相关法律法规。深入开展社会主义法治理念教育，推进社会主义法治文化建设，弘扬社会主义法治精神，形成人人自觉学法守法用法和依法行政、公正司法的社会环境。

二、突出普法重点，进一步增强法制宣传教育的针对性和实效性

法制宣传教育的对象是一切有接受教育能力的公民。要加强对公务员特别是领导干部的法制宣传教育，进一步增强法治观念和依法执政、科学执政、民主执政的自觉性，提高依法决策、依法行政、公正司法的水平。要根据青少年的身心特点和接受能力，结合道德品质教育和公民意识教育，有针对性地加强法制宣传教育，努力培养青少年遵纪守法的行为习惯。积极开展对企事业单位经营管理人员的法制宣传教育，增强诚信守法、依法经营、依法管理观念。扎实开展对城乡基层群众的法制宣传教育，引导群众依法维护权益、理性表达诉求、依法化解矛盾纠纷，提高群众参与基层自治和其他社会管理活动的意识和能力。

三、明确创建目标，进一步提高全县法治化管理水平

要认真贯彻落实《法治来凤建设实施意见》，着力从执法、司法、法律服务、法律监督等方面，多层次多领域多形式地开展依法治理工作。积极探索和推进地方、行业和基层依法治理的实践形式，深入开展法治示范单位创建活动，总结推广经验，建立健全制度，推进地方法治建设。完善执法程序，规范执法行为，强化监督问责，完善和推进执法责任制、执法公示制、执法评议考核制和执法过错责任追究制，不断提高执法公信力和执行力，推进行业法治建设。深入开展"法治乡镇""法治社区""诚信守法企业""依法治校示范学校"等创建活动，不断推进基层法治建设。

四、坚持求实创新，进一步丰富法制宣传教育的形式和方法

法制宣传教育要深入基层，深入群众、切实做到生动活泼、通俗易懂。电视、网络等各类媒体要积极履行好社会责任，通过开办法制栏目（专栏、专版）等，广泛开展公益性法制宣传教育。要充分发挥互联网、移动通信等新兴媒体的特点和优势，积极开展法制宣传教育。要进一步丰富和完善"法律六进"的内容和形式，大力开展法律进机关、进学校、进企业、进单位、进乡村、进社区活动，不断增强针对性和实效性。认真搞好12·4全国法制宣传日和专题法制宣传月、宣传

周、宣传日活动,不断扩大法制宣传教育的覆盖面和渗透力,增强普法工作的感染力和实效性。

五、严格考核机制,进一步推动“六五”普法规划的贯彻实施

要进一步完善“党委统一领导、政府组织实施、人大政协监督、部门协调配合”的领导体制和工作机制,落实法制宣传教育年度专项考核、中期督导检查和终期评估验收等措施,建立各部门、各单位基层普法联系点制度。要加强法制宣传队伍建设,配齐配强法制教育专兼职人员。要把法制宣传教育纳入我县经济社会发展规划和政府目标管理,法制宣传教育经费要列入县乡(镇)两级政府财政预算,切实予以保障。

六、切实加强对法制宣传教育工作的组织领导

法制宣传教育是一个系统工程,需要动员和依靠全社会力量共同参与。全县各乡镇、县直各部门、社会团体、企事业单位、学校和其他组织,都要高度重视法制宣传教育工作,积极参与,明确责任,充分发挥各自职能作用和资源优势,面向社会加大法制宣传教育力度,努力扩大实际效果。要进一步完善法制宣传教育领导体制和工作机制,切实加强组织领导,加强执法主体的法制宣传教育责任,加强各部门间的协调配合,形成工作合力。法制宣传教育主管部门要认真做好法制宣传教育的组织,协调、指导、检查工作,各部门各单位要结合实际,统筹安排,确保全县“六五”普法工作顺利、有效开展。

来凤县人大常委会关于《武陵山龙山来凤经济协作示范区发展战略规划》的决议

(2012 年 5 月 21 日县十六届人大常委会第 6 次会议通过)

2012 年 5 月 21 日,来凤县第十六届人大常委会第 6 次会议对《来凤县人民政府关于提请审议〈武陵山龙山来凤经济协作示范区发展战略规划〉的议案》进行了审议,并对《武陵山龙山来凤经济协作示范区发展战略规划》进行了审查。会议决定,原则同意《武陵山龙山来凤经济协作示范区发展战略规划》。

来凤县人大常委会关于批准来凤县原烟厂主厂区土地使用权等资产处置的决定

(2013 年 8 月 26 日县十六届人大常委会第 18 次会议通过)

2013 年 8 月 26 日,来凤县第十六届人大常委会第 18 次会议听取和审议了县国资局局长向东受县人民政府委托所作的《县人民政府关于出让原县烟厂主厂区土地使用权等资产处置方案的报告》。会议同意这个报告,决定批准来凤县出让原烟厂主厂区土地使用权等资产处置方案。

来凤县人大常委会关于《将龙凤新区土地收储项目贷款本息列入财政预算的方案》的决定

(2014 年 6 月 9 日县十六届人大常委会第 25 次会议通过)

2014 年 6 月 9 日,来凤县十六届人大

常委会第25次会议对《来凤县人民政府关于提请审议〈将龙凤新区土地收储项目贷款本息列入财政预算的方案〉的议案》进行了审议，并对《将龙凤新区土地收储项目贷款本息列入财政预算的方案》进行了审查。会议决定，原则同意《将龙凤新区土地收储项目贷款本息列入财政预算的方案》。

来凤县人大常委会关于来凤县人民政府与华中师范大学合作办学方案的决定

（2014年8月21日县十六届人大常委会第26次会议通过）

2014年8月21日，来凤县十六届人大常委会第26次会议对《来凤县人民政府关于提请审议〈来凤县人民政府与华中师范大学合作办学方案的报告〉的议案》进行了审议，并对《来凤县人民政府与华中师范大学合作办学方案的报告》进行了审查。会议决定，原则同意来凤县人民政府与华中师范大学合作办学方案。

来凤县人大常委会关于批准《县人民政府开展第七个五年法制宣传教育的决议》的决定

（2016年9月28日县十六届人大常委会第49次会议通过）

2016年9月28日，县十六届人大常委会第49次会议听取和审议了县人民政府提请审议的《关于开展第七个五年法治宣传教育的决议（草案）》的议案，审查了县人民政府关于开展第七个五年法制宣传教育的决议（草案）。会议决定，批准这个决议。

四、参与中心工作

县人大常委会成立30多年来，尤其是县十一届人大常委会以来，坚持以经济建设为中心，积极参与全县经济工作和社会事业各项建设，常委会正副主任按照县委分工，参与全县中心工作。

县十一届人大常委会正副主任分别协助县政府抓农业和农田水利建设，以及参与塘口库区移民搬迁、普法、清房和来凤卷烟厂工作。在参与过程中，对决策的作出与实施，站在人大角度，提出意见和建议，帮助科学决策、依法办事。此外为政府工作排忧解难。1990年至1992年，来凤卷烟厂云南烟叶配料紧缺，直接影响来凤卷烟厂生产与卷烟产品质量。县人大常委会协助烟厂工作的领导，积极牵线搭桥，通过人大途径，为来凤卷烟厂购到一批云南烟叶，解决烟厂烟叶紧缺问题。

县十二届人大常委会正副主任分别参加由县四大家班子成员组成的几大责任组工作，以高度政治责任感和事业心，认真履行职责，积极努力工作，在参与中监督，在监督中支持，完成大量监督支持任务，为促进全县各项改革、工业农业经济、商贸经济、社会治安综合治理、计划生育、科教兴县、文化事业发展等工作，发挥重要作用。1994年，常委会领导成员分别参加党群、农业、财贸、城建、政法五大责任组工作。在参与中，主动为政府工作出主意、想办法、提建议，积极支持政府工作。同时，发现问题，及时指出，共同研究解决问题办法，帮助改进工作。1995年，按照县委统一安排，县人大常委会领导继续参与各责任组工作，围绕中心任务，积极完成参与和监督各项任务。在1995年烟叶生产中，县人大常委会参加农村经济责任组的领导，从发展种植到收购都自始至终深入生产第一线，抓好生产，积极协调并解决一些突出问题，使全县烟叶生产面积、收购量、财政税收都达到最好水平。1997年，县人大常委会正副主任按照县委分工，分别参加全县几大责任组工作，联系乡镇和企业，为促进全县国有企业改革、农业产业化建设、社会治安综合治理、计划生育、县乡机构改革等工作发挥应有作用。同时，积极办好小康工作点，协助漫水乡苏家坪村充实村党支部力量；帮助科学种田，大力发展养殖业；搞好计划生育、社会治安综合治理；解决受灾农户房屋搬迁及生活困难问题；进一步开展结对扶贫帮困活动。

县十三届人大常委会继续参加几大责任组工作，联系乡镇和企业，开展调研和指导工作，并按照县里统一安排，积极参与开拓卷烟市场、招商引资、治理龙洞河、农村百人工作团“扑五”(扑灭五号病。五号病即口蹄疫，是由口蹄疫病毒所引起的偶蹄动物的一种急性、热性、高度接触性传染病)、烟叶种植检查验收、计划生育等工作。同时，组建农村基层建设工作队，联系三胡乡讨火车村驻点，协助该村加强党支部班子建设，通过选举加强村委会班子力量，协助该村调整产业结构，抓好普法、计划生育、社会治安综合治理、科技教育等工作。

县十四届人大常委会继续参加几大责任组工作，联系乡镇、企业和重点项目、学校、挂村驻点，开展调查研究指导工作，帮助解决一些实际问题。积极参与扶贫帮困、机关包村驻点工作。在大河镇五道水驻村时，加强帮扶五道水村“两委”(村党支部委员会和村民委员会)班子建设，组织全村搞好产业结构调整，大力发展村级经济；协助该村搞好基础设施建设，帮助该村积极向有关部门争取资金、物资，修建进村公路，建起办公室，增添办公室设备；协助抓好扶贫帮困，力所能及为贫困群众送温暖、办实事。在马家坝驻村时，为马家坝村修建群众生产便民桥一座，维修高标准水渠1.5万米，支持村里造干果经济林1100亩，还组织机关干部为该村贫困户捐款捐物。

县十五届人大常委会按照县委统一分工，积极参与各大指挥部领导工作、各个重大项目建设、组织协调各项重大活动、带领机关干部职工到联系点和帮扶村开展帮扶工作，自觉服从、服务全县工作大局，认真履行联系工作的领导、协调、督办等职责，较好完成县委安排中心工作任务，不断推进相关督办事项落实。组织、协调解决联系工作方面大量矛盾和问题。2010年，常委会针对库区反映遗留问题多、后续扶持项目实施难、部分移民生活水平低等问题，组织常委会组成人员认真听取审议县政府关于移民工作情况报告，提出高度重视移民工作、切实解决库区遗留问题、加大后期扶持力度等审议意见;安排联系水电产业工作的常委会领导,同水电部门认真研究解决问题办法,并加大督办力度,使相关问题得到有效解决:百福司移民新村内涝问题由州水利水电勘测设计院制定解决方案负责落实;纳吉滩库区周边维护问题与业主商谈三条解决办法;金龙滩库区新增淹没土地补偿问题与业主达成共识,库区移民反映一些突出问题得到解决。开展整村扶贫推进工作。开展村务公开民主管理,加强"难点村"治理和"示范村"建设,县人大常委会联系工作领导,在深入实际调查研究基础上,指导相关村拟定发展计划,科学确定相关项目,组织协调资金,督促相关成员单位按计划实施,促进整村扶贫推进工作,绿水小坳以及大河中坝、龙潭坪、杉木溪、落角塘和百福司南河等村,一些涉及村级组织建设和经济发展的村委会办公楼、党员活动室、基地建设、经济发展出口路等问题,得到及时解决。做好服务重点企业发展工作。按照四大家领导联系重点企业分工,常委会领导主动与卓励电子、新农村粮油、锦龙实业、兴平纸业、宗味食品、璟发木业等企业加强联系与沟通,经常深入企业,深入车间,了解企业投资环境、发展状况,主动征求企业对改善来凤发展环境的意见,积极帮助企业解决融资、招工和企业周边社会治安秩序治理等问题,为企业发展创造良好环境。参加联系重点工程建设工作。根据年度县级领导联系重点项目安排,常委会领导分别负责原来凤卷烟厂厂区利用、瓦尔高片区建设、民族医院争取建设资金、武汉大道二期工程建设、水电产业开发等事项,通过强有力组织、协调各方努力工作,这些工程建设工作都有实质性进展,取得阶段性成效:瓦尔高片区建设有序推进,顺利完成征地、拆迁、安置等工作,瓦尔高高级中学建设如期实现当年建设、当年招生目标;民族医院争取到位项目资金2000万元,完成迁建征地35亩,第一期住院大楼建设完成投资505万元;武汉大道二期工程建设进展顺利;水电产业发展平稳,金龙滩电站一号机组正式发电、二号机组进入调试、三号机组在安装之中;和宏鞋业于2010年11月投入生产,原来凤卷烟厂厂区利用实现新突破;落水洞电站可行性研究报告审查完毕、右岸上堤公路完成招标、征地补偿启动前期工作,老虎洞电站扩容改造顺利开工。

县十六届人大常委会按照县委统筹安排,2012年,积极参与龙凤科教示范园(教育城)、龙凤示范区建设工作,较好完成扶贫整村推进、"三万""双联双促"等工作任务。2013年,积极参与龙凤科教示范园(教育城)、龙凤示范区、喳西泰水城、县城第二水源建设和"一会一节"筹备、铁路项目推进工作,以及扶贫整村推进、"双联双促"活动。2014年,积极参与龙凤科教示范园(教育城)、龙凤示范区、喳西泰水城、县城第二水源建设和"一会一节"举办、铁路项目推进等工作,参加扶贫整村推进、"双联双促""农民收入倍增"等活动。2015年,积极参与扶贫整村推进、精准扶贫、"六城"同创等工作。2016年,继续参加县城第二水源和第三水厂建设、扶贫整村推进、精准扶贫、"六城"同创、铁路项目推进等工作。

五、重要文献辑存

中共来凤县委
关于加强县乡人大工作和建设的实施办法
（来发〔2015〕4号）

为深入贯彻落实党的十八大和十八届三中、四中、五中全会和习近平总书记系列重要讲话精神，全面落实中共中央转发《中共全国人大常委会党组关于加强县乡人大工作和建设的若干意见》，更好地发挥地方国家权力机关在推进民主法治建设和促进经济社会发展中的重要作用，根据《中共湖北省委关于进一步加强人大工作和建设的决定》和《中共恩施州委关于进一步加强人大工作和建设的实施意见》的要求，结合来凤县实际，制定如下实施办法。

一、始终不渝地坚持人大工作正确的政治方向

（一）准确把握人大工作和建设的根本要求和重要原则。人民代表大会制度是我国的根本政治制度。加强县乡人大工作和建设，必须坚持高举中国特色社会主义伟大旗帜，坚定中国特色社会主义道路自信、理论自信、制度自信；必须坚持党的领导，自觉把党的领导贯穿于县人大及其常委会依法履职的全过程和人大工作各个方面；必须坚持人民主体地位，把实现好、维护好、发展好最广大人民根本利益，作为县乡人大工作的出发点和落脚点；必须坚持依法治国，保证宪法、法律、法规和上一级人大及其常委会决议决定在本行政区域内得到遵守和执行；必须坚持民主集中制，健全“一府两院”由人大产生、对人大负责、受人大监督的制度；必须坚持从本地实际出发，不断健全人大工作机制，使地方人大工作更好体现地方特色和时代特征。全县各级党委、“一府两院”以及各部门，要进一步提高对人大工作的认识，认真学习宣传和贯彻落实中央、省委、州委关于加强人大工作和建设的指示精神，进一步强化对坚持和完善人民代表大会制度重要意义的认识，进一步增强民主法治意识，积极推进我县民主法治建设和依法治县进程。

（二）加强和完善党对人大工作的领导。党的领导是做好人大工作的根本保证。县委、乡镇党委要充分发挥总揽全局、协调各方的领导核心作用，高度重视发挥人民代表大会制度的优势，不断完善党委领导人大工作的制度和方式。坚持把人大工作纳入党委工作总体布局，把人大工作纳入年度目标考评范围，善于通过县人大及其常委会、乡镇人大及其主席团实施党委对地方国家事务的领导。健全党委研究人大工作制度，县委每届任期内至少召开一次人大工作会议。县委常委会会议每年至少听取一次人大常委会党组工作情况汇报，认真研究解决人大

工作中的重大事项和重要问题，及时研究和批复县人大常委会党组请示的事项。县委、乡镇党委每年至少召开一次专题办公会议，研究解决人大工作中存在的具体问题和困难。县人大常委会主任列席县委常委会会议和其他重要会议。县委召开全局性会议、组织重大活动（包括县委中心组学习活动）、推荐干部，应安排县人大专门委员会、县人大常委会工作机构和办事机构主要负责人参加。坚持把人大监督和重大事项决定工作纳入党委决策及其落实体系，善于使党委的主张和重大决策通过法定程序成为国家意志。坚持把人大选举任免工作和人大干部队伍建设纳入党委干部管理工作体系，善于使党组织推荐的人选通过法定程序成为地方国家机关的领导人员。坚持把人大工作改革创新纳入党委领导的全面深化改革的重要内容，推进人大工作与时俱进。坚持把人大新闻宣传工作纳入党委宣传工作总体部署，党委宣传部门要统筹安排部署人民代表大会制度、人大工作和代表履职的新闻宣传，组织新闻媒体加大对人大工作的宣传报道力度，支持县人大常委会办好人大门户网站、乡镇人大办好人大网页，建立代表履职网络平台，及时发布人大工作信息，为坚持完善人民代表大会制度和民主法治建设营造良好舆论环境。坚持把县人大常委会与“一府两院”协调一致履职纳入党委协调各方的重要方面，保障地方国家机关的决策权、执行权、监督权既合理分工又相互协调，在县委领导下高效推进各项事业发展。

充分发挥人大常委会党组的作用。县委要善于通过人大常委会党组实施对人大工作的领导，保证党的理论路线方针政策和县委的决策部署在人大工作中得到贯彻落实。县人大常委会党组要自觉接受县委的集中统一领导，围绕中心、服务大局，认真履职尽责，充分发挥在人大常委会工作中的领导核心作用。要健全和完善重大事项报告制度，县人大常委会召开重要会议、作出重要决定、开展重要活动以及监督工作中的重大问题，要及时向县委请示报告后再进入法定程序。县人大常委会党组、人大基层党组织和县人大常委会党组成员、人大代表中的中共党员要充分发挥战斗堡垒和先锋模范作用，确保党委的主张和意图得到实现。

二、全力支持和保障人大及其常委会依法行使职权

（三）支持和保障依法行使监督权。县委、乡镇党委要高度重视人大监督在地方治理、监督体系和从严治党中的重要作用，支持县人大及其常委会、乡镇人大及其主席团依法行使监督权。支持县人大及其常委会、乡镇人大及其主席团综合运用听取和审议专项工作报告、计划预算审查批准、执法检查、规范性文件备案审查、专题询问和质询、特定问题调查等监督方式开展监督，增强监督的针对性和实效性。支持县人大常委会、乡镇人大及其主席团依法开展工作评议、满意度测评和第三方评估，评议意见和测评结果报同级党委外，还要向“一府两院”和党委组织部门、有关主管部门通报。县人大及其常委会、乡镇人大及其主席团要紧紧围绕经济社会发展、全面深化改革、全面推进法治来凤建设大局以及关系人民群众切身利益、社会普遍关心的重大问题，加强法律法规实施情况监督，加强对“一府两院”的工作监

督,加强对政府全口径预算的审查监督和对国有资产的监督。要改进审计查出问题整改情况向县人大常委会报告机制,推进审计工作制度化、长效化。要监督和支持“两院”司法体制改革,完善人大司法监督与检察机关法律监督相衔接机制,促进公正司法。要加强规范性文件备案审查能力建设,在本行政区具有普遍约束力的规范性文件,均应纳入备案审查范围,做到有件必备、有备必审、有错必究,切实维护国家法制统一和公民、法人及其他组织的合法权益。重视和改进人大信访工作,妥善处理群众来信来访,努力化解社会矛盾。“一府两院”要强化权力来源意识,自觉接受县人大及其常委会的法律监督和工作监督,认真执行县人大及其常委会的决议、决定和研究处理审议意见,并按规定时限报告执行和研究处理情况,积极改进工作。“一府两院”的主要工作、全局性工作情况,由“一府两院”主要领导向县人大及其常委会报告;相关工作情况,由“一府两院”分管领导向县人大及其常委会报告;特殊情况下,由有关部门主要负责人报告。

(四)支持和保障依法行使重大事项决定权。县委、乡镇党委适时将重大决策部署通过人大法定程序转化为国家意志。“一府两院”、乡镇人民政府(简称乡镇政府)重大决策出台前,要依法提请本级人大会议讨论决定。建立和完善县人大及其常委会、乡镇人大及其主席团行使重大事项决定权的相关规定和办法,规范讨论决定重大事项的范围和程序。各级政府要建立重大事项报告制度,凡涉及重大改革举措、重大建设项目、重大民生工程、城市建设总体规划制定和调整等重大决策出台前,要向县人大及其常委会、乡镇人大及其主席团报告。对县人大及其常委会、乡镇人大及其主席团决定的重大事项,“一府两院”、乡镇政府应在每年人民代表大会会议上所作的工作报告中报告落实情况。

(五)支持和保障依法行使选举权、任免权。县委、乡镇党委要加强对选举和任免工作的领导,坚持党管干部原则与人大依法行使选举权任免权相统一,尊重和维护人大依法选举、表决结果。依法落实差额选举制度和联名提出候选人制度,严肃查处违反选举法律法规、破坏选举工作的违纪违法行为。完善征求意见和情况通报制度。县委、乡镇党委提出国家机关组成人员人选时,应当及时向县人大常委会党组、乡镇人大主席团通报党委人事安排和被推荐人的基本情况,向县人大常委会会议、乡镇人大主席团会议作出人事说明,听取意见建议。县人大及其常委会、乡镇人大及其主席团要坚持党的领导,充分发扬民主,严格依法办事,确保党委人事意图和人事安排顺利实现。要不断完善人事任免工作制度,认真做好任前调查、法律知识考试、拟任职发言、颁发任命书、向宪法宣誓等各个环节的工作,加强任后监督,完善听取履职报告、工作评议等制度,增强任命人员的公仆意识、法治意识和责任意识。

(六)支持和保障开好法定会议。县委、乡镇党委和人民代表大会会议临时党委、县人大常委会党组要加强对会议的组织领导,依法合理安排会议次数和会期,科学安排会议议题和议程。县人民代表大会会议每年至少举行 1 次,必要时可以增加;乡镇人民代表大会会议一般每年举行 2 次,没有选举事项时县人代会不少于2天，乡镇人代会不少于1天，有选举事项时，会期适当增加。县人大常委会会议每两个月至少举行1次，乡镇人大主席团会议每季度至少举行1次。“一府两院”、乡镇政府分别协同做好县、乡镇人大会议筹备工作，保证人大代表、常委会组成人员和乡镇人大主席团成员依法充分行使民主权力，更好地发挥人大会议的决策功能。县人大及其常委会、乡镇人大及其主席团召开法定会议期间，县委、乡镇党委和“一府两院”应尽量避免因安排其他会议造成人大代表、常委会组成人员、乡镇人大主席团成员和“一府两院”列席人员缺席会议。支持县人大及其常委会、乡镇人大及其主席团加强会风建设，严格请假、通报和考核制度。“一府两院”及其部门负责人、乡镇政府负责人必须按规定到会报告工作，听取意见，回答询问。注重发挥主任会议和专门（工作）委员会会议在人大及其常委会依法履职过程中的作用。完善人大代表列席会议、公民旁听会议、会议直播等制度，不断提高人大及其常委会议事决策公开透明程度。加强人大会议场所和电子表决系统建设，逐步实现县人民代表大会会议表决电子化，不断提高县人大及其常委会依法履职信息化水平。县人大及其常委会和乡镇人大及其主席团，要组织人大代表、常委会组成人员、乡镇人大主席团成员加强会前调查研究，深入了解社情民意，不断提高人大会议质量。

（七）支持加强人大信访工作。把人大信访工作作为全县信访工作的重要组成部分，建立符合人大信访工作实际的工作机制，形成上下联动、左右协调、运转高效、综合施治的人大信访工作格局。县人大及其常委会要把人大信访工作作为强化人大职权、改进人大工作的重要平台，联系群众、了解民意的重要渠道，健全人大信访工作制度，完善工作程序，认真落实人民群众合理诉求，切实维护人民群众合法权益。

（八）统筹协调人大与“一府两院”的关系。县人大及其常委会要处理好监督与支持的关系，对“一府两院”要在监督中支持、在支持中监督。“一府两院”及其部门要尊重县人大及其常委会的法律地位和权威，处理好县人大及其常委会决定与“一府两院”执行的关系，自觉接受和配合县人大及其常委会监督。乡镇政府要强化依法行政意识，自觉接受乡镇人大及其主席团的监督。

三、全力支持和保障人大代表依法履行职责

（九）提高人大代表素质和履职能力。县委、乡镇党委要把人大代表选举作为加强地方政权建设的重要内容，依法行使代表候选人提名推荐权，全面考察推荐人选的综合素质和履职能力，把好人大代表的政治关、素质关、结构关。坚持人大代表广泛性、代表性和先进性的统一，不断优化代表的年龄、知识和专业结构。优化人大代表构成比例，切实提高基层人大代表特别是一线工人、农民、专业技术人员代表比例，适当降低党政领导干部代表比例，保证少数民族、妇女、党外人士代表占适当比例。连任代表的初步建议由县人大常委会党组和乡镇人大主席团根据代表履职情况分别提出，连任代表一般应占代表总数的三分之一左右。加强代表培训工作。各级党委组织部门要将各级人大代表培训纳入党校的培训计划，县

乡人大要建立代表学习培训长效机制。要通过举办培训班、外出学习考察等方式,提高代表履职能力和水平。每名代表任期内参加培训不少于2次。

(十)保障人大代表依法履职。支持人大代表参加人民代表大会会议期间的工作和闭会期间的活动,积极为代表履行职务创造条件。加强代表活动小组、代表之家、代表工作室建设,为代表履职搭建平台。加强县乡人大代表履职经费保障。执行人大代表履职补助制度,对无固定收入的代表执行代表职务,根据实际情况由县财政给予适当补贴。人大代表所在的单位要支持代表依法参加人大组织的活动,为代表执行代表职务提供必要的时间和物质保障。人大代表依法提出约见有关国家机关负责人,县人大及其常委会、乡镇人大及其主席团应当及时联系和安排。全面开展县、乡镇人大代表回选区向选民述职和参加代表小组活动,密切代表与选民群众的联系,接受选民群众的监督。坚持县人大常委会和"一府两院"定期向人大代表通报工作制度和县人大常委会主任副主任定期接待代表制度,拓展代表知情知政渠道,保障人大代表参政议政权力。坚持开展县人大常委会组成人员和乡镇人大主席团成员联系代表、代表联系选民群众的"双联"活动。以选区设立代表工作室,确保代表联系选民群众常态化。坚持邀请代表列席县人大常委会会议和乡镇人大主席团会议,参加执法检查、视察、专题调研、工作评议等履职活动。建立代表履职登记、管理、考核制度。组织、人事部门要把代表职务写入其任职履历,监督和激励代表依法履职。加强人大代表履职考核,每名代表每届任期内参加视察、执法检查或专题调研等活动不少于5次,领衔或联名提出议案和建议不少于5件。探索建立代表退出机制,畅通代表进出渠道,对不履职、不称职的人大代表劝其辞职或依法予以罢免。

(十一)提高人大代表议案和建议办理质量。县人大常委会、乡镇人大主席团要加强对人大代表提出议案和建议的指导,不断提高代表提出议案和建议的质量。"一府两院"、乡镇政府要把人大代表议案和建议办理工作,纳入年度工作目标考核范围。承办单位要创新办理机制,加强同人大代表联系和沟通,对议案和建议中提出的能够解决的问题,应尽快解决并给予明确答复;一时难以解决的问题,应如实说明情况,明确办理时限并及时答复;对于确定不能解决的问题,要详细说明原因。要加强人大代表议案和建议督办工作,强化代表议案和建议办理工作责任,建立健全代表议案和建议重点件由"一府两院"领导领办、县人大常委会领导督办机制,建立和完善代表议案和建议办理工作考核评价机制,对本次代表建议办理情况在下次代表大会上进行通报,对办理工作成绩突出的单位和个人进行表彰,对办理工作不力的予以问责。要切实解决重答复、轻落实问题,努力提高办理质量。

四、全力支持和保障人大加强自身建设

(十二)加强组织机构建设。认真贯彻中央、省、州有关文件精神,依法增加县人大常委会组成人员名额,优化常委会组成人员结构。县人大常委会主任、副主任必须认真履行人大职责,不直接从事属于政府管理的

工作。人大代表和常委会、专门(工作)委员会组成人员、乡镇人大主席副主席及主席团成员要坚持人大职务优先原则,认真依法履行职责。县人民代表大会依法设立民族法制委员会、财政经济委员会等专门委员会。县人大常委会设立农业农村、城乡建设和环境资源保护、教育科学文化卫生、内务司法、预算(可与财政经济专门委员会一套班子、两块牌子)等工作委员会。每个专门(工作)委员会至少配备2名工作人员。健全人大常委会办事机构,设立办公室、代表和人事任免工作委员会、规范性文件备案审查室(可以与有关专工委室一套班子、两块牌子)等机构。要注重选配熟悉人大工作的干部担任人大常委会、专门(工作)委员会组成人员。专门(工作)委员会主任委员(主任)可由原任党政部门领导职务的干部担任,也可从符合条件的人大机关领导干部中产生,专职副主任委员(副主任)原则上从人大机关中产生。科学核定人大机关人员编制,选好配强人大干部队伍。

(十三)加强干部队伍建设。县委、乡镇党委要高度重视人大机关干部的培养、选拔和使用,每届都安排一定数量的人大机关干部与党委、政府、司法机关干部进行双向交流,并形成制度。要进一步优化常委会组成人员年龄、知识和专业结构,充实年富力强的优秀中青年干部,增加法律、经济、社会管理等方面的专业人员,并有一定数量的党外人士,人大常委会专职委员比例应达到60%以上,换届时原则上应有三分之一左右的组成人员能够连任,新提名人员原则上应能任满一届。县人大专门委员会主任委员、副主任委员、县人大常委会专职委员、县人大常委会办事机构和工作机构主要负责人均为正科级实职。加强干部履职能力建设。加强人大机关思想政治建设,始终保持权力机关人员良好的政治素质。加强人大机关纪律作风建设,严肃干部纪律,改进工作作风,不断提升人大及其常委会组成人员综合素质和履职能力。继续加强人大制度建设,建立和完善人大工作制度、管理制度和学习制度。加强人大机关老干部工作,保障老干部政治、生活待遇。

(十四)加强乡镇人大建设。加强乡镇人大组织建设,发挥好乡镇人大主席团的作用。乡镇人大设置专职主席1名,提名为县人大代表人选,为正科级实职,列席乡镇党委会议。设专职副主席1名,为副科级实职。乡镇人大主席、副主席应当把主要精力放在人大工作上。乡镇人大主席团成员不担任乡镇政府职务。乡镇人大主席、副主席均纳入党政领导班子综合考核范围。在乡镇挂人大主席团牌子,设立乡镇人大办公室,配备办公室主任1名、工作人员1名(有条件的乡镇可以增加1名工作人员),协助乡镇人大主席、副主席开展工作。乡镇人大主席团或者主席、副主席在闭会期间可以组织开展听取审议乡镇政府专项工作报告、执法检查、视察调研、工作评议、联系人大代表等工作,不断提高乡镇人大工作水平。

(十五)加强人大机关内外联系和交流。县人大常委会要加强对乡镇人大工作的指导。坚持县人大常委会领导联系乡镇人大工作制度,完善乡镇人大主席列席县人大常委会会议制度。切实加强县人大常委会对上对外的联系与交流。认真组织人大代表参加省、州人民代表大会会议,积极安排人员列席省、州人大常委会会议和参加省、州人大常委会组织的学习调研活动。切实加强县人大常委会与省内外人大机关的工作交流。积极参加边区人大工作联席会议。有针对性地组织学习、考察外地人大工作经验,不断提高人大工作水平。

(十六)加强人大工作和建设的经费与物质保障。县、乡镇两级财政要足额预算县人大及其常委会和乡镇人大及其主席团开展工作以及代表履职所需经费,并随地方财力的增长而适当增加。县人大及其常委会和乡镇人大及其主席团法定会议、重大活动、视察调研、代表培训、代表履职补贴等所需的经费分别列入县乡两级财政预算,实行专款专用。县、乡镇人大代表履职活动经费分别按照每人每年不低于1500元、800元的标准列入县乡年度财政预算。县、乡镇政府要加大对人大办公设施投入,不断改善人大依法履职工作条件。

(2015年11月28日印发)

以省委人大工作会议精神为动力
不断推动人大工作与时俱进

来凤县人大常委会

(2015年12月)

近些年来,省委高度重视人大工作,特别是2009年省委人大工作会议以来,尤其是今年9月召开的省委人大工作会议,对进一步加强人大工作和建设,作出了全面安排和部署,为推动人大工作与时俱进指明了前进方向。来凤县人大及其常委会坚持以省委人大工作会议精神为动力,始终坚持党的领导,努力创新人大工作,较好地发挥了地方国家权力机关的作用。

一、始终坚持党的领导,保持人大工作正确政治方向

县人大常委会切实增强党的观念,自觉把党的领导贯穿于人大依法履职全过程、落实到人大工作各个方面。

(一)积极争取党委领导,保障人大正确履职。党的领导是人大依法履职、保持正确政治方向的根本保证。长期以来,县人大常委会始终把坚持和依靠党的领导放在首位,积极争取县委对人大工作的领导,得到县委的高度重视和大力支持。县委切实把加强人大工作作为总揽全局、协调各方的重要内容,建立健全党委领导人大工作机制,不断加强和改进对人大工作的领导。一是建立加强领导的工作机制。近几年来,县委每届召开一次人大工作会议,研究决定加强对人大工作领导的重大事项;每年听取一次人大工作情况汇报,研究解决县人大常委会党组请示的重要事项;每年召开一次书记县长办公会议,现场解决人大工作需要及时解决的具体问题;同时要求乡镇党委每年至少召开一次专题会议研究人大工作。二是为人大

依法履职提供组织保障。本届来，在县委的重视支持下，县人大常委会为加强财政预算监督和规范性文件备案审查，新设置了预算工委和备案审查室，使常委会机构达到“八委两室”，并充实年富力强、学有专长的干部到常委会机关工作。三是为人大依法履职提供物质保障。为支持和保障县人大及其常委会和乡镇人大及其主席团履行法定职责、做好代表工作、加强自身建设，要求县乡两级财政，足额预算县乡人大工作经费和代表履职所需经费，同时督促县乡人民政府加大对人大办公设施投入，明显改善了人大依法履职工作条件。县人大常委会在全州县市中率先实现了常委会会议表决电子化，提高了常委会议事决策信息化和科学化水平。四是把人民代表大会制度和民主法治建设的宣传，纳入党委宣传工作总体部署之中。凡人大召开重要会议、开展重要活动，都安排新闻单位制定宣传报道计划，加强宣传报道。五是大力支持人大依法履职。支持人大及其常委会加强对重大项目和民生改善等重大问题的监督，加强对国民经济和社会发展计划及财政预决算的审查监督，支持人大常委会与县财政国库实行联网，随时监督预算执行情况，使预算监督工作步入常态化；支持人大及其常委会依法行使重大事项决定权，出台了讨论决定重大事项办法，适时就事关全县发展大局和人民群众切身利益的重大事项作出决议决定。

（二）自觉服从党委领导，充分发挥职能作用。县人大常委会及其党组紧紧围绕县委中心工作，认真贯彻执行县委的决策部署，确保县委的主张通过法定程序变成全县人民的共同意志。一是坚持请示报告制度，争取县委重视支持。做到重大问题、重要决策和开展重要活动都及时向县委请示，每年人大常委会工作要点和重要活动文件都报请县委转发，使人大工作始终同县委中心工作同心合拍、同频共振，保证了人大工作的正确方向。二是坚持党管干部原则与人大依法任免相统一，做好选举任免工作。几年来，县人大常委会始终坚持党的领导、充分发扬民主、严格依法办事相统一原则，行使选举权、任免权，确保了县委人事意图和人事安排顺利实现，保证了国家机关正常运转。三是围绕县委决策部署，及时行使重大事项决定权。换届以来，先后对我县有关经济社会发展全局的重大事项作出了 26 项决议决定，并督促“一府两院”贯彻落实，保证了县委重大决策得到有效实施。例如，为贯彻落实县委关于加强酉水河保护的意见，2014 年县人大常委会积极与宣恩县人大常委会共同协作，向恩施州人大常委会提交了立法建议并得到采纳。在州人大常委会主导下，有效推进了保护酉水河的立法工作。目前，立法工作已进入实质性阶段，有望于 2016 年完成立法工作任务。

二、始终坚持创新监督工作，不断增强监督实效

近些年来，县人大常委会把创新监督工作方式、突出监督实效，作为依法履职的重头戏，紧紧围绕关系全县改革发展稳定大局、人民群众切身利益、社会普遍关注的重大问题，全面推进了监督工作，取得了由程序性监督向实质性监督转变的初步成效。

（一）注重准确选题，为增强监督实效奠定基础。一是紧贴县委决策重点，推动县委

决策落实。常委会紧紧围绕龙凤示范区建设、县委五年工作目标，重点选择事关本届目标实现的工业经济发展、旅游产业打造、城乡一体化建设、生态环境治理、就学就医民生工程等内容进行监督，有效地推动了各项事业的发展。二是紧贴政府工作难点，推动发展目标实现。根据政府在推进工作中遇到的困难和问题，先后将企业生产经营环境整治、县城内河流治理、城乡“两违”处理等棘手问题纳入监督重点，对有关职能部门不作为、乱作为行为进行有效监督，为政府工作的顺利推进创造了条件。三是紧贴人民群众关注的热点，推动民生事业快速发展。常委会在广泛征求人民群众意见的基础上，将城乡居民上学难、看病难、饮水难、行路难问题列入监督重点，通过近几年的不懈监督，较好地解决了“四难”问题，广大人民群众享受到了改革发展成果。目前，基层群众反映的新农合问题，得到基本解决；通过教育“三集中”、建设教育城、与华师合作办学措施，读书难问题得到改善；通过集中财力建设医疗中心，委托州中心医院管理县中心医院等措施，看病难问题得到缓解；通过大力发展旅游产业、打造特色景区等措施，县乡交通瓶颈问题得到较好解决。

（二）注重运用综合手段，为增强监督实效提供保证。根据监督内容确定主要监督手段，辅之以其他监督形式，促进监督目标的实现。例如，在监督保障性安居工程建设方面，既要听取专项工作报告，又要进行专题询问，还要开展视察调研，使监督的内容全面具体，提出的监督意见更具建设性。近几年来，常委会运用综合手段，先后对《矿产资源法》《食品安全法》《环境保护法》《州旅游条例》等法律法规的实施情况，城乡规划工作，政府财政全口径预算，工业企业发展，旅游景点、教育城、中心医院及文化体育中心建设，扶贫开发等方面进行监督，收到了良好效果。

（三）注重改进工作方法，为增强监督实效开辟新途径。一是抓好学习调研，为提高监督议题的审议质量作充分准备。审议前组织学习相关法律法规和业务知识，深入实际、深入基层开展调查研究，切实解决审议的广度深度问题。二是改进表决方式，增强监督硬度。对一般性的监督议题采取电子表决，对重点议题则实行纸质投票表决，量化打分，并依据表决结果划分为“满意、基本满意、不满意”三个格次，切实发挥了监督的威力，增加了被监督对象的压力。三是实施跟踪监督，确保监督事项彻底落实。几年来，常委会采取跟踪监督、跨年监督、跨届监督措施，对人大及其常委会决议决定和审议意见的执行落实情况进行监督，促使一些问题的彻底解决。如三胡乡石材开采泛滥成灾，严重扰乱了矿产资源开采秩序，破坏了生态环境。对此，县十五届人大常委会进行了监督，但因各种原因，收效甚微。换届后，县十六届人大常委会又于2012年开展《矿产资源法》执法检查，再次深入三胡乡，广泛听取各方面的意见，现场查看石材小作坊，同时征求国土、安监、电力等部门意见，针对存在的突出问题，常委会提出审议意见，交政府及其有关部门研究处理。由于涉及到54家无序开采石材小作坊的切身利益，加之部门配合不力等原因，监督仍未达预期目的。2014年常委会跟踪监督政府研究处理2012年《矿产资源法》执法检查报告审议意见落实情况，引起政府高度重视，分管副县长挂帅，有关部门和乡镇积极配合监督，采取切实措施整改，依法关停了三胡乡所有无序开采加工石材小作坊，新建了三胡乡石材产业园，规范了矿产资源开采秩序，保障了石材产业健康发展。2012 年常委会视察环保工作时，发现翔凤镇水寨 5 家小作坊严重污染酉水河，要求政府依法关停，由于阻力大一直没有执行到位。2014 年常委会持续跟踪监督环保工作，政府经过两年努力，终于依法关停了严重污染酉水河的水寨 5 家小作坊。

三、始终坚持创新代表工作，不断发挥代表主体作用

代表工作是人大工作的基础。本届来，县人大常委会结合本地实际，着力创新代表活动载体，充分发挥代表作用，注重提高代表素质，不断增强代表履职活力，取得了明显成效。

（一）强化培训学习，提升代表素质。常委会在深入调查研究的基础上，根据代表履职的基本规律和特点，制定了学习培训制度，分阶段有针对性地开展学习培训。在代表选举产生后、正式履职之前，集中组织初任培训，重点学习有关法律法规、议事规则和相关业务基本知识，为正式履职做准备。在代表进入正式履职阶段，采取集中与分散相结合的方式进行学习培训，重点学习党的基本理论、路线、方针、政策，人大理论和制度以及依法履职的基本要求，着力解决履职能力问题。在代表进入中期履职阶段，主要采取专题讲座、组织县内外学习考察交流等方式，重点学习交流履职经验，着力提升履职水平。本届来，先后组织代表参加各类培训 800 余人次，为代表提供学习资料 8000 余份。通过扎实开展学习培训，代表的思想政治素质、履职能力和水平得到显著提高，代表的主体作用在推进地方经济社会发展、维护社会稳定、促进民主法治建设中均得到充分发挥。

（二）丰富代表活动，增强履职活力。开展闭会期间活动，是代表依法履职的重要形式。常委会从充分发挥代表作用、增强履职活力出发，以多种方式开展了闭会期间活动。一是扎实开展代表小组活动。以 8 个乡镇为依托，建立代表之家，将省、州、县、乡（镇）四级代表混合编成 43 个小组，并制定活动计划，每年开展活动不少于 4 次。通过开展执法检查、视察调研、工作评议等活动，对县乡人民政府及其部门进行监督，不仅有效地推进了当地各项工作，也为开好代表大会作了充分准备。在活动中，代表小组都形成了自己的特色，如旧司的“2451”活动、三胡的“八个一”活动、革勒车的“1355”活动等，都较好地发挥了作用，取得了明显成效。二是认真开展联系活动。为加强常委会组成人员与代表的联系，接受代表监督，了解社情民意，常委会建立了联系代表制度，要求常委会组成人员每年联系代表 3—5 名。截止目前，23 名常委会组成人员均按计划要求，全面完成了联系代表任务。通过联系代表活动，较好地促进了常委会工作。为使代表随时了解国家机关履职情况，常委会坚持每年 7 月份组织由常委会主任、副主任带队，“一府两院”负责人参加的到乡镇接待代表活动，向代表们报告半年来执行人代会决议和各项工作开展情况，征求代表意见，接

受代表监督,不断改进工作,推进年度目标任务实现。本届来,共开展接待代表活动4次,接待代表达700多人次,收集处理代表意见92条,有效促进了人大常委会和“一府两院”的工作。为加强代表与选民群众的联系,及时了解社情民意,依法履行为民代言行权的责任,常委会在8个乡镇以选区为单位进行设立人大代表工作室试点工作。经过近一年的试点,全县11个代表工作室都发挥了积极作用,11个代表工作室的64名代表,共联系群众800多人次,收集意见120条,解决各类问题91个,较好地维护了基层社会和谐稳定,推进了各项工作。为了强化代表的责任意识,开展了县人大代表述职评议活动。截止2015年11月,县人大代表均向选区选民群众进行了述职,接受选民评议。参加述职的180名代表,被评为优秀的144名、称职的35名、不称职的1名。代表述职评议活动的开展,不仅使代表广泛地联系了选民群众,为选民群众排了忧解了难,而且更重要的是强化了代表的代表意识、责任意识和接受监督意识。

(三)抓好建议办理,激发履职热情。人大代表对“一府两院”提出建议,是代表依法行使国家权力的具体体现。办理好代表建议,是办理机关的政治责任。常委会在总结实践经验的基础上,不断探索代表建议办理方法,初步形成了行之有效的办理工作机制。一是建立主任会议集体交办制度。每次代表大会闭会后,都由常委会有关工作机构对会议期间的代表建议进行整理,在规定时间内,召开主任会议向“一府两院”进行交办,并明确办理时限和办理责任。二是建立办理工作和监督工作领导机制。即在办理环节,由“一府两院”领导领衔办理重点建议;在监督环节,由常委会领导领衔督办重点建议;在具体落实环节,由常委会各工委室跟踪督办,代表工作机构全程督办,与县委县政府督查室联合督办。三是建立奖惩机制。为强化责任,确保代表建议办理落到实处,常委会制定了代表建议办理办法,县人民政府制定了办理代表建议的规定,对办理代表建议先进单位和个人进行表彰,对办理工作差的单位进行通报批评。本届来,收到代表建议358件,代表对办理结果满意的349件,占97.5%,基本满意的9件,占2.5%。过去重答复、轻落实的问题得到较好解决,激发了广大代表履职热情。

四、始终坚持创新自身建设,不断提高依法履职水平

常委会紧紧围绕建设“学习、务实、创新、清廉、和谐”型机关目标,适应新形势新任务新要求,着力提高常委会及其机关依法履职能力和水平,全面推进自身建设,基本实现了“五型”机关建设目标。

(一)着力强化思想理论武装,全面提升履职素质。一是坚持思想政治领先,突出抓好队伍建设。始终把政治理论学习放在重要位置,认真组织常委会组成人员和机关工作人员,加强对党的基本理论、路线、方针、政策和国家法律法规的学习,特别是抓住党的群众路线教育、“三严三实”等主题教育实践活动契机,深入学习党的十八大和十八届三中、四中、五中全会精神以及习近平总书记系列重要讲话精神,不断提高思想政治素质。二是坚持把纪律和规矩挺在前面,突出抓好作风建设。始终把解决“严实”问题放

在重要位置，认真开展党风廉政建设和反腐败教育，严格落实"两个责任"，切实发挥人大机关联系人民群众的优势，为人民行使好国家权力，为推进地方各项事业发展贡献力量。通过几年的努力，常委会自身建设得到加强，整体素质得到较大提升。

（二）着力强化规范化建设，全面提升履职科学化水平。人大工作是政治性、法律性、程序性很强的工作，需要以制度来规范和保障。常委会在总结历届工作经验和借鉴外地成功做法的基础上，制定完善了"三会"议事规则、审议意见处理办法、监督司法工作办法、监督财政预算办法、规范性文件备案审查规定等一套程序严谨、操作性强的41个履职制度，并编印了《来凤县人大及其常委会履职规范汇编》，初步实现了人大履职规范化。同时，为巩固党的群众路线教育实践活动成果，新制定和修改完善机关管理制度，编印了《来凤县人大常委会机关管理制度》，使常委会机关各项工作有章可循、运行高效有序，服务县人大及其常委会工作的水平不断提高。

（三）着力强化乡镇指导，促进县乡人大工作协调发展。指导乡镇人大工作，是县人大常委会的法定职责。本届来，县人大常委会针对乡镇人大履职实际，加强了业务指导。一是根据换届后乡镇人大工作人员业务生疏、影响人大工作顺利开展的实际，采取集中培训和以会代训、学习考察等方式组织学习培训，促进了履职水平提高。二是实行常委会主任、副主任联系乡镇人大工作制度，适时指导乡镇人大开展工作。三是出台关于加强乡镇人大规范化建设指导意见，并提出了"2532"工作要求，即开好两个会（人代会和主席团会），开展好五个活动（执法检查、视察调研、工作评议、走访联系选民、述职评议），抓好三项工作（代表培训、代表建议办理、人大宣传），搞好两项建设（制度建设、阵地建设），全面推进规范化建设，不断提升县乡人大工作整体水平，促进了县乡人大工作协调发展。

（作者莫北平，此文为参加全省市州人大常委会主任座谈会议交流材料）

来凤县十六届人大常委会工作总结

2011年11月28日，县十六届人大一次会议以来，县人大常委会在县委的正确领导下，在省、州人大常委会指导下，认真贯彻落实党的十八大和十八届三中、四中、五中、六中全会精神以及习近平总书记系列重要讲话精神，紧紧围绕县委中心工作和全县发展大局，认真履行宪法和法律赋予的职责，取得了较好成绩。五年来，围绕全县经济社会发展重大事项召开常委会会议52次，召开主任会议105次，听取审议工作报告173项，提出审议（询问、审核、评议）意见149项，作出决议决定82项，依法任免国家机关工作人员248人次，圆满完成了本届人大常委会各项工作任务，为全县经济社会发展和民主法治建设做出了应有贡献。

一、坚持党的领导,保持人大工作正确方向

党的领导是人大依法履职、保持正确政治方向的根本保证。县人大常委会切实增强党的观念,自觉把党的领导贯穿于人大依法履职全过程、落实到人大工作各方面。

五年来,县人大常委会始终把坚持和依靠党的领导放在首位,积极争取县委对人大工作的领导,得到县委高度重视和大力支持。县委为人大依法履职提供政治保障,每年听取一次人大工作情况汇报,研究解决县人大常委会提请的重要事项;每年召开一次县委书记县长办公会议,现场解决人大工作需及时解决的问题;2015年12月8日,县委召开人大工作会议,研究部署新形势下加强党对人大工作的领导,出台关于加强县乡人大工作和建设的实施办法,为推进县乡人大工作与时俱进指明了前进方向。县委为人大依法履职提供组织保障,支持县人大常委会增设预算工委和规范性文件备案审查室,并充实年富力强、学有专长的干部到常委会机关工作,以加强财政预算决算监督和规范性文件备案审查。县委为人大依法履职提供物质保障,要求县乡两级财政足额预算人大工作经费,明显改善了人大依法履职的工作条件。县委大力支持人大依法行使监督权,支持加强对“一府两院”的工作监督和法律监督,支持加强对全县国民经济和社会发展计划及财政预决算的监督,支持加强对重大项目和民生改善等重大问题的监督;大力支持人大依法行使重大事项决定权和选举任免权。县委坚强的领导,确保了人大工作始终在正确的轨道上有效运行。

五年来,县人大常委会紧紧围绕县委中心工作,认真贯彻执行县委决策部署,确保县委的主张通过法定程序变成全县人民共同意志。坚持请示报告制度,争取县委重视支持。做到重大问题、重要决策和重要活动都及时向县委请示报告,每年人大常委会工作要点和重要活动安排的文件都报请县委批转,使人大工作始终同县委中心工作同心合拍、同频共振,保证了人大工作的正确方向。坚持党管干部原则与人大依法任免相统一,做好选举任免工作。县人大常委会始终坚持党的领导、充分发扬民主、严格依法办事相统一,正确行使选举权、任免权,确保了县委人事意图和人事安排顺利实现。围绕县委决策部署,及时行使重大事项决定权。换届以来,县人大常委会对全县事关经济社会发展全局的重大事项,适时作出决议决定,并督促“一府两院”贯彻落实,保证了县委重大决策得到有效实施。

二、突出中心实施监督,促进经济社会科学发展

常委会坚持围绕中心,紧扣县委重大决策部署的有效落实、“一府两院”重点工作的扎实推进、人民群众关注热点问题的切实解决、法律法规的贯彻实施,综合运用各种监督形式和手段,加大监督力度,注重监督实效,有力地推进了全县经济社会科学快速发展。五年来,听取审议工作报告173项,开展执法检查6次、视察4次、调研7次、专题询问3次,备案审查规范性文件18件次,评议22个政府部门工作。

加强经济发展监督。高度关注计划、财

政和审计工作。常委会采取听取审议报告、执法检查、专题调研等方式，针对计划、预算和审计工作存在问题，分别提出审议意见，作出决议决定。关注计划工作。换届以来，每年都听取审议计划执行和计划调整工作报告，督促县人民政府和相关部门，切实发挥计划对全县经济社会发展的引领作用，强化项目争取及实施工作，编制和实施好“十二五”规划；同时在集思广益、科学论证的基础上，编制符合实际、切实可行的全县“十三五”规划。关注财政工作。2013 年，按照党的十八大关于“加强对政府全口径预算决算的审查和监督”新要求，常委会积极探索全口径预算审查监督新途径，出台监督财政预算决算暂行办法，明确了预算审查监督的职权范围、内容、时间、程序等，增强了预算审查监督的可操作性。2014 年，首次把国有资本经营预算收支情况纳入审查和监督范围，实现了全口径预算决算的审查和监督；与县财政国库联网，实行在线监督，使预算监督工作步入常态化。2015 年，常委会组成执法检查组，采取听取汇报、重点剖析、座谈交流等方式，检查预算法实施情况，督促县人民政府及其财政部门，进一步增强依法理财意识，不断提高预算编制科学性和预算执行严肃性。2016 年，学习借鉴外地先进经验，改进预决算监督方式，引入第三方力量参与预决算审查，切实提高了监督实效。关注审计工作。注重加强审计监督，五年来县审计部门充分发挥职能作用，完成政府投资项目预结算审计项目 1384 个，审减资金 64177 万元，重点督促有关部门和单位加强审计查出问题整改，维护了财经制度和财经纪律的严肃性，营造了全县经济社会健康发展的良好环境。全力支持工业强县战略实施。2013 年和 2015 年，常委会先后听取和审议县人民政府关于工业经济发展情况报告、关于工业企业发展情况报告，督促县人民政府及其相关部门，切实解决工业经济和工业企业发展中问题，使全县新增规模以上企业 12 家，总数达到 65 家；规模以上企业增加值和增值税的增长速度，名列全州前茅。积极助推重点产业发展。2012 年，常委会开展矿产资源法执法检查，督促县人民政府依法整治矿产资源开采秩序，优化矿产资源配置，新建了石材产业园，保障了石材产业健康发展。2013 年，常委会开展州旅游条例实施情况执法检查，县人民政府认真研究处理常委会审议意见，加速推进仙佛寺和杨梅古寨等景区建设，加大百福司创建全省旅游名镇力度，促进了旅游产业快速发展。同时，常委会听取和审议县人民政府关于硒都黑猪产业发展情况报告，针对常委会提出的建议，县人民政府出台了关于进一步加快畜牧产业发展的决定，推进了畜牧产业发展。重视扶贫开发工作。2014 年，常委会采取听取审议报告、视察调研等监督方式，对扶贫开发工作进行监督，指出产业扶贫推进不力、扶贫资金管理不规范等问题。2015 年，听取和审议关于扶贫开发工作情况报告审议意见的研究处理情况报告，县人民政府及其有关部门采取切实措施落实常委会审议意见，制定“减贫摘帽”工作实施方案，以农村基础设施为切入点和突破口，着力织牢水、电、路、通讯、服务“五张网”，采取发展生产、易地搬迁、生态补偿、教育培训、社会保障等措施，创新工作、管理、融资、帮扶、考评五大机制，倾情倾力推进精准扶贫，为全县完成整体脱贫目标奠定了基础。

加强公用事业和民生工程监督。改善、满足城乡居民生产生活用水,是常委会关注和监督的重点问题。常委会采取听取审议报告、视察调研、专题询问等方式,督促问题解决。2012 年,常委会听取和审议县人民政府关于城区供水情况报告,视察全县水利基础设施建设情况,对改善和满足城乡居民生产生活用水提出建议。县人民政府高度重视、积极回应,2013 年 10 月,启动了第二水源和第三水厂建设。2015 年,常委会就城区供水有关问题,对县人民政府及其相关部门进行专题询问。2016 年,常委会对城区供水管网改造提出建议,督促县人民政府从根本上解决城区供水问题。在县人大常委会持续跟踪监督下,县人民政府加快了城区供水管网改造,强力推进第二水源和第三水厂建设,11 月 21 日第三水厂开始调试试运行,可望明年 2 月正式全面供水。事关人民群众切身利益的城乡规划编修、城市管理、保障性安居工程建设、食品安全监管、医疗卫生资源整合、新型农村合作医疗运行、来凤一中新校区建设等工作,既是人民群众普遍关注的热点,也是常委会促进民生改善的重点。在常委会监督和支持下,县人民政府及其相关部门积极采取措施,努力解决上述民生问题,取得了切实效果。编修完善城乡建设规划,依法规范城乡建设,加大“两违”案件查处力度;加强城市综合整治,完善配套设施,建立长效机制,开展“六城”同创,城市管理水平得到较大提升;解决安居工程建设管理使用中存在问题,使困难群众居住条件得到一定改善;加快民生重点项目建设,为推进城镇化建设、承办“一会一节”奠定了基础;加强食品安全监管,打击违法违规行为,保障了“舌尖上的安全”;实施州中心医院对县中心医院托管,逐年提高医疗报销比例,使看病贵就医难问题得到一定程度缓解;推进教育城建设,优化教育资源配置,努力办人民满意教育。与此同时,常委会把教师、医务人员以及干部职工的政策性待遇落实和村干部待遇改善,作为民生问题予以关注。通过持续监督,促进了有关问题解决。县人民政府及其相关部门,按照州定标准,提高了住房公积金缴存基数和标准,实现了住房公积金缴存全覆盖;提高了医疗保险计提比例及一次性抚恤标准;保障了教师绩效工资及其他教育经费;提高了职工奖励性工资标准和养老保险缴费基数;将工伤保险纳入财政预算,解除了职工后顾之忧;提高了村干部待遇等。落实这些政策,极大地激发了广大干部职工干事创业的积极性。

加强生态环境监督。为维护良好的生态环境,常委会视察了全县环境保护和城区供水、水源保护情况,就解决翔凤镇水寨小作坊污染酉水河、三胡乡石材加工作坊污染环境、加强饮用水源保护等问题,提出了意见和建议,并持续跟踪监督,促进了有关问题解决。县人民政府经过两年努力,新建了三胡乡石材工业园,整合了原无序开采、污染环境的 54 家石材加工厂;依法关停了翔凤镇水寨直接向酉水河排污的 5 家小作坊,减少了对酉水河的污染,有效保护了饮用水源。为确保省人大常委会关于农作物秸秆露天禁烧和综合利用的决定在我县贯彻实施,常委会调查组实地调查,摸清了秸秆露天燃烧和综合利用情况,形成调查报告,为县人民政府深入开展此项工作提供了参考。

每年开展环保世纪行活动，提出推进生态文明、建设美丽来凤等活动主题，开列环保世纪行活动清单，积极回应了人民群众对环境保护的关切。酉水河是来凤人民的母亲河。为加强酉水河保护，按照县委要求，在充分调研基础上，2014 年，常委会向州人大常委会提出了保护酉水河的立法建议，并积极协助州人大常委会开展沟通协商、立法调研等工作。2015 年，承办了由恩施州和湘西州人大常委会联合主办的酉水河保护立法工作第一次联席会议，讨论了酉水河保护条例(专家建议稿)，形成了会议纪要。2016 年 3 月初，与州人大常委会就酉水河保护条例(建议稿草案)修改完善问题，同步开展实地调研并征求修改意见；5 月中旬，出席在湖南永顺县召开的酉水河保护立法工作第二次联席会议，对酉水河保护条例提出完善意见，为全面完成酉水河保护立法工作夯实了基础；9 月 29 日和 12 月 1 日，州、省人大常委会先后审议通过了酉水河保护条例，为酉水河保护立法工作画上了圆满的句号，标志着酉水河保护从此进入法制化轨道。

加强法治建设监督。促进依法治县战略实施。常委会在调查研究的基础上，听取审议县人民政府关于“六五”普法启动工作情况报告，作出关于加强“六五”普法工作的决议，促进了“六五”普法、依法治县有序推进，全县圆满完成了“六五”普法任务，增强了普法对象法制观念，通过了州里检查验收，荣获了全省首批法治创建活动先进县称号。确保法律法规全面贯彻实施。常委会对矿产资源法、残疾人保护法、食品安全法、州旅游条例等实施情况进行执法检查，督促“一府两院”及时解决相关问题，保障了这些法律法规在我县的贯彻实施。例如通过检查行政诉讼法实施情况，督促县乡政府及其相关部门加强行政应诉工作，提高了行政负责人出庭应诉率。同时，常委会配合县委政法委，开展州自治条例和 9 个单行条例实施情况调研，提交了 10 个调研报告。与县委、县政府共同举办 12·4 首个国家宪法日暨法制宣传日活动，彰显了宪法权威，营造了学法守法氛围。配合州人大常委会，开展龙凤示范区法制保障建设情况调研，形成了 4 个调研报告；配合检查社会保障法、老年人权益保障法、内部治安保卫条例等法律法规实施情况，促进了相关工作开展。配合省人大常委会开展旅游法律法规实施情况自查，完善工作措施，促进了旅游产业健康发展。强化行政机关履职监督。常委会对县发改局等 22 个政府部门进行工作评议，促进了政府部门增强依法行政、为民履职的责任意识和接受人大及其常委会监督意识。强化司法工作监督。常委会按照监督司法工作暂行办法规定，旁听法庭刑事案件庭审，同时听取审议县人民政府关于公安机关刑事立案和提请批准逮捕工作情况报告、县人民检察院关于审查逮捕和公诉工作情况报告，专题调查了社区矫正管理工作情况，在肯定相关工作成绩的同时，分别指出存在需要改进的问题，督促“一府两院”和有关部门依法行政、公正司法、执法为民，维护了社会稳定和公平正义。强化规范性文件备案审查。五年来，常委会依法备案审查 18 件(次)规范性文件，对其中 6 件提出审查修改意见。例如要求文件制定机关，依法修订对违反规定燃放烟花爆竹的企业和个体工商户的不当处罚规定，依法修订对农民工工资支付保

障金收费标准未按规定执行等不当条款，切实维护了国家法制统一和公民、法人及其他组织的合法权益，从源头上规范国家机关依法行政。

在做好上述监督工作的同时，常委会组成调研组，调研人才队伍建设、国有资产管理等情况，根据存在困难和问题，提出对策和建议，并形成专题调研报告，供县委、县人民政府决策参考，为加强全县人才队伍建设和国有资产管理起到积极促进作用。

三、紧扣发展适时决策，发挥保障建设职能作用

常委会按照县委决策部署，注重围绕全县经济社会发展大局，依法行使重大事项决定权。五年来，作出重大事项决定决议 82 项，为推进各项事业发展提供了法制保障。

本届以来，常委会审查通过武陵山龙山来凤经济协作示范区发展战略规划，为顺利实施龙凤示范区发展战略和推进龙凤示范区建设提供了保障，促进了龙凤示范区“十个一体化”建设有序推进，其中规划、金融、通讯、交通等六个一体化建设成效显著。审查并原则通过来凤县城市总体规划(2013—2030 年)，为加速我县城市化和提升城市建设管理水平，提供了规划保障。审查并批准县人民政府提交的对全县“十二五”规划部分指标调整方案，决定调增地方一般预算收入指标，调减全社会消费品零售总额和工业增加值占比、森林覆盖率指标，调整城镇化率指标，使“十二五”规划更加符合实际，有利于全县经济社会又好又快发展，确保了“十二五”规划圆满收官。适时慎重作出全县教育布局调整决定，审议通过县人民政府与华中师范大学合作办学方案，为促进城乡教育均衡协调发展、推进教育城建设、优化教育资源配置提供了支持和保障。同意县人民政府将龙凤新区土地收储项目贷款 1 亿元本息、仙佛寺景区建设融资 2 亿元列入财政预算，保障了重点项目建设的资金需要，有利于加快城镇化建设、推动旅游产业发展。先后审查并批准县人民政府提交的地方政府债券资金 51938 万元纳入预算管理的方案，为教育城、县中心医院、文化中心、体育中心、黔张常铁路(来凤段)、讨橙路等公益项目建设提供了资金保障，改善了我县城乡居民入学、就医、健身、交通等条件，为承办“一会一节”奠定了良好基础。批准将教育城还建小区等 5 个 BT 项目工程回购款项纳入年度财政预算，为有关项目提供了资金保障，推进了教育城还建小区、思源实验学校、华中师范大学来凤附属中学(来凤一中)、讨橙公路改扩建工程等项目建设。作出关于批准原烟厂主厂区土地使用权等资产处置的决定，盘活了国有资产存量，促进了经济可持续发展。

四、严格规范依法任免，保障国家机关正常运转

常委会坚持党管干部原则与人大依法任免相统一，严格按照县人大常委会制定的人事任免办法，规范人事任免工作程序，坚持和完善任前调查、法律知识考试、拟任免对象情况介绍、拟任职发言、常委会会议审议表决、颁发任命书、向宪法宣誓等制度，任命后，通过工作评议、视察调研、专题询问等形式，加强对被任命人员监督，增强了被任命人员的法治意识和公仆意识。

五年来，依法任免县级国家机关工作人员251人次，其中任命178人次，免职48人次，接受辞职25人次，确保了县委人事意图和人事安排顺利实现，保证了国家机关正常运转，为促进全县经济社会发展和加强地方国家政权建设提供了组织保障。

五、着力发挥代表主体作用，推进代表工作上台阶

代表工作是人大工作的基础。常委会坚持密切联系代表，不断创新代表工作，着力搭建活动平台，努力为代表依法履职提供服务，充分发挥了代表主体作用。

抓好培训学习，提升代表素质。创新代表培训方式，制定了代表学习培训制度，开展初任培训、履职培训和专题培训，采取集中与分散、讲座与交流相结合，运用以会代训、考察培训等方式，多层次全方位组织代表学习培训。分期分批组织代表，赴全国人大常委会、省人大常委会、武汉市人大常委会参加学习培训，同时邀请武汉市人大常委会、恩施州人大常委会、湖北民院等专家和专业人士给代表讲课，组织部分代表赴恩施州、恩施市、利川市、建始县、咸丰县、鹤峰县和湖南龙山县学习交流人大工作。五年来，培训代表1000余人次，提高了代表整体素质，夯实了代表履职基础。

抓好活动开展，增强代表活力。创新代表活动载体，搭建代表履职平台，增强代表履职活力。五年来，常委会邀请171名代表列席常委会会议，组织代表460多人次，参与执法检查、工作评议、视察调研、专题询问等活动。例如组织县人大代表参加全县“十三五”规划（草案）征求意见座谈会，代表们踊跃建言献策，提出了许多建设性修改意见，较好地发挥了代表在闭会期间的作用。开展代表述职评议活动，加强县人大代表与选民的联系，督促代表为民代言履职。从2013年至2015年，按照县委批转的县人大代表述职评议工作实施方案，在8个乡镇86个选区，组织180名县人大代表回选区述职，接受选民评议，其中144名代表被评为优秀，35名代表被评为称职，1名代表被评为不称职。通过开展述职评议，代表的责任意识和接受监督意识得到增强，“人民选我当代表，我当代表为人民”得到充分体现。搭建履职平台，指导乡镇人大按照有场所、有牌子、有制度、有活动、有记录的要求，建设规范的“代表之家”，为代表闭会期间履职提供了阵地。乡镇人大组织43个代表小组，开展了丰富多彩的活动，取得了良好效果。例如旧司镇人大的“2451”、三胡乡人大的“八个一”、革勒车镇人大的“1355”活动等，都极大地激发了代表履职积极性，增强了代表工作活力。2012年旧司被州人大常委会表彰为代表小组活动先进单位。

抓好联系工作，落实“双联”要求。创新“双联”工作方式，切实加强常委会组成人员联系代表、代表联系选民工作。一是开展了接待代表活动。每年常委会领导带队，组织“一府两院”和县直部门负责人，到乡镇向代表报告执行人代会决议情况和工作开展情况，听取代表对人大常委会、“一府两院”工作的意见建议，同时将意见建议整理后交“一府两院”研究处理，并及时向代表反馈情况。本届以来，在接待代表活动中收到代表建议92条，其中涉及人大常委会的9条、县人民政府的69条、“两院”的14条。对收集

的建议及时转交“一府两院”处理,部分意见建议得到有效解决。二是开展了常委会组成人员联系代表活动。常委会23名组成人员采取走访、座谈等形式联系代表1000多人次,及时反映代表意见,切实解决实际问题,为改进常委会工作、提升决策水平,发挥了积极作用。三是开展了建立人大代表工作室试点工作。2015年,常委会在8个乡镇11个选区设立代表工作室,制定了工作方案和5个工作制度,安排64名县乡人大代表参加试点工作。代表工作室的建立,深受代表和选民群众的欢迎,较好地发挥了联系选民、听民呼声、替民代言、为民尽责的作用。此项工作,得到湖北人大网、中国人大年鉴的报道和肯定。

抓好建议办理,激发履职热情。常委会着力创新代表建议办理、督办工作机制和奖惩制度,先后制定完善了办理议案建议工作规则、办理代表建议办法、评选表彰建议办理工作先进单位和先进个人暂行办法,为不断提高建议办理质量、激发代表履职热情,提供了制度保障。在督办方面,形成了常委会领导领衔督办重点建议,代工委全程督办,工委室跟踪督办,代工委与县督查室联合督办的工作机制。在办理方面,县人大常委会督促“一府两院”建立了重点建议领导领衔办理制度,对群众关注热点难点问题的代表建议,均由“一府两院”领导按照职责实行领办。例如,县政府领导高度重视关于修建庆凤山(凤鸣山)公园的代表建议,县城管局、规划局等积极承办,修建了景亭2个、景观塔1个、步游道1900平方米、防护栏3850米、挡土墙1700立方米以及给排水、照明、绿化等配套工程,完善了城市综合服务功能,提升了城市品位,为市民提供了休闲健身场所。五年来,收到代表建议358件,代表对办理结果满意的349件,占97.5%,基本满意的9件,占2.5%。同时,对办理工作成效突出的24个(次)单位和24名(次)个人进行了表彰。

抓好服务工作,保障代表履职。五年来,常委会根据代表履职需要,给代表寄送常委会公报56期6000余本、人大简报22期4000余份,在来凤人大网及时发布有关信息1000余条,为代表知情知政提供了方便。同时,常委会领导平时经常看望和慰问代表、年终集中走访慰问代表,对生活困难或患病代表,给予精神安慰,及时帮助解决有关问题,增强了代表的归属感和履职积极性。

六、突出效能抓创建,推进自身建设上水平

常委会以创建“学习型、务实型、创新型、清廉型、和谐型”机关为目标,切实加强自身建设,不断提高机关效能,为人大各项工作顺利开展提供了保障。

强化队伍素质建设,不断提升履职水平。一是坚持理论武装,抓好思想建设。始终把学习政治理论、加强思想建设放在首位,组织机关干部认真学习党的十八大和十八届三中、四中、五中、六中全会精神以及习近平总书记系列讲话精神。坚持把学习与年度监督工作计划、各次主题教育实践活动和有关重点工作以及“五型”机关建设相结合,坚持把常委会领导带头讲党课与工委室主任讲业务课、邀请各级专家专题讲座相结合,不断提高政治业务学习的针对性和实效

性，达到了武装头脑、提高素质、推进工作的目的。二是坚持从严治党，抓好党风廉政建设。组织党员干部深入学习贯彻中央八项规定、省委六条意见、州委实施意见、县委正风肃纪二十条和中国共产党廉洁自律准则、纪律处分条例、问责条例等，建立和完善机关党风廉政建设制度，落实“主体责任”“一岗双责”工作机制，教育党员干部坚守纪律和规矩底线，真正做到把纪律规矩挺在前面，提高了拒腐防变的免疫力。三是坚持求真务实，抓好作风建设。切实发挥人大机关联系人民群众的优势，大力倡导真抓实干、求真务实的作风，着力解决“四风”问题，深入基层，深入群众，围绕监督议题与人民群众关注热点问题开展调研，在工作中不断把握规律性、增强主动性、提高实效性，取得了较好成效。四是坚持知行合一，抓好能力建设。换届以来，组织机关工作人员，扎实开展集训、讲座、研讨、考察、交流、挂职等教育和培训活动，引导学中干、干中学和边学边干、边干边学，鼓励传帮带和互帮互学，不断提高机关工作人员的学习能力、实践能力、工作能力。由于注重学习，注重实践，注重学以致用，通过坚持不懈，机关工作人员工作能力和水平得到明显提升，为顺利推进人大各项工作和依法履职行权提供了智力支持和能力保障。

强化机构制度建设，不断提升规范化水平。在县委、县政府的重视支持下，本届常委会顺利完成了省委关于健全人大工作机构的任务，使常委会工作机构由原来的“七委一室”增加到“八委两室”，实现了历史性突破，同时，还加大投入，完善了新时期履职所需的基础设施设备，提高了履职信息化水平。无规矩不成方圆。常委会在总结历届工作经验和借鉴外地成功做法的基础上，制定完善了 42 个程序严谨、操作性强的履职制度，编印实施了县人大及其常委会履职规范，召开了全县纪念人民代表大会成立 60 周年暨推进县乡人大依法履职规范化建设会议，为推进履职规范化和创新人大工作奠定了坚实基础。2015 年 12 月，常委会被作为全州县市唯一代表，参加全省市州人大常委会主任座谈会并作交流发言，来凤县人大常委会的工作和规范化建设，得到了省州人大常委会领导的充分肯定。同时，为巩固党的群众路线教育实践活动成果，制定完善了机关管理制度，编印实施了 15 个机关管理制度，使常委会机关各项工作有章可循、运转有序，为促进“五型”机关建设打下了良好基础。

强化宣传工作，不断提升社会影响力。为了满足代表知情知政需要、扩大公民有序政治参与、提升人大工作社会影响力，在办好常委会公报、升级改版来凤人大网、邀请公民旁听常委会会议的同时，常委会高度重视人大宣传工作，分解报道任务，制定奖励办法，召开专题会议，聘请特约记者，组织业务培训，取得了明显成效。五年来，在各级各类媒体刊发人大宣传稿件（信息、图片）1000 多篇（条、幅），扩大了人大工作影响，多次被州人大常委会评为宣传工作先进单位。

强化信访工作，切实维护和谐稳定。常委会把人民群众来信来访作为联系人民群众、获取监督议题的重要来源，摆在重要位置，坚持常抓不懈，完善领导督办、工委室对口联系办理的机制，畅通了人民群众反映诉求、依法维权的渠道。五年来，接待来访130人次，接收来信50件，均进行交办、转办和督办，积极回应信访人员关切，促进了相关问题解决，维护了社会和谐稳定。

强化指导联系，扎实促进协调发展。坚持常委会领导联系乡镇人大工作制度，出台关于加强乡镇人大规范化建设的指导意见，指导乡镇人大按照“2532”要求开展工作，每年召开乡镇人大规范化建设经验交流座谈会，推动了县乡人大工作协调发展。积极主动争取全国人大常委会和省、州人大常委会的工作指导，不断提高依法履职水平。注重加强与各县(市、区)人大常委会联系，相互交流、相互学习、共同提高。扎实开展与武汉市人大常委会对口帮扶活动，赴武汉市人大常委会学习培训考察，选派干部赴武汉市人大常委会机关挂职锻炼，促进了工作水平的提升，增进了两地人大常委会的友谊。协助省人大民宗侨外委，在来凤成功举办民族法制建设理论研讨会暨人大民族干部培训班，得到了省人大民宗侨外委领导的充分肯定。常委会还安排机关工作人员80多人次，参加渝黔湘鄂、川渝鄂陕、长江流域部分县(市、区)人大工作联席会议和全州人大法制建设座谈会议，扩大了对外交流，学习了先进经验，提高了工作水平。

强化统筹协调，认真抓好相关工作。抓好机关精神文明创建，年年都有新进步。常委会坚持两手抓、两手硬，制定机关精神文明创建计划，明确创建目标，细化创建措施。把精神文明创建贯穿于各项工作之中，落实到各个工委室，同时，与各种主题教育实践活动相结合，与全面提高机关干部素质相结合，与促进人大各项工作相结合，年年都取得新成绩。抓好老干部工作，老干部余热得到充分发挥。常委会十分重视机关老干部工作，明确常委会领导和办公室人员专门负责老干部工作。五年来，常委会一直坚持组织机关退休党员干部参加支部学习活动；及时给老干部寄送人大工作简报和常委会公报，免费订阅《老年》杂志；组织退休老干部开展身体健康检查和外出参观考察活动；在春节、七一、重阳等节日期间，开展走访、慰问活动，增强了老干部归属感，较好地体现了“老有所养、老有所学、老有所为、老有所乐”。老干部在县老年体协、县关工委、创建“中华诗词之乡”“中国楹联文化县”，以及参加《来凤县人大志》编纂工作中发挥了余热、作出了贡献。机关老干支部受到了州委表彰。抓好档案工作，档案管理水平大提高。常委会把机关档案工作作为机关建设的重要内容，坚持常抓不懈。及时落实经费，添置设备，配备人员，完善制度，充分发挥档案作用。五年来，整理档案3000多件，档案利用200多人次，为《来凤县人大志》编纂提供了服务和资料支撑；机关档案管理工作顺利通过了州档案局检查验收和复查，实现了省一级目标。抓好人大志编纂工作，圆满完成编印任务。2012年初，常委会把《来凤县人大志》续编纳入工作要点，成立了常委会主要领导担任主任的《来凤县人大志》编纂委员会，组建了编辑部，落实了编修工作人员和必要工作经费，印发了编纂工作实施方案，续编工作按照启动准备、资料搜集、撰写初稿、修改完善、终审定稿、印刷出版6个阶段扎实推进，形成了87万多字书稿，顺利通过了终审，将如期印刷出版《来凤县人大志(1949—2016)》。抓好工、青、妇及计生、综治、安全、保密等工作，促进机关建设协调发展。认真做好机关其它工作，扎实推进“五型”机关建设。充分发挥工、青、妇作用，积极开展健康有益活动，认真抓好计生、综治、安全、保密等工作，促进了机关建设协调发展，在党群机关年度综合考评中，均进入先进行列，2015年荣获第一名；在万人评机关活动中，常委会机关受到好评，树立了人大机关良好形象。

强化服务意识，参与中心工作。常委会自觉服从县委领导和统筹安排，围绕经济社会发展的重大事项，充分发挥人大优势，积极服务中心工作。一是积极投身重点项目建设。常委会班子成员在教育城、龙凤示范区、喳西泰水城、县城第二水源和第三水厂建设、“一会一节”筹备、铁路项目推进和火车站争取等工作中，身居一线，指挥协调，推进工作，调解纠纷，监督质量，督促进度，全力推进重点项目建设和重要工作开展，出色完成了相关工作任务。二是积极参与整村扶贫推进、农民收入倍增、精准扶贫工作。常委会班子成员经常深入到各自的联系村，开展现场调研，帮助联系村筹措资金、谋划项目，促进了当地经济社会发展。三是积极参加“三万”“双联双促”、招商引资、“六城”同创、抗灾救灾等工作，为促进全县经济社会发展作出了重要贡献。

县十六届人大常委会履职的五年，实现了人大工作在探索中前进，在前进中发展，在发展中创新，各方面工作都跃上了新的台阶：创新监督工作，首次开展专题询问，首次采用跟踪监督方式；首次把国有资本经营预算收支情况纳入审查监督范围，首次引入第三方力量参与预决算审查，在全州率先与县财政国库联网，实行在线监督，使预算监督工作步入常态化。创新代表工作，开展了代表述职评议活动，进行了人大代表工作室试点工作，督促建立了“一府两院”领导领办代表建议机制。创新常委会会议形式，首次安排公民旁听会议，首次采用票决制表决重大监督事项，首次安排常委会组成人员旁听法庭刑事案件庭审。同时，首次实行被任命国家机关工作人员向宪法宣誓制度；首次向州人大常委会提出了依法保护酉水河的立法建议，并积极协助开展立法相关工作；制定完善履职规范和机关管理制度，着力推进规范化建设，推动县乡人大初步实现履职规范化；紧紧围绕建设“学习、务实、创新、清廉、和谐”型机关目标，机关建设取得了显著成效；按照“2532”工作要求，加强乡镇人大工作指导，提升了乡镇人大工作水平，促进了县乡人大工作协调发展；对外联系交流，特别是武汉市人大常委会对口帮扶，进入了新境界。总之，来凤人大及其常委会工作走在全州县市前列，受到了省州人大常委会领导充分肯定。常委会机关多次荣获州文明单位和州最佳文明单位称号，多次荣获全州人大宣传工作先进单位称号，党建、党风廉政建设、综治、计划生育等工作进入先进行列，受到了县里表彰。

回顾五年人大工作实践，县十六届人大常委会取得了一定的履职经验，概括起来主要有如下几点：第一，始终坚持党的领导，是做好人大工作的根本保证。第二，始终坚持依法履职，是做好人大工作的基本前提。第三，始终坚持集体行使职权，是做好人大工作的基本原则。第四，始终坚持人民主体地位，是做好人大工作的力量源泉。第五，始终坚持改革创新,是做好人大工作的根本动力。五年来,县人大常委会工作虽然取得了一定成绩,但也还存在一定差距,主要是监督工作实效有待增强、代表工作活力有待提高、自身建设水平有待提升等。这些问题与不足,需要在今后的工作中认真加以解决。因此,今后在自身建设方面,要巩固“五型”机关建设成果,突出机关整体素质建设,努力在打造精干队伍、提升履职水平上实现新突破。创新学习方式,注重学习实效,在学以致用上取得新成效。强化作风建设,注重法纪教育,在提升机关整体形象上取得新成效。坚持与时俱进,不断开拓创新,在推进履职法制化建设上取得新成效。适应新形势,运用新手段,在推进人大宣传工作上取得新成效。拓展新视野,注重全面协调,在加强交流和联系指导工作上取得新成效。

后　记

存史资政、惠今利后，是志书的重要功能和作用。编写《来凤县人民代表大会志》，是曾经的、现在的人大工作者对未来的人大工作者应尽的一份责任。

2004年3月，县十四届人大常委会副主任周新华主持召开主任会议，决定编写《来凤县人大志(1949—2005)》，此后，先后召开县人大常委会党组会议和主任会议，统一思想，明确分管领导和编写人员，制定编纂方案，修改审定篇目，研究解决编纂工作中问题。7月，编写人员着手调研情况、查阅档案、收集资料，为编写做好各项准备工作。11月，开始撰写志稿。2005年10月形成初稿。后来，由于多方面原因，编写工作停顿下来。

2011年11月27日，县十六届人大常委会成立之后，县人大常委会主任、党组书记莫北平先后主持召开党组会议和主任会议，专题研究《来凤县人大志(1949—2016)》续编工作，并提出努力把《来凤县人大志》编纂成精品佳志的目标。2012年年初，县人大常委会把《来凤县人大志》续编工作纳入工作要点；2月中旬，为切实加强对编纂工作领导和指导，成立县人大常委会主任、党组书记莫北平为主任的《来凤县人大志》编纂委员会，明确县人大常委会副主任徐庭海分管协调编修工作，同时，组建编辑部，落实编修工作人员和必要工作经费，印发《〈来凤县人大志〉编纂工作实施方案》；2月21日上午，县人大常委会召开《来凤县人大志》编修工作动员会议，全面部署编修工作。会上，县人大常委会主任、党组书记莫北平从提高认识、精心组织、通力协作、注重质量、提供保障五个方面，对编修工作提出明确要求。

《来凤县人大志》续编工作，按照启动准备、资料搜集、撰写初稿、修改完善、终审定稿、印刷出版6个阶段进行。2012年2月底，《来凤县人大志》编辑部修订编纂篇目，起草凡例、行文通则、资料搜集提纲等，并把资料搜集任务，分解落实到县人大常委会各工委室、各乡镇人大以及“一府两院”办公室和县发改局、财政局等。

2012年以来，编辑部人员多次到各乡镇人大，指导检查资料搜集工作；同时，三次分别赴省人大常委会和省档案馆、州人大常委会和州档案馆，查阅档案，搜集资料，弥补县内档案资料之不足。为扎实推进编纂工作，2013年2月22日，县人大常委会办公室印发《关于进一步做好〈来凤县人大志〉编修工作的通知》，要求乡镇人大和县人大常委会工委室、编辑部，继续认真做好编纂工作。3月6日，县人大常委会办公室主任、编辑部主编明文林，召集编辑部成员王登高、李德志、李明，研究讨论编纂工作中需要提请编纂委员会研究决定事项，同时明确2013年编纂工作任务；3月11日，在县十六届人大常委会第28次主任会议上，县人大常委会领导对《来凤县人大志》有关问题记述的把握和照片搜集范围等，进行研究和决定，为编辑部做好编修工作指明了方向；4月28日，编辑部将拟定的《来凤县人大志》征集照片公告，分别在来凤人大网、来凤新闻网、来凤百姓网和来凤电视台刊发，以便广泛征集照片资料；7月26日，形成了《来凤县人大志(1949—2011)》征求意见稿并广泛征求修改意见。

2016年1月，完成《来凤县人大志(1949—2016)》送审稿。3月21日下午，县人大常委会召开《来凤县人大志(1949—2016)》送审稿审读工作安排会议。5月4日下午，举行《来凤县人大志》评审会并通过县史志办组织的终审。5月13日，编辑部召开会议，吸纳评审会意见，专题研究《来凤县人大志》修改完善工作，形成初步修改方案。5月16日上午，编辑部将初步修改方案，向县人大常委会第89次主任会议汇报；下午，编辑部召开会议，根据主任会议指示，讨论形成《来凤县人大志》修改工作方案，并就修改工作进行分工，同时报县史志办。6月底，经过修改完善，形成了《来凤县人大志(1949—2016)》(终审稿)。7月中旬，将《来凤县人大志(1949—2016)》(终审稿)报送北京方志出版社审查。8—9月，对《来凤县人大志(1949—2016)》(终审稿)再次修改完善，同时补充县人大及其常委会2016年7—12月和乡镇人大2016年1—10月有关内容。12月初，全书基本定稿。12月中旬，将书稿送武汉兴德林工贸有限公司排版校对。2017年1月，可望印刷出版《来凤县人大志(1949—2016)》。

编辑部为努力把《来凤县人大志》编纂成精品佳志，搜集资料力求广征博采、严谨考证，撰写志稿严格遵循规范、精益求精，修志工作中既明确职责，又积极配合。2012年以前部分志稿撰写具体分工：王登高撰写第一章第一节至第四节，第三章第四节、第六节、第八节，后记(2012年以前部分)。李德志撰写第二章第一节至第十五节，第三章第一节、第二节、第三节、第五节、第七节。李明撰写第四章第一节至第三节，第五章第一节至第十节，第六章，概述，后记(2012年以后部分)，2012年以后相关章节稿件，同时负责补充有关资料和全书统稿。

《来凤县人大志》搜集资料工作，得到省人大常委会文书处和省档案馆、州人大常委会办公室和代工委、州档案馆、县直有关单位和县档案馆以及各乡镇人大积极配合和大力支持。各乡镇人大领导对上报的资料，进行了审查把关。在图片提供和搜集工作中，吴咏剑、冯公平、吴言、余三龙、田伟、唐敏、李茂林、向仕洋、黎芳、周小灵、张卫、吴冰玄等给予了无私的帮助。在志稿征求修改意见期间和审读阶段，县人大常委会领导和工委室同志以及县人大常委会老领导、老同志，县委办公室和县委组织部、"一府两院"办公室、发改局、财政局、林业局、水利局、供电公司以及各乡镇人大等单位领导和同志，为修改完善工作提出了十分宝贵的意见。特别是徐移坤、胡任平和胡秋平等同志，在数据把关、表格设计等方面，积极出谋划策。在审读阶段，12名评委在全面审读基础上，从不同方面和角度提出了宝贵修改意见。其间，县人大机关党支部书记李洁和老干党支部书记崔建辉，积极协调县人大常委会退休的老领导，进一步核实了《来凤县人大志》人物记述方面的有关内容。在印刷出版阶段，县人大常委会主任、党组书记莫北平多次过问有关工作进展情况；分管修志工作的县人大常委会副主任徐庭海，多次召开会议协调安排印刷出版工作；明文林、向春华、罗涛等同志，为确保《来凤县人大志》按时顺利印刷出版，做了大量具体细致的工作；北京方志出版社安排黄彦、詹利萍、冀祥德3位编辑老师，对《来凤县人大志》分别进行了初审、复审和终审，并提出权威的修改完善意见。由此可见，《来凤县人大志》是众手成书的成果，是集体智慧的结晶。在此，谨向关心和支持《来凤县人大志》编纂工作的各位领导、各界人士和有关单位表示诚挚的感谢！

修志工作是一项复杂系统的工作，由于本志跨度时间长、涉及内容多，而且档案资料不全，加之我们浅闻薄识，缺乏修志工作经验，疏漏和不妥之处在所难免，敬请领导、专家和读者批评指正。

《来凤县人民代表大会志》编辑部

2016年12月18日